全國高校古籍整理研究工作委員會直接資助項目

項目編號:教古字[2006]081號

國語索引

李波 姚英 編

商務印書館
创于1897
The Commercial Press

2013年 · 北京

圖書在版編目(CIP)數據

國語索引/李波,姚英編. —北京:商務印書館,2013
ISBN 978-7-100-09770-3

I. ①國… II. ①李… ②姚… III. ①《國語》—索引
IV. ①Z89:K225.04

中國版本圖書館 CIP 數據核字(2013)第 007872 號

GUÓYǓ SUŎYǏN
國語索引
李波 姚英 編

商務印書館出版
(北京王府井大街36號 郵政編碼 100710)
商務印書館發行
北京瑞古冠中印刷廠印刷
ISBN 978-7-100-09770-3

2013年8月第1版 開本 787×1092 1/16
2013年8月北京第1次印刷 印張 32
定價: 73.00 圓

目　録

凡　　例

一、《國語索引》是依據《國語》（閱讀本）編纂而成，《國語》（閱讀本）是經過整理的《國語》，《國語》（閱讀本）附於《國語索引》之後。

二、索引不包括《國語》（閱讀本）中的異文內容。

三、全書分單字索引、人名索引、地名索引、專有名詞索引等部分。

四、索引均依中華人民共和國教育部、國家語言文字工作委員會發佈的《語言文字規範GF0012-2009》的《GB13000.1字符集漢字部首歸部規範》筆畫序檢索表爲序排列，並附筆畫檢字表、部首檢字表、漢語拼音檢字表、四角號碼檢字表、人名檢索表、地名檢索表和專有名詞檢索表供查檢，其中筆畫檢字表、部首檢字表也都依《語言文字規範GF0012-2009》排序。

五、索引正文由檢索的字（或詞）及其引文組成。黑括弧內的字即爲檢索的字（或詞），它後面的阿拉伯數字表明該字（或詞）在《國語》（閱讀本）中出現的次數。隨後是引文，每條引文後面的阿拉伯數字表明該句子在《國語》（閱讀本）中的頁、行。

六、索引引文：

（一）單字索引的引文按其在《國語》（閱讀本）出現的先後次序排序。

（二）引文以《國語》（閱讀本）中相鄰的兩個有效標點符號之間的内容爲一個自然語言單位引出。

（三）引文指出檢索的字（或詞）在《國語》（閱讀本）中的位置（頁碼和行號）。

（四）人名索引、地名索引和專有名詞索引的排序方法與單字索引的相同。

七、爲方便讀者查檢，單字索引正文的頁眉列出該頁檢索的單字；人名索引、地名索引、專有名詞索引正文的頁眉列出該頁檢索詞的首字。

八、同人異稱在人名索引中，同地異名在地名索引中均分別列出，不予人工歸納。

九、漢語拼音檢字表祇供本書檢索之用，無確定音讀的作用。

檢　　索　　表

【十一畫】

【十二畫】

【十五畫】

國 語 索 引

單字索引

【一】 142

王御不参○族. 2-15 ○年. 2-17 王耕○墢. 4-14 農師○之. 4-23 而○時講武. 5-5 十○年. 6-20 余○人有罪. 8-19 在余○人. 8-20 則惟余○人. 8-21 二十○年. 10-18 王○舉而棄七德. 12-14 余○人僅亦守府. 13-7 以非余○人. 13-8 余○人豈敢有愛. 13-8 余○人其流辟. 13-10 ○逆矣. 14-8 ○合諸侯. 14-9 余○人敢設飫禘焉. 14-25 今我王室之○二兄弟. 15-4 則以班加○等益虔. 16-23 簡王十○年. 18-8 ○也. 19-3 ○也. 19-7 有○勝猶足用也. 19-9 簡王十○年. 22-8 以車○乘. 22-10 此十○者. 22-23 ○既往矣. 23-7 此○王四伯. 24-15 ○姓不再興. 26-13 景王二十○年. 27-11 不過○人之所勝. 28-16 革木○聲. 29-14 懼○之廢也. 30-10 ○也. 32-24 使五年四王○相朝. 34-15 加於諸侯○等. 37-12 今○言而辟境. 37-23 非爲○人也. 44-10 田○井. 51-6 制國以爲二十○鄉. 54-20 以爲二十○鄉. 54-21 五鄉○帥. 55-14 故萬人爲○軍. 55-14 是故士莫敢言○朝之便. 56-19 各使治○屬焉. 57-3 各使聽○屬焉. 57-4 制地分民如○. 57-7 ○再則宥. 57-8 制重罪贖以犀甲○戟. 58-5 輕罪贖以鞼盾○戟. 58-6 ○戰帥服三十○國. 58-23 余○人之命. 59-14 事之如○. 62-6 無以○妾亂百姓. 67-25 ○日而已. 71-11 處○年. 74-2 子殺二君與○大夫. 81-6 ○夫不可狃. 82-23 恥○國之士. 83-23 而罪○也. 85-24 蓄力○紀. 87-8 三十○王. 88-17 以相○人. 89-14 ○也. 90-18 戮力○心. 90-22 ○夫之行也. 94-11 原不過○二日矣. 97-18 君取○. 98-6 是楚○言而有三施. 98-8 子○言而有三怨. 98-8 ○臣可以赦百姓. 98-19 享○名於此. 103-25 ○閒也. 108-15 以車○乘. 110-13 ○旦而尸三卿. 111-20 享○利亦得○惡. 112-3 其利○也. 116-9 公錫魏絳女樂○八. 116-23 歌鍾○肆. 116-23 美惡○心也. 123-24 今君○之. 125-18 ○旅之田. 125-25 ○卒之田. 125-25 皆○卒. 125-25 昔欒武子○卒之田. 126-20 ○朝而滅. 127-4 其罪○也. 128-11 我無○. 129-21 吾子○食之間而三歎. 130-2 今臣○旦爲狂疾. 130-11 其不逮者○也. 133-8 ○人三失. 133-24 今主○宴. 133-25 和樂如○. 137-15 聲○無聽. 137-17 物○無文. 137-17 味○無果. 137-17 物○不講. 137-17 十○年而斃. 139-4 而賂盜以賊○夫於晉. 143-19 聞○二之言. 146-9 四封不備○同. 147-16 以○純二精三牲四時五色六律七事八種九祭十日十二辰以致之. 150-19 所謂○純二精七事者. 151-22 謂之○純. 151-23 無○日之積. 152-13 每朝設脯○束糗○筐. 152-14○國棄之. 153-2 卑尊○也. 153-18 聞○善若驚. 154-10 得○士若賞. 154-11 ○夕之宿. 154-12 有○不義. 156-17 夫○人善射. 158-8 ○介嫡女. 158-23 ○介嫡男. 159-1 ○个負矢. 160-19 ○日惕. 162-23 ○日留. 162-23 十行○嬖大夫. 163-3 十旌○將軍. 163-3 去晉軍○里. 163-9 以力征○二兄弟之國. 163-20 以顧在余○人. 164-9 以見我○二兄弟之國. 164-10 以遠我○二兄弟之國. 164-22 以遠我○二兄弟之國. 165-3 明紹享余○人. 165-10 余○人兼受而介福. 165-13 擇子之所欲歸者○人. 168-3 ○犬. 171-22 ○豚. 171-22 唯地能包萬物以爲○. 175-6 又○年. 176-6 又○年. 176-11 又○年. 176-15 ○日五反. 177-4 ○朝而棄之. 178-6

【乙】 2

展禽使○喜. 36-12 ○酉. 113-20

【二】 166

三十○年春. 5-19 幽王○年. 6-10 今周德若○代之季矣. 6-17 ○十一年. 10-18 ○十四年. 14-12 今我王室之一○兄弟. 15-4 今夫○子者儉. 18-1 ○子者侈. 18-2 不可以事○君. 18-5 成公未歿○年. 18-9 勸○三君子必先導焉. 18-25 ○也. 19-4 ○也. 19-7 晉侯爽○. 21-20 十○年. 22-9 靈王○十○年. 23-16 而滑夫○川之神. 25-3 ○后受之. 26-20 ○后受之. 26-23 景王○十一年. 27-11○十三年. 28-10 而有離民之器○焉. 29-9 ○十四年. 30-4 ○十五年. 30-10 成於十○. 30-14 ○曰太蔟. 30-15 ○閒夾鍾. 30-21 王以○月癸亥夜陳. 31-16 ○也. 32-24 ○十八年. 33-5 豈唯寡君與○三臣實受君賜. 36-3 恃○先君之所職業. 36-16 行玉○十穀. 37-10 犯鬼道○. 40-5 犯人道○. 40-5 相○君矣. 42-4 ○三子討乎. 44-21 ○人執戈先焉. 45-13 ○三婦之辱共先者祀. 49-10 昔正考父校商之名頌十○篇於周太師. 50-19 制國以爲○十一鄉. 54-20 以爲○十一鄉. 54-21 故○百人爲卒. 55-13 故○千人爲旅. 55-13 ○君弑死. 59-22 有罪○焉. 62-20 抑○大夫之言. 64-10 ○三大夫. 64-16 而逐○公子. 65-2 驪姬賂○五. 66-14 蒲與○屈. 66-14 而○公子主蒲與屈. 66-17 又城○屈. 66-20 公作○軍. 66-22 又譖○公子曰. 73-16 ○十○年. 73-20 居○年. 74-6 ○十六年. 75-21 夫○國士之所圖. 76-6 若夫○公子而立之. 78-5 歲之○七. 80-14 子殺○君與一大夫. 81-6 ○三子皆在外而不及. 81-15 君使乞告○三子曰. 84-7 ○三子其改置以代圉也. 84-7 ○者不行. 85-3 而罪○也. 85-24 文公在狄十○年. 87-4 十有○年. 87-14 ○三子志之. 87-14 有馬○十乘. 87-18 故○王之嗣. 89-23 失此○者. 90-2 贈以馬○十乘. 90-12 ○也. 90-19 黃帝之子○十五人. 92-3 ○人而已. 92-4 別爲十○姓. 92-6 ○十五宗. 92-6 爲十○姓. 92-7 ○帝用師以相濟也. 92-15 ○三子敬乎. 93-10 是○者. 94-14 十○月. 94-15 若干○命. 95-13 ○君之世. 95-17 ○子求公不獲. 96-6 ○年春. 97-4 公以○軍下. 97-4 不可以○王. 97-7 原不過一○日矣. 97-18 臣取○. 98-6 ○三子忘在楚乎. 98-13 孝友○虢. 100-14 而惠慈○蔡. 100-14 而諮于○虢. 100-17 文公即位○年. 101-4 ○三子可以賀我矣. 103-8 爾勉從○三子. 104-7 ○閒也. 108-16 君與○三臣其戒之. 110-22 不殺此○子者. 111-20 ○三子不能事君. 112-5 ○三子之虐也. 113-9 ○三子爲令之不從. 113-10 ○三子之制也. 113-11 ○月. 113-20 夫○子之德. 114-4 其利○也. 116-9 十○年. 116-21 女樂○八. 116-22 歌鍾○肆. 116-22 ○三子之勞也. 117-3 ○三子何勞焉. 117-4 何○之有. 120-17 諸侯皆有○心. 120-24 諸侯無○心. 121-5 武從○三子. 125-8 諸侯不○. 125-9 韓宣子問○公子之祿焉. 125-24 夫○公子者. 125-25 無以從○三子. 126-20 夫守而○心. 128-16 無有○心. 129-5 吾適魯而名其○諱. 129-13 ○人朝. 129-25 民無○心. 130-10 夫○子之良. 132-8 若克○邑. 135-17 化爲○龍. 138-3 褒之○君也. 138-4 ○先子其皆相子. 142-3 ○國孰賢. 142-7 施○師而分其室. 142-17 盧戢黎殺○子而復王. 142-19 ○子爭之. 143-6 聞一○之言. 146-9 君不度憂於○令君. 147-17 以一純○精三牲四時五色六律七事八種九祭十日十○辰以致之. 150-19 所謂一純○精七事者. 151-22 玉帛爲○精. 151-24 君有○臣. 153-24 夫子期之○子耶. 153-25 葬○子之族. 157-12 句踐用帥○三之老. 158-20 十○年. 160-21 ○者莫利. 162-8 必無有○命. 162-14 以力征一○兄弟之國. 163-20 以見我一○兄弟之國. 164-10 夫諸侯無○君. 164-13 而周無○王. 164-13 以遠我一○兄弟之國. 164-22 以遠我一○兄弟之國. 165-3 謂○三子歸而不歸. 168-8 越人分爲○師. 168-15 將帥○三子夫婦以蕃. 171-18 丈夫○十不娶. 171-20 ○壺酒. 171-21 ○壺酒. 171-22 生○人. 171-22 非○三子之罪也. 172-8 吾與君爲○君乎. 172-23

【十】 98

三○九年. 5-10 三○二年春. 5-19 不過○年. 6-19 ○一年. 6-20 ○五年. 7-6 ○九年. 8-12 ○六年. 9-23 襄王○六年. 10-18 二○一年. 10-18 襄王○三年. 11-4 ○七年. 11-18 ○八年. 12-18 二○四年. 14-12 ○月成梁. 16-6 ○六年. 18-8 簡王○一年. 18-8 簡王○一年. 22-8 ○二年. 22-9 ○三年. 22-10 此○一者. 22-23 靈王二○二年. 23-16 ○五王. 25-14 ○八王. 25-15 ○四王矣. 25-15 基德○五而始平. 25-15 基禍○五. 25-16 景王二○一年. 27-11 二○三年. 28-10 二○四年. 30-4 二○五年. 30-10 成於○二. 30-14 敬王○年. 32-4 ○有四世而興. 32-17 ○有五世而興. 32-18 ○有四世矣. 32-19 二○八年. 33-5 行玉二○穀. 37-10 長者不過○. 50-5 昔正考父校商之名頌○二篇於周太師. 50-19 制國以爲二○一鄉. 54-20 以爲二○一鄉. 54-21 士鄉○五. 54-22 ○軌爲里. 55-10 ○連爲鄉. 55-11 ○軌爲里. 55-12 故五○人爲小戎. 55-12 ○連爲鄉. 55-13 三○家爲邑. 57-1 ○邑爲卒. 57-2 ○卒爲鄉. 57-2 ○縣爲屬. 57-3 爲遊士八○人. 57-25 一戰帥服三○一國. 58-23 ○六年. 66-22 ○七年冬. 69-9 二○二年. 73-20 其九月○月之交乎. 75-4 二○六年. 75-21 吾命之以負蔡之田七○萬. 78-24 黃金四○鎰. 79-4 ○四年. 80-17 ○五年. 86-3 文公在狄○二年. 87-4 ○有二年. 87-14 有馬二○乘. 87-18 三○一王. 88-17 晉公子生○七年而亡. 89-24 贈以馬二○乘. 90-12 黃帝之子二○五人. 92-3 別爲○二姓. 92-6 二○五宗. 92-6 其得姓者○四人. 92-6 爲○二姓. 92-7 ○月. 94-15 ○二月. 94-15 行年五○矣. 99-9 年過七○. 113-18 ○二年. 116-21 納女工妾三○人. 116-22 輅車○五乘. 116-22 不過○年. 125-21 ○年. 125-22 ○世不替. 136-4 合○數以訓百體. 137-13 ○邑皆有寄地. 139-3 ○一年而斃. 139-4 昔衛武公年數九○有五矣. 146-7 以一純二精三牲四時五色六律七事八種九祭○日○二辰以致之. 150-19 ○於王. 152-3 官有○醜. 152-4 ○二年. 160-21 ○行一嬖大夫. 163-3 ○旌一將軍. 163-3 女子○七不嫁. 171-19 丈夫二○不娶. 171-20 ○年不收於國. 172-4 夫○年謀之. 178-6

【丁】 8

○丑. 86-1 ○未. 95-7 戰以錞于○寧. 103-17 昔殷武○. 147-1 武○於是作書. 147-4 若武○之神明也. 147-8 今君或者未及武○. 147-12 親就鳴鐘鼓○寧錞于振鐸. 163-10

【七】 33

太師○之. 4-25 十○年. 11-18 若○德離判. 12-7 王一舉而棄○德. 12-14 今郤至在○人之下. 19-25 是求蓋○人也. 20-1 其亦有○怨. 20-2 ○律者何. 31-5 自鶉及駟○列. 31-11 南北之揆○同. 31-12 故以○同其數. 31-14 於是乎有○律. 31-14 ○世而隕. 32-18 獻子因之○日. 42-8 衣不過○升之布. 42-8 十○年冬. 69-9 子帥○輿大夫以待我. 76-7 吾命之以負蔡之田○十萬. 78-24 歲之二○. 80-14 是故殺丕鄭及○輿大夫. 81-11 及○輿大夫. 81-22 饋○牢焉. 84-25 晉公子生十○年而亡. 89-24 ○年夏. 111-2 年過○十. 113-18 ○合諸侯. 116-25 ○合諸侯. 117-2 正○體以役心. 137-12 ○月. 147-24 以一純二精三牲四時五色六律○事八種九祭十日十二辰以致之. 150-19

所謂一純二精○事者. 151-22 爲○事. 151-24 女子十○不嫁. 171-19

【卜】 16

朕夢協朕○. 23-12 老請守龜○室之族. 49-6 獻公○伐驪戎. 62-11 我○伐驪. 63-11 決之以○筮. 69-14 ○適齊楚. 73-20 無○焉. 73-21 獻公問於○偃曰. 75-2 ○右. 82-17 又廢吉○. 83-12 夏后○. 138-4 ○請其漦而藏之. 138-5 吾以○之於天. 158-10 請貞於陽○. 164-7 日臣嘗○於天. 165-17 我筬○筮矣. 165-19

【八】 28

太史○之. 4-25 ○年. 9-23 十○年. 12-18 ○年. 17-12 定王○年. 17-14 簡王○年. 18-11 十○王. 25-15 以遂○風. 29-19 二十○年. 33-5 爲遊士○十人. 57-25 有革車○百乘. 58-21 ○年. 75-20 皆○也. 93-25 得泰之○. 94-24 詢于○虞. 100-16 奈夫○疾何. 100-23 女樂二○. 116-22 公錫魏絳女樂一○. 116-23 於今○年. 116-25 ○年之中. 117-2 於今○年矣. 125-9 ○年之謂多矣. 125-13 夫○郤. 127-3 其後○姓. 136-14 平○索以成人. 137-12 幽王○年而桓公爲司徒. 139-4 以一純二精三牲四時五色六律七事○種九祭十日十二辰以致之. 150-19 越人飾美女○人. 171-4

【人】 599

不忝前○. 1-15 ○三爲衆. 2-14 國○謗王. 2-18 國○莫敢言. 2-19 傷○必多. 2-22 庶○傳語. 2-25 夫王○者. 3-11 使神○百物. 3-12 國○圍之. 3-18 鬱○薦鬯. 4-11 犧○薦醴. 4-12 庶○終食. 4-18 及魯○殺懿公. 5-18 其惠足以同其民○. 7-8 ○必違之. 8-10 余一○有罪. 8-19 在余一○. 8-20 則惟余一○. 8-21 庶○工商. 9-9 ○亦將誣之. 9-21 ○亦將替之. 9-21 而晉○殺懷公. 9-24 秦○殺子金子公. 9-24 艾○必豐. 10-14 鄭○伐滑. 11-4 鄭○執之. 11-4 古○有言曰. 11-5 侮○百里. 11-6 王德狄○. 11-19 夫○奉利而歸諸上. 12-6 狄○來誅. 12-18 故以其黨啓狄○. 12-21 狄○遂入周. 12-21 余一○僅亦守府. 13-7 以非余一○. 13-8 余一○豈敢有愛. 13-8 余一○其流辟. 13-10 陽○不服. 13-17 而蔑殺其民○. 13-20 晉○執衛成公. 14-4 晉○乃歸衛侯. 14-10 晉○敗諸崤. 14-16 余一○敢設飫禘焉. 14-25 而使舌○體委與之. 15-3 候○爲導. 16-18 虞○入材. 16-20 甸○積薪. 16-20 廩○獻餼. 16-21 工○展車. 16-21 且夫○臣而侈. 18-3 宜觸冒○. 18-15 若貪陵之○來. 18-15 故聖○之施舍也議之. 18-16 禮如行○. 18-18 非○也. 19-9 ○有言曰. 19-20 惡其蓋○也. 19-21 夫○性. 19-21 求蓋○. 19-22 故聖○貴讓. 19-22 是則聖○知民之不可加也. 19-24 今郤至在七○之下. 19-25 是求蓋七○也. 20-1 乘○不義. 20-6 寡○懼不免於晉. 21-10 抑○故也. 21-11 晉之寵○也. 21-22 犯則陵○. 22-1 迂則誣○. 22-2 伐則掩○. 22-2 以招○過. 22-4 唯善○能受盡言. 22-4 且夫長翟之○. 22-6 齊○殺國武子. 22-10 言仁必及○. 22-13 愛○能仁. 22-21 以養物豐民○也. 24-14 ○有言曰. 25-5 無過亂○之門. 25-5 是以○夷其宗廟. 25-20 畎畝之○. 25-24 多寵○. 26-8 廣裕民○之謂也. 27-6 可謂廣裕民○矣. 27-8 以混厚民○者. 27-9 故聖○樹德於民以除之. 27-22 是去其藏而翳其○也. 28-7 不過一○之所勝. 28-16 故聖○慎之. 28-18 聖○保樂而愛財. 29-12 ○民龢利. 29-21 以合神○. 30-1 伶○告和. 30-4 所以安靖神○. 30-17 所以宣布哲○之令德. 30-19 凡○神. 31-12 而○曰憚其犧也. 31-25 ○犧實難. 32-1 抑其惡爲○用也乎. 32-1 ○異於是. 32-2 實用○也. 32-2 以遺後之○. 32-10 不足以遺後之○. 32-12 誰○. 32-24 晉○以爲討. 33-5 而小○務力. 34-7 遺後之○法. 35-3 宗○夏父展曰. 35-8 齊○歸其玉而予之糴. 36-5 小○恐矣. 36-15 晉○執衛成公. 36-24 今晉○鴆衛侯不死. 37-4 重館○告曰. 37-17 重館○之力也. 37-22 臧文仲使國○祭之. 37-25 商○禘舜而祖契. 38-14 周○禘嚳而郊稷. 38-15 商○報焉. 38-17 周○報焉. 38-17 及前哲令德之○. 38-19 唯里○所命次. 39-12 犯○道二. 40-5 宣公使僕○. 40-10 僕○以里革對. 40-15 寡○實貪. 40-19 焉能予○之邑. 41-17 晉○殺厲公. 41-20 邊○以告. 41-20 夫君○者. 41-21 ○其以子爲愛. 42-4 然吾觀國○. 42-5 ○之父兄食麤衣惡. 42-6 無乃非相○乎. 42-6 晉侯使行○問焉. 43-4 夫苦匏不材於○. 44-7 魯○以莒○先濟. 44-9 非爲一○也. 44-10 夫義○者. 44-14 而亟於前之○. 44-18 卞○將畔. 45-7 二○執戈先焉. 45-13 莒○告于會. 45-24 楚○將以叔孫穆子爲戮. 45-24 楚○乃赦之. 46-8 其○曰. 46-9 必毒於○. 46-16 晉○執平子. 46-19 齊○閒晉之禍. 46-21 無有處○. 46-23 而使夫○怒也. 47-19 魯夫○辭而復之. 47-19 婦○治其業焉. 47-25 自庶○以下. 48-16 公侯之夫○. 48-18 小○勞力. 48-21 猶恐忘先○之業. 48-22 必無廢先○. 48-24 不過宗○. 49-7 今爲大○. 50-3 ○長之極幾何. 50-4 陳惠公使○以隼如仲尼之館. 50-9 以示後○. 50-13 子服景伯戒宰○曰. 50-17 今吾子之戒吏○曰. 50-23 射寡○中鉤. 52-10 使○請諸魯. 52-14 定○之居若何. 54-20 鄉有良○焉. 55-11 故五○爲伍. 55-11 故五十○爲小戎. 55-12 故二百○爲卒. 55-13 故二千○爲旅. 55-13 鄉良○帥之. 55-13 故萬○爲一軍. 55-14 伍之○. 55-17 ○與○相疇. 55-17 君有此士也三萬○. 55-21 有○居我官. 56-9 爲遊士八十○. 57-25 余一○之命. 59-14 魯有夫○慶父之亂. 59-22 狄○攻邢. 59-24 狄○攻衛. 59-25 衛○出廬于曹. 59-25 ○之道也. 62-8 臣敢以私利廢○之道. 62-8 口在寡○. 62-14 寡○弗受. 62-14 立以爲夫○. 62-16 有施○以妹喜女焉. 63-3 褒○以褒姒女焉. 63-6 申○鄫○. 63-9 非○不免難. 64-2 不可謂得○. 64-3 棄○失謀. 64-6 吾觀君夫○也. 64-6 爲○而已. 64-8 立以爲夫○. 64-12 君以驪姬爲夫○. 64-17 廢○以自成. 65-15 夫○知極. 66-5 其爲○也. 66-7 又不忍○. 66-8 不忍○. 66-8 寡○在上. 67-1 寡○有子而制焉. 67-10 語○曰. 67-13 爲○子者. 67-18 爲○臣者. 67-19 吾聞之外○言曰. 68-1 殺親無惡於○. 68-6 ○孰去之. 68-6 僕○贊聞之. 69-2 寡○聞之. 69-13 夫爲○子者. 69-18 狄○出逆. 70-3 ○皆集於苑. 71-14 其母爲夫○. 71-16 且○中心唯無忌之. 72-6 因驕以制○家. 72-9 爲廢○以自利也. 72-10 利方以求成○. 72-10 唯與讒○鈞是惡也. 72-22 ○謂申生曰. 73-2 況國○乎. 73-9 忍父而求好○. 73-9 ○孰好之. 73-10 殺父以求利○. 73-10 ○孰利之. 73-10 有神○面白毛虎爪. 74-8 且使國○賀夢. 74-11 今君施其所惡於○. 74-23 宋○伐之. 75-20 死○復生不悔. 76-1 生○不媿. 76-1 而誣國○. 76-11 ○曰. 76-19 子惠顧亡○. 77-5 子厚賂秦○以求入. 77-11 罪○克伏其辜. 77-22 及其民○. 77-25 寡○聞之. 78-10 亡○無親. 78-12 ○孰仁我. 78-13 ○實有之. 78-13 ○孰信我. 78-13 秦○勤我矣. 78-19 亡○無猾潔. 78-19 ○實有之. 78-20 亡○苟入. 78-25 亡○何國之與有. 79-1 亡○之所懷挾纓纕. 79-3 亡○無黨. 79-14 輿○誦之. 80-4 國○誦之曰. 80-11 孰是○斯. 80-11 夫○美於中. 80-16 使寡○過殺我社稷之鎮. 80-23 秦○殺冀芮而施之. 81-3 謀而困○. 81-19 失衆安能殺○. 81-23 已失○. 82-2 寡○其君是惡. 82-3 寡○未之敢忘. 82-25 寡○有衆. 82-25 寡○之願也. 83-1 寡○將無所避. 83-1 寡○之憂也. 83-2 寡○未敢忘. 83-3 寡○將親見. 83-3 令國○於朝曰. 84-6 秦將歸寡○. 84-7 寡○不足以辱社稷. 84-7 其小○不念其君之罪. 84-16 小○曰不免. 84-21 小○忌而不思. 84-21 又重之以誤○. 85-3 有○能坐待刑. 86-1 晉○殺懷公於高梁. 86-3 遠○入服. 87-10 乞食於野○. 87-12 野○舉塊以與之. 87-12 ○不求及. 88-7 ○誰獲安. 88-8 ○之多言. 88-9 非○也. 88-15 實紀商○. 88-16 善○也. 89-4 小○是懼. 89-10 賢○也. 89-14 以相一○. 89-14 卿材三○從之. 89-25 此三○者. 90-10 同出九○. 90-18 亡○而國薦之. 91-7 秦伯歸女五○. 91-23 寡○之適. 91-24 寡○之罪也. 92-2 黃帝之子二十五○. 92-3 二○而已. 92-4 其得姓者十四○. 92-6 道路之○也. 92-22 將有請於○. 92-25 欲○之愛己也. 93-1 必先愛○. 93-1 欲○之從己也. 93-1 必先從○. 93-1 無德於○. 93-2 而求用於○. 93-2 豈專在寡○乎. 93-21 晉○是居. 94-21 晉○懼. 95-3 獻公使寺○勃鞮伐公於蒲城. 95-9 蒲○狄○. 95-17 罪戾之○也. 95-24 公及夫○嬴氏. 96-11 秦伯納衛三千○. 96-11 庶○食力. 96-20 而又不能宗○. 96-25 ○將焉依. 96-25 陽○不服. 97-11 陽○未狎君德. 97-12 陽○有夏商之嗣典. 97-12 迺出陽○. 97-16 何以使○. 97-19 宋○使門尹班. 97-22 宋○告急. 97-22 以賜宋○. 97-25 是故以曹田衛田賜宋○. 98-2 難以擊○. 98-8 鄭○以名寶行成. 98-18 鄭○以詹予晉. 98-20 晉○將烹之. 98-21 鄭○以詹伯爲將軍. 99-2 故○生而學. 100-22 臣得賢○. 102-6 趙孟使○以其乘車干行. 103-1 宋○弑昭公. 103-10 今宋○弑其君. 103-11 今宋○弑其君. 103-19 齊頃公使婦○觀而笑之. 104-3 干○之怒. 104-5 而三掩○於朝. 104-11 韓獻子將斬○. 104-13 則恐國○之屬耳目於我也. 104-25 以整御○. 105-10 絳○也. 105-15 此謂成○. 107-14 成○在始與善. 107-14 ○之有冠. 107-16 亡○之言也. 108-4 而遠○以其方賄歸之. 108-9 晉○欲爭鄭. 109-2 吾聞之爲○臣者. 109-3 君○者. 109-7 今吾外刑乎大○. 109-11 且唯聖○能無外患. 109-13 詎非聖○. 109-14 且唯聖○. 109-20 詎非聖○. 109-20 而益婦○田. 109-23 將與幾○. 109-25 遂與荆○戰於鄢陵. 110-10 納其室以分婦○. 110-12 於是乎國○不蠲. 110-12 郤至使○勸王戰. 111-3 欒書使○謂孫周曰. 111-9 武○不亂. 111-14 智○不詐. 111-14 仁○不黨. 111-14 ○有言曰. 112-4 抑○之有元君. 113-6 使茲四○者爲之. 114-16 使茲四○者. 114-21 寡○屬諸侯. 115-15 魏絳戮寡○之弟. 115-15 授僕○書而伏劍. 115-17 僕○授公. 115-17 寡○之言. 115-20 請無重寡○之過. 115-21 ○有言曰. 115-23 猶得獸而失○也. 116-7 不廢其先○之職. 116-18 納女工妾三十○. 116-22 子教寡○. 116-24 寡○無不得志. 117-1 寡○無以待戎. 117-4 君掄賢○之後. 118-11 ○孰偷生. 118-13 遂令於國○曰. 119-5 ○有言曰. 119-25 旅○. 120-11 後之○可則. 121-7 叔向命召行○子員. 122-9 行○子朱曰. 122-9 ○救之. 122-16 楚○不敢謀. 123-4 楚○固請先歃. 123-6 乃先楚○. 123-14 魯○食言. 123-16 其爲○也. 123-19 有○不難以死. 124-2 善○在位患. 124-4 惡○在位. 124-5 匠○請皆斲之. 124-11 其次疾○. 125-14 不知○殺乎. 126-10 鼓○或請以城叛. 128-14 令鼓○各復其所. 128-23 魯○以其鄉對. 129-11 ○不可以不學. 129-12 ○之有學也. 129-13 猶庇廕○. 129-14 魯孟獻子有鬬臣五○. 129-21 梗陽○有獄. 129-23 二○朝. 129-

25 ○有言曰. 130-2 小○也. 130-3 願以小○之腹. 130-5 乃辭梗陽○. 130-6 以隨宰○. 130-10 ○之道也. 131-3 吾幾不爲○矣. 131-5 鄭○擊我. 131-8 擊○盡殪. 131-11 ○之所願也. 132-2 而問及小○. 132-14 又求賢○. 132-14 唯○不能. 132-17 君子哀無○. 132-18 ○之化也. 132-22 勝左○中○. 132-24 遽○來告. 132-24 瑤之賢於○者五. 133-7 以其五賢陵○. 133-10 臣懼其不安○也. 133-17 一○三失. 133-24 而恥○之君相. 134-1 皆能害○. 134-3 甚得周衆與東土之○. 135-4 則皆蠻荊戎狄之○也. 135-11 夫荆子熊嚴生子四○. 135-23 以衣食民○者也. 136-12 禿姓舟○. 136-17 平八索以成○. 137-12 讒諂巧從之○也. 137-20 此○也. 138-1 褒○之神. 138-3 王使婦○不幃而譟之. 138-8 褒○褒姁有獄. 138-12 申○弗畀. 138-17 善○將至. 140-7 非○也. 141-7 庶○有魚炙之薦. 141-23 晉○用之. 142-11 晉○用之. 142-20 晉○用之. 142-23 晉○用之. 143-7 使其子狐庸爲行○於吳. 143-7 晉○又用之矣. 143-13 亡○得生. 143-15 櫟○寔使鄭子不得其位. 145-10 陳蔡及不羹○納棄疾而弑靈王. 146-1 使以象旁求聖○. 147-11 輿○誦. 147-15 夫○作享. 149-22 庶○食菜. 150-15 士庶○舍時. 151-5 士庶○不過其祖. 151-7 夫○必自春其盛. 151-17 況其下之○. 151-18 至於庶○. 151-19 ○謂子文曰. 152-16 ○生求富. 152-16 吳○入楚. 153-5 吳○入楚. 153-15 非○也. 153-17 吾先○以善事君. 153-20 焉能敗○. 154-14 明王聖○能制議百物. 155-5 子之仁○. 155-16 子西使○召王孫勝. 155-18 其爲○也. 155-21 以謀蓋○. 155-23 足以得○. 156-2 動而得○. 156-10 ○好之則偪. 156-15 必用姦○. 156-18 ○有言曰. 156-22 怨賊之○也. 156-22 魯圉○犨. 157-2 ○求多聞善敗. 157-4 夫一○善射. 158-8 繄起死○而肉白骨也. 158-17 草鄙之○. 158-19 民○離落. 159-15 猶○之有腹心之疾也. 160-2 王其盍亦鑑於○. 160-6 乃見其涓○疇. 160-12 越○必來襲我. 160-19 齊○與戰於艾陵. 160-21 吳○有功. 160-21 吳王夫差既勝齊○於艾陵. 160-23 乃使行○奚斯釋言於齊. 160-23 寡○帥師不腆吳國之役. 160-23 陳士卒百○. 163-1 萬○以爲方陣. 163-4 與王士五○. 163-25 以顧在余一○. 164-9 昔者楚○爲不道. 164-21 明紹享余一○. 165-10 余一○兼受而介福. 165-13 ○事又見. 165-19 國○欲告者來告. 167-6 王乃入命夫○. 167-9 夫○向屏. 167-9 夫○送王. 167-11 有兄弟四五○. 168-2 子有昆弟四五○. 168-2 擇子之所欲歸者一○. 168-3 於是○有致死之心. 168-8 以其私卒君子六千○爲中軍. 168-12 越○分爲二師. 168-15 使○行成. 168-20 因使○告於吳王曰. 168-25 寡○其達王於甬句東. 169-2 凡吳土地○民. 169-4 使○說於子胥曰. 169-5 有能助寡○謀而退吳者. 170-5 臣聞之賈○. 170-6 有帶甲五千○. 170-17 是以帶甲萬○事君也. 170-18 與其殺是○也. 170-19 陸○居陸. 170-23 水○居水. 170-23 越○飾美女八○. 171-4 句踐說於國○曰. 171-8 寡○不知其力之不足也. 171-8 此則寡○之罪也. 171-9 寡○請更. 171-10 宦士三百○於吳. 171-12 寡○聞. 171-17 今寡○不能. 171-18 生三○. 171-22 生二○. 171-22 非其夫○之所織. 172-4 寡○之罪也. 172-8 如寡○者. 172-9 寡○聞古之賢君. 172-12 今寡○將助天威之. 172-14 國○皆勸. 172-18 寡○之師徒. 172-20 寡○禮先壹飯矣. 172-24 亦寡○之願也. 172-25 寡○請死. 173-1 定傾者與○. 174-6 夫聖○隨時以行. 174-7 弗爲○客. 174-8 ○事不起. 174-8 而先爲○客. 174-9 ○事不起. 174-9 而不和於○. 174-10 始於○者. 174-13 ○之所卒也. 174-14 定傾者與○. 174-17 與○奈何. 174-18 吳○不許. 174-21 吳○許諾. 175-1 而吳○遣之. 175-5 天因○. 175-19 聖○因天. 175-19 ○自生之. 175-19 聖○因而成之. 175-20 先○就世. 175-23 吳○之那不穀. 175-25 聖○不出. 176-8 ○事至矣. 176-9 ○事未盡也. 176-16 吾與子言○事. 176-18 子應我以○事. 176-18 夫○事. 176-19 猶救火追亡○也. 177-2 吳○聞之. 177-4 用○無藝. 177-14 宜爲○客. 177-18 宜爲○主. 177-19 聖○之功. 177-25 先○有言曰. 178-2 先○有言曰. 178-11 余雖靦然而○面哉. 178-15 君王已委制於執事之○矣. 178-17 無使執事之○. 178-18 爲○臣者. 178-23

【入】 112

場協○. 6-3 是則少多死生出○往來者. 6-3 鄭伯將王自圉門○. 7-4 虢叔自北門○. 7-4 王乃○也. 7-5 晉侯端委以○. 10-3 臣○晉境. 10-13 狄人遂○周. 12-21 ○險而脫. 14-15 虞人○材. 16-20 賓○如歸. 16-22 楚子○陳. 17-13 是不相○也. 27-18 則味○不精. 29-5 出○受事之幣. 39-17 而又求○焉. 45-4 君其○也. 45-5 將不○矣. 45-20 弗應而○. 47-22 而○見. 47-22 日○. 48-12 陷而○於恭. 50-17 陷而○於恭. 50-23 賦里以○. 51-4 垂櫜而○. 60-8 其○也必甘受. 62-15 有釁則敵○. 67-8 敵○而凶. 67-8 與其勤而不○. 67-16 吾誰鄉而○. 73-4 且夫偕出偕○難. 74-4 可使無○. 76-8 子盍○乎. 76-23 因亂以○. 77-1 因亂以○. 77-1 子厚賂秦人以求○. 77-11 非亂何○. 77-12 無愛虛以求○. 77-15 既○而後圖聚. 77-15 亡人苟○. 78-25 且○河外列城五. 79-2 惠公○. 80-4 公子重耳其○乎. 80-18 若○. 80-19 及文公○. 81-3 可以○乎. 81-15 丕鄭○. 81-16 夫子之○. 81-17 行將安○. 81-19 ○也煩已. 82-21 昔君之未○. 83-2 君○而列未成. 83-2 吾君之○也. 84-23 始○而報德. 85-8 ○處不安. 85-15 ○不能治. 85-16 乃○絳. 86-2 遠人○服. 87-10 必先有○焉. 93-1 而以參○. 94-25 公○于晉師. 95-6 ○于曲沃. 95-7 ○絳. 95-7 及○. 95-10 故○. 95-15 公○. 96-7 王○于成周. 97-6 藏出如○. 99-7 教將不○. 100-11 非學不○. 100-23 范文子後○. 104-23 乃盟而○. 113-15 則婉而○. 114-20 欒盈晝○. 119-6 范宣子以公○于襄公之宮. 119-7 今夢黃熊○於寢門. 126-9 以○于羽淵. 126-13 而後○. 130-19 雀○于海爲蛤. 132-16 雉○于淮爲蜃. 132-16 不可○也. 135-13 收經○. 137-13 收經○以食兆民. 137-14 以○于王府. 138-9 而以爲○於王. 138-12 以○於河. 147-2 是以其○也. 147-16 百姓千品萬官億醜兆民經○畡數以奉之. 150-21 所謂百姓千品萬官億醜兆民經○畡數者. 152-1 王取經○焉. 152-5 吳人○楚. 153-5 吳人○楚. 153-15 既能得○. 156-7 以胡公○於貝水. 157-1 將○殺之. 157-11 帥方城之外以○. 157-11 其臣箴諫以不○. 160-7 乃匍匐將○於棘闈. 160-14 乃○芋尹申亥氏焉. 160-15 以見越之○. 161-18 ○其郛. 162-2 既而皆○其地. 162-22 貢獻莫○. 163-16 大則越○吳. 164-3 王乃○命夫人. 167-9 外政無○. 167-10 外政無○. 167-15 越師遂○吳國. 168-19 宋鄭魯衛陳蔡執玉之君皆○朝. 169-7 與范蠡○官於吳. 175-4 ○則酒荒. 175-25 臣不復○越國矣. 178-21

【乂】 1

猶自謂未○. 147-10

【几】 2

布○筵. 10-2 倚○有誦訓之諫. 146-11

【九】 41

先時○日. 4-4 距今○日. 4-7 宗伯○之. 5-1 三十○年. 5-10 十○年. 8-12 饋○牢. 10-1 內官不過○御. 13-3 外官不過○品. 13-3 ○月除道. 16-6 ○年. 17-13 封崇○山. 24-6 決汩○川. 24-7 陂鄣○澤. 24-7 豐殖○藪. 24-7 汩越○原. 24-7 宅居○隩. 24-8 所以宣養六氣○德也. 30-15 所以詠歌○則. 30-18 共工氏之伯○有也. 38-7 能平○土. 38-7 及○州名山川澤. 38-21 與三公○卿. 48-9 監○御. 48-12 通道于○夷百蠻. 50-10 ○妃六嬪. 53-4 龍旗○旒. 59-20 其○月十月之交乎. 75-4 同出○人. 90-18 ○獻. 91-6 趙文子與叔向遊於○原. 124-14 吾○上○下. 131-10 謝西之○州. 137-1 建○紀以立純德. 137-12 故王者居○畡之田. 137-14 ○年而王室始騷. 139-4 昔衛武公年數○十有五矣. 146-7 ○黎亂德. 149-22 三苗復○黎之德. 150-5 以一純二精三牲四時五色六律七事八種○祭十日十二辰以致之. 150-19 天子之田○畡. 152-4

【刀】 3

有斧鉞○墨之民. 9-13 中刑用○鋸. 37-2 今吾司寇之○鋸日弊. 109-8

【力】 60

鄭武莊有大勳○于平桓. 11-8 然則民莫不審固其心○. 12-5 旅○方剛. 19-6 是吾○也. 19-11 以爲己○. 20-5 饗民之勳○. 25-22 民○彫盡. 28-2 民以心○. 29-2 不知所○. 29-7 罷民○. 30-2 而小人務○. 34-7 重館人之○也. 37-22 小人勞○. 48-21 誰敢淫心舍○. 48-22 籍田以○. 51-3 任○以夫. 51-4 有拳勇股肱之○. 56-1 有拳勇股肱之○. 57-11 與諸侯戮○同心. 59-4 報賜以○. 62-8 竭○以役事. 65-5 務施與○. 75-7 ○有所能. 75-25 蓄○一紀. 87-8 戮○一心. 90-22 君之○也. 93-17 唯○所及. 95-18 庶人食○. 96-20 則文王非專教誨之○也. 100-21 子之○也夫. 105-2 克也何○之有焉. 105-3 子之○也夫. 105-3 燮也何○之有焉. 105-5 子之○也夫. 105-6 書也何○之有焉. 105-7 吾君將伐智而多○. 109-22 君伐智而多○. 110-10 知荀賓之有○而不暴也. 114-13 有○於先君. 119-5 其臣不心競而○爭. 122-17 量○而進. 128-20 聞牛談有○. 131-24 勤之以○. 132-5 射御足○則賢. 133-8 民罷○以完之. 134-11 民○不堪. 150-23 致○於神. 151-20 其獨何○以待之. 153-3 好罷民○. 154-12 此則大夫之○也. 161-4 以○征一二兄弟之國. 163-20 戮○同德. 165-12 筋○不足以勝甲兵. 168-6 寡人不知其○之不足也. 171-8 其有敢不盡○者乎. 172-11 用○甚少. 175-21 彼將同其○. 176-20 民將盡其○. 176-22 剛彊而○疾. 177-18 剛彊而○疾. 177-21

【乃】 228

其無○廢先王之訓. 2-9 ○不敢言. 2-20 ○流王於彘. 3-7 ○以其子代宣王. 3-21 土○脉發. 4-3 穀○不殖. 4-6 王○使司徒. 4-7 王○淳濯饗醴. 4-11 饗醴○行. 4-12 ○命其旅曰. 4-23 ○能媚於神. 5-6 ○命魯孝公於夷宮. 5-24 ○料民於太原. 5-25 ○廢滅. 6-9 幽王○滅. 6-20 周○東遷. 6-21 王○入也. 7-5 則闔○內侮. 11-7 無○不可乎. 11-11 利○外矣. 11-12 其無○階禍乎. 11-21 民○攜貳. 12-7 ○以其屬死之. 12-20 王○出居于鄭. 12-22 無○玩而頓乎. 13-23 ○出陽民. 14-3 無○不可乎. 14-6 晉人○歸衛侯. 14-10 ○講聚三代之典禮. 15-17 ○可以長保民矣. 17-21 ○逐叔孫僑如. 22-8 無○實有所避. 25-3 無○不可乎. 25-4 其無○章禍. 25-10 無○不可乎. 27-20 齊侯○許爲平而還. 36-22 隱○諱也. 37-2 ○免衛侯. 37-11 ○出而爵之.

37-24 無○違乎. 39-18 無○不可乎. 40-2 ○舍之. 40-20 無○非相人乎. 42-6 無○不可乎. 44-2 ○遂行. 44-23 ○歸. 45-6 楚人○赦之. 46-8 ○出見之. 46-11 其無○得蠻夷而失諸侯之信乎. 47-4 ○歸平子. 47-6 無○罪乎. 47-23 三大夫○別. 65-9 猛足○言於太子曰. 65-11 ○伐翟柤. 66-1 ○易殘也. 66-6 無○難遷乎. 66-9 ○可以威民而懼戎. 66-17 ○城曲沃. 66-19 ○生之言. 66-21 ○言於公曰. 66-25 無○不可乎. 67-1 楝成○制之. 67-11 無○以國故. 67-23○其釋君. 68-13 ○可厚圖也. 68-23 ○具. 71-12 ○歌曰. 71-14 ○可閒也. 72-4 難○成. 72-11 ○祭于曲沃. 72-13 ○寘鴆于酒. 72-14 ○逮于讒. 72-22 申生○雉經于新城之廟. 73-11 ○使猛足言於狐突曰. 73-12 ○立奚齊. 73-19 ○遂之狄. 74-1 ○遂之梁. 74-6 吾○今知之. 74-13 虢○亡. 74-19 虞○亡. 75-1 公○還. 75-14○使梁由靡告于秦穆公. 77-19 ○召大夫子明. 78-4 ○使公子縶弔公子重耳于狄. 78-8 ○背秦賂. 81-5 ○謂穆公曰. 81-7 無○不可乎. 83-24 ○使郤乞告呂甥. 84-6 ○改館晉君. 84-25 ○入絳. 86-2 秦○召重耳於楚而納之. 86-3 ○行. 87-12 ○能威民. 88-11 無○不可乎. 89-3 無○不可乎. 90-4 無○不可乎. 91-2 ○能攝固. 92-21 ○歸女. 93-3 ○求見. 96-7 ○行賂于草中之戎. 97-1 無○非禮乎. 97-12 ○去之. 97-20 宋衆無○彊乎. 98-7 ○就京. 98-25 ○命弗殺. 99-1 ○使欒枝將下軍. 99-13 ○使狐毛將上軍. 99-17 ○使先且居將上軍. 99-20 ○使趙衰佐新上軍. 99-25 ○納襄王于周. 101-5 ○伐原. 101-6 ○大蒐于被廬. 101-7 今○得之. 102-13 ○有賈季之難. 102-23 吾○今知免於罪矣. 103-9 ○發令于太廟. 103-13 ○使旁告於諸侯. 103-20 ○老. 104-7 ○左幷轡. 104-21 ○將若何. 105-16 無○傷乎. 108-24 ○納孫周而立之. 111-17 ○奔狄. 111-24 ○召韓獻子. 112-1 ○止. 112-8 無○不堪君訓. 113-13 ○盟而入. 113-15 ○使爲司馬. 116-20 ○召叔向. 117-10 ○厚其外交而勉之. 119-3 ○遣之. 119-20 ○還. 119-23 ○益和田. 121-11 ○趣赦之. 122-2 ○先楚人. 123-14 ○均其祿. 126-6 ○使行. 129-8 ○辭梗陽人. 130-6 ○釋之. 130-12 簡子○還. 131-21 ○非良臣也. 132-9 無○不可乎. 134-1 ○有晉陽之難. 134-4 ○走晉陽. 134-14 盡○棄矣. 137-10 ○布幣焉. 138-5 ○東寄帑與賄. 139-2 ○遂奔晉. 143-13 ○使椒鳴召其父而復之. 143-20 數年○成. 144-7 ○驟見左史. 146-21 啓○心. 147-7 無○不可乎. 147-18 ○有乾谿之亂. 147-24 子期○止. 148-9 ○命南正重. 150-3 生○不殖. 151-3 ○有柏舉之戰. 153-3 無○不可乎. 153-10 王○見之. 153-14 夫○其寧. 156-12 大夫種○獻謀曰. 158-5 ○無有命矣. 158-13 ○命諸稽郢行成於吳. 158-14 ○告諸大夫曰. 159-8 ○許之成. 159-19 吳王○許之. 159-22 ○大戒師徒. 159-23 ○築臺於章華之上. 160-7 ○見其涓人疇. 160-12 ○匍匐將入於棘闈. 160-14 ○入芋尹申亥氏焉. 160-15 ○使行人奚斯釋言於齊. 160-23 ○訊申胥曰. 161-2 ○違也. 161-10 ○使取申胥之尸. 161-19 ○起師北征. 161-21 於是越王句踐○命范蠡后庸. 161-24 越王句踐○率中軍. 162-1 遇遽○至. 162-4 ○合大夫而謀曰. 162-5 王○步就王孫雒曰. 162-13○能至於吳. 162-24 ○戒. 162-25 ○令服兵擐甲. 162-25 雞鳴○定. 163-9 王○秉枹. 163-10 ○令董褐請事. 163-13 ○皆進. 164-1 ○告趙鞅曰. 164-2 晉○令董褐復命曰. 164-5 ○退就幕而會. 164-16 ○命王孫雒先與勇獲. 164-17 ○使王孫苟告勞于周. 164-21 越大夫種○唱謀曰. 165-15 ○大戒師. 165-25 ○對曰. 166-5 越王句踐○召五大夫. 166-21 大夫后庸○進對曰. 166-25 王○命有司大令於國曰. 167-5 王○命於國曰. 167-6 王○入命夫人. 167-9 ○闔左闔. 167-12 ○闔左闔. 167-16 王○之壇列. 167-18 王○命有司大徇於軍. 167-23 王○命有司大徇於軍. 168-8 越王○中分其師. 168-12 ○令左軍銜枚. 168-13 ○命左軍右軍. 168-14 ○不待旦. 168-16 越王○令其中軍. 168-16 ○遂涉而從之. 168-18 ○至於吳. 168-19 ○不許成. 168-25 ○號令於三軍曰. 170-4 然後○求謀臣. 170-9 無○後乎. 170-9○必有偶. 170-18 無○卽傷君王之所愛乎. 170-19 ○致其父母昆弟而誓之. 171-16 ○致其衆而誓之曰. 172-11 ○令大夫種行成於吳. 174-20 ○可以有天下之成利. 175-12 民○蕃滋. 175-16 然後○可以成功. 176-19 ○可以致天地之殛. 176-23 范蠡○左提鼓. 178-8

【又】 157

而○不至. 2-5 於是乎○審之以事. 6-4 ○何料焉. 6-6 其川源○塞. 6-17 ○崇立於上帝明神而敬事之. 9-6 ○鄭之縣定. 11-10 ○登叔隗以階狄. 12-16 ○不佞. 13-7 ○爲臣殺其君. 14-8 是○犯先王之令也. 17-8 吾○過於四之. 19-18 其昭穆○近. 23-1 其德○可以君國. 23-12 ○曰. 25-5 ○曰. 25-6 ○曰. 25-8 我○章之. 25-12 王○章輔禍亂. 25-17 作○不節. 26-7 而○離民以佐災. 27-19 而○奪之資. 28-7 ○鑄大鍾以鮮其繼. 28-11 ○鮮其繼. 28-11 而○將補之. 32-14 祀○不法. 34-23 而○先. 37-20 僖○未有明焉. 40-3 ○求自邇. 40-13 ○行罣罟. 41-5 王太子○長矣. 44-16 而○求入焉. 45-4 ○何謁焉. 45-10 則○可以出貨而成私欲乎. 46-3 而○小國也. 46-25 爾○在下位. 48-22 ○何訪焉. 51-8 桓公○問焉. 56-1 桓公○問焉. 56-3 桓公○親問焉. 57-8 桓公○問焉. 57-11 桓公○問焉. 57-13 故○大施忠焉. 60-12 ○增其寵. 63-10 其土○小. 63-18 然而○生男. 64-20 ○從其欲. 64-24 ○何圖焉. 65-14 而○無壯事. 66-2 ○不忍人. 66-8 ○城蒲. 66-19 ○城二屈. 66-20 ○焉得立. 67-14 ○何求焉. 67-20 ○恐削封疆. 68-20 ○知可否. 68-25 ○何患焉. 70-2 ○有甘言焉. 70-8 ○失言於衆矣. 71-7 其子○有謗. 71-17 ○譖二公子曰. 73-16 天○誑之. 74-17 ○何加焉. 75-11 而○愛吾身乎. 76-2 里克○殺卓子. 76-20 死○不敢涖喪. 77-6 ○重之以寡君之不祿. 77-21 ○重之以喪. 78-9 ○重有命. 78-15 ○何敢有他志. 78-16 今○殺臣之父. 81-22 今○薦饑. 82-2 ○失天. 82-2 而○愛其實. 82-13 今○擊之. 82-22 吾○奚言哉. 83-9 ○廢吉卜. 83-12 ○殺其君以重之. 83-19 ○曰余納有道以臨女. 83-23 齊楚○交輔之. 84-18 ○重之以誤人. 85-3 ○失有罪. 85-9 ○何求焉. 87-13 ○何以報. 91-10 鄭○甚焉. 91-20 ○何疑焉. 93-3 ○爲惠公從余於渭濱. 95-12 ○將出矣. 95-16 ○何患焉. 95-25 而○不能宗人. 96-25 其齒○長. 99-16 ○何患矣. 99-24 ○聽於民. 107-9 ○何加焉. 107-17 ○無內憂. 109-14 ○無內憂. 109-20 ○勝荊與鄭. 109-22 ○以違蠻夷重之. 110-4 ○無決. 120-20 ○免其受盟者. 124-1 ○不自退. 125-13 ○何請焉. 129-20 ○何問焉. 132-3 ○不能定. 132-7 ○求賢人. 132-14 ○弗備. 134-1 ○斃死以守之. 134-11 ○因而殺之. 134-13 禍○不克. 136-3 ○甚聰明和協. 136-3 而○無令聞. 136-19 其○何可爲乎. 138-2 則○畀之子反. 143-5 ○不圖也. 143-13 晉人○用之矣. 143-13 ○何不來爲. 143-16 ○加之以楚. 145-6 而○謗我. 146-4 白公○諫. 147-1 而○使以象夢. 147-5 ○恐其荒失遺忘. 147-11 其○以規爲瑱也. 147-23 而○能齊肅衷正. 149-7 ○求見. 153-7 今○效之. 153-10 吾聞其嗣○甚焉. 154-7 ○有左史倚相. 154-19 ○能上下說於鬼神. 154-21 ○有藪曰雲連徒洲. 154-23 其心○狷而不絜. 156-1 其○何善乎. 156-23 而○宥赦之. 158-17 而○刈亡之. 159-5 吾○何求. 159-9 ○非懾畏吾兵甲之彊也. 159-10 越王○使諸稽郢辭曰. 159-20 而○不自安恬逸. 161-4 ○不承共王命. 165-3 人事○見. 165-19 吳王若慍而○戰. 165-23 ○大敗之於沒. 168-18 ○郊敗之. 168-18 ○有美於此者. 171-5 ○何求焉. 171-6 而○與大國執讎. 171-8 父兄○請曰. 172-9 ○敗之於沒. 172-19 ○郊敗之. 172-19 ○身與之市. 174-19 亦○甚焉. 176-1 其事○將未可知也. 176-5 ○一年. 176-6 ○一年. 176-11 ○一年. 176-15 ○使之望而不得食. 176-23 ○觀其民之饑飽勞逸以參之. 177-16 王○欲許之. 178-4 ○安知是諓諓者乎. 178-15

【三】 243

有○女奔之. 2-13 夫獸○爲羣. 2-14 人○爲衆. 2-14 女○爲粲. 2-14 ○年. 3-6 各卽其齋○日. 4-11 班○之. 4-15 后稷○之. 4-24 ○時務農. 5-5 ○十九年. 5-10 ○十二年春. 5-19 西周○川皆震. 6-10 今○川實震. 6-13 ○川竭. 6-20 惠王○年. 6-22 ○年. 6-23 王子頹飲○大夫酒. 6-24 殺子頹及○大夫. 7-4 襄王○年. 9-23 ○命而後卽冕服. 10-4 施○服義. 10-12 襄王十○年. 11-4 不失此○德者. 11-15 夫○軍之所尋. 13-20 超乘者○百乘. 14-13 獲其○帥丙術視. 14-17 乃講聚○代之典禮. 15-17 不可以事○君. 18-6 勸二○君子必先導焉. 18-25 ○也. 19-4 ○陳而不整. 19-5 ○也. 19-8 吾有○伐. 19-11 吾○逐楚軍之卒. 19-11 是○子也. 19-17 敵必○讓. 19-24 且郤至何○伐之有. 20-7 有○姦以求替其上. 20-12 其君與○郤. 21-9 而聽○郤之語矣. 21-11 ○卿而五大夫. 21-22 而益之以○怨. 22-2 晉殺○郤. 22-9 十○年. 22-10 君○出焉. 23-6 ○而畀驩之孫. 23-9 必○取君於周. 23-11 ○襲焉. 23-12 以○襲也. 23-13 二十○年. 28-10 ○年之中. 29-8 ○年之中. 30-9 紀之以○. 30-13 ○曰姑洗. 30-16 ○閒仲呂. 30-22 王欲合是五位○所而用之. 31-11 所以宣○王之德也. 31-21 必有○殃. 32-24 ○也. 32-24 豈唯寡君與二○臣實受君賜. 36-3 五刑○次. 37-4 ○日. 37-25 帝嚳能序○辰以固民. 38-9 及天之○辰. 38-20 使書以爲○筴. 39-4 苦成氏有○亡. 41-14 爲怨○府. 41-17 欒及鹿鳴之○. 43-4 而後拜樂○. 43-4 今伶簫詠歌及鹿鳴之○. 43-13 季武子爲○軍. 43-20 二○子計乎. 44-21 與○公九卿. 48-9 而爲賦綠衣之○章. 49-5 二○婦之辱共先者祀. 49-10 僬僥氏長○尺. 50-4 ○釁○浴之. 53-1 以爲○官. 54-23 臣立○宰. 54-23 工立○族. 54-23 市立○鄉. 54-23 澤立○虞. 54-23 山立○衡. 54-23 ○軍. 55-14 君有此士也○萬人. 55-21 謂之○選. 56-13 ○十家爲邑. 57-1 ○鄉爲縣. 57-2 ○則不赦. 57-8 ○禁而不可上下. 58-7 一戰帥服○十一國. 58-23 乘車之會○. 59-11 桓公與之繫馬○百. 60-2 定○革. 60-20 民生於○. 62-5 雖當○季之王. 63-10 夫○季王之亡也宜. 63-16 ○五之門也. 63-20 不過○五. 63-21 二○大夫. 64-16 ○代皆然. 65-1 ○大夫乃別. 65-9 而難○公子之徒. 66-4 立太子之道○. 69-13 ○旬. 72-11 ○月. 75-1 ○屬諸侯. 75-9 存亡國○. 75-9 ○公子之徒. 75-21 ○公子之徒. 76-4 且召○大夫. 81-9 二○子皆在外而不及. 81-15 任大惡○. 81-19 ○施而無報. 82-22 公在秦○月. 84-6 君使乞告二○子曰. 84-7 二○子其改置以代圉也. 84-7 有大罪○. 85-3 司馬說進○軍之士而數慶鄭曰. 85-22 而罪○也. 85-25 ○軍之士皆在. 86-1 二○子志之. 87-14 ○十一王. 88-17 此○者. 89-3 棄○德

矣. 89-4 卿材○人從之. 89-25 此○人者. 90-10 今晉公子有○祚焉. 90-15 ○也. 90-20 獲○祚者. 90-23 其避君○舍. 91-12 ○材侍之. 91-17 二○子敬乎. 93-10 命曰○日. 95-13 秦伯納衛○千人. 96-11 令以○日之糧. 97-17 ○日. 97-17 是楚一言而有○施. 98-8 子一言而有○怨. 98-8 二○子忘在楚乎. 98-13 退○舍避楚. 98-15 夫○德者. 99-15 且居有○賞. 99-19 趙衰○讓. 99-20 夫趙衰○讓不失義. 99-23 ○日. 100-1 作○軍. 101-8 二○子可以賀我矣. 103-8 令○軍之鍾鼓必備. 103-14 爾勉從二○子. 104-7 吾知○焉. 104-10 而○掩人於朝. 104-11 ○軍之心. 104-17 ○軍從之. 104-22 ○周華不注之山. 104-22 克也以君命命○軍之士. 105-2 ○軍之士用命. 105-3 國○日哭. 105-18 若夫○郤. 108-3 ○閒也. 108-17○逐楚平王卒. 108-21 敢○肅之. 109-1 ○軍不振旅. 110-2 固有大恥○. 110-3 殺○郤而尸諸朝. 110-11 君與二○臣其戒之. 110-22 始於○郤. 111-2 既刺○郤. 111-17 長魚矯既殺○郤. 111-19 一旦而尸○卿. 111-20 ○月. 111-25 二○子不能事君. 112-5 二○子之虐也. 113-9 二○子爲令之不從. 113-10 二○子之制也. 113-11 ○年. 115-6 其利○也. 116-10 納女工妾○十人. 116-22 二○子之勞也. 117-3 二○子何勞焉. 117-4 居○年. 119-6 ○世事家. 119-12 於今○世矣. 119-15 賴○子之功. 121-10 ○軍之士暴骨. 122-13 武從二○子. 125-8 不過○年. 125-21 ○代舉之. 126-14 無以從二○子. 126-20 其家半○軍. 127-2 五大夫○卿. 127-4 ○姦同罪. 128-8 ○歎. 130-2 吾子一食之閒而○歎. 130-2 是以○歎. 130-6 ○年而智氏亡. 133-18 ○卿宴于藍臺. 133-19 一人○失. 133-24 不○稔矣. 138-21 椒舉降○拜. 142-5 則○萃以攻其王族. 143-1 今吾城○國. 145-5 是○城也. 145-22 ○年. 145-25 ○年默以思道. 147-2 故○年默以思道. 147-10 ○苗復九黎之德. 150-5 以一純二精○牲四時五色六律七事八種九祭十日十二辰以致之. 150-19 遠不過○月. 150-25 諸侯祀天地○辰. 151-6 ○事者. 151-25 昔鬬子文○舍令尹. 152-13 殺○郤於榭. 157-2 句踐用帥二○之老. 158-20 ○歲於沮汾. 160-9 ○軍叛王於乾谿. 160-10 ○日. 160-12 余不食○日矣. 160-12 爲帶甲○萬. 163-9 ○軍皆譁釦以振旅. 163-11 則不能與○軍共饑勞之殃. 166-19 謂二○子歸而不歸. 168-8 ○戰○北. 168-19 夫婦○百. 169-2 乃號令於○軍曰. 170-4○江環之. 170-22 宦士○百人於吴. 171-12 將帥二○子夫婦以蕃. 171-18 生○人. 171-22 ○年釋其政. 171-23 ○月釋其政. 171-23 民俱有○年之食. 172-5 非二○子之罪也. 172-8 億有○千. 172-13 越王句踐即位○年. 174-4 爲○者. 174-5 ○年. 175-5 時節○樂. 175-15 居軍○年. 177-22 與我爭○江五湖之利者. 178-5 環會稽○百里者. 179-5

【干】 20

載戢○戈. 1-6 以○農功. 5-5 不○所問. 5-23 而○舊職. 14-25 ○祿愷悌. 27-24 故君子得以易樂○祿焉. 27-25 若○二命. 95-13 則上下不○. 99-5 趙孟使人以其乘車○行. 103-1 ○人之怒. 104-5 公子揚○亂行於曲梁. 115-13 臣誅於揚○. 115-18 楚公子○來仕. 125-23 邢侯非其官也而○之. 128-9 是養吾疾而○吾祿也. 134-9 實與諸姬代相○也. 136-23 夫子不以其私欲○國之典. 141-24 而欲薦芰以○之. 148-9 盍求若敖氏與子○子晳之族而近之. 156-23 以○其不祥. 164-14

【于】 172

肆○時夏. 1-6 而自竄○戎狄之閒. 1-12 至○武王. 1-15 以致戎○商牧. 1-18 以至○今. 3-15 王流○彘. 3-17 日月底○天廟. 4-2 自今至○初吉. 4-4 司空除壇○籍. 4-8 庶民終○千畝. 4-15 廩○籍東南. 4-20 而時布之○農. 4-21 恪恭○農. 5-2 不解○時. 5-3 戰○千畝. 5-10 王師敗績○姜氏之戎. 5-11 蒐○農隙. 6-5 融降○崇山. 7-14 命○武宮. 10-2 以諸侯朝王○衡雍. 10-18 兄弟鬩○牆. 11-6 鄭武莊有大勳力○平桓. 11-8 王乃出居○鄭. 12-22 晉文公既定襄王○郟. 12-23 歸之○周. 14-4 晉侯使隨會聘○周. 14-18 晉既克楚○鄢. 18-20 使郤至告慶○周. 18-20 諸侯會○柯陵. 22-8 襲○休祥. 23-13 虞○湛樂. 23-25 堯用殛之○羽山. 24-3 儀之○民. 24-4 而度之○羣生. 24-5 度之○軌儀. 24-10 迄○天下. 24-18 至○今不祀. 24-23 至○今未弭. 25-11 王無亦鑒○黎苗之王. 25-17 晉羊舌肸聘○周. 26-10 布戎○牧之野. 31-18 布令○商. 31-20 田○鞏. 32-2 遂田○大陸. 33-4 若布德○民. 34-6 君盍以名器請糴○齊. 35-15 戾○弊邑. 35-23 歸之○周. 36-24 煙徹○上. 40-8 紂踣○京. 41-25 厲流○彘. 41-25 幽滅○戲. 42-1 莒人告○會. 45-24 有隼集○陳侯之庭而死. 50-7 通道○九夷百蠻. 50-10 桓公親逆之○郊. 53-1 西至○濟. 58-19 北至○河. 58-20 東至○紀酅. 58-20 以約誓○上下庶神. 59-3 至○石枕. 59-6 反胙○絳. 59-8 衛人出廬○曹. 59-25 通齊國之魚鹽○東萊. 60-13 蒸○武公. 65-10 祀至○今. 68-9 至○稷桑. 70-2 乃祭○曲沃. 72-13 歸福○絳. 72-13 乃寘鴆○酒. 72-14 寘堇○肉. 72-14 使小臣圉告○申生. 72-18 以至○死. 72-19 乃逮○譏. 72-22 申生乃雉經○新城之廟. 73-11 以至○死. 73-12 以至○死. 73-14 重耳逃○狄. 73-17 夷吾逃○梁. 73-18 而請君○秦. 76-18 告公子夷吾○梁. 77-10 盍請君○秦乎. 77-18 乃使梁由靡告○秦穆公. 77-19 天降禍○晉國. 77-20 乃使公子縶弔公子重耳○狄. 78-8 弔公子夷吾○梁. 78-18 君遂止○秦. 83-14 至○王城. 83-15 公至○絳郊. 85-7 以報○秦. 85-13 會○中原. 91-12 楚子厚幣以送公子○秦. 91-21 同○黃帝. 92-13 昔少典娶○有蟜氏. 92-13 軍○廬柳. 95-4 次○郇. 95-5 狐偃及秦晉大夫盟○郇. 95-5 公入○晉師. 95-6 入○曲沃. 95-7 即位○武宮. 95-8 刺懷公○高梁. 95-8 集○桓鉤. 95-21 脫會秦伯○王城. 96-5 居○鄭地氾. 96-22 亦使告○秦. 96-23 乃行賂○草中之戎. 97-1 右師取昭叔○温. 97-4 殺之○隰城. 97-5 左師迎王○鄭. 97-5 王入○成周. 97-6 遂定之○郟. 97-6 至○城濮. 98-16 蒐○清原. 99-21 刑○大姒. 100-14 刑○寡妻. 100-15 至○兄弟. 100-15 以御○家邦. 100-16 詢○八虞. 100-16 而諮○二虢. 100-17 惠○宗公. 100-21 乃納襄王○周. 101-5 乃大蒐○被廬. 101-7 敗楚師○城濮. 101-10 乃發令○太廟. 103-13 戰以錞○丁寧. 103-17 以至○宋. 103-21 郤獻子聘○齊. 104-3 畢陽實送州犂○荆. 106-3 大夫逆○清原. 113-5 朝○武宮. 113-16 卻退秦師○輔氏. 114-7 至○今不育. 114-9 以和○政也. 114-13 始合諸侯○虛朾. 115-4 使張老延君譽○四方. 115-4 諸侯會○雞丘. 115-7 公譽達○戎. 115-10 軍○蕭魚. 116-21 自穆侯以至○今. 118-5 范宣子以公入○襄公之宮. 119-7 射兕○徒林. 121-24 以封○晉. 121-25 諸侯之大夫盟○宋. 122-18 昔成王盟諸侯○岐陽. 123-10 殛之○羽山. 126-12 以入○羽淵. 126-13 使越○諸侯. 126-22 以泰○國. 127-3 董安○多. 130-7 敢昭告○皇祖文王烈祖康叔文祖襄公昭考靈公. 131-14 趙簡子田○螻. 131-18 以犬待○門. 131-19 雀入○海爲蛤. 132-16 雉入○淮爲蜃. 132-16 智果別族○太史. 133-12 三卿宴○藍臺. 133-19 而殺智伯○師. 134-4 以保○百姓者也. 136-11 以同○王庭. 138-3 漦流○庭. 138-7 以入○王府. 138-9 逃○褒. 138-12 襄老死○邲. 143-5 至○今爲患. 143-8 至○手拇毛脉. 145-16 至○師長士. 146-8 民匱○祀. 149-23 日月會○龍豝. 151-7 親就鳴鐘鼓丁寧錞○振鐸. 163-10 吴王夫差既退○黃池. 164-20 乃使王孫苟告勞○周. 164-21 遂至○郢. 164-25

【工】 24

百○諫. 2-25 ○協革. 6-3 庶人○商. 9-9 ○人展車. 16-21 昔共○棄此道也. 23-25 共○用滅. 24-2 稱遂共○之過. 24-3 共○氏之伯九有也. 38-7 故○史書世. 39-23 夜儆百○. 48-14 處士農○商若何. 53-16 處○. 53-17 令夫○. 53-23 故○之子恒爲○. 54-2 ○商之鄉六. 54-21 ○立三族. 54-23 ○商食官. 96-20 使○誦諫於朝. 107-9 王使○尹襄問之以弓. 108-22 納女○妾三十人. 116-22 擇臣取諫○. 137-16 宴居有師○之誦. 146-13 王命金○. 179-4

【土】 75

猶○之有山川也. 3-2 太史順時覛○. 4-1 ○氣震發. 4-2 ○乃脉發. 4-3 ○膏其動. 4-5 ○其俱動. 4-7 瞽帥音官以風○. 4-19 ○不備墾. 4-23 夫水○演而民用也. 6-15 水○無所演. 6-15 在虢○. 7-25 虢公亦使祝史請○焉. 8-8 流在裔○. 9-12 遂爲踐○之盟. 10-20 旅於裔○. 13-11 ○功其始. 16-8 其餘無非穀○. 16-13 ○之聚也. 23-18 而幽王蕩以爲魁陵糞○溝瀆. 32-20 ○發而社. 34-19 賜女○地. 36-19 其子曰后○. 38-7 能平九○. 38-7 ○蟄發. 40-22 獲如○缶. 47-7 ○之怪. 47-10 擇瘠○而處之. 48-6 沃○之民不材. 48-8 瘠○之民. 48-8 先王制○. 51-3 試諸壤○. 58-9 其○又小. 63-18 晉之啓○. 66-18 今君分之○而官之. 66-24 棄寵求廣○而竄伏焉. 72-20 汪是○也. 75-17 民以○服. 87-13 必獲此○. 87-14 其有此○乎. 87-15 所以申○也. 87-16 猶糞○也. 90-3 愛糞○以毁五常. 90-3 冀州之○. 91-16 保其○房. 92-22 ○也. 94-4 ○厚而樂其實. 94-5 啓○安疆. 97-1 與麗○之狄. 97-2 以實裔○. 101-2 子見無○而欲富者. 108-10 貴貨而易○. 116-8 予之貨而獲其○. 116-8 非事○也. 129-2 豈曰○臣. 129-2 委○可以爲師保. 131-3 其○不肥. 133-17 今○木勝. 133-17 甚得周衆與東○之人. 135-4 君之○也. 135-20 夫其子孫必光啓○. 136-5 夏禹能單平水○. 136-10 故先王以○與金木水火雜. 137-10 秦景襄於是乎取周○. 139-5 不聞其以○木之崇高彤鏤爲美. 143-23 及其○之山川. 151-7 ○氣含收. 151-8 將必越實有吴○. 160-5 而○埋之其室. 160-15 不唯下○之不康靖. 165-12 填之以○. 167-12 食○不均. 167-13 ○地之不修. 167-13 填之以○. 167-16 凡吴○地人民. 169-4 皇天后○四鄉地主正之. 179-6

【士】 84

今自大畢伯○之終也. 2-8 使公卿至於列○獻詩. 2-23 榮公爲卿○. 3-16 大夫○. 9-8 王召○季. 14-22 而叔父使○季實來修舊德. 14-24 建立卿○. 19-4 ○有陪乘. 45-18 ○朝受業. 48-15 列○之妻. 48-19 自庶○以下. 48-19 ○死之. 49-9 卑聖侮○. 53-3 戎○凍餒. 53-5 戎○待陳妾之餘. 53-6 處○農工商若何. 53-16 昔聖王之處○也. 53-17 令夫○. 53-19 故○之子恒爲○. 53-22 其秀民之能爲○者. 54-17 ○鄉十五. 54-22 君有此○也三萬人. 55-21 罷○無伍. 56-17 是故○莫敢言一朝之便. 56-19 爲遊○八十人. 57-25 以號召天下之賢○. 58-1 ○蔿曰. 64-9 出遇○蔿. 65-19 ○蔿以告. 65-25 ○蔿言

於諸大夫曰. 66-23 ○蔿對曰. 67-2 ○蔿出. 67-13 夫二國○之所圖. 76-6 鬬○衆. 82-20 鬬○是故衆. 82-22 恥大國之○於中原. 83-18 恥一國之○. 83-23 司馬說進三軍之○而數慶鄭曰. 85-22 三軍之○皆在. 86-1 ○食田. 96-19 克也以君命命三軍之○. 105-2 三軍之○用命. 105-3 以命上軍之○. 105-4 上軍之○用命. 105-5 以命下軍之○. 105-6 下軍之○用命. 105-7 盍亟索○整庇州犂焉. 105-25 且其○卒. 108-17 君知○貞子之帥志博聞. 114-11 ○魴張老交止之. 115-17 三軍之○暴骨. 122-13 ○首之. 124-9 ○景伯如楚. 128-4 東方之○. 132-11 ○茁夕焉. 133-14 而立以爲卿○. 137-20 不建立卿○. 137-22 莊王使○亹傅太子箴. 140-4 ○有豚犬之奠. 141-22 而使長鬣之○相焉. 144-10 至于師長○. 146-8 卿○患之. 147-3 ○食魚炙. 150-15 ○庶人舍時. 151-5 ○庶人不過其祖. 151-7 得一○若賞. 154-11 夫申胥華登簡報吳國之○於甲兵. 158-6 而辱軍○使寇令焉. 158-22 則吾何以春秋曜吾軍○. 159-18 戚然服○. 160-2 請王勵○. 162-19 令秣馬食○. 162-25 陳○卒百人. 163-1 與王○五人. 163-25 軍○不死. 167-14 然謀臣與爪牙之○. 170-7 ○女女於○. 170-15 宧○三百人於吳. 171-12 其達○. 171-25 四方之○來者. 172-1 請○女女於○. 174-20

【才】 9

今雖朝也不○. 16-25 咨○爲諏. 43-17 天下之○也. 52-18 今我不○. 67-19 款也不○. 72-19 成而雋○. 90-17 此爲○. 91-25 其左右皆卿○. 98-23 臣不○. 140-5

【下】 176

公行○衆. 2-14 將導利而布之上○者也. 3-11 夫○事上. 5-14 先王既有天○. 9-6 故能光有天○. 11-15 昔我先王之有天○也. 12-24 以創制天○. 13-10 以忝天○. 13-14 夫政自上○者也. 14-5 而○行之. 14-6 故上○無怨. 14-6 是無上○也. 14-7 左右皆免冑而○拜. 14-12 而廣施德於天○者也. 16-9 則可以上○無隙矣. 17-25 ○能堪其任. 18-1 方上而銳○. 18-14 見其君必○而趨. 19-12 自○軍之佐以政. 19-16 今欒伯自○軍往. 19-17 其抑○滋甚. 19-22 故王天○者. 19-25 今郤至在七人之○. 19-25 故天祚之以天○. 22-25 歸物於○. 23-19 故上○能相固. 23-24 以害天○. 24-1 高高○○. 24-6 祚以天○. 24-11 以有胤在○. 24-16 迄于天○. 24-18 ○及夏商之季. 25-18 而○不儀地. 25-19 上○議之. 26-5 ○非地德. 26-6 上○不罷. 29-21 王以黃鍾之○宮. 31-18 以太蔟之○宮. 31-19 景王既殺○門子. 31-24 訓上○之則. 34-17 在上不衈○. 35-21 昔烈山氏之有天○也. 38-5 文仲聞柳○季之言. 39-3 位○而欲上政. 41-15 是以上能征○. 43-23 ○無姦慝. 44-1 將天○是王. 45-3 自卿以○. 47-24 上○同之. 47-25 故長王天○. 48-7 自庶人以○. 48-16 自庶士以○. 48-19 自上以○. 48-21 爾又在○位. 48-22 上○有章. 49-17 足以紀綱天○者. 49-23 天○之才也. 52-18 則必得志於天○. 52-18 聖王之治天○也. 53-13 君若欲速得志於天○諸侯. 55-7 以方行於天○. 55-21 天○大國之君. 55-22 謂之○比. 56-5 ○政聽鄉. 57-5 謂之○比. 57-15 君欲從事於天○諸侯. 57-21 以號召天○之賢士. 58-1 以監其上○之所好. 58-2 三禁而不可上○. 58-7 擇天○之甚淫亂者而先征之. 58-21 以約誓于上○庶神. 59-3 無○拜. 59-16 曰爾無○拜. 59-18 恐隕越於○. 59-18 遂○拜. 59-19 桓公憂天○諸侯. 59-22 天○諸侯稱仁焉. 60-2 於是天○諸侯. 60-3 故天○諸侯. 60-7 故天○小國諸侯. 60-10 桓公知天○諸侯多與己也. 60-11 則上○既有判矣. 64-20 其○偷以幸. 65-22 有冒上而無忠○. 65-23 君臣上○. 65-23 太子申生將○軍. 66-22 而帥○軍. 67-1 ○軍. 67-1 申生在○. 67-2 ○不可以貳上. 67-2 上○左右. 67-3 ○貳代履. 67-4 若○攝上. 67-5 與上攝○. 67-5 若以○貳上. 67-7 君若求置晉君以成名於天○. 79-9 不可以廢道於天○. 82-5 天○孰弗患. 83-20 ○有直言. 85-10 與從者謀於桑○. 87-21 民之○也. 88-10 故謂之○. 88-11 公子居則○之. 90-10 車上水○. 94-10 巡於天○. 94-16 乘馹自○. 96-5 公以二軍○. 97-4 則上○不干. 99-5 乃使欒枝將○軍. 99-13 胥臣佐○軍. 99-14 胥嬰將新○軍. 99-22 使爲○軍大夫. 102-11 以命○軍之士. 105-6 ○軍之士用命. 105-7 敢歸諸○執政. 105-10 必○奔. 108-22 屬見不穀而○. 108-24 范文子將○軍. 109-16 使呂宣子將○軍. 113-20 臨○之樂. 117-6 再世以○. 119-13 博能上○比之. 120-21 上○神祇. 126-8 自卿以○. 126-15 其自桓叔以○. 127-7 ○邑之役. 130-7 吾九上九○. 131-10 使知上○之則. 140-15 ○之可以訓後世. 141-21 則上○共之. 141-23 若易中○. 142-25 吾上○必敗其左右. 143-1 上○內外小大遠近. 144-12 地有高○. 145-18 自卿以○. 146-8 其智能上○比義. 149-8 上○之神. 149-16 黎寔○地. 150-10 上○有序. 150-16 億其上○. 151-15 ○所以昭事上也. 151-15 況其○之人. 151-18 自公以○. 151-19 且夫自敵以○. 153-18 ○虐上爲弑. 153-19 上虐○爲討. 153-19 則何上○之有乎. 153-20 又能上○說於鬼神. 154-21 可○也. 156-14 ○之不懼. 156-14 ○之則懼. 156-15 若召而○之. 156-16 使○臣郢. 158-15 敢私告於○執事曰. 158-15 以重得罪於○執事. 158-19 以明聞於天○. 159-5 則何實以事吳敢使○臣盡辭. 159-6 而高高○○. 160-17 則何以使○國勝. 161-1 孤以○密邇於天子. 164-7 敢使苟告於○執事. 165-8 不唯○土之不康靖. 165-12 無以銓度天○之衆寡. 166-18 孤何以視於天○. 169-5 夫唯能○其羣臣. 169-8 使其○臣種. 170-13 私於○執事. 170-13 若水之歸○也. 171-17 余何面目以視於天○乎. 173-1 以度天○. 175-9 乃可以有天○之成利. 175-12 君臣上○. 175-16 上○相偷. 176-8 其君臣上○. 176-20

【寸】 1

不過步武尺○之間. 28-14

【大】 400

故能保世以滋○. 1-9 ○惡於民. 1-17 今自○畢伯士之終也. 2-8 而不知○難. 3-9 而不備○難. 3-11 ○雅曰. 3-14 夫民之○事在農. 3-23 是故稷爲○官. 4-1 命農○夫. 4-9 王歆○牢. 4-18 王則○徇. 5-1 而棄其○功. 5-8 不謂其少而○料之. 6-7 王子頹飲三○夫酒. 6-24 禍孰○焉. 7-3 殺子頹及三○夫. 7-4 民之所急在○事. 8-22 先王知○事之必以濟衆也. 8-23 ○夫士. 9-8 任重享○者必速及. 9-20 ○臣享其祿. 9-22 鄭武莊有○勳力于平桓. 11-8 是以小怨置○德也. 11-10 由○任. 11-21 杞繒由○姒. 11-21 齊許申呂由○姜. 11-22 陳由○姬. 11-22 而班先王之○物. 13-7 叔父若能光裕○德. 13-9 ○物其未可改也. 13-13 余何敢以私勞變前之○章. 13-14 今將○泯其宗祊. 13-19 建○德昭○物也. 15-10 陳侯不有○咎. 16-2 是故小○莫不懷愛. 16-22 我○姬之後也. 17-6 居○國之間. 17-10 發幣於○夫. 17-14 王問魯○夫孰賢. 17-16 必○得諸侯. 18-25 昔先○夫荀伯. 19-16 民之○事也. 21-15 三卿而五○夫. 21-22 吾聞之○誓. 23-12 ○不從象. 26-5 王室○亂. 26-8 發幣於○夫. 26-10 將鑄○錢. 27-11 小○利之. 27-15 卒鑄○錢. 28-9 而爲之○林. 28-10 又鑄○鍾以鮮其繼. 28-11 ○不出鈞. 28-17 小○器用. 28-18 ○不踰宮. 29-11 輕者從○. 29-13 細○不踰曰平. 29-18 細抑○陵. 29-23 卒鑄○鍾. 30-4 元閒○呂. 30-20 昭其○也. 31-1 ○鈞有鎛無鍾. 31-2 甚○無鎛. 31-2 ○昭小鳴. 31-2 則我皇妣○姜之姪. 31-8 昭明○節而已. 32-10 高山廣川○藪也. 32-20 其殃○矣. 33-2 魏獻子合諸侯之○夫於狄泉. 33-3 遂田于○陸. 33-4 卿○夫佐之. 34-22 公使○夫宗婦覿. 35-8 國之○節也. 35-12 ○懼乏周公太公之命祀. 35-24 處○教小. 36-8 處小事○. 36-8 以怒○國. 36-9 ○刑用甲兵. 37-2 故○者陳之原野. 37-3 其章○矣. 37-23 國之○節也. 38-1 能禦○災則祀之. 38-4 能扞○患則祀之. 38-4 高圉○王. 38-17 海多○風. 39-3 古者○寒降. 40-21 而無○德. 41-13 無○功而欲○祿. 41-15 ○夫莫對. 41-21 其威○矣. 41-21 使爲上○夫. 42-9 吾子舍其○. 43-6 貺使臣以○禮. 43-8 夫歌文王○明緜. 43-10 君貺使臣以○禮. 43-19 有○夫無卿. 43-23 處○國之間. 44-1 以怒○國. 44-2 諸○夫皆欲還. 44-12 其讎不滋○乎. 44-18 帥○讎以憚小國. 44-19 其威○矣. 44-25 而○攘諸夏. 45-3 不○夫矣. 45-14 ○國也. 45-15 ○夫有貳車. 45-17 今○夫而設諸侯之服. 45-18 而敢設服以見諸侯之○夫乎. 45-19 諸侯之○夫尋盟未退. 45-23 承君命以會○事. 46-2 今既免○恥. 46-11 ○采朝日. 48-9 與○史司載. 48-11 卿○夫朝考其職. 48-14 爲○帶. 48-19 賓發幣於○夫. 49-19 敢問骨何爲○. 49-20 此爲○矣. 49-22 今爲○人. 50-3 以分○姬. 50-14 笑吾子之○也. 50-18 則○國亦將正卒伍. 55-5 天下○國之君. 55-22 而無○厲. 56-12 屬有○夫. 57-3 故立五○夫. 57-3 五屬○夫復事. 57-7 五屬○夫於是退而修屬. 57-15 甲兵○足. 58-10 四鄰○親. 58-18 而○朝諸侯於陽穀. 59-10 賞服○輅. 59-19 故又○施忠焉. 60-12 教○成. 60-19 是故○國慚媿. 60-20 公飲○夫酒. 62-17 其有吉孰○焉. 62-19 ○罰將及. 62-20 史蘇告○夫曰. 63-1 ○國在側. 63-19 ○家鄰國. 63-19 抑二○夫之言. 64-10 告○夫曰. 64-16 二三○夫. 64-16 三○夫乃別. 65-9 吾聞之羊舌○夫曰. 65-12 吾欲作○事. 66-4 而○. 66-7 士蔿言於諸○夫曰. 66-23 若○難至而恤之. 68-11 ○夫殆. 70-4 言之○甘. 70-8 故陷於○難. 72-21 夫齊楚道遠而望○. 73-21 望○難走. 73-22 而賀○國之襲. 74-13 ○國道. 74-14 ○國襲焉. 74-15 ○國來誅. 74-17 子帥七輿○夫以待我. 76-7 恐其如壅○川. 76-13 喪亂有小○. 77-4 ○喪○亂之剡也. 77-4 父母死爲○喪. 77-4 讒在兄弟爲○亂. 77-4 且辱○夫. 77-7 ○夫其從之. 77-9 ○夫無常. 77-12 ○夫無常. 77-14 告○夫曰. 77-17 ○夫許諾. 77-19 而羣臣受其○德. 78-2 乃召○夫子明. 78-4 ○夫子明曰. 78-6 中○夫里克與我矣. 78-22 ○命其傾. 80-13 子殺二君與一○夫. 81-6 且召三○夫. 81-9 是故殺丕鄭及七輿○夫. 81-11 任○惡三. 81-19 晉君○失其衆. 81-21 及七輿○夫. 81-22 君揖○夫就車. 83-10 合○夫而謀曰. 83-15 恥○國之士於中原. 83-18 戰勝○國. 83-22 惠莫○焉. 84-24 有○罪三. 85-3 實疚○事. 88-8 此○夫管仲之所以紀綱齊國. 88-12 歲在○火. 88-16 周之○功在武. 89-5 ○王荒之. 90-20 ○之也. 90-20 ○天所作. 90-20 可謂○天. 90-23 以濟○事. 92-22 秦伯謂其○夫曰. 93-8 吉孰○焉. 94-4 歲在○梁. 94-19 歲在○火. 94-22 是謂○辰. 94-22 小往○來. 94-25 而天之○紀也. 95-1 狐偃及秦晉○夫盟于郇. 95-5 ○夫食邑. 96-19 公告○夫曰. 97-22 楚衆○敗. 98-16 其章○矣. 99-15 ○任娠文王不變.

【丈】 3

【弋】 2

【上】 151

【小】 75

【口】 21

【山】 55

依○川. 6-18 ○崩川竭. 6-18 ○必崩. 6-19 岐○崩. 6-20 融降于崇○. 7-14 檮杌次於丕○. 7-16 鸑鷟鳴於岐○. 7-17 以供上帝○川百神之祀. 12-25 不墮○. 23-18 夫○. 23-18 堯用殛之于羽○. 24-3 封崇九○. 24-6 若夫○林匱竭. 28-1 高○廣川大藪也. 32-20 昔烈○氏之有天下也. 38-5 稷勤百穀而○死. 38-12 加之以社稷○川之神. 38-19 及九州名○川澤. 38-21 且夫○不槎蘖. 41-3 昔禹致羣神於會稽之○. 49-21 ○川之靈. 49-23 守封嵎之○者也. 50-1 ○立三衡. 54-23 ○澤各致其時. 56-22 環○於有牢. 58-13 環○於有牢. 58-16 環○於有牢. 58-18 望汶○. 58-24 遂北伐○戎. 59-1 是故使申生伐東○. 68-25 公使太子伐東○. 69-9 以其孥適西○. 75-1 是以北伐○戎. 75-10 共華賈華叔堅騅歂纍虎特宮○祁. 81-12 天作高○. 90-20 及○而還. 102-14 三周華不注之○. 104-22 梁○崩. 105-13 梁○崩. 105-16 ○有朽壤而崩. 105-17 夫國主○川. 105-17 故川涸○崩. 105-18 夫樂以開○川之風也. 121-19 風○川以遠之. 121-20 殛之于羽○. 126-12 問具○敖○. 129-11 高○峻原. 133-16 而能知○川之號. 149-11 及其土之○川. 151-7 ○林藪澤. 155-9 屏營仿偟於○林之中. 160-11

【巾】 1

淨其○冪. 15-7

【千】 15

不籍○畝. 3-22 庶民終于○畝. 4-15 戰于○畝. 5-10 規方○里. 12-24 故二○人爲旅. 55-13 秦伯納衛三○人. 96-11 其車○乘. 125-23 出○品. 137-13 賦皆○乘. 145-6 百姓○品萬官億醜兆民經入畡數以奉之. 150-21 所謂百姓○品萬官億醜兆民經入畡數者. 152-1 謂之○品. 152-3 以其私卒君子六○人爲中軍. 168-12 有帶甲五○人. 170-17 億有三○. 172-13

【乞】 4

○糴於秦. 82-1 乃使郤○告呂甥. 84-6 君使○告二三子曰. 84-7 ○食於野人. 87-12

【川】 40

甚於防○. 2-21 ○壅而潰. 2-22 是故爲○者. 2-22 猶土之有山○也. 3-2 西周三○皆震. 6-10 今三○實震. 6-13 ○源必塞. 6-14 其○源又塞. 6-17 夫國必依山○. 6-18 山崩○竭. 6-18 ○竭. 6-19 三○竭. 6-20 以供上帝山○百神之祀. 12-25 ○不梁. 15-21 ○無舟梁. 16-10 不防○. 23-18 ○. 23-19 疏爲○谷. 23-20 欲壅防百○. 24-1 疏○導滯. 24-6 決汩九○. 24-7 而滑夫二○之神. 25-3 王將防鬭○以飾宮. 25-10 猶塞○原而爲潢汙也. 28-4 高山廣○大藪也. 32-20 加之以社稷山○之神. 38-19 及九州名山○澤. 38-21 夫廣○之鳥獸. 39-1 登○禽. 40-23 民之○澤也. 42-1 山○之靈. 49-23 恐其如壅大○. 76-13 若○然. 101-2 夫國主山○. 105-17 故○涸山崩. 105-18 夫樂以開山○之風也. 121-19 風山○以遠之. 121-20 而能知山○之號. 149-11 及其土之山○. 151-7 若防大○焉. 152-25

【个】 1

一○負矢. 160-19

【夕】 32

朝○恪勤. 1-14 於是乎有朝日○月. 9-7 吾朝○儆懼. 25-16 單子朝○不忘成王之德. 27-7 所以朝○虔君命也. 39-10 則○極於魯國. 46-25 少采○月. 48-11 ○省其典刑. 48-14 ○序其業. 48-15 ○而習復. 48-16 朝○處事. 48-22 吾冀而朝○修我曰. 48-23 溫恭朝○. 50-21 今○君寢不寐. 65-20 以臯落狄之朝○苛我邊鄙. 68-18 今○君夢齊姜. 72-12 以爲朝○之急. 78-5 吾朝○顧焉. 121-14 ○. 121-24 張老○焉而見之. 124-7 朝○不相及. 124-24 朝○誦善敗而納之. 132-5 士茁○焉. 133-14 朝○以交戒我. 146-9 而使朝○規諫. 147-6 故使朝○規誨箴諫. 147-11 子○嗜芰. 148-3 不及○也. 152-14 朝○勤志. 154-10 一○之宿. 154-12 以朝○獻善敗於寡君. 154-20 今○必挑戰. 162-19

【久】 34

王能○乎. 3-11 其能○乎. 17-11 不可○也. 20-13 何以能○. 21-14 和平則○. 31-3 ○固則純. 31-3 ○矣. 32-14 不解以○. 35-4 衆謂虢不○. 74-12 何以能○. 74-25 ○則恐諸侯之謀. 77-17 喪不可○. 78-11 故○. 84-20 今戾○矣. 87-6 戾○將底. 87-6 晉之無道○矣. 88-14 ○約而無釁. 90-17 其能○矣. 95-23 吾求君子○矣. 102-13 ○矣. 105-25 且夫欒氏之誣晉國○也. 118-14 ○而無成. 120-8 秦晉不和○矣. 122-13 猶可以○乎. 124-23 何以能○. 125-13 寡君之疾○矣. 126-8 不可以○. 137-23 天之命此○矣. 138-1 天之生此○矣. 138-14 其不賓也○矣. 140-10 明○長以導之信. 140-21 敬不可○. 150-23 滯○而不振. 151-3 皆知其資財之不足以支長○也. 176-20

【勺】 1

長○之役. 34-4

【凡】 13

故○我造國. 17-3 ○人神. 31-12 ○禘郊祖宗報. 38-17 ○民利是生. 68-5 ○黃帝之子. 92-6 ○諸侯. 108-7 ○諸侯. 109-19 ○吾宗祝. 111-1 ○周存亡. 138-20 ○百箴諫. 146-24 ○吳土地人民. 169-4 ○我父兄昆弟. 170-4 ○陳之道. 177-19

【及】 210

○夏之衰也. 1-11 是以○此難. 3-19 ○期. 4-11 ○籍. 4-12 ○魯人殺懿公. 5-18 ○幽王. 6-9 欒○徧儛. 6-24 禍必○之. 7-3 殺子頹○三大夫. 7-4 帥傅氏○祝史. 8-7 襄王使邵公過○內史過. 8-13 任重享大者必速○. 9-20 亦必○焉. 9-22 襄王使太宰文公○內史興. 9-25 ○期. 10-2 ○惠后之難. 10-16 以○此難. 12-19 以順○天地. 13-2 君若惠○之. 13-22 ○陳. 15-24 憂必○之. 18-3 赴者未○. 18-8 ○魯侯至. 18-18 吾懼政之未○子也. 19-15 無不○. 19-18 ○伯輿之獄. 20-15 言○晉難. 21-7 ○郤犨之譖. 21-7 言敬必○天. 22-13 言忠必○意. 22-13 言信必○身. 22-13 言仁必○人. 22-13 言義必○利. 22-13 言智必○事. 22-14 言勇必○制. 22-14 言教必○辯. 22-14 言孝必○神. 22-14 言惠必○和. 22-15 言讓必○敵. 22-15 ○厲公之亂. 23-15 ○其失之也. 24-18 ○其得之也. 24-23 懼長○子孫. 25-12 ○文武成康. 25-13 下○夏商之季. 25-18 ○景王. 26-8 ○定王. 26-9 ○單靖公. 26-10 耳弗○也. 28-12 耳所不○. 28-13 聽之弗○. 28-19 臣之守官弗○也. 29-10 第以○羽. 29-12 ○析木者. 31-7 有建星○牽牛焉. 31-7 自鶉○駟七列. 31-11 反○嬴內. 31-22 萇叔必速○. 32-22 亦將○焉. 32-25 ○范中行之難. 33-4 ○定王. 33-5 智雖弗○. 34-13 其周公太公○百辟神祇. 36-3 成王命我先君周公○齊先君太公曰. 36-17 不敢○君. 37-15 恐無○也. 37-21 ○前哲令德之人. 38-19 ○天之三辰. 38-20 ○地之五行. 38-20 ○九州名山川澤. 38-21 自玄王以○主癸. 39-24 自稷以○王季. 39-25 欒○鹿鳴之三. 43-4 臣以爲肄業○之. 43-12 今伶簫詠歌○鹿鳴之三. 43-13 君教使臣曰每懷靡○. 43-16 ○涇. 44-4 ○涇而止. 44-5 ○匏有苦葉矣. 44-6 ○漢. 44-10 ○方城. 44-24 魯懼○焉. 46-16 不○舅姑. 47-14 ○寢門. 47-21 天子○諸侯. 47-23 不○宗臣. 49-6 ○仲尼. 49-19 ○寒. 54-10 ○耕. 54-11 大罰將○. 62-20 是以○亡. 63-17 非德不○世. 64-2 將○矣. 65-4 焉能○吳太伯乎. 67-20 其何○矣. 68-11 將○矣. 72-1 往言不可○也. 72-6 ○柏谷. 73-20 懼○焉. 75-1 於是殺奚齊卓子○驪姬. 76-18 里克○丕鄭使屠岸夷. 76-21 呂甥○郤稱. 77-10 延○寡君之紹續昆裔. 77-20 ○其民人. 77-25 ○公孫枝. 78-4 怒不○色. 79-15 ○其長也. 79-15 將○矣. 81-3 ○文公入. 81-3 是故殺丕鄭○七輿大夫. 81-11 二三子皆在外而不○. 81-15 其○也. 81-17 ○七輿大夫. 81-22 歲在壽星○鶉尾. 87-14 每懷靡○. 88-6 猶懼無○. 88-6 將何○矣. 88-7 人不求○. 88-7 其能○乎. 88-7 時日○矣. 88-14 其波○晉國者. 91-10 男女相○. 92-17 男女不相○. 92-18 ○河. 94-15 今○之矣. 94-25 狐偃○秦晉大夫盟于郇. 95-5 ○入. 95-10 唯力所○. 95-18 ○己丑. 96-5 公○夫人嬴氏. 96-11 ○孟門. 97-20 今禍○矣. 98-24 ○清原之蒐. 99-7 ○其即位也. 100-16 ○山而還. 102-14 而○其難. 102-22 將懼○焉. 103-13 伯宗○絳. 105-20 是以難○其身. 105-23 難必○子乎. 105-25 ○欒弗忌之難. 106-3 且使苦成叔○欒黶興齊魯之師. 108-12 且不○而言. 110-18 吾何福以○此. 110-20 吾恐○焉. 111-1 ○齊魯之未至也. 111-4 是故胥之昧與夷羊五刺郤至苦成叔○郤錡. 111-10 ○脅欒中行. 111-19 憂必○君. 111-20 孤始願不○此. 113-6 孤之○此. 113-6 ○寶鎛. 116-22 箕遺○黃淵嘉父作亂. 118-4 恐○吾身. 118-7 而使祁午○陽畢適曲沃. 119-4 ○堂. 119-23 世○武子. 121-4 ○爲卿. 121-6 ○爲成師. 121-6 ○文子成晉荆之盟. 121-8 若○. 123-19 必○於子. 123-20 自他○之. 123-23 朝夕不相○. 124-24 醫○國家乎. 125-14 夫鬼神之所○. 126-14 ○桓子. 126-24 宜○於難. 126-25 ○懷子. 126-25 ○斷獄之日. 128-6 ○臣之壯也. 130-9 ○臣之長也. 130-10 ○景子長於公宮. 130-24 未○教訓. 130-24 以○此難. 131-2 而問○小人. 132-14 ○智氏之亡也. 133-13 余懼○焉. 135-4 而未○周德. 137-3 ○殷周. 138-7 ○厲王之末. 138-7 恐無○也. 138-22 ○平王之末. 139-4 ○葬. 141-13 訓○諸夏. 141-15 ○祥. 141-18 ○城濮之役. 142-11 獎○儀父. 142-17 ○鄢之役. 142-23 陳蔡○不羹人納棄疾而弒靈王. 146-1 ○其没也. 146-15 今君或者未○武丁. 147-12 ○少皞之衰也. 149-21 祀牲何○. 150-12 ○其土之山川. 151-7 天地民○四時之務. 151-24 不○夕也. 152-14 故君○此. 153-10 王歸而賞○郥懷. 153-24 施○楚國. 155-16 ○白公之亂. 157-9 ○吾猶可以戰也. 159-17 其猶有○乎. 160-20 ○五日. 167-7 ○昏. 168-13 ○國子姓. 170-5 必無○已. 171-3 ○至於國. 175-5 觥飲不○壺飧. 176-24 唯恐弗○. 177-3

【亡】 94

終必○. 2-17 周將○矣. 6-10 國必○. 6-14 不○何待. 6-15 昔伊洛竭而夏○. 6-16 河竭而商○. 6-16 ○之徵也. 6-18 若國○. 6-19 國之將○. 7-9 亦或以○. 7-14 其○也. 7-15 其○也. 7-17 其○乎. 8-2 虢必○矣. 8-9 晉不○. 8-16 昔鄢之○也由仲任. 11-23 國必○. 16-2 叔孫東門其○乎. 17-16 若家不○. 17-17 ○之道也. 18-3 必○. 18-7 於是乎觀存○. 21-15 皆○王之後也. 24-15 故○其氏姓. 24-19 夫○者豈繄無寵. 24-21 則皆○王之爲也. 26-4 林麓散○. 28-1 災

至而備○. 28-5 今財○民罷. 30-7 以○其百姓. 32-14 劉氏○. 33-6 ○無日矣. 41-14 苦成氏有三○. 41-14 魯其○乎. 48-5 於是乎與伊尹比而○夏. 63-4 於是乎與膠鬲比而○殷. 63-5 周於是乎○. 63-10 ○無日矣. 63-15 夫三季王之○也宜. 63-16 是以及○. 63-17 不其集○. 63-20 ○猶未也. 63-23 未殁而○政. 68-14 公子重耳出○. 73-20 虢乃○. 74-19 虞將○矣. 74-21 虞乃○. 75-1 存○國三. 75-9 信而○之. 76-11 子惠顧○人. 77-5 ○人無親. 78-12 君惠弔○臣. 78-14 重耳身○. 78-15 ○人無狷潔. 78-19 ○人苟入. 78-25 ○人何國之與有. 79-1 ○人之所懷挾纓纕. 79-3 ○人無黨. 79-14 故出○無怨於國. 79-15 其○之不卹. 84-10 諸侯之○公子其多矣. 89-18 ○者皆無禮者也. 89-19 晉公子生十七年而○. 89-24 謂晉公子之○. 90-1 晉公子○. 90-6 ○在長幼. 90-25 ○人而國薦之. 91-7 請由此○. 94-17 ○無日矣. 104-11 ○人之言也. 108-4 國之存○. 110-17 以○於楚. 127-1 起也將○. 127-7 不如○. 130-12 其○也. 132-14 及智氏之○也. 133-13 三年而智氏○. 133-18 實○周國. 137-24 龍○而漦在. 138-6 凡周存○. 138-20 子牟有罪而○. 141-25 子南之母亂陳而○之. 143-4 子牟得罪而○. 143-10 ○人得生. 143-15 楚其○乎. 152-7 殆必○者也. 152-8 不○何待. 152-24 當君而○之. 153-6 而又刈○之. 159-5 ○之階也. 161-11 其○之也. 161-13 吴國之○也. 161-18 流走死○. 176-3 猶救火追○人也. 177-2

【之】 3278

是故周文公○頌曰. 1-5 允王保○. 1-7 先王○於民也. 1-7 明利害○鄉. 1-8 以文修○. 1-8 及夏○衰也. 1-11 而自竄于戎狄○閒. 1-12 昭前○光明. 1-16 而加○以慈和. 1-16 夫先王○制. 1-20 先王○訓也. 1-23 於是乎有刑罰○辟. 2-4 有攻伐○兵. 2-4 有征討○備. 2-5 有威讓○令. 2-5 有文告○辭. 2-5 今自大畢伯士○終也. 2-8 予必以不享征○. 2-9 且觀○兵. 2-9 其無乃廢先王○訓. 2-9 遂征○. 2-12 有三女奔○. 2-13 必致○於王. 2-13 美○物也. 2-15 而何德以堪○. 2-15 則殺○. 2-19 是障○也. 2-21 防民○口. 2-21 民亦如○. 2-22 決○使導. 2-23 宣○使言. 2-23 耆艾修○. 2-25 民○有口. 3-1 猶土○有山川也. 3-2 猶其原隰○有衍沃也. 3-2 口○宣言也. 3-3 夫民慮○於心. 3-4 而宣○於口. 3-5 成而行○. 3-5 百物○所生也. 3-9 天地○所載也. 3-9 而或專○. 3-10 將導利而布○上下者也. 3-11 懼怨○來也. 3-12 猶謂○盜. 3-15 王而行○. 3-16 彘○亂. 3-18 宣王在邵公○宮. 3-18 國人圍○. 3-18 宣王長而立○. 3-21 夫民○大事在農. 3-23 上帝○粢盛. 3-23 民○蕃庶. 3-24 事○供給. 3-24 后稷監○. 4-13 王敬從○. 4-14 班三○. 4-15 太史監○. 4-16 太師監○. 4-17 膳宰監○. 4-17 班嘗○. 4-18 鍾而藏○. 4-21 而時布○于農. 4-21 農師一○. 4-23 農正再○. 4-24 后稷三○. 4-24 司空四○. 4-24 司徒五○. 4-24 太保六○. 4-25 太師七○. 4-25 太史八○. 4-25 宗伯九○. 5-1 耨穫亦如○. 5-1 今天子欲修先王○緒. 5-8 而困民○財. 5-9 王師敗績于姜氏○戎. 5-11 令○不行. 5-13 政○不立. 5-13 若魯從○. 5-15 而諸侯效○. 5-15 若不從而誅○. 5-16 天子其圖○. 5-17 王卒立○. 5-17 宣王欲得國子○能導訓諸侯者. 5-20 何以知○. 5-21 宣王既喪南國○師. 5-25 於是乎又審○以事. 6-4 不謂其少而大料○. 6-7 諸侯避○. 6-7 天○所惡也. 6-8 王卒料○. 6-9 夫天地○氣. 6-11 民亂○也. 6-11 今周德若二代○季矣. 6-17 亡○徵也. 6-18 數○紀也. 6-19 夫天○所棄. 6-19 吾聞○. 6-25 君爲○不舉. 6-25 禍必及○. 7-3 固有○乎. 7-7 有○. 7-7 國○將興. 7-7 故明神降○. 7-9 國○將亡. 7-9 而降○禍. 7-13 昔夏○興也. 7-14 商○興也. 7-16 周○興也. 7-17 是皆明神○志者也. 7-19 丹朱憑身以儀○. 7-21 是實臨照周○子孫. 7-22 而禍福○. 7-23 若由是觀○. 7-24 其丹朱○神乎. 7-24 其誰受○. 7-25 臣聞○. 8-1 吾其若○何. 8-2 神○見也. 8-5 若由是觀○. 8-6 神必禍○. 8-10 人必違○. 8-10 夏書有○曰. 8-18 國○臧. 8-20 國○不臧. 8-21 民○所急在大事. 8-22 先王知大事○必以濟衆也. 8-23 考中度衷以莅○. 8-24 昭明物則以訓○. 8-25 制義庶孚以行○. 8-25 然則長衆使民○道. 9-1 而背外內○賂. 9-3 又崇立於上帝明神而敬事○. 9-6 故爲車服旗章以旌○. 9-10 爲贄幣瑞節以鎮○. 9-10 爲班爵貴賤以列○. 9-11 爲令聞嘉譽以聲○. 9-11 於是乎有蠻夷○國. 9-13 有斧鉞刀墨○民. 9-13 人亦將誣○. 9-21 人亦將替○. 9-21 弗諫而阿○. 9-22 太宰莅○. 10-2 內史贊○. 10-4 如公命侯伯○禮. 10-5 而加○以宴好. 10-5 順○道也. 10-7 德○則也. 10-7 諸侯必歸○. 10-8 王其善○. 10-14 王從○. 10-16 及惠后○難. 10-16 晉侯納○. 10-17 遂爲踐土○盟. 10-20 鄭人執○. 11-4 周文公○詩曰. 11-6 我周○東遷. 11-9 子頹○亂. 11-9 又鄭○繇定. 11-10 今以小忿棄○. 11-10 且夫兄弟○怨. 11-11 古○明王. 11-15 王其不可以棄○. 11-16 禍福○階也. 11-20 由○利內則福. 11-20 昔摯疇○國也. 11-21 昔鄢○亡也由仲任. 11-23 是利○內也. 12-7 王而卑○. 12-9 豺狼○德也. 12-9 王而蔑○. 12-10 王而棄○. 12-11 鄭伯捷○齒長矣. 12-11 王而弱○. 12-12 王而虐○. 12-13 書有○曰. 12-15 乃以其屬死○. 12-20 晉文公納○. 12-22 王勞○以地. 12-23 昔我先王○有天下也. 12-24 以供上帝山川百神○祀. 12-25 以備百姓兆民○用. 12-25 以待不庭不虞○患. 12-25 亦唯是死生○服物采章. 13-5 而輕重布○. 13-6 王何異○有. 13-6 而班先王○大物. 13-7 何辭○有與. 13-11 以復先王○職. 13-12 余何敢以私勞變前○大章. 13-14 何政令○爲也. 13-15 余安能知○. 13-15 晉侯圍○. 13-17 故勞○以陽樊. 13-18 謂君其何德○布. 13-19 以懷柔○. 13-19 夫三軍○所尋. 13-20 將蠻夷戎狄○驕逸不虔. 13-20 君若惠及○. 13-22 君○武震. 13-23 臣聞○曰. 13-23 夫亦皆天子○父兄甥舅也. 14-1 若○何其虐○也. 14-2 晉侯聞○. 14-2 是君子○言也. 14-2 温○會. 14-4 歸○于周. 14-4 晉侯請殺○. 14-5 而下行○. 14-6 而叔父聽○. 14-8 王孫滿觀○. 14-13 定王享○. 14-18 吾聞王室○禮. 14-20 召原公而問○. 14-21 禘郊○事. 14-22 唯是先王○宴禮. 14-24 而使舌人體委與○. 15-3 今我王室○一二兄弟. 15-4 而共飲食○. 15-7 夫王公諸侯○有飫也. 15-10 古○善禮者. 15-15 乃講聚三代○典禮. 15-17 故先王○教曰. 16-4 營室○中. 16-7 火○初見. 16-8 是廢先王○教也. 16-10 周制有○曰. 16-11 是棄先王○法制也. 16-16 周○秩官有○. 16-17 行理以節逆○. 16-17 其貴國○賓至. 16-23 上卿監○. 16-25 則君親監○. 16-25 是蔑先王○官也. 17-1 先王○令有○曰. 17-3 今陳侯不念胤續○常. 17-4 我大姬○後也. 17-6 是又犯先王○令也. 17-8 昔先王○教. 17-9 居大國○閒. 17-10 臣聞○. 17-18 憂必及○. 18-3 亡○道也. 18-3 東門○位. 18-4 叔孫○位. 18-5 與○語. 18-12 魯叔孫○來也. 18-12 其享覲○幣薄而言諂. 18-13 殆請○也. 18-13 若請○. 18-13 而後遣○. 18-14 若貪陵○人來. 18-15 故聖人○施舍也議○. 18-16 其喜怒取與亦議○. 18-16 請○也. 18-18 王孫說與○語. 18-19 王厚賄○. 18-19 王叔簡公飲○酒. 18-21 與○語. 18-24 以晉國○克也. 19-1 爲己實謀○. 19-2 我則强○. 19-2 背宋○盟. 19-3 棄壯○良. 19-4 夷鄭從○. 19-5 四軍○帥. 19-6 諸侯與○. 19-7 而避○者. 19-9 我則强○. 19-10 反○以仁. 19-11 吾三逐楚軍○卒. 19-11 能獲鄭伯而赦○. 19-13 若是而知晉國○政. 19-13 抑晉國○舉也. 19-15 吾懼政○未及子也. 19-15 夫何次○有. 19-16 自下軍○佐以政. 19-16 吾又過於四○. 19-18 將必求○. 19-18 其郤至○謂乎. 19-20 是則聖人知民○不可加也. 19-24 今郤至在七人○下. 19-25 而欲上○. 20-1 其何以待○. 20-2 晉○克也. 20-4 故儌○以晉. 20-4 而郤至佻天○功. 20-4 不祥則天棄○. 20-6 不義則民叛○. 20-6 且郤至何三伐○有. 20-7 皆民○爲也. 20-7 以義死用謂○勇. 20-8 奉義順則謂○禮. 20-8 畜義豐功謂○仁. 20-8 以吾觀○. 20-12 民○所欲. 20-14 天必從○. 20-14 及伯輿○獄. 20-15 柯陵○會. 21-4 及郤犨○譖. 21-7 其當○乎. 21-9 吾見晉君○容. 21-11 而聽三郤○語矣. 21-11 足以從○. 21-12 民○大事也. 21-15 則國從○. 21-20 晉○寵人也. 21-22 今郤伯○語犯. 22-1 而益○以三怨. 22-2 其誰能忍○. 22-3 立於淫亂○國. 22-3 怨○本也. 22-4 吾聞○. 22-5 無德○患. 22-6 且夫長翟○人. 22-6 流○若何. 22-7 晉孫談○子周. 22-12 召頃公而告○. 22-17 文○恭也. 22-18 文○實也. 22-19 文○孚也. 22-19 文○愛也. 22-19 文○制也. 22-19 文○輿也. 22-20 文○帥也. 22-20 文○施也. 22-20 文○本也. 22-20 文○慈也. 22-21 文○材也. 22-21 數○常也. 22-24 經○以天. 22-24 緯○以地. 22-24 文○象也. 22-25 故天祚○以天下. 22-25 德○道也. 23-2 德○信也. 23-2 德○終也. 23-3 德○守也. 23-3 德○相也. 23-4 成公○歸也. 23-6 吾聞晉○筮○也. 23-6 遇乾○否. 23-6 後○不知. 23-7 且吾聞成公○生也. 23-7 三而畀驩○孫. 23-9 故名○曰黑臀. 23-9 必驩○孫. 23-11 吾聞○大誓. 23-12 其將失○矣. 23-14 其當○也. 23-14 及厲公○亂. 23-15 召周子而立○. 23-15 王欲壅○. 23-16 晉聞古○長民者. 23-17 土○聚也. 23-18 物○歸也. 23-19 氣○導也. 23-19 水○鍾也. 23-19 然則無夭昏札瘥○憂. 23-22 而無飢寒乏匱○患. 23-23 古○聖王. 23-24 唯此○慎. 23-24 稱遂共工○過. 24-3 堯用殛○于羽山. 24-3 其後伯禹念前○非度. 24-3 儀○于民. 24-4 而度○于羣生. 24-5 共○從孫四嶽佐○. 24-5 帥象禹○功. 24-10 度○于軌儀. 24-10 皇天嘉○. 24-11 皆亡王○後也. 24-15 及其失○也. 24-18 必有慆淫○心閒○. 24-18 皆黄炎○後也. 24-21 唯不帥天地○度. 24-21 不順四時○序. 24-22 不度民神○義. 24-22 不儀生物○則. 24-22 及其得○也. 24-23 必有忠信○心閒○. 24-23 而附○以令名. 24-25 若啓先王○遺訓. 24-25 必有夏呂○功焉. 25-1 必有共鯀○敗焉. 25-2 而滑夫二川○神. 25-3 王而飾○. 25-4 無過亂人○門. 25-5 民○貪亂. 25-8 我又章○. 25-12 其若○何. 25-12 自后稷○始基靖民. 25-14 而文始平○. 25-14 而康克安○. 25-15 其何德○修. 25-16 將何以堪○. 25-17 王無亦鑒于黎苗○王. 25-17 下及夏商○季. 25-18 而亦未觀夫前哲令德○則. 25-22 而受天○豐福. 25-22 饗民○勳力. 25-22 是皆天子○所知也. 25-23 天所崇○子孫. 25-24 畎畝○人. 25-24 在夏后○世. 26-1 度○天神. 26-2 比○地物. 26-2 類○民則. 26-3 方○時動. 26-3 咨○前訓. 26-3 觀○詩書. 26-4 與民○憲言. 26-4 則皆亡王○爲也. 26-4 上下議○. 26-5 王其圖○. 26-5 而作○者. 26-6 害○道也. 26-7 王卒壅○. 26-8 靖公享○. 26-11 視其上而從○. 26-11 單○老送叔向. 26-13 叔

向告〇曰. 26-13 吾聞〇曰. 26-13 單子〇既我. 26-15 賓〇禮事. 26
-17 而加〇以無私. 26-18 重〇以不殺. 26-18 頌〇盛德也. 26-20 二
后受〇. 26-20 肆其靖〇. 26-21 是道成王〇德也. 26-22 二后受〇.
26-23 以固龢〇. 27-2 室家〇壺. 27-5 不忝前哲〇謂也. 27-6 廣裕
民人〇謂也. 27-6 令聞不忘〇謂也. 27-6 子孫蕃育〇謂也. 27-7 單
子朝夕不忘成王〇德. 27-7 必有章譽蕃育〇祚. 27-9 則單子必當〇
矣. 27-9 必兹君〇子孫實續〇. 27-10 則爲作重幣以行〇. 27-12 則
多作輕而行〇. 27-14 小大利〇. 27-15 有未至而設〇. 27-17 有至而
後救〇. 27-18 謂〇怠. 27-18 可後而先〇. 27-18 謂〇召災. 27-19
將民〇與處而離〇. 27-20 將災是備禦而召〇. 27-20 令〇不從. 27-
21 上〇患也. 27-21 故聖人樹德於民以除〇. 27-22 夏書有〇曰. 27
-23 詩亦有〇曰. 27-23 夫旱麓〇榛楛殖. 27-24 君子將險哀〇不暇.
28-2 而何易樂〇有焉. 28-2 王其若〇何. 28-6 吾周官〇於災備也.
28-6 而又奪〇資. 28-7 王其圖〇. 28-7 而爲〇大林. 28-10 夫目〇
察度也. 28-14 不過步武尺寸〇閒. 28-14 不過墨丈尋常〇閒. 28-15
耳〇察和也. 28-15 在清濁〇閒. 28-16 不過一人〇所勝. 28-16 是故
先王〇制鍾也. 28-17 故聖人愼〇. 28-18 聽〇弗及. 28-19 比〇不度.
28-19 將焉用〇. 28-20 心〇樞機也. 28-22 民歆而德〇. 28-24 正〇
以度量. 29-2 從〇不倦. 29-2 樂〇至也. 29-2 樂〇至也. 29-4 於是
乎有狂悖〇言. 29-6 有眩惑〇明. 29-6 有轉易〇名. 29-6 有過慝〇
度. 29-6 三年〇中. 29-8 而有離民〇器二焉. 29-9 問〇伶州鳩. 29-
10 臣〇守官弗及也. 29-10 臣聞〇. 29-10 音〇主也. 29-12 金石以
動〇. 29-16 絲竹以行〇. 29-16 詩以道〇. 29-16 歌以詠〇. 29-16
匏以宣〇. 29-17 瓦以贊〇. 29-17 革木以節〇. 29-17 極〇所集曰聲.
29-18 而鑄〇金. 29-19 磨〇石. 29-19 繫〇絲木. 29-19 越〇匏竹.
29-19 節〇鼓. 29-19 而行〇. 29-19 非宗官〇所司也. 29-24 夫有和
平〇聲. 29-25 則有蕃殖〇財. 29-25 於是乎道〇以中德. 29-25 詠〇
以中音. 30-1 聽〇不和. 30-2 比〇不度. 30-3 非臣〇所聞也. 30-3
民備樂〇. 30-6 三年〇中. 30-9 懼一〇廢也. 30-10 古〇神瞽. 30-
12 考中聲而量〇以制. 30-13 紀〇以三. 30-13 平〇以六. 30-13 天〇
道也. 30-14 中〇色也. 30-14 故名〇曰黃鍾. 30-14 由是第〇. 30-
15 所以宣布哲人〇令德. 30-19 爲〇六閒. 30-20 出四隙〇細也. 30-
21 和〇道也. 31-2 故先王貴〇. 31-4 日在析木〇津. 31-6 星與日辰
〇位. 31-6 顓頊〇所建也. 31-6 帝嚳受〇. 31-7 則我皇妣大姜〇姪.
31-8 伯陵〇後. 31-8 逢公〇所憑神也. 31-8 歲〇所在. 31-9 則我有
周〇分野. 31-9 月〇所在. 31-10 我太祖后稷〇所經緯也. 31-10 王
欲合是五位三所而用〇. 31-11 南北〇揆七同. 31-12 以數合〇. 31-
13 以聲昭〇. 31-13 以夷則〇上宮畢. 31-16 故長夷則〇上宮. 31-
17 名〇曰羽. 31-17 王以黃鍾〇下宮. 31-18 布戎于牧〇野. 31-18 故
謂〇厲. 31-19 以太蔟〇下宮. 31-19 底紂〇多罪. 31-21 故謂〇宣.
31-21 所以宣三王〇德也. 31-21 以無射〇上宮. 31-22 故謂〇嬴亂.
31-23 問〇. 31-24 爲〇告晉. 32-5 說萇弘而與〇. 32-5 聞〇. 32-7
周詩有〇曰. 32-8 天〇所支. 32-8 名〇曰支. 32-9 以遺後〇人. 32-
10 夫禮〇立成者爲飫. 32-10 是以爲〇日惕. 32-11 然則夫支〇所道
者. 32-11 必盡知天地〇爲也. 32-12 不足以遺後〇人. 32-12 今萇劉
欲支天〇所壞. 32-12 自幽王而天奪〇明. 32-13 其壞〇也. 32-14 而
又將補〇. 32-14 水火〇所犯. 32-15 帝甲亂〇. 32-17 幽王亂〇. 32
-19 守府〇謂多. 32-19 魏獻子合諸侯〇大夫於狄泉. 33-3 及范中行
〇難. 33-4 萇弘與〇. 33-4 長勺〇役. 34-4 夫惠本而後民歸〇志.
34-5 民和而後神降〇福. 34-6 必以情斷〇. 34-12 以正班爵〇義. 34
-16 帥長幼〇序. 34-16 訓上下〇則. 34-17 制財用〇節. 34-17 夫齊
棄太公〇法. 34-17 而往觀〇. 34-18 非先王〇訓也. 34-20 諸侯會〇.
34-21 卿大夫佐〇. 34-22 莊公丹桓宮〇楹. 35-2 臣聞聖王公〇先封
者. 35-2 遺後〇人法. 35-3 其爲後世昭前〇令聞也. 35-3 吾屬欲美
〇. 35-6 而替前〇令德. 35-6 則故〇. 35-9 懼逆〇書於後也. 35-10
男女〇別. 35-12 國〇大節也. 35-12 夫爲四鄰〇援. 35-13 結諸侯〇
信. 35-14 重〇以婚姻. 35-14 申〇以盟誓. 35-14 固國〇艱急是爲.
35-14 固民〇殄病是待. 35-15 古〇制也. 35-17 吾子請〇. 35-19 在
位者恤民〇患. 35-20 大懼乏周公太公〇命祀. 35-24 職貢業事〇不
共而獲戾. 35-25 不腆先君〇幣器. 36-1 實永饗而賴〇. 36-5 齊人歸
其玉而予〇糴. 36-5 獲聞〇. 36-8 願以子〇辭行賂焉. 36-10 不能事
疆埸〇司. 36-12 以暴露於弊邑〇野. 36-13 恃二先君〇所職業. 36-
16 質〇以犧牲. 36-19 君今來討弊邑〇罪. 36-20 其亦使聽從而釋〇.
36-20 而棄先王〇命. 36-21 温〇會. 36-24 歸〇于周. 36-24 使醫〇.
36-24 故大者陳〇原野. 37-3 小者致〇市朝. 37-4 諱而惡殺〇也.
37-6 有諸侯〇請. 37-6 必免〇. 37-6 臣聞〇. 37-7 夫諸侯〇患. 37-
7 諸侯恤〇. 37-7 衛侯聞其臧文仲〇爲也. 37-13 外臣〇言不越境.
37-14 故解有罪〇地. 37-18 魯〇班長. 37-20 諸侯其誰望〇. 37-20
從〇. 37-21 爲〇請曰. 37-22 地〇多也. 37-22 重館人〇力也. 37-
22 臣聞〇曰. 37-22 請賞〇. 37-24 乃出而爵〇. 37-24 止於魯東門〇
外. 37-25 臧文仲使國人祭〇. 37-25 臧孫〇爲政也. 38-1 國〇大節
也. 38-1 政〇所成也. 38-1 非政〇宜也. 38-2 夫聖王〇制祀也. 38-
3 法施於民則祀〇. 38-3 以死勤事則祀〇. 38-3 以勞定國則祀〇.
38-3 能禦大災則祀〇. 38-4 能扞大患則祀〇. 38-4 昔烈山氏〇有天
下也. 38-5 夏〇興也. 38-6 周棄繼〇. 38-6 共工氏〇伯九有也. 38-
7 顓頊能修〇. 38-8 禹能以德修鯀〇功. 38-10 武王去民〇穢. 38-
12 國〇典祀也. 38-18 加〇以社稷山川〇神. 38-19 及前哲令德〇人.
38-19 及天〇三辰. 38-20 及地〇五行. 38-20 已不知而祀〇. 38-23
無功而祀〇. 38-24 夫廣川〇鳥獸. 39-1 文仲聞柳下季〇言. 39-3 季
子〇言. 39-4 文公欲弛孟文子〇宅. 39-6 使謂〇曰. 39-6 吾欲利子
於外〇寬者. 39-6 政〇建也. 39-7 位〇表也. 39-7 表〇章也. 39-8
章〇次也. 39-8 次〇食也. 39-8 爲不易〇故也. 39-8 命易臣〇署.
39-9 臣立先臣〇署. 39-10 臧文仲聞〇曰. 39-13 公欲弛郈敬子〇宅.
39-15 亦如〇. 39-15 嘗禘蒸享〇所致君胙者. 39-16 出入受事〇幣.
39-17 爲有司〇以班命事也. 39-18 何常〇有. 39-21 夫宗廟〇有昭
穆也. 39-21 以次世〇長幼. 39-22 而等冑〇親疏也. 39-22 昭孝〇至
也. 39-23 商周〇蒸也. 39-25 遂躋〇. 40-2 夫宗有司〇言順矣. 40-
3 易神〇班亦不祥. 40-4 不明而躋〇亦不祥. 40-4 爲我予〇邑. 40-
12 里革遇〇. 40-12 爲我流〇於夷. 40-14 公詰〇. 40-14 公執〇.
40-15 女亦聞〇乎. 40-15 奚啻其聞〇也. 40-16 臣聞〇曰. 40-16 用
宄〇財者爲姦. 40-17 非子〇罪. 40-19 乃舍〇. 40-20 里革斷其罟而
棄〇. 40-21 而嘗〇寢廟. 40-23 古〇訓也. 41-4 公聞〇. 41-7 使有
司藏〇. 41-8 不如寘里革於側〇不忘也. 41-8 郤犨欲予〇邑. 41-10
鮑國謂〇曰. 41-11 子何辭苦成叔〇邑. 41-11 吾聞〇. 41-12 譬〇如
疾. 41-14 其身〇不能定. 41-17 焉能予人〇邑. 41-17 誰〇過也. 41
-20 君〇過也. 41-21 無由省〇. 41-23 而莫〇恤也. 41-24 將安用〇.
41-24 民〇川澤也. 42-1 行而從〇. 42-2 美惡皆君〇由. 42-2 無衣
帛〇妾. 42-3 無食粟〇馬. 42-3 吾亦願〇. 42-5 其父兄〇食麤而衣
惡者. 42-5 人〇父兄食麤衣惡. 42-6 獻子囚〇七日. 42-8 自是子服
〇妾. 42-8 衣不過七升〇布. 42-8 文子聞〇. 42-9 民〇上也. 42-9
晉悼公饗〇. 43-4 樂及鹿鳴〇三. 43-4 不腆先君〇禮. 43-6 不腆〇
樂以節〇. 43-6 來繼先君〇好. 43-8 君以諸侯〇故. 43-8 則兩君相
見〇樂也. 43-11 皆非使臣〇所敢聞也. 43-12 臣以爲肄業及〇. 43-
12 今伶簫詠歌及鹿鳴〇三. 43-13 君〇所以貺使臣. 43-13 君〇所以
嘉先君〇好也. 43-14 君〇所以章使臣〇勤也. 43-15 臣聞〇曰. 43-
17 重〇以六德. 43-19 公帥〇. 43-20 卿帥〇. 43-21 處大國〇閒.
44-1 若爲元侯〇所. 44-2 諸侯謂秦不恭而討〇. 44-5 豹〇業. 44-6
諸侯從〇. 44-9 君〇來也. 44-10 子〇來也. 44-12 爲國家〇利也.
44-13 其誰代〇任喪. 44-15 死而去〇. 44-16 而亟於前〇人. 44-18
其誰云待〇. 44-20 有禦楚〇術. 44-22 而有守國〇備. 44-22 君〇於
臣. 44-25 諸侯其誰暱〇. 44-25 魯既不違夙〇取卞也. 45-1 若楚〇
克魯. 45-2 君以蠻夷伐〇. 45-4 不如予〇. 45-4 夙〇事君也. 45-5
追而予〇璽書. 45-7 臣討〇. 45-8 既得〇矣. 45-8 社稷〇事. 45-9
子實制〇. 45-9 卞有罪而子征〇. 45-9 子〇隸也. 45-10 虢〇會. 45
-13 有執戈〇前. 45-14 吾惑〇. 45-15 有執戈〇前. 45-16 今大夫而
設諸侯〇服. 45-18 而敢設服以見諸侯〇大夫乎. 45-19 心〇文也.
45-20 殺鄭敖而代〇. 45-21 虢〇會. 45-23 諸侯〇大夫尋盟未退. 45
-23 吾其若諸侯〇事何. 46-4 夫必將或循〇. 46-4 諸侯〇卿有然者.
46-5 將或道〇. 46-6 且罪非我〇由. 46-7 楚人乃赦〇. 46-8 武子勞
〇. 46-9 乃出見〇. 46-11 平丘〇會. 46-13 必使上卿從〇. 46-16 誰
爲〇貳. 46-17 椒既言〇矣. 46-17 信〇要也. 46-19 昔欒氏〇亂. 46
-20 齊人間晉〇禍. 46-21 與邯鄲勝擊齊〇左. 46-23 以魯〇密邇於
齊. 46-25 今信蠻夷而棄〇. 47-2 夫諸侯〇勉於君者. 47-2 諸侯〇事
晉者. 47-3 若以蠻夷〇故棄〇. 47-4 其無乃得蠻夷而失諸侯〇信乎.
47-4 使問〇仲尼曰. 47-7 以丘〇所聞. 47-8 丘聞〇. 47-9 木石〇怪.
47-9 水〇怪. 47-9 土〇怪. 47-10 季康子問於公父文伯〇母. 47-11
吾聞〇先姑曰. 47-12 子夏聞〇. 47-13 商聞〇曰. 47-14 古〇嫁者.
47-14 謂〇不幸. 47-14 將使鼈長而後食〇. 47-17 文伯〇母聞〇.
47-18 吾聞〇先子曰. 47-18 遂逐〇. 47-19 魯大夫辭而復〇. 47-19
公父文伯〇母. 47-21 與〇言. 47-21 從〇. 47-21 寢門〇內. 47-25
上下同〇. 47-25 子將業君〇官職焉. 47-25 子將庀季氏〇政焉. 48-
1 以歜〇家. 48-2 懼忓季孫〇怨也. 48-3 而未〇聞耶. 48-5 昔聖王
〇處民也. 48-6 擇瘠土而處〇. 48-6 勞其民而用〇. 48-6 沃土〇民
不材. 48-8 瘠土〇民. 48-8 與百官〇政事. 48-10 使潔奉禘郊〇粢盛.
48-12 諸侯朝修天子〇業命. 48-13 公侯〇夫人. 48-18 加〇以紘綖.
48-18 卿〇內子. 48-19 列士〇妻. 48-19 加〇以朝服. 48-19 古〇制
也. 48-21 先王〇訓也. 48-21 猶恐忘先人〇業. 48-22 以是承君〇官.
48-24 余懼穆伯〇絕嗣也. 48-24 仲尼聞〇曰. 48-25 弟子志〇. 48-
25 季氏〇婦不淫矣. 48-25 公父文伯〇母. 49-1 季康子〇從祖叔母
也. 49-1 闔門與〇言. 49-1 仲尼聞〇. 49-3 以爲別於男女〇禮矣.
49-4 公父文伯〇母. 49-5 而爲賦綠衣〇三章. 49-5 老請守龜卜室〇
族. 49-6 師亥聞〇. 49-6 男女〇饗. 49-6 宗室〇謀. 49-7 歌以詠〇.
49-8 吾聞〇. 49-9 女死〇. 49-9 士死〇. 49-9 二三婦〇辱共先者祀.
49-10 仲尼聞〇曰. 49-12 公父氏〇婦. 49-14 欲明其子〇令德. 49-

14 公父文伯○母. 49-16 仲尼聞○曰. 49-16 季氏○婦. 49-17 且問
○仲尼. 49-18 仲尼爵○. 49-20 丘聞○. 49-21 昔禹致羣神於會稽○
山. 49-21 禹殺而戮○. 49-22 山川○靈. 49-23 社稷○守者. 49-23
汪芒氏○君也. 49-25 守封嵎○山者也. 50-1 人長○極幾何. 50-4 短
○至也. 50-5 數○極也. 50-5 有隼集于陳侯○庭而死. 50-7 楛矢貫
○. 50-8 陳惠公使人以隼如仲尼○館. 50-9 問○. 50-10 隼○來也遠
矣. 50-10 此肅慎氏○矢也. 50-10 先王欲昭其令德○致遠也. 50-12
肅慎氏○貢矢. 50-13 分異姓以遠方○職貢. 50-15 故分陳以肅慎氏
○貢. 50-15 得○金櫝. 50-16 如○. 50-16 景伯問○. 50-18 笑吾子
○大也. 50-18 昔正考父校商○名頌十二篇於周太師. 50-19 其輯○
亂. 50-20 先聖王○傳恭. 50-21 今吾子○戒吏人曰. 50-23 其滿○甚
也. 50-23 周恭王能庇昭穆○闕而爲恭. 50-23 今吾子○教官僚. 50-
24 有軍旅○出. 51-5 則徵○. 51-5 則有周公○籍矣. 51-8 君○庸臣
也. 52-4 則是君○賜也. 52-5 則非臣○所能也. 52-6 臣○所不若夷
吾者五. 52-7 君若宥而反○. 52-11 魯君○謀臣也. 52-13 夫知吾將
用○. 52-13 若○何. 52-13 寡君有不令○臣. 52-14 在君○國. 52-
14 欲以戮○於羣臣. 52-14 故請○. 52-15 如鮑叔○言. 52-15 此非欲
戮○也. 52-17 天下○才也. 52-18 所在○國. 52-18 殺而以其屍授○.
52-20 請生○. 52-22 齊使受○而退. 52-23 三釁三浴○. 53-1 桓公
親逆○于郊. 53-1 而與○坐而問焉. 53-2 戎車待遊車○裂. 53-5 戎
士待陳妾○餘. 53-6 恐宗廟○不掃除. 53-8 社稷○不血食. 53-8 比
校民○有道者. 53-10 勸○以賞賜. 53-12 糾○以刑罰. 53-12 爲○若
何. 53-13 聖王○治天下也. 53-13 定民○居. 53-14 成民○事. 53-
14 陵爲○終. 53-14 成民○事若何. 53-15 昔聖王○處士也. 53-17 是
故其父兄○教. 53-21 其子弟○學. 53-21 故士○子恒爲士. 53-22 是
故其父兄○教. 54-1 其子弟○學. 54-1 故工○子恒爲工. 54-2 而監
其鄉○資. 54-3 以知其市○賈. 54-3 是故其父兄○教. 54-7 其子弟
○學. 54-7 故商○子恒爲商. 54-8 深耕而疾耰○. 54-11 盡其四支○
敏. 54-14 是故其父兄○教. 54-15 其子弟○學. 54-15 故農○子恒爲
農. 54-16 其秀民○能爲士者. 54-17 定人○居若何. 54-20 工商○鄉
六. 54-21 而業用○. 55-2 而業用○. 55-3 君有攻伐○器. 55-6 有守
禦○備. 55-7 爲○若何. 55-8 軌爲○長. 55-10 連爲○長. 55-11 軌
長帥○. 55-12 里有司帥○. 55-12 連長帥○. 55-13 鄉良人帥○. 55
-13 五鄉○帥帥○. 55-14 故有中軍○鼓. 55-14 有國子○鼓. 55-15
有高子○鼓. 55-15 伍○人. 55-17 禍災共○. 55-17 天下大國○君.
55-22 莫○能禦. 55-22 正月○朝. 55-23 於子○鄉. 55-23 謂○蔽明.
55-25 於子○鄉. 56-1 有拳勇股肱○力. 56-1 謂○蔽賢. 56-2 於子
○鄉. 56-3 謂○下比. 56-5 桓公親見○. 56-6 選其官○賢者. 56-8
而復用○. 56-8 足以補官○不善政. 56-10 桓公召而與○語. 56-10
誠可立而授○. 56-11 設○以國家○患而不疚. 56-11 退問○其鄉.
56-11 升以爲上卿○贊. 56-12 謂○三選. 56-13 是故士莫敢言一朝○
便. 56-19 皆有終歲○計. 56-19 莫敢以終歲○議. 56-19 皆有終身○
功. 56-20 定民○居若何. 57-1 是故正○政聽屬. 57-4 正月○朝. 57
-7 桓公擇是寡功者而謫○. 57-7 於子○屬. 57-9 謂○蔽明. 57-10
於子○屬. 57-11 有拳勇股肱○力. 57-11 謂○蔽賢. 57-12 於子○屬.
57-13 謂○下比. 57-15 而重爲○皮幣. 57-23 則四鄰○國親我矣.
57-25 奉○以車馬衣裘. 57-25 以號召天下○賢士. 58-1 使民鬻○四
方. 58-2 以監其上下○所好. 58-2 擇其淫亂者而先征○. 58-3 爲○
若何. 58-4 爲○若何. 58-5 擇天下○甚淫亂者而先征○. 58-21 攘白
狄○地. 59-4 與辟耳○谿拘夏. 59-7 兵車○屬六. 59-11 乘車○會三.
59-11 葵丘○會. 59-14 余一人○命. 59-14 亂○本也. 59-17 余敢承
天子○命. 59-18 魯有夫人慶父○亂. 59-22 桓公聞○. 59-23 使高子
存○. 59-23 桓公築夷儀以封○. 59-24 桓公城楚丘以封○. 60-1 桓
公與○繫馬三百. 60-2 知桓公○非爲己動也. 60-3 是故諸侯歸○.
60-4 桓公知諸侯○歸己也. 60-6 諸侯○使. 60-8 故拘○以利. 60-9
結○以信. 60-9 示○以武. 60-9 莫○敢背. 60-10 可爲動者爲○動.
60-12 可爲謀者爲○謀. 60-12 通齊國○魚鹽于東萊. 60-13 以禦戎
狄○地. 60-16 以衛諸夏○地. 60-18 唯能用管夷吾甯戚隰朋賓胥無
鮑叔牙○屬. 60-21 制晉國○政. 62-5 成聞○. 62-5 事○如一. 62-6
父生○. 62-6 師教○. 62-6 君食○. 62-6 生○族也. 62-7 故壹事○.
62-7 人○道也. 62-8 臣敢以私利廢人○道. 62-8 且君知成○從也.
62-9 君焉用○. 62-10 史蘇占○. 62-11 何口○有. 62-14 誰敢興○.
62-14 克○. 62-16 夫驪戎○役. 62-18 兆有○. 62-19 蔽兆○紀. 62
-20 失臣○官. 62-20 凶○無有. 62-21 備○何害. 62-22 備○爲瘳.
62-22 臣○不信. 62-22 國○福也. 62-22 其若○何. 63-2 雖當三季
○王. 63-10 賊○兆也. 63-12 離則有○. 63-12 夫三季王○亡也宜.
63-16 民○主也. 63-16 今晉國○方. 63-18 將師保○. 63-19 三五○
門也. 63-20 是以讒口○亂. 63-20 當○者戕焉. 63-21 雖謂○挾. 63
-22 商○衰也. 63-23 其銘有○. 63-23 嗛嗛○德. 63-23 嗛嗛○食.
63-24 雖驪○亂. 63-25 行○以齒牙. 64-3 而勤易○. 64-7 夫子誠○.
64-9 抑二大夫○言. 64-10 克○. 64-12 以徼無辱○故. 64-14 公許
○. 64-14 其戒○乎. 64-16 民○疾心. 64-17 昔者○伐也. 64-17 是
以民能欣○. 64-18 禍○基也. 64-23 子思報父○恥. 64-24 必授○情.
64-25 夫史蘇○言. 65-4 其若○何. 65-4 何貳○有. 65-6 民○有君.
65-7 若○何其民○與處而棄○也. 65-8 吾聞○羊舌大夫曰. 65-12
且夫間父○愛. 65-14 君父○所安也. 65-16 見翟柤○氛. 65-17 公語
○. 65-18 牀笫○不安邪. 65-18 抑驪姬○不存側邪. 65-19 夫翟柤○
君. 65-20 君若伐○. 65-25 子必言○. 65-25 遂克○. 66-3 公○優曰
施. 66-4 而難三公子○徒. 66-4 早處○. 66-5 辱○近行. 66-8 而內
辱○. 66-11 且吾聞○. 66-12 其得○乎. 66-12 君○宗也. 66-14 君
○疆也. 66-14 戎○生心. 66-16 國○患也. 66-16 狄○廣莫. 66-18
晉○啓土. 66-18 乃生○言. 66-21 君○貳也. 66-24 何官○有. 66-
24 今君分○土而官○. 66-24 是左○也. 66-25 吾將諫以觀○. 66-25
君○貳也. 67-1 上軍○貳也. 67-1 身○利也. 67-3 故古○爲軍也.
67-6 闕從補○. 67-6 敵○如志. 67-9 國○憂也. 67-9 君其圖○. 67-
10 非子○憂也. 67-10 國○棟也. 67-11 棟成乃制○. 67-11 行○克
也. 67-14 將以害○. 67-14 其因以罪○. 67-15 不如逃○. 67-16 太
子聞○. 67-17 子輿○爲我謀. 67-18 然吾聞○. 67-18 皆有所行○.
67-23 君其若○何. 67-24 吾聞○外人言曰. 68-1 愛親○謂仁. 68-2
利國○謂仁. 68-3 衆況厚○. 68-4 衆孰沮○. 68-6 人孰去○. 68-6
鈞○死也. 68-8 吾豈知紂○善否哉. 68-10 若大難至而恤○. 68-11
君盍老而授○政. 68-12 且君其圖○. 68-13 我授○政. 68-15 吾將圖
○. 68-17 以皋落狄○朝夕苛我邊鄙. 68-18 君○倉廩固不實. 68-20
君盍使○伐狄. 68-20 與衆○信輯睦焉. 68-21 君其圖○. 68-25 衣○
偏裻○衣. 69-1 佩○以金玦. 69-1 僕人贊聞○. 69-2 君賜○奇. 69-
2 使○出征. 69-3 先以觀○. 69-4 故告○以離心. 69-4 而示○以堅
忍○權. 69-4 必內險○. 69-5 必外危○. 69-5 狂夫阻○衣也. 69-6
非子○所知也. 69-13 寡人聞○. 69-13 立太子○道三. 69-13 決○以
卜筮. 69-14 子無謀吾父子○間. 69-15 吾以此觀○. 69-15 衣躬○偏.
69-18 且吾聞○曰. 69-19 孺子勉○乎. 69-19 善處父子○間矣. 69-
20 衣偏○衣. 69-21 中分而金玦○. 69-23 孺子勉○乎. 69-23 而玦
○以金銑者. 69-24 寒○甚矣. 69-24 雖勉○. 69-25 衣躬○偏. 70-1
握兵○要. 70-1 勉○而已矣. 70-1 突聞○. 70-4 其可以圖○乎. 70-
5 君○使我. 70-6 言○大甘. 70-8 焉避○. 70-9 吾聞申生○謀愈深.
71-4 今矜狄○善. 71-6 吾聞○. 71-7 子爲我具特羊○饗. 71-11 吾
以從○飲酒. 71-12 暇豫○吾吾. 71-14 抑有所聞○乎. 71-19 夫史蘇
○言. 71-23 不如曰不信以疏○. 72-2 亦固太子以攜○. 72-3 多爲○
故. 72-3 且人中心唯無忌○. 72-6 公祭○地. 72-15 不能深知君○心
度. 72-20 是以言至而無所訟○也. 72-21 孺子勉○. 72-25 死民○思.
72-25 非子○罪. 73-2 章父○惡. 73-3 吾聞○. 73-5 驪姬見申生而
哭○. 73-9 有父忍○. 73-9 人孰好○. 73-10 人孰利○. 73-10 皆民
○所惡也. 73-10 申生乃雉經于新城○廟. 73-11 與知共君○事. 73-
17 若以偃○慮. 73-23 走○易達. 73-24 且以監諸侯○爲. 74-1 乃遂
○狄. 74-1 乃遂○梁. 74-6 召史嚚占○. 74-10 如君○言. 74-10 天
○刑神也. 74-11 公使囚○. 74-11 舟○僑告諸其族曰. 74-11 吾乃今
知○. 74-13 而賀大國○襲. 74-13 吾聞○曰. 74-14 民疾君○侈也.
74-15 是天奪○鑒. 74-16 天又誑○. 74-17 其誰云救○. 74-18 伐虢
○役. 74-20 宮○奇諫而不聽. 74-20 除闇以應外謂○忠. 74-22 定身
以行謂○信. 74-22 童謠有○. 75-2 丙○晨. 75-3 取虢○旂. 75-3 鶉
○賁賁. 75-4 其九月十月○交乎. 75-4 葵丘○會. 75-6 而重遺○.
75-8 懷○以典言. 75-8 而厚德○. 75-9 以示○信. 75-9 以示○施.
75-10 譬○如室. 75-10 吾聞○. 75-11 是○不果奉. 75-13 雖後○會.
75-13 戎狄○民實環○. 75-16 誰能懼○. 75-17 今晉侯不量齊德○
豐否. 75-17 不度諸侯○勢. 75-18 爲淮○會. 75-20 宋人伐○. 75-
20 三公子○徒. 75-21 吾蔑從○矣. 75-22 焉避○. 76-2 三公子○徒.
76-4 荀息曰死○. 76-5 子勉○. 76-6 夫二國士○所圖. 76-6 我爲子
行○. 76-6 我使狄以動○. 76-7 援秦以搖○. 76-7 誰○國也. 76-8
克聞○. 76-9 利○足也. 76-9 怨○本也. 76-9 將以驪姬○惑蠱君.
76-10 而奪○利. 76-11 信而亡○. 76-11 而立子○在外者. 76-13 諸
侯義而撫○. 76-15 百姓欣而奉○. 76-15 荀息將死○. 76-19 不如立
其弟而輔○. 76-19 荀息死○. 76-20 唯知哀樂喜怒○節. 76-25 是哀
樂喜怒○節易也. 77-2 偃也聞○. 77-3 大喪大亂○剡也. 77-4 今適
當○. 77-5 重耳父生不得供備洒掃○臣. 77-6 在因民而順○. 77-8
大夫其從○. 77-9 子勉○. 77-12 幸苟君○. 77-13 子唯其索○也.
77-13 久則恐諸侯○謀. 77-17 延及寡君○紹續昆裔. 77-20 又重○以
寡君○不祿. 77-21 以君○靈. 77-22 不忘先君○好. 77-24 而建立○.
77-24 雖四鄰諸侯○聞○也. 77-25 其誰不儆懼於君○威. 78-1 而欣
喜於君○德. 78-1 終君○重愛. 78-2 受君○重貺. 78-2 晉國其誰非
君○羣隸臣也. 78-2 夫晉國○亂. 78-5 若夫二公子而立○. 78-5 以
爲朝夕○急. 78-5 君其使○. 78-7 寡君使縶弔公子○憂. 78-9 又重
○以喪. 78-9 寡人聞○. 78-10 公子其圖○. 78-11 是故置○者不殆.
78-12 人實有○. 78-13 不得與於哭泣○位. 78-15 如弔公子重耳○
命. 78-18 公子勉○. 78-19 公子盡○. 78-20 人實有○. 78-20 吾命
○以汾陽○田百萬. 78-23 吾命○以負蔡○田七十萬. 78-24 亡人何

國○與有. 79-1 亦爲君○東游. 79-2 津梁○上. 79-3 亡人○所懷挾纓纕. 79-3 以望君○塵垢者. 79-4 白玉○珩六雙. 79-4 請納○左右. 79-5 君○言過矣. 79-9 君若求置晉君而載○. 79-9 臣聞○曰. 79-11 臣聞○. 79-13 夷吾○少也. 79-14 而衆安○. 79-16 而背外內○賂. 80-4 輿人誦○. 80-4 佞○見佞. 80-4 詐○見詐. 80-5 得○而狃. 80-5 夫衆口禍福○門. 80-7 出共世子而改葬○. 80-10 國人誦○曰. 80-11 貞○無報也. 80-11 心○哀兮. 80-13 歲○二七. 80-14 吾是○依兮. 80-15 善○難也. 80-15 民實戴○. 80-17 惡亦如○. 80-17 必或知○. 80-17 君○冢嗣其替乎. 80-18 言○紀也. 80-20 意○術也. 80-20 明○曜也. 80-20 紀言以敘○. 80-21 述意以導○. 80-21 明曜以昭○. 80-21 惠公既殺里克而悔○. 80-23 使寡人過殺我社稷○鎮. 80-23 郭偃聞○. 80-23 受君○罰. 81-2 罹天○禍. 81-2 受君○罰. 81-2 罹天○禍. 81-3 秦人殺冀芮而施○. 81-3 且謝○. 81-6 君厚問以召呂甥郤稱冀芮而止○. 81-8 臣○屬內作. 81-8 鄭○使薄而報厚. 81-10 皆里丕○黨也. 81-12 丕鄭○自秦反也. 81-14 君殺○. 81-16 夫子○入. 81-17 孰知○. 81-18 知而背○. 81-18 丕鄭○子曰豹. 81-21 今又殺臣○父. 81-22 君若伐○. 81-23 君其伐○. 82-3 予○乎. 82-5 而天予○. 82-6 其君○不報也. 82-7 不若予○. 82-7 公令河上輸○粟. 82-11 而予○糴. 82-11 雖我必擊○. 82-13 非鄭○所知也. 82-14 非鄭○所知也. 82-17 以君○出也處己. 82-21 今又擊○. 82-22 昔君○惠也. 82-24 寡人未○敢忘. 82-25 能合○. 82-25 寡人○願也. 83-1 昔君○未入. 83-2 寡人○憂也. 83-2 昔君○不納公子重耳而納晉君. 83-5 是君○不置德而置服也. 83-5 君盍待○乎. 83-7 昔吾○不納公子重耳而納晉君. 83-7 吾必勝○. 83-10 君鼓而進○. 83-11 何我○載. 83-12 鄭○車. 83-12 將止○. 83-13 與逐出○. 83-15 與以歸○. 83-16 與復○. 83-16 殺○利. 83-16 逐○. 83-17 復○. 83-17 不若殺○. 83-18 恥大國○士於中原. 83-18 又殺其君以重○. 83-19 子思報父○仇. 83-19 臣思報君○讎. 83-19 吾豈將徒殺○. 83-20 吾將以公子重耳代○. 83-21 晉君○無道. 83-21 公子重耳○仁. 83-21 恥一國○士. 83-23 以要晉國○成. 84-3 秦始知河東○政. 84-4 呂甥教○言. 84-6 呂甥致衆而告○曰. 84-10 其亡○不卹. 84-10 以韓○病. 84-12 雖四鄰○聞○也. 84-13 穆公訊○曰. 84-15 其小人不念其君○罪. 84-16 而悼其父兄子弟○死喪者. 84-16 齊楚又交輔○. 84-18 比其和○而來. 84-19 吾君○入也. 84-23 君○惠也. 84-23 能納○. 84-23 能執○. 84-23 則能釋○. 84-23 君○止. 85-1 子○罪也. 85-2 鄭也聞○曰. 85-2 死○. 85-2 死○. 85-3 又重○以誤人. 85-3 必死○. 85-5 使家僕徒召○. 85-7 刑○. 85-10 臣○行也. 85-10 君○明也. 85-11 國○利也. 85-11 臣聞奔刑○臣. 85-12 不若赦○以報讎. 85-13 君盍赦○. 85-13 我能行○. 85-14 而報○以賊. 85-15 成而反○. 85-15 不若刑○. 85-17 其聞賢於刑○. 85-18 君令司馬説刑○. 85-21 司馬説進三軍○士而數慶鄭曰. 85-22 夫韓○誓曰. 85-22 三軍○士皆在. 86-1 秦乃召重耳於楚而納○. 86-3 誰能興○. 87-7 野人舉塊以與○. 87-12 將鞭○. 87-13 二三子志○. 87-14 天○道也. 87-16 由是始○. 87-16 受而載○. 87-17 齊侯妻○. 87-18 子犯知齊○不可以動. 87-20 而知文公○安齊. 87-21 而有終焉○志也. 87-21 而患○. 87-21 姜氏殺○. 87-22 其聞○者. 87-23 吾以除○矣. 87-23 子必從○. 87-23 先王其知○矣. 88-1 自子○行. 88-2 子其勉○. 88-3 西方○書有○曰. 88-8 人○多言. 88-9 小妾聞○. 88-9 民○上也. 88-10 民○下也. 88-10 民○中也. 88-10 故謂○下. 88-11 鄭詩○言. 88-12 吾其從○. 88-12 此大夫管仲○所以紀綱齊國. 88-12 子而棄○. 88-13 齊國○政敗矣. 88-13 晉○無道久矣. 88-14 從者○謀忠矣. 88-14 而釋○者. 88-15 吾聞晉○始封也. 88-16 閼伯○星也. 88-16 商○饗國. 88-17 瞽史○紀曰. 88-17 唐叔○世. 88-17 醉而載○以行. 88-20 吾食舅氏○肉. 88-21 公子無亦晉○柔嘉. 88-23 偃○肉腥臊. 88-23 將焉用○. 88-24 衛文公有邢狄○虞. 88-25 國○紀也. 89-2 民○結也. 89-2 德○建也. 89-2 君○所慎也. 89-3 今君棄○. 89-3 君其圖○. 89-5 文○昭也. 89-5 武○穆也. 89-5 周○大功在武. 89-5 晉○守祀. 89-8 設微薄而觀○. 89-12 僖負羈○妻言於負羈曰. 89-13 君○匹也. 89-17 諸侯○亡公子其多矣. 89-18 臣聞○. 89-20 政○幹也. 89-20 禮○宗也. 89-21 國○常也. 89-21 文武○功. 89-23 故二王○嗣. 89-23 今君棄○. 89-24 卿材三人從○. 89-25 而君蔑○. 89-25 謂晉公子○亡. 90-1 比○賓客. 90-1 守天○聚. 90-2 是○不難. 90-4 君其圖○. 90-5 其先君○戎御. 90-8 趙夙○弟也. 90-8 實左右○. 90-10 公子居則下○. 90-10 有禮○謂也. 90-12 君其圖○. 90-12 襄公從○. 90-12 臣聞○. 90-14 天將啓○. 90-16 伯行○子也. 90-16 離外○患. 90-18 外內棄○. 90-19 狐趙謀○. 90-19 大王荒○. 90-20 大○也. 90-20 平王勞而德○. 90-22 而賜○盟質. 90-22 文侯○功. 90-24 武公○業. 90-24 晉鄭○親. 90-25 王○遺命. 90-25 君其圖○. 91-2 則請殺○. 91-3 唯德○基. 91-5 楚成王以周禮享○. 91-6 君其饗○. 91-7 亡人而國薦○. 91-7 非敵而君設○. 91-7 誰啓○心. 91-8 則君有○. 91-9 君○餘也. 91-10 不穀願聞○. 91-11 若以君○靈. 91-11 楚師○懼. 91-15 我○不德. 91-15 殺○何爲. 91-15 天○祚楚. 91-15 誰能懼○. 91-16 冀州○土. 91-16 三材侍○. 91-17 天祚○矣. 91-18 天○所興. 91-18 誰能廢○. 91-18 彼己○子. 91-20 鄄○也. 91-20 夫鄄而效○. 91-20 既而揮○. 91-23 寡人○適. 91-24 子圉○辱. 91-25 不敢以禮致○. 92-1 懼○故也. 92-1 寡人○罪也. 92-2 黃帝○子二十五人. 92-3 方雷氏○甥也. 92-5 彤魚氏○甥也. 92-5 四母○子. 92-6 凡黃帝○子. 92-6 同德○難也如是. 92-13 異德○故也. 92-16 道路○人也. 92-22 禮志有○曰. 92-25 欲人○愛己也. 93-1 欲人○從己也. 93-1 受好以愛○. 93-2 聽從以德○. 93-3 且逆○. 93-3 吾不如衰○文也. 93-5 如享國君○禮. 93-7 君以天子○命服命重耳. 93-13 重耳○仰君也. 93-15 若黍苗○仰陰雨也. 93-15 若君實庇廕膏澤○. 93-16 君○力也. 93-17 君若昭先君○榮. 93-17 重耳○望也. 93-18 公子親筮○. 93-25 筮史占○. 93-25 得國○務也. 94-3 順以訓○. 94-5 泉原以資○. 94-5 何以當○. 94-6 厚○至也. 94-8 一夫○行也. 94-11 居樂出威○謂也. 94-13 得國○卦也. 94-14 臣猶知○. 94-16 實沈○星也. 94-20 實沈○墟. 94-20 今君當○. 94-21 君○行也. 94-21 閼伯○星也. 94-22 如穀○滋. 94-23 臣筮○. 94-24 得泰○八. 94-24 今及○矣. 94-25 何不濟○有. 94-25 而天○大紀也. 95-1 子孫賴○. 95-2 驪姬○讒. 95-10 退而思○. 95-14 吾以君爲已知○矣. 95-15 猶未知○也. 95-15 民○主也. 95-17 二君○世. 95-17 除君○惡. 95-18 何貳○有. 95-19 乾時○役. 95-21 申孫○矢. 95-21 今君○德宇. 95-23 罪戾○人也. 95-24 而遂弑○. 96-2 伯楚知○. 96-2 公懼遽出見○. 96-3 吾請去○. 96-4 伯楚以呂郤○謀告公. 96-4 告○亂故. 96-5 秦伯誘而殺○. 96-6 文公○出也. 96-7 從者爲羈紲○僕. 96-9 居者爲社稷○守. 96-9 公遽見○. 96-10 實紀綱○僕. 96-12 諸姬○良. 96-19 異姓○能. 96-19 襄王避昭叔○難. 96-22 以教○義. 96-24 秦將納○. 96-24 繼文○業. 96-25 定武○功. 96-25 君其務○. 97-1 乃行賂于草中○戎. 97-1 與麗土○狄. 97-2 殺○于隰城. 97-5 遂定○于郟. 97-6 賜公南陽陽樊溫原州陘絺組攢茅○田. 97-8 公圍○. 97-11 君將殘○. 97-12 陽人有夏商○嗣典. 97-12 有周室○師旅. 97-13 樊仲○官守焉. 97-13 則皆王○父兄甥舅也. 97-14 唯君圖○. 97-15 是君子○言也. 97-15 令以三日○糧. 97-17 公令疏軍而去○. 97-17 民○所庇也. 97-19 乃去○. 97-20 舍○則宋絕. 97-23 其若○何. 97-23 藉○告楚. 97-25 我分曹衛○地. 97-25 然後用○. 98-2 臣亦釋宋○圍. 98-5 必擊○. 98-6 子與○. 98-6 我不許曹衛○請. 98-7 以攜○. 98-9 既戰而後圖○. 98-10 偃也聞○. 98-13 晉人將烹○. 98-21 厚爲○禮而歸○. 99-1 何匱○有. 99-7 及清原○蒐. 99-7 夫先王○法. 99-10 志德義○府也. 99-10 生民○本也. 99-11 公從○. 99-11 先軫佐○. 99-13 先軫○謀也. 99-14 使先軫代○. 99-14 偃○出也. 99-15 毛○智. 99-16 狐偃佐○. 99-17 使趙衰代○. 99-18 城濮○役. 99-18 先且居○佐軍也善. 99-18 且臣○倫. 99-19 皆社稷○衛也. 99-21 以趙衰○故. 99-21 箕鄭佐○. 99-22 先都佐○. 99-23 而教誨○. 100-6 其能善○乎. 100-7 而賢良贊○. 100-10 其何善○爲. 100-11 於是乎用四方○賢良. 100-16 重○以周邵畢榮. 100-19 則文王非專教誨○力也. 100-21 官師○所材也. 100-23 官師○所不材也. 101-1 因體能質而利○者也. 101-2 盍納天子以示○義. 101-4 盍伐原以示○信. 101-6 備師尚禮以示○. 101-7 欲溱佐○. 101-9 其妻饁○. 102-4 從而問○. 102-5 冀芮○子也. 102-5 與○歸. 102-6 而進○曰. 102-6 國○良也. 102-7 是故舜○刑也殛鯀. 102-7 今君○所聞也. 102-8 德○恪也. 102-10 公見○. 102-11 今乃得○. 102-13 舉而從○. 102-13 陽子道與○語. 102-14 而不從○. 102-14 吾見其貌而欲○. 102-15 聞其言而惡○. 102-15 情○華也. 102-16 貌○機也. 102-16 身○文也. 102-16 言文而發○. 102-17 今陽子○貌濟. 102-17 而外彊○. 102-18 而言反○. 102-19 奉○如機. 102-20 歷時而發○. 102-20 今陽子○情譓矣. 102-20 怨○所聚也. 102-22 是故去○. 102-22 乃有賈季○難. 102-23 陽子死○. 102-23 河曲○役. 103-1 獻子執而戮○. 103-2 其主朝升○. 103-2 其誰安○. 103-3 宣子召而禮○. 103-3 女勉○. 103-7 非晉國○急也. 103-11 公許○. 103-13 令三軍○鍾鼓必備. 103-14 大罪伐○. 103-16 小罪憚○. 103-16 襲侵○事. 103-16 明聲○. 103-19 公患○. 103-22 使鉏麑賊○. 103-22 社稷○鎮也. 103-24 賊國○鎮. 103-24 受命而廢○. 103-25 觸庭○槐而死. 103-25 逆公子黑臀而立○. 104-1 齊頃公使婦人觀而笑○. 104-3 吾聞○. 104-5 干人○怒. 104-5 夫郤子○怒甚矣. 104-5 大夫莫○能對也. 104-9 擊○以杖. 104-12 靡笄○役. 104-13 將救○. 104-13 則既斬○矣. 104-13 子不將救○乎. 104-14 靡笄○役. 104-16 三軍○心. 104-17 吾子忍○. 104-19 戎○政也. 104-20 而鼓○. 104-21 三軍從○. 104-22 逐○. 104-22 三周華不注○山. 104-22 靡笄○役. 104-23 郤子○師也. 104-24 則恐國人○屬耳目於我也. 104-25 靡笄○役. 105-2 子○力也夫. 105-2 克也以君命命三軍○士. 105-2 三軍○士用命. 105-3 克也何力○有焉. 105-3 子○力也夫. 105-3 以命上軍○士. 105-4 上軍○士用命. 105-5 燮也何力○有焉. 105-5 子○力也夫. 105-6 以命下軍○士. 105-6 下軍○士用命. 105-7 書也何力○有焉.

105-7 靡笄○役也. 105-8 獻○以得殞命○禮. 105-8 不腆弊邑○禮.
105-9 爲君○辱. 105-9 立而辟○. 105-13 君爲○降服出次. 105-18
其若○何. 105-19 而從○. 105-20 而與○語. 105-24 爾試聽○. 105
-24 及欒弗忌○難. 106-3 將謀而殺○. 106-3 實○不知. 107-5 逸王
罰○. 107-8 吾聞古○言王者. 107-8 有邪而正○. 107-11 盡戒○術
也. 107-12 戒○. 107-14 如草木○産也. 107-16 人○有冠. 107-16
猶宮室○有牆屋也. 107-17 吾子勉○. 107-18 成宣○後. 107-18 成
子○文. 107-19 宣子○忠. 107-19 吾子勉○ . 107-22 有宣子○忠.
107-22 而納○以成子○文. 107-22 誰○不如. 108-1 可以求○. 108-
1 見張老而語○. 108-2 從欒伯○言. 108-2 范叔○教. 108-2 韓子○
戒. 108-3 亡人○言也. 108-4 智子○道善矣. 108-4 難○本也. 108-
8 而遠人以其方賄歸○. 108-9 而求王者○功. 108-10 且使苦成叔及
欒黶興齊魯○師. 108-12 公使擊○. 108-13 興齊魯○師. 108-14 請
俟○. 108-14 我擊○. 108-15 鄢○戰. 108-21 郤至以韎韋○跗注.
108-21 王使工尹襄問○以弓. 108-22 方事○殷也. 108-23 有韎韋○
跗注. 108-23 君○外臣至. 108-25 以寡君○靈. 108-25 拜君命○辱.
108-25 敢三肅○. 109-1 鄢○役. 109-2 吾聞○爲人臣者. 109-3 鄢
○役. 109-6 荆救○. 109-6 吾聞○. 109-7 今吾司寇○刀鋸日弊. 109
-8 刑○過也. 109-10 刑外○不服者. 109-11 鄢○役. 109-16 荆救
○. 109-16 吾聞○. 109-17 稱晉○德. 109-18 難○本也. 109-20 諸
臣○內相與. 109-22 諸臣○委室而徒退者. 109-24 則晉國○福也.
109-25 亂地○秩者也. 109-25 昔韓○役. 110-2 邲○役. 110-2 箕○
役. 110-3 晉國○政. 110-3 今我任晉國○政. 110-4 又以違蠻夷重○.
110-4 大勝○. 110-10 葬於翼東門○外. 110-13 厲公○所以死者.
110-14 鄢○役. 110-15 軍吏患○. 110-15 范匄自公族趨過○. 110-
16 范文子執戈逐○. 110-17 國○存亡. 110-17 范文子立於戎馬○前.
110-20 吾聞○. 110-20 吾庸知天○不授晉. 110-21 君與二三臣其戒
○. 110-22 福○基也. 110-22 猶懼失○. 110-25 及齊魯○未至也.
111-4 臣固聞○. 111-5 使苦成叔緩齊魯○師. 111-6 且今君若使○於
周. 111-8 必見○. 111-9 公使覘○. 111-10 是故使胥○昧與夷羊五
刺郤至苦成叔及郤錡. 111-10 我欲以吾宗與吾黨夾而攻○. 111-12
至聞○. 111-14 夫利君○富. 111-15 君○殺我也. 111-15 鈞○死也.
111-16 不若聽君○命. 111-16 乃納孫周而立○. 111-17 臣聞○. 111
-21 趙孟姬○讒. 112-4 殺老牛莫○敢尸. 112-4 中行偃欲伐○. 112
-5 吾雖欲攻○. 112-7 孤○及此. 113-6 抑人○有元君. 113-6 若稟
而棄○. 113-7 穀○不成. 113-8 孤○咎也. 113-8 成而焚○. 113-9
二三子○虐也. 113-9 二三子爲令○不從. 113-10 孤○不元. 113-10
元而以虐奉○. 113-10 二三子○制也. 113-11 圖○進退. 113-12 而
大庇廕○. 113-13 辱君○允令. 113-14 公親見○. 113-19 邲○役.
113-21 鄢○役. 113-23 武子○季. 114-2 文子○母弟也. 114-2 夫二
子○德. 114-4 使令狐文子佐○. 114-6 昔克潞○役. 114-7 君知士貞
子○帥志博聞. 114-11 知右行辛○能以數宣物定功也. 114-11 知欒
糾○能御. 114-12 知荀賓○有力而不暴也. 114-13 使兹四人者爲○.
114-16 夫膏粱○性難正也. 114-16 故使惇惠者教○. 114-17 使文敏
者導○. 114-17 使果敢者諗○. 114-18 使鎮靜者修○. 114-18 惇惠
者教○. 114-19 文敏者導○. 114-19 果敢者諗○. 114-20 鎮靜者修
○. 114-20 公知祁奚○果而不淫也. 114-22 知羊舌職○聰敏肅給也.
114-22 使佐○. 114-23 知魏絳○勇而不亂也. 114-23 知張老○智而
不詐也. 114-24 知鐸遏寇○恭敬而信彊也. 114-25 知籍偃○惇帥舊
職而恭給也. 114-25 使魏莊子盟○. 115-11 魏絳戮寡人○弟. 115-
15 臣聞絳○志. 115-16 士魴張老交止○. 115-17 使臣狃中軍○司馬.
115-18 請死○. 115-20 寡人○言. 115-20 兄弟○禮也. 115-20 子○
誅. 115-21 軍旅○事也. 115-21 請無重寡人○過. 115-21 與○禮食.
115-21 令○佐新軍. 115-22 臣○子午可. 115-23 午○少也. 115-24
使孟樂因魏莊子納虎豹○皮. 116-5 不若伐○. 116-6 安用○. 116-7
予○貨而獲其土. 116-8 君其圖○. 116-10 厲公○亂. 116-12 臣聞○
曰. 116-13 悼公聞○. 116-15 夫絳○智. 116-17 不廢其先人○職.
116-18 且雞丘○會. 116-19 公五命○. 116-20 請與子共樂○. 117-1
君○幸也. 117-2 八年○中. 117-2 君○靈也. 117-3 二三子○勞也.
117-3 臣焉得○. 117-3 子其受○. 117-4 臨下○樂. 117-6 德義○樂.
117-7 諸侯○爲. 117-7 若○何. 118-7 子實圖○. 118-10 君掄賢人
○後. 118-11 而立○. 118-11 亦掄逞志虧君以亂國者○後. 118-11
而去○. 118-12 且夫欒氏○誣晉國久也. 118-14 今吾若起瑕原韓魏
○後. 118-16 而賞立○. 118-17 民○不導. 118-22 君其圖○. 118-
23 數而遣○. 119-1 厚箴戒圖以待○. 119-1 滅○猶少. 119-2 乃厚其
外交而勉○. 119-3 將授立○. 119-6 得○者賞. 119-6 范宣子以公入
于襄公○宮. 119-7 是以沒平公○身. 119-8 欒懷子○出. 119-9 執政
使欒氏○臣勿從. 119-9 欒氏○臣辛俞行. 119-10 吏執○. 119-10 何
故犯○. 119-11 臣順○也. 119-11 豈敢犯○. 119-11 臣聞○曰. 119
-12 君○. 119-13 主○. 119-13 君○明令也. 119-14 自臣○祖. 119
-14 固止○. 119-17 厚賂○. 119-17 辭以行○. 119-18 君問○陳辭.
119-19 未退而逆○. 119-19 乃遣○. 119-20 其母視○. 119-21 叔向
○母聞○. 119-23 豺狼○聲. 119-23 終滅羊舌氏○宗者. 119-24 昔
匄○祖. 120-1 晉繼○. 120-2 其此○謂也. 120-3 此○謂世祿. 120-
4 此○謂死而不朽. 120-5 宣子欲攻○. 120-8 且吾子○心有出焉.
20-9 公族○不恭. 120-13 公室○有回. 120-13 內事○邪. 120-13 大
夫○貪. 120-13 若以君官從子○私. 120-14 懼子○應且增也. 120-
14 若夫子○命也. 120-17 何二○有. 120-17 待吾爲子殺○. 120-18
叔向聞○. 120-19 盍訪○訾祏. 120-20 直能端辨○. 120-20 博能上
下比○. 120-21 且吾子○家老也. 120-21 而後行○. 120-23 聞吾子
有和○怒. 120-23 是○不憂. 120-24 非子○任也. 120-25 後○人可
則. 121-7 及文子成晉荆○盟. 121-8 豐兄弟○國. 121-8 於是無四方
○患. 121-10 而無外內○憂. 121-10 賴三子○功. 121-10 而與○和.
121-12 將若○何. 121-15 必長者○由. 121-17 君○明兆於衰矣. 121
-18 夫樂以開山川○風也. 121-19 風德以廣○. 121-20 風山川以遠
○. 121-20 風物以聽○. 121-20 循詩以詠○. 121-20 循禮以節○.
121-21 使曁襄搏○. 121-23 拘將殺○. 121-23 叔向聞○. 121-23 君
告○. 121-24 君必殺○. 121-24 搏○不得. 122-1 是揚吾君○恥者也.
122-1 君其必速殺○. 122-1 乃趣赦○. 122-2 叔向見司馬侯○子.
122-3 撫而泣○. 122-3 自此其父○死. 122-3 昔者此其父始○. 122-
5 我終○. 122-5 我始○. 122-5 夫子終○. 122-5 肸也欲子員○對客
也. 122-11 皆君○臣也. 122-12 撫劍就○. 122-12 今日○事. 122-
13 子孫饗○. 122-13 三軍○士暴骨. 122-13 導賓主○言無私. 122-
14 子常易○. 122-15 拂衣從○. 122-15 人救○. 122-16 平公聞○.
122-16 吾臣○所爭者大. 122-16 諸侯○大夫盟于宋. 122-18 文子聞
○. 122-20 若○何. 122-20 而以信覆○. 122-23 荆○逆諸侯也亦云.
122-23 諸侯必叛○. 123-1 死而可以固晉國○盟主. 123-2 畏晉○信
也. 123-5 宋○盟. 123-6 夫霸王○勢. 123-6 而裨諸侯○闕. 123-8
諸侯將載○. 123-8 諸侯將棄○. 123-10 今將與狎主諸侯○盟. 123-
13 虢○會. 123-16 諸侯○故. 123-18 求治○. 123-18 子盍逃○. 123
-19 以從諸侯○盟. 123-20 是吾出而危○也. 123-21 自他及○. 123
-23 文子將請○於楚. 123-25 而魯背○. 123-25 何敗國○有. 124-
4 吾聞○曰. 124-4 固請於楚而免○. 124-5 斲其椽而礱○. 124-7 張
老夕焉而見○. 124-7 文子聞○. 124-7 天子○室. 124-8 斲其椽而礱
○. 124-9 諸侯礱○. 124-9 大夫斲○. 124-9 士首○. 124-9 令○勿
礱也. 124-11 匠人請皆斲○. 124-11 爲後世○見○也. 124-12 仁者
○爲也. 124-13 不仁者○爲也. 124-13 趙文子見○. 124-21 鍼聞○.
124-23 以主諸侯○盟. 125-2 思長世○德. 125-2 歷遠年○數. 125-
2 非死逮○. 125-4 秦景公使醫和視○. 125-5 趙文子聞○. 125-8 自
今○謂. 125-10 和聞○曰. 125-11 八年○謂多矣. 125-13 何實生○.
125-15 蠱○慝. 125-15 穀○飛實生○. 125-16 今君一○. 125-18 晉
○殃也. 125-21 韓宣子問二公子○祿焉. 125-24 大國○卿. 125-24
一旅○田. 125-25 一卒○田. 125-25 若○何其鈞○. 126-1 德以賦○.
126-2 功庸以稱○. 126-2 若○何以富賦祿也. 126-2 夫絳○富商.
126-3 能行諸侯○賄. 126-4 而無尋尺○祿. 126-5 若○何其回於富也.
126-6 寡君○疾久矣. 126-8 以君○明. 126-11 其何厲○有. 126-12
僑聞○. 126-12 殛○于羽山. 126-12 三代舉○. 126-14 夫鬼神○所
及. 126-14 晉實繼○. 126-16 賜○莒鼎. 126-18 叔向賀○. 126-19
吾有卿○名. 126-19 昔欒武子一卒○田. 126-20 諸侯親○. 126-23
戎狄懷○. 126-23 而賴武○德. 126-25 改桓○行. 127-1 而修武○德.
127-1 而離桓○罪. 127-1 莫○哀也. 127-4 今吾子有欒武子○貧.
127-5 若不憂德○不建. 127-5 而患貨○不足. 127-6 何賀○有. 127-
6 賴子存○. 127-7 非起也敢專承○. 127-7 嘉吾子○賜. 127-7 及斷
獄○日. 128-6 韓宣子患○. 128-7 雍子賈○以其子. 128-9 邢侯非其
官也而干○. 128-9 夫以回鬻國○中. 128-10 邢侯聞○逃. 128-11 非
事君○禮也. 128-16 姦○大者也. 128-17 國○憲法也. 128-17 若其
予○. 128-18 且夫狄○憾者. 128-18 儆將攻○. 128-21 鼓子○臣.
129-1 軍吏執○. 129-2 穆子召○. 129-3 臣委質於狄○鼓. 129-4 未
委質於晉○鼓也. 129-5 臣聞○. 129-5 古○法也. 129-6 吾何德○務.
129-7 使夙沙釐相○. 129-9 先君獻武○諱也. 129-12 人○有學也.
129-13 猶木○有枝葉也. 129-14 而況君子○學乎. 129-14 獻子執而
紡於庭○槐. 129-18 叔向過○. 129-18 欲而得○. 129-20 若欲○.
129-22 獻子將許○. 129-23 今以梗陽○賄殃○. 129-24 召○. 130-1
吾子一食○間而三歎. 130-2 饋○始至. 130-4 豈主○食而有不足.
130-4 主○既已食. 130-5 願以小人○腹. 130-5 爲君子○心. 130-5
下邑○役. 130-7 趙簡子賞○. 130-7 固賞○. 130-7 方臣○少也. 130
-8 及臣○壯也. 130-9 及臣○長也. 130-10 乃釋○. 130-12 尹鐸往
而增○. 130-18 大夫辭○. 130-19 失趙氏○典刑. 130-23 有文○典
刑. 131-1 有景○教訓. 131-1 重○以師保. 131-1 加○以父兄. 131-
1 子皆疏○. 131-2 人○道也. 131-3 是以修○. 131-3 若罰○. 131-
4 以免難○賞賞尹鐸. 131-5 鐵○戰. 131-8 今日○事. 131-10 今日
○事. 131-11 吾能止○. 131-12 今日○事. 131-12 我上○次也. 131
-12 以諄趙鞅○故. 131-13 史黯聞○. 131-18 簡子見○. 131-19 欲
試○兹囿. 131-20 少室周爲趙簡子○右. 131-23 請與○戲. 131-24

簡子許○. 131-24 吾願得范中行○良臣. 132-1 將焉用○. 132-2 人
○所願也. 132-2 擇材而薦○. 132-4 朝夕誦善敗而納○. 132-5 道○
以文. 132-5 行○以順. 132-5 勤○以力. 132-5 致○以死. 132-6 今
范中行氏○臣. 132-6 而棄○. 132-7 則何良○爲. 132-7 則主焉得○.
132-8 夫二子○良. 132-8 東方○士. 132-11 臣聞○. 132-13 國家○
將興也. 132-13 今主任晉國○政. 132-14 臣聞○. 132-18 哀名○不
令. 132-19 不哀年○不登. 132-19 宗廟○犧. 132-21 爲畎畝○勤.
132-21 人○化也. 132-22 何日○有. 132-22 狗○事大矣. 132-25 而
主○色不怡. 132-25 吾聞○. 133-1 謂○幸. 133-1 宵○佷在面. 133
-5 瑤○佷在心. 133-5 瑤○賢於人者五. 133-7 而以不仁行○. 133-
10 其誰能待○. 133-11 及智氏○亡也. 133-13 志有○曰. 133-16 松
柏○地. 133-17 智伯國聞○. 133-20 誰敢興○. 133-21 夫郤氏有車
轅○難. 133-22 趙有孟姬○讒. 133-22 欒有叔祁○愬. 133-22 范中
行有亟治○難. 133-22 皆主○所知也. 133-23 夏書有○. 133-24 周
書有○. 133-24 而恥人○君相. 134-1 乃有晉陽○難. 134-4 晉陽○
圍. 134-6 爲國家○難也. 134-6 民罷力以完○. 134-11 又斃死以守
○. 134-11 邯鄲○倉庫實. 134-12 浚民○膏澤以實○. 134-12 又因
而殺○. 134-13 先主○所屬也. 134-13 尹鐸○所寬也. 134-14 晉師
圍而灌○. 134-14 甚得周衆與東土○人. 135-4 是非王○支子母弟甥
舅也. 135-11 則皆蠻荆戎狄○人也. 135-11 其濟洛河潁○間乎. 135
-13 是其子男○國. 135-13 是皆有驕侈怠慢○心. 135-14 而加○以
貪冒. 135-15 君若以周難○故. 135-15 君若以成周○衆. 135-16 君
○土也. 135-20 修典刑以守○. 135-21 薳氏將起○. 136-2 是天啓○
心也. 136-3 臣聞○. 136-4 天○所啓. 136-4 且重黎○後也. 136-5
故命○曰祝融. 136-7 夫成天地○火功者. 136-8 祝融亦能昭顯天地
○光明. 136-13 則夏滅○矣. 136-16 則商滅○矣. 136-17 則周滅○
矣. 136-17 莫○數也. 136-19 融○興者. 136-20 伯夷○後也. 136-
24 伯翳○後也. 136-24 謝西○九州. 137-1 唯謝郟○間. 137-2 若更
君而周訓○. 137-3 民○所欲. 137-6 天必從○. 137-7 以他平他謂○
和. 137-9 而物歸○. 137-9 故王者居九畡○田. 137-14 周訓而能用
○. 137-14 和○至也. 137-15 天奪○明. 137-18 讒諂巧從○人也.
137-20 且宣王○時. 137-23 於是宣王聞○. 137-24 王使執而戮○.
137-25 府○小妾生女. 137-25 懼而棄○. 138-1 天○命此久矣. 138-
1 訓語有○. 138-2 夏○衰也. 138-2 褒人○神. 138-3 褒○二君也.
138-4 殺○. 138-4 與去○. 138-4 與止○. 138-5 卜請其漦而藏○.
138-5 而策告○. 138-6 櫝而藏○. 138-6 傳郊○. 138-6 莫○發也.
138-7 及厲王○末. 138-7 發而觀○. 138-7 王使婦人不幃而譟○.
138-8 府○童妾. 138-9 未既齔而遭○. 138-10 故懼而棄○. 138-11
而取○以逸. 138-11 王遂置○. 138-13 天○生此久矣. 138-14 將使
候淫德而加○焉. 138-14 毒○酋腊者. 138-15 必求○申. 138-17 必
伐○. 138-18 其救○. 138-20 臣聞○. 138-23 武實昭文○功. 138-
23 文○祚盡. 138-24 武王○子. 138-24 若加○以德. 138-25 姜嬴○
雋也. 139-2 虢鄶受○. 139-3 及平王○末. 139-4 賴子○善. 140-5
善○也. 140-6 王卒使傅○. 140-11 教○春秋. 140-12 而爲○聳善而
抑惡焉. 140-12 教○世. 140-13 而爲○昭明德而廢幽昏焉. 140-13
教○詩. 140-14 而爲○導廣顯德. 140-14 教○禮. 140-14 使知上下
○則. 140-15 教○樂. 140-15 教○令. 140-16 教○語. 140-16 而知
先王○務. 140-16 教○故志. 140-17 教○訓典. 140-17 則文詠物以
行○. 140-19 求賢良以翼○. 140-19 則身勤○. 140-20 多訓典刑以
納○. 140-20 務慎惇篤以固○. 140-20 則明施舍以導○忠. 140-21
明久長以導○信. 140-21 明度量以導○義. 140-22 明等級以導○禮.
140-22 明恭儉以導○孝. 140-23 明敬戒以導○事. 140-23 明慈愛以
導○仁. 141-1 明昭利以導○文. 141-1 明除害以導○武. 141-2 明精
意以導○罰. 141-2 明正德以導○賞. 141-3 明齊肅以耀○臨. 141-3
且夫誦詩以輔相○. 141-5 威儀以先後○. 141-5 體貌以左右○. 141
-5 明行以宣翼○. 141-6 制節義以動行○. 141-6 恭敬以臨監○. 141
-6 勤勉以勸○. 141-6 孝順以納○. 141-6 忠信以發○. 141-7 德音
以揚○. 141-7 失先君○業. 141-10 覆楚國○師. 141-10 不穀○罪也.
141-11 而君臨○. 141-15 大夫從○. 141-16 召其宗老而屬○. 141-
18 屈建命去○. 141-19 夫子屬○. 141-19 夫子承楚國○政. 141-20
上○可以比先王. 141-20 下○可以訓後世. 141-21 其祭典有○曰.
141-22 士有豚犬○奠. 141-22 庶人有魚炙○薦. 141-23 則上下共○.
141-23 夫子不以其私欲干國○典. 141-24 康王以爲椒舉遣○. 142-
1 遇○於鄭. 142-2 饗○. 142-2 聲子受○. 142-5 子木與○語. 142-
6 楚實遺○. 142-8 若○何其遺○材也. 142-9 昔令尹子元○難. 142
-10 晉人用○. 142-11 及城濮○役. 142-11 唯子玉欲○. 142-12 諸
侯○從者. 142-13 何故去○. 142-14 先軫從○. 142-14 則王孫啓○
爲也. 142-15 晉人用○. 142-20 則析公○爲也. 142-21 昔雍子○父
兄. 142-22 晉人用○. 142-23 及鄢○役. 142-23 楚必歆○. 142-25
必大敗○. 143-1 欒書從○. 143-2 則雍子○爲也. 143-2 子南○母亂
陳而亡○. 143-4 莊王既以夏氏○室. 143-4 則又畀○子反. 143-5 二
子爭○. 143-6 晉人用○. 143-7 而教○射御. 143-8 導○伐楚. 143-
8 則申公巫臣○爲也. 143-9 女實遣○. 143-11 晉人又用○矣. 143-
13 召○其來乎. 143-15 則若○何. 143-16 若資東陽○盜. 143-17 使
殺○. 143-18 子爲我召○. 143-19 乃使椒鳴召其父而復○. 143-20
靈王爲章華○臺. 143-21 不聞其以土木○崇高彤鏤爲美. 143-23 而
以金石匏竹○昌大囂庶爲樂. 143-23 爲匏居○臺. 144-1 其大夫侍○.
144-4 舉國留○. 144-7 懼○以蜀○役. 144-9 而使長鬣○士相焉.
144-10 胡美○焉. 144-14 將民○與處. 144-15 天子○貴也. 144-16
而小大安○也. 144-18 故先王○爲臺榭也. 144-21 故榭度於大卒○
居. 144-22 臺度於臨觀○高. 144-22 瘠磽○地. 144-23 於是乎爲○.
144-23 城守○木. 144-24 於是乎用○. 144-24 官僚○暇. 144-24 於
是乎臨○. 144-25 四時○隙. 144-25 於是乎成○. 144-25 經○營○.
144-25 庶民攻○. 145-1 不日成○. 145-1 不知其以匱○也. 145-2
而爲○正. 145-3 又加○以楚. 145-6 古○制也. 145-18 故制○以義.
145-19 施○以服. 145-19 行○以禮. 145-19 辯○以名. 145-19 書○
以文. 145-20 道○以言. 145-20 易物○由. 145-20 國○尾也. 145-
20 譬○如牛馬. 145-21 處暑○既至. 145-21 蝱蠁○既多. 145-21 臣
亦懼○. 145-22 豈不使諸侯○心惕惕焉. 145-22 天⊙生也. 145-25
左史謗○. 146-3 聞一二○言. 146-9 必誦志而納○. 146-10 在輿有
旅賁○規. 146-10 位宁有官師○典. 146-11 倚几有誦訓○諫. 146-
11 居寢有褻御○箴. 146-12 臨事有瞽史○導. 146-13 宴居有師工○
誦. 146-13 以訓御○. 146-14 謂○睿聖武公. 146-15 唯政○恭. 146
-18 老○過也. 146-21 王患○. 146-22 吾欲已子張○諫. 146-22 用
○寔難. 146-23 已○易矣. 146-23 吾盡聞○矣. 146-24 王如史老○
言. 147-1 卿士患○. 147-3 余恐德○不類. 147-4 旁求四方○賢. 147
-5 若武丁○神明也. 147-8 其聖○睿廣也. 147-8 其智○不疾也.
147-9 周詩有○曰. 147-18 臣懼民○不信君也. 147-19 王病○. 147-
21 吾慭寘○於耳. 147-21 賴君用○也. 147-22 巴浦○犀犛兕象. 147
-22 乃有乾谿○亂. 147-24 靈王死○. 147-25 訪○左史倚相. 148-
1 欲弃○. 148-2 昔先大夫子囊違王○命謚. 148-3 穀陽豎愛子反○
勞也. 148-4 芋尹申亥從靈王○欲. 148-5 君子○行. 148-7 能違若敖
○欲. 148-8 以○道而去芰薦. 148-8 而欲薦芰以干○. 148-9 非此○
謂也. 149-6 民○精爽不攜貳者. 149-6 其明能光照○. 149-8 其聽能
聽徹○. 149-9 則明神降○. 149-9 是使制神○處位次主. 149-10 而
爲○牲器時服. 149-10 而後使先聖○後○有光烈. 149-11 而能知山
川○號. 149-11 高祖○主. 149-11 宗廟○事. 149-11 昭穆○世. 149
-12 齊敬○勤. 149-12 禮節○宜. 149-12 威儀○則. 149-12 容貌○
崇. 149-13 忠信○質. 149-13 禋絜○服. 149-13 以爲○祝. 149-14
使名姓○後. 149-14 能知四時○生. 149-14 犧牲○物. 149-14 玉帛
○類. 149-14 采服○儀. 149-15 彝器○量. 149-15 次主○度. 149-
15 屏攝○位. 149-15 壇場○所. 149-16 上下○神. 149-16 氏姓○出.
149-16 爲○宗. 149-17 有天地神民類物○官. 149-17 故神降○嘉生.
149-19 及少皞○衰也. 149-21 顓頊受○. 150-3 三苗復九黎○德.
150-5 堯復育重黎○後. 150-5 使復典○. 150-6 遭世○亂. 150-10 而
莫○能禦也. 150-10 何比○有. 150-11 是以先王○祀也. 150-19 以
一純二精三牲四時五色六律七事八種九祭十日十二辰以致○. 150-
19 百姓千品萬官億醜兆民經入畡數以奉○. 150-21 明德以昭○. 150
-21 和聲以聽○. 150-22 故齊肅以承○. 150-24 及其土○山川. 151
-7 如或臨○. 151-13 天子禘郊○事. 151-15 諸侯宗廟○事. 151-16
況其下○人. 151-18 天子親舂禘郊○盛. 151-19 若○何其舍○也.
151-21 謂○一純. 151-23 天地民及四時○務. 151-24 民○徹官百.
152-2 王公○子弟○質. 152-2 而物賜○姓. 152-2 謂○千品. 152-3
五物○官. 152-3 天子○田九畡. 152-4 子常與○語. 152-6 聚貨不妨
民衣食○利. 152-9 聚馬不害民○財用. 152-9 民多闕則有離叛○心.
152-11 無一日○積. 152-13 恤民○故也. 152-13 成王聞子文○朝.
152-14 至於今令尹秩○. 152-15 成王每出子文○祿. 152-15 而子逃
○. 152-16 故莊王○世. 152-19 唯子文○後在. 152-19 是不先恤民
而後己○富乎. 152-20 先大夫○後也. 152-21 民○羸餒. 152-21 是
○不恤. 152-23 夫民心○慍也. 152-25 一國棄○. 153-2 其獨何力以
待○. 153-3 乃有柏舉○戰. 153-3 當君而亡○. 153-6 君○過也. 153
-7 王欲執○. 153-7 王使謂○曰. 153-8 成臼○役. 153-8 今又效○.
153-10 今○敢見. 153-11 觀君○德也. 153-11 君若不鑒而長○. 153
-12 惟君圖○. 153-13 王乃見○. 153-14 鄖公○弟懷將弒王. 153-
15 鄖公辛止○. 153-16 苟君○. 153-18 何讎○爲. 153-20 則何上下
○有乎. 153-20 未○失也. 153-21 今爾以是殃○. 153-21 君王均○.
153-25 夫子期○二子耶. 153-25 吾知○矣. 153-25 均○. 154-1 唯
獨居思念前世○崇替者. 154-2 子患政德○不修. 154-8 衈民○羸.
154-10 一夕○宿. 154-12 定公饗○. 154-15 楚○白珩猶在乎. 154-
16 楚○所寶者. 154-18 使寡君無忘先王○業. 154-21 金木竹箭○所
生也. 154-23 若諸侯○好幣具. 155-1 而導○以訓辭. 155-1 有不虞
○備. 155-1 而皇神相○. 155-2 此楚國○寶也. 155-3 先王○玩也.
155-3 何寶○焉. 155-3 圍聞國○寶. 155-5 則寶○. 155-6 使無水旱
○災. 155-7 則寶○. 155-7 則寶○. 155-8 則寶○. 155-8 則寶○.

155-9 則實○. 155-9 若夫譁囂○美. 155-9 懼子孫○有貳者也. 155-12 懼子孫○以粱○險. 155-15 乏臣○祀也. 155-15 子○仁人. 155-16 與○魯陽. 155-17 沈諸梁聞○. 155-18 將焉用○. 155-19 吾聞○. 155-19 欲實○境. 155-20 將焉用○. 155-25 足以復○. 156-3 足以謀○. 156-3 足以帥○. 156-3 足以蓋○. 156-4 足以行○. 156-4 而加○以不仁. 156-4 奉○以不義. 156-5 夫造勝○怨者. 156-6 若其寵○. 156-6 而耀○以大利. 156-7 不仁以長○. 156-8 非子職○. 156-9 若果用○. 156-10 余善○. 156-12 吾聞○. 156-13 好○不偪. 156-14 惡○不怨. 156-14 高○不驕. 156-14 下○不懼. 156-14 人好○則偪. 156-15 惡○則怨. 156-15 高○則驕. 156-15 下○則懼. 156-15 若召而下○. 156-16 爲○上者. 156-17 詐謀○心. 156-17 而必欲用○. 156-18 其子○謂乎. 156-19 能者早除○. 156-20 國○疾眚也. 156-20 爲○關籥蕃籬. 156-21 而遠備閑○. 156-21 是○爲日惕. 156-21 若召而近○. 156-22 怨賊○人也. 156-22 盍求若敖氏與子干子皙○族而近○. 156-23 夫是誰○故也. 157-3 是皆子○所聞也. 157-3 今子聞而棄○. 157-5 子○尚勝也. 157-7 及白公○亂. 157-9 葉公聞○. 157-9 楚國○能平均. 157-10 以復先王○業者. 157-10 將入殺○. 157-11 帥方城○外以入. 157-11 葬二子○族. 157-12 越王句踐起師逆○. 158-4 夫吴○與越. 158-5 夫申胥華登簡報吴國○士於甲兵. 158-6 而後履○. 158-9 以廣侈吴王○心. 158-10 吾以卜○於天. 158-10 將必寬然有伯諸侯○心焉. 158-11 而天奪○食. 158-12 而又宥赦○. 158-17 君王○於越也. 158-17 其敢忘君王○大賜乎. 158-18 草鄙○人. 158-19 敢忘天王○大德. 158-19 而思邊垂○小怨. 158-19 句踐用帥二三○老. 158-20 越國固貢獻○邑也. 158-21 君王不以鞭箠使○. 158-21 天王豈辱裁○. 159-2 亦征諸侯○禮也. 159-2 狐埋○而狐搰○. 159-4 而又刈亡○. 159-5 是天王○無成勞也. 159-6 雖四方○諸侯. 159-6 又非懾畏吾兵甲○彊也. 159-10 將還玩吾國於股掌○上. 159-12 夫固知君王○蓋威以好勝也. 159-13 使淫樂於諸夏○國. 159-14 四方歸○. 159-16 乃許○成. 159-19 君王舍甲兵○威. 159-21 以臨使○. 159-21 吴王乃許○. 159-22 越○在吴. 160-1 猶人○有腹心○疾也. 160-2 夫越王○不忘敗吴於其心也. 160-2 乃築臺於章華○上. 160-7 不修方城○內. 160-9 其民不忍饑勞○殃. 160-10 屏營仿偟於山林○中. 160-11 王呼○曰. 160-12 疇枕王以墣而去○. 160-13 而土埋○其室. 160-15 豈遽忘於諸侯○耳乎. 160-16 今王既變鮌禹○功. 160-17 王雖悔○. 160-19 寡人帥師不腆吴國○役. 160-23 遵汶○上. 160-24 唯好○故. 160-25 以犯獵吴國○師徒. 160-25 以刈殺四方○蓬蒿. 161-3 此則大夫○力也. 161-4 先王○鍾鼓. 161-6 寔式靈○. 161-7 世有輔弼○臣. 161-8 亡○階也. 161-11 夫天○所棄. 161-11 吾先君得○也. 161-13 必有以取○. 161-13 其亡○也. 161-13 亦有以棄○. 161-14 今王無以取○. 161-14 是吴命○短也. 161-15 以見王○親爲越○擒也. 161-15 以見越○入. 161-18 吴國○亡也. 161-18 乃使取申胥○尸. 161-19 而投○於江. 161-20 通於商魯○閒. 161-22 北屬○沂. 161-22 西屬○濟. 161-23 晉既執諸侯○柄以臨我. 162-10 吾須○不能. 162-11 去○不忍. 162-11 必會而先○. 162-12 先○圖○. 162-13 將若○何. 162-13 於此用○. 162-19 勸○以高位重畜. 162-20 我既執諸侯○柄. 162-21 以歲○不穫也. 162-21 而先罷○. 162-22 封於江淮○閒. 162-24 奉文犀○渠. 163-3 皆白裳白旂素甲白羽○矰. 163-5 望○如荼. 163-6 左軍亦如○. 163-6 皆赤裳赤旟丹甲朱羽○矰. 163-6 望○如火. 163-7 右軍亦如○. 163-7 皆玄裳玄旗黑甲烏羽○矰. 163-8 望○如墨. 163-9 而造於弊邑○軍壘. 163-14 吴王親對○. 163-16 無姬姓○振也. 163-17 以力征一二兄弟○國. 163-20 孤欲守吾先君○班爵. 163-21 恐事○不集. 163-22 孤○事君在今日. 163-22 爲使者○無遠也. 163-23 孤用親聽命於藩籬○外. 163-23 臣觀吴王○色. 164-2 主其許○先. 164-4 曩君○言. 164-5 收文武○諸侯. 164-7 今伯父有蠻荆○虞. 164-9 以見我一二兄弟○國. 164-10 而自踰○. 164-11 晉侯亞○. 164-16 恐齊宋○爲己害也. 164-17 以焚其北郛焉而過○. 164-18 以遠我一二兄弟○國. 164-22 以奉其社稷○祭. 164-25 以遠我一二兄弟○國. 165-3 出於商魯○閒. 165-7 以徹於兄弟○國. 165-8 若余嘉○. 165-10 昔周室逢天○降禍. 165-11 遭民○不祥. 165-11 不唯下土○不康靖. 165-12 其民必移就蒲蠃於東海○濱. 165-18 奪○利. 165-20 夫吴○邊鄙遠者. 165-20 必不須至○會也. 165-21 而以中國○師與我戰. 165-21 其至者亦將不能○會也已. 165-22 吾用禦兒臨○. 165-23 王安厚取名而去○. 165-24 吾欲與○徼天○衷. 166-2 無以行○. 166-4 敢問君王○所以與○戰者. 166-5 在孤○側者. 166-6 越國○中. 166-8 疾者吾問○. 166-8 死者吾葬○. 166-8 越國○中. 166-10 吾寬民以子○. 166-10 忠惠以善○. 166-11 越國○中. 166-13 富者吾安○. 166-13 貧者吾與○. 166-13 使貧富皆利○. 166-14 仁次○. 166-18 勇次○. 166-18 則不知民○極. 166-18 無以銓度天下○衆寡. 166-18 則不能與三軍共饑勞○殃. 166-19 吾欲與○徼天○衷. 166-22 無以行○. 166-22 句踐願諸大夫言○. 166-24 皆造於國門○外. 167-6 必審○. 167-7 填○以土. 167-12 土地○不修. 167-13 填○以土. 167-16 王乃○壇列. 167-18 鼓而行○. 167-18 莫如此不從其伍○令. 167-19 王親命○曰. 167-23 子○父母. 167-24 歿而父母○世. 167-25 吾與子圖○. 168-1 王親命○曰. 168-2 擇子○所欲歸者一人. 168-3 有眩瞀○疾者. 168-4 王親命○曰. 168-4 子有眩瞀○疾. 168-5 吾與子圖○. 168-5 於是人有致死○心. 168-8 吴師聞○. 168-15 以襲攻○. 168-17 越○左軍右軍. 168-18 乃遂涉而從○. 168-18 又大敗○於沒. 168-18 又郊敗○. 168-18 孤無奈越○先君何. 168-21 畏天○不祥. 168-21 孤敢不聽天○命. 168-24 而聽君○令乎. 168-24 以民生○不長. 169-1 當孤○身. 169-4 越既有○矣. 169-4 宋鄭魯衛陳蔡執玉○君皆入朝. 169-7 越王句踐棲於會稽○上. 170-4 吾與○共知越國○政. 170-5 臣聞○賈人. 170-6 夫雖無四方○憂. 170-7 然謀臣與爪牙○士. 170-7 必求○. 170-9 今君王既棲於會稽○上. 170-9 苟得聞子大夫○言. 170-10 何後○有. 170-10 執其手而與○謀. 170-10 遂使○行成於吴. 170-12 寡君句踐○無所使. 170-12 寡君○師徒. 170-14 賂君○辱. 170-14 越國○寶器畢從. 170-15 寡君帥越國○衆. 170-16 以從君○師徒. 170-16 唯君左右○. 170-16 若以越國○罪. 170-16 無乃即傷君王○所愛乎. 170-19 夫差將欲聽與○成. 170-21 夫吴○與越也. 170-21 仇讎敵戰○國也. 170-21 三江環○. 170-22 員聞○. 170-23 夫上黨○國. 171-1 我攻而勝○. 171-1 吾攻而勝○. 171-1 君必滅○. 171-3 雖悔○. 171-3 納○太宰嚭. 171-4 子苟赦越國○罪. 171-4 將進○. 171-5 嚭聞古○伐國者. 171-6 服○而已. 171-6 夫差與○成而去○. 171-6 寡人不知其力○不足也. 171-8 以暴露百姓○骨於中原. 171-9 此則寡人○罪也. 171-9 去民○所惡. 171-11 補民○不足. 171-11 句踐○地. 171-14 乃致其父母昆弟而誓○. 171-16 古○賢君. 171-17 四方○民歸○. 171-17 若水○歸下也. 171-17 公醫守○. 171-21 公與○母. 171-22 公與○餼. 171-23 必哭泣葬埋○. 171-23 而摩厲○於義. 172-1 四方○士來者. 172-1 必廟禮○. 172-1 國○孺子○遊者. 172-2 非其身○所種. 172-4 非其夫人○所織. 172-4 民俱有三年○食. 172-5 國○父兄請曰. 172-6 昔者夫差恥吾君於諸侯○國. 172-6 請報○. 172-7 昔者○戰也. 172-8 非二三子○罪也. 172-8 寡人○罪也. 172-8 越四封○內. 172-10 子而思報父母○仇. 172-10 臣而思報君○讎. 172-10 句踐既許○. 172-11 乃致其衆而誓○曰. 172-11 寡人聞古○賢君. 172-12 不患其衆○不足也. 172-12 而患其志行○少恥也. 172-12 今夫差衣水犀○甲者. 172-13 不患其志行○少恥也. 172-13 而患其衆○不足也. 172-14 今寡人將助天威○. 172-14 吾不欲匹夫○勇也. 172-15 又敗○於沒. 172-19 又郊敗○. 172-19 寡人○師徒. 172-20 賂君○辱. 172-21 越可以無聽天○命. 172-22 而聽君○令乎. 172-23 亦寡人○願也. 172-25 夫國家○事. 174-4 弗爲○始. 174-8 而創爲○始. 174-10 王若行○. 174-10 事○末也. 174-13 人○所卒也. 174-14 淫佚○事. 174-14 上帝○禁也. 174-14 吾已斷○矣. 174-15 吾不用子○言. 174-16 爲○奈何. 174-16 君王其忘○乎. 174-17 尊○以名. 174-19 又身與○市. 174-19 隨○以國家○重器. 174-21 以身隨○. 175-1 君王制○. 175-1 四封○內. 175-2 百姓○事. 175-2 四封○外. 175-3 敵國○制. 175-3 立斷○事. 175-3 而吴人遣○. 175-5 待其來者而正○. 175-9 因時○所宜而定○. 175-10 同男女○功. 175-10 除民○害. 175-10 必有以知天地○恒制. 175-12 乃可以有天下○成利. 175-12 則撫民保教以須○. 175-13 不穀○國家. 175-14 蠡○國家也. 175-14 蠡其圖○. 175-14 四封○內. 175-15 百姓○事. 175-15 四封○外. 175-17 敵國○制. 175-17 立斷○事. 175-17 因陰陽○恒順天地○常. 175-17 德虐○行. 175-18 死生因天地○刑. 175-19 人自生○. 175-19 天地形○. 175-19 聖人因而成○. 175-20 令大夫種爲○. 175-21 吾百姓○不圖. 175-25 吴人○那不穀. 175-25 吾欲與子謀○. 176-1 蠡聞○. 176-2 君王○吴也. 176-4 王若蚤圖○. 176-4 王姑待○. 176-9 王怒而殺○. 176-12 而先爲○征. 176-13 王姑待○. 176-13 王姑待○. 176-17 皆知其資財○不足以支長久也. 176-20 宮中○樂. 176-21 又使○望而不得食. 176-23 乃可以致天地○殛. 176-23 王姑待○. 176-23 諺有○. 176-24 微君王○言. 177-1 臣故將謁○. 177-2 蹶而趨○. 177-2 吴人聞○. 177-4 欲許○. 177-4 夫謀○廊廟. 177-5 失○中原. 177-5 臣聞○. 177-6 反爲○災. 177-6 後將悔○. 177-7 臣聞古○善用兵者. 177-9 古○善用兵者. 177-12 因天地○常. 177-12 與○俱行. 177-12 若將與○. 177-15 必因天地○災. 177-16 又觀其民○饑飽勞逸以參○. 177-16 而奪○利. 177-17 凡陳○道. 177-19 王姑待○. 177-21 不穀請復會稽○和. 177-24 欲許○. 177-25 臣聞○. 177-25 聖人○功. 177-25 時爲○庸. 177-25 其忘會稽○事乎. 178-3 王又欲許○. 178-4 與我爭三江五湖○利者. 178-5 夫十年謀○. 178-6 一朝而棄○. 178-6 子其對○. 178-8 吾王敢無聽天○命. 178-9 而聽君王○命乎. 178-10 固周室○不成子也. 178-13 故濱於東海○陂. 178-13 黿鼉魚鼈○與處. 178-13 而鼃黽○與同渚. 178-14 君王已委制於執事○人矣. 178-17 無使執事○人. 178-18 至於姑蘇○宮. 178-19 君王勉○. 178-21 不穀疑子○所謂者. 178-22 臣聞○. 178-23 蠡請從會稽○罰. 178-25 所不掩

子○惡. 178-25 揚子○美者. 178-25 以良金寫范蠡○狀. 179-4 而朝
禮○. 179-4 浹日而令大夫朝○. 179-4 有敢侵蠡○地者. 179-6 皇天
后土四鄉地主正○. 179-6

【尸】 8

祭養○. 47-18 殺三郤而○諸朝. 110-11 一旦而○三卿. 111-20 殺老
牛莫之敢○. 112-4 董伯爲○. 126-17 其身○於朝. 127-3 而○叔魚
與雍子於市. 128-12 乃使取申胥之○. 161-19

【己】 31

爲○實謀之. 19-2 以爲○力. 20-5 ○犧何害. 32-1 勤百姓以爲○名.
33-2 使加○亂. 36-9 ○不知而祀之. 38-23 其誰由○貳. 44-18 知桓
公之非爲○動也. 60-3 桓公知諸侯之歸○也. 60-6 桓公知天下諸侯
多與○也. 60-11 有蘇氏以妲○女焉. 63-5 妲○有寵. 63-5 廢國而向
○. 64-4 ○獨集於枯. 71-15 於○也. 74-14 諸侯遠○. 74-18 以君之
出也處○. 82-21 入也煩○. 82-21 彼○之子. 91-20 皆爲○姓. 92-4
姬酉祁○滕箴任荀僖姞儇依是也. 92-7 欲人之愛○也. 93-1 欲人之
從○也. 93-1 將以○丑焚公宮. 96-1 及○丑. 96-5 ○勸君戰. 111-6
引黨以封○. 122-7 利○而忘君. 122-7 ○姓昆吾蘇顧溫董. 136-15
是不先恤民而後○之富乎. 152-20 恐齊宋之爲○害也. 164-17

【已】 60

足以供給神祇而○. 13-3 禮烝而○. 15-11 主德義而○. 18-17 昭明
大節而○. 32-10 臣故曰庶可○矣. 35-7 刑五而○. 37-1 共濟而○.
44-8 吾能老而○. 47-11 無則○. 51-6 有司○於事而竣. 54-18 有司
○於事而竣. 55-25 有司○於事而竣. 56-3 有司○於事而竣. 56-5 有
司○於事而竣. 57-11 有司○於事而竣. 57-12 有司○於事而竣. 57-
15 其罹咎而○. 64-1 爲人而○. 64-8 勉之而○矣. 70-1 一日而○.
71-11 ○自拔其本矣. 74-25 吾有死而○. 75-22 ○失人. 82-2 ○賴
其地. 82-13 將死於齊而○矣. 87-18 二人而○. 92-4 吾以君爲○知
之矣. 95-15 怨○多矣. 98-8 亦如是而○. 105-19 糞除而○. 107-17
禍敗無○. 118-6 是以難○也. 118-8 盍○乎. 129-16 比○食. 130-1
主之既○食. 130-5 屬饜而○. 130-6 在中軍王族而○. 142-24 吾欲
○子張之諫. 146-22 ○之易矣. 146-23 祀不可以○乎. 151-1 不可以
○. 151-2 日○甚矣. 152-22 夫差先自敗也○. 154-13 六而○. 155-
5 思報怨而○. 156-2 吾知逃也○. 157-5 伯父秉德○侈大哉. 165-
14 其至者亦將不能之會也○. 165-22 子爲我禮○重矣. 167-25 其歸
若○. 168-5 則○矣. 169-6 不可失也○. 171-2 必無及○. 171-3 服
之而○. 171-6 今○服矣. 171-6 吾○斷之矣. 174-15 如此不○. 174
-19 其事將易冀○. 178-7 君王○委制於執事之人矣. 178-17 今事○
濟矣. 178-24

【巳】 1

辛○. 113-16

【弓】 3

載櫜○矢. 1-6 弢無○. 59-12 王使工尹襄問之以○. 108-22

【子】 1164

天○曰. 2-9 故天○聽政. 2-23 今殺王○. 3-19 乃以其○代宣王. 3-
21 今天○欲修先王之緒. 5-8 今天○立諸侯. 5-14 天○其圖之. 5-
17 宣王欲得國○之能導訓諸侯者. 5-20 邊伯石速蔿國出王而立○頹.
6-22 王○頹飲三大夫酒. 6-24 ○國爲客. 6-24 今吾聞○頹歌舞不息.
7-1 殺○頹及三大夫. 7-4 是實臨照周之○孫. 7-22 秦人殺○金○公.
9-24 鄭在天○. 11-8 ○頹之亂. 11-9 惠后欲立王○帶. 12-21 其餘
以均分公侯伯○男. 13-1 夫亦皆天○之父兄甥舅也. 14-1 是君○之
言也. 14-2 父○將獄. 14-7 范○私於原公曰. 14-19 ○弗聞乎. 14-
22 武○遂不敢對而退. 15-17 單○歸. 16-2 單○如楚. 17-12 楚○入
陳. 17-13 季文○孟獻○皆儉. 17-14 叔孫宣○東門○家皆侈. 17-15
今夫二○者儉. 18-1 二○者侈. 18-2 ○家奔齊. 18-8 王叔○譽諸朝.
18-23 王叔○譽溫季. 18-24 勸二三君○必先導焉. 18-25 今夫○見
我. 19-1 ○則賢矣. 19-15 吾懼政之未及○也. 19-15 趙宣○未有軍
行. 19-16 是三○也. 19-17 君○不自稱也. 19-20 愷悌君○. 19-24
單○曰. 21-9 夫君○目以定體. 21-12 雖齊國○. 22-3 齊人殺國武○.
22-10 晉孫談之○周. 22-12 夫○皆有焉. 22-23 夫○被文矣. 22-25
必早善晉○. 23-14 召周○而立之. 23-15 太○晉諫曰. 23-17 懼長及
○孫. 25-12 ○孫爲隸. 25-21 ○孫豐厚. 25-23 是皆天○之所知也.
25-23 天所崇之○孫. 25-24 其有單○也. 26-14 單○之貺我. 26-15
單○儉敬讓咨. 27-3 ○孫必蕃. 27-4 君○萬年. 27-5 ○孫蕃育之謂
也. 27-7 單○朝夕不忘成王之德. 27-7 則單○必當之矣. 27-9 必茲
君之○孫實續之. 27-10 於是乎有母權○而行. 27-13 於是乎有○權
母而行. 27-14 愷悌君○. 27-24 故君○得以易樂干祿焉. 27-25 君○
將險哀之不暇. 28-2 景王既殺下門○. 31-24 將殺單○. 32-3 魏獻○
爲政. 32-5 單○曰. 32-22 以誑劉○. 32-23 雖晉魏○. 32-25 則必○
孫實有禍. 33-1 夫○而棄常法. 33-1 魏獻○合諸侯之大夫於狄泉.
33-3 君○務治. 34-7 天○祀上帝. 34-21 君不命吾○. 35-19 吾○請
之. 35-19 願以○之辭行賂焉. 36-10 君○則否. 36-15 世世○孫. 36
-19 吾○不可以不速行. 37-20 其○曰柱. 38-6 其○曰后土. 38-7 季
○之言. 39-4 文公欲弛孟文○之宅. 39-6 吾欲利○於外之寬者. 39-
6 公欲弛郤敬○之宅. 39-15 莒太○僕弒紀公. 40-9 以書命季文○.
40-10 夫莒太○. 40-10 夫莒太○殺其君. 40-12 非○之罪. 40-19 ○
叔聲伯如晉. 41-10 謝季文○. 41-10 ○何辭苦成叔之邑. 41-11 我信
不若○. 41-18 今○圖遠以讓邑. 41-19 季文○相宣成. 42-3 ○爲魯
上卿. 42-3 人其以○爲愛. 42-4 文○曰. 42-5 文○以告孟獻○. 42-
8 獻○囚之七日. 42-8 自是○服之妾. 42-8 文○聞之. 42-9 叔孫穆
○聘於晉. 43-4 ○以君命. 43-5 吾○舍其大. 43-6 天○所以饗元侯
也. 43-10 季武○爲三軍. 43-20 叔孫穆○曰. 43-20 天○作師. 43-
20 以承天○. 43-21 自伯○男. 43-23 晉叔向見叔孫穆○曰. 44-4 穆
○曰. 44-6 ○服惠伯曰. 44-12 ○之來也. 44-12 王太○又長矣. 44-
16 且夫君○計成而後行. 44-21 二三○計乎. 44-21 聞季武○襲卞.
44-24 季武○取卞. 45-7 榮成○曰. 45-8 ○股肱魯國. 45-9 ○實制
之. 45-9 唯○所利. 45-9 卞有罪而○征之. 45-9 ○之隸也. 45-10 ○
冶歸. 45-10 楚公○圍. 45-13 蔡公孫歸生與鄭罕虎見叔孫穆○. 45-
13 穆○曰. 45-14 楚公○甚美. 45-14 鄭○皮曰. 45-14 蔡○家曰.
45-15 公○圍. 45-15 穆○曰. 45-16 天○有虎賁. 45-16 若楚公○不
爲君. 45-21 公○圍反. 45-21 季武○伐莒取鄆. 45-24 楚人將以叔孫
穆○爲戮. 45-24 晉樂王鮒求貨於穆○. 45-25 吾爲○請於楚. 45-25
穆○不予. 45-25 梁其踁謂穆○曰. 46-1 ○何愛焉. 46-2 穆○曰. 46
-2 君○是以患作. 46-6 穆○歸. 46-9 武○勞之. 46-9 穆○曰. 46-9
○服惠伯曰. 46-14 季平○曰. 46-16 ○服惠伯曰. 46-17 晉人執平○.
46-19 ○服惠伯見韓宣○. 46-19 ○計其利者. 47-5 宣○說. 47-6 乃
歸平○. 47-6 季桓○穿井. 47-7 季康○問於公父文伯之母. 47-11 何
以語○. 47-12 康○曰. 47-12 君○能勞. 47-13 ○夏聞之. 47-13 吾
聞之先○曰. 47-18 康○在其朝. 47-21 康○辭於朝. 47-22 ○弗聞乎.
47-23 天○及諸侯. 47-23 ○將業君之官職焉. 47-25 ○將庀季氏之
政焉. 48-1 使僮○備官. 48-5 是故天○. 48-9 諸侯朝修天○之業命.
48-13 卿之內○. 48-19 君○勞心. 48-21 弟○志之. 48-25 季康○之
從祖叔母也. 49-1 康○往焉. 49-1 祭悼○. 49-2 康○與焉. 49-2 今
吾○夭死. 49-10 是昭吾○也. 49-12 欲明其○之令德. 49-14 吳○使
來好聘. 49-18 ○服景伯戒宰人曰. 50-17 笑吾○之大也. 50-18 今吾
○之戒吏人曰. 50-23 今吾○之教官僚. 50-24 季康○欲以田賦. 51-
2 若○季孫欲其法也. 51-7 鮑○對曰. 52-12 鮑○對曰. 52-13 夫管
○. 52-18 管○對曰. 53-8 管○對曰. 53-13 管○對曰. 53-15 管○對
曰. 53-17 ○與○言孝. 53-19 其○弟之學. 53-21 故士之○恒爲士.
53-22 以飭其○弟. 53-24 其○弟之學. 54-1 故工之○恒爲工. 54-2
以飭其○弟. 54-5 其○弟之學. 54-7 故商之○恒爲商. 54-8 其○弟
之學. 54-15 故農之○恒爲農. 54-16 管○對曰. 54-20 管○於是制國.
54-21 國○帥五鄉焉. 54-22 高○帥五鄉焉. 54-22 管○對曰. 54-25
管○對曰. 55-1 管○對曰. 55-5 管○對曰. 55-9 管○於是制國. 55-
10 有國○之鼓. 55-15 有高○之鼓. 55-15 於○之鄉. 55-23 於○之
鄉. 56-1 於○之鄉. 56-3 國○高○退而修鄉. 56-13 管○對曰. 56-
21 管○對曰. 57-1 於○之屬. 57-9 於○之屬. 57-11 於○之屬. 57-
13 管○對曰. 57-21 管○對曰. 57-22 管○對曰. 58-4 管○對曰. 58-
5 管○對曰. 58-11 管○對曰. 58-14 管○對曰. 58-16 帥諸侯而朝天
○. 59-12 天○使宰孔. 59-14 桓公召管○而謀. 59-16 管○對曰. 59
-16 余敢承天○之命. 59-18 以爲天○羞. 59-19 使高○存之. 59-23
止欒共○曰. 62-4 吾以○見天○. 62-5 令○爲上卿. 62-5 逐太○宜
臼. 63-8 太○出奔申. 63-8 夫○誡之. 64-9 滅驪○. 64-12 其娣生卓
○. 64-13 吾聞君○好好而惡惡. 64-21 今君滅其父而畜其○. 64-23
畜其○. 64-24 ○思報父之恥. 64-24 殺太○. 65-2 而逐二公○. 65-
2 君○曰. 65-2 其娣生卓○. 65-3 公將黜太○申生. 65-3 必立太○.
65-8 猛足乃言於太○曰. 65-11 ○盍圖乎. 65-12 太○曰. 65-12 ○
必言之. 65-25 而難三公○之徒. 66-4 今○內固而外寵. 66-10 若使
太○主曲沃. 66-16 而二公○主蒲與屈. 66-17 太○處焉. 66-19 公○
重耳處焉. 66-19 公○夷吾處焉. 66-20 驪姬既遠太○. 66-20 太○由
是得罪. 66-21 太○申生將下軍. 66-22 夫太○. 66-23 夫太○. 66-
25 寡人有○而制焉. 67-10 非○之憂也. 67-10 太○. 67-11 太○不得
立矣. 67-13 太○遠死. 67-16 太○聞之. 67-17 ○輿之爲我謀. 67-
18 爲人○者. 67-18 太○遂行. 67-21 若紂有良○. 68-8 有○而弗勝.
68-15 太○殆哉. 69-2 君○曰. 69-7 公使太○伐東山. 69-9 太○居.
69-11 太○從. 69-12 太○行. 69-12 非○之所知也. 69-13 立太○之
道三. 69-13 ○無謀吾父○之間. 69-15 見太○. 69-16 太○曰. 69-
16 孺○懼乎. 69-17 孺○何懼. 69-18 夫爲人○者. 69-18 孺○勉之乎.
69-19 君○曰. 69-19 善處父○之閒矣. 69-20 太○遂行. 69-21 孺○
勉之乎. 69-23 適○殆. 70-4 君○曰. 70-11 君既許我殺太○而立奚
齊矣. 71-10 ○爲我具特羊之饗. 71-11 其○爲君. 71-16 其○又有謗.
71-17 君既許驪姬殺太○而立奚齊. 71-20 吾秉君以殺太○. 71-21
○謂何. 72-1 亦固太○以攜之. 72-3 今○曰中立. 72-4 ○將何如.
72-7 吾聞君○不去情. 72-23 孺○勉之. 72-25 非○之罪. 73-2 驪姬
既殺太○申生. 73-16 又譖二公○曰. 73-16 盡逐羣公○. 73-19 公○

126-25 夫郤昭○. 127-2 今吾○有欒武○之貧. 127-5 宣○拜稽首焉.
127-6 賴○存之. 127-7 嘉吾○之賜. 127-7 邢侯與雍○爭田. 128-4
雍○納其女於叔魚. 128-5 邢侯殺叔魚與雍○於朝. 128-6 韓宣○患
之. 128-7 宣○曰. 128-8 雍○賈之以其○. 128-9 而尸叔魚與雍○於
市. 128-12 中行穆○帥師伐狄. 128-14 穆○不受. 128-15 ○何不爲.
128-15 穆○曰. 128-16 以鼓○苑支來. 128-22 鼓○之臣. 129-1 穆
○召之. 129-3 穆○歎而謂其左右曰. 129-7 與鼓○田於河陰. 129-9
范獻○聘於魯. 129-11 獻○曰. 129-11 獻○歸. 129-12 而況君○之
學乎. 129-14 董祁愬於范獻○. 129-17 獻○執而紡於庭之槐. 129-
18 ○盍爲我請乎. 129-19 趙簡○曰. 129-21 魯孟獻○有鬬臣五人.
129-21 ○不欲也. 129-22 請納賂於魏獻○. 129-23 獻○將許之. 129
-23 與○諫乎. 129-24 獻○將食. 129-25 獻○問焉. 130-2 吾○一食
之閒而三歎. 130-2 爲君○之心. 130-5 獻○曰. 130-6 趙簡○賞之.
130-7 趙簡○使尹鐸爲晉陽. 130-13 簡○曰. 130-14 簡○誡襄○曰.
130-15 趙簡○使尹鐸爲晉陽. 130-17 簡○如晉陽. 130-18 昔先主文
○少釁於難. 130-20 及景○長於公宮. 130-24 順德以學○. 130-25
擇言以教○. 130-25 擇師保以相○. 130-25 今吾○嗣位. 131-1 ○皆
疏之. 131-2 簡○說. 131-5 微○. 131-5 ○免吾死. 131-6 非爲○也.
131-7 趙簡○曰. 131-8 簡○曰. 131-16 趙簡○田于螻. 131-18 簡○
見之. 131-19 簡○曰. 131-20 簡○乃還. 131-21 少室周爲趙簡○之
右. 131-23 簡○許之. 131-24 趙簡○曰. 132-1 簡○曰. 132-2 夫二
○之良. 132-8 簡○曰. 132-9 趙簡○問於壯馳茲曰. 132-11 簡○曰.
132-12 君○自以爲不足. 132-13 趙簡○歎曰. 132-16 君○哀無人.
132-18 令其○孫將耕於齊. 132-20 趙襄○使新稚穆○伐狄. 132-23
襄○將食. 132-24 襄○曰. 133-1 智宣○將以瑤爲後. 133-3 宣○曰.
133-4 智襄○爲室美. 133-14 智襄○戲韓康○而侮段規. 133-19 夫
君○能勤小物. 133-25 襄○曰. 134-7 襄○曰. 134-8 不夷於先○.
134-8 襄○出. 134-9 長○近. 134-10 襄○曰. 134-10 襄○曰. 134-
12 是非王之支○母弟甥舅也. 135-11 是其○男之國. 135-13 夫荆○
熊嚴生○四人. 135-23 夫其○孫必光啓土. 136-5 其○孫未嘗不章.
136-8 而非王○也. 137-25 王欲殺太○以成伯服. 138-17 其陝愛太
○. 138-19 武王之○. 138-24 晉文侯於是乎定天○. 139-6 莊王使士
亹傅太○箴. 140-4 賴○之善. 140-5 夫善在太○. 140-6 太○欲善.
140-6 而有姦○. 140-9 夫○踐位則退. 141-8 ○囊議謚. 141-13 ○
囊曰. 141-14 夫○屬之. 141-19 ○木曰. 141-19 夫○承楚國之政.
141-20 夫○不以其私欲干國之典. 141-24 椒舉娶於申公○牟. 141-
25 ○牟有罪而亡. 141-25 蔡聲○將如晉. 142-2 ○尚良食. 142-3 二
先○其皆相○. 142-3 聲○曰. 142-4 ○尚良食. 142-4 吾歸○. 142-
5 聲○受之. 142-5 見令尹○木. 142-6 ○木與之語. 142-6 ○雖兄弟
於晉. 142-6 ○木曰. 142-9 昔令尹○元之難. 142-10 唯○玉欲之.
142-12 申公○儀父爲師. 142-16 王○燮爲傅. 142-16 使師崇○孔帥
師以伐舒. 142-17 廬戢黎殺二○而復王. 142-19 昔雍○之父兄. 142
-22 譖雍○於恭王. 142-22 雍○奔晉. 142-23 雍○與於軍事. 142-
24 則雍○之爲也. 143-2 昔陳公○夏. 143-3 生○南. 143-3 ○南之母
亂陳而亡之. 143-4 使○南戮於諸侯. 143-4 則又界之○反. 143-5 二
○爭之. 143-6 使其○狐庸爲行人於吳. 143-7 今椒舉娶於○牟. 143
-10 ○牟得罪而亡. 143-10 ○木愀然曰. 143-15 夫○何如. 143-15
○木曰. 143-16 夫○不居矣. 143-17 ○木曰. 143-18 ○爲我召之.
143-19 則陳侯蔡侯許男頓○. 144-4 天○之貴也. 144-16 而以伯○男
爲師旅. 144-17 庶民○來. 145-1 使僕夫○晳問於范無宇. 145-4 櫟
人寔使鄭○不得其位. 145-10 ○晳復命. 145-24 右尹○革侍. 145-
24 左史倚相廷見申公○亹. 146-2 ○亹不出. 146-2 ○亹怒而出. 146
-3 唯○老耄. 146-5 故欲見以交儆○. 146-5 若○方壯. 146-6 ○實
不睿聖. 146-16 今○老楚國. 146-19 ○亹曰. 146-20 白公○張驟諫.
146-22 吾欲已○張之諫. 146-22 ○復語. 147-21 司馬○期欲以妾爲
內○. 148-1 昔先大夫○囊違王之命謚. 148-3 ○夕嗜芰. 148-3 ○木
有羊饋而無芰薦. 148-3 君○曰. 148-4 穀陽豎愛○反之勞也. 148-4
君○曰. 148-6 君○之行. 148-7 夫○木. 148-8 吾○經營楚國. 148-
8 ○期乃止. 148-9 ○期祀平王. 150-12 天○舉以大牢. 150-13 天○
徧祀羣神品物. 151-6 帥其○姓. 151-11 天○禘郊之事. 151-15 天○
親舂禘郊之盛. 151-19 王公之○弟之質. 152-2 天○之田九畡. 152-
4 鬬且廷見令尹○常. 152-6 ○常與之語. 152-6 昔鬬○文三舍令尹.
152-13 成王聞○文之朝. 152-14 以羞○文. 152-14 成王每出○文之
祿. 152-15 人謂○文曰. 152-16 而○逃之. 152-16 唯○文之後在.
152-19 今○常. 152-21 ○常其能賢於成靈乎. 152-25 ○常爲政. 153
-2 ○常奔鄭. 153-4 ○西曰. 153-8 ○西曰. 153-14 ○西諫曰. 153-
24 夫○期之二○耶. 153-25 ○西歎於朝. 154-2 吾聞君○. 154-2 君
○臨政思義. 154-4 今吾○臨政而歎. 154-5 ○西曰. 154-6 ○患政德
之不修. 154-8 ○修德以待吳. 154-14 趙簡○鳴玉以相. 154-15 簡○
曰. 154-17 惠王以梁與魯陽文○. 155-11 文○辭. 155-11 懼○孫之
有貳者也. 155-12 懼○孫之以梁之險. 155-15 ○之仁人. 155-16 不
忘○孫. 155-16 敢不從○. 155-16 ○西使人召王孫勝. 155-18 見○
西曰. 155-18 聞○召王孫勝. 155-18 ○高曰. 155-19 ○高曰. 155-
21 非○職之. 156-9 余愛○與司馬. 156-10 ○西曰. 156-12 ○高曰.
156-13 ○將若何. 156-16 其○之謂乎. 156-19 狼○野心. 156-22 若
○不我信. 156-23 盍求若敖氏與○干○晳之族而近之. 156-23 殺○
般於次. 157-3 是皆○之所聞也. 157-3 今○聞而棄之. 157-5 吾語○
何益. 157-5 ○西笑曰. 157-7 ○之尚勝也. 157-7 ○高以疾閒居於蔡.
157-7 ○西○期死. 157-9 夫○也. 157-10 葬二○之族. 157-12 今大
夫國○. 160-25 敗王○友於姑熊夷. 162-1 以見天○. 162-11 天○有
命. 163-16 小則嬖妾嫡○死. 164-3 諸侯大夫失禮於天○. 164-6 孤
以下密邇於天○. 164-7 以淫名聞於天○. 164-11 君若無卑天○. 164
-13 其父○昆弟不相能. 165-1 吾寬民以○之. 166-10 春秋皮幣玉
帛○女. 166-15 是○也. 167-10 吾見○於此止矣. 167-11 是○也.
167-14 吾見○於此. 167-15 ○有父母耆老. 167-24 而○爲我死. 167
-24 ○之父母. 167-24 ○爲我禮已重矣. 167-25 ○歸. 167-25 吾與
○圖之. 168-1 ○有昆弟四五人. 168-2 擇○之所欲歸者一人. 168-3
○有眩瞀之疾. 168-5 吾與○圖之. 168-5 謂二三○歸而不歸. 168-8
妻○爨. 168-10 以其私卒君○六千人爲中軍. 168-12 使人說於○胥
曰. 169-5 及國○姓. 170-5 苟得聞○大夫之言. 170-10 願以金玉○
女. 170-14 ○胥諫曰. 170-21 ○苟赦越國之罪. 171-4 將帥二三○夫
婦以蕃. 171-18 女○十七不嫁. 171-19 生女○. 171-22 支○死. 171
-23 如其○. 171-24 令孤○寡婦疾疹貧病者. 171-24 納宦其○. 171
-25 國之孺○之遊者. 172-2 非二三○之罪也. 172-8 ○而思報父母
之仇. 172-10 父勉其○. 172-18 請以金玉○女. 172-20 吾不用○之
言. 174-16 吾欲與○謀之. 176-1 吾與○謀吳. 176-6 ○曰未可也.
176-6 吾與○謀吳. 176-11 ○曰未可也. 176-11 吾與○謀吳. 176-15
○曰未可也. 176-15 吾與○言人事. 176-18 ○應我以天時. 176-18
○應我以人事. 176-18 ○將奈何. 177-1 ○其對之. 178-8 ○范○.
178-10 ○將助天爲虐. 178-12 王孫○. 178-12 固周室之不成○也.
178-13 ○范○. 178-16 ○往矣. 178-18 得罪於○. 178-18 不穀疑○
之所謂者. 178-22 所不掩○之惡. 178-25 揚○之美者. 178-25 ○聽
吾言. 179-1 吾與○分國. 179-1 妻○爲戮. 179-2 後世○孫. 179-5

【孑】 1

胡有○然其郊戎狄也. 15-8

【也】 1593

先王之於民○. 1-7 及夏之衰○. 1-11 是先王非務武○. 1-19 而除其
害○. 1-19 先王之訓○. 1-23 今自大畢伯士之終○. 2-8 美之物○.
2-15 是障之○. 2-21 猶土之有山川○. 3-2 猶其原隰之有衍沃○. 3
-2 口之宣言○. 3-3 其所以阜財用衣食者○. 3-4 胡可壅○. 3-5 百
物之所生○. 3-9 天地之所載○. 3-9 胡可專○. 3-10 將導利而布之
上下者○. 3-11 懼怨之來○. 3-12 是日○. 4-19 是時○. 5-4 而布施
優裕○. 5-6 不可立○. 5-12 故出令不可不順○. 5-13 所以爲順○.
5-14 是教逆○. 5-15 是自誅王命○. 5-16 是事○. 5-17 民不可料○.
6-1 皆可知○. 6-4 是皆習民數者○. 6-6 是示少而惡事○. 6-7 天之
所惡○. 6-8 民亂之○. 6-11 而鎮陰○. 6-13 夫水土演而民用○. 6-
15 亡之徵○. 6-18 數之紀○. 6-19 是歲○. 6-20 樂禍○. 7-2 王乃
入○. 7-5 昔夏之興○. 7-14 其亡○. 7-15 商之興○. 7-16 其亡○.
7-17 周之興○. 7-17 其衰○. 7-18 是皆明神之志者○. 7-19 今是何
神○. 7-20 無有祈○. 8-4 神之見○. 8-5 禋○. 8-11 親○. 8-11 不
可不慎○. 8-22 先王知大事之必以濟衆○. 8-23 精○. 9-1 忠○. 9-
1 禮○. 9-1 信○. 9-1 棄其信○. 9-3 棄其禮○. 9-3 棄其忠○. 9-4
棄其精○. 9-4 猶恐其有墜失○. 9-9 非嗣○. 9-15 猶曰未○. 9-16
替其贊○. 9-18 誣其王○. 9-18 不可不善○. 10-6 順之道○. 10-7
德之則○. 10-7 且禮所以觀忠信仁義○. 10-8 忠所以分○. 10-9 仁
所以行○. 10-9 信所以守○. 10-9 義所以節○. 10-9 忠○. 10-12 仁
○. 10-12 信○. 10-13 義○. 10-13 道相逮○. 10-16 而雖闕不敗親
○. 11-7 兄弟○. 11-8 是以小怨置大德○. 11-10 夫義所以生利○.
11-13 祥所以事神○. 11-14 仁所以保民○. 11-14 禍福之階○. 11-
20 昔摯疇之國○. 11-21 是皆能內利親親者○. 11-22 昔鄢之亡○由
仲任. 11-23 是皆外利離親者○. 12-2 是利之內○. 12-7 是其外利○.
12-8 鄭伯南○. 12-9 是不尊貴○. 12-9 豺狼之德○. 12-9 是不明賢
○. 12-10 是不庸勳○. 12-11 是不長老○. 12-12 隗姓○. 12-12 是
不愛親○. 12-13 且棄舊○. 12-14 必有忍○. 12-15 若能有濟○. 12
-15 封豕豺狼○. 12-16 不可猒○. 12-17 昔我先王之有天下○. 12-
24 自顯庸○. 13-10 若由是姬姓○. 13-12 大物其未可改○. 13-13
何政令之爲○. 13-15 宜吾不敢服○. 13-20 此羸者陽○. 13-21 其敢
自愛○. 14-1 夫亦皆天子之父兄甥舅○. 14-1 若之何其虐之○. 14-
2 是君子之言○. 14-2 夫政自上下者○. 14-5 不可聽○. 14-7 是無
上下○. 14-7 是道廢○. 14-16 是行○. 14-16 今此何禮○. 14-20 今
女非他○. 14-23 胡有孑然其郊戎狄○. 15-8 夫王公諸侯之有飫○.
15-10 建大德昭大物○. 15-10 而廣施德於天下者○. 16-9 是廢先王
之教○. 16-10 所以禦災○. 16-12 是棄先王之法制○. 16-16 今雖朝
○不才. 16-25 是蔑先王之官○. 17-1 我大姬之後○. 17-6 是又犯先

67-11 行之克○.67-14 以晚蓋者○.68-5 惑不釋○.68-7 鈞之死○.
68-8 不可忍○.68-16 以觀其果於衆○.68-21 可○.68-22 乃可厚
圖○.68-23 且是衣○.69-6 狂夫阻之衣○.69-6 君其釋申生○.69
-10 行○.69-10 非○.69-11 以監國○.69-12 以撫軍○.69-12 未
有此○.69-13 非子之所知○.69-13 何○.69-17 何○.69-22 權在
此行○.69-23 胡可恃○.69-25 在此行○.70-1 以起讒於內○.70-
6 非歡○.70-7 抑欲測吾心○.70-7 不若戰○.70-9 善深謀○.70-
12 吾不忘○.71-9 我優○.71-12 惜○.72-2 乃可間○.72-4 況固
其謀○.72-4 往言不可及○.72-6 何可敗○.72-7 爲廢人以自利○.
72-10 將伏○.72-10 款○不才.72-19 不敢行○.72-20 是以言至而
無所訟之○.72-21 然款○不敢愛死.72-22 唯與讒人鈞是惡○.72-
22 可○.72-24 彊○.72-24 孝○.72-24 仁○.72-25 敬○.72-25
是怨君○.73-3 是重困○.73-5 是逃死○.73-5 皆民之所惡○.73-
10 以吾存○.74-5 是吾免○.74-6 則蓐收○. 74-10 天之刑神○.
74-11 於己○.74-14 民疾君之侈○.74-15 而益其疾○.74-17 吾不
忍俟○.74-19 何月○.75-2 君可無會○.75-6 西爲此會○.75-10
惠難徧○.75-11 施難報○.75-12 其有勤○.75-14 汪是土○. 75-
17 是歲○.75-19 何謂○.75-25 忠○.76-1 貞○.76-2 無不遂○.
76-6 誰之國○.76-8 利之足○.76-9 怨之本○.76-9 潰而不可救禦
○.76-13 不可常○.76-17 是哀樂喜怒之節易○. 77-2 偃○聞之.
77-3 大喪大亂之剡○.77-4 不可犯○.77-4 不可失○.77-12 子唯其
索之○.77-13 徑召君於外○.77-18 雖四鄰諸侯之聞之○.77-25 晉
國其誰非君之羣隸臣○.78-2 君使縶○.78-6 無有難急○.79-3 不
役爲後○.79-7 愛其父孝○.79-7 不役於利○. 79-8 夷吾之少○.
79-14 及其長○.79-15 善以微勸○.79-17 貞之無報○.80-11 而有
是臭○.80-11 善之難○.80-15 以爲榮○.80-16 故行不可不愼○.
80-17 言之紀○.80-20 意之術○.80-20 明之曜○.80-20 芮○.80
-23 冀芮○.81-1 君○.81-1 鄭○與客將行事.81-9 其言我於秦○.
81-10 皆里丕之黨○.81-12 丕鄭之自秦反○.81-14 其及○.81-17
吾謀○.81-17 將待○.81-17 其有殃○多矣.82-2 道○.82-4 其天
道○.82-6 其君之不報○.82-7 非鄭之所知○.82-14 非鄭之所知○.
82-17 君其訊射○.82-17 舅所病○.82-17 鄭○不遜.82-18 以君之
出○處己.82-21 入○煩己.82-21 昔君之惠○.82-24 弗能離○.82
-25 寡人之願○.83-1 寡人之憂○. 83-2 是君之不置德而置服○.
83-5 是吾不置德而置服○.83-8 不足以辱君避○.83-12 武○.83-
22 仁○.83-22 智○.83-23 是再施不遂○.84-2 二三子其改置以代
圉○.84-7 雖四鄰之聞之○.84-13 吾君之入○. 84-23 君之惠○.
84-23 子之罪○.85-2 鄭○聞之曰.85-2 此所以待○.85-5 是犯○.
85-5 鄭○有罪.85-7 臣之行○.85-10 君之明○.85-11 國之利○.
85-11 必自殺○.85-11 犯政○.85-19 犯刑○.85-20 鄭○賊而亂國.
85-20 不可失○.85-20 後不可用○.85-21 而罪一○.85-24 而罪二
○.85-24 而罪三○.85-25 而罪四○.85-25 鄭○就刑.85-25 吾來
此○.87-4 可以成事○.87-5 可以戾○.87-6 避其遠○.87-8 可○.
87-11 天賜○.87-13 天之道○.87-16 所以申土○.87-16 而有終焉
之志○.87-21 莫知其在○.87-22 仲可懷○.88-8 亦可畏○.88-9
民之上○.88-10 民之下○.88-10 民之中○.88-10 其在辟○.88-
12 吾從中○.88-12 裨輔先君而成霸者○.88-13 非人○.88-15 吾聞
晉之始封○.88-16 閼伯之星○.88-16 今未半○.88-18 國之紀○.
89-2 民之結○.89-2 德之建○.89-2 君之所愼○.89-3 善人○.89
-4 親○.89-4 文之昭○.89-5 武之穆○.89-5 必武族○.89-6 必公
子○.89-8 賢人○.89-14 其從者皆國相○.89-14 曹其首誅○.89-
15 君之匹○.89-17 亡者皆無禮者○.89-19 政之幹○.89-20 禮之
宗○.89-21 國之常○.89-21 君所知○.89-21 不愛親○.89-24 是
不明賢○.89-25 不可不憐○.90-1 不可不禮○.90-2 不憐窮○.90
-2 猶糞土○.90-3 其舅○.90-8 趙夙之弟○.90-8 公族○.90-9 有
禮之謂○.90-12 天所福○.90-15 惡不殖○.90-16 伯行之子○.90
-16 一○.90-18 二○.90-19 三○.90-20 大之○.90-20 晉鄭兄弟
○.90-21 世相起○.90-23 天命○.91-7 君之餘○.91-10 我不修○.
91-15 郵之○.91-20 非禮○.91-21 秦晉匹○.91-24 懽之故○.92
-1 寡人之罪○.92-2 方雷氏之甥○.92-5 彤魚氏之甥○.92-5 姬酉
祁己滕箴任荀僖姞儇依是○.92-7 同德之難○如是.92-13 二帝用師
以相濟○.92-15 異德之故○.92-16 以生民○.92-17 畏黷敬○.92
-18 畏亂災○.92-20 道路之人○.92-22 唯秦所命從○.92-24 欲人
之愛己○.93-1 欲人之從己○.93-1 罪○.93-2 懼其未可○.93-3
吾不如衰之文○.93-5 恥○.93-8 恥○.93-8 恥○.93-9 恥○.93-
9 恥○.93-10 重耳之仰君○.93-15 若黍苗之仰陰雨○.93-15 君之
力○.93-17 重耳之望○.93-18 皆八○.93-25 爻無爲○.94-1 得國
之務○.94-3 車○.94-4 水○.94-4 土○.94-4 厚○. 94-4 樂○.
94-4 雷○.94-6 車○.94-6 勞○.94-6 水○.94-6 衆○.94-6 文○.
94-7 厚之至○.94-8 長○.94-9 嘉○.94-9 壅○.94-11 一夫之行
○.94-11 母○.94-12 長男○.94-12 居樂出威之謂○.94-13 得國
之卦○.94-14 實沈之星○.94-20 所以興○.94-21 君之行○. 94-
21 閼伯之星○.94-22 皆晉祥○.95-1 而天之大紀○.95-1 何舊怨○.
95-14 猶未知之○.95-15 民之主○.95-17 何不寬裕○.95-23 罪戾
之人○.95-24 然是吾惡心○.96-4 文公之出○.96-7 守藏者○.96
-7 宜吾不得見○.96-8 民親而未知義○.96-23 王章○.97-7 以順
禮○.97-11 則皆王之父兄甥舅○.97-14 是君子之言○.97-15 民之
所庇○.97-19 是不許釋宋○.98-7 辱○.98-12 偃○聞之.98-13 君
何愛於臣○.98-20 固所願○.98-22 智○.98-25 忠○.98-25 志德
義之府○.99-10 生民之本○.99-11 不忘百姓○.99-11 臣弗若○.
99-13 先軫之謀○.99-14 偃之出○.99-15 不可廢○.99-16 毛○不
在位.99-17 先且居之佐軍○善.99-18 不可廢○.99-19 皆社稷之衛
○.99-21 是廢德○.99-21 推賢○.99-24 廣德○.99-24 請令衰○
從子.99-25 吾不能行○.100-1 不猶愈○.100-2 始○.100-3 今○
難.100-3 其難○將至矣.100-4 其易○將至焉.100-4 吾欲使陽處父
傅讙○.100-6 是在讙○.100-7 及其即位○.100-16 則文王非專教
誨之力○.100-21 官師之所材○.100-23 官師之所不材○.101-1 因
體能質而利之者○.101-2 冀芮之子○.102-5 國之良○.102-7 是故
舜之刑○殛鮌.102-7 其舉○興禹.102-8 今君之所聞○.102-8 其賊
○.102-9 子何以知其賢○.102-9 臣見其不忘敬○.102-10 德之恪
○.102-10 何其懷○.102-14 情之華○.102-16 貌之機○.102-16
身之文○.102-16 非其實○. 102-18 瀆其信○. 102-19 胡可瀆○.
102-20 以濟蓋○.102-21 怨之所聚○.102-22 比○.103-4 黨○.103
-4 義○.103-5 懼女不能○.103-5 苟從是行○. 103-7 吾舉厥○而
中.103-8 非晉國之急○.103-11 所以爲明訓○.103-11 是反天地而
逆民則○.103-12 何○.103-16 陵○.103-17 聲其罪○.103-17 儆
其民○.103-18 爲暫事○.103-18 猶恐其不聞○.103-19 爲君故○.
103-20 社稷之鎮○.103-24 無以內易外○.104-6 何暮○.104-8 大
夫莫之能對○.104-9 大夫非不能○.104-10 讓父兄○.104-10 在此
車○.104-17 戎之政○.104-20 女亦知吾望爾○乎.104-24 郤子之
師○.104-24 則恐國人之屬耳目於我○.104-25 子之力○夫.105-2
克○以君命命三軍之士.105-2 克○何力之有焉.105-3 子之力○夫.
105-3 燮○受命於中軍.105-4 燮○何力之有焉.105-5 子之力○夫.
105-6 書○受命於上軍.105-6 書○何力之有焉.105-7 靡笄之役○.
105-8 寡君使克○.105-9 傳爲速○.105-14 絳人○.105-15 何○.
105-21 諸大夫莫子若○.105-24 惜○.107-6 盡戒之術○.107-12
先王疾是驕○.107-12 如草木之產○. 107-16 猶宮室之有牆屋○.
107-17 亡人之言○.108-4 是先主覆露子○.108-4 則晉可爲○.108
-7 難之本○.108-8 我王者○乎哉.108-9 君使黶○.108-13 一間○.
108-15 二間○.108-16 三間○.108-17 四間○.108-18 五間○.108
-18 不可失○.108-19 方事之殷○. 108-23 君子○ .108-23 刑○.
109-10 刑之過○.109-10 幸○.109-13 猶可救○.109-14 必自傷○.
109-18 難之本○.109-20 則晉國之福○.109-25 亂地之秩者○.109
-25 非吾所知○.110-5 以爲諸侯笑○.110-7 服者衆○.110-14 天
命○.110-17 姦○.110-18 福之基○.110-22 猶無基而厚墉○.110
-23 其壞○無日矣.110-23 及齊魯之未至○.111-4 且夫戰○.111-
4 君之殺我○.111-15 鈞之死○.111-16 不可益○.111-20 不能忍
俟○.111-24 非吾所能爲○.112-2 非所務○.112-3 安用厥○.112
-5 民不犯○.112-7 天○.113-6 是焚穀○.113-7 是穀不成○.113
-8 孤之咎○.113-8 二三子之虐○.113-9 廢○.113-10 二三子之制
○.113-11 其子孫不可不崇○.114-1 文子之母弟○.114-2 其子不
可不興○.114-10 而宣惠於教○.114-11 知右行辛之能以數宣物定
功○.114-11 以和于政○.114-13 知荀賓之有力而不暴○.114-13
黶○果敢.114-16 夫膏粱之性難正○.114-16 公知祁奚之果而不淫
○.114-22 知羊舌職之聰敏肅給○. 114-22 知魏絳之勇而不亂○.
114-23 知張老之智而不詐○.114-24 知鐸遏寇之恭敬而信彊○.114
-25 知籍偃之惇帥舊職而恭給○.114-25 且好諫而不隱○.115-2 公
以趙文子爲文○.115-5 兄弟之禮○.115-20 軍旅之事○.115-21 午
之少○.115-24 其壯○.115-25 其冠○.116-1 猶得獸而失人○.116
-7 其利一○.116-9 其利二○. 116-9 其利三○. 116-10 請退○.
116-15 不可不賞○.116-16 不可不賞○.116-20 君之幸○.117-2 君
之靈○.117-3 二三子之勞○.117-3 能志善○.117-5 則未○.117-
7 是以難已○.118-8 且夫欒氏之誣晉國久○.118-14 亦無君○.118
-22 則其爲暱與隱○. 118-22 無內亂○. 119-8 臣順之○.119-11
是明令必從君○.119-12 君之明令○.119-14 所以事君○.119-18
君知其不可得○.119-20 是不可饜○.119-22 聞其號○.119-23 必
是子○.119-24 何謂○.120-1 其此之謂○.120-3 非不朽○.120-4
赤○.120-9 外事○.120-9 可徵訊○.120-9 所以事子○.120-11 老
○以軍事承子.120-11 則非吾所知○.120-12 是吾罪○.120-14 懼
子之應且增○.120-14 偃○以斧鉞從於張孟.120-16 若夫子之命○.
120-17 是反吾子○.120-17 且吾子之家老○.120-21 非子之任○.
120-25 昔者吾有訾祏○.121-13 今吾觀女○.121-14 謀則無與○.
121-15 鞅○.121-15 不敢謂是○.121-17 夫樂以開山川之風○.121
-19 以耀德於廣遠○.121-19 是揚吾君之恥者○.122-1 比○.122

-7 別○. 122-7 朱○在此. 122-10 朱○當御. 122-10 肸○欲子員之對客○. 122-11 皆君之臣○. 122-12 何以黜朱○. 122-12 吾所能禦○. 122-15 則晉可弱○. 122-19 其爲德○深矣. 122-21 其爲本○固矣. 122-21 故不可損○. 122-22 荆之逆諸侯○亦云. 122-23 而塞其忠○. 122-24 爲此行○. 123-1 是行○. 123-3 畏晉之信○. 123-5 唯有德○. 123-13 所以服楚○. 123-14 不求致○. 123-18 其爲人○. 123-19 必不避○. 123-19 豹○受命於君. 123-20 爲社稷○. 123-20 是吾出而危之○. 123-21 請爲戮○. 123-22 美惡一心○. 123-24 若是道○果. 124-3 何其速○. 124-8 義○. 124-10 禮○. 124-10 令之勿讎○. 124-11 爲後世之見之○. 124-12 仁者之爲○. 124-13 不仁者之爲○. 124-13 死者若可作○. 124-15 其知不足稱○. 124-17 其仁不足稱○. 124-18 必避不道○. 124-22 不可爲○. 125-6 固醫官○. 125-15 而章明者○. 125-17 是不饗穀而食蠱○. 125-18 是不昭穀明而皿蠱○. 125-19 晉之殃○. 125-21 是歲○. 125-22 上大夫○. 125-25 可○. 126-1 若之何以富賦祿○. 126-2 唯其功庸少○. 126-4 無大績於民故○. 126-5 且秦楚匹○. 126-5 若之何其回於富○. 126-6 莫之哀○. 127-4 唯無德○. 127-4 起○將亡. 127-7 非起○敢專承之. 127-7 鮒○鬻獄. 128-9 邢侯非其官○而干之. 128-9 其罪一○. 128-11 非事君之禮○. 128-16 姦之大者○. 128-17 國之憲法○. 128-17 失吾信○. 128-18 賞大姦○. 128-18 是我以鼓教吾邊鄙貳○. 128-20 非事土○. 129-2 未委質於晉之鼓○. 129-5 古之法○. 129-6 而有是臣○. 129-8 先君獻武之諱○. 129-12 唯不學○. 129-13 人之有學○. 129-13 猶木之有枝葉○. 129-14 不吾敬○. 129-18 何○. 129-21 子不欲○. 129-22 肸○待交捽可○. 129-22 何○. 130-3 小人○. 130-3 中食而自咎○. 130-4 方臣之少○. 130-8 及臣之壯○. 130-9 及臣之長○. 130-10 與余以狂疾賞○. 130-11 是見寅與吉射○. 130-18 必殺鐸○. 130-19 是昭余讎○. 130-20 人之道○. 131-3 是罰善○. 131-4 非爲子○. 131-7 莫我若○. 131-10 莫我加○. 131-11 我上之次○. 131-12 志父寄○. 131-16 人之所願○. 132-2 臣以爲不良故○. 132-3 乃非良臣○. 132-9 國家之將興○. 132-13 其亡○. 132-14 人之化○. 132-22 何○. 132-25 不如宵○. 133-4 宵○佷. 133-4 其不逮者一○. 133-8 若果立瑤○. 133-11 及智氏之亡○. 133-13 抑臣亦有懼○. 133-15 臣懼其不安人○. 133-17 皆主之所知○. 133-23 先主爲重器○. 134-6 爲國家之難○. 134-6 吾無使○. 134-7 地○可. 134-8 夫地○求飲吾欲. 134-9 是養吾疾而干吾祿○. 134-9 先主之所屬○. 134-13 尹鐸之所寬○. 134-14 不可偪○. 135-5 是非王之支子母弟甥舅○. 135-11 則皆蠻荊戎狄之人○. 135-11 不可入○. 135-13 君之土○. 135-20 是天啓之心○. 136-3 不可偪○. 136-5 且重黎之後○. 136-5 虞夏商周是○. 136-9 以成樂物生者○. 136-9 以品處庶類者○. 136-10 以保于百姓者○. 136-11 以衣食民人者○. 136-12 以生柔嘉材者○. 136-13 莫之數○. 136-19 不足命○. 136-22 實與諸姬代相干○. 136-23 伯夷之後○. 136-24 伯翳之後○. 136-24 以佐堯者○. 136-25 以佐舜者○. 136-25 不可因○. 137-1 是易取○. 137-4 且可長用○. 137-4 殆於必弊者○. 137-5 和之至○. 137-15 務和同○. 137-16 王將棄是類○. 137-17 讒諂巧從之人○. 137-20 與剸同○. 137-20 好窮固○. 137-21 近頑童○. 137-22 用讒慝○. 137-22 行暗昧○. 137-23 是物○. 137-23 而非王子○. 137-25 此人○. 138-1 夏之衰○. 138-2 褒之二君○. 138-4 莫之發○. 138-7 不可除○. 138-8 夫婦哀其夜號○. 138-11 而嬖是女○. 138-13 其爲毒○大矣. 138-14 其殺○滋速. 138-15 亦必可知○. 138-19 恐無及○. 138-22 姜嬴之雋○. 139-2 善之○. 140-6 皆有元德○. 140-8 不能故○. 140-9 其不賓○久矣. 140-10 中國所不能用○. 140-10 用明德於民○. 140-16 不可爲○. 141-4 非人○. 141-7 不穀之罪○. 141-11 有是寵○. 141-15 非所願○. 142-4 吾甥○. 142-6 其大夫皆卿材○. 142-7 不能用○. 142-9 若之何其遺之材○. 142-9 是師○. 142-12 則王孫啓之爲○. 142-15 則析公之爲○. 142-21 楚師可料○. 142-24 則雍子之爲○. 143-2 則申公巫臣之爲○. 143-9 又不圖○. 143-13 其亦必有豐敗○哉. 143-13 非義○. 143-19 今君爲此臺○. 144-5 臣不知其美○. 144-11 夫美○者. 144-12 是聚民利以自封而瘠民○. 144-14 天子之貴○. 144-16 唯其以公侯爲官正○. 144-17 其有美名○. 144-18 而小大安之○. 144-18 其爲惡○甚矣. 144-19 故先王之爲臺榭○. 144-21 將以教民利○. 145-2 不知其以匱之○. 145-2 何○. 145-5 唯晉近我遠○. 145-5 其在志○. 145-7 此其不利者○. 145-15 古之制○. 145-18 旣其失○. 145-20 國之尾○. 145-20 是三城○. 145-22 是言誕○. 145-24 天之生○. 145-25 於是乎作懿戒以自儆○. 146-14 及其沒○. 146-15 而欲自安○. 146-19 老之過○. 146-21 王言以出令○. 147-3 是無所稟令○. 147-3 若武丁之神明○. 147-8 其聖之睿廣○. 147-8 其智之不疾○. 147-9 無余棄○. 147-12 皆非嗣○. 147-14 以自誥○. 147-15 是以其入○. 147-16 而欲自逸○. 147-18 臣懼民之不信君○. 147-19 何急以其言取罪○. 147-19 賴君用之○. 147-22 其又以規爲瑱○. 147-23 穀陽豎愛子反之勞○. 148-4 欲其道○. 148-7 何○. 149-5 非此之謂○. 149-6 不相亂○. 149-18 及少皞之衰○. 149-21 而別其分主者○. 150-7 程伯休父其後○. 150-8 而莫之能禦○. 150-10 何其小○. 150-18 以精明臨民者○. 150-18 是以先王之祀○. 150-19 爲齊敬○. 150-23 祀所以昭孝息民撫國家定百姓○. 151-1 上所以教民虔○. 151-15 下所以昭事上○. 151-15 民所以攝固者○. 151-20 若之何其舍之○. 151-21 何○. 151-22 何○. 151-25 何○. 152-1 殆必亡者○. 152-8 不是過○. 152-10 不是過○. 152-11 恤民之故○. 152-13 不及夕○. 152-14 何○. 152-17 以庇民○. 152-17 民多曠○. 152-17 非逃富○. 152-18 先大夫之後○. 152-21 夫民心之慍○. 152-25 君之過○. 153-7 何○. 153-9 以儆君○. 153-11 觀君之德○. 153-11 在外則讎○. 153-17 非人○. 153-17 卑尊一○. 153-18 未之失○. 153-21 或可賞○. 153-24 或可戮○. 153-24 何○. 154-6 夫差先自敗○已. 154-13 其爲寶○. 154-17 金木竹箭之所生○. 154-23 以戒不虞者○. 154-25 以賓享於諸侯者○. 154-25 此楚國之寶○. 155-3 先王之玩○. 155-3 不能寶○. 155-10 懼子孫之有貳者○. 155-12 乏臣之祀○. 155-15 其爲人○. 155-21 展○. 155-22 不仁○. 155-23 詐○. 155-23 毅○. 155-24 不衷○. 155-24 不淑○. 155-24 皆有其華而不實者○. 155-24 若其狷○. 156-1 則其愛○. 156-2 其展○. 156-3 其詐○. 156-3 其直○. 156-3 其周○. 156-4 其不絜○. 156-4 速其怒○. 156-6 害可待○. 156-10 可好○. 156-13 可惡○. 156-13 可高○. 156-14 可下○. 156-14 所以生詐謀○. 156-16 國之疾眚○. 156-20 猶恐其至○. 156-21 怨賊之人○. 156-22 安用勝○. 156-24 夫是誰之故○. 157-3 是皆子之所聞○. 157-3 以監戒○. 157-4 猶蒙耳○. 157-5 吾知逃○已. 157-5 子之尚勝○. 157-7 夫子○. 157-10 吾不義○. 157-11 而未嘗有所挫○. 158-7 勝未可成○. 158-8 而不吾足○. 158-11 君王之於越○. 158-17 繄起死人而肉白骨○. 158-17 越國固貢獻之邑○. 158-21 亦征諸侯之禮○. 159-2 是天王之無成勞○. 159-6 不可許○. 159-10 非實忠心好吳○. 159-10 又非懾畏吾兵甲之彊○. 159-10 夫固知君王之蓋威以好勝○. 159-13 以自傷○. 159-14 及吾猶可以戰○. 159-17 而胡重於鬼神而自輕○. 159-21 身自約○. 159-25 猶人之有腹心之疾○. 160-2 夫越王之不忘敗吳於其心○. 160-2 疥癬○. 160-4 王覺而無見○. 160-14 此志○. 160-16 王其無方收○. 160-19 此則大夫之力○. 161-4 乃違○. 161-10 亡之階○. 161-11 吾先君得之○. 161-13 其亡之○. 161-13 是吳命之短○. 161-15 以見王之親爲越之擒○. 161-15 吳國之亡○. 161-18 孤不使大夫得有見○. 161-19 民以惡死而欲貴富以長沒○. 162-16 彼豈能與我行此危事○哉. 162-18 以歲之不穫○. 162-21 必設以此民○. 162-23 無姬姓之振○. 163-17 爲使者之無遠○. 163-23 然而不可徒許○. 164-4 恐齊宋之爲己害○. 164-17 必不須至之會○. 165-21 其至者亦將不能之會○已. 165-22 良國○. 166-5 未嘗敢不分○. 166-6 未可以戰○. 166-8 未可以戰○. 166-10 未可以戰○. 166-12 未可以戰○. 166-15 然猶未可以戰○. 166-17 是子○. 167-10 是我○. 167-10 是子○. 167-14 是我○. 167-15 以環瑱通相問○. 167-19 莫如此淫逸不可禁○. 167-22 則是盡○. 168-3 寓○. 169-2 君何面目以見員○. 169-6 故○. 169-8 以待乏○. 170-7 不可不養而擇○. 170-8 爲不可赦○. 170-17 是以帶甲萬人事君○. 170-18 與其殺是人○. 170-19 寧其得此國○. 170-19 夫吳之與越○. 170-21 仇讎敵戰之國○. 170-21 此其利○. 171-2 不可失○已. 171-2 失此利○. 171-3 寡人不知其力之不足○. 171-8 此則寡人之罪○. 171-9 若水之歸下○. 171-17 無不餔○. 172-3 無不歠○. 172-3 昔者之戰○. 172-8 非二三子之罪○. 172-8 寡人之罪○. 172-8 親吾君○. 172-10 猶父母○. 172-10 不患其衆之不足○. 172-12 而患其志行之少恥○. 172-12 不患其志行之少恥○. 172-13 而患其衆之不足○. 172-14 吾不欲匹夫之勇○. 172-15 孰是吾君○. 172-18 亦寡人之願○. 172-25 越君其次○. 173-1 逆德○. 174-12 凶器○. 174-12 事之末○. 174-13 人之所卒○. 174-14 上帝之禁○. 174-14 無是貳言○. 174-14 蠡不如種○. 175-2 種亦不如蠡○. 175-3 蠡之國家○. 175-14 蠡不如種○. 175-17 種亦不如蠡○. 175-21 未可○. 176-2 君王之吳○. 176-4 其事又將未可知○. 176-5 子曰未可○. 176-6 天應未○. 176-9 子曰未可○. 176-11 子曰未可○. 176-15 人事未盡○. 176-16 何○. 176-18 皆知其資財之不足以支長久○. 176-20 猶救火追亡人○. 177-2 王姑勿許○. 177-5 今其來○. 177-20 固周室之不成子○. 178-13 吾猶禽獸○. 178-15 何○. 178-22 爲此事○. 178-24

【女】 89

有三○奔之. 2-13 ○三爲粲. 2-14 衆以美物歸○. 2-15 則惟○衆. 8-21 將以其○爲后. 11-19 王以狄○間姜任. 12-13 今○非他也. 14-23 欲以貽○. 14-25 ○. 15-4 是男○無別也. 35-12 男○之別. 35-12 ○股肱周室. 36-18 賜○土地. 36-19 ○亦聞之乎. 40-15 非○所知也. 46-2 吾語○. 48-6 男○效績. 48-20 以爲別於男○之禮矣. 49-4 男○之饗. 49-6 ○死之. 49-9 ○知莫若婦. 49-12 ○不聞乎. 51-3 而唯○是崇. 53-4 罷○無家. 56-17 男○不淫. 59-24 ○曰勝而不吉. 62-18 故賞○以爵. 62-18 罰○以無肴. 62-18 有男戎必有○戎. 63-1

而戎亦必以○戎勝晉. 63-2 有施人以妹喜○焉. 63-3 有蘇氏以妲己○焉. 63-5 褒人以褒姒○焉. 63-6 而安俘○. 63-10 亂必自○戎. 65-1 又曰余納有道以臨○. 83-23 ○誤梁由靡. 85-24 ○不面夷. 85-25 上帝臨○. 88-1 子○玉帛. 91-9 秦伯歸○五人. 91-23 男○相及. 92-17 男○不相及. 92-18 乃歸○. 93-3 豈不如○言. 96-3 吾言○於君. 103-5 懼○不能也. 103-5 吾故以是觀○. 103-6 ○勉之. 103-7 非○其誰. 103-7 ○亦知吾望爾也乎. 104-24 納○工妾三十人. 116-22 ○樂二八. 116-22 公錫魏絳○樂一八. 116-23 今吾觀○也. 121-14 是謂遠男而近○. 125-6 宵靜○德. 125-18 雍子納其○於叔魚. 128-5 而曰必賞○. 130-11 府之小妾生○. 137-25 而變是○也. 138-13 ○實遣之. 143-11 ○無亦謂我老耄而舍我. 146-3 用○作礪. 147-6 用○作舟. 147-7 用○作霖雨. 147-7 在○曰巫. 149-10 一介嫡○. 158-23 伯父令○來. 165-10 春秋皮幣玉帛子○. 166-15 男○服從. 168-20 男○服爲臣御. 168-23 願以金玉子○. 170-14 請句踐○○於王. 170-15 大夫○○於大夫. 170-15 士○○於士. 170-15 越人飾美○八人. 171-4 ○子十七不嫁. 171-19 生○子. 171-22 請以金玉子○. 172-20 玩好○樂. 174-19 請士○○於士. 174-20 大夫○○於大夫. 174-21 同男○之功. 175-10

【刃】 1

隱五○. 60-20

【王】 744

穆○將征犬戎. 1-4 先○耀德不觀兵. 1-4 允○保之. 1-7 先○之於民也. 1-7 昔我先○世后稷. 1-10 我先○不窋. 1-11 至于武○. 1-15 商○帝辛. 1-17 欣戴武○. 1-18 是先○非務武也. 1-19 夫先○之制. 1-20 荒服者○. 1-23 終○. 1-23 先○之訓也. 1-23 有不○. 2-2 告不○. 2-4 犬戎氏以其職來○. 2-8 其無乃廢先○之訓. 2-9 而○幾頓乎. 2-10 ○不聽. 2-12 恭○遊於涇上. 2-13 必致之於○. 2-13 ○田不取羣. 2-14 ○御不參一族. 2-15 ○猶不堪. 2-16 ○滅密. 2-17 厲○虐. 2-18 國人謗○. 2-18 ○怒. 2-19 ○喜. 2-20 而後○斟酌焉. 3-1 ○不聽. 3-6 乃流○於彘. 3-7 厲○説榮夷公. 3-8 ○室其將卑乎. 3-8 以是教○. 3-11 ○能久乎. 3-11 夫○人者. 3-11 今○學專利. 3-15 ○而行之. 3-16 ○流于彘. 3-17 宣○在邵公之宮. 3-18 昔吾驟諫○. 3-19 ○不從. 3-19 今殺○子. 3-19 ○其以我爲懟而怒乎. 3-20 況事○乎. 3-20 乃以其子代宣○. 3-21 宣○長而立之. 3-21 宣○卽位. 3-22 ○曰. 4-6 ○其祗祓. 4-7 ○乃使司徒. 4-7 ○卽齋宮. 4-10 ○乃淳濯饗醴. 4-11 ○裸鬯. 4-12 太史贊○. 4-13 ○敬從之. 4-14 ○耕一墢. 4-14 膳夫贊○. 4-17 ○歆大牢. 4-18 ○則大徇. 5-1 ○事唯農是務. 5-4 今天子欲修先○之緒. 5-8 ○不聽. 5-10 ○師敗績于姜氏之戎. 5-11 魯武公以括與戲見○. 5-12 ○立戲. 5-12 犯○命必誅. 5-13 ○命將有所壅. 5-16 是自誅○命也. 5-16 ○卒立之. 5-17 宣○伐魯. 5-19 宣○欲得國子之能導訓諸侯者. 5-20 ○曰. 5-21 ○曰. 5-23 宣○既喪南國之師. 5-25 ○治農於籍. 6-4 ○卒料之. 6-9 及幽○. 6-9 幽○二年. 6-10 幽○乃滅. 6-20 惠○三年. 6-22 邊伯石速蔿國出○而立子頽. 6-22 ○處於鄭. 6-23 ○子頽飲三大夫酒. 6-24 夫出○而代其位. 7-2 盍納○乎. 7-3 鄭伯將○自圉門入. 7-4 ○乃入也. 7-5 ○問於內史過. 7-6 杜伯射○於鄗. 7-18 ○曰. 7-20 昔昭○娶於房. 7-20 生穆○焉. 7-22 ○曰. 7-25 ○曰. 7-25 ○曰. 8-2 ○曰. 8-5 ○使太宰忌父. 8-6 以告○曰. 8-9 襄○使邵公過及內史過. 8-13 以告○曰. 8-16 ○曰. 8-18 先○知大事之必以濟衆也. 8-23 不敬○命. 9-3 先○既有天下. 9-6 春秋受職於○. 9-7 誣其○也. 9-18 誣○無民. 9-19 故晉侯誣○. 9-20 襄○三年. 9-23 襄○使太宰文公及內史興. 9-25 太宰以○命. 10-3 以告○曰. 10-6 逆○命敬. 10-6 敬○命. 10-7 ○其善之. 10-14 ○從之. 10-16 ○出在鄭. 10-16 襄○十六年. 10-18 以諸侯朝○于衡雍. 10-18 襄○十三年. 11-4 ○使游孫伯請滑. 11-4 ○怒. 11-5 古之明○. 11-15 ○其不可以棄之. 11-16 ○不聽. 11-17 ○降狄師以伐鄭. 11-18 ○德狄人. 11-19 今○外利矣. 11-20 ○曰. 12-4 夫狄無列於○室. 12-8 ○而卑之. 12-9 ○而蔑之. 12-10 ○而棄之. 12-11 ○而弱之. 12-12 鄭出自宣○. 12-12 ○而虐之. 12-13 ○以狄女閒姜任. 12-13 ○一舉而棄七德. 12-14 ○不忍小忿而棄鄭. 12-15 ○不聽. 12-17 ○黜狄后. 12-18 昔吾驟諫○. 12-19 ○弗從. 12-19 ○其以我爲懟乎. 12-19 惠后欲立○子帶. 12-21 ○乃出居于鄭. 12-22 晉文公既定襄○于郟. 12-23 ○勞之以地. 12-23 ○不許. 12-24 昔我先○之有天下也. 12-24 先○豈有賴焉. 13-3 ○何異之有. 13-6 而班先○之大物. 13-7 以復先○之職. 13-12 其若先○與百姓何. 13-15 ○至自鄭. 13-17 ○以晉君爲能德. 13-18 陽樊懷我○德. 13-18 ○曰. 14-5 ○孫滿觀之. 14-13 言於○曰. 14-13 ○曰. 14-14 定○享之. 14-18 吾聞○室之禮. 14-20 ○見其語. 14-20 ○召士季. 14-22 ○公立飫. 14-22 以奬○室. 14-24 唯是先○之宴禮. 14-24 今我○室之一二兄弟. 15-4 夫○公諸侯之有飫也. 15-10 定○使單襄公聘於宋. 15-19 告○曰. 16-2 ○曰. 16-3 故先○之教曰. 16-4 此先○所以不用財賄. 16-8 是廢先○之教也. 16-10 是棄先○之法制也. 16-16 至於○吏. 16-24 若○巡守. 16-25 承○命以爲過賓於陳. 17-1 是蔑先○之官也. 17-1 先○之令有之曰. 17-3 是又犯先○之令也. 17-8 昔先○之教. 17-9 定○八年. 17-14 ○問魯大夫孰賢. 17-16 ○曰. 17-17 ○曰. 18-4 簡○十一年. 18-8 簡○八年. 18-11 見○孫説. 18-11 説言於○曰. 18-12 ○其勿賜. 18-15 ○曰. 18-18 ○遂不賜. 18-18 ○孫説與之語. 18-19 説以語○. 18-19 ○厚賄之. 18-19 ○叔簡公飲之酒. 18-21 ○叔子譽諸朝. 18-23 ○叔子譽溫季. 18-24 故○天下者. 19-25 雖吾○叔. 20-13 ○叔欲郤至. 20-14 ○叔陳生奔晉. 20-15 簡○十一年. 22-8 文○質文. 22-25 靈○二十二年. 23-16 將毀○宮. 23-16 ○欲壅之. 23-16 古之聖○. 23-24 此一○四伯. 24-15 皆亡○之後也. 24-15 若啓先○之遺訓. 24-25 明以妨○宮. 25-3 ○而飾之. 25-4 ○將防鬬川以飾宮. 25-10 自我先○. 25-11 ○室其愈卑乎. 25-12 十五○. 25-14 十八○. 25-15 十四○矣. 25-15 而少光○室. 25-17 ○又章輔禍亂. 25-17 ○無亦鑒于黎苗之○. 25-17 則皆亡○之爲也. 26-4 ○其圖之. 26-5 ○卒壅之. 26-8 及景○. 26-8 景○崩. 26-8 ○室大亂. 26-8 及定○. 26-9 ○室遂卑. 26-9 成○不敢康. 26-21 是道成○之德也. 26-22 成○能明文昭. 26-22 成○不敢康. 26-23 單子朝夕不忘成○之德. 27-7 以佐○室. 27-8 景○二十一年. 27-11 今○廢輕而作重. 27-16 ○用將有所乏. 27-16 ○府則有. 27-23 且絕民用以實○府. 28-4 ○其若之何. 28-6 ○其圖之. 28-7 ○弗聽. 28-9 ○將鑄無射. 28-10 是故先○之制鍾也. 28-17 今○作鍾也. 28-18 ○弗聽. 29-10 ○不聽. 30-4 ○謂伶州鳩曰. 30-5 ○曰. 30-6 ○曰. 30-10 ○崩. 30-11 ○將鑄無射. 30-12 故先○貴之. 31-4 ○曰. 31-5 昔武○伐殷. 31-5 ○欲合是五位三所而用之. 31-11 ○以二月癸亥夜陳. 31-16 ○以黃鍾之下宮. 31-18 所以宣三○之德也. 31-21 景○既殺下門子. 31-24 遽歸告○. 31-25 ○弗應. 32-2 敬○十年. 32-4 昔武○克殷. 32-9 自幽○而天奪之明. 32-13 玄○勤商. 32-17 幽○亂之. 32-19 而幽○蕩以爲魁陵糞土溝瀆. 32-20 及定○. 33-5 是故先○制諸侯. 34-15 使五年四○一相朝. 34-15 非先○之訓也. 34-20 諸侯祀先○先公. 34-21 臣聞聖○公之先封者. 35-2 成○命我先君周公及齊先君太公曰. 36-17 以夾輔先○. 36-19 而棄先○之命. 36-21 夫聖○之制祀也. 38-3 文○以文昭. 38-12 武○去民之穢. 38-12 祖文○而宗武○. 38-15 高圉大○. 38-17 自玄○以及主癸. 39-24 自稷以及○季. 39-25 夫歌文○大明緜. 43-10 聞康○卒. 44-10 今○死. 44-11 ○太子又長矣. 44-16 將天下是○. 45-3 晉樂○鮒求貨於穆子. 45-25 昔聖○之處民也. 48-6 故長○天下. 48-7 ○后親織玄紞. 48-18 先○之訓也. 48-21 皆屬於○者. 49-24 昔武○克商. 50-10 先○欲昭其令德之致遠也. 50-12 先聖○之傳恭. 50-21 周恭○能庇昭穆之闕而爲恭. 50-23 楚恭○能知其過而爲恭. 50-24 先○制土. 51-3 先○以爲足. 51-7 昔吾先○昭○穆○. 53-9 聖○之治天下也. 53-13 昔聖○之處士也. 53-17 周幽○伐有褒. 63-6 雖當三季之○. 63-10 夫三季○之亡也宜. 63-16 無必假手於武○. 68-9 爲○妃兮. 80-15 至于○城. 83-15 先○其知之矣. 88-1 三十一○. 88-17 出自文○. 89-22 出自武○. 89-23 故二○之嗣. 89-23 大○荒之. 90-20 夾輔平○. 90-22 平○勞而德之. 90-22 ○之遺命. 90-25 楚成○以周禮享之. 91-6 ○曰. 91-10 ○曰. 91-14 ○曰. 91-19 君稱所以佐天子匡○國者. 93-23 以輔○室. 94-2 而卒爲明○. 95-20 脫會秦伯于○城. 96-5 至自○城. 96-11 襄○避昭叔之難. 96-22 君盍納○. 96-23 左師迎○于鄭. 97-5 ○入于成周. 97-6 ○饗醴. 97-7 ○章也. 97-7 不可以二○. 97-7 君補○闕. 97-11 則皆○之父兄甥舅也. 97-14 君定○室. 97-14 楚成○伐宋. 97-21 夫先○之法. 99-10 大任娠文○不變. 100-12 而得文○. 100-12 文○在母不憂. 100-13 事○不怒. 100-14 則文○非專教誨之力也. 100-21 乃納襄○于周. 101-5 故興○賞諫臣. 107-8 逸○罰之. 107-8 吾聞古之言○者. 107-8 先○疾是驕也. 107-12 然則○者多憂乎. 108-8 我○者也乎哉. 108-9 夫○者成其德. 108-9 而求○者之功. 108-10 楚恭○帥東夷救鄭. 108-12 三逐楚平○卒. 108-21 見○. 108-22 ○使工尹襄問之以弓. 108-22 獲○子發鉤. 111-3 欒書謂○子發鉤曰. 111-3 郤至使人勸○戰. 111-3 ○必不免. 111-4 故免楚○. 111-7 稱曰○父. 113-19 親射楚○. 113-23 夫霸○之勢. 123-6 昔成○盟諸侯于岐陽. 123-10 樂○鮒求貨焉. 123-16 樂○鮒曰. 123-25 敢昭告于皇祖文○烈祖康叔文祖襄公昭考靈公. 131-14 ○室多故. 135-4 ○室將卑. 135-5 是非○之支子母弟甥舅也. 135-11 蓋其先○. 136-4 其後皆爲○公侯伯. 136-12 或在○室. 136-19 今○棄高明昭顯. 137-7 故先○以土與金木水火雜. 137-10 故○者居九畡之田. 137-14 先○聘后於異姓. 137-16 ○將棄是類也. 137-17 且宣○之時. 137-23 於是宣○聞之. 137-24 ○使執而戮之. 137-25 而非○子也. 137-25 以同于○庭. 138-3 及厲○之末. 138-7 ○使婦人不幃而譟之. 138-8 以入于○府. 138-9 當宣○時而生. 138-10 而以爲入於○. 138-12 ○遂置之. 138-13 ○室方騷. 138-16 ○欲殺太子以成伯服. 138-17 ○師若在. 138-20 ○心怒矣. 138-20 武○之子. 138-24 幽○八年而桓公爲司徒. 139-4 九年而○室始騷. 139-4 及平○之末. 139-4 莊○使士亹傅太子箴. 140-4 ○曰. 140-5 文○有管蔡. 140-8 是五○者. 140-8 ○卒使傅之. 140-11 而知

神也. 74-11 ○事官成. 74-11 是○奪之鑒. 74-16 ○又誑之. 74-17 ○策焞焞. 75-4 ○降禍于晉國. 77-20 蔑○命矣. 78-25 君若求置晉君以成名於○下. 79-9 以見○子. 80-19 罹○之禍. 81-2 罹○之禍. 81-3 又失○. 82-2 ○殃流行. 82-4 不可以廢道於○下. 82-5 其○道也. 82-6 而○予之. 82-6 若無○乎. 83-10 若有○. 83-10 ○下孰弗患. 83-20 ○賜也. 87-13 ○事必象. 87-13 ○以命矣. 87-15 ○之道也. 87-16 ○未喪晉. 88-3 ○祚將在武族. 89-6 而俾守○聚者. 89-6 ○祚有德. 89-7 守○之聚. 90-2 親有○. 90-14 ○所福也. 90-15 ○將啓之. 90-16 ○作高山. 90-20 大○所作. 90-20 可謂親有○矣. 90-21 若親有○. 90-23 可謂大○. 90-23 以徼○禍. 91-1 ○命也. 91-7 非○. 91-8 ○之祚楚. 91-15 ○祚之矣. 91-18 ○之所興. 91-18 君以○子之命服命重耳. 93-13 君稱所以佐○子匡王國者. 93-23 巡於○下. 94-16 將集○行. 94-20 是謂○地配亨. 94-24 而○之大紀也. 95-1 ○降鄭禍. 98-22 盍納○子以示之義. 101-4 大者○地. 103-11 是反○地而逆民則也. 103-12 ○必誅焉. 103-12 而不修○罰. 103-13 ○命也. 110-17 ○道無親. 110-21 吾庸知○之不授晉. 110-21 ○也. 113-6 ○子之室. 124-8 ○命不祐. 125-7 ○命不祐. 125-10 是故○子祀上帝. 126-15 是○啓之心也. 136-3 ○之所啓. 136-4 ○明地德. 136-7 夫成○地之火功者. 136-8 祝融亦能昭顯○地之光明. 136-13 ○必從之. 137-7 ○奪之明. 137-18 ○之命此久矣. 138-1 ○之生此久矣. 138-14 晉文侯於是乎定○子. 139-6 ○子之貴也. 144-16 ○有晦明. 145-18 是知○咫. 145-24 ○之生也. 145-25 知○. 145-25 若○旱. 147-7 周書所謂重黎寔使○地不通者. 149-4 民將能登○乎. 149-5 有○地神民類物之官. 149-17 司○以屬神. 150-3 是謂絕地○通. 150-4 故重黎氏世敘○地. 150-6 重寔上○. 150-9 夫○地成而不變. 150-10 ○子舉以大牢. 150-13 ○子徧祀羣神品物. 151-6 諸侯祀○地三辰. 151-6 ○明昌作. 151-8 ○子禘郊之事. 151-15 ○子親舂禘郊之盛. 151-19 ○地民及四時之務. 151-24 ○事武. 151-25 ○子之田九畡. 152-4 唯○所授. 158-5 吾以卜之於○. 158-10 ○若棄吳. 158-10 而○奪之食. 158-12 得罪於○王. 158-16 ○王親趨玉趾. 158-16 孤不敢忘○災. 158-17 敢忘○王之大德. 158-19 ○王豈辱裁之. 159-2 今○王既封植越國. 159-4 以明聞於○下. 159-5 是○王之無成勞也. 159-6 唯○王秉利度義焉. 159-7 昔○以越賜吳. 159-23 夫○命有反. 159-24 ○奪吾食. 160-17 今王將很○而伐齊. 160-18 ○若不知有罪. 160-25 今○降衷於吳. 161-6 夫○之所棄. 161-11 而○祿亟至. 161-14 以見○子. 162-11 其聲動○地. 163-12 ○子有命. 163-16 諸侯大夫失禮於○子. 164-6 孤以下密邇於○子. 164-7 以淫名聞於○子. 164-11 君若無卑○子. 164-13 ○舍其衷. 164-24○舍其衷. 165-5 昔周室逢○之降禍. 165-11 日臣嘗卜於○. 165-17 ○占既兆. 165-19 吾欲與之徼○之衷. 166-2 無以銓度○下之衆寡. 166-18 吾欲與之徼○之衷. 166-22 畏○之不祥. 168-21 昔○以越賜吳. 168-23 今○以吳賜越. 168-24 孤敢不聽○之命. 168-24 ○以吳賜越. 169-1 ○既降禍於吳國. 169-3 孤何以視於○下. 169-5 不敢徼聲聞於○王. 170-13 今寡人將助○威之. 172-14 昔○以越予吳. 172-21 今○以吳予越. 172-22 越可以無聽○之命. 172-22 余何面目以視於○下乎. 173-1 持盈者與○. 174-6 ○道盈而不溢. 174-7 ○時不作. 174-8 ○時不作. 174-9 此逆於○. 174-10 持盈者與○. 174-17 以度○下. 175-9 以避○殃. 175-10 必有以知○地之恒制. 175-12 乃可以有○下之成利. 175-12 不逆○時. 175-15 因陰陽之恒順○地之常. 175-17 死生因○地之刑. 175-19 ○因人. 175-19 聖人因○. 175-19 ○地形之. 175-19 上○降禍於越. 175-25 逆○時. 176-7 ○應未也. 176-9 ○地未形. 176-13 ○應至矣. 176-16 子應我以○時. 176-18 今○應至矣. 176-18 必將與○地相參. 176-19 乃可以致○地之殛. 176-23 ○予不取. 177-6 ○節固然. 177-7 無過○極. 177-10 ○道皇皇. 177-10 因○地之常. 177-12 必因○地之災. 177-16 必順○道. 177-20 昔者上○降禍於吳. 177-23 ○有還形. 178-1 ○節不遠. 178-1 昔者上○降禍於越. 178-8 吾王敢無聽○之命. 178-9 無助○爲虐. 178-11 助○爲虐者不祥. 178-11 子將助○爲虐. 178-12 將助○爲虐. 178-16 助○爲虐不祥. 178-16 皇○后土四鄉地主正之. 179-6

【夫】 547

○兵戢而時動. 1-5 ○先王之制. 1-20 吾聞○犬戎樹惇. 2-10 ○獸三爲羣. 2-14 ○粲. 2-15 ○民慮之於心. 3-4 芮良○曰. 3-8 ○榮夷公. 3-8 ○利. 3-9 ○王人者. 3-11 匹○專利. 3-15 ○事君者. 3-20 ○民之大事在農. 3-23 命農大○. 4-9 膳○農正陳籍禮. 4-13 宰○陳饗. 4-17 膳○贊王. 4-17 ○下事上. 5-14 ○古者不料民而知其少多. 6-1 ○天地之氣. 6-11 ○水土演而民用也. 6-15 ○國必依山川. 6-18 ○天之所棄. 6-19 王子頹飲三大○酒. 6-24 ○出王而代其位. 7-2 殺子頹及三大○. 7-4 ○神壹. 7-23 無以萬○. 8-19 萬○有罪. 8-20 大○士. 9-8 ○晉侯. 9-15 ○執玉卑. 9-18 ○天事恒象. 9-19 且○兄弟之怨. 11-11 ○義所以生利也. 11-13 ○婚姻. 11-19 ○人奉利而歸諸上. 12-6 ○狄無列於王室. 12-8 ○禮. 12-13 ○三軍之所尋. 13-20 且○陽豈有裔民哉. 14-1 ○亦皆天子之父兄甥舅也. 14-1 ○政自上下者也. 14-5 ○君臣無獄. 14-7 ○戎狄. 15-1 ○王公諸侯之有飫也. 15-10 ○辰角見而雨畢. 16-3 發幣於大○. 17-14 王問魯大○孰賢. 17-16 今○二子者儉. 18-1 且○人臣而侈. 18-3 今○子見我. 19-1 且○戰也微謀. 19-11 ○何次之有. 19-16 昔先大○荀伯. 19-16 ○人性. 19-21 ○仁禮勇. 20-7 ○戰. 20-9 ○君子目以定體. 21-12 ○合諸侯. 21-15 ○目以處義. 21-19 ○郤氏. 21-22 三卿而五大○. 21-22 且○長翟之人. 22-6 ○敬. 22-18 ○子皆有焉. 22-23 ○子被文矣. 22-25 且○立無跛. 23-1 ○正. 23-2 ○山. 23-18 ○天地成而聚於高. 23-19 ○亡者豈繄無寵. 24-21 而滑○二川之神. 25-3 ○見亂而不惕. 25-8 而亦未觀○前哲令德之則. 25-22 ○事. 26-5 發幣於大○. 26-10 ○宮室不崇. 26-15 ○道成命者. 26-22 且○備. 27-17 ○旱麓之榛楛殖. 27-24 若○山林匱竭. 28-1 且○鍾不過以動聲. 28-12 ○鍾聲以爲耳也. 28-13 ○目之察度也. 28-14 ○樂不過以聽耳. 28-21 ○耳目. 28-22 ○耳內和聲. 29-1 ○宮. 29-12 ○政象樂. 29-15 ○有和平之聲. 29-25 若○匱財用. 30-2 ○六. 30-14 ○禮之立成者爲飫. 32-10 然則○支之所道者. 32-11 ○周. 32-20 ○天道導可而省否. 32-23 ○子而棄常法. 33-1 魏獻子合諸侯之大○於狄泉. 33-3 ○惠本而後民歸之志. 34-5 ○民求不匱於財. 34-11 知○苟中心圖民. 34-12 ○禮. 34-14 ○齊棄太公之法. 34-17 卿大○佐之. 34-22 公使大○宗婦覿. 35-8 ○婦贄不過棗栗. 35-10 ○爲四鄰之援. 35-13 ○衛君殆無罪矣. 37-1 ○諸侯之患. 37-7 ○晉新得諸侯. 37-9 ○祀. 38-1 ○聖王之制祀也. 38-3 ○仁者講功. 38-24 ○廣川之鳥獸. 39-1 ○位. 39-7 ○署. 39-10 ○宗廟之有昭穆也. 39-21 ○祀. 39-23 ○宗有司之言順矣. 40-3 ○莒太子. 40-10 ○莒太子殺其君. 40-12 且○山不槎蘖. 41-3 ○苦成叔家. 41-13 大○莫對. 41-21 ○君人者. 41-21 且○君也者. 41-22 ○君也者. 42-1 使爲上大○. 42-9 ○先樂金奏肆夏樊遏渠. 43-9 ○歌文王大明緜. 43-10 ○鹿鳴. 43-14 有大○無卿. 43-23 ○苦匏不材於人. 44-7 諸大○皆欲還. 44-12 ○義人者. 44-14 且○君子計成而後行. 44-21 不大○矣. 45-14 大○有貳車. 45-17 今大○而設諸侯之服. 45-18 而敢設服以見諸侯之大○乎. 45-19 ○服. 45-20 諸侯之大○尋盟未退. 45-23 ○必將或循之. 46-4 ○棟折而榱崩. 46-10 ○失其政者. 46-15 ○盟. 46-19 ○諸侯之勉於君者. 47-2 ○婦. 47-14 而使○人怒也. 47-19 魯○人辭而復之. 47-19 ○外朝. 47-25 ○民勞則思. 48-7 卿大○朝考其職. 48-14 公侯之○人. 48-18 皆衣其○. 48-20 男知莫若○. 49-13 智也○. 49-14 賓發幣於大○. 49-19 任力以○. 51-4 ○管夷吾. 52-10 ○爲其君動也. 52-11 ○猶是也. 52-11 ○知吾將用之. 52-13 ○管子. 52-18 令○士. 53-19 ○是. 53-21 令○工. 53-23 ○是. 54-1 令○商. 54-3 ○是. 54-8 令○農. 54-9 是故匹○有善. 56-15 匹○有不善. 56-16 ○是故. 56-17 屬有大○. 57-3 故立五大○. 57-3 五屬大○復事. 57-7 五屬大○於是退而修屬. 57-15 是故匹○有善. 57-18 匹○有不善. 57-18 ○軍令則寄諸內政矣. 58-4 柴○吠狗. 58-17 魯有○人慶父之亂. 59-22 立以爲○人. 62-16 公飲大○酒. 62-17 ○驪戎之役. 62-18 史蘇告大○曰. 63-1 ○若是. 63-12 ○三季王之亡也宜. 63-16 且○口. 63-20 且○挾. 63-21 吾觀君○人也. 64-6 ○子誡之. 64-9 抑二大○之言. 64-10 立以爲○人. 64-12 告大○曰. 64-16 二三大○. 64-16 君以驪姬爲○人. 64-17 ○史蘇之言. 65-4 三大○乃別. 65-9 吾聞之羊舌大○曰. 65-12 且○間父之愛. 65-14 ○翟柤之君. 65-20 ○人知極. 66-5 ○曲沃. 66-14 士蔿言於諸大○曰. 66-23 ○太子. 66-23 ○太子. 66-25 ○豈惠其民. 67-25 今○以君爲紂. 68-7 且○勝狄. 68-23 狂○阻之衣也. 69-6 ○爲人子者. 69-18 大○殆. 70-4 其母爲○人. 71-16 ○史蘇之言. 71-23 ○齊楚道遠而望大. 73-21 ○狄近晉而不通. 73-23 且○偕出偕入難. 74-4 ○國非忠不立. 74-24 ○齊侯好示. 75-7 ○齊侯將施惠出責. 75-12 ○二國士之所圖. 76-6 子帥七輿大○以待我. 76-7 ○義者. 76-9 ○孺子豈獲罪於民. 76-10 ○堅樹在始. 76-24 ○長國者. 76-24 且辱大○. 77-7 ○固國者. 77-7 大○其從之. 77-9 大○無常. 77-12 大○無常. 77-14 告大○曰. 77-17 大○許諾. 77-19 乃召大○子明. 78-4 ○晉國之亂. 78-5 若○二公子而立之. 78-5 大○子明曰. 78-6 中大○里克與我矣. 78-22 ○衆口禍福之門. 80-7 ○人美於中. 80-16 子殺二君與一大○. 81-6 且召三大○. 81-9 是故殺丕鄭及七輿大○. 81-11 ○子之入. 81-17 及七輿大○. 81-22 且○禍唯無斃. 81-24 一○不可狃. 82-23 君揖大○就車. 83-10 合大○而謀曰. 83-15 ○君政刑. 85-18 ○韓之誓曰. 85-22 ○必追擇前言. 87-9 莘莘征○. 88-5 此大○管仲之所以紀綱齊國. 88-12 ○禮. 89-1 ○晉公子在此. 89-17 ○郵而效之. 91-20 秦伯謂其大○曰. 93-8 一○之行也. 94-11 狐偃及秦晉大○盟于郇. 95-5 國君而讎匹○. 96-9 公及○人嬴氏. 96-11 大○食邑. 96-19 ○信. 97-19 公告大○曰. 97-22 ○晉公子賢明. 98-23 ○先王之法. 99-10 ○德義. 99-11 ○三德者. 99-15 ○趙衰三讓不失義. 99-23 奈○八疾何. 100-23 ○教者. 101-2 ○敬. 102-10 使爲下軍大○. 102-11 ○貌. 102-15 ○言以昭信. 102-19 ○周以舉義. 103-4 ○軍事無犯. 103-4 皆告諸大○曰.

103-8 ○不忘恭敬. 103-24 ○郤子之怒甚矣. 104-5 大○莫之能對也.
104-9 大○非不能也. 104-10 ○師. 104-24 子之力也○. 105-2 子之
力也○. 105-3 子之力也○. 105-6 ○國主山川. 105-17 諸大○皆謂
我智似陽子. 105-22 吾飲諸大○酒. 105-23 諸大○莫子若也. 105-
24 諸大○害伯宗. 106-3 ○賢者. 107-7 而老爲大○. 107-18 ○成子.
107-19 ○宣子. 107-21 若○三郤. 108-3 ○王者成其德. 108-9 ○陣
不諱忌. 108-15 ○南夷與楚來. 108-15 ○楚與鄭陣. 108-16 ○衆聞
諱則必懼. 108-18 大○欲戰. 109-6 ○戰. 109-10 不奪諸大○田. 109
-24 ○德. 110-22 ○以德勝者. 110-24 且○戰也. 111-4 ○利君之
富. 111-15 ○以果戾. 112-7 大○逆于清原. 113-5 公言於諸大○曰.
113-5 大○對曰. 113-13 ○二子之德. 114-4 欒伯請公族大○. 114-
15 ○膏粱之性難正也. 114-16 爲公族大○. 114-21 且○戎狄荐處.
116-7 使掌公族大○. 116-16 ○絳之智. 116-17 ○和戎狄. 117-1 欒
○. 117-6 且○欒氏之誣晉國久也. 118-14 ○正國者. 118-20 魯先大
○臧文仲. 120-4 范宣子與和大○爭田. 120-7 大○之貪. 120-13 若
○子之命也. 120-17 釋○子而舉. 120-17 徧問於大○. 120-20 而怒
和大○. 120-24 ○欒以開山川之風也. 121-19 ○德廣遠. 121-21 ○
子終之. 122-5 ○子員. 122-14 諸侯之大○盟于宋. 122-18 且○合諸
侯以爲不信. 122-25 ○霸王之勢. 123-6 ○楚令尹有欲於楚. 123-17
○戮出於身. 123-23 大○斲之. 124-9 ○陽子. 124-16 ○舅犯. 124-
18 ○君子寬惠以卹後. 124-25 ○文. 125-19 上大○. 125-25 ○二公
子者. 125-25 上大○也. 125-25 ○爵以建事. 126-2 ○絳之富商. 126
-3 ○鬼神之所及. 126-14 ○郤昭子. 127-2 ○八郤. 127-3 五大○
三卿. 127-4 ○以回鬻國之中. 128-10 ○以城來者. 128-16 ○守而二
心. 128-16 且○狄之憾者. 128-18 ○事君者. 128-20 大○辭之. 130
-19 ○尹鐸曰. 131-2 ○事君者. 132-3 ○二子之良 . 132-8 哀○.
132-17 ○范中行氏不恤庶難. 132-19 ○幸非福. 133-1 室美○. 133-
14 ○郤氏有車轅之難. 133-22 ○君子能勤小物. 133-25 ○誰不可喜.
134-2 ○地也求飲吾欲. 134-9 ○荆子熊嚴生子四人. 135-23 ○其子
孫必光啓土. 136-5 ○黎爲高辛氏火正. 136-5 ○成天地之火功者.
136-8 ○和實生物. 137-8 ○如是. 137-15 ○虢石父. 137-20 有○婦
鬻是器者. 137-25 不○而育. 138-11 ○婦哀其夜號也. 138-11 ○國
大而有德者近興. 139-1 ○善在太子. 140-6 ○豈不欲其善. 140-9 且
○誦詩以輔相之. 141-5 ○子踐位則退. 141-8 召大○曰. 141-10 大
○許諾. 141-12 大○曰. 141-13 ○事君者. 141-14 大○從之. 141-
16 ○子屬之. 141-19 ○子承楚國之政. 141-20 大○有羊饋. 141-22
○子不以其私欲干國之典. 141-24 其大○則賢. 142-7 其大○皆卿材
也. 142-7 ○子何如. 143-15 ○子不居矣. 143-17 而賂盜以賊一○於
晉. 143-19 臺美○. 143-21 其大○侍之. 144-4 ○美也者. 144-12 ○
君國者. 144-15 且○私欲弘侈. 144-15 ○爲榭臺. 145-2 使僕○子晳
問於范無宇. 145-4 且○制城邑. 145-16 ○邊境者. 145-20 昔先大○
子囊違王之命謚. 148-3 ○子木. 148-8 ○人作享. 149-22 ○天地成
而不變. 150-10 大○舉以特牲. 150-15 ○神. 150-18 ○民. 151-2 卿
大○舍月. 151-5 卿大○祀其禮. 151-7 百姓○婦. 151-10 ○人必自
春其盛. 151-17 ○古者. 152-9 ○貨馬郵則闕於民. 152-11 ○從政者.
152-17 先大○之後也. 152-21 ○民心之慍也. 152-25 ○其有故. 153
-8 ○事君者. 153-17 且○自敵以下. 153-18 ○子期之二子耶. 153
-25 今吾聞○差. 154-12 ○差先自敗也已. 154-13 若○白珩. 155-3
若○譁囂之美. 155-9 ○事君無憾. 155-12 ○盈而不偪. 155-13 ○造
勝之怨者. 156-6 ○乃其寧. 156-12 ○誰無疾眚. 156-20 ○是誰之故
也. 157-3 ○子也. 157-10 吳王○差起師伐越. 158-4 大○種乃獻謀
曰. 158-5 ○吳之與越. 158-5 ○申胥華登簡報吳國之士於甲兵. 158
-6 ○一人善射. 158-8 百○決拾. 158-8 ○謀必素. 158-9 ○諺曰.
159-4 吳王○差. 159-8 乃告諸大○曰. 159-8 ○越. 159-10 大○種勇
而善謀. 159-12 ○固知君王之蓋威以好勝也. 159-13 ○越王好信以
愛民. 159-16 大○奚隆於越. 159-18 吳王○差. 159-23 ○天命有反.
159-24 ○越王之不忘敗吳於其心也. 160-2 ○齊魯. 160-3 ○吳民離
矣. 160-18 吳王○差既勝齊人於艾陵. 160-23 今大○國子. 160-25
譬如農○作耦. 161-3 此則大○之力也. 161-4 今大○老. 161-4 敢告
於大○. 161-7 ○不違. 161-10 ○不違. 161-10 ○天之所棄. 161-11
孤不使大○得有見也. 161-19 吳王○差既殺申胥. 161-21 乃合大○
而謀曰. 162-5 ○危事不齒. 162-7 顧揖諸大○曰. 162-15 十行一嬖
大○. 163-3 諸侯大○失禮於天子. 164-6 ○命圭有命. 164-12 ○諸
侯無二君. 164-13 吳王○差既退于黃池. 164-20 ○概王作亂. 165-1
○差不貫不忍. 165-4 ○差豈敢自多. 165-6 ○差克有成事. 165-8 吳
王○差還自黃池. 165-15 越大○種乃唱謀曰. 165-15 無使○悛. 165
-20 ○吳之邊鄙遠者. 165-20 ○吳. 166-5 ○戰. 166-17 越王句踐乃
召五大○. 166-21 敢訪諸大○. 166-23 句踐願諸大○言之. 166-24
大○后庸乃進對曰. 166-25 大○苦成進對曰. 167-1 大○種進對曰.
167-2 大○蠡進對曰. 167-3 大○皋如進對曰. 167-3 王乃入命○人.
167-9 ○人向屏. 167-9 ○人送王. 167-11 大○向檐. 167-13 王命大
○曰. 167-13 大○送王不出檐. 167-16 ○婦三百. 169-2 ○差辭曰.
169-3 ○差將死. 169-5 ○唯能下其羣臣. 169-8 大○種進對曰. 170
-6 ○雖無四方之憂. 170-7 苟得聞子大○之言. 170-10 大○女女於
大○. 170-15 ○差將欲聽與之成. 170-21 ○吳之與越也. 170-21 ○
上黨之國. 171-1 ○越國. 171-1 ○差與之成而去之. 171-6 然後卑事
○差. 171-11 其身親爲○差前馬. 171-12 將帥二三子○婦以蕃. 171
-18 丈○二十不娶. 171-20 生丈○. 171-21 非其○人之所織. 172-4
昔者○差恥吾君於諸侯之國. 172-6 今○差衣水犀之甲者. 172-13 吾
不欲匹○之勇也. 172-15 婦勉其○. 172-18 ○差行成. 172-20 ○差
對曰. 172-23 ○國家之事. 174-4 ○聖人隨時以行. 174-7 ○勇者.
174-12 乃令大○種行成於吳. 174-20 大○女女於大○. 174-21 大○
種來而復往. 174-21 令大○種守於國. 175-3 令大○種爲之. 175-21
○吳. 176-4 ○人事. 176-19 肆與大○觴飲. 176-22 ○謀之廊廟. 177
-5 ○十年謀之. 178-6 浹日而令大○朝之. 179-4

【元】 25

衆非○后. 8-18 今○咺雖直. 14-7 ○閒大呂. 30-20 天子所以饗○侯
也. 43-10 ○侯作師. 43-21 帥教衛以贊○侯. 43-22 若爲○侯之所.
44-2 ○亨利貞. 94-8 故曰○. 94-9 ○年始受. 94-20 ○年春. 96-11
文公問○帥於趙衰. 99-9 抑人之有○君. 113-6 故求○君而訪焉. 113
-10 孤之不○. 113-10 ○而以虐奉之. 113-10 若欲奉○. 113-11 使
爲○司空. 114-12 使爲○尉. 114-22 使爲○司馬. 114-23 使爲○候.
114-24 皆有○德也. 140-8 昔令尹子○之難. 142-10 則華○驅駙.
144-3 伯父多歷年以没○身. 165-13

【云】 15

吾是以○. 21-21 詩○. 25-25 其誰○待之. 44-20 臣故○. 62-13 且
其兆○. 63-11 誰○不從. 63-14 其誰○救之. 74-18 是故○. 84-22
詩○. 88-1 鄭詩○. 88-8 臣故○. 89-5 詩○. 100-15 故詩○. 100-
20 荆之逆諸侯也亦○. 122-23 吾是以○. 125-20

【木】 31

本見而草○節解. 16-3 草○節解而備藏. 16-5 革○一聲. 29-14 革○
以節之. 29-17 繫之絲○. 29-19 日在析○之津. 31-6 及析○者. 31-
7 ○石之怪. 47-9 伐○不自其本. 64-22 如草○之産也. 107-16 楚令
尹子○欲襲晉軍. 122-18 拱○不生危. 125-11 韋藩○楗. 126-3 猶○
之有枝葉也. 129-14 ○有枝葉. 129-14 不生草○. 133-16 今土○勝.
133-17 故先王以土與金○水火雜. 137-10 子○曰. 141-19 見令尹子
○. 142-6 子○與之語. 142-6 子○曰. 142-9 子○愀然曰. 143-15 子
○曰. 143-16 子○曰. 143-18 不聞其以土○之崇高彤鏤爲美. 143-
23 ○不妨守備. 144-2 城守之○. 144-24 子○有羊饋而無芰薦. 148-
3 夫子○. 148-8 金○竹箭之所生也. 154-23

【五】 116

先時○日. 4-10 司徒○之. 4-24 十○年. 7-6 昔堯臨民以○. 8-5 不
過○年. 8-6 ○味實氣. 15-14 ○色精心. 15-14 ○聲昭德. 15-14 ○
義紀宜. 15-14 楚有○敗. 19-2 ○也. 19-5 是有○勝也. 19-7 ○也.
19-9 有○勝以伐○敗. 19-9 三卿而○大夫. 21-22 天六地○. 22-24
十○王. 25-14 基德十○而始平. 25-15 基禍十○. 25-16 而蔑棄○則.
25-20 則此○者. 25-22 二十○年. 30-10 ○曰夷則. 30-18 ○閒南呂.
30-23 王欲合是○位三所而用之. 31-11 十有○世而興. 32-18 使○
年四王一相朝. 34-15 刑○而已. 37-1 ○刑三次. 37-4 此○者. 38-
18 及地之○行. 38-20 君議○者以建政. 39-8 ○日. 47-19 臣之所不
若夷吾者○. 52-7 其罪○. 54-18 士鄉十○. 54-22 公帥○鄉焉. 54-
22 國子帥○鄉焉. 54-22 高子帥○鄉焉. 54-22 ○家爲軌. 55-10 ○
家爲軌. 55-11 故○人爲伍. 55-11 故○十人爲小戎. 55-12 ○鄉一帥.
55-14 ○鄉之帥帥之. 55-14 其罪○. 55-25 其罪○. 56-3 其罪○.
56-5 ○屬. 57-3 故立○大夫. 57-3 立○正. 57-4 ○屬大夫復事. 57-
7 其罪○. 57-10 其罪○. 57-12 其罪○. 57-15 ○屬大夫於是退而修
屬. 57-15 築○鹿中牟蓋與牡丘. 60-17 隱○刃. 60-20 不過○矣. 63
-20 三○之門也. 63-20 不過三○. 63-21 ○立而後平. 64-11 驪姬賂
二○. 66-14 處○年. 71-4 且入河外列城○. 79-2 十○年. 86-3 過○
鹿. 87-12 愛糞土以毀○常. 90-3 秦伯歸女○人. 91-23 黃帝之子二
十○人. 92-3 二十○宗. 92-6 行年○十矣. 99-9 取○鹿. 99-14 作○
軍. 99-22 ○閒也. 108-18 是故使胥之昧與夷羊○刺郤至苦成叔及郤
錡. 111-10 ○年. 115-11 ○年. 116-5 公○命之. 116-20 輅車十○乘.
116-22 鮮不○稔. 124-24 誰能俟○. 124-25 其車○乘. 125-23 ○日.
126-17 ○大夫三卿. 127-4 魯孟獻子有鬬臣○人. 129-21 瑤之賢於
人者○. 133-7 以其○賢陵人. 133-10 自是○年. 134-4 商契能和合
○教. 136-10 是以和○味以調口. 137-11 啓有○觀. 140-7 是○王者.
140-8 昔衛武公年數九十有○矣. 146-7 是謂○官. 149-18 以一純二
精三牲四時○色六律七事八種九祭十日十二辰以致之. 150-19 ○物
之官. 152-3 今壹○六. 156-18 與王士○人. 163-25 越王句踐乃召○
大夫. 166-21 及○日. 167-7 過○日. 167-8 有兄弟四○人. 168-2 子
有昆弟四○人. 168-2 泝江○里以須. 168-13 踰江○里以須. 168-14
有帶甲○千人. 170-17 戰於○湖. 174-15 ○穀睦熟. 175-16 至於○
湖. 177-3 一日○反. 177-4 ○年復反. 178-1 與我爭三江○湖之利者.

178-5 反至○湖. 178-21 以浮於○湖. 179-3

【支】 12

天之所○. 32-8 亦不可○也. 32-9 名之曰○. 32-9 然則夫○之所道者. 32-11 今萇劉欲○天之所壞. 32-12 盡其四○之敏. 54-14 制令○. 59-1 以鼓子苑○來. 128-22 是非王之○子母弟甥舅也. 135-11 剛四○以衛體. 137-11 ○子死. 171-23 皆知其資財之不足以○長久也. 176-20

【不】 1892

○可. 1-4 先王耀德○觀兵. 1-4 棄稷○務. 1-11 我先王○窋. 1-11 ○敢怠業. 1-13 ○忝前人. 1-15 庶民○忍. 1-18 有○祭. 2-1 有○祀. 2-1 有○享. 2-1 有○貢. 2-2 有○王. 2-2 而有○至. 2-2 於是乎有刑○祭. 2-3 伐○祀. 2-3 征○享. 2-3 讓○貢. 2-4 告○王. 2-4 而又○至. 2-5 是以近無○聽. 2-7 遠無○服. 2-7 予必以○享征之. 2-9 王○聽. 2-12 自是荒服者○至. 2-12 王田○取羣. 2-14 王御○參一族. 2-15 王猶○堪. 2-16 康公○獻. 2-17 民○堪命矣. 2-18 乃○敢言. 2-20 是以事行而○悖. 3-1 王○聽. 3-6 而○知大難. 3-9 而○備大難. 3-11 無○得其極. 3-12 是○布利而懼難乎. 3-14 諸侯○享. 3-17 王○從. 3-19 險而○懟. 3-20 怨而○怒. 3-20 ○籍千畝. 3-22 ○可. 3-23 穀乃○殖. 4-6 監農○易. 4-7 土○備墾. 4-23 民用莫○震動. 5-1 ○解于時. 5-3 財用○乏. 5-3 王○聽. 5-10 ○可立也. 5-12 ○順必犯. 5-12 故出令○可○順也. 5-13 令之○行. 5-13 政之○立. 5-13 行而○順. 5-14 若○從而誅之. 5-16 ○誅亦失. 5-17 諸侯從是而○睦. 5-19 ○干所問. 5-23 ○犯所咨. 5-23 民○可料也. 6-1 夫古者○料民而知其少多. 6-1 ○謂其少而大料之. 6-7 ○失其序. 6-11 陽伏而○能出. 6-11 陰迫而○能烝. 6-12 ○亡何待. 6-15 ○過十年. 6-19 ○過其紀. 6-20 君爲之○舉. 6-25 今吾聞子頹歌舞○息. 7-1 馨香○登. 7-11 明神○蠲. 7-12 ○遠徙遷. 7-24 ○過其物. 8-6 ○過五年. 8-6 ○禋於神. 8-9 ○親於民. 8-10 ○亦難乎. 8-12 ○敬. 8-14 拜○稽首. 8-15 晉○亡. 8-16 且呂郤將○免. 8-16 國之○臧. 8-21 ○可○慎也. 8-22 非精○和. 9-2 非忠○立. 9-2 非禮○順. 9-2 非信○行. 9-2 ○敬王命. 9-3 則遠○至而近○和矣. 9-4 拜○稽首. 9-18 ○可○善也. 10-6 守固○偷. 10-10 節度○攜. 10-11 若民○怨而財○匱. 10-11 令○偷而動○攜. 10-11 其何事○濟. 10-12 守節○淫. 10-12 行禮○疚. 10-13 四者○失. 10-13 ○可. 11-5 而雖闕○敗親也. 11-7 無乃○可乎. 11-11 ○徵於他. 11-11 ○義. 11-13 ○祥. 11-13 ○仁. 11-13 ○義則利○阜. 11-14 ○祥則福○降. 11-14 ○仁則民○至. 11-15 ○失此三德者. 11-15 令聞○忘. 11-16 王其○可以棄之. 11-16 王○聽. 11-17 ○可. 11-19 然則民莫○審固其心力. 12-5 官○易方. 12-5 而財○匱竭. 12-6 求無○至. 12-6 動無○濟. 12-6 上求○暨. 12-8 是○尊貴也. 12-9 是○明賢也. 12-10 是○庸勳也. 12-11 是○長老也. 12-12 是○愛親也. 12-13 新○間舊. 12-13 王○忍小忿而棄鄭. 12-15 ○可猒也. 12-17 王○聽. 12-17 若我○出. 12-19 王○許. 12-24 以待○庭○虞之患. 12-25 內官○過九御. 13-3 外官○過九品. 13-3 又○佞. 13-7 若○然. 13-15 文公遂○敢請. 13-16 陽人○服. 13-17 宜吾○敢服也. 13-20 將蠻夷戎狄之驕逸○虔. 13-20 武○可覿. 13-23 文○可匿. 13-24 匿文○昭. 13-24 陽○承獲甸. 13-24 ○然. 13-25 ○可. 14-5 ○逆. 14-6 今叔父作政而○行. 14-6 無乃○可乎. 14-6 ○可聽也. 14-7 布刑而○庸. 14-8 ○然. 14-10 貪而○讓. 15-2 其血氣○治. 15-2 ○俟馨香嘉味. 15-3 故歲飫○倦. 15-11 時宴○淫. 15-12 日完○忘. 15-12 武子遂○敢對而退. 15-17 道茀○可行. 15-20 候○在疆. 15-20 司空○視塗. 15-21 澤○陂. 15-21 川○梁. 15-21 餼宰○致餼. 15-22 司里○授館. 15-23 留賓○見. 15-25 陳侯○有大咎. 16-2 此先王所以○用財賄. 16-8 澤○陂障. 16-10 ○奪民時. 16-14 ○蔑民功. 16-14 道路○可知. 16-15 功成而○收. 16-15 是故小大莫○懷愛. 16-22 今雖朝也○才. 16-25 今陳侯○念胤續之常. 17-4 ○亦嬻姓矣乎. 17-6 ○亦簡彝乎. 17-7 若家○亡. 17-17 身必○免. 17-17 其何事○徹. 17-21 則○違. 17-23 則○懈. 17-23 若承命○違. 17-24 守業○懈. 17-24 其何任○堪. 17-25 侈則○恤匱. 18-2 匱而○恤. 18-2 ○若叔孫. 18-4 ○可以事二君. 18-5 ○若季孟. 18-5 ○可以事三君. 18-6 故○歡焉. 18-14 是○賞善也. 18-15 且財○給. 18-16 是以○主寬惠. 18-17 亦○主猛毅. 18-17 王遂○賜. 18-18 晉○戰矣. 19-2 晉○知乘. 19-2 而○用其言. 19-4 三陳而○整. 19-5 罪○由晉. 19-5 ○可以○戰. 19-10 欒范○欲. 19-10 ○失其次. 19-15 無○及. 19-18 ○亦可乎. 19-18 君子○自稱也. 19-20 ○可蓋也. 19-22 而○可上. 19-23 求福○回. 19-24 是則聖人知民之○可加也. 19-24 猶○可堪. 20-2 ○亦難乎. 20-6 佻天○祥. 20-6 乘人○義. 20-6 ○祥則天棄之. 20-6 ○義則民叛之. 20-6○可久也. 20-13 寡人懼○免於晉. 21-10 目○在體. 21-14 而足○步目. 21-14 目體○相從. 21-14 故○可○慎也. 21-19 國德而鄰於○修. 22-5 利而○義. 22-7 未嘗○戚. 22-15 未嘗○怡. 22-16 經緯○爽. 22-24 ○背本也. 23-4 配而○終. 23-6 後之○知. 23-7 ○可. 23-17 ○墮山. 23-18 ○崇藪. 23-18 ○防川. 23-18 ○竇澤. 23-18 是故聚○阤崩. 23-21 氣○沈滯. 23-21 而亦○散越. 23-22 以待○虞. 23-24 守祀○替其典. 24-16 踣斃○振. 24-19 唯○帥天地之度. 24-21 ○順四時之序. 24-22 ○度民神之義. 24-22 ○儀生物之則. 24-22 至于今○祀. 24-23 無乃○可乎. 25-4 禍○好. 25-6 ○能爲禍. 25-7 亂生○夷. 25-7 靡國○泯. 25-7 夫見亂而○惕. 25-8 猶○可遏. 25-9 其○濟乎. 25-16 上○象天. 25-19 而下○儀地. 25-19 中○和民. 25-19 而方○順時. 25-19 ○共神祇. 25-20 ○夷於民. 25-21 令聞○忘. 25-23 殷鑒○遠. 25-25 大○從象. 26-5 小○從文. 26-5 必○節矣. 26-6 作又○節. 26-7 送○過郊. 26-12 一姓○再興. 26-13 夫宮室○崇. 26-15 ○踰其上. 26-17 重之以○殺. 26-18 其有○興乎. 26-19 成王○敢康. 26-21 成王○敢康. 26-23 單若○興. 27-4 後世○忘. 27-4 ○忝前哲之謂也. 27-6 令聞○忘之謂也. 27-6 單子朝夕○忘成王之德. 27-7 可謂○忝前哲矣. 27-8 ○出於他矣. 27-10 ○可. 27-11 若○堪重. 27-14 亦○廢重. 27-14 民○給. 27-17 是○相入也. 27-18 可先而○備. 27-18 無乃○可乎. 27-20 令之○從. 27-21 君子將險哀之○暇. 28-2 ○可. 28-10 且夫鍾○過以動聲. 28-12 耳所○及. 28-13 猶目所○見. 28-14 ○可以爲目也. 28-14 ○過步武尺寸之閒. 28-14 ○過墨丈尋常之閒. 28-15 ○過一人之所勝. 28-16 大○出鈞. 28-17 重○過石. 28-17 比之○度. 28-19 鍾聲○可以知和. 28-19 制度○可以出節. 28-20 夫樂○過以聽耳. 28-21 而美○過以觀目. 28-21 是以作無○濟. 28-25 求無○獲. 28-25 從之○倦. 29-2 成事○貳. 29-2 若視聽○和. 29-4 則味入○精. 29-5 ○精則氣佚. 29-5 氣佚則○和. 29-5 出令○信. 29-7 動○順時. 29-7 ○知所力. 29-7 作則○濟. 29-8 求則○獲. 29-8 大○踰宮. 29-11 細○過羽. 29-12 細大○踰曰平. 29-18 上下○罷. 29-21 ○容於耳. 29-23 聲○和平. 29-24 德音○愆. 30-1 聽之○和. 30-2 比之○度. 30-3 王○聽. 30-4 莫○怨恨. 30-7 臣○知其和也. 30-7 鮮其○濟也. 30-8 鮮其○廢也. 30-8 鍾○和. 30-11 俾莫○任肅純恪也. 30-23 律呂○易. 31-1 萇弘其○歿乎. 32-7 ○可壞也. 32-8 亦○可支也. 32-9 ○然. 32-12 ○足以遺後之人. 32-12 ○亦難乎. 32-13 殆○可矣. 32-15 猶○可救. 32-15 余○愛衣食於民. 34-4 ○愛牲玉於神. 34-5 動○違時. 34-7 財○過用. 34-8 財用○匱. 34-8 莫○能使共祀. 34-8 是以用民無○聽. 34-9 求福無○豐. 34-9 小賜○咸. 34-9 獨恭○優. 34-10 ○咸. 34-10 民○歸也. 34-10 ○優. 34-10 夫民求○匱於財. 34-11 故○可以○本. 34-11 雖○能察. 34-12 ○可. 34-14 臣○聞諸侯相會祀也. 34-22 祀又○法. 34-23 書而○法. 34-23 公○聽. 35-1 ○解以久. 35-4 故○敢○告. 35-10 夫婦贄○過棗栗. 35-10 ○可無也. 35-12 君○命吾子. 35-19 居官者當事○避難. 35-20 今我○如齊. 35-21 在上○卹下. 35-21 職貢業事之○共而獲戾. 35-25 ○腆先君之幣器. 36-1 ○聞以辭. 36-8 將無○趨也. 36-10 寡君○佞. 36-12 ○能事疆場之司. 36-12 何恃而○恐. 36-16 必○泯其社稷. 36-21 恃此以○恐. 36-22 ○死. 36-25 豎亦○誅. 36-25 今晉人鴆衛侯○死. 37-4 亦○討其使者. 37-5 魯○棄其親. 37-10 其亦○可以惡. 37-10 外臣之言○越境. 37-14 ○敢及君. 37-15 諸侯莫○望分. 37-18 晉○以固班. 37-19 吾子○可以○速行. 37-20 ○在祀典. 38-5 ○在祀典. 38-22 已○知而祀之. 38-23 ○知而○能問. 38-25 ○可○法也. 39-4 爲○易之故也. 39-8 ○敢聞命. 39-11 公亦○取. 39-19 爲○踰也. 40-1 無乃○可乎. 40-2 犯順○祥. 40-4 以逆訓民亦○祥. 40-4 易神之班亦○祥. 40-4 ○明而躋之亦○祥. 40-4 ○爲無殃. 40-7 ○憚以吾故. 40-11 ○識窮固. 40-13 ○可○去也. 40-18 亦○可○殺也. 40-19 且夫山○槎蘖. 41-3 澤○伐夭. 41-3 ○教魚長. 41-5 ○亦善乎. 41-7 ○如寘里革於側之○忘也. 41-8 抑知其○可乎. 41-12 ○厚其棟. 41-12 ○能任重. 41-12 其○存也. 41-14 ○因民. 41-16 ○能去舊. 41-16 其身之○能定. 41-17 我信○若子. 41-18 吾○圖矣. 41-19 陷而○振. 41-24 用善○肯專. 41-24 則○能使. 41-24 妾○衣帛. 42-4 馬○食粟. 42-4 且○華國乎. 42-4 吾是以○敢. 42-6 ○聞以妾與馬. 42-7 衣○過七升之布. 42-8 馬餼○過稂莠. 42-9 ○腆先君之禮. 43-6 ○腆之樂以節之. 43-6 故○敢拜. 43-12 臣敢○拜貺. 43-14 敢○拜嘉. 43-15 敢○拜章. 43-15 敢○拜教. 43-17 敢○重拜. 43-19 ○可. 43-20 以征○德. 43-20 無乃○可乎. 44-2 諸侯謂秦○恭而討之. 44-5 ○知其他. 44-6 夫苦匏○材於人. 44-7 ○共有法. 44-9 ○知所爲. 44-12 故○憚勤遠. 44-13 其誰曰○如先君. 44-17 其饑○滋大乎. 44-18 説侮○懦. 44-19 執政○貳. 44-19 則○如違君以避難. 44-21 ○如往也. 44-23 ○可. 44-25 ○能令於國. 44-25 魯既○違夙之取卞也. 45-1 諸姬○獲闚焉. 45-2 若○克魯. 45-4 必○獲矣. 45-4 ○如予之. 45-4 ○敢○悛. 45-5 致禄而○出. 45-10 ○大夫矣. 45-14 ○亦可乎. 45-16 ○然. 45-16 將○入矣. 45-20 若楚公子○爲君. 45-21○合諸侯矣. 45-21 穆子○予. 45-25 作而○衷. 46-6 是昭其○衷也. 46-7 惡○衷也. 46-7 日中○出. 46-9 吾○難爲戮. 46-9 而○忍小忿. 46-11 ○可以○恭. 46-16 ○敢寧處. 46-21 ○敢憚其患. 47-1 ○及舅姑. 47-14 謂之○幸. 47-14 肥也○得聞命. 47-22 其以歠爲○能事主乎. 48-4 沃土之民○材. 48-8 莫○嚮義. 48-8 胡○自安. 48-

24 季氏之婦○淫矣. 48-25 皆○踰閾. 49-2 胙○受. 49-2 徹俎○宴.
49-2 宗○具○繹. 49-3 繹○盡飫則退. 49-3 ○及宗臣. 49-6 ○過宗
人. 49-7 謀而○犯. 49-7 長者○過十. 50-5 猶○敢專. 50-22 仲尼○
對. 51-2 女○聞乎. 51-3 ○是過也. 51-7 使○凍餒. 52-5 臣之所○
若夷吾者五. 52-7 治國家○失其柄. 52-7 必○予我矣. 52-13 寡君有
○令之臣. 52-14 若○生得. 52-21 ○聽國政. 53-3 是以國家○日引.
53-7 ○月長. 53-7 恐宗廟之○掃除. 53-8 社稷之○血食. 53-8 ○見
異物而遷焉. 53-20 ○肅而成. 53-21 ○勞而能. 53-21 ○見異物而遷
焉. 53-25 ○肅而成. 54-1 ○勞而能. 54-1 ○見異物而遷焉. 54-6 ○
肅而成. 54-7 ○勞而能. 54-7 ○見異物而遷焉. 54-15 ○肅而成. 54
-15 ○勞而能. 54-16 野處而○暱. 54-17 有司見而○以告. 54-17 足
以○乖. 55-19 有而○以告. 55-25 有而○以告. 56-2 有○慈孝於父
母. 56-4 ○長悌於鄉里. 56-4 ○用上令者. 56-5 有而○以告. 56-5
足以補官之○善政. 56-10 設之以國家之患而○疚. 56-11 匹夫有○
善. 56-16 鄉○越長. 56-16 朝○越爵. 56-17 ○如爲善於里. 56-18
○如爲善於家. 56-18 則民○移. 56-21 政○旅舊. 56-21 則民○偷.
56-22 則民○苟. 56-22 則民○憾. 56-24 犧牲○略. 56-25 無或淫怠
而○聽治者. 57-5 教○善則政○治. 57-8 三則○赦. 57-8 有而○以
告. 57-10 有而○以告. 57-12 有○慈孝於父母. 57-13 ○長悌於鄉里.
57-13 ○用上令者. 57-14 有而○以告. 57-14 匹夫有○善. 57-18 三
禁而○可上下. 58-7 荆州諸侯莫敢○來服. 58-25 海濱諸侯莫敢○來
服. 59-1 莫敢○來服. 59-10 諸侯甲○解纍. 59-11 兵○解翳. 59-11
爲君○君. 59-17 爲臣○臣. 59-17 天威○違顏咫尺. 59-18 男女○淫.
59-24 而○有也. 60-12 使關市幾而○征. 60-14 非父○生. 62-6 非
食○長. 62-6 非教○知. 62-7 勝而○吉. 62-11 遈而○知. 62-15 女
曰勝而○吉. 62-18 臣○敢蔽. 62-19 ○唯無肴. 62-21 臣之○信. 62
-22 亦○可乎. 63-11 ○跨其國. 63-12 ○得其君. 63-13 誰云○從.
63-14 從政者○可以○戒. 63-15 縱惑○疚. 63-17 肆侈○違. 63-17
無所○疚. 63-17 而○獲追鑒. 63-17 ○其集亡. 63-20 ○過五矣. 63
-20 ○過三五. 63-21 而○能喪國. 63-21 ○足就也. 63-23 ○可以矜.
63-24 ○足狃也. 63-25 ○能爲膏. 63-25 非謀○卒時. 64-1 非人○
免難. 64-2 非禮○終年. 64-2 非義○盡齒. 64-2 非德○及世. 64-2
非天○離數. 64-3 今○據其安. 64-3 ○可謂能謀. 64-3 ○可謂得人.
64-3 ○可謂禮. 64-4 ○度而迂求. 64-4 ○可謂義. 64-4 ○可謂德.
64-5 ○可謂天. 64-5 德義○行. 64-5 禮義○則. 64-5 天亦○贊. 64
-6 將○克饗. 64-7 驪姬○克. 64-11 故莫○盡忠極勞以致死也. 64-
18 民外○得其利. 64-20 伐木○自其本. 64-22 塞水○自其源. 64-
22 滅禍○自其基. 64-23 ○可謂好. 64-25 ○聞違命. 65-5 ○阿其惑.
65-6 我○佞. 65-9 雖○識義. 65-9 亦○阿惑. 65-9 ○與. 65-10 伯
氏○出. 65-11 受命○遷爲敬. 65-13 棄命○敬. 65-14 作令○孝. 65
-14 有○忠焉. 65-15 有○貞焉. 65-15 歸寢○寐. 65-17 牀笫之○安
邪. 65-18 抑驪姬之○存側邪. 65-19 今夕君寢○寐. 65-20 好專利而
○忌. 65-21 ○亦難乎. 65-25 吾○言. 65-25 又○忍人. 66-8 ○忍人.
66-8 若○知辱. 66-10 亦必○知. 66-10 且善否莫○信. 66-10 無○
遷矣. 66-11 愚○知避難. 66-12 ○可以無主. 66-15 則民○威. 66-
15○亦宜乎. 66-18 無乃○可乎. 67-1 ○亦可乎. 67-2 下○可以貳上.
67-2 用而○倦. 67-3 周旋○動. 67-5 成而○知. 67-6 救敗○暇. 67
-8 ○亦危乎. 67-11 太子○得立矣. 67-13 改其制而○患其難. 67-
13 輕其任而○憂其危. 67-14 若其○克. 67-15 與其勤而○入. 67-16
○如逃之. 67-16 ○亦可乎. 67-17 患○從. 67-19 ○患無名. 67-19
患○勤. 67-19 ○患無祿. 67-19 今我○才. 67-19 君未終命而○歿.
67-24 而○惠於其父乎. 67-25 爲仁與爲國○同. 68-2 ○敢愛親. 68
-4 孰○惑焉. 68-7 惑○釋也. 68-7 而其世○廢. 68-9 ○可與政. 68
-14 ○可謂武. 68-15 ○可謂威. 68-15 ○可忍也. 68-16 君之倉廩固
○實. 68-20 若○勝狄. 68-22 吾邊鄙○儆. 68-24 無常生○立. 69-3
公○說. 69-16 令○偷矣. 69-18 懼○孝. 69-18 ○懼○得. 69-19 ○
可. 70-3 ○可. 70-6 ○若戰也. 70-9 ○戰而反. 70-9 狐突杜門○出.
70-11 衆○利. 71-5 孤突○順. 71-7 故○出. 71-7 言○可食. 71-8
衆○可弭. 71-8 君若○圖. 71-9 吾○忘也. 71-9 ○如烏烏. 71-14 可
○謂苑乎. 71-17 可○謂枯乎. 71-17 ○餐而寢. 71-18 吾○忍. 71-
21 吾○敢. 71-22 ○如曰○信以疏之. 72-2 往言○可及也. 72-6 制○
在我. 72-8 吾○敢. 72-9 吾○能. 72-10 稱疾○朝. 72-11 款也○才.
72-19 寡智○敏. 72-19 ○能教導. 72-19 ○能深知君之心度. 72-20
○敢行也. 72-20 然款也○敢愛死. 72-22 吾聞君子○去情. 72-23 ○
反讒. 72-23 死○遷情. 72-24 死○忘君. 72-25 ○亦可乎. 73-1 何○
去乎. 73-2 ○可. 73-2 仁○怨君. 73-5 智○重困. 73-5 勇○逃死.
73-6 若罪○釋. 73-6 ○智. 73-6 ○仁. 73-7 有罪○死. 73-7 惡○可
重. 73-8 死○可避. 73-8 ○聽伯氏. 73-12 申生○敢愛其死. 73-13
伯氏○出. 73-14 ○可以困往. 73-21 ○可以走望. 73-22 夫狄近晉而
○通. 73-23 ○通可以竄惡. 73-24 其無○成. 74-1 ○可. 74-3 ○免
於罪. 74-4 ○若走梁. 74-4 衆謂虢○久. 74-12 君○度. 74-13 吾○
忍俟也. 74-19 宮之奇諫而○聽. 74-20 能留外寇而○害. 74-21 闇○
除矣. 74-23 身○定矣. 74-24 夫國非忠○立. 74-24 非信○固. 74-
24 既○忠信. 74-24 吾○去. 75-1 而○務德. 75-7 ○偏○報. 75-12
是之○果奉. 75-13 今晉侯○量齊德之豐否. 75-17 ○度諸侯之勢.
75-18 鮮○夭昏. 75-19 ○亦可乎. 75-23 無○爲. 75-25 死人復生○
悔. 76-1 生人○媿. 76-1 無○遂也. 76-6 ○可. 76-9 廢義則利○立.
76-9 使百姓莫○有藏惡於其心中. 76-12 潰而○可救禦也. 76-13 反
義則富○爲賴. 76-16 ○可常也. 76-17 ○如立其弟而輔之. 76-19 ○
食其言矣. 76-20 ○可. 76-24 始○固本. 76-24 ○哀喪而求國. 76-
25 民○我導. 77-2 ○可犯也. 77-4 重耳父生○得供備洒掃之臣. 77-
6 死又○敢涖喪. 77-6 重耳○敢違. 77-9 ○可失也. 77-12 君死自立
則○敢. 77-17 又重之以寡君之○祿. 77-21 ○忘先君之好. 77-24 其
誰○儆懼於君之威. 78-1 敬○墜命. 78-7 時○可失. 78-10 喪○可久.
78-11 ○可. 78-12 是故置之者○殆. 78-12 ○仁○信. 78-14 ○得與
於哭泣之位. 78-15 ○稽首. 78-16 退而○私. 78-17 狷潔○行. 78-
20○亦可乎. 78-21 起而○哭. 78-22 ○敢當公子. 79-5 再拜○稽首.
79-6 ○役爲後也. 79-7 退而○私. 79-8 ○役於利也. 79-8 ○亦可乎.
79-9 則○如置○仁. 79-10 ○好弄戲. 79-14 ○過所復. 79-14 怒○
及色. 79-15 ○然. 79-16 夷吾○佞. 79-16 喪田○懲. 80-6 故無○濟.
80-8 考省○倦. 80-9 貞爲○聽. 80-12 信爲○誠. 80-12 ○更厥貞.
80-12 故行○可○慎也. 80-17 ○至何待. 80-22 ○謀而諫者. 81-1
○圖而殺者. 81-1 ○謀而諫. 81-1 ○忠. 81-2 ○圖而殺. 81-2 ○祥.
81-2 ○忠. 81-2 ○祥. 81-2 ○亦難乎. 81-7 二三子皆在外而○及.
81-15 ○可. 81-18 ○信. 81-18 ○智. 81-19 困而○死. 81-19 衆固
○說. 81-22 足者○處. 81-24 處者○足. 81-25 衆莫○知. 82-1 ○可
以廢道於天下. 82-5 苟衆○說. 82-7 其君之○報也. 82-7 ○若予之.
82-7 其君○聽. 82-8 ○若勿予. 82-12 ○可. 82-13 遂○予. 82-14
鄭也○遜. 82-18 秦莫○愠. 82-22 晉莫○怠. 82-22 今我○擊. 82-
23 一夫○可狃. 82-23 君若○還. 83-1 昔君之○納公子重耳而納晉君.
83-5 是君之○置德而置服也. 83-5 置而○遂. 83-6 擊而○勝. 83-6
昔吾之○納公子重耳而納晉君. 83-7 是吾○置德而置服也. 83-8 然
公子重耳實○肯. 83-8 ○足以辱君避也. 83-12 亦○克救. 83-14 ○
若殺之. 83-18 ○可. 83-18 莫○聞. 83-21 莫○知. 83-22 無乃○可
乎. 83-24 若○可. 83-24 ○可謂武. 83-25 ○可謂仁. 84-1 是再施○
遂也. 84-2 ○可謂智. 84-2 ○若以歸. 84-3 寡人○足以辱社稷. 84-
7 其亡之○卹. 84-10 ○亦惠乎. 84-11 ○和. 84-15 其小人○念其君
之罪. 84-16 ○憚征繕. 84-17 故○和. 84-19 小人曰○免. 84-21 小
人忌而○思. 84-21 納而○遂. 84-24 廢而○起. 84-24 君其○然. 84
-24 二者○行. 85-3 君若○來. 85-4 ○得君. 85-4 ○降. 85-8 ○戰.
85-8 ○敗. 85-9 ○可以封國. 85-9 ○若赦之以報讎. 85-13 ○可.
85-14 秦豈○能. 85-14 且戰○勝. 85-14 ○武. 85-15 出戰○克. 85-
15 入處○安. 85-15 ○智. 85-15 ○信. 85-16 ○威. 85-16 出○能用.
85-16 入○能治. 85-16 ○若刑之. 85-17 有君○忌. 85-17 ○聞命而
擅進退. 85-18 ○可失也. 85-20 後○可用也. 85-21 將止○面夷. 85
-23 女○面夷. 85-25 而○能面夷. 86-1 吾○適齊楚. 87-7 ○爲郵矣.
87-11 子犯知齊之○可以動. 87-20 ○可以貳. 88-1 吾○動矣. 88-5
○然. 88-5 ○遑啓處. 88-6 人○求及. 88-7 日月○處. 88-7 ○亦難
乎. 88-13 敗○可處. 88-15 時○可失. 88-15 忠○可棄. 88-15 懷○
可從. 88-15 亂○長世. 88-18 ○能禮焉. 89-1 國無紀○可以終. 89-
2 民無結○可以固. 89-2 德無建○可以立. 89-3 無乃○可乎. 89-3
君○禮焉. 89-4 敢○盡心. 89-10 曹共公亦○禮焉. 89-11 ○亦禮焉.
89-17 誰○過此. 89-19 失常○立. 89-21 世○廢親. 89-23 ○愛親也.
89-24 是○明賢也. 89-25 ○可○憐也. 90-1 ○可○禮也. 90-2 是○
禮賓. 90-2 ○憐窮也. 90-2 宜而○施. 90-3 是之○難. 90-4 無乃○
可乎. 90-4 而好善○厭. 90-7 成幼而○倦. 90-10 湯降○遲. 90-11
鄭文公亦○禮焉. 90-14 同姓○婚. 90-16 惡○殖也. 90-16 而晉國○
靖. 90-18 無乃○可乎. 91-2 若○禮焉. 91-3 ○能爲榮. 91-4 黍○爲
黍. 91-4 ○能蕃廡. 91-4 稷○爲稷. 91-4 ○能蕃殖. 91-4 所生○疑.
91-5 ○穀願聞之. 91-11 若○獲命. 91-12 ○可. 91-15 我○修也.
91-15 我之○德. 91-15 楚○可祚. 91-16 約而○諂. 91-17 ○可. 91-
19 ○遂其媾. 91-20 ○敢以禮致之. 92-1 男女○相及. 92-18 成而○
遷. 92-21 ○亦可乎. 92-23 吾○如衰之文也. 93-5 爲禮而○終. 93-
8 中○勝貌. 93-8 華而○實. 93-9 ○度而施. 93-9 施而○濟. 93-9
恥門○閉. 93-10 ○可以封. 93-10 敢○降拜. 93-14 其何實○從. 93
-19 其誰○惕惕以從命. 93-20 敢○從德. 93-23 ○吉. 94-1 閉而○
通. 94-1 ○有晉國. 94-2 ○有晉國. 94-5 小事○濟. 94-10 ○忍其死.
94-17 所○與舅氏同心者. 94-18 無○濟矣. 94-21 何○濟之有. 94-
25 事君○貳. 95-16 好惡○易. 95-16 何○寬裕也. 95-23 君實○能
明訓. 95-24 且○見我. 95-25 豈○如女言. 96-3 二子求公○獲. 96-
6 ○從. 96-7 宜吾○得見也. 96-8 財用○匱. 96-21 若○納. 96-24
○能修身. 96-25 而又○能宗人. 96-25 ○可以二王. 97-7 陽人○服.
97-11 而原○降. 97-17 原○過一二日矣. 97-18 ○可失. 97-19 則○
許我. 97-23 齊秦○欲. 97-23 ○若使齊秦主楚怨. 97-24 必○許齊秦.

98-1 齊秦○得其請. 98-1 蔑○欲矣. 98-2 我○許曹衛之請. 98-7 是○許釋宋也. 98-7 ○若私許復曹衛. 98-8 其衆莫○生氣. 98-14 ○可謂老. 98-14 而○去. 98-15 子玉○肯. 98-15 ○可. 98-23 則美惡○踰. 99-5 則上下○干. 99-5 貧而○懼. 99-7 ○忘百姓也. 99-11 ○可廢也. 99-16 毛也○在位. 99-17 ○敢聞命. 99-17 ○可廢也. 99-19 夫趙衰三讓○失義. 99-23 吾○能行也. 100-1 ○猶愈也. 100-2 蘧蒢○可使俯. 100-7 戚施○可使仰. 100-8 僬僥○可使舉. 100-8 侏儒○可使援. 100-8 矇瞍○可使視. 100-9 嚚瘖○可使言. 100-9 聾聵○可使聽. 100-9 童昏○可使謀. 100-10 教將○入. 100-11 大任娠文王○變. 100-12 ○加疾焉. 100-13 文王在母○憂. 100-13 事王○怒. 100-14 非學○入. 100-23 官師之所○材也. 101-1 臣見其○忘敬也. 102-10 其何○濟. 102-11 而○從之. 102-14 若中○濟. 102-18 ○本而犯. 102-22 韓厥必○没矣. 103-2 比而○黨. 103-4 犯而○隱. 103-5 懼女○能也. 103-5 舉而○能. 103-6 而○修天罰. 103-13 ○鎮撫民. 103-15 猶恐其○聞也. 103-19 夫○忘恭敬. 103-24 ○忠. 103-25 ○信. 103-25 ○如死. 103-25 ○克. 104-1 ○逞於齊. 104-5 ○得政. 104-6 大夫非○能也. 104-10 吾○在晉國. 104-11 子○將救之乎. 104-14 敢○分謗乎. 104-14 ○可以言病. 104-19 馬逸○能止. 104-22 三周華○注之山. 104-22 故○敢. 104-25 ○腆弊邑之禮. 105-9 郤子勇而○知禮. 105-11 ○如捷而行. 105-15 乘縵○舉. 105-18 ○告. 105-20○許. 105-20 陽子華而○實. 105-22 然而民○能戴其上. 105-25 實之○知. 107-5 ○足者. 107-7 然而壯○若老者多矣. 107-13 ○善蔑由至矣. 107-15 始與○善. 107-15 ○善進○善. 107-16 可○謂文乎. 107-20 ○憚死進. 107-21 可○謂忠乎. 107-22 誰之○如. 108-1 范文子○欲. 108-6 ○可. 108-14 夫陣○諱忌. 108-15 而○與陣. 108-16 而○與整. 108-17 ○可失也. 108-19 屬見○穀而下. 108-24 ○敢當. 108-25 范文子○欲. 109-3 ○睦而圖外. 109-4 范文子○欲. 109-6 而斧鉞○行. 109-9 内猶有○刑. 109-9 細無怨而大○過. 109-11 刑外之○服者. 109-11 武○行而勝. 109-12 范文子○欲. 109-17 ○有外患. 109-21 ○奪諸大夫田. 109-24 戰若○勝. 109-25 惠公○復舍. 110-2 三軍○振旅. 110-2 先軫○復命. 110-3 ○毁晉恥. 110-4 與其君臣○相聽. 110-7 欒武子○聽. 110-10 於是乎國人○蠲. 110-12 且○及而言. 110-18 諸臣○佞. 110-20 吾庸知天之○授晉. 110-21 王必○免. 111-4 事○成. 111-7 ○亦大罪乎. 111-8 君○道於我. 111-12 ○可. 111-14 武人○亂. 111-14 智人○詐. 111-14 仁人○黨. 111-14 ○若聽君之命. 111-16 ○殺此二子者. 111-20 ○可益也. 111-20 ○可謂德. 111-22 ○可謂刑. 111-23 德刑○立. 111-23○能忍俟也. 111-24 威行爲○仁. 112-2 事廢爲○智. 112-2 二三子○能事君. 112-5 ○可. 112-6 順無○行. 112-6 果無○徹. 112-6 犯順○祥. 112-6 伐果○克. 112-7 民○犯也. 112-7 孤始願○及此. 113-6 其稟而○材. 113-7 是穀○成也. 113-8 穀之○成. 113-8 出令將○敢○成. 113-9 二三子爲令之○從. 113-10 孤之○元. 113-10 無乃○堪君訓. 113-13 敢○承業. 113-14 敢○承. 113-19 其子孫○可○崇也. 114-1 至于今○育. 114-9 其子○可○興也. 114-10 知荀賓之有力而○暴也. 114-13 則偏而○倦. 114-19 則過○隱. 114-20 公知祁奚之果而○淫也. 114-22 知魏絳之勇而○亂也. 114-23 知張老之智而○詐也. 114-24 知程鄭端而○淫. 115-2 且好諫而○隱也. 115-2 公以魏絳爲○犯. 115-9 有事○避難. 115-16 有罪○避刑. 115-16 ○忘其死. 115-18 臣敢○敬. 115-20 君○説. 115-20 好學而○戲. 115-25 守業而○淫. 115-25 非義○變. 116-2 非上○舉. 116-2 ○若伐之. 116-6 邊鄙耕農○儆. 116-9 四鄰莫○震動. 116-10 ○能死. 116-13 ○敢居高位. 116-13 智○能匡君. 116-13 仁○能救. 116-14 勇○能死. 116-14 固辭○立. 116-15 難雖○能死君. 116-15 ○可○賞也. 116-16 臣○如魏絳. 116-17 可以利公室○忘. 116-18 ○疚於刑. 116-18 ○廢其先人之職. 116-18 其官○犯. 116-19 ○可○賞也. 116-20 寡人無○得志. 117-1 ○克而死. 118-4 亂兵○輟. 118-5 民志○厭. 118-5 若○偷生. 118-14 欒盈○獲罪. 118-19 ○可以暱於權. 118-20 ○可以隱於私. 118-20 則民○導. 118-21 則政○行. 118-21 政○行. 118-21 民之○導. 118-22 彼若○敢而遠逃. 119-3 ○亦可乎. 119-3 而子孫○立者. 119-5 欒盈○克. 119-7 臣故○敢○君. 119-15 ○從君者爲大戮. 119-16 ○可. 119-17 君知其○可得也. 119-20 是○可饜也. 119-22 遂○視. 119-22 死而○朽. 119-25 非○朽也. 120-4 此之謂死而○朽. 120-5 ○敢侵官. 120-9 公族之○恭. 120-13 吾以爲○信. 120-24 是之○憂. 120-24 晉國其誰○爲子從. 121-1 專則○能. 121-14 ○敢安易. 121-15 謀於衆○以賈好. 121-16 ○敢謂是也. 121-17 是以遠服而邇○遷. 121-22 ○死. 121-23 射鴆○死. 121-25 搏之○得. 122-1 無○可. 122-5 君子比而○別. 122-6 秦晉○和久矣. 122-13 ○集. 122-13 其臣○心競而力爭. 122-17 忠○可暴. 122-20 信○可犯. 122-21 故○可損也. 122-22 且夫合諸侯以爲○信. 122-25 候遮扞衛○行. 123-3 楚人○敢謀. 123-4 在德○在先歃. 123-7 故○與盟. 123-13 ○予. 123-17 ○求致也. 123-18 必○避也. 123-19 ○幸. 123-19 必○免. 123-21 必○加師. 123-22 縱○能討.

124-1 有人○難以死. 124-2 則大○喪威. 124-3 而小○見陵矣. 124-3 弗救○祥. 124-4 ○去亦○祥. 124-5 ○謁而歸. 124-7 吾○善. 124-8 吾懼○免. 124-10 ○仁者之爲也. 124-13 ○免其身. 124-17 其知○足稱也. 124-17 見利而○顧其君. 124-18 其仁○足稱也. 124-18 納諫○忘其師. 124-19 言身○失其友. 124-19 事君○援而進. 124-19 ○阿而退. 124-19 ○識. 124-21 必避○道也. 124-22 鮮○五稔. 124-24 朝夕○相及. 124-24 猶恐○濟. 125-1 猶懼○終其身. 125-3 ○可爲也. 125-6 良臣○生. 125-7 天命○祐. 125-7 若君○死. 125-8 諸侯○二. 125-9 良臣○生. 125-10 天命○祐. 125-10 直○輔曲. 125-11 明○規闇. 125-11 拱木○生危. 125-11 松柏○生埤. 125-12 吾子○能諫惑. 125-12 又○自退. 125-13 是○饗穀而食蠱也. 125-18 是○昭穀明而皿蠱也. 125-19 ○過三年. 125-21 ○服. 125-21○過十年. 125-21 無○徧諭. 126-9 ○知人殺乎. 126-10 ○過其族. 126-16 其宮○備其宗器. 126-21 行刑○疚. 126-23 ○然. 127-3 若○憂德之○建. 127-5 而患貨之○足. 127-6 將弔○暇. 127-6 穆子○受. 128-15 子何○爲. 128-15 .○能則退. 128-21 ○以安賈貳. 128-21 其若○虞何. 129-7 ○爲具敖乎. 129-11 人○可以○學. 129-12 唯○學也. 129-13 ○吾敬也. 129-18 子○欲也. 129-22 將○勝. 129-23 吾主以○賄聞於諸侯. 129-24 ○可. 129-25 而○退. 129-25 懼其○足. 130-4 豈主之食而有○足. 130-4 苛慝○産. 130-10 ○如亡. 130-12 ○可. 130-20 吾何爲○增. 131-3 吾幾○爲人矣. 131-5 敢○歸祿. 131-6 鼓音○衰. 131-9 死○敢請. 131-16 何爲○告. 131-20 君行臣○從. 131-21 ○順. 131-21 而麓○聞. 131-21 臣以爲○良故也. 132-3 ○能匡相其君. 132-7 又○能定. 132-7 君子自以爲○足. 132-13 莫○能化. 132-17 唯人○能. 132-17 ○哀無賄. 132-18 ○哀無寵. 132-19 哀名之○令. 132-19 ○哀年之○登. 132-19 夫范中行氏○恤庶難. 132-19 而主之色○怡. 132-25 德○純. 133-1 非德○當雍. 133-2 雍○爲幸. 133-2 ○如宵也. 133-4 面俍○害. 133-7 其○逮者一也. 133-8 如是而甚○仁. 133-10 而以○仁行之. 133-10 ○生草木. 133-16 其土○肥. 133-17 臣懼其○安人也. 133-17 主○備. 133-20 我○爲難. 133-21 ○見是圖. 133-24 怨○在大. 133-24 亦○在小. 133-25 曰○敢興難. 134-1 無乃○可乎. 134-1 夫誰○可喜. 134-2 而誰○可懼. 134-2 吾○幸有疾. 134-8 ○夷於先子. 134-8 ○德而賄. 134-9 吾○與皆斃. 134-9 ○可偪也. 135-5 ○可入也. 135-13 ○敢○許. 135-16 無○克矣. 135-17 南方○可乎. 135-23 禍又○克. 136-3 十世○替. 136-4 ○可偪也. 136-5 其子孫未嘗○章. 136-8 必○興矣. 136-20 ○足命也. 136-22 其後皆○失祀. 136-25 ○可因也. 137-1 同則○繼. 137-8 物一○講. 137-17 周法○昭. 137-22 ○建立卿士. 137-22 ○可以久. 137-23 ○可除也. 138-8 王使婦人○幃而譟之. 138-8 ○夫而育. 138-11 ○亦難乎. 138-16 周○守矣. 138-18 ○三稔矣. 138-21 應韓○在. 138-24 臣○才. 140-5 若○欲善. 140-7 善則○用. 140-7 夫豈○欲其善. 140-9 ○能故也. 140-9 其○實也久矣. 140-10 中國所○能用也. 140-10 若是而○從. 140-19 動而○悛. 140-19 悛而○攝. 140-19 攝而○徹. 140-21 若是而○濟. 141-3 ○可爲也. 141-4 教備而○從者. 141-7 ○穀○德. 141-10 ○穀之罪也. 141-11 ○可. 141-14 ○從其過. 141-14 可○謂恭乎. 141-16 ○然. 141-20 諸侯莫○譽. 141-21 ○羞珍異. 141-23 ○陳庶侈. 141-24 夫子○以其私欲干國之典. 141-24 遂○用. 141-24 死且○朽. 142-4 晉卿○若楚. 142-7 ○能用也. 142-9 使○規東夏. 142-20 又○圖也. 143-13 又何○來爲. 143-16 ○來. 143-16 夫子○居矣. 143-17 ○然. 143-18 ○來矣. 143-18 ○可. 143-18 ○聞其以土木之崇高彤鏤爲美. 143-23 ○聞其以觀大視侈淫色以爲明. 143-24 高○過望國氛. 144-1 大○過容宴豆. 144-1 木○妨守備. 144-2 用○煩官府. 144-2 民○廢時務. 144-2 官○易朝常. 144-2 臣○知其美也. 144-11 德義○行. 144-16 榭○過講軍實. 144-21 臺○過望氛祥. 144-21 其所○奪穡地. 144-22 其爲○匱財用. 144-22 其事○煩官業. 144-23 其日○廢時務. 144-23 ○日成之. 145-1 ○知其以匱之也. 145-2 靈王城陳蔡○羹. 145-4 吾○服諸夏而獨事晉. 145-5 鄭幾○克. 145-10 櫟人寔使鄭子○得其位. 145-10 此其○利者也. 145-15 故變而○勤. 145-17 先王懼其○帥. 145-18 而○能掉其尾. 145-21 ○然. 145-22 豈○使諸侯之心惕惕焉. 145-22 陳蔡及○羹人納棄疾而弒靈王. 146-1 子亹○出. 146-2 於是○給. 146-6 史○失書. 146-13 矇○失誦. 146-14 子實○睿聖. 146-16 ○皇暇食. 146-17 文王猶○敢驕. 146-18 若○言. 147-3 余恐德之○類. 147-4 茲故○言. 147-4 若藥○瞑眩. 147-7 厥疾○瘳. 147-8 若跣○視地. 147-8 其智之○疾也. 147-9 猶○敢專制. 147-10 ○亦難乎. 147-13 ○敢淫逸. 147-14 四封○備一同. 147-16 君○度憂於二令君. 147-17 無乃○可乎. 147-18 臣懼民之○信君也. 147-19 故○敢○言. 147-19 ○然. 147-19 ○穀雖○能用. 147-21 ○然. 147-22 杜門○出. 147-24 周書所謂重黎寔使天地○通者. 149-4 古者民神○雜. 149-6 民之精爽○攜貳者. 149-6 ○相亂也. 149-18 敬而○瀆. 149-19 禍災○至. 149-20 求用○匱. 149-20 ○可方物. 149-22 而○知其福. 149-23 ○蠲其爲. 150-1 嘉生○降. 150-2○忘

舊者. 150-5 ○然. 150-10 夫天地成而○變. 150-10 民則○慢. 150-16 郊禘○過繭栗. 150-17 烝嘗○過把握. 150-18 ○求豐大. 150-19 則無○受休. 150-22 敬○可久. 150-23 民力○堪. 150-23 遠○過三月. 150-25 近○過浹日. 150-25 祀○可以已乎. 151-1 ○可以已. 151-2 滯久而○振. 151-3 生乃○殖. 151-3 其用○從. 151-4 其生○殖. 151-4 ○可以封. 151-4 士庶人○過其祖. 151-7 其誰敢○戰戰兢兢. 151-18 其誰敢○齊肅恭敬. 151-20 以其○違心. 151-23 ○然. 152-7 令尹其○免乎. 152-7 聚貨○妨民衣食之利. 152-9 聚馬○害民之財用. 152-9 ○是過也. 152-10 ○是過也. 152-11 ○及夕也. 152-14 是○先恤民而後己之富乎. 152-20 是之○恤. 152-23 而蓄聚○厭. 152-23○亡何待. 152-24 成○禮於穆. 153-1 ○獲而死. 153-1 靈○顧於民. 153-1 而無禮○顧. 153-3 而棄○穀. 153-9 無乃○可乎. 153-10 君若○鑒而長之. 153-12 君實有國而○愛. 153-12 ○爲外內行. 153-17 ○爲豐約舉. 153-18 非是○讎. 153-19 ○可. 153-22 ○能顧矣. 153-22 ○亦可乎. 154-1 子患政德之○修. 154-8 闔廬口○貪嘉味. 154-8 耳○樂逸聲. 154-9 目○淫於色. 154-9 身○懷於安. 154-10 有○善必懼. 154-11 以戒○虞者也. 154-25 有○虞之備. 155-1 ○能賓也. 155-10 夫盈而○偪. 155-13 憾而○貳者. 155-13 ○知其他. 155-14 ○忘子孫. 155-16 敢○從子. 155-16 ○可. 155-21 展而○信. 155-21 愛而○仁. 155-21 詐而○智. 155-21 毅而○勇. 155-22 直而○衷. 155-22 周而○淑. 155-22 復言而○謀身. 155-22 愛而○謀長. 155-22 ○仁也. 155-23 直而○顧. 155-24 ○衷也. 155-24 ○淑也. 155-24 皆有其華而○實者也. 155-24 其心又狷而○絜. 156-1 ○忘舊怨. 156-2 而○以絜悛德. 156-2 其○絜也. 156-4 而加之以○仁. 156-4 奉之以○義. 156-5 蔑○克矣. 156-5 皆○在矣. 156-6 ○仁以長之. 156-8 必○居矣. 156-9 故○敢○言. 156-10 ○然. 156-13 好之○偪. 156-14 惡之○怨. 156-14 高之○驕. 156-14 下之○懼. 156-14 ○仁者則○然. 156-15 有一○義. 156-17 ○亦難乎. 156-18 若子○我信. 156-23 ○從. 157-7 吾○義也. 157-11 ○可以授命. 158-9 王○如設戎. 158-9 而○吾足也. 158-11 ○敢顯然布幣行禮. 158-15 孤○敢忘天災. 158-17 今君王○察. 158-21 君王○以鞭箠使之. 158-21 ○解於王府. 159-2 若其○改. 159-9 ○可許也. 159-10 荒成○盟. 159-22 夫越王之○忘敗吴於其心也. 160-2 昔楚靈王○君. 160-7 其臣箴諫以○入. 160-7 ○修方城之內. 160-9 其民○忍饑勞之殃. 160-10 余○食三日矣. 160-12 棘闈○納. 160-14 寡人帥師○腆吴國之役. 160-23 ○敢左右. 160-24 天若○知有罪. 160-25 而又○自安恬逸. 161-4 以○陷於大難. 161-9 余令而○違. 161-10 夫○違. 161-10 夫○違. 161-10 王若○得志於齊. 161-11 員○忍稱疾辟易. 161-15 孤○使大夫得有見也. 161-19 ○稔於歲. 161-21 越爲○道. 162-5 夫危事○齒. 162-7 吾須之○能. 162-11 去之○忍. 162-11 危事○可以爲安. 162-15 死事○可以爲生. 162-16 以辱其○勵者. 162-20 彼將○戰而先我. 162-21 以歲之○穫也. 162-21 ○出. 163-13 上帝鬼神而○可以告. 163-16 今非王室○平安是憂. 163-18 ○式諸戎狄楚秦. 163-19 將○長弟. 163-20 進則○敢. 163-21 退則○可. 163-21 恐事之○集. 163-22 ○得事君亦在今日. 163-22 ○則國有大難. 164-3 ○可與戰. 164-3 然而○可徒許也. 164-4 昔吴伯父○失春秋. 164-8 禮世○續. 164-9 ○曰吴王. 164-12 以干其○祥. 164-14 孤敢○順從君命長弟. 164-14 昔者楚人爲○道. 164-21 ○共承王事. 164-22 ○貰○忍. 164-23 其父子昆弟○相能. 165-1 今齊侯壬○鑒於楚. 165-2 又○承共王命. 165-3 夫差○貰○忍. 165-4 歸○稔於歲. 165-7 遭民之○祥. 165-11 ○唯下土之○康靖. 165-12 息民○戒. 165-15 今罷師而○戒以忘我. 165-16 我○可以息. 165-16 吴王將恥○戰. 165-21 必○須至之會也. 165-21 其至者亦將○能之會也已. 165-22 若○戰而結成. 165-24 吴國爲○道. 166-1 ○知. 166-4 未嘗敢○分也. 166-6 飲食○致味. 166-7 聽樂○盡聲. 166-7 救其○足. 166-13 ○智. 166-18 則○知民之極. 166-18 ○仁. 166-19 則○能與三軍共饑勞之殃. 166-19 ○勇. 166-19 則○能斷疑. 166-19 吴爲○道. 166-21 ○使血食. 166-22 告孤○審. 167-7 將爲戮○利. 167-7 道將○行. 167-8 ○出屏. 167-11 ○掃. 167-12 食土○均. 167-13 土地之○修. 167-13 軍士○死. 167-14 大夫送王○出檐. 167-16 ○掃. 167-16 莫如此○從其伍之令. 167-19 莫如此○用王命. 167-21 莫如此淫逸○可禁也. 167-22 事若○捷. 168-3 筋力○足以勝甲兵. 168-6 志行○足以聽命者歸. 168-6 莫如此志行○果. 168-7 謂二三子歸而○歸. 168-8 處而○處. 168-9 進而○進. 168-9 退而○退. 168-9 左而○在左. 168-9 右而○在右. 168-10 乃○待旦. 168-16 ○鼓○譟. 168-17 昔○穀先委制於越君. 168-20 畏天之○祥. 168-21 ○敢絕祀. 168-21 今孤○道. 168-22 而吴○受. 168-24 孤敢○聽天之命. 168-24 乃○許成. 168-25 孤○敢○受. 169-1 以民生之○長. 169-1 ○在前後. 169-3 ○可○養而擇也. 170-8 ○敢徹聲聞於天王. 170-13 ○足以辱君矣. 170-14 爲○可赦也. 170-17 ○可. 170-21 將○可改於是矣. 170-23 吾○能居其地. 171-1 ○能乘其車. 171-1 ○可失也已. 171-2 寡人○知其力之○足也. 171-8 補民之○足. 171-11 今寡人○能. 171-18 女子十七○嫁. 171-19 丈夫二十○娶. 171-20 無○餔也. 172-3 無○歠也. 172-3 則○食. 172-4 則○衣. 172-4 十年○收於國. 172-4 其有敢○盡力者乎. 172-11 ○患其衆之○足也. 172-12 ○患其志行之少恥也. 172-13 而患其衆之○足也. 172-14 吾○欲匹夫之勇也. 172-15 進○用命. 172-17 ○足以辱君矣. 172-20 而吴○受命. 172-21 君若○忘周室. 172-24 王○問. 174-6 蠡○敢言. 174-7 天道盈而○溢. 174-7 盛而○驕. 174-7 勞而○矜其功. 174-7 天時○作. 174-8 人事○起. 174-8 ○勞而矜其功. 174-9 天時○作. 174-9 人事○起. 174-9 而○和於人. 174-10 ○利. 174-14 ○勝. 174-15 吾○用子之言. 174-16 如此○已. 174-19 吴人○許. 174-21 蠡○如種也. 175-2 種亦○如蠡也. 175-3 其事○失. 175-7 時○至. 175-8 ○可彊生. 175-8 事○究. 175-9 ○可彊成. 175-9 ○穀之國家. 175-14 ○亂民功. 175-15 ○逆天時. 175-15 蠡○如種也. 175-17 柔而○屈. 175-18 彊而○剛. 175-18 是故戰勝而○報. 175-20 取地而○反. 175-20 種亦○如蠡也. 175-21 ○穀卽位. 175-23 吾百姓之○圖. 175-25 吴人之那○穀. 175-25 上帝○考. 176-2 彊索者○祥. 176-2 得時○成. 176-3 有○予. 176-4 聖人○出. 176-8 其事是以○成. 176-13 今其稻蟹○遺種. 176-16 妄其欺○穀邪. 176-17 皆知其資財之○足以支長久也. 176-20 又使之望而○得食. 176-23 觥飲○及壺飧. 176-24 時○再來. 177-6 天予○取. 177-6 唯謀○遷. 177-7 陽節○盡. 177-15 ○死其野. 177-15 陽節○盡. 177-18 輕而○可取. 177-18 陰節○盡. 177-19 柔而○可迫. 177-19 今王君其圖○穀. 177-24 ○穀請復會稽之和. 177-24 得時○成. 178-1 天節○遠. 178-1 伐柯者其則○遠. 178-2 今君王○斷. 178-3 ○許. 178-3 而吴○受. 178-9 助天爲虐者○祥. 178-11 今吴稻蟹○遺種. 178-11 ○忌其○祥乎. 178-12 固周室之○成子也. 178-13 助天爲虐○祥. 178-16 范蠡○報於王. 178-19 ○傷越民. 178-20 臣○復入越國矣. 178-21 ○穀疑子之所謂者. 178-22 臣所以○死者. 178-24 所○掩子之惡. 178-25 ○聽吾言. 179-1

【犬】 9

穆王將征○戎. 1-4 ○戎氏以其職來王. 2-8 吾聞夫○戎樹惇. 2-10 驪姬與○肉. 72-15 ○斃. 72-16 以○待于門. 131-19 有所得○. 131-20 士有豚○之奠. 141-22 一○. 171-22

【太】 81

○史順時覛土. 4-1 ○史告稷曰. 4-4 ○史贊王. 4-13 ○史監之. 4-16 ○師監之. 4-17 ○保六之. 4-25 ○師七之. 4-25 ○史八之. 4-25 乃料民於○原. 5-25 使○宰以祝史帥狸姓. 8-3 王使○宰忌父. 8-6 襄王使○宰文公及內史興. 9-25 ○宰莅之. 10-2 ○宰以王命. 10-3 在○誓曰. 20-13 ○子晉諫曰. 23-17 二曰○蔟. 30-15 我○祖后稷之所經緯也. 31-10 以○蔟之下宮. 31-19 夫齊棄○公之法. 34-17 大懼乏周公○公之命祀. 35-24 其周公○公及百辟神祇. 36-3 成王命我先君周公及齊先君○公曰. 36-17 莒○子僕弒紀公. 40-9 夫莒○子. 40-10 夫莒○子殺其君. 40-12 王○子又長矣. 44-16 昔正考父校商之名頌十二篇於周○師. 50-19 踰○行. 59-7 逐○子宜臼. 63-8 ○子出奔申. 63-8 殺○子. 65-2 公將黜○子申生. 65-3 必立○子. 65-8 猛足乃言於○子曰. 65-11 ○子曰. 65-12 若使○子主曲沃. 66-16 ○子處焉. 66-19 驪姬旣遠○子. 66-20 ○子由是得罪. 66-21 ○子申生將下軍. 66-22 夫○子. 66-23 夫○子. 66-25 ○子. 67-11 ○子不得立矣. 67-13 ○子遠死. 67-16 爲吴○伯. 67-17 ○子聞之. 67-17 焉能及吴○伯乎. 67-20 ○子遂行. 67-21 ○子殆哉. 69-2 公使○子伐東山. 69-9 ○子居. 69-11 ○子從. 69-12 ○子行. 69-12 立○子之道三. 69-13 見○子. 69-16 ○子曰. 69-16 ○子遂行. 69-21 君旣許我殺○子而立奚齊矣. 71-10 君旣許驪姬殺○子而立奚齊. 71-20 吾秉君以殺○子. 71-21 亦固○子以攜之. 72-3 驪姬旣殺○子申生. 73-16 伊尹放○甲. 95-20 乃發令于○廟. 103-13 使爲○傅. 114-11 使傅○子彪. 117-10 居○傅. 121-7 叔向爲○傅. 125-23 智果別族于○史. 133-12 王欲殺○子以成伯服. 138-17 其隩愛○子. 138-19 莊王使士亹傅○子箴. 140-4 夫善在○子. 140-6 ○子欲善. 140-6 湯有○甲. 140-8 而後使○宰啓彊請於魯侯. 144-8 祀以○牢. 150-14 納之○宰嚭. 171-4 ○宰嚭諫曰. 171-5

【友】 9

先○爲右. 69-21 出而告先○曰. 69-22 先○曰. 69-22 先○曰. 70-1 ○故舊. 96-16 孝○二虢. 100-14 言身不失其○. 124-19 合其州鄉朋○婚姻. 151-13 敗王子○於姑熊夷. 162-1

【匹】 10

○夫專利. 3-15 是故○夫有善. 56-15 ○夫有不善. 56-16 是故○夫有善. 57-18 ○夫有不善. 57-18 君之○也. 89-17 秦晉○也. 91-24 國君而讎○夫. 96-9 且秦楚○也. 126-5 吾不欲○夫之勇也. 172-15

【戶】 1

尹鐸損其○數. 130-14

【牙】 7

唯能用管夷吾甯戚隰朋賓胥無鮑叔○之屬. 60-21 齒○爲猾. 62-12

142-12 謂欒書○. 142-24 謂椒舉○. 143-11 ○. 143-12 子木愀然○. 143-15 對○. 143-15 子木○. 143-16 對○. 143-16 子木○. 143-18 ○. 143-21 對○. 143-21 故○美. 144-13 故周詩○. 144-25 ○. 145-5 對○. 145-7 王○. 145-24 ○. 145-25 ○. 146-3 左史倚相○. 146-5 ○. 146-8 周書○. 146-16 子亹○. 146-20 謂史老○. 146-22 對○. 146-23 君則○. 146-23 對○. 147-1 ○. 147-3○. 147-4 ○. 147-6 ○. 147-12 周詩有之○. 147-18 ○. 147-21 對○. 147-22○. 148-2 對○. 148-2 君子○. 148-4 君子○. 148-6 ○. 149-4 對○. 149-6 在男○覡. 149-9 在女○巫. 149-10 ○. 150-9 ○. 150-12 對○. 150-13 王○. 150-17 對○. 150-17 王○. 150-18 對○. 150-18 王○. 150-25 對○. 150-25 王○. 151-1 對○. 151-1 王○. 151-22 對○. 151-22 王○. 151-24 對○. 151-25 王○. 151-25 對○. 152-1 ○. 152-7 人謂子文○. 152-16 對○. 152-17 王○. 153-5 對○. 153-6 子西○. 153-8 王使謂之○. 153-8 ○. 153-9 ○. 153-11 子西○. 153-14 懷○. 153-16 鄖公○. 153-17 ○. 153-22 子西諫○. 153-24 王○. 153-25 藍尹亹○. 154-2 子西○. 154-6 對○. 154-8 問於王孫圉○. 154-16 對○. 154-17 簡子○. 154-17 ○. 154-18 ○觀射父. 154-18 又有藪○雲連徒洲. 154-23 ○. 155-11 王○. 155-15 見子西○. 155-18 ○. 155-19 子高○. 155-19 ○. 155-19 子高○. 155-21 子西○. 156-12 子高○. 156-13 人有言○. 156-22 子西笑○. 157-7 ○. 157-9 大夫種乃獻謀○. 158-5 ○. 158-14 敢私告於下執事○. 158-15 夫諺○. 159-4 乃告諸大夫○. 159-8 申胥諫○. 159-10 吴王○. 159-18 越王又使諸稽郢辭○. 159-20 申胥進諫○. 159-23 王呼之○. 160-12 ○. 160-23 乃訊申胥○. 161-2 申胥釋劍而對○. 161-8 ○. 161-10○. 161-17 王慍○. 161-19 乃合大夫而謀○. 162-5 王孫雒○. 162-7 齊宋徐夷○. 162-9 王乃步就王孫雒○. 162-13 王孫雒○. 162-14 顧揖諸大夫○. 162-15 ○. 163-13 ○. 163-16 王稱左畸○. 163-25 ○剄於客前以酬客. 164-1 乃告趙鞅○. 164-2 晉乃令董褐復命○. 164-5 ○. 164-5 ○. 164-8 固○吴伯. 164-12 不○吴王. 164-12 而○吴公. 164-14 ○. 164-21 周王答○. 165-10 今伯父○. 165-12 越大夫種乃唱謀○. 165-15 越王○. 165-25 ○. 166-1 包胥辭○. 166-4 乃對○. 166-5 王○. 166-6 包胥○. 166-7 王○. 166-8 包胥○. 166-10 王○. 166-10 包胥○. 166-12 王○. 166-13 包胥○. 166-14 王○. 166-15 包胥○. 166-17 越王○. 166-20 ○. 166-21 大夫后庸乃進對○. 166-25 王○. 167-1 大夫苦成進對○. 167-1 王○. 167-2 大夫種進對○. 167-2 王○. 167-2 大夫蠡進對○. 167-3 王○. 167-3 大夫皋如進對○. 167-3 王○. 167-4 王乃命有司大令於國○. 167-5 王乃命於國○. 167-6 王○. 167-9 王命大夫○. 167-13 ○. 167-18 ○. 167-19 ○. 167-21 ○. 167-22 ○. 167-23 王親命之○. 167-23 ○. 168-1 王親命之○. 168-2 ○. 168-4 王親命之○. 168-4 ○. 168-6 ○. 168-7 ○. 168-8 ○. 168-15 ○. 168-20 越王○. 168-23 因使人告於吴王○. 168-25 夫差辭○. 169-3 使人説於子胥○. 169-5 乃號令於三軍○. 170-4 大夫種進對○. 170-6 句踐○. 170-10 ○. 170-12 ○. 170-14 子胥諫○. 170-21 ○. 171-4 太宰嚭諫○. 171-5 句踐説於國人○. 171-8 ○. 171-17 國之父兄請○. 172-6 句踐辭○. 172-7 父兄又請○. 172-9 乃致其衆而誓之○. 172-11 ○. 172-18 ○. 172-20 句踐對○. 172-21 夫差對○. 172-23 君若○. 172-25 范蠡進諫○. 174-4 王○. 174-5 對○. 174-6 范蠡進諫○. 174-12 王○. 174-14 ○. 174-16 范蠡對○. 174-17 王○. 174-18 對○. 174-18 王○. 174-20 ○. 174-20 ○. 175-1 王○. 175-1 對○. 175-2 王○. 175-3 王問於范蠡○. 175-5 對○. 175-6 王○. 175-14 對○. 175-14 王○. 175-21 ○. 175-23 對○. 176-1 王○. 176-5 ○. 176-6 子○未可也. 176-6 對○. 176-9 王○. 176-10 ○. 176-11 子○未可也. 176-11 對○. 176-12 王○. 176-14 ○. 176-15 子○未可也. 176-15 對○. 176-16 王怒○. 176-17 范蠡對○. 176-19 ○. 176-24 ○. 176-24 對○. 177-1 王○. 177-3 范蠡進諫○. 177-4 王○. 177-7 范蠡○. 177-9 王○. 177-21 ○. 177-23 范蠡進諫○. 177-25 先人有言○. 178-2 王○. 178-3 范蠡諫○. 178-5 王○. 178-7 ○. 178-8 王孫雒○. 178-10 先人有言○. 178-11 范蠡○. 178-12 王孫雒○. 178-16 范蠡○. 178-17 范蠡辭於王○. 178-21 王○. 178-22 對○. 178-22 王○. 178-25 范蠡對○. 179-2 ○. 179-5

【曰】 118

○祭. 1-23 猶○怵惕. 3-12 ○月底于天廟. 4-2 先時九○. 4-4 距今九○. 4-7 先時五○. 4-10 各卽其齋三○. 4-11 是○也. 4-19 ○服其鎛. 5-2 於是乎有朝○夕月. 9-7 ○恪位著. 9-8 ○完不忘. 15-12 明○. 18-23 ○絕其義. 21-17 ○棄其德. 21-17 ○反其信. 21-18 ○離其名. 21-18 其竭也無○矣. 28-5 ○在析木之津. 31-6 星與○辰之位. 31-6 是以爲之○惕. 32-11 三○. 37-25 今○必授. 40-12 今○必通. 40-14 明○. 40-14 亡無○矣. 41-14 獻子囚之七○. 42-8 ○中不出. 46-9 五○. 47-19 大采朝○. 48-9 ○中考政. 48-10 ○入. 48-12 無○以怠. 48-17 是以國家不○引. 53-7 亡無○矣. 63-15 使無○以牧田野. 68-19 吾固告君○得衆. 71-5 一○而已. 71-11 明○. 72-10 ○考而習. 80-9 ○. 87-4 ○月不處. 88-7 時○及矣. 88-14 聖敬○躋. 90-12 晉侯○載其怨. 90-19 重耳○載其德. 90-19 他○. 93-5 明○宴. 93-12 命曰三○. 95-13 異○見我. 95-15 令以三○之糧. 97-17 三○. 97-17 原不過一二○矣. 97-18 三○. 100-1 亡無○矣. 104-11 國三○哭. 105-18 今吾司寇之刀鋸○弊. 109-8 其壞也無○矣. 110-23 將在今○. 113-11 亦在今○. 113-12 願由今○. 113-13 ○君乏使. 115-18 ○在君側. 117-8 ○聽命焉. 120-16 今○之事. 122-13 文子視○. 124-24 今忨○而潵歲. 125-3 五○. 126-17 及斷獄之○. 128-6 他○. 129-17 今○之事. 131-10 今○之事. 131-11 今○之事. 131-12 臣敢煩當○. 131-21 何○以來. 132-9 何○之有. 132-22 其○不廢時務. 144-23 不○成之. 145-1 文王至於○中昃. 146-16 以一純二精三牲四時五色六律七事八種九祭十○十二辰以致之. 150-19 近不過浹○. 150-25 ○祭月享時類歲祀. 151-5 諸侯舍○. 151-5 ○月會于龍豵. 151-7 無一○之積. 152-13 死無○矣. 152-18 ○已甚矣. 152-22 是之爲○惕. 156-21 死無○矣. 156-22 而○以憔悴. 159-15 ○長炎炎. 159-17 三○. 160-12 余不食三○矣. 160-12 一○惕. 162-23 一○留. 162-23 ○中爲期. 163-14 ○夜相繼. 163-17 今會○薄矣. 163-21 孤之事君在今○. 163-22 不得事君亦在今○. 163-22 訊讓○至. 164-8 ○臣嘗卜於天. 165-17 及五○. 167-7 過五○. 167-8 自今○以後. 167-10 自今○以後. 167-15 明○徙舍. 167-19 明○徙舍. 167-20 明○徙舍. 167-21 明○. 168-1 明○徇於軍. 168-4 明○. 168-6 明○. 168-7 明○. 168-13 一○五反. 177-4 ○月以爲常. 177-10 ○困而還. 177-12 浹○而令大夫朝之. 179-4

【中】 100

考○度衷以莅之. 8-24 考○度衷. 9-1 ○能應外. 10-12 營室之○. 16-7 ○不和民. 25-19 ○非民則. 26-6 其○也. 27-1 ○於信寬. 27-2 三年之○. 29-8 於是乎道之以○德. 29-25 詠之以○音. 30-1 三年之○. 30-9 考○聲而量之以制. 30-13 ○之色也. 30-14 宣○氣也. 30-22 及范○行之難. 33-4 知夫苟○心圖民. 34-12 ○刑用刀鋸. 37-2 遂作○軍. 44-3 灼其○. 45-20 日○不出. 46-9 其○有羊焉. 47-7 日○考政. 48-10 射寡人○鉤. 52-10 故有○軍之鼓. 55-14 築五鹿○牟蓋與牡丘. 60-17 所以示權於○國也. 60-19 以猾其○. 63-14 危自○起. 69-5 讒言作於○. 69-7 ○分而金玦之. 69-23 其○必苦. 70-8 譖在○矣. 70-8 ○飲. 71-13 ○立其免乎. 71-22 吾對以○立. 72-2 今子曰○立. 72-4 且人○心唯無忌之. 72-6 火○成軍. 75-4 火○而旦. 75-4 使百姓莫不有藏惡於其心○. 76-12 ○大夫里克與我矣. 78-22 以猾其○. 79-10 夫人美於○. 80-16 恥大國之士於○原. 83-18 民之○也. 88-10 吾從○也. 88-12 會于○原. 91-12 ○不勝貌. 93-8 掌其○官. 96-19 乃行賂于草○之戎. 97-1 使郤縠將○軍. 101-8 成於○. 102-16 若○不濟. 102-18 ○以外易矣. 102-18 吾舉厥也而○. 103-8 燮也受命於○軍. 105-4 見○行宣子. 107-6 疾自○起. 109-15 及脅欒○行. 111-19 欒武子○行獻子圍公於匠麗氏. 112-1 ○行偃欲伐之. 112-5 魏絳爲○軍司馬. 115-13 使臣狃○軍之司馬. 115-18 八年之○. 117-2 忠自○. 122-21 夫以回鬻國之○. 128-10 ○行穆子帥師伐狄. 128-14 ○行伯旣克. 128-22 ○食而自咎也. 130-4 吾願得范○行之良臣. 132-1 今范○行氏之臣. 132-6 夫范○行氏不恤庶難. 132-19 勝左人○人. 132-24 范○行有亟治之難. 133-22 ○國所不能用也. 140-10 在○軍王族而已. 142-24 若易○下. 142-25 若合而函吾○. 142-25 文王至於日○昃. 146-16 余左執鬼○. 146-24 屏營彷徨於山林之○. 160-11 越王句踐乃率○軍. 162-1 夜○. 162-25 以○陳而立. 163-6 日○爲期. 163-14 以與楚昭王毒逐於○原柏舉. 164-23 而以○國之師與我戰. 165-21 越國之○. 166-8 越國之○. 166-10 越國之○. 166-13 越王乃○分其師. 168-12 以其私卒君子六千人爲○軍. 168-12 夜○. 168-14 ○水以須. 168-15 且亦○分其師. 168-16 越王乃令其○軍. 168-16 以暴露百姓之骨於○原. 171-9 宮○之樂. 176-21 失之○原. 177-5

【內】 82

邦○甸服. 1-20 王問於○史過. 7-6 ○史過從至虢. 8-8 ○史過歸. 8-9 襄王使邵公過及○史過. 8-13 ○史過歸. 8-16 而背外○之賂. 9-3 襄王使太宰文公及○史興. 9-25 ○史贊之. 10-4 ○史興歸. 10-6 則闔乃○侮. 11-7 由之利○則福. 11-20 是皆能○利親親者也. 11-22 利何如而○. 12-4 是利之○也. 12-7 ○官不過九御. 13-3 外○齊給. 26-16 夫耳○和聲. 29-1 口○味而耳○聲. 29-3 反及嬴○. 31-22 而庇宗於○. 46-11 合神事於○朝. 47-24 合家事於○朝. 47-24 寢門之○. 47-25 ○朝. 48-1 卿之○子. 48-19 好○. 49-9 吾惡其以好○聞也. 49-10 作○政而寄軍令焉. 55-9 ○教旣成. 55-16 夫軍令則寄諸○政矣. 58-4 而○惡其貪. 64-20 今子○固而外寵. 66-10 而○辱之. 66-11 必○險之. 69-5 其若○讒何. 69-7 好○. 70-4 以起讒於○也. 70-6 ○困於父母. 73-4 ○外無親. 74-18 子盍盡國以賂外○. 77-14 而背外○之賂. 80-4 ○謀外度. 80-9 臣之屬○作. 81-8 殺其○主. 83-9 外○棄之. 90-19 車班外○. 94-5 ○有震雷. 94-9 爾射余於屏○. 95-10 若○外類. 102-19 無以○易外也. 104-6 能○睦而後

圖外. 109-3 必○爭. 109-4 是以○和而外威. 109-7○猶有不刑. 109-9 必有○憂. 109-13 又無○憂. 109-14 又無○憂. 109-20 必有○憂. 109-21 諸臣之○相與. 109-22 亂在○爲宄. 111-21 今治政而○亂. 111-22 外○必平. 116-19 無○亂也. 119-8 ○有事. 120-8 ○事之邪. 120-13 而無外○之憂. 121-10 ○無苛慝. 125-9 棄聘后而立○妾. 137-21 上下○外小大遠近. 144-12 司馬子期欲以妾爲○子. 148-1 不爲外○行. 153-17 不修方城之○. 160-9 ○政無出. 167-10 ○有辱. 167-10 ○有辱於國. 167-14 ○政無出. 167-15 越四封之○. 172-10 四封之○. 175-2 四封之○. 175-15 福生於○. 175-21

【水】 38
夫○土演而民用也. 6-15 ○土無所演. 6-15 天根見而○涸. 16-3 ○涸而成梁. 16-5 ○師監濯. 16-20 ○之鍾也. 23-19 鍾○豐物. 24-6 ○無沈氣. 24-9 ○火之所犯. 32-15 鮌鄣洪○而殛死. 38-9 冥勤其官而○死. 38-11 ○虞於是乎講罛罶. 40-22 ○蟲成. 40-24 ○蟲孕. 41-1 ○虞於是禁罝罜麗鹿. 41-1 ○之怪. 47-9 塞○不自其源. 64-22 黃帝以姬○成. 92-14 炎帝以姜○成. 92-15 公子賦河○. 93-22 ○也. 94-4 ○也. 94-6 而尚○與衆. 94-6 車上○下. 94-10 有如河○. 94-18 夏禹能單平○土. 136-10 故先王以土與金木○火雜. 137-10 若津○. 147-7 使無○旱之災. 155-7 以胡公入於貝○. 157-1 無鑑於○. 160-6 闕溝深○. 165-7 中○以須. 168-15 ○則資車. 170-7 ○人居○. 170-23 若○之歸下也. 171-17 今夫差衣○犀之甲者. 172-13

【午】 10
亦使蒲城○. 77-10 甲○. 95-4 丙○. 95-7 庚○. 113-5 臣之子○可. 115-23 ○之少也. 115-24 公使祁○爲軍尉. 116-3 而使祁○及陽畢適曲沃. 119-4 祁○見. 120-25 以會晉公○於黃池. 161-23

【牛】 13
有建星及牽○焉. 31-7 服○軺馬. 54-4 則○羊遂. 56-25 ○馬選具. 59-24 殺老○莫之敢尸. 112-4 鳶肩而○腹. 119-21 聞○談有力. 131-24 國君有○享. 141-22 譬之如○馬. 145-21 祭以○俎於王. 150-12 諸侯舉以特○. 150-13 祀以特○. 150-14 必自射○封羊擊豕. 151-17

【手】 3
無必假○於武王. 68-9 至于○拇毛脉. 145-16 執其○而與之謀. 170-10

【毛】 9
班序顛○. 53-12 有神人面白○虎爪. 74-8 ○之智. 99-16 ○也不在位. 99-17 乃使狐○將上軍. 99-17 狐○卒. 99-17 至于手拇○脉. 145-16 ○以示物. 150-22 皮革羽○. 154-24

【壬】 2
○寅. 95-6 今齊侯○不鑒於楚. 165-2

【升】 11
若佐新軍而○爲政. 19-18 衣不過七○之布. 42-8 ○以爲上卿之贊. 56-12 ○. 59-19 被羽先○. 66-2 其主朝○之. 103-2 悼公與司馬侯○臺而望. 117-6 有恭德以○在位. 130-22 與伍舉○焉. 143-21 願得諸侯與始○焉. 144-7 ○以爲公. 147-6

【夭】 6
然則無○昏札瘥之憂. 23-22 其○札也. 40-6 澤不伐○. 41-3 今吾子○死. 49-10 鮮不○昏. 75-19 度於闕○. 100-18

【仁】 62
且禮所以觀忠信○義也. 10-8 ○所以行也. 10-9 ○行則報. 10-10 ○也. 10-12 不○. 11-13 ○所以保民也. 11-14 不○則民不至. 11-15 反之以○. 19-11 ○也. 19-13 夫○禮勇. 20-7 畜義豐功謂之○. 20-8 姦○爲佻. 20-9 言○必及人. 22-13 ○. 22-19 愛人能○. 22-21 則非○也. 26-3 難以爲○且智矣. 38-23 夫○者講功. 38-24 非○也. 38-24 聰惠質○. 55-24 聰慧質○. 57-9 天下諸侯稱○焉. 60-2 而信其○. 60-11 甚好○而彊. 67-22 爲○與爲國不同. 68-2 爲○者. 68-2 愛親之謂○. 68-2 利國之謂○. 68-3 ○也. 72-25 ○不怨君. 73-5 不○. 73-7 信○以爲親. 78-12 人孰○我. 78-13 不○不信. 78-14 重耳○. 79-6 置○. 79-9 則不如置不○. 79-10 ○有置. 79-11 ○置德. 79-11 公子重耳之○. 83-21 ○也. 83-22 不可謂○. 84-1 ○人不黨. 111-14 威行爲不○. 112-2 ○不能救. 116-14 其○. 116-18 敬學而好○. 121-16 ○者之爲也. 124-13 不○者之爲也. 124-13 其○不足稱也. 124-18 如是而甚不○. 133-10 而以不○行之. 133-10 明慈愛以導之○. 141-1 子之○人. 155-16 愛而不○. 155-21 不○也. 155-23 而加之以不○. 156-4 不○以長之. 156-8 唯○者. 156-13 不○者則不然. 156-15 ○次之. 166-18 不○. 166-19

【化】 7
勝敗若○. 81-25 ○爲黃熊. 126-13 莫不能○. 132-17 人之○也. 132-22 ○爲二龍. 138-3 ○爲玄黿. 138-9 贏縮轉○. 177-7

【仇】 3
子思報父之○. 83-19 ○讎敵戰之國也. 170-21 子而思報父母之○. 172-10

【仍】 2
晉○無道而鮮胄. 23-13 晉○無道. 89-7

【斤】 1
惡金以鑄鉏夷○斸. 58-8

【爪】 2
有神人面白毛虎○. 74-8 然謀臣與○牙之士. 170-7

【反】 60
○之以仁. 19-11 日○其信. 21-18 ○及嬴內. 31-22 萇叔○是. 32-23 ○道. 32-24 ○. 37-21 ○. 44-24 公子圉○. 45-21 桓公自莒○於齊. 52-4 君若宥而○之. 52-11 而○其侵地. 57-23 ○其侵地. 58-11 ○其侵地. 58-15 ○其侵地. 58-17 既○侵地. 58-18 使貢絲於周而○. 58-24 ○胙于絳. 59-8 其○爲物用也. 67-6 克霍而○. 67-21 盡敵而○. 69-6 申生勝狄而○. 69-7 不戰而○. 70-9 果敗狄於稷桑而○. 70-10 ○自稷桑. 71-4 不○讒. 72-23 貪且○義. 76-16 ○義則富不爲賴. 76-16 ○使者. 78-4 公子縶○. 79-6 丕鄭之自秦○也. 81-14 成而○之. 85-15 公子受飧○璧. 89-16 而○晉國. 91-14 心覆則圖○. 96-8 ○其陣. 98-18 ○. 102-12 而言○之. 102-19 是○天地而逆民則也. 103-12 ○自鄢. 110-24 ○易民常. 113-12 ○役. 115-21 是○吾子也. 120-17 信○必斃. 122-24 段規○. 134-4 則又畀之子○. 143-5 穀陽豎愛子○之勞也. 148-4 ○行. 159-9 夫天命有○. 159-24 時將有○. 175-11 時無○. 175-13 取地而不○. 175-20 時○是守. 176-2 ○受其殃. 176-3 一日五○. 177-4 ○爲之災. 177-6 五年復○. 178-1 今將○此義. 178-9 雒請○辭於王. 178-17 使者辭○. 178-19 ○至五湖. 178-21

【兮】 9
威○懷○. 80-13 以待所歸○. 80-13 猗○違○. 80-13 心之哀○. 80-13 其靡有徵○. 80-14 吾是之依○. 80-15 爲王妃○. 80-15

【刈】 3
挾其槍○耨鎛. 54-12 而又○亡之. 159-5 以○殺四方之蓬蒿. 161-3

【介】 5
仲孫蔑爲○. 18-19 小心狷○. 72-20 一○嫡女. 158-23 一○嫡男. 159-1 余一人兼受而○福. 165-13

【父】 119
祭公謀○諫曰. 1-4 樊仲山○諫曰. 5-12 仲山○諫曰. 5-25 伯陽○曰. 6-10 王使大宰忌○. 8-6 以勤叔○. 13-7 其叔○實應且憎. 13-8 叔○若能光裕大德. 13-9 叔○其懋昭明德. 13-13 叔○有地而隧焉. 13-15 夫亦皆天子之○兄甥舅也. 14-1 今叔○作政而不行. 14-6 ○子將獄. 14-7 而叔○聽之. 14-8 而叔○使士季實來修舊德. 14-24 陳靈公與孔寧儀行○. 15-24 宗人夏○展曰. 35-8 夏○弗忌爲宗. 39-20 夏○弗忌必有殃. 40-3 其○兄之食麤而衣惡者. 42-5 人之○兄食麤衣惡. 42-6 季康子問於公○文伯之母. 47-11 公○文伯飲南宮敬叔酒. 47-16 以露睹○爲客. 47-16 睹○怒. 47-17 公○文伯之母. 47-21 公○文伯退朝. 48-2 公○文伯之母. 49-1 公○文伯之母. 49-5 公○文伯卒. 49-9 公○氏之婦. 49-14 公○文伯之母. 49-16 閔馬○笑. 50-18 昔正考○校商之名頌十二篇於周太師. 50-19 閒燕則○與○言義. 53-19 是故其○兄之教. 53-21 是故其○兄之教. 54-1 是故其○兄之教. 54-7 是故其○兄之教. 54-15 慈孝於○母. 55-24 有不慈孝於○母. 56-4 慈孝於○母. 57-9 有不慈孝於○母. 57-13 魯有夫人慶○之亂. 59-22 ○生之. 62-6 非○不生. 62-6 今君滅其○而畜其子. 64-23 子思報○之恥. 64-24 事○以孝. 65-13 且夫間○之愛. 65-14 君○之所安也. 65-16 而不惠於其○乎. 67-25 子無謀吾○子之間. 69-15 善處○子之間矣. 69-20 若惠於○. 70-5 守情說○. 72-24 章○之惡. 73-3 內困於○母. 73-4 有○忍之. 73-9 忍○而求好人. 73-9 殺○以求利人. 73-10 ○母死爲大喪. 77-4 重耳○生不得供備洒掃之臣. 77-6 ○死在堂而求利. 78-12 ○死. 78-15 愛其○孝也. 79-7 今又殺臣之○. 81-22 子思報○之仇. 83-19 使子○代處秦. 84-4 而悼其○兄子弟之死喪者. 84-16 ○事狐偃. 90-7 則皆王之○兄甥舅也. 97-14 吾欲使陽處○傅讙也. 100-6 其○有罪. 102-7 陽處○如衛. 102-12 讓○兄也. 104-10 稱曰王○. 113-19 擇子莫若○. 115-24 無終子嘉○. 116-5 箕遺及黃淵嘉○作亂. 118-4 自此其○之死. 122-3 昔者此其○始之. 122-5 加之以○兄. 131-1 志○寄也. 131-16 夫虢石○. 137-20 申公子儀○爲師. 142-16 燮及儀○. 142-17 昔雍子之○兄. 142-22 乃使椒鳴召其○而復之. 143-20 昭王問於觀射○. 149-4 程伯休○其後也. 150-8 王問與觀射○. 150-12 平王殺吾○. 153-16 吾思○. 153-22 或禮於○. 154-1 曰觀射○. 154-18 彼其○爲戮於楚. 156-1 昔吳伯○不失春秋. 164-8 今伯○有蠻荊之虞. 164-9 其○子昆弟不相能. 165-1 伯○令女來. 165-10 今伯○曰. 165-12 伯○若能然. 165-13 伯○多歷年以沒元身. 165-13 伯○秉德已侈大哉. 165-14 有○母耆老而無昆弟者. 167-23 子有○母耆老. 167-24 子之○母. 167-24 歿而○母之世. 167-25 凡我○兄昆弟. 170-4 乃致其○母昆弟而誓之. 171-16 其○母有罪. 171-19 其○母有罪. 171-20 國之○兄請曰. 172-6 ○兄又請曰. 172-9 猶○母也. 172-10 子而思報○母之仇.

172-10 ○勉其子. 172-18

【爻】 1

○無爲也. 94-1

【今】 251

○自大畢伯士之終也. 2-8 以至于○. 3-15 ○王學專利. 3-15 ○殺王子. 3-19 自○至于初吉. 4-4 距○九日. 4-7 ○天子欲修先王之緒. 5-8 ○天子立諸侯. 5-14 ○三川實震. 6-13 ○周德若二代之季矣. 6-17 ○吾聞子頹歌舞不息. 7-1 ○是何神也. 7-20 ○虢少荒. 8-2 ○其胄見. 8-5 ○虢公動匱百姓. 8-11 ○晉侯卽位. 9-2 ○以小忿棄之. 11-10 ○王外利矣. 11-20 ○天降禍災於周室. 13-6 ○將大泯其宗祊. 13-19 ○叔父作政而不行. 14-6 ○元晅雖直. 14-7 ○此何禮也. 14-20 ○女非他也. 14-23 ○我王室之一二兄弟. 15-4 ○陳國. 16-9 ○陳國. 16-15 ○雖朝也不才. 16-25 ○陳侯不念胤續之常. 17-4 ○夫二子者儉. 18-1 ○夫子見我. 19-1 ○欒伯自下軍往. 19-17 ○郤至在七人之下. 19-25 ○君曰將有亂. 21-10 ○晉侯視遠而足高. 21-13 ○郤伯之語犯. 22-1 ○君偪於晉. 22-5 於○再矣. 23-9 至于○不祀. 24-23 ○吾執政. 25-2 至于○未弭. 25-11 ○周其興乎. 26-14○王廢輕而作重. 27-16 ○王作鍾也. 28-18 ○細過其主. 29-22 ○財亡民罷. 30-7 ○萇劉欲支天之所壞. 32-12 ○將惠以小賜. 34-9 ○齊社而往觀旅. 34-20 ○先君儉而君侈. 35-5 ○婦執幣. 35-11 ○國病矣. 35-15 ○我不如齊. 35-21 君○來討弊邑之罪. 36-20 ○晉人鴆衛侯不死. 37-4 ○一言而辟境. 37-23 ○無故而加典. 38-2 ○海鳥至. 38-23 ○茲海其有災乎. 38-25 ○有司來. 39-9 ○命臣更次於外. 39-18 ○將先明而後祖. 39-24 ○日必授. 40-12 ○日必通. 40-14 ○魚方別孕. 41-5 ○子圖遠以讓邑. 41-19 ○伶簫詠歌及鹿鳴之三. 43-13 ○我小侯也. 44-1 ○王死. 44-11 ○大夫而設諸侯之服. 45-18 ○既免大恥. 46-11 ○信蠻夷而棄之. 47-2 ○我寡也. 48-22 爾○曰. 48-24 ○詩以合室. 49-8 ○吾子夭死. 49-10 ○爲大人. 50-3 ○吾子之戒吏人曰. 50-23 ○吾子之教官僚. 50-24 ○晉寡德. 63-10 ○晉國之方. 63-18 ○不據其安. 64-3 ○君起百姓. 64-19 ○君滅其父而畜其子. 64-23 ○夕君寢不寐. 65-20 ○子內固而外寵. 66-10 ○君分之土而官之. 66-24 ○我不才. 67-19 ○謂君惑於我. 67-23 ○夫以君爲紂. 68-7 祀至于○. 68-9 ○君居. 69-12 ○矜狄之善. 71-6 ○子曰中立. 72-4 ○夕君夢齊姜. 72-12 ○若休憂於狄. 73-25 吾乃○知之. 74-13 ○嘉其夢. 74-16 ○君施其所惡於人. 74-23 ○晉侯不量齊德之豐否. 75-17 ○殺君而賴其富. 76-15 ○適當之. 77-5 ○又殺臣之父. 81-22 ○又薦饑. 82-2 ○旱而聽於君. 82-6 ○又擊之. 82-22 ○我不擊. 82-23 ○君既定而列成. 83-3 ○君將來. 85-2 ○鄭失次犯令. 85-23 ○戾久矣. 87-6 ○未半也. 88-18 ○君棄之. 89-3 ○君棄之. 89-24 ○晉公子有三祚焉. 90-15 ○子於子圉. 92-22 ○將婚媾以從秦. 93-2 ○君當之. 94-21 ○及之矣. 94-25 ○君卽位. 95-19 ○君之德宇. 95-23 ○禍及矣. 98-24 自○以往. 99-1 ○也難. 100-3 ○君之所聞也. 102-8 ○乃得之. 102-13 ○陽子之貌濟. 102-17 ○陽子之情譓矣. 102-20 吾乃○知免於罪矣. 103-9 ○宋人弑其君. 103-11 ○宋人弑其君. 103-19 而○可以戒矣. 107-7 ○我寡德. 108-10 ○吾司寇之刀鋸日弊. 109-8 ○吾外刑乎大人. 109-11 ○我戰. 109-22 ○我任晉國之政. 110-4 ○以勝歸. 110-25 且○君若使之於周. 111-8 ○治政而內亂. 111-22 將在○日. 113-11 亦在○日. 113-12 願由○日. 113-13 至於○是用. 114-3 至於○是賴. 114-4 至于○不育. 114-9 ○無忌. 116-13 於○八年. 116-25 自穆侯以至于○. 118-5 ○若大其柯. 118-8 ○吾若起瑕原韓魏之後. 118-16 於○三世矣. 119-15 ○執政曰. 119-15 ○吾子嗣位. 121-9 ○既無事矣. 121-10 ○吾觀女也. 121-14○君嗣吾先君唐叔. 121-25 ○日之事. 122-13 ○我以忠謀諸侯. 122-22 ○雖先歃. 123-9 ○將與狎主諸侯之盟. 123-13 ○子貴而忘義. 124-10 ○趙孟相晉國. 125-1 ○忨日而激歲. 125-3 於○八年矣. 125-9 自○之謂. 125-10 ○君一之. 125-18 ○夢黃熊入於寢門. 126-9 ○周室少卑. 126-16 ○吾子有欒武子之貧. 127-5 ○君實遷. 129-3 ○以梗陽之賄殃之. 129-24 ○臣一旦爲狂疾. 130-11 ○吾子嗣位. 131-1 ○日之事. 131-10 ○日之事. 131-11 ○日之事. 131-12 ○范中行氏之臣. 132-6 ○主任晉國之政. 132-14 ○土木勝. 133-17 ○主一宴. 133-25 ○王棄高明昭顯. 137-7 至于○爲患. 143-8 ○椒舉娶於子牟. 143-10 ○君爲此臺也. 144-5 ○吾城三國. 145-5 ○子老楚國. 146-19 ○君或者未及武丁. 147-12 至於○爲令君. 147-17 至於○令尹秩之. 152-15 至於○處鄖. 152-20 ○子常. 152-21 ○而敢來. 153-9 ○又效之. 153-10 ○之敢見. 153-11 ○爾以是殃之. 153-21 ○吾子臨政而歎. 154-5 ○吾聞夫差. 154-12 ○壹五六. 156-18 ○子聞而棄之. 157-5 ○句踐申禍無良. 158-18 ○君王不察. 158-21 ○天王既封植越國. 159-4 ○越王句踐恐懼而改其謀. 159-24 ○王非越是圖. 160-3 ○王既變鯀禹之功. 160-17 ○王將很天而伐齊. 160-18 ○大夫國子. 160-25 ○大夫老. 161-4 ○天降衷於吳. 161-6 ○王播棄黎老. 161-9 ○王無以取之. 161-14 ○吾道路脩遠. 162-5 ○夕必挑戰. 162-19 ○大國越錄. 163-14 ○非王室不平安是憂. 163-18 ○會日薄矣. 163-21 孤之事君在○日. 163-22 不得事君亦在○日. 163-22 ○伯父有蠻荆之虞. 164-9 ○君掩王東海. 164-10 ○齊侯壬不鑒於楚. 165-2 ○伯父曰. 165-12 ○罷師而不戒以忘我. 165-16 ○吳民既罷. 165-17 王若○起師以會. 165-20 自○日以後. 167-10 自○日以後. 167-15 以至於○. 168-22 ○孤不道. 168-22 ○天以吳賜越. 168-24 ○君王既棲於會稽之上. 170-9 ○已服矣. 171-6 ○寡人不能. 171-18 ○越國亦節矣. 172-7 ○夫差衣水犀之甲者. 172-13 ○寡人將助天威之. 172-14 ○天以吳予越. 172-22 ○君王未盈而溢. 174-8 ○吳王淫於樂而忘其百姓. 176-7 ○申胥驟諫其王. 176-12 ○其稻蟹不遺種. 176-16 ○天應至矣. 176-18 ○其禍新民恐. 176-20 ○歲晚矣. 176-25 ○其來也. 177-20 ○王君其圖不穀. 177-24 ○君王不斷. 178-3 ○將反此義. 178-9 ○吳稻蟹不遺種. 178-11 ○事已濟矣. 178-24

【凶】 8

而備其○. 62-21 ○之無有. 62-21 若其有○. 62-22 敵入而○. 67-8 ○器也. 174-12 好用○器. 174-13 小○則近. 178-1 大○則遠. 178-2

【分】 31

陰陽○布. 4-22 忠所以○也. 10-9 忠○則均. 10-9 ○均無怨. 10-10 其餘以均○公侯伯子男. 13-1 有○族於周. 16-25 則我有周之○野. 31-9 晉文公解曹地以○諸侯. 37-16 以○諸侯. 37-18 諸侯莫不望○. 37-18 以○大姬. 50-14 ○同姓以珍玉. 50-14 ○異姓以遠方之職貢. 50-15 故○陳以肅慎氏之貢. 50-15 制地○民如一. 57-7 小罪讁以金○. 58-7 鹿皮四○. 60-7 今君○之土而官之. 66-24 中○而金玦之. 69-23 施舍○寡. 96-12 懋穡勸○. 96-13 我○曹衛之地. 97-25 敢不○謗乎. 104-14 納其室以○婦人. 110-12 施二師而○其室. 142-17 而別其○主者也. 150-7 未嘗敢不○也. 166-6 越王乃中○其師. 168-12 越人○爲二師. 168-15 且亦中○其師. 168-16 吾與子○國. 179-1

【乏】 13

財用不○. 5-3 匱神○祀. 5-8 民○財用. 6-15 而無飢寒○匱之患. 23-23 王用將有所○. 27-16 ○則將厚取於民. 27-17 資用○匱. 28-2 大懼○周公太公之命祀. 35-24 補○薦饑. 82-4 救○振滯. 96-13 日君○使. 115-18 ○臣之祀也. 155-15 以待○也. 170-7

【公】 664

祭○謀父諫曰. 1-4 是故周文○之頌曰. 1-5 密康○從. 2-13 ○行下衆. 2-14 康○不獻. 2-17 邵○告曰. 2-18 告邵○曰. 2-20 邵○曰. 2-21 使○卿至於列士獻詩. 2-23 厲王說榮夷○. 3-8 夫榮夷○. 3-8 榮○若用. 3-16 榮○爲卿士. 3-16 宣王在邵○之宮. 3-18 邵○曰. 3-18 虢文○諫曰. 3-22 咸戒○卿百吏庶民. 4-8 魯武○以括與戲見王. 5-12 及魯人殺懿○. 5-18 立孝○. 5-19 乃命魯孝○於夷宮. 5-24 鄭厲○見虢叔. 6-25 虢○亦使祝史請土焉. 8-8 今虢○動匱百姓. 8-11 襄王使邵○過及內史過. 8-13 賜晉惠○命. 8-13 而晉人殺懷○. 9-24 懷○無胄. 9-24 秦人殺子金子○. 9-24 襄王使太宰文○及內史興. 9-25 賜晉文○命. 9-25 如○命侯伯之禮. 10-5 立晉文○. 10-18 周文○之詩曰. 11-6 晉文○納之. 12-22 晉文○既定襄王于郟. 12-23 其餘以均分○侯伯子男. 13-1 尚將列爲○侯. 13-12 文○遂不敢請. 13-16 以陽樊賜晉文○. 13-17 晉人執衛成○. 14-4 原○相禮. 14-19 范子私於原○曰. 14-19 召原○而問之. 14-21 原○以告. 14-21 王○立飫. 14-22 夫王○諸侯之有飫也. 15-10 定王使單襄○聘於宋. 15-19 陳靈○與孔寧儀行父. 15-24 使劉康○聘於魯. 17-14 魯宣○卒. 18-8 成○未歿二年. 18-9 魯成○來朝. 18-11 王叔簡○飲之酒. 18-21 郤至見邵桓○. 18-23 邵○以告單襄○曰. 18-24 襄○曰. 19-20 單襄○見晉厲○. 21-4 魯成○見. 21-7 事單襄○. 22-12 襄○有疾. 22-17 召頃○而告之. 22-17 成○之歸也. 23-6 且吾聞成○之生也. 23-7 單襄○曰驩. 23-10 頃○許諾. 23-15 及厲○之亂. 23-15 是爲悼○. 23-15 及單靖○. 26-10 靖○享之. 26-11 單穆○曰. 27-11 單穆○曰. 28-10 逄○之所憑神也. 31-8 使○卿皆從. 32-2 劉文○與萇弘欲城周. 32-4 見單穆○曰. 32-7 曹劌問所以戰於莊○. 34-4 ○曰. 34-4 ○曰. 34-12 莊○如齊觀社. 34-14 夫齊棄太○之法. 34-17 諸侯祀先王先○. 34-21 ○不聽. 35-1 莊○丹桓宮之楹. 35-2 匠師慶言於○曰. 35-2 臣聞聖王○之先封者. 35-2 ○曰. 35-6 ○弗聽. 35-7 ○使大夫宗婦覿. 35-8 ○曰. 35-9 ○弗聽. 35-12 臧文仲言於莊○曰. 35-13 ○曰. 35-16 ○使往. 35-18 大懼乏周○太○之命祀. 35-24 其周○太○及百辟神祇. 36-3 齊孝○來伐魯. 36-7 ○曰. 36-15 成王命我先君周○及齊先君太○曰. 36-17 晉人執衛成○. 36-24 臧文仲言於僖○曰. 37-1 ○說. 37-10 晉文○解曹地以分諸侯. 37-16 僖○使臧文仲往. 37-16 文○欲弛孟文子之宅. 39-6 ○弗取. 39-12 ○欲弛郈敬子之宅. 39-15 ○亦不取. 39-19 將躋僖○. 39-20 莒太子僕弑紀○. 40-9 宣○使僕人. 40-10 ○詰之. 40-14 ○執之. 40-15 ○曰. 40-19 宣○夏濫於泗淵. 40-21 ○聞之. 41-7 晉人殺厲○. 41-20 成○在朝. 41-20 ○曰. 41-20 晉悼○饗之. 43-4 ○帥之. 43-20 襄○如楚. 44-10 ○欲還. 44-24 襄○在楚. 45-7 ○未言. 45-8 楚○子圍. 45-

13 蔡○孫歸生與鄭罕虎見叔孫穆子. 45-13 楚○子甚美. 45-14 ○子
圍. 45-15 若楚○子不爲君. 45-21 ○子圍反. 45-21 晉昭○使叔向辭
昭○. 46-13 我先君襄○. 46-21 季康子問於○父文伯之母. 47-11 ○
父文伯飲南宮敬叔酒. 47-16 ○父文伯之母. 47-21 ○父文伯退朝.
48-2 與三○九卿. 48-9 ○侯之夫人. 48-18 ○父文伯之母. 49-1○父
文伯之母. 49-5 ○父文伯卒. 49-9 ○父氏之婦. 49-14 ○父文伯之母.
49-16 爲○侯. 49-24 陳惠○使人以隼如仲尼之館. 50-9 配虞胡○.
50-14 則有周○之籍矣. 51-8 桓○自莒反於齊. 52-4 桓○曰. 52-9
桓○曰. 52-11 桓○曰. 52-12 桓○使請諸魯. 52-15 莊○以問施伯.
52-17 莊○曰. 52-19 莊○將殺管仲. 52-20 於是莊○使束縛以予齊
使. 52-22 桓○親逆之于郊. 53-1 昔吾先君襄○. 53-2 桓○曰. 53-
12 桓○曰. 53-15 ○曰. 53-16 桓○曰. 54-20 桓○曰. 54-21 ○帥五
鄉焉. 54-22 桓○曰. 54-25 桓○曰. 55-1 桓○曰. 55-3 桓○曰. 55-
4 桓○曰. 55-8 桓○曰. 55-9 桓○又問焉. 56-1 桓○又問焉. 56-3
桓○親見之. 56-6 桓○令官長. 56-8 桓○召而與之語. 56-10 桓○曰.
56-21 桓○曰. 57-1 桓○曰. 57-5 桓○擇是寡功者而謫之. 57-7 桓
○又親問焉. 57-8 桓○又問焉. 57-11 桓○又問焉. 57-13 桓○曰. 57
-20 桓○曰. 57-22 桓○問曰. 58-4 桓○曰. 58-5 桓○曰. 58-11 桓
○曰. 58-14 桓○曰. 58-16 致胙於桓○. 59-14 桓○召管子而謀. 59
-16 桓○懼. 59-17 桓○憂天下諸侯. 59-22 桓○聞之. 59-23 桓○築
夷儀以封之. 59-24 桓○城楚丘以封之. 60-1 桓○與之繫馬三百. 60
-2 知桓○之非爲己動也. 60-3 桓○知諸侯之歸己也. 60-6 既許桓○.
60-10 桓○知天下諸侯多與己也. 60-11 武○伐翼. 62-4 獻○卜伐驪
戎. 62-11 ○曰. 62-11 ○曰. 62-13 ○弗聽. 62-16 ○飲大夫酒. 62-
17 獻○伐驪戎. 64-12 ○許之. 64-14 而逐二○子. 65-2 ○將黜太子
申生. 65-3 蒸于武○. 65-10 ○稱疾. 65-10 獻○田. 65-17 ○語之.
65-18 ○辭焉. 65-19 ○悅. 65-25 ○之優曰施. 66-4 而難三○子之
徒. 66-4 使言於○. 66-14 而二○子主蒲與屈. 66-17 ○說. 66-19 ○
子重耳處焉. 66-19 ○子夷吾處焉. 66-20 ○作二軍. 66-22 ○將上軍.
66-22 乃言於○曰. 66-25 ○曰. 67-1 ○曰. 67-2 ○曰. 67-10 ○曰.
67-12 謂○曰. 67-22 ○曰. 67-25 ○曰. 68-14 ○說. 68-25 ○使太
子伐東山. 69-9 ○曰. 69-10 ○曰. 69-13 ○不說. 69-16 驪姬謂○曰.
71-4 ○曰. 71-9 ○田. 72-14 ○至. 72-15 ○祭之地. 72-15 ○命殺
杜原款. 72-16 又譖二○子曰. 73-16 ○令閹楚刺重耳. 73-17 盡逐羣
○子. 73-19 國無○族焉. 73-19 ○子重耳出亡. 73-20 ○子夷吾亦出
奔. 74-2 虢○夢在廟. 74-8 ○懼而走. 74-9 ○拜稽首. 74-10 ○使囚
之. 74-11 獻○問於卜偃曰. 75-2 虢○其奔. 75-4 獻○將如會. 75-6
遇宰周○. 75-6 ○乃還. 75-14 獻○卒. 75-20 桓○在殯. 75-20 獻○
卒. 75-21 三○子之徒. 75-21 可以利○室. 75-25 三○子之徒. 76-4
譏羣○子. 76-11 告○子重耳於狄. 76-21 ○子重耳出見使者. 77-5
告○子夷吾于梁. 77-10 ○子夷吾出見使者. 77-15 乃使梁由靡告于
秦穆○. 77-19 秦穆○許諾. 78-4 及○孫枝. 78-4 若夫二○子而立之.
78-5 乃使○子縶弔○子重耳于狄. 78-8 寡君使縶弔○子之憂. 78-9
○子其圖之. 78-11 ○子重耳出見使者. 78-14 ○子縶退. 78-18 弔○
子夷吾于梁. 78-18 如弔○子重耳之命. 78-18 ○子勉之. 78-19 ○子
盡之. 78-20 ○子夷吾出見使者. 78-21 退而私於○子縶曰. 78-22 不
敢當○子. 79-5 ○子縶反. 79-6 致命穆○. 79-6 穆○曰. 79-6 吾與
○子重耳. 79-6 ○子縶曰. 79-8 是故先置○子夷吾. 79-12 寔爲惠○.
79-12 穆○問冀芮曰. 79-13 ○子誰恃於晉. 79-13 惠○入. 80-4 ○
隕於韓. 80-7 惠○即位. 80-10 若狄○子. 80-14 ○子重耳其入乎. 80
-18 惠○既殺里克而悔之. 80-23 及文○入. 81-3 惠○既即位. 81-
5 乃謂穆○曰. 81-7 以師奉○子重耳. 81-8 穆○使冷至報問. 81-9
謂穆○曰. 81-21 穆○曰. 81-23 ○曰. 82-3 謂○孫枝曰. 82-5 ○孫
枝曰. 82-5 ○令河上輸之粟. 82-11 ○曰. 82-12 ○曰. 82-14 ○謂慶
鄭曰. 82-15 ○曰. 82-17 ○曰. 82-18 以承○. 82-19 ○禦秦師. 82-
20 ○曰. 82-21 ○曰. 82-23 ○令韓簡挑戰. 82-24 穆○衡彫戈. 83-
1 ○孫枝進諫曰. 83-5 昔君之不納○子重耳而納晉君. 83-5 穆○曰.
83-7 昔吾之不納○子重耳而納晉君. 83-7 然○子重耳實不肯. 83-8
○號慶鄭曰. 83-11 輅秦○. 83-13 穆○歸. 83-15 ○子縶曰. 83-16
○孫枝曰. 83-18 ○子縶曰. 83-20 吾將以○子重耳代之. 83-21 ○子
重耳之仁. 83-21 ○孫枝曰. 83-23 ○孫枝曰. 84-3 是故歸惠○而質
子圉. 84-4 ○在秦三月. 84-6 穆○訊之曰. 84-15 ○曰. 84-15 ○曰.
84-20 ○曰. 84-21 惠○未至. 85-1 ○至于絳郊. 85-7 使失秦○. 85
-24 惠○卒. 86-3 懷○立. 86-3 晉人殺懷○於高梁. 86-3 實爲文○.
86-4 文○在狄十二年. 87-4 ○子怒. 87-12 桓○卒. 87-20 孝○即位.
87-20 而知文○之安齊. 87-21 而言於○子曰. 87-22 無異○子. 88-
3 ○子曰. 88-5 ○子幾矣. 88-14 ○子唯子. 88-18 ○子弗聽. 88-19
○子無亦晉之柔嘉. 88-23 衛文○有邢狄之虞. 88-25 甯莊子言於○
曰. 89-1 晉○子. 89-4 ○子實德. 89-7 必○子也. 89-8 ○弗聽. 89-
10 曹共○亦不禮焉. 89-11 吾觀晉○子. 89-13 ○子受飧反璧. 89-
16 夫晉○子在此. 89-17 諸侯之亡○子其多矣. 89-18 晉○子生十七
年而亡. 89-24 謂晉○子之亡. 90-1 ○弗聽. 90-5 ○子過宋. 90-6 與
司馬○孫固相善. 90-6 ○孫固言於襄○曰. 90-6 晉○子亡. 90-6 ○
族也. 90-9 ○子居則下之. 90-10 襄○從之. 90-12 ○子過鄭. 90-14
鄭文○亦不禮焉. 90-14 今晉○子有三祚焉. 90-15 吾先君武○. 90-
21 武○之業. 90-24 ○弗聽. 91-5 ○子欲辭. 91-6 楚子問於○子曰.
91-8 ○子再拜稽首. 91-9 請殺晉○子. 91-14 且晉○子. 91-17 於是
懷○自秦逃歸. 91-21 秦伯召○子於楚. 91-21 楚子厚幣以送○子于
秦. 91-21 ○子使奉匜沃盥. 91-23 ○子懼. 91-24 秦伯見○子曰. 91
-24 ○子有辱. 92-1 ○子欲辭. 92-3 ○子謂子犯曰. 92-24 秦伯將享
○子. 93-5 ○子使子犯從. 93-5 秦伯享○子. 93-6 子餘使○子降拜.
93-12 子餘使○子賦黍苗. 93-14 ○子賦河水. 93-22 子餘使○子降
拜. 93-22 ○子親筮之. 93-25 惠○卒. 94-15 秦伯納○子. 94-15 子
犯授○子載璧. 94-15 ○子曰. 94-17 董因迎○於河. 94-19 ○問焉.
94-19 ○子濟河. 95-3 懷○奔高梁. 95-4 秦伯使○子縶如師. 95-5
○入于晉師. 95-6 刺懷○于高梁. 95-8 獻○使寺人勃鞮伐○於蒲城.
95-9 文○踰垣. 95-9 ○辭焉. 95-10 又爲惠○從余於渭濱. 95-12 管
仲賊桓○. 95-20 悔納文○. 96-1 將以己丑焚○宮. 96-1 ○出救火.
96-2 故求見○. 96-2 ○懼遽出見之. 96-3 伯楚以呂郤之謀告○. 96
-4 ○懼. 96-5 ○宮火. 96-6 二子求○不獲. 96-6 文○之出也. 96-7
○入. 96-7 ○辭焉以沐. 96-7 ○遽見之. 96-10 ○及夫人嬴氏. 96-
11 ○屬百官. 96-12 ○食貢. 96-19 ○說. 97-1 ○以二軍下. 97-4 命
○胙侑. 97-7 ○請隧. 97-7 賜○南陽陽樊溫原州陘絺組攢茅之田.
97-8 ○圍之. 97-11 ○曰. 97-15 文○伐原. 97-17 ○令疏軍而去之.
97-17 ○曰. 97-19 文○立四年. 97-21 ○率齊秦. 97-21 ○告大夫曰.
97-22 ○曰. 97-24 ○說. 98-2 ○說. 98-10 文○誅觀狀以伐鄭. 98-
18 ○弗許. 98-18 ○聽其辭. 98-22 夫晉○子賢明. 98-23 ○問於箕
鄭曰. 99-3 ○曰. 99-3 ○曰. 99-4 ○使爲箕. 99-7 文○問元帥於趙
衰. 99-9 ○從之. 99-11 ○使趙衰爲卿. 99-12 ○使原季爲卿. 99-15
○曰. 99-20 ○曰. 99-23 文○學讀書於臼季. 100-1 文○問於郭偃曰.
100-3 文○問於胥臣曰. 100-6 惠于宗○. 100-21 ○曰. 100-22 ○曰.
100-23 文○即位二年. 101-4 ○曰. 101-5 文○曰. 102-6 齊桓○親
舉管敬子. 102-9 ○曰. 102-9 ○見之. 102-11 趙宣子言韓獻子於靈
○. 103-1 宋人弒昭○. 103-10 趙宣子請師於靈○. 103-10 ○曰. 103
-10 ○許之. 103-13 靈○虐. 103-22 ○患之. 103-22 靈○將殺趙盾.
104-1 趙穿攻○於桃園. 104-1 逆○子黑臀而立之. 104-1 實爲成○.
104-2 齊頃○使婦人觀而笑之. 104-3 ○曰. 105-2 ○曰. 105-3 ○曰.
105-5 厲○將伐鄭. 108-6 厲○六年. 108-12 ○使擊之. 108-13 ○說.
108-19 惠○不復舍. 110-2 厲○之所以死者. 110-14 范匄自○族趨
過之. 110-16 卒於○. 111-2 ○使覘之. 111-10 欒書弒厲○. 111-17
寔爲悼○. 111-17 而言於○曰. 111-19 ○曰. 111-20 厲○弒. 111-
25 欒武子中行獻子圍○於匠麗氏. 112-1 既弒厲○. 113-4 欒武子使
智武子彘恭子如周迎悼○. 113-4 ○言於諸大夫曰. 113-5 ○親見之.
113-19 ○即位. 113-20 獲楚○子穀臣. 113-22 欒伯請○族大夫. 114
-15 ○曰. 114-15 爲○族大夫. 114-21 ○知祁奚之果而不淫也. 114
-22 ○以趙文子爲文也. 115-5 ○始合諸侯. 115-6 ○以魏絳爲不犯.
115-9 ○譽達于戎. 115-10 ○子揚干亂行於曲梁. 115-13 ○謂羊舌
赤曰. 115-14 僕人授○. 115-17 ○讀書曰. 115-18 ○跣而出. 115-
20 ○問焉. 115-23 ○使祁午爲軍尉. 116-3 歿平○. 116-3 ○曰. 116
-6 ○說. 116-10 使○族穆子受事於朝. 116-12 厲○之亂. 116-12 無
忌備○族. 116-12 悼○聞之. 116-15 使掌○族大夫. 116-16 悼○使
張老爲卿. 116-17 可以利○室不忘. 116-18 ○五命之. 116-20 ○伐
鄭. 116-21 ○錫魏絳女樂一八. 116-23 ○曰. 117-3 悼○與司馬侯升
臺而望. 117-6 ○曰. 117-7 ○曰. 117-8 平○六年. 118-4 ○遂逐羣
賊. 118-4 ○曰. 118-10 弒厲○以厚其家. 118-15 ○許諾. 119-4 自
文○以來. 119-5 范宣子以○入于襄○之宮. 119-7 是以沒平○之身.
119-8 獻諸○. 119-10 ○曰. 119-11 ○說. 119-17 魯襄○使叔孫穆
子來聘. 119-25 ○族之不恭. 120-13 ○室之有回. 120-13 平○說新
聲. 121-18 ○室其將卑乎. 121-18 平○射鴳. 121-23 ○怒. 121-23
秦景○使其弟鍼來求成. 122-9 平○聞之. 122-16 ○室懼卑. 122-17
沒平○無楚患. 123-5 ○子辱於弊邑. 124-22 平○有疾. 125-5 秦景
○使醫和視之. 125-5 平○薨. 125-22 楚○子干來仕. 125-23 韓宣子
問二○子之祿焉. 125-24 夫二○子者. 125-25 秦○子富. 126-1 鄭簡
○使○孫成子來聘. 126-7 平○有疾. 126-7 ○侯祀百辟. 126-15 ○
見子產. 126-18 其富半○室. 127-2 言於○. 129-8 從姬氏於○宮.
130-21 有孝德以出在○族. 130-21 及景子長於○宮. 130-24 衛莊○
爲右. 131-10 衛莊○將禱. 131-13 敢昭告于皇祖文王烈祖康叔文祖
襄○昭考靈○. 131-14 桓○爲司徒. 135-4 ○曰. 135-23 其後皆爲王
○侯伯. 136-12 ○曰. 137-1 ○曰. 137-5 虢○從矣. 138-20 ○曰.
138-23 ○曰. 138-25 ○說. 139-2 幽王八年而桓○爲司徒. 139-4 椒
舉娶於申○子牟. 141-25 彼有○族甥舅. 142-9 申○子儀父爲師. 142
-16 或譖析○臣於王. 142-19 析○奔晉. 142-20 則析○之爲也. 142
-21 昔陳○子夏. 143-3 爲御叔娶於鄭穆○. 143-3 賜申○巫臣. 143
-5 則申○巫臣之爲也. 143-9 則宋○鄭伯. 144-3 唯其以○侯爲官

正也. 144-17 叔段以京患莊○. 145-9 衛蒲戚寔出獻○. 145-11 宋蕭蒙寔弑昭○. 145-11 魯弁費寔弱襄○. 145-12 左史倚相廷見申○子亹. 146-2 昔衛武○年數九十有五矣. 146-7 謂之睿聖武○. 146-15 白○子張驟諫. 146-22 白○又諫. 147-1 升以爲○. 147-6 自○以下. 151-19 王○之子弟之質. 152-2 ○馬足以稱賦. 152-10 ○貨足以賓獻. 152-10 鄖○之弟懷將弑王. 153-15 鄖○辛止之. 153-16 鄖○曰. 153-17 鄖○以王奔隨. 153-23 定○饗之. 154-15 以胡○入於貝水. 157-1 戕懿○於囿竹. 157-2 遂使爲白○. 157-7 及白○之亂. 157-9 葉○聞之. 157-9 殺白○而定王室. 157-11 以會晉○午於黃池. 161-23 用命孤禮佐周○. 164-10 而曰吴○. 164-14 吴○先歃. 164-16 ○醫守之. 171-21 ○與之母. 171-22 ○與之餼. 171-23

【月】 33

○祀. 1-23 日○底于天廟. 4-2 於是乎有朝日夕○. 9-7 ○會. 15-12 九○除道. 16-6 十○成梁. 16-6 ○在天駟. 31-5 ○之所在. 31-10 王以二○癸亥夜陳. 31-16 少采夕○. 48-11 不○長. 53-7 正○之朝. 55-23 正○之朝. 57-7 三○. 75-1 何○也. 75-2 其九○十○之交乎. 75-4 公在秦三○. 84-6 日○不處. 88-7 秦伯賦六○. 93-22 十○. 94-15 十二○. 94-15 三○. 111-25 二○. 113-20 七○. 147-24 遠不過三○. 150-25 日祭○享時類歲祀. 151-5 卿大夫舍○. 151-5 日○會于龍豵. 151-7 三○釋其政. 171-23 至於玄○. 176-24 日○以爲常. 177-10 ○盈而匡. 177-12

【氏】 95

犬戎○以其職來王. 2-8 王師敗績于姜○之戎. 5-11 帥傅○及祝史. 8-7 民將築臺於夏○. 15-23 南冠以如夏○. 15-25 以淫於夏○. 17-6 陳侯殺於夏○. 17-12 東門○來告亂. 18-8 夫郤○. 21-22 ○曰有夏. 24-12 ○曰有呂. 24-13 故亡其○姓. 24-19 命姓受○. 24-25 我姬○出自天黿. 31-7 若劉○. 32-25 劉○亡. 33-6 昔烈山○之有天下也. 38-5 共工○之伯九有也. 38-7 故有虞○禘黃帝而祖顓頊. 38-13 夏后○禘黃帝而祖顓頊. 38-13 有虞○報焉. 38-15 夏后○報焉. 38-16 苦成○有三亡. 41-14 若鮑○有釁. 41-18 昔欒○之亂. 46-20 如季○. 47-21 子將庀季○之政焉. 48-1 季○之婦不淫矣. 48-25 公父○之婦. 49-14 季○之婦. 49-17 防風○後至. 49-21 汪芒○之君也. 49-25 在虞夏商爲汪芒○. 50-2 僬僥○長三尺. 50-4 此肅慎○之矢也. 50-10 於是肅慎○貢楛矢石砮. 50-12 肅慎○之貢矢. 50-13 故分陳以肅慎○之貢. 50-15 有蘇○以妲己女焉. 63-5 伯○不出. 65-11 臣聞皋落○將戰. 69-9 不聽伯○. 73-12 伯○不出. 73-14 伯○苟出. 73-14 妾告姜○. 87-22 姜○殺之. 87-22 吾食舅○之肉. 88-21 狐○出自唐叔. 90-16 方雷○之甥也. 92-5 彤魚○之甥也. 92-5 唯青陽與蒼林○. 92-12 昔少典娶于有蟜○. 92-13 所不與舅○同心者. 94-18 公及夫人嬴○. 96-11 舍於逆旅甯嬴○. 102-12 欒武子中行獻子圍公於匠麗○. 112-1 昔者吾畜於趙○. 112-3 卻退秦師于輔○. 114-7 且夫欒○之誣晉國久也. 118-14 若滅欒○. 118-16 滅欒○. 119-8 執政使欒○之臣勿從. 119-9 從欒○者大戮施. 119-9 欒○之臣辛俞行. 119-10 無從欒○而從君. 119-12 世隸於欒○. 119-14 終滅羊舌○之宗者. 119-24 爲陶唐○. 120-1 在夏爲御龍○. 120-2 在商爲豕韋○. 120-2 在周爲唐杜○. 120-2 爲范○. 120-3 遂施邢侯○. 128-12 董叔將娶於范○. 129-16 范○富. 129-16 從姬○於公宮. 130-21 失趙○之典刑. 130-23 以其賞如伯樂○. 131-6 今范中行○之臣. 132-6 夫范中行○不恤庶難. 132-19 爲輔○. 133-12 及智○之亡也. 133-13 三年而智○亡. 133-18 夫郤○有車轅之難. 133-22 遂滅智○. 134-5 薳○將起之. 136-2 夫黎爲高辛○火正. 136-5 若敖○離矣. 142-14 莊王既以夏○之室. 143-4 ○姓之出. 149-16 故重黎○世敘天地. 150-6 而爲司馬○. 150-8 滅若敖○. 152-19 盍求若敖○與子干子晳之族而近之. 156-23 乃入芋尹申亥○焉. 160-15

【勿】 25

王其○賜. 18-15 能○從乎. 20-14 ○使雜處. 53-15 令○使遷徙. 55-17 君欲○恤. 68-10 爾○憂. 68-17 孰能○從. 77-14 志道者○忘. 81-3 ○予羅. 82-3 不若○予. 82-12 ○用有攸往. 94-8 故曰○用有攸往. 94-11 使○兜. 107-10 爲我○失. 115-15 莫能○從. 118-13 執政使欒氏之臣○從. 119-9 ○令遠聞. 122-2 令之○讐也. 124-11 非僚○從. 128-23 經始○亟. 145-1 王姑○怪. 176-19 王姑○許也. 177-5 固守○與. 177-15 王姑○許. 178-7 吾欲○許. 178-7

【丹】 6

協於○朱. 7-21 ○朱憑身以儀之. 7-21 其○朱之神乎. 7-24 莊公○桓宮之楹. 35-2 故堯有○朱. 140-7 皆赤裳赤旟○甲朱羽之矰. 163-6

【卬】 1

有原以○浦. 101-2

【卞】 6

聞季武子襲○. 44-24 魯既不違夙之取○也. 45-1 季武子取○. 45-7 ○人將畔. 45-7 何必○. 45-9 ○有罪而子征之. 45-9

【六】 33

太保○之. 4-25 十○年. 9-23 襄王十○年. 10-18 ○年. 17-12 十○年. 18-8 天○地五. 22-24 平之以○. 30-13 夫○. 30-14 所以宣養○氣九德也. 30-15 ○曰無射. 30-19 爲之○閒. 30-20 ○閒應鍾. 30-24 所以厲○師. 31-19 重之以○德. 43-19 九妃○嬪. 53-4 而慎用其○柄焉. 53-14 工商之鄉○. 54-21 兵車之屬○. 59-11 十○年. 66-22 ○年. 74-19 二十○年. 75-21 白玉之珩○雙. 79-4 ○年. 82-15 秦伯賦○月. 93-22 厲公○年. 108-12 平公○年. 118-4 和○律以聰耳. 137-11 以一純二精三牲四時五色○律七事八種九祭十日十二辰以致之. 150-19 ○畜玩好必從. 154-13 ○而已. 155-5 是○德者. 155-24 今壹五○. 156-18 以其私卒君子○千人爲中軍. 168-12

【文】 211

是故周○公之頌曰. 1-5 以○修之. 1-8 則修○. 2-1 有○告之辭. 2-5 思○后稷. 3-13 虢○公諫曰. 3-22 襄王使太宰○公及內史興. 9-25 賜晉○公命. 9-25 立晉○公. 10-18 周○公之詩曰. 11-6 晉○公納之. 12-22 晉○公既定襄王于郟. 12-23 ○公遂不敢請. 13-16 以陽樊賜晉○公. 13-17 ○不可匿. 13-24 匿○不昭. 13-24 ○章比象. 15-13 季○子孟獻子皆儉. 17-14 其行也○. 22-17 能○則得天地. 22-18 ○之恭也. 22-18 ○之實也. 22-19 ○之孚也. 22-19 ○之愛也. 22-19 ○之制也. 22-19 ○之輿也. 22-20 ○之帥也. 22-20 ○之施也. 22-20 ○之本也. 22-20 ○之慈也. 22-21 ○之材也. 22-21 ○之象也. 22-25 ○王質○. 22-25 夫子被○矣. 22-25 被○相德. 23-4 及○武成康. 25-13 而○始平之. 25-14 小不從○. 26-5 成王能明○昭. 26-22 昭顯○德. 31-21 劉○公與萇弘欲城周. 32-4 臧○仲言於莊公曰. 35-13 ○仲曰. 35-19 ○仲以鬯圭與玉磬. 35-23 臧○仲欲以辭告. 36-7 ○仲曰. 36-10 臧○仲言於僖公曰. 37-1 衛侯聞其臧○仲之爲也. 37-13 晉○公解曹地以分諸侯. 37-16 僖公使臧○仲往. 37-16 臧○仲使國人祭之. 37-25 ○王以○昭. 38-12 祖○王而宗武王. 38-15 ○仲聞柳下季之言. 39-3 ○公欲弛孟○子之宅. 39-6 臧○仲聞之曰. 39-13 莫若○武. 39-25 未嘗躋湯與○武. 40-1 以書命季○子. 40-10 謝季○子. 41-10 季○子相宣成. 42-3 ○子曰. 42-5 ○子以告孟獻子. 42-8 ○子聞之. 42-9 夫歌○王大明緜. 43-10 心之○也. 45-20 必○於外. 45-20 季康子問於公父○伯之母. 47-11 公父○伯飲南宮敬叔酒. 47-16 ○伯之母聞之. 47-18 公父○伯之母. 47-21 公父○伯退朝. 48-2 ○伯曰. 48-2 公父○伯之母. 49-1 公父○伯之母. 49-5 欲室○伯. 49-5 公父○伯卒. 49-9 公父○伯之母. 49-16 而暮哭○伯. 49-16 衣必○繡. 53-5 世法○武遠績以成名. 53-9 行○道. 59-12 有事於○武. 59-15 ○事勝矣. 60-20 及○公入. 81-3 實爲○公. 86-4 ○公在狄十二年. 87-4 而知○公之安齊. 87-21 衛○公有邢狄之虞. 88-25 ○之昭也. 89-5 出自○王. 89-22 ○武之功. 89-23 而○以忠貞. 90-9 鄭○公亦不禮焉. 90-14 與晉○侯. 90-21 ○侯之功. 90-24 敏而有○. 91-17 吾不如衰之○也. 93-5 ○也. 94-7 ○武具. 94-7 ○公踰垣. 95-9 悔納○公. 96-1 ○公之出也. 96-7 繼○之業. 96-25 ○公伐原. 97-17 ○公立四年. 97-21 ○公誅觀狀以伐鄭. 98-18 ○公問元帥於趙衰. 99-9 ○公學讀書於臼季. 100-1 ○公問於郭偃曰. 100-3 ○公問於胥臣曰. 100-6 大任娠○王不變. 100-12 而得○王. 100-12 ○王在母不憂. 100-13 則○王非專教誨之力也. 100-21 ○益其質. 100-22 ○公即位二年. 101-4 ○公曰. 102-6 身之○也. 102-16 言○而發之. 102-17 范○子暮退於朝. 104-8 范○子後入. 104-23 范○子見. 105-3 趙○子冠. 107-4 見范○子. 107-7 ○子曰. 107-7 成子之○. 107-19 可不謂○乎. 107-20 而納之以成子之○. 107-22 范○子不欲. 108-6 ○子曰. 108-9 范○子不欲. 109-3 范○子不欲. 109-6 范○子將下軍. 109-16 范○子不欲. 109-17 范○子曰. 110-6 范○子執戈逐之. 110-17 范○子立於戎馬之前. 110-20 范○子謂其宗祝曰. 110-24 范○子卒. 111-2 ○子之母弟也. 114-2 ○子勤身. 114-3 使令狐○子佐之. 114-6 荀會○敏. 114-15 使○敏者導之. 114-17 ○敏者導之. 114-19 公以趙○子爲○也. 115-5 令狐○子卒. 115-8 自○公以來. 119-5 魯先大夫臧○仲. 120-4 佐○襄爲諸侯. 121-5 及○子成晉荆之盟. 121-8 ○子聞之. 122-20 叔向謂趙○子曰. 123-6 趙○子謂叔孫曰. 123-17 ○子將請之於楚. 123-25 ○子曰. 124-2 趙○子爲室. 124-7 ○子聞之. 124-7 ○子歸. 124-11 ○子曰. 124-12 趙○子與叔向遊於九原. 124-14 ○子曰. 124-16 ○子曰. 124-17 趙○子見之. 124-21 ○子曰. 124-22 ○子曰. 124-23 ○子視日. 124-24 ○子出. 124-25 趙○子卒. 125-4 趙○子聞之. 125-8 ○子曰. 125-13 ○子曰. 125-15 夫○. 125-19 ○子曰. 125-20 趙○子卒. 125-22 ○錯其服. 126-4 昔先主○子少釁於難. 130-20 有○之典刑. 131-1 敢昭告于皇祖○王烈祖康叔○祖襄公昭考靈公. 131-14 道之以○. 132-5 巧○辯惠則賢. 133-9 物一無○. 137-17 武實昭○之功. 138-23 ○之祚盡. 138-24 晉○侯於是乎定天子. 139-6 ○王有管蔡. 140-8 則○詠物以行之. 140-19 明昭利以導之○. 141-1 書之以○. 145-20 ○王至於日中昃. 146-16 ○王猶不敢驕. 146-18 齊桓晉○. 147-14 桓○皆然. 147-17 地事○. 151-25 昔鬬子○三舍令尹. 152-13 成王聞子○之朝. 152-14 以羞子○. 152-14 成王每出子○之祿. 152-15 人謂子○曰.

152-16 唯子○之後在. 152-19 惠王以梁與魯陽○子. 155-11 ○子辭. 155-11 奉○犀之渠. 163-3 收○武之諸侯. 164-7 ○武寔舍其衷. 165-6

【方】 59

官不易○. 12-5 規○千里. 12-24 ○上而銳下. 18-14 旅力○剛. 19-6 而○不順時. 25-19 ○之時動. 26-3 ○非時動. 26-6 以殖義○. 28-25 今魚○別孕. 41-5 及○城. 44-24 其母○績. 48-2 使各以其○賄來貢. 50-11 分異姓以遠○之職貢. 50-15 制禮義可法於四○. 52-8 施於四○. 53-24 以周四○. 54-4 以○行於天下. 55-21 使周遊於四○. 58-1 使民黷之四○. 58-2 踰○城. 58-24 ○舟設洲. 59-5 今晉國之○. 63-18 利○以求成人. 72-10 ○亂以擾. 77-13 西○之書有之曰. 88-8 ○雷氏之甥也. 92-5 四○諸侯. 93-20 官○定物. 96-14 於是乎用四○之賢良. 100-16 而遠人以其○賄歸之. 108-9 ○事之殷也. 108-23 使張老延君譽于四○. 115-4 於是無四○之患. 121-10 ○臣之少也. 130-8 東○之士. 132-11 南○不可乎. 135-23 具萬○. 137-13 求財於有○. 137-16 ○戮在路. 138-11 申繒西戎○彊. 138-15 王室○騷. 138-16 ○將德申. 138-19 申呂○彊. 138-19 昔莊王○弱. 142-16 若子○壯. 146-6 以余正四○. 147-4 旁求四○之賢. 147-5 不可○物. 149-22 無令名於四○. 152-21 帥○城之外以入. 157-11 雖四○之諸侯. 159-6 四○歸之. 159-16 不修○城之內. 160-9 王其無○收也. 160-19 以刈殺四○之蓬蒿. 161-3 萬人以爲○陣. 163-4 夫雖無四○之憂. 170-7 四○之民歸之. 171-17 四○之士來者. 172-1

【火】 24

○朝覿矣. 15-20 ○見而清風戒寒. 16-4 ○之初見. 16-8 ○朝覿矣. 16-9 ○師監燎. 16-20 ○無災燀. 24-9 而○焚其彝器. 25-20 歲在鶉○. 31-5 水○之所犯. 32-15 ○中成軍. 75-4 ○中而旦. 75-4 歲在大○. 88-16 歲在大○. 94-22 公出救○. 96-2 公宮○. 96-6 犨瞶司○. 100-25 夫黎爲高辛氏○正. 136-5 夫成天地之○功者. 136-8 故先王以土與金木水○雜. 137-10 命○正黎. 150-3 珠足以禦○災. 155-8 出○竈. 163-1 望之如○. 163-7 猶救○追亡人也. 177-2

【斗】 1

辰在○柄. 31-6

【心】 130

夫民慮之於○. 3-4 是故祓除其○. 8-24 祓除其○. 8-25 以惡實○. 9-4 若將廣其○. 9-16 然則民莫不審固其○力. 12-5 豈敢猒縱其耳目○腹. 13-4 五色精○. 15-14 而知其○矣. 21-13 其○必異矣. 21-14 播其淫○. 24-3 民無淫○. 24-10 克厭帝○. 24-11 謂其能爲禹股肱○膂. 24-14 必有慆淫之○閒之. 24-18 必有忠信之○閒之. 24-23 亶厥○. 26-21 廣厚其○. 27-2 ○之樞機也. 28-22 則歸○焉. 28-25 上得民○. 28-25 民以○力. 29-2 各有離○. 29-7 以逞淫○. 30-2 衆○成城. 30-9 知夫苟中○圖民. 34-12 有其○矣. 45-19 若無其○. 45-19 ○之文也. 45-20 貳○必失諸侯. 46-14 思則善○生. 48-7 忘善則惡○生. 48-7 君子勞○. 48-21 誰敢淫○舍力. 48-22 其○安焉. 53-20 其○安焉. 53-25 其○安焉. 54-6 其○安焉. 54-15 與諸侯戮力同○. 59-4 國移○焉. 62-13 民之疾○. 64-17 必惡○. 64-25 從其惡○. 65-1 民各有○. 65-24 鮮有慢○. 66-6 小○精潔. 66-7 則啓戎○. 66-15 戎之生○. 66-16 以相○目. 67-3 以役○目. 67-4 以違○目. 67-5 君有異○. 67-14 故告之以離○. 69-4 則必惡其○而害其身矣. 69-4 惡其○. 69-5 抑欲測吾○也. 70-7 君故生○. 70-8 且人中○唯無忌之. 72-6 我無○. 72-7 君爲我○. 72-8 長廉以驕○. 72-9 不能深知君之○度. 72-20 小○狷介. 72-20 失其○矣. 75-19 君子失○. 75-19 使百姓莫不有藏惡於其○中. 76-12 則民各有○. 77-18 ○之哀兮. 80-13 無貳爾○. 88-1 敢不盡○. 89-10 戮力一○. 90-22 誰啓之○. 91-8 同德則同○. 92-17 同○則同志. 92-17 重耳敢有惰○. 93-23 所不與舅氏同○者. 94-18 然是吾惡○也. 96-4 沐則○覆. 96-8 ○覆則圖反. 96-8 信於君○. 99-4 信於君○. 99-5 於是乎民知君○. 99-6 三軍之○. 104-17 莫有鬬○. 108-19 有直質而無流○. 116-1 則民○皆可畜. 118-13 畜其○而知其欲惡. 118-13 ○以守志. 119-17 且吾子之○有出焉. 120-9 諸侯皆有二○. 120-24 諸侯無二○. 121-5 其臣不○競而力爭. 122-17 美惡一○也. 123-24 夫守而二○. 128-16 爾○事君. 129-3 無有二○. 129-5 爲君子之○. 130-5 民無二○. 130-10 瑤之佷在○. 133-5 ○佷敗國. 133-6 是皆有驕侈怠慢之○. 135-14 是天啓之○也. 136-3 正七體以役○. 137-12 王○怒矣. 138-20 以戒勸其○. 140-12 其法刑在民○. 141-20 與王○違. 142-12 而有遠○. 144-19 豈不使諸侯之○惕惕焉. 145-22 啓乃○. 147-7 沃朕○. 147-7 ○類德音. 147-14 而○率舊典者. 149-16 以其不違○. 151-23 民多闕則有離叛之○. 152-11 夫民○之慍也. 152-25 其○又狷而不絜. 156-1 思舊怨以修其○. 156-8 詐謀之○. 156-17 狼子野○. 156-22 以廣侈吳王之○. 158-10 將必寬然有伯諸侯之○焉. 158-11 以○孤句踐. 158-16 非實忠○好吳也. 159-10 猶人之有腹○之疾也. 160-2 夫越王之不忘敗吳於其○也. 160-2 而以覺寤王○. 161-12 以廣民○. 162-19 余○豈忘憂恤. 165-11 於是人有致死之○. 168-8

【尹】 37

闞○以告. 16-17 門○除門. 16-18 其令○也. 45-15 師○維旅. 48-10 於是乎與伊○比而亡夏. 63-4 令○子玉曰. 91-14 伊○放太甲. 95-20 宋人使門○班. 97-22 令○子玉使宛春來告. 98-4 而訪於辛○. 100-19 王使工○襄問之以弓. 108-22 與連○襄老. 113-23 楚令○子木欲襲晉軍. 122-18 楚令○圍將以魯叔孫穆子爲戮. 123-16 夫楚令○有欲於楚. 123-17 趙簡子使○鐸爲晉陽. 130-13 ○鐸損其戶數. 130-14 而無以○鐸爲少. 130-15 趙簡子使○鐸爲晉陽. 130-17 ○鐸往而增之. 130-18 夫○鐸曰. 131-2 以免難之賞賞○鐸. 131-5 伯樂與○鐸有怨. 131-6 ○鐸之所寬也. 134-14 見令○子木. 142-6 昔令○子元之難. 142-10 右○子革侍. 145-24 芋○申亥從靈王之欲. 148-5 鬬且廷見令○子常. 152-6 令○其不免乎. 152-7 吾見令○. 152-7 令○問蓄聚積實. 152-7 昔鬬子文三舍令○. 152-13 至於今令○秩之. 152-15 見藍○亹載其孥. 153-5 藍○亹曰. 154-2 乃入芋○申亥氏焉. 160-15

【尺】 6

不過步武○寸之閒. 28-14 僬僥氏長三○. 50-4 其長○有咫. 50-8 其長○有咫. 50-12 天威不違顏咫○. 59-18 而無尋○之祿. 126-5

【引】 3

是以國家不日○. 53-7 ○黨以封己. 122-7 緬然○領南望. 143-12

【弔】 8

而○其憂. 44-14 乃使公子縶○公子重耳于狄. 78-8 寡君使縶○公子之憂. 78-9 君惠○亡臣. 78-14 ○公子夷吾于梁. 78-18 如○公子重耳之命. 78-18 將○不暇. 127-6 ○有憂. 171-10

【丑】 4

丁○. 86-1 辛○. 95-5 將以己○焚公宮. 96-1 及己○. 96-5

【巴】 1

○浦之犀犛兕象. 147-22

【孔】 6

陳靈公與○寧儀行父. 15-24 昔○甲亂夏. 32-16 天子使宰○. 59-14 使○致胙. 59-15 宰○謂其御曰. 75-15 使師崇子○帥師以伐舒. 142-17

【以】 1690

○文修之. 1-8 故能保世○滋大. 1-9 ○服事虞夏. 1-10 守○敦篤. 1-14 奉○忠信. 1-14 而加之○慈和. 1-16 ○致戎于商牧. 1-18 是○近無不聽. 2-7 犬戎氏○其職來王. 2-8 予必○不享征之. 2-9 其有○禦我矣. 2-11 得四白狼四白鹿○歸. 2-12 衆○美物歸女. 2-15 而何德○堪之. 2-15 ○告. 2-19 道路○目. 2-20 是○事行而不悖. 3-1 其所○阜財用衣食者也. 3-4 ○是教王. 3-11 ○至于今. 3-15 是○及此難. 3-19 王其○我爲懟而怒乎. 3-20 乃○其子代宣王. 3-21 稷○告. 4-6 ○命我司事. 4-6 瞽帥音官○風土. 4-19 ○干農功. 5-5 將何○求福用民. 5-9 魯武公○括與戲見王. 5-12 所○爲順也. 5-14 何○知之. 5-21 於是乎又審之○事. 6-4 無○賦令. 6-8 其德足○昭其馨香. 7-8 其惠足○同其民人. 7-8 是○或見神○興. 7-13 亦或○亡. 7-14 丹朱憑身○儀之. 7-21 使太宰○祝史帥狸姓. 8-3 昔堯臨民○五. 8-5 ○告王曰. 8-9 精意○享. 8-11 ○逞其違. 8-11 ○告王曰. 8-16 無○萬夫. 8-19 先王知大事之必○濟衆也. 8-23 ○和惠民. 8-24 考中度衷○莅之. 8-24 昭明物則○訓之. 8-25 制義庶孚○行之. 8-25 ○惡實心. 9-4 將何○守國. 9-5 ○教民事君. 9-7 ○臨其民. 9-8 ○儆其官. 9-9 ○共其上. 9-9 故爲車服旗章○旌之. 9-10 爲贄幣瑞節○鎮之. 9-10 爲班爵貴賤○列之. 9-11 爲令聞嘉譽○聲之. 9-11 而況可○淫縱其身乎. 9-14 將何○固守. 9-17 晉侯端委○入. 10-3 太宰○王命. 10-3 而加之○宴好. 10-5 ○告王曰. 10-6 則德○導諸侯. 10-7 且禮所○觀忠信仁義也. 10-8 忠所○分也. 10-9 仁所○行也. 10-9 信所○守也. 10-9 義所○節也. 10-9 ○諸侯朝王于衡雍. 10-18 將○狄伐鄭. 11-5 今○小忿棄之. 11-10 是○小怨置大德也. 11-10 ○怨報德. 11-13 夫義所○生利也. 11-13 祥所○事神也. 11-14 仁所○保民也. 11-14 王其不可○棄之. 11-16 王降狄師○伐鄭. 11-18 將○其女爲后. 11-19 ○役上令. 12-5 各○利退. 12-7 王○狄女閒姜任. 12-13 又登叔隗○階狄. 12-16 ○及此難. 12-19 王其○我爲懟乎. 12-19 乃○其屬死之. 12-20 故○其黨啓狄人. 12-21 王勞之○地. 12-23 ○爲甸服. 12-25 ○供上帝山川百神之祀. 12-25 ○備百姓兆民之用. 12-25 ○待不庭不虞之患. 12-25 其餘○均分公侯伯子男. 13-1 ○順及天地. 13-2 足○供給神祇而已. 13-3 ○亂百度. 13-4 ○臨長百姓. 13-5 ○勤叔父. 13-7 ○賞私德. 13-8 ○非余一人. 13-8 ○創制天下. 13-10 ○鎮撫百姓. 13-10 ○復先王之職. 13-12 余何敢○私勞變前之大章. 13-14 ○忝天下. 13-14 ○陽樊賜晉文公. 13-17 王○晉君爲能德. 13-18 故勞之○陽樊. 13-18 是○未從於晉. 13-19 ○懷柔之. 13-19 何足○辱師. 13-23 而祗○覿武. 13-25 臣是○懼. 13-25 原公○告. 14-21 ○奬王室. 14-24 欲○貽女. 14-25 ○亂前好. 15-1 ○時相見. 15-4 ○示民訓則. 15-5 ○示容合好. 15-8 將○講事

成章. 15-10 飫〇顯物. 15-11 宴〇合好. 15-11 於是乎修執秩〇爲晉法. 15-17 〇聘於楚. 15-19 南冠〇如夏氏. 15-25 此先王所〇不用財賄. 16-8 列樹〇表道. 16-11 立鄙食〇守路. 16-11 所〇禦災也. 16-12 關尹〇告. 16-17 行理〇節逆之. 16-17 百官〇物至. 16-21 則〇班加一等益虔. 16-23 承王命〇爲過賓於陳. 17-1 〇承天休. 17-4 〇淫於夏氏. 17-6 棄衮冕而南冠〇出. 17-7 將何〇守國. 17-10 寬所〇保本也. 17-19 肅所〇濟時也. 17-19 宣所〇教施也. 17-19 惠所〇和民也. 17-19 惠〇和民則阜. 17-20 乃可〇長保民矣. 17-21 敬所〇承命也. 17-22 恪所〇守業也. 17-22 恭所〇給事也. 17-22 儉所〇足用也. 17-22 〇敬承命. 17-23 〇恪守業. 17-23 〇恭給事. 17-23 〇儉足用. 17-23 則可〇上下無隙矣. 17-25 所〇爲令聞長世也. 18-1 用足則族可〇庇. 18-2 不可〇事二君. 18-5 不可〇事三君. 18-6 若登年〇載其毒. 18-6 是〇不主寬惠. 18-17 説〇語王. 18-19 邵公〇告單襄公曰. 18-24 〇爲必相晉國. 18-25 可〇樹. 19-1 〇晉國之克也. 19-1 德薄而〇地賂諸侯. 19-3 有五勝〇伐五敗. 19-9 不可〇不戰. 19-10 反之〇仁. 19-11 自下軍之佐〇政. 19-16 而〇政. 19-17 君〇爲奚若. 19-19 非〇讓也. 19-21 其何〇待之. 20-2 故儆之〇晉. 20-4 〇爲己力. 20-5 〇義死用謂之勇. 20-8 故制戎〇果毅. 20-10 制朝〇序成. 20-10 有三姦〇求替其上. 20-12 〇吾觀之. 20-12 夫君子目〇定體. 21-12 足〇從之. 21-12 是〇觀其容. 21-12 目〇處義. 21-13 足〇步目. 21-13 何〇能久. 21-14 則可〇知德矣. 21-17 夫目〇處義. 21-19 足〇踐德. 21-19 口〇庇信. 21-19 耳〇聽名者也. 21-19 吾是〇云. 21-21 可〇戒懼矣. 21-22 而益之〇三怨. 22-2 〇招人過. 22-4 可〇取伯. 22-6 〇車一乘. 22-10 經之〇天. 22-24 緯之〇地. 22-24 故天祚之〇天下. 22-25 可〇得國. 23-1 其母夢神規其臀〇墨. 23-8 其德又可〇君國. 23-12 〇三襲也. 23-13 〇導其氣. 23-20 〇鍾其美. 23-21 是〇民生有財用. 23-22 〇待不虞. 23-24 〇害天下. 24-1 祚〇天下. 24-11 謂其能〇嘉祉殷富生物也. 24-12 命〇侯伯. 24-13 〇養物豐民人也. 24-14 〇有胤在下. 24-16 〇命姓受祀. 24-18 〇殄滅無胤. 24-22 而附之〇令名. 24-25 明〇妨王宮. 25-3 王將防鬭川〇飾宮. 25-10 自后稷〇來寧亂. 25-13 〇逆天休. 25-17 將何〇堪之. 25-17 是〇人夷其宗廟. 25-20 其〇徼亂也. 26-1 而加之〇無私. 26-18 重之〇不殺. 26-18 〇爲卿佐. 26-19 〇固龢之. 27-2 〇應成德. 27-3 〇佐王室. 27-8 〇混厚民人者. 27-9 〇振救民. 27-12 則爲作重幣〇行之. 27-12 而又離民〇佐災. 27-19 則何〇經國. 27-21 何〇出令. 27-21 故聖人樹德於民〇除之. 27-22 故君子得〇易樂干祿焉. 27-25 且絕民用〇實王府. 28-4 〇益其災. 28-7 作重幣〇絕民資. 28-10 又鑄大鍾〇鮮其繼. 28-11 生何〇殖. 28-12 且夫鍾不過〇動聲. 28-12 夫鍾聲〇爲耳也. 28-13 不可〇爲目也. 28-14 鍾聲不可〇知和. 28-19 制度不可〇出節. 28-20 夫樂不過〇聽耳. 28-21 而美不過〇觀目. 28-21 〇言德於民. 28-24 〇殖義方. 28-25 是〇作無不濟. 28-25 〇爲憲令. 29-1 正之〇度量. 29-2 民〇心力. 29-2 言〇信名. 29-3 明〇時動. 29-4 名〇成政. 29-4 動〇殖生. 29-4 其何〇能樂. 29-8 第〇及羽. 29-12 財〇備器. 29-12 樂〇殖財. 29-13 是〇金尚羽. 29-13 聲〇和樂. 29-15 律〇平聲. 29-16 金石〇動之. 29-16 絲竹〇行之. 29-16 詩〇道之. 29-16 歌〇詠之. 29-16 匏〇宣之. 29-17 瓦〇贊之. 29-17 革木〇節之. 29-17 〇遂八風. 29-19 於是乎道之〇中德. 29-25 詠之〇中音. 30-1 〇合神人. 30-1 神是〇寧. 30-1 民是〇聽. 30-2 〇逞淫心. 30-2 律所〇立均出度也. 30-12 考中聲而量之〇制. 30-13 紀之〇三. 30-13 平之〇六. 30-13 所〇宣養六氣九德也. 30-15 所〇金奏贊陽出滯也. 30-16 所〇修潔百物. 30-16 所〇安靖神人. 30-17 所〇詠歌九則. 30-18 所〇宣布哲人之令德. 30-19 〇揚沈伏. 30-20 所〇成政也. 31-4 〇數合之. 31-13 〇聲昭之. 31-13 故〇七同其數. 31-14 而〇律和其聲. 31-14 王〇二月癸亥夜陳. 31-16 〇夷則之上宮畢. 31-16 所〇藩屏民則也. 31-18 王〇黃鍾之下宮. 31-18 所〇厲六師. 31-19 〇太蔟之下宮. 31-19 所〇宣三王之德也. 31-21 〇無射之上宮. 31-22 所〇優柔容民也. 31-23 吾〇爲信畜矣. 32-1 〇爲飫歌. 32-9 〇遺後之人. 32-10 是〇爲之日惕. 32-11 不足〇遺後之人. 32-12 〇亡其百姓. 32-14 而幽王蕩〇爲魁陵糞土溝瀆. 32-20 將天〇道補者也. 32-22 〇詐劉子. 32-23 〇從其私欲. 33-1 用巧變〇崇天災. 33-1 勤百姓〇爲己名. 33-2 晉人〇爲討. 33-5 曹劌問所〇戰於莊公. 34-4 是〇用民無不聽. 34-9 今將惠〇小賜. 34-9 祀〇獨恭. 34-9 將何〇戰. 34-10 故不可〇不本. 34-11 必〇情斷之. 34-12 所〇正民也. 34-14 〇正班爵之義. 34-16 何〇訓民. 34-19 不解〇久. 35-4 〇告虔也. 35-11 〇章物也. 35-11 重之〇婚姻. 35-14 申之〇盟誓. 35-14 君盍〇名器請糴于齊. 35-15 是〇國家無違. 35-20 文仲〇鬯圭與玉磬. 35-23 〇紓執事. 36-2 〇救弊邑. 36-2 臧文仲欲〇辭告. 36-7 所〇禦亂也. 36-8 不閒〇辭. 36-8 〇怒大國. 36-9 願〇子之辭行賂焉. 36-10 〇膏沐犒師. 36-12 〇暴露於弊邑之野. 36-13 〇夾輔先王. 36-19 質之〇犧牲. 36-19 其何〇鎮撫諸侯. 36-21 恃此〇不恐. 36-22 〇威民也. 37-3 所〇訓民也. 37-8 〇示親於諸侯. 37-9 且〇動晉. 37-9 其亦不可〇惡. 37-10 晉文公解曹地〇分諸侯. 37-16 〇分諸侯. 37-18 晉不〇固班. 37-19 吾子不可〇不速行. 37-20 〇爲國典. 38-2 〇死勤事則祀之. 38-3 〇勞定國則祀之. 38-3 故祀〇爲稷. 38-6 故祀〇爲社. 38-8 〇明民共財. 38-8 帝嚳能序三辰〇固民. 38-9 堯能單均刑法〇儀民. 38-9 禹能〇德修鯀之功. 38-10 湯〇寬治民而除其邪. 38-11 文王〇文昭. 38-12 加之〇社稷山川之神. 38-19 所〇爲明質. 38-20 民所〇瞻仰也. 38-20 所〇生殖也. 38-21 所〇出財用也. 38-21 〇爲國典. 38-23 難〇爲仁且智矣. 38-23 使書〇爲三筴. 39-4 君議五者〇建政. 39-8 所〇朝夕虔君命也. 39-10 其可〇蓋穆伯. 39-13 先臣惠伯〇命於司里. 39-15 〇致君命者. 39-17 爲有司之〇班命事也. 39-18 〇班徙次. 39-19 〇次世之長幼. 39-22 自玄王〇及主癸. 39-24 自稷〇及王季. 39-25 〇逆訓民亦不祥. 40-4 〇其寶來奔. 40-9 〇書命季文子. 40-10 不憚〇吾故. 40-11 而〇其寶來. 40-11 僕人〇里革對. 40-15 臣〇死奮筆. 40-16 〇爲夏犒. 40-25 〇實廟庖. 41-2 今子圖遠〇讓邑. 41-19 邊人〇告. 41-20 若〇邪臨民. 41-23 人其〇子爲愛. 42-4 吾是〇不敢. 42-6 且吾聞〇德榮爲國華. 42-7 不聞〇妾與馬. 42-7 文子〇告孟獻子. 42-8 子〇君命. 43-5 〇辱從者. 43-6 不腆之樂〇節之. 43-6 君〇諸侯之故. 43-8 貺使臣〇大禮. 43-8 天子所〇饗元侯也. 43-10 皆昭令德〇合好也. 43-11 臣〇爲肄業及之. 43-12 君之所〇貺使臣. 43-13 君之所〇嘉先君之好也. 43-14 君之所〇章使臣之勤也. 43-15 君貺使臣〇大禮. 43-19 重之〇六德. 43-19 〇征不德. 43-20 〇承天子. 43-21 帥教衛〇贊元侯. 43-22 帥賦〇從諸侯. 43-23 是〇上能征下. 43-23 繕貢賦〇共從者. 44-1 〇怒大國. 44-2 魯人〇莒人先濟. 44-9 帥大讎〇憚小國. 44-19 則不如違君〇避難. 44-21 出楚師〇伐魯. 44-24 若得楚師〇伐魯. 45-1 〇服東夷. 45-3 君〇蠻夷伐之. 45-4 〇告曰. 45-7 而敢設服〇見諸侯之大夫乎. 45-19 楚人將〇叔孫穆子爲戮. 45-24 〇衛身也. 46-1 出貨而可〇免. 46-1 承君命〇會大事. 46-2 我〇貨私免. 46-3 則又可〇出貨而成私欲乎. 46-3 雖可〇免. 46-4 君子是〇患作. 46-6 可〇出矣. 46-9 可〇爲能乎. 46-11 不可〇不恭. 46-16 〇從軍吏. 46-23 非〇求遠也. 46-25 〇魯之密邇於齊. 46-25 若〇蠻夷之故棄之. 47-4 〇丘之所聞. 47-8 主亦有〇語肥也. 47-11 何〇語子. 47-12 〇露睹父爲客. 47-16 自卿〇下. 47-24 〇歜之家. 48-2 其〇歜爲不能事主乎. 48-4 自庶人〇下. 48-16 無日〇怠. 48-17 加之〇紘綖. 48-18 加之〇朝服. 48-19 自庶士〇下. 48-19 自上〇下. 48-21 其何〇避辟. 48-23 〇是承君之官. 48-24 〇爲別於男女之禮矣. 49-4 詩所〇合意. 49-7 歌所〇詠詩也. 49-7 今詩〇合室. 49-8 歌〇詠之. 49-8 吾惡其〇好內聞也. 49-10 無〇吾命. 49-19 足〇紀綱天下者. 49-23 陳惠公使人〇隼如仲尼之館. 50-9 使各〇其方賄來貢. 50-11 〇示後人. 50-13 〇分大姬. 50-14 分同姓〇珍玉. 50-14 分異姓〇遠方之職貢. 50-15 故分陳〇肅慎氏之貢. 50-15 〇郇爲首. 50-20 季康子欲〇田賦. 51-2 籍田〇力. 51-3 賦里〇入. 51-4 任力〇夫. 51-4 先王〇爲足. 51-7 是〇濱於死. 52-10 欲〇戮之於羣臣. 52-14 莊公〇問施伯. 52-17 殺而〇其屍授之. 52-20 寡君欲〇親爲戮. 52-20 〇戮於羣臣. 52-21 於是莊公使束縛〇予齊使. 52-22 築臺〇爲高位. 53-2 是〇國家不日引. 53-7 世法文武遠績〇成名. 53-9 設象〇爲民紀. 53-10 式權〇相應. 53-10 比綴〇度. 53-11 勸之〇賞賜. 53-12 糾之〇刑罰. 53-12 〇爲民紀統. 53-12 〇飭其子弟. 53-24 相語〇事. 53-25 相示〇巧. 53-25 相陳〇功. 53-25 〇知其市之賈. 54-3 〇周四方. 54-4 〇其所有. 54-5 〇飭其子弟. 54-5 相語〇利. 54-6 相示〇賴. 54-6 相陳〇知賈. 54-6 〇待時耕. 54-11 〇待時雨. 54-11 〇旦暮從事於田野. 54-12 〇從事於田野. 54-14 有司見而不〇告. 54-17 制國〇爲二十一鄉. 54-20 〇爲二十一鄉. 54-21 〇爲三官. 54-23 則難〇速得志矣. 55-6 則難〇速得志矣. 55-7 則事可〇隱令. 55-8 可〇寄政. 55-8 〇爲軍令. 55-11 春〇蒐振旅. 55-15 秋〇獮治兵. 55-15 足〇不乖. 55-19 足〇相識. 55-19 其歡欣足〇相死. 55-19 〇方行於天下. 55-21 〇誅無道. 55-21 〇屏周室. 55-21 有則〇告. 55-25 有而不〇告. 55-25 有則〇告. 56-2 有而不〇告. 56-2 有則〇告. 56-5 有而不〇告. 56-5 〇告且選. 56-8 惟慎端慤〇待時. 56-9 使民〇勸. 56-9 足〇補官之不善政. 56-10 足〇比成事. 56-11 設之〇國家之患而不疚. 56-11 〇觀其所能. 56-12 升〇爲上卿之贊. 56-12 莫敢〇終歲之議. 56-19 有則〇告. 57-10 有而不〇告. 57-10 有則〇告. 57-12 有而不〇告. 57-12 有則〇告. 57-14 有而不〇告. 57-14 〇守則固. 57-19 〇征則彊. 57-19 〇驟聘眺於諸侯. 57-24 〇安四鄰. 57-25 奉之〇車馬衣裘. 57-25 〇號召天下之賢士. 58-1 〇監其上下之所好. 58-2 制重罪贖〇犀甲一戟. 58-5 輕罪贖〇鞼盾一戟. 58-6 小罪讁〇金分. 58-7 坐成〇束矢. 58-7 美金〇鑄劍戟. 58-8 惡金〇鑄鉏夷斤斸. 58-8 〇魯爲主. 58-11 〇衛爲主. 58-14 〇燕爲主. 58-16 〇約誓于上下庶神. 59-3 〇爾自卑勞. 59-16 〇爲天子羞. 59-19 桓公築夷儀〇封之. 59-24 桓公城楚丘〇封之. 60-1 罷馬〇爲幣. 60-7 縷綦〇爲奉. 60-7 故拘之〇利. 60-9 結之〇信. 60-9 示之〇武. 60-9 〇爲諸侯利. 60-14 〇禦戎狄之地. 60-16 所〇禁暴於諸侯也. 60-16 〇衛諸夏之地. 60-18 所〇示權於中

國也. 60-19 朝服○濟河. 60-20 吾○子見天子. 62-5 報生○死. 62-8 報賜○力. 62-8 臣敢○私利廢人之道. 62-8 君何○訓矣. 62-9 挾○銜骨. 62-12 苟可○攜. 62-15 獲驪姬○歸. 62-16 立○爲夫人. 62-16 故賞女○爵. 62-18 罰女○無肴. 62-18 何○事君. 62-20 若晉○男戎勝戎. 63-1 而戎亦必○女戎勝晉. 63-2 有施人○妹喜女焉. 63-3 有蘇氏○妲己女焉. 63-5 褒人○褒姒女焉. 63-6 召西戎○伐周. 63-9 挾○銜骨. 63-11 黿往離散○應我. 63-12 ○猾其中. 63-14 從政者不可○不戒. 63-15 是○及亡. 63-17 是○讒口之亂. 63-20 可○小戕. 63-21 而猾○齒牙. 63-22 不可○矜. 63-24 吾聞○亂聚者. 64-1 行之○齒牙. 64-3 ○寵賈怨. 64-5 獲驪姬○歸. 64-12 立○爲夫人. 64-12 ○速懸. 64-13 ○儆無辱之故. 64-14 君○驪姬爲夫人. 64-17 ○爲百姓也. 64-18 是○民能欣之. 64-18 故莫不盡忠極勞○致死也. 64-18 ○自封也. 64-19 是○能有常. 64-22 ○厚其欲. 64-25 竭力○役事. 65-5 ○治義也. 65-7 義○生利. 65-7 利○豐民. 65-8 事君○敬. 65-13 事父○孝. 65-13 廢人○自成. 65-15 其臣競諂○求媚. 65-21 其上貪○忍. 65-22 其下偷○幸. 65-22 ○縱其回. 65-24 ○是處國. 65-24 士蔿○告. 65-25 何○事君. 66-2 不可○無主. 66-15 乃可○威民而懼戎. 66-17 ○伐霍. 66-23 恭○俟嗣. 66-24 吾將諫○觀之. 66-25 下不可○貳上. 67-2 ○相心目. 67-3 ○役心目. 67-4 ○制百物. 67-4 ○違心目. 67-5 是○寡敗. 67-7 若○下貳上. 67-7 可○陵小. 67-9 難○征國. 67-9 將○害之. 67-14 其因○罪之. 67-15 無○避罪. 67-15 無乃○國故. 67-23 無○一妾亂百姓. 67-25 衆○爲親. 68-3 ○衆故. 68-4 ○晚蓋者也. 68-5 今夫○君爲紂. 68-7 自桓叔○來. 68-13 我○武與威. 68-14 是○臨諸侯. 68-14 ○皐落狄之朝夕苛我邊鄙. 68-18 使無日○牧田野. 68-19 ○觀其果於衆也. 68-21 佩之○金玦. 69-1 先○觀之. 69-4 故告之○離心. 69-4 而示之○堅忍之權. 69-4 ○監國也. 69-12 ○撫軍也. 69-12 身鈞○年. 69-14 年同○愛. 69-14 決之○卜筮. 69-14 吾○此觀之. 69-15 君賜我○偏衣金玦. 69-16 ○尨衣純. 69-24 而玦之○金銑者. 69-24 親○無災. 70-2 其可○圖之乎. 70-5 ○起讒於內也. 70-6 是○深謀. 71-8 抑未有○致罪焉. 71-9 吾○從之飲酒. 71-12 吾秉君○殺太子. 71-21 吾對○中立. 72-2 不如曰不信○疏之. 72-2 亦固太子○攜之. 72-3 ○變其志. 72-4 難○得閒. 72-5 弒君○爲廉. 72-8 長廉○驕心. 72-9 因驕○制人家. 72-9 抑撓志○從君. 72-9 爲廢人○自利也. 72-10 利方○求成人. 72-10 驪姬○君命命申生曰. 72-12 ○至于死. 72-19 是○言至而無所訟之也. 72-21 殺身○成志. 72-25 吾將伏○俟命. 73-8 殺父○求利人. 73-10 難○長生. 73-10 ○至于死. 73-12 ○至于死. 73-14 是○諡爲共君. 73-15 不可○困往. 73-21 不可○走望. 73-22 若○偃之慮. 73-23 不通可○竄惡. 73-24 ○觀晉國. 73-25 且○監諸侯之爲. 74-1 ○吾存也. 74-5 驪姬使奄楚○環釋言. 74-6 是○遂於逆命. 74-16 ○其族適晉. 74-19 除闇○應外謂之忠. 74-22 定身○行謂之信. 74-22 ○賄滅親. 74-23 何○能久. 74-25 ○其孥適西山. 75-1 懷之○典言. 75-8 ○示之信. 75-9 ○示之施. 75-10 是○北伐山戎. 75-10 景霍○爲城. 75-15 而汾河涑澮○爲渠. 75-15 我對○忠貞. 75-24 可○利公室. 75-25 子帥七輿大夫○待我. 76-7 我使狄○動之. 76-7 援秦○搖之. 76-7 可○得重賂. 76-8 將○驪姬之惑蠱君. 76-10 ○爲諸侯笑. 76-12 ○定民弭憂. 76-14 國可○固. 76-15 是○導民. 76-25 因亂○入. 77-1 ○喪得國. 77-1 因亂○入. 77-1 何○導民. 77-2 ○重其罪. 77-7 子厚賂秦人○求入. 77-11 方亂○擾. 77-13 子盍盡國○賂外內. 77-14 無愛虛○求入. 77-15 又重之○寡君之不祿. 77-21 ○君之靈. 77-22 ○主其祭祀. 77-24 ○爲朝夕之急. 78-5 敬○知微. 78-6 又重之○喪. 78-9 信仁○爲親. 78-12 我○徼倖. 78-13 將何○長利. 78-14 ○辱君義. 78-16 我○徼倖. 78-21 吾命之○汾陽之田百萬. 78-23 吾命之○負蔡之田七十萬. 78-24 ○望君之塵垢者. 79-4 君若求置晉君○成名於天下. 79-9 ○猾其中. 79-10 且可○進退. 79-10 善○微勸也. 79-17 是○君子省衆而動. 80-8 ○待所歸兮. 80-13 ○爲榮也. 80-16 ○見天子. 80-19 紀言○敘之. 80-21 述意○導之. 80-21 明曜○昭之. 80-21 君厚問○召呂甥郤稱冀芮而止之. 81-8 ○師奉公子重耳. 81-8 可○入乎. 81-15 ○禍爲違. 81-25 不可○廢道於天下. 82-5 ○説其衆. 82-8 ○家僕徒爲右. 82-18 ○承公. 82-19 ○君之出也處已. 82-21 不足○辱君避也. 83-12 與○歸之. 83-16 ○歸. 83-17 又殺其君○重之. 83-19 吾將○公子重耳代之. 83-21 又曰余納有道○臨女. 83-23 不若○歸. 84-3 ○要晉國之成. 84-3 國可○無害. 84-4 寡人不足○辱社稷. 84-7 二三子其改置○代圉也. 84-7 且賞○悅衆. 84-8 ○韓之病. 84-12 若征繕○輔孺子. 84-12 ○爲君援. 84-13 ○立孺子. 84-17 ○德爲怨. 84-24 又重之○誤人. 85-3 將待刑○快君志. 85-4 此所○待也. 85-5 不可○封國. 85-9 臣是○待卽刑. 85-9 ○成君政. 85-10 不若赦之○報讎. 85-13 ○報于秦. 85-13 而報之○賊. 85-15 是○治民. 85-18 非○狄爲榮. 87-4 可○成事也. 87-5 休○擇利. 87-6 可○戾也. 87-6 可○遠矣. 87-8 求善○終. 87-10 茲可○親. 87-11 皆○爲然. 87-11 野人舉塊○與之. 87-12 民○土服. 87-13 天○命矣. 87-15 其○戊申乎. 87-16 所○申土也. 87-16 子犯知齊之不可○動. 87-20 從者將○子行. 87-23 吾○除之矣. 87-23 不可○貳. 88-1 此大夫管仲之所○紀綱齊國. 88-12 君國可○濟百姓. 88-14 醉而載之○行. 88-20 ○戈逐子犯. 88-20 是○甘食. 88-23 國無紀不可○終. 89-2 民無結不可○固. 89-2 德無建不可○立. 89-3 ○討無禮. 89-9 ○相一人. 89-14 禮○紀政. 89-21 ○國爲親. 89-22 愛糞土○毀五常. 90-3 而惠○有謀. 90-8 而文○忠貞. 90-9 而多識○恭敬. 90-9 贈○馬二十乘. 90-12 ○徼天禍. 91-1 楚成王○周禮享之. 91-6 何○報我. 91-9 又何○報. 91-10 若○君之靈. 91-11 ○與君周旋. 91-13 楚子厚幣○送公子于秦. 91-21 何○卑我. 91-24 欲○成婚. 91-25 不敢○禮致之. 92-1 黃帝○姬水成. 92-14 炎帝○姜水成. 92-15 二帝用師○相濟也. 92-15 ○生民也. 92-17 義○導利. 92-21 利○阜姓. 92-21 ○濟大事. 92-22 今將婚媾○從秦. 93-2 受好○愛之. 93-2 聽從○德之. 93-3 不可○封. 93-10 君○天子之命服命重耳. 93-13 整師○復彊周室. 93-18 君若恣志○用重耳. 93-19 其誰不惕惕○從命. 93-20 君稱所○佐天子匡王國者. 93-23 ○命重耳. 93-23 ○輔王室. 94-2 順○訓之. 94-5 泉原○資之. 94-5 何○當之. 94-6 沈璧○質. 94-18 所○興也. 94-21 辰○成善. 94-22 唐叔○封. 94-23 且○辰出. 94-25 而○參入. 94-25 ○求殺余. 95-14 吾○君爲已知之矣. 95-15 而卒○爲侯伯. 95-21 佐相○終. 95-22 將○己丑焚公宮. 96-1 伯楚○呂郤之謀告公. 96-4 公辭焉○沐. 96-7 謁者○告. 96-10 ○厚民性. 96-14 ○教之義. 96-24 何○求諸侯. 96-24 ○啓東道. 97-2 公○二軍下. 97-4 不可○二王. 97-7 ○順禮也. 97-11 令○三日之糧. 97-17 軍吏○告. 97-18 何○使人. 97-19 伐曹衛○救宋. 97-21 ○賜宋人. 97-25 是故○曹田衛田賜宋人. 98-2 難○擊人. 98-8 ○攜之. 98-9 執宛春○怒楚. 98-9 ○君避臣. 98-12 若我○君避臣. 98-14 善○德勸. 98-16 文公誅觀狀○伐鄭. 98-18 鄭人○名寶行成. 98-18 一臣可○赦百姓. 98-19 鄭人○詹予晉. 98-20 自今○往. 99-1 知忠○事君者. 99-1 鄭人○詹伯爲將軍. 99-2 救饑何○. 99-3 皆可○爲輔佐. 99-12 ○德紀民. 99-15 ○趙衰之故. 99-21 而多聞○待能者. 100-2 吾○治國爲易. 100-3 君○爲易. 100-4 君○爲難. 100-4 ○御于家邦. 100-16 重之○周邵畢榮. 100-19 ○實裔土. 101-2 有原○印浦. 101-2 盍納天子○示之義. 101-4 盍伐原○示之信. 101-6 備師尚禮○示之. 101-7 ○爲大政. 101-8 敢○告. 102-6 子何○知其賢也. 102-9 恪於德○臨事. 102-10 中○外易矣. 102-18 夫言○昭信. 102-19 ○濟蓋也. 102-21 ○爲司馬. 103-1 趙孟使人○其乘車干行. 103-1 夫周○舉義. 103-4 舉○其私. 103-4 吾何○從政. 103-6 吾故○是觀女. 103-6 二三子可○賀我矣. 103-8 ○伐宋. 103-10 所○爲明訓也. 103-11 戰○錞于丁寧. 103-17 ○至于宋. 103-21 何○逞怒. 104-6 ○成其怒. 104-6 無○內易外也. 104-6 ○承君命. 104-7 擊之○杖. 104-12 郤獻子請○徇. 104-14 不可○言病. 104-19 祇○解志. 104-20 克也○君命命三軍之士. 105-2 ○命上軍之士. 105-4 ○命下軍之士. 105-6 獻之○得殞命之禮. 105-8 ○整御人. 105-10 ○傳召伯宗. 105-13 而○傳召伯宗. 105-16 ○禮焉. 105-19 請○見. 105-20 ○告. 105-20 ○喜歸. 105-21 是○難及其身. 105-23 而今可○戒矣. 107-7 各○其物. 107-16 導前志○佐先君. 107-19 導法而卒○政. 107-20 ○諫取惡. 107-21 而納之○成子之文. 107-22 可○求之. 108-1 可○滋. 108-2 可○大. 108-3 可○成. 108-3 若○吾意. 108-6 而遠人○其方賄歸之. 108-9 必○勝歸. 108-15 欒書是○怨郤至. 108-20 郤至○韎韋之跗注. 108-21 王使工尹襄問之○弓. 108-22 ○寡君之靈. 108-25 勇○知禮. 109-1 考訊其阜○出. 109-5 是○內和而外威. 109-7 故○惠誅怨. 109-10 ○忍去過. 109-10 而後可○武. 109-11 幸○爲政. 109-13 盍姑釋荊與鄭○爲外患乎. 109-15 國可○少安. 109-19 盍姑釋荊與鄭○爲外患乎. 109-21 則焉取○益此. 109-24 又○違蠻夷重之. 110-4 ○爲諸侯笑也. 110-7 盍姑○違蠻夷爲恥乎. 110-8 納其室○分婦人. 110-12 ○車一乘. 110-13 厲公之所○死者. 110-14 吾何福○及此. 110-20 且○勸楚乎. 110-21 夫○德勝者. 110-24 今○勝歸. 110-25 我欲○吾宗與吾黨夾而攻之. 111-12 富○聚黨. 111-15 利黨○危君. 111-15 御宄○德. 111-21 禦姦○刑. 111-22 弒君○求威. 112-1 夫○果戾. 112-7 元而○虐奉之. 113-10 ○濟大義. 113-11 ○離百姓. 113-12 ○煩刑史. 113-14 ○免子羽. 113-23 ○定晉國. 114-1 ○定晉國. 114-3 ○定諸侯. 114-3 故○彘季屏其宗. 114-4 魏顆○其身. 114-7 知右行辛之能○數宣物定功也. 114-11 ○和于政也. 114-13 ○救宋. 115-4 公○趙文子爲文也. 115-5 公○魏絳爲不犯. 115-9 臣聞師衆○順爲武. 115-19 婉○從令. 115-24 其可○賢於臣. 116-2 ○和諸戎. 116-5 ○忝韓宗. 116-14 可○利公室不忘. 116-18 寡人無○待戎. 117-4 無○濟河. 117-4 ○其善行. 117-8 ○其惡戒. 117-8 自穆侯○至于今. 118-5 是○難已也. 118-8 可○少閒. 118-8 亦掄逞志虧君○亂國者之後. 118-11 弒厲公○厚其家. 118-15 不可○暱於權. 118-20 不可○隱於私. 118-20 何○導民. 118-21 厚箴戒圖○待之. 119-1 ○報其德. 119-3 自文公○來. 119-5 范宣子○公入于襄公之宮. 119-7 是○没平公之身. 119-8 再世○下. 119-13 事君○死. 119-13 事主○勤. 119-13 ○

無大援於晉國. 119-14 ○煩司寇. 119-16 心○守志. 119-17 辭○行之. 119-18 所○事君也. 119-18 何○事君. 119-19 必○賄死. 119-22 自虞○上. 120-1 ○豹所聞. 120-3 所○事子也. 120-11 老也○軍事承子. 120-11 若○君官從子之私. 120-14 偃也○斧鉞從於張孟. 120-16 吾○爲不信. 120-24 和大○平小乎. 121-2 ○正於朝. 121-4 ○正於國. 121-4 ○輔成景. 121-6 是○受隨范. 121-8 是○受郇櫟. 121-9 ○相晉國. 121-14 謀於衆不○賈好. 121-16 可○免身. 121-17 夫樂○開山川之風也. 121-19 ○耀德於廣遠也. 121-19 風德○廣之. 121-20 風山川○遠之. 121-20 風物○聽之. 121-20 循詩○詠之. 121-20 循禮○節之. 121-21 是○遠服而邇不遷. 121-22 ○爲大甲. 121-25 ○封于晉. 121-25 比德○贊事. 122-7 引黨○封己. 122-7 何○黜朱也. 122-12 姦○事君者. 122-15 今我○忠謀諸侯. 122-22 而○信覆之. 122-23 是○在此. 122-24 且夫合諸侯○爲不信. 122-25 死而可○固晉國之盟主. 123-2 ○藩爲軍. 123-3 子若能○忠信贊君. 123-7 而○賄成事. 123-9 所○服楚也. 123-14 楚令尹圍將○魯叔孫穆子爲戮. 123-16 ○從諸侯之盟. 123-20 苟可○安君利國. 123-23 晉何○爲盟主矣. 124-1 有人不難○死. 124-2 可○教訓. 124-3 何敢○告. 124-11 猶可○久乎. 124-23 夫君子寬惠○卹後. 124-25 ○主諸侯之盟. 125-2 惑○生蠱. 125-7 惑○喪志. 125-7 ○佐君. 125-8 何○能久. 125-13 ○象穀明. 125-18 ○伏蠱慝. 125-18 吾是○云. 125-20 夫爵○建事. 126-2 祿○食爵. 126-2 德○賦之. 126-2 功庸○稱之. 126-2 若之何○富賦祿也. 126-2 ○過於朝. 126-3 ○君之明. 126-11 ○入于羽淵. 126-13 自卿○下. 126-15 宣子○告. 126-17 無○從二三子. 126-20 吾是○憂. 126-20 ○正晉國. 126-23 ○免於難. 126-24 ○没其身. 126-25 可○免於難. 127-1 ○亡於楚. 127-1 ○泰于國. 127-3 吾○爲能其德矣. 127-5 是○賀. 127-5 其自桓叔○下. 127-7 ○求直. 128-5 雍子賈之○其子. 128-9 夫○回鬻國之中. 128-10 與絕親○買直. 128-10 鼓人或請○城叛. 128-14 夫○城來者. 128-16○城來盈願. 128-19 是我○鼓教吾邊鄙貳也. 128-20 不○安賈貳. 128-21 ○鼓子苑支來. 128-22 ○其孥行. 129-1○煩司寇. 129-6 魯人○其鄉對. 129-11 人不可○不學. 129-12 吾主○不賄聞於諸侯. 129-24 今○梗陽之賄殃之. 129-24 唯食可○忘憂. 130-2 是○再歎. 130-5 願○小人之腹. 130-5 是○三歎. 130-6 ○從司馬. 130-10 ○隨宰人. 130-10 與余○狂疾賞也. 130-11 ○爲繭絲乎. 130-13 而無○尹鐸爲少. 130-15 無○晉陽爲遠. 130-16 必○爲歸. 130-16 有孝德○出在公族. 130-21 有恭德○升在位. 130-22 有武德○羞爲正卿. 130-22 有温德○成其名譽. 130-22 ○克復其所. 130-23 ○受先業. 130-25 順德○學子. 130-25 擇言○教子. 130-25 擇師保○相子. 130-25 重之○師保. 131-1 加之○父兄. 131-1 ○及此難. 131-2 委土可○爲師保. 131-3 是○修之. 131-3 庶曰可○鑑而鳩趙宗乎. 131-4○免難之賞賞尹鐸. 131-5 ○其賞如伯樂氏. 131-6 ○諄趙鞅之故. 131-13 ○犬待于門. 131-19 可○訓矣. 131-25 臣○爲不良故也. 132-3 道之○文. 132-5 行之○順. 132-5 勤之○力. 132-5 致之○死. 132-6 何日○來. 132-9 君子自○爲不足. 132-13 吾是○賀. 132-15 吾是○懼. 133-2 智宣子將○瑤爲後. 133-3 ○其五賢陵人. 133-10 而○不仁行之. 133-10 臣○秉筆事君. 133-16 民罷力○完之. 134-11 又斃死○守之. 134-11 浚民之膏澤○實之. 134-12 其何所可○逃死. 135-5 而加之○貪冒. 135-15 君若○周難之故. 135-15 君若○成周之衆. 135-16 修典刑○守之. 135-21 是可○少固. 135-22 ○淳燿敦大. 136-6 ○成樂物生者也. 136-9 ○品處庶類者也. 136-10 ○保于百姓者也. 136-11 ○衣食民人者也. 136-12 ○生柔嘉材者也. 136-13 ○佐堯者也. 136-25 ○佐舜者也. 136-25 ○他平他謂之和. 137-9 若○同裨同. 137-10 故先王○土與金木水火雜. 137-10 ○成百物. 137-10 是○和五味○調口. 137-11 剛四支○衞體. 137-11 和六律○聰耳. 137-11 正七體○役心. 137-12 平八索○成人. 137-12 建九紀○立純德. 137-12 合十數○訓百體. 137-13 收經入○食兆民. 137-14 而講○多物. 137-16 而立○爲卿士. 137-20 不可○久. 137-23 收○奔褒. 138-1 ○同于王庭. 138-3 ○入于王府. 138-9 而取之○逸. 138-11 而○爲入於王. 138-12 將○縱欲. 138-16 王欲殺太子○成伯服. 138-17 會○伐周. 138-18 若加之○德. 138-25 可○大啓. 138-25○戒勸其心. 140-12 ○休懼其動. 140-13 ○耀明其志. 140-14 ○疏其穢. 140-15 則文詠物○行之. 140-19 求賢良○翼之. 140-19 多訓典刑○納之. 140-20 務慎惇篤○固之. 140-20 則明施舍○導之忠. 140-21 明久長○導之信. 140-21 明度量○導之義. 140-22 明等級○導之禮. 140-22 明恭儉○導之孝. 140-23 明敬戒○導之事. 140-23 明慈愛○導之仁. 141-1 明昭利○導之文. 141-1 明除害○導之武. 141-2 明精意○導之罰. 141-2 明正德○導之賞. 141-3 明齊肅○耀之臨. 141-3 且夫誦詩○輔相之. 141-5 威儀○先後之. 141-5 體貌○左右之. 141-5 明行○宣翼之. 141-6 制節義○動行之. 141-6 恭敬○臨監之. 141-6 勤勉○勸之. 141-6 孝順○納之. 141-6 忠信○發之. 141-7 德音○揚之. 141-7 若得保其首領○歿. 141-11 唯是春秋所○從先君者. 141-12 祭我必○芰. 141-18 上之可○比先王. 141-20 下之可○訓後世. 141-21 夫子不○其私欲干國之典. 141-24 康王○爲椒舉遣之. 142-1 ○璧侑. 142-2 ○爲諸侯主. 142-3 使師崇子孔帥師○伐舒. 142-17 則○王如廬戢黎. 142-18 則三萃○攻其王族. 143-1 莊王既○夏氏之室. 143-4 ○夏姬行. 143-7 ○還軫於諸侯. 143-17 而賂盜○賊一夫於晉. 143-19 臣聞國君服寵○爲美. 143-21 安民○爲樂. 143-22 聽德○爲聰. 143-22 致遠○爲明. 143-22 不聞其○土木之崇高彤鏤爲美. 143-23 而○金石匏竹之昌大囂庶爲樂. 143-23 不聞其○觀大視侈淫色○爲明. 143-24 而○察清濁爲聰. 143-24 先君○是除亂克敵. 144-5 懼之○蜀之役. 144-9 而僅得○來. 144-9 是聚民利○自封而瘠民也. 144-14 唯其○公侯爲官正也. 144-17 而○伯子男爲師旅. 144-17 ○成其私欲. 144-19 將○教民利也. 145-2 不知其○匱之也. 145-2 又加之○楚. 145-6 叔段○京患莊公. 145-9 故制之○義. 145-19 施之○服. 145-19 行之○禮. 145-19 辯之○名. 145-19 書之○文. 145-20 道之○言. 145-20 是其言可○懼哉. 145-25 舉伯○告. 146-3 故欲見○交儆子. 146-5 自卿○下. 146-8 朝夕○交戒我. 146-9 ○訓導我. 146-10 ○訓御之. 146-14 於是乎作懿戒○自儆也. 146-14 ○禦數戒者. 146-19 ○入於河. 147-2 三年默○思道. 147-2 王言○出令也. 147-3 ○余正四方. 147-4 而又使○象夢. 147-5 得傅說○來. 147-6 升○爲公. 147-6 故三年默○思道. 147-10 使○象旁求聖人. 147-11 既得○爲輔. 147-11 ○德有國. 147-15 ○自誥也. 147-15 是○其入也. 147-16 ○屬諸侯. 147-17 何急○其言取罪也. 147-19 其又○規爲瑱也. 147-23 司馬子期欲○妾爲内子. 148-1 ○斃於鄢. 148-5 ○隕於乾谿. 148-6 ○之道而去芰薦. 148-8 而欲薦芰○干之. 148-9 ○爲之祝. 149-14 民是○能有忠信. 149-18 神是○能有明德. 149-19 民○物享. 149-20 無物○享. 150-2 司天○屬神. 150-3 司地○屬民. 150-4 ○至於夏商. 150-6 ○取威於民. 150-9 祭○牛俎於王. 150-12 天子舉○大牢. 150-13 祀○會. 150-13 諸侯舉○特牛. 150-13 祀○太牢. 150-14 卿舉○少牢. 150-14 祀○特牛. 150-14 大夫舉○特牲. 150-15 祀○少牢. 150-15 祀○特牲. 150-15 祀○魚. 150-15 ○精明臨民者也. 150-18 是○先王之祀也. 150-19 ○一純二精三牲四時五色六律七事八種九祭十日十二辰○致之. 150-19 百姓千品萬官億醜兆民經入畡數○奉之. 150-21 明德○昭之. 150-21 和聲○聽之. 150-22 ○告徧至. 150-22 毛○示物. 150-22 血○告殺. 150-22 接誠拔取○獻具. 150-23 故齊肅○承之. 150-24 祀不可○已乎. 151-1 祀所○昭孝息民撫國家定百姓也. 151-1 不可○已. 151-2 不可○封. 151-4 是○古者先王. 151-4 ○昭祀其先祖. 151-12 ○申固其姓. 151-15 上所○教民虔也. 151-15 下所○昭事上也. 151-15 ○事百神. 151-18 自公○下. 151-19 民所○攝固者也. 151-20 ○其不違心. 151-23 ○臨監享祀. 151-23 ○監其官. 152-3 ○食兆民. 152-4 ○食萬官. 152-5 歸○語其弟. 152-6 國馬足○行軍. 152-9 公馬足○稱賦. 152-10 公貨足○賓獻. 152-10 家貨足○共用. 152-10 將何○封矣. 152-12 ○羞子文. 152-14 ○庇民也. 152-17 是勤民○自封. 152-18 其獨何力○待之. 153-3 ○敗於柏舉. 153-10 ○儆君也. 153-11 ○無忘前敗. 153-14 且夫自敵○下. 153-18 吾先人○善事君. 153-20 自鬬伯比○來. 153-21 今爾○是殃之. 153-21 鄖公○王奔隨. 153-23 吾是○歎. 154-7 ○濟其志. 154-12 ○成私好. 154-12 子修德○待吳. 154-14 趙簡子鳴玉○相. 154-15 ○行事於諸侯. 154-18 使無○寡君爲口實. 154-19 ○敘百物. 154-20 ○朝夕獻善敗於寡君. 154-20 所○備賦. 154-24 ○戒不虞者也. 154-25 所○共幣帛. 154-25 ○賓享於諸侯者也. 154-25 而導之○訓辭. 155-1 寡君其可○免罪於諸侯. 155-2 ○輔相國家. 155-6 玉足○庇廕嘉穀. 155-6 龜足○憲臧否. 155-7 珠足○禦火災. 155-8 金足○禦兵亂. 155-8 足○備財用. 155-9 惠王○梁與魯陽文子. 155-11 縱臣而得○其首領○没. 155-14 懼子孫之○梁之險. 155-15 ○謀蓋人. 155-23 而不○絜悛德. 156-2 足○得人. 156-2 足○復之. 156-3 足○謀之. 156-3 足○帥之. 156-3 足○蓋之. 156-4 足○行之. 156-4 而加之○不仁. 156-4 奉之○不義. 156-5 而耀之○大利. 156-7 不仁○長之. 156-8 思舊怨○修其心. 156-8 所○生詐謀也. 156-16 ○胡公入於貝水. 157-1 ○監戒也. 157-4 子高○疾閒居於蔡. 157-7 ○復先王之業者. 157-10 ○小怨寘大德. 157-10 帥方城之外○入. 157-11 不可○授命. 158-9 ○喜其民. 158-10 ○廣侈吳王之心. 158-10 吾○卜之於天. 158-10 ○心孤句踐. 158-16 ○重得罪於下執事. 158-19 君王不○鞭箠使之. 158-21 ○晐姓於王宮. 158-23 ○隨諸御. 159-1 是○無成功. 159-4 ○明聞於天下. 159-5 則何實○事吳敢使下臣盡辭. 159-6 ○得其志. 159-13 夫固知君王之蓋威○好勝也. 159-13 ○從逸王志. 159-14 ○自傷也. 159-14 而日○憔悴. 159-15 夫越王好信○愛民. 159-16 及吾猶可○戰也. 159-17 越曾足○爲大虞乎. 159-18 則吾何○春秋曜吾軍士. 159-18 ○盟爲有益乎. 159-20 足○結信矣. 159-20 ○盟爲無益乎. 159-21 ○臨使之. 159-21 將○伐齊. 159-23 昔天○越賜吳. 159-23 ○多甲兵. 160-1 ○何吾聞. 160-3 而齊魯○爲憂. 160-3 其臣箴諫○不入. 160-7 ○象帝舜. 160-8 ○間陳蔡. 160-8 ○服吳越. 160-9 ○寢於地. 160-13 疇枕王○墣而去之. 160-13 申亥負

【允】 2

【予】 36

【玉】 32

【未】 116

【末】 4

【示】 19

【巧】 5

【正】 59

二篇於周太師. 50-19 君若〇卒伍. 55-5 則大國亦將〇卒伍. 55-5 〇月之朝. 55-23 立五〇. 57-4 是故〇之政聽屬. 57-4 〇月之朝. 57-7 〇其封疆. 57-23 〇其封疆. 58-18 令司〇實爵. 62-17 晉〇於秦. 64-11 謀而無〇. 87-9 〇名育類. 96-14 召軍吏而戒樂〇. 103-14 有邪而〇之. 107-11 夫膏粱之性難〇也. 114-16 和諸戎狄而〇諸華. 116-24 夫〇國者. 118-20 子爲〇卿. 121-1 以〇於朝. 121-4 以〇於國. 121-4 以〇晉國. 126-23 郵無〇進. 130-20 有武德以羞爲〇卿. 130-22 郵無〇御. 131-11 夫黎爲高辛氏火〇. 136-5〇七體以役心. 137-12 明〇德以導之賞. 141-3 唯其以公侯爲官〇也. 144-17 而爲之〇. 145-3 以余〇四方. 147-4 而又能齊肅衷〇. 149-7 乃命南〇重. 150-3 命火〇黎. 150-3 聖王〇端冕. 151-22 遠無〇就. 162-8 待其來者而〇之. 175-9 皇天后土四鄉地主〇之. 179-6

【扑】 1

薄刑用鞭〇. 37-3

【功】 60

其后稷省〇. 4-16 紀農協〇. 4-22 以干農〇. 5-5 而棄其大〇. 5-8 場〇未畢. 15-22 收而場〇. 16-7 土〇其始. 16-8 不蔑民〇. 16-14 〇成而不收. 16-15 則無敗〇. 17-20 若本固而〇成. 17-21 而郤至佻天之〇. 20-4 畜義豐〇謂之仁. 20-8 帥象禹之〇. 24-10 唯有嘉〇. 24-17 必有夏呂之〇焉. 25-1 禹能以德修鮌之〇. 38-10 皆有〇烈於民者也. 38-19 夫仁者講〇. 38-24 無〇而祀之. 38-24 畜〇用也. 41-2 無大〇而欲大祿. 41-15 蒸而獻〇. 48-20 辨其〇苦. 53-23 相陳以〇. 53-25 脫衣就〇. 54-13 有〇休德. 56-9 皆有終身之〇. 56-20 桓公擇是寡〇者而謫之. 57-7 何故獨寡〇. 57-8 而伯〇立. 60-25 周之大〇在武. 89-5 文武之〇. 89-23 文侯之〇. 90-24 賦職任〇. 96-12 賞〇勞. 96-15 定武之〇. 96-25 則時無廢〇. 99-6 而求王者之〇. 108-10 唯無德而〇烈多. 110-14 秦來圖敗晉〇. 114-7 知右行辛之能以數宣物定〇也. 114-11 雖有〇. 116-7 無〇庸者. 116-13 賴三子之〇. 121-10 〇庸以稱之. 126-2 唯其〇庸少也. 126-4 其〇大矣. 136-7 夫成天地之火〇者. 136-8 武實昭文之〇. 138-23 是以無成〇. 159-4 今王既變鮌禹之〇. 160-17 吴人有〇. 160-21 勞而不矜其〇. 174-7 不勞而矜其〇. 174-9 同男女之〇. 175-10 不亂民〇. 175-15 亂民〇. 176-7 然後乃可以成〇. 176-19 聖人之〇. 177-25

【去】 42

是〇其藏而翳其人也. 28-7 武王〇民之穢. 38-12 不可不〇也. 40-18 不能〇舊. 41-16 死而〇之. 44-16 人孰〇之. 68-6 吾聞君子不〇情. 72-23 何不〇乎. 73-2 〇而罪釋. 73-2 棄君〇罪. 73-5 〇而必重. 73-6 〇而罪重. 73-6 〇而厚怨. 73-7 吾不〇. 75-1 子〇晉難. 88-2 〇威遠矣. 88-11 吾請〇之. 96-4 公令疏軍而〇之. 97-17 乃〇之. 97-20 而不〇. 98-15 是故〇之. 102-22 以忍〇過. 109-10 〇其枝葉. 118-8 而〇之. 118-12 不〇亦不祥. 124-5 而〇其師保. 130-23 〇和而取同. 137-8 與〇之. 138-4 屈建命〇之. 141-19 何故〇之. 142-14 以之道而〇芰薦. 148-8 遂〇王. 153-7 〇民所惡. 159-25 疇枕王以墣而〇之. 160-13 〇之不忍. 162-11 〇晉軍一里. 163-9 王〇其國. 164-24 王安厚取名而〇之. 165-24 〇民所惡. 166-11 〇笄. 167-12 夫差與之成而〇之. 171-6 〇民之所惡. 171-11

【甘】 4

其入也必〇受. 62-15 又有〇言焉. 70-8 言之大〇. 70-8 是以〇食. 88-23

【世】 54

故能保〇以滋大. 1-9 昔我先王〇后稷. 1-10 奕〇載德. 1-15 所以爲令聞長〇也. 18-1 若皆蚤〇猶可. 18-6 在夏后之〇. 26-1 後〇不忘. 27-4 四〇而隕. 32-16 十有四〇而興. 32-17 七〇而隕. 32-18 十有五〇而興. 32-18 十有四〇矣. 32-19 其爲後〇昭前之令聞也. 35-3 使長監於〇. 35-4 〇〇子孫. 36-19 以次〇之長幼. 39-22 故工史書〇. 39-23 後〇有繼. 47-13 〇法文武遠績以成名. 53-9 〇同居. 55-18 非德不及〇. 64-2 而其〇不廢. 68-9 出共〇子而改葬之. 80-10 唐叔之〇. 88-17 亂不長〇. 88-18 〇不廢親. 89-23 〇相起也. 90-23 二君之〇. 95-17 三〇事家. 119-12 再〇以下. 119-13 〇隸於欒氏. 119-14 於今三〇矣. 119-15 此之謂〇祿. 120-4 其言立於後〇. 120-5 〇及武子. 121-4 爲後〇之見之也. 124-12 思長〇之德. 125-2 稱於前〇. 130-8 十〇不替. 136-4 教之〇. 140-13 下之可以訓後〇. 141-21 昭穆之〇. 149-12 故重黎氏〇敘天地. 150-6 遭〇之亂. 150-10 故莊王之〇. 152-19 唯獨居思念前〇之崇替者. 154-2 闔廬即〇. 154-6 〇有輔弼之臣. 161-8 而吴國猶〇. 161-12 禮〇不續. 164-9 歿而父母之〇. 167-25 先人就〇. 175-23 後〇子孫. 179-5

【艾】 7

耆〇修之. 2-25 〇人必豐. 10-14 國君好〇. 70-4 必有〇. 90-11 齊人與戰於〇陵. 160-21 吴王夫差既勝齊人於〇陵. 160-23 簦笠相望於〇陵. 165-5

【古】 31

〇者. 4-1 夫〇者不料民而知其少多. 6-1 〇者. 9-6 〇人有言曰. 11-5 〇之明王. 11-15 〇之善禮者. 15-15 晉聞〇之長民者. 23-17 〇之聖王. 23-24 〇者. 27-11 〇之神瞽. 30-12 〇之制也. 35-17 〇者大寒降. 40-21 〇之訓也. 41-4 〇之嫁者. 47-14 〇之制也. 48-21 〇者. 50-14 自〇在昔. 50-21 稱曰自〇. 50-22 〇曰在昔. 50-22 故〇之爲軍也. 67-6 吾聞〇之言王者. 107-8 〇之法也. 129-6 〇之制也. 145-18 〇者民神不雜. 149-6 是以〇者先王. 151-4 夫〇者. 152-9 嚭聞〇之伐國者. 171-6 〇之賢君. 171-17 寡人聞〇之賢君. 172-12 臣聞〇之善用兵者. 177-9 〇之善用兵者. 177-12

【本】 25

〇見而草木節解. 16-3 寬所以保〇也. 17-19 〇有保則必固. 17-20 若〇固而功成. 17-21 怨之〇也. 22-4 文之〇也. 22-20 不背〇也. 23-4 夫惠〇而後民歸之志. 34-5 故不可以不〇. 34-11 溥〇肇末. 53-11 亂之〇也. 59-17 亂〇生矣. 64-16 伐木不自其〇. 64-22 知難〇矣. 65-2 已自拔其〇矣. 74-25 怨之〇也. 76-9 始不固〇. 76-24 生民之〇也. 99-11 不〇而犯. 102-22 難之〇也. 108-8 難之〇也. 109-20 〇根猶樹. 118-7 〇根益茂. 118-7 絕其〇根. 118-8 其爲〇也固矣. 122-21

【札】 2

然則無夭昏〇瘥之憂. 23-22 其夭〇也. 40-6

【可】 446

不〇. 1-4 胡〇壅也. 3-5 胡〇專也. 3-10 其〇乎. 3-15 不〇. 3-23 不〇立也. 5-12 故出令不〇不順也. 5-13 民不〇料也. 6-1 皆〇知也. 6-4 不〇不慎也. 8-22 而況〇以淫縱其身乎. 9-14 不〇不善也. 10-6 不〇. 11-5 無乃不〇乎. 11-11 王其不〇以棄之. 11-16 不〇. 11-19 不〇猒也. 12-17 大物其未〇改也. 13-13 武不〇覿. 13-23 文不〇匿. 13-24 不〇. 14-5 無乃不〇乎. 14-6 不〇聽也. 14-7 飲食〇饗. 15-14 和同〇觀. 15-14 財用〇嘉. 15-15 道茀不〇行. 15-20 道路不〇知. 16-15 乃〇以長保民矣. 17-21 則〇以上下無隙矣. 17-25 用足則族〇以庇. 18-2 不〇以事二君. 18-5 不〇以事三君. 18-6 若皆蚤世猶〇. 18-6 〇以樹. 19-1 不〇以不戰. 19-10 不亦〇乎. 19-18 不〇蓋也. 19-22 民〇近也. 19-23 而不〇上. 19-23 是則聖人知民之不〇加也. 19-24 猶不〇堪. 20-2 不〇久也. 20-13 則〇以知德矣. 21-17 故不〇不慎也. 21-19 〇以戒懼矣. 21-22 〇以取伯. 22-6 〇以得國. 23-1 其德又〇以君國. 23-12 不〇. 23-17 皆〇知也. 25-1 無乃不〇乎. 25-4 猶不〇遏. 25-9 〇謂不忝前哲矣. 27-8 〇謂廣裕民人矣. 27-8 不〇. 27-11 〇先而不備. 27-18 〇後而先之. 27-18 無乃不〇乎. 27-20 不〇. 28-10 不〇以爲目也. 28-14 鍾聲不〇以知和. 28-19 制度不〇以出節. 28-20 未〇知也. 30-5 然後〇同也. 31-13 則〇也. 32-2 不〇壞也. 32-8 亦不〇支也. 32-9 殆不〇矣. 32-15 猶不〇救. 32-15 胡〇興也. 32-19 夫天道導〇而省否. 32-23 故不〇以不本. 34-11 是則〇矣. 34-12 不〇. 34-14 臣故曰庶〇已矣. 35-7 不〇無也. 35-12 百物唯其〇者. 36-10 其〇賂乎. 36-11 其亦不〇以惡. 37-10 吾子不〇以不速行. 37-20 不〇不法也. 39-4 其〇以蓋穆伯. 39-13 無乃不〇乎. 40-2 未〇知也. 40-6 不〇不去也. 40-18 亦不〇不殺也. 40-19 抑知其不〇乎. 41-12 〇謂多矣. 41-17 不〇. 43-20 無乃不〇乎. 44-2 則〇也. 44-22 不〇. 44-25 不亦〇乎. 45-16 出貨而〇以免. 46-1 則又〇以出貨而成私欲乎. 46-3 雖〇以免. 46-4 〇以出矣. 46-9 〇也. 46-11 〇以爲能乎. 46-11 不〇以不恭. 46-16 〇謂知禮矣. 49-17 其〇得也. 50-16 忠信〇結於百姓. 52-8 制禮義〇法於四方. 52-8 其〇乎. 54-25 未〇. 55-1 其〇乎. 55-4 未〇. 55-5 則事〇以隱令. 55-8 〇以寄政. 55-8 誠〇立而授之. 56-11 〇得而舉也. 56-16 〇得而誅也. 56-16 〇得而舉也. 57-18 〇得而誅也. 57-18 其〇乎. 57-20 未〇. 57-21 三禁而不〇上下. 58-7 〇爲動者爲之動. 60-12 〇爲謀者爲之謀. 60-12 苟〇以攜. 62-15 胡〇壅也. 62-15 亦不〇乎. 63-11 〇謂挾乎. 63-13 從政者不〇以不戒. 63-15 〇以小戕. 63-21 不〇以矜. 63-24 不〇謂能謀. 64-3 不〇謂得人. 64-3 不〇謂禮. 64-4 不〇謂義. 64-4 不〇謂德. 64-5 不〇謂天. 64-5 不〇謂好. 64-25 〇克也. 65-25 安始而〇. 66-7 重僨〇疾. 66-8 知辱〇辱. 66-9 〇辱遷重. 66-9 不〇以無主. 66-15 乃〇以威民而懼戎. 66-17 無乃不〇乎. 67-1 不亦〇乎. 67-2 下不〇以貳上. 67-2 〇以陵小. 67-9 不亦〇乎. 67-17 其〇乎. 68-10 若何而〇. 68-11 不〇與政. 68-14 不〇謂武. 68-15 不〇謂威. 68-15 不〇忍也. 68-16 〇也. 68-22 乃〇厚圖也. 68-23 又知〇否. 68-25 胡〇恃也. 69-25 狄〇盡乎. 69-25 不〇. 70-3 其〇以圖之乎. 70-5 不〇. 70-6 言不〇食. 71-8 衆不〇弭. 71-8 〇不謂苑乎. 71-17 〇不謂枯乎. 71-17 乃〇閒也. 72-4 往言不〇及也. 72-6 何〇敗也. 72-7 〇也. 72-24 不亦〇乎. 73-1 不〇. 73-2 惡不〇重. 73-8 死不〇避. 73-8 不〇以困往. 73-21 不〇以走望. 73-22 不通〇以竄惡. 73-24 多怨〇與共憂. 73-24 不〇. 74-3 君〇無會也. 75-6 不亦〇乎. 75-23 〇以利公室. 75-25 〇以得重賂. 76-8 〇使無入. 76-8 不〇. 76-9 潰而不〇救禦也. 76-13 國〇以固. 76-15 不〇常也. 76-17 不〇. 76-24 不〇犯也. 77-4 不〇失也. 77-12 知禮〇使. 78-6 微知〇否. 78-7 時不〇失. 78-10 喪不〇久.

78-11 不○. 78-12 不亦○乎. 78-21 不亦○乎. 79-9 且○以進退. 79-10 故行不○不慎也. 80-17 ○以入乎. 81-15 ○哉. 81-16 不○. 81-18 不○以廢道於天下. 82-5 不○. 82-13 一夫不○狃. 82-23 不○. 83-18 無乃不○乎. 83-24 若不○. 83-24 不○謂武. 83-25 不○謂仁. 84-1 不○謂智. 84-2 國○以無害. 84-4 何爲而○. 84-12 不○以封國. 85-9 不○. 85-14 不○失也. 85-20 後不○用也. 85-21 ○以成事也. 87-5 ○以戾也. 87-6 ○以遠矣. 87-8 ○也. 87-11 玆○以親. 87-11 子犯知齊之不○以動. 87-20 不○以貳. 88-1 貳將○乎. 88-2 仲○懷也. 88-8 亦○畏也. 88-9 君國○以濟百姓. 88-14 敗不○處. 88-15 時不○失. 88-15 忠不○棄. 88-15 懷不○從. 88-15 國無紀不○以終. 89-2 民無結不○以固. 89-2 德無建不○以立. 89-3 無乃不○乎. 89-3 ○謂賢矣. 89-25 不○不憐也. 90-1 不○不禮也. 90-2 無乃不○乎. 90-4 ○謂親有天矣. 90-21 ○謂大天. 90-23 ○謂前訓. 90-24 ○謂兄弟. 90-25 ○謂窮困. 91-1 無乃不○乎. 91-2 不○. 91-15 楚不○祚. 91-16 不○. 91-19 不亦○乎. 92-23 懼其未○也. 93-3 不○以封. 93-10 不○以二王. 97-7 不○失. 97-19 ○乎. 97-24 不○謂老. 98-14 一臣○以赦百姓. 98-19 不○. 98-23 郤縠○. 99-9 皆○以爲輔佐. 99-12 不○廢也. 99-16 不○廢也. 99-19 籧篨不○使俯. 100-7 戚施不○使仰. 100-8 僬僥不○使舉. 100-8 侏儒不○使援. 100-8 矇瞍不○使視. 100-9 嚚瘖不○使言. 100-9 聾聵不○使聽. 100-9 童昏不○使謀. 100-10 則濟○誒. 100-11 ○矣乎. 101-5 ○矣乎. 101-6 ○矣. 101-9 ○乎. 102-7 胡○瀆也. 102-20 二三子○以賀我矣. 103-8 不○以言病. 104-19 而今○以戒矣. 107-7 其○忘乎. 107-19 ○不謂文乎. 107-20 ○不謂忠乎. 107-22 ○以求之. 108-1 ○以滋. 108-2 ○以大. 108-3 ○以成. 108-3 則晉○爲也. 108-7 不○. 108-14 不○失也. 108-19 而後○以武. 109-11 必偏而後○. 109-14 猶○救也. 109-14 國○以少安. 109-19 其○乎. 111-13 不○. 111-14 不○益也. 111-20 不○謂德. 111-22 不○謂刑. 111-23 不○. 112-6 其子孫不○不崇也. 114-1 其○忘乎. 114-4 其子不○不興也. 114-10 孰○. 115-23 臣之子午○. 115-23 其○以賢於臣. 116-2 不○不賞也. 116-16 ○以利公室不忘. 116-18 不○不賞也. 116-20 ○謂德義矣. 117-8 ○以少閒. 118-8 則民心皆○畜. 118-13 不○以暱於權. 118-20 不○以隱於私. 118-20 不亦○乎. 119-3 不○. 119-17 君知其不○得也. 119-20 谿壑○盈. 119-21 是不○饜也. 119-22 ○徵訊也. 120-9 後之人○則. 121-7 ○以免身. 121-17 無不○. 122-5 則晉○弱也. 122-19 忠不○暴. 122-20 信不○犯. 122-21 故不○損也. 122-22 死而○以固晉國之盟主. 123-2 苟○以安君利國. 123-23 ○無愛乎. 124-2 ○以教訓. 124-3 死者若○作也. 124-15 猶○以久乎. 124-23 不○爲也. 125-6 ○也. 126-1 ○以免於難. 127-1 ○無勞師而得城. 128-15 人不○以不學. 129-12 肸也待交捽○也. 129-22 不○. 129-25 唯食○以忘憂. 130-2 不○. 130-20 委土○以爲師保. 131-3 庶曰○以鑑而鳩趙宗乎. 131-4 ○以訓矣. 131-25 薦○而替否. 132-4 無乃不○乎. 134-1 夫誰不○喜. 134-2 而誰不○懼. 134-2 地也○. 134-8 其何所○以逃死. 135-5 不○偪也. 135-5 不○入也. 135-13 是○以少固. 135-22 南方不○乎. 135-23 不○偪也. 136-5 不○因也. 137-1 且○長用也. 137-4 不○以久. 137-23 其又何○爲乎. 138-2 不○除也. 138-8 亦必○知也. 138-19 ○以大啓. 138-25 ○教訓. 140-9 不○爲也. 141-4 其○興乎. 141-7 不○. 141-14 ○不謂恭乎. 141-16 上之○以比先王. 141-20 下之○以訓後世. 141-21 楚師○料也. 142-24 其○乎. 143-18 不○. 143-18 是其言○以懼哉. 145-25 無乃不○乎. 147-18 其○盡乎. 147-23 其○乎. 148-2 其○乎. 148-9 不○方物. 149-22 敬不○久. 150-23 祀不○以已乎. 151-1 不○以已. 151-2 不○以封. 151-4 無乃不○乎. 153-10 不○. 153-22 或○賞也. 153-24 或○戮也. 153-24 不亦○乎. 154-1 寡君其○以免罪於諸侯. 155-2 不○. 155-21 害○待也. 156-10 ○好也. 156-13 ○惡也. 156-13 ○高也. 156-14 ○下也. 156-14 勝未○成也. 158-8 不○以授命. 158-9 不○許也. 159-10 及吾猶○以戰也. 159-17 焉○以濟事. 162-15 危事不○以爲安. 162-15 死事不○以爲生. 162-16 上帝鬼神而不○以告. 163-16 退則不○. 163-21 不○與戰. 164-3 然而不○徒許也. 164-4 我不○以怠. 165-16 奔遂○出. 165-24 請問戰奚以而○. 166-4 未○以戰也. 166-8 未○以戰也. 166-10 未○以戰也. 166-12 未○以戰也. 166-15 然猶未○以戰也. 166-17 問戰奚以而○. 166-23 審賞則○以戰乎. 166-25 審罰則○以戰乎. 167-1 審物則○以戰乎. 167-2 審備則○以戰乎. 167-3 審聲則○以戰乎. 167-4 ○矣. 167-5 莫如此淫逸不○禁也. 167-22 不○不養而擇也. 170-8 爲不○赦也. 170-17 不○. 170-21 將不○改於是矣. 170-23 不○失也已. 171-2 而○無死乎. 172-19 越○以無聽天之命. 172-22 不○彊生. 175-8 不○彊成. 175-9 乃○以有天下之成利. 175-12 其○乎. 176-1 未○也. 176-2 其事又將未○知也. 176-5 子曰未○也. 176-6 其○乎. 176-9 子曰未○也. 176-11 其○乎. 176-12 子曰未○也. 176-15 其○乎. 176-16 然後乃○以成功. 176-19 乃○以致天地之殛. 176-23 其○乎. 177-5 輕而不○取. 177-18 柔而不○迫. 177-19 其○乎. 178-7

【丙】 3

獲其三帥○術視. 14-17 ○之晨. 75-3 ○午. 95-7

【左】 37

○右皆免胄而下拜. 14-12 與邯鄲勝擊齊之○. 46-23 是○之也. 66-25 上下○右. 67-3 軍有○右. 67-6 請納之○右. 79-5 實○右之. 90-10 其○執鞭弭. 91-12 ○師迎王于鄭. 97-5 其○右皆卿才. 98-23 乃○幷轡. 104-21 穆子歎而謂其○右曰. 129-7 勝○人中人. 132-24 右洛○濟. 135-20 體貌以○右之. 141-5 吾上下必敗其○右. 143-1 ○史倚相廷見申公子亹. 146-2 ○史謗之. 146-3 ○史倚相曰. 146-5 乃驟見○史. 146-21 余○執鬼中. 146-24 訪之○史倚相. 148-1 又有○史倚相. 154-19 不敢○右. 160-24 ○軍亦如之. 163-6 王稱○畸曰. 163-25 乃闔○闔. 167-12 乃闔○闔. 167-16 ○而不在○. 168-9 以爲○右軍. 168-12 乃令○軍銜枚. 168-13 乃命○軍右軍. 168-14 越之○軍右軍. 168-18 唯君○右之. 170-16 益○以爲牡. 177-20 范蠡乃○提鼓. 178-8

【丕】 23

檮杌次於○山. 7-16 里克○鄭荀息相見. 65-4 ○鄭曰. 65-6 旦而里克見○鄭. 71-23 ○鄭曰. 72-1 ○鄭曰. 72-2 ○鄭曰. 72-7 里克告○鄭曰. 76-4 ○鄭曰. 76-5 ○鄭曰. 76-6 ○鄭許諾. 76-17 里克及○鄭使屠岸夷. 76-21 ○鄭與我矣. 78-23 旣里○死. 80-6 使○鄭聘於秦. 81-5 ○鄭如秦謝緩賂. 81-7 是故殺○鄭及七輿大夫. 81-11 皆里○之黨也. 81-12 ○豹出奔秦. 81-13 ○鄭之自秦反也. 81-14 ○鄭入. 81-16 ○鄭之子曰豹. 81-21 ○豹曰. 82-1

【石】 16

邊伯○速蒍國出王而立子頹. 6-22 關○和鈞. 27-23 重不過○. 28-17 ○尚角. 29-11 ○尚角. 29-14 金○以動之. 29-16 磨之○. 29-19 木○之怪. 47-9 ○砮. 50-8 於是肅愼氏貢楛矢○砮. 50-12 至于○枕. 59-6 於是乎與虢○甫比. 63-7 加密○焉. 124-9 夫虢○父. 137-20 而以金○匏竹之昌大囂庶爲樂. 143-23 關爲○郭. 160-8

【右】 35

左○皆免胄而下拜. 14-12 上下左○. 67-3 軍有左○. 67-6 先友爲○. 69-21 請納之左○. 79-5 卜○. 82-17 以家僕徒爲○. 82-18 虢射爲○. 82-19 實左○之. 90-10 ○屬櫜鞬. 91-13 ○師取昭叔于温. 97-4 其左○皆卿才. 98-23 ○援枹. 104-21 知○行辛之能以數宣物定功也. 114-11 使爲戎○. 114-14 穆子歎而謂其左○曰. 129-7 衛莊公爲○. 131-10 少室周爲趙簡子之○. 131-23 致○焉. 131-24 ○洛左濟. 135-20 體貌以左○之. 141-5 吾上下必敗其左○. 143-1 ○尹子革侍. 145-24 ○執殤宮. 146-24 不敢左○. 160-24 ○軍亦如之. 163-7 ○而不在○. 168-10 以爲左○軍. 168-12 亦令○軍銜枚. 168-14 乃命左軍○軍. 168-14 越之左軍○軍. 168-18 唯君左○之. 170-16 設○以爲牝. 177-20 ○援枹. 178-8

【布】 22

○令陳辭. 2-5 將導利而○之上下者也. 3-11 是不○利而懼難乎. 3-14 而時○之于農. 4-21 陰陽分○. 4-22 而○施優裕也. 5-6 而均○福焉. 7-9 ○几筵. 10-2 而輕重○之. 13-6 謂君其何德之○. 13-19 ○刑而不庸. 14-8 而○諸民. 29-2 所以宣○哲人之令德. 30-19 ○戎于牧之野. 31-18 ○令于商. 31-20 ○憲施舍於百姓. 31-22 若○德于民. 34-6 衣不過七升之○. 42-8 敢私○於吏. 97-15 ○命結援. 115-7 乃○幣焉. 138-5 不敢顯然○幣行禮. 158-15

【戊】 2

其以○申乎. 87-16 ○申. 95-8

【平】 48

鄭武莊有大勳力于○桓. 11-8 ○桓莊惠. 12-10 厲宣幽○. 25-11 而文始○之. 25-14 基德十五而始○. 25-15 和從○. 29-15 律以○聲. 29-16 細大不踰曰○. 29-18 非○也. 29-23 聲不和○. 29-24 夫有和○之聲. 29-25 ○之以六. 30-13 ○民無貳也. 30-18 和○則久. 31-3 而○均其政事. 34-7 齊侯乃許爲○而還. 36-22 能○九土. 38-7 ○丘之會. 46-13 季○子曰. 46-16 晉人執○子. 46-19 乃歸○子. 47-6 五立而後○. 64-11 夾輔○王. 90-22 ○王勞而德之. 90-22 政○民阜. 96-21 三逐楚○王卒. 108-21 歿○公. 116-3 外內必○. 116-19 ○公六年. 118-4 是以沒○公之身. 119-8 和大以○小乎. 121-2 ○公說新聲. 121-18 ○公射鴳. 121-23 ○公聞之. 122-16 沒○公無楚患. 123-5 ○公有疾. 125-5 ○公薨. 125-22 ○公有疾. 126-7 夏禹能單○水土. 136-10 以他○他謂之和. 137-9 ○八索以成人. 137-12 及○王之末. 139-4 子期祀○王. 150-12 ○王殺吾父. 153-16 楚國之能○均. 157-10 今非王室不○安是憂. 163-18 以爲○原. 166-2 以爲○原. 166-21

【匜】 2

公子使奉○沃盥. 91-23 奉槃○. 159-1

【北】 17

虢叔自○門入. 7-4 過周○門. 14-12 皆在○維. 31-6 南○之揆七同.

31-12 吾欲○伐. 58-16 ○至于河. 58-20 遂○伐山戎. 59-1 是以○伐山戎. 75-10 ○有衞燕狄鮮虞潞洛泉徐蒲. 135-7 乃起師○征. 161-21 ○屬之沂. 161-22 以焚其○郛焉而過之. 164-18 ○則齊. 166-15 軍於江○. 168-11 吴師大○. 168-17 三戰三○. 168-19○至於禦兒. 171-15

【占】 4

史蘇○之. 62-11 召史嚚○之. 74-10 筮史○之. 93-25 天○既兆. 165-19

【旦】 8

○暮從事. 53-24 ○暮從事於此. 54-5 以○暮從事於田野. 54-12 ○而里克見丕鄭. 71-23 火中而○. 75-4 一○而尸三卿. 111-20 今臣一○爲狂疾. 130-11 乃不待○. 168-16

【目】 29

道路以○. 2-20 豈敢猒縱其耳○心腹. 13-4 夫君子○以定體. 21-12 ○以處義. 21-13 足以步○. 21-13 ○不在體. 21-14 而足不步○. 21-14 ○體不相從. 21-14 夫○以處義. 21-19 猶○所不見. 28-14 不可以爲○也. 28-14 夫○之察度也. 28-14 而美不過以觀○. 28-21 夫耳○. 28-22 在○爲明. 29-3 晝戰○相見. 55-19 以相心○. 67-3 以役心○. 67-4 以違心○. 67-5 其耳○在於旗鼓. 104-18 則恐國人之屬耳○於我也. 104-25 是虎○而豕喙. 119-21 若於○觀則美. 144-13 安用○觀. 144-19 盜賊司○. 152-22 ○不淫於色. 154-9 以懸吾○於東門. 161-17 君何面○以見員也. 169-6 余何面○以視於天下乎. 173-1

【且】 123

○觀之兵. 2-9 ○無故而料民. 6-8 ○呂郤將不免. 8-16 ○禮所以觀忠信仁義也. 10-8 ○獻楚捷. 10-20 ○夫兄弟之怨. 11-11 ○棄舊也. 12-14 其叔父實應○憎. 13-8 ○夫陽豈有裔民哉. 14-1 ○唯戎狄. 15-1 ○夫人臣而侈. 18-3 ○告. 18-11○其狀. 18-14 ○財不給. 18-16 ○夫戰也微謀. 19-11 ○諺曰. 19-23 ○郤至何三伐之有. 20-7 ○夫長翟之人. 22-6 ○夫立無跛. 23-1 ○吾聞成公之生也. 23-7 ○其夢曰. 23-11 ○遇傷乎. 25-11 ○其語説昊天有成命. 26-20 ○夫備. 27-17 ○絕民用以實王府. 28-4 ○夫鍾不過以動聲. 28-12 ○民所曹好. 30-8 ○以動晉. 37-9 難以爲仁○智矣. 38-23 ○夫山不槎蘖. 41-3 ○夫君也者. 41-22 ○不華國乎. 42-4 ○吾聞以德榮爲國華. 42-7 ○夫君子計成而後行. 44-21 ○罪非我之由. 46-7 ○問之仲尼. 49-18 以告○選. 56-8 ○有後命. 59-15 ○君知成之從也. 62-9 ○懼有口. 62-13 ○其兆云. 63-11 ○夫口. 63-20 ○夫挾. 63-21 ○深亂. 65-1 ○夫間父之愛. 65-14 ○善否莫不信. 66-10 ○吾聞之. 66-12 ○旌君伐. 66-17 ○有令名. 67-17 ○君其圖之. 68-13 ○夫勝狄. 68-23 ○是衣也. 69-6 ○吾聞之曰. 69-19 枯○有傷. 71-17 ○人中心唯無忌之. 72-6 困○多悔. 73-22 ○以監諸侯之爲. 74-1 ○夫偕出偕入難. 74-4 ○必告悔. 74-6 ○使國人賀夢. 74-11 ○爲援. 76-14 貪○反義. 76-16 ○辱大夫. 77-7 ○鎮撫其國家. 77-25 縶敏○知禮. 78-6 ○入河外列城五. 79-2 ○可以進退. 79-10 ○謝之. 81-6 ○召三大夫. 81-9 ○夫禍唯無斃. 81-24 ○賞以悦衆. 84-8 ○知其罪. 84-18 ○戰不勝. 85-14 敗國○殺孺子. 85-16 ○戰而自退. 85-20 ○對曰. 88-21 ○晉公子. 91-17 ○逆之. 93-3 ○以辰出. 94-25 濟○秉成. 95-1○不見我. 95-25 ○楚師老矣. 98-12 先○居之佐軍也善. 99-18 ○居有三賞. 99-19 ○臣之倫. 99-19 乃使先○居將上軍. 99-20 ○剛而主能. 102-21 ○使苦成叔及欒黶興齊魯之師. 108-12 ○其士卒. 108-17 ○唯聖人能無外患. 109-13 ○唯聖人. 109-20 ○不及而言. 110-18 ○以勸楚乎. 110-21 ○夫戰也. 111-4 ○今君若使之於周. 111-8 ○衆何罪. 111-15 ○好諫而不隱也. 115-2 ○觀道逆者. 115-5 ○夫戎狄荐處. 116-7 ○雞丘之會. 116-19 離民○速寇. 118-6 ○夫欒氏之誣晉國久也. 118-14 ○勤身. 118-23 ○吾子之心有出焉. 120-9 懼子之應○增也. 120-14 ○吾子之家老也. 120-21 ○爲吾家. 121-14 ○夫合諸侯以爲不信. 122-25 ○秦楚匹也. 126-5 ○夫狄之憾者. 128-18 ○城厚完. 134-10 ○重黎之後也. 136-5 ○可長用也. 137-4 ○宣王之時. 137-23 ○大. 139-2 ○夫誦詩以輔相之. 141-5 死○不朽. 142-4 ○夫私欲弘侈. 144-15 ○夫制城邑. 145-16 鬬○廷見令尹子常. 152-6 ○夫自敵以下. 153-18 ○亦中分其師. 168-16 王其○馳騁弋獵. 176-21

【甲】 39

昔孔○亂夏. 32-16 帝○亂之. 32-17 大刑用○兵. 37-2 上○微. 38-16 修○兵. 55-5 修○兵. 55-6 齊國寡○兵. 58-4 輕過而移諸○兵. 58-5 制重罪贖以犀○一戟. 58-5 ○兵大足. 58-10 諸侯○不解纍. 59-11 兵○盡矣. 84-12 兵○益多. 84-13 ○午. 95-4 ○辰. 95-6 伊尹放太○. 95-20 ○冑而效死. 104-20 郤至○冑而見客. 108-24 閒蒙○冑. 108-25 以爲大○. 121-25 湯有太○. 140-8 夫申胥華登簡報吴國之士於○兵. 158-6 又非懾畏吾兵○之彊也. 159-10 使吾○兵鈍獘. 159-14 君王舍○兵之威. 159-21 以多○兵. 160-1 乃令服兵擐○. 162-25 皆白裳白旂素○白羽之矰. 163-5 皆赤裳赤旟丹○朱羽之矰. 163-6 皆玄裳玄旗黑○烏羽之矰. 163-8 爲帶○三萬. 163-9 被○帶劍. 164-23 被○帶劍. 165-4 唯是車馬兵○卒伍既具. 166-3 唯是車馬兵○卒伍既具. 166-22 筋力不足以勝○兵. 168-6 有帶○五千人. 170-17 是以帶○萬人事君也. 170-18 今夫差衣水犀之○者. 172-13

【申】 66

齊許○呂由大姜. 11-22 ○呂雖衰. 24-17 ○之以盟誓. 35-14 太子出奔○. 63-8 ○人鄫人. 63-9 驪姬請使○生主曲沃. 64-13 公將黜太子○生. 65-3 必於○生. 66-7 是故先施讒於○生. 66-13 太子○生將下軍. 66-22 ○生在下. 67-2 吾聞○生. 67-22 是故使○生伐東山. 68-25 ○生勝狄而反. 69-7 君其釋○生也. 69-10 ○生欲戰. 70-3 ○生曰. 70-6 吾聞○生之謀愈深. 71-4 ○生甚好信而彊. 71-7 驪姬以君命命○生曰. 72-12 ○生許諾. 72-13 召○生獻. 72-15 ○生恐而出. 72-15 ○生奔新城. 72-16 使小臣圉告于○生. 72-18 ○生許諾. 73-1 人謂○生曰. 73-2 ○生曰. 73-2 驪姬見○生而哭之. 73-9 ○生乃雉經于新城之廟. 73-11 ○生有罪. 73-12 ○生不敢愛其死. 73-13 ○生受賜. 73-14 驪姬既殺太子○生. 73-16 其以戊○乎. 87-16 所以○土也. 87-16 戊○. 95-8 ○孫之矢. 95-21 修好○盟而還. 115-8 南有荆蠻○呂應鄧陳蔡隨唐. 135-6 ○繒西戎方彊. 138-15 必求之○. 138-17 ○人弗畀. 138-17 若伐○. 138-18 方將德○. 138-19 ○呂方彊. 138-19 問於○叔時. 140-12 椒舉娶於○公子牟. 141-25 ○公子儀父爲師. 142-16 賜○公巫臣. 143-5 則○公巫臣之爲也. 143-9 左史倚相廷見○公子亹. 146-2 芋尹○亥從靈王之欲. 148-5 以○固其姓. 151-15 夫○胥華登簡報吴國之士於甲兵. 158-6 今句踐○禍無良. 158-18 ○胥諫曰. 159-10 ○胥進諫曰. 159-23 乃入芋尹○亥氏焉. 160-15 ○亥負王以歸. 160-15 乃訊○胥曰. 161-2 ○胥釋劍而對曰. 161-8 乃使取○胥之尸. 161-19 吴王夫差既殺○胥. 161-21 楚○包胥使於越. 166-1 今○胥驟諫其王. 176-12

【田】 42

王○不取羣. 2-14 墾○若蓺. 15-22 ○在草閒. 16-15 ○疇荒蕪. 28-2 ○于鞏. 32-2 遂○于大陸. 33-4 季康子欲以○賦. 51-2 籍○以力. 51-3 ○一井. 51-6 ○狩畢弋. 53-3 就○野. 53-18 擊菒除○. 54-10 以旦暮從事於○野. 54-12 以從事於○野. 54-14 陵阜陸墐井○疇均. 56-22 雖獲沃○. 64-7 獻公○. 65-17 使無日以牧○野. 68-19 公○. 72-14 吾命之以汾陽之○百萬. 78-23 吾命之以負蔡之○七十萬. 78-24 果喪其○. 80-5 喪○不懲. 80-6 焉作轅○. 84-8 士食○. 96-19 賜公南陽陽樊溫原州陘絺組攢茅之○. 97-8 是故以曹○衞○賜宋人. 98-2 而益婦人○. 109-23 不奪諸大夫○. 109-24 范宣子與和大夫爭○. 120-7 乃益和○. 121-11 一旅之○. 125-25 一卒之○. 125-25 昔欒武子一卒之○. 126-20 邢侯與雍子爭○. 128-4 與鼓子○於河陰. 129-9 趙簡子○于螻. 131-18 故王者居九畡之○. 137-14 而至於是有畿○. 147-16 天子之○九畡. 152-4 ○野開闢. 175-11

【由】 42

若○是觀之. 7-24 若○是觀之. 8-6 ○之利內則福. 11-20 ○大任. 11-21 杞繒○大姒. 11-21 齊許申呂○大姜. 11-22 陳○大姬. 11-22 昔鄢之亡也○仲任. 11-23 密須○伯姞. 12-1 鄶○叔妘. 12-1 耼○鄭姬. 12-1 息○陳嬀. 12-1 鄧○楚曼. 12-2 羅○季姬. 12-2 盧○荆嬀. 12-2 若○是姬姓也. 13-12 罪不○晉. 19-5 ○欲亂民也. 25-24 ○欲靖民也. 25-25 ○是第之. 30-15 其間無○荒怠. 34-17 無○省之. 41-23 美惡皆君之○. 42-2 其誰○己貳. 44-18 且罪非我之○. 46-7 太子○是得罪. 66-21 乃使梁○靡告于秦穆公. 77-19 梁○靡御韓簡. 82-19 梁○靡御韓簡. 83-13 梁○靡曰. 85-14 梁○靡曰. 85-18 女誤梁○靡. 85-24 ○是始之. 87-16 請○此亡. 94-17 不善蔑○至矣. 107-15 善亦蔑○至矣. 107-16 過○大. 109-10 而怨○細. 109-10 願○今日. 113-13 必長者之○. 121-17 難將○我. 133-21 易物之○. 145-20

【史】 52

○獻書. 2-24 瞽○教誨. 2-25 太○順時覛土. 4-1 太○告稷曰. 4-4 ○帥陽官. 4-6 太○贊王. 4-13 太○監之. 4-16 太○八之. 4-25 王問於內○過. 7-6 使太宰以祝○帥狸姓. 8-3 帥傅氏及祝○. 8-7 內○過從至虢. 8-8 虢公亦使祝○請土焉. 8-8 內○過歸. 8-9 襄王使邵公過及內○過. 8-13 內○過歸. 8-16 襄王使太宰文公及內○興. 9-25 內○贊之. 10-4 內○興歸. 10-6 吾非瞽○. 21-11 昔○佚有言. 26-14 故工○書世. 39-23 與大○司載. 48-11 ○蘇占之. 62-11 與○蘇曰. 62-17 ○蘇卒爵. 62-19 ○蘇告大夫曰. 63-1 ○蘇曰. 63-3 ○蘇朝. 64-16 夫○蘇之言. 65-4 夫○蘇之言. 71-23 召○嚚占之. 74-10 瞽○之紀曰. 88-17 筮○占之. 93-25 瞽○記曰. 94-23 以煩刑○. 113-14 ○黯聞之. 131-18 ○黯侍. 132-2 智果別族于太○. 133-12 問於○伯曰. 135-4 ○伯對曰. 135-5 左○倚相廷見申公子亹. 146-2 左○謗之. 146-3 左○倚相曰. 146-5 臨事有瞽○之導. 146-13 ○不失書. 146-13 乃驟見左○. 146-21 謂○老曰. 146-22 王如○老之言. 147-1 訪之左○倚相. 148-1 家爲巫○. 149-23 又有左○倚相. 154-19

【兄】 42

○弟讒鬩. 11-6 ○弟鬩于牆. 11-6 ○弟也. 11-8 且夫○弟之怨. 11-11 夫亦皆天子之父○甥舅也. 14-1 今我王室之一二○弟. 15-4 其父○之食黷而衣惡者. 42-5 人之父○食黷衣惡. 42-6 而棄○弟. 46-14 是故其父○之教. 53-21 是故其父○之教. 54-1 是故其父○之教. 54-7 是故其父○之教. 54-15 盍從吾○竄於狄乎. 74-2 讒在○弟爲大亂. 77-4 殺其弟而立其○. 84-1 ○德我而忘其親. 84-1 而悼其父○子弟之死喪者. 84-16 禮○弟. 90-15 晉鄭○弟也. 90-21 若禮○弟. 90-25 可謂○弟. 90-25 同姓爲○弟. 92-3 則皆王之父○甥舅也. 97-14 至于○弟. 100-15 讓父○也. 104-10 ○弟之禮也. 115-20 豐○弟之國. 121-8 加之以父○. 131-1 子雖○弟於晉. 142-6 昔雍子之父○. 142-22 比爾○弟親戚. 151-13 以力征一二○弟之國. 163-20 以見我一二○弟之國. 164-10 以遠我一二○弟之國. 164-22 以遠我一二○弟之國. 165-3 以徹於○弟之國. 165-8 有○弟四五人. 168-2 凡我父○昆弟. 170-4 國之父○請曰. 172-6 父○又請曰. 172-9 ○勉其弟. 172-18

【冉】 2

使○有訪諸仲尼. 51-2 私於○有曰. 51-2

【皿】 2

是不昭穀明而○蠱也. 125-19 蟲○爲蠱. 125-20

【囚】 4

獻子○之七日. 42-8 公使○之. 74-11 降服○命. 91-24 赦○繫. 113-17

【四】 93

得○白狼○白鹿以歸. 2-12 司空○之. 4-24 ○者皆棄. 9-4 ○者不失. 10-13 二十○年. 14-12 而無此○者. 17-11 ○也. 19-5 ○軍之帥. 19-6 ○也. 19-8 吾又過於○之. 19-18 共之從孫○嶽佐之. 24-5 合通○海. 24-8 祚○嶽國. 24-12 此一王○伯. 24-15 不順○時之序. 24-22 ○牡騤騤. 25-7 十○王矣. 25-15 二十○年. 30-4 ○曰蕤賓. 30-17 出○隙之細也. 30-21 ○閒林鍾. 30-23 ○世而隕. 32-16 十有○世而興. 32-17 十有○世矣. 32-19 使五年○王一相朝. 34-15 夫爲○鄰之援. 35-13 ○牡. 43-15 制禮義可法於○方. 52-8 ○民者. 53-15 審其○時. 53-23 施於○方. 53-24 察其○時. 54-3 以周○方. 54-4 察其○時. 54-9 盡其○支之敏. 54-14 ○里爲連. 55-10 ○里爲連. 55-12 以安○鄰. 57-25 則○鄰之國親我矣. 57-25 使周遊於○方. 58-1 使民鬻之○方. 58-2 ○鄰大親. 58-18 鹿皮○分. 60-7 ○鄰服. 68-24 ○年. 74-7 雖○鄰諸侯之聞之也. 77-25 黃金○十鎰. 79-4 十○年. 80-17 雖○鄰之聞之也. 84-13 而罪○也. 85-25 棄此○者. 91-1 ○母之子. 92-6 其得姓者十○人. 92-6 ○方諸侯. 93-20 文公立○年. 97-21 於是乎用○方之賢良. 100-16 ○閒也. 108-18 使茲○人者爲之. 114-16 使茲○人者. 114-21 使張老延君譽于○方. 115-4 ○年. 115-7 ○年. 115-13 ○鄰莫不震動. 116-10 於是無○方之患. 121-10 夫荆子熊嚴生子○人. 135-23 光照○海. 136-7 剛○支以衛體. 137-11 ○時之隙. 144-25 以余正○方. 147-4 旁求○方之賢. 147-5 ○封不備一同. 147-16 能知○時之生. 149-14 以一純二精三牲○時五色六律七事八種九祭十日十二辰以致之. 150-19 天地民及○時之務. 151-24 無令名於○方. 152-21 ○境盈壘. 152-22 雖○方之諸侯. 159-6 ○方歸之. 159-16 以刈殺○方之蓬蒿. 161-3 有兄弟○五人. 168-2 子有昆弟○五人. 168-2 夫雖無○方之憂. 170-7 ○方之民歸之. 171-17 ○方之士來者. 172-1 越○封之內. 172-10 ○封之內. 175-2 ○封之外. 175-3 ○封之內. 175-15 ○封之外. 175-17 ○年. 175-23 ○時以爲紀. 177-10 皇天后土○鄉地主正之. 179-6

【生】 151

衣食於是乎○. 3-3 百物之所○也. 3-9 於是乎○. 3-24 是則少多死○出入往來者. 6-3 ○穆王焉. 7-22 夫義所以○利也. 11-13 亦唯是死○之服物采章. 13-5 王叔陳○奔晉. 20-15 且吾聞成公之○也. 23-7 是以民○有財用. 23-22 而度之于羣○. 24-5 物無害○. 24-10 謂其能以嘉祉殷富○物也. 24-12 不儀○物之則. 24-22 亂○不夷. 25-7 亂於是乎始○. 26-8 ○何以殖. 28-12 於是乎○. 28-18 聲味○氣. 29-3 動以殖○. 29-4 政成○殖. 29-4 嘉○繁祉. 29-21 故能○是良材. 32-20 所以○殖也. 38-21 助○阜也. 41-1 蔡公孫歸○與鄭罕虎見叔孫穆子. 45-13 思則善心○. 48-7 忘善則惡心○. 48-7 若不○得. 52-21 請○之. 52-22 民○於三. 62-5 父○之. 62-6 非父不○. 62-6 ○之族也. 62-7 報○以死. 62-8 ○伯服. 63-7 ○奚齊. 64-12 其娣○卓子. 64-13 驪姬請使申○主曲沃. 64-13 亂本○矣. 64-16 然而又○男. 64-20 其亂○哉. 64-21 必復○. 64-22 驪姬○奚齊. 65-3 其娣○卓子. 65-3 公將黜太子申○. 65-3 義以○利. 65-7 必於申○. 66-7 是故先施讒於申○. 66-13 戎之○心. 66-16 乃○之言. 66-21 太子申○將下軍. 66-22 申○在下. 67-2 吾聞申○. 67-22 凡民利是○. 68-5 是故使申○伐東山. 68-25 奇○怪. 69-3 怪○無常. 69-3 無常○不立. 69-3 申○勝狄而反. 69-7 君其釋申○也. 69-10 申○欲戰. 70-3 申○曰. 70-6 君故○心. 70-8 吾聞申○之謀愈深. 71-4 申○甚好信而彊. 71-7 驪姬以君命命申○曰. 72-12 申○許諾. 72-13 召申○獻. 72-15 申○恐而出. 72-15 申○奔新城. 72-16 使小臣圉告于申○. 72-18 申○許諾. 73-1 人謂申○曰. 73-2 申○曰. 73-2 驪姬見申○而哭之. 73-9 難以長○. 73-10 申○乃雉經于新城之廟. 73-11 申○有罪. 73-12 申○不敢愛其死. 73-13 申○受賜. 73-14 驪姬既殺太子申○. 73-16 養○者. 76-1 死人復○不悔. 76-1 ○人不媿. 76-1 厚貪則怨○. 76-10 樂喪必哀○. 77-1 重耳父○不得供備洒掃之臣. 77-6 偷居倖○. 80-12 民○安樂. 87-19 晉公子○十七年而亡. 89-24 實○重耳. 90-17 所○不疑. 91-5 則君地○焉. 91-10 其同○而異姓者. 92-5 ○黃帝炎帝. 92-14 以○民也. 92-17 黷則○怨. 92-18 其衆莫不○氣. 98-14 ○民之本也. 99-11 故人○而學. 100-22 人孰偷○. 118-13 若不偷○. 118-14 叔魚○. 119-21 楊食我○. 119-22 ○子輿爲理. 121-3 惑以○蠱. 125-7 良臣不○. 125-7 良臣不○. 125-10 拱木不○危. 125-11 松柏不○埤. 125-12 使至於○疾. 125-12 何實○之. 125-15 穀之飛實○之. 125-16 請殺其○者. 128-8 不○草木. 133-16 夫荆子熊嚴○子四人. 135-23 以成樂物○者也. 136-9 以○柔嘉材者也. 136-13 夫和實○物. 137-8 府之小妾○女. 137-25 當宣王時而○. 138-10 而○伯服. 138-14 天之○此久矣. 138-14 ○子南. 143-3 亡人得○. 143-15 天之○也. 145-25 能知四時之○. 149-14 故神降之嘉○. 149-19 嘉○不降. 150-2 ○乃不殖. 151-3 其○不殖. 151-4 人○求富. 152-16 金木竹箭之所○也. 154-23 所以○詐謀也. 156-16 我無○命矣. 162-10 死事不可以爲○. 162-16 以民○之不長. 169-1 民○於地上. 169-1 養○者. 171-10 ○丈夫. 171-21 ○女子. 171-22 ○三人. 171-22 ○二人. 171-22 ○萬物. 175-7 以養其○. 175-8 不可彊○. 175-8 死○因天地之刑. 175-19 人自○之. 175-19 福○於內. 175-21 逆節萌○. 176-12

【矢】 9

載櫜弓○. 1-6 楛○貫之. 50-8 此肅慎氏之○也. 50-10 於是肅慎氏貢楛○石砮. 50-12 肅慎氏之貢○. 50-13 坐成以束○. 58-7 服無○. 59-12 申孫之○. 95-21 一个負○. 160-19

【失】 79

用○其官. 1-11 誅亦○. 5-17 不誅亦○. 5-17 不○其序. 6-11 是陽○其所. 6-13 陽○而在陰. 6-13 猶恐其有墜○也. 9-9 四者不○. 10-13 不○此三德者. 11-15 鄭未○周典. 12-10 不○其次. 19-15 其將○之矣. 23-14 淫○其身. 23-25 及其○之也. 24-18 民○其資. 27-16 上○其民. 29-8 ○威而至於殺. 41-21 貳心必○諸侯. 46-14 夫○其政者. 46-15 其無乃得蠻夷而○諸侯之信乎. 47-4 治國家不○其柄. 52-7 ○臣之官. 62-20 棄人○謀. 64-6 民誤○德. 65-7 ○政而害國. 68-16 又○言於衆矣. 71-7 ○其心矣. 75-19 君子○心. 75-19 不可○也. 77-12 ○國常於喪. 78-10 時不可○. 78-10 晉君大○其衆. 81-21 ○衆安能殺人. 81-23 已○人. 82-2 又○天. 82-2 猶○其國. 85-6 又○有罪. 85-9 ○刑亂政. 85-16 不可○也. 85-20 君○其刑. 85-21 ○次犯令. 85-22 今鄭○次犯令. 85-23 使○秦公. 85-24 時不可○. 88-15 ○常不立. 89-21 ○此二者. 90-2 ○位而闕聚. 90-4 則○周矣. 96-24 得原而○信. 97-19 不可○. 97-19 夫趙衰三讓不○義. 99-23 不可○也. 108-19 猶懼○之. 110-25 爲我勿○. 115-15 而○諸華. 116-7 猶得獸而○人也. 116-7 ○. 121-23 言身不○其友. 124-19 必○諸侯. 125-8 ○吾信也. 128-18 ○趙氏之典刑. 130-23 一人三○. 133-24 其後皆不○祀. 136-25 ○先君之業. 141-10 既其○也. 145-20 史不○書. 146-13 矇不○誦. 146-14 又恐其荒○遺忘. 147-11 ○其官守. 150-8 未之○也. 153-21 諸侯大夫○禮於天子. 164-6 昔吴伯父不○春秋. 164-8 寔○宗廟社稷. 169-4 不可○也已. 171-2 ○此利也. 171-3 其事不○. 175-7 ○德滅名. 176-3 ○之中原. 177-5 蚤晏無○. 177-20

【禾】 1

出稷○秉芻缶米. 51-6

【丘】 15

平○之會. 46-13 以○之所聞. 47-8 ○聞之. 47-9 ○聞之. 49-21 齊閭○來盟. 50-17 葵○之會. 59-14 桓公城楚○以封之. 60-1 築葵茲晏負夏領釜○. 60-15 築五鹿中牟蓋與牡○. 60-17 葵○之會. 75-6 諸侯會于雞○. 115-7 會諸侯於雞○. 115-13 且雞○之會. 116-19 齊有渠○. 145-8 齊渠○寔殺無知. 145-13

【仕】 2

秦后子來○. 125-23 楚公子干來○. 125-23

【代】 21

乃以其子○宣王. 3-21 今周德若二○之季矣. 6-17 夫出王而○其位. 7-2 乃講聚三○之典禮. 15-17 自是齊楚○討於魯. 44-3 其誰○之任喪. 44-15 殺郟敖而○之. 45-21 三○皆然. 65-1 上貳○舉. 67-4 下貳○履. 67-4 非喪誰○. 77-3 國家○有. 82-4 吾將以公子重耳○之. 83-21 使子父○處秦. 84-4 二三子其改置以○圉也. 84-7 使先軫○之. 99-14 使趙衰○之. 99-18 三○舉之. 126-14 佐制物於前○者. 136-14 實與諸姬○相干也. 136-23 而秦晉齊楚○興. 139-5

【白】 18

得四○狼四○鹿以歸. 2-12 攘○狄之地. 59-4 小○. 59-18 有神人面○毛虎爪. 74-8 ○玉之珩六雙. 79-4 ○公子張驟諫. 146-22 ○公又諫. 147-1 楚之○珩猶在乎. 154-16 若夫○珩. 155-3 遂使爲○公. 157-7 及○公之亂. 157-9 殺○公而定王室. 157-11 繄起死人而肉○骨也. 158-17 皆○裳○旂素甲○羽之矰. 163-5 載○旗. 163-6

【他】 15

不徵於○. 11-11 徵於○. 11-12 今女非○也. 14-23 不出於○矣. 27-10 不知其○. 44-6 又何敢有○志. 78-16 有死無○. 84-19 誰知其○. 87-19 ○日. 93-5 自○及之. 123-23 ○日. 129-17 以○平○謂之和. 137-9 寧聞○言. 146-24 不知其○. 155-14

【乎】 362

於是○有刑不祭. 2-3 於是○有刑罰之辟. 2-4 而王幾頓○. 2-10 況爾小醜○. 2-16 財用於是○出. 3-2 衣食於是○生. 3-3 善敗於是○興. 3-3 王室其將卑○. 3-8 王能久○. 3-11 是不布利而懼難○. 3-14 其可○. 3-15 王其以我爲懟而怒○. 3-20 況事王○. 3-20 於是○出. 3-23 於是○生. 3-24 於是○在. 3-24 於是○興. 3-25 於是○始. 3-25 於是○成. 4-1 於是○又審之以事. 6-4 而況敢樂禍○. 7-1 盍納王○. 7-3 固有之○. 7-7 其丹朱之神○. 7-24 其亡○. 8-2 不亦難○. 8-12 於是○有朝日夕月. 9-7 於是○有蠻夷之國. 9-13 而況可以淫縱其身○. 9-14 於是○始霸. 10-20 無乃不可○. 11-11 其無乃階禍○. 11-21 王其以我爲懟○. 12-19 於是○致武. 13-21 無乃玩而頓○. 13-23 無乃不可○. 14-6 能無敗○. 14-15 子弗聞○. 14-22 於是○有折俎加豆. 15-8 於是○修執秩以爲晉法. 15-17 不亦嬻姓矣○. 17-6 不亦簡彝○. 17-7 其能久○. 17-11 季孟其長處魯○. 17-16 叔孫東門其亡○. 17-16 不亦可○. 19-18 其郤至之謂○. 19-20 而況在侈卿○. 20-2 不亦難○. 20-6 能勿從○. 20-14 其當之○. 21-9 敢問天道○. 21-10 於是○觀存亡. 21-15 齊其有○. 22-4 無乃不可○. 25-4 而況神○. 25-9 且遇傷○. 25-11 王室其愈卑○. 25-12 其不濟○. 25-16 亂於是○始生. 26-8 今周其興○. 26-14 其有不興○. 26-19 於是○量資幣. 27-12 於是○有母權子而行. 27-13 於是○有子權母而行. 27-14 能無匱○. 27-16 無乃不可○. 27-20 於是○生. 28-18 於是○出. 28-18 於是○有狂悖之言. 29-6 於是○氣無滯陰. 29-20 於是○道之以中德. 29-25 於是○有七律. 31-14 抑其惡爲人用也○. 32-1 萇弘其不歿○. 32-7 不亦難○. 32-13 而況天○. 32-15 其有悛○. 32-21 其當身○. 32-25 其爲還事○. 35-19 其可賂○. 36-11 魯國恐○. 36-14 今茲海其有災○. 38-25 而守其後於魯○. 39-14 無乃違○. 39-18 無乃不可○. 40-2 能無殃○. 40-5 女亦聞之○. 40-15 水虞於是○講罛罶. 40-22 獸虞於是○禁罝羅. 40-25 不亦善○. 41-7 抑知其不可○. 41-12 且不華國○. 42-4 無乃非相人○. 42-6 無乃不可○. 44-2 姑從君○. 44-12 其鏈不滋大○. 44-18 二三子計○. 44-21 而況君○. 45-2 而立其朝○. 45-12 不亦可○. 45-16 而敢設服以見諸侯之大夫○. 45-19 則又可以出貨而成私欲○. 46-3 可以爲能○. 46-11 然則意如○. 46-17 敢逃難○. 46-18 庶幾有益於魯國○. 47-1 羣臣敢憚戮○. 47-3 其無乃得蠻夷而失諸侯之信○. 47-4 無乃罪○. 47-23 子弗聞○. 47-23 其以歜爲不能事主○. 48-4 魯其亡○. 48-5 女不聞○. 51-3 於是○有鰥寡孤疾. 51-4 則其管夷吾○. 52-6 其可○. 54-25 其可○. 55-4 其可○. 57-20 於是○與伊尹比而亡夏. 63-4 於是○與膠鬲比而亡殷. 63-5 於是○與虢石甫比. 63-7 周於是○亡. 63-10 亦不可○. 63-11 可謂挾○. 63-13 能銜骨○. 63-13 其戒之○. 64-16 子盍圖○. 65-12 不亦難○. 65-25 無乃難遷○. 66-9 其得之○. 66-12 不亦宜○. 66-18 無乃不可○. 67-1 不亦可○. 67-2 不亦危○. 67-11 不亦可○. 67-17 焉能及吳太伯○. 67-20 而不惠於其父○. 67-25 其可○. 68-10 孺子懼○. 69-17 孺子勉之○. 69-19 孺子勉之○. 69-23 狄可盡○. 69-25 其可以圖之○. 70-5 可不謂菀○. 71-17 可不謂枯○. 71-17 曩而言戲○. 71-19 抑有所聞之○. 71-19 中立其免○. 71-22 不亦可○. 73-1 何不去○. 73-2 況國人○. 73-9 其狄○. 73-23 盍從吾兄竄於狄○. 74-2 其九月十月之交○. 75-4 不亦可○. 75-23 而又愛吾身○. 76-2 子盍入○. 76-23 盍請君于秦○. 77-18 不亦可○. 78-21 不亦可○. 79-9 其誰能恃○. 79-16 君之冢嗣其替○. 80-18 公子重耳其入○. 80-18 欲先導者行○. 80-22 不亦難○. 81-7 可以入○. 81-15 子行○. 81-17 予之○. 82-5 能淺其寇○. 82-16 而況國○. 82-23 君盍待之○. 83-7 若無天○. 83-10 無乃不可○. 83-24 不亦惠○. 84-11 庶有益○. 84-14 晉國和○. 84-15 而況臣○. 85-6 猶在○. 85-8 趣行事○. 86-1 盍速行○. 87-7 其有此土○. 87-15 其以戊申○. 87-16 貳將可○. 88-2 其能及○. 88-7 不亦難○. 88-13 其知饜○. 88-21 無乃不可○. 89-3 無乃不可○. 90-4 無乃不可○. 91-2 其無令君○. 91-16 不亦可○. 92-23 二三子敬○. 93-10 豈專在寡人○. 93-21 而況君○. 94-17 吾其濟○. 94-19 其無蒲狄○. 95-19 君其無悔○. 95-25 於此○在矣. 97-1 無乃非禮○. 97-12 可○. 97-24 宋衆無乃彊○. 98-7 二三子忘在楚○. 98-13 於是○民知君心. 99-6 其能善之○. 100-7 於是○用四方之賢良. 100-16 然則教無益○. 100-22 可矣○. 101-5 可矣○. 101-6 於是○遂伯. 101-10 可○. 102-7 變○. 104-4 子不將救之○. 104-14 敢不分謗○. 104-14 變○. 104-24 女亦知吾望爾也○. 104-24 難必及子○. 105-25 請務實○. 107-5 於是○. 107-9 非恥○. 107-19 其可忘○. 107-19 可不謂文○. 107-20 可不謂忠○. 107-22 然則王者多憂○. 108-8 我王者也○哉. 108-9 樂○哉. 108-11 無乃傷○. 108-24 盍姑謀睦○. 109-5 而況外○. 109-9 今吾外刑○大人. 109-11 盍姑釋荆與鄭以爲外患○. 109-15 盍姑釋荆與鄭以爲外患○. 109-21 盍姑無戰○. 110-1 盍姑以違蠻夷爲恥○. 110-8 於是○. 110-10 於是○國人不蠲. 110-12 且以勸楚○. 110-21 而況驕泰○. 110-25 不亦大罪○. 111-8 其可○. 111-13 而況君○. 112-5 其能○. 112-7 其可忘○. 114-4 於是○. 115-7 於是○始復霸. 115-11 於是○遂伯. 116-11 不亦可○. 119-3 和大以平小○. 121-2 鞅○. 121-13 公室其將卑○. 121-18 君子有比○. 122-6 晉其庶○. 122-16 可無愛○. 124-2 其陽子○. 124-16 其舅犯○. 124-17 其隨武子○. 124-19 秦君道○. 124-21 猶可以久○. 124-23 醫及國家○. 125-14 不知人殺○. 126-10 不爲具敖○. 129-11 而況君子之學○. 129-14 盍已○. 129-16 子盍爲我請○. 129-19 與子諫○. 129-24 以爲繭絲○. 130-13 抑爲保鄣○. 130-13 庶曰可以鑑而鳩趙宗○. 131-4 無乃不可○. 134-1 況君相○. 134-3 盍姑無愛寶於諸侯○. 134-7 吾何走○. 134-10 其晉陽○. 134-13 其濟洛河潁之間○. 135-13 南方不可○. 135-23 其在芈姓○. 136-20 周其弊○. 137-5 於是○. 137-15 得○. 137-19 其又何可爲○. 138-2 不亦難○. 138-16 武其嗣○. 138-24 其在晉○. 138-24 其將興○. 139-2 秦景襄於是○取周土. 139-5 晉文侯於是○定天子. 139-6 齊莊僖於是○小伯. 139-6 楚蚡冒於是○始啓濮. 139-7 其可興○. 141-7 可不謂恭○. 141-16 召之其來○. 143-15 其可○. 143-18 於是○爲之. 144-23 於是○用之. 144-24 於是○臨之. 144-25 於是○成之. 144-25 諸侯其來○. 145-6 於是○作懿戒以自儆也. 146-14 於是○. 147-2 不亦難○. 147-13 無乃不可○. 147-18 其可盡○. 147-23 其可○. 148-2 其可○. 148-9 民將能登天○. 149-5 於是○. 149-17 祀不可以已○. 151-1 國於是○蒸嘗. 151-9 家於是○嘗祀. 151-9 於是○. 151-13 於是○. 151-13 楚其亡○. 152-7 令尹其不免○. 152-7 於是○. 152-14 是不先恤民而後己之富○. 152-20 子常其能賢於成靈○. 152-25 無乃不可○. 153-10 庶悛而更○. 153-11 庶憶懼而鑒前惡○. 153-12 而況君○. 153-19 則何上下之有○. 153-20 不亦可○. 154-1 楚之白珩猶在○. 154-16 信○. 155-18 其誰○. 156-9 不亦難○. 156-18 其子之謂○. 156-19 其又何善○. 156-23 非唯舊怨○. 157-3 其敢忘君王之大賜○. 158-18 越曾足以爲大虞○. 159-18 以盟爲有益○. 159-20 以盟爲無益○. 159-21 豈遽忘於諸侯之耳○. 160-16 其猶有及○. 160-20 審賞則可以戰○. 166-25 審罰則可以戰○. 167-1 審物則可以戰○. 167-2 審備則可以戰○. 167-3 審聲則可以戰○. 167-4 而聽君之令○. 168-24 無乃後○. 170-9 無乃卹傷君王之所愛○. 170-19 其孰利○. 170-19 其有敢不盡力者○. 172-11 而可無死○. 172-19 而聽君之令○. 172-23 吾與君爲二君○. 172-23 余何面目以視於天下○. 173-1 君王其忘之○. 174-17 其可○. 176-1 其可○. 176-9 其可○. 176-12 其可○. 176-16 道固然○. 176-17 其可○. 177-5 其忘會稽之事○. 178-3 非吳○. 178-5 其可○. 178-7 而聽君王之命○. 178-10 不忌其不祥○. 178-12 又安知是諓諓者○. 178-15

【令】 144

有威讓之○. 2-5 布○陳辭. 2-5 故出○不可不順也. 5-13 ○之不行. 5-13 無以賦○. 6-8 爲○聞嘉譽以聲之. 9-11 ○不偷而動不攜. 10-11 ○聞不忘. 11-16 以役上○. 12-5 何政○之爲也. 13-15 故夏○曰. 16-6 先王之○有之曰. 17-3 是又犯先王之○也. 17-8 蔑其官而犯其○. 17-10 所以爲○聞長世也. 18-1 明○德矣. 23-3 而○德孝恭. 23-10 故高朗○終. 24-25 而附之以○名. 24-25 而亦未觀夫前哲○德之則. 25-22 ○聞不忘. 25-23 ○聞不忘之謂也. 27-6 何以出○. 27-21 ○之不從. 27-21 以爲憲○. 29-1 出○不信. 29-7 所以宣布哲人之○德. 30-19 布○于商. 31-20 其爲後世昭前之○聞也. 35-3 ○德替矣. 35-5 而替前之○德. 35-6 及前哲○德之人. 38-19 皆昭○德以合好也. 43-11 不能○於國. 44-25 其○尹也. 45-15 欲明其子之○德. 49-14 先王欲昭其○德之致遠也. 50-12 寡君有不○之臣. 52-14 ○彼在齊. 52-18 ○夫士. 53-19 ○夫工. 53-23 ○夫商. 54-3 ○夫農. 54-9 則事可以隱○. 55-8 作內政而寄軍○焉. 55-9 以爲軍○. 55-11 ○勿使遷徙. 55-17 不用上○者. 56-5 桓公○官長. 56-8 不用上○者. 57-14 夫軍○則寄諸內政矣. 58-4 剸○支. 59-1 ○子爲上卿. 62-5 ○司正實爵. 62-17 作○不孝. 65-14 且有○名. 67-17 ○不偷矣. 69-18 猶有○名焉. 70-10 猶有○名焉. 72-24 公○閹楚刺重耳. 73-17 ○賈華刺夷吾. 73-18 焉始爲○. 73-19 出○而逆. 74-17 公○河上輸之粟. 82-11 ○韓簡視師. 82-20 公○韓簡挑戰. 82-24 ○國人於朝曰. 84-6 君○司馬說刑之. 85-21 失次犯○. 85-22 今鄭失次犯○. 85-23 ○尹子玉曰. 91-14 其無○君乎. 91-16 召○狐臼衰桑泉. 95-3 克成○名. 95-22 ○以三日之糧. 97-17 公○疏軍而去之. 97-17 ○

尹子玉使宛春來告. 98-4 信於○. 99-4 信於○. 99-6 請○衰也從子. 99-25 乃發○于太廟. 103-13 ○三軍之鍾鼓必備. 103-14 出○將不敢不成. 113-9 二三子爲○之不從. 113-10 辱君之允○. 113-14 使○狐文子佐之. 114-6 ○狐文子卒. 115-8 ○之佐新軍. 115-22 婉以從○. 115-24 遂○於國人曰. 119-5 國有大○. 119-11 是明○必從君也. 119-12 君之明○也. 119-14 勿○遠聞. 122-2 楚○尹子木欲襲晉軍. 122-18 楚○尹圍將以魯叔孫穆子爲戮. 123-16 夫楚○尹有欲於楚. 123-17 ○之勿讐也. 124-11 ○軍吏呼城. 128-21 ○鼓人各復其所. 128-23 哀名之不○. 132-19 ○其子孫將耕於齊. 132-20 而又無○聞. 136-19 教之○. 140-16 見○尹子木. 142-6 昔○尹子元之難. 142-10 唯其施○德於遠近. 144-18 王言以出○也. 147-3 是無所稟○也. 147-3 至於今爲○君. 147-17 君不度憂於二○君. 147-17 擇其○辰. 151-10 鬭且廷見○尹子常. 152-6 ○尹其不免乎. 152-7 吾見○尹. 152-7 ○尹問蓄聚積實. 152-7 昔鬭子文三舍○尹. 152-13 至於今○尹秩之. 152-15 無○名於四方. 152-21 而辱軍士使寇○焉. 158-22 舍其愆○. 159-25 余○而不違. 161-10 ○各輕其死. 162-20 ○秣馬食士. 162-25 乃○服兵擐甲. 162-25 乃○董褐請事. 163-13 晉乃○董褐復命曰. 164-5 伯父○女來. 165-10 吾修○寬刑. 166-11 王乃命有司大○於國曰. 167-5 莫如此不從其伍之○. 167-19 乃○左軍銜枚. 168-13 亦○右軍銜枚. 168-14 越王乃○其中軍. 168-16 而聽君之○乎. 168-24 乃號○於三軍曰. 170-4 ○壯者無取老婦. 171-18 ○老者無取壯妻. 171-19 ○孤子寡婦疾疹貧病者. 171-24 而聽君之○乎. 172-23 乃○大夫種行成於吴. 174-20 ○大夫種守於國. 175-3○大夫種爲之. 175-21 浹日而○大夫朝之. 179-4

【用】 162

而利其器○. 1-8 ○失其官. 1-11 財○於是乎出. 3-2 其所以阜財○衣食者也. 3-4 榮公若○. 3-16 財○蕃殖. 3-25 咸戒農○. 4-9 民○莫不震動. 5-1 財○不乏. 5-3 民○和同. 5-3 將何以求福○民. 5-9 夫水土演而民○也. 6-15 民乏財○. 6-15 而求○焉. 8-10 以備百姓兆民之○. 12-25 財○可嘉. 15-15 將焉○全烝. 15-15 此先王所以不○財賄. 16-8 儉所以足○也. 17-22 以儉足○. 17-23 其能足○矣. 18-1 ○足則族可以庇. 18-2 而○幼弱. 19-4 而不○其言. 19-4 有一勝猶足○也. 19-9 以義死○謂之勇. 20-8 是以民生有財○. 23-22 共工○滅. 24-2 堯○殛之于羽山. 24-3 將焉○飾宮. 26-1 王○將有所乏. 27-16 資○乏匱. 28-2 且絕民○以實王府. 28-4 小大器○. 28-18 將焉○之. 28-20 ○物過度. 29-22 若夫匱財○. 30-2 均利器○. 30-25 王欲合是五位三所而○之. 31-11 抑其惡爲人○也乎. 32-1 實○人也. 32-2 ○巧變以崇天災. 33-1 財不過○. 34-8 財○不匱. 34-8 是以○民無不聽. 34-9 制財○之節. 34-17 ○幣. 35-8 大刑○甲兵. 37-2 其次○斧鉞. 37-2 中刑○刀鋸. 37-2 其次○鑽笮. 37-2 薄刑○鞭扑. 37-3 所以出財○也. 38-21 ○宄之財者爲姦. 40-17 畜功○也. 41-2 ○善不肯專. 41-24 將安○之. 41-24 必○命焉. 45-1 勞其民而○之. 48-6 夫知吾將○之. 52-13 欲○其政也. 52-17 而慎○其六柄焉. 53-14 權節其○. 53-23 權節其○. 54-9 而業○之. 55-2 而業○之. 55-3 不○上令者. 56-5 而復○之. 56-8 不○上令者. 57-14 唯能○管夷吾甯戚隰朋賓胥無鮑叔牙之屬. 60-21 君焉○之. 62-10 ○而不倦. 67-3 其反爲物○也. 67-6 則善○衆矣. 68-23 焉○死. 75-24 戰而○良. 85-9 出不能○. 85-16 後不可○也. 85-21 將焉○之. 88-24 ○前訓. 90-14 若○前訓. 90-24 二帝○師以相濟也. 92-15 而求○於人. 93-2 非此○師. 93-10 君若恣志以○重耳. 93-19 勿○有攸往. 94-8 故曰勿○有攸往. 94-11 省○足財. 96-14 財○不匱. 96-21 然後○之. 98-2 於是乎○四方之賢良. 100-16 欲○其民. 101-4 三軍之士○命. 105-3 上軍之士○命. 105-5 下軍之士○命. 105-7 焉○鄭. 108-8 福無所○輕. 110-6 禍無所○重. 110-6 安○厥也. 112-5 至於今是○. 114-3 彊志而○命. 115-25 安○之. 116-7 忠塞無○. 122-25 安○齊盟. 124-1 無敗○. 131-16 將焉○之. 132-2 且可長○也. 137-4 周訓而能○之. 137-14 ○讒慝也. 137-22 時至而求○. 138-22 善則不○. 140-7 中國所不能○也. 140-10 ○明德於民也. 140-16 遂不○. 141-24 不能○也. 142-9 晉人○之. 142-11 晉人○之. 142-20 晉人○之. 142-23 晉人○之. 143-7 晉人又○之矣. 143-13 ○不煩官府. 144-2 財○盡焉. 144-6 縮於財○則匱. 144-14 安○目觀. 144-19 其爲不匱財○. 144-22 於是乎○之. 144-24 ○之寔難. 146-23○女作礪. 147-6 ○女作舟. 147-7 ○女作霖雨. 147-7 厥足○傷. 147-8 不穀雖不能○. 147-21 賴君○之也. 147-22 求○不匱. 149-20 其○不從. 151-4 聚馬不害民之財○. 152-9 家貨足以共○. 152-10 足以備財○. 155-9 將焉○之. 155-19 將焉○之. 155-25 若果○之. 156-10 而必欲○之. 156-18 必○姦人. 156-18 安○勝也. 156-24 句踐○帥二三之老. 158-20 ○能援持盈以沒. 161-14 於此○之. 162-19 孤○親聽命於藩籬之外. 163-23 ○命孤禮佐周公. 164-10 吾○禦兒臨之. 165-23 莫如此不○王命. 167-21 進不○命. 172-17 好○凶器. 174-13 吾不○子之言. 174-16 ○力甚少. 175-21 臣聞古之善○兵者. 177-9 古之善○兵者. 177-12 後則○陰. 177-13 先則○陽. 177-13 近則○柔. 177-13 遠則○剛. 177-13 ○人無藝. 177-14

【句】 26

越王○踐起師逆之. 158-4 寡君○踐. 158-14 以心孤○踐. 158-16 今○踐申禍無良. 158-18 ○踐用帥二三之老. 158-20 ○踐請盟. 158-22 今越王○踐恐懼而改其謀. 159-24 於是越王○踐乃命范蠡后庸. 161-24 越王○踐乃率中軍. 162-1 越王○踐問焉. 166-1 越王○踐乃召五大夫. 166-21 ○踐願諸大夫言之. 166-24 寡人其達王於甬○東. 169-2 越王○踐棲於會稽之上. 170-4 ○踐曰. 170-10 寡君○踐之無所使. 170-12 請○踐女女於王. 170-15 ○踐說於國人曰. 171-8 ○踐之地. 171-14 南至於○無. 171-14 ○踐載稻與脂於舟以行. 172-2 ○踐辭曰. 172-7 ○踐既許之. 172-11 ○踐對曰. 172-21 吾請達王甬○東. 172-23 越王○踐卽位三年. 174-4

【犯】 58

不順必○. 5-12 ○王命必誅. 5-13 不○所咨. 5-23 是又○先王之令也. 17-8 蔑其官而○其令. 17-10 其語○. 21-5 今郤伯之語○. 22-1 ○則陵人. 22-1 水火之所○. 32-15 ○順不祥. 40-4 ○鬼道二. 40-5 ○人道二. 40-5 謀而不○. 49-7 若欲○法. 51-8 重耳告舅○曰. 76-23 舅○曰. 76-24 舅○曰. 77-3 不可○也. 77-4 重耳告舅○. 78-11 舅○曰. 78-11 是○也. 85-5 君行○. 85-5 ○政也. 85-19 ○刑也. 85-20 失次○令. 85-22 今鄭失次○令. 85-23 子○曰. 87-13 子○知齊之不可以動. 87-20 姜與子○謀. 88-20 以戈逐子○. 88-20 舅○走. 88-21 子○曰. 91-7 公子謂子○曰. 92-24 公子使子○從. 93-5 子○曰. 93-5 子○授公子載璧. 94-15 子○曰. 96-23 舅○慍曰. 98-5 子○曰. 98-12 子○卒. 99-23 子○曰. 101-4 子○曰. 101-9 不本而○. 102-22 夫軍事無○. 103-4 ○而不隱. 103-5 ○順不祥. 112-6 民不○也. 112-7 公以魏絳爲不○. 115-9 軍事有死無○爲敬. 115-19 其官不○. 116-19 何故○之. 119-11 豈敢○之. 119-11 信不可○. 122-21 其舅○乎. 124-17 夫舅○. 124-18 潰而所○必大矣. 152-25 彊忍○義. 155-23 以○獵吴國之師徒. 160-25

【勾】 2

范○自公族趨過之. 110-16 昔○之祖. 120-1

【外】 89

邦○侯服. 1-20 而背○內之賂. 9-3 中能應○. 10-12 ○禦其侮. 11-7 利乃○矣. 11-12 章怨○利. 11-12 利○則取禍. 11-20 今王○利矣. 11-20 是皆○利離親者也. 12-2 何如而○. 12-4 是其○利也. 12-8 臣故曰利○矣. 12-15 ○官不過九品. 13-3 故坐諸門○. 15-3 ○內齊給. 26-16 ○臣之言不越境. 37-14 止於魯東門之○. 37-25 吾欲利子於○之寬者. 39-6 今命臣更次於○. 39-18 必文於○. 45-20 雖死於○. 46-10 合民事於○朝. 47-23 合官職於○朝. 47-24 夫○朝. 47-25 好○. 49-9 民○不得其利. 64-20 今子內固而○寵. 66-10 若○殫善. 66-11 吾聞之○人言曰. 68-1 必○危之. 69-5 ○困於諸侯. 73-4 內○無親. 74-18 能留○寇而不害. 74-21 除闇以應○謂之忠. 74-22 而留○寇. 74-24 而立子之在○者. 76-13 子盍盡國以賂○內. 77-14 徑召君於○也. 77-18 且入河○列城五. 79-2 而背○內之賂. 80-4 內謀○度. 80-9 臭達於○. 80-10 必播於○. 80-16 二三子皆在○而不及. 81-15 背其○賂. 83-9 君猶在○. 84-11 離○之患. 90-18 ○內棄之. 90-19 車班○內. 94-5 而○彊之. 102-18 中以○易矣. 102-18 若內○類. 102-19 無以內易○也. 104-6 君之○臣至. 108-25 能內睦而後圖○. 109-3 不睦而圖○. 109-4 成而後振武於○. 109-7 是以內和而○威. 109-7 而況○乎. 109-9 刑○之不服者. 109-11 今吾○刑乎大人. 109-11 且唯聖人能無○患. 109-13 偏而在○. 109-14 盍姑釋荆與鄭以爲○患乎. 109-15 能無○患. 109-20 不有○患. 109-21 盍姑釋荆與鄭以爲○患乎. 109-21 葬於翼東門之○. 110-13 在○爲姦. 111-21 ○內必平. 116-19 乃厚其○交而勉之. 119-3 ○有軍. 120-8 ○事也. 120-9 而無○內之憂. 121-10 君出在○. 132-7 復使立於○. 132-8 上下內○小大遠近. 144-12 在○則讎也. 153-17 不爲○內行. 153-17 帥方城之○以入. 157-11 孤用親聽命於藩籬之○. 163-23 皆造於國門之○. 167-6 ○政無入. 167-10 ○有辱. 167-10 ○有辱. 167-14 ○政無入. 167-15 四封之○. 175-3 四封之○. 175-17 兵勝於○. 175-20

【冬】 7

隕霜而○裘具. 16-5 ○煖. 39-3 十七年○. 69-9 ○. 96-22 ○. 111-2 ○. 125-4 ○則資絺. 170-6

【包】 9

楚申○胥使於越. 166-1 ○胥辭曰. 166-4 ○胥曰. 166-7 ○胥曰. 166-10 ○胥曰. 166-12 ○胥曰. 166-14 ○胥曰. 166-17 吾問於王孫○胥. 166-23 唯地能○萬物以爲一. 175-6

【主】 77

設桑○. 10-2 是以不○寬惠. 18-17 亦不○猛毅. 18-17 ○德義而已. 18-17 絕後無○. 24-20 音之○也. 29-12 今細過其○. 29-22 自玄王以及○癸. 39-24 晉爲盟○. 46-19 是○信也. 46-20 ○亦有以語肥也. 47-11 肥願有聞於○. 47-12 而○猶績. 48-3 其以歜爲不能事○乎.

48-4 何○. 58-11 以魯爲○. 58-11 何○. 58-14 以衛爲○. 58-14 何○. 58-16 以燕爲○. 58-16 民之○也. 63-16 驪姬請使申生○曲沃. 64-13 不可以無○. 66-15 宗邑無○. 66-15 疆場無○. 66-15 若使太子○曲沃. 66-16 而二公子○蒲與屈. 66-17 ○孟啗我. 71-13 吾○子. 77-11 以○其祭祀. 77-24 殺其內○. 83-9 使○晉民. 93-19 ○雷與車. 94-6 ○震雷. 94-9 民之○也. 95-17 而棄民○. 95-24 不若使齊秦○楚怨. 97-24 且剛而○能. 102-21 其○朝升之. 103-2 晉爲盟○. 103-12 夫國○山川. 105-17 ○言而無謀. 105-23 昔吾逮事莊○. 107-4 是先○覆露子也. 108-4 ○之. 119-13 事○以勤. 119-13 晉爲諸侯盟○. 120-25 導賓○之言無私. 122-14 死而可以固晉國之盟○. 123-2 今將與狎○諸侯之盟. 123-13 晉何以爲盟○矣. 124-1 以○諸侯之盟. 125-2 爲諸侯盟○. 125-9 吾○以不賄聞於諸侯. 129-24 豈○之食而有不足. 130-4 ○之既已食. 130-5 而○弗志. 130-9 昔先○文子少釁於難. 130-20 吾爲○圖. 131-7 ○將適螻. 131-21 則○焉得之. 132-8 今○任晉國之政. 132-14 而○之色不怡. 132-25 ○不備. 133-20 皆○之所知也. 133-23 今○一宴. 133-25 先○爲重器也. 134-6 先○之所屬也. 134-13 ○茶驍而食溱洧. 135-21 以爲諸侯○. 142-3 是使制神之處位次○. 149-10 高祖之○. 149-11 次○之度. 149-15 而別其分○者也. 150-7 ○其許之先. 164-4 宜爲人○. 177-19 皇天后土四鄉地○正之. 179-6

【市】 10

小者致之○朝. 37-4 就○井. 53-18 以知其○之賈. 54-3 ○賤鬻貴. 54-5 ○立三鄉. 54-23 使關○幾而不征. 60-14 風聽臚言於○. 107-10 而尸叔魚與雍子於○. 128-12 ○無赤米. 165-18 又身與之○. 174-19

【庀】 2

子將○季氏之政焉. 48-1 夜○其家事. 48-15

【立】 107

○我蒸民. 3-13 宣王長而○之. 3-21 王○戲. 5-12 不可○也. 5-12 政之不○. 5-13 今天子○諸侯. 5-14 王卒○之. 5-17 而○伯御. 5-18 ○孝公. 5-19 邊伯石速蔿國出王而○子頹. 6-22 非忠不○. 9-2 又崇○於上帝明神而敬事之. 9-6 而○晉侯. 9-23 ○晉文公. 10-18 惠后欲○王子帶. 12-21 王公○飫. 14-22 故○成. 15-11 ○鄙食以守路. 16-11 建○卿士. 19-4 ○於淫亂之國. 22-3 ○無跛. 22-12 且夫○無跛. 23-1 召周子而○之. 23-15 律所以○均出度也. 30-12 夫禮之○成者爲飫. 32-10 臣○先臣之署. 39-10 必○新家. 41-16 ○新家. 41-16 必常○矣. 41-19 而○其朝乎. 45-12 執枹鼓○於軍門. 52-8 臣○三宰. 54-23 工○三族. 54-23 市○三鄉. 54-23 澤○三虞. 54-23 山○三衡. 54-23 誠可○而授之. 56-11 故○五大夫. 57-3 ○五正. 57-4 而伯功○. 60-25 ○以爲夫人. 62-16 而○伯服. 63-8 多而驟○. 63-19 雖驟○. 63-20 五○而後平. 64-11 ○以爲夫人. 64-12 而○奚齊. 65-3 君○臣從. 65-5 必○太子. 65-8 太子不得○矣. 67-13 又焉得○. 67-14 無常生不○. 69-3 ○太子之道三. 69-13 君既許我殺太子而○奚齊矣. 71-10 君既許驪姬殺太子而○奚齊. 71-20 中○其免乎. 71-22 將○奚齊. 72-1 吾對以中○. 72-2 今子曰中○. 72-4 乃○奚齊. 73-19 執鉞○於西阿. 74-8 夫國非忠不○. 74-24 孺子○. 75-23 ○其薄者. 76-8 廢義則利不○. 76-9 而○子之在外者. 76-13 不如○其弟而輔之. 76-19 荀息○卓子. 76-19 鄰國所○. 77-8 君死自○則不敢. 77-17 而建○之. 77-24 若夫二公子而○之. 78-5 殺無道而○有道. 83-22 殺其弟而○其兄. 84-1 以○孺子. 84-17 懷公○. 86-3 德無建不可以○. 89-3 失常不○. 89-21 文公○四年. 97-21 逆公子黑臀而○之. 104-1 ○而辟之. 105-13 范文子○於戎馬之前. 110-20 乃納孫周而○之. 111-17 德刑不○. 111-23 ○百官. 113-16 固辭不○. 116-15 而○之. 118-11 而賞○之. 118-17 欒書○吾先君. 118-19 而子孫不○者. 119-5 將授○之. 119-6 其言○於後世. 120-5 ○義於諸侯. 130-9 而嗣○矣. 130-24 復使○於外. 132-8 若果○瑤也. 133-11 季紃是○. 136-2 建九紀以○純德. 137-12 而○以爲卿士. 137-20 棄聘后而○內妾. 137-21 不建○卿士. 137-22 以○名於荆. 161-4 以中陳而○. 163-6 王背屏而○. 167-9 王背檐而○. 167-13 ○斷之事. 175-3 ○斷之事. 175-17

【玄】 7

○王勤商. 32-17 自○王以及主癸. 39-24 王后親織○紞. 48-18 化爲○黿. 138-9 皆○裳○旗黑甲烏羽之矰. 163-8 至於○月. 176-24

【半】 8

優施教驪姬夜○而泣. 67-22 夜○. 71-19 此其黨○國矣. 81-23 今未○也. 88-18 楚○陣. 108-13 其富○公室. 127-2 其家○三軍. 127-2 叛者○矣. 142-13

【氾】 1

是故○舟於河. 82-9

【宁】 1

位○有官師之典. 146-11

【它】 1

仲孫○諫曰. 42-3

【宂】 5

竊寶者爲○. 40-17 用○之財者爲姦. 40-17 亂在內爲○. 111-21 御○以德. 111-21 姦○並至. 111-23

【必】 313

予○以不享征之. 2-9 ○致之於王. 2-13 終○亡. 2-17 傷人○多. 2-22 周○敗. 3-16 不順○犯. 5-12 犯王命○誅. 5-13 ○問於遺訓. 5-22 川源○塞. 6-14 國○亡. 6-14 塞○竭. 6-17 夫國○依山川. 6-18 山○崩. 6-19 禍○及之. 7-3 虢○亡矣. 8-9 神○禍之. 8-10 人○違之. 8-10 其君○無後. 8-16 先王知大事之○以濟衆也. 8-23 任重享大者○速及. 9-20 亦○及焉. 9-22 其君○霸. 10-6 諸侯○歸之. 10-8 艾人○豐. 10-14 ○有忍也. 12-15 秦師○有謫. 14-13 國○亡. 16-2 身○不免. 17-17 爲臣○臣. 17-18 爲君○君. 17-18 本有保則○固. 17-20 憂○及之. 18-3 則○廣其身. 18-3 ○亡. 18-7 ○有異焉. 18-12 ○欲賜也. 18-13 以爲○相晉國. 18-25 ○大得諸侯. 18-25 勸二三君子○先導焉. 18-25 見其君○下而趨. 19-12 楚越○朝. 19-13 將○求之. 19-18 敵○三讓. 19-24 ○先諸民. 19-25 天○從之. 20-14 殆○禍者也. 21-12 其心○異矣. 21-14 ○皆無謫. 21-16 ○受其福. 22-5 言敬○及天. 22-13 言忠○及意. 22-13 言信○及身. 22-13 言仁○及人. 22-13 言義○及利. 22-13 言智○及事. 22-14 言勇○及制. 22-14 言教○及辯. 22-14 言孝○及神. 22-14 言惠○及和. 22-15 言讓○及敵. 22-15 ○善晉周. 22-17 其次○此. 23-7 ○驩之孫. 23-11 ○三取君於周. 23-11 戎商○克. 23-13 ○早善晉子. 23-14 ○有慆淫之心間之. 24-18 ○有忠信之心間之. 24-23 ○有夏呂之功焉. 25-1 ○有共鯀之敗焉. 25-2 所殘○多. 25-9 ○不節矣. 26-6 子孫○蕃. 27-4 ○有章譽蕃育之祚. 27-9 則單子○當之矣. 27-9 ○茲君之子孫實續之. 27-10 故○聽和而視正. 28-22 ○盡知天地之爲也. 32-12 萇叔○速及. 32-22 ○有三殃. 32-24 萇叔○爲戮. 32-25 則○子孫實有禍. 33-1 ○以情斷之. 34-12 ○將至焉. 34-13 君舉○書. 34-23 ○不泯其社稷. 36-21 ○免之. 37-6 亦○親先者. 37-19 夏父弗忌○有殃. 40-3 今日○授. 40-12 今日○通. 40-14 ○立新家. 41-16 ○常立矣. 41-19 ○咨於周. 43-16 ○將涉矣. 44-8 ○用命焉. 45-1 守○固矣. 45-2 ○不獲矣. 45-4 何○卞. 45-9 ○文於外. 45-20 ○死. 45-21 夫○將或循之. 46-4 貳心○失諸侯. 46-14 ○毒於人. 46-16 ○使上卿從之. 46-16 晉○患我. 46-17 ○無廢先人. 48-24 若○治國家者. 52-5 若○治國家者. 52-6 ○不予我矣. 52-13 則○得志於天下. 52-18 則○長爲魯國憂矣. 52-19 食○粱肉. 53-4 衣○文繡. 53-5 ○足賴也. 54-17 其入也○甘受. 62-15 有男戎○有女戎. 63-1 而戎亦○以女戎勝晉. 63-2 ○復生. 64-22 ○復流. 64-23 ○復亂. 64-23 ○惡心. 64-25 ○授之情. 64-25 ○敗國. 65-1 亂○自女戎. 65-1 ○立太子. 65-8 ○爲翟相也. 65-20 子○言之. 65-25 ○於申生. 66-7 ○自忍也. 66-8 亦○不知. 66-10 甚精○愚. 66-12 ○亂國. 67-23 無○假手於武王. 68-9 諸侯○絕. 68-16 ○能害我. 68-16 求○益廣. 68-23 則○惡其心而害其身矣. 69-4 ○內險之. 69-5 ○外危之. 69-5 其中○苦. 70-8 ○速祠而歸福. 72-12 死○遺愛. 72-25 ○歸於君. 73-3 去而○重. 73-6 ○援於秦. 74-5 且○告悔. 74-6 侈○展. 74-16 終○槁落. 76-24 則○樂喪. 77-1 樂喪○哀生. 77-1 則○喜亂. 77-2 喜亂○怠德. 77-2 有黨○有讎. 79-14 ○播於外. 80-16 ○或知之. 80-17 ○伯諸侯. 80-19 晉君○出. 81-9 ○使誘我. 81-11 ○作難. 81-11 其君○出. 81-23 ○咎於其君. 82-8 雖我○擊之. 82-13 ○擊我. 82-14 歸○狃. 82-23 吾○勝之. 83-10 ○爲諸侯笑. 83-24 ○報讎. 84-17 ○死之. 85-5 ○自殺也. 85-11 夫○追擇前言. 87-9 天事○象. 87-13 ○獲此土. 87-14 ○獲諸侯. 87-15 子○從之. 87-23 貳○有咎. 88-4 ○死於此. 88-5 子○速行. 88-16 子○有晉. 88-18 ○武族也. 89-6 ○公子也. 89-8 ○獲諸侯. 89-9 ○得晉國. 89-14 聚○有闕. 90-3 ○有艾. 90-11 ○懼楚師. 91-14 ○先有入焉. 93-1 ○先愛人. 93-1 ○先從人. 93-1 ○伯. 94-10 ○有晉國. 94-24 ○霸諸侯. 95-1 何○罪居者. 96-9 ○不許齊秦. 98-1 ○屬怨焉. 98-2 ○擊之. 98-6 ○敗. 98-12 韓厥○不没矣. 103-2 天○誅焉. 103-12 令三軍之鍾鼓○備. 103-14 ○獲毒焉. 104-5 ○發諸晉國. 104-6 難○及子乎. 105-25 事君○濟. 107-22 ○以勝歸. 108-15 夫衆聞譁則○懼. 108-18 ○下奔. 108-22 內爭. 109-4 ○有內憂. 109-13 ○偏而後可. 109-14 ○自傷也. 109-18 ○有內憂. 109-21 ○將輯睦. 109-22 ○爲戮. 110-18 私○昭. 111-1 難○作. 111-1 王○不免. 111-4 ○見孫周. 111-8 ○見之. 111-9 雖死○敗. 111-13 君○危. 111-13 憂○及君. 111-20 外內○平. 116-19 是明令○從君也. 119-12 ○以賄死. 119-22 ○是子也. 119-24 ○順於典刑. 120-22 何○和. 121-2 ○長者之由. 121-17 君○殺之. 121-24 君其○速殺之. 122-1 信反○斃. 122-24 諸侯○叛之. 123-1 ○不避也. 123-19 ○及於子. 123-20 ○不免. 123-21 ○不加師. 123-22 ○殺叔孫豹. 124-1 ○免叔孫. 124-5 ○避不道也. 124-22 ○有大咎. 125-4 ○失諸侯. 125-8 ○將求利於我. 128-16 而曰○賞女. 130-11 ○以爲歸. 130-16 ○墮其壘培. 130-17 ○殺鐸也. 130

-19 罰善○賞惡. 131-4 智宗○滅. 133-11 難○至矣. 133-21 民○和矣. 134-14 戎狄○昌. 135-5 ○將背君. 135-16 夫其子孫○光啓土. 136-5 ○不興矣. 136-20 其○興矣. 136-23 殆於○弊者也. 137-5 天○從之. 137-7 ○求之申. 138-17 ○伐之. 138-18 亦○可知也. 138-19 亦○然矣. 138-20 祭我○以芰. 141-18 楚師○敗. 142-14 楚○歆之. 142-25 吾上下○敗其左右. 143-1 ○大敗之. 143-1 其亦○有豐敗也哉. 143-13 ○知民矣. 145-25 ○恭恪於朝. 146-9 ○誦志而納之. 146-10 ○交修余. 147-12 ○自射其牲. 151-16 王后○自舂其粢. 151-16 ○自射牛刲羊擊豕. 151-17 夫人○自舂其盛. 151-17 殆○亡者也. 152-8 ○逃. 152-16 潰而所犯○大矣. 152-25 有過○悛. 154-11 有不善○懼. 154-11 臺榭陂池○成. 154-13 六畜玩好○從. 154-13 ○不居矣. 156-9 而○欲用之. 156-18 ○用姦人. 156-18 夫謀○素. 158-9 ○許吾成. 158-11 將○寬然有伯諸侯之心焉. 158-11 將○越實有吴土. 160-5 越人○來襲我. 160-19 ○驟. 161-11 ○有以取之. 161-13 ○會而先之. 162-12 ○無有二命. 162-14 今夕○挑戰. 162-19 諸侯○說. 162-22 ○設以此民也. 162-23 ○率諸侯. 164-8 其民○移就蒲贏於東海之濱. 165-18 ○不須至之會也. 165-21 ○審之. 167-7 ○求之. 170-9 乃○有偶. 170-18 君○滅之. 171-3 ○無及已. 171-3 ○哭泣葬埋之. 171-23 ○廟禮之. 172-1 ○問其名. 172-3 ○有以知天地之恒制. 175-12 ○將與天地相參. 176-19 ○因天地之災. 177-16 ○順天道. 177-20

【永】 4

○錫祚胤. 27-5 使○監焉. 32-10 實○饗而賴之. 36-5 使○監焉. 50-13

【司】 86

以命我○事. 4-6 王乃使○徒. 4-7 ○空除壇于籍. 4-8 ○徒省民. 4-16 辟在○寇. 4-23 ○空四之. 4-24 ○徒五之. 4-24 ○民協孤終. 6-2 ○商協民姓. 6-2 ○徒協旅. 6-2 ○寇協姦. 6-2 ○寇行戮. 6-25 ○空不視塗. 15-21 ○里不授館. 15-23 期於○里. 16-8 ○里授館. 16-19 ○徒具徒. 16-19 ○空視塗. 16-19 ○寇詰姦. 16-19 ○馬陳芻. 16-21 而○事莫至. 17-1 非宗官之所○也. 29-24 臣從有○. 35-9 不能事疆埸之○. 36-12 契爲○徒而民輯. 38-11 今有○來. 39-9 先臣惠伯以命於○里. 39-15 爲有○之以班命事也. 39-18 請從○徒. 39-18 宗有○曰. 39-20 有○曰. 39-21 夫宗有○之言順矣. 40-3 有○復命. 40-14 使有○藏之. 41-8 召舟虞與○馬. 44-7 與大史○載. 48-11 君若使有○. 50-16 有○見而不以告. 54-17 有○已於事而竣. 54-18 里有○. 55-10 里有○帥之. 55-12 有○已於事而竣. 55-25 有○已於事而竣. 56-3 有○已於事而竣. 56-5 邑有○. 57-1 有○已於事而竣. 57-11 有○已於事而竣. 57-12 有○已於事而竣. 57-15 令○正實爵. 62-17 君令○馬說刑之. 85-21 ○馬說進三軍之士而數慶鄭曰. 85-22 與○馬公孫固相善. 90-6 ○空季子曰. 92-3 ○空季子曰. 94-1 聾聵○火. 100-25 以爲○馬. 103-1 今吾○寇之刀鋸日弊. 109-8 使爲元○空. 114-12 使爲元○馬. 114-23 使爲輿○馬. 115-2 使張老爲○徒. 115-9 魏絳爲中軍○馬. 115-13 使臣狃中軍之○馬. 115-18 乃使爲○馬. 116-20 悼公與○馬侯升臺而望. 117-6 以煩○寇. 119-16 ○馬侯見. 120-23 爲○空. 121-4 叔向見○馬侯之子. 122-3 與非○寇而擅殺. 128-10 以煩○寇. 129-6 以從○馬. 130-10 桓公爲○徒. 135-4 幽王八年而桓公爲○徒. 139-4 ○馬子期欲以妾爲內子. 148-1 各○其序. 149-18 ○天以屬神. 150-3 ○地以屬民. 150-4 而爲○馬氏. 150-8 盜賊○目. 152-22 死在○敗矣. 153-13 余愛子與○馬. 156-10 攝少○馬茲. 163-25 王乃命有○大令於國曰. 167-5 王乃命有○大徇於軍. 167-23 王乃命有○大徇於軍. 168-8

【尼】 17

使問之仲○曰. 47-7 仲○聞之曰. 48-25 仲○聞之. 49-3 仲○聞之曰. 49-12 仲○聞之曰. 49-16 且問之仲○. 49-18 及仲○. 49-19 仲○爵之. 49-20 仲○曰. 49-21 仲○曰. 49-23 仲○曰. 49-25 仲○曰. 50-4 仲○在陳. 50-7 陳惠公使人以隼如仲○之館. 50-9 仲○曰. 50-10 使冉有訪諸仲○. 51-2 仲○不對. 51-2

【民】 427

先王之於○也. 1-7 事神保○. 1-17 大惡於○. 1-17 庶○不忍. 1-18 勤恤○隱. 1-19 而無勤○於遠. 2-7 ○不堪命矣. 2-18 防○之口. 2-21 ○亦如之. 2-22 爲○者. 2-23 ○之有口. 3-1 夫○慮之於心. 3-4 立我蒸○. 3-13 夫○之大事在農. 3-23 ○之蕃庶. 3-24 咸戒公卿百吏庶○. 4-8 百吏庶○畢從. 4-12 庶○終于千畝. 4-15 司徒省○. 4-16 ○用莫不震動. 5-1 ○用和同. 5-3 而和於○矣. 5-6 而困○之財. 5-9 將何以求福用○. 5-9 ○將棄上. 5-14 然則能訓治其○矣. 5-23 乃料○於太原. 5-25 ○不可料也. 6-1 夫古者不料○而知其少多. 6-1 司○協孤終. 6-2 司商協○姓. 6-2 是皆習○數者也. 6-6 治○惡事. 6-8 且無故而料○. 6-8 ○亂之也. 6-11 夫水土演而○用也. 6-15 ○乏財用. 6-15 其惠足以同其○人. 7-8 神饗而○聽. 7-8 ○神無怨. 7-9 而○有遠志. 7-12 ○神怨痛. 7-12 昔堯臨○以五. 8-5 不親於○. 8-10 慈保庶○. 8-11 離○怒神. 8-12 則長衆使○. 8-22 ○之所急在大事. 8-22 以和惠○. 8-24 然則長衆使○之道. 9-1 以教○事君. 9-7 以臨其○. 9-8 有斧鉞刀墨之○. 9-13 陵其○. 9-16 誣王無○. 9-19 若○不怨而財不匱. 10-11 仁所以保○也. 11-14 不仁則○不至. 11-15 然則○莫不審固其心力. 12-5 百姓兆○. 12-6 ○乃攜貳. 12-7 以備百姓兆○之用. 12-25 先○有言曰. 13-9 而蔑殺其○人. 13-20 且夫陽豈有裔○哉. 14-1 乃出陽○. 14-3 以示○訓則. 15-5 ○將築臺於夏氏. 15-23 ○無懸耜. 16-13 不奪○時. 16-14 不蔑○功. 16-14 縣有序○. 16-15 ○罷於逸樂. 16-16 惠所以和○也. 17-19 惠以和○則阜. 17-20 施徧而○阜. 17-21 乃可以長保○矣. 17-21 晉得其○. 19-6 得○. 19-7 ○惡其上. 19-23 ○可近也. 19-23 是則聖人知○之不可加也. 19-24 必先諸○. 19-25 不義則○叛之. 20-6 皆○之爲也. 20-7 ○之所欲. 20-14 ○之大事也. 21-15 晉聞古之長○者. 23-17 是以○生有財用. 23-22 庶○弗助. 24-1 儀之于○. 24-4 ○無淫心. 24-10 以養物豐○人也. 24-14 不度○神之義. 24-22 和於○神. 24-24 ○之貪亂. 25-8 ○有怨亂. 25-9 而僅克安○. 25-14 自后稷之始基靖○. 25-14 中不和○. 25-19 不夷於○. 25-21 饗○之勳力. 25-22 由欲亂○也. 25-24 由欲靖○也. 25-25 類之○則. 26-3 與○之憲言. 26-4 中非○則. 26-6 廣裕○人之謂也. 27-6 可謂廣裕○人矣. 27-8 以混厚○人者. 27-9 以振救○. 27-12 ○患輕. 27-12 ○皆得焉. 27-13 ○失其資. 27-16 乏則將厚取於○. 27-17 ○不給. 27-17 是離○也. 27-17 而又離○以佐災. 27-19 將○之與處而離之. 27-20 故聖人樹德於○以除之. 27-22 ○力彫盡. 28-2 且絕○用以實王府. 28-4 若○離而財匱. 28-5 作重幣以絕○資. 28-10 而鮮○財. 28-20 以言德於○. 28-24 ○歆而德之. 28-24 上得○心. 28-25 而布諸○. 29-2 ○以心力. 29-2 ○無據依. 29-7 上失其○. 29-8 而有離○之器二焉. 29-9 人○龢利. 29-21 ○是以聽. 30-2 罷○力. 30-2 而離○怒神. 30-3 ○備樂之. 30-6 今財亡○罷. 30-7 且○所曹好. 30-8 平○無貳也. 30-18 示○軌儀也. 30-20 所以藩屏○則也. 31-18 所以優柔容○也. 31-23 其欲教○戒也. 32-11 余不愛衣食於○. 34-4 夫惠本而後○歸之志. 34-5 ○和而後神降之福. 34-6 若布德于○. 34-6 是以用○無不聽. 34-9 ○不歸也. 34-10 夫○求不匱於財. 34-11 知夫苟中心圖○. 34-12 所以正○也. 34-14 而觀○於社. 34-18 何以訓○. 34-19 固○之殄病是待. 35-15 在位者恤○之患. 35-20 ○贏幾卒. 35-24 以威○也. 37-3 所以訓○也. 37-8 法施於○則祀之. 38-3 以明○共財. 38-8 帝嚳能序三辰以固○. 38-9 堯能單均刑法以儀○. 38-9 舜勤○事而野死. 38-9 契爲司徒而○輯. 38-11 湯以寬治○而除其邪. 38-11 武王去○之穢. 38-12 皆有功烈於○者也. 38-19 ○所以瞻仰也. 38-20 以逆訓○亦不祥. 40-4 不因○. 41-16 因○. 41-17 ○無所始. 41-17 將牧○而正其邪者也. 41-22 而棄○事. 41-23 ○旁有慝. 41-23 若以邪臨○. 41-23 ○之川澤也. 42-1 ○何能爲焉. 42-2 ○之上也. 42-9 合○事於外朝. 47-23 昔聖王之處○也. 48-6 勞其○而用之. 48-6 夫○勞則思. 48-7 沃土之○不材. 48-8 瘠土之○. 48-8 牧相宣序○事. 48-10 先○有作. 50-21 昔曰先○. 50-22 寬惠柔○. 52-7 比校○之有道者. 53-10 設象以爲○紀. 53-10 以爲○紀統. 53-12 定○之居. 53-14 成○之事. 53-14 成○之事若何. 53-15 四○者. 53-15 其秀○之能爲士者. 54-17 遂滋○. 55-2 遂滋○. 55-4 使○以勸. 56-9 ○皆勉爲善. 56-17 則○不移. 56-21 則○不偷. 56-22 則○不苟. 56-22 則○不憾. 56-24 無奪○時. 56-24 定○之居若何. 57-1 制地分○如一. 57-7 使○鬻之四方. 58-2 ○生於三. 62-5 攜○. 62-13 ○之主也. 63-16 ○之疾心. 64-17 是以○能欣之. 64-18 ○外不得其利. 64-20 ○疾其態. 64-21 惑則誤○. 65-7 ○誤失德. 65-7 是棄○也. 65-7 ○之有君. 65-7 利以豐○. 65-8 若之何其○之與處而棄之也. 65-8 ○各有心. 65-24 則○不威. 66-15 ○慢其政. 66-16 乃可以威○而懼戎. 66-17 甚寬惠而慈於○. 67-23 夫豈惠其○. 67-25 故長○者無親. 68-3 凡○利是生. 68-5 死○之思. 72-25 皆○之所惡也. 73-10 ○疾君之侈也. 74-15 ○疾其態. 74-17 戎狄之○實環之. 75-16 夫孺子豈獲罪於○. 76-10 以定○弭憂. 76-14 貪則○怨. 76-16 賴富而○怨. 76-16 國亂○擾. 76-22 治○在擾. 76-22 是以導○. 76-25 何以導○. 77-2 ○不我導. 77-2 在因○而順之. 77-8 國亂○擾. 77-12 則○各有心. 77-18 及其○人. 77-25 而越於○. 80-16 ○實戴之. 80-17 其數告於○矣. 80-18 其魄兆於○矣. 80-19 其光耿於○矣. 80-19 其○何罪. 82-4 是以治○. 85-18 ○以土服. 87-13 ○生安樂. 87-19 ○無成君. 88-3 ○之上也. 88-10 ○之下也. 88-10 ○之中也. 88-10 乃能威○. 88-11 威在○上. 88-11 ○之結也. 89-2 ○無結不可以固. 89-2 鎮撫其○. 89-9 以生○也. 92-17 使主晉○. 93-19 ○之主也. 95-17 而棄○主. 95-24 以厚○性. 96-14 政平○阜. 96-21 ○親而未知義也. 96-23 將殘其○. 97-11 ○將焉放. 97-14 ○之所庇也. 97-19 則○從事有業. 99-6 於是乎○知君心. 99-6 生○之本也. 99-11 以德紀○. 99-15 而柔和萬○. 100-20 欲用其○. 101-4 ○未知義. 101-4 ○未知信. 101-6 ○未知禮. 101-7 是反天地而逆○則也. 103-12 不鎮撫○. 103-15 儆其○也. 103-18 然而○不能戴其上. 105-25 又聽於○. 107-9 刑其○. 109-7 而忍於小○. 109-12 ○不犯

也. 112-7 反易○常. 113-12 ○志不厭. 118-5 離○且速寇. 118-6 ○畏其威. 118-12 則○心皆可畜. 118-13 則○威矣. 118-16 則○懷矣. 118-17 則○不導. 118-21 何以導○. 118-21 ○之不導. 118-22 國無姦○. 121-7 於國無邪○. 121-9 無大績於○故也. 126-5 ○無二心. 130-10 ○罷力以完之. 134-11 浚○之膏澤以實之. 134-12 ○必和矣. 134-14 ○無叛意. 134-15 以衣食○人者也. 136-12 其○沓貪而忍. 137-1 其○怠沓其君. 137-3 ○之所欲. 137-6 收經入以食兆○. 137-14 若○煩. 140-9 用明德於○也. 140-16 其法刑在○心. 141-20 安○以爲樂. 143-22 ○不廢時務. 144-2 國○罷焉. 144-6 是聚○利以自封而瘠○也. 144-14 將○之與處. 144-15 ○實瘠矣. 144-15 若斂○利. 144-18 使○蒿焉忘其安樂. 144-19 庶○攻之. 145-1 庶○子來. 145-1 將以教○利也. 145-2 ○有君臣. 145-18 安知○則. 145-24 ○. 145-25 必知○矣. 145-25 惠於小○. 146-17 庶○弗信. 147-19 臣懼○之不信君也. 147-19 ○將能登天乎. 149-5 古者○神不雜. 149-6 ○之精爽不攜貳者. 149-6 有天地神○類物之官. 149-17 ○是以能有忠信. 149-18 ○神異業. 149-19 ○以物享. 149-20 ○神雜糅. 149-22 ○匱于祀. 149-23 ○神同位. 150-1 ○瀆齊盟. 150-1 神狎○則. 150-1 司地以屬○. 150-4 以取威於○. 150-9 ○則不慢. 150-16 以精明臨○者也. 150-18 百姓千品萬官億醜兆○經入畡數以奉之. 150-21 ○力不堪. 150-23 祀所以昭孝息○撫國家定百姓也. 151-1 夫○. 151-2 上所以教○虔也. 151-15 ○所以攝固者也. 151-20 天地○及四時之務. 151-24 ○事忠信. 151-25 所謂百姓千品萬官億醜兆○經入畡數者. 152-1 ○之徹官百. 152-2 以食兆○. 152-4 聚貨不妨○衣食之利. 152-9 聚馬不害○之財用. 152-9 夫貨馬郵則闕於○. 152-11 ○多闕則有離叛之心. 152-11 恤○之故也. 152-13 以庇○也. 152-17 ○多曠也. 152-17 是勤○以自封. 152-18 是不先恤○而後己之富乎. 152-20 ○之羸餒. 152-21 ○無所放. 152-23 其速怨於○多矣. 152-23 夫○心之慍也. 152-25 靈不顧於○. 153-1 卹○之羸. 154-10 是故得○. 154-11 好罷○力. 154-12 而國○保焉. 155-2 以喜其○. 158-10 既罷弊其○. 158-12 ○人離落. 159-15 夫越王好信以愛○. 159-16 施○所善. 159-25 去○所惡. 159-25 其○殷衆. 160-1 其○不忍饑勞之殃. 160-10 以罷○於姑蘇. 160-17 夫吴○離矣. 160-18 ○懼而走. 162-8 吾○恐叛. 162-12 ○以惡死而欲貴富以長没也. 162-16 以廣○心. 162-19 必設以此○也. 162-23 遭○之不祥. 165-11 息○不戒. 165-15 今吴○既罷. 165-17 其○必移就蒲嬴於東海之濱. 165-18 吾寬○以子之. 166-10 施○所欲. 166-11 去○所惡. 166-11 則不知○之極. 166-18 以○生之不長. 169-1 ○生於地上. 169-1 凡吴土地人○. 169-4 ○無所移. 170-22 去○之所惡. 171-11 補○之不足. 171-11 四方之○歸之. 171-17 ○俱有三年之食. 172-5 除○之害. 175-10 ○衆殷. 175-11 則撫○保教以須之. 175-13 不亂○功. 175-15 ○乃蕃滋. 175-16 亂○功. 176-7 今其禍新○恐. 176-20 ○將盡其力. 176-22 又觀其○之饑飽勞逸以參之. 177-16 不傷越○. 178-20

【弗】 95

莫○欣喜. 1-17 ○震○渝. 4-5 ○諫而阿之. 9-22 王○從. 12-19 子○聞乎. 14-22 國家○堪. 18-3 皇天○福. 24-1 庶民○助. 24-1 王○聽. 28-9 耳○及也. 28-12 聽之○及. 28-19 王○聽. 29-10 臣之守官○及也. 29-10 王○應. 32-2 神○福也. 34-10 智雖○及. 34-13 公○聽. 35-7 公○聽. 35-12 公○取. 39-12 夏父○忌爲宗. 39-20 ○聽. 40-2 夏父○忌必有殃. 40-3 ○受也. 41-11 ○從. 44-3 ○與盟. 46-13 ○應. 47-21 ○應而入. 47-22 子○聞乎. 47-23 ○若也. 52-7 ○若也. 52-7 ○若也. 52-8 ○若也. 52-8 ○若也. 52-9 寡人○受. 62-14 公○聽. 62-16 口○堪也. 63-22 敗○能補也. 67-7 ○能移也. 67-8 有子而○勝. 68-15 ○改. 79-15 ○殺. 81-11 君若○予. 82-6 ○與賂地. 82-11 ○予. 82-14 ○能離也. 82-25 天下孰○患. 83-20 若○忘. 84-1 君雖○刑. 85-11 ○畏有刑. 88-11 公子○聽. 88-19 君○蚤圖. 89-9 公○聽. 89-10 公○聽. 90-5 ○聽. 91-2 公○聽. 91-5 ○殺. 91-14 ○許. 97-7 公○許. 98-18 鄭伯○許. 98-19 乃命○殺. 99-1 臣○若也. 99-13 在傅○勤. 100-13 處師○煩. 100-13 及欒○忌之難. 106-3 ○救不祥. 124-4 許而○予. 128-17 而主○志. 130-9 ○勝. 131-24 若○棄. 132-8 ○聽. 133-12 又○備. 134-1 ○聽. 134-3 申人○畀. 138-17 王○是. 142-10 王○是. 142-20 王○是. 142-23 執政○是. 143-11 ○躬○親. 147-18 庶民○信. 147-19 見讎○殺. 153-17 懷○聽 153-22 爲虺○摧. 159-17 而王○受. 159-24 王○聽. 160-21 ○使血食. 166-2 ○爲人客. 174-8 ○爲之始. 174-8 王○聽. 174-11 唯恐○及. 177-3 王○忍. 177-4 ○許. 177-8 ○與戰. 177-21 王○忍. 177-25

【弘】 6

劉文公與萇○欲城周. 32-4 説萇○而與之. 32-5 萇○其不殁乎. 32-7 萇○與之. 33-4 殺萇○. 33-5 且夫私欲○侈. 144-15

【出】 143

財用於是乎○. 3-2 於是國莫敢○言. 3-6 於是乎○. 3-23 震雷○滯. 4-23 故○令不可不順也. 5-13 廩協○. 6-3 是則少多死生○入往來者. 6-3 陽伏而不能○. 6-11 邊伯石速蔿國○王而立子頹. 6-22 夫○王而代其位. 7-2 王○在鄭. 10-16 鄭○自宣王. 12-12 若我不○. 12-19 王乃○居于鄭. 12-22 乃○陽民. 14-3 ○其樽彝. 15-6 卿○郊勞. 16-18 棄衮冕而南冠以○. 17-7 君三○焉. 23-6 不○於他矣. 27-10 何以○令. 27-21 大不○鈞. 28-17 於是乎○. 28-18 制度不可以○節. 28-20 而口○美言. 29-1 ○令不信. 29-7 律所以立均○度也. 30-12 所以金奏贊陽○滯也. 30-16 ○四隙之細也. 30-21 我姬氏○自天黿. 31-7 卿○告糴. 35-17 乃○而爵之. 37-24 所以○財用也. 38-21 ○入受事之幣. 39-17 ○楚師以伐魯. 44-24 致祿而不○. 45-10 ○貨而可以免. 46-1 則又可以○貨而成私欲乎. 46-3 日中不○. 46-9 可以○矣. 46-9 乃○見之. 46-11 遂○. 47-17 有軍旅之○. 51-5 ○稷禾秉芻缶米. 51-6 秀○於衆者. 56-2 秀○於衆者. 57-12 ○見客. 59-17 衛人○廬于曹. 59-25 飲酒○. 63-1 太子○奔申. 63-8 伯氏不○. 65-11 ○遇士蔿. 65-19 師未○. 66-23 士蔿○. 67-13 使之○征. 69-3 ○而告先友曰. 69-22 狄人○逆. 70-3 狐突杜門不○. 70-11 故不○. 71-7 優施○. 71-18 申生恐而○. 72-15 伯氏不○. 73-14 伯氏苟○. 73-14 公子重耳○亡. 73-20 公子夷吾亦○奔. 74-2 後○同走. 74-3 且夫偕○偕入難. 74-4 ○令而逆. 74-17 師○於虞. 74-20 ○. 74-20 夫齊侯將施惠○責. 75-12 公子重耳○見使者. 77-5 公子夷吾○見使者. 77-15 呂甥○. 77-17 公子重耳○見使者. 78-14 公子夷吾○見使者. 78-21 故○亡無怨於國. 79-15 ○共世子而改葬之. 80-10 晉君必○. 81-9 丕豹○奔秦. 81-13 ○奔秦. 81-21 其君必○. 81-23 孰能○君. 81-25 以君之○也處己. 82-21 ○見使者. 83-2 與逐○之. 83-15 ○戰不克. 85-15 ○不能用. 85-16 ○自文王. 89-22 ○自武王. 89-23 狐氏○自唐叔. 90-16 同○九人. 90-18 居樂○威之謂也. 94-13 且以辰○. 94-25 又將○矣. 95-16 公○救火. 96-2 公懼遽○見之. 96-3 文公之○也. 96-7 迺○陽人. 97-16 諜○曰. 97-18 藏○如入. 99-7 偃之○也. 99-15 ○穀戍. 101-9 君爲之降服○次. 105-18 考訊其阜以○. 109-5 ○令將不敢不成. 113-9 ○滯賞. 113-17 公跣而○. 115-20 欒盈○奔楚. 119-4 ○奔曲沃. 119-8 欒懷子之○. 119-9 且吾子之心有○焉. 120-9 是吾○而危之也. 123-21 夫戮○於身. 123-23 文子○. 124-25 ○曰. 125-6 趨而○. 130-12 有孝德以○在公族. 130-21 君○在外. 132-7 襄子○. 134-9 ○千品. 137-13 衛蒲戚寔○獻公. 145-11 子亹不○. 146-2 子亹怒而○. 146-3 王言以○令也. 147-3 杜門不○. 147-24 氏姓之○. 149-16 成王每○子文之祿. 152-15 昭王○奔. 153-5 ○則罪吾衆. 161-5 ○火竈. 163-1 不○. 163-13 ○於商魯之閒. 165-7 奔遂可○. 165-24 內政無○. 167-10 王遂○. 167-11 不○屏. 167-11 內政無○. 167-15 王遂○. 167-15 大夫送王不○檐. 167-16 ○則禽荒. 175-24 聖人不○. 176-8 ○而挑戰. 177-4

【阤】 1

是故聚不○崩. 23-21

【召】 48

○原公而問之. 14-21 王○士季. 14-22 ○頃公而告之. 22-17 ○周子而立之. 23-15 謂之○災. 27-19 將災是備禦而○之. 27-20 ○舟虞與司馬. 44-7 桓公○而與之語. 56-10 以號○天下之賢士. 58-1 桓公○管子而謀. 59-16 ○西戎以伐周. 63-9 ○優施. 71-19 ○申生獻. 72-15 ○史嚚占之. 74-10 徑○君於外也. 77-18 乃○大夫子明. 78-4 君厚問以○呂甥郤稱冀芮而止之. 81-8 且○三大夫. 81-9 使家僕徒○之. 85-7 秦乃○重耳於楚而納之. 86-3 秦伯○公子於楚. 91-21 ○令狐臼衰桑泉. 95-3 宣子○而禮之. 103-3 ○軍吏而戒樂正. 103-14 以傳○伯宗. 105-13 而以傳○伯宗. 105-16 乃○韓獻子. 112-1 乃○叔向. 117-10 叔向命○行人子員. 122-9 ○子員. 122-10 穆子○之. 129-3 ○之. 130-1 ○大夫曰. 141-10 ○其宗老而屬之. 141-18 ○之其來乎. 143-15 子爲我○之. 143-19 乃使椒鳴○其父而復之. 143-20 子西使人○王孫勝. 155-18 聞子○王孫勝. 155-18 若○而下之. 156-16 若○而近之. 156-22 越王句踐乃○五大夫. 166-21 王○范蠡而問焉. 174-16 王○范蠡而問焉. 175-23 王○范蠡而問焉. 176-6 王○范蠡而問焉. 176-11 王○范蠡而問焉. 176-15 王○范蠡而問焉. 176-24

【加】 33

而○之以慈和. 1-16 而○之以宴好. 10-5 於是乎有折俎○豆. 15-8 則以班○一等益虔. 16-23 是則聖人知民之不可○也. 19-24 而○之以無私. 26-18 使○己亂. 36-9 ○於諸侯一等. 37-12 今無故而○典. 38-2 ○之以社稷山川之神. 38-19 而○禮於其細. 43-6 ○之以紘綖. 48-18 ○之以朝服. 48-19 無○服. 49-12 君○惠於臣. 52-5 使百姓皆○勇焉. 52-9 又何○焉. 75-11 官宰食○. 96-21 不○疾焉. 100-13 則○遲矣. 105-14 又何○焉. 107-17 於是○寵. 121-11 必不○師. 123-22 ○密石焉. 124-9 ○之以父兄. 131-1 莫我○也. 131-11 而○之以貪冒. 135-15 將使侯淫德而○之焉. 138-14 若○之以德. 138-25 又○之以楚. 145-6 祀○於舉. 150-13 而○之以不仁. 156-4 蔑以

使天○不通者. 149-4 有天○神民類物之官. 149-17 司○以屬民. 150-4 是謂絕○天通. 150-4 故重黎氏世敘天○. 150-6 黎寔下○. 150-10 夫天○成而不變. 150-10 諸侯祀天○三辰. 151-6 天○民及四時之務. 151-24 ○事文. 151-25 豈能涉江淮而與我爭此○哉. 160-4 以寢於○. 160-13 旣而皆入其○. 162-22 其聲動天○. 163-12 吾謂吴王將遂涉吾○. 165-16 我遂踐其○. 165-22 土○之不修. 167-13 民生於○上. 169-1 凡吴土○人民. 169-4 吾不能居其○. 171-1 吾能居其○. 171-2 句踐之○. 171-14 節事者與○. 174-6 節事者與○. 174-18 節事者與○. 175-6 唯○能包萬物以爲一. 175-6 必有以知天○之恒制. 175-12 因陰陽之恒順天○之常. 175-17 死生因天○之刑. 175-19 天○形之. 175-19 取○而不反. 175-20 天○未形. 176-13 必將與天○相參. 176-19 乃可以致天○之殛. 176-23 因天○之常. 177-12 必因天○之災. 177-16 以爲范蠡○. 179-5 有敢侵蠡之○者. 179-6 皇天后土四鄉○主正之. 179-6

【耳】 58

豈敢猒縱其○目心腹. 13-4 ○以聽名者也. 21-19 ○弗及也. 28-12 夫鍾聲以爲○也. 28-13 ○所不及. 28-13 ○之察和也. 28-15 夫樂不過以聽○. 28-21 夫○目. 28-22 夫○內和聲. 29-1 口內味而○內聲. 29-3 不容於○. 29-23 與辟○之谿拘夏. 59-7 重○處蒲城. 64-14 公子重○處焉. 66-19 重○夷吾. 73-16 公令閹楚刺重○. 73-17 重○逃于狄. 73-17 公子重○出亡. 73-20 告公子重○於狄. 76-21 重○告舅犯曰. 76-23 重○曰. 77-3 公子重○出見使者. 77-5 重○父生不得供備洒掃之臣. 77-6 重○不敢違. 77-9 乃使公子縶弔公子重○于狄. 78-8 重○告舅犯. 78-11 公子重○出見使者. 78-14 重○身亡. 78-15 如弔公子重○之命. 78-18 吾與公子重○. 79-6 重○仁. 79-6 公子重○其入乎. 80-18 以師奉公子重○. 81-8 昔君之不納公子重○而納晉君. 83-5 昔吾之不納公子重○而納晉君. 83-7 然公子重○實不肯. 83-8 吾將以公子重○代之. 83-21 公子重○之仁. 83-21 秦乃召重○於楚而納之. 86-3 而授重○. 86-4 實生重○. 90-17 唯重○在. 90-18 重○日載其德. 90-19 君以天子之命服命重○. 93-13 重○之仰君也. 93-15 重○之望也. 93-18 重○若獲集德而歸載. 93-19 君若恣志以用重○. 93-19 以命重○. 93-23 重○敢有惰心. 93-23 據鼎○而疾號曰. 98-25 其○目在於旗鼓. 104-18 則恐國人之屬○目於我也. 104-25 和六律以聽○. 137-11 吾憖寘之於○. 147-21 ○不樂逸聲. 154-9 猶蒙○也. 157-5 豈遽忘於諸侯之○乎. 160-16

【芋】 2

○尹申亥從靈王之欲. 148-5 乃入○尹申亥氏焉. 160-15

【共】 42

以○其上. 9-9 而○飲食之. 15-7 昔○工棄此道也. 23-25 ○工用滅. 24-2 稱遂○工之過. 24-3 ○之從孫四嶽佐之. 24-5 必有○鮌之敗焉. 25-2 不○神祇. 25-20 莫不能使○祀. 34-8 職貢業事之不○而獲戾. 35-25 使能○職. 36-3 ○工氏之伯九有也. 38-7 以明民○財. 38-8 繕貢賦以○從者. 44-1 ○濟而已. 44-8 不○有法. 44-9 而與晉○其憂. 47-1 小國○命. 47-6 二三婦之辱○先者祀. 49-10 禍災○之. 55-17 止欒○子曰. 62-4 是以諡爲○君. 73-15 與知○君之事. 73-17 多怨可與○憂. 73-24 出○世子而改葬之. 80-10 君改葬○君. 80-15 ○華賈華叔堅騅歂纍虎特宮山祁. 81-12 見○華曰. 81-15 ○華曰. 81-15 ○賜謂○華曰. 81-16 ○華曰. 81-17 ○華曰. 81-18 曹○公亦不禮焉. 89-11 請與子○樂之. 117-1 則上下○之. 141-23 家貨足以○用. 152-10 所以○幣帛. 154-25 不○承王事. 164-22 又不承○王命. 165-3 則不能與三軍○饑勞之殃. 166-19 吾與之○知越國之政. 170-5

【芒】 2

汪○氏之君也. 49-25 在虞夏商爲汪○氏. 50-2

【村】 1

始合諸侯于虛○. 115-4

【朽】 5

山有○壤而崩. 105-17 死而不○. 119-25 非不○也. 120-4 此之謂死而不○. 120-5 死且不○. 142-4

【臣】 245

近○盡規. 2-25 ○聞之. 8-1 大○享其祿. 9-22 ○入晉境. 10-13 ○故曰. 10-14 ○故曰利外矣. 12-15 ○聞之曰. 13-23 ○是以懼. 13-25 夫君○無獄. 14-7 君○皆獄. 14-7 又爲○殺其君. 14-8 ○聞之. 17-18 爲○必○. 17-18 ○也. 17-19 且夫人○而侈. 18-3 ○之守官弗及也. 29-10 ○聞之. 29-10 非○之所聞也. 30-3 ○不知其和也. 30-7 ○不聞諸侯相會祀也. 34-22 ○聞聖王公之先封者. 35-2 ○故曰庶可已矣. 35-7 ○從有司. 35-9 豈唯寡君與二三○實受君賜. 36-3 ○聞之. 37-7 外○之言不越境. 37-14 ○聞之曰. 37-22 命易○之署. 39-9 ○立先○之署. 39-10 先○惠伯以命於司里. 39-15 今命○更次於外. 39-18 ○以死奮筆. 40-16 ○聞之曰. 40-16 ○違君命者. 40-18 ○殺其君. 41-20 貺使○以大禮. 43-8 皆非使○之所敢聞也. 43-12 ○以爲肄業及之. 43-12 君之所以貺使○. 43-13 ○敢不拜貺. 43-14 君之所以章使○之勤也. 43-15 君教使○曰每懷靡及. 43-16 ○聞之曰. 43-17 君貺使○以大禮. 43-19 君之於○. 44-25 ○討之. 45-8 羣○敢憚戮乎. 47-3 不及宗○. 49-6 ○. 52-4 君之庸○也. 52-4 君加惠於○. 52-5 則非○之所能也. 52-6 ○之所不若夷吾者五. 52-7 魯君之謀○也. 52-13 寡君有不令之○. 52-14 欲以戮之於羣○. 52-14 以戮於羣○. 52-21 ○立三宰. 54-23 爲○不○. 59-17 ○敢以私利廢人之道. 62-8 ○故云. 62-13 ○不敢蔽. 62-19 失○之官. 62-20 ○之不信. 62-22 君立○從. 65-5 其○競諂以求媚. 65-21 有縱君而無諫○. 65-22 君○上下. 65-23 爲人○者. 67-19 ○聞皋落氏將戰. 69-9 飲小○酒. 72-16 使小○圉告于申生. 72-18 昔君問○事君於我. 75-24 重耳父生不得供備洒掃之○. 77-6 羣○莫敢寧處. 77-23 而羣○受其大德. 78-2 晉國其誰非君之羣隸○也. 78-2 君惠弔亡○. 78-14 ○聞之曰. 79-11 ○聞之. 79-13 ○之屬內作. 81-8 今又殺○之父. 81-22 則君○合作. 83-17 ○思報君之讎. 83-19 而羣○是憂. 84-11 羣○輯睦. 84-13 ○得其志. 85-5 而況○乎. 85-6 ○怨君. 85-8 ○是以待即刑. 85-9 ○之行也. 85-10 ○行君明. 85-11 ○聞奔刑之○. 85-12 有○死刑. 85-17 ○得其志. 85-21 ○故云. 89-5 ○聞之. 89-20 ○聞之. 90-14 ○從君還軫. 94-16 ○猶知之. 94-16 ○筮之. 94-24 是謂○. 95-16 君君○○. 95-16 ○亦釋宋之圍. 98-5 ○取二. 98-6 以君避○. 98-12 若我以君避○. 98-14 一○可以赦百姓. 98-19 君何愛於○也. 98-20 ○願獲盡辭而死. 98-21 ○曰. 98-23 胥○多聞. 99-12 ○弗若也. 99-13 胥○佐下軍. 99-14 賢於○. 99-16 且○之倫. 99-19 文公問於胥○曰. 100-6 ○聞昔者. 100-11 ○得賢人. 102-6 ○見其不忘敬也. 102-10 其次君○. 103-11 故興王賞諫○. 107-8 君之外○至. 108-25 吾聞之爲人○者. 109-3 諸○之內相與. 109-22 諸○之委室而徒退者. 109-24 與其君○不相聽. 110-7 諸○不佞. 110-20 君與二三○其戒之. 110-22 ○固聞之. 111-5 ○聞之. 111-21 ○脆弱. 111-23 君鎮撫羣○. 113-13 獲楚公子穀○. 113-22 ○聞絳之志. 115-16 ○誅於揚干. 115-18 使○狃中軍之司馬. 115-18 ○聞師衆以順爲武. 115-19 ○敢不敬. 115-20 ○之子午可. 115-23 擇○莫若君. 115-24 其可以賢於○. 116-2 ○請薦所能擇. 116-3 ○聞之曰. 116-13 ○不如魏絳. 116-17 ○焉得之. 117-3 執政使欒氏之○勿從. 119-9 欒氏之○辛俞行. 119-10 ○順之也. 119-11 ○聞之曰. 119-12 自○之祖. 119-14 ○故不敢不君. 119-15 ○敢忘其死. 119-16 ○嘗陳辭矣. 119-17 皆君之○也. 122-12 吾○之所爭者大. 122-16 其○不心競而力爭. 122-17 良○不生. 125-7 良○不生. 125-10 鼓子之○. 129-1 名曰君○. 129-2 豈曰土○. 129-2 ○何賴於鼓. 129-3 ○委質於狄之鼓. 129-4 ○聞之. 129-5 委質爲○. 129-5 ○無叛質. 129-6 而有是○也. 129-8 魯孟獻子有鬬○五人. 129-21 方○之少也. 130-8 及○之壯也. 130-9 及○之長也. 130-10 今○一旦爲狂疾. 130-11 ○何望矣. 131-4 君行○不從. 131-21 ○敢煩當日. 131-21 吾願得范中行之良○. 132-1 良○. 132-2 ○以爲不良故也. 132-3 今范中行氏之○. 132-6 乃非良○也. 132-9 ○聞之. 132-13 ○聞之. 132-18 抑○亦有懼也. 133-15 ○以秉筆事君. 133-16 ○懼其不安人也. 133-17 ○聞之. 136-4 擇○取諫工. 137-16 ○聞之. 138-23 ○不才. 140-5 或譖析公○於王. 142-19 賜申公巫○. 143-5 恭王使巫○聘於齊. 143-6 則申公巫○之爲也. 143-9 ○聞國君服寵以爲美. 143-21 ○不知其美也. 144-11 民有君○. 145-18 ○亦懼之. 145-22 近○諫. 147-15 遠○謗. 147-15 ○懼民之不信君也. 147-19 帥其羣○精物. 151-23 爲楚良○. 152-20 ○避於成臼. 153-11 ○何有於死. 153-13 君而討○. 153-20 君有二○. 153-24 羣○懼矣. 153-25 ○能自壽. 155-13 縱○而得以其首領以沒. 155-14 乏○之祀也. 155-15 使下○郢. 158-15 則何實以事吴敢使下○盡辭. 159-6 其○箴諫以不入. 160-7 世有輔弼之○. 161-8 ○觀吴王之色. 164-2 日○嘗卜於天. 165-17 男女服爲○御. 168-23 夫唯能下其羣○. 169-8 ○聞之賈人. 170-6 然謀○與爪牙之士. 170-7 然後乃求謀○. 170-9 使其下○種. 170-13 ○而思報君之讎. 172-10 君○上下. 175-16 忠○解骨. 176-8 其君○上下. 176-20 ○故將謁之. 177-2 ○聞從時者. 177-2 ○聞之. 177-6 ○聞古之善用兵者. 177-9 ○聞之. 177-25 ○不復入越國矣. 178-21 ○聞之. 178-23 爲人○者. 178-23 君憂○勞. 178-23 君辱○死. 178-23 ○所以不死者. 178-24 ○聞命矣. 179-2 ○行意. 179-2

【吏】 14

咸戒公卿百○庶民. 4-8 百○庶民畢從. 4-12 至於王○. 16-24 以從軍○. 46-23 今吾子之戒○人曰. 50-23 敢私布於○. 97-15 軍○以告. 97-18 軍○請曰. 98-11 召軍○而戒樂正. 103-14 軍○患之. 110-15 ○執之. 119-10 軍○曰. 128-15 令軍○呼城. 128-21 軍○執之. 129-2

【再】 18

農正○之. 4-24 ○逆矣. 14-9 而有○逆政. 14-9 於今○矣. 23-9 一姓不○興. 26-13 而害金○興焉. 30-9 一○則宥. 57-8 ○拜稽首曰. 62-19 ○拜稽首許諾. 77-15 ○拜. 78-16 ○拜稽首. 78-21 ○拜不稽首. 79-6 是○施不遂也. 84-2 ○拜稽首. 87-17 公子○拜稽首. 91-9

○世以下. 119-13 是以○歎. 130-5 時不○來. 177-6

【西】 31

○周三川皆震. 6-10 吾欲○伐. 58-14 ○至于濟. 58-19 ○征. 59-4 至於○河. 59-5 ○服流沙○吴. 59-8 召○戎以伐周. 63-9 執鉞立於○阿. 74-8 以其孥適○山. 75-1 ○爲此會也. 75-10 ○方之書有之曰. 88-8 ○有虞虢晉隗霍楊魏芮. 135-9 謝○之九州. 137-1 申繒○戎方彊. 138-15 而繒與○戎. 138-18 繒與○戎. 138-18 故唯東宮與○廣實來. 142-12 子○曰. 153-8 子○曰. 153-14 子○諫曰. 153-24 子○歎於朝. 154-2 子○曰. 154-6 子○使人召王孫勝. 155-18 見子○曰. 155-18 子○曰. 156-12 子○笑曰. 157-7 子○子期死. 157-9 ○屬之濟. 161-23 ○則晉. 166-15 ○至於姑蔑. 171-15

【戌】 1

辰在○上. 31-17

【在】 196

宣王○邵公之宮. 3-18 夫民之大事○農. 3-23 於是乎○. 3-24 辟○司寇. 4-23 陽失而○陰. 6-13 夷羊○牧. 7-17 ○虢土. 7-25 ○湯誓曰. 8-19 ○余一人. 8-20 ○盤庚曰. 8-20 民之所急○大事. 8-22 而著○刑辟. 9-12 流○裔土. 9-12 王出○鄭. 10-16 鄭○天子. 11-8 候不○疆. 15-20 田○草閒. 16-15 兵○其頸. 19-20 ○禮. 19-24 今郤至○七人之下. 19-25 怨○小醜. 20-2 而況○侈卿乎. 20-2 兵○其頸. 20-13 ○太誓曰. 20-13 目不○體. 21-14 其君○會. 21-16 其○有虞. 24-2 以有胤○下. 24-16 杞鄫猶○. 24-17 齊許猶○. 24-17 或○畎畝. 25-24 或○社稷. 25-25 ○夏后之世. 26-1 ○清濁之閒. 28-16 氣○口爲言. 29-3 ○目爲明. 29-3 歲○鶉火. 31-5 月○天駟. 31-5 日○析木之津. 31-6 辰○斗柄. 31-6 星○天黿. 31-6 皆○北維. 31-6 歲之所○. 31-9 月之所○. 31-10 辰○戌上. 31-17 ○位者恤民之患. 35-20 ○上不卹下. 35-21 亂○前矣. 36-9 不○祀典. 38-5 不○祀典. 38-22 若有殃焉○. 40-5 成公○朝. 41-20 襄公○楚. 45-7 康子○其朝. 47-21 爾又○下位. 48-22 ○虞夏商爲汪芒氏. 50-2 仲尼○陳. 50-7 自古○昔. 50-21 古曰○昔. 50-22 ○君之國. 52-14 所○之國. 52-18 令彼○齊. 52-18 優笑○前. 53-7 賢材○後. 53-7 唯其所○. 62-7 口○寡人. 62-14 大國○側. 63-19 奚齊○廟. 65-12 寡人○上. 67-1 申生○下. 67-2 權○此行也. 69-23 ○此行也. 70-1 譖○中矣. 70-8 制不○我. 72-8 虢公夢○廟. 74-8 將○東矣. 75-14 桓公○殯. 75-20 而立子之○外者. 76-13 得國○亂. 76-22 治民○擾. 76-22 夫堅樹○始. 76-24 讒○兄弟爲大亂. 77-4 ○親衆而善鄰. 77-8 ○因民而順之. 77-8 託○草莽. 77-21 父死○堂而求利. 78-12 二三子皆○外而不及. 81-15 公○秦三月. 84-6 君猶○外. 84-11 猶○乎. 85-8 三軍之士皆○. 86-1 文公○狄十二年. 87-4 多讒○側. 87-9 歲○壽星及鶉尾. 87-14 蠶妾○焉. 87-22 莫知其○也. 87-22 威○民上. 88-11 其○辟也. 88-12 歲○大火. 88-16 周之大功○武. 89-5 天祚將○武族. 89-6 衛而○討. 89-10 夫晉公子○此. 89-17 唯重耳○. 90-18 ○周頌曰. 90-20 亡○長幼. 90-25 薦○宗廟. 93-17 豈專○寡人乎. 93-21 是○周易. 94-1 歲○大梁. 94-19 歲○大火. 94-22 於此乎○矣. 97-1 二三子忘○楚乎. 98-13 毛也不○位. 99-17 箕鄭胥嬰先都○. 99-20 是○讙也. 100-7 文王○母不憂. 100-13 ○傅弗勤. 100-13 吾不○晉國. 104-11 ○此車也. 104-17 其耳目○於旗鼓. 104-18 ○列者獻詩. 107-9 成人○始與善. 107-14 志○子. 108-3 ○陣而譁. 108-18 偏而○外. 109-14 亂○內爲宄. 111-21 ○外爲姦. 111-21 將○今日. 113-11 亦○今日. 113-12 若○卿位. 116-19 日○君側. 117-8 圖○明訓. 118-10 明訓○威權. 118-10 威權○君. 118-11 ○夏爲御龍氏. 120-2 ○商爲豕韋氏. 120-2 ○周爲唐杜氏. 120-2 籍偃○側. 122-6 朱也○此. 122-10 是以○此. 122-24 ○德不○先歃. 123-7 歃雖○後. 123-8 善人○位患. 124-4 惡人○位. 124-5 闔明叔褱○. 130-1 有孝德以出○公族. 130-21 有恭德以升○位. 130-22 君出○外. 132-7 宵之佷○面. 133-5 瑤之佷○心. 133-5 唯輔果○. 133-13 怨豈○明. 133-24 怨不○大. 133-24 亦不○小. 133-25 或○王室. 136-19 或○夷狄. 136-19 其○芈姓乎. 136-20 實御○側. 137-21 龍亡而漦○. 138-6 方戮○路. 138-11 王師若○. 138-20 應韓不○. 138-24 其○晉乎. 138-24 夫善○太子. 140-6 其法刑○民心. 141-20 而藏○王府. 141-20 ○中軍王族而已. 142-24 王○靈囿. 145-1 其○志也. 145-7 苟○朝者. 146-8 ○輿有旅賁之規. 146-10 ○男曰覡. 149-9 ○女曰巫. 149-10 其○周. 150-8 唯子文之後○. 152-19 死○司敗矣. 153-13 使復○其位. 153-14 ○國則君. 153-16 ○外則讎也. 153-17 ○樂思舊. 154-5 楚之白珩猶○乎. 154-16 梁險而○境. 155-11 皆不○矣. 156-6 越之○吴. 160-1 孤之事君○今日. 163-22 不得事君亦○今日. 163-22 以顧○余一人. 164-9 ○孤之側者. 166-6 苟○戎者. 167-5 皆○此者. 168-2 皆○此. 168-3 左而不○左. 168-9 右而不○右. 168-10 不○前後. 169-3

【百】 104

○工諫. 2-25 ○物之所生也. 3-9 天地○物. 3-10 使神人○物. 3-12 咸戒公卿○吏庶民. 4-8 ○官御事. 4-10 ○吏庶民畢從. 4-12 稷則徧誡○姓. 4-21 ○姓攜貳. 7-11 今虢公動匱○姓. 8-11 侮人○里. 11-6 而和寧○姓. 11-15 ○姓兆民. 12-6 以供上帝山川○神之祀. 12-25 以備○姓兆民之用. 12-25 以亂○度. 13-4 以臨長○姓. 13-5 以鎮撫○姓. 13-10 其若先王與○姓何. 13-15 超乘者三○乘. 14-13 品其○籩. 15-5 ○官以物至. 16-21 欲壅防○川. 24-1 比類○則. 24-4 敬○姓也. 26-24 而敬○姓. 27-1 ○官軌儀. 30-13 所以修潔○物. 30-16 和展○事. 30-23 布憲施舍於○姓. 31-22 以亡其○姓. 32-14 勤○姓以爲己名. 33-2 其周公太公及○辟神祇. 36-3 ○物唯其可者. 36-10 能殖○穀○蔬. 38-6 黄帝能成命○物. 38-8 稷勤○穀而山死. 38-12 與○官之政事. 48-10 夜儆○工. 48-14 通道于九夷○蠻. 50-10 忠信可結於○姓. 52-8 使○姓皆加勇焉. 52-9 陳妾數○. 53-4 而敬○姓. 55-2 而敬○姓. 55-4 故二○人爲卒. 55-13 則○姓富. 56-24 有革車八○乘. 58-21 桓公與之繫馬三○. 60-2 興○姓. 64-18 以爲○姓也. 64-18 今君起○姓. 64-19 以制○物. 67-4 無以一妾亂○姓. 67-25 苟利衆而○姓和. 68-3 使○姓莫不有藏惡於其心中. 76-12 ○姓欣而奉之. 76-15 吾命之以汾陽之田○萬. 78-23 君國可以濟○姓. 88-14 庭實旅○. 91-6 公屬○官. 96-12 一臣可以赦○姓. 98-19 不忘○姓也. 99-11 億寧○神. 100-20 考○事於朝. 107-11 以離○姓. 113-12 定○事. 113-16 立○官. 113-16 公侯祀○辟. 126-15 以保于○姓者也. 136-11 周棄能播殖○穀蔬. 136-11 伯翳能議○物. 136-25 以成○物. 137-10 合十數以訓○體. 137-13 ○官煩焉. 144-6 能經營○事. 146-6 凡○箴諫. 146-24 ○姓千品萬官億醜兆民經入畡數以奉之. 150-21 祀所以昭孝息民撫國家定○姓也. 151-1 ○嘉備舍. 151-8 ○姓夫婦. 151-10 弭其○苛. 151-13 以事○神. 151-18 所謂○姓千品萬官億醜兆民經入畡數者. 152-1 民之徹官○. 152-2 是爲○姓. 152-3 以敘○物. 154-20 明王聖人能制議○物. 155-5 ○夫決拾. 158-8 將○羣皆奔. 160-19 撓亂○度. 161-5 陳士卒○人. 163-1 ○行. 163-1 王總其○執事. 164-25 夫婦三○. 169-2 以暴露○姓之骨於中原. 171-9 宦士三○人於吴. 171-12 廣運○里. 171-16 ○姓之事. 175-2 ○姓之事. 175-15 吾○姓之不圖. 175-25 今吴王淫於樂而忘其○姓. 176-7 環會稽三○里者. 179-5

【有】 757

○不祭. 2-1 ○不祀. 2-1 ○不享. 2-1 ○不貢. 2-2 ○不王. 2-2 而○不至. 2-2 於是乎○刑不祭. 2-3 於是乎○刑罰之辟. 2-4 ○攻伐之兵. 2-4 ○征討之備. 2-5 ○威讓之令. 2-5 ○文告之辭. 2-5 其○以禦我矣. 2-11 ○三女奔之. 2-13 民之○口. 3-1 猶土之○山川也. 3-2 猶其原隰之○衍沃也. 3-2 瞽告○協風至. 4-10 無○求利於其官. 5-4 故征則○威. 5-5 守則○財. 5-6 王命將○所壅. 5-16 於是○地震. 6-12 ○神降於莘. 7-6 固○之乎. 7-7 ○之. 7-7 而民○遠志. 7-12 實○爽德. 7-20 無○祈也. 8-4 夏書○之曰. 8-18 余一人○罪. 8-19 萬夫○罪. 8-20 是○逸罰. 8-22 先王既○天下. 9-6 於是乎○朝日夕月. 9-7 猶恐其○墜失也. 9-9 猶○散遷懈慢. 9-11 於是乎○蠻夷之國. 9-13 ○斧鉞刀墨之民. 9-13 樹於○禮. 10-14 古人○言曰. 11-5 鄭武莊○大勳力于平桓. 11-8 故能光○天下. 11-15 書○之曰. 12-15 必○忍也. 12-15 若能○濟也. 12-15 昔我先王之○天下也. 12-24 使各○寧宇. 13-1 先王豈○賴焉. 13-3 王何異之○. 13-6 余一人豈敢○愛. 13-8 先民○言曰. 13-9 何辭之○與. 13-11 叔父○地而隧焉. 13-15 使無○遠志. 13-19 且夫陽豈○裔民哉. 14-1 而○再逆政. 14-9 秦師必○謫. 14-13 則○全烝. 14-22 則○房烝. 14-22 則○餚烝. 14-23 則○體薦. 15-1 於是乎○折俎加豆. 15-8 胡○孑然其郊戎狄也. 15-8 夫王公諸侯之○飫也. 15-10 容貌○崇. 15-13 威儀○則. 15-13 野○庾積. 15-21 陳侯不○大咎. 16-2 周制○之曰. 16-11 國○郊牧. 16-11 疆○寓望. 16-11 藪○圃草. 16-12 囿○林池. 16-12 ○優無匱. 16-14 ○逸無罷. 16-14 國○班事. 16-14 縣○序民. 16-15 周之秩官○之. 16-17 ○分族於周. 16-25 先王之令○之曰. 17-3 本○保則必固. 17-20 必○異焉. 18-12 楚○五敗. 19-2 是○五勝也. 19-7 ○辭. 19-7 ○一勝猶足用也. 19-9 ○五勝以伐五敗. 19-9 吾○三伐. 19-11 勇而○禮. 19-11 夫何次之○. 19-16 趙宣子未○軍行. 19-16 人○言曰. 19-20 其亦○七怨. 20-2 天○惡於楚也. 20-4 且郤至何三伐之○. 20-7 ○三姦以求替其上. 20-12 晉將○亂. 21-9 今君曰將○亂. 21-10 偏喪○咎. 21-20 ○是寵也. 22-2 齊其○乎. 22-4 齊晉○禍. 22-6 晉國○憂. 22-15 ○慶. 22-16 襄公○疾. 22-17 夫子皆○焉. 22-23 使○晉國. 23-9 實○晉國. 23-11 而物○所歸. 23-21 是以民生○財用. 23-22 而死○所葬. 23-22 其在○虞. 24-2 ○崇伯鮌. 24-2 氏曰○夏. 24-12 氏曰○呂. 24-13 以○胤在下. 24-16 ○夏雖衰. 24-17 唯○嘉功. 24-17 必○慆淫之心閒之. 24-18 必○忠信之心閒之. 24-23 必○夏呂之功焉. 25-1 必○共鮌之敗焉. 25-2 無乃實○所避. 25-3 人○言曰. 25-5 旟旐○翩. 25-7 民○怨亂. 25-9 無○異焉. 25-25 語説昊天○成命. 26-12 其○單子也. 26-14 昔史佚○言. 26-14 皆○焉. 26-15 其○不興乎. 26-19 且其語説昊天○成命. 26-20 昊天○成命. 26-20 必○章譽蕃育之祚. 27-9 單若○闕. 27-9 於是乎○母權子而行. 27-13 於是乎○子權母而行. 27-14 王用將○所

乏. 27-16 將○遠志. 27-17 ○未至而設之. 27-17 ○至而後救之. 27-18 夏書○之曰. 27-23 王府則○. 27-23 詩亦○之曰. 27-23 而何易樂之○焉. 28-2 若無射○林. 28-12 而○震眩. 29-5 於是乎○狂悖之言. 29-6 ○眩惑之明. 29-6 ○轉易之名. 29-6 ○過慝之度. 29-6 各○離心. 29-7 而○離民之器二焉. 29-9 夫○和平之聲. 29-25 則○蕃殖之財. 29-25 細鈞○鍾無鎛. 31-1 大鈞○鎛無鍾. 31-2 ○建星及牽牛焉. 31-7 則我○周之分野. 31-9 於是乎○七律. 31-14 周詩○之曰. 32-8 十○四世而興. 32-17 十○五世而興. 32-18 十○四世矣. 32-19 其○悛乎. 32-21 必○三殃. 32-24 則必子孫實○禍. 33-1 臣從○司. 35-9 國○饑饉. 35-17 無○隱者. 37-2 ○諸侯之請. 37-6 故能○親. 37-7 故解○罪之地. 37-18 善○章. 37-23 惡○釁. 37-23 昔烈山氏之○天下也. 38-5 共工氏之伯九○也. 38-7 故○虞氏禘黃帝而祖顓頊. 38-13 ○虞氏報焉. 38-15 皆○功烈於民者也. 38-19 今茲海其○災乎. 38-25 今○司來. 39-9 ○數矣. 39-17 亦○數矣. 39-17 爲○司之以班命事也. 39-18 宗○司曰. 39-20 何常之○. 39-21 ○司曰. 39-21 夫宗廟之○昭穆也. 39-21 夏父弗忌必○殃. 40-3 夫宗○司之言順矣. 40-3 僖又未○明焉. 40-3 若○殃焉在. 40-5 ○司復命. 40-14 使○司藏之. 41-8 苦成氏○三亡. 41-14 若鮑氏○釁. 41-18 民旁○慝. 41-23 諸侯○卿無軍. 43-21 ○大夫無卿. 43-23 猶懼○討. 44-2 及匏○苦葉矣. 44-6 魯叔孫賦匏○苦葉. 44-8 不共○法. 44-9 ○禦楚之術. 44-22 而○守國之備. 44-22 若未○. 44-22 卞○罪而子征之. 45-9 ○執戈之前. 45-14 ○執戈之前. 45-16 天子○虎賁. 45-16 諸侯○旅賁. 45-17 大夫○貳車. 45-17 士○陪乘. 45-18 ○其心矣. 45-19 ○貨. 46-1 而國○罪. 46-3 諸侯之卿○然者. 46-5 無○處人. 46-23 庶幾○益於魯國乎. 47-1 其中○羊焉. 47-7 主亦○以語肥也. 47-11 肥願○聞於主. 47-12 後世○繼. 47-13 鼈於何○. 47-19 忿則○辟. 48-21 況○怠惰. 48-23 ○降服. 49-12 上下○章. 49-17 ○隼集于陳侯之庭而死. 50-7 其長尺○咫. 50-8 其長尺○咫. 50-12 君若使○司. 50-16 先民○作. 50-21 執事○恪. 50-21 使冉○訪諸仲尼. 51-2 私於冉○曰. 51-2 而量其○無. 51-4 於是乎○鰥寡孤疾. 51-4 ○軍旅之出. 51-5 則○周公之籍矣. 51-8 寡君○不令之臣. 52-14 比校民之○道者. 53-10 以其所○. 54-5 ○司見而不以告. 54-17 ○司已於事而竣. 54-18 君○攻伐之器. 55-6 ○守禦之備. 55-7 里○司. 55-10 鄉○良人焉. 55-11 里○司帥之. 55-12 故○中軍之鼓. 55-14 ○國子之鼓. 55-15 ○高子之鼓. 55-15 君○此士也三萬人. 55-21 ○居處好學. 55-23 ○則以告. 55-25 ○而不以告. 55-25 ○司已於事而竣. 55-25 ○拳勇股肱之力. 56-1 ○則以告. 56-2 ○而不以告. 56-2 ○司已於事而竣. 56-3 ○不慈孝於父母. 56-4 ○則以告. 56-5 ○而不以告. 56-5 ○司已於事而竣. 56-5 ○人居我官. 56-9 ○功休德. 56-9 是故匹夫○善. 56-15 匹夫○不善. 56-16 皆○終歲之計. 56-19 皆○終身之功. 56-20 邑○司. 57-1 卒○卒帥. 57-2 鄉○鄉帥. 57-2 縣○縣帥. 57-3 屬○大夫. 57-3 ○居處爲義好學. 57-9 ○則以告. 57-10 ○而不以告. 57-10 ○司已於事而竣. 57-11 ○拳勇股肱之力. 57-11 ○則以告. 57-12 ○而不以告. 57-12 ○司已於事而竣. 57-12 ○不慈孝於父母. 57-13 ○則以告. 57-14 ○而不以告. 57-14 ○司已於事而竣. 57-15 是故匹夫○善. 57-18 匹夫○不善. 57-18 使海於○蔽. 58-12 渠弭於○渚. 58-12 環山於○牢. 58-13 使海於○蔽. 58-15 渠弭於○渚. 58-15 環山於○牢. 58-16 使海於○蔽. 58-17 渠弭於○渚. 58-17 環山於○牢. 58-18 ○革車八百乘. 58-21 東南多○淫亂者. 58-23 ○事於文武. 59-15 且○後命. 59-15 魯○夫人慶父之亂. 59-22 而不○也. 60-12 且懼○口. 62-13 何口之○. 62-14 ○寵. 62-16 其○吉孰大焉. 62-19 兆○之. 62-19 ○罪二焉. 62-20 凶之無○. 62-21 若其○凶. 62-22 ○男戎必○女戎. 63-1 昔夏桀伐○施. 63-3 ○施人以妹喜女焉. 63-3 妹喜○寵. 63-4 殷辛伐○蘇. 63-4 ○蘇氏以妲己女焉. 63-5 妲己○寵. 63-5 周幽王伐○褒. 63-6 褒姒○寵. 63-7 離則○之. 63-12 其銘○之. 63-23 其皆○焉. 64-10 則上下既○判矣. 64-20 是以能○常. 64-22 何貳之○. 65-6 民之○君. 65-7 ○不忠焉. 65-15 ○不貞焉. 65-15 ○縱君而無諫臣. 65-22 ○冒上而無忠下. 65-23 民各○心. 65-24 鮮○慢心. 66-6 何官之○. 66-24 軍○左右. 67-6 聲章過數則○釁. 67-8 ○釁則敵入. 67-8 寡人○子而制焉. 67-10 君○異心. 67-14 且○令名. 67-17 皆○所行之. 67-23 若紂○良子. 68-8 ○子而弗勝. 68-15 未○此也. 69-13 又○甘言焉. 70-8 猶○令名焉. 70-10 雖欲○退. 71-8 抑未○以致罪焉. 71-9 其子又○謗. 71-17 枯且○傷. 71-17 抑○所聞之乎. 71-19 彼○成矣. 72-5 猶○令名焉. 72-24 ○罪不死. 73-7 ○父忍之. 73-9 申生○罪. 73-12 ○神人面白毛虎爪. 74-8 童謠○之. 75-2 其○勤也. 75-14 吾○死而已. 75-22 力○所能. 75-25 使百姓莫不○藏惡於其心中. 76-12 喪亂○小大. 77-4 則民各○心. 77-18 未○所依. 77-21 人實○之. 78-13 又重○命. 78-15 又何敢○他志. 78-16 人實○之. 78-20 亡人何國之與○. 79-1 君實○郡縣. 79-2 豈謂君無○. 79-2 無○難急也. 79-3 仁○置. 79-11 武○置. 79-11 ○黨必○讎. 79-14 而○是臭也. 80-11 各聚爾○. 80-13 其靡○徵兮. 80-14 往年○難. 82-2 其○殃也多矣. 82-2 國家代○. 82-4 君○施於晉君. 82-5 則○辭矣. 82-7 寡人○衆. 82-25 若○天. 83-10 殺無道而立○道. 83-22 又曰余納○道以臨女. 83-23 喪君○君. 84-13 庶○益乎. 84-14 ○死無他. 84-19 ○大罪三. 85-3 鄭也○罪. 85-7 又失○罪. 85-9 下○直言. 85-10 上○直刑. 85-11 ○君不忌. 85-17 ○臣死刑. 85-17 ○人能坐待刑. 86-1 困而○資. 87-5 十○二年. 87-14 其○此土乎. 87-15 ○此. 87-16 ○馬二十乘. 87-18 而○終焉之志也. 87-21 ○晉國者. 88-3 貳必○咎. 88-4 西方之書○之曰. 88-8 昔管敬仲○言. 88-9 弗畏○刑. 88-11 子必○晉. 88-18 若克○成. 88-23 衛文公○邢狄之虞. 88-25 天祚○德. 89-7 聚必○闕. 90-3 而惠以○謀. 90-8 殆○禮矣. 90-11 樹於○禮. 90-11 必○艾. 90-11 ○禮之謂也. 90-12 親○天. 90-14 今晉公子○三祚焉. 90-15 可謂親○天矣. 90-21 若親○天. 90-23 則君○之. 91-9 敏而○文. 91-17 公子○辱. 92-1 昔少典娶于○蟜氏. 92-13 何○於妻. 92-24 禮志○之曰. 92-25 將○請於人. 92-25 必先○入焉. 93-1 敢○安志. 93-13 是子將○焉. 93-21 重耳敢○惰心. 93-23 尚○晉國. 93-25 不○晉國. 94-2 我命筮曰尚○晉國. 94-3 不○晉國. 94-5 車○震. 94-7 勿用○攸往. 94-8 內○震雷. 94-9 故曰勿用○攸往. 94-11 衆順而○武威. 94-11 ○如河水. 94-18 必○晉國. 94-24 何不濟之○. 94-25 余何○焉. 95-18 何貳之○. 95-19 陽人○夏商之嗣典. 97-12 ○周室之師旅. 97-13 是楚一言而○三施. 98-8 子一言而○三怨. 98-8 則民從事○業. 99-6 何匱之○. 99-7 先軫○謀. 99-12 軍伐○賞. 99-18 善君○賞. 99-19 能其官○賞. 99-19 且居○三賞. 99-19 若○違質. 100-11 ○原以印浦. 101-2 其父○罪. 102-7 離則○釁. 102-17 乃○賈季之難. 102-23 國○大役. 103-15 ○秦客廋辭於朝. 104-9 克也何力之○焉. 105-3 燮也何力之○焉. 105-5 書也何力之○焉. 105-7 山○朽壤而崩. 105-17 子貌○喜. 105-21 ○邪而正之. 107-11 人之○冠. 107-16 猶宮室之○牆屋也. 107-17 ○宣子之忠. 107-22 唯○諸侯. 108-7 莫○鬬心. 108-19 ○韎韋之跗注. 108-23 內猶○不刑. 109-9 必○內憂. 109-13 唯○諸侯. 109-19 不○外患. 109-21 必○內憂. 109-21 固○大恥三. 110-3 雖○後患. 110-5 君驕泰而○烈. 110-24 人○言曰. 112-4 抑人之○元君. 113-6 知荀賓之○力而不暴也. 114-13 ○事不避難. 115-16 ○罪不避刑. 115-16 軍事○死無犯爲敬. 115-19 人○言曰. 115-23 遊○鄉. 115-24 處○所. 115-25 ○直質而無流心. 116-1 雖○功. 116-7 ○常位於國者. 118-11 ○力於先君. 119-5 國○大令. 119-11 人○言曰. 119-25 外○軍. 120-8 內○事. 120-8 且吾子之心○出焉. 120-9 公室之○回. 120-13 何二之○. 120-17 吾聞國家○大事. 120-21 聞吾子○和之怒. 120-23 諸侯皆○二心. 120-24 使無○間隙. 121-8 昔者吾○訾祏也. 121-13 而○時節. 121-22 君子○比乎. 122-6 唯○德也. 123-13 夫楚令尹○欲於楚. 123-17 若魯○罪. 123-21 諸侯○盟未退. 123-25 ○人不難以死. 124-2 何敗國之○. 124-4 ○焉. 124-23 必○大咎. 125-4 平公○疾. 125-5 平公○疾. 126-7 其何厲之○. 126-12 吾○卿之名. 126-19 今吾子○欒武子之貧. 127-5 何賀之○. 127-6 鼓○君矣. 129-3 無○二心. 129-5 君○烈名. 129-6 而○是臣也. 129-8 人之○學也. 129-13 猶木之○枝葉也. 129-14 木○枝葉. 129-14 魯孟獻子○鬬臣五人. 129-21 梗陽人○獄. 129-23 人○言曰. 130-2 豈主之食而○不足. 130-4 晉國○難. 130-15 ○孝德以出在公族. 130-21 ○恭德以升在位. 130-22 ○武德以羞爲正卿. 130-22 ○温德以成其名譽. 130-22 ○文之典刑. 131-1 ○景之教訓. 131-1 伯樂與尹鐸○怨. 131-6 ○所得犬. 131-20 聞牛談○力. 131-24 若○餘. 132-14 何日之○. 132-22 ○恐色. 132-24 抑臣亦○懼也. 133-15 志○之曰. 133-16 夫郤氏○車轅之難. 133-22 趙○孟姬之讒. 133-22 欒○叔祁之愬. 133-22 范中行○亟治之難. 133-22 夏書○之. 133-24 周書○之. 133-24 乃○晉陽之難. 134-4 吾不幸○疾. 134-8 南○荊蠻申呂應鄧陳蔡隨唐. 135-6 北○衛燕狄鮮虞潞洛泉徐蒲. 135-7 西○虞虢晉隗霍楊魏芮. 135-9 東○齊魯曹宋滕薛鄒莒. 135-10 是皆○驕侈怠慢之心. 135-14 於周未○侯伯. 136-14 當周未○. 136-15 實○昭德. 136-23 而未○興者. 136-26 求財於○方. 137-16 ○童謠曰. 137-23 ○夫婦鬻是器者. 137-25 訓語○之. 138-2 褒人褒姁○獄. 138-12 夫國大而○德者近興. 139-1 十邑皆○寄地. 139-3 故堯○丹朱. 140-7 舜○商均. 140-7 啓○五觀. 140-7 湯○太甲. 140-8 文王○管蔡. 140-8 皆○元德也. 140-8 而○姦子. 140-9 恭王○疾. 141-10 王○命矣. 141-13 ○是寵也. 141-15 ○疾. 141-18 其祭典○之曰. 141-22 國君○牛享. 141-22 大夫○羊饋. 141-22 士○豚犬之奠. 141-22 庶人○魚炙之薦. 141-23 子牟○罪而亡. 141-25 雖楚○材. 142-8 彼○公族甥舅. 142-9 未○成. 143-6 其亦必○豐敗也哉. 143-13 無○至者. 144-8 其○美名也. 144-18 而○遠心. 144-19 未○利者. 145-7 昔鄭○京櫟. 145-7 衛○蒲戚. 145-7 宋○蕭蒙. 145-8 魯○弁費. 145-8 齊○渠丘. 145-8 晉○曲沃. 145-9 秦○徵衙. 145-9 ○首領股肱. 145-16 地○高下. 145-18 天○晦明. 145-18 民○君臣. 145-18 國○都鄙. 145-18 昔衛武公年數九十○五矣. 146-7 在輿○旅賁之規. 146-10 位宁○官師之典. 146-11 倚几○誦訓之諫. 146-11 居

寢○褻御之箴. 146-12 臨事○瞽史之導. 146-13 宴居○師工之誦. 146-13 以德○國. 147-15 而至於是○畿田. 147-16 周詩○之曰. 147-18 乃○乾谿之亂. 147-24 吾○妾而愿. 148-2 子木○羊饋而無芰薦. 148-3 而後使先聖之後之○光烈. 149-11 ○天地神民類物之官. 149-17 民是以能○忠信. 149-18 神是以能○明德. 149-19 無○要質. 149-23 無○嚴威. 150-1 何比之○. 150-11 上下○序. 150-16 無○苛慝於神者. 151-23 姓○徹品. 152-3 官○十醜. 152-4 民多闕則○離叛之心. 152-11 乃○柏舉之戰. 153-3 夫其○故. 153-8 君實○國而不愛. 153-12 臣何○於死. 153-13 則○讎. 153-19 則何上下之○乎. 153-20 君○二臣. 153-24 於是○歎. 154-4 無○歎焉. 154-5 ○過必悛. 154-11 ○不善必懼. 154-11 又○左史倚相. 154-19 使神無○怨痛於楚國. 154-22 又○藪曰雲連徒洲. 154-23 ○不虞之備. 155-1 懼子孫之○武者也. 155-12 皆○其華而不實者也. 155-24 苟國○釁. 156-9 怨而○術. 156-10 驕○欲焉. 156-15 懼○惡焉. 156-16 ○一不義. 156-17 人○言曰. 156-22 而未嘗○所挫也. 158-7 將必寬然○伯諸侯之心焉. 158-11 乃無○命矣. 158-13 孤將○大志於齊. 159-8 以盟爲○益乎. 159-20 夫天命○反. 159-24 猶人之○腹心之疾也. 160-2 將必越實○吳土. 160-5 體○所傾. 160-18 其猶○及乎. 160-20 吳人○功. 160-21 天若不知○罪. 160-25 世○輔弼之臣. 161-8 必○以取之. 161-13 亦○以棄之. 161-14 孤不使大夫得○見也. 161-19 必無○二命. 162-14 ○遷. 162-18 無○誅焉. 162-22 天子○命. 163-16 類○大憂. 164-2 不則國○大難. 164-3 今伯父○蠻荆之虞. 164-9 君○短垣. 164-11 則何○於周室. 164-12 夫命圭○命. 164-12 夫差克○成事. 165-8 裁其○餘. 166-14 王乃命○司大令於國曰. 167-5 內○辱. 167-10 外○辱. 167-10 內○辱於國. 167-14 外○辱. 167-14 斬○罪者以徇. 167-18 斬○罪者以徇. 167-19 斬○罪者以徇. 167-20 斬○罪者以徇. 167-21 王乃命○司大徇於軍. 167-23 ○父母耆老而無昆弟者. 167-23 我○大事. 167-24 子○父母耆老. 167-24 後若○事. 168-1 ○兄弟四五人. 168-2 我○大事. 168-2 子○昆弟四五人. 168-2 ○眩瞀之疾者. 168-4 我○大事. 168-5 子○眩瞀之疾. 168-5 後若○事. 168-5 斬○罪者以徇. 168-7 於是人○致死之心. 168-8 王乃命○司大徇於軍. 168-8 越既○之矣. 169-4 若其○知. 169-6 ○能助寡人謀而退吳者. 170-5 何後之○. 170-10 ○帶甲五千人. 170-17 乃必○偶. 170-18 ○吳則無越. 170-22 ○越則無吳矣. 170-22 又○美於此者. 171-5 弔○憂. 171-10 賀○喜. 171-11 其父母○罪. 171-19 其父母○罪. 171-20 民俱○三年之食. 172-5 其○敢不盡力者乎. 172-11 億○三千. 172-13 如此則○常賞. 172-16 如此則○常刑. 172-17 ○持盈. 174-5 ○定傾. 174-5 ○節事. 174-5 時將○反. 175-11 事將○閒. 175-11 必○以知天地之恒制. 175-12 乃可以○天下之成利. 175-12 未○恒常. 175-24 ○奪. 176-3 ○予. 176-4 ○不予. 176-4 諺○之. 176-24 天○還形. 178-1 先人○言曰. 178-2 先人○言曰. 178-11 ○敢侵蠡之地者. 179-6

【存】 10

於是乎觀○亡. 21-15 師○侍. 41-8 其不○也. 41-14 使高子○之. 59-23 抑驪姬之不○側邪. 65-19 以吾○也. 74-5 ○亡國三. 75-9 國之○亡. 110-17 賴子○之. 127-7 凡周○亡. 138-20

【而】 1562

夫兵戢○時動. 1-5 ○厚其性. 1-7 ○利其器用. 1-8 使務利○避害. 1-8 懷德○畏威. 1-9 ○自竄于戎狄之閒. 1-12 ○加之以慈和. 1-16 ○除其害也. 1-19 ○有不至. 2-2 ○又不至. 2-5 ○無勤民於遠. 2-7 ○王幾頓乎. 2-10 ○守終純固. 2-11 ○何德以堪之. 2-15 川壅○潰. 2-22 ○後王斟酌焉. 3-1 是以事行○不悖. 3-1 行善○備敗. 3-4 ○宣之於口. 3-5 成○行之. 3-5 ○不知大難. 3-9 ○或專之. 3-10 ○不備大難. 3-11 將導利○布之上下者也. 3-11 是不布利○懼難乎. 3-14 王○行之. 3-16 王其以我爲懟○怒乎. 3-20 險○不懟. 3-20 怨○不怒. 3-20 宣王長○立之. 3-21 鍾○藏之. 4-21 ○時布之于農. 4-21 ○一時講武. 5-5 ○和於民矣. 5-6 ○布施優裕也. 5-6 ○棄其大功. 5-8 ○困民之財. 5-9 行○不順. 5-14 ○建其少. 5-15 ○立伯御. 5-18 諸侯從是○不睦. 5-19 ○敬事耇老. 5-22 ○咨於故實. 5-23 夫古者不料民○知其少多. 6-1 不謂其少○大料之. 6-7 是示少○惡事也. 6-7 且無故○料民. 6-8 ○妨於後嗣. 6-9 陽伏○不能出. 6-11 陰迫○不能烝. 6-12 ○鎮陰也. 6-13 陽失○在陰. 6-13 夫水土演○民用也. 6-15 昔伊洛竭○夏亡. 6-16 河竭○商亡. 6-16 褒伯石速蔿國出王○立子頹. 6-22 ○況敢樂禍乎. 7-1 夫出王○代其位. 7-2 神饗○民聽. 7-8 ○均布福焉. 7-9 ○民有遠志. 7-12 ○降之禍. 7-13 ○禍福之. 7-23 道○得神. 8-1 淫○得神. 8-1 ○求福焉. 8-10 ○求用焉. 8-10 ○求利焉. 8-12 ○背外內之賂. 9-3 則遠不至○近不和矣. 9-4 又崇立於上帝明神○敬事之. 9-6 ○著在刑辟. 9-12 ○況可以淫縱其身乎. 9-14 ○得其位. 9-15 ○遠其鄰. 9-16 ○卑其上. 9-16 弗諫○阿之. 9-22 ○立晉侯. 9-23 ○隕於韓. 9-23 ○晉人殺懷公. 9-24 三命○後即冕服. 10-4 ○加之以宴好. 10-5 若民不怨○財不匱. 10-11 令不偷○動不攜. 10-11 ○雖鬩不敗親也. 11-7 ○和寧百姓. 11-15 利何如○內. 12-4 何如○外. 12-4 ○財不匱竭. 12-6 夫人奉利○歸諸上. 12-6 王○卑之. 12-9 王○蔑之. 12-10 王○棄之. 12-11 王○弱之. 12-12 王○虐之. 12-13 王一舉○棄七德. 12-14 王不忍小忿○棄鄭. 12-15 足以供給神祇○已. 13-3 ○輕重布之. 13-6 ○班先王之大物. 13-7 ○縮取備物. 13-10 叔父有地○隧焉. 13-15 受地○還. 13-16 ○蔑殺其民人. 13-20 無乃玩○頓乎. 13-23 ○祇以覿武. 13-25 ○下行之. 14-6 今叔父作政○不行. 14-6 ○叔父聽之. 14-8 布刑○不庸. 14-8 ○有再逆政. 14-9 左右皆免胄○下拜. 14-12 師輕○驕. 14-14 入險○脫. 14-15 召原公○問之. 14-21 ○叔父使士季實來修舊德. 14-24 ○干舊職. 14-25 貪○不讓. 15-2 ○使舌人體委與之. 15-3 ○共飲食之. 15-7 禮烝○已. 15-11 則順○德建. 15-15 武子遂不敢對○退. 15-17 夫辰角見○雨畢. 16-3 天根見○水涸. 16-3 本見○草木節解. 16-3 駟見○隕霜. 16-4 火見○清風戒寒. 16-4 雨畢○除道. 16-4 水涸○成梁. 16-5 草木節解○備藏. 16-5 隕霜○冬裘具. 16-5 清風至○修城郭宮室. 16-5 收○場功. 16-7 偫○畚挶. 16-7 ○廣施德於天下者也. 16-9 ○道路若塞. 16-9 功成○不收. 16-15 ○司事莫至. 17-1 天道賞善○罰淫. 17-3 ○帥其卿佐. 17-5 棄衮冕○南冠以出. 17-7 若廢其教○棄其制. 17-10 蔑其官○犯其令. 17-10 ○無此四者. 17-11 時動○濟. 17-20 教施○宣則徧. 17-20 若本固○功成. 17-21 施徧○民阜. 17-21 寬於死○遠於憂. 17-24 上作事○徹. 17-25 匱○不恤. 18-2 且夫人臣○侈. 18-3 ○泰侈焉. 18-4 ○亦泰侈焉. 18-5 其享覲之幣薄○言諂. 18-13 ○後道之. 18-14 方上○銳下. 18-14 ○盈其願. 18-15 主德義○已. 18-17 德薄○以地賂諸侯. 19-3 ○用幼弱. 19-4 ○不用其言. 19-4 三陳○不整. 19-5 ○避之者. 19-9 戰○勝. 19-10 勇○有禮. 19-11 見其君必下○趨. 19-12 能獲鄭伯○赦之. 19-13 若是○知晉國之政. 19-13 ○以政. 19-17 若佐新軍○升爲政. 19-18 ○不可上. 19-23 ○欲上之. 20-1 ○況在侈卿乎. 20-2 ○郤至佻天之功. 20-4 叛戰○擅舍鄭君. 20-10 ○聽三郤之語矣. 21-11 ○知其心矣. 21-13 今晉侯視遠○足高. 21-13 ○足不步目. 21-14 三卿○五大夫. 21-22 ○益之以三怨. 22-2 ○好盡言. 22-3 國德○鄰於不修. 22-5 ○鄰於齊. 22-5 利○不義. 22-7 召頃公○告之. 22-17 小○後國. 22-18 配○不終. 23-6 三○畀驩之孫. 23-9 ○令德孝恭. 23-10 晉仍無道○鮮胄. 23-13 召周子○立之. 23-15 夫天地成○聚於高. 23-19 ○物有所歸. 23-21 ○亦不散越. 23-22 ○死有所葬. 23-22 ○無飢寒乏匱之患. 23-23 ○度之于羣生. 24-5 ○順於時動. 24-24 ○儀於物則. 24-24 ○附之以令名. 24-25 ○觀其廢興者. 25-1 ○滑夫二川之神. 25-3 王○飾之. 25-4 夫見亂○不惕. 25-8 ○況神乎. 25-9 是飾亂○佐鬭也. 25-10 ○貪天禍. 25-11 ○僅克安民. 25-14 ○文始平之. 25-14 ○康克安之. 25-15 基德十五○始平. 25-15 ○少光王室. 25-17 ○下不儀地. 25-19 ○方不順時. 25-19 ○蔑棄五則. 25-20 ○火焚其彝器. 25-20 ○亦未觀夫前哲令德之則. 25-22 ○受天之豐福. 25-22 ○作之者. 26-6 儉○敬. 26-11 視其上○從之. 26-11 放上○動. 26-17 ○加之以無私. 26-18 ○能避怨. 26-19 ○稱昊天. 26-23 ○敬百姓. 27-1 於是乎有母權子○行. 27-13 則多作輕○行之. 27-14 於是乎有子權母○行. 27-14 今王廢輕○作重. 27-16 有未至○設之. 27-17 有至○後救之. 27-18 可先○不備. 27-18 可後○先之. 27-18 ○又離民以佐災. 27-19 將民之與處○離之. 27-20 將災是備禦○召之. 27-20 ○何易樂之有焉. 28-2 猶塞川原○爲潢汙也. 28-4 若民離○財匱. 28-5 災至○備亡. 28-5 ○又奪之資. 28-7 是去其藏○翳其人也. 28-7 ○爲之大林. 28-10 ○鮮民財. 28-20 ○美不過以觀目. 28-21 若聽樂○震. 28-21 觀美○眩. 28-21 故必聽和○視正. 28-22 民歆○德之. 28-24 ○口出美言. 29-1 ○布諸民. 29-2 口內味○耳內聲. 29-3 ○有震眩. 29-5 ○有離民之器二焉. 29-9 聖人保樂○愛財. 29-12 ○鑄之金. 29-19 ○行之. 29-19 物備○樂成. 29-21 ○離民怒神. 30-3 ○害金再興焉. 30-9 考中聲○量之以制. 30-13 ○黜散越也. 30-20 王欲合是五位三所○用之. 31-11 ○以律和其聲. 31-14 未畢○雨. 31-16 ○人曰憚其犧也. 31-25 未克○崩. 32-3 説萇弘○與之. 32-5 ○作此詩也. 32-9 昭明大節○已. 32-10 自幽王○天奪之明. 32-13 ○卽慆淫. 32-13 ○又將補之. 32-14 ○況天乎. 32-15 四世○隕. 32-16 十有四世○興. 32-17 七世○隕. 32-18 十有五世○興. 32-18 ○幽王蕩以爲魁陵糞土溝瀆. 32-20 夫天道導可○省否. 32-23 夫子○棄常法. 33-1 焚○死. 33-4 夫惠本○後民歸之志. 34-5 民和○後神降之福. 34-6 ○平均其政事. 34-7 ○小人務力. 34-7 ○神求優裕於享者也. 34-11 ○觀民於社. 34-18 ○往觀之. 34-18 土發○社. 34-19 收攟○蒸. 34-19 今齊社○往觀旅. 34-20 書○不法. 34-23 ○刻其桷. 35-2 今先君儉○君侈. 35-5 ○替前之令德. 35-6 君作○順. 35-9 賢者急病○讓夷. 35-19 居官○惰. 35-21 職貢業事之不共○獲戾. 35-25 實永饗○賴之. 36-5 齊人歸其玉○予之羅. 36-5 若爲小○崇. 36-9 何恃○不恐. 36-16 其亦使聽從○釋之. 36-20 ○棄先王之命. 36-21 齊侯乃許爲平○還. 36-22 刑五○已. 37-1 諱○惡殺之也. 37-6 ○欲固諸侯. 37-17 ○欲親晉. 37-18 ○又先. 37-

20 今一言○辟境. 37-23 乃出○爵之. 37-24 ○節. 38-1 今無故○加典. 38-2 舜勤民事○野死. 38-9 鮌鄣洪水○殛死. 38-9 契爲司徒○民輯. 38-11 冥勤其官○水死. 38-11 湯以寬治民○除其邪. 38-11 稷勤百穀○山死. 38-12 故有虞氏禘黄帝○祖顓頊. 38-13 郊堯○宗舜. 38-13 夏后氏禘黄帝○祖顓頊. 38-13 郊鮌○宗禹. 38-14 商人禘舜○祖契. 38-14 郊冥○宗湯. 38-14 周人禘嚳○郊稷. 38-15 祖文王○宗武王. 38-15 己不知○祀之. 38-23 ○智者處物. 38-24 無功○祀之. 38-24 不知○不能問. 38-25 ○曰. 39-9 將易○次. 39-9 ○易其次. 39-11 則請納祿與車服○違署. 39-12 ○守其後於魯乎. 39-14 ○等胄之親疏也. 39-22 今將先明○後祖. 39-24 ○改其常. 40-2 不明○躋之亦不祥. 40-4 雖壽○没. 40-7 ○以其寶來. 40-11 ○更其書. 40-12 ○竊其寶來. 40-13 里革斷其罟○棄之. 40-21 ○嘗之寢廟. 40-23 吾過○里革匡我. 41-7 ○無大德. 41-13 少德○多寵. 41-15 位下○欲上政. 41-15 無大功○欲大祿. 41-15 其君驕○多私. 41-16 勝敵○歸. 41-16 失威○至於殺. 41-21 將牧民○正其邪者也. 41-22 ○棄民事. 41-23 陷○不振. 41-24 ○莫之恤也. 41-24 行○從之. 42-2 其父兄之食麤○衣惡者. 42-5 ○我美妾與馬. 42-6 過○能改者. 42-9 ○後拜樂三. 43-4 ○加禮於其細. 43-6 諸侯謂秦不恭○討之. 44-5 及涇○止. 44-5 共濟○已. 44-8 ○聽於楚. 44-13 ○弔其憂. 44-14 況畏○服焉. 44-14 聞畏○往. 44-15 聞喪○還. 44-15 死○去之. 44-16 聞喪○還. 44-17 事其君○任其政. 44-17 ○亟於前之人. 44-18 若從君○走患. 44-20 且夫君子計成○後行. 44-21 ○有守國之備. 44-22 ○恃諸侯. 44-25 ○況君乎. 45-2 ○大攘諸夏. 45-3 ○何德於君. 45-3 ○又求入焉. 45-4 醉○怒. 45-5 醒○喜. 45-5 追○予之璽書. 45-7 卞有罪○子征之. 45-9 致祿○不出. 45-10 能○欺其君. 45-11 ○立其朝乎. 45-12 今大夫○設諸侯之服. 45-18 ○敢設服以見諸侯之大夫乎. 45-19 殺郟敖○代之. 45-21 出貨○可以免. 46-1 ○國有罪. 46-3 則又可以出貨○成私欲乎. 46-3 ○爲諸侯法矣. 46-5 作○不衷. 46-6 夫棟折○榱崩. 46-10 ○庇宗於内. 46-11 ○不忍小忿. 46-11 ○棄兄弟. 46-14 若盟○棄魯侯. 46-20 齊師退○後敢還. 46-24 ○又小國也. 46-25 ○與晉共其憂. 47-1 今信蠻夷○棄之. 47-2 ○苟固諸侯. 47-3 其無乃得蠻夷○失諸侯之信乎. 47-4 吾穿井○獲狗. 47-8 吾能老○已. 47-11 將使鼈長○後食之. 47-17 ○使夫人怒也. 47-19 魯夫人辭○復之. 47-19 弗應○入. 47-22 ○入見. 47-22 ○主猶績. 48-3 ○未之聞耶. 48-5 擇瘠土○處之. 48-6 勞其民○用之. 48-6 ○後卽安. 48-12 ○後卽安. 48-14 ○後卽安. 48-15 晝○講貫. 48-16 夕○習復. 48-16 夜○計過. 48-16 無憾○後卽安. 48-16 明○動. 48-17 晦○休. 48-17 社○賦事. 48-20 蒸○獻功. 48-20 吾冀○朝夕修我曰. 48-23 ○爲賦綠衣之三章. 49-5 謀○不犯. 49-7 微○昭矣. 49-7 從禮○靜. 49-12 ○暮哭文伯. 49-16 愛○無私. 49-17 既徹俎○宴. 49-20 客執骨○問曰. 49-20 禹殺○戮之. 49-22 有隼集于陳侯之庭○死. 50-7 ○封諸陳. 50-14 陷○入於恭. 50-17 陷○入於恭. 50-23 周恭王能庇昭穆之闕○爲恭. 50-23 楚恭王能知其過○爲恭. 50-24 曰陷○後恭. 50-25 ○砥其遠邇. 51-3 ○量其有無. 51-4 ○議其老幼. 51-4 則苟○賦. 51-8 君若宥○反之. 52-11 殺○以其屍授之. 52-20 齊使受之○退. 52-23 ○與之坐○問焉. 53-2 ○唯女是崇. 53-4 參其國○伍其鄙. 53-13 ○愼用其六柄焉. 53-14 羣萃○州處. 53-19 少○習焉. 53-20 不見異物○遷焉. 53-20 不肅○成. 53-21 不勞○能. 53-21 羣萃○州處. 53-23 少○習焉. 53-25 不見異物○遷焉. 53-25 不肅○成. 54-1 不勞○能. 54-1 羣萃○州處. 54-3 ○監其鄉之資. 54-3 少○習焉. 54-6 不見異物○遷焉. 54-6 不肅○成. 54-7 不勞○能. 54-7 羣萃○州處. 54-9 深耕○疾耰之. 54-11 少○習焉. 54-14 不見異物○遷焉. 54-15 不肅○成. 54-15 不勞○能. 54-16 野處○不暱. 54-17 有司見○不以告. 54-17 有司已於事○竣. 54-18 ○業用之. 55-2 ○敬百姓. 55-2 ○業用之. 55-3 ○敬百姓. 55-4 作内政○寄軍令焉. 55-9 有○不以告. 55-25 有司已於事○竣. 55-25 有○不以告. 56-2 有司已於事○竣. 56-3 有○不以告. 56-5 有司已於事○竣. 56-5 是故鄉長退○修德進賢. 56-6 期○書伐. 56-8 ○復用之. 56-8 桓公召○與之語. 56-10 誠可立○授之. 56-11 設之以國家之患○不疚. 56-11 ○無大厲. 56-12 國子高子退○修鄉. 56-13 鄉退○修連. 56-14 連退○修里. 56-14 里退○修軌. 56-14 軌退○修伍. 56-15 伍退○修家. 56-15 可得○舉也. 56-16 可得○誅也. 56-16 相地○衰征. 56-21 無或淫怠○不聽治者. 57-5 桓公擇是寡功者○謫之. 57-7 有○不以告. 57-10 有司已於事○竣. 57-11 有○不以告. 57-12 有司已於事○竣. 57-12 有○不以告. 57-14 有司已於事○竣. 57-15 五屬大夫於是退○修屬. 57-15 屬退○修縣. 57-16 縣退○修鄉. 57-16 鄉退○修卒. 57-17 卒退○修邑. 57-17 邑退○修家. 57-17 可得○舉也. 57-18 可得○誅也. 57-18 ○反其侵地. 57-23 ○重爲之皮幣. 57-23 擇其淫亂者○先征之. 58-3 輕過○移諸甲兵. 58-5 三禁○不可上下. 58-7 擇天下之甚淫亂者○先征之. 58-21 使貢絲於周○反. 58-24 ○南歸. 59-1 ○大朝諸侯於陽穀. 59-10 帥諸侯○朝天子. 59-12 桓公召管子○謀. 59-16 其畜散○無育. 60-1 ○重其禮. 60-6 垂櫜○入. 60-8 稛載○歸. 60-8 ○信其仁. 60-11 ○不有也. 60-12 使關市幾○不征. 60-14 ○無怵惕焉. 60-20 ○伯功立. 60-25 從君○貳. 62-9 遂鬬○死. 62-10 勝○不吉. 62-11 逞○不知. 62-15 飲○無肴. 62-17 女曰勝○不吉. 62-18 ○備其凶. 62-21 ○戎亦必以女戎勝晉. 63-2 於是乎與伊尹比○亡夏. 63-4 於是乎與膠鬲比○亡殷. 63-5 ○立伯服. 63-8 ○安俘女. 63-10 ○得其君. 63-13 非敗○何. 63-14 流志○行. 63-17 ○不獲追鑒. 63-17 多○驟立. 63-19 ○不能喪國. 63-21 ○猾以齒牙. 63-22 ○祇取憂也. 63-24 ○祇罹咎也. 63-25 其罹咎○已. 64-1 廢國○向己. 64-4 不度○迂求. 64-4 少族○多敵. 64-5 ○勤易之. 64-7 爲人○已. 64-8 豫○後給. 64-9 五立○後平. 64-11 ○内惡其貪. 64-20 然○又生男. 64-20 吾聞君子好好○惡惡. 64-21 樂樂○安安. 64-22 今君滅其父○畜其子. 64-23 ○信其欲. 64-24 ○逐二公子. 65-2 ○立奚齊. 65-3 若之何其民之與處○棄之也. 65-8 ○嘉其貺. 65-14 棄安○圖. 65-16 好專利○不忌. 65-21 有縱君○無諫臣. 65-22 有冒上○無忠下. 65-23 ○無所據依. 65-24 棄政○役. 66-1 ○又無壯事. 66-2 ○難三公子之徒. 66-4 安始○可. 66-7 ○大. 66-7 今子内固○外寵. 66-10 ○内辱之. 66-11 ○二公子主蒲與屈. 66-17 乃可以威民○懼戎. 66-17 今君分之土○官之. 66-24 ○帥下軍. 67-1 用○不倦. 67-3 成○不知. 67-6 闕○變. 67-7 敵入○凶. 67-8 寡人有子○制焉. 67-10 改其制○不患其難. 67-13 輕其任○不憂其危. 67-14 與其勤○不入. 67-16 ○得勤與從. 67-19 克霍○反. 67-21 優施教驪姬夜半○泣. 67-22 甚好仁○彊. 67-22 甚寬惠○慈於民. 67-23 ○行彊於君. 67-24 君未終命○不殁. 67-24 ○不惠於其父乎. 67-25 苟利衆○百姓和. 68-3 彼將惡始○美終. 68-4 殺君○厚利衆. 68-5 苟交利○得寵. 68-6 志行○衆悦. 68-6 ○先喪紂. 68-8 ○厚其敗. 68-8 ○其世不廢. 68-9 若大難至○恤之. 68-11 若何○可. 68-11 君盍老○授之政. 68-12 彼得政○行其欲. 68-12 未殁○亡政. 68-14 有子○弗勝. 68-15 失政○害國. 68-16 ○示之以堅忍之權. 69-4 則必惡其心○害其身矣. 69-4 盡敵○反. 69-6 申生勝狄○反. 69-7 ○握金玦. 69-18 ○佩金玦. 69-22 出○告先友曰. 69-22 中分○金玦之. 69-23 ○玦之以金銑者. 69-24 勉之○已矣. 70-1 ○遠於死. 70-5 ○利社稷. 70-5 ○告我權. 70-7 不戰○反. 70-9 果敗狄於稷桑○反. 70-10 申生甚好信○彊. 71-7 君既許我殺太子○立奚齊矣. 71-10 一日○已. 71-11 不餐○寢. 71-18 曩○言戲乎. 71-19 君既許驪姬殺太子○立奚齊. 71-20 旦○里克見丕鄭. 71-23 必速祠○歸福. 72-12 申生恐○出. 72-15 棄寵求廣土○竄伏焉. 72-20 是以言至○無所訟之也. 72-21 去○罪釋. 73-2 吾誰鄉○入. 73-4 去○必重. 73-6 去○罪重. 73-6 逃死○怨君. 73-7 去○厚怨. 73-7 驪姬見申生○哭之. 73-9 忍父○求好人. 73-9 ○圖吾君. 73-14 夫齊楚道遠○望大. 73-21 夫狄近晉○不通. 73-23 愚陋○多怨. 73-24 公懼○走. 74-9 ○賀大國之襲. 74-13 ○益其疾也. 74-17 出令○逆. 74-17 宫之奇諫○不聽. 74-20 能留外寇○不害. 74-21 ○留外寇. 74-24 ○歸圖焉. 74-25 火中○旦. 75-4 ○不務德. 75-7 ○重遣之. 75-8 ○叛者慕. 75-8 ○厚德之. 75-9 ○暇晉是皇. 75-13 ○汾河涑澮以爲渠. 75-15 ○輕於行道. 75-19 死吾君○殺其孤. 75-22 吾有死○已. 75-22 ○又愛吾身乎. 76-2 ○誣國人. 76-11 ○奪之利. 76-11 信○亡之. 76-11 潰○不可救禦也. 76-13 ○立子之在外者. 76-13 諸侯義○撫之. 76-15 百姓欣○奉之. 76-15 今殺君○賴其富. 76-15 賴富○民怨. 76-16 亂國○身殆. 76-17 ○請君于秦. 76-18 不如立其弟○輔之. 76-19 不哀喪○求國. 76-25 在親衆○善鄰. 77-8 在因民○順之. 77-8 既入○後圖聚. 77-15 ○建立之. 77-24 ○欣喜於君之德. 78-1 ○羣臣受其大德. 78-2 若夫二公子○立之. 78-5 父死在堂○求利. 78-12 起○哭. 78-16 退○不私. 78-17 起○不哭. 78-22 退○私於公子縶曰. 78-22 起○哭. 79-7 退○不私. 79-8 君若求置晉君○載之. 79-9 ○衆安之. 79-16 ○背外内之賂. 80-4 得之○狃. 80-5 是以君子省衆○動. 80-8 監戒○謀. 80-8 謀度○行. 80-8 日考○習. 80-9 出共世子○改葬之. 80-10 ○有是臭也. 80-11 ○惡滋章. 80-16 ○越於民. 80-16 惠公既殺里克○悔之. 80-23 不謀○諫者. 81-1 不圖○殺者. 81-1 不謀○諫. 81-1 不圖○殺. 81-2 秦人殺冀芮○施之. 81-3 ○殺里克. 81-6 君厚問以召呂甥郤稱冀芮○止之. 81-8 鄭之使薄○報厚. 81-10 二三子皆在外○不及. 81-15 知○背之. 81-18 謀○困人. 81-19 困○不死. 81-19 ○忌處者. 81-22 今旱○聽於君. 82-6 ○天予之. 82-6 ○予之糴. 82-11 ○厚於寇. 82-12 ○又愛其實. 82-13 忘善○背德. 82-13 三施○無報. 82-22 ○況國乎. 82-23 君入○列未成. 83-2 今君既定○列成. 83-3 昔君之不納公子重耳○納晉君. 83-5 是君之不置德○置服也. 83-5 置○不遂. 83-6 擊○不勝. 83-6 昔吾之不納公子重耳○納晉君. 83-7 是吾不置德○置服也. 83-8 君鼓○進之. 83-11 戎馬濘○止. 83-11 忘善○背德. 83-12 合大夫○謀曰. 83-15 殺無道○立有道. 83-22 戰○取笑諸侯. 83-25 殺其弟○立其兄. 84-1 兄德我○忘其親. 84-1 復其君○質其適子. 84-3 是故歸惠公○質子圉. 84-4 呂甥致衆○告之曰. 84-10 ○羣臣是憂. 84-11 何爲○可. 84-12 ○悼其父兄子弟之死喪者. 84-16 比

其和之○來. 84-19 ○無來. 84-20 小人忌○不思. 84-21 願從其君○與報秦. 84-22 納○不遂. 84-24 廢○不起. 84-24 ○喪其君. 85-3 ○使君瞢. 85-5 ○況臣乎. 85-6 始入○報德. 85-8 降○聽諫. 85-8 戰○用良. 85-9 既敗○誅. 85-9 ○報之以賊. 85-15 成○反之. 85-15 不聞命○擅進退. 85-18 快意○喪君. 85-19 鄭也賊○亂國. 85-20 且戰○自退. 85-20 退○自殺. 85-20 司馬説進三軍之士○數慶鄭曰. 85-22 ○罪一也. 85-24 ○罪二也. 85-24 ○罪三也. 85-25 ○罪四也. 85-25 ○不能面夷. 86-1 秦乃召重耳於楚○納之. 86-3 ○授重耳. 86-4 奔○易達. 87-5 困○有資. 87-5 ○欲親晉. 87-8 謀○無正. 87-9 衷○思始. 87-9 受○載之. 87-17 將死於齊○已矣. 87-18 ○知文公之安齊. 87-21 ○有終焉之志也. 87-21 ○患之. 87-21 ○言於公子曰. 87-22 ○極於此. 88-2 非子○誰. 88-3 裨輔先君○成霸者也. 88-13 子○棄之. 88-13 ○釋之者. 88-15 醉○載之以行. 88-20 ○衞. 89-4 ○俾守天聚者. 89-6 若復○修其德. 89-8 衛○在討. 89-10 設微薄○觀之. 89-12 得晉國○討無禮. 89-14 晉公子生十七年○亡. 89-24 ○君蔑之. 89-25 宜○不施. 90-3 失位○闕聚. 90-4 ○好善不厭. 90-7 ○長事賈佗. 90-7 ○惠以有謀. 90-8 ○文以忠貞. 90-9 ○多識以恭敬. 90-9 成幼○不倦. 90-10 成○雋才. 90-17 離違○得所. 90-17 久約○無釁. 90-17 ○晉國不靖. 90-18 平王勞○德之. 90-22 ○賜之盟質. 90-22 亡人○國薦之. 91-7 非敵○君設之. 91-7 ○反晉國. 91-14 敏○有文. 91-17 約○不諂. 91-17 夫鄄○效之. 91-20 既○揮之. 91-23 ○懼離其惡名. 91-25 二人○已. 92-4 其同生○異姓者. 92-5 成○異德. 92-15 成○不遷. 92-21 ○求用於人. 93-2 ○納幣. 93-3 爲禮○不終. 93-8 華○不實. 93-9 不度○施. 93-9 施○不濟. 93-9 重耳若獲集德○歸載. 93-19 閉○不通. 94-1 土厚○樂其實. 94-5 ○尚水與衆. 94-6 衆○順. 94-9 衆順○有武威. 94-11 ○況君乎. 94-17 ○以參入. 94-25 ○天之大紀也. 95-1 若宿○至. 95-13 退○思之. 95-14 ○卒爲明王. 95-20 ○卒以爲侯伯. 95-21 ○無怨言. 95-22 ○棄民主. 95-24 ○遂弑之. 96-2 秦伯誘○殺之. 96-6 國君○讎匹夫. 96-9 民親○未知義也. 96-23 ○又不能宗人. 96-25 ○未敢承命. 97-12 ○殘其姻族. 97-14 ○原不降. 97-17 公令疏軍○去之. 97-17 得原○失信. 97-19 ○原請降. 97-20 ○賂齊秦. 97-25 請復衞侯○封曹. 98-4 是楚一言○有三施. 98-8 子一言○有三怨. 98-8 既戰○後圖之. 98-10 ○抗宋. 98-14 ○不去. 98-15 予我詹○師還. 98-19 ○定社稷. 98-20 臣願獲盡辭○死. 98-21 ○得志於諸侯. 98-24 據鼎耳○疾號曰. 98-25 厚爲之禮○歸之. 99-1 貧○不懼. 99-7 ○多聞以待能者. 100-2 ○教誨之. 100-6 ○賢良贊之. 100-10 ○得文王. 100-12 ○惠慈二蔡. 100-14 ○諮于二虢. 100-17 ○諏於南宮. 100-18 ○訪於辛尹. 100-19 ○柔和萬民. 100-20 故人生○學. 100-22 因體能質○利之者也. 101-2 ○後大. 101-3 從○問之. 102-5 ○進之曰. 102-6 舉○從之. 102-13 及山○還. 102-14 ○不從之. 102-14 吾見其貌○欲之. 102-15 聞其言○惡之. 102-15 言文○發之. 102-17 合○後行. 102-17 ○外彊之. 102-18 ○言反之. 102-19 歷時○發之. 102-20 且剛○主能. 102-21 不本○犯. 102-22 ○及其難. 102-22 獻子執○戮之. 103-2 ○暮戮其車. 103-2 宣子召○禮之. 103-3 比○不黨. 103-4 犯○不隱. 103-5 舉○不能. 103-6 事君○黨. 103-6 吾舉厥也○中. 103-8 是反天地○逆民則也. 103-12 ○不修天罰. 103-13 召軍吏○戒樂正. 103-14 ○備鍾鼓. 103-15 早○假寐. 103-23 歎○言曰. 103-24 受命○廢之. 103-25 觸庭之槐○死. 103-25 逆公子黑臀○立之. 104-1 齊頃公使婦人觀○笑之. 104-3 ○三掩人於朝. 104-11 甲胄○效死. 104-20 ○鼓之. 104-21 郤獻子師勝○返. 104-23 郤子勇○不知禮. 105-11 矜其伐○恥國君. 105-11 遇大車當道○覆. 105-13 立○辟之. 105-13 不如捷○行. 105-15 ○以傳召伯宗. 105-16 山有朽壤○崩. 105-17 亦如是○已. 105-19 ○從之. 105-20 陽子華○不實. 105-22 主言○無謀. 105-23 ○與之語. 105-24 然○民不能戴其上. 105-25 將謀○殺之. 106-3 ○今可以戒矣. 107-7 寵至○益戒. 107-7 有邪○正之. 107-11 然○壯不若老者多矣. 107-13 糞除○已. 107-17 ○老爲大夫. 107-18 導法○卒以政. 107-20 ○納之以成子之文. 107-22 抑年少○執官者衆. 107-23 見張老○語之. 108-2 ○遠人以其方賄歸之. 108-9 ○求王者之功. 108-10 子見無土○欲富者. 108-10 ○不與陣. 108-16 ○不與整. 108-17 在陣○譁. 108-18 屬見不穀○下. 108-24 郤至甲胄○見客. 108-24 免胄○聽命. 108-24 能内睦○後圖外. 109-3 不睦○圖外. 109-4 成○後振武於外. 109-7 是以内和○外威. 109-7 ○斧鉞不行. 109-9 ○況外乎. 109-9 ○怨由細. 109-10 細無怨○大不過. 109-11 ○後可以武. 109-11 ○忍於小民. 109-12 武不行○勝. 109-12 必偏○後可. 109-14 偏○在外. 109-14 無德○服者衆. 109-18 吾君將伐智○多力. 109-22 怠教○重斂. 109-23 ○益婦人田. 109-23 諸臣之委室○徒退者. 109-24 君伐智○多力. 110-10 怠教○重斂. 110-11 殺三郤○尸諸朝. 110-11 唯無德○功烈多. 110-14 非退○何. 110-16 且不及○言. 110-18 無德○福隆. 110-22 猶無基○厚墉也. 110-23 君驕泰○有烈. 110-24 ○況驕泰乎. 110-25 然戰○擅捨國君. 111-7 ○受其問. 111-8 我欲以吾宗與吾黨夾○攻之. 111-12 乃納孫周○立之. 111-17 ○言於公曰. 111-19 一旦○尸三卿. 111-20 今治政○内亂. 111-22 除鯁○避彊. 111-22 ○況君乎. 112-5 其身果○辭順. 112-6 若稟○棄之. 113-7 其稟○不材. 113-7 成○焚之. 113-9 故求元君○訪焉. 113-10 元○以虐奉之. 113-10 ○大庇廕之. 113-13 ○陷於大戮. 113-14 乃盟○入. 113-15 ○敗楚師. 114-1 ○無後. 114-1 ○宣惠於教也. 114-11 知荀賓之有力○不暴也. 114-13 則偏○不倦. 114-19 則婉○入. 114-20 公知祁奚之果○不淫也. 114-22 知魏絳之勇○不亂也. 114-23 知張老之智○不詐也. 114-24 知鐸遏寇之恭敬○信彊也. 114-25 知籍偃之惇帥舊職○恭給也. 114-25 知程鄭端○不淫. 115-2 且好諫○不隱也. 115-2 ○能恤大事. 115-6 修好申盟○還. 115-8 授僕人書○伏劍. 115-17 公跣○出. 115-20 好學○不戲. 115-25 彊志○用命. 115-25 守業○不淫. 115-25 和安○好敬. 116-1 ○鎮定大事. 116-1 有直質○無流心. 116-1 ○君比義焉. 116-3 戎狄無親○好得. 116-6 ○失諸華. 116-7 猶得獸○失人也. 116-7 貴貨○易土. 116-8 予之貨○獲其土. 116-8 ○能讓. 116-15 ○辭順. 116-19 和諸戎狄○正諸華. 116-24 悼公與司馬侯升臺○望. 117-6 不克○死. 118-4 ○立之. 118-11 ○去之. 118-12 是遂威○遠權. 118-12 ○懷其德. 118-12 畜其心○知其欲惡. 118-13 ○賞立之. 118-17 君治○國安. 118-17 ○知國倫. 119-1 數○遣之. 119-1 ○報於君. 119-2 彼若不敢○遠逃. 119-3 乃厚其外交○勉之. 119-3 ○使祁午及陽畢適曲沃. 119-4 ○子孫不立者. 119-5 無從欒氏○從君. 119-12 ○叛其君. 119-16 未退○逆之. 119-19 是虎目○豕喙. 119-21 鳶肩○牛腹. 119-21 死○不朽. 119-25 此之謂死○不朽. 120-5 久○無成. 120-8 釋夫子○舉. 120-17 訾祏實直○博. 120-20 ○訪諮於耉老. 120-22 ○後行之. 120-23 ○怒和大夫. 120-24 ○無外内之憂. 121-10 ○饗其祿位. 121-10 ○非和. 121-11 ○與之和. 121-12 敬學○好仁. 121-16 和於政○好其道. 121-16 ○有時節. 121-22 是以遠服○邇不遷. 121-22 撫○泣之. 122-3 吾蔑與比○事君矣. 122-4 君子比○不別. 122-6 利己○忘君. 122-7 幸○集. 122-13 其臣不心競○力爭. 122-17 ○殺趙武. 122-19 ○信自身. 122-21 ○以信覆之. 122-23 ○塞其忠也. 122-24 死○可以固晉國之盟主. 123-2 攀輦卽利○舍. 123-3 ○裨諸侯之闕. 123-8 ○以賄成事. 123-9 剛○尚寵. 123-19 ○受盟者逃. 123-21 是吾出○危之也. 123-21 ○魯背之. 123-25 ○小不見陵矣. 124-3 固請於楚○免之. 124-5 斲其椽○礱之. 124-7 張老夕焉○見之. 124-7 不謁○歸. 124-7 駕○往. 124-8 斲其椽○礱之. 124-9 今子貴○忘義. 124-10 富○忘禮. 124-10 見利○不顧其君. 124-18 事君不援○進. 124-19 不阿○退. 124-19 ○年穀龢熟. 124-24 今忨日○潡歲. 125-3 是謂遠男○近女. 125-6 ○寵其政. 125-13 ○章明者也. 125-17 是不饗穀○食蠱也. 125-18 是不昭穀明○皿蠱也. 125-19 ○能金玉其車. 126-4 ○無尋尺之祿. 126-5 ○無除. 126-9 ○無其實. 126-19 ○賴武之德. 126-25 ○修武之德. 127-1 ○離桓之罪. 127-1 一朝○滅. 127-4 ○患貨之不足. 127-6 ○戮其死者. 128-8 邢侯非其官也○干之. 128-9 與非司寇○擅殺. 128-10 ○尸叔魚與雍子於市. 128-12 可無勞師○得城. 128-15 夫守○二心. 128-16 許○弗予. 128-17 姦○盈祿. 128-18 量力○進. 128-20 未傅○鼓降. 128-21 吾定○祿爵. 129-4 委質○策死. 129-5 ○亂舊法. 129-7 穆子歎○謂其左右曰. 129-7 ○有是臣也. 129-8 吾適魯○名其二諱. 129-13 ○況君子之學乎. 129-14 獻子執○紡於庭之槐. 129-18 欲○得之. 129-20 ○不退. 129-25 吾子一食之間○三歎. 130-2 中食○自咎也. 130-4 豈主之食○有不足. 130-4 屬饜○已. 130-6 ○主弗志. 130-9 ○曰必賞女. 130-11 趨○出. 130-12 ○無以尹鐸爲少. 130-15 尹鐸往○增之. 130-18 ○後入. 130-19 ○去其師保. 130-23 ○嗣立矣. 130-24 思樂○喜. 131-2 思難○懼. 131-2 庶曰可以鑑○鳩趙宗乎. 131-4 駕○乘材. 131-12 ○麓不聞. 131-21 知賢○讓. 131-25 諫過○賞善. 132-3 薦可○替否. 132-4 獻能○進賢. 132-4 擇材○薦之. 132-4 朝夕誦善敗○納之. 132-5 ○棄之. 132-7 死○後止. 132-9 ○問及小人. 132-14 ○主之色不怡. 132-25 ○福祿並至. 133-1 如是○甚不仁. 133-10 ○以不仁行之. 133-10 三年○智氏亡. 133-18 智襄子戲韓康子○侮段規. 133-19 ○恥人之君相. 134-1 ○誰不可懼. 134-2 ○殺智伯于師. 134-4 不德○賄. 134-9 是養吾疾○干吾祿也. 134-9 又因○殺之. 134-13 晉師圍○灌之. 134-14 ○加之以貪冒. 135-15 周亂○弊. 135-16 是驕○貪. 135-16 主芊騩○食溱洧. 135-21 叔熊逃難於濮○蠻. 136-2 ○又無令聞. 136-19 ○未有興者. 136-26 其民沓貪○忍. 137-1 ○未及周德. 137-3 若更君○周訓之. 137-3 ○好讒慝暗昧. 137-7 ○近頑童窮固. 137-8 去和○取同. 137-8 ○物歸之. 137-9 周訓○能用之. 137-14 ○講以多物. 137-16 ○與剸同. 137-18 ○立以爲卿士. 137-20 棄聘后○立内妾. 137-21 ○婦言是行. 137-22 ○妖試幸措. 137-22 王使執○戮之. 137-25 ○非王子也. 137-25 懼○棄之. 138-1 ○言曰. 138-3 卜請其漦○藏之. 138-5 ○策告之. 138-6 龍亡○漦在. 138-6 櫝○藏之. 138-6 發○觀之. 138-7 王使婦人不幃○譟之. 138-8 未既齓○遭之. 138-10 既笄○孕. 138-10 當宣王時○生. 138

23 ○. 85-23 將○於齊而已矣. 87-18 必○於此. 88-5 余未知○所. 98-22 不忍其○. 94-17 臣願獲盡辭而○. 98-21 陽子○之. 102-23 不如○. 103-25 觸庭之槐而○. 103-25 甲冑而效○. 104-20 病未若○. 104-20 不憚○進. 107-21 厲公之所以○者. 110-14 爲我祈○. 111-1 雖○必敗. 111-13 鈞之○也. 111-16 不忘其○. 115-18 軍事有○無犯爲敬. 115-19 請○之. 115-20 不能○. 116-13 勇不能○. 116-14 難雖不能○君. 116-15 不克而○. 118-4 事君以○. 119-13 臣敢忘其○. 119-16 必以賄○. 119-22 ○而不朽. 119-25 此之謂○而不朽. 120-5 嘗祏○. 121-13 不○. 121-23 射鴳不○. 121-25 自此其父之○. 122-3 子何愛於○. 123-2 ○而可以固晉國之盟主. 123-2 有人不難以○. 124-2 ○者若可作也. 124-15 趙孟將○矣. 124-25 非○逮之. 125-4 若君不○. 125-8 而戮其○者. 128-8 委質而策○. 129-5 子免吾○. 131-6 ○不敢請. 131-16 致之以○. 132-6 ○而後止. 132-9 又斃○以守之. 134-11 其何所可以逃○. 135-5 ○且不朽. 142-4 褱老○于郊. 143-5 靈王○之. 147-25 ○無日矣. 152-18 我逃○. 152-18 不獲而○. 153-1 臣何有於○. 153-13 ○在司敗矣. 153-13 ○無日矣. 156-22 子西子期○. 157-9 緊起○人而肉白骨也. 158-17 員請先○. 161-16 將○. 161-17 ○事不可以爲生. 162-16 民以惡○而欲貴富以長没也. 162-16 令各輕其○. 162-20 小則孌妾嫡子○. 164-3 ○者吾葬之. 166-8 軍士不○. 167-14 而子爲我○. 167-24 於是人有致○之心. 168-8 王其無○. 169-1 夫差將○. 169-5 使○者無知. 169-5 將以致○. 170-18 於是葬○者. 171-10 當室者○. 171-23 支子○. 171-23 而可無○乎. 172-19 寡人請○. 173-1 ○生因天地之刑. 175-19 流走○亡. 176-3 致其○. 176-21 不○其野. 177-15 君辱臣○. 178-23 臣所以不○者. 178-24 身○. 179-2

【成】 209

序○. 2-2 ○而行之. 3-5 於是乎○. 4-1 奉禮義○. 10-7 ○禮義. 10-7 晉人執衞○公. 14-4 將以講事○章. 15-10 故立○. 15-11 水涸而○梁. 16-5 十月○梁. 16-6 功○而不收. 16-15 若本固而功○. 17-21 ○公未歿二年. 18-9 魯○公來朝. 18-11 制朝以序○. 20-10 魯○公見. 21-7 ○也. 23-2 ○. 23-3 慎○端正. 23-4 ○公之歸也. 23-6 且吾聞○公之生也. 23-7 夫天地○而聚於高. 23-19 及文武○康. 25-13 語說昊天有○命. 26-12 且其語說昊天有○命. 26-20 昊天有○命. 26-20 ○王不敢康. 26-21 是道○王之德也. 26-22 ○王能明文昭. 26-22 夫道○命者. 26-22 ○王不敢康. 26-23 故曰○. 27-3 以應○德. 27-3 單子朝夕不忘○王之德. 27-7 ○事不貳. 29-2 名以○政. 29-4 政○生殖. 29-4 物備而樂○. 29-21 鍾○. 30-4 衆心○城. 30-9 ○於十二. 30-14 所以○政也. 31-4 夫禮之立○者爲飫. 32-10 ○王命我先君周公及齊先君太公曰. 36-17 晉人執衞○公. 36-24 政之所○也. 38-1 黃帝能○命百物. 38-8 水蟲○. 40-24 鳥獸○. 41-1 子何辭苦○叔之邑. 41-11 夫苦○叔家. 41-13 苦○氏有三亡. 41-14 ○公在朝. 41-20 季文子相宣○. 42-3 且夫君子計○而後行. 44-21 欒○伯曰. 44-24 欒○子曰. 45-8 則又可以出貨而○私欲乎. 46-3 ○祭服. 48-19 世法文武遠績以○名. 53-9 ○民之事. 53-14 ○民之事若何. 53-15 不肅而○. 53-21 不肅而○. 54-1 不肅而○. 54-7 不肅而○. 54-15 內教既○. 55-16 足以比○事. 56-11 政既○. 56-16 政既○矣. 57-18 坐○以束矢. 58-7 教大○. 60-19 ○聞之. 62-5 且君知○之從也. 62-9 廢人以自○. 65-15 ○而不知. 67-6 楝○乃制之. 67-11 謀既○矣. 71-21 君謀○矣. 72-1 彼有○矣. 72-5 利方以求○人. 72-10 難乃○. 72-11 殺身以○志. 72-25 其無不○. 74-1 天事官○. 74-11 火中○軍. 75-4 君若求置晉君以○名於天下. 79-9 君入而列未○. 83-2 今君既定而列○. 83-3 以要晉國之○. 84-3 聞秦將○. 84-6 以○君政. 85-10 ○而反之. 85-15 可以○事也. 87-5 貳無○命. 88-1 民無○君. 88-3 裨輔先君而○霸者也. 88-13 若克有○. 88-23 ○幼而不倦. 90-10 ○而雋才. 90-17 黍稷無○. 91-3 楚○王以周禮享之. 91-6 欲以○婚. 91-25 黃帝以姬水○. 92-14 炎帝以姜水○. 92-15 ○而異德. 92-15 ○而不遷. 92-21 ○拜卒登. 93-14 使能○嘉穀. 93-17 ○封國. 93-19 辰以○善. 94-22 濟且秉○. 95-1 克○令名. 95-22 王入于○周. 97-6 楚○王伐宋. 97-21 鄭人以名寶行○. 98-18 ○於中. 102-16 實爲○公. 104-2 以○其怒. 104-6 政德既○. 107-9 此謂○人. 107-14 ○人在始與善. 107-14 ○宣之後. 107-18 ○子之文. 107-19 夫○子. 107-19 而納之以○子之文. 107-22 見苦○叔子. 107-23 可以○. 108-3 夫王者○其德. 108-9 且使苦○叔及欒黶興齊魯之師. 108-12 ○而後振武於外. 109-7 使苦○叔緩齊魯之師. 111-6 事不○. 111-7 是故使胥之昧與夷羊五刺郤至苦○叔及郤錡. 111-10 是穀不○也. 113-8 穀之不○. 113-8 ○而焚之. 113-9 出令將不敢不○. 113-9 久而無○. 120-8 以輔○景. 121-6 及爲○師. 121-6 及文子○晉荊之盟. 121-8 秦景公使其弟鍼來求○. 122-9 而以賄○事. 123-9 昔○王盟諸侯于岐陽. 123-10 鄭簡公使公孫○子來聘. 126-7 有溫德以○其名譽. 130-22 室○. 133-18 當○周者. 135-6 君若以○周之衆. 135-16 夫○天地之大功者. 136-8 以○樂物生者也. 136-9 以○百物. 137-10 平八索以○人. 137-12 王欲殺太子以○伯服. 138-17 或譖王孫啓於○王. 142-10 未有○. 143-6 數年乃○. 144-7 以○其私欲. 144-19 於是乎○之. 144-25 不日○之. 145-1 夫天地○而不變. 150-10 ○王聞子文之朝. 152-14 ○王每出子文之祿. 152-15 子常其能賢於○靈乎. 152-25 ○不禮於穆. 153-1 甚於○靈. 153-3 濟於○臼. 153-5 ○臼之役. 153-8 臣避於○臼. 153-11 ○名於諸侯. 153-21 以○私好. 154-12 臺榭陂池必○. 154-13 勝未可○也. 158-8 見○事焉. 158-9 約辭行○. 158-10 必許吾○. 158-11 乃命諸稽郢行○於吳. 158-14 是以無○功. 159-4 是天王之無○勞也. 159-6 吾將許越○. 159-8 乃許之○. 159-19 荒○不盟. 159-22 既許越○. 159-23 吳晉爭長未○. 162-4 將○其志. 162-11 夫差克有○事. 165-8 若不戰而結○. 165-24 大夫苦○進對曰. 167-1 使人行○. 168-20 君告孤請○. 168-20 許君○. 168-22 孤敢請○. 168-23 乃不許○. 168-25 遂使之行○於吳. 170-12 夫差將欲聽與之○. 170-21 夫差與之○而去之. 171-6 夫差行○. 172-20 乃令大夫種行○於吳. 174-20 美惡皆○. 175-8 不可彊○. 175-9 乃可以有天下之○利. 175-12 聖人因而○之. 175-20 得時不○. 176-3 其事是以不○. 176-13 然後乃可以○功. 176-19 使王孫雒行○於越. 177-22 得時不○. 178-1 固周室之不○子也. 178-13

【夷】 68

○蠻要服. 1-21 厲王說榮○公. 3-8 夫榮○公. 3-8 乃命魯孝公於○宮. 5-24 ○羊在牧. 7-17 於是乎有蠻○之國. 9-13 將蠻○戎狄之驕逸不虔. 13-20 ○鄭從之. 19-5 亂生不○. 25-7 是以人○其宗廟. 25-20 不○於民. 25-21 五曰○則. 30-18 以○則之上宮畢. 31-16 故長○則之上宮. 31-17 賢者急病而讓○. 35-19 爲我流之於○. 40-14 以服東○. 45-3 君以蠻○伐之. 45-4 晉信蠻○. 46-14 今信蠻○而棄之. 47-2 若以蠻○之故棄之. 47-4 其無乃得蠻○而失諸侯之信乎. 47-4 通道于九○百蠻. 50-10 則其管○吾乎. 52-6 臣之所不若○吾者五. 52-7 夫管○吾. 52-10 惡金以鑄鉏○斤斸. 58-8 萊莒徐○吳越. 58-23 桓公築○儀以封之. 59-24 唯能用管○吾甯戚隰朋賓胥無鮑叔牙之屬. 60-21 ○吾處屈. 64-14 公子○吾處焉. 66-20 重耳○吾. 73-16 令賈華刺○吾. 73-18 ○吾逃于梁. 73-18 公子○吾亦出奔. 74-2 里克及丕鄭使屠岸○. 76-21 告公子○吾于梁. 77-10 ○吾告冀芮曰. 77-11 公子○吾出見使者. 77-15 弔公子○吾于梁. 78-18 ○吾告冀芮曰. 78-19 公子○吾出見使者. 78-21 是故先置公子○吾. 79-12 ○吾之少也. 79-14 ○吾不佞. 79-16 將止不面○. 85-23 女不面○. 85-25 而不能面○. 86-1 唯青陽與○鼓. 92-4 ○鼓. 92-5 楚恭王帥東○救鄭. 108-12 夫南○與楚來. 108-15 楚將顧○. 108-19 又以違蠻○重之. 110-4 盍姑以違蠻○爲恥乎. 110-8 ○竈堙井. 110-16 是故使胥之昧與○羊五刺郤至苦成叔及郤錡. 111-10 ○請無筋無骨. 131-15 不○於先子. 134-8 董姓鬷○豢龍. 136-16 或在○狄. 136-19 伯○之後也. 136-24 伯○能禮於神. 136-24 蠻○戎狄. 140-10 楚雖蠻○. 155-10 敗王子友於姑熊○. 162-1 齊宋徐○曰. 162-9

【邪】 13

其君貪冒辟○. 7-10 湯以寬治民而除其○. 38-11 將牧民而正其○者也. 41-22 益○多矣. 41-23 若以○臨民. 41-23 牀笫之不安○. 65-18 抑驪姬之不存側○. 65-19 有○而正之. 107-11 內事之○. 120-13 於國無○民. 121-9 抑厲鬼○. 126-11 未舉夏郊○. 126-17 妄其欺不穀○. 176-17

【至】 168

○于武王. 1-15 而有不○. 2-2 而又不○. 2-5 自是荒服者不○. 2-12 使公卿○於列士獻詩. 2-23 以○于今. 3-15 自今○于初吉. 4-4 瞽告有協風○. 4-10 則享祀時○. 5-6 內史過從○虢. 8-8 則遠不○而近不和矣. 9-4 不仁則民不○. 11-15 求無不○. 12-6 物將自○. 13-13 王○自鄭. 13-17 清風○而修城郭宮室. 16-5 敵國賓○. 16-17 百官以物○. 16-21 其貴國之賓○. 16-23 ○於王吏. 16-24 而司事莫○. 17-1 及魯侯○. 18-18 使郤○告慶于周. 18-20 郤○見邵桓公. 18-23 其郤○之謂乎. 19-20 今郤○在七人之下. 19-25 而郤○佻天之功. 20-4 且郤○何三伐之有. 20-7 王叔欲郤○. 20-14 郤○歸. 20-15 郤○見. 21-6 ○于今不祀. 24-23 使○於爭. 25-3 ○于今未弭. 25-11 有未○而設之. 27-17 有○而後救之. 27-18 災○而備亡. 28-5 樂之○也. 29-2 樂之○也. 29-4 風雨時○. 29-20 必將○焉. 34-13 哀姜○. 35-8 今海鳥○. 38-23 昭孝之○也. 39-23 失威而○於殺. 41-21 ○於殄滅. 41-24 防風氏後○. 49-21 短之○也. 50-5 比○. 53-1 時雨既○. 54-12 地南○於餉陰. 58-19 西○于濟. 58-19 北○于河. 58-20 東○于紀酅. 58-20 ○於西河. 59-5 ○于石枕. 59-6 固皆○矣. 64-17 祀○于今. 68-9 若大難○而恤之. 68-11 ○于稷桑. 70-2 難將○矣. 71-9 公○. 72-15 以○于死. 72-19 是以言○而無所訟之也. 72-21 以○于死. 73-12 以○于死. 73-14 使○者勸. 75-8 不○何待. 80-22 將○矣. 80-22 穆公使泠○報問. 81-9 ○於韓. 82-15 ○于王城. 83-15 惠公未○. 85-1 公○于絳郊. 85-7 厚之○也. 94-8 若宿而○. 95-13 ○自王城. 96-11 ○于城濮. 98-16 德廣賢○. 99-24 其難也將○矣. 100-4 其易也將○焉. 100-4 ○于兄弟. 100-15 以○于宋.

103-21 ○. 104-13 寵○而益戒. 107-7 不善蔑由○矣. 107-15 善亦蔑由○矣. 107-16 郤○曰. 108-8 郤○曰. 108-14 欒書是以怨郤○. 108-20 郤○以韎韋之跗注. 108-21 郤○甲胄而見客. 108-24 君之外臣○. 108-25 郤○使人勸王戰. 111-3 及齊魯之未○也. 111-4 微郤○. 111-4 郤○欲爲難. 111-6 郤○將往. 111-9 郤○聘於周. 111-10 是故使胥之昧與夷羊五刺郤○苦成叔及郤錡. 111-10 郤錡謂郤○曰. 111-12 郤○曰. 111-13 ○聞之. 111-14 姦宄並○. 111-23 ○於今是用. 114-3 ○於今是賴. 114-4 ○于今不育. 114-9 魏絳○. 115-17 使○於難. 116-14 自穆侯以○于今. 118-5 使○於生疾. 125-12 饋之始○. 130-4 使○於難. 132-7 而福祿並○. 133-1 難必○矣. 133-21 其將○矣. 136-26 和之○也. 137-15 使○於爲后. 138-13 時○而求用. 138-22 善人將○. 140-7 師還○. 142-18 ○于今爲患. 143-8 無有○者. 144-8 ○于手拇毛脈. 145-16 處暑之既○. 145-21 ○于師長士. 146-8 文王○於日中昃. 146-16 ○於神明. 147-1 而○於是有畿田. 147-16 ○於今爲令君. 147-17 禍災不○. 149-20 以○於夏商. 150-6 以告徧○. 150-22 ○於庶人. 151-19 ○於今令尹秩之. 152-15 ○於今處鄖. 152-20 猶恐其○也. 156-21 而天祿亟○. 161-14 邊遽乃○. 162-4 乃能○於吴. 162-24 訊讓日○. 164-8 遂○于郢. 164-25 罷而未○. 165-21 必不須○之會也. 165-21 其○者亦將不能之會也已. 165-22 ○於軍. 167-18 ○於禦兒. 167-21 乃○於吴. 168-19 以○於今. 168-22 時雨既○. 170-9 南○於句無. 171-14 北○於禦兒. 171-15 東○於鄞. 171-15 西○於姑蔑. 171-15 以○於此. 174-16 及○於國. 175-5 時不○. 175-8 人事○矣. 176-9 天應○矣. 176-16 今天應○矣. 176-18 無○禽荒. 176-21 無○酒荒. 176-21 ○於玄月. 176-24 ○於五湖. 177-3 陽○而陰. 177-11 陰○而陽. 177-11 ○於姑蘇之宮. 178-19 反○五湖. 178-21

【此】 111

是以及○難. 3-19 不失○三德者. 11-15 以及○難. 12-19 ○羸者陽也. 13-21 今○何禮也. 14-20 ○先王所以不用財賄. 16-8 而無○四者. 17-11 ○十一者. 22-23 其次必○. 23-7 ○其孫也. 23-10 非○其誰. 23-10 唯○之慎. 23-24 昔共工棄○道也. 23-25 ○一王四伯. 24-15 則○五者. 25-22 而作○詩也. 32-9 恃○以不恐. 36-22 ○五者. 38-18 ○爲大矣. 49-22 ○肅慎氏之矢也. 50-10 ○非欲戮之也. 52-17 敢問爲○若何. 53-8 旦暮從事於○. 54-5 君有○士也三萬人. 55-21 未有○也. 69-13 吾以○觀之. 69-15 君與我○. 69-22 權在○行也. 69-23 在○行也. 70-1 西爲○會也. 75-10 ○其黨半國矣. 81-23 ○所以待也. 85-5 吾來○也. 87-4 必獲○土. 87-14 其有○土乎. 87-15 有○. 87-16 而極於○. 88-2 必死於○. 88-5 ○大夫管仲之所以紀綱齊國. 88-12 ○三者. 89-3 夫晉公子在○. 89-17 誰不過○. 89-19 失○二者. 90-2 ○三人者. 90-10 棄○四者. 91-1 ○爲才. 91-25 非○. 92-1 非○用師. 93-10 請由○亡. 94-17 於○乎在矣. 97-1 亨一名於○. 103-25 在○車也. 104-17 ○謂成人. 107-14 則焉取以益○. 109-24 吾何福以及○. 110-20 不殺○二子者. 111-20 孤始願不及○. 113-6 孤之及○. 113-6 其○之謂也. 120-3 ○之謂世祿. 120-4 ○之謂死而不朽. 120-5 自○其父之死. 122-3 昔者○其父始之. 122-5 朱也在○. 122-10 是以在○. 122-24 爲○行也. 123-1 以及○難. 131-2 ○人也. 138-1 天之命○久矣. 138-1 天之生○久矣. 138-14 今君爲○臺也. 144-5 若君謂○臺美. 145-2 ○其不利者也. 145-15 若常如○. 146-20 非○之謂也. 149-6 故君及○. 153-10 ○楚國之寶也. 155-3 豈能涉江淮而與我爭○地哉. 160-4 ○志也. 160-16 ○則大夫之力也. 161-4 彼豈能與我行○危事也哉. 162-18 於○用之. 162-19 必設以○民也. 162-23 願以○戰. 166-7 願以○戰. 166-9 願以○戰. 166-12 願以○戰. 166-14 願以○戰. 166-16 吾見子於○止矣. 167-11 吾見子於○. 167-15 莫如○. 167-18 莫如○不從其伍之令. 167-19 莫如○不用王命. 167-21 莫如○淫逸不可禁也. 167-22 皆在○者. 168-2 皆在○. 168-3 莫如○志行不果. 168-7 寧其得○國也. 170-19 ○其利也. 171-2 失○利也. 171-3 又有美於○者. 171-5 ○則寡人之罪也. 171-9 如○則有常賞. 172-16 如○則有常刑. 172-17 ○逆於天. 174-10 先行○者. 174-14 以至於○. 174-16 如○不已. 174-19 今將反○義. 178-9 以報○禍. 178-9 爲○事也. 178-24

【光】 12

昭前之○明. 1-16 故能○有天下. 11-15 叔父若能○裕大德. 13-9 而少○王室. 25-17 其○耿於民矣. 80-19 ○. 80-20 夫其子孫必○啓土. 136-5 ○照四海. 136-7 祝融亦能昭顯天地之○明. 136-13 其聖能○遠宣朗. 149-8 其明能○照之. 149-8 而後使先聖之後之有○烈. 149-11

【早】 4

必○善晉子. 23-14 ○處之. 66-5 ○而假寐. 103-23 能者○除之. 156-20

【曲】 19

瞽獻○. 2-24 未知其待於○沃也. 62-9 驪姬請使申生主○沃. 64-13 夫○沃. 66-14 若使太子主○沃. 66-16 乃城○沃. 66-19 乃祭于○沃. 72-13 入于○沃. 95-7 ○爲老. 98-13 我○楚直. 98-14 彼亦○矣. 98-15 河○之役. 103-1 公子揚干亂行於○梁. 115-13 而使祁午及陽畢適○沃. 119-4 出奔○沃. 119-8 直不輔○. 125-11 晉有○沃. 145-9 晉○沃宴納齊師. 145-14 皆○相御. 176-8

【同】 63

民用和○. 5-3 其惠足以○其民人. 7-8 和○可觀. 15-14 守和○. 20-9 南北之揆七○. 31-12 然後可○也. 31-13 故以七○其數. 31-14 爵○. 37-12 彼無亦置其○類. 45-3 上下○之. 47-25 分○姓以珍玉. 50-14 祭祀○福. 55-17 死喪○恤. 55-17 世○居. 55-18 少○遊. 55-18 居○樂. 55-20 行○和. 55-20 死○哀. 55-20 是故守則○固. 55-20 戰則○彊. 55-20 與諸侯戮力○心. 59-4 爲仁與爲國不○. 68-2 年○以愛. 69-14 後出○走. 74-3 ○姓不婚. 90-16 ○出九人. 90-18 ○姓爲兄弟. 92-3 其○姓者. 92-3 其○生而異姓者. 92-5 ○于黃帝. 92-13 ○德之難也如是. 92-13 ○姓則○德. 92-17 ○德則○心. 92-17 ○心則○志. 92-17 ○志雖遠. 92-18 是故娶妻避其○姓. 92-19 ○德合義. 92-20 所不與舅氏○心者. 94-18 與詹○. 99-1 趙○曰. 103-15 班爵○. 122-12 則紹其○位. 126-14 三姦○罪. 128-8 ○辭對曰. 130-3 去和而取○. 137-8 ○則不繼. 137-8 若以○裨○. 137-10 務和○也. 137-16 而與剸○. 137-18 與剸○也. 137-20 以○于王庭. 138-3 四封不備一○. 147-16 民神○位. 150-1 ○宴思樂. 154-5 與我○. 162-17 戮力○德. 165-12 ○男女之功. 175-10 彼將○其力. 176-20 而黿鼉之與○渚. 178-14

【因】 22

不○民. 41-16 ○民. 41-17 其○以罪之. 67-15 ○驕以制人家. 72-9 ○亂以入. 77-1 ○亂以入. 77-1 在○民而順之. 77-8 董○迎公於河. 94-19 ○體能質而利之者也. 101-2 使孟樂○魏莊子納虎豹之皮. 116-5 又○而殺之. 134-13 不可○也. 137-1 ○使人告於吴王曰. 168-25 ○時之所宜而定之. 175-10 ○陰陽之恒順天地之常. 175-17 ○以爲常. 175-19 死生○天地之刑. 175-19 天○人. 175-19 聖人○天. 175-19 聖人○而成之. 175-20 ○天地之常. 177-12 必○天地之災. 177-16

【回】 8

○祿信於聆隧. 7-15 求福不○. 19-24 若君縱私○. 41-22 以縱其○. 65-24 親止杜○. 114-9 公室之有○. 120-13 若之何其○於富也. 126-6 夫以○鬻國之中. 128-10

【肉】 7

食必粱○. 53-4 寘堇于○. 72-14 驪姬與犬○. 72-15 吾食舅氏之○. 88-21 偃之○腥臊. 88-23 繄起死人而○白骨也. 158-17 觴酒豆○簞食. 166-6

【年】 126

一○. 2-17 三○. 3-6 三十九○. 5-10 三十二○春. 5-19 幽王二○. 6-10 不過十○. 6-19 十一○. 6-20 惠王三○. 6-22 三○. 6-23 十五○. 7-6 不過五○. 8-6 十九○. 8-12 襄王三○. 9-23 八○. 9-23 十六○. 9-23 襄王十六○. 10-18 二十一○. 10-18 襄王十三○. 11-4 十七○. 11-18 十八○. 12-18 二十四○. 14-12 六○. 17-12 八○. 17-12 九○. 17-13 定王八○. 17-14 若登○以載其毒. 18-6 十六○. 18-8 簡王十一○. 18-8 成公未歿二○. 18-9 簡王八○. 18-11 明○死難. 20-15 簡王十一○. 22-8 十二○. 22-9 十三○. 22-10 靈王二十二○. 23-16 君子萬○. 27-5 萬○也者. 27-6 景王二十一○. 27-11 二十三○. 28-10 三○之中. 29-8 二十四○. 30-4 三○之中. 30-9 二十五○. 30-10 敬王十○. 32-4 二十八○. 33-5 使五○四王一相朝. 34-15 即位數○. 58-23 非禮不終○. 64-2 十六○. 66-22 十七○冬. 69-9 身鈞以○. 69-14 ○同以愛. 69-14 處五○. 71-4 二十二○. 73-20 處一○. 74-2 居二○. 74-6 四○. 74-7 六○. 74-19 八○. 75-20 二十六○. 75-21 十四○. 80-17 往○有難. 82-2 六○. 82-15 十五○. 86-3 文公在狄十二○. 87-4 會其季○. 87-11 十有二○. 87-14 晉公子生十七○而亡. 89-24 元○始受. 94-20 元○春. 96-11 二○春. 97-4 文公立四○. 97-21 行○五十矣. 99-9 文公即位二○. 101-4 朞○. 102-23 抑○少而執官者衆. 107-23 厲公六○. 108-12 七○夏. 111-2 ○過七十. 113-18 三○. 115-6 四○. 115-7 五○. 115-11 四○. 115-13 五○. 116-5 十二○. 116-21 於今八○. 116-25 八○之中. 117-2 平公六○. 118-4 居三○. 119-6 而○穀穌熟. 124-24 歷遠○之數. 125-2 於今八○矣. 125-9 八○之謂多矣. 125-13 不過三○. 125-21 不過十○. 125-21 十○. 125-22 不哀○之不登. 132-19 三○而智氏亡. 133-18 自是五○. 134-4 幽王八○而桓公爲司徒. 139-4 九○而王室始騷. 139-4 十一○而斃. 139-4 ○穀敗焉. 144-6 數○乃成. 144-7 三○. 145-25 昔衛武公○數九十有五矣. 146-7 三○默以思道. 147-2 故三○默以思道. 147-10 期○. 153-3 ○穀時熟. 159-16 十二○. 160-21 伯父多歷○以没元身. 165-13 以没王○. 169-3 三○釋其政. 171-23 十○不收於國. 172-4 民俱有三○之食. 172-5 越王句踐即位三○. 174-4 三○. 175-5 四○. 175-23 吾○既少. 175-24 又一○. 176-6 又一○. 176-11 又一○. 176-15 居軍三○. 177-22 五○復

反. 178-1 夫十○謀之. 178-6
【朱】 11
協於丹○. 7-21 丹○憑身以儀之. 7-21 其丹○之神乎. 7-24 行人子○曰. 122-9 ○也在此. 122-10 子○曰. 122-10 ○也當御. 122-10 子○怒曰. 122-11 何以黜○也. 122-12 故堯有丹○. 140-7 皆赤裳赤旟丹甲○羽之矰. 163-6
【缶】 2
獲如土○. 47-7 出稷禾秉芻○米. 51-6
【先】 200
○王耀德不觀兵. 1-4 ○王之於民也. 1-7 昔我○王世后稷. 1-10 我○王不窋. 1-11 是○王非務武也. 1-19 夫○王之制. 1-20 ○王之訓也. 1-23 其無乃廢○王之訓. 2-9 ○時九日. 4-4 ○時五日. 4-10 今天子欲修○王之緒. 5-8 ○王知大事之必以濟衆也. 8-23 ○王既有天下. 9-6 昔我○王之有天下也. 12-24 ○王豈有賴焉. 13-3 而班○王之大物. 13-7 ○民有言曰. 13-9 以復○王之職. 13-12 其若○王與百姓何. 13-15 唯是○王之宴禮. 14-24 故○王之教曰. 16-4 此○王所以不用財賄. 16-8 是廢○王之教也. 16-10 是棄○王之法制也. 16-16 是蔑○王之官也. 17-1 ○王之令有之曰. 17-3 是又犯○王之令也. 17-8 昔○王之教. 17-9 使叔孫僑如○聘. 18-11 勸二三君子必○導焉. 18-25 昔○大夫荀伯. 19-16 必○諸民. 19-25 若啓○王之遺訓. 24-25 自我○王. 25-11 可○而不備. 27-18 可後而○之. 27-18 是故○王之制鍾也. 28-17 故○王貴之. 31-4 是故○王制諸侯. 34-15 非○王之訓也. 34-20 諸侯祀○王○公. 34-21 臣聞聖王公之○封者. 35-2 今○君儉而君侈. 35-5 不腆○君之幣器. 36-1 恃二○君之所職業. 36-16 成王命我○君周公及齊○君太公曰. 36-17 以夾輔○王. 36-19 而棄○王之命. 36-21 皆將爭○. 37-19 亦必親○者. 37-19 而又○. 37-20 臣立○臣之署. 39-10 ○臣惠伯以命於司里. 39-15 今將○明而後祖. 39-24 不腆○君之禮. 43-6 來繼○君之好. 43-8 夫○樂金奏肆夏樊遏渠. 43-9 君之所以嘉○君之好也. 43-14 魯人以莒人○濟. 44-9 予爲○君來. 44-16 其誰曰不如○君. 44-17 二人執戈○焉. 45-13 我○君襄公. 46-21 吾聞之○姑曰. 47-12 吾聞之○子曰. 47-18 ○王之訓也. 48-21 猶恐忘○人之業. 48-22 必無廢○人. 48-24 二三婦之辱共○者祀. 49-10 ○王欲昭其令德之致遠也. 50-12 ○民有作. 50-21 ○聖王之傳恭. 50-21 昔曰○民. 50-22 ○王制土. 51-3 ○王以爲足. 51-7 昔吾○君襄公. 53-2 昔吾○王昭王穆王. 53-9 擇其淫亂者而○征之. 58-3 擇天下之甚淫亂者而○征之. 58-21 被羽○升. 66-2 是故○施讒於申生. 66-13 而○喪紂. 68-8 ○以觀之. 69-4 ○友爲右. 69-21 出而告○友曰. 69-22 ○友曰. 69-22 ○友曰. 70-1 ○告荀息曰. 75-21 不忘○君之好. 77-24 吾誰使○. 78-5 是故○置公子夷吾. 79-12 欲○導者行乎. 80-22 ○王其知之矣. 88-1 裨輔○君而成霸者也. 88-13 ○君叔振. 89-22 其○君之戎御. 90-8 吾○君武公. 90-21 必○有入焉. 93-1 必○愛人. 93-1 必○從人. 93-1 君若昭○君之榮. 93-17 胥籍狐箕欒郤柏○羊舌董韓. 96-16 ○軫曰. 97-24 ○軫曰. 97-24 ○軫曰. 98-6 夫○王之法. 99-10 ○軫有謀. 99-12 ○軫佐之. 99-13 ○軫之謀也. 99-14 使○軫代之. 99-14 ○且居之佐軍也善. 99-18 箕鄭胥嬰○都在. 99-20 乃使○且居將上軍. 99-20 ○都佐之. 99-23 若○. 104-25 ○王疾是驕也. 107-12 導前志以佐○君. 107-19 是○主覆露子也. 108-4 ○軫不復命. 110-3 ○難爲免. 111-2 不廢其○人之職. 116-18 欒書立吾○君. 118-19 有力於○君. 119-5 魯○大夫臧文仲. 120-4 昔吾○君唐叔. 121-24 今君嗣吾○君唐叔. 121-25 楚人固請○歃. 123-6 在德不在○歃. 123-7 何爭於○. 123-9 今雖○歃. 123-9 何欲於○. 123-10 無爭○. 123-14 乃○楚人. 123-14 ○君獻武之諱也. 129-12 昔○主文子少釁於難. 130-20 以受○業. 130-25 ○主爲重器也. 134-6 不夷於○子. 134-8 ○主之所屬也. 134-13 蓋其○王. 136-4 故○王以土與金木水火雜. 137-10 ○王聘后於異姓. 137-16 而知○王之務. 140-16 威儀以○後之. 141-5 失○君之業. 141-10 唯是春秋所以從○君者. 141-12 ○其善. 141-14 若○君善. 141-16 上之可以比○王. 141-20 二○子其皆相子. 142-3 謂○軫曰. 142-12 ○軫從之. 142-14 ○君莊王. 144-1 ○君以是除亂克敵. 144-5 故○王之爲臺榭也. 144-21 ○王懼其不帥. 145-18 昔○大夫子囊違王之命謚. 148-3 而後使○聖之後之有光烈. 149-11 是以○王之祀也. 150-19 是以古者○王. 151-4 以昭祀其○祖. 151-12 是不○恤民而後己之富乎. 152-20 ○大夫之後也. 152-21 自○王莫墜其國. 153-6 吾○人以善事君. 153-20 夫差○自敗也已. 154-13 使寡君無忘○王之業. 154-21 ○王之玩也. 155-3 以復○王之業者. 157-10 昔吾○王. 161-2 ○王之鍾鼓. 161-6 昔吾○王. 161-8 吾○君得之也. 161-13 員請○死. 161-16 與會而○晉. 162-6 雒敢○對. 162-7 會而○晉. 162-10 必會而○之. 162-12 ○之圖之. 162-13 彼將不戰而○我. 162-21 而○罷之. 162-22 孤欲守吾○君之班爵. 163-21 主其許之○. 164-4 吳公○歃. 164-16 乃命王孫雒○與勇獲. 164-17 吾○君闔廬. 164-22 昔不穀○委制於越君. 168-20 孤無奈越之○君何. 168-21 寡人禮○壹飯矣. 172-24 而○爲人客. 174-9 ○行此者. 174-14 ○人就世. 175-23 而○爲之征. 176-13 ○則用陽. 177-13 ○無陽察. 177-14 ○人有言曰. 178-2 ○人有言曰. 178-11 昔吾○君. 178-13
【牝】 1
設右以爲○. 177-20
【廷】 2
左史倚相○見申公子亹. 146-2 闞且○見令尹子常. 152-6
【舌】 9
而使○人體委與之. 15-3 晉羊○肸聘于周. 26-10 吾聞之羊○大夫曰. 65-12 胥籍狐箕欒郤柏先羊○董韓. 96-16 知羊○職之聰敏肅給也. 114-22 公謂羊○赤曰. 115-14 羊○肸習於春秋. 117-9 終滅羊○氏之宗者. 119-24 係馬○. 162-25
【竹】 8
匏○利制. 29-11 匏○尚議. 29-14 絲○以行之. 29-16 越之匏○. 29-19 斬孤○. 59-1 而以金石匏○之昌大囂庶爲樂. 143-23 金木○箭之所生也. 154-23 戕懿公於囿○. 157-2
【迄】 1
○于天下. 24-18
【休】 12
以承天○. 17-4 爲晉○戚. 23-4 襲于○祥. 23-13 以逆天○. 25-17 晦而○. 48-17 有功○德. 56-9 今若○憂於狄. 73-25 ○以擇利. 87-6 以○懼其動. 140-13 程伯○父其後也. 150-8 則無不受○. 150-22 以○君憂. 164-10
【伍】 15
卒○治整. 19-6 參其國而○其鄙. 53-13 君若正卒○. 55-5 則大國亦將正卒○. 55-5 故五人爲○. 55-11 是故卒○整於里. 55-16 ○之人. 55-17 軌退而修○. 56-15 ○退而修家. 56-15 罷士無○. 56-17 ○鄙若何. 56-21 與○舉升焉. 143-21 唯是車馬兵甲卒○既具. 166-3 唯是車馬兵甲卒○既具. 166-22 莫如此不從其○之令. 167-19
【伎】 1
○藝畢給則賢. 133-9
【伏】 14
陽○而不能出. 6-11 故天無○陰. 24-8 以揚沈○. 30-20 將○也. 72-10 棄寵求廣土而竄○焉. 72-20 吾將○以俟命. 73-8 龍尾○辰. 75-3 罪人克○其辜. 77-22 授僕人書而○劍. 115-17 物莫○於蠱. 125-16 穀興蠱○. 125-17 以○蠱慝. 125-18 吾○弢峈血. 131-8 麀鹿攸○. 145-1
【臼】 7
逐太子宜○. 63-8 召令狐○衰桑泉. 95-3 文公學讀書於○季. 100-1 ○季使. 102-4 濟於成○. 153-5 成○之役. 153-8 臣避於成○. 153-11
【伐】 100
○不祀. 2-3 有攻○之兵. 2-4 宣王○魯. 5-19 鄭人○滑. 11-4 將以狄○鄭. 11-5 王降狄師以○鄭. 11-18 有五勝以○五敗. 19-9 吾有三○. 19-11 且郤至何三○之有. 20-7 其語○. 21-6 季○. 22-1 ○則掩人. 22-2 昔武王○殷. 31-5 齊孝公來○魯. 36-7 澤不○夭. 41-3 諸侯○秦. 44-4 出楚師以○魯. 44-24 若得楚師以○魯. 45-1 君以蠻夷○之. 45-4 季武子○莒取鄆. 45-24 ○取朝歌. 46-21 吳○越. 49-18 君有攻○之器. 55-6 期而書○. 56-8 吾欲南○. 58-11 吾欲西○. 58-14 吾欲北○. 58-16 ○楚. 58-24 遂北○山戎. 59-1 武公○翼. 62-4 獻公卜○驪戎. 62-11 遂○驪戎. 62-16 昔夏桀○有施. 63-3 殷辛○有蘇. 63-4 周幽王○有褒. 63-6 召西戎以○周. 63-9 我卜○驪. 63-11 獻公○驪戎. 64-12 昔者之○也. 64-17 ○木不自其本. 64-22 君若○之. 65-25 乃○翟柤. 66-1 且旌君○. 66-17 以○霍. 66-23 君盍使之○狄. 68-20 是故使申生○東山. 68-25 公使太子○東山. 69-9 ○虢之役. 74-20 是以北○山戎. 75-10 南○楚. 75-10 宋人○之. 75-20 君若○之. 81-23 君其○之. 82-3 將獨○秦. 85-4 獻公使寺人勃鞮○公於蒲城. 95-9 文公○原. 97-17 楚成王○宋. 97-21 ○曹衛以救宋. 97-21 文公誅觀狀以○鄭. 98-18 軍○有賞. 99-18 盍○原以示之信. 101-6 乃○原. 101-6 遂○曹衛. 101-9 以○宋. 103-10 大罪○之. 103-16 是故○備鍾鼓. 103-17 請○齊. 104-4 郤獻子○齊. 105-8 矜其○而恥國君. 105-11 厲公將○鄭. 108-6 ○鄭. 108-12 晉○鄭. 109-6 晉○鄭. 109-16 吾君將○智而多力. 109-22 君○智而多力. 110-10 中行偃欲○之. 112-5 ○果不克. 112-7 不若○之. 116-6 公○鄭. 116-21 中行穆子帥師○狄. 128-14 趙襄子使新稚穆子○狄. 132-23 奉辭○罪. 135-17 必○之. 138-18 若○申. 138-18 會以○周. 138-18 使師崇子孔帥師以○舒. 142-17 導之○楚. 143-8 吳王夫差起師○越. 158-4 將殘○越國. 158-21 將以○齊. 159-23 今王將很天而○齊. 160-18 遂○齊. 160-21 吳王還自○齊. 161-2 遵汶○博. 165-4 將○吳. 165-25 鄙聞古之○國者. 171-6 而欲○吳. 174-4 果興師而○吳. 174-15 遂興師○吳. 177-3 ○柯者其則不遠. 178-2
【延】 3

相○食鼈. 47-17 ○及寡君之紹續昆裔. 77-20 使張老○君譽于四方. 115-4

【仲】 48

樊○山父諫曰. 5-12 樊穆○曰. 5-21 ○山父諫曰. 5-25 昔鄢之亡也由○任. 11-23 ○孫蔑爲介. 18-19 三閒○呂. 30-22 臧文○言於莊公曰. 35-13 文○曰. 35-19 文○以鬯圭與玉磬. 35-23 臧文○欲以辭告. 36-7 文○曰. 36-10 臧文○言於僖公曰. 37-1 衛侯聞其臧文○之爲也. 37-13 僖公使臧文○往. 37-16 臧文○使國人祭之. 37-25 文○聞柳下季之言. 39-3 臧文○聞之曰. 39-13 ○孫它諫曰. 42-3 叔○昭伯曰. 44-10 叔○曰. 44-12 使問之○尼曰. 47-7 ○尼聞之曰. 48-25 ○尼聞之. 49-3 ○尼聞之曰. 49-12 ○尼聞之曰. 49-16 且問之○尼. 49-18 及○尼. 49-19 ○尼爵之. 49-20 ○尼曰. 49-21 ○尼曰. 49-23 ○尼曰. 49-25 ○尼曰. 50-4 ○尼在陳. 50-7 陳惠公使人以隼如○尼之館. 50-9 ○尼曰. 50-10 使冉有訪諸○尼. 51-2 ○尼不對. 51-2 莊公將殺管○. 52-20 管○歿矣. 87-9 ○可懷也. 88-8 昔管敬○有言. 88-9 此大夫管○之所以紀綱齊國. 88-12 管○賊桓公. 95-20 樊○之官守焉. 97-13 魯先大夫臧文○. 120-4 鄶○恃險. 135-14 伯霜○雪叔熊季紃. 135-23 秦○齊侯. 139-1

【任】 24

保○戒懼. 9-16 ○重享大者必速及. 9-20 由大○. 11-21 昔鄢之亡也由仲○. 11-23 王以狄女閒姜○. 12-13 其何○不堪. 17-25 下能堪其○. 18-1 俾莫不○肅純恪也. 30-23 不能○重. 41-12 欲○兩國. 41-13 其誰代之○喪. 44-15 事其君而○其政. 44-17 ○力以夫. 51-4 負○擔荷. 54-4 非其○也. 66-1 輕其所○. 67-12 輕其○而不憂其危. 67-14 ○大惡三. 81-19 姬酉祁己滕箴○荀僖姞儇依是也. 92-7 賦職○功. 96-12 大○娠文王不變. 100-12 今我○晉國之政. 110-4 非子之○也. 120-25 今主○晉國之政. 132-14

【仰】 4

民所以瞻○也. 38-20 重耳之○君也. 93-15 若黍苗之○陰雨也. 93-15 戚施不可使○. 100-8

【伉】 1

棄其○儷妃嬪. 17-5

【仿】 1

屏營○偟於山林之中. 160-11

【自】 129

而○竄于戎狄之閒. 1-12 今○大畢伯士之終也. 2-8 ○是荒服者不至. 2-12 ○今至于初吉. 4-4 是○誅王命也. 5-16 鄭伯將王○圉門入. 7-4 虢叔○北門入. 7-4 鄭出○宣王. 12-12 ○顯庸也. 13-10 物將○至. 13-13 王至○鄭. 13-17 其敢○愛也. 14-1 夫政○上下者也. 14-5 寡謀○陷. 14-15 ○下軍之佐以政. 19-16 今欒伯○下軍往. 19-17 君子不○稱也. 19-20 ○我先王. 25-11 ○后稷以來寧亂. 25-13 ○后稷之始基靖民. 25-14 我姬氏出○天黿. 31-7 ○鶉及駟七列. 31-11 見雄雞○斷其尾. 31-24 吾見雄雞○斷其尾. 31-25 ○幽王而天奪之明. 32-13 ○是晉聘於魯. 37-12 ○玄王以及主癸. 39-24 ○稷以及王季. 39-25 又求○邇. 40-13 ○是子服之妾. 42-8 ○伯子男. 43-23 ○是齊楚代討於魯. 44-3 ○卿以下. 47-24 ○庶人以下. 48-16 ○庶士以下. 48-19 ○上以下. 48-21 胡不○安. 48-24 ○古在昔. 50-21 稱曰○古. 50-22 桓公○莒反於齊. 52-4 以爾○卑勞. 59-16 以○封也. 64-19 伐木不○其本. 64-22 塞水不○其源. 64-22 滅禍不○其基. 64-23 亂必○女戎. 65-1 廢人以○成. 65-15 必○忍也. 66-8 ○桓叔以來. 68-13 危○中起. 69-5 反○稷桑. 71-4 爲廢人以○利也. 72-10 已○拔其本矣. 74-25 君死○立則不敢. 77-17 丕鄭之○秦反也. 81-14 必○殺也. 85-11 無使○殺. 85-17 且戰而○退. 85-20 退而○殺. 85-20 ○子之行. 88-2 ○衛過曹. 89-11 子盍蚤○貳焉. 89-15 出○文王. 89-22 出○武王. 89-23 狐氏出○唐叔. 90-16 於是懷公○秦逃歸. 91-21 乘馹○下. 96-5 至○王城. 96-11 ○今以往. 99-1 范武子退○朝. 104-4 疾○中起. 109-15 必○傷也. 109-18 范匄○公族趨過之. 110-16 反○鄢. 110-24 是故皆○殺. 111-16 ○穆侯以至于今. 118-5 ○文公以來. 119-5 ○臣之祖. 119-14 ○虞以上. 120-1 ○此其父之死. 122-3 忠○中. 122-21 而信○身. 122-21 是○背其信. 122-24 ○是. 123-5 ○他及之. 123-23 ○今之謂. 125-10 又不○退. 125-13○卿以下. 126-15 其○桓叔以下. 127-7 中食而○咎也. 130-4 君子○以爲不足. 132-13 還○衛. 133-19 ○是五年. 134-4 ○退則敬. 141-8 是聚民利以○封而瘠民也. 144-14 ○卿以下. 146-8 於是乎作懿戒以○儆也. 146-14 而欲○安也. 146-19 ○河徂亳. 147-2 猶○謂未乂. 147-10 以○誥也. 147-15 而欲○逸也. 147-18 必○射其牲. 151-16 王后必○舂其粢. 151-16 必○射牛刲羊擊豕. 151-17 夫人必○舂其盛. 151-17 ○公以下. 151-19 是勤民以○封. 152-18 ○先王莫墜其國. 153-6 且夫○敵以下. 153-18 ○闞伯比以來. 153-21 夫差先○敗也已. 154-13 臣能○壽. 155-13 以○傷也. 159-14 而胡重於鬼神而○輕也. 159-21 身○約也. 159-25 吳王還○伐齊. 161-2 而又不○安恬逸. 161-4 孤豈敢○多. 161-6 遂○殺. 161-17 而○踰之. 164-11 夫差豈敢○多. 165-6 吳王夫差還○黃池. 165-15 ○今日以後. 167-10 ○今日以後. 167-15 遂○殺. 169-6 ○若以處. 175-9 人○生之. 175-19 吳師○潰. 177-22

【伊】 3

昔○洛竭而夏亡. 6-16 於是乎與○尹比而亡夏. 63-4 ○尹放太甲. 95-20

【血】 8

其○氣不治. 15-2 若○氣强固. 40-6 社稷之不○食. 53-8 吾伏弢衉○. 131-8 ○以告殺. 150-22 前盟口○未乾. 159-20 弗使○食. 166-2 不使○食. 166-22

【向】 33

單之老送叔○. 26-13 叔○告之曰. 26-13 晉叔○見叔孫穆子曰. 44-4 叔○退. 44-7 晉昭公使叔○辭昭公. 46-13 廢國而○己. 64-4 乃召叔○. 117-10 叔○之母聞之. 119-23 叔○聞之. 120-19 叔○聞之. 121-23 叔○曰. 121-24 叔○見司馬侯之子. 122-3 叔○曰. 122-6 叔○命召行人子員. 122-9 叔○曰. 122-10 叔○曰. 122-11 叔○曰. 122-12 謂叔○曰. 122-20 叔○曰. 122-20 叔○謂趙文子曰. 123-6 趙文子與叔○遊於九原. 124-14 叔○曰. 124-16 叔○曰. 124-17 叔○爲太傅. 125-23 叔○見韓宣子. 126-19 叔○賀之. 126-19 叔○曰. 128-7 叔○曰. 129-16 叔○過之. 129-18 叔○曰. 129-19 叔○曰. 129-22 夫人○屏. 167-9 大夫○檐. 167-13

【似】 1

諸大夫皆謂我智○陽子. 105-22

【后】 36

昔我先王世○稷. 1-10 思文○稷. 3-13 ○稷監之. 4-13 其○稷省功. 4-16 ○稷三之. 4-24 曰房○. 7-20 衆非元○. 8-18 ○非衆. 8-18 及惠○之難. 10-16 將以其女爲○. 11-19 王黜狄○. 12-18 惠○欲立王子帶. 12-21 自○稷以來寧亂. 25-13 自○稷之始基靖民. 25-14 在夏○之世. 26-1 二○受之. 26-20 二○受之. 26-23 我太祖○稷之所經緯也. 31-10 ○稷勤周. 32-18 其子曰○土. 38-7 夏○氏禘黃帝而祖顓頊. 38-13 夏○氏報焉. 38-16 王○親織玄紞. 48-18 ○稷是相. 94-23 秦○子來奔. 124-21 ○子謂其徒曰. 124-25 秦○子來仕. 125-23 先王聘○於異姓. 137-16 棄聘○而立內妾. 137-21 夏○卜. 138-4 使至於爲○. 138-13 王○必自舂其粢. 151-16 王○親繅其服. 151-19 於是越王句踐乃命范蠡○庸. 161-24 大夫○庸乃進對曰. 166-25 皇天○土四鄉地主正之. 179-6

【行】 208

公○下衆. 2-14 是以事○而不悖. 3-1 ○善而備敗. 3-4 成而○之. 3-5 王而○之. 3-16 饗醴乃○. 4-12 令之不○. 5-13 ○而不順. 5-14 賦事○刑. 5-22 司寇○戮. 6-25 制義庶孚以○之. 8-25 非信不○. 9-2 仁所以○也. 10-9 仁○則報. 10-10 ○報無匱. 10-10 ○禮不疚. 10-13 改玉改○. 13-9 而下○之. 14-6 今叔父作政而不○. 14-6 是○也. 14-16 道茀不可○. 15-20 陳靈公與孔寧儀○父. 15-24 ○理以節逆之. 16-17 禮如○人. 18-18 ○列治整. 19-8 趙宣子未有軍○. 19-16 棄毅○容. 20-11 其○也文. 22-17 神無閒○. 24-9 則爲作重幣以○之. 27-12 於是乎有母權子而○. 27-13 則多作輕而○之. 27-14 於是乎有子權母而○. 27-14 絲竹以○之. 29-16 而○之. 29-19 及范中○之難. 33-4 天災流○. 35-23 願以子之辭○賂焉. 36-10 ○玉二十瑴. 37-10 吾子不可以不速○. 37-20 及地之五○. 38-20 ○諸國. 40-24 又○罣罟. 41-5 ○而從之. 42-2 晉侯使○人問焉. 43-4 是○也. 44-9 且夫君子計成而後○. 44-21 乃遂○. 44-23 踦跂畢○. 46-22 ○同和. 55-20 以方○於天下. 55-21 踰太○. 59-7 ○文道. 59-12 流志而○. 63-17 ○之以齒牙. 64-3 德義不○. 64-5 辱之近○. 66-8 ○之克也. 67-14 太子遂○. 67-21 皆有所○之. 67-23 而○彊於君. 67-24 志○而衆悅. 68-6 彼得政而○其欲. 68-12 ○也. 69-10 君○. 69-11 君○. 69-12 太子○. 69-12 太子遂○. 69-21 權在此○也. 69-23 在此○也. 70-1 不敢○也. 72-20 讒○身死. 72-24 將○. 74-19 定身以○謂之信. 74-22 而輕於○道. 75-19 豈能欲○吾言. 76-2 我爲子○之. 76-6 狷潔不○. 78-20 謀度而○. 80-8 故○不可不慎也. 80-17 欲先導者○乎. 80-22 鄭也與客將○事. 81-9 子○乎. 81-17 ○將安入. 81-19 子其○矣. 81-19 天殃流○. 82-4 二者不○. 85-3 君○犯. 85-5 臣之○也. 85-10 臣○君明. 85-11 我能○之. 85-14 趣○事乎. 86-1 盍速○乎. 87-7 乃○. 87-12 欲○. 87-21 從者將以子○. 87-23 自子之○. 88-2 夙夜征○. 88-6 子必速○. 88-16 醉而載之以○. 88-20 遂○. 88-24 伯○之子也. 90-16 東○濟河. 93-18 一夫之○也. 94-11 利建侯○師. 94-13 將集天○. 94-20 君之○也. 94-21 乃○賂于草中之戎. 97-1 鄭人以名寶○成. 98-18 ○年五十矣. 99-9 吾不能○也. 100-1 合而後○. 102-17 趙孟使人以其乘車干○. 103-1 苟從是○也. 103-7 不如捷而○. 105-15 見中○宣子. 107-6 而斧鉞不○. 109-9 將誰○武. 109-12 武不○而勝. 109-12 及胥欒中○. 111-19 欒武子中○獻子圍公於匠麗氏. 112-1 威○爲不仁. 112-2 中○偃欲伐之. 112-5 順無不○. 112-6 知右○辛之能以數宣物定

功也. 114-11 公子揚干亂○於曲梁. 115-13 以其善○. 117-8 ○權. 118-20 ○權隱於私. 118-21 則政不○. 118-21 政不○. 118-21 欒氏之臣辛俞○. 119-10 辭以○之. 119-18 而後○之. 120-23 於朝無姦○. 121-9 叔向命召○人子員. 122-9 ○人子朱曰. 122-9 爲此○也. 123-1 是○也. 123-3 候遮扞衛不○. 123-3 ○廉直於晉國. 124-16 能○諸侯之賄. 126-4 宣其德○. 126-22 ○刑不疚. 126-23 略則○志. 126-24 改桓之○. 127-1 中○穆子帥師伐狄. 128-14 中○伯旣克. 128-22 以其孥○. 129-1 乃使○. 129-8 君○臣不從. 131-21 吾願得范中○之良臣. 132-1 ○之以順. 132-5 今范中○氏之臣. 132-6 夫范中○氏不恤庶難. 132-19 而以不仁○之. 133-10 范中○有亟治之難. 133-22 ○姟極. 137-14 而婦言是○. 137-22 ○暗昧也. 137-23 ○比義焉. 140-18 則文詠物以○之. 140-19 明○以宣翼之. 141-6 制節義以動○之. 141-6 以夏姬○. 143-7 使其子狐庸爲○人於吳. 143-7 德義不○. 144-16 ○之以禮. 145-19 君子之○. 148-7 羣神頻○. 151-8 國馬足以○軍. 152-9 不爲外內○. 153-17 以○事於諸侯. 154-18 足以○之. 156-4 約辭○成. 158-10 乃命諸稽郢○成於吳. 158-14 不敢顯然布幣○禮. 158-15 反○. 159-9 王親獨○. 160-10 乃使○人奚斯釋言於齊. 160-23 彼豈能與我○此危事也哉. 162-18 以爲徹○. 163-1 百○. 163-1 ○頭皆官師. 163-1 十○一嬖大夫. 163-3 無以○之. 166-4 無以○之. 166-22 道將不○. 167-8 鼓而○之. 167-18 志○不足以聽命者歸. 168-6 莫如此志○不果. 168-7 使人○成. 168-20 遂使之○成於吳. 170-12 句踐載稻與脂於舟以○. 172-2 而患其志○之少恥也. 172-12 不患其志○之少恥也. 172-13 果○. 172-17 夫差○成. 172-20 夫聖人隨時以○. 174-7 王若○之. 174-10 先○此者. 174-14 乃令大夫種○成於吳. 174-20 德虐之○. 175-18 微者則是○. 177-11 與之俱○. 177-12 使王孫雒○成於越. 177-22 君○制. 179-2 臣○意. 179-2

【舟】 16

川無○梁. 16-10 召○虞與司馬. 44-7 具○除隧. 44-8 方○設泭. 59-5 ○之僑告諸其族曰. 74-11 是故汜○於河. 82-9 鄔弊補○依縣歷華. 135-17 秃姓○人. 136-17 用女作○. 147-7 徙其大○. 162-3 將○戰於江. 168-13 旱則資○. 170-7 吾能乘其○. 171-2 句踐載稻與脂於○以行. 172-2 唯○與車. 175-25 遂乘輕○. 179-2

【全】 2

則有○烝. 14-22 將焉用○烝. 15-15

【合】 38

一○諸侯. 14-9 以示容○好. 15-8 宴以○好. 15-11 夫○諸侯. 21-15 ○通四海. 24-8 以○神人. 30-1 王欲○是五位三所而用之. 31-11 以數○之. 31-13 數○聲和. 31-13 將○諸侯. 32-5 魏獻子○諸侯之大夫於狄泉. 33-3 皆昭令德以○好也. 43-11 不○諸侯矣. 45-21 ○民事於外朝. 47-23 ○神事於內朝. 47-24 ○官職於外朝. 47-24 ○家事於內朝. 47-24 詩所以○意. 49-7 今詩以○室. 49-8 ○羣叟. 53-10 能○之. 82-25 ○大夫而謀曰. 83-15 則君臣○作. 83-17 故異德○姓. 92-20 同德○義. 92-20 ○而後行. 102-17 始○諸侯于虛朾. 115-4 公始○諸侯. 115-6 君○諸侯. 115-19 七○諸侯. 116-25 七○諸侯. 117-2 且夫○諸侯以爲不信. 122-25 商契能和○五教. 136-10 ○十數以訓百體. 137-13 若○而函吾中. 142-25 ○其州鄉朋友婚姻. 151-13 ○其嘉好. 151-14 乃○大夫而謀曰. 162-5

【兆】 15

百姓○民. 12-6 以備百姓○民之用. 12-25 遇○. 62-12 ○有之. 62-19 蔽○之紀. 62-20 且其○云. 63-11 賊之○也. 63-12 其魄○於民矣. 80-19 君之明○於衰矣. 121-18 材○物. 137-13 收經入以食○民. 137-14 百姓千品萬官億醜○民經入畡數以奉之. 150-21 所謂百姓千品萬官億醜○民經入畡數者. 152-1 以食○民. 152-4 天占旣○. 165-19

【夙】 8

○夜基命宥密. 26-21 ○夜. 26-24 魯旣不違○之取卞也. 45-1 ○之事君也. 45-5 ○夜征行. 88-6 趙○之弟也. 90-8 曰○沙釐. 129-1 使○沙釐相之. 129-9

【危】 17

國其○哉. 29-9 不亦○乎. 67-11 雖○何害. 67-12 輕其任而不憂其○. 67-14 必外○之. 69-5 ○自中起. 69-5 社稷○. 70-4 況其○身於狄. 70-5 非○何安. 77-12 君必○. 111-13 利黨以○君. 111-15 是吾出而○之也. 123-21 拱木不生○. 125-11 夫○事不齒. 162-7 ○事不可以爲安. 162-15 彼豈能與我行此○事也哉. 162-18 無以待○. 164-4

【旬】 2

○修. 15-12 三○. 72-11

【犲】 4

○狼之德也. 12-9 封豕○狼也. 12-16 誰能與○狼爭食. 88-22 ○狼之聲. 119-23

【名】 54

則修○. 2-2 日離其○. 21-18 耳以聽○者也. 21-19 故○之曰黑臀. 23-9 而附之以令○. 24-25 言以信○. 29-3 ○以成政. 29-4 有轉易之○. 29-6 故○之曰黃鍾. 30-14 ○之曰羽. 31-17 ○之曰支. 32-9 勤百姓以爲己○. 33-2 鑄○器. 35-15 君盍以○器請糴于齊. 35-15 及九州○山川澤. 38-21 取○魚. 40-23 爲其○與其衆也. 44-11 其○未改. 44-11 畏其○與衆也. 44-14 昔正考父校商之○頌十二篇於周太師. 50-19 世法文武遠績以成○. 53-9 且有令○. 67-17 不患無○. 67-19 猶有令○焉. 70-10 猶有令○焉. 72-24 君若求置晉君以成○於天下. 79-9 而懼離其惡○. 91-25 克成令○. 95-22 正○育類. 96-14 鄭人以○寶行成. 98-18 信於○. 99-4 信於○. 99-5 享一○於此. 103-25 問其○. 105-20 吾有卿之○. 126-19 ○曰君臣. 129-2 君有烈○. 129-6 吾適魯而○其二諱. 129-13 贊爲○命. 130-8 有溫德以成其○譽. 130-22 哀○之不令. 132-19 其有美○也. 144-18 辯之以○. 145-19 使○姓之後. 149-14 無令○於四方. 152-21 成○於諸侯. 153-21 以立○於荆. 161-4 以淫○聞於天子. 164-11 王安厚取○而去之. 165-24 必問其○. 172-3 尊之以○. 174-19 然後受其○. 175-7 而○聲章明. 175-21 失德滅○. 176-3

【各】 21

○卽其齋三日. 4-11 ○守其業. 9-9 ○以利退. 12-7 使○有寧宇. 13-1 ○守爾典. 17-4 ○有離心. 29-7 ○致齊敬於其皇祖. 39-23 使○以其方賄來貢. 50-11 山澤○致其時. 56-22 ○使治一屬焉. 57-3 ○使聽一屬焉. 57-4 ○保治爾所. 57-5 ○饜其私. 65-23 民○有心. 65-24 則民○有心. 77-18 ○聚爾有. 80-13 ○以其物. 107-16 威與懷○當其所. 118-17 令鼓人○復其所. 128-23 ○司其序. 149-18 令○輕其死. 162-20

【多】 70

傷人必○. 2-22 其害○矣. 3-10 所怒甚○. 3-11 夫古者不料民而知其少○. 6-1 是則少○死生出入往來者. 6-3 豈緊○寵. 24-15 所殘必○. 25-9 ○寵人. 26-8 則○作輕而行之. 27-14 其所怠棄者○矣. 28-6 底紂之○罪. 31-21 守府之謂○. 32-19 其咎孰○. 32-22 獲地於諸侯爲○. 37-21 地之○也. 37-22 海○大風. 39-3 少德而○寵. 41-15 其君驕而○私. 41-16 非○怨. 41-17 可謂○矣. 41-17 其過○矣. 41-22 益邪○矣. 41-23 猶○矣. 42-5 ○其資幣. 58-1 東南○有淫亂者. 58-23 桓公知天下諸侯○與己也. 60-11 ○而驟立. 63-19 少族而○敵. 64-5 其利○矣. 68-25 ○爲之故. 72-3 國家○難. 73-13 困往○悔. 73-22 困且○悔. 73-22 愚陋而○怨. 73-24 ○怨可與共憂. 73-24 其有殃也○矣. 82-2 則國家○慝. 83-17 兵甲益○. 84-13 ○讒在側. 87-9 人之○言. 88-9 諸侯之亡公子其○矣. 89-18 而○識以恭敬. 90-9 怨其○矣. 94-16 怨已○矣. 98-8 胥臣○聞. 99-12 恩聞則○矣. 100-1 而○聞以待能者. 100-2 然而壯不若老者○矣. 107-13 然則王者○憂乎. 108-8 故○憂. 108-10 能受○福. 109-18 吾君將伐智而○力. 109-22 君伐智而○力. 110-10 唯無德而功烈○. 110-14 君○私. 110-25 八年之謂○矣. 125-13 董安于○. 130-7 王室○故. 135-4 而講以○物. 137-16 ○訓典刑以納之. 140-20 蝨蠻之旣○. 145-21 民○闕則有離叛之心. 152-11 民○曠也. 152-17 其速怨於民○矣. 152-23 積貨滋○. 152-24 人求○聞善敗. 157-4 以○甲兵. 160-1 孤豈敢自○. 161-6 夫差豈敢自○. 165-6 伯父○歷年以沒元身. 165-13

【色】 13

五○精心. 15-14 其察○也. 28-15 中之○也. 30-14 請無瘠○. 49-11 雖好○. 64-25 好其○. 64-25 怒不及○. 79-15 有恐○. 132-24 而主之○不怡. 132-25 不聞其以觀大視侈淫○以爲明. 143-24 以一純二精三牲四時五○六律七事八種九祭十日十二辰以致之. 150-19 目不淫於○. 154-9 臣觀吳王之○. 164-2

【亦】 132

民○如之. 2-22 耨穫○如之. 5-1 誅○失. 5-17 不誅○失. 5-17 耨穫○於籍. 6-5 故神○往焉. 7-13 ○或以亡. 7-14 虢公○使祝史請土焉. 8-8 不○難乎. 8-12 人○將誣之. 9-21 人○將替之. 9-21 ○必及焉. 9-22 ○唯是死生之服物采章. 13-5 余一人僅○守府. 13-7 夫○皆天子之父兄甥舅也. 14-1 無○擇其柔嘉. 15-5 不○嬻姓矣乎. 17-6 不○簡彝乎. 17-7 而○泰侈焉. 18-5 魯叔孫宣伯○奔齊. 18-9 其喜怒取與○議之. 18-16 ○不主猛毅. 18-17 不○可乎. 19-18 其○有七怨. 20-2 不○難乎. 20-6 ○將與焉. 22-3 而○不散越. 23-22 王無○鑒于黎苗之王. 25-17 而○未觀夫前哲令德之則. 25-22 ○不廢重. 27-14 詩○有之曰. 27-23 ○無散陽. 29-20 ○不可支也. 32-9 不○難乎. 32-13 ○將及焉. 32-25 逆則○書其逆也. 35-9 其○使聽從而釋之. 36-20 毉○不誅. 36-25 ○不討其使者. 37-5 使○曰. 37-9 其○不可以惡. 37-10 ○必親先者. 37-19 ○如之. 39-15 ○有數矣. 39-17 公○不取. 39-19 以逆訓民○不祥. 40-4 易神之班○不祥. 40-4 不明而躋之○不祥. 40-4 女○聞之乎. 40-15 ○不可不殺也. 40-19 不○善乎. 41-7 吾○願之. 42-5 彼無○置其同類. 45-3 不○可乎. 45-16 ○曰. 47-1 主○有以語肥也. 47-11 則大國○將正卒伍. 55-5 抑君○樂

其吉. 62-21 而戎○必以女戎勝晉. 63-2 ○不可乎. 63-11 天○不贊. 64-6 ○不阿惑. 65-9 不○難乎. 65-25 ○必不知. 66-10 不○宜乎. 66-18 不○可乎. 67-2 不○危乎. 67-11 不○可乎. 67-17 妾○懼矣. 68-1 ○固太子以攜之. 72-3 ○斃. 72-16 不○可乎. 73-1 公子夷吾○出奔. 74-2 不○可乎. 75-23 ○使蒲城午. 77-10 不○可乎. 78-21 ○爲君之東游. 79-2 不○可乎. 79-9 惡○如之. 80-17 不○難乎. 81-7 ○不克救. 83-14 不○惠乎. 84-11 ○可畏也. 88-9 不○難乎. 88-13 公子無○晉之柔嘉. 88-23 曹共公○不禮焉. 89-11 不○禮焉. 89-17 鄭文公○不禮焉. 90-14 不○可乎. 92-23 ○使告于秦. 96-23 臣○釋宋之圍. 98-5 彼○曲矣. 98-15 女○知吾望爾也乎. 104-24 ○如是而已. 105-19 善○蔑由至矣. 107-16 不○大罪乎. 111-8 享一利○得一惡. 112-3 ○在今日. 113-12 ○掄逞志虧君以亂國者之後. 118-11 ○無君也. 118-22 不○可乎. 119-3 荊之逆諸侯也○云. 122-23 不去○不祥. 124-5 子○告我. 124-8 ○能纂修其身. 130-24 抑臣○有懼也. 133-15 ○不在小. 133-25 祝融○能昭顯天地之光明. 136-13 不○難乎. 138-16 ○必可知也. 138-19 ○必然矣. 138-20 其○必有豐敗也哉. 143-13 ○當晉矣. 145-6 臣○懼之. 145-22 女無○謂我老耄而舍我. 146-3 不○難乎. 147-13 不○可乎. 154-1 不○難乎. 156-18 ○征諸侯之禮也. 159-2 王其盍○鑑於人. 160-6 ○有以棄之. 161-14 左軍○如之. 163-6 右軍○如之. 163-7 不得事君○在今日. 163-22 其至者○將不能之會也已. 165-22 ○令右軍銜枚. 168-14 且○中分其師. 168-16 今越國○節矣. 172-7 ○寡人之願也. 172-25 種○不如蠡也. 175-3 種○不如蠡也. 175-21 ○又甚焉. 176-1

【交】 16

○酬好貨皆厚. 18-21 獻酬○酢也. 30-18 戎夏○捽. 62-12 ○捽. 62-12 是○勝也. 62-12 苟○利而得寵. 68-6 通復故○. 71-22 其九月十月之○乎. 75-4 齊楚又○輔之. 84-18 士魴張老○止之. 115-17 乃厚其外○而勉之. 119-3 肸也待○捽可也. 129-22 故欲見以○儆子. 146-5 朝夕以○戒我. 146-9 必○修余. 147-12 ○得其志. 175-16

【衣】 30

○食於是乎生. 3-3 其所以阜財用○食者也. 3-4 余不愛○食於民. 34-4 無○帛之妾. 42-3 妾不○帛. 42-4 其父兄之食麤而○惡者. 42-5 人之父兄食麤○惡. 42-6 ○不過七升之布. 42-8 皆○其夫. 48-20 而爲賦綠○之三章. 49-5 ○必文繡. 53-5 脫○就功. 54-13 身○襏襫. 54-13 奉之以車馬○裘. 57-25 ○之偏裻之○. 69-1 且是○也. 69-6 狂夫阻之○也. 69-6 君賜我以偏○金玦. 69-16 ○躬之偏. 69-18 ○偏之○. 69-21 以尨○純. 69-24 ○躬之偏. 70-1 斬余○袪. 95-12 拂○從之. 122-15 以○食民人者也. 136-12 聚貨不妨民○食之利. 152-9 則不○. 172-4 今夫差○水犀之甲者. 172-13

【次】 32

檮杌○於丕山. 7-16 不失其○. 19-15 夫何○之有. 19-16 其○必此. 23-7 陰陽序○. 29-20 其○用斧鉞. 37-2 其○用鑽笮. 37-2 五刑三○. 37-4 章之○也. 39-8 ○之食也. 39-8 將易而○. 39-9 而易其○. 39-11 唯里人所命○. 39-12 今命臣更○於外. 39-18 以班徙○. 39-19 其○爲穆. 39-21 以○世之長幼. 39-22 ○於雍渝. 46-23 失○犯令. 85-22 今鄭失○犯令. 85-23 ○于郇. 95-5 ○於陽樊. 97-4 其○君臣. 103-11 君爲之降服出○. 105-18 其○疾人. 125-14 我上之○也. 131-12 是使制神之處位○主. 149-10 ○主之度. 149-15 殺子般於○. 157-3 仁○之. 166-18 勇○之. 166-18 越君其○也. 173-1

【亥】 5

王以二月癸○夜陳. 31-16 師○聞之. 49-6 芋尹申○從靈王之欲. 148-5 乃入芋尹申○氏焉. 160-15 申○負王以歸. 160-15

【妄】 1

○其欺不穀邪. 176-17

【羊】 17

夷○在牧. 7-17 晉○舌肸聘于周. 26-10 其中有○焉. 47-7 ○也. 47-9 曰羵○. 47-10 則牛○遂. 56-25 吾聞之○舌大夫曰. 65-12 子爲我具特○之饗. 71-11 胥籍狐箕欒郤柏先○舌董韓. 96-16 是故使胥之昧與夷○五刺郤至苦成叔及郤錡. 111-10 知○舌職之聰敏肅給也. 114-22 公謂○舌赤曰. 115-14 ○舌肸習於春秋. 117-9 終滅○舌氏之宗者. 119-24 大夫有○饋. 141-22 子木有○饋而無芰薦. 148-3 必自射牛刲○擊豕. 151-17

【米】 2

出稷禾秉芻缶○. 51-6 市無赤○. 165-18

【州】 16

問之伶○鳩. 29-10 王謂伶○鳩曰. 30-5 問律於伶○鳩. 30-12 及九○名山川澤. 38-21 羣萃而○處. 53-19 羣萃而○處. 53-23 羣萃而○處. 54-3 羣萃而○處. 54-9 荊○諸侯莫敢不來服. 58-25 焉作○兵. 84-14 冀○之土. 91-16 賜公南陽陽樊溫原○陘絺組攢茅之田. 97-8 盍亟索士整庇○犁焉. 105-25 畢陽實送○犁于荊. 106-3 謝西之九○. 137-1 合其○鄉朋友婚姻. 151-13

【汙】 2

陂塘○庳. 23-20 猶塞川原而爲潢○也. 28-4

【江】 14

豈能涉○淮而與我爭此地哉. 160-4 而投之於○. 161-20 泝○以襲吳. 162-2 封於○淮之閒. 162-24 余沿○泝淮. 165-7 軍於○北. 168-11 越王軍於○南. 168-11 將舟戰於○. 168-13 泝○五里以須. 168-13 踰○五里以須. 168-14 涉○鳴鼓. 168-15 沈金玉於○. 170-17 三○環之. 170-22 與我爭三○五湖之利者. 178-5

【汜】 1

居于鄭地○. 96-22

【池】 5

囿有林○. 16-12 臺榭陂○必成. 154-13 以會晉公午於黃○. 161-23 吳王夫差既退于黃○. 164-20 吳王夫差還自黃○. 165-15

【汝】 3

濟○. 58-24 吾將殘○社稷. 172-25 滅○宗廟. 173-1

【忓】 1

懼○季孫之怨也. 48-3

【宇】 4

使各有寧○. 13-1 今君之德○. 95-23 使僕夫子晳問於范無○. 145-4 而爲弊邑宸○. 172-24

【守】 64

○以敦篤. 1-14 而○終純固. 2-11 ○則有財. 5-6 無與○邦. 8-19 將何以○國. 9-5 各○其業. 9-9 將何以固○. 9-17 信所以○也. 10-9 信○則固. 10-10 ○固不偷. 10-10 ○節不淫. 10-12 余一人僅亦○府. 13-7 立鄙食以○路. 16-11 若王巡○. 16-25 各○爾典. 17-4 將何以○國. 17-10 恪所以○業也. 17-22 以恪○業. 17-23 ○業不懈. 17-24 ○和同. 20-9 德之○也. 23-3 ○終純固. 23-3 ○祀不替其典. 24-16 臣之○官弗及也. 29-10 ○府之謂多. 32-19 孟孫善○矣. 39-13 而○其後於魯乎. 39-14 而有○國之備. 44-22 ○必固矣. 45-2 老請○龜卜室之族. 49-6 敢問誰○爲神. 49-22 其○爲神. 49-23 社稷之○者. 49-23 防風何○也. 49-25 ○封嵎之山者也. 50-1 有○禦之備. 55-7 是故○則同固. 55-20 以○則固. 57-19 ○情說父. 72-24 而俾○天聚者. 89-6 晉之○祀. 89-8 ○天之聚. 90-2 ○藏者也. 96-7 居者爲社稷之○. 96-9 樊仲之官○焉. 97-13 其非官○. 97-13 ○學彌惇. 99-10 ○業而不淫. 115-25 心以○志. 119-17 與鮮卑○燎. 123-12 夫○而二心. 128-16 又斃死以○之. 134-11 修典刑以○之. 135-21 周不○矣. 138-18 木不妨○備. 144-2 城○之木. 144-24 失其官○. 150-8 孤欲○吾先君之班爵. 163-21 公醫○之. 171-21 是謂○時. 174-8 蠡爲我○於國. 175-1 令大夫種○於國. 175-3 時反是○. 176-2 固○勿與. 177-15

【宅】 5

○居九隩. 24-8 文公欲弛孟文子之○. 39-6 ○. 39-8 公欲弛郈敬子之○. 39-15 非吾○也. 63-12

【安】 88

余○能知之. 13-15 其○庸刑. 14-8 而僅克○民. 25-14 而康克○之. 25-15 所以○靖神人. 30-17 若少○. 37-21 將○用之. 41-24 非欲○身也. 44-13 則我求○身. 46-5 將○勸矣. 47-3 而後即○. 48-12 而後即○. 48-14 而後即○. 48-15 無憾而後即○. 48-16 胡不自○. 48-24 其心○焉. 53-20 其心○焉. 53-25 其心○焉. 54-6 其心○焉. 54-15 國未○. 55-1 ○國若何. 55-1 則國○矣. 55-3 國既○矣. 55-4 國○矣. 55-4 以○四鄰. 57-25 而○俘女. 63-10 今不據其○. 64-3 樂樂而○○. 64-22 敬順所○爲孝. 65-13 君父之所○也. 65-16 棄○而圖. 65-16 牀笫之不○邪. 65-18 ○始而可. 66-7 非危何○. 77-12 而衆○之. 79-16 行將○入. 81-19 失衆○能殺人. 81-23 將○適. 85-4 入處不○. 85-15 民生○樂. 87-19 而知文公之○齊. 87-21 況其順身縱欲懷○. 88-6 人誰獲○. 88-8 懷與○. 88-8 若何懷○. 88-19 敢有○志. 93-13 ○能建侯. 94-2 啓土○疆. 97-1 ○信. 99-4 其誰○之. 103-3 吾○容子. 107-23 國可以少○. 109-19 ○用厥也. 112-5 和○而好敬. 116-1 ○用之. 116-7 則國○矣. 118-17 君治而國○. 118-17 不敢○易. 121-15 ○能害我. 122-25 苟可以○君利國. 123-23 ○用齊盟. 124-1 ○利其國. 124-2 不以○賈貳. 128-21 董○于多. 130-7 臣懼其不○人也. 133-17 ○民以爲樂. 143-22 君○得肥. 144-15 而小大○之也. 144-18 使民蒿焉忘其○樂. 144-19 ○用目觀. 144-19 ○知民則. 145-24 而欲自○也. 146-19 身不懷於○. 154-10 ○用勝也. 156-24 ○受其燼. 158-12 然後○受吾燼. 159-15 而又不自○恬逸. 161-4 危事不可以爲○. 162-15 王○挺志. 162-23 以○步王志. 162-23 今非王室不平○是憂. 163-18 王○厚取名而去之. 165-24 富者吾○之. 166-13 唯王所○. 169-2 ○與知恥. 172-9 ○徐而重固. 177-19 又○知是諓諓者乎. 178-15

【祁】 11

共華賈華叔堅騅歂纍虎特宮山○. 81-12 姬酉○己滕箴任荀僖姞儇依是也. 92-7 公知○奚之果而不淫也. 114-22 ○奚辭於軍尉. 115-23 公使○午爲軍尉. 116-3 而使○午及陽畢適曲沃. 119-4 問於○奚.

120-12○奚曰. 120-12 ○午見. 120-25 董○愬於范獻子. 129-17 欒有叔○之愬. 133-22

【那】 2
使富都○豎贊焉. 144-10 吴人之○不穀. 175-25

【弛】 2
文公欲○孟文子之宅. 39-6 公欲○郤敬子之宅. 39-15

【收】 13
○而場功. 16-7 功成而不○. 16-15 ○攟而蒸. 34-19 其歲○. 51-6 則蓐○也. 74-10 辱○其逋遷裔胄, 77-24 ○經入. 137-13 ○經入以食兆民. 137-14 ○以奔褒. 138-1 土氣含○. 151-8 王其無方○也. 160-19 ○文武之諸侯. 164-7 十年不○於國. 172-4

【防】 8
○民之口. 2-21 甚於○川. 2-21 不○川. 23-18 欲壅○百川. 24-1 王將○鬭川以飾宮. 25-10 ○風氏後至. 49-21 ○風何守也. 49-25 若○大川焉. 152-25

【如】 141
民亦○之. 2-22 耨穫亦○之. 5-1 ○是. 8-22 ○公命侯伯之禮. 10-5 利何○而內. 12-4 何○而外. 12-4 南冠以○夏氏. 15-25 賓入○歸. 16-22 單子○楚. 17-12 使叔孫僑○先聘. 18-11 禮○行人. 18-18 乃逐叔孫僑○. 22-8 其難也○是. 25-15 ○是. 26-17 ○是. 29-18 從善○登. 32-16 從惡○崩. 32-16 莊公○齊觀社. 34-14 遂○齊. 35-1 辰請○齊. 35-17 今我不○齊. 35-21 ○齊告糴. 35-23 室○懸磬. 36-15 亦○之. 39-15 不○寘里革於側之不忘也. 41-8 子叔聲伯○晉. 41-10 重莫○國. 41-13 棟莫○德. 41-13 譬之○疾. 41-14 襄昭皆○楚. 44-3 襄公○楚. 44-10 其誰曰不○先君. 44-17 則不○違君以避難. 44-21 不○往也. 44-23 不○予之. 45-4 ○龜焉. 45-20 苟○是. 46-3 然則意○乎. 46-17 獲○土缶. 47-7 ○季氏. 47-21 陳惠公使人以隼○仲尼之館. 50-9 ○之. 50-16 ○鮑叔之言. 52-15 不○爲善於里. 56-18 不○爲善於家. 56-18 制地分民○一. 57-7 事之○一. 62-6 何○. 63-3 誠莫○豫. 64-9 ○何. 66-5 敵之○志. 67-9 不○逃之. 67-16 不○鳥烏. 71-14 不○曰不信以疏之. 72-2 子將何○. 72-7 ○君之言. 74-10 獻公將○會. 75-6 譬之○室. 75-10 子將○何. 75-22 子將何○. 76-4 恐其○壅大川. 76-13 不○立其弟而輔之. 76-19 ○弔公子重耳之命. 78-18 則不○置不仁. 79-10 惡亦○之. 80-17 丕鄭○秦謝緩賂. 81-7 畏威○疾. 88-9 從懷○流. 88-10 畏威○疾. 88-10 從懷○流. 88-11 將○商數. 88-18 遂○楚. 91-6 同德之難也○是. 92-13 何○. 92-24 何○. 92-25 吾不○衰之文也. 93-5 ○享國君之禮. 93-7 ○賓. 93-7 有○河水. 94-18 ○穀之滋. 94-23 秦伯使公子縶○師. 95-5 豈不○女言. 96-3 遂○河上. 96-6 藏出○入. 99-7 相待○賓. 102-5 陽處父○衞. 102-12 奉之○機. 102-20 不○死. 103-25 不○捷而行. 105-15 亦○是而已. 105-19 ○草木之産也. 107-16 誰之不○. 108-1 欒武子使智武子彘恭子○周迎悼公. 113-4 臣不○魏絳. 116-17 ○何. 118-19 若皆卹國○是. 124-2 士景伯○楚. 128-4 不○亡. 130-12 簡子○晉陽. 130-18 以其賞○伯樂氏. 131-6 不○宵也. 133-4 ○是而甚不仁. 133-10 何○. 137-1 和樂○一. 137-15 夫○是. 137-15 蔡聲子將○晉. 142-2 則以王○廬戢黎. 142-18 夫子何○. 143-15 譬之○牛馬. 145-21 若常○此. 146-20 王○史老之言. 147-1 ○是. 147-5 ○是. 149-9 其小大何○. 150-17 ○或臨之. 151-13 ○餓豺狼焉. 152-8 ○遺迹焉. 153-2 王不○設戎. 158-9 譬○羣獸然. 160-18 譬○農夫作耦. 161-3 望之○荼. 163-6 左軍亦○之. 163-6 望之○火. 163-7 右軍亦○之. 163-7 望之○墨. 163-9 大夫皐○進對曰. 167-3 莫○此. 167-18 莫○此不從其伍之令. 167-19 莫○此不用王命. 167-21 莫○此淫逸不可禁也. 167-22 莫○此志行不果. 168-7 譬○蓑笠. 170-8 ○其子. 171-24 ○寡人者. 172-9 ○此則有常賞. 172-16 ○此則有常刑. 172-17 ○此不已. 174-19 蠡不○種也. 175-2 種亦不○蠡也. 175-3 蠡不○種也. 175-17 種亦不○蠡也. 175-21

【妃】 4
棄其伉儷○嬪. 17-5 九○六嬪. 53-4 克國得○. 62-18 爲王○兮. 80-15

【好】 67
○專利. 3-9 而加之以宴○. 10-5 以亂前○. 15-1 以示容合○. 15-8 宴以合○. 15-11 交酬○貨皆厚. 18-21 而○盡言. 22-3 禍不○. 25-6 宴○享賜. 26-16 且民所曹○. 30-8 厚其○貨. 37-12 來繼先君之○. 43-8 皆昭令德以合○也. 43-11 君之所以嘉先君之○也. 43-14 ○內. 49-9 ○外, 49-9 吾惡其以○內聞也. 49-10 吴子使來○聘. 49-18 有居處○學. 55-23 有居處爲義○學. 57-9 皮幣玩○. 58-2 以監其上下之所○. 58-2 吾聞君子○○而惡惡. 64-21 雖○色. 64-25 不可謂○. 64-25 ○其色. 64-25 ○專利而不忌. 65-21 甚○仁而彊. 67-22 國君○艾. 70-4 ○內. 70-4 申生甚○信而彊. 71-7 忍父而求○人. 73-9 人孰○之. 73-10 夫齊侯○示. 75-7 不忘先君之○. 77-24 不○弄戲. 79-14 ○我者勸. 84-14 而○善不厭. 90-7 受○以愛之. 93-2 ○惡不易. 95-16 惡其所○. 95-23 且○諫而不隱也. 115-2 修○申盟而還. 115-8 ○學而不戲. 115-25 和安而○敬. 116-1 戎狄無親而○得. 116-6 敬學而○仁. 121-16 和於政而○其道. 121-16 謀於衆不以賈○. 121-16 而○讒慝暗昧. 137-7 ○窮固也. 137-21 合其嘉○. 151-14 ○罷民力. 154-12 以成私○. 154-12 六畜玩○必從. 154-13 若諸侯之○幣具. 155-1 可○也. 156-13 ○之不偪. 156-14 人○之則偪. 156-15 非實忠心○吴也. 159-10 夫固知君王之蓋威以○勝也. 159-13 夫越王○信以愛民. 159-16 唯○之故. 160-25 兩君偃兵接○. 163-14 ○用凶器. 174-13 玩○女樂. 174-19

【羽】 15
堯用殛之于○山. 24-3 鍾尚○. 29-11 細不過○. 29-12 第以及○. 29-12 是以金尚○. 29-13 名之曰○. 31-17 被○先升. 66-2 ○旄齒革. 91-9 以免子○. 113-23 殛之于○山. 126-12 以入于○淵. 126-13 皮革○毛. 154-24 皆白裳白旂素甲白○之矰. 163-5 皆赤裳赤旟丹甲朱○之矰. 163-6 皆玄裳玄旗黑甲烏○之矰. 163-8

【牟】 5
築五鹿中○蓋與牡丘. 60-17 椒舉娶於申公子○. 141-25 子○有罪而亡. 141-25 今椒舉娶於子○. 143-10 子○得罪而亡. 143-10

【巡】 2
若王○守. 16-25 ○於天下. 94-16

【弄】 1
不好○戲. 79-14

【形】 3
天地○之. 175-19 天地未○. 176-13 天有還○. 178-1

【戒】 36
咸○公卿百吏庶民. 4-8 咸○農用. 4-9 保任○懼. 9-16 火見而清風○寒. 16-4 可以○懼矣. 21-22 其欲教民○也. 32-11 其母○其妾曰. 49-9 子服景伯○宰人曰. 50-17 今吾子之○吏人曰. 50-23 從政者不可以不○. 63-15 其○之乎. 64-16 監○而謀. 80-8 ○備畢矣. 80-9 召軍吏而○樂正. 103-14 而今可以○矣. 107-7 寵至而益○. 107-7 盡○之術也. 107-12 ○之. 107-14 韓子之○. 108-3 君與二三臣其○之. 110-22 以其惡○. 117-8 厚箴○圖以待之. 119-1 徧○其所知. 129-12 以○勸其心. 140-12 而○懼焉. 140-17 明敬○以導之事. 140-23 朝夕以交○我. 146-9 於是乎作懿○以自儆也. 146-14 以禦數○者. 146-19 以○不虞者也. 154-25 以監○也. 157-4 乃大○師徒. 159-23 乃○. 162-25 息民不○. 165-15 今罷師而不○以忘我. 165-16 乃大○師. 165-25

【扶】 1
侏儒○盧. 100-24

【拒】 1
其退者○違. 65-22

【走】 15
若從君而○患. 44-20 告奔○也. 45-18 望大難○. 73-22 不可以○望. 73-22 ○之易達. 73-24 後出同○. 74-3 不若○梁. 74-4 公懼而○. 74-9 無○. 74-9 舅犯○. 88-21 吾何○乎. 134-10 乃○晉陽. 134-14 倚相將奔○承序. 146-6 民懼而○. 162-8 流○死亡. 176-3

【攻】 17
有○伐之兵. 2-4 君有○伐之器. 55-6 狄人○邢. 59-24 狄人○衞. 59-25 ○虢. 75-2 趙穿○公於桃園. 104-1 我欲以吾宗與吾黨夾而○之. 111-12 吾雖欲○之. 112-7 宣子欲○之. 120-8 儆將○之. 128-21 則三萃以○其王族. 143-1 庶民○之. 145-1 以勢○. 163-9 將以夾○我師. 168-15 以襲○之. 168-17 我○而勝之. 171-1 吾○而勝之. 171-1

【赤】 7
渠門○旂. 59-20 公謂羊舌○曰. 115-14 ○對曰. 115-15 ○也. 120-9 皆○裳○旟丹甲朱羽之矰. 163-6 市無○米. 165-18

【折】 5
無毀○. 14-20 體解節○. 15-7 於是乎有○俎加豆. 15-8 夫棟○而榱崩. 46-10 ○委笄. 104-12

【孝】 29
立○公. 5-19 魯侯○. 5-21 乃命魯○公於夷宮. 5-24 言○必及神. 22-14 ○. 22-20 昭神能○. 22-23 而令德○恭. 23-10 齊○公來伐魯. 36-7 昭○也. 39-23 昭○之至也. 39-23 子與子言○. 53-19 慈○於父母. 55-24 有不慈○於父母. 56-4 慈○於父母. 57-9 有不慈○於父母. 57-13 事父以○. 65-13 敬順所安爲○. 65-13 作令不○. 65-14 ○敬忠貞. 65-15 遠於○矣. 65-16 懼不○. 69-18 ○也. 72-24 愛其父○也. 79-7 ○公即位. 87-20 ○友二虢. 100-14 有○德以出在公族. 130-21 明恭儉以導之○. 140-23 ○順以納之. 141-6 祀所以昭○息民撫國家定百姓也. 151-1

【坎】 2
○. 94-4 ○. 94-6

【均】 17
而○布福焉. 7-9 忠分則○. 10-9 分○無怨. 10-10 其餘以○分公侯

伯子男. 13-1 律所以立○出度也. 30-12 度律○鍾. 30-13 ○利器用. 30-25 而平○其政事. 34-7 堯能單○刑法以儀民. 38-9 陵阜陸墐井田疇○. 56-22 ○服振振. 75-3 乃○其祿. 126-6 舜有商○. 140-7 君王○之. 153-25 ○之. 154-1 楚國之能平○. 157-10 食土不○. 167-13

【抑】 23

○晉國之舉也. 19-15 其○下滋甚. 19-22 ○人故也. 21-11 細○大陵. 29-23 ○其惡爲人用也乎. 32-1 ○刑戮也. 40-6 ○知其不可乎. 41-12 ○君也. 45-14 信○闕矣. 46-20 ○君亦樂其吉. 62-21 ○二大夫之言. 64-10 ○驪姬之不存側邪. 65-19 ○欲測吾心也. 70-7 ○未有以致罪焉. 71-9 ○有所聞之乎. 71-19 ○撓志以從君. 72-9 ○年少而執官者衆. 107-23 ○人之有元君. 113-6 ○厲鬼邪. 126-11 叔魚○邢侯. 128-6 ○爲保鄣乎. 130-13 ○臣亦有懼也. 133-15 而爲之聳善而○惡焉. 140-12

【投】 1

而○之於江. 161-20

【抗】 1

而○宋. 98-14

【志】 71

而民有遠○. 7-12 是皆明神之○者也. 7-19 使無有遠○. 13-19 將有遠○. 27-17 夫惠本而後民歸之○. 34-5 弟子○之. 48-25 則必得○於天下. 52-18 則難以速得○矣. 55-6 則難以速得○矣. 55-7 君若欲速得○於天下諸侯. 55-7 流○而行. 63-17 ○重. 66-8 敵之如○. 67-9 ○行而衆悅. 68-6 其○益廣. 71-6 以變其○. 72-4 ○少疏. 72-4 抑撓○以從君. 72-9 殺身以成○. 72-25 又何敢有他○. 78-16 ○道者勿忘. 81-3 將待刑以快君○. 85-4 臣得其○. 85-5 臣得其○. 85-21 二三子○之. 87-14 而有終焉之○也. 87-21 同心則同○. 92-17 同○雖遠. 92-18 禮○有之曰. 92-25 敢有安○. 93-13 君若恣○以用重耳. 93-19 而得○於諸侯. 98-24 ○德義之府也. 99-10 祇以解○. 104-20 導前○以佐先君. 107-19 ○在子. 108-3 君知士貞子之帥○博聞. 114-11 臣聞絳之○. 115-16 彊○而用命. 115-25 寡人無不得○. 117-1 能○善也. 117-5 民○不厭. 118-5 亦掄逞○虧君以亂國者之後. 118-11 彼若求逞○. 119-2 心以守○. 119-17 私○雖衷. 121-16 惑以喪○. 125-7 略則行○. 126-24 而主弗○. 130-9 ○父寄也. 131-16 ○有之曰. 133-16 以耀明其○. 140-14 教之故○. 140-17 其在○也. 145-7 皆○於諸侯. 145-15 必誦○而納之. 146-10 朝夕勤○. 154-10 以濟其○. 154-12 孤將有大○於齊. 159-8 以得其○. 159-13 以從逸王○. 159-14 此○也. 160-16 王若不得○於齊. 161-11 將成其○. 162-11 王安挺○. 162-23 以安步王○. 162-23 ○行不足以聽命者歸. 168-6 莫如此○行不果. 168-7 而患其○行之少恥也. 172-12 不患其○行之少恥也. 172-13 交得其○. 175-16

【把】 1

烝嘗不過○握. 150-18

【邯】 2

與○鄲勝擊齊之左. 46-23 ○鄲之倉庫實. 134-12

【芰】 7

屈到嗜○. 141-18 祭我必以○. 141-18 宗老將薦○. 141-19 子夕嗜○. 148-3 子木有羊饋而無○薦. 148-3 以之道而去○薦. 148-8 而欲薦○以干之. 148-9

【茉】 1

主○騩而食溱洧. 135-21

【芮】 17

○良夫曰. 3-8 呂甥郤○相晉侯. 8-13 冀○曰. 74-3 夷吾告冀○曰. 77-11 冀○曰. 77-11 夷吾告冀○曰. 78-19 冀○曰. 78-19 穆公問冀○曰. 79-13 ○也. 80-23 冀○也. 81-1 秦人殺冀○而施之. 81-3 君厚問以召呂甥郤稱冀○而止之. 81-8 冀○曰. 81-10 呂甥冀○帥師. 95-4 於是呂甥冀○畏偪. 96-1 冀○之子也. 102-5 西有虞虢晉隗霍楊魏○. 135-9

【芰】 1

耒耜耡○. 54-9

【克】 78

○配彼天. 3-13 晉既○楚于鄢. 18-20 以晉國之○也. 19-1 晉之○也. 20-4 戎商必○. 23-13 ○厭帝心. 24-11 而僅○安民. 25-14 而康○安之. 25-15 未○而崩. 32-3 昔武王○殷. 32-9 若楚之○魯. 45-2 若不○魯. 45-4 昔武王○商. 50-10 ○之. 62-16 ○國得妃. 62-18 里○曰. 63-2 將不○饗. 64-7 驪姬不○. 64-11 ○之. 64-12 里○丕鄭荀息相見. 65-4 里○曰. 65-4 里○曰. 65-8 可○也. 65-25 遂○之. 66-3 行之○也. 67-14 若其不○. 67-15 雖○與否. 67-15 ○霍而反. 67-21 里○諫曰. 69-9 里○對曰. 69-11 里○退. 69-16 里○曰. 69-17 吾難里○. 71-11 吾來里○. 71-11 使優施飲里○酒. 71-13 謂里○妻曰. 71-13 里○笑曰. 71-15 里○辟奠. 71-18 里○曰. 71-21 旦而里○見丕鄭. 71-23 里○曰. 72-5 里○曰. 72-8 里○將殺奚齊. 75-21 里○曰. 75-23 里○告丕鄭曰. 76-4 里○曰. 76-9 ○聞之. 76-9 里○又殺卓子. 76-20 里○及丕鄭使屠岸夷. 76-21 里○欲納我. 76-23 罪人○伏其辜. 77-22 中大夫里○與我矣. 78-22 惠公既殺里○而悔之. 80-23 而殺里○. 81-6 聞里○死. 81-14 殺里○. 81-22 亦不○救. 83-14 出戰不○. 85-15 若○有成. 88-23 子若○復晉國. 91-8 ○成令名. 95-22 不○. 104-1 ○也以君命命三軍之士. 105-2 ○也何力之有焉. 105-3 寡君使○也. 105-9 伐果不○. 112-7 昔○潞之役. 114-7 不○而死. 118-4 欒盈不○. 119-7 中行伯既○. 128-22 以○復其所. 130-23 無不○矣. 135-17 若○二邑. 135-17 禍又不○. 136-3 先君以是除亂○敵. 144-5 鄭幾不○. 145-10 蔑不○矣. 156-5 夫差○有成事. 165-8

【杜】 7

○伯射王於鄗. 7-18 狐突○門不出. 70-11 公命殺○原款. 72-16 ○原款將死. 72-18 親止○回. 114-9 在周爲唐○氏. 120-2 ○門不出. 147-24

【材】 19

虞人入○. 16-20 文之○也. 22-21 故能生是良○. 32-20 夫苦匏不○於人. 44-7 沃土之民不○. 48-8 賢○在後. 53-7 論比協○. 53-23 卿○三人從之. 89-25 三○侍之. 91-17 官師之所○也. 100-23 官師之所不○也. 101-1 其稟而不○. 113-7 駕而乘○. 131-12 擇○而薦之. 132-4 以生柔嘉○者也. 136-13 ○兆物. 137-13 其大夫皆卿○也. 142-7 雖楚有○. 142-8 若之何其遺之○也. 142-9

【杖】 1

擊之以○. 104-12

【杌】 1

檮○次於丕山. 7-16

【巫】 6

得衞○. 2-19 賜申公○臣. 143-5 恭王使○臣聘於齊. 143-6 則申公○臣之爲也. 143-9 在女曰○. 149-10 家爲○史. 149-23

【杞】 3

○繒由大姒. 11-21 ○鄫猶在. 24-17 若○梓皮革焉. 142-8

【求】 93

我○懿德. 1-6 阜其財○. 1-8 無有○利於其官. 5-4 將何以○福用民. 5-9 而○福焉. 8-10 而○用焉. 8-10 而○利焉. 8-12 ○無不至. 12-6 上○不暨. 12-8 將必○之. 19-18 ○蓋人. 19-22 ○福不回. 19-24 是○蓋七人也. 20-1 有三姦以○替其上. 20-12 ○無不獲. 28-25 ○則不獲. 29-8 ○福無不豐. 34-9 夫民○不匱於財. 34-11 而神○優裕於享者也. 34-11 又○自邇. 40-13 ○說其侮. 44-18 而又○入焉. 45-4 晉欒王鮒○貨於穆子. 45-25 則我○安身. 46-5 非以○遠也. 46-25 ○諸故府. 50-16 使○. 50-16 ○來. 51-2 不度而迂○. 64-4 其臣競諂以○媚. 65-21 又何○焉. 67-20 ○必益廣. 68-23 利方以○成人. 72-10 棄寵○廣土而竄伏焉. 72-20 忍父而○好人. 73-9 殺父以○利人. 73-10 不哀喪而○國. 76-25 子厚賂秦人以○入. 77-11 無愛虛以○入. 77-15 父死在堂而○利. 78-12 君若○置晉君而載之. 79-9 君若○置晉君以成名於天下. 79-9 ○善以終. 87-10 又何○焉. 87-13 人不○及. 88-7 而○用於人. 93-2 勃鞮○見. 95-10 以○殺余. 95-14 故○見公. 96-2 二子○公不獲. 96-6 乃○見. 96-7 何以○諸侯. 96-24 吾○君子久矣. 102-13 子得所○. 102-14 可以○之. 108-1 而○王者之功. 108-10 弑君以○威. 112-1 故○元君而訪焉. 113-10 彼若○逞志. 119-2 秦景公使其弟鍼來○成. 122-9 欒王鮒○貨焉. 123-16 ○治之. 123-18 不○致也. 123-18 以○直. 128-5 必將○利於我. 128-16 ○繫. 129-19 ○援. 129-19 又○賢人. 132-14 夫地也○飲吾欲. 134-9 ○財於有方. 137-16 必○之申. 138-17 時至而○用. 138-22 ○賢良以翼之. 140-19 旁○四方之賢. 147-5 使以象旁○聖人. 147-11 ○用不匱. 149-20 故○備物. 150-19 不○豐大. 150-19 人生○富. 152-16 又○見. 153-7 盍○若敖氏與子干子晳之族而近之. 156-23 人○多聞善敗. 157-4 吾又何○. 159-9 ○殘我社稷宗廟. 166-2 ○以報吳. 166-7 ○以報吳. 166-9 ○以報吳. 166-12 ○以報吳. 166-14 ○以報吳. 166-16 ○殘吾社稷宗廟. 166-21 必○之. 170-9 然後乃○謀臣. 170-9 又何○焉. 171-6

【車】 41

故爲○服旗章以旌之. 9-10 工人展○. 16-21 以○一乘. 22-10 ○服. 39-7 與其○服. 39-9 服其○服. 39-11 則請納祿與○服而違署. 39-12 大夫有貳○. 45-17 節專○. 49-18 其骨節專○. 49-22 戎○待遊○之裹. 53-5 奉之以○馬衣裘. 57-25 有革○八百乘. 58-21 懸○束馬. 59-6 兵○之屬六. 59-11 乘○之會三. 59-11 君揖大夫就○. 83-10 鄭之○. 83-12 ○也. 94-4 ○班外內. 94-5 ○也. 94-6 主雷與○. 94-6 ○有震. 94-7 ○上水下. 94-10 趙孟使人以其乘○干行. 103-1 而暮戮其○. 103-2 在此○也. 104-17 ○無退表. 104-18 遇大○當道而覆. 105-13 以○一乘. 110-13 輅○十五乘. 116-22 其○千乘. 125-23 其○五乘. 125-23 而能金玉其○. 126-4 夫郤氏有○轅之難. 133-22 唯是○馬兵甲卒伍既具. 166-3 唯是○馬兵甲卒伍既具. 166-

22 水則資○. 170-7 不能乘其○. 171-1 唯舟與○. 175-25
【甫】 3
於是乎與虢石○比. 63-7 問於孫林○. 120-10 孫林○曰. 120-10
【更】 8
○姓改物. 13-9 今命臣○次於外. 39-18 而○其書. 40-12 不○厥貞. 80-12 姓利相○. 92-21 若○君而周訓之. 137-3 庶悛而○乎. 153-11 寡人請○. 171-10
【束】 4
於是莊公使○縛以予齊使. 52-22 坐成以○矢. 58-7 懸車○馬. 59-6 每朝設脯一○糗一筐. 152-14
【吾】 417
○聞夫犬戎樹惇. 2-10 ○能弭謗矣. 2-20 昔○驟諫王. 3-19 ○聞之. 6-25 今○聞子頹歌舞不息. 7-1 ○其若之何. 8-2 昔○驟諫王. 12-19 宜○不敢服也. 13-20 ○聞王室之禮. 14-20 是○力也. 19-11 ○有三伐. 19-11 ○三逐楚軍之卒. 19-11 ○曰. 19-15 ○懼政之未及子也. 19-15 ○又過於四之. 19-18 以○觀之. 20-12 雖○王叔. 20-13 ○非瞽史. 21-11 ○見晉君之容. 21-11 ○是以云. 21-21 ○聞之. 22-5 ○聞晉之筮之也. 23-6 且○聞成公之生也. 23-7 ○聞之大誓. 23-12 今○執政. 25-2 ○朝夕儆懼. 25-16 ○聞之曰. 26-13 ○周官之於災備也. 28-6 ○見雄雞自斷其尾. 31-25 ○以爲信畜矣. 32-1 ○屬欲美之. 35-6 君不命○子. 35-19 ○子請之. 35-19 ○子不可以不速行. 37-20 信○過也. 39-4 ○欲利子於外之寬者. 39-6 不憚以○故. 40-11○過而里革匡我. 41-7 使○無忘諗. 41-8 ○聞之. 41-12 ○不圖矣. 41-19 ○亦願之. 42-5 然○觀國人. 42-5 ○是以不敢. 42-6 且○聞以德榮爲國華. 42-7 ○子舍其大. 43-6 ○惑之. 45-15 ○爲子請於楚. 45-25 是我會○私也. 46-3 ○其若諸侯之事何. 46-4 ○不難爲戮. 46-9 養○棟也. 46-10 ○懼壓焉. 46-10 ○穿井而獲狗. 47-8 ○能老而已. 47-11 ○聞之先姑曰. 47-12 ○聞之先子曰. 47-18 皆非○所敢言也. 48-1 ○語女. 48-6 ○冀而朝夕修我曰. 48-23 ○聞之. 49-9 今○子夭死. 49-10 ○惡其以好內聞也. 49-10 是昭○子也. 49-12 無以○命. 49-19 笑○子之大也. 50-18 今○子之戒吏人曰. 50-23 今○子之教官僚. 50-24 則其管夷○乎. 52-6 臣之所不若夷○者五. 52-7 夫管夷○. 52-10 夫知○將用之. 52-13 昔○先君襄公. 53-2 昔○先王昭王穆王. 53-9 ○欲從事於諸侯. 54-25 ○欲從事於諸侯. 57-20 鄰國未○親也. 57-21 審○疆場. 57-22 ○欲南伐. 58-11 ○欲西伐. 58-14 ○欲北伐. 58-16 唯能用管夷○甯戚隰朋賓胥無鮑叔牙之屬. 60-21 ○以子見天子. 62-5 非○宅也. 63-12 ○聞以亂聚者. 64-1 ○觀君夫人也. 64-6 夷○處屈. 64-14 ○聞君子好好而惡惡. 64-21 ○聞事君者. 65-5 ○聞事君者. 65-6 ○其靜也. 65-9 ○聞之羊舌大夫曰. 65-12 ○其止也. 65-16 ○不言. 65-25 ○欲作大事. 66-4 ○欲爲難. 66-6 且○聞之. 66-12 公子夷○處焉. 66-20 ○將諫以觀之. 66-25 然○聞之. 67-18 ○聞申生. 67-22 ○聞之外人言曰. 68-1 ○豈知紂之善否哉. 68-10 ○將圖之. 68-17 ○邊鄙不儆. 68-24 子無謀○父子之間. 69-15 ○以此觀之. 69-15 且○聞之曰. 69-19 抑欲測○心也. 70-7 ○聞申生之謀愈深. 71-4 ○固告君日得衆. 71-5 ○聞之. 71-7 ○不忘也. 71-9 ○難里克. 71-11 ○來里克. 71-11 ○以從之飲酒. 71-12 暇豫之○○. 71-14 ○秉君以殺太子. 71-21 ○不忍. 71-21○不敢. 71-22 ○對以中立. 72-2 ○不敢. 72-9 ○不能. 72-10 ○聞君子不去情. 72-23 ○誰鄉而入. 73-4 ○聞之. 73-5 ○將伏以俟命. 73-8 ○君老矣. 73-13 奈○君何. 73-14 而圖○君. 73-14 重耳夷○. 73-16 令賈華刺夷○. 73-18 夷○逃于梁. 73-18 公子夷○亦出奔. 74-2 盍從○兄竄於狄乎. 74-2 秦親○君. 74-5 ○君老矣. 74-5 以○存也. 74-5 是○免也. 74-6 ○乃今知之. 74-13 ○聞之曰. 74-14 ○不忍俟也. 74-19 ○不去. 75-1 ○聞之. 75-11 死○君而殺其孤. 75-22 ○有死而已. 75-22 ○蔑從之矣. 75-22 ○言既往矣. 76-2 豈能欲行○言. 76-2 而又愛○身乎. 76-2 ○請爲子鉥. 76-23 告公子夷○于梁. 77-10 ○主子. 77-11 夷○告冀芮曰. 77-11 公子夷○出見使者. 77-15 ○誰使先. 78-5 弔公子夷○于梁. 78-18 夷○告冀芮曰. 78-19 公子夷○出見使者. 78-21 ○命之以汾陽之田百萬. 78-23 ○命之以負蔡之田七十萬. 78-24 ○與公子重耳. 79-6 是故先置公子夷○. 79-12 夷○之少也. 79-14 夷○不佞. 79-16 ○是之依兮. 80-15 ○謀也. 81-17 昔○之不納公子重耳而納晉君. 83-7 是○不置德而置服也. 83-8 ○又奚言哉. 83-9 ○必勝之. 83-10 ○豈將徒殺之. 83-20 ○將以公子重耳代之. 83-21 ○君慙焉. 84-10 ○寧事齊楚. 84-17 ○固將歸君. 84-20 ○君之入也. 84-23 ○來此也. 87-4 ○曰. 87-5 ○不適齊楚. 87-7 ○以除之矣. 87-23 ○不動矣. 88-5 ○從中也. 88-12 ○其從之. 88-12 ○聞晉之始封也. 88-16 ○食舅氏之肉. 88-21 ○觀晉公子. 89-13 ○先君武公. 90-21 ○不如衰之文也. 93-5 ○其濟乎. 94-19 ○以君爲已知之矣. 95-15 然是○惡心也. 96-4 ○請去之. 96-4 宜○不得見也. 96-8 ○不能行也. 100-1 ○以治國爲易. 100-3 ○欲使陽處父傅讙也. 100-6 ○求君子久矣. 102-13 ○見其貌而欲之. 102-15 ○懼未獲其利. 102-22 ○聞事君者. 103-3 ○言女於君. 103-5 ○何以從政. 103-6 ○故以是觀女. 103-6 ○舉厥也而中. 103-8 ○乃今知免於罪矣. 103-9 ○備鍾鼓. 103-20 ○聞之. 104-5 ○知三焉. 104-10 ○不在晉國. 104-11 ○子忍之. 104-19 女亦知○望爾也乎. 104-24 ○知免矣. 105-1 若俟○避. 105-14 ○言於朝. 105-21 ○飲諸大夫酒. 105-23 昔○逮事莊主. 107-4 ○老矣. 107-6 ○聞古之言王者. 107-8 ○子勉之. 107-18 ○子勉之. 107-22 ○安容子. 107-23 若以○意. 108-6 ○聞之爲人臣者. 109-3 ○聞之. 109-7 今○司寇之刀鋸日弊. 109-8 今○外刑乎大人. 109-11 ○聞之. 109-17 ○君將伐智而多力. 109-22 非○所知也. 110-5 ○何福以及此. 110-20 ○聞之. 110-20 ○庸知天之不授晉. 110-21 ○恐及焉. 111-1 凡○宗祝. 111-1 ○歸子. 111-4 我欲以○宗與○黨夾而攻之. 111-12 非○所能爲也. 112-2 昔者○畜於趙氏. 112-3 ○能違兵. 112-4 ○雖欲攻之. 112-7 恐及○身. 118-7 今○若起瑕原韓魏之後. 118-16 欒書立○先君. 118-19 且○子之心有出焉. 120-9 則非○所知也. 120-12 是○罪也. 120-14 是反○子也. 120-17 待○爲子殺之. 120-18 且○子之家老也. 120-21 ○聞國家有大事. 120-21 聞○子有和之怒. 120-23 ○以爲不信. 120-24 今○子嗣位. 121-9 昔者○有訾祏也. 121-13 ○朝夕顧焉. 121-14 且爲○家. 121-14 今○觀女也. 121-14 昔○先君唐叔. 121-24 今君嗣○先君唐叔. 121-25 是揚○君之恥者也. 122-1 ○蔑與比而事君矣. 122-4 ○所能禦也. 122-15 ○臣之所爭者大. 122-16 是○出而危之也. 123-21 ○聞之曰. 124-4 ○不善. 124-8 ○懼不免. 124-10 ○誰與歸. 124-15 ○子不能諫惑. 125-12 ○是以云. 125-20 ○有卿之名. 126-19 ○是以憂. 126-20 今○子有欒武子之貧. 127-5 ○以爲能其德矣. 127-5 嘉○子之賜. 127-7 失○信也. 128-18 是我以鼓教○邊鄙貳也. 128-20 ○定而祿爵. 129-4 ○何德之務. 129-7 ○適魯而名其二諱. 129-13 不○敬也. 129-18 ○主以不賄聞於諸侯. 129-24 ○子一食之間而三歎. 130-2 ○. 130-3 ○將往焉. 130-17 今○子嗣位. 131-1 ○何爲不增. 131-3 ○幾不爲人矣. 131-5 子免○死. 131-6 ○爲主圖. 131-7 ○伏弢衉血. 131-8 ○九上九下. 131-10 ○兩鞁將絕. 131-11 ○能止之. 131-12 ○願得范中行之良臣. 132-1 ○言實過矣. 132-10 未應○問. 132-13 ○是以賀. 132-15 ○聞之. 133-1 ○是以懼. 133-2 ○無使也. 134-7 ○不幸有疾. 134-8 夫地也求飲○欲. 134-9 是養○疾而干○祿也. 134-9 ○不與皆斃. 134-9 ○何走乎. 134-10 昆○爲夏伯矣. 136-14 己姓昆○蘇顧溫董. 136-15 ○歸子. 142-5 ○甥也. 142-6 若合而函○中. 142-25 ○上下必敗其左右. 143-1 庶幾赦○罪. 143-12 ○倍其室. 143-20 ○不服諸夏而獨事晉. 145-5 今○城三國. 145-5 ○欲已子張之諫. 146-22 ○盡聞之矣. 146-24 ○憖寘之於耳. 147-21 ○有妾而愿. 148-2 ○子經營楚國. 148-8 ○見令尹. 152-7 平王殺○父. 153-16 ○先人以善事君. 153-20 ○思父. 153-22 ○知之矣. 153-25 ○聞君子. 154-2 今○子臨政而歎. 154-5 闔廬能敗○師. 154-6 ○聞其嗣又甚焉. 154-7 ○是以歎. 154-7 今○聞夫差. 154-12 ○聞之. 155-19 ○聞之. 156-13 ○聞國家將敗. 156-18 ○語子何益. 157-5 ○知逃也已. 157-5 ○怨其棄○言. 157-9 ○不義也. 157-11 ○以卜之於天. 158-10 必許○成. 158-11 而不○足也. 158-11 ○將許越成. 159-8 而無拂○慮. 159-8 ○又何求. 159-9 ○振旅焉. 159-9 又非懾畏○兵甲之彊也. 159-10 將還玩○國於股掌之上. 159-12 使○甲兵鈍弊. 159-14 然後安受○燼. 159-15 及○猶可以戰也. 159-17 則○何以春秋曜○軍士. 159-18 以伺○閒. 160-3 天奪○食. 160-17 昔○先王. 161-2 出則罪○衆. 161-5 昔○先王. 161-8 ○先君得之也. 161-13 以懸○目於東門. 161-17 今○道路脩遠. 162-5 ○須之不能. 162-11 ○民恐叛. 162-12 ○道路悠遠. 162-14 孤欲守○先君之班爵. 163-21 ○先君闔廬. 164-22 ○謂吳王將遂涉○地. 165-16 ○用禦兒臨之. 165-23 ○欲與之徼天之衷. 166-2 疾者○問之. 166-8 死者○葬之. 166-8 ○寬民以子之. 166-10 ○修令寬刑. 166-11 富者○安之. 166-13 貧者○與之. 166-13 求殘○社稷宗廟. 166-21 ○欲與之徼天之衷. 166-22 ○問於王孫包胥. 166-23 ○見子於此止矣. 167-11 ○見子於此. 167-15 ○與子圖之. 168-1 ○與子圖之. 168-5 ○與之共知越國之政. 170-5 ○不能居其地. 171-1 ○攻而勝之. 171-1 ○能居其地. 171-2 ○能乘其舟. 171-2 昔者夫差恥○君於諸侯之國. 172-6 親○君也. 172-10 ○不欲匹夫之勇也. 172-15 孰是○君也. 172-18 ○請達王甬句東. 172-23 ○與君爲二君乎. 172-23 ○將殘汝社稷. 172-25 ○已斷之矣. 174-15 ○不用子之言. 174-16 ○年既少. 175-24 ○百姓之不圖. 175-25 ○欲與子謀之. 176-1 ○與子謀吳. 176-6 ○與子謀吳. 176-11 ○與子謀吳. 176-15 ○與子言人事. 176-18 盈○陰節. 177-17 ○欲勿許. 178-7 ○王敢無聽天之命. 178-9 昔○先君. 178-13 ○猶禽獸也. 178-15 子聽○言. 179-1 ○與子分國. 179-1 不聽○言. 179-1
【豆】 4
於是乎有折俎加○. 15-8 籩○脯醢. 141-23 大不過容宴○. 144-1 觴酒○肉簞食. 166-6
【郚】 1
○歜閻職. 157-1

【酉】 2

姬○祁己滕箴任荀僖姞儇依是也. 92-7 乙○. 113-20

【辰】 21

富○諫曰. 11-5 富○諫曰. 11-19 富○曰. 12-19 夫○角見而雨畢. 16-3 ○在斗柄. 31-6 星與日○之位. 31-6 ○馬農祥也. 31-10 當○. 31-17 ○在戌上. 31-17 ○也備卿. 35-17 ○請如齊. 35-17 帝嚳能序三○以固民. 38-9 及天之三○. 38-20 龍尾伏○. 75-3 是謂大○. 94-22 ○以成善. 94-22 且以○出. 94-25 甲○. 95-6 以一純二精三牲四時五色六律七事八種九祭十日十二○以致之. 150-19 諸侯祀天地三○. 151-6 擇其令○. 151-10

【否】 16

遇乾之○. 23-6 夫天道導可而省○. 32-23 君子則○. 36-15 且善○莫不信. 66-10 雖克與○. 67-15 吾豈知紂之善○哉. 68-10 又知可○. 68-25 今晉侯不量齊德之豐○. 75-17 微知可○. 78-7 君子則○. 84-21 其君子則○. 84-22 薦可而替○. 132-4 ○則退. 132-6 ○則赧. 141-8 其餘則○. 154-4 龜足以憲臧○. 155-7

【夾】 6

二閒○鍾. 30-21 以○輔先王. 36-19 ○輔平王. 90-22 我欲以吾宗與吾黨○而攻之. 111-12 將○溝而　我. 162-9 將以○攻我師. 168-15

【豕】 7

封○豺狼也. 12-16 少溲於○牢. 100-12 是虎目而○喙. 119-21 在商爲○韋氏. 120-2 大彭○韋爲商伯矣. 136-15 彭姓彭祖○韋諸稽. 136-16 必自射牛刲羊擊○. 151-17

【羋】 5

荀○姓實嗣. 44-15 其在○姓乎. 136-20 ○姓夔越. 136-20 蠻○蠻矣. 136-22 姜嬴荆○. 136-23

【步】 8

視遠○高. 21-4 足以○目. 21-13 而足不○目. 21-14 ○言視聽. 21-16 不過○武尺寸之閒. 28-14 ○揚御戎. 82-18 王乃○就王孫雒曰. 162-13 以安○王志. 162-23

【旱】 6

瞻彼○麓. 27-24 夫○麓之榛楛殖. 27-24 今○而聽於君. 82-6 若天○. 147-7 使無水○之災. 155-7 ○則資舟. 170-7

【貝】 1

以胡公入於○水. 157-1

【見】 139

魯武公以括與戲○王. 5-12 鄭厲公○虢叔. 6-25 是以或○神以興. 7-13 今其胄○. 8-5 神之○也. 8-5 王○其語. 14-20 以時相○. 15-4 留賓不○. 15-25 夫辰角○而雨畢. 16-3 天根○而水涸. 16-3 本○而草木節解. 16-3 駟○而隕霜. 16-4 火○而清風戒寒. 16-4 火之初○. 16-8 ○王孫說. 18-11 郤至○邵桓公. 18-23 今夫子○我. 19-1 ○其君必下而趨. 19-12 單襄公○晉厲公. 21-4 晉郤錡○. 21-4 郤犨○. 21-5 郤至○. 21-6 齊國佐○. 21-6 魯成公○. 21-7 吾○晉君之容. 21-11 夫○亂而不惕. 25-8 猶目所不○. 28-14 ○雄雞自斷其尾. 31-24 吾○雄雞自斷其尾. 31-25 ○單穆公曰. 32-7 齊侯○使者曰. 36-14 則兩君相○之樂也. 43-11 晉叔向○叔孫穆子曰. 44-4 蔡公孫歸生與鄭罕虎○叔孫穆子. 45-13 而敢設服以○諸侯之大夫乎. 45-19 乃出○之. 46-11 子服惠伯○韓宣子. 46-19 而入○. 47-22 不○異物而遷焉. 53-20 不○異物而遷焉. 53-25 不○異物而遷焉. 54-6 不○異物而遷焉. 54-15 有司○而不以告. 54-17 畫戰目相○. 55-19 桓公親○之. 56-6 出○客. 59-17 吾以子○天子. 62-5 里克丕鄭荀息相○. 65-4 ○翟相之氛. 65-17 ○太子. 69-16 旦而里克○丕鄭. 71-23 驪姬○申生而哭之. 73-9 公子重耳出○使者. 77-5 公子夷吾出○使者. 77-15 公子重耳出○使者. 78-14 公子夷吾出○使者. 78-21 佞之○佞. 80-4 詐之○詐. 80-5 以○天子. 80-19 ○共華曰. 81-15 出○使者. 83-2 寡人將親○. 83-3 ○懷思威. 88-10 秦伯○公子曰. 91-24 勃鞮求○. 95-10 異日○我. 95-15 且不○我. 95-25 故求○公. 96-2 公懼遽出○之. 96-3 乃求○. 96-7 宜吾不得○也. 96-8 公遽○之. 96-10 臣○其不忘敬也. 102-10 公○之. 102-11 吾○其貌而欲之. 102-15 郤獻子○. 105-2 范文子○. 105-3 欒武子○. 105-5 請以○. 105-20○欒武子. 107-4 ○中行宣子. 107-6 ○范文子. 107-7 ○郤駒伯. 107-13 ○韓獻子. 107-14 ○智武子. 107-18 ○苦成叔子. 107-23 ○溫季子. 108-1 ○張老而語之. 108-2 子○無土而欲富者. 108-10 ○王. 108-22 屬○不穀而下. 108-24 郤至甲胄而○客. 108-24 必○孫周. 111-8 必○之. 111-9 ○孫周. 111-10 公親○之. 113-19 ○宣子曰. 120-19 司馬侯○. 120-23 祁午○. 120-25 叔向○司馬侯之子. 122-3 而小不○陵矣. 124-3 張老夕焉而○之. 124-7 爲後世之○之也. 124-12 ○利而不顧其君. 124-18 趙文子○之. 124-21 公○子產. 126-18 叔向○韓宣子. 126-19 若○壘培. 130-18 是○寅與吉射也. 130-18 ○壘. 130-19 簡子○之. 131-19 不○是圖. 133-24 ○令尹子木. 142-6 左史倚相廷○申公子亹. 146-2 故欲○以交儆子. 146-5 而何暇得○. 146-7 乃驟○左史. 146-21 鬬且廷○令尹子常. 152-6 吾○令尹. 152-7 ○藍尹亹載其孥. 153-5 又求○. 153-7 今之敢○. 153-11 王乃○之. 153-14 ○鱄弗殺. 153-17 ○子西曰. 155-18 ○成事焉. 158-9 昔者越國○禍. 158-15 乃○其涓人疇. 160-12 王覺而無○也. 160-14 以○王之親爲越之擒也. 161-15 以○越之入. 161-18 孤不使大夫得有○也. 161-19 以○天子. 162-11 寡君未敢觀兵身○. 164-5 以○我一二兄弟之國. 164-10 人事又○. 165-19 吾○子於此止矣. 167-11 吾○子於此. 167-15 君何面目以○員也. 169-6

【助】 12

庶民弗○. 24-1 ○宣物也. 30-21 ○時也. 34-19 ○宣氣也. 40-24 ○生阜也. 41-1 有能○寡人謀而退吳者. 170-5 今寡人將○天威之. 172-14 無○天爲虐. 178-11 ○天爲虐者不祥. 178-11 子將○天爲虐. 178-12 將○天爲虐. 178-16 ○天爲虐不祥. 178-16

【里】 67

侮人百○. 11-6 規方千○. 12-24 司○不授館. 15-23 期於司○. 16-8 司○授館. 16-19 唯○人所命次. 39-12 先臣惠伯以命於司○. 39-15 ○革遇之. 40-12 僕人以○革對. 40-15 ○革斷其罟而棄之. 40-21 吾過而○革匡我. 41-7 不如寘○革於側之不忘也. 41-8 ○革曰. 41-21 賦○以入. 51-4 十軌爲○. 55-10 ○有司. 55-10 四○爲連. 55-10 十軌爲○. 55-12 ○有司帥之. 55-12 四○爲連. 55-12 是故卒伍整於○. 55-16 發聞於鄉○者. 55-24 不長悌於鄉○. 56-4 連退而修○. 56-14 ○退而修軌. 56-14 不如爲善於○. 56-18 與其爲善於○也. 56-18 發聞於鄉○者. 57-10 不長悌於鄉○. 57-13 臺原姑與漆○. 58-15 ○克曰. 63-2 ○克丕鄭荀息相見. 65-4 ○克曰. 65-4 ○克曰. 65-8 ○克諫曰. 69-9 ○克對曰. 69-11 ○克退. 69-16 ○克曰. 69-17 吾難○克. 71-11 吾來○克. 71-11 使優施飲○克酒. 71-13 謂○克妻曰. 71-13 ○克笑曰. 71-15 ○克辟奠. 71-18 ○克曰. 71-21 旦而○克見丕鄭. 71-23 ○克曰. 72-5 ○克曰. 72-8 ○克將殺奚齊. 75-21 ○克曰. 75-23 ○克告丕鄭曰. 76-4 ○克曰. 76-9 ○克又殺卓子. 76-20 ○克及丕鄭使屠岸夷. 76-21 ○克欲納我. 76-23 中大夫○克與我矣. 78-22 既○丕死. 80-6 惠公既殺○克而悔之. 80-23 而殺○克. 81-6 皆○丕之黨也. 81-12 聞○克死. 81-14 殺○克. 81-22 去晉軍一○. 163-9 泝江五○以須. 168-13 踰江五○以須. 168-14 廣運百○. 171-16 環會稽三百○者. 179-5

【吠】 1

柴夫○狗. 58-17

【足】 74

其德○以昭其馨香. 7-8 其惠○以同其民人. 7-8 ○以供給神祇而已. 13-3 何○以辱師. 13-23 儉所以○用也. 17-22 以儉○用. 17-23 其能○用矣. 18-1 用○則族可以庇. 18-2 有一勝猶○用也. 19-9 ○以從之. 21-12 ○以步目. 21-13 今晉侯視遠而○高. 21-13 而○不步目. 21-14 ○高. 21-17 ○以踐德. 21-19 不○以遺後之人. 32-12 ○以紀綱天下者. 49-23 先王以爲○. 51-7 霑體塗○. 54-13 必○賴也. 54-17 ○以不乖. 55-19 ○以相識. 55-19 其歡欣○以相死. 55-19 ○以補官之不善政. 56-10 ○以比成事. 56-11 甲兵大○. 58-10 不○就也. 63-23 不○狃也. 63-25 猛○乃言於太子曰. 65-11 乃使猛○言於狐突曰. 73-12 利之○也. 76-9 ○者不處. 81-24 處者不○. 81-25 不○以辱君避也. 83-12 寡人不○以辱社稷. 84-7 省用○財. 96-14 不○者. 107-7 其知不○稱也. 124-17 其仁不○稱也. 124-18 而患貨之不○. 127-6 懼其不○. 130-4 豈主之食而有不○. 130-4 君子自以爲不○. 132-13 射御○力則賢. 133-8 不○命也. 136-22 厥○用傷. 147-8 國馬○以行軍. 152-9 公馬○以稱賦. 152-10 公貨○以賓獻. 152-10 家貨○以共用. 152-10 玉○以庇廕嘉穀. 155-6 龜○以憲臧否. 155-7 珠○以禦火災. 155-8 金○以禦兵亂. 155-8 ○以備財用. 155-9 ○以得人. 156-2 ○以復之. 156-3 ○以謀之. 156-3 ○以帥之. 156-3 ○以蓋之. 156-4 ○以行之. 156-4 而不吾○也. 158-11 越曾○以爲大虞乎. 159-18 ○以結信矣. 159-20 救其不○. 166-13 筋力不○以勝甲兵. 168-6 志行不○以聽命者歸. 168-6 不○以辱君矣. 170-14 寡人不知其力之不○也. 171-8 補民之不○. 171-11 不患其衆之不○也. 172-12 而患其衆之不○也. 172-14 不○以辱君矣. 172-20 皆知其資財之不○以支長久也. 176-20

【男】 26

其餘以均分公侯伯子○. 13-1 ○則玉帛禽鳥. 35-11 是○女無別也. 35-12 ○女之別. 35-12 自伯子○. 43-23 ○女效績. 48-20 以爲別於○女之禮矣. 49-4 ○女之饗. 49-6 ○知莫若夫. 49-13 ○女不淫. 59-24 有○戎必有女戎. 63-1 若晉以○戎勝戎. 63-1 然而又生○. 64-20 ○女相及. 92-17 ○女不相及. 92-18 長○也. 94-12 是謂遠○而近女. 125-6 晝選○德. 125-18 是其子○之國. 135-13 則陳侯蔡侯許○頓子. 144-4 而以伯子○爲師旅. 144-17 在○曰覡. 149-9 一介嫡○. 159-1 ○女服從. 168-20 ○女服爲臣御. 168-23 同○女之功. 175-10

【郍】 1

以○爲首. 50-20

【困】 18

而○民之財. 5-9 內○於父母. 73-4 外○於諸侯. 73-4 是重○也. 73-5 智不重○. 73-5 不可以○往. 73-21 ○往多悔. 73-22 ○且多悔. 73-22 謀而○人. 81-19 ○而不死. 81-19 ○而有資. 87-5 資窮○. 90-15 若資窮○. 90-25 可謂窮○. 91-1 ○余於蒲城. 95-11 余於伯楚屢○. 95-14 匡○資無. 96-13 日○而還. 177-12

【呂】 27

○甥郤芮相晉侯. 8-13 且○郤將不免. 8-16 齊許申○由大姜. 11-22 氏曰有○. 24-13 申○雖衰. 24-17 必有夏○之功焉. 25-1 元間大○. 30-20 三間仲○. 30-22 五間南○. 30-23 律○不易. 31-1 ○甥及郤稱. 77-10 ○甥欲納我. 77-11 ○甥出. 77-17 君厚問以召○甥郤稱冀芮而止之. 81-8 乃使郤乞告○甥. 84-6 ○甥教之言. 84-6 ○甥致衆而告之曰. 84-10 ○甥曰. 84-12 ○甥逆君於秦. 84-15 ○甥冀芮帥師. 95-4 於是○甥冀芮畏偪. 96-1 伯楚以○郤之謀告公. 96-4 使○宣子將下軍. 113-20 ○錡佐智莊子於上軍. 113-21 ○宣子卒. 115-5 南有荊蠻申○應鄧陳蔡隨唐. 135-6 申○方彊. 138-19

【吳】 128

○伐越. 49-18 ○子使來好聘. 49-18 萊莒徐夷○越. 58-23 西服流沙西○. 59-8 爲○太伯. 67-17 焉能及○太伯乎. 67-20 寔通○晉. 143-7 使其子狐庸爲行人於○. 143-7 ○人入楚. 153-5 ○人入楚. 153-15 無患○矣. 154-8 子修德以待○. 154-14 ○將斃矣. 154-14 ○王夫差起師伐越. 158-4 夫○之與越. 158-5 夫申胥華登簡報○國之士於甲兵. 158-6 以廣侈○王之心. 158-10 天若棄○. 158-10 乃命諸稽郢行成於○. 158-14 則何實以事○敢使下臣盡辭. 159-6 ○王夫差. 159-8 非實忠心好○也. 159-10 ○王曰. 159-18 ○王乃許之. 159-22 ○王夫差. 159-23 昔天以越賜○. 159-23 越之在○. 160-1 夫越王之不忘敗○於其心也. 160-2 將必越實有○土. 160-5 以服○越. 160-9 夫○民離矣. 160-18 ○人有功. 160-21 ○王夫差既勝齊人於艾陵. 160-23 寡人帥師不腆○國之役. 160-23 以犯獵○國之師徒. 160-25 ○王還自伐齊. 161-2 以妖孽○國. 161-5 今天降衷於○. 161-6 而○國猶世. 161-12 是○命之短也. 161-15 ○國之亡也. 161-18 ○王夫差既殺申胥. 161-21 以絕○路. 162-1 泝江以襲○. 162-2 ○晉爭長未成. 162-4 ○王懼. 162-4 ○既敗矣. 162-9 乃能至於○. 162-24 ○王許諾. 162-24 ○王昏. 162-25 ○王親對之. 163-16 臣觀○王之色. 164-2 大則越入○. 164-3 昔○伯父不失春秋. 164-8 固曰○伯. 164-12 不曰○王. 164-12 而曰○公. 164-14 ○王許諾. 164-16 ○公先歃. 164-16 ○王既會. 164-17 ○王夫差既退于黃池. 164-20 是以復歸於○. 165-1 ○王夫差還自黃池. 165-15 吾謂○王將遂涉吾地. 165-16 今○民既罷. 165-17 夫○之邊鄙遠者. 165-20 ○王將恥不戰. 165-21 ○王若慍而又戰. 165-23 將伐○. 165-25 ○國爲不道. 166-1 夫○. 166-5 求以報○. 166-7 求以報○. 166-9 求以報○. 166-12 求以報○. 166-14 求以報○. 166-16 ○爲不道. 166-21 於是○王起師. 168-11 ○師聞之. 168-15 ○師大北. 168-17 乃至於○. 168-19 越師遂入○國. 168-19 ○王懼. 168-20 昔天以越賜○. 168-23 而○不受. 168-24 今天以○賜越. 168-24 因使人告於○王曰. 168-25 天以○賜越. 169-1 天既降禍於○國. 169-3 凡○土地人民. 169-4 越滅○. 169-7 有能助寡人謀而退○者. 170-5 遂使之行成於○. 170-12 夫○之與越也. 170-21 有○則無越. 170-22 有越則無○矣. 170-22 宦士三百人於○. 171-12 是故敗○於囿. 172-19 昔天以越予○. 172-21 而○不受命. 172-21 今天以○予越. 172-22 遂滅○. 173-2 而欲伐○. 174-4 果興師而伐○. 174-15 乃令大夫種行成於○. 174-20 ○人不許. 174-21 ○人許諾. 175-1 與范蠡入官於○. 175-4 而○人遣之. 175-5 委制於○. 175-25 ○人之那不穀. 175-25 夫○. 176-4 君王之○也. 176-4 吾與子謀○. 176-6 今○王淫於樂而忘其百姓. 176-7 吾與子謀○. 176-11 吾與子謀○. 176-15 遂興師伐○. 177-3 ○人聞之. 177-4 ○師自潰. 177-22 ○王帥其賢良. 177-22 昔者上天降禍於○. 177-23 非○乎. 178-5 非○耶. 178-6 委制於○. 178-9 而○不受. 178-9 今○稻蟹不遺種. 178-11 遂滅○. 178-20

【邑】 27

戾于弊○. 35-23 以救弊○. 36-2 以暴露於弊○之野. 36-13 君今來討弊○之罪. 36-20 爲我予之○. 40-12 郤犨欲予之○. 41-10 子何辭苦成叔之○. 41-11 焉能予人之○. 41-17 今子圖遠以讓○. 41-19 鎮撫弊○. 43-5 三十家爲○. 57-1 ○有司. 57-1 十○爲卒. 57-2 卒退而修○. 57-17 ○退而修家. 57-17 宗○無主. 66-15 大夫食○. 96-19 不腆弊○之禮. 105-9 公子辱於弊○. 124-22 下○之役. 130-7 若克二○. 135-17 十○皆有寄地. 139-3 且夫制城○. 145-16 越國固貢獻之○也. 158-21 而造於弊○之軍壘. 163-14 君王以親辱於弊○. 168-22 而爲弊○宸宇. 172-24

【別】 10

是男女無○也. 35-12 男女之○. 35-12 今魚方○孕. 41-5 以爲○於男女之禮矣. 49-4 三大夫乃○. 65-9 ○爲十二姓. 92-6 君子比而不○. 122-6 ○也. 122-7 智果○族于太史. 133-12 而○其分主者也. 150-7

【岐】 3

○山崩. 6-20 鸑鷟鳴於○山. 7-17 昔成王盟諸侯于○陽. 123-10

【兕】 2

射○于徒林. 121-24 巴浦之犀犛○象. 147-22

【牡】 4

四○騤騤. 25-7 四○. 43-15 築五鹿中牟蓋與○丘. 60-17 益左以爲○. 177-20

【告】 128

○不王. 2-4 有文○之辭. 2-5 邵公○曰. 2-18 以○. 2-19 ○邵公曰. 2-20 太史○稷曰. 4-4 稷以○. 4-6 瞽○有協風至. 4-10 以○王曰. 8-9 以○王曰. 8-16 以○王曰. 10-6 原公以○. 14-21 ○王曰. 16-2 關尹以○. 16-17 東門氏來○亂. 18-8 且○. 18-11 使郤至○慶于周. 18-20 邵公以○單襄公曰. 18-24 召頃公而○之. 22-17 叔向○之曰. 26-13 伶人○和. 30-4 遽歸○王. 31-25 爲之○晉. 32-5 故不敢不○. 35-10 以○虔也. 35-11 卿出○糴. 35-17 如齊○糴. 35-23 敢○滯積. 36-2 臧文仲欲以辭○. 36-7 重館人○曰. 37-17 邊人以○. 41-20 文子以○孟獻子. 42-8 以○曰. 45-7 ○奔走也. 45-18 莒人○于會. 45-24 有司見而不以○. 54-17 有則以○. 55-25 有而不以○. 55-25 有則以○. 56-2 有而不以○. 56-2 有則以○. 56-5 有而不以○. 56-5 以○且選. 56-8 有則以○. 57-10 有而不以○. 57-10 有則以○. 57-12 有而不以○. 57-12 有則以○. 57-14 有而不以○. 57-14 史蘇○大夫曰. 63-1 ○大夫曰. 64-16 士蔿以○. 65-25 故○之以離心. 69-4 出而○先友曰. 69-22 而○我權. 70-7 吾固○君日得衆. 71-5 驪姬○優施曰. 71-10 優施○我. 72-1 使小臣圉○于申生. 72-18 且必○悔. 74-6 舟之僑○諸其族曰. 74-11 先○荀息曰. 75-21 里克○丕鄭曰. 76-4 ○公子重耳於狄. 76-21 重耳○舅犯曰. 76-23 ○公子夷吾于梁. 77-10 夷吾○冀芮曰. 77-11 ○大夫曰. 77-17 乃使梁由靡○于秦穆公. 77-19 重耳○舅犯. 78-11 夷吾○冀芮曰. 78-19 其數○於民矣. 80-18 乃使郤乞○呂甥. 84-6 君使乞○二三子曰. 84-7 呂甥致衆而○之曰. 84-10 妾○姜氏. 87-22 筮○我曰利建侯. 94-3 伯楚以呂郤之謀○公. 96-4 ○之亂故. 96-5 謁者以○. 96-10 使來○難. 96-22 亦使○于秦. 96-23 軍吏以○. 97-18 ○急於晉. 97-22 公○大夫曰. 97-22 宋人○急. 97-22 ○楚. 97-23 藉之○楚. 97-25 令尹子玉使宛春來○. 98-4 敢以○. 102-6 皆○諸大夫曰. 103-8 乃使旁○於諸侯. 103-20 不○. 105-20 以○. 105-20 子○君曰. 111-3 發鉤○君. 111-5 君○欒書. 111-5 君○之. 121-24 子亦○我. 124-8 何敢以○. 124-11 宣子以○. 126-17 敢昭○于皇祖文王烈祖康叔文祖襄公昭考靈公. 131-14 何爲不○. 131-20 遽人來○. 132-24 而策○之. 138-6 舉伯以○. 146-3 以○徧至. 150-22 血以○殺. 150-22 敢私○於下執事曰. 158-15 乃○諸大夫曰. 159-8 敢○於大夫. 161-7 以越亂○. 162-4 上帝鬼神而不可以○. 163-16 徒遽來○孤. 163-17 乃○趙鞅曰. 164-2 乃使王孫苟○勞于周. 164-21 敢使苟○於下執事. 165-8 皆以情○. 166-24 國人欲○者來○. 167-6 ○孤不審. 167-7 以○. 167-23 以○. 168-2 以○. 168-4 莫○. 168-6 君○孤請成. 168-20 因使人○於吳王曰. 168-25 以○. 171-21

【我】 216

○求懿德. 1-6 昔○先王世后稷. 1-10 ○先王不窋. 1-11 其有以禦○矣. 2-11 立○蒸民. 3-13 王其以○爲懟而怒乎. 3-20 以命○司事. 4-6 ○周之東遷. 11-9 若○不出. 12-19 王其以○爲懟乎. 12-19 昔○先王之有天下也. 12-24 陽樊懷○王德. 13-18 今○王室之一二兄弟. 15-4 故凡○造國. 17-3 ○大姬之後也. 17-6 今夫子見○. 19-1 微○. 19-2 ○則強之. 19-2 ○則強之. 19-10 謂○曰. 19-16 自○先王. 25-11 ○又章之. 25-12 單子之貺○. 26-15 ○姬氏出自天黿. 31-7 則○皇妣大姜之姪. 31-8 則○有周之分野. 31-9 ○太祖后稷之所經緯也. 31-10 今○不如齊. 35-21 成王命○先君周公及齊先君太公曰. 36-17 ○爲宗伯. 39-21 其愛○甚矣. 40-11 爲○予之邑. 40-12 爲○流之於夷. 40-14 吾過而里革匡○. 41-7 爲○得法. 41-7 ○信不若子. 41-18 而○美妾與馬. 42-6 今○小侯也. 44-1 ○以貨私免. 46-3 是○會吾私也. 46-3 則○求安身. 46-5 且罪非○之由. 46-7 若○往. 46-17 晉必患○. 46-17 ○先君襄公. 46-21 今○寡也. 48-22 吾冀而朝夕修○曰. 48-23 必不予○矣. 52-13 則予○矣. 52-15 有人居○官. 56-9 則四鄰之國親○矣. 57-25 ○卜伐驪. 63-11 龜往離散以應○. 63-12 ○不佞. 65-9 子輿之爲○謀. 67-18 今○不才. 67-19 今謂君惑於○. 67-23 盍殺○. 67-25 ○以武與威. 68-14 ○授之政. 68-15 能絕於○. 68-16 必能害○. 68-16 以皋落狄之朝夕苛○邊鄙. 68-18 君賜○以偏衣金玦. 69-16 君與○此. 69-22 君之使○. 70-6 是故賜○奇服. 70-7 而告○權. 70-7 ○罪滋厚. 70-9 ○戰死. 70-10 君既許○殺太子而立奚齊矣. 71-10 子爲○具特羊之饗. 71-11 ○優也. 71-12 主孟啗○. 71-13 ○教茲暇豫事君. 71-14 優施告○. 72-1 ○無心. 72-7 君爲○心. 72-8 制不在○. 72-8 昔君問臣事君於○. 75-24 ○對以忠貞. 75-24 ○對曰. 75-25 ○爲子行之. 76-6 子帥七輿大夫以

待〇. 76-7 〇使狄以動之. 76-7 里克欲納〇. 76-23 民不〇導. 77-2 非亂誰納〇. 77-3 呂甥欲納〇. 77-11 孰適禦〇. 77-13 人孰仁〇. 78-13 〇以徼倖. 78-13 人孰信〇. 78-13 秦人勤〇矣. 78-19 〇以徼倖. 78-21 中大夫里克與〇矣. 78-22 丕鄭與〇矣. 78-23 君苟輔〇. 78-25 使寡人過殺〇社稷之鎮. 80-23 其言〇於秦也. 81-10 必使誘〇. 81-11 〇姑待死. 81-20 爾俟〇. 81-25 雖欲禦〇. 82-9 雖〇必擊之. 82-13 必擊〇. 82-14 師少於〇. 82-20 今〇不擊. 82-23 彼塞〇施. 83-9 載〇. 83-12 何〇之載. 83-12 兄德〇而忘其親. 84-1 好〇者勸. 84-14 惡〇者懼. 84-14 〇能行之. 85-14 何以報〇. 91-9 〇不修也. 91-15 〇之不德. 91-15 何以卑〇. 91-24 〇命筮曰尚有晉國. 94-3 筮告〇曰利建侯. 94-3 異日見〇. 95-15 且不見〇. 95-25 則不許〇. 97-23 〇欲擊楚. 97-23 使宋舍〇. 97-24 〇分曹衛之地. 97-25 〇不許曹衛之請. 98-7 〇曲楚直. 98-14 若〇以君避臣. 98-14 予〇詹而師還. 98-19 二三子可以賀〇矣. 103-8 則恐國人之屬耳目於〇也. 104-25 諸大夫皆謂〇智似陽子. 105-22 〇王者也乎哉. 108-9 今〇寡德. 108-10 〇擊之. 108-15 今〇戰. 109-22 今〇任晉國之政. 110-4 爲〇祈死. 111-1 君不道於〇. 111-12 〇欲以吾宗與吾黨夾而攻之. 111-12 君之殺〇也. 111-15 爲〇勿失. 115-15 楊食〇生. 119-22 〇終之. 122-5 〇始之. 122-5 今〇以忠謀諸侯. 122-22 若襲〇. 122-24 安能害〇. 122-25 荆敗〇. 123-1 子亦告〇. 124-8 子賀〇. 126-20 必將求利於〇. 128-16 是〇以鼓教吾邊鄙貳也. 128-20 〇君是事. 129-2 子盍爲〇請乎. 129-19 〇無一. 129-21 鄭人擊〇. 131-8 莫〇若也. 131-10 莫〇加也. 131-11 〇上之次也. 131-12 難將由〇. 133-21 〇不爲難. 133-21 其誰與〇. 134-12 其誰與〇. 134-13 祭〇必以芰. 141-18 〇爲楚卿. 143-18 子爲〇召之. 143-19 唯晉近〇遠也. 145-5 女無亦謂〇老耄而舍〇. 146-3 而又謗〇. 146-4 無謂〇老耄而舍〇. 146-8 朝夕以交戒〇. 146-9 以訓導〇. 146-10 而〇取富焉. 152-17 〇逃死. 152-18 若子不〇信. 156-23 豈能涉江淮而與〇爭此地哉. 160-4 越人必來襲〇. 160-19 將夾溝而㢊〇. 162-9 〇無生命矣. 162-10 晉既執諸侯之柄以臨〇. 162-10 與〇同. 162-17 〇絕慮. 162-18 彼豈能與〇行此危事也哉. 162-18 彼將不戰而先〇. 162-21 〇既執諸侯之柄. 162-21 以見〇一二兄弟之國. 164-10 以遠〇一二兄弟之國. 164-22 以遠〇一二兄弟之國. 165-3 今罷師而不戒以忘〇. 165-16 〇不可以怠. 165-16 〇幾卜筮矣. 165-19 而以中國之師與〇戰. 165-21 若事夸而從〇. 165-22 〇遂踐其地. 165-22 求殘〇社稷宗廟. 166-2 是〇也. 167-10 是〇也. 167-15 〇有大事. 167-24 而子爲〇死. 167-24 子爲〇禮已重矣. 167-25 〇有大事. 168-2 〇有大事. 168-5 將以夾攻〇師. 168-15 凡〇父兄昆弟. 170-4 〇攻而勝之. 171-1 蠡爲〇守於國. 175-1 子應〇以天時. 176-18 子應〇以人事. 176-18 彼來從〇. 177-15 孰使〇蚤朝而晏罷者. 178-5 與〇爭三江五湖之利者. 178-5

【利】 124

而〇其器用. 1-8 明〇害之鄉. 1-8 使務〇而避害. 1-8 好專〇. 3-9 夫〇. 3-9 將導〇而布之上下者也. 3-11 是不布〇而懼難乎. 3-14 今王學專〇. 3-15 匹夫專〇. 3-15 無有求〇於其官. 5-4 而求〇焉. 8-12 〇乃外矣. 11-12 章怨外〇. 11-12 夫義所以生〇也. 11-13 不義則〇不阜. 11-14 由之〇內則福. 11-20 〇外則取禍. 11-20 今王外〇矣. 11-20 是皆能內〇親親者也. 11-22 是皆外〇離親者也. 12-2 〇何如而內. 12-4 夫人奉〇而歸諸上. 12-6 是〇之內也. 12-7 各以〇退. 12-7 是其外〇也. 12-8 臣故曰〇外矣. 12-15 則能長〇. 19-25 〇而不義. 22-7 其〇淫矣. 22-7 言義必及〇. 22-13 〇制能義. 22-22 小大〇之. 27-15 匏竹〇制. 29-11 人民龢〇. 29-21 均〇器用. 30-25 吾欲〇子於外之寬者. 39-6 爲寬〇. 39-9 爲〇故. 39-11 爲國家之〇也. 44-13 唯子所〇. 45-9 子計其〇者. 47-5 相語以〇. 54-6 故拘之以〇. 60-9 就其〇. 60-10 以爲諸侯〇. 60-14 臣敢以私〇廢人之道. 62-8 民外不得其〇. 64-20 義以生〇. 65-7 〇以豐民. 65-8 好專〇而不忌. 65-21 身之〇也. 67-3 〇國之謂仁. 68-3 苟〇衆而百姓和. 68-3 凡民〇是生. 68-5 殺君而厚〇衆. 68-5 苟交〇而得寵. 68-6 其〇多矣. 68-25 而〇社稷. 70-5 衆不〇. 71-5 爲廢人以自〇也. 72-10 〇方以求成人. 72-10 殺父以求〇人. 73-10 人孰〇之. 73-10 可以〇公室. 75-25 〇之足也. 76-9 廢義則〇不立. 76-9 而奪之〇. 76-11 苟衆所〇. 77-8 父死在堂而求〇. 78-12 將何以長〇. 78-14 不役於〇也. 79-8 孰〇. 83-16 殺之〇. 83-16 國之〇也. 85-11 休以擇〇. 87-6 義以導〇. 92-21 〇以阜姓. 92-21 姓〇相更. 92-21 皆〇建侯. 94-2 筮告我曰〇建侯. 94-3 元亨〇貞. 94-8 〇建侯. 94-8 故曰〇貞. 94-10 故曰〇建侯. 94-12 〇建侯行師. 94-13 〇器明德. 96-14 因體能質而〇之者也. 101-2 吾懼未獲其〇. 102-22 夫〇君之富. 111-15 〇黨以危君. 111-15 享一〇亦得一惡. 112-3 其〇一也. 116-9 其〇二也. 116-9 其〇三也. 116-10 可以〇公室不忘. 116-18 〇己而忘君. 122-7 攀輦卽〇而舍. 123-3 苟可以安君〇國. 123-23 安〇其國. 124-2 見〇而不顧其君. 124-18 必將求〇於我. 128-16 敢卽私〇. 129-6 明昭〇以導之文. 141-1 是聚民〇以自封而瘠民也. 144-14 若斂民〇. 144-18 將以教民〇也. 145-2 未有〇者. 145-7 此其不〇者也. 145-15 聚貨不妨民衣食之〇. 152-9 而耀之以大〇. 156-7 唯天王秉〇度義焉. 159-7 孰〇. 162-6 二者莫〇. 162-8 奪之〇. 165-20 使貧富皆〇之. 166-14 將爲戮不〇. 167-7 其孰〇乎. 170-19 此其〇也. 171-2 失此〇也. 171-3 不〇. 174-14 而兼其〇. 175-8 乃可以有天下之成〇. 175-12 而奪之〇. 177-17 與我爭三江五湖之〇者. 178-5

【秃】 1

〇姓舟人. 136-17

【秀】 4

贊陽〇也. 30-24 其〇民之能爲士者. 54-17 〇出於衆者. 56-2 〇出於衆者. 57-12

【私】 41

以賞〇德. 13-8 余何敢以〇勞變前之大章. 13-14 余何〇於衛侯. 14-10 范子〇於原公曰. 14-19 使〇問諸魯. 18-18 燕無〇. 26-11 而加之以無〇. 26-18 以從其〇欲. 33-1 其君驕而多〇. 41-16 若君縱〇回. 41-22 我以貨〇免. 46-3 是我會吾〇也. 46-3 則又可以出貨而成〇欲乎. 46-3 愛而無〇. 49-17 〇於冉有曰. 51-2 臣敢以〇利廢人之道. 62-8 各饜其〇. 65-23 退而不〇. 78-17 退而〇於公子縶曰. 78-22 退而不〇. 79-8 敢〇布於吏. 97-15 不若〇許復曹衛. 98-8 舉以其〇. 103-4 大其〇暱. 109-23 大其〇暱. 110-11 君多〇. 110-25 〇必昭. 111-1 昭〇. 111-1 不可以隱於〇. 118-20 行權隱於〇. 118-21 若以君官從子之〇. 120-14 〇志雖衷. 121-16 導賓主之言無〇. 122-14 敢卽〇利. 129-6 夫子不以其〇欲干國之典. 141-24 且夫〇欲弘侈. 144-15 以成其〇欲. 144-19 以成〇好. 154-12 敢〇告於下執事曰. 158-15 以其〇卒君子六千人爲中軍. 168-12 〇於下執事. 170-13

【每】 5

君教使臣曰〇懷靡及. 43-16 和爲〇懷. 43-17 〇懷靡及. 88-6 〇朝設脯一束糗一筐. 152-14 成王〇出子文之祿. 152-15

【佞】 7

又不〇. 13-7 寡君不〇. 36-12 我不〇. 65-9 夷吾不〇. 79-16 〇之見〇. 80-4 諸臣不〇. 110-20

【兵】 41

先王耀德不觀〇. 1-4 夫〇戢而時動. 1-5 有攻伐之〇. 2-4 且觀之〇. 2-9 〇在其頸. 19-20 〇在其頸. 20-13 大刑用甲〇. 37-2 修甲〇. 55-5 修甲〇. 55-6 秋以獮治〇. 55-15 齊國寡甲〇. 58-4 輕過而移諸甲〇. 58-5 甲〇大足. 58-10 〇車之屬六. 59-11 〇不解翳. 59-11 握〇之要. 70-1 〇要遠災. 70-2 〇甲盡矣. 84-12 〇甲益多. 84-13 焉作州〇. 84-14 晉楚治〇. 91-12 治〇振旅. 103-21 吾能違〇. 112-4 亂〇不輟. 118-5 金足以禦〇亂. 155-8 夫申胥華登簡報吴國之士於甲〇. 158-6 盛怒屬〇. 158-21 又非懾畏吾〇甲之彊也. 159-10 使吾甲〇鈍獘. 159-14 君王舍甲〇之威. 159-21 以多甲〇. 160-1 乃令服〇擐甲. 162-25 兩君偃〇接好. 163-14 寡君未敢觀〇身見. 164-5 唯是車馬〇甲卒伍既具. 166-3 唯是車馬〇甲卒伍既具. 166-22 筋力不足以勝甲〇. 168-6 〇者. 174-12 〇勝於外. 175-20 臣聞古之善用〇者. 177-9 古之善用〇者. 177-12

【何】 341

而〇德以堪之. 2-15 其與能幾〇. 3-5 將〇以求福用民. 5-9 〇以知之. 5-21 又〇料焉. 6-6 不亡〇待. 6-15 是〇故. 7-6 今是〇神也. 7-20 然則〇爲. 7-25 吾其若之〇. 8-2 虢其幾〇. 8-5 〇故. 8-18 〇戴. 8-18 將〇以守國. 9-5 將〇以固守. 9-17 其〇事不濟. 10-12 利〇如而內. 12-4 〇如而外. 12-4 王〇異之有. 13-6 〇辭之有與. 13-11 余〇敢以私勞變前之大章. 13-14 其若先王與百姓〇. 13-15 〇政令之爲也. 13-15 謂君其〇德之布. 13-19 〇足以辱師. 13-23 若之〇其虐之也. 14-2 余〇私於衛侯. 14-10 〇故. 14-14 今此〇禮也. 14-20 〇故. 16-3 將〇以守國. 17-10 〇故. 17-17 其〇事不徹. 17-21 其〇任不堪. 17-25 幾〇. 18-4 夫〇次之有. 19-16 其〇以待之. 20-2 且郤至〇三伐之有. 20-7 君〇患焉. 21-9 〇以能久. 21-14 〇憂於晉. 22-6 流之若〇. 22-7 非國〇取. 23-4 其若之〇. 25-12 其〇德之修. 25-16 將〇以堪之. 25-17 其類維〇. 27-5 則〇以經國. 27-21 〇以出令. 27-21 而〇易樂之有焉. 28-2 王其若之〇. 28-6 生〇以殖. 28-12 其〇以能樂. 29-8 〇故. 30-6 〇知. 30-10 七律者〇. 31-5 己犧〇害. 32-1 將〇以戰. 34-10 〇以訓民. 34-19 後嗣〇觀. 34-23 辭其〇益. 36-9 〇恃而不恐. 36-16 其〇以鎮撫諸侯. 36-21 〇常之有. 39-21 子〇辭苦成叔之邑. 41-11 民〇能爲焉. 42-2 敢問〇禮也. 43-7 於秦〇益. 44-6 〇爲還. 44-11 而〇德於君. 45-3 庸〇傷. 45-5 〇必下. 45-9 又〇謁焉. 45-10 子〇愛焉. 46-2 吾其若諸侯之事〇. 46-4 爲戮〇害. 46-7 〇也. 47-8 〇以語子. 47-12 鼈於〇有. 47-19 其〇以避辟. 48-23 敢問骨〇爲大. 49-20 防風〇守也. 49-25 人長之極幾〇. 50-4 道將〇爲. 50-25 又〇訪焉. 51-8 若〇. 52-12 若之〇. 52-13 若〇. 52-19 敢問爲此若〇. 53-8 爲之若〇. 53-13 成民之事

若○. 53-15 處士農工商若○. 53-16 定人之居若○. 54-20 安國若○. 55-1 爲之若○. 55-8 伍鄙若○. 56-21 定民之居若○. 57-1 ○故獨寡功. 57-8 若○. 57-22 爲之若○. 58-4 爲之若○. 58-5 ○主. 58-11 ○主. 58-14 ○主. 58-16 君○以訓矣. 62-9 ○謂也. 62-11 ○口之有. 62-14 ○以事君. 62-20 備之○害. 62-22 ○敢憚罰. 62-23 其若之○. 63-2 ○如. 63-3 非敗而○. 63-14 於晉○害. 63-22 其與幾○. 63-22 其○能服. 64-1 其若之○. 65-4 ○貳之有. 65-6 若之○其民之與處而棄之也. 65-8 又○圖焉. 65-14 ○以事君. 66-2 如○. 66-5 ○官之有. 66-24 ○故. 67-3 ○事能治. 67-6 雖危○害. 67-12 又○求焉. 67-20 君其若之○. 67-24 其○及矣. 68-11 若○而可. 68-11 其若內讒○. 69-7 ○也. 69-17 孺子○懼. 69-18 ○也. 69-22 又○患焉. 70-2 奈○. 71-11 ○謂苑. 71-16 ○謂枯. 71-16 子謂○. 72-1 ○可敗也. 72-7 子將○如. 72-7 ○不去乎. 73-2 奈吾君○. 73-14 雖死○悔. 73-15 ○瘳. 74-14 ○以能久. 74-25 ○月也. 75-2 又○加焉. 75-11 子將如○. 75-22 ○謂也. 75-25 子將○如. 76-4 荀息謂○. 76-5 ○以導民. 77-2 非亂○入. 77-12 非危○安. 77-12 將○以長利. 78-14 又○敢有他志. 78-16 亡人○國之與有. 79-1 不至○待. 80-22 其民○罪. 82-4 奈○. 82-16 ○故. 82-21 其若爲諸侯笑○. 83-6 ○我之載. 83-12 然則若○. 84-2 若○. 84-11 ○爲而可. 84-12 ○故. 84-16 國謂君○. 84-20 ○故. 84-21 子○佚. 85-2 又○求焉. 87-13 將○及矣. 88-7 若○懷安. 88-19 ○以報我. 91-9 又○以報. 91-10 殺之○爲. 91-15 ○以卑我. 91-24 ○如. 92-24 ○有於妻. 92-24 ○如. 92-25 又○疑焉. 93-3 其○實不從. 93-19 ○以當之. 94-6 ○不濟之有. 94-25 ○舊怨也. 95-14 余○有焉. 95-18 ○貳之有. 95-19 ○不寬裕也. 95-23 又○患焉. 95-25 ○必罪居者. 96-9 ○以求諸侯. 96-24 無若政○. 97-7 ○以使人. 97-19 其若之○. 97-23 ○故退. 98-12 君○愛於臣也. 98-20 救饑○以. 99-3 然則若○. 99-5 ○匱之有. 99-7 又○患矣. 99-24 其○善之爲. 100-11 奈夫八疾○. 100-23 子○以知其賢也. 102-9 其○不濟. 102-11 ○其懷也. 102-14 吾○以從政. 103-6 ○也. 103-16 ○以逞怒. 104-6 ○暮也. 104-8 克也○力之有焉. 105-3 燮也○力之有焉. 105-5 書也○力之有焉. 105-7 其與幾○. 105-11 ○聞. 105-15 乃將若○. 105-16 將若○. 105-17 其若之○. 105-19 ○也. 105-21 子○喜焉. 105-23 又○加焉. 107-17 ○稱述焉. 108-4 非退而○. 110-16 童子○知焉. 110-17 吾○福以及此. 110-20 且衆○罪. 111-15 二三子○勞焉. 117-4 ○謂德義. 117-7 若之○. 118-7 如○. 118-19 ○以導民. 118-21 ○故犯之. 119-11 ○以事君. 119-19 ○謂也. 120-1 ○二之有. 120-17 ○必和. 121-2 將○治爲. 121-11 將若之○. 121-15 ○以黜朱也. 122-12 若之○. 122-20 子○患焉. 122-20 諸侯○望焉. 123-1 子○愛於死. 123-2 ○懼焉. 123-2 ○爭於先. 123-9 ○欲於先. 123-10 ○害. 123-23 晉○以爲盟主矣. 124-1 ○敗國之有. 124-4 ○其速也. 124-8 ○敢以告. 124-11 ○以能久. 125-13 ○實生之. 125-15 君其幾○. 125-20 若之○其鈞之. 126-1 若之○以富賦祿也. 126-2 若之○其回於富也. 126-6 其○厲之有. 126-12 ○故. 126-20 ○賀之有. 127-6 若○. 128-8 子○不爲. 128-15 善將若○. 128-18 臣○賴於鼓. 129-3 其若不虞○. 129-7 吾○德之務. 129-7 又○請焉. 129-20 ○也. 129-21 ○也. 130-3 吾○爲不增. 131-3 臣○望矣. 131-4 ○爲. 131-19 ○爲不告. 131-20 又○問焉. 132-3 則○良之爲. 132-7 ○日以來. 132-9 ○賀. 132-13 ○日之有. 132-22 ○也. 132-25 ○懼. 133-16 吾○走乎. 134-10 其○所可以逃死. 135-5 ○如. 137-1 其又○可爲乎. 138-2 若之○其遺之材也. 142-9 ○故去之. 142-14 夫子○如. 143-15 又○不來爲. 143-16 則若之○. 143-16 ○也. 145-5 而○暇得見. 146-7 於倚相○害. 146-16 王將○爲. 146-20 若○. 146-23 ○急以其言取罪也. 147-19 ○也. 149-5 ○比之有. 150-11 祀牲○及. 150-12 其小大○如. 150-17 ○其小也. 150-18 芻豢幾○. 150-25 若之○其舍之也. 151-21 ○也. 151-22 ○也. 151-25 ○也. 152-1 將○以封矣. 152-12 ○也. 152-17 不亡○待. 152-24 其獨○力以待之. 153-3 ○也. 153-9 臣○有於死. 153-13 ○讎之爲. 153-20 則○上下之有乎. 153-20 ○也. 154-6 幾○矣. 154-17 ○寶之焉. 155-3 子將若○. 156-16 其又○善乎. 156-23 其能幾○. 156-25 吾語子○益. 157-5 則○實以事吳敢使下臣盡辭. 159-6 吾又○求. 159-9 爲蛇將若○. 159-17 則吾○以春秋曜吾軍士. 159-18 則○以使下國勝. 161-1 將若之○. 162-13 則○有於周室. 164-12 孤無奈越之先君○. 168-21 其與幾○. 169-2 孤○以視於天下. 169-5 君○面目以見員也. 169-6 ○後之有. 170-10 又○求焉. 171-6 余○面目以視於天下乎. 173-1 奈○. 174-5 爲之奈○. 174-16 與人奈○. 174-18 節事奈○. 175-6 ○也. 176-18 子將奈○. 177-1 ○也. 178-22

【佐】 40

而帥其卿○. 17-5 自下軍之○以政. 19-16 若○新軍而升爲政. 19-18 齊國○見. 21-6 共之從孫四嶽○之. 24-5 ○饍者嘗焉. 25-5 ○鬭者傷焉. 25-6 是飾亂而○鬭也. 25-10 以爲卿○. 26-19 以○王室. 27-8 而又離民以○災. 27-19 卿大夫○之. 34-22 君稱所以○天子臣王國者. 93-23 ○相以終. 95-22 使○新上軍. 99-8 皆可以爲輔○. 99-12 先軫○之. 99-13 胥臣○下軍. 99-14 狐偃○之. 99-17 先且居之○軍也善. 99-18 箕鄭○之. 99-22 先都○之. 99-23 蒲城伯請○. 99-23 乃使趙衰○新上軍. 99-25 欲溱○之. 101-9 導前志以○先君. 107-19 呂錡○智莊子於上軍. 113-21 使令狐文子○之. 114-6 使○之. 114-23 使○新軍. 115-6 使○新軍. 115-9 令之○新軍. 115-22 使魏絳○新軍. 116-20 ○文襄爲諸侯. 121-5 以○君. 125-8 使○食. 130-1 ○制物於前代者. 136-14 以○堯者也. 136-25 以○舜者也. 136-25 用命孤禮○周公. 164-10

【攸】 3

勿用有○往. 94-8 故曰勿用有○往. 94-11 麀鹿○伏. 145-1

【佚】 5

淫○荒怠. 7-10 昔史○有言. 26-14 不精則氣○. 29-5 氣○則不和. 29-5 淫○之事. 174-14

【作】 55

上○政. 14-5 今叔父○政而不行. 14-6 上○事而徹. 17-25 而○之者. 26-6 ○又不節. 26-7 則爲○重幣以行之. 27-12 則多○輕而行之. 27-14 今王廢輕而○重. 27-16 ○重幣以絕民資. 28-10 今王○鍾也. 28-18 是以○無不濟. 28-25 ○則不濟. 29-8 上○器. 30-6 而○此詩也. 32-9 君○故. 35-9 君○而順. 35-9 天子○師. 43-20 元侯○師. 43-21 遂○中軍. 44-3 君子是以患○. 46-6 ○而不衷. 46-6 先民有○. 50-21 ○內政而寄軍令焉. 55-9 驪姬果○難. 65-1 ○令不孝. 65-14 吾欲○大事. 66-4 公○二軍. 66-22 讒言○於中. 69-7 臣之屬內○. 81-8 必○難. 81-11 則君臣合○. 83-17 焉○轅田. 84-8 焉○州兵. 84-14 天○高山. 90-20 大天所○. 90-20 謀○亂. 96-1 ○五軍. 99-22 ○三軍. 101-8 難必○. 111-1 難○. 111-2 箕遺及黃淵嘉父○亂. 118-4 欲○亂者誰與. 118-18 死者若可○也. 124-15 於是乎○懿戒以自儆也. 146-14 武丁於是○書. 147-4 用女○礪. 147-6 用女○舟. 147-7 用女○霖雨. 147-7 夫人○享. 149-22 天明昌○. 151-8 能○訓辭. 154-18 譬如農夫○耦. 161-3 夫概王○亂. 165-1 天時不○. 174-8 天時不○. 174-9

【伯】 157

今自大畢○士之終也. 2-8 宗○九之. 5-1 而立○御. 5-18 ○陽父曰. 6-10 邊○石速蔿國出王而立子頹. 6-22 鄭○將王自圉門入. 7-4 杜○射王於鄗. 7-18 如公命侯○之禮. 10-5 王使游孫○請滑. 11-4 密須由○姞. 12-1 鄭○南也. 12-9 鄭○捷之齒長矣. 12-11 殺譚○. 12-18 其餘以均分公侯○子男. 13-1 魯叔孫宣○亦奔齊. 18-9 能獲鄭○而赦之. 19-13 昔先大夫荀○. 19-16 今欒○自下軍往. 19-17 及○輿之獄. 20-15 今郤○之語犯. 22-1 可以取○. 22-6 有崇○鮌. 24-2 其後○禹念前之非度. 24-3 命以侯○. 24-13 此一王四○. 24-15 ○陵之後. 31-8 晉始○. 37-17 共工氏之○九有也. 38-7 其可以蓋穆○. 39-13 先臣惠○以命於司里. 39-15 我爲宗○. 39-21 子叔聲○如晉. 41-10 自○子男. 43-23 叔仲昭○曰. 44-10 子服惠○曰. 44-12 榮成○曰. 44-24 子服惠○曰. 46-14 子服惠○曰. 46-17 子服惠○見韓宣子. 46-19 季康子問於公父文○之母. 47-11 公父文○飲南宮敬叔酒. 47-16 文○之母聞之. 47-18 公父文○之母. 47-21 公父文○退朝. 48-2 文○曰. 48-2 余懼穆○之絕嗣也. 48-24 公父文○之母. 49-1 公父文○之母. 49-5 欲室文○. 49-5 公父文○卒. 49-9 公父文○之母. 49-16 朝哭穆○. 49-16 而暮哭文○. 49-16 子服景○戒宰人曰. 50-17 景○問之. 50-18 施○. 52-12 莊公以問施○. 52-17 施○對曰. 52-17 施○對曰. 52-19 實謂爾○舅. 59-16 而○功立. 60-25 生○服. 63-7 而立○服. 63-8 ○氏不出. 65-11 爲吳太○. 67-17 焉能及吳太○乎. 67-20 不聽○氏. 73-12 ○氏不出. 73-14 ○氏苟出. 73-14 必○諸侯. 80-19 閼○之星也. 88-16 負羈言於曹○曰. 89-17 曹○曰. 89-18 ○行之子也. 90-16 秦○召公子於楚. 91-21 秦○歸女五人. 91-23 秦○見公子曰. 91-24 秦○將享公子. 93-5 秦○享公子. 93-6 秦○謂其大夫曰. 93-8 秦○賦采菽. 93-12 秦○降辭. 93-13 秦○歎曰. 93-21 秦○賦鳩飛. 93-21 秦○賦六月. 93-22 秦○降辭. 93-22 必○. 94-10 秦○納公子. 94-15 閼○之星也. 94-22 秦○使公子縶如師. 95-5 秦○還. 95-7 余於○楚屢困. 95-14 而卒以爲侯○. 95-21 ○楚知之. 96-2 ○楚以呂郤之謀告公. 96-4 脫會秦○于王城. 96-5 秦○誘而殺之. 96-6 秦○納衛三千人. 96-11 鄭○弗許. 98-19 鄭人以詹○爲將軍. 99-2 蒲城○請佐. 99-23 於是乎遂○. 101-10 以傳召○宗. 105-13 ○宗喜. 105-15 ○宗曰. 105-15 而以傳召○宗. 105-16 ○宗問曰. 105-16 雖○宗. 105-19 ○宗及絳. 105-20 ○宗朝. 105-21 ○宗曰. 105-23 諸大夫害○宗. 106-3 見郤駒○. 107-13 駒○曰. 107-13 從欒○之言. 108-2 欒○請公族大夫. 114-15 於是乎遂○. 116-11 鄭○嘉來. 116-21 問於○華. 120-8 ○華曰. 120-8 董○爲尸. 126-17 士景○如楚. 128-4 中行○既克. 128-22 ○欒與尹鐸有怨. 131-6 以其賞如○欒氏. 131-6 智○曰. 133-14 智○曰. 133-15 智○國聞之. 133-20 而殺智○于師. 134-4 問於史○曰. 135-4 史○對曰. 135-5 ○霜仲雪叔熊季紃. 135-23 其後皆爲王公侯○. 136-12 於周

未有侯〇. 136-14 昆吾爲夏〇矣. 136-14 大彭豕韋爲商〇矣. 136-15 〇夷之後也. 136-24 〇翳之後也. 136-24 〇夷能禮於神. 136-24 〇翳能議百物. 136-25 而生〇服. 138-14 王欲殺太子以成〇服. 138-17 齊莊僖於是乎小〇. 139-6 則宋公鄭〇. 144-3 而以〇子男爲師旅. 144-17 舉〇以告. 146-3 程〇休父其後也. 150-8 自闕〇比以來. 153-21 將必寬然有〇諸侯之心焉. 158-11 昔吳〇父不失春秋. 164-8 今〇父有蠻荆之虞. 164-9 固曰吳〇. 164-12 〇父令女來. 165-10 今〇父曰. 165-12 〇父若能然. 165-13 〇父多歷年以沒元身. 165-13 〇父秉德已侈大哉. 165-14

【伶】 5

問之〇州鳩. 29-10 〇人告和. 30-4 王謂〇州鳩曰. 30-5 問律於〇州鳩. 30-12 今〇簫詠歌及鹿鳴之三. 43-13

【位】 48

宣王即〇. 3-22 夫出王而代其〇. 7-2 今晉侯即〇. 9-2 日恪〇著. 9-8 而得其〇. 9-15 東門之〇. 18-4 叔孫之〇. 18-5 高〇寔疾顛. 21-23 星與日辰之〇. 31-6 王欲合是五〇三所而用之. 31-11 在〇者恤民之患. 35-20 夫〇. 39-7 〇之表也. 39-7 〇下而欲上政. 41-15 爾又在下〇. 48-22 築臺以爲高〇. 53-2 即〇數年. 58-23 不得與於哭泣之〇. 78-15 惠公即〇. 80-10 惠公既即〇. 81-5 孝公即〇. 87-20 失〇而闕聚. 90-4 即〇于武宮. 95-8 今君即〇. 95-19 毛也不在〇. 99-17 及其即〇也. 100-16 文公即〇二年. 101-4 公即〇. 113-20 不敢居高〇. 116-13 若在卿〇. 116-19 有常〇於國者. 118-11 今吾子嗣〇. 121-9 而饗其祿〇. 121-10 善人在〇患. 124-4 惡人在〇. 124-5 則紹其同〇. 126-14 有恭德以升在〇. 130-22 今吾子嗣〇. 131-1 夫子踐〇則退. 141-8 檪人寔使鄭子不得其〇. 145-10 〇宁有官師之典. 146-11 是使制神之處〇次主. 149-10 屏攝之〇. 149-15 民神同〇. 150-1 使復在其〇. 153-14 勸之以高〇重畜. 162-20 越王句踐即〇三年. 174-4 不穀即〇. 175-23

【佗】 2

而長事賈〇. 90-7 賈〇. 90-9

【阜】 1

〇隸食職. 96-20

【身】 65

丹朱憑〇以儀之. 7-21 而況可以淫縱其〇乎. 9-14 〇必不免. 17-17 則必廣其〇. 18-3 言信必及〇. 22-13 思〇能信. 22-21 淫失其〇. 23-25 〇聳除潔. 26-16 其當〇乎. 32-25 其〇之不能定. 41-17 非欲安〇也. 44-13 以衞〇也. 46-1 則我求安〇. 46-5 〇衣襏襫. 54-13 皆有終〇之功. 56-20 〇之利也. 67-3 則必惡其心而害其〇矣. 69-4 害其〇. 69-5 〇鈞以年. 69-14 況其危〇於狄. 70-5 讒行〇死. 72-24 殺〇以成志. 72-25 定〇以行謂之信. 74-22 〇不定矣. 74-24 而又愛吾〇乎. 76-2 亂國而〇殆. 76-17 重耳〇亡. 78-15 況其順〇縱欲懷安. 88-6 不能修〇. 96-25 殺〇贖國. 98-25 〇爲情. 102-16 〇之文也. 102-16 是以難及其〇. 105-23 其〇果而辭順. 112-6 文子勤〇. 114-3 魏顆以其〇. 114-7 恐及吾〇. 118-7 且勤〇. 118-23 是以沒平公之〇. 119-8 其〇歿矣. 120-5 可以免〇. 121-17 而信自〇. 122-21 夫戮出於〇. 123-23 不免其〇. 124-17 言〇不失其友. 124-19 猶懼不終其〇. 125-3 以沒其〇. 126-25 其〇尸於朝. 127-3 基於其〇. 130-23 亦能纂修其〇. 130-24 則〇勤之. 140-20 〇不懷於安. 154-10 復言而不謀〇. 155-22 〇自約也. 159-25 寡君未敢觀兵〇見. 164-5 伯父多歷年以沒元〇. 165-13 〇斬. 168-10 當孤之〇. 169-4 其〇親爲夫差前馬. 171-12 非其〇之所種. 172-4 靡王躬〇. 174-11 又〇與之市. 174-19 以〇隨之. 175-1 使其〇無終沒於越國. 178-25 〇死. 179-2

【伺】 1

以〇吾閒. 160-3

【近】 28

是以〇無不聽. 2-7 〇臣盡規. 2-25 則遠不至而〇不和矣. 9-4 民可〇也. 19-23 其昭穆又〇. 23-1 辱之〇行. 66-8 夫狄〇晉而不通. 73-23 梁〇於秦. 74-4 異類雖〇. 92-16 鈎〇於袪. 95-22 寔掌〇官. 96-18 是謂遠男而〇女. 125-6 長子〇. 134-10 而〇頑童窮固. 137-8 〇頑童也. 137-22 夫國大而有德者〇興. 139-1 上下內外小大遠〇. 144-12 唯其施令德於遠〇. 144-18 唯晉〇我遠也. 145-5 〇臣諫. 147-15 〇不過浹日. 150-25 若召而〇之. 156-22 盍求若敖氏與子干子晳之族而〇之. 156-23 而〇孩童焉. 161-9 〇其小喜. 161-11 彼〇其國. 162-17 〇則用柔. 177-13 小凶則〇. 178-1

【役】 37

以〇上令. 12-5 長勺之〇. 34-4 遂使〇官. 56-7 夫驪戎之〇. 62-18 竭力以〇事. 65-5 棄政而〇. 66-1 以〇心目. 67-4 伐虢之〇. 74-20 不〇爲後也. 79-7 不〇於利也. 79-8 乾時之〇. 95-21 城濮之〇. 99-18 河曲之〇. 103-1 國有大〇. 103-15 靡笄之〇. 104-13 靡笄之〇. 104-16 靡笄之〇. 104-23 靡笄之〇. 105-2 靡笄之〇也. 105-8 鄢之〇. 109-2 鄢之〇. 109-6 鄢之〇. 109-16 昔韓之〇. 110-2 邲之〇. 110-2 箕之〇. 110-3 鄢之〇. 110-15 邲之〇. 113-21 鄢之〇. 113-23 昔克潞之〇. 114-7 反〇. 115-21 下邑之〇. 130-7 正七體以〇心. 137-12 及城濮之〇. 142-11 及鄢之〇. 142-23 懼之以蜀之〇. 144-9 成臼之〇. 153-8 寡人帥師不腆吳國之〇. 160-23

【返】 1

郤獻子師勝而〇. 104-23

【余】 53

〇一人有罪. 8-19 在〇一人. 8-20 則惟〇一人. 8-21 〇一人僅亦守府. 13-7 以非〇一人. 13-8 〇一人豈敢有愛. 13-8 〇一人其流辟. 13-10 〇何敢以私勞變前之大章. 13-14 〇安能知之. 13-15 〇懼其無後. 14-9 〇何私於衞侯. 14-10 〇一人敢設飫禘焉. 14-25 〇不愛衣食於民. 34-4 〇聽獄. 34-12 〇恐易焉. 41-14 〇非愛貨. 46-7 〇懼穆伯之絕嗣也. 48-24 〇一人之命. 59-14 〇敢承天子之命. 59-18 又曰〇納有道以臨女. 83-23 〇未知死所. 88-22 〇焉能盡禮焉. 89-19 爾射〇於屏內. 95-10 困〇於蒲城. 95-11 斬〇衣袪. 95-12 又爲惠公從〇於渭濱. 95-12 以求殺〇. 95-14 〇於伯楚屢困. 95-14 〇何有焉. 95-18 〇. 95-24 〇將致政焉. 104-6 〇病喙. 104-16 與〇以狂疾賞也. 130-11 是昭〇讎. 130-20 〇懼及焉. 135-4 〇. 138-4 〇左執鬼中. 146-24 以〇正四方. 147-4 〇恐德之不類. 147-4 必交修〇. 147-12 無〇棄也. 147-12 〇愛子與司馬. 156-10 〇善之. 156-12 〇不食三日矣. 160-12 〇令而不違. 161-10 以顧在〇一人. 164-9 〇沿江泝淮. 165-7 明紹享〇一人. 165-10 若〇嘉之. 165-10 〇心豈忘憂恤. 165-11 〇一人兼受而介福. 165-13 〇何面目以視於天下乎. 173-1 〇雖靦然而人面哉. 178-15

【坐】 7

故〇諸門外. 15-3 而與之〇而問焉. 53-2 〇成以束矢. 58-7 有人能〇待刑. 86-1 〇於王前. 163-25 側席而〇. 167-12 側席而〇. 167-16

【谷】 2

疏爲川〇. 23-20 及柏〇. 73-20

【孚】 3

制義庶〇以行之. 8-25 制義庶〇. 9-1 文之〇也. 22-19

【含】 1

土氣〇收. 151-8

【甸】 5

邦內〇服. 1-20 〇服者祭. 1-22 以爲〇服. 12-25 陽不承獲〇. 13-24 〇人積薪. 16-20

【免】 37

且呂郤將不〇. 8-16 左右皆〇冑而下拜. 14-12 身必不〇. 17-17 寡人懼不〇於晉. 21-10 必〇之. 37-6 乃〇衞侯. 37-11 出貨而可以〇. 46-1 我以貨私〇. 46-3 雖可以〇. 46-4 今既〇大恥. 46-11 非人不〇難. 64-2 中立其〇乎. 71-22 〇. 71-22 不〇於罪. 74-4 是吾〇也. 74-6 小人曰不〇. 84-21 吾乃今知〇於罪矣. 103-9 吾知〇矣. 105-1 〇冑而聽命. 108-24 先難爲〇. 111-2 王必不〇. 111-4 故〇楚王. 111-7 以〇子羽. 113-23 可以〇身. 121-17 必不〇. 123-21 又〇其受盟者. 124-1 必〇叔孫. 124-5 固請於楚而〇之. 124-5 吾懼不〇. 124-10 不〇其身. 124-17 以〇於難. 126-24 可以〇於難. 127-1 以〇難之賞賞尹鐸. 131-5 子〇吾死. 131-6 令尹其不〇乎. 152-7 寡君其可以〇罪於諸侯. 155-2 將〇者. 171-20

【狂】 4

於是乎有〇悖之言. 29-6 〇夫阻之衣也. 69-6 今臣一旦爲〇疾. 130-11 與余以〇疾賞也. 130-11

【狄】 73

而自竄于戎〇之閒. 1-12 戎〇荒服. 1-21 將以〇伐鄭. 11-5 棄親即〇. 11-13 王降〇師以伐鄭. 11-18 王德〇人. 11-19 夫〇無列於王室. 12-8 〇. 12-9 〇. 12-12 王以〇女閒姜任. 12-13 又登叔隗以階〇. 12-16 〇. 12-16 王黜〇后. 12-18 〇人來誅. 12-18 故以其黨啓〇人. 12-21 〇人遂入周. 12-21 將蠻夷戎〇之驕逸不虔. 13-20 且唯戎〇. 15-1 夫戎〇. 15-1 胡有孑然其郊戎〇也. 15-8 魏獻子合諸侯之大夫於〇泉. 33-3 於周爲長〇. 50-3 攘白〇之地. 59-4 〇人攻邢. 59-24 〇人攻衞. 59-25 以禦戎〇之地. 60-16 〇之廣莫. 66-18 以皋落〇之朝夕苛我邊鄙. 68-18 君盍使之伐〇. 68-20 若不勝〇. 68-22 若勝〇. 68-22 且夫勝〇. 68-23 申生勝〇而反. 69-7 〇可盡乎. 69-25 〇人出逆. 70-3 況其危身於〇. 70-5 果敗〇於稷桑而反. 70-10 焉能勝〇. 71-6 今矜〇之善. 71-6 重耳逃于〇. 73-17 其〇乎. 73-23 夫〇近晉而不通. 73-23 今若休憂於〇. 73-25 乃遂之〇. 74-1 盍從吾兄竄於〇乎. 74-2 戎〇之民實環之. 75-16 我使〇以動之. 76-7 告公子重耳於〇. 76-21 乃使公子縶弔公子重耳于〇. 78-8 若〇公子. 80-14 文公在〇十二年. 87-4 非以〇爲榮. 87-4 衞文公有邢〇之虞. 88-25 蒲人〇人. 95-17 其無蒲〇乎. 95-19 與麗土之〇. 97-2 乃奔〇. 111-24 戎〇無親而好得. 116-6 且夫戎〇荐處. 116-7 戎〇事晉. 116-10 和諸戎〇而正諸華. 116-24 夫和戎〇. 117-1 戎〇懷之. 126-23 中行

穆子帥師伐○. 128-14 且夫○之憾者. 128-18 臣委質於○之鼓. 129-4 趙襄子使新稚穆子伐○. 132-23 戎○必昌. 135-5 北有衞燕○鮮虞潞洛泉徐蒲. 135-7 則皆蠻荆戎○之人也. 135-11 或在夷○. 136-19 蠻夷戎○. 140-10 不式諸戎○楚秦. 163-19

【角】 5

夫辰○見而雨畢. 16-3 石尚○. 29-11 石尚○. 29-14 惡○犀豐盈. 137-7 黿珠○齒. 154-24

【狃】 5

不足○也. 63-25 得之而○. 80-5 歸必○. 82-23 一夫不可○. 82-23 使臣○中軍之司馬. 115-18

【彤】 3

器無○鏤. 26-16 ○魚氏之甥也. 92-5 不聞其以土木之崇高○鏤爲美. 143-23

【卵】 1

鳥翼轂○. 41-3

【迎】 4

董因○公於河. 94-19 左師○王于鄭. 97-5 欒武子使智武子彘恭子如周○悼公. 113-4 ○來者. 171-11

【言】 185

則修○. 2-1 國人莫敢○. 2-19 乃不敢○. 2-20 宣之使○. 2-23 口之宣○也. 3-3 於是國莫敢出○. 3-6 古人有○曰. 11-5 先民有○曰. 13-9 是君子之○也. 14-2 ○於王曰. 14-13 說○於王曰. 18-12 其享覲之幣薄而○諂. 18-13 而不用其○. 19-4 是其○也. 19-19 人有○曰. 19-20 ○及晉難. 21-7 步○視聽. 21-16 ○爽. 21-18 而好盡○. 22-3 唯善人能受盡○. 22-4 ○無遠. 22-12 ○敬必及天. 22-13 ○忠必及意. 22-13 ○信必及身. 22-13 ○仁必及人. 22-13 ○義必及利. 22-13 ○智必及事. 22-14 ○勇必及制. 22-14 ○教必及辯. 22-14 ○孝必及神. 22-14 ○惠必及和. 22-15 ○讓必及敵. 22-15 ○無遠. 23-2 人有○曰. 25-5 與民之憲○. 26-4 昔史佚有○. 26-14 聽則○聽. 28-23 聽○昭德. 28-24 以○德於民. 28-24 而口出美○. 29-1 氣在口爲○. 29-3 ○以信名. 29-3 於是乎有狂悖之○. 29-6 匠師慶○於公曰. 35-2 臧文仲○於莊公曰. 35-13 臧文仲○於僖公曰. 37-1 外臣之○不越境. 37-14 今一○而辟境. 37-23 文仲聞柳下季之○. 39-3 季子之○. 39-4 夫宗有司之○順矣. 40-3 公未○. 45-8 椒既○之矣. 46-17 與之○. 47-21 皆非吾所敢○也. 48-1 闔門與之○. 49-1 如鮑叔之○. 52-15 則其○哤. 53-16 閒燕則父與父○義. 53-19 子與子○孝. 53-19 其事君者○敬. 53-19 其幼者○弟. 53-20 綏謗○. 56-10 是故士莫敢○一朝之便. 56-19 抑二大夫之○. 64-10 夫史蘇之○. 65-4 猛足乃○於太子曰. 65-11 吾不○. 65-25 子必○之. 65-25 使○於公. 66-14 乃生之○. 66-21 士蔿○於諸大夫曰. 66-23 乃○於公曰. 66-25 讒○彌興. 67-21 吾聞之外人○曰. 68-1 其○曰. 69-6 讒○作於中. 69-7 又有甘○焉. 70-8 ○之大甘. 70-8 讒○益起. 70-11 又失○於衆矣. 71-7 ○不可食. 71-8 ○無郵. 71-12 曩而○戲乎. 71-19 夫史蘇之○. 71-23 往○不可及也. 72-6 是以○至而無所訟之也. 72-21 乃使猛足○於狐突曰. 73-12 驪姬使奄楚以環釋○. 74-6 如君之○. 74-10 懷之以典○. 75-8 吾○既往矣. 76-2 豈能欲行吾○. 76-2 不食其○矣. 76-20 讒○繁興. 77-20 君之○過矣. 79-9 ○之紀也. 80-20 紀○以敘之. 80-21 其○我於秦也. 81-10 吾又奚○哉. 83-9 呂甥教之○. 84-6 下有直○. 85-10 僞○誤衆. 85-23 夫必追擇前○. 87-9 而○於公子曰. 87-22 人之多○. 88-9 昔管敬仲有○. 88-9 鄭詩之○. 88-12 甯莊子○於公曰. 89-1 僖負羈之妻○於負羈曰. 89-13 負羈○於曹伯曰. 89-17 公孫固○於襄公曰. 90-6 而無怨○. 95-22 豈不如女○. 96-3 是君子之○也. 97-15 是楚一○而有三施. 98-8 子一○而有三怨. 98-8 嚚瘖不可使○. 100-9 聞其○而惡之. 102-15 ○. 102-16 ○. 102-16 ○文而發之. 102-17 其○匱. 102-17 而○反之. 102-19 夫○以昭信. 102-19 趙宣子○韓獻子於靈公. 103-1 吾○女於君. 103-5 歎而○曰. 103-24 不可以○病. 104-19 吾○於朝. 105-21 主○而無謀. 105-23 吾聞古之○王者. 107-8 風聽臚○於市. 107-10 從欒伯之○. 108-2 亡人之○也. 108-4 且不及而○. 110-18 而○於公曰. 111-19 人有○曰. 112-4 公○於諸大夫曰. 113-5 ○終. 115-16 寡人之○. 115-20 人有○曰. 115-23 是墮其前○. 119-18 人有○曰. 119-25 其○立於後世. 120-5 導賓主之○無私. 122-14 魯人食○. 123-16 ○身不失其友. 124-19 ○於公. 129-8 人有○曰. 130-2 擇○以教子. 130-25 吾○實過矣. 132-10 而婦○是行. 137-22 而○曰. 138-3 道之以○. 145-20 是○誕也. 145-24 是其○可以懼哉. 145-25 聞一二之○. 146-9 寧聞他○. 146-24 王如史老之○. 147-1 王○以出令也. 147-3 若不○. 147-3 兹故不○. 147-4 故不敢不○. 147-19 何急以其○取罪也. 147-19 故○. 147-22 能○能聽徹其官者. 152-2 復○而不謀身. 155-22 周○棄德. 155-24 故不敢不○. 156-10 人有○曰. 156-22 吾怨其棄吾○. 157-9 乃使行人奚斯釋○於齊. 160-23 曩君之○. 164-5 句踐願諸大夫○之. 166-24 苟得聞子大夫之○. 170-10 蠡不敢○. 174-7 無是貳○也. 174-14 吾不用子之○. 174-16 吾與子○人事. 176-18 微君王之○. 177-1 先人有○曰. 178-2 先人有○曰. 178-11 子聽吾○. 179-1 不聽吾○. 179-1

【亨】 3

元○利貞. 94-8 故曰○. 94-9 是謂天地配○. 94-24

【庇】 12

用足則族可以○. 18-2 然後○焉. 19-25 口以○信. 21-19 而○宗於內. 46-11 周恭王能○昭穆之闕而爲恭. 50-23 若君實○廕膏澤之. 93-16 民之所○也. 97-19 盍亟索士整○州犂焉. 105-25 而大○廕之. 113-13 猶○廕人. 129-14 以○民也. 152-17 玉足以○廕嘉穀. 155-6

【序】 17

時○其德. 1-13 ○成. 2-2 不失其○. 6-11 若過其○. 6-11 周旋○順. 15-13 縣有○民. 16-15 制朝以○成. 20-10 不順四時之○. 24-22 陰陽○次. 29-20 帥長幼之○. 34-16 帝嚳能○三辰以固民. 38-9 牧相宣○民事. 48-10 夕○其業. 48-15 班○顛毛. 53-12 倚相將奔走承○. 146-6 各司其○. 149-18 上下有○. 150-16

【辛】 9

商王帝○. 1-17 殷○伐有蘇. 63-4 ○丑. 95-5 而訪於○尹. 100-19 ○巳. 113-16 知右行○之能以數宣物定功也. 114-11 欒氏之臣○俞行. 119-10 夫黎爲高○氏火正. 136-5 鄖公○止之. 153-16

【冶】 2

使季○逆. 45-7 子○歸. 45-10

【忘】 58

臨禍○憂. 7-3 令聞不○. 11-16 日完不○. 15-12 令聞不○. 25-23 後世不○. 27-4 令聞不○之謂也. 27-6 單子朝夕不○成王之德. 27-7 使吾無○諗. 41-8 不如寘里革於側之不○也. 41-8 淫則○善. 48-7 ○善則惡心生. 48-7 猶恐○先人之業. 48-22 使無○職業. 50-11 使無○服也. 50-15 吾不○也. 71-9 死不○君. 72-25 不○先君之好. 77-24 志道者勿○. 81-3 ○善而背德. 82-13 寡人未之敢○. 82-25 寡人未敢○. 83-3 ○善而背德. 83-12 兄德我而○其親. 84-1 若弗○. 84-1 二三子○在楚乎. 98-13 不○百姓也. 99-11 臣見其不○敬也. 102-10 夫不○恭敬. 103-24 其可○乎. 107-19 其可○乎. 114-4 不○其死. 115-18 可以利公室不○. 116-18 臣敢○其死. 119-16 利己而○君. 122-7 今子貴而○義. 124-10 富而○禮. 124-10 納諫不○其師. 124-19 唯食可以○憂. 130-2 使民蕩焉○其安樂. 144-19 又恐其荒失遺○. 147-11 不○舊者. 150-5 以無○前敗. 153-14 使寡君無○先王之業. 154-21 不○子孫. 155-16 不○舊怨. 156-2 德其○怨. 156-12 孤不敢○天災. 158-17 其敢○君王之大賜乎. 158-18 敢○天王之大德. 158-19 夫越王之不○敗吳於其心也. 160-2 豈遽○於諸侯之耳乎. 160-16 余心豈○憂恤. 165-11 今罷師而不戒以○我. 165-16 君若不○周室. 172-24 君王其○之乎. 174-17 今吳王淫於樂而○其百姓. 176-7 無○國常. 176-22 其○會稽之事乎. 178-3

【判】 2

若七德離○. 12-7 則上下既有○矣. 64-20

【灼】 1

○其中. 45-20

【弟】 51

兄○讒鬩. 11-6 兄○鬩于牆. 11-6 兄○也. 11-8 且夫兄○之怨. 11-11 今我王室之一二兄○. 15-4 而棄兄○. 46-14 ○子志之. 48-25 其幼者言○. 53-20 其子○之學. 53-21 以飭其子○. 53-24 其子○之學. 54-1 以飭其子○. 54-5 其子○之學. 54-7 其子○之學. 54-15 不如立其○而輔之. 76-19 讒在兄○爲大亂. 77-4 殺其○而立其兄. 84-1 而悼其父兄子○之死喪者. 84-16 趙夙之○也. 90-8 禮兄○. 90-15 晉鄭兄○也. 90-21 若禮兄○. 90-25 可謂兄○. 90-25 同姓爲兄○. 92-3 比於諸○. 100-15 至于兄○. 100-15 文子之母○也. 114-2 魏絳戮寡人之○. 115-15 兄○之禮也. 115-20 豐兄○之國. 121-8 秦景公使其○鍼來求成. 122-9 是非王之支子母○甥舅也. 135-11 子雖兄○於晉. 142-6 比爾兄○親戚. 151-13 王公之子○之質. 152-2 歸以語其○. 152-6 鄖公之○懷將弑王. 153-15 將不長○. 163-20 以力征一二兄○之國. 163-20 以見我一二兄○之國. 164-10 孤敢不順從君命長○. 164-14 以遠我一二兄○之國. 164-22 其父子昆○不相能. 165-1 以遠我一二兄○之國. 165-3 以徹於兄○之國. 165-8 有父母耆老而無昆○者. 167-23 有兄○四五人. 168-2 子有昆○四五人. 168-2 凡我父兄昆○. 170-4 乃致其父母昆○而誓之. 171-16 兄勉其○. 172-18

【汪】 3

○芒氏之君也. 49-25 在虞夏商爲○芒氏. 50-2 ○是土也. 75-17

【沐】 3

以膏○犒師. 36-12 公辭焉以○. 96-7 ○則心覆. 96-8

【沙】 3

西服流○西吳. 59-8 曰夙○釐. 129-1 使夙○釐相之. 129-9

【汩】 2

決○九川. 24-7 ○越九原. 24-7
【沃】　16
猶其原隰之有衍○也. 3-2 ○土之民不材. 48-8 未知其待於曲○也. 62-9 雖獲○田. 64-7 驪姬請使申生主曲○. 64-13 夫曲○. 66-14 若使太子主曲○. 66-16 乃城曲○. 66-19 乃祭于曲○. 72-13 公子使奉匜○盥. 91-23 入于曲○. 95-7 而使郤午及陽畢適曲○. 119-4 出奔曲○. 119-8 晉有曲○. 145-9 晉曲○寔納齊師. 145-14 ○朕心. 147-7
【沂】　1
北屬之○. 161-22
【汾】　3
而○河涑澮以爲渠. 75-15 吾命之以○陽之田百萬. 78-23 三歲於沮○. 160-9
【没】　18
冒○輕儳. 15-2 將壽寵得○. 40-7 雖壽而○. 40-7 韓厥必不○矣. 103-2 是以○平公之身. 119-8 ○平公無楚患. 123-5 以○其身. 126-25 閻○謂叔寬曰. 129-23 及其○也. 146-15 縱臣而得以其首領以○. 155-14 用能援持盈以○. 161-14 民以惡死而欲貴富以長○也. 162-16 伯父多歷年以○元身. 165-13 又大敗之於○. 168-18 以○王年. 169-3 又敗之於○. 172-19 使其身無終○於越國. 178-25 使無終○於越國. 179-6
【汶】　3
望○山. 58-24 遵○之上. 160-24 遵○伐博. 165-4
【沈】　9
氣不○滯. 23-21 水無○氣. 24-9 以揚○伏. 30-20 ○璧以質. 94-18 實○之星也. 94-20 實○之墟. 94-20 ○竈産鼃. 134-15 ○諸梁聞之. 155-18 ○金玉於江. 170-17
【決】　5
○之使導. 2-23 ○汩九川. 24-7 ○之以卜筮. 69-14 又無○. 120-20 百夫○拾. 158-8
【忨】　1
今○日而潵歲. 125-3
【快】　2
將待刑以○君志. 85-4 ○意而喪君. 85-19
【忸】　1
君○怩. 122-2
【完】　3
日○不忘. 15-12 且城厚○. 134-10 民罷力以○之. 134-11
【宋】　34
定王使單襄公聘於○. 15-19 背○之盟. 19-3 ○人伐之. 75-20 公子過○. 90-6 楚成王伐○. 97-21 伐曹衛以救○. 97-21 ○人使門尹班. 97-22 ○人告急. 97-22 舍之則○絕. 97-23 使○舍我. 97-24 以賜○人. 97-25 是故以曹田衛田賜○人. 98-2 臣亦釋○之圍. 98-5 是不許釋○也. 98-7 ○衆無乃彊乎. 98-7 子玉釋○圍. 98-11 而抗○. 98-14 釋○圍. 101-10 ○人弒昭公. 103-10 以伐○. 103-10 今○人弒其君. 103-11 今○人弒其君. 103-19 以至于○. 103-21 以救○. 115-4 諸侯之大夫盟于○. 122-18 ○之盟. 123-6 東有齊魯曹○滕薛鄒莒. 135-10 則○公鄭伯. 144-3 ○有蕭蒙. 145-8 ○蕭蒙寔弒昭公. 145-11 齊○徐夷曰. 162-9 恐齊○之爲己害也. 164-17 以爲過賓於○. 164-18 ○鄭魯衛陳蔡執玉之君皆入朝. 169-7
【牢】　11
王歆大○. 4-18 饋九○. 10-1 環山於有○. 58-13 環山於有○. 58-16 環山於有○. 58-18 饋七○焉. 84-25 少溲於豕○. 100-12 天子舉以大○. 150-13 祀以太○. 150-14 卿舉以少○. 150-14 祀以少○. 150-15
【究】　3
事不○. 175-9 ○數而止. 177-10 周旋無○. 177-20
【良】　30
芮○夫曰. 3-8 棄壯之○. 19-4 故能生是○材. 32-20 是○罟也. 41-7 鄉有○人焉. 55-11 鄉○人帥之. 55-13 若紂有○子. 68-8 戰而用○. 85-9 明賢○. 96-15 諸姬之○. 96-19 而賢○贊之. 100-10 於是乎用四方之賢○. 100-16 國之○也. 102-7 選賢○. 113-16 ○臣不生. 125-7 ○臣不生. 125-10 吾願得范中行之○臣. 132-1 ○臣. 132-2 臣以爲不○故也. 132-3 則何○之爲. 132-7 夫二子之○. 132-8 乃非○臣也. 132-9 求賢○以翼之. 140-19 子尚○食. 142-3 子尚○食. 142-4 爲楚○臣. 152-20 今句踐申禍無○. 158-18 ○國也. 166-5 吳王帥其賢○. 177-22 以○金寫范蠡之狀. 179-4
【初】　5
自今至于○吉. 4-4 ○. 12-21 火之○見. 16-8 ○. 95-9 ○. 131-6
【社】　29
或在○稷. 25-25 莊公如齊觀○. 34-14 而觀民於○. 34-18 土發而○. 34-19 今齊○而往觀旅. 34-20 必不泯其○稷. 36-21 故祀以爲○. 38-8 加之以○稷山川之神. 38-19 ○稷之事. 45-9 ○而賦事. 48-20 ○稷之守者. 49-23 ○稷之不血食. 53-8 ○稷危. 70-4 而利○稷. 70-5 君若惠顧○稷. 77-24 定○稷. 79-1 使寡人過殺我○稷之鎮. 80-23 寡人不足以辱○稷. 84-7 居者爲○稷之守. 96-9 而定○稷. 98-20 皆○稷之衛也. 99-21 ○稷之鎮也. 103-24 受脤於○. 104-20 爲○稷也. 123-20 以奉其○稷之祭. 164-25 求殘我○稷宗廟. 166-2 求殘吾○稷宗廟. 166-21 寔失宗廟○稷. 169-4 吾將殘汝○稷. 172-25
【祀】　65
侯服者○. 1-22 月○. 1-23 有不○. 2-1 伐不○. 2-3 則享○時至. 5-6 匱神乏○. 5-8 以供上帝山川百神之○. 12-25 宗祝執○. 16-19 守○不替其典. 24-16 以命姓受○. 24-18 至于今不○. 24-23 莫不能使共○. 34-8 ○以獨恭. 34-9 天子○上帝. 34-21 諸侯○先王先公. 34-21 臣不聞諸侯相會○也. 34-22 ○又不法. 34-23 大懼乏周公太公之命○. 35-24 夫○. 38-1 故愼制○. 38-2 夫聖王之制○也. 38-3 法施於民則○之. 38-3 以死勤事則○之. 38-3 以勞定國則○之. 38-3 能禦大災則○之. 38-4 能扞大患則○之. 38-4 不在○典. 38-5 故○以爲稷. 38-6 故○以爲社. 38-8 國之典○也. 38-18 不在○典. 38-22 己不知而○之. 38-23 無功而○之. 38-24 夫○. 39-23 二三婦之辱共先者○. 49-10 祭○同福. 55-17 ○至于今. 68-9 以主其祭○. 77-24 晉之守○. 89-8 是故天子○上帝. 126-15 公侯○百辟. 126-15 ○夏郊. 126-17 其後皆不失○. 136-25 民匱于○. 149-23 子期○平王. 150-12 ○牲何及. 150-12 ○加於舉. 150-13 ○以會. 150-13 ○以太牢. 150-14 ○以特牛. 150-14 ○以少牢. 150-15 ○以特牲. 150-15 ○以魚. 150-15 是以先王之○也. 150-19 ○不可以已乎. 151-1 ○所以昭孝息民撫國家定百姓也. 151-1 日祭月享時類歲○. 151-5 天子徧○羣神品物. 151-6 諸侯○天地三辰. 151-6 卿大夫○其禮. 151-7 家於是乎嘗○. 151-9 以昭○其先祖. 151-12 以臨監享○. 151-23 乏臣之○也. 155-15 不敢絕○. 168-21
【罕】　1
蔡公孫歸生與鄭○虎見叔孫穆子. 45-13
【邲】　3
○之役. 110-2 ○之役. 113-21 襄老死于○. 143-5
【君】　746
夫事○者. 3-20 ○爲之不舉. 6-25 其○齊明衷正. 7-7 其○貪冒辟邪. 7-10 其○必無後. 8-16 以教民事○. 9-7 其○必霸. 10-6 王以晉○爲能德. 13-18 謂○其何德之布. 13-19 未狎○政. 13-22 ○若惠及之. 13-22 ○之武震. 13-23 是○子之言也. 14-2 夫○臣無獄. 14-7 ○臣皆獄. 14-7 又爲臣殺其○. 14-8 則○親監之. 16-25 爲○必. 17-18 ○也. 17-18 不可以事二○. 18-5 不可以事三○. 18-6 勸二三○子必先導焉. 18-25 見其○必下而趨. 19-12 ○以爲奚若. 19-19 ○子不自稱也. 19-20 愷悌○子. 19-24 叛戰而擅舍鄭○. 20-10 ○何患焉. 21-9 其○與三郤. 21-9 今○曰將有亂. 21-10 吾見晉○之容. 21-11 夫○子目以定體. 21-12 其○在會. 21-16 今○偪於晉. 22-5 ○三出焉. 23-6 必三取○於周. 23-11 其德又可以○國. 23-12 ○子萬年. 27-5 必茲○之子孫實續之. 27-10 愷悌○子. 27-24 故○子得以易樂干祿焉. 27-25 ○子將險哀之不暇. 28-2 ○子務治. 34-7 ○爲是舉. 34-18 ○舉必書. 34-23 今先○儉而○侈. 35-5 無益於○. 35-6 ○作故. 35-9 ○作而順. 35-9 ○盍以名器請糴于齊. 35-15 ○不命吾子. 35-19 非事○也. 35-22 不腆先○之幣器. 36-1 豈唯寡○與二三臣實受○賜. 36-3 寡○不佞. 36-12 使○盛怒. 36-13 ○子則否. 36-15 恃二先○之所職業. 36-16 成王命我先○周公及齊先○太公曰. 36-17 ○今來討弊邑之罪. 36-20 夫衛○殆無罪矣. 37-1 ○盍請衛○. 37-8 不敢及○. 37-15 ○議五者以建政. 39-8 所以朝夕虔○命也. 39-10 是辱○命也. 39-11 嘗禘蒸享之所致○胙者. 39-16 以致○命者. 39-17 殺其○. 40-11 夫莒太子殺其○. 40-12 違○命者. 40-15 使○爲藏姦者. 40-18 臣違○命者. 40-18 其○驕而多私. 41-16 臣殺其○. 41-20 ○之過也. 41-21 夫○人者. 41-21 且夫○也者. 41-22 若○縱私回. 41-22 夫○也者. 42-1 美惡皆○之由. 42-2 相二○矣. 42-4 子以○命. 43-5 不腆先○之禮. 43-6 寡○使豹. 43-8 來繼先○之好. 43-8 ○以諸侯之故. 43-8 則兩○相見之樂也. 43-11 ○之所以貺使臣. 43-13 ○之所以嘉先○之好也. 43-14 ○之所以章使臣之勤也. 43-15 ○教使臣曰每懷靡及. 43-16 ○貺使臣以大禮. 43-19 ○之來也. 44-10 姑從○乎. 44-12 予爲先○來. 44-16 其誰曰不如先○. 44-17 事其○而任其政. 44-17 若從○而走患. 44-20 則不如違○以避難. 44-21 且夫○子計成而後行. 44-21 ○之於臣. 44-25 而況○乎. 45-2 而何德於○. 45-3 其予○也. 45-4 ○以蠻夷伐之. 45-4 夙之事○也. 45-5 ○其入也. 45-5 使予欺○. 45-11 能而欺其○. 45-11 抑○也. 45-14 若楚公子不爲○. 45-21 承○命以會大事. 46-2 ○子是以患作. 46-6 我先○襄公. 46-21 夫諸侯之勉於○者. 47-2 ○子能勞. 47-13 子將業○之官職焉. 47-25 ○子勞心. 48-21 以是承○之官. 48-24 汪芒氏之○也. 49-25 ○若使有司. 50-16 ○之庸臣也. 52-4 ○加惠於臣. 52-5 則是○之賜也. 52-5 夫爲其○動也. 52-11 ○若宥而反之.

52-11 魯○之謀臣也. 52-13 寡○有不令之臣. 52-14 在○之國. 52-14 寡○欲以親爲戮. 52-20 昔吾先○襄公. 53-2 其事○者言敬. 53-19 ○若正卒伍. 55-5 ○有攻伐之器. 55-6 ○若欲速得志於天下諸侯. 55-7 ○有此士也三萬人. 55-21 天下大國之○. 55-22 ○親問焉. 55-23 ○欲從事於天下諸侯. 57-21 爲○不○. 59-17 二○弑死. 59-22 ○食之. 62-6 ○何以訓矣. 62-9 且○知成之從也. 62-9 從○而貳. 62-9 ○焉用之. 62-10 何以事○. 62-20 抑○亦樂其吉. 62-21 不得其○. 63-13 而得其○. 63-13 吾觀○夫人也. 64-6 ○以驪姬爲夫人. 64-17 今○起百姓. 64-19 吾聞○子好好而惡惡. 64-21 今○滅其父而畜其子. 64-23 ○子曰. 65-2 吾聞事○者. 65-5 ○立臣從. 65-5 吾聞事○者. 65-6 民之有○. 65-7 事○以敬. 65-13 ○父之所安也. 65-16 今夕○寢不寐. 65-20 夫翟相之○. 65-20 有縱○而無諫臣. 65-22 ○臣上下. 65-23 ○若伐之. 65-25 何以事○. 66-2 ○之宗也. 66-14 ○之疆也. 66-14 且旌○伐. 66-17 ○之貳也. 66-24 今○分之土而官之. 66-24 ○之貳也. 67-1 ○其圖之. 67-10 ○有異心. 67-14 ○得其欲. 67-16 今謂○惑於我. 67-23 而行彊於○. 67-24 ○未終命而不歿. 67-24 ○其若之何. 67-24 豈能憚○. 68-4 殺○而厚利衆. 68-5 雖欲愛○. 68-7 今夫以○爲紂. 68-7 ○欲勿恤. 68-10 ○懼曰. 68-11 ○盍老而授之政. 68-12 乃其釋○. 68-13 且○其圖之. 68-13 ○之倉廩固不實. 68-20 ○盍使之伐狄. 68-20 ○得其賴. 68-24 ○其圖之. 68-25 ○賜之奇. 69-2 ○子曰. 69-7 ○其釋申生也. 69-10 ○行. 69-11 ○行. 69-12 今○居. 69-12 ○賜我以偏衣金玦. 69-16 ○子曰. 69-19 ○與我此. 69-22 國○好艾. 70-4 ○之使我. 70-6 ○故生心. 70-8 ○子曰. 70-11 吾固告○日得衆. 71-5 ○若不圖. 71-9 ○既許我殺太子而立奚齊矣. 71-10 我教兹暇豫事○. 71-14 其子爲○. 71-16 ○既許驪姬殺太子而立奚齊. 71-20 吾秉○以殺太子. 71-21 ○謀成矣. 72-1 是故事○者. 72-8 ○爲我心. 72-8 弑○以爲廉. 72-8 抑撓志以從○. 72-9 驪姬以○命命申生曰. 72-12 今夕○夢齊姜. 72-12 不能深知○之心度. 72-20 吾聞○子不去情. 72-23 死不忘○. 72-25 必歸於○. 73-3 是怨○也. 73-3 棄○去罪. 73-5 仁不怨○. 73-5 逃死而怨○. 73-7 吾○老矣. 73-13 奈吾○何. 73-14 而圖吾○. 73-14 是以諡爲共○. 73-15 與知共○之事. 73-17 秦親吾○. 74-5 吾○老矣. 74-5 復爲○. 74-7 如○之言. 74-10 ○不度. 74-13 民疾○之侈也. 74-15 今○施其所惡於人. 74-23 ○可無會也. 75-6 ○無懼矣. 75-14 ○子失心. 75-19 死吾○而殺其孤. 75-22 昔○問臣事○於我. 75-24 ○曰. 75-25 將以驪姬之惑蠱○. 76-10 使○迷亂. 76-11 今殺○而賴其富. 76-15 而請○于秦. 76-18 ○子曰. 76-20 幸苟○之. 77-13 ○死自立則不敢. 77-17 徑召○於外也. 77-18 盍請○于秦乎. 77-18 延及寡○之紹續昆裔. 77-20 又重之以寡○之不祿. 77-21 以○之靈. 77-22 將待○命. 77-23 ○若惠顧社稷. 77-24 不忘先○之好. 77-24 其誰不儆懼於○之威. 78-1 而欣喜於○之德. 78-1 終○之重愛. 78-2 受○之重貺. 78-2 晉國其誰非○之羣隸臣也. 78-2 ○使縶也. 78-6 ○其使之. 78-7 寡○使縶弔公子之憂. 78-9 ○惠弔亡臣. 78-14 以辱○義. 78-16 ○苟輔我. 78-25 ○實有郡縣. 79-2 豈謂○無有. 79-2 亦爲○之東游. 79-2 以望○之塵垢者. 79-4 ○之言過矣. 79-9 ○若求置晉○而載之. 79-9 ○若求置晉○以成名於天下. 79-9 ○子曰. 79-17 是以○子省衆而動. 80-8 ○改葬共○. 80-15 ○之冢嗣其替乎. 80-18 ○也. 81-1 受○之罰. 81-2 受○之罰. 81-2 子殺二○與一大夫. 81-6 爲子○者. 81-7 ○厚問以召呂甥郤稱冀芮而止之. 81-8 晉○必出. 81-9 ○殺之. 81-16 晉○大失其衆. 81-21 背○賂. 81-22 ○若伐之. 81-23 其○必出. 81-23 孰能出○. 81-25 晉○無禮於○. 82-1 ○其伐之. 82-3 寡人其○是惡. 82-3 ○有施於晉○. 82-5 晉○無施於其衆. 82-6 今旱而聽於○. 82-6 ○若弗予. 82-6 其○之不報也. 82-7 必咎於其○. 82-8 其○不聽. 82-8 ○深其怨. 82-16 ○其訊射也. 82-17 以○之出也處己. 82-21 昔○之惠也. 82-24 ○若還. 82-25 ○若不還. 83-1 昔○之未入. 83-2 ○入而列未成. 83-2 今○既定而列成. 83-3 ○其整列. 83-3 昔○之不納公子重耳而納晉○. 83-5 是○之不置德而置服也. 83-5 ○盍待之乎. 83-7 昔吾之不納公子重耳而納晉○. 83-7 ○揖大夫就車. 83-10 ○鼓而進之. 83-11 不足以辱○避也. 83-12 釋來救○. 83-14 ○遂止于秦. 83-14 殺晉○. 83-15 則○臣合作. 83-17 恐爲○憂. 83-18 又殺其○以重之. 83-19 臣思報○之讎. 83-19 晉○之無道. 83-21 ○曰. 84-2 復其○而質其適子. 84-3 ○使乞告二三子曰. 84-7 吾○慙焉. 84-10 ○猶在外. 84-11 以爲○援. 84-13 喪○有○. 84-13 呂甥逆○於秦. 84-15 其小人不念其○之罪. 84-16 其○子思其○. 84-18 吾固將歸○. 84-20 國謂○何. 84-20 ○子則否. 84-21 願從其○而與報秦. 84-22 其○子則否. 84-22 吾○之入也. 84-23 ○之惠也. 84-23 ○其不然. 84-24 秦○曰. 84-25 乃改館晉○. 84-25 ○之止. 85-1 今○將來. 85-2 而喪其○. 85-3 ○若來. 85-4 將待刑以快○志. 85-4 ○若不來. 85-4 不得○. 85-4 而使○瞢. 85-5 ○行犯. 85-5 臣怨○. 85-8 以成○政. 85-10 ○曰. 85-10 ○之明也. 85-11 臣行○明. 85-11 ○雖弗刑. 85-11 ○盍赦之. 85-13 ○曰. 85-17 有○不忌. 85-17 夫○政刑. 85-18 快意而喪○. 85-19 ○失其刑. 85-21 ○令司馬説刑之. 85-21 ○親止. 85-25 民無成○. 88-3 裨輔先○而成霸者也. 88-13 ○國可以濟百姓. 88-14 ○之所慎也. 89-3 今○棄之. 89-3 ○不禮焉. 89-4 ○其圖之. 89-5 ○弗蚤圖. 89-9 ○之匹也. 89-17 ○所知也. 89-21 國○無親. 89-22 先○叔振. 89-22 今○棄之. 89-24 而○蔑之. 89-25 ○其圖之. 90-5 其先○之戎御. 90-8 ○其圖之. 90-12 吾先○武公. 90-21 ○其圖之. 91-2 ○其饗之. 91-7 非敵而○設之. 91-7 則○有之. 91-9 則○地生焉. 91-10 ○之餘也. 91-10 若以○之靈. 91-11 其避○三舍. 91-12 以與○周旋. 91-13 其無令○乎. 91-16 如享國○之禮. 93-7 ○以天子之命服命重耳. 93-13 重耳之仰○也. 93-15 若○實庇廕膏澤之. 93-16 ○之力也. 93-17 ○若昭先○之榮. 93-17 ○若恣志以用重耳. 93-19 ○稱所以佐天子匡王國者. 93-23 臣從○還軫. 94-16 而況○乎. 94-17 今○當之. 94-21 ○之行也. 94-21 ○無懼矣. 95-2 吾以○爲已知之矣. 95-15 事○不貳. 95-16 是謂○. 95-16 ○○臣臣. 95-16 二○之世. 95-17 除○之惡. 95-18 今○即位. 95-19 今○之德宇. 95-23 ○實不能明訓. 95-24 ○其無悔乎. 95-25 國○而讎匹夫. 96-9 ○盍納王. 96-23 ○其務之. 97-1 ○補王闕. 97-11 陽人未狎○德. 97-12 ○將殘之. 97-12 ○定王室. 97-14 唯○圖之. 97-15 是○子之言也. 97-15 ○取一. 98-6 以○避臣. 98-12 若我以○避臣. 98-14 ○子曰. 98-16 ○何愛於臣也. 98-20 知忠以事○者. 99-1 信於○心. 99-4 信於○心. 99-5 於是乎民知○心. 99-6 善○有賞. 99-19 ○以爲易. 100-4 ○以爲難. 100-4 今○之所聞也. 102-8 吾求○子久矣. 102-13 吾聞事○者. 103-3 吾言女於○. 103-5 事○而黨. 103-6 其次○臣. 103-11 今宋人弑其○. 103-11 今宋人弑其○. 103-19 爲○故也. 103-20 以承○命. 104-7 克也以○命命三軍之士. 105-2 寡○使克也. 105-9 爲○之辱. 105-9 矜其伐而恥國○. 105-11 ○爲之降服出次. 105-18 導前志以佐先○. 107-19 事○必濟. 107-22 ○使黶也. 108-13 ○子也. 108-23 ○之外臣至. 108-25 以寡○之靈. 108-25 拜○命之辱. 108-25 ○子曰. 109-1 ○人者. 109-7 吾○將伐智而多力. 109-22 與其○臣不相聽. 110-7 ○伐智而多力. 110-10 ○幼弱. 110-20 ○與二三臣其戒之. 110-22 ○驕泰而有烈. 110-24 ○多私. 110-25 子告○曰. 111-3 發鉤告○. 111-5 ○告欒書. 111-5 己勸○戰. 111-6 然戰而擅捨國○. 111-7 且今○若使之於周. 111-8 ○曰. 111-8 ○不道於我. 111-12 ○必危. 111-13 夫利○之富. 111-15 利黨以危○. 111-15 ○之殺我也. 111-15 不若聽○之命. 111-16 憂必及○. 111-20 弑○以求威. 112-1 而況○乎. 112-5 二三子不能事○. 112-5 抑人之有元○. 113-6 故求元○而訪焉. 113-10 ○鎮撫羣臣. 113-13 無乃不堪○訓. 113-13 辱○之允令. 113-14 ○知士貞子之帥志博聞. 114-11 使張老延○譽于四方. 115-4 日○乏使. 115-18 ○合諸侯. 115-19 ○不説. 115-20 擇臣莫若○. 115-24 而○比義焉. 116-3 ○其圖之. 116-10 智不能匡○. 116-13 敢辱○朝. 116-14 難雖不能死○. 116-15 ○之幸也. 117-2 ○之靈也. 117-3 ○子曰. 117-5 日在○側. 117-8 威權在○. 118-11 ○掄賢人之後. 118-11 亦掄逞志虧○以亂國者之後. 118-11 ○治而國安. 118-17 ○曰. 118-19 欒書立吾先○. 118-19 亦無○也. 118-22 ○其圖之. 118-23 而報於○. 119-2 有力於先○. 119-5 無從欒氏而從○. 119-12 是明令必從○也. 119-12 ○之. 119-13 事○以死. 119-13 ○之明令也. 119-14 臣故不敢不○. 119-15 不從○者爲大戮. 119-16 而叛其○. 119-16 所以事○也. 119-18 若受○賜. 119-18 ○問之陳辭. 119-19 何以事○. 119-19 ○知其不可得也. 119-20 若以○官從子之私. 120-14 ○之明兆於衰矣. 121-18 ○告之. 121-24 ○必殺之. 121-24 昔吾先○唐叔. 121-24 今○嗣吾先○唐叔. 121-25 是揚吾○之恥者也. 122-1 ○其必速殺之. 122-1 ○忸怩. 122-2 吾蔑與比而事○矣. 122-4 ○子有比乎. 122-6 ○子比而不別. 122-6 利己而忘○. 122-7 皆○之臣也. 122-12 姦以事○者. 122-15 子若能以忠信贊○. 123-7 豹也受命於○. 123-20 苟可以安○利國. 123-23 見利而不顧其○. 124-18 事○不援而進. 124-19 秦○道乎. 124-21 夫○子寬惠以卹後. 124-25 若○不死. 125-8 以佐○. 125-8 今○一之. 125-18 ○其幾何. 125-20 客問○疾. 126-8 寡○之疾久矣. 126-8 以○之明. 126-11 非事○之禮也. 128-16 夫事○者. 128-20 我○是事. 129-2 名曰○臣. 129-2 今○實遷. 129-3 鼓有○矣. 129-3 爾心事○. 129-3 ○有烈名. 129-6 先○獻武之諱也. 129-12 而況○子之學乎. 129-14 爲○子之心. 130-5 ○行臣不從. 131-21 夫事○者. 132-3 不能匡相其○. 132-7 ○出在外. 132-7 將勤營其○. 132-8 ○子自以爲不足. 132-13 ○子哀無人. 132-18 臣以秉筆事○. 133-16 夫○子能勤小物. 133-25 而恥人之○相. 134-1 況○相乎. 134-3 ○若以周難之故. 135-15 必將背○. 135-16 ○若以成周之衆. 135-16 ○之土也. 135-20 其家○侈驕. 137-2 其民怠沓其○. 137-3 若更○而周訓之. 137-3 褻之二○也. 138-4 ○若欲避其難. 138-21 失先○之業. 141-10 唯是春秋所以從先○者. 141-12 夫事○者. 141-14 而○臨之. 141-15 若先○善. 141-16 國○有牛享. 141-22 尚能事晉○. 142-3 臣聞國○服寵以爲美. 143-21 先○莊王. 144-1 先○以是除亂克敵. 144-5 今○爲此臺也. 144-5 夫○國者.

144-15 ○安得肥. 144-15 若○謂此臺美. 145-2 民有○臣. 145-18 ○則曰. 146-23 今○或者未及武丁. 147-12 至於今爲令○. 147-17 ○不度憂於二令○. 147-17 臣懼民之不信○也. 147-19 賴○用之也. 147-22 ○子曰. 148-4 ○子曰. 148-6 ○子之行. 148-7 而相楚○. 152-21 當○而亡之. 153-6 ○之過也. 153-7 故○及此. 153-10 以儆○也. 153-11 觀○之德也. 153-11 ○若不鑒而長之. 153-12 ○實有國而不愛. 153-12 惟○圖之. 153-13 在國則○. 153-16 夫事○者. 153-17 苟○之. 153-18 而況○乎. 153-19 ○而討臣. 153-20 若皆讎○. 153-20 吾先人以善事○. 153-20 ○有二臣. 153-24 ○王均之. 153-25 或禮於○. 154-1 吾聞○子. 154-2 ○子臨政思義. 154-4 使無以寡○爲口實. 154-19 以朝夕獻善敗於寡○. 154-20 使寡○無忘先王之業. 154-21 寡○其可以免罪於諸侯. 155-2 夫事○無憾. 155-12 寡○句踐. 158-14 ○王之於越也. 158-17 其敢忘○王之大賜乎. 158-18 今○王不察. 158-21 ○王不以鞭箠使之. 158-21 夫固知○王之蓋威以好勝也. 159-13 ○王舍甲兵之威. 159-21 昔楚靈王不○. 160-7 吾先○得之也. 161-13 事○勇謀. 162-18 兩○偃兵接好. 163-14 匍匐就○. 163-17 孤欲守吾先○之班爵. 163-21 孤之事○在今日. 163-22 不得事○亦在今日. 163-22 寡○未敢觀兵身見. 164-5 曩○之言. 164-5 以休○憂. 164-10 今○掩王東海. 164-10 ○有短垣. 164-11 夫諸侯無二○. 164-13 ○若無卑天子. 164-13 孤敢不順從○命長弟. 164-14 吾先○闔廬. 164-22 敢問○王之所以與之戰者. 166-5 以其私卒○子六千人爲中軍. 168-12 昔不穀先委制於越○. 168-20 ○告孤請成. 168-20 孤無奈越之先○何. 168-21 許○成. 168-22 得罪於○王. 168-22 ○王以親辱於弊邑. 168-22 而聽○之令乎. 168-24 ○何面目以見員也. 169-6 宋鄭魯衛陳蔡執玉之○皆入朝. 169-7 今○王既棲於會稽之上. 170-9 寡○句踐之無所使. 170-12 寡○之師徒. 170-14 不足以辱○矣. 170-14 賂○之辱. 170-14 寡○帥越國之衆. 170-16 以從○之師徒. 170-16 唯○左右之. 170-16 是以帶甲萬人事○也. 170-18 無乃卽傷○王之所愛乎. 170-19 ○必滅之. 171-3 古之賢○. 171-17 昔者夫差恥吾○於諸侯之國. 172-6 親吾○也. 172-10 臣而思報○之讎. 172-10 寡人聞古之賢○. 172-12 孰是吾○也. 172-18 不足以辱○矣. 172-20 賂○之辱. 172-21 而聽○之令乎. 172-23 吾與○爲二○乎. 172-23 ○若不忘周室. 172-24 ○若曰. 172-25 越○其次也. 173-1 今○王未盈而溢. 174-8 ○王其忘之乎. 174-17 ○王制之. 175-1 ○臣上下. 175-16 ○王之吴也. 176-4 其○臣上下. 176-20 微○王之言. 177-1 今王○其圖不穀. 177-24 今○王不斷. 178-3 而聽○王之命乎. 178-10 昔吾先○. 178-13 ○王已委制於執事之人矣. 178-17 ○王勉之. 178-21 ○憂臣勞. 178-23 ○辱臣死. 178-23 昔者○王辱於會稽. 178-23 ○行制. 179-2

【尾】 6

見雄雞自斷其○. 31-24 吾見雄雞自斷其○. 31-25 龍○伏辰. 75-3 歲在壽星及鶉○. 87-14 國之○也. 145-20 而不能掉其○. 145-21

【改】 20

○玉○行. 13-9 更姓○物. 13-9 大物其未可○也. 13-13 釐○制量. 24-4 而○其常. 40-2 過而能○者. 42-9 其名未○. 44-11 執政未○. 44-16 ○其制而不患其難. 67-13 弗○. 79-15 出共世子而○葬之. 80-10 君○葬共君. 80-15 二三子其○置以代圉也. 84-7 乃○館晉君. 84-25 ○桓之行. 127-1 若越既○. 159-9 若其不○. 159-9 今越王句踐恐懼而○其謀. 159-24 將不可○於是矣. 170-23

【刜】 1

○令支. 59-1

【忌】 14

王使太宰○父. 8-6 夏父弗○爲宗. 39-20 夏父弗○必有殃. 40-3 好專利而不○. 65-21 且人中心唯無○之. 72-6 而○處者. 81-22 小人○而不思. 84-21 有君不○. 85-17 及欒弗○之難. 106-3 夫陣不諱○. 108-15 無○鎮靜. 114-16 無○備公族. 116-12 今無○. 116-13 不○其不祥乎. 178-12

【阿】 6

弗諫而○之. 9-22 不○其惑. 65-6 亦不○惑. 65-9 執鉞立於西○. 74-8 不○而退. 124-19 無○孤. 166-24

【壯】 11

棄○之良. 19-4 而又無○事. 66-2 直爲○. 98-13 然而○不若老者多矣. 107-13 其○也. 115-25 及臣之○也. 130-9 趙簡子問於○馳茲曰. 132-11 ○馳茲拜曰. 132-12 若子方○. 146-6 令○者無取老婦. 171-18 令老者無取○妻. 171-19

【阻】 1

狂夫○之衣也. 69-6

【附】 2

而○之以令名. 24-25 小國○協. 60-21

【陂】 7

澤不○. 15-21 澤不○障. 16-10 ○塘汙庳. 23-20 ○鄣九澤. 24-7 臺榭○池必成. 154-13 ○漢. 160-8 故濱於東海之○. 178-13

【妘】 2

鄶由叔○. 12-1 ○姓鄔鄶路偪陽. 136-17

【妣】 1

則我皇○大姜之姪. 31-8

【妖】 2

而○試幸措. 137-22 以○孽吴國. 161-5

【妨】 9

而○於後嗣. 6-9 明以○王宮. 25-3 ○於正. 29-22 ○於財. 29-22 ○於樂. 29-22 ○正匱財. 29-23 木不○守備. 144-2 聚貨不○民衣食之利. 152-9 將○於國家. 174-10

【姒】 5

杞繒由大○. 11-21 賜姓曰○. 24-12 褒人以褒○女焉. 63-6 褒○有寵. 63-7 刑于大○. 100-14

【邵】 9

○公告曰. 2-18 告○公曰. 2-20 ○公曰. 2-21 宣王在○公之宮. 3-18 ○公曰. 3-18 襄王使○公過及內史過. 8-13 郤至見○桓公. 18-23 ○公以告單襄公曰. 18-24 重之以周○畢榮. 100-19

【忍】 29

庶民不○. 1-18 必有○也. 12-15 王不○小忿而棄鄭. 12-15 其誰能○之. 22-3 而不○小忿. 46-11 其上貪以○. 65-22 又不○人. 66-8 不○人. 66-8 必自○也. 66-8 不可○也. 68-16 而示之以堅○之權. 69-4 吾不○. 71-21 有父○之. 73-9 ○父而求好人. 73-9 吾不○俟也. 74-19 不○其死. 94-17 吾子○之. 104-19 以○去過. 109-10 而○於小民. 109-12 不能○俟也. 111-24 其民沓貪而○. 137-1 彊○犯義. 155-23 其民不○饑勞之殃. 160-10 員不○稱疾辟易. 161-15 去之不○. 162-11 不貰不○. 164-23 夫差不貰不○. 165-4 王弗○. 177-4 王弗○. 177-25

【甬】 2

寡人其達王於○句東. 169-2 吾請達王○句東. 172-23

【矣】 387

其有以禦我○. 2-11 民不堪命○. 2-18 吾能弭謗○. 2-20 其害多○. 3-10 其歸鮮○. 3-16 而和於民○. 5-6 然則能訓治其民○. 5-23 周將亡○. 6-10 今周德若二代之季○. 6-17 虢必亡○. 8-9 則遠不至而近不和○. 9-4 晉侯其能禮○. 10-14 利乃外○. 11-12 今王外利○. 11-20 鄭伯捷之齒長○. 12-11 臣故曰利外○. 12-15 一逆○. 14-8 再逆○. 14-9 火朝覿○. 15-20 火朝覿○. 16-9 不亦嬻姓○乎. 17-6 乃可以長保民○. 17-21 則可以上下無隙○. 17-25 其能足用○. 18-1 晉不戰○. 19-2 子則賢○. 19-15 遠於得政○. 20-12 而聽三郤之語○. 21-11 而知其心○. 21-13 其心必異○. 21-14 則可以知德○. 21-17 可以戒懼○. 21-22 其利淫○. 22-7 夫子被文○. 22-25 明令德○. 23-3 一既往○. 23-7 於今再○. 23-9 其將失之○. 23-14 十四王○. 25-15 必不節○. 26-6 能避怨○. 26-18 可謂不忝前哲○. 27-8 可謂廣裕民人○. 27-8 則單子必當之○. 27-9 不出於他○. 27-10 其竭也無日○. 28-5 其所怠棄者多○. 28-6 鍾果和○. 30-5 爾老耄○. 30-10 吾以爲信畜○. 32-1 久○. 32-14 殆不可○. 32-15 十有四世○. 32-19 其殃大○. 33-2 是則可○. 34-12 令德替○. 35-5 臣故曰庶可已○. 35-7 今國病○. 35-15 亂在前○. 36-9 國急○. 36-10 小人恐○. 36-15 夫衛君殆無罪○. 37-1 其章大○. 37-23 難以爲仁且智○. 38-23 孟孫善守○. 39-13 有數○. 39-17 亦有數○. 39-17 夫宗有司之言順○. 40-3 其愛我甚○. 40-11 無逆命○. 40-12 無逆命○. 40-14 亡無日○. 41-14 可謂多○. 41-17 吾不圖○. 41-19 必常立○. 41-19 其威大○. 41-21 其過多○. 41-22 益邪多○. 41-23 相二君○. 42-4 猶多○. 42-5 及匏有苦葉○. 44-6 必將涉○. 44-8 王太子又長○. 44-16 其威大○. 44-25 守必固○. 45-2 必不獲○. 45-4 既得之○. 45-8 不大夫○. 45-14 有其心○. 45-19 將不入○. 45-20 不合諸侯○. 45-21 而爲諸侯法○. 46-5 可以出○. 46-9 椒既言之○. 46-17 信抑闕○. 46-20 將安勸○. 47-3 魯爲勉○. 47-4 季氏之婦不淫○. 48-25 以爲別於男女之禮○. 49-4 微而昭○. 49-7 度於法○. 49-8 可謂知禮○. 49-17 此爲大○. 49-22 隼之來也遠○. 50-10 則有周公之籍○. 51-8 必不予我○. 52-13 則予我○. 52-15 則必長爲魯國憂○. 52-19 則國安○. 55-3 國既安○. 55-4 國安○. 55-4 則難以速得志○. 55-6 則難以速得志○. 55-7 政既成○. 57-18 則四鄰之國親我○. 57-25 夫軍令則寄諸內政○. 58-4 諸侯稱順○. 59-20 文事勝○. 60-20 君何以訓○. 62-9 亡無日○. 63-15 不過五○. 63-20 晉國懼則甚○. 63-22 亂本生○. 64-16 固皆至○. 64-17 則上下既有判○. 64-20 知難本○. 65-2 將及○. 65-4 遠於孝○. 65-16 固秉常○. 66-10 無不遷○. 66-11 太子不得立○. 67-13 忠○. 67-18 妾亦懼○. 68-1 欲其甚○. 68-7 其何及○. 68-11 則善用衆○. 68-23 其利多○. 68-25 則必惡其心而害其身○. 69-4 令不偷○. 69-18 善處父子之間○. 69-20 寒之甚○. 69-24 勉之而已○. 70-1 譖在中○. 70-8 又失言於衆○. 71-7 難將至○. 71-9 君既許我殺太子而立奚齊○. 71-10 謀既成○. 71-21 將及○. 72-1 君謀成○. 72-1

彼有成○. 72-5 吾君老○. 73-13 吾君老○. 74-5 虞將亡○. 74-21 閭不除○. 74-23 身不定○. 74-24 已自拔其本○. 74-25 旣鎮其甍○. 75-10 將在東○. 75-14 君無懼○. 75-14 晉侯將死○. 75-15 失其心○. 75-19 吾蔑從之○. 75-22 吾言旣往○. 76-2 不食其言○. 76-20 秦人勤我○. 78-19 中大夫里克與我○. 78-22 丕鄭與我○. 78-23 蔑天命○. 78-25 君之言過○. 79-9 戒備畢○. 80-9 其數告於民○. 80-18 其魄兆於民○. 80-19 其光耿於民○. 80-19 將至○. 80-22 將及○. 81-3 子其行○. 81-19 此其黨半國○. 81-23 其有殃也多○. 82-2 則有辭○. 82-7 秦寇深○. 82-15 兵甲盡○. 84-12 今戾久○. 87-6 可以遠○. 87-8 齊侯長○. 87-8 管仲歿○. 87-9 不爲郵○. 87-11 天以命○. 87-15 將死於齊而已○. 87-18 吾以除之○. 87-23 先王其知之○. 88-1 吾不動○. 88-5 將何及○. 88-7 去威遠○. 88-11 齊國之政敗○. 88-13 晉之無道久○. 88-14 從者之謀忠○. 88-14 時日及○. 88-14 公子幾○. 88-14 棄三德○. 89-4 諸侯之亡公子其多○. 89-18 可謂賢○. 89-25 長幼○. 90-7 殆有禮○. 90-11 可謂親有天○. 90-21 天祚之○. 91-18 則無所○. 93-10 怨其多○. 94-16 無不濟○. 94-21 今及之○. 94-25 君無懼○. 95-2 吾以君爲已知之○. 95-15 又將出○. 95-16 其能久○. 95-23 懼者衆○. 96-10 則失周○. 96-24 於此乎在○. 97-1 原不過一二日○. 97-18 蔑不欲○. 98-2 怨已多○. 98-8 且楚師老○. 98-12 彼亦曲○. 98-15 禍無赦○. 98-24 今禍及○. 98-24 行年五十○. 99-9 其章大○. 99-15 又何患○. 99-24 咫聞則多○. 100-1 其難也將至○. 100-4 可○乎. 101-5 可○乎. 101-6 可○. 101-9 吾求君子久○. 102-13 中以外易○. 102-18 今陽子之情譓○. 102-20 韓厥必不沒○. 103-2 二三子可以賀我○. 103-8 吾乃今知免於罪○. 103-9 則寢門辟○. 103-22 夫郤子之怒甚○. 104-5 亡無日○. 104-11 則旣斬之○. 104-13 吾知免○. 105-1 則加遲○. 105-14 久○. 105-25 華則榮○. 107-4 吾老○. 107-6 而今可以戒○. 107-7 然而壯不若老者多○. 107-13 不善蔑由至○. 107-15 善亦蔑由至○. 107-16 善○. 108-2 物備○. 108-3 智子之道善○. 108-4 其壞也無日○. 110-23 後○. 111-15 則樂○. 117-7 可謂德義○. 117-8 則莫思亂○. 118-14 則民威○. 118-16 則民懷○. 118-17 則國安○. 118-17 復害○. 118-23 於今三世○. 119-15 臣嘗陳辭○. 119-17 其身歿○. 120-5 今旣無事○. 121-10 君之明兆於衰○. 121-18 吾蔑與比而事君○. 122-4 秦晉不和久○. 122-13 其爲德也深○. 122-21 其爲本也固○. 122-21 魯誅盡○. 123-22 晉何以爲盟主○. 124-1 而小不見陵○. 124-3 趙孟將死○. 124-25 怠偷甚○. 125-4 於今八年○. 125-9 八年之謂多○. 125-13 寡君之疾久○. 126-8 其寵大○. 127-4 吾以爲能其德○. 127-5 鼓有君○. 129-3 旣繫○. 129-19 旣援○. 129-19 而嗣立○. 130-24 臣何望○. 131-4 吾幾不爲人○. 131-5 可以訓○. 131-25 吾言實過○. 132-10 狗之事大○. 132-25 美則美○. 133-15 難必至○. 133-21 民必和○. 134-14 無不克○. 135-17 其功大○. 136-7 昆吾爲夏伯○. 136-14 大彭豕韋爲商伯○. 136-15 則夏滅之○. 136-16 則商滅之○. 136-17 則周滅之○. 136-17 必不興○. 136-20 蠻芈蠻○. 136-22 其必興○. 136-23 其將至○. 136-26 盡乃棄○. 137-10 天之命此久○. 138-1 天之生此久○. 138-14 其爲毒也大○. 138-14 周不守○. 138-18 亦必然○. 138-20 王心怒○. 138-20 虢公從○. 138-20 不三稔○. 138-21 其速規所○. 138-21 其不賓也久○. 140-10 王有命○. 141-13 其寵大○. 141-15 晉將遁○. 142-11 叛者半○. 142-13 若散氏離○. 142-14 晉將遁○. 142-23 晉人又用之○. 143-13 夫子不居○. 143-17 不來○. 143-18 民實瘠○. 144-15 其爲惡也甚○. 144-19 楚其殆○. 145-3 亦當晉○. 145-6 必知民○. 145-25 昔衛武公年數九十有五○. 146-7 已之易○. 146-23 吾盡聞之○. 146-24 將何以封○. 152-12 死無日○. 152-18 日已甚○. 152-22 其速怨於民多○. 152-23 潰而所犯必大○. 152-25 死在司敗○. 153-13 不能顧○. 153-22 羣臣懼○. 153-25 吾知之○. 153-25 無患吳○. 154-8 吳將斃○. 154-14 幾何○. 154-17 蔑不克○. 156-5 皆不在○. 156-6 必不居○. 156-9 無所靖○. 156-17 死無日○. 156-22 乃無有命○. 158-13 足以結信○. 159-20 余不食三日○. 160-12 夫吳民離○. 160-18 越聞章○. 162-8 吳旣敗○. 162-9 我無生命○. 162-10 則無爲貴智○. 162-16 今會日薄○. 163-21 我箴卜筮○. 165-19 善則善○. 166-8 善則善○. 166-10 善則善○. 166-12 善則善○. 166-14 旣命孤○. 166-23 可○. 167-5 吾見子於此止○. 167-11 止○. 167-15 子爲我禮已重○. 167-25 越旣有之○. 169-4 則已○. 169-6 不足以辱君○. 170-14 有越則無吳○. 170-22 將不可改於是○. 170-23 今已服○. 171-6 今越國亦節○. 172-7 不足以辱君○. 172-20 寡人禮先壹飯○. 172-24 吾已斷之○. 174-15 人事至○. 176-9 天應至○. 176-16 今天應至○. 176-18 今歲晚○. 176-25 君王已委制於執事之人○. 178-17 子往○. 178-18 臣不復入越國○. 178-21 今事已濟○. 178-24 臣聞命○. 179-2

【災】 30

無逢其○害. 13-2 今天降禍○於周室. 13-6 所以禦○也. 16-12 火無○燀. 24-9 天○降戾. 27-11 謂之召○. 27-19 而又離民以佐○. 27-19 將○是備禦而召之. 27-20 ○至而備亡. 28-5 吾周官之於○備也. 28-6 以益其○. 28-7 用巧變以崇天○. 33-1 天○流行. 35-23 能禦大○則祀之. 38-4 今茲海其有○乎. 38-25 恒知避其○也. 39-1 禦○害也. 45-17 禍○共之. 55-17 兵要遠○. 70-2 親以無○. 70-2 怨亂毓○. 92-18 ○毓滅姓. 92-19 畏亂○也. 92-20 禍○不至. 149-20 禍○薦臻. 150-2 使無水旱之○. 155-7 珠足以禦火○. 155-8 孤不敢忘天○. 158-17 反爲之○. 177-6 必因天地之○. 177-16

【奉】 24

○以忠信. 1-14 ○犧牲粢盛玉帛. 8-4 ○犧牲玉鬯往獻焉. 8-7 ○禮義成. 10-7 夫人○利而歸諸上. 12-6 ○其犧象. 15-6 ○義順則謂之禮. 20-8 使潔○禘郊之粢盛. 48-12 ○之以車馬衣裘. 57-25 縷綦以爲○. 60-7 是之不果○. 75-13 百姓欣而○之. 76-15 以師○公子重耳. 81-8 公子使○匜沃盥. 91-23 ○之如機. 102-20 元而以虐○之. 113-10 若欲○元. 113-11 ○辭伐罪. 135-17 百姓千品萬官億醜兆民經入畡數以○之. 150-21 ○其犧牲. 151-10 ○之以不義. 156-5 ○槃匜. 159-1 ○文犀之渠. 163-3 以○其社稷之祭. 164-25

【玩】 8

觀則○. 1-5 ○則無震. 1-5 無乃○而頓乎. 13-23 皮幣○好. 58-2 六畜○好必從. 154-13 先王之○也. 155-3 將還○吾國於股掌之上. 159-12 ○好女樂. 174-19

【武】 108

至于○王. 1-15 欣戴○王. 1-18 是先王非務○也. 1-19 而一時講○. 5-5 魯○公以括與戲見王. 5-12 命于○宮. 10-2 鄭○莊有大勳力于平桓. 11-8 於是乎致○. 13-21 君之○震. 13-23 ○不可覿. 13-23 覿○無烈. 13-24 而祇以覿○. 13-25 ○子遂不敢對而退. 15-17 齊人殺國○子. 22-10 及文○成康. 25-13 能定○烈者也. 26-22 不過步○尺寸之間. 28-14 昔○王伐殷. 31-5 昔○王克殷. 32-9 ○王去民之穢. 38-12 祖文王而宗○王. 38-15 莫若文○. 39-25 未嘗躋湯與文○. 40-1 季○子爲三軍. 43-20 聞季○子襲卞. 44-24 季○子取卞. 45-7 習○訓也. 45-16 季○子伐莒取鄆. 45-24 ○子勞之. 46-9 昔○王克商. 50-10 世法文○遠績以成名. 53-9 隱○事. 59-12 有事於文○. 59-15 示之以○. 60-9 畏其○. 60-11 ○公伐翼. 62-4 蒸于○公. 65-10 無必假手於○王. 68-9 我以○與威. 68-14 不可謂○. 68-15 ○有置. 79-11 ○置服. 79-11 ○也. 83-22 不可謂○. 83-25 不○. 85-15 ○之穆也. 89-5 周之大功在○. 89-5 天祚將在○族. 89-6 必○族也. 89-6 ○族. 89-7 出自○王. 89-23 文○之功. 89-23 吾先君○公. 90-21 ○公之業. 90-24 ○. 94-7 文○具. 94-7 衆順而有○威. 94-11 卽位于○宮. 95-8 定○之功. 96-25 范○子退自朝. 104-4 ○子曰. 104-8 ○子怒曰. 104-10 ○子曰. 104-23 ○子曰. 105-1 欒○子見. 105-5 見欒○子. 107-4 ○子曰. 107-4 見智○子. 107-18 ○子曰. 107-18 成而後振○於外. 109-7 而後可以○. 109-11 將誰行○. 109-12 ○不行而勝. 109-12 欒○子將上軍. 109-16 欒○子欲戰. 109-17 欒○子曰. 110-2 欒○子不聽. 110-10 ○人不亂. 111-14 欒○子中行獻子圍公於匠麗氏. 112-1 欒○子使智○子彘恭子如周迎悼公. 113-4 朝于○宮. 113-16 ○子之季. 114-2 ○子宣法. 114-3 臣聞師衆以順爲○. 115-19 世及○子. 121-4 而殺趙○. 122-19 其隨○子乎. 124-19 ○從二三子. 125-8 昔欒○子一卒之田. 126-20 而賴○之德. 126-25 而修○之德. 127-1 今吾子有欒○子之貧. 127-5 先君獻○之諱也. 129-12 有○德以羞爲正卿. 130-22 ○實昭文之功. 138-23 ○其嗣乎. 138-24 ○王之子. 138-24 明除害以導之○. 141-2 昔衛○公年數九十有五矣. 146-7 謂之睿聖○公. 146-15 昔殷○丁. 147-1 ○丁於是作書. 147-4 若○丁之神明也. 147-8 今君或者未及○丁. 147-12 天事○. 151-25 收文○之諸侯. 164-7 文○寔舍其衷. 165-6

【青】 4

野無○草. 36-16 唯○陽與夷鼓. 92-4 ○陽. 92-4 唯○陽與蒼林氏. 92-12

【表】 5

列樹以○道. 16-11 位之○也. 39-7 ○之章也. 39-8 車無退○. 104-18 設望○. 123-12

【玦】 6

佩之以金○. 69-1 君賜我以偏衣金○. 69-16 而握金○. 69-18 而佩金○. 69-22 中分而金○之. 69-23 而○之以金銑者. 69-24

【忝】 5

不○前人. 1-15 以○天下. 13-14 不○前哲之謂也. 27-6 可謂不○前哲矣. 27-8 以○韓宗. 116-14

【長】 89

宣王○而立之. 3-21 少事○. 5-14 則○衆使民. 8-22 然則○衆使民之道. 9-1 ○老. 12-5 鄭伯捷之齒○矣. 12-11 是不○老也. 12-12 以臨○百姓. 13-5 季孟其○處魯乎. 17-16 乃可以○保民矣. 17-21 所以爲令聞○世也. 18-1 則能○利. 19-25 且夫○翟之人. 22-6 晉聞古之○民者. 23-17 懼○及子孫. 25-12 故○夷則之上宮. 31-17 ○勺之役. 34-4 帥○幼之序. 34-16 使○監於世. 35-4 魯之班○. 37-20 以

次世之○幼. 39-22 獸○麑麌. 41-3 不教魚○. 41-5 王太子又○矣. 44-16 將使鼈○而後食之. 47-17 故○王天下. 48-7 於周爲○狄. 50-3 人○之極幾何. 50-4 僬僥氏○三尺. 50-4 ○者不過十. 50-5 其○尺有咫. 50-8 其○尺有咫. 50-12 則必○爲魯國憂矣. 52-19 不月○. 53-7 軌爲之○. 55-10 連爲之○. 55-11 軌○帥之. 55-12 連○帥之. 55-13 鄉○復事. 55-23 不○悌於鄉里. 56-4 是故鄉○退而修德進賢. 56-6 桓公令官○. 56-8 鄉不越○. 56-16 不○悌於鄉里. 57-13 非食不○. 62-6 故○民者無親. 68-3 ○廉以驕心. 72-9 難以○生. 73-10 夫○國者. 76-24 誰○. 77-3 將何以○利. 78-14 及其○也. 79-15 齊侯○矣. 87-8 亂不○世. 88-18 ○幼矣. 90-7 而○事賈佗. 90-7 亡在○幼. 90-25 ○也. 94-9 ○男也. 94-12 其齒又○. 99-16 臨○晉國者. 103-7 憂滋○. 108-8 ○魚矯既殺三郤. 111-19 孤欲○處其願. 113-9 枝葉益○. 118-7 必○者之由. 121-17 思○世之德. 125-2 及臣之○也. 130-10 及景子○於公宮. 130-24 美鬢○大則賢. 133-8 ○子近. 134-10 且可○用也. 137-4 故能豐○. 137-9 明久○以導之信. 140-21 而使○鬣之士相焉. 144-10 至于師○士. 146-8 昔瓦唯○舊怨. 153-9 君若不鑒而○之. 153-12 愛而不謀○. 155-22 不仁以○之. 156-8 晉○魚矯. 157-2 日○炎炎. 159-17 吴晉爭○未成. 162-4 民以惡死而欲貴富以○没也. 162-16 將不○弟. 163-20 孤敢不順從君命○弟. 164-14 ○其孤. 166-9 以民生之不○. 169-1 皆知其資財之不足以支○久也. 176-20

【刲】 1

必自射牛○羊擊豕. 151-17

【卦】 2

其○曰. 23-11 得國之○也. 94-14

【拔】 2

已自○其本矣. 74-25 接誠○取以獻具. 150-23

【坤】 2

○. 94-4 ○. 94-12

【者】 477

甸服○祭. 1-22 侯服○祀. 1-22 賓服○享. 1-22 要服○貢. 1-23 荒服○王. 1-23 自是荒服○不至. 2-12 使監謗○. 2-19 是故爲川○. 2-22 爲民○. 2-23 其所以阜財用衣食○也. 3-4 夫王人○. 3-11 將導利而布之上下○也. 3-11 夫事君○. 3-20 古○. 4-1 宣王欲得國子之能導訓諸侯○. 5-20 夫古○不料民而知其少多. 6-1 是則少多死生出入往來○. 6-3 是皆習民數○也. 6-6 是皆明神之志○也. 7-19 虐其處○. 9-3 四○皆棄. 9-4 古○. 9-6 任重享大○必速及. 9-20 四○不失. 10-13 使於晉○. 10-16 不失此三德○. 11-15 是皆能內利親親○也. 11-22 是皆外利離親○也. 12-2 此羸○陽也. 13-21 夫政自上下○也. 14-5 超乘○三百乘. 14-13 古之善禮○. 15-15 而廣施德於天下○也. 16-9 而無此四○. 17-11 今夫二子○儉. 18-1 二子○侈. 18-2 赴○未及. 18-8 而避之○. 19-9 陵上○也. 19-21 故王天下○. 19-25 殆必禍○也. 21-12 耳以聽名○也. 21-19 此十一○. 22-23 晉聞古之長民○. 23-17 夫亡○豈繄無寵. 24-21 而觀其廢興○. 25-1 其興○. 25-1 其廢○. 25-2 佐饍○嘗焉. 25-5 佐鬬○傷焉. 25-6 則此五○. 25-22 而作之○. 26-6 能定武烈○也. 26-22 夫道成命○. 26-22 類也○. 27-5 壼也○. 27-6 萬年也○. 27-6 胤也○. 27-7 以混厚民人○. 27-9 古○. 27-11 其所怠棄○多矣. 28-6 故樂器重○從細. 29-13 輕○從大. 29-13 七律○何. 31-5 及析木○. 31-7 侍○曰. 31-25 犧○. 32-2 夫禮之立成○爲飫. 32-10 然則夫支之所道○. 32-11 將天以道補○也. 32-22 而神求優裕於享○也. 34-11 臣聞聖王公之先封○. 35-2 從○曰. 35-19 賢○急病而讓夷. 35-19 居官○當事不避難. 35-20 在位○恤民之患. 35-20 百物唯其可○. 36-10 齊侯見使○曰. 36-14 昔○. 36-17 無有隱○. 37-2 故大○陳之原野. 37-3 小○致之市朝. 37-4 亦不討其使○. 37-5 亦必親先○. 37-19 能帥顓頊○也. 38-15 能帥禹○也. 38-16 能帥契○也. 38-16 能帥稷○也. 38-17 此五○. 38-18 皆有功烈於民○也. 38-19 夫仁○講功. 38-24 而智○處物. 38-24 吾欲利子於外之寬○. 39-6 君議五○以建政. 39-8 嘗禘蒸享之所致君胙○. 39-16 以致君命○. 39-17 明○爲昭. 39-21 侍○曰. 40-5 違君命○. 40-15 毁則○爲賊. 40-16 掩賊○爲藏. 40-17 竊寶○爲宄. 40-17 用宄之財○爲姦. 40-17 使君爲藏姦○. 40-18 臣違君命○. 40-18 古○大寒降. 40-21 夫君人○. 41-21 且夫君也○. 41-22 將牧民而正其邪○也. 41-22 夫君也○. 42-1 其父兄之食贏而衣惡○. 42-5 過而能改○. 42-9 以辱從○. 43-6 皇皇○華. 43-16 繕貢賦以共從○. 44-1 夫義人○. 44-14 諸侯之卿有然○. 46-5 夫失其政○. 46-15 夫諸侯之勉於君○. 47-2 諸侯之事晉○. 47-3 子計其利○. 47-5 古之嫁○. 47-14 學於舅姑○禮也. 47-14 二三婦之辱共先○祀. 49-10 足以紀綱天下○. 49-23 社稷之守○. 49-23 皆屬於王○. 49-24 守封嵎之山○也. 50-1 長○不過十. 50-5 古○. 50-14 若必治國家○. 52-5 若必治國家○. 52-6 臣之所不若夷吾○五. 52-7 齊使○請曰. 52-20 比校民之有道○. 53-10 昔○. 53-13 四民○. 53-15 其事君○言敬. 53-19 其幼○言弟. 53-20 其秀民之能爲士○. 54-17 擇其善○. 55-2 擇其善○. 55-3 發聞於鄉里○. 55-24 秀出於衆○. 56-2 不用上令○. 56-5 選其官之賢○. 56-8 無或淫怠而不聽治○. 57-5 桓公擇是寡功○而讁之. 57-7 發聞於鄉里○. 57-10 秀出於衆○. 57-12 不用上令○. 57-14 擇其淫亂○而先征之. 58-3 索訟○. 58-7 擇天下之甚淫亂○而先征之. 58-21 東南多有淫亂○. 58-23 可爲動○爲之動. 60-12 可爲謀○爲之謀. 60-12 從政○不可以不戒. 63-15 當之○戕焉. 63-21 吾聞以亂聚○. 64-1 昔○之伐也. 64-17 吾聞事君○. 65-5 吾聞事君○. 65-6 其進○壅塞. 65-21 其退○拒違. 65-22 爲人子○. 67-18 爲人臣○. 67-19 爲仁○. 68-2 爲國○. 68-2 故長民○無親. 68-3 以晚蓋○也. 68-5 夫爲人子○. 69-18 而玦之以金銑○. 69-24 是故事君○. 72-8 唯忠信○. 74-21 使至○勸. 75-8 而叛○慕. 75-8 葬死○. 76-1 養生○. 76-1 立其薄○. 76-8 厚○. 76-8 夫義○. 76-9 貪○. 76-9 而立子之在外○. 76-13 夫長國○. 76-24 公子重耳出見使○. 77-5 夫固國○. 77-7 公子夷吾出見使○. 77-15 反使○. 78-4 是故置之○不殆. 78-12 公子重耳出見使○. 78-14 公子夷吾出見使○. 78-21 以望君之塵垢○. 79-4 欲先導○行乎. 80-22 不謀而諫○. 81-1 不圖而殺○. 81-1 志道○勿忘. 81-3 爲子君○. 81-7 而忌處○. 81-22 足○不處. 81-24 處○不足. 81-25 出見使○. 83-2 好我○勸. 84-14 惡我○懼. 84-14 而悼其父兄子弟之死喪○. 84-16 二○不行. 85-3 與從○謀於桑下. 87-21 從○將以子行. 87-23 其聞之○. 87-23 有晉國○. 88-3 裨輔先君而成霸○也. 88-13 從○之謀忠矣. 88-14 而釋之○. 88-15 此三○. 89-3 而俾守天聚○. 89-6 其從○皆國相也. 89-14 亡○皆無禮○也. 89-19 失此二○. 90-2 此三人○. 90-10 獲三祚○. 90-23 棄此四○. 91-1 其波及晉國○. 91-10 其同姓○. 92-3 其同生而異姓○. 92-5 其得姓○十四人. 92-6 君稱所以佐天子匡王國○. 93-23 是二○. 94-14 所不與舅氏同心○. 94-18 守藏○也. 96-7 謂謁○曰. 96-8 從○爲羈紲之僕. 96-9 居○爲社稷之守. 96-9 何必罪居○. 96-9 懼○衆矣. 96-10 謁○以告. 96-10 知忠以事君○. 99-1 能惇篤○. 99-11 夫三德○. 99-15 而多聞以待能○. 100-2 臣聞昔○. 100-11 夫教○. 101-2 因體能質而利之○也. 101-2 吾聞事君○. 103-3 臨長晉國○. 103-7 大○天地. 103-11 夫賢○. 107-7 不足○. 107-7 吾聞古之言王○. 107-8 在列○獻詩. 107-9 然而壯不若老○多矣. 107-13 抑年少而執官○衆. 107-23 然則王○多憂乎. 108-8 我王○也乎哉. 108-9 夫王○成其德. 108-9 而求王○之功. 108-10 子見無土而欲富○. 108-10 爲使○故. 109-1 吾聞之爲人臣○. 109-3 君人○. 109-7 刑外之不服○. 109-11 唯厚德○. 109-17 無德而服○衆. 109-18 諸臣之委室而徒退○. 109-24 亂地之秩○也. 109-25 厲公之所以死○. 110-14 服○衆也. 110-14 夫以德勝○. 110-24 不殺此二子○. 111-20 昔○吾畜於趙氏. 112-3 使茲四人○爲之. 114-16 故使惇惠○教之. 114-17 使文敏○導之. 114-17 使果敢○諗之. 114-18 使鎮靜○修之. 114-18 惇惠○教之. 114-19 文敏○導之. 114-19 果敢○諗之. 114-20 鎮靜○修之. 114-20 使茲四人○. 114-21 且觀道逆○. 115-5 無功庸○. 116-13 有常位於國○. 118-11 亦掄逞志虧君以亂國○之後. 118-11 欲作亂○誰與. 118-18 夫正國○. 118-20 而子孫不立○. 119-5 得之○賞. 119-6 從欒氏○大戮施. 119-9 不從君○爲大戮. 119-16 終滅羊舌氏之宗○. 119-24 昔○吾有訾祏也. 121-13 必長○之由. 121-17 是揚吾君之恥○也. 122-1 昔○此其父始之. 122-5 姦以事君○. 122-15 吾臣之所爭○大. 122-16 而受盟○逃. 123-21 若爲諸侯戮○. 123-22 又免其受盟○. 124-1 其斲○. 124-12 仁○之爲也. 124-13 其礱○. 124-13 不仁○之爲也. 124-13 死○若可作也. 124-15 而章明○也. 125-17 故食穀○. 125-17 夫二公子○. 125-25 昔○鮌違帝命. 126-12 其惑○. 126-16 請殺其生○. 128-8 而戮其死○. 128-8 夫以城來○. 128-16 姦之大○也. 128-17 且夫狄之憾○. 128-18 夫事君○. 128-20 夫事君○. 132-3 侍○曰. 132-25 瑤之賢於人○五. 133-7 其不逮○一也. 133-8 從○曰. 134-10 從○曰. 134-12 當成周○. 135-6 夫成天地之火功○. 136-8 以成樂物生○也. 136-9 以品處庶類○也. 136-10 以保于百姓○也. 136-11 以衣食民人○也. 136-12 以生柔嘉材○也. 136-13 佐制物於前代○. 136-14 融之興○. 136-20 以佐堯○也. 136-25 以佐舜○也. 136-25 而未有興○. 136-26 殆於必弊○也. 137-5 故王○居九畡之田. 137-14 有夫婦鬻是器○. 137-25 爲弧服○. 138-11 毒之酋腊○. 138-15 夫國大而有德○近興. 139-1 是五王○. 140-8 使知廢興○. 140-17 教備而不從○. 141-7 唯是春秋所以從先君○. 141-12 夫事君○. 141-14 諸侯之從○. 142-13 叛○半矣. 142-13 無有至○. 144-8 夫美也○. 144-12 夫君國○. 144-15 則邇○騷離. 144-16 而遠○距違. 144-16 未有利○. 145-7 此其不利○也. 145-15 夫邊境○. 145-20 苟在朝○. 146-8 以禦數戒○. 146-19 今君或○未及武丁. 147-12 而惡規諫○. 147-13 周書所謂重黎寔使天地不通○. 149-4 古○民神不雜. 149-6 民之精爽不攜貳○. 149-6 而敬恭明神○. 149-13 而心率舊典○. 149-16 不忘舊○. 150-5 而別其分主○也. 150-7 以精明臨民○也. 150-18 是以古○先王. 151-4 民所以攝固○也. 151-20 所謂一純二精七事○. 151-22 無

有苛慝於神○. 151-23 三事○. 151-25 所謂百姓千品萬官億醜兆民經入畡數○. 152-1 能言能聽徹其官○. 152-2 殆必亡○也. 152-8 夫古○. 152-9 夫從政○. 152-17 夫事君○. 153-17 唯獨居思念前世之崇替○. 154-2 楚之所寶○. 154-18 以戒不虞○也. 154-25 以賓享於諸侯○也. 154-25 懼子孫之有貳○也. 155-12 憾而不貳○. 155-13 是六德○. 155-24 皆有其華而不實○也. 155-24 夫造勝之怨○. 156-6 唯仁○. 156-13 不仁○則不然. 156-15 爲之上○. 156-17 能○早除之. 156-20 以復先王之業○. 157-10 昔○越國見禍. 158-15 二○莫利. 162-8 以辱其不勵○. 162-20 爲使○之無遠也. 163-23 昔○楚人爲不道. 164-21 夫吳之邊鄙遠○. 165-20 其至○亦將不能之會也已. 165-22 敢問君王之所以與之戰○. 166-5 在孤之側○. 166-6 疾○吾問之. 166-8 死○吾葬之. 166-8 富○吾安之. 166-13 貧○吾與之. 166-13 苟在戎○. 167-5 國人欲告○來告. 167-6 斬有罪○以徇. 167-18 斬有罪○以徇. 167-19 斬有罪○以徇. 167-20 斬有罪○以徇. 167-21 有父母耆老而無昆弟○. 167-23 皆在此○. 168-2 擇子之所欲歸○一人. 168-3 有眩瞀之疾○. 168-4 志行不足以聽命○歸. 168-6 斬有罪○以徇. 168-7 使死○無知. 169-5 有能助寡人謀而退吳○. 170-5 又有美於此○. 171-5 嚭聞古之伐國○. 171-6 於是葬死○. 171-10 問傷○. 171-10 養生○. 171-10 送往○. 171-11 迎來○. 171-11 令壯○無取老婦. 171-18 令老○無取壯妻. 171-19 將免○. 171-20 當室○死. 171-23 令孤子寡婦疾疹貧病○. 171-24 四方之士來○. 172-1 國之孺子之遊○. 172-2 昔○夫差恥吾君於諸侯之國. 172-6 昔○之戰也. 172-8 如寡人○. 172-9 其有敢不盡力○乎. 172-11 今夫差衣水犀之甲○. 172-13 爲三○. 174-5 持盈○與天. 174-6 定傾○與人. 174-6 節事○與地. 174-6 夫勇○. 174-12 兵○. 174-12 爭○. 174-12 始於人○. 174-13 先行此○. 174-14 持盈○與天. 174-17 定傾○與人. 174-17 節事○與地. 174-18 節事○與地. 175-6 待其來○而正之. 175-9 彊索○不祥. 176-2 臣聞從時○. 177-2 臣聞古之善用兵○. 177-9 明○以爲法. 177-11 微○則是行. 177-11 古之善用兵○. 177-12 昔○上天降禍於吳. 177-23 伐柯○其則不遠. 178-2 使○往而復來. 178-4 孰使我蚤朝而晏罷○. 178-5 與我爭三江五湖之利○. 178-5 而難對其使○. 178-7 以應使○. 178-8 昔○上天降禍於越. 178-8 助天爲虐○不祥. 178-11 又安知是諓諓○乎. 178-15 使○辭反. 178-19 以隨使○. 178-19 不穀疑子之所謂○. 178-22 爲人臣○. 178-23 昔○君王辱於會稽. 178-23 臣所以不死○. 178-24 揚子之美○. 178-25 環會稽三百里○. 179-5 有敢侵蠡之地○. 179-6

【拘】 4

與辟耳之谿○夏. 59-7 故○之以利. 60-9 是故○宛春於衛. 98-10 ○將殺之. 121-23

【幸】 13

謂之不○. 47-14 其下偷以○. 65-22 ○苟君之. 77-13 ○也. 109-13 ○以爲政. 109-13 君之○也. 117-2 ○而集. 122-13 不○. 123-19 謂之○. 133-1 夫○非福. 133-1 雍不爲○. 133-2 吾不○有疾. 134-8 而妖試○措. 137-22

【拂】 2

○衣從之. 122-15 而無○吾慮. 159-8

【招】 1

以○人過. 22-4

【亞】 1

晉侯○之. 164-16

【拇】 1

至于手○毛脉. 145-16

【其】 1378

懋正○德. 1-7 而厚○性. 1-7 阜○財求. 1-8 而利○器用. 1-8 用失○官. 1-11 時序○德. 1-13 纂修○緒. 1-13 修○訓典. 1-14 而除○害也. 1-19 犬戎氏以○職來王. 2-8 ○無乃廢先王之訓. 2-9 ○有以禦我矣. 2-11 ○母曰. 2-13 猶○原隰之有衍沃也. 3-2 ○所以阜財用衣食者也. 3-4 若壅○口. 3-5 ○與能幾何. 3-5 王室○將卑乎. 3-8 ○害多矣. 3-10 無不得○極. 3-12 ○可乎. 3-15 ○歸鮮矣. 3-16 王○以我爲懟而怒乎. 3-20 乃以○子代宣王. 3-21 土膏○動. 4-5 脉○滿眚. 4-5 土○俱動. 4-7 王○祗祓. 4-7 各卽○齋三日. 4-11 ○后稷省功. 4-16 乃命○旅曰. 4-23 修○疆畔. 5-2 日服○鎛. 5-2 無有求利於○官. 5-4 而棄○大功. 5-8 而建○少. 5-15 天子○圖之. 5-17 然則能訓治○民矣. 5-23 夫古者不料民而知○少多. 6-1 不謂○少而大料之. 6-7 不失○序. 6-11 若過○序. 6-11 是陽失○所. 6-13 ○川源又塞. 6-17 不過○紀. 6-20 夫出王而代○位. 7-2 ○君齊明衷正. 7-7 ○德足以昭○馨香. 7-8 ○惠足以同○民人. 7-8 觀○政德. 7-9 ○君貪冒辟邪. 7-10 ○政腥臊. 7-11 ○刑矯誣. 7-11 觀○苛慝. 7-13 ○亡也. 7-15 ○亡也. 7-17 ○衰也. 7-18 ○丹朱之神乎. 7-24 ○誰受之. 7-25 ○亡乎. 8-2 吾○若之何. 8-2 虢○幾何. 8-5 今○胄見. 8-5 不過○物. 8-6 以逞○違. 8-11 ○君必無後. 8-16 是故祓除○心. 8-24 祓除○心. 8-25 虐○處者. 9-3 棄○信也. 9-3 棄○禮也. 9-3 施○所惡. 9-4 棄○忠也. 9-4 棄○精也. 9-4 以臨○民. 9-8 以儆○官. 9-9 各守○業. 9-9 以共○上. 9-9 猶恐○有墜失也. 9-9 而況可以淫縱○身乎. 9-14 而得○位. 9-15 若將廣○心. 9-16 而遠○鄰. 9-16 陵○民. 9-16 而卑○上. 9-16 替○贊也. 9-18 誣○王也. 9-18 欲替○鎮. 9-21 大臣享○祿. 9-22 ○君必霸. 10-6 ○何事不濟. 10-12 晉侯○能禮矣. 10-14 王○善之. 10-14 外禦○侮. 11-7 王○不可以棄之. 11-16 將以○女爲后. 11-19 ○無乃階禍乎. 11-21 然則民莫不審固○心力. 12-5 是○外利也. 12-8 王○以我爲懟乎. 12-19 乃以○屬死之. 12-20 故以○黨啓狄人. 12-21 ○餘以均分公侯伯子男. 13-1 無逢○災害. 13-2 豈敢猒縱○耳目心腹. 13-4 ○叔父實應且憎. 13-8 余一人○流辟. 13-10 大物○未可改也. 13-13 叔父○懋昭明德. 13-13 ○若先王與百姓何. 13-15 謂君○何德之布. 13-19 今將大泯○宗祊. 13-19 而蔑殺○民人. 13-20 ○敢逆命. 13-23 ○敢自愛也. 14-1 若之何○虐之也. 14-2 又爲臣殺○君. 14-8 ○安庸刑. 14-8 余懼○無後. 14-9 獲○三帥丙術視. 14-17 王見○語. 14-20 ○血氣不治. 15-2 ○適來班貢. 15-3 無亦擇○柔嘉. 15-5 選○馨香. 15-5 潔○酒醴. 15-5 品○百籩. 15-5 修○簠簋. 15-5 奉○犧象. 15-6 出○樽彝. 15-6 陳○鼎俎. 15-6 淨○巾冪. 15-7 敬○祓除. 15-7 胡有孑然○郊戎狄也. 15-8 ○時儆曰. 16-6 土功○始. 16-8 ○餘無非穀土. 16-13 ○貴國之賓至. 16-23 棄○伉儷妃嬪. 17-5 而帥○卿佐. 17-5 懋帥○德也. 17-9 若廢○教而棄○制. 17-10 蔑○官而犯○令. 17-10 ○能久乎. 17-11 季孟○長處魯乎. 17-16 叔孫東門○亡乎. 17-16 ○何事不徹. 17-21 ○何任不堪. 17-25 下能堪○任. 18-1 ○能足用矣. 18-1 則必廣○身. 18-3 若登年以載○毒. 18-6 ○享覲之幣薄而言諂. 18-13 且○狀. 18-14 王○勿賜. 18-15 而盈○願. 18-15 ○喜怒取與亦議之. 18-16 而不用○言. 19-4 晉得○民. 19-6 見○君必下而趨. 19-12 不失○次. 19-15 是○言也. 19-19 兵在○頸. 19-20 ○郤至之謂乎. 19-20 惡○蓋人也. 19-21 ○抑下滋甚. 19-22 獸惡○網. 19-23 民惡○上. 19-23 ○亦有七怨. 20-2 ○何以待之. 20-2 有三姦以求替○上. 20-12 兵在○頸. 20-13 ○語犯. 21-5 ○語迂. 21-6 ○語伐. 21-6 ○語盡. 21-7 ○君與三郤. 21-9 ○當之乎. 21-9 是以觀○容. 21-12 而知○心矣. 21-13 ○心必異矣. 21-14 ○君在會. 21-16 日絕○義. 21-17 日棄○德. 21-17 日反○信. 21-18 日離○名. 21-18 ○誰能忍之. 22-3 齊○有乎. 22-4 必受○福. 22-5 ○利淫矣. 22-7 ○行也文. 22-17 ○昭穆又近. 23-1 ○次必此. 23-7 ○母夢神規○臀以墨. 23-8 此○孫也. 23-10 非此○誰. 23-10 且○夢曰. 23-11 ○卦曰. 23-11 ○德又可以君國. 23-12 ○將失之矣. 23-14 ○當之也. 23-14 以導○氣. 23-20 以鍾○美. 23-21 淫失○身. 23-25 ○在有虞. 24-2 播○淫心. 24-3 ○後伯禹念前之非度. 24-3 謂○能以嘉祉殷富生物也. 24-12 謂○能爲禹股肱心膂. 24-14 守祀不替○典. 24-16 及○失之也. 24-18 故亡○氏姓. 24-19 及○得之也. 24-23 省○典圖刑法. 25-1 而觀○廢興者. 25-1 ○興者. 25-1 ○廢者. 25-2 ○飾彌章. 25-9 ○無乃章禍. 25-10 王室○愈卑乎. 25-12 ○若之何. 25-12 ○難也如是. 25-15 ○不濟乎. 25-16 ○何德之修. 25-16 是以人夷○宗廟. 25-20 而火焚○彝器. 25-20 ○以徼亂也. 26-1 王○圖之. 26-5 視○上而從之. 26-11 今周○興乎. 26-14 ○有單子也. 26-14 不踰○上. 26-17 ○有不興乎. 26-19 且○語說昊天有成命. 26-20 ○詩曰. 26-20 肆○靖之. 26-21 翼○上也. 26-23 ○始也. 27-1 ○中也. 27-1 ○終也. 27-2 廣厚○心. 27-2 ○類維何. 27-5 民失○資. 27-16 ○竭也無日矣. 28-5 王○若之何. 28-6 ○所怠棄者多矣. 28-6 以益○災. 28-7 是去○藏而翳○人也. 28-7 王○圖之. 28-7 又鑄大鍾以鮮○繼. 28-11 又鮮○繼. 28-11 ○察色也. 28-15 ○察清濁也. 28-16 上失○民. 29-8 ○何以能樂. 29-8 國○危哉. 29-9 物得○常曰樂極. 29-17 今細過○主. 29-22 臣不知○和也. 30-7 鮮○不濟也. 30-8 ○所曹惡. 30-8 鮮○不廢也. 30-8 昭○大也. 31-1 鳴○細也. 31-2 故以七同○數. 31-14 而以律和○聲. 31-14 見雄雞自斷○尾. 31-24 憚○犧也. 31-25 吾見雄雞自斷○尾. 31-25 而人曰憚○犧也. 31-25 抑○惡爲人用也乎. 32-1 萇弘○不歿乎. 32-7 ○所壞. 32-9 ○欲教民戒也. 32-11 以亡○百姓. 32-14 ○壞之也. 32-14 ○有悛乎. 32-21 ○咎孰多. 32-22 ○當身乎. 32-25 以從○私欲. 33-1 ○殃大矣. 33-2 而平均○政事. 34-7 ○間無由荒怠. 34-17 而刻○桷. 35-2 ○爲後世昭前之令聞也. 35-3 逆則亦書○逆也. 35-9 ○爲選事乎. 35-19 ○周公太公及百辟神祇. 36-3 齊人歸○玉而予之羅. 36-5 辭○何益. 36-9 百物唯○可者. 36-10 ○可賂乎. 36-11 ○亦使聽從而釋之. 36-20 必不泯○社稷. 36-21 豈○貪壤地. 36-21 ○何以鎮撫諸侯. 36-21 ○次用斧鉞. 37-2 ○次用鑽笮. 37-2 亦不討○使者. 37-5 魯不棄○親. 37-10 ○亦不可以惡. 37-10 厚○好貨: 37-12 衛侯聞○臧文仲之爲也. 37-13 諸侯○誰望之. 37-20 ○章大矣. 37-23 ○子曰柱. 38-6 ○子曰后土. 38-7 冥勤○官而水死. 38-11 湯以寬治民而除○邪. 38-11 今茲海○有災乎. 38-25 恒知避○災也. 39-1 與○車服. 39-9 服○車服. 39-11 而易○次. 39-11 ○可以蓋穆伯. 39-13 而守○後於魯乎. 39-14 ○次爲穆. 39-21 各致齊敬於○皇祖. 39-23 猶恐○踰也.

39-24 而改○常. 40-2 ○夭札也. 40-6 旣○葬也. 40-7 以○寶來奔.
40-9 殺○君. 40-11 而以○寶來. 40-11 ○愛我甚矣. 40-11 而更○
書. 40-12 夫莒太子殺○君. 40-12 而竊○寶來. 40-13 奚啻○聞之也.
40-16 里革斷○罟而棄之. 40-21 抑知○不可乎. 41-12 不厚○棟.
41-12 ○不存也. 41-14 ○君驕而多私. 41-16 ○身之不能定. 41-17
臣殺○君. 41-20 ○威大矣. 41-21 ○過多矣. 41-22 將牧民而正○邪
者也. 41-22 人○以子爲愛. 42-4 ○父兄之食麤而衣惡者. 42-5 吾子
舍○大. 43-6 而加禮於○細. 43-6 不知○他. 44-6 爲○名與○衆也.
44-11 ○名未改. 44-11 ○衆未敗. 44-11 畏○名與衆也. 44-14 固慶
○喜. 44-14 而弔○憂. 44-14 ○誰代之任喪. 44-15 ○誰曰不如先君.
44-17 ○誰曰非侮也. 44-17 事○君而任○政. 44-17 ○誰由己貳.
44-18 求說○侮. 44-18 ○讎不滋大乎. 44-18 ○誰云待之. 44-20 ○
威大矣. 44-25 諸侯○誰暱之. 44-25 彼無亦置○同類. 45-3 ○予君
也. 45-4 君○入也. 45-5 能而欺○君. 45-11 敢享○祿. 45-11 而立
○朝乎. 45-12 ○令尹也. 45-15 有○心矣. 45-19 若無○心. 45-19
灼○中. 45-20 梁○踁謂穆子曰. 46-1 吾○若諸侯之事何. 46-4 是昭
○不衷也. 46-7 ○人曰. 46-9 ○執政貳也. 46-14 夫失○政者. 46-
15 不敢憚○患. 47-1 而與晉共○憂. 47-1 ○無乃得蠻夷而失諸侯之
信乎. 47-4 子計○利者. 47-5 ○中有羊焉. 47-7 康子在○朝. 47-21
婦人治○業焉. 47-25 朝○母. 48-2 ○母方績. 48-2 ○以歜爲不能事
主乎. 48-4 ○母歎曰. 48-5 魯○亡乎. 48-5 勞○民而用之. 48-6 晝
考○國職. 48-13 夕省○典刑. 48-14 卿大夫朝考○職. 48-14 晝講○
庶政. 48-14 夕序○業. 48-15 夜庀○家事. 48-15 皆衣○夫. 48-20
○何以避辟. 48-23 饗○宗老. 49-5 ○母戒○妾曰. 49-9 吾惡○以好
內聞也. 49-10 欲明○子之令德. 49-14 ○骨節專車. 49-22 ○守爲神.
49-23 ○長尺有咫. 50-8 使各以○方賄來貢. 50-11 ○長尺有咫. 50
-12 先王欲昭○令德之致遠也. 50-12 故銘○栝曰. 50-13 ○可得也.
50-16 ○輯之亂. 50-20 ○滿之甚也. 50-23 楚恭王能知○過而爲恭.
50-24 而砥○遠邇. 51-3 而量○有無. 51-4 而議○老幼. 51-4 ○歲
收. 51-6 若子季孫欲○法也. 51-7 則○管夷吾乎. 52-6 治國家不失
○柄. 52-7 夫爲○君動也. 52-11 欲用○政也. 52-17 殺而以○屍授
之. 52-20 參○國而伍○鄙. 53-13 而慎用○六柄焉. 53-14 則○言哤.
53-16 ○事易. 53-16 ○事君者言敬. 53-19 ○幼者言弟. 53-20 ○心
安焉. 53-20 是故○父兄之教. 53-21 ○子弟之學. 53-21 審○四時.
53-23 辨○功苦. 53-23 權節○用. 53-23 以飭○子弟. 53-24 ○心安
焉. 53-25 是故○父兄之教. 54-1 ○子弟之學. 54-1 察○四時. 54-3
而監○鄉之資. 54-3 以知○市之賈. 54-3 以○所有. 54-5 易○所無.
54-5 以飭○子弟. 54-5 ○心安焉. 54-6 是故○父兄之教. 54-7 ○子
弟之學. 54-7 察○四時. 54-9 權節○用. 54-9 挾○槍刈耨鎛. 54-12
暴○髮膚. 54-14 盡○四支之敏. 54-14 ○心安焉. 54-15 是故○父兄
之教. 54-15 ○子弟之學. 54-15 ○秀民之能爲士者. 54-17 ○罪五.
54-18 ○可乎. 54-25 擇○善者. 55-2 擇○善者. 55-3 ○可乎. 55-4
○歡欣足以相死. 55-19 ○罪五. 55-25 ○罪五. 56-3 ○罪五. 56-5
選○官之賢者. 56-8 訾相○質. 56-10 退問之○鄉. 56-11 以觀○所
能. 56-12 與○爲善於鄉也. 56-17 與○爲善於里也. 56-18 山澤各致
○時. 56-22 ○罪五. 57-10 ○罪五. 57-12 ○罪五. 57-15 ○可乎.
57-20 而反○侵地. 57-23 正○封疆. 57-23 無受○資. 57-23 多○資
幣. 58-1 以監○上下之所好. 58-2 擇○淫亂者而先征之. 58-3 反○
侵地. 58-11 反○侵地. 58-15 反○侵地. 58-17 正○封疆. 58-18 ○
畜散而無育. 60-1 故使輕○幣. 60-6 而重○禮. 60-6 就○利. 60-10
而信○仁. 60-11 畏○武. 60-11 唯○所在. 62-7 未知○待於曲沃也.
62-9 ○入也必甘受. 62-15 ○有吉孰大焉. 62-19 抑君亦樂○吉. 62
-21 而備○凶. 62-21 若○有凶. 62-22 ○若之何. 63-2 又增○寵.
63-10 且○兆云. 63-11 不跨○國. 63-12 不得○君. 63-13 若跨○國.
63-13 而得○君. 63-13 以猾○中. 63-14 ○土又小. 63-18 不○集亡.
63-20 ○與幾何. 63-22 ○銘有之. 63-23 ○罹咎而已. 64-1 ○何能
服. 64-1 今不據○安. 64-3 ○猶隸農也. 64-6 ○皆有焉. 64-10 ○娣
生卓子. 64-13 ○戒之乎. 64-16 民外不得○利. 64-20 而內惡○貪.
64-20 ○天道也. 64-20 天彊○毒. 64-21 民疾○態. 64-21 ○亂生哉.
64-21 伐木不自○本. 64-22 塞水不自○源. 64-22 滅禍不自○基.
64-23 今君滅○父而畜○子. 64-23 畜○子. 64-24 又從○欲. 64-24
而信○欲. 64-24 好○色. 64-25 彼得○情. 64-25 以厚○欲. 64-25
從○惡心. 65-1 ○娣生卓子. 65-3 ○若之何. 65-4 從○義. 65-6 不
阿○惑. 65-6 若之何○民之與處而棄之也. 65-8 吾○靜也. 65-9 而
嘉○貺. 65-14 吾○止也. 65-16 ○臣競諂以求媚. 65-21 ○進者壅塞.
65-21 ○退者拒違. 65-22 ○上貪以忍. 65-22 ○下偷以幸. 65-22 各
饜○私. 65-23 以縱○回. 65-24 ○徒曰. 66-1 非○任也. 66-1 使知
○極. 66-5 雖○慢. 66-6 ○爲人也. 66-7 ○得之乎. 66-12 民慢○政.
66-16 ○反爲物用也. 67-6 君○圖之. 67-10 輕○所任. 67-12 改○
制而不患○難. 67-13 輕○任而不憂○危. 67-14 若○不克. 67-15 ○
因以罪之. 67-15 與○勤而不入. 67-16 君得○欲. 67-16 君○若之何.
67-24 夫豈惠○民. 67-25 而不惠於○父乎. 67-25 欲○甚矣. 68-7

無章○惡. 68-8 而厚○敗. 68-8 而○世不廢. 68-9 ○可乎. 68-10 ○
何及矣. 68-11 彼得政而行○欲. 68-12 得○所索. 68-12 乃○釋君.
68-13 且君○圖之. 68-13 以觀○果於衆也. 68-21 雖濟○罪. 68-22
君得○賴. 68-24 ○利多矣. 68-25 君○圖之. 68-25 則必惡○心而害
○身矣. 69-4 惡○心. 69-5 害○身. 69-5 ○言曰. 69-6 ○若內讒何.
69-7 君○釋申生也. 69-10 ○可以圖之乎. 70-5 況○危身於狄. 70-
5 ○中必苦. 70-8 ○志益廣. 71-6 ○母爲夫人. 71-16 ○子爲君. 71
-16 ○母旣死. 71-17 ○子又有謗. 71-17 中立○免乎. 71-22 以變○
志. 72-4 況固○謀也. 72-4 申生不敢愛○死. 73-13 ○狄乎. 73-23
○無不成. 74-1 舟之僑告諸○族曰. 74-11 今嘉○夢. 74-16 而益○
疾也. 74-17 民疾○態. 74-17 ○誰云救之. 74-18 以○族適晉. 74-
19 謂○子曰. 74-21 今君施○所惡於人. 74-23 寇知○釁. 74-25 已自
拔○本矣. 74-25 以○孥適西山. 75-1 虢公○奔. 75-4 ○九月十月之
交乎. 75-4 薄○要結. 75-8 旣鎮○甍矣. 75-10 ○有勤也. 75-14 辛
孔謂○御曰. 75-15 苟違○違. 75-17 釋○閉修. 75-18 失○心矣. 75
-19 死吾君而殺○孤. 75-22 立○薄者. 76-8 使百姓莫不有藏惡於○
心中. 76-12 恐○如壅大川. 76-13 今殺君而賴○富. 76-15 不如立○
弟而輔之. 76-19 不食○言矣. 76-20 以重○罪. 77-7 大夫○從之.
77-9 子唯○索之也. 77-13 罪人克伏○辜. 77-22 辱收○逋遷裔胄,
77-24 以主○祭祀. 77-24 且鎮撫○國家. 77-25 及○民人. 77-25 ○
誰不儆懼於君之威. 78-1 而羣臣受○大德. 78-2 晉國○誰非君之羣
隸臣也. 78-2 君○使之. 78-7 公子○圖之. 78-11 愛○父孝也. 79-7
以猾○中. 79-10 及○長也. 79-15 ○誰能恃乎. 79-16 果喪○田. 80
-5 果喪○賂. 80-5 終逢○咎. 80-6 禍亂○興. 80-6 大命○傾. 80-
13○靡有徵兮. 80-14 君之冢嗣○替乎. 80-18 ○數告於民矣. 80-18
公子重耳○入乎. 80-18 ○魄兆於民矣. 80-19 ○光耿於民矣. 80-19
○言我於秦也. 81-10 ○及也. 81-17 子○行矣. 81-19 晉君大失○衆.
81-21 此○黨半國矣. 81-23 ○君必出. 81-23 ○有殃也多矣. 82-2
君○伐之. 82-3 寡人○君是惡. 82-3 ○民何罪. 82-4 晉君無施於○
衆. 82-6 ○天道也. 82-6 ○君之不報也. 82-7 以說○衆. 82-8 必咎
於○君. 82-8 ○君不聽. 82-8 已賴○地. 82-13 而又愛○實. 82-13
君深○怨. 82-16 能淺○寇乎. 82-16 君○訊射也. 82-17 饑食○糴.
82-21 君○整列. 83-3 ○若爲諸侯笑何. 83-6 殺○內主. 83-9 背○
外賂. 83-9 又殺○君以重之. 83-19 殺○弟而立○兄. 84-1 兄德我而
忘○親. 84-1 復○君而質○適子. 84-3 二三子○改置以代圉也. 84-
7 ○亡之不卹. 84-10 ○小人不念○君之罪. 84-16 而悼○父兄子弟
之死喪者. 84-16 ○君子思○君. 84-18 且知○罪. 84-18 比○和之而
來. 84-19 願從○君而與報秦. 84-22 ○君子則否. 84-22 君○不然.
84-24 而喪○君. 85-3 臣得○志. 85-5 猶失○國. 85-6 ○聞賢於刑
之. 85-18 臣得○志. 85-21 君失○刑. 85-21 避○遠也. 87-8 會○季
年. 87-11 ○有此土乎. 87-15 ○以戊申乎. 87-16 誰知○他. 87-19
莫知○在也. 87-22 ○聞之者. 87-23 先王○知之矣. 88-1 子○勉之.
88-3 況○順身縱欲懷安. 88-6 ○能及乎. 88-7 ○在辟也. 88-12 吾
○從之. 88-12 ○知饜乎. 88-21 君○圖之. 89-5 若復而修○德. 89-
8 鎮撫○民. 89-9 聞○骿脅. 89-11 欲觀○狀. 89-12 止○舍. 89-12
諜○將浴. 89-12 ○從者皆國相也. 89-14 曹○首誅也. 89-15 諸侯之
亡公子○多矣. 89-18 君○圖之. 90-5 ○舅也. 90-8 ○先君之戎御.
90-8 君○圖之. 90-12 晉侯日載○怨. 90-19 重耳日載○德. 90-19
君○圖之. 91-2 君○饗之. 91-7 ○波及晉國者. 91-10 ○避君三舍.
91-12 ○左執鞭弭. 91-12 ○無令君乎. 91-16 不遂○媾. 91-20 而懼
離○惡名. 91-25 ○同姓者. 92-3 ○同生而異姓者. 92-5 ○得姓者十
四人. 92-6 是故娶妻避○同姓. 92-19 保○土房. 92-22 取○所棄. 92
-22 將奪○國. 92-24 懼○未可也. 93-3 秦伯謂○大夫曰. 93-8 ○
何實不從. 93-19 ○誰不惕惕以從命. 93-20 土厚而樂○實. 94-5 ○
繇曰. 94-8 ○繇曰. 94-13 怨○多矣. 94-16 不忍○死. 94-17 吾○濟
乎. 94-19 嗣續○祖. 94-23 勃鞮斬○袪. 95-10 ○無蒲狄乎. 95-19
惡○所好. 95-23 ○能久矣. 95-23 君○無悔乎. 95-25 掌○中官. 96
-19 掌○遠官. 96-19 君○務之. 97-1 將殘○民. 97-11 ○非官守. 97
-13 而殘○姻族. 97-14 ○若之何. 97-23 齊秦不得○請. 98-1 ○衆
莫不生氣. 98-14 反○陴. 98-18 公聽○辭. 98-22 ○左右皆卿才. 98
-23 若復○國. 98-23 ○章大矣. 99-15 ○齒又長. 99-16 能○官有賞.
99-19 ○所讓. 99-20 ○難也將至矣. 100-4 ○易也將至焉. 100-4 ○
能善之乎. 100-7 ○何善之爲. 100-11 及○卽位也. 100-16 文益○質.
100-22 欲用○民. 101-4 ○妻饁之. 102-4 ○父有罪. 102-7 滅○前
惡. 102-7 ○舉也興禹. 102-8 ○賊也. 102-9 子何以知○賢也. 102-
9 臣見○不忘敬也. 102-10 ○何不濟. 102-11 嬴謂○妻曰. 102-13
○妻曰. 102-14 何○懷也. 102-14 吾見○貌而欲之. 102-15 聞○言
而惡之. 102-15 ○言匱. 102-17 非○實也. 102-18 ○卒將復. 102-
18 瀆○信也. 102-19 吾懼未獲○利. 102-22 而及○難. 102-22 趙孟
使人以○乘車干行. 103-1 ○主朝升之. 103-2 而暮戮○車. 103-2 ○
誰安之. 103-3 舉以○私. 103-4 非女○誰. 103-7 ○次君臣. 103-11
今宋人弒○君. 103-11 聲○罪也. 103-17 儆○民也. 103-18 今宋人

弑○君. 103-19 猶恐○不聞也. 103-19 以成○怒. 104-6 ○僕曰. 104-14 ○耳目在於旗鼓. 104-18 ○事臧. 104-25 矜○伐而恥國君. 105-11 ○與幾何. 105-11 問○居. 105-15 ○若之何. 105-19 問○名. 105-20 ○妻曰. 105-21 是以難及○身. 105-23 ○妻曰. 105-24 然而民不能戴○上. 105-25 各以○物. 107-16 ○可忘乎. 107-19 夫王者成○德. 108-9 而遠人以○方賄歸之. 108-9 且○士卒. 108-17 考訊○阜以出. 109-5 刑○民. 109-7 大○私暱. 109-23 ○産將害大. 110-1 與○君臣不相聽. 110-7 大○私暱. 110-11 納○室以分婦人. 110-12 君與二三臣○戒之. 110-22 ○壞也無日矣. 110-23 范文子謂○宗祝曰. 110-24 而受○問. 111-8 ○可乎. 111-13 ○身果而辭順. 112-6 ○能乎. 112-7 ○稟而不材. 113-7 孤欲長處○願. 113-9 ○誰怨. 113-10 ○子孫不可不崇也. 114-1 ○可忘乎. 114-4 故以彘季屏○宗. 114-4 魏顆以○身. 114-7 ○勳銘於景鍾. 114-9 ○子不可不興也. 114-10 魏絳斬○僕. 115-14 ○將來辭. 115-16 不忘○死. 115-18 ○壯也. 115-25 ○冠也. 116-1 ○可以賢於臣. 116-2 予之貨而獲○土. 116-8 ○利一也. 116-9 ○利二也. 116-9 ○利三也. 116-10 君○圖之. 116-10 ○仁. 116-18 ○勇. 116-18 ○學. 116-18 不廢○先人之職. 116-18 ○官不犯. 116-19 子○受之. 117-4 以○善行. 117-8 以○惡戒. 117-8 今若大○柯. 118-8 去○枝葉. 118-8 絕○本根. 118-8 民畏○威. 118-12 而懷○德. 118-12 畜○心而知○欲惡. 118-13 弑厲公以厚○家. 118-15 威與懷各當○所. 118-17 則○爲暱與隱也. 118-22 君○圖之. 118-23 乃厚○外交而勉之. 119-3 以報○德. 119-3 臣敢忘○死. 119-16 而叛○君. 119-16 是墮○前言. 119-18 君知○不可得也. 119-20 ○母視之. 119-21 聞○號也. 119-23 ○聲. 119-23 ○此之謂也. 120-3 ○身歿矣. 120-5 ○言立於後世. 120-5 晉國○誰不爲子從. 121-1 而饗○祿位. 121-10 和於政而好○道. 121-16 公室○將卑乎. 121-18 君○必速殺之. 122-1 自此○父之死. 122-3 昔者此○父始之. 122-5 秦景公使○弟鍼來求成. 122-9 晉○庶乎. 122-16 ○臣不心競而力爭. 122-17 ○爲德也深矣. 122-21 ○爲本也固矣. 122-21 是自背○信. 122-24 而塞○忠也. 122-24 ○爲人也. 123-19 又免○受盟者. 124-1 安利○國. 124-2 斲○椽而礱之. 124-7 何○速也. 124-8 斲○椽而礱之. 124-9 備○物. 124-10 從○等. 124-10 ○斲者. 124-12 ○礱者. 124-13 ○陽子乎. 124-16 不免○身. 124-17 ○知不足稱也. 124-17 ○舅犯乎. 124-17 見利而不顧○君. 124-18 ○仁不足稱也. 124-18 ○隨武子乎. 124-19 納諫不忘○師. 124-19 言身不失○友. 124-19 后子謂○徒曰. 124-25 猶懼不終○身. 125-3 而寵○政. 125-13 ○次疾人. 125-14 君○幾何. 125-20 ○車千乘. 125-23 ○車五乘. 125-23 若之何○鈞之. 126-1 唯○功庸少也. 126-4 而能金玉○車. 126-4 文錯○服. 126-4 若之何○回於富也. 126-6 乃均○祿. 126-6 ○何厲之有. 126-12 非○族類. 126-14 則紹○同位. 126-14 不過○族. 126-16 ○惑者. 126-16 而無○實. 126-19 ○宮不備○宗器. 126-21 宣○德行. 126-22 順○憲則. 126-22 以沒○身. 126-25 ○富半公室. 127-2 ○家半三軍. 127-2 恃○富寵. 127-2 ○身尸於朝. 127-3 ○宗滅於絳. 127-3 ○寵大矣. 127-4 吾以爲能○德矣. 127-5 ○自桓叔以下. 127-7 雍子納○女於叔魚. 128-5 請殺○生者. 128-8 而戮○死者. 128-8 雍子賈之以○子. 128-9 邢侯非○官也而干之. 128-9 ○罪一也. 128-11 若○予之. 128-18 晉豈○無. 128-20 令鼓人各復○所. 128-23 以○孥行. 129-1 ○若不虞何. 129-7 穆子歎而謂○左右曰. 129-7 魯人以○鄉對. 129-11 偏戒○所知. 129-12 吾適魯而名○二諱. 129-13 懼○不足. 130-4 耆○股肱. 130-9 尹鐸損○戶數. 130-14 必墮○壘培. 130-17 有温德以成○名譽. 130-22 而去○師保. 130-23 基於○身. 130-23 以克復○所. 130-23 亦能纂修○身. 130-24 以○賞如伯樂氏. 131-6 不能匡相○君. 132-7 將勤營○君. 132-8 ○亡也. 132-14 令○子孫將耕於齊. 132-20 ○不逮者一也. 133-8 以○五賢陵人. 133-10 ○誰能待之. 133-11 ○土不肥. 133-17 臣懼○不安人也. 133-17 ○誰與我. 134-12 ○誰與我. 134-13 ○晉陽乎. 134-13 ○何所可以逃死. 135-5 ○濟洛河潁之間乎. 135-13 是○子男之國. 135-13 蓋○先王. 136-4 夫○子孫必光啓土. 136-5 ○功大矣. 136-7 ○子孫未嘗不章. 136-8 ○後皆爲王公侯伯. 136-12 ○後八姓. 136-14 ○在芈姓乎. 136-20 ○必興矣. 136-23 ○後皆不失祀. 136-25 ○將至矣. 136-26 ○民沓貪而忍. 137-1 ○家君侈驕. 137-2 ○民怠沓○君. 137-3 周○弊乎. 137-5 ○又何可爲乎. 138-2 卜請○漦而藏之. 138-5 夫婦哀○夜號也. 138-11 ○爲毒也大矣. 138-14 ○殺也滋速. 138-15 ○陝愛太子. 138-19 ○救之. 138-20 君若欲避○難. 138-21 ○速規所矣. 138-21 諸姬○孰興. 138-23 武○嗣乎. 138-24 ○在晉乎. 138-24 姜嬴○孰興. 138-25 ○將興乎. 139-2 夫豈不欲○善. 140-9 ○不賓也久矣. 140-10 以戒勸○心. 140-12 以休懼○動. 140-13 以耀明○志. 140-14 以疏○穢. 140-15 而鎮○浮. 140-15 使明○德. 140-16 ○可興乎. 141-7 若得保○首領以歿. 141-11 先○善. 141-14 不從○過. 141-14 ○寵大矣. 141-15 而知○過. 141-16 召○宗老而屬之. 141-18 ○法刑在民心. 141-20 ○祭典有之曰. 141-22 夫子不以○私欲干國之典. 141-24 二先子○皆相子. 142-3 納○乘馬. 142-5 ○大夫則賢. 142-7 ○大夫皆卿材也. 142-7 若之何○遺之材也. 142-9 施二師而分○室. 142-17 吾上下必敗○左右. 143-1 則三萃以攻○王族. 143-1 使○子狐庸爲行人於吴. 143-7 ○亦必有豐敗也哉. 143-13 召之○來乎. 143-15 ○可乎. 143-18 吾倍○室. 143-20 乃使椒鳴召○父而復之. 143-20 不聞○以土木之崇高彤鏤爲美. 143-23 不聞○以觀大視侈淫色以爲明. 143-24 ○大夫侍之. 144-4 臣不知○美也. 144-11 唯○以公侯爲官正也. 144-17 ○有美名也. 144-18 唯○施令德於遠近. 144-18 以成○私欲. 144-19 使民蒿焉忘○安樂. 144-19 ○爲惡也甚矣. 144-19 ○所不奪穡地. 144-22 ○爲不匱財用. 144-22 ○事不煩官業. 144-23 ○日不廢時務. 144-23 不知○以匱之也. 145-2 楚○殆矣. 145-3 諸侯○來乎. 145-6 ○在志也. 145-7 櫟人寔使鄭子不得○位. 145-10 此○不利者也. 145-15 先王懼○不帥. 145-18 既○失也. 145-20 而不能掉○尾. 145-21 是○言可以懼哉. 145-25 及○沒也. 146-15 楚○難哉. 146-20 能聳○德. 147-1 ○聖之睿廣也. 147-8 ○智之不疾也. 147-9 又恐○荒失遺忘. 147-11 是以○入也. 147-16 何急以○言取罪也. 147-19 ○可盡乎. 147-23 ○又以規爲瑱也. 147-23 ○可乎. 148-2 欲○道也. 148-7 ○可乎. 148-9 ○智能上下比義. 149-8 ○聖能光遠宣朗. 149-8 ○明能光照之. 149-8 ○聰能聽徹之. 149-9 各司○序. 149-18 而不知○福. 149-23 不蠲○爲. 150-1 莫盡○氣. 150-2 ○後. 150-5 而別○分主者也. 150-7 ○在周. 150-8 程伯休父○後也. 150-8 失○官守. 150-8 寵神○祖. 150-9 ○小大何如. 150-17 何○小也. 150-18 ○用不從. 151-4 ○生不殖. 151-4 及○土之山川. 151-7 卿大夫祀○禮. 151-7 士庶人不過○祖. 151-7 擇○令辰. 151-10 奉○犧牲. 151-10 敬○粢盛. 151-10 絜○糞除. 151-10 慎○采服. 151-11 禋○酒醴. 151-11 帥○子姓. 151-11 從○時享. 151-11 虔○祝宗. 151-11 道○順辭. 151-12 以昭祀○先祖. 151-12 合○州鄉朋友婚姻. 151-13 弭○百苛. 151-13 殄○讒慝. 151-14 合○嘉好. 151-14 結○親暱. 151-14 億○上下. 151-15 以申固○姓. 151-15 必自射○牲. 151-16 王后必自舂○粢. 151-16 夫人必自舂○盛. 151-17 況○下之人. 151-18 ○誰敢不戰戰兢兢. 151-18 王后親繰○服. 151-19 ○誰敢不齊肅恭敬. 151-20 若之何○舍之也. 151-21 以○不違心. 151-23 帥○羣臣精物. 151-23 能言能聽徹○官者. 152-2 以監○官. 152-3 歸以語○弟. 152-6 楚○亡乎. 152-7 令尹○不免乎. 152-7 ○速怨於民多矣. 152-23 子常○能賢於成靈乎. 152-25 ○獨何力以待之. 153-3 見藍尹亹載○孥. 153-5 自先王莫墜○國. 153-6 請聽○辭. 153-8 夫○有故. 153-8 使復在○位. 153-14 ○餘則否. 154-4 吾聞○嗣又甚焉. 154-7 以濟○志. 154-12 ○爲寶也. 154-17 順道○欲惡. 154-22 寡君○可以免罪於諸侯. 155-2 不知○他. 155-14 縱臣而得以○首領以沒. 155-14 ○爲人也. 155-21 皆有○華而不實者也. 155-24 彼○父爲戮於楚. 156-1 ○心又狷而不絜. 156-1 若○狷也. 156-1 則○愛也. 156-2 ○展也. 156-3 ○詐也. 156-3 ○直也. 156-3 ○周也. 156-4 ○不絜也. 156-4 速○怒也. 156-6 若○寵之. 156-6 思舊怨以修○心. 156-8 ○誰乎. 156-9 德○忘怨. 156-12 夫乃○寧. 156-12 而嗜○疾味. 156-19 ○子之謂乎. 156-19 猶恐○至也. 156-21 ○又何善乎. 156-23 ○能幾何. 156-25 吾怨○棄吾言. 157-9 而德○治楚國. 157-9 王○無庸戰. 158-6 以喜○民. 158-10 既罷弊○民. 158-12 安受○燼. 158-12 ○敢忘君王之大賜乎. 158-18 若○不改. 159-9 以得○志. 159-13 故婉約○辭. 159-14 令越王句踐恐懼而改○謀. 159-24 舍○愆令. 159-25 輕○征賦. 159-25 裕○衆庶. 160-1 ○民殷衆. 160-1 夫越王之不忘敗吴於○心也. 160-2 王○盍亦鑑於人. 160-6 ○臣箴諫以不入. 160-7 ○民不忍饑勞之殃. 160-10 乃見○涓人疇. 160-12 王枕○股. 160-13 而土埋之○室. 160-15 王○無方收也. 160-19 ○猶有及乎. 160-20 興○衆庶. 160-25 近○小喜. 161-11 而遠○大憂. 161-11 ○亡之也. 161-13 入○郛. 162-2 焚○姑蘇. 162-2 徙○大舟. 162-3 背○齊盟. 162-5 將成○志. 162-11 王○無疑. 162-14 彼近○國. 162-17 以奮○朋勢. 162-19 以辱○不勵者. 162-20 令各輕○死. 162-20 既而皆入○地. 162-22 ○聲動天地. 163-12 主○許之先. 164-4 以干○不祥. 164-14 以焚○北郛焉而過之. 164-18 天舍○衷. 164-24 王去○國. 164-24 王總○百執事. 164-25 以奉○社稷之祭. 164-25 ○父子昆弟不相能. 165-1 天舍○衷. 165-5 文武寔舍○衷. 165-6 ○民必移就蒲嬴於東海之濱. 165-18 我遂踐○地. 165-22 ○至者亦將不能之會也已. 165-22 老○老. 166-9 慈○幼. 166-9 長○孤. 166-9 問○病. 166-9 稱○善. 166-11 掩○惡. 166-12 救○不足. 166-13 裁○有餘. 166-14 莫如此不從○伍之令. 167-19 ○歸若已. 168-5 越王乃中分○師. 168-12 以○私卒君子六千人爲中軍. 168-12 且亦中分○師. 168-16 越王乃令○中軍. 168-16 王○無死. 169-1 ○與幾何. 169-2 寡人○達王於甬句東. 169-2 若○有知. 169-6 夫唯能下○羣臣. 169-8 以集○謀. 169-8 執○手而與之謀. 170-10 使○下臣種. 170-13 與○殺是人也. 170-19 寧○得此國也. 170-19 ○孰利乎. 170-19 吾不能居○地. 171-1 不能乘○車. 171-1 吾能居○地. 171-2 吾能乘○舟. 171-2 此

○利也. 171-2 寡人不知○力之不足也. 171-8 ○身親爲夫差前馬. 171-12 乃致○父母昆弟而誓之. 171-16 ○父母有罪. 171-19 ○父母有罪. 171-20 三年釋○政. 171-23 三月釋○政. 171-23 如○子. 171-24 納官○子. 171-25 ○達士. 171-25 絜○居. 171-25 美○服. 172-1 飽○食. 172-1 必問○名. 172-3 非○身之所種. 172-4 非○夫人之所織. 172-4 ○有敢不盡力者乎. 172-11 乃致○衆而誓之曰. 172-11 不患○衆之不足也. 172-12 而患○志行之少恥也. 172-12 不患○志行之少恥也. 172-13 而患○衆之不足也. 172-14 欲○旅進旅退. 172-15 父勉○子. 172-18 兄勉○弟. 172-18 婦勉○夫. 172-18 越君○次也. 173-1 勞而不矜○功. 174-7 不勞而矜○功. 174-9 君王○忘之乎. 174-17 ○事不失. 175-7 然後受○名. 175-7 而兼○利. 175-8 以養○生. 175-8 待○來者而正之. 175-9 無曠○衆. 175-11 蠡○圖之. 175-14 交得○志. 175-16 ○可乎. 176-1 反受○殃. 176-3 ○事又將未可知也. 176-5 今吳王淫於樂而忘○百姓. 176-7 ○可乎. 176-9 今申胥驟諫○王. 176-12 ○可乎. 176-12 ○事是以不成. 176-13 雜受○刑. 176-13 今○稻蟹不遺種. 176-16 ○可乎. 176-16 妄○欺不穀邪. 176-17 今○禍新民恐. 176-20 ○君臣上下. 176-20 皆知○資財之不足以支長久也. 176-20 彼將同○力. 176-20 致○死. 176-21 王○且馳騁弋獵. 176-21 彼○上將薄○德. 176-22 民將盡○力. 176-22 ○可乎. 177-5 往從○所. 177-14 不死○野. 177-15 又觀○民之饑飽勞逸以參之. 177-16 盡○陽節. 177-17 今○來也. 177-20 吳王帥○賢良. 177-22 與○重祿. 177-22 今王君○圖不穀. 177-24 伐柯者○則不遠. 178-2 ○忘會稽之事乎. 178-3 ○可乎. 178-7 ○事將易冀已. 178-7 而難對○使者. 178-7 子○對之. 178-8 不忌○不祥乎. 178-12 使○身無終没於越國. 178-25 莫知○所終極. 179-3

【耶】 4

欲信讓○. 41-11 而未之聞○. 48-5 夫子期之二子○. 153-25 非吳○. 178-6

【取】 48

王田不○羣. 2-14 皆將○焉. 3-10 晉○虢. 8-12 利外則○禍. 11-20 而縮○備物. 13-10 其喜怒○與亦議之. 18-16 可以○伯. 22-6 非國何○. 23-4 必三○君於周. 23-11 乏則將厚○於民. 27-17 公弗○. 39-12 公亦不○. 39-19 ○名魚. 40-23 魯既不違夙之○卞也. 45-1 季武子○卞. 45-7 季武子伐莒○鄆. 45-24 伐○朝歌. 46-21 而祇○憂也. 63-24 ○笑諸侯. 73-3 ○虢之旂. 75-3 戰而○笑諸侯. 83-25 ○其所棄. 92-22 右師○昭叔于溫. 97-4 君○一. 98-6 臣○二. 98-6 ○五鹿. 99-14 以諫○惡. 107-21 則焉○以益此. 109-24 是易○也. 137-4 去和而○同. 137-8 擇臣○諫工. 137-16 而○之以逸. 138-11 秦景襄於是乎○周土. 139-5 何急以其言○罪也. 147-19 以○威於民. 150-9 接誠拔○以獻具. 150-23 王○經入焉. 152-5 而我○富焉. 152-17 必有以○之. 161-13 今王無以○之. 161-14 乃使○申胥之尸. 161-19 王安厚○名而去之. 165-24 能博○於諸侯. 166-5 令壯者無○老婦. 171-18 令老者無○壯妻. 171-19 ○地而不反. 175-20 天予不○. 177-6 輕而不可○. 177-18

【苦】 13

子何辭○成叔之邑. 41-11 夫○成叔家. 41-13 ○成氏有三亡. 41-14 及匏有○葉矣. 44-6 夫○匏不材於人. 44-7 魯叔孫賦匏有○葉. 44-8 辨其功○. 53-23 其中必○. 70-8 見○成叔子. 107-23 且使○成叔及欒黶興齊魯之師. 108-12 使○成叔緩齊魯之師. 111-6 是故使胥之昧與夷羊五刺郤至○成叔及郤錡. 111-10 大夫○成進對曰. 167-1

【昔】 82

○我先王世后稷. 1-10 ○吾驟諫王. 3-19 ○伊洛竭而夏亡. 6-16 ○夏之興也. 7-14 ○昭王娶於房. 7-20 ○堯臨民以五. 8-5 ○摯疇之國也. 11-21 ○鄢之亡也由仲任. 11-23 ○吾驟諫王. 12-19 ○我先王之有天下也. 12-24 ○先王之教. 17-9 ○先大夫荀伯. 19-16 ○共工棄此道也. 23-25 ○史佚有言. 26-14 ○武王伐殷. 31-5 ○武王克殷. 32-9 ○孔甲亂夏. 32-16 ○者. 36-17 ○烈山氏之有天下也. 38-5○欒氏之亂. 46-20 ○聖王之處民也. 48-6 ○禹致羣神於會稽之山. 49-21 ○武王克商. 50-10 ○正考父校商之名頌十二篇於周太師. 50-19 自古在○. 50-21 古曰在○. 50-22 ○曰先民. 50-22 ○吾先君襄公. 53-2 ○吾先王昭王穆王. 53-9 ○者. 53-13 ○聖王之處士也. 53-17 ○夏桀伐有施. 63-3 ○者之伐也. 64-17 ○君問臣事君於我. 75-24 ○君之惠也. 82-24 ○君之未入. 83-2 ○君之不納公子重耳而納晉君. 83-5 ○吾之不納公子重耳而納晉君. 83-7 ○管敬仲有言. 88-9 ○少典娶于有蟜氏. 92-13 臣聞○者. 100-11 ○吾逮事莊主. 107-4 ○韓之役. 110-2 ○者吾畜於趙氏. 112-3 ○克潞之役. 114-7 ○匄之祖. 120-1 ○隰叔子違周難於晉國. 121-3 ○者吾有訾祏也. 121-13 ○吾先君唐叔. 121-24 ○者此其父始之. 122-5 ○成王盟諸侯于岐陽. 123-10 ○者鮌違帝命. 126-12 ○欒武子一卒之田. 126-20 ○先主文子少釁於難. 130-20 ○令尹子元之難. 142-10 ○莊王方弱. 142-16 ○雍子之父兄. 142-22 ○陳公子夏. 143-3 ○鄭有京櫟. 145-7 ○衛武公年數九十有五矣. 146-7 ○殷武丁. 147-1 ○先大夫子囊違王之命謚. 148-3 ○鬬子文三舍令尹. 152-13 ○瓦唯長舊怨. 153-9 ○齊騶馬繻. 157-1 ○者越國見禍. 158-15 ○天以越賜吳. 159-23 ○楚靈王不君. 160-7 ○吾先王. 161-2 ○吾先王. 161-8 ○吳伯父不失春秋. 164-8 ○者楚人爲不道. 164-21 ○周室逢天之降禍. 165-11 ○不穀先委制於越君. 168-20 ○天以越賜吳. 168-23 ○者夫差恥吾君於諸侯之國. 172-6 ○者之戰也. 172-8 ○天以越予吳. 172-21 ○者上天降禍於吳. 177-23 ○者上天降禍於越. 178-8 ○吾先君. 178-13 ○者君王辱於會稽. 178-23

【苛】 6

觀其○慝. 7-13 以皋落狄之朝夕○我邊鄙. 68-18 內無○慝. 125-9 ○慝不產. 130-10 弭其百○. 151-13 無有○慝於神者. 151-23

【若】 376

○壅其口. 3-5 榮公○用. 3-16 ○是. 5-6 ○魯從之. 5-15 ○不從而誅之. 5-16 ○過其序. 6-11 今周德○二代之季矣. 6-17 ○國亡. 6-19 ○由是觀之. 7-24 吾其○之何. 8-2 ○由是觀之. 8-6 ○將廣其心. 9-16 ○民不怨而財不匱. 10-11 ○是. 11-7 ○七德離判. 12-7 ○能有濟也. 12-15 ○我不出. 12-19 叔父○能光裕大德. 13-9 ○由是姬姓也. 13-12 其○先王與百姓何. 13-15 ○不然. 13-15 君○惠及之. 13-22 ○之何其虐之也. 14-2 ○禽獸焉. 15-2 墾田○蓺. 15-22 而道路○塞. 16-9 野場○棄. 16-10 ○王巡守. 16-25 ○廢其教而棄其制. 17-10 ○家不亡. 17-17 ○本固而功成. 17-21 ○承命不違. 17-24 ○是. 18-3 不○叔孫. 18-4 不○季孟. 18-5 ○皆蚤世猶可. 18-6 ○登年以載其毒. 18-6 ○請之. 18-13 ○貪陵之人來. 18-15 ○是而知晉國之政. 19-13 ○佐新軍而升爲政. 19-18 君以爲奚○. 19-19 流之○何. 22-7 ○啓先王之遺訓. 24-25 其○之何. 25-12 動莫○敬. 26-14 居莫○儉. 26-14 德莫○讓. 26-15 事莫○咨. 26-15 單○不興. 27-4 ○能類善物. 27-8 單○有闕. 27-9 ○不堪重. 27-14 ○匱. 27-16 ○夫山林匱竭. 28-1 ○民離而財匱. 28-5 王其○之何. 28-6 ○積聚既喪. 28-11 ○無射有林. 28-12 ○聽樂而震. 28-21 ○視聽不和. 29-4 ○夫匱財用. 30-2 周○無咎. 32-24 ○得天福. 32-25 ○劉氏. 32-25 ○布德于民. 34-6 ○爲小而崇. 36-9 ○少安. 37-21 ○罪也. 39-11 莫○湯. 39-24 莫○文武. 39-25 魯未○商周. 40-1 ○有殃焉在. 40-5 ○血氣强固. 40-6 我信不○子. 41-18 ○鮑氏有釁. 41-18 ○君縱私回. 41-22 ○以邪臨民. 41-23 ○爲元侯之所. 44-2 ○從君而走患. 44-20 ○未有. 44-22 ○得楚師以伐魯. 45-1 ○楚之克魯. 45-2 ○不克魯. 45-4 ○無其心. 45-19 ○楚公子不爲君. 45-21 吾其○諸侯之事何. 46-4 ○我往. 46-17 ○盟而棄魯侯. 46-20 ○棄魯. 47-3 ○以蠻夷之故棄之. 47-4 女知莫○婦. 49-12 男知莫○夫. 49-13 君○使有司. 50-16 ○子季孫欲其法也. 51-7 ○欲犯法. 51-8 ○必治國家者. 52-5 ○必治國家者. 52-6 臣之所不○夷吾者五. 52-7 弗○也. 52-7 弗○也. 52-7 弗○也. 52-8 弗○也. 52-8 弗○也. 52-9 君○宥而反之. 52-11 ○何. 52-12 ○之何. 52-13 ○何. 52-19 ○不生得. 52-21 敢問爲此○何. 53-8 爲之○何. 53-13 成民之事○何. 53-15 處士農工商○何. 53-16 定人之居○何. 54-20 安國○何. 55-1 君○正卒伍. 55-5 君○欲速得志於天下諸侯. 55-7 爲之○何. 55-8 伍鄙○何. 56-21 定民之居○何. 57-1 ○何. 57-22 爲之○何. 58-4 爲之○何. 58-5 ○其有凶. 62-22 ○晉以男戎勝戎. 63-1 其○之何. 63-2 夫○是. 63-12 ○跨其國. 63-13 ○爲亂. 64-6 其○之何. 65-4 ○之何其民之與處而棄之也. 65-8 君○伐之. 65-25 ○不知辱. 66-10 ○外殫善. 66-11 ○使太子主曲沃. 66-16 貳○體焉. 67-3 ○下攝上. 67-5 ○以下貳上. 67-7 ○其不克. 67-15 君其○之何. 67-24 ○紂有良子. 68-8 ○大難至而恤之. 68-11 ○何而可. 68-11 ○不勝狄. 68-22 ○勝狄. 68-22 其○內讒何. 69-7 ○惠於父. 70-5 不○戰也. 70-9 君○不圖. 71-9 ○罪不釋. 73-6 ○以偃之慮. 73-23 今○休憂於狄. 73-25 不○走梁. 74-4 君○惠顧社稷. 77-24 ○夫二公子而立之. 78-5 君○求置晉君而載之. 79-9 君○求置晉君以成名於天下. 79-9 ○狄公子. 80-14 ○入. 80-19 君○伐之. 81-23 勝敗○化. 81-25 君○弗予. 82-6 不○予之. 82-7 不○勿予. 82-12 君○還. 82-25 君○不還. 83-1 其○爲諸侯笑何. 83-6 ○無天乎. 83-10 ○有天. 83-10 不○殺之. 83-18 ○不可. 83-24 ○弗忘. 84-1 然則○何. 84-2 不○以歸. 84-3 ○何. 84-11 ○征繕以輔孺子. 84-12 君○來. 85-4 君○不來. 85-4 不○赦之以報讎. 85-13 不○刑之. 85-17 ○何懷安. 88-19 ○無所濟. 88-20 ○無所濟. 88-21 ○克有成. 88-23 ○復而修其德. 89-8 ○親有天. 90-23 ○用前訓. 90-24 ○禮兄弟. 90-25 ○資窮困. 90-25 ○不禮焉. 91-3 子○克復晉國. 91-8 ○以君之靈. 91-11 ○不獲命. 91-12 ○黍苗之仰陰雨也. 93-15 ○君實庇廕膏澤之. 93-16 君○昭先君之榮. 93-17 重耳○獲集德而歸載. 93-19 君○恣志以用重耳. 93-19 ○宿而至. 95-13 ○干二命. 95-13 ○不納. 96-24 無○政何. 97-7 其○之何. 97-23 不○使齊秦主楚怨. 97-24 不○私許復曹衛. 98-8 ○我以君避臣. 98-14 ○復其國. 98-23 然則○何. 99-5 臣弗○也. 99-13○有違質. 100-11 ○是. 100-21 ○川然. 101-2 ○中不濟. 102-18 ○內外類. 102-19 病未○死. 104-20 ○先. 104-25 ○俟吾避.

105-14 乃將○何. 105-16 將○何. 105-17 其○之何. 105-19 諸大夫莫子○也. 105-24 然而壯不○老者多矣. 107-13 ○夫三郤. 108-3 ○以吾意. 108-6 戰○不勝. 109-25 戰○勝. 109-25 擇福莫○重. 110-6 擇禍莫○輕. 110-6 且今君○使之於周. 111-8 不○聽君之命. 111-16 ○稟而棄之. 113-7 ○欲奉元. 113-11 ○欲暴虐. 113-11 擇臣莫○君. 115-24 擇子莫○父. 115-24 ○臨大事. 116-2 不○伐之. 116-6 ○在卿位. 116-19 ○之何. 118-7 今○大其柯. 118-8 ○從. 118-13 ○不偷生. 118-14 ○滅欒氏. 118-16 今吾○起瑕原韓魏之後. 118-16 ○愛欒盈. 118-23 彼○求逞志. 119-2 彼○不敢而遠逃. 119-3 ○受君賜. 119-18 ○以君官從子之私. 120-14 ○夫子之命也. 120-17 ○能靖端諸侯. 121-1 將○之何. 121-15 ○盡晉師. 122-19 ○之何. 122-20 ○襲我. 122-24 子○能以忠信贊君. 123-7 ○違於德. 123-9 ○及. 123-19 ○魯有罪. 123-21 ○爲諸侯戮者. 123-22 ○皆衄國如是. 124-2 ○是道也果. 124-3 死者○可作也. 124-15 ○君不死. 125-8 ○諸侯服. 125-21 ○之何其鈞之. 126-1 ○之何以富賦祿也. 126-2 ○之何其回於富也. 126-6 ○不憂德之不建. 127-5 ○何. 128-8 ○其予之. 128-18 善將○何. 128-18 其○不虞何. 129-7○欲之. 129-22 ○見壘培. 130-18 ○罰之. 131-4 怨○怨焉. 131-7 莫我○也. 131-10 ○弗棄. 132-8 ○來. 132-9 ○有餘. 132-14 ○果立瑤也. 133-11 君○以周難之故. 135-15 君○以成周之衆. 135-16 ○克二邑. 135-17 ○前華後河. 135-20 ○周衰. 136-23 ○更君而周訓之. 137-3 ○以同裨同. 137-10 ○伐申. 138-18 王師○在. 138-20 君○欲避其難. 138-21 ○周衰. 138-23 ○加之以德. 138-25 ○不欲善. 140-7 ○民煩. 140-9 ○是而不從. 140-19 ○是而不濟. 141-3 ○得保其首領以歿. 141-11 請爲靈○厲. 141-12 ○先君善. 141-16 ○得歸骨於楚. 142-4 晉卿○楚. 142-7 ○杞梓皮革焉. 142-8 ○之何其遺之材也. 142-9 ○敖氏離矣. 142-14 ○易中下. 142-25 ○合而函吾中. 142-25 彼○謀楚. 143-13 則○之何. 143-16 ○資東陽之盜. 143-17 ○於目觀則美. 144-13 ○斂民利. 144-18 ○君謂此臺美. 145-2 ○體性焉. 145-16 ○子方壯. 146-6 ○常如此. 146-20 ○何. 146-23 ○諫. 146-23 ○不言. 147-3 ○金. 147-6 ○津水. 147-7 ○天旱. 147-7 ○藥不瞑眩. 147-7 ○跣不視地. 147-8 ○武丁之神明也. 147-8 能違○敖之欲. 148-8 ○無然. 149-5 ○之何其舍之也. 151-21 滅○敖氏. 152-19 ○防大川焉. 152-25 君○不鑒而長之. 153-12 ○皆讎君. 153-20 聞一善○驚. 154-10 得一士○賞. 154-11 ○諸侯之好幣具. 155-1 ○夫白珩. 155-3 ○夫譁囂之美. 155-9 ○其猖也. 156-1 ○來而無寵. 156-6 ○其寵之. 156-6 ○果用之. 156-10 子將○何. 156-16 ○召而下之. 156-16 ○召而近之. 156-22 ○子不我信. 156-23 盍求○敖氏與子干子皙之族而近之. 156-23 天○棄吴. 158-10 ○越既改. 159-9 ○其不改. 159-9 爲蛇將○何. 159-17 ○無越. 159-18 天○不知有罪. 160-25 王○不得志於齊. 161-11 ○越聞愈章. 162-11 將○之何. 162-13 君○無卑天子. 164-13 ○余嘉之. 165-10 伯父○能然. 165-13 王○今起師以會. 165-20 ○事夸而從我. 165-22 吴王○愠而又戰. 165-23 ○不戰而結成. 165-24 後○有事. 168-1 事○不捷. 168-3 其歸○已. 168-5 後○有事. 168-5 ○其有知. 169-6 ○以越國之罪. 170-16 ○水之歸下也. 171-17 君○不忘周室. 172-24 君○曰. 172-25 王○行之. 174-10 自○以處. 175-9 王○蚤圖之. 176-4 ○將與之. 177-15

【茂】 1

本根益○. 118-7

【苗】 6

王無亦鑒于黎○之王. 25-17 子餘使公子賦黍○. 93-14 若黍○之仰陰雨也. 93-15 ○棼皇曰. 105-10 ○賁皇曰. 110-18 三○復九黎之德. 150-5

【苟】 30

知夫○中心圖民. 34-12 ○芈姓實嗣. 44-15 ○如是. 46-3 而○固諸侯. 47-3 則○而賦. 51-8 則民不○. 56-22 ○無死. 62-4 ○可以攜. 62-15 ○利衆而百姓和. 68-3 ○交利而得寵. 68-6 伯氏○出. 73-14 ○違其違. 75-17 ○衆所利. 77-8 幸○君之. 77-13 ○衆所置. 77-14 君○輔我. 78-25 亡人○入. 78-25 ○衆不說. 82-7 ○姬未絕周室. 89-6 ○從是行也. 103-7 ○可以安君利國. 123-23 ○在朝者. 146-8 ○君之. 153-18 ○國有釁. 156-9 乃使王孫○告勞于周. 164-21 敢使○告於下執事. 165-8 ○. 165-10 ○在戎者. 167-5 ○得聞子大夫之言. 170-10 子○赦越國之罪. 171-4

【茆】 1

置○蕝. 123-12

【苑】 4

人皆集於○. 71-14 何謂○. 71-16 可不謂○乎. 71-17 以鼓子○支來. 128-22

【范】 63

○子私於原公曰. 14-19 欒○不欲. 19-10 及○中行之難. 33-4 ○武子退自朝. 104-4 ○文子暮退於朝. 104-8 ○文子後入. 104-23 ○文子見. 105-3 見○文子. 107-7 ○叔之教. 108-2 ○文子不欲. 108-6 ○文子不欲. 109-3 ○文子不欲. 109-6 ○文子將下軍. 109-16 ○文子不欲. 109-17 ○文子曰. 110-6 ○匄自公族趨過之. 110-16 ○文子執戈逐之. 110-17 ○文子立於戎馬之前. 110-20 ○文子謂其宗祝曰. 110-24 ○文子卒. 111-2 使○獻子爲候奄. 115-10 ○宣子以公入于襄公之宮. 119-7 ○宣子問焉. 119-25 爲○氏. 120-3 ○宣子與和大夫爭田. 120-7 是以受隨○. 121-8 ○宣子謂獻子曰. 121-13 ○獻子聘於魯. 129-11 董叔將娶於○氏. 129-16 ○氏富. 129-16 董祁愬於○獻子. 129-17 吾願得○中行之良臣. 132-1 今○中行氏之臣. 132-6 夫○中行氏不恤庶難. 132-19 ○中行有亟治之難. 133-22 使僕夫子皙問於○無宇. 145-4 於是越王句踐乃命○蠡后庸. 161-24 ○蠡進諫曰. 174-4 ○蠡進諫曰. 174-12 王召○蠡而問焉. 174-16 ○蠡對曰. 174-17 與○蠡入宦於吴. 175-4 王問於○蠡曰. 175-5 王召○蠡而問焉. 175-23 王召○蠡而問焉. 176-6 王召○蠡而問焉. 176-11 王召○蠡而問焉. 176-15 ○蠡對曰. 176-19 王召○蠡而問焉. 176-24 ○蠡進諫曰. 177-4 ○蠡曰. 177-9 ○蠡進諫曰. 177-25 ○蠡諫曰. 178-5 ○蠡乃左提鼓. 178-8 子○子. 178-10 ○蠡曰. 178-12 子○子. 178-16 ○蠡曰. 178-17 ○蠡不報於王. 178-19 ○蠡辭於王曰. 178-21 ○蠡對曰. 179-2 以良金寫○蠡之狀. 179-4 以爲○蠡地. 179-5

【直】 17

今元咺雖○. 14-7 下有○言. 85-10 上有○刑. 85-11 ○爲壯. 98-13 我曲楚○. 98-14 戚施○鎛. 100-23 有○質而無流心. 116-1 訾祏實○而博. 120-20 ○能端辨之. 120-20 行廉○於晉國. 124-16 ○不輔曲. 125-11 以求○. 128-5 與絕親以買○. 128-10 勝○而剛. 155-19 ○而不衷. 155-22 ○而不顧. 155-24 其○也. 156-3

【茀】 1

道○不可行. 15-20

【茁】 1

士○夕焉. 133-14

【茅】 2

首戴○蒲. 54-13 賜公南陽陽樊温原州陘絺組攢○之田. 97-8

【林】 12

囿有○池. 16-12 若夫山○匱竭. 28-1 ○麓散亡. 28-1 而爲之大○. 28-10 若無射有○. 28-12 四閒○鍾. 30-23 唯青陽與蒼○氏. 92-12 問於孫○甫. 120-10 孫○甫曰. 120-10 射兕于徒○. 121-24 山○藪澤. 155-9 屏營仿偟於山○之中. 160-11

【枝】 13

及公孫○. 78-4 謂公孫○曰. 82-5 公孫○曰. 82-5 公孫○進諫曰. 83-5 公孫○曰. 83-18 公孫○曰. 83-23 公孫○曰. 84-3 欒○貞慎. 99-12 乃使欒○將下軍. 99-13 ○葉益長. 118-7 去其○葉. 118-8 猶木之有○葉也. 129-14 木有○葉. 129-14

【枚】 3

乃令左軍銜○. 168-13 亦令右軍銜○. 168-14 銜○潛涉. 168-17

【析】 7

日在○木之津. 31-6 及○木者. 31-7 蛾○謂慶鄭曰. 85-1 蛾○曰. 85-12 或譖○公臣於王. 142-19 ○公奔晉. 142-20 則○公之爲也. 142-21

【來】 86

犬戎氏以其職○王. 2-8 懼怨之○也. 3-12 是則少多死生出入往○者. 6-3 狄人○誅. 12-18 而叔父使士季實○修舊德. 14-24 其適○班貢. 15-3 東門氏○告亂. 18-8 魯成公○朝. 18-11 魯叔孫之○也. 18-12 若貪陵之人○. 18-15 自后稷以○寧亂. 25-13 齊孝公○伐魯. 36-7 君今○討弊邑之罪. 36-20 今有司○. 39-9 以其寶○奔. 40-9 而以其寶○. 40-11 而竊其寶○. 40-13 ○繼先君之好. 43-8 君之○也. 44-10 子之○也. 44-12 予爲先君○. 44-16 吴子使○好聘. 49-18 隼之○也遠矣. 50-10 使各以其方賄○貢. 50-11 齊間丘○盟. 50-17 求○. 51-2 荆州諸侯莫敢不○服. 58-25 海濱諸侯莫敢不○服. 59-1 莫敢不○服. 59-10 自桓叔以○. 68-13 吾○里克. 71-11 大國○誅. 74-17 故○. 82-22 釋○救君. 83-14 比其和之而○. 84-19 而無○. 84-20 今君將○. 85-2 君若○. 85-4 君若不○. 85-4 吾○此也. 87-4 小往大○. 94-25 使○告難. 96-22 令尹子玉使宛春○告. 98-4 齊侯○. 105-8 夫南夷與楚○. 108-15 秦○圖敗晉功. 114-7 諸戎○請服. 115-11 其將○辭. 115-16 鄭伯嘉○. 116-21 自文公以○. 119-5 魯襄公使叔孫穆子○聘. 119-25 秦景公使其弟鍼○求成. 122-9 秦后子○奔. 124-21 秦后子○仕. 125-23 楚公子干○仕. 125-23 鄭簡公使公孫成子○聘. 126-7 夫以城○者. 128-16 以城○盈願. 128-19 以鼓子苑支○. 128-22 何日以○. 132-9 若○. 132-9 遽人○告. 132-24 故唯東宮與西廣實○. 142-12 召之其○乎. 143-15 又何不○爲. 143-16 不○. 143-16 不○矣. 143-18 而僅得以○. 144-9 庶民子○. 145-1 諸侯其○乎. 145-6 得傅說以○. 147-6 今而敢○. 153-9 自鬭伯比以○. 153-21 若○而無寵. 156-6 越人必○襲我. 160-19 徒遽○告孤. 163-17 伯父令女○. 165-10 國人欲告者○告. 167-6 迎○者. 171-

11 四方之士○者. 172-1 大夫種○而復往. 174-21 待其○者而正之. 175-9 時不再○. 177-6 彼○從我. 177-15 今其○也. 177-20 使者往而復○. 178-4

【松】 2

○柏不生埤. 125-12 ○柏之地. 133-17

【述】 2

○意以導之. 80-21 何稱○焉. 108-4

【枕】 3

至于石○. 59-6 王○其股. 160-13 疇○王以墣而去之. 160-13

【杼】 1

○. 38-16

【東】 37

廩于籍○南. 4-20 周乃○遷. 6-21 我周之○遷. 11-9 叔孫宣子○門子家皆侈. 17-15 叔孫○門其亡乎. 17-16 ○門之位. 18-4 ○門氏來告亂. 18-8 於翼○門葬. 22-10 止於魯○門之外. 37-25 以服○夷. 45-3 ○至于紀酅. 58-20 ○南多有淫亂者. 58-23 通齊國之魚鹽于○萊. 60-13 是故使申生伐○山. 68-25 公使太子伐○山. 69-9 將在○矣. 75-14 亦爲君之○游. 79-2 秦始知河○之政. 84-4 ○行濟河. 93-18 以啓○道. 97-2 楚恭王帥○夷救鄭. 108-12 葬於翼○門之外. 110-13 ○方之士. 132-11 甚得周衆與○土之人. 135-4 ○有齊魯曹宋滕薛鄒莒. 135-10 乃○寄帑與賄. 139-2 故唯○宮與西廣實來. 142-12 使不規○夏. 142-20 若資○陽之盜. 143-17 踰諸夏而圖○國. 160-9 以懸吾目於○門. 161-17 今君掩王○海. 164-10 其民必移就蒲蠃於○海之濱. 165-18 寡人其達王於甬句○. 169-2 ○至於鄞. 171-15 吾請達王甬句○. 172-23 故濱於○海之陂. 178-13

【或】 20

而○專之. 3-10 是以○見神以興. 7-13 亦○以亡. 7-14 ○在畎畝. 25-24○在社稷. 25-25 夫必將○循之. 46-4 將○道之. 46-6 無○淫怠而不聽治者. 57-5 必○知之. 80-17 鼓人○請以城叛. 128-14 ○在王室. 136-19 ○在夷狄. 136-19 ○譖王孫啓於成王. 142-10 ○譖析公臣於王. 142-19 今君○者未及武丁. 147-12 如○臨之. 151-13 ○可賞也. 153-24 ○可戮也. 153-24 ○禮於君. 154-1 ○禮於父. 154-1

【事】 289

以服○虞夏. 1-10 ○神保民. 1-17 是以○行而不悖. 3-1 夫○君者. 3-20 況○王乎. 3-20 夫民之大○在農. 3-23 ○之供給. 3-24 以命我司○. 4-6 百官御○. 4-10 王○唯農是務. 5-4 夫下○上. 5-14 少○長. 5-14 是○也. 5-17 而敬○耆老. 5-22 賦○行刑. 5-22 於是乎又審之以○. 6-4 是示少而惡○也. 6-7 治民惡○. 6-8 民之所急在大○. 8-22 先王知大○之必以濟衆也. 8-23 又崇立於上帝明神而敬○之. 9-6 以教民○君. 9-7 夫天○恒象. 9-19 其何○不濟. 10-12 祥所以○神也. 11-14 禘郊之○. 14-22 將以講○成章. 15-10 國有班○. 16-14 則皆官正莅○. 16-24 而司○莫至. 17-1 其何○不徹. 17-21 恭所以給○也. 17-22 以恭給○. 17-23 上作○而徹. 17-25 不可以○二君. 18-5 不可以○三君. 18-6 未將○. 18-21 民之大○也. 21-15 ○單襄公. 22-12 言智必及○. 22-14 ○建能智. 22-22 道正○信. 23-3 夫○. 26-5 ○莫若咨. 26-15 賓之禮○. 26-17 德讓○咨. 26-18 成○不貳. 29-2 和展百○. 30-23 而平均其政○. 34-7 受○焉. 34-22 其爲選○乎. 35-19 居官者當○不避難. 35-20 非○君也. 35-22 職貢業○之不共而獲戾. 35-25 以紓執○. 36-2 處小○大. 36-8 不能○疆埸之司. 36-12 以死勤○則祀之. 38-3 舜勤民○而野死. 38-9 出入受○之幣. 39-17 爲有司之以班命○也. 39-18 而棄民○. 41-23 咨○爲謀. 43-18 ○其君而任其政. 44-17 夙之○君也. 45-5 社稷之○. 45-9 備承○也. 45-17 承君命以會大○. 46-2 吾其若諸侯之○何. 46-4 諸侯之○晉者. 47-3 合民○於外朝. 47-23 合神○於內朝. 47-24 合家○於內朝. 47-24 其以歜爲不能○主乎. 48-4 與百官之政○. 48-10 牧相宣序民○. 48-10 夜庀其家○. 48-15 社而賦○. 48-20 朝夕處○. 48-22 執○有恪. 50-21 成民之○. 53-14 成民之○若何. 53-15 其○易. 53-16 其○君者言敬. 53-19 旦暮從○. 53-24 相語以○. 53-25 旦暮從○於此. 54-5 以旦暮從○於田野. 54-12 以從○於田野. 54-14 有司已於○而竣. 54-18 吾欲從○於諸侯. 54-25 則○可以隱令. 55-8 鄉長復○. 55-23 有司已於○而竣. 55-25 有司已於○而竣. 56-3 有司已於○而竣. 56-5 足以比成○. 56-11 五屬大夫復○. 57-7 有司已於○而竣. 57-11 有司已於○而竣. 57-12 有司已於○而竣. 57-15 吾欲從○於諸侯. 57-20 君欲從○於天下諸侯. 57-21 隱武○. 59-12 有○於文武. 59-15 文○勝矣. 60-20 ○之如一. 62-6 故壹○之. 62-7 何以○君. 62-20 吾聞○君者. 65-5 竭力以役○. 65-5 吾聞○君者. 65-6 使奚齊莅○. 65-10 ○君以敬. 65-13 ○父以孝. 65-13 而又無壯○. 66-2 何以○君. 66-2 吾欲作大○. 66-4 故能治○. 67-4 何○能治. 67-6 我教兹暇豫○君. 71-14 是故○君者. 72-8 與知共君之○. 73-17 天○官成. 74-11 昔君問臣○君於我. 75-24 鄭也與客將行○. 81-9 吾寧○齊楚. 84-17 ○秦. 84-19 趣行○乎. 86-1 可以成○也. 87-5 天○必象. 87-13 實疚大○. 88-8 父○狐偃. 90-7 師○趙衰. 90-7 而長○賈佗. 90-7 以濟大○. 92-22 卒○. 93-7 小○不濟. 94-10 ○君不貳. 95-16 ○耇老. 96-15 知忠以○君者. 99-1 信於○. 99-4 信於○. 99-6 則民從○有業. 99-6 ○王不怒. 100-14 恪於德以臨○. 102-10 吾聞○君者. 103-3 夫軍○無犯. 103-4 ○君而黨. 103-6 襲侵之○. 103-16 爲暫○也. 103-18 軍○集焉. 104-19 其○臧. 104-25 昔吾逮○莊主. 107-4 考百○於朝. 107-11 ○君必濟. 107-22 方○之殷也. 108-23 ○不成. 111-7 ○廢爲不智. 112-2 二三子不能○君. 112-5 定百○. 113-16 而能恤大○. 115-6 有○不避難. 115-16 軍○有死無犯爲敬. 115-19 軍旅之○也. 115-21 而鎮定大○. 116-1 若臨大○. 116-2 戎狄○晉. 116-10 使公族穆子受○於朝. 116-12 三世○家. 119-12 ○君以死. 119-13 ○主以勤. 119-13 所以○君也. 119-18 何以○君. 119-19 內有○. 120-8 外○也. 120-9 所以○子也. 120-11 唯○是待. 120-11 老也以軍○承子. 120-11 內○之邪. 120-13 吾聞國家有大○. 120-21 今既無○矣. 121-10 吾蔑與比而○君矣. 122-4 比德以贊○. 122-7 今日之○. 122-13 姦以○君者. 122-15 而以賄成○. 123-9 ○君不援而進. 124-19 夫爵以建○. 126-2 非○君之禮也. 128-16 夫○君者. 128-20 我君是○. 129-2 非○土也. 129-2 爾心○君. 129-3 今日之○. 131-10 今日之○. 131-11 今日之○. 131-12 夫○君者. 132-3 狗之○大矣. 132-25 臣以秉筆○君. 133-16 計億○. 137-13 明敬戒以導之○. 140-23 夫○君者. 141-14 尚能○晉君. 142-3 王孫啓豫於軍○. 142-11 雍子與於軍○. 142-24 春秋相○. 143-17 問誰贊○. 144-3 其○不煩官業. 144-23 吾不服諸夏而獨○晉. 145-5 能經營百○. 146-6 臨○有瞽史之導. 146-13 宗廟之○. 149-11 以一純二精三牲四時五色六律七○八種九祭十日十二辰以致之. 150-19 下所以昭○上也. 151-15 天子禘郊之○. 151-15 諸侯宗廟之○. 151-16 以○百神. 151-18 所謂一純二精七○者. 151-22 爲七○. 151-24 三○者. 151-25 天○武. 151-25 地○文. 151-25 民○忠信. 151-25 夫○君者. 153-17 吾先人以善○君. 153-20 以行○於諸侯. 154-18 夫○君無憾. 155-12 見成○焉. 158-9 敢私告於下執○曰. 158-15 以重得罪於下執○. 158-19 則何實以○吴敢使下臣盡辭. 159-6 夫危○不齒. 162-7 焉可以濟○. 162-15 危○不可以爲安. 162-15 死○不可以爲生. 162-16 彼豈能與我行此危○也哉. 162-18 ○君勇謀. 162-18 乃令董褐請○. 163-13 恐○之不集. 163-22 孤之○君在今日. 163-22 不得○君亦在今日. 163-22 不共承王○. 164-22 王總其百執○. 164-25 夫差克有成○. 165-8 敢使苟告於下執○. 165-8 人○又見. 165-19 若○夸而從我. 165-22 孤將以舉大○. 166-25 我有大○. 167-24 後若有○. 168-1 我有大○. 168-2 ○若不捷. 168-3 我有大○. 168-5 後若有○. 168-5 私於下執○. 170-13 是以帶甲萬人○君也. 170-18 然後卑○夫差. 171-11 夫國家之○. 174-4 有節○. 174-5 節○者與地. 174-6 人○不起. 174-8 人○不起. 174-9 ○之末也. 174-13 淫佚之○. 174-14 節○者與地. 174-18 百姓之○. 175-2 立斷之○. 175-3 節○奈何. 175-6 節○者與地. 175-6 其○不失. 175-7 ○不究. 175-9 ○將有閒. 175-11 ○無閒. 175-13 百姓之○. 175-15 立斷之○. 175-17 其○又將未可知也. 176-5 人○至矣. 176-9 其○是以不成. 176-13 人○未盡也. 176-16 吾與子言人○. 176-18 子應我以人○. 176-18 夫人○. 176-19 其忘會稽之○乎. 178-3 其○將易冀已. 178-7 君王已委制於執○之人矣. 178-17 無使執○之人. 178-18 爲此○也. 178-24 今○已濟矣. 178-24

【剌】 6

公令閹楚○重耳. 73-17 令賈華○夷吾. 73-18 ○懷公于高梁. 95-8 是故使胥之昧與夷羊五○郤至苦成叔及郤錡. 111-10 既○三郤. 111-17 遂○欒盈. 119-8

【兩】 5

欲任○國. 41-13 則○君相見之樂也. 43-11 吾○鞁將絕. 131-11 ○鞁皆絕. 131-12 ○君偃兵接好. 163-14

【雨】 9

夫辰角見而○畢. 16-3 ○畢而除道. 16-4 風○時至. 29-20 未畢而○. 31-16 以待時○. 54-11 時○既至. 54-12 若黍苗之仰陰○也. 93-15 用女作霖○. 147-7 時○既至. 170-9

【協】 18

和○輯睦. 3-24 瞽告有○風至. 4-10 紀農○功. 4-22 司民○孤終. 6-2 司商○民姓. 6-2 司徒○旅. 6-2 司寇○姦. 6-2 牧○職. 6-3 工○革. 6-3 場○入. 6-3 廩○出. 6-3 ○於丹朱. 7-21 將和○典禮. 15-4 朕夢○朕卜. 23-12 論比○材. 53-23 小國附○. 60-21 又甚聽明和○. 136-3 虞幕能聽○風. 136-9

【奈】 10

○何. 71-11 ○吾君何. 73-14 ○何. 82-16 ○夫八疾何. 100-23 孤無○越之先君何. 168-21 ○何. 174-5 爲之○何. 174-16 與人○何. 174-18 節事○何. 175-6 子將○何. 177-1

【奔】 38

有三女○之. 2-13 子家○齊. 18-8 魯叔孫宣伯亦○齊. 18-9 王叔陳生○晉. 20-15 以其寶來○. 40-9 桀○南巢. 41-25 告○走也. 45-18 太子出○申. 63-8 申生○新城. 72-16 公子夷吾亦出○. 74-2 虢公其○. 75-4 丕豹出○秦. 81-13 出○秦. 81-21 臣聞○刑之臣. 85-12 ○而易達. 87-5 懷公○高梁. 95-4 必下○. 108-22 乃○狄. 111-24 欒盈出○楚. 119-4 出○曲沃. 119-8 秦后子來○. 124-21 收以○褒. 138-1 椒舉○鄭. 142-1 將遂○晉. 142-2 王孫啓○晉. 142-10 析公○晉. 142-20 雍子○晉. 142-23 遂○晉. 143-7 彼懼而○鄭. 143-11 乃遂○晉. 143-13 倚相將○走承序. 146-6 子常○鄭. 153-4 昭王○隨. 153-4 昭王出○. 153-5 昭王○鄖. 153-15 鄖公以王○隨. 153-23 將百羣皆○. 160-19 ○遂可出. 165-24

【奇】 4

君賜之○. 69-2 ○生怪. 69-3 是故賜我○服. 70-7 宮之○諫而不聽. 74-20

【奄】 2

驪姬使○楚以環釋言. 74-6 使范獻子爲候○. 115-10

【殁】 9

成公未○二年. 18-9 萇弘其不○乎. 32-7 君未終命而不○. 67-24 未○而亡政. 68-14 管仲○矣. 87-9 ○平公. 116-3 其身○矣. 120-5 若得保其首領以○. 141-11 ○而父母之世. 167-25

【妻】 16

列士之○. 48-19 謂里克○曰. 71-13 齊侯○之. 87-18 僖負羈之○言於負羈曰. 89-13 是故娶○避其同姓. 92-19 何有於○. 92-24 刑于寡○. 100-15 其○饁之. 102-4 嬴謂其○曰. 102-13 其○曰. 102-14 其○曰. 105-21 其○曰. 105-24 ○子鬻. 168-10 係○孥. 170-17 令老者無取壯○. 171-19 ○子爲戮. 179-2

【到】 1

屈○嗜芰. 141-18

【非】 156

是先王○務武也. 1-19 衆○元后. 8-18 后○衆. 8-18 ○精不和. 9-2 ○忠不立. 9-2 ○禮不順. 9-2 ○信不行. 9-2 ○嗣也. 9-15 ○禮. 12-14 以○余一人. 13-8 今女○他也. 14-23 忠○親禮. 14-25 其餘無○穀土. 16-13 無從○彝. 17-3 ○人也. 19-9 ○以讓也. 19-21 吾○瞽史. 21-11 ○國何取. 23-4 ○此其誰. 23-10 其後伯禹念前之○度. 24-3 莫○嘉績. 24-11 則○祥也. 26-2 則○義也. 26-2 則○仁也. 26-3 則○順也. 26-3 則○正也. 26-3 上○天刑. 26-6 下○地德. 26-6 中○民則. 26-6 方○時動. 26-6 ○鍾聲也. 28-13 ○和也. 29-23 ○平也. 29-23 ○宗官之所司也. 29-24 ○臣之所聞也. 30-3 ○故業也. 34-19 ○先王之訓也. 34-20 ○故也. 35-8 ○急病也. 35-21 ○事君也. 35-22 ○政之宜也. 38-2 ○是族也. 38-5 ○是. 38-21 ○仁也. 38-24 ○智也. 38-25 ○昭穆也. 39-20 ○子之罪. 40-19 ○多怨. 41-17 無乃○相人乎. 42-6 皆○使臣之所敢聞也. 43-12 ○爲一人也. 44-10 ○欲安身也. 44-13 ○義楚也. 44-13 其誰曰○侮也. 44-17 ○女所知也. 46-2 余○愛貨. 46-7 且罪○我之由. 46-7 ○以求遠也. 46-25 皆○吾所敢言也. 48-1 則○臣之所能也. 52-6 此○欲戮之也. 52-17 知桓公之○爲己動也. 60-3 ○父不生. 62-6 ○食不長. 62-6 ○教不知. 62-7 ○吾宅也. 63-12 ○敗而何. 63-14 ○謀不卒時. 64-1 ○人不免難. 64-2 ○禮不終年. 64-2 ○義不盡齒. 64-2 ○德不及世. 64-2 ○天不離數. 64-3 ○其任也. 66-1 變○聲章. 67-8 ○子之憂也. 67-10 ○也. 69-11 ○子之所知也. 69-13 ○歡也. 70-7 ○子之罪. 73-2 夫國○忠不立. 74-24 ○信不固. 74-24 ○喪誰代. 77-3 ○亂誰納我. 77-3 ○亂何入. 77-12 ○危何安. 77-12 晉國其誰○君之羣隸臣也. 78-2 ○鄭之所知也. 82-14 ○鄭之所知也. 82-17 ○以狄爲榮. 87-4 ○子而誰. 88-3 ○人也. 88-15 ○敵而君設之. 91-7 ○天. 91-8 ○禮也. 91-21 ○此. 92-1 ○此用師. 93-10 無乃○禮乎. 97-12 其○官守. 97-13 則文王○專教誨之力也. 100-21 ○學不入. 100-23 ○其實也. 102-18 ○女其誰. 103-7 ○晉國之急也. 103-11 大夫○不能也. 104-10 ○恥乎. 107-19 詎○聖人. 109-14 詎○聖人. 109-20 ○吾所知也. 110-5 ○退而何. 110-16 ○吾所能爲也. 112-2 ○所務也. 112-3 ○義不變. 116-2 ○上不舉. 116-2 ○不朽也. 120-4 ○戎. 120-12 則○吾所知也. 120-12 ○子之任也. 120-25 而○和. 121-11○死逮之. 125-4 ○鬼○食. 125-7 ○其族類. 126-14 ○起也敢專承之. 127-7 邢侯○其官也而干之. 128-9 與○司寇而擅殺. 128-10 ○事君之禮也. 128-16 ○僚勿從. 128-23 ○事士也. 129-2 ○爲子也. 131-7 乃○良臣也. 132-9 夫幸○福. 133-1 ○德不當雍. 133-2 是○王之支子母弟甥舅也. 135-11 ○親則頑. 135-12 而○王子也. 137-25 ○人也. 141-7 ○所願也. 142-4 ○義也. 143-19 皆○嗣也. 147-14 ○此之謂也. 149-6 ○逃富也. 152-18 ○人也. 153-17 ○是不讎. 153-19 ○子職之. 156-9 ○唯舊怨乎. 157-3 ○實忠心好吴也. 159-10 又○懾畏吾兵甲之彊也. 159-10 今王○越是圖. 160-3 今○王室不平安是憂. 163-18 ○其身之所種. 172-4○其夫人之所織. 172-4 ○二三子之罪也. 172-8 莫適相○. 176-8 ○吴乎. 178-5 ○吴耶. 178-6

【叔】 130

鄭厲公見虢○. 6-25 虢○許諾. 7-4 虢○自北門入. 7-4 鄶由○妘. 12-1 又登○隗以階狄. 12-16 以勤○父. 13-7 其○父實應且憎. 13-8 ○父若能光裕大德. 13-9 ○父其懋昭明德. 13-13 ○父有地而隧焉. 13-15 今○父作政而不行. 14-6 而○父聽之. 14-8 而○父使士季實來修舊德. 14-24 ○孫宣子東門子家皆侈. 17-15 ○孫東門其亡乎. 17-16 不若○孫. 18-4 ○孫之位. 18-5 魯○孫宣伯亦奔齊. 18-9 使○孫僑如先聘. 18-11 魯○孫之來也. 18-12 王○簡公飲之酒. 18-21 王○子譽諸朝. 18-23 王○子譽温季. 18-24 雖吾王○. 20-13 王○欲郤至. 20-14 王○陳生奔晉. 20-15 ○迂. 22-1 乃逐○孫僑如. 22-8 單之老送○向. 26-13 ○向告之曰. 26-13 萇○必速及. 32-22 萇○反是. 32-23 萇○必爲戮. 32-25 子○聲伯如晉. 41-10 子何辭苦成○之邑. 41-11 夫苦成○家. 41-13 ○孫穆子聘於晉. 43-4 ○孫穆子曰. 43-20 晉○向見○孫穆子曰. 44-4 ○向退. 44-7 魯○孫賦匏有苦葉. 44-8 ○仲昭伯曰. 44-10 ○仲曰. 44-12 蔡公孫歸生與鄭罕虎見○孫穆子. 45-13 楚人將以○孫穆子爲戮. 45-24 晉昭公使○向辭昭公. 46-13 使○孫豹. 46-22 公父文伯飲南宮敬○酒. 47-16 季康子之從祖○母也. 49-1 使鮑○爲宰. 52-4 鮑○對曰. 52-10 如鮑○之言. 52-15 唯能用管夷吾甯戚隰朋賓胥無鮑○牙之屬. 60-21 郤○虎朝. 65-18 郤○虎將乘城. 66-1 郤○虎曰. 66-2 自桓○以來. 68-13 共華賈華○堅騅歂纍虎特宮山祁. 81-12 唐○之世. 88-17 康○. 89-5 唐○. 89-5 先君○振. 89-22 晉祖唐○. 89-22 ○詹諫曰. 90-14 狐氏出自唐○. 90-16 ○詹曰. 91-3 唐○以封. 94-23 襄王避昭○之難. 96-22 右師取昭○于温. 97-4 見苦成○子. 107-23 ○子曰. 107-23 范○之教. 108-2 且使苦成○及欒黶興齊魯之師. 108-12 使苦成○緩齊魯之師. 111-6 是故使胥之昧與夷羊五刺郤至苦成○及郤錡. 111-10 乃召○向. 117-10 ○魚生. 119-21 ○向之母聞之. 119-23 魯襄公使○孫穆子來聘. 119-25 問於○魚. 120-18 ○魚曰. 120-18 ○向聞之. 120-19 昔隰○子違周難於晉國. 121-3 ○向聞之. 121-23 ○向曰. 121-24 昔吾先君唐○. 121-24 今君嗣吾先君唐○. 121-25 ○向見司馬侯之子. 122-3 ○向曰. 122-6 ○向命召行人子員. 122-9 ○向曰. 122-10 ○向曰. 122-11 ○向曰. 122-12 謂○向曰. 122-20 ○向曰. 122-20 ○向謂趙文子曰. 123-6 楚令尹圍將以魯○孫穆子爲戮. 123-16 趙文子謂○孫曰. 123-17 必殺○孫豹. 124-1 必免○孫. 124-5 趙文子與○向遊於九原. 124-14 ○向曰. 124-16 ○向曰. 124-17 ○向爲太傅. 125-23 ○向見韓宣子. 126-19 ○向賀之. 126-19 其自桓○以下. 127-7 ○魚爲贊理. 128-4 雍子納其女於○魚. 128-5 ○魚抑邢侯. 128-6 邢侯殺○魚與雍子於朝. 128-6 ○向曰. 128-7 而尸○魚與雍子於市. 128-12 董○將娶於范氏. 129-16 ○向曰. 129-16 ○向過之. 129-18 ○向曰. 129-19 ○向曰. 129-22 閻没謂○寬曰. 129-23 閻明○褒在. 130-1 敢昭告于皇祖文王烈祖康○文祖襄公昭考靈公. 131-14 欒有○祁之愬. 133-22 虢○恃勢. 135-14 伯霜仲雪○熊季紃. 135-23 ○熊逃難於濮而蠻. 136-2 問於申○時. 140-12 ○時曰. 140-12 爲御○娶於鄭穆公. 143-3 ○段以京患莊公. 145-9

【肯】 3

用善不○專. 41-24 然公子重耳實不○. 83-8 子玉不○. 98-15

【卓】 6

其娣生○子. 64-13 其娣生○子. 65-3 於是殺奚齊○子及驪姬. 76-18 荀息立○子. 76-19 里克又殺○子. 76-20 既殺奚齊○子. 76-21

【虎】 9

蔡公孫歸生與鄭罕○見叔孫穆子. 45-13 天子有○賁. 45-16 郤叔○朝. 65-18 郤叔○將乘城. 66-1 郤叔○曰. 66-2 有神人面白毛○爪. 74-8 共華賈華叔堅騅歂纍○特宮山祁. 81-12 使孟樂因魏莊子納○豹之皮. 116-5 是○目而豕喙. 119-21

【尚】 18

○將列爲公侯. 13-12 琴瑟○宮. 29-11 鍾○羽. 29-11 石○角. 29-11 是以金○羽. 29-13 石○角. 29-14 瓦絲○宮. 29-14 匏竹○議. 29-14 ○有晉國. 93-25 我命筮曰○有晉國. 94-3 而○水與衆. 94-6 備師○禮以示之. 101-7 剛而○寵. 123-19 子○良食. 142-3 ○能事晉君. 142-3 子○良食. 142-4 子之○勝也. 157-7 猶○殆. 176-21

【具】 15

隕霜而冬裘○. 16-5 司徒○徒. 16-19 ○舟除隧. 44-8 宗不○不繹. 49-3 牛馬選○. 59-24 子爲我○特羊之饗. 71-11 乃○. 71-12 文武○. 94-7 問○山敖山. 129-11 不爲○敖乎. 129-11 ○萬方. 137-13 接誠拔取以獻○. 150-23 若諸侯之好幣○. 155-1 唯是車馬兵甲卒伍既○. 166-3 唯是車馬兵甲卒伍既○. 166-22

【昊】 4

語説○天有成命. 26-12 且其語説○天有成命. 26-20 ○天有成命. 26-20 而稱○天. 26-23

【味】 11

不俟馨香嘉○. 15-3 五○實氣. 15-14 厚○寔腊毒. 21-23 口内○而

耳內聲. 29-3 聲○生氣. 29-3 則○入不精. 29-5 是以和五○以調口. 137-11 ○一無果. 137-17 闔廬口不貪嘉○. 154-8 而嗜其疾○. 156-19 飲食不致○. 166-7

【果】 28

故制戎以○毅. 20-10 鍾○和矣. 30-5 驪姬○作難. 65-1 以觀其○於衆也. 68-21 ○敗狄於稷桑而反. 70-10 是之不○奉. 75-13 ○喪其田. 80-5 ○喪其賂. 80-5 ○戰. 98-16 其身○而辭順. 112-6 ○無不徹. 112-6 伐○不克. 112-7 夫以○戾. 112-7 黶也○敢. 114-16 使○敢者諗之. 114-18 ○敢者諗之. 114-20 公知祁奚之○而不淫也. 114-22 若是道也○. 124-3 智○曰. 133-4 彊毅○敢則賢. 133-10 若○立瑤也. 133-11 智○別族于太史. 133-12 唯輔○在. 133-13 味一無○. 137-17 若○用之. 156-10 莫如此志行不○. 168-7 ○行. 172-17 ○興師而伐吴. 174-15

【昃】 1

文王至於日中○. 146-16

【昆】 8

延及寡君之紹續○裔. 77-20 ○吾爲夏伯矣. 136-14 己姓○吾蘇顧温董. 136-15 其父子○弟不相能. 165-1 有父母耆老而無○弟者. 167-23 子有○弟四五人. 168-2 凡我父兄○弟. 170-4 乃致其父母○弟而誓之. 171-16

【昌】 4

唯晉實○. 89-7 戎狄必○. 135-5 而以金石匏竹之○大囂庶爲樂. 143-23 天明○作. 151-8

【門】 34

鄭伯將王自圉○入. 7-4 虢叔自北○入. 7-4 過周北○. 14-12 故坐諸○外. 15-3 ○尹除○. 16-18 叔孫宣子東○子家皆侈. 17-15 叔孫東○其亡乎. 17-16 東○之位. 18-4 東○氏來告亂. 18-8 於翼東○葬. 22-10 無過亂人之○. 25-5 景王既殺下○子. 31-24 止於魯東○之外. 37-25 及寢○. 47-21 寢○之內. 47-25 闔○與之言. 49-1 執枹鼓立於軍○. 52-8 渠○赤旂. 59-20 三五之○也. 63-20 狐突杜○不出. 70-11 使晉襲於爾○. 74-9 夫衆口禍福之○. 80-7 恥○不閉. 93-10 及孟○. 97-20 宋人使○尹班. 97-22 則寢○辟矣. 103-22 葬於翼東○之外. 110-13 育○子. 113-16 今夢黃熊入於寢○. 126-9 以犬待于○. 131-19 杜○不出. 147-24 以懸吾目於東○. 161-17 皆造於國○之外. 167-6

【明】 125

○利害之鄉. 1-8 昭前之光○. 1-16 肅恭○神. 5-22 其君齊○衷正. 7-7 故○神降之. 7-9 ○神不蠲. 7-12 是皆○神之志者也. 7-19 昭○物則以訓之. 8-25 昭○物則. 9-1 又崇立於上帝○神而敬事之. 9-6 古之○王. 11-15 ○賢. 12-4 是不○賢也. 12-10 叔父其懋昭○德. 13-13 采飾顯○. 15-13 ○日. 18-23 ○年死難. 20-15 ○令德矣. 23-3 顯融昭○. 24-25 ○以妨王宮. 25-3 成王能○文昭. 26-22 ○也. 26-25 膺保○德. 27-8 視正則○. 28-23 ○則德昭. 28-24 在目爲○. 29-3 ○以時動. 29-4 有眩惑之○. 29-6 純○則終. 31-3 昭○大節而已. 32-10 自幽王而天奪之○. 32-13 以○民共財. 38-8 所以爲○質. 38-20 ○者爲昭. 39-21 今將先○而後祖. 39-24 僖又未有○焉. 40-3 不○而躋之亦不祥. 40-4 ○日. 40-14 夫歌文王大○緜. 43-10 ○而動. 48-17 欲○其子之令德. 49-14 謂之蔽○. 55-25 謂之蔽○. 57-10 ○日. 72-10 乃召大夫子○. 78-4 大夫子○曰. 78-6 ○之曜也. 80-20 ○曜以昭之. 80-21 君之○也. 85-11 臣行君○. 85-11 愛親○賢. 89-20 是不○賢也. 89-25 ○日宴. 93-12 是謂○訓. 95-17 ○訓能終. 95-17 而卒爲○王. 95-20 君實不能○訓. 95-24 利器○德. 96-14 ○賢良. 96-15 夫晉公子賢○. 98-23 尊○勝患. 98-24 所以爲○訓也. 103-11 ○聲之. 103-19 圖在○訓. 118-10 ○訓在威權. 118-10 則○逐羣賊. 119-1 是○令必從君也. 119-12 君之○令也. 119-14 君之○兆於衰矣. 121-18 ○不規闇. 125-11 而章○者也. 125-17 以象穀○. 125-18 是不昭穀○而皿蠱也. 125-19 以君之○. 126-11 閻○叔褒在. 130-1 怨豈在○. 133-24 又甚聰○和協. 136-3 天○地德. 136-7 祝融亦能昭顯天地之光○. 136-13 今王棄高○昭顯. 137-7 天奪之○. 137-18 而爲之昭○德而廢幽昏焉. 140-13 以耀○其志. 140-14 使○其德. 140-16 用○德於民也. 140-16 則○施舍以導之忠. 140-21 ○久長以導之信. 140-21 ○度量以導之義. 140-22 ○等級以導之禮. 140-22 ○恭儉以導之孝. 140-23 ○敬戒以導之事. 140-23 ○慈愛以導之仁. 141-1 ○昭利以導之文. 141-1 ○除害以導之武. 141-2 ○精意以導之罰. 141-2 ○正德以導之賞. 141-3 ○齊肅以耀之臨. 141-3 ○行以宣翼之. 141-6 致遠以爲○. 143-22 不聞其以觀大視侈淫色以爲○. 143-24 天有晦○. 145-18 至於神○. 147-1 若武丁之神○也. 147-8 其○能光照之. 149-8 則○神降之. 149-9 而敬恭○神者. 149-13 神是以能有○德. 149-19 以精○臨民者也. 150-18 ○德以昭之. 150-21 天○昌作. 151-8 ○王聖人能制議百物. 155-5 以○聞於天下. 159-5 體德○聖. 161-3 昧○. 163-9 ○紹享余一人. 165-10 ○日徙舍. 167-19 ○日徙舍. 167-20 ○日徙舍. 167-21 ○日. 168-1 ○日徇於軍. 168-4 ○日. 168-6 ○日. 168-7 ○日. 168-13 而名聲章○. 175-21 ○者以爲法. 177-11

【易】 40

監農不○. 4-7 官不○方. 12-5 故君子得以○樂干祿焉. 27-25 而何○樂之有焉. 28-2 有轉○之名. 29-6 律呂不○. 31-1 爲不○之故也. 39-8 命○臣之署. 39-9 將○而次. 39-9 而○其次. 39-11 ○神之班亦不祥. 40-4 余恐○焉. 41-14 其事○. 53-16 ○其所無. 54-5 而勤○之. 64-7 乃○殘也. 66-6 精潔○辱. 66-8 精爲○辱. 66-12 走之○達. 73-24 是哀樂喜怒之節○也. 77-2 奔而○達. 87-5 是在周○. 94-1 好惡不○. 95-16 輕關○道. 96-13 吾以治國爲○. 100-3 君以爲○. 100-4 其○也將至焉. 100-4 中以外○矣. 102-18 無以內○外也. 104-6 反○民常. 113-12 貴貨而○土. 116-8 不敢安○. 121-15 子常○之. 122-15 是○取也. 137-4 若○中下. 142-25 官不○朝常. 144-2 ○物之由. 145-20 已之○矣. 146-23 員不忍稱疾辟○. 161-15 其事將○冀已. 178-7

【畀】 3

三而○驪之孫. 23-9 申人弗○. 138-17 則又○之子反. 143-5

【典】 32

修其訓○. 1-14 鄭未失周○. 12-10 將和協○禮. 15-4 乃講聚三代之○禮. 15-17 各守爾○. 17-4 守祀不替其○. 24-16 省其○圖刑法. 25-1 厲始革○. 25-15 少○與焉. 32-11 以爲國○. 38-2 今無故而加○. 38-2 不在祀○. 38-5 國之○祀也. 38-18 不在祀○. 38-22 以爲國○. 38-23 夕省其○刑. 48-14 懷之以○言. 75-8 昔少○娶于有蟜氏. 92-13 陽人有夏商之嗣○. 97-12 必順於○刑. 120-22 緝訓○. 121-7 失趙氏之○刑. 130-23 有文之○刑. 131-1 修○刑以守之. 135-21 教之訓○. 140-17 多訓○刑以納之. 140-20 其祭○有之曰. 141-22 夫子不以其私欲干國之○. 141-24 位宁有官師之○. 146-11 而心率舊○者. 149-16 使復○之. 150-6 能道訓○. 154-20

【固】 75

而守終純○. 2-11 敦厖純○. 3-25 ○有之乎. 7-7 將何以○守. 9-17 信守則○. 10-10 守○不偷. 10-10 然則民莫不審○其心力. 12-5 本有保則必○. 17-20 若本○而功成. 17-21 守終純○. 23-3 故上下能相○. 23-24 ○也. 26-25 以○龢之. 27-2 終於○和. 27-3 周○羸國也. 27-19 則能思慮純○. 28-24 久○則純. 31-3 故能攝○. 35-4 ○國之艱急是爲. 35-14 ○民之殄病是待. 35-15 而欲○諸侯. 37-17 晉不以○班. 37-19 帝嚳能序三辰以○民. 38-9 若血氣强○. 40-6 不識窮○. 40-13 ○慶其喜. 44-14 守必○矣. 45-2 而苟○諸侯. 47-3 是故守則同○. 55-20 以守則○. 57-19 ○皆至矣. 64-17 ○秉常矣. 66-10 今子內○而外寵. 66-10 君之倉廪○不實. 68-20 吾○告君曰得衆. 71-5 亦○太子以攜之. 72-3 況○其謀. 72-4 非信不○. 74-24 國可以○. 76-15 始不○本. 76-24 夫○國者. 77-7 衆○不說. 81-22 吾○將歸君. 84-20 民無結不可以○. 89-2 與司馬公孫○相善. 90-6 公孫○言於襄公曰. 90-6 乃能攝○. 92-21 詹○請. 98-19 ○所願也. 98-22 ○有大恥三. 110-3 臣○聞之. 111-5 ○辭不立. 116-15 ○辭. 116-20 ○止之. 119-17 其爲本也○矣. 122-21 死而可以○晉國之盟主. 123-2 楚人○請先歃. 123-6 ○請於楚而免之. 124-5 ○醫官也. 125-15 ○賞之. 130-7 是可以少○. 135-22 而近頑童窮○. 137-8 好窮○也. 137-21 務慎惇篤以○之. 140-20 以申○其姓. 151-15 民所以攝○者也. 151-20 越國○貢獻之邑也. 158-21 夫○知君王之蓋威以好勝也. 159-13 ○曰吴伯. 164-12 王○問焉. 166-4 道○然乎. 176-17 天節○然. 177-7 ○守勿與. 177-15 安徐而重○. 177-19 ○周室之不成子也. 178-13

【忠】 52

奉以○信. 1-14 ○也. 9-1 非○不立. 9-2 棄其○也. 9-4 且禮所以觀○信仁義也. 10-8 ○所以分也. 10-9 ○分則均. 10-9 ○也. 10-12 ○非親禮. 14-25 言○必及意. 22-13 ○. 22-19 帥意能○. 22-21 必有○信之心閒之. 24-23 ○信爲周. 43-18 ○信可結於百姓. 52-8 故又大施○焉. 60-12 故莫不盡○極勞以致死也. 64-18 有不○焉. 65-15 孝敬○貞. 65-15 有冒上而無○下. 65-23 ○矣. 67-18 唯○信者. 74-21 除闇以應外謂之○. 74-22 夫國非○不立. 74-24 既不○信. 74-24 我對以○貞. 75-24 ○也. 76-1 不○. 81-2 不○. 81-2 從者之謀○矣. 88-14 ○不可棄. 88-15 而文以○貞. 90-9 ○也. 98-25 知○以事君者. 99-1 不○. 103-25 宣子之○. 107-19 可不謂○乎. 107-22 有宣子之○. 107-22 ○不可暴. 122-20 ○自中. 122-21 今我以○謀諸侯. 122-22 而塞其○也. 122-24 ○塞無用. 122-25 子若能以○信贊君. 123-7 則明施舍以導之○. 140-21 ○信以發之. 141-7 ○信之質. 149-13 民是以能有○信. 149-18 民事○信. 151-25 非實○心好吴也. 159-10 ○惠以善之. 166-11 ○臣解骨. 176-8

【呼】 4

倉葛○曰. 13-17 倉葛○曰. 97-11 令軍吏○城. 128-21 王○之曰. 160-12

【岸】 1

里克及丕鄭使屠○夷. 76-21

【困】 1

而○鹿空虛. 165-18

【沓】 2

其民○貪而忍. 137-1 其民怠○其君. 137-3

【罔】 2

曰龍○象. 47-10 神○時恫. 100-21

【制】 57

夫先王之○. 1-20 ○義庶孚以行之. 8-25 ○義庶孚. 9-1 以創○天下. 13-10 周○有之曰. 16-11 是棄先王之法○也. 16-16 若廢其教而棄其○. 17-10 故○戎以果毅. 20-10 ○朝以序成. 20-10 言勇必及○. 22-14 文之○也. 22-19 利○能義. 22-22 釐改○量. 24-4 是故先王之○鍾也. 28-17 ○度不可以出節. 28-20 匏竹利○. 29-11 考中聲而量之以○. 30-13 是故先王○諸侯. 34-15 ○財用之節. 34-17 古之○也. 35-17 故慎○祀. 38-2 夫聖王之○祀也. 38-3 子實○之. 45-9 古之○也. 48-21 先王○土. 51-3 ○禮義可法於四方. 52-8 ○國以爲二十一鄉. 54-20 管子於是○國. 54-21 管子於是○國. 55-10 ○鄙. 57-1 ○地分民如一. 57-7 ○重罪贖以犀甲一戟. 58-5 ○晉國之政. 62-5 以○百物. 67-4 寡人有子而○焉. 67-10 棟成乃○之. 67-11 改其○而不患其難. 67-13 ○不在我. 72-8 因驕以○人家. 72-9 二三子之○也. 113-11 佐○物於前代者. 136-14 ○節義以動行之. 141-6 且夫○城邑. 145-16 古之○也. 145-18 故○之以義. 145-19 猶不敢專○. 147-10 是使○神之處位次主. 149-10 明王聖人能○議百物. 155-5 昔不穀先委○於越君. 168-20 君王○之. 175-1 敵國之○. 175-3 必有以知天地之恒○. 175-12 敵國之○. 175-17 委○於吳. 175-25 委○於吳. 178-9 君王已委○於執事之人矣. 178-17 君行○. 179-2

【幷】 1

乃左○轡. 104-21

【知】 157

而不○大難. 3-9 何以○之. 5-21 夫古者不料民而○其少多. 6-1 皆可○也. 6-4 先王○大事之必以濟衆也. 8-23 余安能○之. 13-15 道路不可○. 16-15 晉不○乘. 19-2 若是而○晉國之政. 19-13 是則聖人○民之不可加也. 19-24 焉○天道. 21-11 而○其心矣. 21-13 則可以○德矣. 21-17 後之不○. 23-7 皆可○也. 25-1 是皆天子之所○也. 25-23 鍾聲不可以○和. 28-19 不○所力. 29-7 未可○也. 30-5 臣不○其和也. 30-7 何○. 30-10 必盡○天地之爲也. 32-12 ○夫苟中心圖民. 34-12 己不○而祀之. 38-23 不○而不能問. 38-25 恒○避其災也. 39-1 未可○也. 40-6 抑○其不可乎. 41-12 不○其他. 44-6 不○所爲. 44-12 非女所○也. 46-2 女○莫若婦. 49-12 男○莫若夫. 49-13 可謂○禮矣. 49-17 楚恭王能○其過而爲恭. 50-24 夫○吾將用之. 52-13 以○其市之賈. 54-3 相陳以○賈. 54-6 ○桓公之非爲己動也. 60-3 桓公○諸侯之歸己也. 60-6 桓公○天下諸侯多與己也. 60-11 非教不○. 62-7 且君○成之從也. 62-9 未○其待於曲沃也. 62-9 逞而不○. 62-15 ○難本矣. 65-2 使○其極. 66-5 夫人○極. 66-5 ○辱可辱. 66-9 若不○辱. 66-10 亦必不○. 66-10 愚不○避難. 66-12 成而不○. 67-6 吾豈○紂之善否哉. 68-10 又○可否. 68-25 ○微. 69-8 非子之所○也. 69-13 不能深○君之心度. 72-20 與○共君之事. 73-17 吾乃今○之. 74-13 寇○其釁. 74-25 唯○哀樂喜怒之節. 76-25 繁敏且○禮. 78-6 敬以○微. 78-6 ○禮可使. 78-6 微○可否. 78-7 必或○之. 80-17 孰○之. 81-18 ○而背之. 81-18 衆莫不○. 82-1 非鄭之所○也. 82-14 非鄭之所○也. 82-17 莫不○. 83-22 秦始○河東之政. 84-4 且○其罪. 84-18 誰○其他. 87-19 子犯○齊之不可以動. 87-20 而○文公之安齊. 87-21 莫○其在也. 87-22 先王其○之矣. 88-1 其○饜乎. 88-21 余未○死所. 88-22 君所○也. 89-21 臣猶○之. 94-16 吾以君爲已○之矣. 95-15 猶未○之也. 95-15 伯楚○之. 96-2 民親而未○義也. 96-23 ○忠以事君者. 99-1 於是乎民○君心. 99-6 民未○義. 101-4 民未○信. 101-6 民未○禮. 101-7 子何以○其賢也. 102-9 吾乃今○免於罪矣. 103-9 吾○三焉. 104-10 女亦○吾望爾也乎. 104-24 吾○免矣. 105-1 郤子勇而不○禮. 105-11 實之不○. 107-5 勇以○禮. 109-1 非吾所○也. 110-5 童子何○焉. 110-17 吾庸○天之不授晉. 110-21 君○士貞子之帥志博聞. 114-11 ○右行辛之能以數宣物定功也. 114-11 ○欒糾之能御. 114-12 ○荀賓之有力而不暴也. 114-13 公○祁奚之果而不淫也. 114-22 ○羊舌職之聰敏肅給也. 114-22 ○魏絳之勇而不亂也. 114-23 ○張老之智而不詐也. 114-24 ○鐸遏寇之恭敬而信彊也. 114-25 ○籍偃之惇帥舊職而恭給也. 114-25 ○程鄭端而不淫. 115-2 畜其心而○其欲惡. 118-13 而○國倫. 119-1 君○其不可得也. 119-20 則非吾所○也. 120-12 其○不足稱也. 124-17 不○人殺乎. 126-10 偏戒其所○. 129-12 ○賢而讓. 131-25 皆主之所○也. 133-23 亦必可○也. 138-19 使○上下之則. 140-15 而○先王之務. 140-16 使○廢興者. 140-17 使○族類. 140-17 而○其過. 141-16 臣不○其美也. 144-11 不○其以匱之也. 145-2 齊渠丘寔殺無○. 145-13 是○天咫. 145-24 安○民則. 145-24 ○天. 145-25 必○民矣. 145-25 而能○山川之號. 149-11 能○四時之生. 149-14 而不○其福. 149-23 吾○之矣. 153-25 不○其他. 155-14 吾○逃也已. 157-5 夫固○君王之蓋威以好勝也. 159-13 天若不○有罪. 160-25 不○. 166-4 則不○民之極. 166-18 使死者無○. 169-5 若其有○. 169-6 吾與之共○越國之政. 170-5 寡人不○其力之不足也. 171-8 安與○恥. 172-9 必有以○天地之恒制. 175-12 其事又將未可○也. 176-5 皆○其資財之不足以支長久也. 176-20 又安○是諓諓者乎. 178-15 莫○其所終極. 179-3

【氛】 3

見翟柤之○. 65-17 高不過望國○. 144-1 臺不過望○祥. 144-21

【垂】 2

○櫜而入. 60-8 而思邊○之小怨. 158-19

【牧】 9

以致戎于商○. 1-18 ○協職. 6-3 夷羊在○. 7-17 國有郊○. 16-11 布戎于○之野. 31-18 將○民而正其邪者也. 41-22 ○相宣序民事. 48-10 ○政聽縣. 57-5 使無日以○田野. 68-19

【物】 87

美之○也. 2-15 衆以美○歸女. 2-15 小醜備○. 2-16 百○之所生也. 3-9 天地百○. 3-10 使神人百○. 3-12 不過其○. 8-6 昭明○則以訓之. 8-25 昭明○則. 9-1 亦唯是死生之服○采章. 13-5 而班先王之大○. 13-7 更姓改○. 13-9 而縮取備○. 13-10 大○其未可改也. 13-13 ○將自至. 13-13 建大德昭大○也. 15-10 飫以顯○. 15-11 服○昭庸. 15-13 百官以○至. 16-21 ○之歸也. 23-19 歸○於下. 23-19 而○有所歸. 23-21 象○天地. 24-4 鍾水豐○. 24-6 ○無害生. 24-10 謂其能以嘉祉殷富生○也. 24-12 以養○豐民人也. 24-14 不儀生○之則. 24-22 而儀於○則. 24-24 比之地○. 26-2 若能類善○. 27-8 ○得其常曰樂極. 29-17 ○備而樂成. 29-21 用○過度. 29-22 所以修潔百○. 30-16 助宣○也. 30-21 無姦○也. 31-1 以章○也. 35-11 百○唯其可者. 36-10 黃帝能成命百○. 38-8 而智者處○. 38-24 蕃庶○也. 41-4 不見異○而遷焉. 53-20 不見異○而遷焉. 53-25 不見異○而遷焉. 54-6 不見異○而遷焉. 54-15 以制百○. 67-4 其反爲○用也. 67-6 官方定○. 96-14 各以其○. 107-16 ○備矣. 108-3 知右行辛之能以數宣○定功也. 114-11 柔惠小○. 116-1 風○以聽之. 121-20 備其○. 124-10 ○莫伏於蠱. 125-16 夫君子能勤小○. 133-25 以成樂○生者也. 136-9 佐制○於前代者. 136-14 伯翳能議百○. 136-25 夫和實生○. 137-8 而○歸之. 137-9 以成百○. 137-10 材兆○. 137-13 而講以多○. 137-16 ○一無文. 137-17 ○一不講. 137-17 是○也. 137-23 使訪○官. 140-16 則文詠○以行之. 140-19 易○之由. 145-20 犧牲之○. 149-14 有天地神民類○之官. 149-17 民以○享. 149-20 不可方○. 149-22 無○以享. 150-2 故求備○. 150-19 毛以示○. 150-22 天子徧祀羣神品○. 151-6 帥其羣臣精○. 151-23 而○賜之姓. 152-2 五○之官. 152-3 以敘百○. 154-20 明王聖人能制議百○. 155-5 審○則可以戰乎. 167-2 唯地能包萬○以爲一. 175-6 生萬○. 175-7

【乖】 1

足以不○. 55-19

【和】 88

而加之以慈○. 1-16 ○協輯睦. 3-24 民用○同. 5-3 而○於民矣. 5-6 精潔惠○. 7-8 以○惠民. 8-24 非精不○. 9-2 則遠不至而近不○矣. 9-4 而○寧百姓. 11-15 將○協典禮. 15-4 ○同可觀. 15-14 惠所以○民也. 17-19 惠以○民則阜. 17-20 守○同. 20-9 言惠必及○. 22-15 慈○能惠. 22-23 ○於民神. 24-24 中不○民. 25-19 終於固○. 27-3 關石○鈞. 27-23 耳之察○也. 28-15 鍾聲不可以知○. 28-19 故必聽○而視正. 28-22 聽○則聰. 28-23 夫耳內○聲. 29-1 若視聽不○. 29-4 氣佚則不○. 29-5 樂從○. 29-15 ○從平. 29-15 聲以○樂. 29-15 聲應相保曰○. 29-18 非○也. 29-23 聲不○平. 29-24 夫有○平之聲. 29-25 聽之不○. 30-2 伶人告○. 30-4 鍾果○矣. 30-5 則爲○. 30-6 臣不知其○也. 30-7 鍾不○. 30-11 ○展百事. 30-23 ○之道也. 31-2 ○平則久. 31-3 數合聲○. 31-13 而以律○其聲. 31-14 民○而後神降之福. 34-6 ○爲每懷. 43-17 行同○. 55-20 苟利衆而百姓○. 68-3 晉國○乎. 84-15 不○. 84-15 故不○. 84-19 比其○之而來. 84-19 而柔○萬民. 100-20 是以內○而外威. 109-7 以○于政也. 114-13 ○安而好敬. 116-1 以○諸戎. 116-5 ○諸戎狄而正諸華. 116-24 夫○戎狄. 117-1 范宣子與○大夫爭田. 120-7 聞子與○未寧. 120-19 聞吾子有○之怒. 120-23 而怒○大夫. 120-24 何必○. 121-2 盍密○. 121-2 ○大以平小乎. 121-2 而非○. 121-11 乃益○田. 121-11 而與之○. 121-12 ○於政而好其道. 121-16 秦晉不○久矣. 122-13 秦景公使醫○視之. 125-5 ○聞之曰. 125-11 民必○矣. 134-14 又甚聰明○協. 136-3 商契能○合五教. 136-10 去○而取同. 137-8 夫○實生物. 137-8 以他平他謂之○. 137-9 是以○五味以調口. 137-11 ○六律以聰耳. 137-11 ○樂如一. 137-15 ○之至也. 137-15 務○同也. 137-16 ○聲以聽之. 150-22 而不○於人. 174-10 不

150-6 王○謂之曰. 153-8 ○復在其位. 153-14 ○無以寡君爲口實. 154-19 ○寡君無忘先王之業. 154-21 ○神無有怨痛於楚國. 154-22 ○無水旱之災. 155-7 子西○人召王孫勝. 155-18 遂○爲白公. 157-7 ○下臣郢. 158-15 君王不以鞭箠○之. 158-21 而辱軍士○寇令焉. 158-22 則何實以事吴敢○下臣盡辭. 159-6 ○淫樂於諸夏之國. 159-14 ○吾甲兵鈍獘. 159-14 越王又○諸稽郢辭曰. 159-20 以臨○之. 159-21 乃○行人奚斯釋言於齊. 160-23 則何以○下國勝. 161-1 孤不○大夫得有見也. 161-19 乃○取申胥之尸. 161-19 爲○者之無遠也. 163-23 ○禍復命. 164-5 乃○王孫苟告勞于周. 164-21 敢○苟告於下執事. 165-8 無○大悛. 165-20 楚申包胥○於越. 166-1 弗○血食. 166-2 ○貧富皆利之. 166-14 不○血食. 166-22 ○人行成. 168-20 因○人告於吴王曰. 168-25 ○人説於子胥曰. 169-5 ○死者無知. 169-5 遂○之行成於吴. 170-12 寡君句踐之無所○. 170-12 ○其下臣種. 170-13 又○之望而不得食. 176-23 ○王孫雒行成於越. 177-22 ○者往而復來. 178-4 孰○我蚤朝而晏罷者. 178-5 而難對其○者. 178-7 以應○者. 178-8 無○執事之人. 178-18 ○者辭反. 178-19 以隨○者. 178-19 ○其身無終没於越國. 178-25 ○無終没於越國. 179-6

【侑】 2
命公胙○. 97-7 以璧○. 142-2

【兒】 3
吾用禦○臨之. 165-23 至於禦○. 167-21 北至於禦○. 171-15

【侏】 3
○儒不可使援. 100-8 ○儒扶盧. 100-24 ○儒戚施. 137-21

【侊】 4
而郤至○天之功. 20-4 ○天不祥. 20-6 姦仁爲○. 20-9 ○也. 20-11

【佩】 2
○之以金玦. 69-1 而○金玦. 69-22

【侈】 19
叔孫宣子東門子家皆○. 17-15 二子者○. 18-2 ○則不恤匱. 18-2 且夫人臣而○. 18-3 而泰○焉. 18-4 而亦泰○焉. 18-5 而況在○卿乎. 20-2 今先君儉而君○. 35-5 肆○不違. 63-17 民疾君之○也. 74-15 ○必展. 74-16 驕泰奢○. 126-24 是皆有驕○怠慢之心. 135-14 其冢君○驕. 137-2 不陳庶○. 141-24 不聞其以觀大視○淫色以爲明. 143-24 且夫私欲弘○. 144-15 以廣○吴王之心. 158-10 伯父秉德已○大哉. 165-14

【依】 10
夫國必○山川. 6-18 無所○懷. 7-13 晉鄭是○. 11-9 民無據○. 29-7 而無所據○. 65-24 未有所○. 77-21 吾是之○兮. 80-15 姬酉祁己滕箴任荀僖姞儇○是也. 92-7 人將焉○. 96-25 鄔弊補舟○黖歷華. 135-17

【帛】 10
奉犧牲粢盛玉○. 8-4 男則玉○禽鳥. 35-11 無衣○之妾. 42-3 妾不衣○. 42-4 玉○酒食. 90-3 子女玉○. 91-9 玉○之類. 149-14 玉○爲二精. 151-24 所以共幣○. 154-25 春秋皮幣玉○子女. 166-15

【卑】 24
王室其將○乎. 3-8 晉侯執玉○. 8-14 而○其上. 9-16 夫執玉○. 9-18 王而○之. 12-9 王室其愈○乎. 25-12 王室遂○. 26-9 ○聖侮士. 53-3 以爾自○勞. 59-16 宗國既○. 74-18 何以○我. 91-24 周○. 120-2 公室其將○乎. 121-18 公室懼○. 122-17 與鮮○守燎. 123-12 今周室少○. 126-16 王室將○. 135-5 ○尊一也. 153-18 周室○約. 163-16 周室既○. 164-6 君若無○天子. 164-13 然後○事夫差. 171-11 ○辭尊禮. 174-19 辭愈○. 178-4

【迫】 2
陰○而不能烝. 6-12 柔而不可○. 177-19

【佷】 5
宵也○. 133-4 宵之○在面. 133-5 瑤之○在心. 133-5 心○敗國. 133-6 面○不害. 133-7

【阜】 10
○其財求. 1-8 其所以○財用衣食者也. 3-4 不義則利不○. 11-14 惠以和民則○. 17-20 施徧而民○. 17-21 助生○也. 41-1 陵○陸墐井田疇均. 56-22 利以○姓. 92-21 政平民○. 96-21 考訊其○以出. 109-5

【卹】 5
在上不○下. 35-21 其亡之不○. 84-10 若皆○國如是. 124-2 夫君子寬惠以○後. 124-25 ○民之羸. 154-10

【欣】 6
莫弗○喜. 1-17 ○戴武王. 1-18 其歡○足以相死. 55-19 是以民能○之. 64-18 百姓○而奉之. 76-15 而○喜於君之德. 78-1

【征】 29
穆王將○犬戎. 1-4 ○不享. 2-3 有○討之備. 2-5 予必以不享○之. 2-9 遂○之. 2-12 故○則有威. 5-5 以○不德. 43-20 是以上能○下. 43-23 卞有罪而子○之. 45-9 相地而衰○. 56-21 以○則彊. 57-19 擇其淫亂者而先○之. 58-3 擇天下之甚淫亂者而先○之. 58-21 遂南○. 58-24 西○. 59-4 使關市幾而不○. 60-14 難以○國. 67-9 使之出○. 69-3 若○繕以輔孺子. 84-12 不憚○繕. 84-17 莘莘○夫. 88-5 夙夜○行. 88-6 撫○南海. 141-15 亦○諸侯之禮也. 159-2 輕其○賦. 159-25 乃起師北○. 161-21 以力○一二兄弟之國. 163-20 上○上國. 169-7 而先爲之○. 176-13

【徂】 1
自河○亳. 147-2

【往】 37
是則少多死生出入○來者. 6-3 故神亦○焉. 7-13 ○獻焉. 8-4 奉犧牲玉鬯○獻焉. 8-7 今欒伯自下軍○. 19-17 一既○矣. 23-7 而○觀之. 34-18 今齊社而○觀旅. 34-20 公使○. 35-18 僖公使臧文仲○. 37-16 聞畏而○. 44-15 不如○也. 44-23 若我○. 46-17 康子○焉. 49-1 龜○離散以應我. 63-12 ○言不可及也. 72-6 不可以困○. 73-21 困○多悔. 73-22 子○. 74-5 吾言既○矣. 76-2 ○年有難. 82-2 勿用有攸○. 94-8 故曰勿用有攸○. 94-11 小○大來. 94-25 詹請○. 98-19 自今以○. 99-1 晨○. 103-22 郤至將○. 111-9 ○. 119-23 駕而○. 124-8 吾將○焉. 130-17 尹鐸○而增之. 130-18 送○者. 171-11 大夫種來而復○. 174-21 ○從其所. 177-14 使者○而復來. 178-4 子○矣. 178-18

【彼】 24
克配○天. 3-13 瞻○旱麓. 27-24 ○無亦置其同類. 45-3 令○在齊. 52-18 ○得其情. 64-25 ○將惡始而美終. 68-4 ○得政而行其欲. 68-12 ○有成矣. 72-5 ○塞我施. 83-9 ○己之子. 91-20 ○亦曲矣. 98-15 ○若求逞志. 119-2 ○若不敢而遠逃. 119-3 ○有公族甥舅. 142-9 ○懼而奔鄭. 143-11 ○若謀楚. 143-13 ○其父爲戮於楚. 156-1 ○將思舊怨而欲大寵. 156-9 ○近其國. 162-17 ○豈能與我行此危事也哉. 162-18 ○將不戰而先我. 162-21 ○將同其力. 176-20 ○其上將薄其德. 176-22 ○來從我. 177-15

【所】 247
其○以阜財用衣食者也. 3-4 百物之○生也. 3-9 天地之○載也. 3-9 ○怨甚多. 3-11 ○以爲順也. 5-14 王命將有○壅. 5-16 不干○問. 5-23 不犯○咨. 5-23 天之○惡也. 6-8 是陽失其○. 6-13 水土無○演. 6-15 夫天之○棄. 6-19 無○依懷. 7-13 民之○急在大事. 8-22 施其○惡. 9-4 且禮○以觀忠信仁義也. 10-8 忠○以分也. 10-9 仁○以行也. 10-9 信○以守也. 10-9 義○以節也. 10-9 夫義○以生利也. 11-13 祥○以事神也. 11-14 仁○以保民也. 11-14 夫三軍之○尋. 13-20 此先王○以不用財賄. 16-8 ○以禦災也. 16-12 寬○以保本也. 17-19 肅○以濟時也. 17-19 宣○以教施也. 17-19 惠○以和民也. 17-19 敬○以承命也. 17-22 恪○以守業也. 17-22 恭○以給事也. 17-22 儉○以足用也. 17-22 ○以爲令聞長世也. 18-1 民之○欲. 20-14 天地○祚. 22-18 而物有○歸. 23-21 而死有○葬. 23-22 無乃實有○避. 25-3 ○殘必多. 25-9 是皆天子之○知也. 25-23 天○崇之子孫. 25-24 無○比度. 26-5 王用將有○乏. 27-16 其○怠棄者多矣. 28-6 耳○不及. 28-13 猶目○不見. 28-14 不過一人之○勝. 28-16 不知○力. 29-7 極之○集曰聲. 29-18 非宗官之○司也. 29-24 非臣之○聞也. 30-3 且民○曹好. 30-8 其○曹惡. 30-8 律○以立均出度也. 30-12 ○以宣養六氣九德也. 30-15 ○以金奏贊陽出滯也. 30-16 ○以修潔百物. 30-16 ○以安靖神人. 30-17 ○以詠歌九則. 30-18 ○以宣布哲人之令德. 30-19 ○以成政也. 31-4 顓頊之○建也. 31-6 逄公之○憑神也. 31-8 歲之○在. 31-9 月之○在. 31-10 我太祖后稷之○經緯也. 31-10 王欲合是五位三○而用之. 31-11 ○以藩屏民則也. 31-18 ○以厲六師. 31-19 ○以宣三王之德也. 31-21 ○以優柔容民也. 31-23 天之○支. 32-8 其○壞. 32-9 然則夫支之○道者. 32-11 今萇劉欲支天之○壞. 32-12 水火之○犯. 32-15 曹劌問○以戰於莊公. 34-4 ○以正民也. 34-14 ○以禦亂也. 36-8 恃二先君之○職業. 36-16 ○以訓民也. 37-8 政之○成也. 38-1 ○以爲明質. 38-20 民○以瞻仰也. 38-20 ○以生殖也. 38-21 ○以出財用也. 38-21 ○以朝夕虔君命也. 39-10 唯里人○命次. 39-12 嘗禘蒸享之○致君胙者. 39-16 民無○始. 41-17 天子○以饗元侯也. 43-10 皆非使臣之○敢聞也. 43-12 君之○以貺使臣. 43-13 君之○以嘉先君之好也. 43-14 君之○以章使臣之勤也. 43-15 若爲元侯之○. 44-2 不知○爲. 44-12 唯子○利. 45-9 非女○知也. 46-2 以丘之○聞. 47-8 皆非吾○敢言也. 48-1 詩○以合意. 49-7 歌○以詠詩也. 49-7 則非臣之○能也. 52-6 臣之○不若夷吾者五. 52-7 ○在之國. 52-18 以其○有. 54-5 易其○無. 54-5 以觀其○能. 56-12 各保治爾○. 57-5 以監其上下之○好. 58-2 ○以禁暴於諸侯也. 60-16 ○以示權於中國也. 60-19 唯其○在. 62-7 無○不疚. 63-17 敬順○安爲孝. 65-13 君父之○安也. 65-16 而無○據依. 65-24 輕其○任. 67-12 皆有○行之. 67-23 得其○索. 68-12 非子之○知也. 69-13 抑有○聞之乎. 71-19 是以言至而無○訟之也. 72-21 皆民之○惡也. 73-10 今君施其○惡於人. 74-23 力有○能.

75-25 夫二國士之○圖. 76-6 苟衆○利. 77-8 鄰國○立. 77-8 苟衆○置. 77-14 未有○依. 77-21 亡人之○懷挾纓纕. 79-3 不過○復. 79-14 以待○歸兮. 80-13 非鄭之○知也. 82-14 非鄭之○知也. 82-17 舅○病也. 82-17 寡人將無○避. 83-1 此○以待也. 85-5 ○以申土也. 87-16 此大夫管仲之○以紀綱齊國. 88-12 若無○濟. 88-20 若無○濟. 88-21 余未知死○. 88-22 君之○慎也. 89-3 君○知也. 89-21 天○福也. 90-15 離違而得○. 90-17 大天○作. 90-20 ○生不疑. 91-5 天之○興. 91-18 取其○棄. 92-22 唯秦○命從也. 92-24 則無○矣. 93-10 君稱○以佐天子匡王國者. 93-23 ○不與舅氏同心者. 94-18 ○以興也. 94-21 唯力○及. 95-18 惡其○好. 95-23 民之○庇也. 97-19 固○願也. 98-22 其○讓. 99-20 官師之○材也. 100-23 官師之○不材也. 101-1 今君之○聞也. 102-8 子得○求. 102-14 怨之○聚也. 102-22 ○以爲明訓也. 103-11 非吾○知也. 110-5 福無○用輕. 110-6 禍無○用重. 110-6 厲公之○以死者. 110-14 非吾○能爲也. 112-2 非○務也. 112-3 處有○. 115-25 臣請薦○能擇. 116-3 威與懷各當其○. 118-17 ○以事君也. 119-18 以豹○聞. 120-3 ○以事子也. 120-11 則非吾○知也. 120-12 吾○能禦也. 122-15 吾臣之○爭者大. 122-16 ○以服楚也. 123-14 夫鬼神之○及. 126-14 令鼓人各復其○. 128-23 徧戒其○知. 129-12 以克復其○. 130-23 有○得犬. 131-20 人之○願也. 132-2 皆主之○知也. 133-23 先主之○屬也. 134-13 尹鐸之○寬也. 134-14 其何○可以逃死. 135-5 天之○啓. 136-4 民之○欲. 137-6 其速規○矣. 138-21 中國○不能用也. 140-10 唯是春秋○以從先君者. 141-12 非○願也. 142-4 其○不奪穡地. 144-22 是無○稟令也. 147-3 周書○謂重黎寔使天地不通者. 149-4 壇場之○. 149-16 祀○以昭孝息民撫國家定百姓也. 151-1 上○以教民虔也. 151-15 下○以昭事上也. 151-15 民○以攝固者也. 151-20 ○謂一純二精七事者. 151-22 ○謂百姓千品萬官億醜兆民經入畡數者. 152-1 民無○放. 152-23 潰而○犯必大矣. 152-25 楚之○寶者. 154-18 金木竹箭之○生也. 154-23 ○以備賦. 154-24 ○以共幣帛. 154-25 ○以生詐謀也. 156-16 無○靖矣. 156-17 是皆子之○聞也. 157-3 唯天○授. 158-5 而未嘗有○挫也. 158-7 施民○善. 159-25 去民○惡. 159-25 體有○傾. 160-18 夫天之○棄. 161-11 無○逃罪. 164-7 敢問君王之○以與之戰者. 166-5 施民○欲. 166-11 去民○惡. 166-11 擇子之○欲歸者一人. 168-3 唯王○安. 169-2 寡君句踐之無○使. 170-12 無乃卽傷君王之○愛乎. 170-19 民無○移. 170-22 去民之○惡. 171-11 非其身之○種. 172-4 非其夫人之○織. 172-4 人之○卒也. 174-14 因時之○宜而定之. 175-10 往從其○. 177-14 不穀疑子之○謂者. 178-22 臣○以不死者. 178-24 ○不掩子之惡. 178-25 莫知其○終極. 179-3

【舍】 36

縣無施○. 15-23 故聖人之施○也議之. 18-16 叛戰而擅○鄭君. 20-10 布憲施○於百姓. 31-22 乃○之. 40-20 蟲○蚳蝝. 41-4 吾子○其大. 43-6 誰敢淫心○力. 48-22 止其○. 89-12 其避君三○. 91-12 施○分寡. 96-12 ○之則宋絕. 97-23 使宋○我. 97-24 晉師退○. 98-11 退三○避楚. 98-15 ○於冀野. 102-4 ○於逆旅甯嬴氏. 102-12 惠公不復○. 110-2 攀輦卽利而○. 123-3 則明施○以導之忠. 140-21 女無亦謂我老耄而○我. 146-3 無謂我老耄而○我. 146-8 諸侯○日. 151-5 卿大夫○月. 151-5 士庶人○時. 151-5 百嘉備○. 151-8 若之何其○之也. 151-21 昔鬬子文三○令尹. 152-13 君王○甲兵之威. 159-21 ○其愆令. 159-25 天○其衷. 164-24 天○其衷. 165-5 文武寔○其衷. 165-6 明日徙○. 167-19 明日徙○. 167-20 明日徙○. 167-21

【金】 30

秦人殺子○子公. 9-24 是以○尚羽. 29-13 ○石以動之. 29-16 而鑄之○. 29-19 衆口鑠○. 30-9 而害○再興焉. 30-9 所以○奏贊陽出滯也. 30-16 夫先樂○奏肆夏樊遏渠. 43-9 得之○櫝. 50-16 小罪讁以○分. 58-7 美○以鑄劍戟. 58-8 惡○以鑄鉏夷斤斸. 58-8 佩之以○玦. 69-1 君賜我以偏衣○玦. 69-16 而握○玦. 69-18 而佩○玦. 69-22 中分而○玦之. 69-23 而玦之以○銑者. 69-24 黃○四十鎰. 79-4 而能○玉其車. 126-4 故先王以土與○木水火雜. 137-10 而以○石匏竹之昌大囂庶爲樂. 143-23 若○. 147-6 ○木竹箭之所生也. 154-23 ○足以禦兵亂. 155-8 願以○玉子女. 170-14 沈○玉於江. 170-17 請以○玉子女. 172-20 王命○工. 179-4 以良○寫范蠡之狀. 179-4

【命】 187

民不堪○矣. 2-18 以○我司事. 4-6 ○農大夫. 4-9 乃○其旅曰. 4-23 犯王○必誅. 5-13 王○將有所壅. 5-16 是自誅王○也. 5-16 乃○魯孝公於夷宮. 5-24 賜晉惠公○. 8-13 不敬王○. 9-3 賜晉文公○. 9-25 ○于武宮. 10-2 太宰以王○. 10-3 ○冕服. 10-4 三○而後卽冕服. 10-4 如公○侯伯之禮. 10-5 逆王○敬. 10-6 敬王○. 10-7 故未承○. 13-22 其敢逆○. 13-23 承王○以爲過賓於陳. 17-1 敬所以承○也. 17-22 以敬承○. 17-23 若承○不違. 17-24 ○以侯伯. 24-13 以○姓受祀. 24-18 ○姓受氏. 24-25 語說昊天有成○. 26-12 且其語說昊天有成○. 26-20 昊天有成○. 26-20 夙夜基○宥密. 26-21 夫道成○者. 26-22 ○. 26-24 受○焉. 34-21 君不○吾子. 35-19 大懼乏周公太公之○祀. 35-24 成王○我先君周公及齊先君太公曰. 36-17 而棄先王之○. 36-21 既復○. 37-21 黃帝能成○百物. 38-8 ○易臣之署. 39-9 所以朝夕虔君○也. 39-10 是辱君○也. 39-11 不敢聞○. 39-11 唯里人所○次. 39-12 先臣惠伯以○於司里. 39-15 以致君○者. 39-17 今○臣更次於外. 39-18 爲有司之以班○事也. 39-18 以書○季文子. 40-10 無逆○矣. 40-12 無逆○矣. 40-14 有司復○. 40-14 違君○者. 40-15 臣違君○者. 40-18 子以君○. 43-5 必用○焉. 45-1 承君○以會大事. 46-2 小國共○. 47-6 肥也不得聞○. 47-22 諸侯朝修天子之業○. 48-13 ○婦. 48-19 無以吾○. 49-19 余一人之○. 59-14 且有後○. 59-15 余敢承天子之○. 59-18 受○. 59-19 不聞違○. 65-5 受○不遷爲敬. 65-13 棄○不敬. 65-14 君未終○而不歿. 67-24 驪姬以君○○申生曰. 72-12 公○殺杜原款. 72-16 吾將伏以俟○. 73-8 帝○曰. 74-9 是以遂於逆○. 74-16 將待君○. 77-23 敬不墜○. 78-7 又重有○. 78-15 如弔公子重耳之○. 78-18 吾○之以汾陽之田百萬. 78-23 吾○之以負蔡之田七十萬. 78-24 蔑天○矣. 78-25 致○穆公. 79-6 大○其傾. 80-13 不聞○而擅進退. 85-18 天以○矣. 87-15 貳無成○. 88-1 王之遺○. 90-25 天○也. 91-7 若不獲○. 91-12 降服囚○. 91-24 唯○是聽. 92-2 唯秦所○從也. 92-24 君以天子之○服○重耳. 93-13 其誰不惕惕以從○. 93-20 以○重耳. 93-23 我○筮曰尚有晉國. 94-3 ○曰三日. 95-13 若干二○. 95-13 ○公胙侑. 97-7 而未敢承○. 97-12 乃○弗殺. 99-1 不敢聞○. 99-17 既復○. 102-6 受○而廢之. 103-25 以承君○. 104-7 受○於廟. 104-19 克也以君○○三軍之士. 105-2 三軍之士用○. 105-3 燮也受○於中軍. 105-4 以○上軍之士. 105-4 上軍之士用○. 105-5 書也受○於上軍. 105-6 以○下軍之士. 105-6 下軍之士用○. 105-7 獻之以得殞○之禮. 105-8 免冑而聽○. 108-24 拜君○之辱. 108-25 先軫不復○. 110-3 天○也. 110-17 不若聽君之○. 111-16 將稟○焉. 113-6 布○結援. 115-7 彊志而用○. 115-25 公五○之. 116-20 日聽○焉. 120-16 若夫子之○也. 120-17 使服聽○於晉. 121-1 叔向○召行人子員. 122-9 豹也受○於君. 123-20 天○不祐. 125-7 天○不祐. 125-10 昔者鮌違帝○. 126-12 贊爲名○. 130-8 故○之曰祝融. 136-7 不足○也. 136-22 天之○此久矣. 138-1 王有○矣. 141-13 屈建○去之. 141-19 子皙復○. 145-24 昔先大夫子囊違王之○謚. 148-3 乃○南正重. 150-3 ○火正黎. 150-3 不可以授○. 158-9 乃無有○矣. 158-13 乃○諸稽郢行成於吳. 158-14 夫天○有反. 159-24 是吳○之短也. 161-15 於是越王句踐乃○范蠡后庸. 161-24 我無生○矣. 162-10 必無有二○. 162-14 天子有○. 163-16 孤用親聽○於藩籬之外. 163-23 董褐既致○. 164-2 晉乃令董褐復○曰. 164-5 使褐復○. 164-5 用○孤禮佐周公. 164-10 夫○圭有○. 164-12 孤敢不順從君○長弟. 164-14 乃○王孫雒先與勇獲. 164-17 又不承共王○. 165-3 既○孤矣. 166-23 王乃○有司大令於國曰. 167-5 王乃○於國曰. 167-6 王乃入○夫人. 167-9 王○大夫曰. 167-13 莫如此不用王○. 167-21 王乃○有司大徇於軍. 167-23 王親○之曰. 167-23 王親○之曰. 168-2 王親○之曰. 168-4 志行不足以聽○者歸. 168-6 王乃○有司大徇於軍. 168-8 乃○左軍右軍. 168-14 孤敢不聽天之○. 168-24 進不用○. 172-17 而吳不受○. 172-21 越可以無聽天之○. 172-22 吾王敢無聽天之○. 178-9 而聽君王之○乎. 178-10 臣聞○矣. 179-2 王○金工. 179-4

【肴】 3

飲而無○. 62-17 罰女以無○. 62-18 不唯無○. 62-21

【斧】 4

有○鉞刀墨之民. 9-13 其次用○鉞. 37-2 而○鉞不行. 109-9 偃也以○鉞從於張孟. 120-16

【采】 8

亦唯是死生之服物○章. 13-5 ○飾顯明. 15-13 大○朝日. 48-9 少○夕月. 48-11 秦伯賦○菽. 93-12 皆爲○衛. 136-18 ○服之儀. 149-15 慎其○服. 151-11

【受】 68

其誰○之. 7-25 春秋○職於王. 9-7 皆○鄭勞. 12-11 ○地而還. 13-16 唯善人能○盡言. 22-4 必○其福. 22-5 以命姓○祀. 24-18 命姓○氏. 24-25 而○天之豐福. 25-22 二后○之. 26-20 二后○之. 26-23 帝嚳○之. 31-7 ○命焉. 34-21 ○事焉. 34-22 豈唯寡君與二三臣實○君賜. 36-3 出入○事之幣. 39-17 弗○也. 41-11 士朝○業. 48-15 胙不○. 49-2 齊使○之而退. 52-23 無○其資. 57-23 ○命. 59-19 寡人弗○. 62-14 其入也必甘○. 62-15 ○命不遷爲敬. 65-13 驪姬○福. 72-14 申生○賜. 73-14 ○君之重貺. 78-2 而羣臣○其大德. 78-2 ○君之罰. 81-2 ○君之罰. 81-2 ○而載之. 87-17 公子○飧反璧. 89-16 ○好以愛之. 93-2 元年始○. 94-20 ○命而廢之. 103-25 ○命於廟. 104-19 ○脤於社. 104-20 燮也○命於中軍. 105-4 書也○命於上軍. 105-6 能○多福. 109-18 而○其問. 111-8 使公族穆子○事於

朝. 116-12 子其○之. 117-4 若○君賜. 119-18 是以○隨范. 121-8 是以○郇櫟. 121-9 豹也○命於君. 123-20 而○盟者逃. 123-21 又免其○盟者. 124-1 穆子不○. 128-15 以○先業. 130-25 虢鄶○之. 139-3 瞽子○之. 142-5 顓頊○之. 150-3 則無不○休. 150-22 安○其燼. 158-12 然後安○吾燼. 159-15 而王弗○. 159-24 齊師○服. 161-6 余一人兼○而介福. 165-13 而吴不○. 168-24 孤不敢不○. 169-1 而吴不○命. 172-21 然後○其名. 175-7 反○其殃. 176-3 雜○其刑. 176-13 而吴不○. 178-9

【爭】 16

使至於○. 25-3 皆將○先. 37-19 誰能與豺狼○食. 88-22 晉人欲○鄭. 109-2 必内○. 109-4 范宣子與和大夫○田. 120-7 吾臣之所○者大. 122-16 其臣不心競而力○. 122-17 何○於先. 123-9 無○先. 123-14 邢侯與雍子○田. 128-4 二子○之. 143-6 豈能涉江淮而與我○此地哉. 160-4 吴晉○長未成. 162-4 ○者. 174-12 與我○三江五湖之利者. 178-5

【念】 5

今陳侯不○胤續之常. 17-4 其後伯禹○前之非度. 24-3 其小人不○其君之罪. 84-16 唯獨居思○前世之崇替者. 154-2 而處以○惡. 161-4

【忿】 3

今以小○棄之. 11-10 王不忍小○而棄鄭. 12-15 而不忍小○. 46-11

【肱】 8

謂其能爲禹股○心膂. 24-14 女股○周室. 36-18 子股○魯國. 45-9 有拳勇股○之力. 56-1 有拳勇股○之力. 57-11 股○周室. 90-22 耆其股○. 130-9 有首領股○. 145-16

【肸】 4

晉羊舌○聘于周. 26-10 羊舌○習於春秋. 117-9 ○也欲子員之對客也. 122-11 ○也待交捽可也. 129-22

【朋】 3

唯能用管夷吾甯戚隰○賓胥無鮑叔牙之屬. 60-21 合其州鄉○友婚姻. 151-13 以奮其○勢. 162-19

【股】 10

謂其能爲禹○肱心膂. 24-14 女○肱周室. 36-18 子○肱魯國. 45-9 有拳勇○肱之力. 56-1 有拳勇○肱之力. 57-11 ○肱周室. 90-22 耆其○肱. 130-9 有首領○肱. 145-16 將還玩吾國於○掌之上. 159-12 王枕其○. 160-13

【肥】 6

主亦有以語○也. 47-11 ○願有聞於主. 47-12 ○也不得聞命. 47-22 其土不○. 133-17 君安得○. 144-15 建○胡. 163-2

【服】 102

以○事虞夏. 1-10 邦内甸○. 1-20 邦外侯○. 1-20 侯衛賓○. 1-20 夷蠻要○. 1-21 戎狄荒○. 1-21 甸○者祭. 1-22 侯○者祀. 1-22 賓○者享. 1-22 要○者貢. 1-23 荒○者王. 1-23 遠無不○. 2-7 自是荒○者不至. 2-12 日○其鏄. 5-2 故爲車○旗章以旌之. 9-10 命冕○. 10-4 三命而後卽冕○. 10-4 施三○義. 10-12 以爲甸○. 12-25 亦唯是死生之○物采章. 13-5 陽人不○. 13-17 宜吾不敢○也. 13-20 ○物昭庸. 15-13 車○. 39-7 與其車○. 39-9 ○其車○. 39-11 則請納祿與車○而違署. 39-12 自是子○之妾. 42-8 子○惠伯曰. 44-12 況畏而○焉. 44-14 以○東夷. 45-3 今大夫而設諸侯之○. 45-18 而敢設○以見諸侯之大夫乎. 45-19 夫○. 45-20 子○惠伯曰. 46-14 子○惠伯曰. 46-17 子○惠伯見韓宣子. 46-19 成祭○. 48-19 加之以朝○. 48-19 有降○. 49-12 無加○. 49-12 使無忘○也. 50-15 子○景伯戒宰人曰. 50-17 ○牛軺馬. 54-4 一戰帥○三十一國. 58-23 荊州諸侯莫敢不來○. 58-25 海濱諸侯莫敢不來○. 59-1 西○流沙西吴. 59-8 莫敢不來○. 59-10 ○無矢. 59-12 賞○大輅. 59-19 朝○以濟河. 60-20 生伯○. 63-7 而立伯○. 63-8 其何能○. 64-1 四鄰○. 68-24 是故賜我奇○. 70-7 曰○. 74-15 均○振振. 75-3 武置○. 79-11 是君之不置德而置○也. 83-5 是吾不置德而置○也. 83-8 遠人入○. 87-10 民以土○. 87-13 降○囚命. 91-24 君以天子之命○命重耳. 93-13 陽人不○. 97-11 盛○將朝. 103-23 君爲之降○出次. 105-18 刑外之不○者. 109-11 無德而○者衆. 109-18 ○者衆也. 110-14 諸戎來請○. 115-11 使○聽命於晉. 121-1 是以遠○而邇不遷. 121-22 所以○楚也. 123-14 若諸侯○. 125-21 不○. 125-21 文錯其○. 126-4 檿弧箕○. 137-24 爲弧○者. 138-11 而生伯○. 138-14 王欲殺太子以成伯○. 138-17 臣聞國君○寵以爲美. 143-21 吾不○諸夏而獨事晉. 145-5 施之以○. 145-19 而爲之牲器時○. 149-10 禋絜之○. 149-13 采○之儀. 149-15 慎其采○. 151-11 王后親繅其○. 151-19 戚然○士. 160-2 以○吴越. 160-9 齊師受○. 161-6 乃令○兵擐甲. 162-25 以賓○焉. 166-16 男女○從. 168-20 男女○爲臣御. 168-23 ○之而已. 171-6 今已○矣. 171-6 美其○. 172-1

【周】 142

是故○文公之頌曰. 1-5 陳錫載○. 3-14 故能載○. 3-14 ○必敗. 3-16 西○三川皆震. 6-10 ○將亡矣. 6-10 今○德若二代之季矣. 6-17 ○乃東遷. 6-21 ○之興也. 7-17 是實臨照○之子孫. 7-22 ○文公之詩曰. 11-6 我○之東遷. 11-9 鄭未失○典. 12-10 狄人遂入○. 12-21 今天降禍災於○室. 13-6 歸之于○. 14-4 過○北門. 14-12 晉侯使隨會聘于○. 14-18 ○旋序順. 15-13 ○制有之曰. 16-11 ○之秩官有之. 16-17 有分族於○. 16-25 使郤至告慶于○. 18-20 晉孫談之子○. 22-12 適○. 22-12 必善晉○. 22-17 必三取君於○. 23-11 召○子而立之. 23-15 晉羊舌肸聘于○. 26-10 今○其興乎. 26-14 ○固嬴國也. 27-19 吾○官之於災備也. 28-6 則我有○之分野. 31-9 劉文公與萇弘欲城○. 32-4 衞彪傒適○. 32-7 ○詩有之曰. 32-8 后稷勤○. 32-18 夫○. 32-20 ○若無咎. 32-24 大懼乏○公太公之命祀. 35-24 其○公太公及百辟神祇. 36-3 成王命我先君○公及齊先君太公曰. 36-17 女股肱○室. 36-18 歸之于○. 36-24 ○棄繼之. 38-6 ○人禘嚳而郊稷. 38-15 ○人報焉. 38-17 商○之蒸也. 39-25 魯未若商○. 40-1 必咨於○. 43-16 忠信爲○. 43-18 於○爲長狄. 50-3 昔正考父校商之名頌十二篇於○太師. 50-19 ○恭王能庇昭穆之闕而爲恭. 50-23 則有○公之籍矣. 51-8 以○四方. 54-4 以屏○室. 55-21 使○遊於四方. 58-1 使貢絲於○而反. 58-24 南城於○. 59-8 ○幽王伐有褒. 63-6 召西戎以伐○. 63-9 ○於是乎亡. 63-10 ○旋變動. 67-4 ○旋不動. 67-5 遇宰○公. 75-6 ○詩曰. 88-5 ○之大功在武. 89-5 苟姬未絕○室. 89-6 在○頌曰. 90-20 股肱○室. 90-22 楚成王以○禮享之. 91-6 以與君○旋. 91-13 整師以復彊○室. 93-18 是在○易. 94-1 則失○矣. 96-24 王入于成○. 97-6 有○室之師旅. 97-13 重之以○邵畢榮. 100-19 乃納襄王于○. 101-5 夫○以舉義. 103-4 三○華不注之山. 104-22 將納孫○. 111-6 且今君若使之於○. 111-8 必見孫○. 111-8 欒書使人謂孫○曰. 111-9 郤至聘於○. 111-10 見孫○. 111-10 乃納孫○而立之. 111-17 欒武子使智武子彘恭子如○迎悼公. 113-4 在○爲唐杜氏. 120-2 ○卑. 120-2 昔隰叔子違○難於晉國. 121-3 今○室少卑. 126-16 少室○爲趙簡子之右. 131-23 使少室○爲宰. 131-25 ○書有之. 133-24 甚得○衆與東土之人. 135-4 當成○者. 135-6 君若以○難之故. 135-15 ○亂而弊. 135-16 君若以成○之衆. 135-16 虞夏商○是也. 136-9 ○棄能播殖百穀蔬. 136-11 於○未有侯伯. 136-14 當○未有. 136-15 則○滅之矣. 136-17 若○衰. 136-23 ○衰. 136-26 而未及○德. 137-3 若更君而○訓之. 137-3 ○其弊乎. 137-5 ○訓而能用之. 137-14 ○法不昭. 137-22 實亡○國. 137-24 及殷○. 138-7 會以伐○. 138-18 ○不守矣. 138-18 凡○存亡. 138-20 若○衰. 138-23 秦景襄於是乎取○土. 139-5 故○詩曰. 144-25 ○書曰. 146-16 ○詩有之曰. 147-18 故進退○旋. 148-7 ○書所謂重黎寔使天地不通者. 149-4 其在○. 150-8 ○而不淑. 155-22 ○言棄德. 155-24 其○也. 156-4 ○軍飾壘. 163-13 ○室卑約. 163-16 ○室既卑. 164-6 用命孤禮佐○公. 164-10 則何有於○室. 164-12 而○無二王. 164-13 乃使王孫苟告勞于○. 164-21 ○王答曰. 165-10 昔○室逢天之降禍. 165-11 君若不忘○室. 172-24 ○旋無究. 177-20 固○室之不成子也. 178-13

【昏】 7

然則無夭○札瘥之憂. 23-22 鮮不夭○. 75-19 童○不可使謀. 100-10 童○嚚瘖僬僥. 100-25 而爲之昭明德而廢幽○焉. 140-13 吴王○. 162-25 及○. 168-13

【郇】 3

次于○. 95-5 狐偃及秦晉大夫盟于○. 95-5 是以受○櫟. 121-9

【狎】 4

未○君政. 13-22 陽人未○君德. 97-12 今將與○主諸侯之盟. 123-13 神○民則. 150-1

【狐】 25

○突御戎. 69-21 ○突歎曰. 69-23 ○突諫曰. 70-3 ○突杜門不出. 70-11 乃使猛足言於○突曰. 73-12 ○偃曰. 73-21 ○偃曰. 87-4 父事○偃. 90-7 ○偃. 90-8 ○氏出自唐叔. 90-16 ○姬. 90-16 ○趙謀之. 90-19 然則請止○偃. 91-19 召令○臼衰桑泉. 95-3 ○偃及秦晉大夫盟于郇. 95-5 胥籍○箕欒郤柏先羊舌董韓. 96-16 使○偃爲卿. 99-16 乃使○毛將上軍. 99-17 ○偃佐之. 99-17 ○毛卒. 99-17 使令○文子佐之. 114-6 令○文子卒. 115-8 使其子○庸爲行人於吴. 143-7 ○埋之而○搰之. 159-4

【狗】 4

吾穿井而獲○. 47-8 試諸○馬. 58-8 柴夫吠○. 58-17 ○之事大矣. 132-25

【咎】 13

陳侯不有大○. 16-2 故國將無○. 21-16 偏喪有○. 21-20 其○孰多. 32-22 周若無○. 32-24 而祇櫂○也. 63-25 其櫂○而已. 64-1 終逢其○. 80-6 必○於其君. 82-8 貳必有○. 88-4 孤之○也. 113-8 必有大○. 125-4 中食而自○也. 130-4

【炙】 2

庶人有魚○之薦. 141-23 士食魚○. 150-15

【京】 3
紂踣于○. 41-25 昔鄭有○櫟. 145-7 叔段以○患莊公. 145-9
【享】 33
賓服者○. 1-22 時○. 1-23 有不○. 2-1 征不○. 2-3 予必以不○征之. 2-9 諸侯不○. 3-17 則○祀時至. 5-6 精意以○. 8-11 任重○大者必速及. 9-20 大臣○其祿. 9-22 定王○之. 14-18 其○覲之幣薄而言諂. 18-13 靖公○之. 26-11 宴好○賜. 26-16 而神求優裕於○者也. 34-11 嘗禘蒸○之所致君胙者. 39-16 敢○其祿. 45-11 楚成王以周禮○之. 91-6 秦伯將○公子. 93-5 秦伯○公子. 93-6 如○國君之禮. 93-7 ○一名於此. 103-25 ○一利亦得一惡. 112-3 國君有牛○. 141-22 民以物○. 149-20 夫人作○. 149-22 烝○無度. 149-23 無物以○. 150-2 日祭月○時類歲祀. 151-5 從其時○. 151-11 以臨監○祀. 151-23 以賓○於諸侯者也. 154-25 明紹○余一人. 165-10
【夜】 14
夙○基命宥密. 26-21 夙○. 26-24 王以二月癸亥○陳. 31-16 ○儆百工. 48-14 ○庀其家事. 48-15 ○而計過. 48-16 故○戰聲相聞. 55-18 優施教驪姬○半而泣. 67-22 ○半. 71-19 夙○征行. 88-6 夫婦哀其○號也. 138-11 ○中. 162-25 日○相繼. 163-17 ○中. 168-14
【府】 16
余一人僅亦守○. 13-7 王○則有. 27-23 且絕民用以實王○. 28-4 守○之謂多. 32-19 皆怨○也. 41-15 爲怨三○. 41-17 求諸故○. 50-16 就官○. 53-17 志德義之○也. 99-10 ○之小妾生女. 137-25 以入于王○. 138-9 ○之童妾. 138-9 而藏在王○. 141-20 用不煩官○. 144-2 不解於王○. 159-2 ○倉實. 175-11
【底】 6
日月○于天廟. 4-2 ○紂之多罪. 31-21 戾久將○. 87-6 ○著滯淫. 87-6 氣縱則○. 151-2 ○則滯. 151-2
【庖】 1
以實廟○. 41-2
【疚】 7
行禮不○. 10-13 設之以國家之患而不○. 56-11 縱惑不○. 63-17 無所不○. 63-17 實○大事. 88-8 不○於刑. 116-18 行刑不○. 126-23
【卒】 59
王○立之. 5-17 魯侯歸而○. 5-17 王○料之. 6-9 魯宣公○. 18-8 ○伍治整. 19-6 吾三逐楚軍之○. 19-11 王○壅之. 26-8 ○鑄大錢. 28-9 ○鑄大鍾. 30-4 民嬴幾○. 35-24 聞康王○. 44-10 公父文伯○. 49-9 君若正○伍. 55-5 則大國亦將正○伍. 55-5 故二百人爲○. 55-13 是故○伍整於里. 55-16 十邑爲○. 57-2 ○有○帥. 57-2 十○爲鄉. 57-2 鄉退而修○. 57-17 ○退而修邑. 57-17 史蘇○爵. 62-19 非謀不○時. 64-1 ○於怨讎. 75-12 獻公○. 75-20 獻公○. 75-21 惠公○. 86-3 桓公○. 87-20 ○事. 93-7 成拜○登. 93-14 惠公○. 94-15 而○爲明王. 95-20 而○以爲侯伯. 95-21 郤縠○. 99-14 狐毛○. 99-17 子犯○. 99-23 其○將復. 102-18 導法而○以政. 107-20 且其士○. 108-17 三逐楚平王○. 108-21 范文子○. 111-2 ○於公. 111-2 呂宣子○. 115-5 令狐文子○. 115-8 趙文子○. 125-4 趙文子○. 125-22 一○之田. 125-25 皆一○. 125-25 昔欒武子一○之田. 126-20 王○使傅之. 140-11 王○. 141-13 ○於襄老. 143-5 故榭度於大○之居. 144-22 陳士○百人. 163-1 唯是車馬兵甲○伍既具. 166-3 唯是車馬兵甲○伍既具. 166-22 以其私○君子六千人爲中軍. 168-12 人之所○也. 174-14
【郊】 25
晉侯○勞. 10-1 禘○之事. 14-22 胡有孑然其○戎狄也. 15-8 國有○牧. 16-11 卿出○勞. 16-18 送不過○. 26-12 賓孟適○. 31-24 ○堯而宗舜. 38-13 ○鮌而宗禹. 38-14 ○冥而宗湯. 38-14 周人禘嚳而○稷. 38-15 凡禘○祖宗報. 38-17 使潔奉禘○之粢盛. 48-12 桓公親逆之于○. 53-1 軍旅整於○. 55-16 公至于絳○. 85-7 實爲夏○. 126-13 未舉夏○邪. 126-17 祀夏○. 126-17 傳○之. 138-6 ○禘不過繭栗. 150-17 天子禘○之事. 151-15 天子親舂禘○之盛. 151-19 又○敗之. 168-18 又○敗之. 172-19
【庚】 2
在盤○曰. 8-20 ○午. 113-5
【妾】 20
無衣帛之○. 42-3 ○不衣帛. 42-4 而我美○與馬. 42-6 不聞以○與馬. 42-7 自是子服之○. 42-8 其母戒其○曰. 49-9 陳○數百. 53-4 戎士待陳○之餘. 53-6 無以一○亂百姓. 67-25 ○亦懼矣. 68-1 蠶○在焉. 87-22 ○告姜氏. 87-22 小○聞之. 88-9 納女工○三十人. 116-22 棄聘后而立內○. 137-21 府之小○生女. 137-25 府之童○. 138-9 司馬子期欲以○爲內子. 148-1 吾有○而愿. 148-2 小則嬖○嫡子死. 164-3
【放】 5
○上而動. 26-17 刑政○紛. 29-7 伊尹○太甲. 95-20 民將焉○. 97-14 民無所○. 152-23
【刻】 1
而○其桷. 35-2
【於】 903
先王之○民也. 1-7 大惡○民. 1-17 ○是乎有刑不祭. 2-3 ○是乎有刑罰之辟. 2-4 則增修○德. 2-6 而無勤民○遠. 2-7 恭王遊○涇上. 2-13 必致之○王. 2-13 甚○防川. 2-21 使公卿至○列士獻詩. 2-23 財用○是乎出. 3-2 衣食○是乎生. 3-3 善敗○是乎興. 3-3 夫民慮之○心. 3-4 而宣之○口. 3-5 ○是國莫敢出言. 3-6 乃流王○彘. 3-7 ○是乎出. 3-23 ○是乎生. 3-24 ○是乎在. 3-24 ○是乎興. 3-25 ○是乎始. 3-25 ○是乎成. 4-1 無有求利○其官. 5-4 乃能媚○神. 5-6 而和○民矣. 5-6 必問○遺訓. 5-22 而咨○故實. 5-23 乃命魯孝公○夷宮. 5-24 乃料民○太原. 5-25 ○是乎又審之以事. 6-4 王治農○籍. 6-4 耨穫亦○籍. 6-5 獮○既烝. 6-6 狩○畢時. 6-6 害○政. 6-8 而妨○後嗣. 6-9 ○是有地震. 6-12 王處○鄭. 6-23 有神降○莘. 7-6 王問○內史過. 7-6 回祿信○聆隧. 7-15 檮杌次○丕山. 7-16 鸑鷟鳴○岐山. 7-17 杜伯射王○鄗. 7-18 昔昭王娶○房. 7-20 協○丹朱. 7-21 不禋○神. 8-9 不親○民. 8-10 又崇立○上帝明神而敬事之. 9-6 ○是乎有朝日夕月. 9-7 春秋受職○王. 9-7 ○是乎有蠻夷之國. 9-13 而隕○韓. 9-23 上卿逆○境. 10-1 樹○有禮. 10-14 使○晉者. 10-16 ○是乎始霸. 10-20 不徵○他. 11-11 徵○他. 11-12 夫狄無列○王室. 12-8 今天降禍災○周室. 13-6 旅○裔土. 13-11 是以未從○晉. 13-19 ○是乎致武. 13-21 余何私○衞侯. 14-10 言○王曰. 14-13 范子私○原公曰. 14-19 ○是乎有折俎加豆. 15-8 ○是乎修執秩以爲晉法. 15-17 定王使單襄公聘○宋. 15-19 遂假道○陳. 15-19 以聘○楚. 15-19 民將築臺○夏氏. 15-23 期○司里. 16-8 而廣施德○天下者也. 16-9 民罷○逸樂. 16-16 至○王吏. 16-24 有分族○周. 16-25 承王命以爲過賓○陳. 17-1 以淫○夏氏. 17-6 陳侯殺○夏氏. 17-12 使劉康公聘○魯. 17-14 發幣○大夫. 17-14 則寬○死. 17-23 則遠○憂. 17-24 寬○死而遠○憂. 17-24 說言○王曰. 18-12 吾又過○四之. 19-18 天有惡○楚也. 20-4 遠○得政矣. 20-12 寡人懼不免○晉. 21-10 ○是乎觀存亡. 21-15 立○淫亂之國. 22-3 國德而鄰○不修. 22-5 今君偪○晉. 22-5 而鄰○齊. 22-5 何憂○晉. 22-6 ○翼東門葬. 22-10 ○今再矣. 23-9 必三取君○周. 23-11 夫天地成而聚○高. 23-19 歸物○下. 23-19 度○天地. 24-24 而順○時動. 24-24 和○民神. 24-24 而儀○物則. 24-24 使至○爭. 25-3 不衷○民. 25-21 亂○是乎始生. 26-8 發幣○大夫. 26-10 ○緝熙. 26-21 讓○德也. 26-23 帥歸○寧. 27-1 始○德讓. 27-2 中○信寬. 27-2 終○固和. 27-3 不出○他矣. 27-10 ○是乎量資幣. 27-12 ○是乎有母權子而行. 27-13 ○是乎有子權母而行. 27-14 乏則將厚取○民. 27-17 故聖人樹德○民以除之. 27-22 吾周官之○災備也. 28-6 ○是乎生. 28-18 ○是乎出. 28-18 無益○樂. 28-20 以言德○民. 28-24 ○是乎有狂悖之言. 29-6 ○是乎氣無滯陰. 29-20 妨○正. 29-22 妨○財. 29-22 妨○樂. 29-22 不容○耳. 29-23 ○是乎道之以中德. 29-25 無益○教. 30-3 問律○伶州鳩. 30-12 成○十二. 30-14 ○是乎有七律. 31-14 布憲施舍○百姓. 31-22 人異○是. 32-2 魏獻子合諸侯之大夫○狄泉. 33-3 曹劌問所以戰○莊公. 34-4 余不愛衣食○民. 34-4 不愛牲玉○神. 34-5 夫民求不匱○財. 34-11 而神求優裕○享者也. 34-11 終則講○會. 34-16 而觀民○社. 34-18 匠師慶言○公曰. 35-2 使無陷○惡. 35-3 使長監○世. 35-4 無益○君. 35-6 懼逆之書○後也. 35-10 臧文仲言○莊公曰. 35-13 問○展禽. 36-7 以暴露○弊邑之野. 36-13 臧文仲言○僖公曰. 37-1 以示親○諸侯. 37-9 自是晉聘○魯. 37-12 加○諸侯一等. 37-12 宿○重館. 37-17 獲地○諸侯爲多. 37-21 止○魯東門之外. 37-25 法施○民則祀之. 38-3 皆有功烈○民者也. 38-19 吾欲利子○外之寬者. 39-6 而守其後○魯乎. 39-14 先臣惠伯以命○司里. 39-15 今命臣更次○外. 39-18 各致齊敬○其皇祖. 39-23 爲我流之○夷. 40-14 宣公夏濫○泗淵. 40-21 水虞○是乎講罛罶. 40-22 獸虞○是乎禁罝羅. 40-25 水虞○是禁罝罜麗鹿. 41-1 不如寘里革○側之不忘也. 41-8 失威而至○殺. 41-21 至○殄滅. 41-24 叔孫穆子聘○晉. 43-4 而加禮○其細. 43-6 必咨○周. 43-16 自是齊楚代討○魯. 44-3 ○秦何益. 44-6 夫苦匏不材○人. 44-7 而聽○楚. 44-13 而亟○前之人. 44-18 君之○臣. 44-25 不能令○國. 44-25 而何德○君. 45-3 必文○外. 45-20 晉欒王鮒求貨○穆子. 45-25 吾爲子請○楚. 45-25 雖死○外. 46-10 而庇宗○內. 46-11 必毒○人. 46-16 次○雍渝. 46-23 以魯之密邇○齊. 46-25 則夕極○魯國. 46-25 庶幾有益○魯國乎. 47-1 夫諸侯之勉○君者. 47-2 季康子問○公父文伯之母. 47-11 肥願有聞○主. 47-12 學○舅姑者禮也. 47-14 鼈○何有. 47-19 康子辭○朝. 47-22 合民事○外朝. 47-23 合神事○內朝. 47-24 合官職○外朝. 47-24 合家事○內朝. 47-24 以爲別○男女之禮矣. 49-4 度○法矣. 49-8 賓發幣○大夫. 49-19 昔禹致羣神○會稽之山. 49-21 皆屬○王者. 49-24 ○周爲長狄. 50-3 ○是肅慎氏貢楛矢石砮. 50-12 陷而入○恭. 50-17 昔正考父校商之名頌十二篇○周太師. 50-19 陷而入○恭. 50-23 私○冉有曰. 51-2 ○是乎有鰥寡孤

疾. 51-4 桓公自莒反○齊. 52-4 君加惠○臣. 52-5 忠信可結○百姓. 52-8 制禮義可法○四方. 52-8 執枹鼓立○軍門. 52-8 是以濱○死. 52-10 欲以戮之○羣臣. 52-14 則必得志○天下. 52-18 以戮○羣臣. 52-21 ○是莊公使束縛以予齊使. 52-22 施○四方. 53-24 旦暮從事○此. 54-5 以旦暮從事○田野. 54-12 以從事○田野. 54-14 有司已○事而竣. 54-18 管子○是制國. 54-21 吾欲從事○諸侯. 54-25 君若欲速得志○天下諸侯. 55-7 管子○是制國. 55-10 是故卒伍整○里. 55-16 軍旅整○郊. 55-16 以方行○天下. 55-21 ○子之鄉. 55-23 慈孝○父母. 55-24 發聞○鄉里者. 55-24 有司已○事而竣. 55-25 ○子之鄉. 56-1 秀出○衆者. 56-2 有司已○事而竣. 56-3 ○子之鄉. 56-3 有不慈孝○父母. 56-4 不長悌○鄉里. 56-4 有司已○事而竣. 56-5 與其爲善○鄉也. 56-17 不如爲善○里. 56-18 與其爲善○里也. 56-18 不如爲善○家. 56-18 ○子之屬. 57-9 慈孝○父母. 57-9 發聞○鄉里者. 57-10 有司已○事而竣. 57-11 ○子之屬. 57-11 秀出○衆者. 57-12 有司已○事而竣. 57-12 ○子之屬. 57-13 有不慈孝○父母. 57-13 不長悌○鄉里. 57-13 有司已○事而竣. 57-15 五屬大夫○是退而修屬. 57-15 吾欲從事○諸侯. 57-20 君欲從事○天下諸侯. 57-21 以驟聘眺○諸侯. 57-24 使周遊○四方. 58-1 使海○有蔽. 58-12 渠弭○有渚. 58-12 環山○有牢. 58-13 使海○有蔽. 58-15 渠弭○有渚. 58-15 環山○有牢. 58-16 使海○有蔽. 58-17 渠弭○有渚. 58-17 環山○有牢. 58-18 地南至○餉陰. 58-19 使貢絲○周而反. 58-24 至○西河. 59-5 南城○周. 59-8 而大朝諸侯○陽穀. 59-10 致胙○桓公. 59-14 有事○文武. 59-15 恐隕越○下. 59-18 ○是天下諸侯. 60-3 所以禁暴○諸侯也. 60-16 所以示權○中國也. 60-19 民生○三. 62-5 未知其待○曲沃也. 62-9 ○是乎與伊尹比而亡夏. 63-4 ○是乎與膠鬲比而亡殷. 63-5 ○是乎與虢石甫比. 63-7 周○是乎亡. 63-10 ○晉何害. 63-22 晉正○秦. 64-11 猛足乃言○太子曰. 65-11 遠○孝矣. 65-16 通○驪姬. 66-4 必○申生. 66-7 是故先施讒○申生. 66-13 使言○公. 66-14 ○晉爲都. 66-18 士蔿言○諸大夫曰. 66-23 乃言○公曰. 66-25 甚寬惠而慈○民. 67-23 今謂君惑○我. 67-23 而行彊○君. 67-24 而不惠○其父乎. 67-25 殺親無惡○人. 68-6 無必假手○武王. 68-9 能絕○我. 68-16 以觀其果○衆也. 68-21 讒言作○中. 69-7 敬賢○請. 69-19 若惠○父. 70-5 而遠○死. 70-5 惠○衆. 70-5 況其危身○狄. 70-5 以起讒○內也. 70-6 果敗狄○稷桑而反. 70-10 又失言○衆矣. 71-7 人皆集○苑. 71-14 己獨集○枯. 71-15 故陷○大難. 72-21 必歸○君. 73-3 內困○父母. 73-4 外困○諸侯. 73-4 乃使猛足言○狐突曰. 73-12 今若休憂○狄. 73-25 盍從吾兄竄○狄乎. 74-2 不免○罪. 74-4 梁近○秦. 74-4 必援○秦. 74-5 執鉞立○西阿. 74-8 使晉襲○爾門. 74-9 ○己也. 74-14 是以遂○逆命. 74-16 師出○虞. 74-20 今君施其所惡○人. 74-23 獻公問○卜偃曰. 75-2 卒○怨讎. 75-12 而輕○行道. 75-19 昔君問臣事君○我. 75-24 夫孺子豈獲罪○民. 76-10 使百姓莫不有藏惡○其心中. 76-12 ○諸侯. 76-14 ○是殺奚齊卓子及驪姬. 76-18 告公子重耳○狄. 76-21 徑召君○外也. 77-18 其誰不儆懼○君之威. 78-1 而欣喜○君之德. 78-1 得國常○喪. 78-10 失國常○喪. 78-10 不得與○哭泣之位. 78-15 退而私○公子縶曰. 78-22 不役○利也. 79-8 君若求置晉君以成名○天下. 79-9 公子誰恃○晉. 79-13 故出亡無怨○國. 79-15 公隕○韓. 80-7 臭達○外. 80-10 夫人美○中. 80-16 必播○外. 80-16 而越○民. 80-16 其數告○民矣. 80-18 其魄兆○民矣. 80-19 其光耿○民矣. 80-19 使丕鄭聘○秦. 81-5 其言我○秦也. 81-10 子使○秦. 81-16 乞糴○秦. 82-1 晉君無禮○君. 82-1 不可以廢道○天下. 82-5 君有施○晉君. 82-5 晉君無施○其衆. 82-6 今旱而聽○君. 82-6 必咎○其君. 82-8 是故氾舟○河. 82-9 歸糴○晉. 82-9 無損○怨. 82-12 而厚○寇. 82-12 至○韓. 82-15 師少○我. 82-20 恥大國之士○中原. 83-18 令國人○朝曰. 84-6 呂甥逆君○秦. 84-15 其聞賢○刑之. 85-18 秦乃召重耳○楚而納之. 86-3 晉人殺懷公○高梁. 86-3 乞食○野人. 87-12 復○壽星. 87-15 將死○齊而已矣. 87-18 與從者謀○桑下. 87-21 而言○公子曰. 87-22 而極○此. 88-2 必死○此. 88-5 甯莊子言○公曰. 89-1 僖負羈之妻言○負羈曰. 89-13 負羈言○曹伯曰. 89-17 將施○宜. 90-3 公孫固言○襄公曰. 90-6 樹○有禮. 90-11 楚子問○公子曰. 91-8 ○是懷公自秦逃歸. 91-21 秦伯召公子○楚. 91-21 今子○子圉. 92-22 何有○妻. 92-24 將有請○人. 92-25 無德○人. 93-2 而求用○人. 93-2 巡○天下. 94-16 董因迎公○河. 94-19 獻公使寺人勃鞮伐公○蒲城. 95-9 爾射余○屏內. 95-10 困余○蒲城. 95-11 又爲惠公從余○渭濱. 95-12 余○伯楚屢困. 95-14 鉤近○袪. 95-22 ○是呂甥冀芮畏偪. 96-1 ○此乎在矣. 97-1 次○陽樊. 97-4 敢私布○吏. 97-15 告急○晉. 97-22 是故拘宛春○衛. 98-10 君何愛○臣也. 98-20 而得志○諸侯. 98-24 公問○箕鄭曰. 99-3 信○君心. 99-4 信○名. 99-4 信○令. 99-4 信○事. 99-4 信○君心. 99-5 信○名. 99-5 信○令. 99-6 信○事. 99-6 ○是乎民知君心. 99-6 文公問元帥○趙衰. 99-9 賢○臣. 99-16 文公學讀書○臼季. 100-1 文公問○郭偃曰. 100-3 文公問○胥臣曰. 100-6 少溲○豕牢. 100-12 比○諸弟. 100-15 ○是乎用四方之賢良. 100-16 度○閎夭. 100-18 而謀○南宮. 100-18 諏○蔡原. 100-18 而訪○辛尹. 100-19 ○是乎遂伯. 101-10 舍○冀野. 102-4 恪○德以臨事. 102-10 舍○逆旅甯嬴氏. 102-12 成○中. 102-16 趙宣子言韓獻子○靈公. 103-1 吾言女○君. 103-5 吾乃今知免○罪矣. 103-9 趙宣子請師○靈公. 103-10 乃使旁告○諸侯. 103-20 享一名○此. 103-25 趙穿攻公○桃園. 104-1 不逞○齊. 104-5 范文子暮退○朝. 104-8 有秦客廋辭○朝. 104-9 而三掩人○朝. 104-11 其耳目在○旗鼓. 104-18 受命○廟. 104-19 受脤○社. 104-20 則恐國人之屬耳目○我也. 104-25 燮也受命○中軍. 105-4 書也受命○上軍. 105-6 策○上帝. 105-18 吾言○朝. 105-21 又聽○民. 107-9 ○是乎. 107-9 使工誦諫○朝. 107-9 風聽臚言○市. 107-10 辨祅祥○謠. 107-10 考百事○朝. 107-11 問謗譽○路. 107-11 盡諫○襄靈. 107-21 ○是敗楚師○鄢陵. 108-20 成而後振武○外. 109-7 而忍○小民. 109-12 遂與荆人戰○鄢陵. 110-10 ○是乎. 110-10 ○是乎國人不蠲. 110-12 葬○翼東門之外. 110-13 旣退荆師○鄢. 110-19 范文子立○戎馬之前. 110-20 始○三郤. 111-2 卒○公. 111-2 且今君若使之○周. 111-8 郤至聘○周. 111-10 君不道○我. 111-12 而言○公曰. 111-19 欒武子中行獻子圍公○匠麗氏. 112-1 昔者吾畜○趙氏. 112-3 公言○諸大夫曰. 113-5 而陷○大戮. 113-14 呂錡佐智莊子○上軍. 113-21 至○今是用. 114-3 至○今是賴. 114-4 其勳銘○景鍾. 114-9 而宣惠○教也. 114-11 ○是乎. 115-7 ○是乎始復霸. 115-11 會諸侯○雞丘. 115-13 公子揚干亂行○曲梁. 115-13 臣誅○揚干. 115-18 祁奚辭○軍尉. 115-23 其可以賢○臣. 116-2 勞師○戎. 116-7 ○是乎遂伯. 116-11 使公族穆子受事○朝. 116-12 使至○難. 116-14 不疚○刑. 116-18 ○今八年. 116-25 羊舌肸習○春秋. 117-9 有常位○國者. 118-11 不可以暱○權. 118-20 不可以隱○私. 118-20 暱○權. 118-20 行權隱○私. 118-21 而報○君. 119-2 遂令○國人曰. 119-5 有力○先君. 119-5 爲賊○絳. 119-6 以無大援○晉國. 119-14 世隸○欒氏. 119-14 ○今三世矣. 119-15 其言立○後世. 120-5 問○伯華. 120-8 問○孫林甫. 120-10 問○張老. 120-11 問○祁奚. 120-12 問○籍偃. 120-15 偃也以斧鉞從○張孟. 120-16 問○叔魚. 120-18 徧問○大夫. 120-20 必順○典刑. 120-22 而訪諮○耉老. 120-22 使服聽命○晉. 121-1 宣子問○訾祏. 121-3 昔隰叔子違周難○晉國. 121-3 以正○朝. 121-4 以正○國. 121-4 ○朝無姦行. 121-9 ○國無邪民. 121-9 ○是無四方之患. 121-10 ○是加寵. 121-11 和○政而好其道. 121-16 謀○衆不以賈好. 121-16 君之明兆○衰矣. 121-18 以耀德○廣遠也. 121-19 子何愛○死. 123-2 何爭○先. 123-9 若違○德. 123-9 何欲○先. 123-10 夫楚令尹有欲○楚. 123-17 少懦○諸侯. 123-18 必及○子. 123-20 豹也受命○君. 123-20 夫戮出○身. 123-23 文子將請之○楚. 123-25 固請○楚而免之. 124-5 趙文子與叔向遊○九原. 124-14 行廉直○晉國. 124-16 公子辱○弊邑. 124-22 ○今八年矣. 125-9 使至○生疾. 125-12 物莫伏○蠱. 125-16 蠱莫嘉○穀. 125-16 以過○朝. 126-3 無大績○民故也. 126-5 若之何其回○富也. 126-6 今夢黃熊入○寢門. 126-9 以免○難. 126-24 宜及○難. 126-25 可以免○難. 127-1 以亡○楚. 127-1 其身尸○朝. 127-3 其宗滅○絳. 127-3 雍子納其女○叔魚. 128-5 邢侯殺叔魚與雍子○朝. 128-6 而尸叔魚與雍子○市. 128-12 必將求利○我. 128-16 臣何賴○鼓. 129-3 臣委質○狄之鼓. 129-4 未委質○晉之鼓也. 129-5 言○公. 129-8 與鼓子田○河陰. 129-9 范獻子聘○魯. 129-11 董叔將娶○范氏. 129-16 董祁愬○范獻子. 129-17 獻子執而紡○庭之槐. 129-18 請納賂○魏獻子. 129-23 吾主以不賄聞○諸侯. 129-24 問誰○庭. 129-25 稱○前世. 130-8 立義○諸侯. 130-9 昔先主文子少釁○難. 130-20 從姬氏○公宮. 130-21 基○其身. 130-23 及景子長○公宮. 130-24 無謗○國. 130-25 使至○難. 132-7 復使立○外. 132-8 趙簡子問○壯馳茲曰. 132-11 令其子孫將耕○齊. 132-20 瑤之賢○人者五. 133-7 異○是. 133-21 盍姑無愛寶○諸侯乎. 134-7 不夷○先子. 134-8 問○史伯曰. 135-4 叔熊逃難○濮而蠻. 136-2 ○周未有侯伯. 136-14 佐制物○前代者. 136-14 伯夷能禮○神. 136-24 殆○必弊者也. 137-5 ○是乎. 137-15 先王聘后○異姓. 137-16 求財○有方. 137-16 ○是宣王聞之. 137-24 而以爲入○王. 138-12 使至○爲后. 138-13 距險而鄰○小. 138-25 秦景襄○是乎取周土. 139-5 晉文侯○是乎定天子. 139-6 齊莊僖○是乎小伯. 139-6 楚蚡冒○是乎始啓濮. 139-7 問○申叔時. 140-12 用明德○民也. 140-16 椒舉娶○申公子牟. 141-25 遇之○鄭. 142-2 若得歸骨○楚. 142-4 子雖兄弟○晉. 142-6 或譖王孫啓○成王. 142-10 王孫啓豫○軍事. 142-11 或譖析公臣○王. 142-19 譖雍子○恭王. 142-22 雍子與○軍事. 142-24 爲御叔娶○鄭穆公. 143-3 使子南戮○諸侯. 143-4 卒○襄老. 143-5 恭王使巫臣聘○齊. 143-6 使其子狐庸爲行人○吳. 143-7 今椒舉娶○子牟. 143-10 以還軫○諸侯. 143-17 而賂盜以賊一夫○晉. 143-19 而無惡○諸侯. 144-5 而後使太宰啓彊請○魯侯. 144-8 若○目觀則美. 144-13 縮○財用則匱. 144-14 唯其施令德○遠近. 144-18 故榭度○大卒之居. 144-22 臺度○臨觀之高. 144-22

○是乎爲之. 144-23 ○是乎用之. 144-24 ○是乎臨之. 144-25 ○是乎成之. 144-25 使僕夫子晳問○范無宇. 145-4 皆志○諸侯. 145-15 ○是不給. 146-6 猶箴儆○國. 146-7 必恭恪○朝. 146-9 ○是乎作懿戒以自儆也. 146-14 ○倚相何害. 146-16 文王至○日中昃. 146-16 惠○小民. 146-17 至○神明. 147-1 以入○河. 147-2 ○是乎. 147-2 武丁○是作書. 147-4 而至○是有畿田. 147-16 至○今爲令君. 147-17 君不度憂○二令君. 147-17 吾憖寘之○耳. 147-21 以斃○鄢. 148-5 以隕○乾谿. 148-6 昭王問○觀射父. 149-4 ○是乎. 149-17 以至○夏商. 150-6 以取威○民. 150-9 祭以牛俎○王. 150-12 祀加○舉. 150-13 國○是乎蒸嘗. 151-9 家○是乎嘗祀. 151-9 ○是乎. 151-13 ○是乎. 151-13 至○庶人. 151-19 致力○神. 151-20 無有苛慝○神者. 151-23 十○王. 152-3 夫貨馬郵則闕○民. 152-11 ○是乎. 152-14 至○今令尹秩之. 152-15 至○今處鄖. 152-20 無令名○四方. 152-21 其速怨○民多矣. 152-23 子常其能賢○成靈乎. 152-25 成不禮○穆. 153-1 靈不顧○民. 153-1 甚○成靈. 153-3 濟○成臼. 153-5 以敗○柏舉. 153-10 臣避○成臼. 153-11 臣何有○死. 153-13 成名○諸侯. 153-21 或禮○君. 154-1 或禮○父. 154-1 子西歎○朝. 154-2 ○是有歎. 154-4 目不淫○色. 154-9 身不懷○安. 154-10 王孫圉聘○晉. 154-15 問○王孫圉曰. 154-16 以行事○諸侯. 154-18 以朝夕獻善敗○寡君. 154-20 又能上下說○鬼神. 154-21 使神無有怨痛○楚國. 154-22 以賓享○諸侯者也. 154-25 寡君其可以免罪○諸侯. 155-2 彼其父爲戮○楚. 156-1 以胡公入○貝水. 157-1 戕懿公○囿竹. 157-2 殺三郤○榭. 157-2 殺子般○次. 157-3 子高以疾閒居○蔡. 157-7 夫申胥華登簡報吳國之士○甲兵. 158-6 吾以卜之○天. 158-10 乃命諸稽郢行成○吳. 158-14 敢私告○下執事曰. 158-15 得罪○天王. 158-16 君王之○越也. 158-17 以重得罪○下執事. 158-19 頓顙○邊. 158-20 以晐姓○王宮. 158-23 不解○王府. 159-2 以明聞○天下. 159-5 孤將有大志○齊. 159-8 將還玩吾國○股掌之上. 159-12 使淫樂○諸夏之國. 159-14 大夫奚隆○越. 159-18 而胡重○鬼神而自輕也. 159-21 夫越王之不忘敗吳○其心也. 160-2 王其盍亦鑑○人. 160-6 無鑑○水. 160-6 乃築臺○章華之上. 160-7 三歲○沮汾. 160-9 三軍叛王○乾谿. 160-10 屏營仿偟○山林之中. 160-11 以寢○地. 160-13 乃匍匐將入○棘闈. 160-14 豈遽忘○諸侯之耳乎. 160-16 以罷民○姑蘇. 160-17 齊人與戰○艾陵. 160-21 吳王夫差既勝齊人○艾陵. 160-23 乃使行人奚斯釋言○齊. 160-23 達○上帝. 161-3 以立名○荊. 161-4 今天降衷○吳. 161-6 敢告○大夫. 161-7 以不陷○大難. 161-9 王若不得志○齊. 161-11 以懸吾目○東門. 161-17 而投之○江. 161-20 不稔○歲. 161-21 通○商魯之閒. 161-22 以會晉公午○黃池. 161-23 ○是越王句踐乃命范蠡后庸. 161-24 敗王子友○姑熊夷. 162-1 ○此用之. 162-19 封○江淮之閒. 162-24 乃能至○吳. 162-24 而造○弊邑之軍壘. 163-14 孤用親聽命○藩籬之外. 163-23 坐○王前. 163-25 曰剄○客前以酬客. 164-1 諸侯大夫失禮○天子. 164-6 請貞○陽卜. 164-7 孤以下密邇○天子. 164-7 以淫名聞○天子. 164-11 則何有○周室. 164-12 以爲過賓○宋. 164-18 以與楚昭王毒逐○中原柏舉. 164-23 是以復歸○吳. 165-1 今齊侯壬不鑒○楚. 165-2 簦笠相望○艾陵. 165-5 歸不稔○歲. 165-7 出○商魯之閒. 165-7 以徹○兄弟之國. 165-8 敢使苟告○下執事. 165-8 日臣嘗卜○天. 165-17 其民必移就蒲贏○東海之濱. 165-18 楚申包胥使○越. 166-1 能博取○諸侯. 166-5 吾問○王孫包胥. 166-23 王乃命有司大令○國曰. 167-5 皆造○國門之外. 167-6 王乃命○國曰. 167-6 吾見子○此止矣. 167-11 內有辱○國. 167-14 吾見子○此. 167-15 至○軍. 167-18 至○禦兒. 167-21 王乃命有司大徇○軍. 167-23 將轉○溝壑. 167-25 徇○軍. 168-1 明日徇○軍. 168-4 徇○軍. 168-6 ○是人有致死之心. 168-8 王乃命有司大徇○軍. 168-8 ○是吳王起師. 168-11 軍○江北. 168-11 越王軍○江南. 168-11 將舟戰○江. 168-13 又大敗之○沒. 168-18 乃至○吳. 168-19 昔不穀先委制○越君. 168-20 以至○今. 168-22 得罪○君王. 168-22 君王以親辱○弊邑. 168-22 因使人告○吳王曰. 168-25 民生○地上. 169-1 寡人其達王○甬句東. 169-2 天既降禍○吳國. 169-3 孤何以視○天下. 169-5 使人說○子胥曰. 169-5 越王句踐棲○會稽之上. 170-4 乃號令○三軍曰. 170-4 今君王既棲○會稽之上. 170-9 遂使之行成○吳. 170-12 不敢徹聲聞○天王. 170-13 私○下執事. 170-13 請句踐女女○王. 170-15 大夫女女○大夫. 170-15 士女女○士. 170-15 沈金玉○江. 170-17 將不可改○是矣. 170-23 又有美○此者. 171-5 句踐說○國人曰. 171-8 以暴露百姓之骨○中原. 171-9 ○是葬死者. 171-10 宦士三百人○吳. 171-12 南至○句無. 171-14 北至○禦兒. 171-15 東至○鄞. 171-15 西至○姑蔑. 171-15 而摩厲之○義. 172-1 句踐載稻與脂○舟以行. 172-2 十年不收○國. 172-4 昔者夫差恥吾君○諸侯之國. 172-6 是故敗吳○囿. 172-19 又敗之○沒. 172-19 余何面目以視○天下乎. 173-1 此逆○天. 174-10 而不和○人. 174-10 將妨○國家. 174-10 始○人者. 174-13 戰○五湖. 174-15 棲○會稽. 174-15 以至○此. 174-16 乃令大夫種行成○吳. 174-20 請士女女○士. 174-20 大夫女女○大夫. 174-21 蠡爲我守○國. 175-1 令大夫種守○國. 175-3 與范蠡入宦○吳. 175-4 及至○國. 175-5 王問○范蠡曰. 175-5 兵勝○外. 175-20 福生○內. 175-21 上天降禍○越. 175-25 委制○吳. 175-25 今吳王淫○樂而忘其百姓. 176-7 至○玄月. 176-24 至○五湖. 177-3 使王孫雒行成○越. 177-22 昔者上天降禍○吳. 177-23 得罪○會稽. 177-23 昔者上天降禍○越. 178-8 委制○吳. 178-9 故濱○東海之陂. 178-13 雒請反辭○王. 178-17 君王已委制○執事之人矣. 178-17 得罪○子. 178-18 范蠡不報○王. 178-19 至○姑蘇之宮. 178-19 范蠡辭○王曰. 178-21 昔者君王辱○會稽. 178-23 使其身無終沒○越國. 178-25 以浮○五湖. 179-3 使無終沒○越國. 179-6

【育】 8

子孫蕃○之謂也. 27-7 必有章譽蕃○之祚. 27-9 其畜散而無○. 60-1 正名○類. 96-14 ○門子. 113-16 至于今不○. 114-9 不夫而○. 138-11 堯復○重黎之後. 150-5

【並】 4

禍亂○興. 24-1 喪亂○臻. 77-22 姦宄○至. 111-23 而福祿○至. 133-1

【炎】 6

皆黃○之後也. 24-21 生黃帝○帝. 92-14 ○帝以姜水成. 92-15 ○帝爲姜. 92-15 日長○○. 159-17

【法】 31

於是乎修執秩以爲晉○. 15-17 是棄先王之○制也. 16-16 省其典圖刑○. 25-1 夫子而棄常○. 33-1 夫齊棄太公之○. 34-17 祀又不○. 34-23 書而不○. 34-23 遺後之人○. 35-3 ○施於民則祀之. 38-3 堯能單均刑○以儀民. 38-9 不可不○也. 39-4 爲我得○. 41-7 不共有○. 44-9 而爲諸侯○矣. 46-5 度於○矣. 49-8 若子季孫欲其○也. 51-7 若欲犯○. 51-8 制禮義可○於四方. 52-8 世○文武遠績以成名. 53-9 修舊○. 55-1 遂修舊○. 55-3 夫先王之○. 99-10 導○而卒以政. 107-20 武子宣○. 114-3 端刑○. 121-7 國之憲○也. 128-17 古之○也. 129-6 而亂舊○. 129-7 周○不昭. 137-22 其○刑在民心. 141-20 明者以爲○. 177-11

【河】 24

○竭而商亡. 6-16 北至于○. 58-20 至於西○. 59-5 乘桴濟○. 59-5 朝服以濟○. 60-20 而汾○涑澮以爲渠. 75-15 且入○外列城五. 79-2 是故氾舟於○. 82-9 公令○上輸之粟. 82-11 秦始知○東之政. 84-4 東行濟○. 93-18 公子賦○水. 93-22 及○. 94-15 有如○水. 94-18 董因迎公於○. 94-19 公子濟○. 95-3 遂如○上. 96-6 ○曲之役. 103-1 無以濟○. 117-4 與鼓子田於○陰. 129-9 其濟洛○潁之閒乎. 135-13 若前華後○. 135-20 以入於○. 147-2 自○徂亳. 147-2

【沮】 2

衆孰○之. 68-6 三歲於○汾. 160-9

【況】 26

○爾小醜乎. 2-16 ○事王乎. 3-20 而○敢樂禍乎. 7-1 而○可以淫縱其身乎. 9-14 而○在侈卿乎. 20-2 而○神乎. 25-9 而○天乎. 32-15 ○畏而服焉. 44-14 而○君乎. 45-2 ○有怠惰. 48-23 衆○厚之. 68-4 ○其危身於狄. 70-5 ○固其謀也. 72-4 ○國人乎. 73-9 而○國乎. 82-23 而○臣乎. 85-6 ○其順身縱欲懷安. 88-6 而○君乎. 94-17 而○外乎. 109-9 而○驕泰乎. 110-25 而○君乎. 112-5 而○君子之學乎. 129-14 ○君相乎. 134-3 ○其下之人. 151-18 而○君乎. 153-19 ○蠻荊. 164-12

【泗】 1

宣公夏濫於○淵. 40-21

【泭】 1

方舟設○. 59-5

【泝】 4

率師沿海○淮. 161-25 ○江以襲吳. 162-2 余沿江○淮. 165-7 ○江五里以須. 168-13

【泠】 1

穆公使○至報問. 81-9

【沿】 2

率師○海泝淮. 161-25 余○江泝淮. 165-7

【注】 3

三周華不○之山. 104-22 郤至以韎韋之跗○. 108-21 有韎韋之跗○. 108-23

【泣】 4

優施教驪姬夜半而○. 67-22 不得與於哭○之位. 78-15 撫而○之. 122-3 必哭○葬埋之. 171-23

【泯】 3

今將大○其宗祊. 13-19 靡國不○. 25-7 必不○其社稷. 36-21

【波】 1

其○及晉國者. 91-10

【治】 34
然則能訓○其民矣. 5-23 王○農於籍. 6-4 ○民惡事. 6-8 其血氣不○. 15-2 卒伍○整. 19-6 行列○整. 19-8 君子務○. 34-7 湯以寬○民而除其邪. 38-11 婦人○其業焉. 47-25 若必○國家者. 52-5 若必○國家者. 52-6 ○國家不失其柄. 52-7 聖王之○天下也. 53-13 秋以獮○兵. 55-15 各使○一屬焉. 57-3 各保○爾所. 57-5 無或淫怠而不聽○者. 57-5 教不善則政不○. 57-8 以○義也. 65-7 故能○事. 67-4 何事能○. 67-6 ○民在擾. 76-22 入不能○. 85-16 是以○民. 85-18 晉楚○兵. 91-12 吾以○國爲易. 100-3 ○兵振旅. 103-21 今○政而內亂. 111-22 能○大官. 116-17 君○而國安. 118-17 將何○爲. 121-11 求○之. 123-18 范中行有亟○之難. 133-22 而德其○楚國. 157-9

【怯】 1
勇○盡應. 163-11

【怵】 3
猶日○惕. 3-12 亹亹○惕. 9-15 而無○惕焉. 60-20

【性】 5
而厚其○. 1-7 夫人○. 19-21 以厚民○. 96-14 夫膏粱之○難正也. 114-16 若體○焉. 145-16

【怩】 1
君忸○. 122-2

【怪】 6
木石之○. 47-9 水之○. 47-9 土之○. 47-10 奇生○. 69-3 ○生無常. 69-3 王姑勿○. 176-19

【怡】 2
未嘗不○. 22-16 而主之色不○. 132-25

【宗】 69
○伯九之. 5-1 館諸○廟. 10-1 今將大泯其○祊. 13-19○祝執祀. 16-19 是以人夷其○廟. 25-20 非○官之所司也. 29-24 公使大夫○婦覿. 35-8 ○人夏父展曰. 35-8 郊堯而○舜. 38-13 郊鯀而○禹. 38-14 郊冥而○湯. 38-14 祖文王而○武王. 38-15 凡禘郊祖○報. 38-17 夏父弗忌爲○. 39-20 ○有司曰. 39-20 我爲○伯. 39-21 夫○廟之有昭穆也. 39-21 ○祝書昭穆. 39-24 夫○有司之言順矣. 40-3 而庇○於內. 46-11 ○不具不繹. 49-3 饗其○老. 49-5 不及○臣. 49-6 ○室之謀. 49-7 不過○人. 49-7 恐○廟之不掃除. 53-8 君之○也. 66-14 ○邑無主. 66-15 ○國既卑. 74-18 掃○廟. 79-1 禮之○也. 89-21 二十五○. 92-6 薦在○廟. 93-17 而又不能○人. 96-25 惠于○公. 100-21 以傳召伯○. 105-13 伯○喜. 105-15 伯○曰. 105-15 而以傳召伯○. 105-16 伯○問曰. 105-16 雖伯○. 105-19 伯○及絳. 105-20 伯○朝. 105-21 伯○曰. 105-23 諸大夫害伯○. 106-3 范文子謂其○祝曰. 110-24 凡吾○祝. 111-1 我欲以吾○與吾黨夾而攻之. 111-12 故以彘季屏其○. 114-4 以忝韓○. 116-14 欒書實覆○. 118-15 終滅羊舌氏之○者. 119-24 其宮不備其○器. 126-21 其○滅於絳. 127-3 庶曰可以鑑而鳩趙○乎. 131-4 ○廟之犧. 132-21 智○必滅. 133-11 召其○老而屬之. 141-18 ○老將薦芰. 141-19 ○廟之事. 149-11 爲之○. 149-17 虔其祝○. 151-11 諸侯○廟之事. 151-16 舊怨滅○. 156-20 求殘我社稷○廟. 166-2 求殘吾社稷○廟. 166-21 寔失○廟社稷. 169-4 將焚○廟. 170-17 滅汝○廟. 173-1

【定】 43
又鄭之繇○. 11-10 晉文公既○襄王于郟. 12-23 ○王享之. 14-18 ○王使單襄公聘於宋. 15-19 ○王八年. 17-14 夫君子目以○體. 21-12 及○王. 26-9 能○武烈者也. 26-22 及○王. 33-5 以勞○國則祀之. 38-3 其身之不能○. 41-17 ○民之居. 53-14 ○人之居若何. 54-20 ○民之居若何. 57-1 ○三革. 60-20 ○身以行謂之信. 74-22 身不○矣. 74-24 以○民弭憂. 76-14 ○社稷. 79-1 秦歲○. 82-15 今君既○而列成. 83-3 官方○物. 96-14 ○武之功. 96-25 遂○之于郟. 97-6 君○王室. 97-14 而○社稷. 98-20 ○百事. 113-16 以○晉國. 114-1 以○晉國. 114-3 以○諸侯. 114-3 知右行辛之能以數宣物○功也. 114-11 而鎮○大事. 116-1 吾○而祿爵. 129-4 又不能○. 132-7 晉文侯於是乎○天子. 139-6 祀所以昭孝息民撫國家○百姓也. 151-1 ○公饗之. 154-15 殺白公而○王室. 157-11 雞鳴乃○. 163-9 有○傾. 174-5 ○傾者與人. 174-6 ○傾者與人. 174-17 因時之所宜而○之. 175-10

【宜】 15
○吾不敢服也. 13-20 五義紀○. 15-14 ○觸冒人. 18-15 非政之○也. 38-2 逐太子○臼. 63-8 夫三季王之亡也○. 63-16 不亦○乎. 66-18 將施於○. 90-3 ○而不施. 90-3 ○吾不得見也. 96-8 ○及於難. 126-25 禮節之○. 149-12 因時之所○而定之. 175-10 ○爲人客. 177-18 ○爲人主. 177-19

【官】 84
用失其○. 1-11 是故稷爲大○. 4-1 史帥陽○. 4-6 百○御事. 4-10 瞽帥音○以風土. 4-19 無有求利於其○. 5-4 以儆其○. 9-9 ○不易方. 12-5 內○不過九御. 13-3 外○不過九品. 13-3 唯○是徵. 13-22 周之秩○有之. 16-17 百○以物至. 16-21 則皆○正莅事. 16-24 是蔑先王之○也. 17-1 蔑其○而犯其令. 17-10 吾周○之於災備也. 28-6 臣之守○弗及也. 29-10 非宗○之所司也. 29-24 百○軌儀. 30-13 居○者當事不避難. 35-20 居○而惰. 35-21 冥勤其○而水死. 38-11 合○職於外朝. 47-24 子將業君之○職焉. 47-25 使僮子備○. 48-5 與百○之政事. 48-10 以是承君之○. 48-24 今吾子之教○僚. 50-24 就○府. 53-17 以爲三○. 54-23 遂使役○. 56-7 桓公令○長. 56-8 選其○之賢者. 56-8 有人居我○. 56-9 足以補○之不善政. 56-10 失臣之○. 62-20 何○之有. 66-24 今君分之土而○之. 66-24 天事○成. 74-11 公屬百○. 96-12 ○方定物. 96-14 寔掌近○. 96-18 掌其中○. 96-19 掌其遠○. 96-19 工商食○. 96-20 ○宰食加. 96-21 欒仲之○守焉. 97-13 其非○守. 97-13 能其○有賞. 99-19 ○師之所材也. 100-23 ○師之所不材也. 101-1 抑年少而執○者衆. 107-23 立百○. 113-16 能治大○. 116-17 其○不犯. 116-19 不敢侵○. 120-9 若以君○從子之私. 120-14 朝無姦○. 121-4 固醫○也. 125-15 邢侯非其○也而干之. 128-9 使訪物○. 140-16 用不煩○府. 144-2 ○不易朝常. 144-2 百○煩焉. 144-6 唯其以公侯爲○正也. 144-17 其事不煩○業. 144-23 ○僚之暇. 144-24 位宁有○師之典. 146-11 有天地神民類物之○. 149-17 是謂五○. 149-18 失其○守. 150-8 百姓千品萬○億醜兆民經入畡數以奉之. 150-21 所謂百姓千品萬○億醜兆民經入畡數者. 152-1 民之徹○百. 152-2 能言能聽徹其○者. 152-2 以監其○. 152-3 五物之○. 152-3 爲萬○. 152-4 ○有十醜. 152-4 以食萬○. 152-5 行頭皆○師. 163-1 納○其子. 171-25 與范蠡入○於吳. 175-4

【空】 9
司○除壇于籍. 4-8 司○四之. 4-24 司○不視塗. 15-21 司○視塗. 16-19 司○季子曰. 92-3 司○季子曰. 94-1 使爲元司○. 114-12 爲司○. 121-4 而困鹿○虛. 165-18

【宛】 3
令尹子玉使○春來告. 98-4 執○春以怒楚. 98-9 是故拘○春於衞. 98-10

【戾】 8
天災降○. 27-11 ○于弊邑. 35-23 職貢業事之不共而獲○. 35-25 可以○也. 87-6 今○久矣. 87-6 ○久將底. 87-6 罪○之人也. 95-24 夫以果○. 112-7

【肩】 1
鳶○而牛腹. 119-21

【房】 4
昔昭王娶於○. 7-20 曰○后. 7-20 則有○烝. 14-22 保其土○. 92-22

【祉】 2
謂其能以嘉○殷富生物也. 24-12 嘉生繁○. 29-21

【祅】 1
辨○祥於謠. 107-10

【祈】 2
無有○也. 8-4 爲我○死. 111-1

【祇】 7
足以供給神○而已. 13-3 而○以覿武. 13-25 不共神○. 25-20 其周公太公及百辟神○. 36-3 而○取憂也. 63-24 而○罹咎也. 63-25 上下神○. 126-8

【祊】 1
今將大泯其宗○. 13-19

【建】 27
而○其少. 5-15 ○大德昭大物也. 15-10 則順而德○. 15-15 ○立卿士. 19-4 事○能智. 22-22 顓頊之所○也. 31-6 有○星及牽牛焉. 31-7 政之○也. 39-7 君議五者以○政. 39-8 而○立之. 77-24 德之○也. 89-2 德無○不可以立. 89-3 實○諸姬. 89-23 皆利○侯. 94-2 安能○侯. 94-2 筮告我曰利○侯. 94-3 利○侯. 94-8 故曰利○侯. 94-12 利○侯行師. 94-13 夫爵以○事. 126-2 若不憂德之不○. 127-5 ○九紀以立純德. 137-12 不○立卿士. 137-22 屈○命去之. 141-19 ○肥胡. 163-2 ○旌提鼓. 163-3 載常○鼓. 163-4

【居】 52
王乃出○于鄭. 12-22 ○大國之間. 17-10 宅○九隩. 24-8 ○莫若儉. 26-14 ○儉動敬. 26-18 ○官者當事不避難. 35-20 ○官而惰. 35-21 海鳥曰爰○. 37-25 ○. 48-6 定民之○. 53-14 定人之○若何. 54-20 世同○. 55-18 ○同樂. 55-20 有○處好學. 55-23 有人○我官. 56-9 定民之○若何. 57-1 有○處爲義好學. 57-9 太子○. 69-11 今君○. 69-12 聚○異情惡. 74-4 ○二年. 74-6 偷○倖生. 80-12 公子○則下之. 90-10 ○欒出威之謂也. 94-13 晉人是○. 94-21 ○者爲社稷之守. 96-9 何必罪○者. 96-9 ○于鄭地汜. 96-22 先且○之佐軍也善. 99-18 且○有三賞. 99-19 乃使先且○將上軍. 99-20 問其○. 105-15 不

敢○高位. 116-13 ○三年. 119-6 ○太傅. 121-7 ○處恭. 121-15 假貸○賄. 126-25 故王者○九畡之田. 137-14 夫子不○矣. 143-17 爲匏○之臺. 144-1 故榭度於大卒之○. 144-22 ○寢有褻御之箴. 146-12 宴○有師工之誦. 146-13 唯獨○思念前世之崇替者. 154-2 必不○矣. 156-9 子高以疾閒○於蔡. 157-7 陸人○陸. 170-23 水人○水. 170-23 吾不能○其地. 171-1 吾能○其地. 171-2 絜其○. 171-25 ○軍三年. 177-22

【屈】 7
夷吾處○. 64-14 蒲與二○. 66-14 而二公子主蒲與○. 66-17 又城二○. 66-20 ○到嗜芰. 141-18 ○建命去之. 141-19 柔而不○. 175-18

【弧】 2
檿○箕服. 137-24 爲○服者. 138-11

【弢】 2
○無弓. 59-12 吾伏○衉血. 131-8

【承】 24
故未○命. 13-22 陽不○獲甸. 13-24 ○王命以爲過賓於陳. 17-1 以○天休. 17-4 敬所以○命也. 17-22 以敬○命. 17-23 若○命不違. 17-24 以○天子. 43-21 備○事也. 45-17 ○君命以會大事. 46-2 以是○君之官. 48-24 余敢○天子之命. 59-18 以○公. 82-19 而未敢○命. 97-12 以○君命. 104-7 敢不○業. 113-14 敢不○. 113-19 老也以軍事○子. 120-11 非起也敢專○之. 127-7 夫子○楚國之政. 141-20 倚相將奔走○序. 146-6 故齊肅以○之. 150-24 不共○王事. 164-22 又不○共王命. 165-3

【孟】 18
季文子○獻子皆儉. 17-14 季○其長處魯乎. 17-16 不若季○. 18-5 賓○適郊. 31-24 文公欲弛○文子之宅. 39-6 ○孫善守矣. 39-13 文子以告○獻子. 42-8 主○啗我. 71-13 及○門. 97-20 趙○使人以其乘車干行. 103-1 趙○敬哉. 103-24 趙○姬之讒. 112-4 使○樂因魏莊子納虎豹之皮. 116-5 偃也以斧鉞從於張○. 120-16 趙○將死矣. 124-25 今趙○相晉國. 125-1 魯○獻子有鬬臣五人. 129-21 趙有○姬之讒. 133-22

【陋】 1
愚○而多怨. 73-24

【牀】 1
○笫之不安邪. 65-18

【狀】 5
且其○. 18-14 欲觀其○. 89-12 文公誅觀○以伐鄭. 98-18 使淫觀○. 98-22 以良金寫范蠡之○. 179-4

【戕】 3
可以小○. 63-21 當之者○焉. 63-21 ○懿公於囿竹. 157-2

【孤】 38
司民協○終. 6-2 於是乎有鰥寡○疾. 51-4 斬○竹. 59-1 ○突不順. 71-7 死吾君而殺其○. 75-22 ○始願不及此. 113-6 ○之及此. 113-6 ○之咎也. 113-8 ○欲長處其願. 113-9 ○之不元. 113-10 恤○疾. 113-18 以心○句踐. 158-16 ○不敢忘天災. 158-17 ○將有大志於齊. 159-8 ○豈敢自多. 161-6 ○不使大夫得有見也. 161-19 徒遽來告○. 163-17 ○欲守吾先君之班爵. 163-21 ○之事君在今日. 163-22 ○用親聽命於藩籬之外. 163-23 ○以下密邇於天子. 164-7 用命○禮佐周公. 164-10 ○敢不順從君命長弟. 164-14 在○之側者. 166-6 長其○. 166-9 既命○矣. 166-23 無阿○. 166-24 ○將以舉大事. 166-25 告○不審. 167-7 君告○請成. 168-20 ○無奈越之先君何. 168-21 今○不道. 168-22 ○敢請成. 168-23 ○敢不聽天之命. 168-24 ○不敢不受. 169-1 當○之身. 169-4 ○何以視於天下. 169-5 令○子寡婦疾疹貧病者. 171-24

【亟】 5
而○於前之人. 44-18 盍○索士整庇州犁焉. 105-25 范中行有○治之難. 133-22 經始勿○. 145-1 而天祿○至. 161-14

【降】 40
有神○於莘. 7-6 故明神○之. 7-9 而○之禍. 7-13 融○于崇山. 7-14 不祥則福不○. 11-14 王○狄師以伐鄭. 11-18 今天○禍災於周室. 13-6 天災○戾. 27-11 民和而後神○之福. 34-6 饑饉荐○. 35-24 古者大寒○. 40-21 有○服. 49-12 天○禍于晉國. 77-20 鬼神○衷. 77-22 不○. 85-8 ○而聽諫. 85-8 湯○不遲. 90-11 ○. 90-12 ○服因命. 91-24 子餘使公子○拜. 93-12 秦伯○辭. 93-13 敢不○拜. 93-14 子餘使公子○拜. 93-22 秦伯○辭. 93-22 皆○. 95-3 而原不○. 97-17 而原請○. 97-20 天○鄭禍. 98-22 君爲之○服出次. 105-18 未傳而鼓○. 128-21 椒舉○三拜. 142-5 則明神○之. 149-9 故神○之嘉生. 149-19 嘉生不○. 150-2 今天○衷於吳. 161-6 昔周室逢天之○禍. 165-11 天既○禍於吳國. 169-3 上天○禍於越. 175-25 昔者上天○禍於吳. 177-23 昔者上天○禍於越. 178-8

【函】 1
若合而○吾中. 142-25

【妹】 2
有施人以○喜女焉. 63-3 ○喜有寵. 63-4

【姑】 28
三日○洗. 30-16 ○從君乎. 44-12 吾聞之先○曰. 47-12 不及舅○. 47-14 學於舅○者禮也. 47-14 臺原○與漆里. 58-15 我○待死. 81-20 盍○謀睦乎. 109-5 盍○釋荊與鄭以爲外患乎. 109-15 盍○釋荊與鄭以爲外患乎. 109-21 盍○無戰乎. 110-1 盍○以違蠻夷爲恥乎. 110-8 盍○無愛寶於諸侯乎. 134-7 以罷民於○蘇. 160-17 敗王子友於○熊夷. 162-1 焚其○蘇. 162-2 西至於○蔑. 171-15 請○無庸戰. 172-9 王○待之. 176-9 王○待之. 176-13 王○待之. 176-17 王○勿怪. 176-19 王○待之. 176-23 王○勿許也. 177-5 王○待之. 177-21 以上○蘇. 177-22 王○勿許. 178-7 至於○蘇之宮. 178-19

【妲】 2
有蘇氏以○己女焉. 63-5 ○己有寵. 63-5

【姓】 94
稷則徧誡百○. 4-21 司商協民○. 6-2 百○攜貳. 7-11 使太宰以祝史帥貍○. 8-3 今虢公動匱百○. 8-11 而和寧百○. 11-15 百○兆民. 12-6 隗○也. 12-12 以備百○兆民之用. 12-25 以臨長百○. 13-5 更○改物. 13-9 以鎮撫百○. 13-10 若由是姬○也. 13-12 其若先王與百○何. 13-15 不亦嬻○矣乎. 17-6 賜○曰姒. 24-12 賜○曰姜. 24-13 以命○受祀. 24-18 故亡其氏○. 24-19 命○受氏. 24-25 一○不再興. 26-13 敬百○也. 26-24 而敬百○. 27-1 布憲施舍於百○. 31-22 以亡其百○. 32-14 勤百○以爲己名. 33-2 苟芈○實嗣. 44-15 爲漆○. 50-1 分同○以珍玉. 50-14 分異○以遠方之職貢. 50-15 忠信可結於百○. 52-8 使百○皆加勇焉. 52-9 而敬百○. 55-2 而敬百○. 55-4 則百○富. 56-24 興百○. 64-18 以爲百○也. 64-18 今君起百○. 64-19 無以一妾亂百○. 67-25 苟利衆而百○和. 68-3 使百○莫不有藏惡於其心中. 76-12 百○欣而奉之. 76-15 君國可以濟百○. 88-14 同○不婚. 90-16 同○爲兄弟. 92-3 其同○者. 92-3 皆爲己○. 92-4 其同生而異○者. 92-5 別爲十二○. 92-6 其得○者十四人. 92-6 爲十二○. 92-7 故皆爲姬○. 92-13 異○則異德. 92-16 同○則同德. 92-17 災毓滅○. 92-19 是故娶妻避其同○. 92-19 故異德合○. 92-20 利以阜○. 92-21 ○利相更. 92-21 異○之能. 96-19 一臣可以赦百○. 98-19 不忘百○也. 99-11 以離百○. 113-12 以保于百○者也. 136-11 其後八○. 136-14 己○昆吾蘇顧溫董. 136-15 董○鬷夷豢龍. 136-16 彭○彭祖豕韋諸稽. 136-16 秃○舟人. 136-17 妘○鄔鄶路偪陽. 136-17 曹○鄒莒. 136-18 斟○無後. 136-20 其在芈○乎. 136-20 芈○夔越. 136-20 先王聘后於異○. 137-16 使名○之後. 149-14 氏○之出. 149-16 百○千品萬官億醜兆民經入畡數以奉之. 150-21 祀所以昭孝息民撫國家定百○也. 151-1 百○夫婦. 151-10 帥其子○. 151-11 以申固其○. 151-15 所謂百○千品萬官億醜兆民經入畡數者. 152-1 而物賜之○. 152-2 是爲百○. 152-3 ○有徵品. 152-3 以晐○於王宮. 158-23 無姬○之振也. 163-17 及國子○. 170-5 以暴露百○之骨於中原. 171-9 百○之事. 175-2 百○之事. 175-15 吾百○之不圖. 175-25 今吳王淫於樂而忘其百○. 176-7

【姁】 1
褒人褒○有獄. 138-12

【始】 45
於是乎○. 3-25 於是乎○霸. 10-20 土功其○. 16-8 自后稷之○基靖民. 25-14 而文○平之. 25-14 厲○革典. 25-15 基德十五而○平. 25-15 亂於是乎○生. 26-8 ○也. 26-24 其○也. 27-1 ○於德讓. 27-2 晉○伯. 37-17 民無所○. 41-17 安○而可. 66-7 彼將惡○而美終. 68-4 焉○爲令. 73-19 夫堅樹在○. 76-24 ○不固本. 76-24 秦○知河東之政. 84-4 ○入而報德. 85-8 吏而思○. 87-9 由是○之. 87-16 吾聞晉之○封也. 88-16 元年○受. 94-20 ○也. 100-3 成人在○與善. 107-14 ○與善. 107-15 ○與不善. 107-15 ○於三郤. 111-2 孤○願不及此. 113-6 ○合諸侯于虛朾. 115-4 公○合諸侯. 115-6 於是乎○復霸. 115-11 昔者此其父○之. 122-5 我○之. 122-5 饋之○至. 130-4 九年而王室○騷. 139-4 楚盆冒於是乎○啓濮. 139-7 願得諸侯與○升焉. 144-7 經○靈臺. 144-25 經○勿亟. 145-1 智爲○. 166-17 弗爲之○. 174-8 而創爲之○. 174-10 ○於人者. 174-13

【帑】 1
乃東寄○與賄. 139-2

【孥】 5
以其○適西山. 75-1 以其○行. 129-1 寄○與賄焉. 135-15 見藍尹亹載其○. 153-5 係妻○. 170-17

【糾】 3
○虔天刑. 48-11 ○之以刑罰. 53-12 知欒○之能御. 114-12

【契】 4
○爲司徒而民輯. 38-11 商人禘舜而祖○. 38-14 能帥○者也. 38-16 商○能和合五教. 136-10

【奏】 2

所以金○贊陽出滯也. 30-16 夫先樂金○肆夏樊遏渠. 43-9

【春】 16

三十二年○. 5-19 ○秋受職於王. 9-7 ○以蒐振旅. 55-15 元年○. 96-11 二年○. 97-4 令尹子玉使宛○來告. 98-4 執宛○以怒楚. 98-9 是故拘宛○於衞. 98-10 羊舌肸習於○秋. 117-9 教之○秋. 140-12 唯是○秋所以從先君者. 141-12 ○秋相事. 143-17 ○秋貢獻. 159-1 則吾何以○秋曜吾軍士. 159-18 昔吴伯父不失○秋. 164-8 ○秋皮幣玉帛子女. 166-15

【珍】 2

分同姓以○玉. 50-14 不羞○異. 141-23

【毒】 10

若登年以載其○. 18-6 厚味寔腊○. 21-23 寧爲荼○. 25-8 必○於人. 46-16 天彊其○. 64-21 必獲○焉. 104-5 其爲○也大矣. 138-14 ○之酋腊者. 138-15 將○. 164-3 以與楚昭王○逐於中原柏舉. 164-23

【封】 32

○豕豺狼也. 12-16 ○崇九山. 24-6 臣聞聖王公之先○者. 35-2 守○嵎之山者也. 50-1 而○諸陳. 50-14 正其○疆. 57-23 正其○疆. 58-18 桓公築夷儀以○之. 59-24 桓公城楚丘以○之. 60-1 以自○也. 64-19 又恐削○疆. 68-20 ○疆信. 68-24 不可以○國. 85-9 吾聞晉之始○也. 88-16 不可以○. 93-10 成○國. 93-19 唐叔以○. 94-23 請復衞侯而○曹. 98-4 以○于晉. 121-25 引黨以○己. 122-7 是聚民利以自○而瘠民也. 144-14 四○不備一同. 147-16 不可以○. 151-4 將何以○矣. 152-12 是勤民以自○. 152-18 今天王既○植越國. 159-4 ○於江淮之閒. 162-24 越四○之內. 172-10 四○之內. 175-2 四○之外. 175-3 四○之內. 175-15 四○之外. 175-17

【持】 4

用能援○盈以没. 161-14 有○盈. 174-5 ○盈者與天. 174-6 ○盈者與天. 174-17

【拱】 2

○木不生危. 125-11 擁鐸○稽. 163-2

【垣】 2

文公踰○. 95-9 君有短○. 164-11

【城】 42

清風至而修○郭宮室. 16-5 衆心成○. 30-9 劉文公與萇弘欲○周. 32-4 及方○. 44-24 踰方○. 58-24 南○於周. 59-8 桓公○楚丘以封之. 60-1 重耳處蒲○. 64-14 郤叔虎將乘○. 66-1 乃○曲沃. 66-19 又○蒲. 66-19 又○二屈. 66-20 申生奔新○. 72-16 申生乃雉經于新○之廟. 73-11 景霍以爲○. 75-15 亦使蒲○午. 77-10 且入河外列○五. 79-2 至于王○. 83-15 獻公使寺人勃鞮伐公於蒲○. 95-9 困余於蒲○. 95-11 脫會秦伯于王○. 96-5 至自王○. 96-11 殺之于隰○. 97-5 至于○濮. 98-16 ○濮之役. 99-18 蒲○伯請佐. 99-23 敗楚師于○濮. 101-10 鼓人或請以○叛. 128-14 可無勞師而得○. 128-15 夫以○來者. 128-16 以○來盈願. 128-19 令軍吏呼○. 128-21 且○厚完. 134-10 及○濮之役. 142-11 ○守之木. 144-24 靈王○陳蔡不羹. 145-4 今吾○三國. 145-5 國爲大○. 145-7 且夫制○邑. 145-16 是三○也. 145-22 帥方○之外以入. 157-11 不修方○之內. 160-9

【政】 114

故天子聽○. 2-23 ○之不立. 5-13 臨○示少. 6-7 害於○. 6-8 觀其○德. 7-9 其○腥臊. 7-11 何○令之爲也. 13-15 未狎君○. 13-22 夫○自上下者也. 14-5 上作○. 14-5 今叔父作○而不行. 14-6 而有再逆○. 14-9 魯執○唯强. 18-14 若是而知晉國之○. 19-13 吾懼○之未及子也. 19-15 自下軍之佐以○. 19-16 而以○. 19-17 若佐新軍而升爲○. 19-18 遠於得○矣. 20-12 今吾執○. 25-2 名以成○. 29-4 ○成生殖. 29-4 刑○放紛. 29-7 夫○象樂. 29-15 所以成○也. 31-4 魏獻子爲○. 32-5 而平均其○事. 34-7 臧孫之爲○也. 38-1 ○之所成也. 38-1 非○之宜也. 38-2 ○之建也. 39-7 君議五者以建○. 39-8 位下而欲上○. 41-15 執○未改. 44-16 事其君而任其○. 44-17 執○不貳. 44-19 其執○貳也. 46-14 夫失其○者. 46-15 子將庀季氏之○焉. 48-1 日中考○. 48-10 與百官之○事. 48-10 晝講其庶○. 48-14 欲用其○也. 52-17 不聽國○. 53-3 可以寄○. 55-8 作內○而寄軍令焉. 55-9 足以補官之不善○. 56-10 ○既成. 56-16 ○不旅舊. 56-21 是故正之○聽屬. 57-4 牧○聽縣. 57-5 下○聽鄉. 57-5 教不善則○不治. 57-8 ○既成矣. 57-18 夫軍令則寄諸內○矣. 58-4 制晉國之○. 62-5 從○者不可以不戒. 63-15 棄○而役. 66-1 民慢其○. 66-16 君盍老而授之○. 68-12 彼得○而行其欲. 68-12 不可與○. 68-14 未殁而亡○. 68-14 我授之○. 68-15 失○而害國. 68-16 秦始知河東之○. 84-4 以成君○. 85-10 失刑亂○. 85-16 夫君○刑. 85-18 犯○也. 85-19 齊國之○敗矣. 88-13 ○之幹也. 89-20 禮以紀○. 89-21 ○平民阜. 96-21 無若○何. 97-7 以爲大○. 101-8 吾何以從○. 103-6 不得○. 104-6 余將致○焉. 104-6 戎之○也. 104-20 敢歸諸下執○. 105-10 ○德既成. 107-9 導法而卒以○. 107-20 幸以爲○. 109-13 晉國之○. 110-3 今我任晉國之○. 110-4 今治○而內亂. 111-22 以和于○也. 114-13 軍無秕○. 116-4 則○不行. 118-21 ○不行. 118-21 執○使欒氏之臣勿從. 119-9 執○曰. 119-11 今執○曰. 119-15 軍無敗○. 121-6 和於○而好其道. 121-16 而寵其○. 125-13 子爲大○. 126-11 今主任晉國之○. 132-14 夫子承楚國之○. 141-20 執○弗是. 143-11 唯○之恭. 146-18 夫從○者. 152-17 子常爲○. 153-2 君子臨○思義. 154-4 今吾子臨○而歎. 154-5 子患○德之不修. 154-8 內○無出. 167-10 外○無入. 167-10 內○無出. 167-15 外○無入. 167-15 吾與之共知越國之○. 170-5 三年釋其○. 171-23 三月釋其○. 171-23

【赴】 1

○者未及. 18-8

【哉】 32

且夫陽豈有裔民○. 14-1 異○. 26-13 國其危○. 29-9 越○. 38-1 善○. 47-13 善○. 49-6 其亂生○. 64-21 吾豈知紂之善否○. 68-10 太子殆○. 69-2 難○. 69-6 善○. 80-7 甚○. 80-15 可○. 81-16 吾又奚言○. 83-9 子玉無禮○. 98-5 趙孟敬○. 103-24 美○. 107-4 美○. 107-6 美○. 107-13 我王者也乎○. 108-9 樂乎○. 108-11 善逃難○. 110-19 保鄣○. 130-14 其亦必有豐敗也○. 143-13 是其言可以懼○. 145-25 楚其難○. 146-20 豈能涉江淮而與我爭此地○. 160-4 彼豈能與我行此危事也○. 162-18 伯父秉德已侈大○. 165-14 善○. 165-25 善○. 166-17 余雖靦然而人面○. 178-15

【挺】 3

王安○志. 162-23 ○鈹搢鐸. 164-23 ○鈹搢鐸. 165-4

【括】 1

魯武公以○與戲見王. 5-12

【垢】 1

以望君之塵○者. 79-4

【耉】 3

而敬事○老. 5-22 事○老. 96-15 而訪諮於○老. 120-22

【拾】 1

百夫決○. 158-8

【挑】 3

公令韓簡○戰. 82-24 今夕必○戰. 162-19 出而○戰. 177-4

【甚】 30

○於防川. 2-21 所怒○多. 3-11 其抑下滋○. 19-22 患莫○焉. 28-22 ○大無鎛. 31-2 其愛我○矣. 40-11 楚公子○美. 45-14 其滿之○也. 50-23 擇天下之○淫亂者而先征之. 58-21 晉國懼則○矣. 63-22 ○精必愚. 66-12 ○好仁而彊. 67-22 ○寬惠而慈於民. 67-23 欲其○矣. 68-7 寒之○矣. 69-24 申生○好信而彊. 71-7 ○哉. 80-15 ○善焉. 87-18 鄢又○焉. 91-20 夫郤子之怒○矣. 104-5 怠偷○矣. 125-4 如是而○不仁. 133-10 ○得周衆與東土之人. 135-4 又○聰明和協. 136-3 其爲惡也○矣. 144-19 日已○矣. 152-22 ○於成靈. 153-3 吾聞其嗣又○焉. 154-7 用力○少. 175-21 亦又○焉. 176-1

【荆】 23

盧由○嬀. 12-2 ○州諸侯莫敢不來服. 58-25 畢陽實送州犂于○. 106-3 ○救之. 109-6 盍姑釋○與鄭以爲外患乎. 109-15 ○救之. 109-16 盍姑釋○與鄭以爲外患乎. 109-21 又勝○與鄭. 109-22 遂與○人戰於鄢陵. 110-10 ○壓晉軍. 110-15 既退○師於鄢. 110-19 及文子成晉○之盟. 121-8 ○之逆諸侯也亦云. 122-23 ○敗我. 123-1 楚爲○蠻. 123-11 南有○蠻申呂應鄧陳蔡隨唐. 135-6 則皆蠻○戎狄之人也. 135-11 夫○子熊嚴生子四人. 135-23 唯○. 136-22 姜嬴○芈. 136-23 以立名於○. 161-4 今伯父有蠻○之虞. 164-9 況蠻○. 164-12

【革】 16

工協○. 6-3 厲始○典. 25-15 ○木一聲. 29-14 ○木以節之. 29-17 里○遇之. 40-12 僕人以里○對. 40-15 里○斷其罟而棄之. 40-21 吾過而里○匡我. 41-7 不如寘里○於側之不忘也. 41-8 里○曰. 41-21 有○車八百乘. 58-21 定三○. 60-20 羽旄齒○. 91-9 若杞梓皮○焉. 142-8 右尹子○侍. 145-24 皮○羽毛. 154-24

【荐】 3

饑饉○降. 35-24 且夫戎狄○處. 116-7 都鄙○饑. 160-18

【草】 11

本見而○木節解. 16-3 ○木節解而備藏. 16-5 藪有圃○. 16-12 野無奥○. 16-13 田在○閒. 16-15 野無青○. 36-16 託在○莽. 77-21 乃行賂于○中之戎. 97-1 如○木之産也. 107-16 不生○木. 133-16 ○鄙之人. 158-19

【莒】 11

○太子僕弑紀公. 40-9 夫○太子. 40-10 夫○太子殺其君. 40-12 魯人以○人先濟. 44-9 季武子伐○取鄆. 45-24 ○人告于會. 45-24 桓公自○反於齊. 52-4 萊○徐夷吴越. 58-23 賜之○鼎. 126-18 東有齊魯曹宋滕薛鄒○. 135-10 曹姓鄒○. 136-18

【荀】 15

昔先大夫○伯. 19-16 里克丕鄭○息相見. 65-4 ○息曰. 65-5 先告○息曰. 75-21 ○息曰. 75-22 ○息曰. 75-24 ○息謂何. 76-5 ○息曰死之. 76-5 ○息將死之. 76-19 ○息立卓子. 76-19 ○息死之. 76-20 姬酉祁己滕箴任○僖姞儇依是也. 92-7 知○賓之有力而不暴也. 114-13 ○家惇惠. 114-15 ○會文敏. 114-15

【荒】 16

戎狄○服. 1-21 ○服者王. 1-23 自是○服者不至. 2-12 淫佚○怠. 7-10 今號少○. 8-2 田疇○蕪. 28-2 其間無由○怠. 34-17 大王○之. 90-20 ○. 90-20 又恐其○失遺忘. 147-11 ○成不盟. 159-22 而大○薦饑. 165-17 出則禽○. 175-24 入則酒○. 175-25 無至禽○. 176-21 無至酒○. 176-21

【故】 283

是○周文公之頌曰. 1-5 ○能保世以滋大. 1-9 是○爲川者. 2-22 ○天子聽政. 2-23 ○頌曰. 3-13 ○能載周. 3-14 是○稷爲大官. 4-1 ○征則有威. 5-5 ○出令不可不順也. 5-13 而咨於○實. 5-23 且無○而料民. 6-8 是何○. 7-6 ○明神降之. 7-9 ○神亦往焉. 7-13 何○. 8-18 是○祓除其心. 8-24 ○爲車服旗章以旌之. 9-10 ○晉侯誣王. 9-20 臣○曰. 10-14 ○能光有天下. 11-15 臣○曰利外矣. 12-15 ○以其黨啓狄人. 12-21 ○勞之以陽樊. 13-18 ○未承命. 13-22 ○上下無怨. 14-6 何○. 14-14 ○坐諸門外. 15-3 ○立成. 15-11 ○歲飫不倦. 15-11 何○. 16-3 ○先王之教曰. 16-4 ○夏令曰. 16-6 是○小大莫不懷愛. 16-22 ○凡我造國. 17-3 何○. 17-17 ○不歡焉. 18-14 ○聖人之施舍也議之. 18-16 ○聖人貴讓. 19-22 ○王天下者. 19-25 ○儆之以晉. 20-4 ○制戎以果毅. 20-10 抑人○也. 21-11 ○國將無咎. 21-16 ○不可不慎也. 21-19 ○天祚之以天下. 22-25 ○名之曰黑臀. 23-9 ○曰. 23-12 是○聚不阤崩. 23-21 ○上下能相固. 23-24 ○天無伏陰. 24-8 ○亡其氏姓. 24-19 ○高朗令終. 24-25 ○曰成. 27-3 ○聖人樹德於民以除之. 27-22 ○君子得以易樂干祿焉. 27-25 是○先王之制鍾也. 28-17 ○聖人愼之. 28-18 ○必聽和而視正. 28-22 ○樂器重者從細. 29-13 ○曰樂正. 29-21 何○. 30-6 ○諺曰. 30-8 ○名之曰黃鍾. 30-14 ○先王貴之. 31-4 ○以七同其數. 31-14 ○長夷則之上宮. 31-17 ○謂之厲. 31-19 ○謂之宣. 31-21 ○謂之嬴亂. 31-23 ○能生是良材. 32-20 ○不可以不本. 34-11 是○先王制諸侯. 34-15 非○業也. 34-19 ○能攝固. 35-4 臣○曰庶可已矣. 35-7 非○也. 35-8 君作○. 35-9 則○之. 35-9 ○不敢不告. 35-10 ○大者陳之原野. 37-3 ○能有親. 37-7 ○解有罪之地. 37-18 ○愼制祀. 38-2 今無○而加典. 38-2 ○祀以爲稷. 38-6 ○祀以爲社. 38-8 ○有虞氏禘黃帝而祖顓頊. 38-13 爲不易之○也. 39-8 爲利○. 39-11 ○工史書世. 39-23 不憚以吾○. 40-11 君以諸侯之○. 43-8 ○不敢拜. 43-12 ○不憚勤遠. 44-13 ○也. 46-5 ○曰. 46-10 若以蠻夷之○棄之. 47-4 ○長王天下. 48-7 是○天子. 48-9 ○銘其栝曰. 50-13 ○分陳以肅慎氏之貢. 50-15 求諸○府. 50-16 ○請之. 52-15 是○其父兄之教. 53-21 ○士之子恒爲士. 53-22 是○其父兄之教. 54-1 ○工之子恒爲工. 54-2 是○其父兄之教. 54-7 ○商之子恒爲商. 54-8 是○其父兄之教. 54-15 ○農之子恒爲農. 54-16 ○五人爲伍. 55-11 ○五十人爲小戎. 55-12 ○二百人爲卒. 55-13 ○二千人爲旅. 55-13 ○萬人爲一軍. 55-14 ○有中軍之鼓. 55-14 是○卒伍整於里. 55-16 ○夜戰聲相聞. 55-18 是○守則同固. 55-20 是○鄉長退而修德進賢. 56-6 是○匹夫有善. 56-15 夫是○. 56-17 是○士莫敢言一朝之便. 56-19 ○立五大夫. 57-3 是○正之政聽屬. 57-4 何○獨寡功. 57-8 是○匹夫有善. 57-18 是○諸侯歸之. 60-4 ○使輕其幣. 60-6 ○天下諸侯. 60-7 ○拘之以利. 60-9 ○天下小國諸侯. 60-10 ○又大施忠焉. 60-12 是○大國慚媿. 60-20 ○壹事之. 62-7 臣○云. 62-13 ○賞女以爵. 62-18 以儆無辱之○. 64-14 ○莫不盡忠極勞以致死也. 64-18 是○先施讒於申生. 66-13 何○. 67-3 ○能治事. 67-4 ○古之爲軍也. 67-6 無乃以國○. 67-23 ○長民者無親. 68-3 以衆○. 68-4 ○能兼翼. 68-13 是○使申生伐東山. 68-25 ○告之以離心. 69-4 是○賜我奇服. 70-7 君○生心. 70-8 ○不出. 71-7 通復○交. 71-22 多爲之○. 72-3 是○事君者. 72-8 ○陷於大難. 72-21 ○輕致諸侯. 75-7 是○將殺奚齊. 76-13 是○難. 77-5 是○置之者不殆. 78-12 是○先置公子夷吾. 79-12 ○出亡無怨於國. 79-15 ○無不濟. 80-8 ○行不可不慎也. 80-17 是○殺丕鄭及七輿大夫. 81-11 是○氾舟於河. 82-9 何○. 82-21 ○來. 82-22 鬬士是○衆. 82-22 是○歸惠公而質子圉. 84-4 何○. 84-16 ○不和. 84-19 ○久. 84-20 何○. 84-21 是○云. 84-22 ○謂之下. 88-11 臣○云. 89-5 ○二王之嗣. 89-23 則無○. 92-1 懼之○也. 92-1 ○皆爲姬姓. 92-13 ○黃帝爲姬. 92-15 異德之○也. 92-16 是○娶妻避其同姓. 92-19 ○異德合姓. 92-20 ○曰屯. 94-8 ○曰元. 94-9 ○曰亨. 94-9 ○曰利貞. 94-10 ○曰勿用有攸往. 94-11 ○曰利建侯. 94-12 ○曰豫. 94-13 ○入. 95-15 ○求見公. 96-2 告之亂○. 96-5 友○舊. 96-16 是○以曹田衛田賜宋人. 98-2 是○拘宛春於衛. 98-10 何○退. 98-12 以趙衰之○. 99-21 ○詩云. 100-20 ○人生而學. 100-22 是○舜之刑也殛鯀. 102-7 是○去之. 102-22 吾○以是觀女. 103-6 是○伐備鍾鼓. 103-17 爲君○也. 103-20 ○不敢. 104-25 ○川涸山崩. 105-18 ○興王賞諫臣. 107-8 ○擾擾焉. 108-7 ○無憂. 108-10 ○多憂. 108-10 爲使者○. 109-1 ○以惠誅怨. 109-10 ○擾擾焉. 109-19 晉國○大恥. 110-7 ○免楚王. 111-7 是○使胥之昧與夷羊五刺郤至苦成叔及郤錡. 111-10 是○皆自殺. 111-16 ○求元君而訪焉. 113-10 畢○刑. 113-17 ○以彘季屏其宗. 114-4 ○使惇惠者教之. 114-17 ○使魏絳撫諸戎. 116-11 何○犯之. 119-11 臣○不敢不君. 119-15 ○不可損也. 122-22 ○不與盟. 123-13 諸侯之○. 123-18 ○食穀者. 125-17 無大績於民○也. 126-5 是○天子祀上帝. 126-15 何○. 126-20 ○歎. 130-4 以諄趙鞅之○. 131-13 臣以爲不良○也. 132-3 ○無大患. 133-25 王室多○. 135-4 君若以周難之○. 135-15 ○命之曰祝融. 136-7 ○能豐長. 137-9 ○先王以土與金木水火雜. 137-10 ○王者居九畡之田. 137-14 ○懼而棄之. 138-11 ○堯有丹朱. 140-7 不能○也. 140-9 教之○志. 140-17 ○唯東宮與西廣實來. 142-12 何○去之. 142-14 ○曰美. 144-13 ○先王之爲臺榭也. 144-21 ○榭度於大卒之居. 144-22 ○周詩曰. 144-25 ○變而不勤. 145-17 ○制之以義. 145-19 ○欲見以交儆子. 146-5 玆○不言. 147-4 ○三年默以思道. 147-10 ○使朝夕規誨箴諫. 147-11 ○不敢不言. 147-19 ○言. 147-22 ○進退周旋. 148-7 ○神降之嘉生. 149-19 ○重黎氏世敘天地. 150-6 ○求備物. 150-19 ○齊肅以承之. 150-24 恤民之○也. 152-13 ○莊王之世. 152-19 夫其有○. 153-8 ○君及此. 153-10 是○得民. 154-11 ○不敢不言. 156-10 夫是誰之○也. 157-3 ○婉約其辭. 159-14 唯好之○. 160-25 敢請亂○. 163-15 ○也. 169-8 是○敗吳於囿. 172-19 是○戰勝而不報. 175-20 臣○將謁之. 177-2 ○濱於東海之陂. 178-13

【胡】 15

○可壅也. 3-5 ○可專也. 3-10 ○有孑然其郊戎狄也. 15-8 ○可興也. 32-19 ○不自安. 48-24 配虞○公. 50-14 ○可壅也. 62-15 ○可恃也. 69-25 ○爲. 100-22 ○可瀆也. 102-20 子○曰. 125-10 ○美之焉. 144-14 以○公入於貝水. 157-1 而○重於鬼神而自輕也. 159-21 建肥○. 163-2

【南】 30

虞于籍東○. 4-20 宣王既喪○國之師. 5-25 鄭伯○也. 12-9 ○冠以如夏氏. 15-25 棄衮冕而○冠以出. 17-7 五閒○呂. 30-23 ○北之揆七同. 31-12 桀奔○巢. 41-25 公父文伯飲○宮敬叔酒. 47-16 吾欲○伐. 58-11 地○至於餔陰. 58-19 東○多有淫亂者. 58-23 遂○征. 58-24 而○歸. 59-1 ○城於周. 59-8 ○伐楚. 75-10 賜公○陽陽樊溫原州陘絺組攢茅之田. 97-8 而謀於○宮. 100-18 夫○夷與楚來. 108-15 ○有荆蠻申呂應鄧陳蔡隨唐. 135-6 ○方不可乎. 135-23 撫征○海. 141-15 生子○. 143-3 子○之母亂陳而亡之. 143-4 使子○戮於諸侯. 143-4 緬然引領○望. 143-12 乃命○正重. 150-3 越國○則楚. 166-15 越王軍於江○. 168-11 ○至於句無. 171-14

【枯】 4

己獨集於○. 71-15 何謂○. 71-16 可不謂○乎. 71-17 ○且有傷. 71-17

【柯】 4

○陵之會. 21-4 諸侯會于○陵. 22-8 今若大其○. 118-8 伐○者其則不遠. 178-2

【柄】 5

辰在斗○. 31-6 治國家不失其○. 52-7 而慎用其六○焉. 53-14 晉既執諸侯之○以臨我. 162-10 我既執諸侯之○. 162-21

【相】 89

呂甥郤芮○晉侯. 8-13 道○逮也. 10-16 原公○禮. 14-19 以時○見. 15-4 ○說也. 18-22 以爲必○晉國. 18-25 ○晉國. 18-25 目體不○從. 21-14 德之○也. 23-4 被文○德. 23-4 故上下能○固. 23-24 是不○入也. 27-18 聲應○保曰和. 29-18 使五年四王一○朝. 34-15 臣不聞諸侯○會祀也. 34-22 無○害也. 36-19 班○恤也. 37-7 季文子○宣成. 42-3 ○二君矣. 42-4 無乃非○人乎. 42-6 則兩君○見之樂也. 43-11 ○延食鼈. 47-17 牧○宣序民事. 48-10 式權以○應. 53-10 ○語以事. 53-25 ○示以巧. 53-25 ○陳以功. 53-25 ○語以利. 54-6 ○示以賴. 54-6 ○陳以知賈. 54-6 人與人○疇. 55-17 家與家○疇. 55-18 故夜戰聲○聞. 55-18 晝戰目○見. 55-19 足以○識. 55-19 其歡欣足以○死. 55-19 訾○其質. 56-10 ○地而衰征. 56-21 里克丕鄭荀息○見. 65-4 以○心目. 67-3 其從者皆國○也. 89-14 以○一人. 89-14 與司馬公孫固○善. 90-6 世○起也. 90-23 二帝用師以○濟也. 92-15 男女○及. 92-17 男女不○及. 92-18 姓利○更. 92-21 子餘○. 93-7 后稷是○. 94-23 佐○以終. 95-22 ○待如賓. 102-5 諸臣之內○與. 109-22 與其君臣不○聽. 110-7 以○晉國. 121-14 朝夕不○及. 124-24 今趙孟○晉國. 125-1 使夙沙釐○之. 129-9 擇師保以○子. 130-25 不能匡○其君. 132-7 而恥人之君○. 134-1 況君○乎. 134-3 實與諸姬代○干也. 136-23 且夫誦詩以輔○之. 141-5 二先子其皆○子. 142-3 春秋○事. 143-17 問誰○禮. 144-3 而使長鬣

之士○焉. 144-10 左史倚○廷見申公子亹. 146-2 左史倚○曰. 146-5 倚○將奔走承序. 146-6 於倚○何害. 146-16 訪之左史倚○. 148-1 不○亂也. 149-18 無○侵瀆. 150-4 而○楚君. 152-21 道殣○望. 152-22 趙簡子鳴玉以○. 154-15 又有左史倚○. 154-19 而皇神○之. 155-2 以輔○國家. 155-6 日夜○繼. 163-17 其父子昆弟不○能. 165-1 簦笠○望於艾陵. 165-5 以環瑱通○問也. 167-19 皆曲○御. 176-8 莫適○非. 176-8 上下○偷. 176-8 必將與天地○參. 176-19

【柤】 4

見翟○之氛. 65-17 必爲翟○也. 65-20 夫翟○之君. 65-20 乃伐翟○. 66-1

【柏】 7

及○谷. 73-20 胥籍狐箕欒郤○先羊舌董韓. 96-16 松○不生埤. 125-12 松○之地. 133-17 乃有○舉之戰. 153-3 以敗於○舉. 153-10 以與楚昭王毒逐於中原○舉. 164-23

【柳】 2

文仲聞○下季之言. 39-3 軍于廬○. 95-4

【枹】 6

執○鼓立於軍門. 52-8 右援○. 104-21 挾經秉○. 163-3 挾經秉○. 163-4 王乃秉○. 163-10 右援○. 178-8

【柱】 1

其子曰○. 38-6

【勃】 3

獻公使寺人○鞮伐公於蒲城. 95-9 ○鞮斬其袪. 95-10 ○鞮求見. 95-10

【軌】 11

度之于○儀. 24-10 百官○儀. 30-13 示民○儀也. 30-20 五家爲○. 55-10 ○爲之長. 55-10 十○爲里. 55-10 五家爲○. 55-11 ○長帥之. 55-12 十○爲里. 55-12 里退而修○. 56-14 ○退而修伍. 56-15

【要】 9

夷蠻○服. 1-21 ○服者貢. 1-23 納○也. 34-20 信之○也. 46-19 握兵之○. 70-1 兵○遠災. 70-2 薄其○結. 75-8 以○晉國之成. 84-3 無有○質. 149-23

【迺】 1

○出陽人. 97-16

【咸】 5

○戒公卿百吏庶民. 4-8 ○戒農用. 4-9 小賜不○. 34-9 不○. 34-10 衆○曰. 103-2

【威】 42

動則○. 1-5 懷德而畏○. 1-9 有○讓之令. 2-5 故征則有○. 5-5 ○儀有則. 15-13 以○民也. 37-3 其○大矣. 41-21 失○而至於殺. 41-21 其○大矣. 44-25 天○不違顏咫尺. 59-18 則民不○. 66-15 乃可以○民而懼戎. 66-17 我以武與○. 68-14 不可謂○. 68-15 其誰不儆懼於君之○. 78-1 ○兮懷兮. 80-13 不○. 85-16 畏○如疾. 88-9 見懷思○. 88-10 畏○如疾. 88-10 乃能○民. 88-11 ○在民上. 88-11 去○遠矣. 88-11 衆順而有武○. 94-11 居樂出○之謂也. 94-13 是以內和而外○. 109-7 弑君以求○. 112-1 ○行爲不仁. 112-2 明訓在○權. 118-10 ○權在君. 118-11 是遂○而遠權. 118-12 民畏其○. 118-12 則民○矣. 118-16 ○與懷各當其所. 118-17 則大不喪○. 124-3 ○儀以先後之. 141-5 ○儀之則. 149-12 無有嚴○. 150-1 以取○於民. 150-9 夫固知君王之蓋○以好勝也. 159-13 君王舍甲兵之○. 159-21 今寡人將助天○之. 172-14

【厚】 42

而○其性. 1-7 王○賄之. 18-19 交酬好貨皆○. 18-21 ○味實腊毒. 21-23 子孫豐○. 25-23 ○也. 26-25 廣○其心. 27-2 以混○民人者. 27-9 乏則將○取於民. 27-17 ○其好貨. 37-12 不○其棟. 41-12 以○其欲. 64-25 衆況○之. 68-4 殺君而○利衆. 68-5 而○其敗. 68-8 乃可○圖也. 68-23 我罪滋○. 70-9 去而○怨. 73-7 而○德之. 75-9 ○者. 76-8 ○貪則怨生. 76-10 子○賂秦人以求入. 77-11 恐○亂. 77-18 君○問以召呂甥郤稱冀芮而止之. 81-8 鄭之使薄而報○. 81-10 而○於寇. 82-12 德莫○焉. 84-24 楚子○幣以送公子于秦. 91-21 ○也. 94-4 土○而樂其實. 94-5 ○之至也. 94-8 以○民性. 96-14 ○爲之禮而歸之. 99-1 唯○德者. 109-17 猶無基而○墉也. 110-23 弑厲公以○其家. 118-15 ○箴戒圖以待之. 119-1 乃○其外交而勉之. 119-3 ○賂之. 119-17 且城○完. 134-10 蓄怨滋○. 152-24 王安○取名而去之. 165-24

【面】 11

有神人○白毛虎爪. 74-8 將止不○夷. 85-23 女不○夷. 85-25 而不能○夷. 86-1 無○傷. 131-16 宵之佷在○. 133-5 ○佷不害. 133-7 王親○傷. 143-2 君何○目以見員也. 169-6 余何○目以視於天下乎. 173-1 余雖靦然而人○哉. 178-15

【郟】 4

晉文公既定襄王于○. 12-23 殺○敖而代之. 45-21 遂定之于○. 97-6 唯謝○之間. 137-2

【虺】 1

爲○弗摧. 159-17

【殃】 15

必有三○. 32-24 其○大矣. 33-2 夏父弗忌必有○. 40-3 能無○乎. 40-5 若有○焉在. 40-5 不爲無○. 40-7 其有○也多矣. 82-2 天○流行. 82-4 晉之○也. 125-21 今以梗陽之賄○之. 129-24 今爾以是○之. 153-21 其民不忍饑勞之○. 160-10 則不能與三軍共饑勞之○. 166-19 以避天○. 175-10 反受其○. 176-3

【殄】 4

以○滅無胤. 24-22 固民之○病是待. 35-15 至於○滅. 41-24 ○其讒慝. 151-14

【殆】 15

○請之也. 18-13 ○必禍者也. 21-12 ○不可矣. 32-15 夫衛君○無罪矣. 37-1 太子○哉. 69-2 大夫○. 70-4 適子○. 70-4 亂國而身○. 76-17 ○. 77-1 是故置之者不○. 78-12 ○有禮矣. 90-11 ○於必斃者也. 137-5 楚其○矣. 145-3 ○必亡者也. 152-8 猶尚○. 176-21

【皆】 124

○將取焉. 3-10 ○可知也. 6-4 是○習民數者也. 6-6 西周三川○震. 6-10 是○明神之志者也. 7-19 四者○棄. 9-4 是○能內利親親者也. 11-22 是○外利離親者也. 12-2 ○受鄭勞. 12-11 夫亦○天子之父兄甥舅也. 14-1 君臣○獄. 14-7 左右○免胄而下拜. 14-12 則○官正莅事. 16-24 季文子孟獻子○儉. 17-14 叔孫宣子東門子家○侈. 17-15 若○蚤世猶可. 18-6 交酬好貨○厚. 18-21 ○民之爲也. 20-7 必○無謫. 21-16 夫子○有焉. 22-23 ○亡王之後也. 24-15 ○黃炎之後也. 24-21 ○可知也. 25-1 是○天子之所知也. 25-23 則○亡王之爲也. 26-4 ○有焉. 26-15 民○得焉. 27-13 ○在北維. 31-6 使公卿○從. 32-2 ○將爭先. 37-19 ○有功烈於民者也. 38-19 ○怨府也. 41-15 ○是術也. 42-1 美惡○君之由. 42-2 ○昭令德以合好也. 43-11 ○非使臣之所敢聞也. 43-12 襄昭○如楚. 44-3 諸大夫○欲還. 44-12 ○非吾所敢言也. 48-1 ○衣其夫. 48-20 ○不踰閾. 49-2 ○屬於王者. 49-24 使百姓○加勇焉. 52-9 民○勉爲善. 56-17 ○有終歲之計. 56-19 ○有終身之功. 56-20 其○有焉. 64-10 固○至矣. 64-17 三代○然. 65-1 ○有所行之. 67-23 人○集於苑. 71-14 ○民之所惡也. 73-10 ○里丕之黨也. 81-12 二三子○在外而不及. 81-15 衆○哭. 84-8 衆○說. 84-14 三軍之士○在. 86-1 ○以爲然. 87-11 其從者○國相也. 89-14 亡者○無禮者也. 89-19 ○爲己姓. 92-4 故○爲姬姓. 92-13 ○八也. 93-25 ○曰. 94-1 ○利建侯. 94-2 ○晉祥也. 95-1 ○降. 95-3 則○王之父兄甥舅也. 97-14 其左右○卿才. 98-23 ○可以爲輔佐. 99-12 ○社稷之衛也. 99-21 ○告諸大夫曰. 103-8 諸大夫○謂我智似陽子. 105-22 諸侯○叛. 108-6 諸侯○叛. 109-18 是故○自殺. 111-16 則民心○可畜. 118-13 諸侯○有二心. 120-24 ○君之臣也. 122-12 若○卹國如是. 124-2 匠人請○斲之. 124-11 ○一卒. 125-25 子○疏之. 131-2 兩鞁○絕. 131-12 ○主之所知也. 133-23 ○能害人. 134-3 吾不與○斃. 134-9 則○蠻荆戎狄之人也. 135-11 是○有驕侈怠慢之心. 135-14 其後○爲王公侯伯. 136-12 ○爲采衛. 136-18 其後○不失祀. 136-25 十邑○有寄地. 139-3 ○有元德也. 140-8 二先子其○相子. 142-3 其大夫○卿材也. 142-7 諸侯○距. 144-8 ○無害焉. 144-13 賦○千乘. 145-6 ○志於諸侯. 145-15 ○非嗣也. 147-14 桓文○然. 147-17 若○讎君. 153-20 ○有其華而不實者也. 155-24 ○不在矣. 156-6 是○子之所聞也. 157-3 將百羣○奔. 160-19 既而○入其地. 162-22 行頭○官師. 163-1 ○白裳白旂素甲白羽之矰. 163-5 ○赤裳赤旟丹甲朱羽之矰. 163-6 ○玄裳玄旗黑甲烏羽之矰. 163-8 三軍○譁釦以振旅. 163-11 乃○進. 164-1 使貧富○利之. 166-14 ○以情告. 166-24 ○造於國門之外. 167-6 ○在此者. 168-2 ○在此. 168-3 宋鄭魯衛陳蔡執玉之君○入朝. 169-7 國人○勸. 172-18 美惡○成. 175-8 ○曲相御. 176-8 ○知其資財之不足以支長久也. 176-20

【背】 17

而○外內之賂. 9-3 ○宋之盟. 19-3 不○本也. 23-4 莫之敢○. 60-10 而○外內之賂. 80-4 乃○秦賂. 81-5 知而○之. 81-18 ○君賂. 81-22 忘善而○德. 82-13 ○其外賂. 83-9 忘善而○德. 83-12 是自○其信. 122-24 而魯○之. 123-25 必將○君. 135-16 ○其齊盟. 162-5 王○屏而立. 167-9 王○檐而立. 167-13

【貞】 14

有不○焉. 65-15 孝敬忠○. 65-15 我對以忠○. 75-24 ○也. 76-2 ○之無報也. 80-11 ○爲不聽. 80-12 不更厥○. 80-12 而文以忠○. 90-9 得○屯悔豫. 93-25 元亨利○. 94-8 故曰利○. 94-10 欒枝○慎. 99-12 君知士○子之帥志博聞. 114-11 請○於陽卜. 164-7

【虐】 18

厲王○. 2-18 鸁穢暴○. 7-11 ○其處者. 9-3 王而○之. 12-13 若之何其○之也. 14-2 靈公○. 103-22 二三子之○也. 113-9 元而以○奉

之. 113-10 若欲暴○. 113-11 靈王○. 146-22 下○上爲弒. 153-19 上○下爲討. 153-19 德○之行. 175-18 無助天爲○. 178-11 助天爲○者不祥. 178-11 子將助天爲○. 178-12 將助天爲○. 178-16 助天爲○不祥. 178-16

【省】 9

其后稷○功. 4-16 司徒○民. 4-16 ○其典圖刑法. 25-1 夫天道導可而○否. 32-23 無由○之. 41-23 夕○其典刑. 48-14 是以君子○衆而動. 80-8 考○不倦. 80-9 ○用足財. 96-14

【削】 1

又恐○封疆. 68-20

【昧】 4

是故使胥之○與夷羊五刺郤至苦成叔及郤錡. 111-10 而好讒慝暗○. 137-7 行暗○也. 137-23 ○明. 163-9

【是】 482

○故周文公之頌曰. 1-5 ○先王非務武也. 1-19 於○乎有刑不祭. 2-3 於○乎有刑罰之辟. 2-4 ○以近無不聽. 2-7 自○荒服者不至. 2-12○障之也. 2-21 ○故爲川者. 2-22 ○以事行而不悖. 3-1 財用於○乎出. 3-2 衣食於○乎生. 3-3 善敗於○乎興. 3-3 於○國莫敢出言. 3-6 以○教王. 3-11 ○不布利而懼難乎. 3-14 ○以及此難. 3-19 於○乎出. 3-23 於○乎生. 3-24 於○乎在. 3-24 於○乎興. 3-25 於○乎始. 3-25 於○乎成. 4-1 ○故稷爲大官. 4-1 ○日也. 4-19 ○時也. 5-4 王事唯農○務. 5-4 若○. 5-6 ○教逆也. 5-15 ○自誅王命也. 5-16 ○事也. 5-17 諸侯從○而不睦. 5-19 ○則少多死生出入往來者. 6-3 於○乎又審之以事. 6-4 ○皆習民數者也. 6-6 ○示少而惡事也. 6-7 於○有地震. 6-12 ○陽失其所. 6-13 ○歲也. 6-20 ○謂榮禍. 7-3 ○何故. 7-6 ○以或見神以興. 7-13 ○皆明神之志者也. 7-19 今○何神也. 7-20 ○實臨照周之子孫. 7-22 若由○觀之. 7-24 ○謂逢福. 8-1 ○謂貪禍. 8-2 若由○觀之. 8-6 ○有逸罰. 8-22 如○. 8-22 ○故祓除其心. 8-24 於○乎有朝日夕月. 9-7 於○乎有蠻夷之國. 9-13 於○乎始霸. 10-20 若○. 11-7 晉鄭○依. 11-9 ○以小怨置大德也. 11-10 ○皆能內利親親者也. 11-22 ○皆外利離親者也. 12-2 ○利之內也. 12-7 ○其外利也. 12-8 ○不尊貴也. 12-9 ○不明賢也. 12-10 ○不庸勳也. 12-11 ○不長老也. 12-12 ○不愛親也. 12-13 亦唯○死生之服物采章. 13-5 若由○姬姓也. 13-12 ○以未從於晉. 13-19 於○乎致武. 13-21 唯官○徵. 13-22 臣○以懼. 13-25 ○君子之言也. 14-2 ○無上下也. 14-7 ○道廢也. 14-16 ○行也. 14-16 唯○先王之宴禮. 14-24 於○乎有折俎加豆. 15-8 於○乎修執秩以爲晉法. 15-17 ○廢先王之教也. 16-10 ○棄先王之法制也. 16-16 ○故小大莫不懷愛. 16-22 ○蔑先王之官也. 17-1 ○又犯先王之令也. 17-8 若○. 18-3 ○不賞善也. 18-15 ○以不主寬惠. 18-17 ○有五勝也. 19-7 ○吾力也. 19-11 若○而知晉國之政. 19-13 ○三子也. 19-17 ○其言也. 19-19 ○則聖人知民之不可加也. 19-24 ○求蓋七人也. 20-1 ○以觀其容. 21-12 於○乎觀存亡. 21-15 吾○以云. 21-21 有○寵也. 22-2 ○爲悼公. 23-15 ○故聚不阤崩. 23-21 ○以民生有財用. 23-22 ○飾亂而佐鬬也. 25-10 其難也如○. 25-15 ○以人夷其宗廟. 25-20 ○皆天子之所知也. 25-23 亂於○乎始生. 26-8 如○. 26-17 ○道成王之德也. 26-22 於○乎量資幣. 27-12 於○乎有母權子而行. 27-13 於○乎有子權母而行. 27-14 ○離民也. 27-17 ○不相入也. 27-18 將災○備禦而召之. 27-20 ○去其藏而翳其人也. 28-7 ○故先王之制鍾也. 28-17 於○乎生. 28-18 於○乎出. 28-18 ○以作無不濟. 28-25 於○乎有狂悖之言. 29-6 ○以金尚羽. 29-13 如○. 29-18 於○乎氣無滯陰. 29-20 於○乎道之以中德. 29-25 神○以寧. 30-1 民○以聽. 30-2 由○第之. 30-15 王欲合○五位三所而用之. 31-11 於○乎有七律. 31-14 人異於○. 32-2 ○以爲之日惕. 32-11 故能生○良材. 32-20 萇叔反○. 32-23 ○歲也. 33-3 ○以用民無不聽. 34-9 ○則可矣. 34-12 ○故先王制諸侯. 34-15 君爲○舉. 34-18 ○男女無别也. 35-12 固國之艱急○爲. 35-14 固民之殄病○待. 35-15 ○以國家無違. 35-20 ○無隱也. 37-4 自○晉聘於魯. 37-12 非○族也. 38-5 非○. 38-21 ○歲也. 39-3 ○辱君命也. 39-11 水虞於○乎講罛罶. 40-22 獸虞於○乎禁罝羅. 40-25 水虞於○禁罝罜麗鹿. 41-1 ○良罟也. 41-7 皆○術也. 42-1 吾○以不敢. 42-6 自○子服之妾. 42-8 ○以上能征下. 43-23 自○齊楚代討於魯. 44-3 ○行也. 44-9 將天下○王. 45-3 ○我會吾私也. 46-3 苟如○. 46-3 君子○以患作. 46-6 ○昭其不衷也. 46-7 ○主信也. 46-20 ○故天子. 48-9 以○承君之官. 48-24 ○昭吾子也. 49-12 於○肅慎氏貢楛矢石砮. 50-12 於○乎有鰥寡孤疾. 51-4 不○過也. 51-7 則○君之賜也. 52-5 ○以濱於死. 52-10 夫猶○也. 52-11 於○莊公使束縛以予齊使. 52-22 而唯女○崇. 53-4 ○以國家不日引. 53-7 ○故其父兄之教. 53-21 夫○. 53-21 ○故其父兄之教. 54-1 夫○. 54-1 ○故其父兄之教. 54-7 夫○. 54-8 ○故其父兄之教. 54-15 ○. 54-16 管子於○制國. 54-21 管子於○制國. 55-10 ○故卒伍整於里. 55-16 ○故守則同固. 55-20 ○故鄉長退而修德進賢. 56-6 ○故匹夫有善. 56-15 夫○故. 56-17 ○故士莫敢言一朝之便. 56-19 ○故正之政聽屬. 57-4 桓公擇○寡功者而讁之. 57-7 五屬大夫於○退而修屬. 57-15 ○故匹夫有善. 57-18 於○天下諸侯. 60-3 ○故諸侯歸之. 60-4 ○故大國慚媿. 60-20 ○交勝也. 62-12 於○乎與伊尹比而亡夏. 63-4 於○乎與膠鬲比而亡殷. 63-5 於○乎與虢石甫比. 63-7 周於○乎亡. 63-10 夫若○. 63-12 ○以及亡. 63-17 ○以讒口之亂. 63-20 ○以民能欣之. 64-18 ○以能有常. 64-22 ○棄民也. 65-7 以○處國. 65-24 ○故先施讒於申生. 66-13 太子由○得罪. 66-21 ○左之也. 66-25 ○以寡敗. 67-7 凡民利○生. 68-5 ○以臨諸侯. 68-14 ○故使申生伐東山. 68-25 且○衣也. 69-6 ○故賜我奇服. 70-7 ○以深謀. 71-8 ○故事君者. 72-8 ○以言至而無所訟之也. 72-21 唯與讒人鈞○惡也. 72-22 ○怨君也. 73-3 ○重困也. 73-5 ○逃死也. 73-5 ○以諡爲共君. 73-15 ○吾免也. 74-6 ○以遂於逆命. 74-16 ○天奪之鑒. 74-16 ○以北伐山戎. 75-10 ○之不果奉. 75-13 而暇晉○皇. 75-13 汪○土也. 75-17 ○歲也. 75-19 ○故將殺奚齊. 76-13 於○殺奚齊卓子及驪姬. 76-18 ○以導民. 76-25 ○哀樂喜怒之節易也. 77-2 ○故難. 77-5 ○故置之者不殆. 78-12 ○故先置公子夷吾. 79-12 ○以君子省衆而動. 80-8 孰○人斯. 80-11 而有○臭也. 80-11 吾○之依兮. 80-15 ○故殺丕鄭及七輿大夫. 81-11 寡人其君○惡. 82-3 ○故氾舟於河. 82-9 鬬士○故衆. 82-22 ○君之不置德而置服也. 83-5 ○吾不置德而置服也. 83-8 ○再施不遂也. 84-2 ○故歸惠公而質子圉. 84-4 而羣臣○憂. 84-11 ○故云. 84-22 ○犯也. 85-5 臣○以待卽刑. 85-9 ○以治民. 85-18 由○始之. 87-16 ○以甘食. 88-23 小人○懼. 89-10 ○不明賢也. 89-25 ○不禮賓. 90-2 ○之不難. 90-4 於○懷公自秦逃歸. 91-21 唯命○聽. 92-2 姬酉祁己滕箴任荀僖姞儇依○也. 92-7 同德之難也如○. 92-13 ○故娶妻避其同姓. 92-19 ○子將有焉. 93-21 ○在周易. 94-1 ○二者. 94-14 晉人○居. 94-21 ○謂大辰. 94-22 后稷○相. 94-23 ○謂天地配亨. 94-24 ○謂臣. 95-16 ○謂君. 95-16 ○謂明訓. 95-17 於○呂甥冀芮畏偪. 96-1 然○吾惡心也. 96-4 ○君子之言也. 97-15 ○故以曹田衛田賜宋人. 98-2 ○不許釋宋也. 98-7 ○楚一言而有三施. 98-8 ○故拘宛春於衛. 98-10 於○乎民知君心. 99-6 ○廢德也. 99-21 ○在謹也. 100-7 於○乎用四方之賢良. 100-16 若○. 100-21 於○乎遂伯. 101-10 ○故舜之刑也殛鯀. 102-7 ○故去之. 102-22 吾故以○觀女. 103-6 苟從○行也. 103-7 ○反天地而逆民則也. 103-12 ○故伐備鍾鼓. 103-17 亦如○而已. 105-19 ○以難及其身. 105-23 於○乎. 107-9 先王疾○驕也. 107-12 ○先王覆露子也. 108-4 於○敗楚師於鄢陵. 108-20 欒書○以怨郤至. 108-20 ○以內和而外威. 109-7 ○難. 109-15 於○乎. 110-10 於○乎國人不蠲. 110-12 唯德○授. 110-21 ○故使胥之昧與夷羊五刺郤至苦成叔及郤錡. 111-10 ○故皆自殺. 111-16 ○焚穀也. 113-7 ○穀不成也. 113-8 至於今○用. 114-3 至於今○賴. 114-4 於○乎. 115-7 於○乎始復霸. 115-11 於○乎遂伯. 116-11 ○以難已也. 118-8 ○遂威而遠權. 118-12 ○以沒平公之身. 119-8 ○明令必從君也. 119-12 ○墮其前言. 119-18 ○虎目而豕喙. 119-21 ○不可饜也. 119-22 必○子也. 119-24 唯事○待. 120-11 ○吾罪也. 120-14 ○反吾子也. 120-17 ○之不憂. 120-24 ○以受隨范. 121-8 ○以受郇櫟. 121-9 於○無四方之患. 121-10 於○加寵. 121-11 不敢謂○也. 121-17 ○以遠服而邇不遷. 121-22 ○揚吾君之恥者也. 122-1 ○以在此. 122-24 ○自背其信. 122-24 ○行也. 123-3 自○. 123-5 ○吾出而危之也. 123-21 若皆衈國如○. 124-2 若○道也果. 124-3 ○謂遠男而近女. 125-6 ○不饗穀而食蠱也. 125-18 ○不昭穀明而皿蠱也. 125-19 吾○以云. 125-20 過○. 125-21 ○歲也. 125-22 ○故天子祀上帝. 126-15 吾○以憂. 126-20 ○以賀. 127-5 ○我以鼓教吾邊鄙貳也. 128-20 我君○事. 129-2 而有○臣也. 129-8 ○以再歎. 130-5 ○以三歎. 130-6 ○見寅與吉射也. 130-18 ○昭余讎也. 130-20 ○以修之. 131-3 ○罰善也. 131-4 吾○以賀. 132-15 吾○以懼. 133-2 如○而甚不仁. 133-10 異於○. 133-21 不見○圖. 133-24 自○五年. 134-4 ○養吾疾而干吾祿也. 134-9 ○非王之支子母弟甥舅也. 135-11 ○其子男之國. 135-13 ○皆有驕侈怠慢之心. 135-14 ○驕而貪. 135-16 ○可以少固. 135-22 季紃○立. 136-2 ○天啓之心也. 136-3 虞夏商周○也. 136-9 ○易取也. 137-4 ○以和五味以調口. 137-11 夫如○. 137-15 於○乎. 137-15 王將棄○類也. 137-17 而婦言○行. 137-22 ○物也. 137-23 於○宣王聞之. 137-24 有夫婦鬻○器者. 137-25 而嬖○女也. 138-13 秦景襄於○乎取周土. 139-5 晉文侯於○乎定天子. 139-6 齊莊僖於○乎小伯. 139-6 楚蚠冒於○乎始啓濮. 139-7 ○五王者. 140-8 若○而不從. 140-19 若○而不濟. 141-3 唯○春秋所以從先君者. 141-12 有○寵也. 141-15 王弗○. 142-10 ○師也. 142-12 王弗○. 142-20 王弗○. 142-23 執政弗○. 143-11 先君以○除亂克敵. 144-5 ○聚民利以自封而瘠民也. 144-14 於○乎爲之. 144-23 於○乎用之. 144-24 於○乎臨之. 144-25 於○乎成之. 144-25 ○三城也. 145-22 ○知天咫. 145-24 ○言誕也. 145-24 ○其言可以懼哉. 145-25 於○不給. 146-6 於○乎作懿戒以自儆也. 146-14 於○乎. 147-2 ○無所稟令也. 147-3 武丁於○作書.

147-4 如○. 147-5 ○以其入也. 147-16 而至於○有畿田. 147-16 唯道○從. 148-7 如○. 149-9 ○使制神之處位次主. 149-10 於○乎. 149-17 ○謂五官. 149-18 民○以能有忠信. 149-18 神○以能有明德. 149-19 ○謂絕地天通. 150-4 ○以先王之祀也. 150-19 ○以古者先王. 151-4 國於○乎蒸嘗. 151-9 家於○乎嘗祀. 151-9 於○乎. 151-13 於○乎. 151-13 ○爲百姓. 152-3 不○過也. 152-10 不○過也. 152-11 於○乎. 152-14 ○勤民以自封. 152-18 ○不先恤民而後己之富乎. 152-20 ○之不恤. 152-23 非○不讎. 153-19 今爾以○殃之. 153-21 於○有歎. 154-4 吾○以歎. 154-7 ○故得民. 154-11 ○六德者. 155-24 ○之爲日惕. 156-21 夫○誰之故也. 157-3 ○皆子之所聞也. 157-3 ○以無成功. 159-4 ○天王之無成勞也. 159-6 今王非越○圖. 160-3 ○吴命之短也. 161-15 於○越王句踐乃命范蠡后庸. 161-24 今非王室不平安○憂. 163-18 諸侯○以敢辭. 164-12 ○以復歸於吴. 165-1 唯○車馬兵甲卒伍既具. 166-3 唯○車馬兵甲卒伍既具. 166-22 ○子也. 167-10 ○我也. 167-10 ○子也. 167-14 ○我也. 167-15 則○盡也. 168-3 於○人有致死之心. 168-8 於○吴王起師. 168-11 ○以帶甲萬人事君也. 170-18 與其殺○人也. 170-19 將不可改於○矣. 170-23 於○葬死者. 171-10 孰○吾君也. 172-18 ○故敗吴於囿. 172-19 ○謂守時. 174-8 無○貳言也. 174-14 ○故戰勝而不報. 175-20 時反○守. 176-2 其事○以不成. 176-13 微者則○行. 177-11 又安知○諓諓者乎. 178-15

【郢】 4

乃命諸稽○行成於吴. 158-14 使下臣○. 158-15 越王又使諸稽○辭曰. 159-20 遂至于○. 164-25

【則】 418

動○威. 1-5 觀○玩. 1-5 玩○無震. 1-5 ○修意. 2-1 ○修言. 2-1 ○修文. 2-1 ○修名. 2-2 ○修德. 2-2 ○修刑. 2-3 ○增修於德. 2-6 ○殺之. 2-19 稷○徧誡百姓. 4-21 王○大徇. 5-1 故征○有威. 5-5 守○有財. 5-6 ○享祀時至. 5-6 然○能訓治其民矣. 5-23 是○少多死生出入往來者. 6-3 然○何爲. 7-25 ○惟女衆. 8-21 ○惟余一人. 8-21 ○長衆使民. 8-22 昭明物○以訓之. 8-25 昭明物○. 9-1 然○長衆使民之道. 9-1 ○遠不至而近不和矣. 9-4 德之○也. 10-7 ○德以導諸侯. 10-7 忠分○均. 10-9 仁行○報. 10-10 信守○固. 10-10 義節○度. 10-10 ○閱乃内侮. 11-7 不義○利不阜. 11-14 不祥○福不降. 11-14 不仁○民不至. 11-15 由之利内○福. 11-20 利外○取禍. 11-20 然○民莫不審固其心力. 12-5 輕○寡謀. 14-14 驕○無禮. 14-14 無禮○脫. 14-15 ○有全烝. 14-22 ○有房烝. 14-22 ○有餚烝. 14-23 ○有體薦. 15-1 以示民訓○. 15-5 威儀有○. 15-13 ○順而德建. 15-15 ○以班加一等益虔. 16-23 ○皆官正莅事. 16-24 ○君親監之. 16-25 本有保○必固. 17-20 ○無敗功. 17-20 教施而宣○徧. 17-20 惠以和民○阜. 17-20 ○不違. 17-23 ○不懈. 17-23 ○寬於死. 17-23 ○遠於憂. 17-24 ○可以上下無隙矣. 17-25 用足○族可以庇. 18-2 侈○不恤匱. 18-2 ○必廣其身. 18-3 我○强之. 19-2 我○强之. 19-10 子○賢矣. 19-15 是○聖人知民之不可加也. 19-24 ○能長利. 19-25 不祥○天棄之. 20-6 不義○民叛之. 20-6 奉義順○謂之禮. 20-8 ○可以知德矣. 21-17 ○國從之. 21-20 犯○陵人. 22-1 迂○誣人. 22-2 伐○掩人. 22-2 能文○得天地. 22-18 然○無夭昏札瘥之憂. 23-22 比類百○. 24-4 不儀生物之○. 24-22 而儀於物○. 24-24 而蔑棄五○. 25-20 而亦未觀夫前哲令德之○. 25-22 ○此五者. 25-22 ○非祥也. 26-2 ○非義也. 26-2 類之民○. 26-3 ○非仁也. 26-3 ○非順也. 26-3 ○非正也. 26-3 ○皆亡王之爲也. 26-4 中非民○. 26-6 ○單子必當之矣. 27-9 ○爲作重幣以行之. 27-12 ○多作輕而行之. 27-14 乏○將厚取於民. 27-17 ○何以經國. 27-21 王府○有. 27-23 聽和○聰. 28-23 視正○明. 28-23 聰○言聽. 28-23 明○德昭. 28-24 ○能思慮純固. 28-24 ○歸心焉. 28-25 然○能樂. 29-1 ○味入不精. 29-5 不精○氣佚. 29-5 氣佚○不和. 29-5 作○不濟. 29-8 求○不獲. 29-8 ○有蕃殖之財. 29-25 ○爲和. 30-6 五曰夷○. 30-18 所以詠歌九○. 30-18 和平○久. 31-3 久固○純. 31-3 純明○終. 31-3 終復○樂. 31-3 ○我皇妣大姜之姪. 31-8 ○我有周之分野. 31-9 以夷○之上宫畢. 31-16 故長夷○之上宫. 31-17 所以藩屏民○也. 31-18 ○可也. 32-2 然○夫支之所道者. 32-11 ○必子孫實有禍. 33-1 是○可矣. 34-12 終○講於會. 34-16 訓上下之○. 34-17 ○故之. 35-9 逆○亦書其逆也. 35-9 男○玉帛禽鳥. 35-11 君子○否. 36-15 法施於民○祀之. 38-3 以死勤事○祀之. 38-3 以勞定國○祀之. 38-3 能禦大災○祀之. 38-4 能扞大患○祀之. 38-4 ○請納祿與車服而違署. 39-12 毀○者爲賊. 40-16 ○不能使. 41-24 ○兩君相見之樂也. 43-11 ○不如違君以避難. 44-21 ○可也. 44-22 ○又可以出貨而成私欲乎. 46-3 ○我求安身. 46-5 然○意如乎. 46-17 ○夕極於魯國. 46-25 夫民勞○思. 48-7 思○善心生. 48-7 逸○淫. 48-7 淫○忘善. 48-7 忘善○惡心生. 48-7 徵○有辟. 48-21 繹不盡飫○退. 49-3 ○徹之. 51-5 無○已. 51-6 ○有周公之籍矣. 51-8 ○苟而賦. 51-8 ○是君之賜也. 52-5 ○非臣之所能也. 52-6 ○其管夷吾乎. 52-6 ○予我矣. 52-15 ○必得志於天下. 52-18 ○必長爲魯國憂矣. 52-19 ○其言哤. 53-16 閒燕○父與父言義. 53-19 ○國安矣. 55-3 ○大國亦將正卒伍. 55-5 ○難以速得志矣. 55-6 ○難以速得志矣. 55-7 ○事可以隱令. 55-8 是故守○同固. 55-20 戰○同彊. 55-20 有○以告. 55-25 有○以告. 56-2 有○以告. 56-5 ○民不移. 56-21 ○民不偷. 56-22 ○民不苟. 56-22 ○民不憾. 56-24 ○百姓富. 56-24○牛羊遂. 56-25 教不善○政不治. 57-8 一再○宥. 57-8 三○不赦. 57-8 有○以告. 57-10 有○以告. 57-12 有○以告. 57-14 以守○固. 57-19 以征○彊. 57-19 ○親鄰國. 57-22 ○四鄰之國親我矣. 57-25 夫軍令○寄諸内政矣. 58-4 ○致死焉. 62-8 離○有之. 63-12 晉國懼○甚矣. 63-22 禮義不○. 64-5 ○上下既有判矣. 64-20 惑○誤民. 65-7 ○民不威. 66-15 ○啓戎心. 66-15 聲章過數○有釁. 67-8 有釁○敵入. 67-8 ○善用衆矣. 68-23 ○必惡其心而害其身矣. 69-4 ○蓐收也. 74-10 廢義○利不立. 76-9 厚貪○怨生. 76-10 貪○民怨. 76-16 反義○富不爲賴. 76-16 ○必樂喪. 77-1 ○必喜亂. 77-2 君死自立○不敢. 77-17 久○恐諸侯之謀. 77-17 ○民各有心. 77-18 ○不如置不仁. 79-10 ○有辭矣. 82-7 ○國家多慝. 83-17 ○君臣合作. 83-17 然○若何. 84-2 君子○否. 84-21 其君子○否. 84-22 ○能釋之. 84-23 公子居○下之. 90-10 動○諮焉. 90-10 ○請殺之. 91-3 ○君有之. 91-9 ○君地生焉. 91-10 然○請止狐偃. 91-19 ○無故. 92-1 異姓○異德. 92-16 異德○異類. 92-16 同姓○同德. 92-17 同德○同心. 92-17 同心○同志. 92-17 黷○生怨. 92-18 ○無所矣. 93-10 沐○心覆. 96-8 心覆○圖反. 96-8 ○失周矣. 96-24 ○皆王之父兄甥舅也. 97-14 舍之○宋絕. 97-23 ○不許我. 97-23 然○若何. 99-5 ○美惡不踰. 99-5 ○上下不干. 99-5 ○時無廢功. 99-6 ○民從事有業. 99-6 咫聞○多矣. 100-1 ○濟可竢. 100-11 ○文王非專教誨之力也. 100-21 然○教無益乎. 100-22 離○有釁. 102-17 是反天地而逆民○也. 103-12 ○寢門辟矣. 103-22 ○既斬之矣. 104-13 ○恐國人之屬耳目於我也. 104-25 ○加遲矣. 105-14 華○榮矣. 107-4 ○晉可爲也. 108-7 然○王者多憂乎. 108-8 夫衆聞譁○必懼. 108-18 ○怨靖. 109-5 ○焉取以益此. 109-24 ○晉國之福也. 109-25 ○徧而不倦. 114-19 ○婉而入. 114-20 ○過不隱. 114-20 ○壹. 114-21 ○樂矣. 117-7 ○未也. 117-7 ○民心皆可畜. 118-13 ○莫思亂矣. 118-14 ○民威矣. 118-16 ○民懷矣. 118-17 ○國安矣. 118-17 ○民不導. 118-21 ○政不行. 118-21 ○其爲暱與隱也. 118-22 ○明逐羣賊. 119-1 ○非吾所知也. 120-12 後之人可○. 121-7 專○不能. 121-14 謀○無與也. 121-15 ○晉可弱也. 122-19 ○大不喪威. 124-3 ○紹其同位. 126-14 順其憲○. 126-22 略○行志. 126-24 不能○退. 128-21 聽○進. 132-6 否○退. 132-6 ○何良之爲. 132-7 ○主焉得之. 132-8 美鬢長大○賢. 133-8 射御足力○賢. 133-8 伎藝畢給○賢. 133-9 巧文辯惠○賢. 133-9 彊毅果敢○賢. 133-10 美○美矣. 133-15 ○皆蠻荆戎狄之人也. 135-11 非親○頑. 135-12 ○夏滅之矣. 136-16 ○商滅之矣. 136-17 ○周滅之矣. 136-17 同○不繼. 137-8 善○不用. 140-7 使知上下之○. 140-15 ○文詠物以行之. 140-19 ○身勤之. 140-20 ○明施舍以導之忠. 140-21 夫子踐位○退. 141-8 自退○敬. 141-8 否○赧. 141-8 ○請爲恭. 141-16 ○上下共之. 141-23 其大夫○賢. 142-7 ○王孫啓之爲也. 142-15 ○以王如廬戢黎. 142-18 ○析公之爲也. 142-21 ○三萃以攻其王族. 143-1 ○雍子之爲也. 143-2 ○又畀之子反. 143-5 ○申公巫臣之爲也. 143-9 ○若之何. 143-16 ○宋公鄭伯. 144-3 ○華元駟騑. 144-3 ○陳侯蔡侯許男頓子. 144-4 若於目觀○美. 144-13 縮於財用○匱. 144-14 ○德義鮮少. 144-16 ○邇者騷離. 144-16 安知民○. 145-24 君○曰. 146-23 ○明神降之. 149-9 威儀之○. 149-12 神狎民○. 150-1 民○不慢. 150-16 ○無不受休. 150-22 氣縱○底. 151-2 底○滯. 151-2 夫貨馬郵○闕於民. 152-11 民多闕○有離叛之心. 152-11 在國○君. 153-16 在外○讎也. 153-17 ○有讎. 153-19 ○何上下之有乎. 153-20 其餘○否. 154-4 ○寶之. 155-6 ○寶之. 155-7 ○寶之. 155-8 ○寶之. 155-8 ○寶之. 155-9 ○寶之. 155-9 憾○懼偪. 155-12 偪○懼貳. 155-12 ○其愛也. 156-2 不仁者○不然. 156-15 人好之○偪. 156-15 惡之○怨. 156-15 高之○驕. 156-15 下之○懼. 156-15 ○何實以事吴敢使下臣盡辭. 159-6 ○吾何以春秋曜吾軍士. 159-18 ○何以使下國勝. 161-1 此○大夫之力也. 161-4 出○罪吾衆. 161-5 ○無爲貴智矣. 162-16 進○不敢. 163-21 退○不可. 163-21 小○嬖妾嫡子死. 164-3 不○國有大難. 164-3 大○越入吴. 164-3 ○何有於周室. 164-12 善○善矣. 166-8 善○善矣. 166-10 善○善矣. 166-12 善○善矣. 166-14 越國南○楚. 166-15 西○晉. 166-15 北○齊. 166-15 ○不知民之極. 166-18 ○不能與三軍共饑勞之殃. 166-19 ○不能斷疑. 166-19 審賞○可以戰乎. 166-25 審罰○可以戰乎. 167-1 審物○可以戰乎. 167-2 審備○可以戰乎. 167-3 審聲○可以戰乎. 167-4 ○是盡也. 168-3 ○已矣. 169-6 夏○資皮. 170-6 冬○資絺. 170-6 旱○資舟. 170-7 水○資車. 170-7 有吴○無越. 170-22 有越○無吴矣. 170-22 此○寡人之罪也. 171-9 ○不食. 172-4 ○不衣. 172-4 進○思賞. 172-16 退○思刑. 172

-16 如此○有常賞. 172-16 退○無恥. 172-17 如此○有常刑. 172-17 ○撫民保教以須之. 175-13 出○禽荒. 175-24 入○酒荒. 175-25 微者○是行. 177-11 後○用陰. 177-13 先○用陽. 177-13 近○用柔. 177-13 遠○用剛. 177-13 小凶○近. 178-1 大凶○遠. 178-2 伐柯者其○不遠. 178-2

【冒】 6

其君貪○辟邪. 7-10 ○没輕儳. 15-2 宜觸○人. 18-15 有○上而無忠下. 65-23 而加之以貪○. 135-15 楚岔○於是乎始啓濮. 139-7

【咺】 1

今元○雖直. 14-7

【星】 8

○在天黿. 31-6 ○與日辰之位. 31-6 有建○及牽牛焉. 31-7 歲在壽○及鶉尾. 87-14 復於壽○. 87-15 閼伯之○也. 88-16 實沈之○也. 94-20 閼伯之○也. 94-22

【昭】 73

○前之光明. 1-16 其德足以○其馨香. 7-8 昔○王娶於房. 7-20 ○明物則以訓之. 8-25 ○明物則. 9-1 叔父其懋○明德. 13-13 匿文不○. 13-24 建大德○大物也. 15-10 服物○庸. 15-13 五聲○德. 15-14 ○神能孝. 22-23 其○穆又近. 23-1 顯融○明. 24-25 成王能明文○. 26-22 明則德○. 28-24 聽言○德. 28-24 ○其大也. 31-1 大○小鳴. 31-2 以聲○之. 31-13 ○顯文德. 31-21 ○明大節而已. 32-10 其爲後世○前之令聞也. 35-3 文王以文○. 38-12 非○穆也. 39-20 明者爲○. 39-21 夫宗廟之有○穆也. 39-21 ○孝也. 39-23 ○孝之至也. 39-23 宗祝書○穆. 39-24 皆○令德以合好也. 43-11 襄○皆如楚. 44-3 叔仲○伯曰. 44-10 是○其不衷也. 46-7 晉○公使叔向辭○公. 46-13 微而○矣. 49-7 是○吾子也. 49-12 先王欲○其令德之致遠也. 50-12 周恭王能庇○穆之闕而爲恭. 50-23 昔吾先王○王穆王. 53-9 明曜以○之. 80-21 文之○也. 89-5 君若○先君之榮. 93-17 ○舊族. 96-15 襄王避○叔之難. 96-22 右師取○叔于温. 97-4 夫言以○信. 102-19 宋人弑○公. 103-10 私必○. 111-1 ○私. 111-1 是不○穀明而皿蠱也. 125-19 夫郤○子. 127-2 是○余讎也. 130-20 敢○告于皇祖文王烈祖康叔文祖襄公○考靈公. 131-14 祝融亦能○顯天地之光明. 136-13 實有○德. 136-23 今王棄高明○顯. 137-7 周法不○. 137-22 武實○文之功. 138-23 而爲之○明德而廢幽昏焉. 140-13 明○利以導之文. 141-1 宋蕭蒙寔弑○公. 145-11 ○王問於觀射父. 149-4 ○穆之世. 149-12 明德以○之. 150-21 祀所以○孝息民撫國家定百姓也. 151-1 以○祀其先祖. 151-12 下所以○事上也. 151-15 ○王奔隨. 153-4 ○王出奔. 153-5 ○王奔鄖. 153-15 以與楚○王毒逐於中原柏舉. 164-23

【畎】 3

或在○畝. 25-24 ○畝之人. 25-24 爲○畝之勤. 132-21

【畏】 16

懷德而○威. 1-9 ○其名與衆也. 44-14 況○而服焉. 44-14 聞○而往. 44-15 ○其武. 60-11 亦可○也. 88-9 ○威如疾. 88-9 ○威如疾. 88-10 弗○有刑. 88-11 ○黷敬也. 92-18 ○亂災也. 92-20 於是吕甥冀芮○偪. 96-1 民○其威. 118-12 ○晉之信也. 123-5 又非懾○吾兵甲之彊也. 159-10 ○天之不祥. 168-21

【胄】 10

今其○見. 8-5 懷公無○. 9-24 左右皆免○而下拜. 14-12 晉仍無道而鮮○. 23-13 而等○之親疏也. 39-22 辱收其逋遷裔○, 77-24 甲○而效死. 104-20 郤至甲○而見客. 108-24 免○而聽命. 108-24 閒蒙甲○. 108-25

【思】 34

○文后稷. 3-13 ○身能信. 22-21 則能○慮純固. 28-24 夫民勞則○. 48-7 ○則善心生. 48-7 子○報父之恥. 64-24 死民之○. 72-25 子○報父之仇. 83-19 臣○報君之讎. 83-19 其君子○其君. 84-18 小人忌而不○. 84-21 衷而○始. 87-9 見懷○威. 88-10 退而○之. 95-14 則莫○亂矣. 118-14 ○長世之德. 125-2 ○樂而喜. 131-2 ○難而懼. 131-2 三年默以○道. 147-2 故三年默以○道. 147-10 吾○父. 153-22 唯獨居○念前世之崇替者. 154-2 君子臨政○義. 154-4 飲食○禮. 154-4 同宴○樂. 154-5 在樂○舊. 154-5 ○報怨而已. 156-2 ○舊怨以修其心. 156-8 彼將○舊怨而欲大寵. 156-9 而○邊垂之小怨. 158-19 子而○報父母之仇. 172-10 臣而○報君之讎. 172-10 進則○賞. 172-16 退則○刑. 172-16

【品】 9

外官不過九○. 13-3 ○其百籩. 15-5 以○處庶類者也. 136-10 出千○. 137-13 百姓千○萬官億醜兆民經入畡數以奉之. 150-21 天子徧祀羣神○物. 151-6 所謂百姓千○萬官億醜兆民經入畡數者. 152-1 姓有徹○. 152-3 謂之千○. 152-3

【囿】 5

○有林池. 16-12 欲試之兹○. 131-20 王在靈○. 145-1 戕懿公於○竹. 157-2 是故敗吴於○. 172-19

【骨】 13

獲○焉. 49-18 客執○而問曰. 49-20 敢問○何爲大. 49-20 其○節專車. 49-22 挾以銜○. 62-12 挾以銜○. 63-11 能銜○乎. 63-13 三軍之士暴○. 122-13 夷請無筋無○. 131-15 若得歸○於楚. 142-4 緊起死人而肉白○也. 158-17 以暴露百姓之○於中原. 171-9 忠臣解○. 176-8

【幽】 11

及○王. 6-9 ○王二年. 6-10 ○王乃滅. 6-20 厲宣○平. 25-11 自○王而天奪之明. 32-13 ○王亂之. 32-19 而○王蕩以爲魁陵糞土溝瀆. 32-20 ○滅于戲. 42-1 周○王伐有褒. 63-6 ○王八年而桓公爲司徒. 139-4 而爲之昭明德而廢○昏焉. 140-13

【拜】 29

○不稽首. 8-15 ○不稽首. 9-18 左右皆免胄而下○. 14-12 而後○樂三. 43-4 故不敢○. 43-12 臣敢不○貺. 43-14 敢不○嘉. 43-15 敢不○章. 43-15 敢不○教. 43-17 敢不重○. 43-19 無下○. 59-16 曰爾無下○. 59-18 遂下○. 59-19 再○稽首曰. 62-19 公○稽首. 74-10 再○稽首許諾. 77-15 再○. 78-16 再○稽首. 78-21 再○不稽首. 79-6 再○稽首. 87-17 公子再○稽首. 91-9 子餘使公子降○. 93-12 敢不降○. 93-14 成○卒登. 93-14 子餘使公子降○. 93-22 ○君命之辱. 108-25 宣子○稽首焉. 127-6 壯馳兹○曰. 132-12 椒舉降三○. 142-5

【牲】 14

奉犧○粢盛玉帛. 8-4 奉犧○玉鬯往獻焉. 8-7 不愛○玉於神. 34-5 質之以犧○. 36-19 犧○不略. 56-25 與諸侯飭○爲載. 59-2 而爲之○器時服. 149-10 犧○之物. 149-14 祀○何及. 150-12 大夫舉以特○. 150-15 祀以特○. 150-15 以一純二精三○四時五色六律七事八種九祭十日十二辰以致之. 150-19 奉其犧○. 151-10 必自射其○. 151-16

【秕】 1

軍無○政. 116-4

【香】 4

其德足以昭其馨○. 7-8 馨○不登. 7-11 不侯馨○嘉味. 15-3 選其馨○. 15-5

【秋】 10

春○受職於王. 9-7 ○以獮治兵. 55-15 羊舌肸習於春○. 117-9 教之春○. 140-12 唯是春○所以從先君者. 141-12 春○相事. 143-17 春○貢獻. 159-1 則吾何以春○曜吾軍士. 159-18 昔吴伯父不失春○. 164-8 春○皮幣玉帛子女. 166-15

【重】 103

任○享大者必速及. 9-20 而輕○布之. 13-6 ○之以不殺. 26-18 權輕○. 27-12 則爲作○幣以行之. 27-12 若不堪○. 27-14 亦不廢○. 27-14 今王廢輕而作○. 27-16 作○幣以絕民資. 28-10 ○不過石. 28-17 故樂器○者從細. 29-13 ○之以婚姻. 35-14 宿於○館. 37-17 ○館人告曰. 37-17 ○館人之力也. 37-22 不能任○. 41-12 ○莫如國. 41-13 ○之以六德. 43-19 敢不○拜. 43-19 而○爲之皮幣. 57-23 制○罪贖以犀甲一戟. 58-5 而○其禮. 60-6 ○耳處蒲城. 64-14 志○. 66-8 ○債可疾. 66-8 ○. 66-9 可辱遷○. 66-9 公子○耳處焉. 66-19 是○困也. 73-5 智不○困. 73-5 去而必○. 73-6 去而罪○. 73-6 惡不可○. 73-8 ○耳夷吾. 73-16 公令閹楚刺○耳. 73-17 ○耳逃于狄. 73-17 公子○耳出亡. 73-20 而○遣之. 75-8 可以得○賂. 76-8 告公子○耳於狄. 76-21 ○耳告舅犯曰. 76-23 ○耳曰. 77-3 公子○耳出見使者. 77-5 ○耳父生不得供備洒掃之臣. 77-6 以○其罪. 77-7 ○耳不敢違. 77-9 又○之以寡君之不祿. 77-21 終君之○愛. 78-2 受君之○貺. 78-2 乃使公子縶弔公子○耳于狄. 78-8 又○之以喪. 78-9 ○耳告舅犯. 78-11 公子○耳出見使者. 78-14 又○有命. 78-15 ○耳身亡. 78-15 如弔公子○耳之命. 78-18 ○賂配德. 78-20 吾與公子○耳. 79-6 ○耳仁. 79-6 公子○耳其入乎. 80-18 以師奉公子○耳. 81-8 昔君之不納公子○耳而納晉君. 83-5 昔吾之不納公子○耳而納晉君. 83-7 然公子○耳實不肯. 83-8 又殺其君以○之. 83-19 吾將以公子○耳代之. 83-21 公子○耳之仁. 83-21 又○之以誤人. 85-3 秦乃召○耳於楚而納之. 86-3 而授○耳. 86-4 實生○耳. 90-17 唯○耳在. 90-18 ○耳日載其德. 90-19 君以天子之命服命○耳. 93-13 ○耳之仰君也. 93-15 ○耳之望也. 93-18 ○耳若獲集德而歸載. 93-19 君若恣志以用○耳. 93-19 以命○耳. 93-23 ○耳敢有惰心. 93-23 ○之以周邵畢榮. 100-19 怠教而○斂. 109-23 又以違蠻夷○之. 110-4 擇福莫若○. 110-6 禍無所用○. 110-6 怠教而○斂. 110-11 請無○寡人之過. 115-21 ○之以師保. 131-1 先主爲○器也. 134-6 且○黎之後也. 136-5 周書所謂○黎寔使天地不通者. 149-4 乃命南正○. 150-3 堯復育○黎之後. 150-5 故○黎氏世敘天地. 150-6○寔上天. 150-9 以○得罪於下執事. 158-19 親委○罪. 158-20 而胡○於鬼神而自輕也. 159-21 勸之以高位○畜. 162-20 子爲我禮已○矣. 167-25 隨之以國家之○器. 174-21 安徐而○固. 177-19 與其○祿. 177-22

【段】 3
智襄子戲韓康子而侮○規. 133-19 ○規反. 134-4 叔○以京患莊公. 145-9

【便】 1
是故士莫敢言一朝之○. 56-19

【叟】 1
合羣○. 53-10

【修】 62
以文○之. 1-8 纂○其緒. 1-13 ○其訓典. 1-14 則○意. 2-1 則○言. 2-1 則○文. 2-1 則○名. 2-2 則○德. 2-2 則○刑. 2-3 則增○於德. 2-6 耆艾○之. 2-25 ○其疆畔. 5-2 今天子欲○先王之緒. 5-8 而叔父使士季實來○舊德. 14-24 ○其簠簋. 15-5 旬○. 15-12 於是乎○執秩以爲晉法. 15-17 清風至而○城郭宮室. 16-5 國德而鄰於不○. 22-5 其何德之○. 25-16 所以○潔百物. 30-16 顓頊能○之. 38-8 禹能以德○鮌之功. 38-10 諸侯朝○天子之業命. 48-13 吾冀而朝夕○我曰. 48-23 ○舊法. 55-1 遂○舊法. 55-3 ○甲兵. 55-5 ○甲兵. 55-6 是故鄉長退而○德進賢. 56-6 國子高子退而○鄉. 56-13 鄉退而○連. 56-14 連退而○里. 56-14 里退而○軌. 56-14 軌退而○伍. 56-15 伍退而○家. 56-15 五屬大夫於是退而○屬. 57-15 屬退而○縣. 57-16 縣退而○鄉. 57-16 鄉退而○卒. 57-17 卒退而○邑. 57-17 邑退而○家. 57-17 釋其閉○. 75-18 若復而○其德. 89-8 我不○也. 91-15 不能○身. 96-25 矇瞍○聲. 100-25 而不○天罰. 103-13 使鎮靜者○之. 114-18 鎮靜者○之. 114-20 ○好申盟而還. 115-8 而○武之德. 127-1 亦能纂○其身. 130-24 是以○之. 131-3 ○典刑以守之. 135-21 必交○余. 147-12 子患政德之不○. 154-8 子○德以待吴. 154-14 思舊怨以○其心. 156-8 不○方城之內. 160-9 吾○令寬刑. 166-11 土地之不○. 167-13

【保】 26
允王○之. 1-7 故能○世以滋大. 1-9 事神○民. 1-17 太○六之. 4-25 慈○庶民. 8-11 ○任戒懼. 9-16 仁所以○民也. 11-14 寬所以○本也. 17-19 本有○則必固. 17-20 乃可以長○民矣. 17-21 膺○明德. 27-8 聖人○樂而愛財. 29-12 聲應相○曰和. 29-18 各○治爾所. 57-5 將師○之. 63-19 ○其土房. 92-22 抑爲○鄗乎. 130-13 ○鄗哉. 130-14 而去其師○. 130-23 擇師○以相子. 130-25 重之以師○. 131-1 委土可以爲師○. 131-3 以○于百姓者也. 136-11 若得○其首領以歿. 141-11 而國民○焉. 155-2 則撫民○教以須之. 175-13

【侮】 8
○人百里. 11-6 外禦其○. 11-7 則鬩乃內○. 11-7 其誰曰非○也. 44-17 求説其○. 44-18 説○不懦. 44-19 卑聖○士. 53-3 智襄子戲韓康子而○段規. 133-19

【俘】 1
而安○女. 63-10

【係】 2
○馬舌. 162-25 ○妻孥. 170-17

【信】 97
奉以忠○. 1-14 回祿○於聆隧. 7-15 ○也. 9-1 非○不行. 9-2 棄其○也. 9-3 且禮所以觀忠○仁義也. 10-8 ○所以守也. 10-9 ○守則固. 10-10 ○也. 10-13 日反其○. 21-18 口以庇○. 21-19 言○必及身. 22-13 ○. 22-19 思身能○. 22-21 德之○也. 23-2 道正事○. 23-3 必有忠○之心間之. 24-23 ○也. 26-24 恭儉○寬. 27-1 中於○寬. 27-2 言以○名. 29-3 出令不○. 29-7 吾以爲○畜矣. 32-1 結諸侯之○. 35-14 ○吾過也. 39-4 欲○讓耶. 41-11 我○不若子. 41-18 忠○爲周. 43-18 晉○蠻夷. 46-14 ○之要也. 46-19 是主○也. 46-20 ○抑闕矣. 46-20 今○蠻夷而棄之. 47-2 其無乃得蠻夷而失諸侯之○乎. 47-4 忠○可結於百姓. 52-8 結之以○. 60-9 而○其仁. 60-11 臣之不○. 62-22 而○其欲. 64-24 且善否莫不○. 66-10 與衆之○輯睦焉. 68-21 封疆○. 68-24 申生甚好○而彊. 71-7 不如曰不○以疏之. 72-2 唯忠○者. 74-21 定身以行謂之○. 74-22 非○不固. 74-24 既不忠○. 74-24 以示之○. 75-9 ○而亡之. 76-11 ○仁以爲親. 78-12 人孰○我. 78-13 不仁不○. 78-14 ○爲不誠. 80-12 不○. 81-18 不○. 85-16 得原而失○. 97-19 夫○. 97-19 ○. 99-3 安○. 99-4 ○於君心. 99-4 ○於名. 99-4 ○於令. 99-4 ○於事. 99-4 ○於君心. 99-5 ○於名. 99-5 ○於令. 99-6 ○於事. 99-6 民未知○. 101-6 盍伐原以示之○. 101-6 瀆其○也. 102-19 夫言以昭○. 102-19 不○. 103-25 知鐸遏寇之恭敬而○彊也. 114-25 吾以爲不○. 120-24 ○不可犯. 122-21 而○自身. 122-21 而以○覆之. 122-23 是自背其○. 122-24 ○反必斃. 122-24 且夫合諸侯以爲不○. 122-25 畏晉之○也. 123-5 子若能以忠○贊君. 123-7 失吾○也. 128-18 明久長以導之○. 140-21 忠○以發之. 141-7 庶民弗○. 147-19 臣懼民之不○君也. 147-19 忠○之質. 149-13 民是以能有忠○. 149-18 民事忠○. 151-25 ○乎. 155-18 展而不○. 155-21 若子不我○. 156-23 夫越王好○以愛民. 159-16 足以結○矣. 159-20 ○讒喜優. 176-7

【皇】 15
○天弗福. 24-1 ○天嘉之. 24-11 則我○妣大姜之姪. 31-8 各致齊敬於其○祖. 39-23 ○○者華. 43-16 而暇晉是○. 75-13 苗棼○曰. 105-10 苗賁○曰. 110-18 敢昭告于○祖文王烈祖康叔文祖襄公昭考靈公. 131-14 不○暇食. 146-17 而○神相之. 155-2 天道○○. 177-10 ○天后土四鄉地主正之. 179-6

【泉】 4
魏獻子合諸侯之大夫於狄○. 33-3 ○原以資之. 94-5 召令狐臼衰桑○. 95-3 北有衛燕狄鮮虞潞洛○徐蒲. 135-7

【卽】 29
宣王○位. 3-22 王○齋宮. 4-10 各○其齋三日. 4-11 今晉侯○位. 9-2 三命而後○冕服. 10-4 棄親○狄. 11-13 無○慆淫. 17-4 叛國○讎. 20-11 而○慆淫. 32-13 而後○安. 48-12 而後○安. 48-14 而後○安. 48-15 無憾而後○安. 48-16 ○位數年. 58-23 惠公○位. 80-10 惠公既○位. 81-5 臣是以待○刑. 85-9 孝公○位. 87-20 ○位于武宮. 95-8 今君○位. 95-19 及其○位也. 100-16 文公○位二年. 101-4 公○位. 113-20 攀輦○利而舍. 123-3 敢○私利. 129-6 闔廬○世. 154-6 無乃○傷君王之所愛乎. 170-19 越王句踐○位三年. 174-4 不穀○位. 175-23

【鬼】 9
犯○道二. 40-5 ○神降衷. 77-22 非○非食. 125-7 抑厲○邪. 126-11 夫○神之所及. 126-14 余左執○中. 146-24 又能上下説於○神. 154-21 而胡重於○神而自輕也. 159-21 上帝○神而不可以告. 163-16

【侵】 11
而反其○地. 57-23 反其○地. 58-11 反其○地. 58-15 反其○地. 58-17 既反○地. 58-18 帥師○晉. 82-15 襲○之事. 103-16 襲○密聲. 103-18 不敢○官. 120-9 無相○瀆. 150-4 有敢○蠡之地者. 179-6

【禹】 11
其後伯○念前之非度. 24-3 帥象○之功. 24-10 謂其能爲○股肱心膂. 24-14 ○能以德修鮌之功. 38-10 郊鮌而宗○. 38-14 能帥○者也. 38-16 昔○致羣神於會稽之山. 49-21 ○殺而戮之. 49-22 其舉也興○. 102-8 夏○能單平水土. 136-10 今王既變鮌○之功. 160-17

【侯】 299
邦外○服. 1-20 ○衛賓服. 1-20 ○服者祀. 1-22 諸○不享. 3-17 今天子立諸○. 5-14 而諸○效之. 5-15 魯○歸而卒. 5-17 諸○從是而不睦. 5-19 宣王欲得國子之能導訓諸○者. 5-20 魯○孝. 5-21 諸○避之. 6-7 呂甥郤芮相晉○. 8-13 晉○執玉卑. 8-14 今晉○卽位. 9-2 諸○. 9-7 夫晉○. 9-15 故晉○誣王. 9-20 而立晉○. 9-23 晉○郊勞. 10-1 晉○端委以入. 10-3 如公命○伯之禮. 10-5 則德以導諸○. 10-7 諸○必歸之. 10-8 晉○其能禮矣. 10-14 晉○納之. 10-17 以諸○朝王于衡雍. 10-18 其餘以均分公○伯子男. 13-1 尚將列爲公○. 13-12 晉○圍之. 13-17 晉○聞之. 14-2 晉○請殺之. 14-5 一合諸○. 14-9 余何私於衛○. 14-10 晉人乃歸衛○. 14-10 晉○使隨會聘于周. 14-18 夫王公諸○之有飫也. 15-10 陳○不有大咎. 16-2 今陳○不念胤續之常. 17-4 陳○殺於夏氏. 17-12 及魯○至. 18-18 必大得諸○. 18-25 德薄而以地賂諸○. 19-3 諸○與之. 19-7 諸○輯睦. 19-8 魯○曰. 21-10 今晉○視遠而足高. 21-13 夫合諸○. 21-15 晉○爽二. 21-20 魯○歸. 22-8 諸○會于柯陵. 22-8 晉○弑. 22-10 命以○伯. 24-13 將合諸○. 32-5 魏獻子合諸○之大夫於狄泉. 33-3 是故先王制諸○. 34-15 諸○會之. 34-21 諸○祀先王先公. 34-21 臣不聞諸○相會祀也. 34-22 結諸○之信. 35-14 齊○見使者曰. 36-14 其何以鎮撫諸○. 36-21 齊○乃許爲平而還. 36-22 今晉人鴆衛○不死. 37-4 有諸○之請. 37-6 夫諸○之患. 37-7 諸○恤之. 37-7 以示親於諸○. 37-9 夫晉新得諸○. 37-9 乃免衛○. 37-11 加於諸○一等. 37-12 衛○聞其臧文仲之爲也. 37-13 晉文公解曹地以分諸○. 37-16 而欲固諸○. 37-17 以分諸○. 37-18 諸○莫不望分. 37-18 諸○其誰望之. 37-20 獲地於諸○爲多. 37-21 晉○使行人問焉. 43-4 君以諸○之故. 43-8 天子所以饗元○也. 43-10 元○作師. 43-21 諸○有卿無軍. 43-21 帥教衛以贊元○. 43-22 帥賦以從諸○. 43-23 今我小○也. 44-1 若爲元○之所. 44-2 諸○伐秦. 44-4 諸○謂秦不恭而討之. 44-5 諸○從之. 44-9 而恃諸○. 44-25 諸○其誰暱之. 44-25 諸○有旅賁. 45-17 今大夫而設諸○之服. 45-18 而敢設服以見諸○之大夫乎. 45-19 不合諸○矣. 45-21 諸○之大夫尋盟未退. 45-23 吾其若諸○之事何. 46-4 諸○之卿有然者. 46-5 而爲諸○法矣. 46-5 貳心必失諸○. 46-14 若盟而棄魯○. 46-20 夫諸○之勉於君者. 47-2 而苟固諸○. 47-3 諸○之事晉者. 47-3 其無乃得蠻夷而失諸○之信乎. 47-4 天子及諸○. 47-23 諸○朝修天子之業命. 48-13 公○之夫人. 48-18 爲公○. 49-24 有隼集于陳○之庭而死. 50-7 吾欲從事於諸○. 54-25 小國諸○. 55-6 君若欲速得志於天下諸○. 55-7 吾欲從事於諸○. 57-20 君欲從事於天下諸○. 57-21 以驟聘眺於諸○. 57-24 荆州諸○莫敢不來服. 58-25 海濱諸○莫敢不來服. 59-1 與諸○飭牲爲載.

59-2 與諸〇戮力同心. 59-4 嶽濱諸〇. 59-9 而大朝諸〇於陽穀. 59-10 諸〇甲不解纍. 59-11 帥諸〇而朝天子. 59-12 諸〇稱順矣. 59-20 桓公憂天下諸〇. 59-22 天下諸〇稱仁焉. 60-2 於是天下諸〇. 60-3 是故諸〇歸之. 60-4 桓公知諸〇之歸已也. 60-6 故天下諸〇. 60-7 諸〇之使. 60-8 故天下小國諸〇. 60-10 桓公知天下諸〇多與己也. 60-11 諸〇稱寬. 60-13 以爲諸〇利. 60-14 諸〇稱廣焉. 60-15 所以禁暴於諸〇也. 60-16 殺哀〇. 62-4 偏〇也. 63-18 是以臨諸〇. 68-14 諸〇必絕. 68-16 諸〇驚懼. 68-23 取笑諸〇. 73-3 外困於諸〇. 73-4 且以監諸〇之爲. 74-1 諸〇遠己. 74-18 夫齊〇好示. 75-7 故輕致諸〇. 75-7 三屬諸〇. 75-9 夫齊〇將施惠出責. 75-12 晉〇將死矣. 75-15 今晉〇不量齊德之豐否. 75-17 不度諸〇之勢. 75-18 以爲諸〇笑. 76-12 於諸〇. 76-14 諸〇義而撫之. 76-15 懼爲諸〇載. 76-17 久則恐諸〇之謀. 77-17 雖四鄰諸〇之聞之也. 77-25 必伯諸〇. 80-19 其若爲諸〇笑何. 83-6 恐搆諸〇. 83-17 必爲諸〇笑. 83-24 戰而取笑諸〇. 83-25 齊〇長矣. 87-8 必獲諸〇. 87-15 齊〇妻之. 87-18 諸〇叛齊. 87-20 必獲諸〇. 89-9 諸〇之亡公子其多矣. 89-18 晉〇日載其怨. 90-19 與晉文〇. 90-21 文〇之功. 90-24 還軫諸〇. 91-1 四方諸〇. 93-20 皆利建〇. 94-2 安能建〇. 94-2 筮告我曰利建〇. 94-3 利建〇. 94-8 故曰利建〇. 94-12 利建〇行師. 94-13 必霸諸〇. 95-1 而卒以爲〇伯. 95-21 何以求諸〇. 96-24 請復衞〇而封曹. 98-4 而得志於諸〇. 98-24 乃使旁告於諸〇. 103-20 張〇御. 104-17 齊〇來. 105-8 諸〇皆叛. 108-6 唯有諸〇. 108-7 凡諸〇. 108-7 諸〇皆叛. 109-18 唯有諸〇. 109-19 凡諸〇. 109-19 以爲諸〇笑也. 110-7 以定諸〇. 114-3 始合諸〇于虛朾. 115-4 公始合諸〇. 115-6 諸〇會于雞丘. 115-7 會諸〇於雞丘. 115-13 寡人屬諸〇. 115-15 君合諸〇. 115-19 七合諸〇. 116-25 七合諸〇. 117-2 悼公與司馬〇升臺而望. 117-6 諸〇之爲. 117-7 自穆〇以至于今. 118-5 司馬〇見. 120-23 諸〇皆有二心. 120-24 晉爲諸〇盟主. 120-25 若能靖端諸〇. 121-1 佐文襄爲諸〇. 121-5 諸〇無二心. 121-5 叔向見司馬〇之子. 122-3 諸〇之大夫盟于宋. 122-18 今我以忠謀諸〇. 122-22 荆之逆諸〇也亦云. 122-23 且夫合諸〇以爲不信. 122-25 諸〇何望焉. 123-1 諸〇必叛之. 123-1 而禅諸〇之闕. 123-8 諸〇將載之. 123-8 諸〇將棄之. 123-10 昔成王盟諸〇于岐陽. 123-10 今將與狎主諸〇之盟. 123-13 少懦於諸〇. 123-18 諸〇之故. 123-18 以從諸〇之盟. 123-20 若爲諸〇戮者. 123-22 諸〇有盟未退. 123-25 諸〇讎之. 124-9 以主諸〇之盟. 125-2 必失諸〇. 125-8 爲諸〇盟主. 125-9 諸〇不二. 125-9 若諸〇服. 125-21 諸〇叛晉. 125-22 能行諸〇之賄. 126-4 公〇祀百辟. 126-15 使越于諸〇. 126-22 諸〇親之. 126-23 邢〇與雍子爭田. 128-4 叔魚抑邢〇. 128-6 邢〇殺叔魚與雍子於朝. 128-6 邢〇非其官也而干之. 128-9 邢〇聞之逃. 128-11 遂施邢〇氏. 128-12 吾主以不賄聞於諸〇. 129-24 立義於諸〇. 130-9 盍姑無愛寶於諸〇乎. 134-7 其後皆爲王公〇伯. 136-12 於周未有〇伯. 136-14 秦仲齊〇. 139-1 晉文〇於是乎定天子. 139-6 諸〇莫不譽. 141-21 以爲諸〇主. 142-3 諸〇之從者. 142-13 使子南戮於諸〇. 143-4 以還軫於諸〇. 143-17 則陳〇蔡〇許男頓子. 144-4 而無惡於諸〇. 144-5 願得諸〇與始升焉. 144-7 諸〇皆距. 144-8 而後使太宰啓彊請於魯〇. 144-8 唯其以公〇爲官正也. 144-17 諸〇其來乎. 145-6 皆志於諸〇. 145-15 豈不使諸〇之心惕惕焉. 145-22 還軫諸〇. 147-14 以屬諸〇. 147-17 諸〇舉以特牛. 150-13 諸〇舍日. 151-5 諸〇祀天地三辰. 151-6 諸〇宗廟之事. 151-16 成名於諸〇. 153-21 以行事於諸〇. 154-18 以賓享於諸〇者也. 154-25 若諸〇之好幣具. 155-1 寡君其可以免罪於諸〇. 155-2 將必寬然有伯諸〇之心焉. 158-11 亦征諸〇之禮也. 159-2 雖四方之諸〇. 159-6 豈遽忘於諸〇之耳乎. 160-16 晉既執諸〇之柄以臨我. 162-10 我既執諸〇之柄. 162-21 諸〇必說. 162-22 以爲諸〇笑. 163-22 諸〇大夫失禮於天子. 164-6 收文武之諸〇. 164-7 必率諸〇. 164-8 諸〇是以敢辭. 164-12 夫諸〇無二君. 164-13 晉〇亞之. 164-16 今齊〇壬不鑒於楚. 165-2 能博取於諸〇. 166-5 昔者夫差恥吾君於諸〇之國. 172-6

【帥】 63

〇舊德. 2-10 史〇陽官. 4-6 瞽〇音官以風土. 4-19 使太宰以祝史〇狸姓. 8-3 〇傅氏及祝史. 8-7 獲其三〇丙術視. 14-17 而〇其卿佐. 17-5 懋〇其德也. 17-9 四軍之〇. 19-6 軍〇强禦. 19-7 文之〇也. 22-20 〇意能忠. 22-21 〇義能勇. 22-22 〇象禹之功. 24-10 唯不〇天地之度. 24-21 〇歸於寧. 27-1 〇長幼之序. 34-16 能〇顓頊者也. 38-15 能〇禹者也. 38-16 能〇契者也. 38-16 能〇稷者也. 38-17 公〇之. 43-20 卿〇之. 43-21 〇教衞以贊元侯. 43-22 〇賦以從諸侯. 43-23 〇大讎以憚小國. 44-19 發〇敝賦. 46-22 公〇五鄉焉. 54-22 國子〇五鄉焉. 54-22 高子〇五鄉焉. 54-22 軌長〇之. 55-12 里有司〇之. 55-12 連長〇之. 55-13 鄉良人〇之. 55-13 五鄉一〇. 55-14 五鄉之〇〇之. 55-14 卒有卒〇. 57-2 鄉有鄉〇. 57-2 縣有縣〇. 57-3 一戰〇服三十一國. 58-23 〇諸侯而朝天子. 59-12 而〇下軍. 67-1 子〇七輿大夫以待我. 76-7 〇師侵晉. 82-15 呂甥冀芮〇師. 95-4 文公問元〇於趙衰. 99-9 楚恭王〇東夷救鄭. 108-12 君知士貞子之〇志博聞. 114-11 知籍偃之惇〇舊職而恭給也. 114-25 中行穆子〇師伐狄. 128-14 使師祟子孔〇師以伐舒. 142-17 先王懼其不〇. 145-18 〇其子姓. 151-11 〇其羣臣精物. 151-23 足以〇之. 156-3 〇方城之外以入. 157-11 句踐用〇二三之老. 158-20 寡人〇師不腆吴國之役. 160-23 〇徒師. 164-18 寡君〇越國之衆. 170-16 將〇二三子夫婦以蕃. 171-18 吴王〇其賢良. 177-22

【追】 4

〇而予之璽書. 45-7 而不獲〇鑒. 63-17 夫必〇擇前言. 87-9 猶救火〇亡人也. 177-2

【俟】 10

不〇馨香嘉味. 15-3 恭以〇嗣. 66-24 吾將伏以〇命. 73-8 吾不忍〇也. 74-19 爾〇我. 81-25 子何〇. 85-2 若〇吾避. 105-14 請〇之. 108-14 不能忍〇也. 111-24 誰能〇五. 124-25

【盾】 2

輕罪贖以鞼〇一戟. 58-6 靈公將殺趙〇. 104-1

【待】 45

不亡何〇. 6-15 以〇不庭不虞之患. 12-25 其何以〇之. 20-2 以〇不虞. 23-24 固民之殄病是〇. 35-15 其誰云〇之. 44-20 戎車〇遊車之裂. 53-5 戎士〇陳妾之餘. 53-6 以〇時耕. 54-11 以〇時雨. 54-11 惟慎端愨以〇時. 56-9 未知其〇於曲沃也. 62-9 子帥七輿大夫以〇我. 76-7 將〇君命. 77-23 以〇所歸兮. 80-13 不至何〇. 80-22 將〇也. 81-17 我姑〇死. 81-20 君盍〇之乎. 83-7 將〇刑以快君志. 85-4 此所以〇也. 85-5 臣是以〇即刑. 85-9 有人能坐〇刑. 86-1 而多聞以〇能者. 100-2 相〇如賓. 102-5 寡人無以〇戎. 117-4 厚箴戒圖以〇之. 119-1 唯事是〇. 120-11 〇吾爲子殺之. 120-18 肸〇交捽可也. 129-22 以犬〇于門. 131-19 其誰能〇之. 133-11 不亡何〇. 152-24 其獨何力以〇之. 153-3 子修德以〇吴. 154-14 害可〇也. 156-10 無以〇危. 164-4 乃不〇旦. 168-16 以〇乏也. 170-7 〇其來者而正之. 175-9 王姑〇之. 176-9 王姑〇之. 176-13 王姑〇之. 176-17 王姑〇之. 176-23 王姑〇之. 177-21

【徇】 13

〇. 4-23 王則大〇. 5-1 郤獻子請以〇. 104-14 斬有罪者以〇. 167-18 斬有罪者以〇. 167-19 斬有罪者以〇. 167-20 斬有罪者以〇. 167-21 王乃命有司大〇於軍. 167-23 〇於軍. 168-1 明日〇於軍. 168-4 〇於軍. 168-6 斬有罪者以〇. 168-7 王乃命有司大〇於軍. 168-8

【衍】 1

猶其原隰之有〇沃也. 3-2

【律】 11

〇度量衡. 28-18 〇以平聲. 29-16 問〇於伶州鳩. 30-12 〇所以立均出度也. 30-12 度〇均鍾. 30-13 〇呂不易. 31-1 七〇者何. 31-5 而以〇和其聲. 31-14 於是乎有七〇. 31-14 和六〇以聰耳. 137-11 以一純二精三牲四時五色六〇七事八種九祭十日十二辰以致之. 150-19

【很】 1

今王將〇天而伐齊. 160-18

【後】 116

而〇王斟酌焉. 3-1 而妨於〇嗣. 6-9 其君必無〇. 8-16 三命而〇即冕服. 10-4 余懼其無〇. 14-9 我大姬之〇也. 17-6 而〇遣之. 18-14 然〇庇焉. 19-25 小而〇國. 22-18 〇之不知. 23-7 其〇伯禹念前之非度. 24-3 皆亡王之〇也. 24-15 絕〇無主. 24-20 皆黃炎之〇也. 24-21 〇世不忘. 27-4 有至而〇救之. 27-18 可〇而先之. 27-18 伯陵之〇. 31-8 然〇可同也. 31-13 以遺〇之人. 32-10 不足以遺〇之人. 32-12 夫惠本而〇民歸之志. 34-5 民和而〇神降之福. 34-6 〇嗣何觀. 34-23 遺〇之人法. 35-3 其爲〇世昭前之令聞也. 35-3 懼逆之書於〇也. 35-10 而守其〇於魯乎. 39-14 今將先明而〇祖. 39-24 而〇拜樂三. 43-4 且夫君子計成而〇行. 44-21 齊師退而〇敢還. 46-24 〇世有繼. 47-13 將使黿長而〇食之. 47-17 而〇即安. 48-12 而〇即安. 48-14 而〇即安. 48-15 無憾而〇即安. 48-16 防風氏〇至. 49-21 以示〇人. 50-13 曰陷而〇恭. 50-25 賢材在〇. 53-7 且有〇命. 59-15 豫而〇給. 64-9 五立而〇平. 64-11 〇出同走. 74-3 雖〇之會. 75-13 既入而〇圖聚. 77-15 不役爲〇也. 79-7 無〇. 81-3 然〇誅焉. 82-8 勝無〇害. 83-22 〇不可用也. 85-21 然〇用之. 98-2 既戰而〇圖之. 98-10 而〇大. 101-3 合而〇行. 102-17 范文子〇入. 104-23 成宣之〇. 107-18 能內睦而〇圖外. 109-3 成而〇振武於外. 109-7 而〇可以武. 109-11 必偏而〇可. 109-14 雖有〇患. 110-5 〇矣. 111-15 而無〇. 114-1 君掄賢人之〇. 118-11 亦掄逞志虧君以亂國者之〇. 118-11 今吾若起瑕原韓魏之〇. 118-16 其言立於〇世. 120-5 而〇行之. 120-23 〇之人可則. 121-7 畝雖在〇. 123-8 爲〇世之見之也. 124-12 夫君子寬惠以卹〇. 124-25 而〇入. 130-19 死而〇止. 132-9 智宣子將以瑤爲〇. 133-3 若前華〇河. 135-20 且重黎之〇也.

136-5 其○皆爲王公侯伯. 136-12 其○八姓. 136-14 斟姓無○. 136-20 伯夷之○也. 136-24 伯翳之○也. 136-24 其○皆不失祀. 136-25 威儀以先○之. 141-5 下之可以訓○世. 141-21 而○使太宰啓彊請於魯侯. 144-8 而○使先聖之○之有光烈. 149-11 使名姓之○. 149-14 其○. 150-5 堯復育重黎之○. 150-5 程伯休父其○也. 150-8 王止而○復. 152-16 唯子文之○在. 152-19 是不先恤民而○己之富乎. 152-20 先大夫之○也. 152-21 而○履之. 158-9 然○安受吾燼. 159-15 自今日以○. 167-10 自今日以○. 167-15 ○若有事. 168-1 ○若有事. 168-5 不在前○. 169-3 然○乃求謀臣. 170-9 無乃○乎. 170-9 何○之有. 170-10 然○卑事夫差. 171-11 然○受其名. 175-7 然○乃可以成功. 176-19 ○將悔之. 177-7 ○則用陰. 177-13 ○無陰蔽. 177-13 ○世子孫. 179-5

【俞】 1

欒氏之臣辛○行. 119-10

【逃】 22

敢○難乎. 46-18 不如○之. 67-16 是○死也. 73-5 勇不○死. 73-6 ○死而怨君. 73-7 重耳○于狄. 73-17 夷吾○于梁. 73-18 於是懷公自秦○歸. 91-21 善○難哉. 110-19 彼若不敢而遠○. 119-3 子盍○之. 123-19 而受盟者○. 123-21 邢侯聞之○. 128-11 其何所可以○死. 135-5 叔熊○難於濮而蠻. 136-2 ○于褒. 138-12 必○. 152-16 而子○之. 152-16 我○死. 152-18 非○富也. 152-18 吾知○也已. 157-5 無所○罪. 164-7

【俎】 5

陳其鼎○. 15-6 於是乎有折○加豆. 15-8 徹○不宴. 49-2 既徹○而宴. 49-20 祭以牛○於王. 150-12

【卻】 1

○退秦師于輔氏. 114-7

【郤】 69

呂甥○芮相晉侯. 8-13 且呂○將不免. 8-16 使○至告慶于周. 18-20 ○至見邵桓公. 18-23 其○至之謂乎. 19-20 今○至在七人之下. 19-25 而○至佻天之功. 20-4 且○至何三伐之有. 20-7 王叔欲○至. 20-14 ○至歸. 20-15 晉○錡見. 21-4 ○犨見. 21-5 ○至見. 21-6 及○犨之譖. 21-7 其君與三○. 21-9 而聽三○之語矣. 21-11 夫○氏. 21-22 今○伯之語犯. 22-1 晉殺三○. 22-9 公欲弛○敬子之宅. 39-15 ○犨欲予之邑. 41-10 ○叔虎朝. 65-18 ○叔虎將乘城. 66-1 ○叔虎曰. 66-2 呂甥及○稱. 77-10 君厚問以召呂甥○稱冀芮而止之. 81-8 乃使○乞告呂甥. 84-6 伯楚以呂○之謀告公. 96-4 胥籍狐箕欒○柏先羊舌董韓. 96-16 ○縠可. 99-9 請使○縠. 99-11 ○縠卒. 99-14 使○縠將中軍. 101-8 ○獻子聘于齊. 104-3 ○獻子怒. 104-4 夫○子之怒甚矣. 104-5 ○獻子駕. 104-13 ○獻子請以徇. 104-14 ○獻子傷. 104-16 ○獻子師勝而返. 104-23 ○子之師也. 104-24 ○獻子見. 105-2 ○獻子伐齊. 105-8 ○子勇而不知禮. 105-11 見○駒伯. 107-13 若夫三○. 108-3 ○至曰. 108-8 ○至曰. 108-14 欒書是以怨○至. 108-20 ○至以韎韋之跗注. 108-21 ○至甲胄而見客. 108-24 殺三○而尸諸朝. 110-11 始於三○. 111-2 ○至使人勸王戰. 111-3 微○至. 111-4 ○至欲爲難. 111-6 ○至將往. 111-9 ○至聘於周. 111-10 是故使胥之昧與夷羊五刺○至苦成叔及○錡. 111-10 ○錡謂○至曰. 111-12 ○至曰. 111-13 既刺三○. 111-17 長魚矯既殺三○. 111-19 夫○昭子. 127-2 夫八○. 127-3 夫○氏有車轅之難. 133-22 殺三○於榭. 157-2

【爰】 1

海鳥曰○居. 37-25

【郛】 2

入其○. 162-2 以焚其北○焉而過之. 164-18

【食】 76

衣○於是乎生. 3-3 其所以阜財用衣○者也. 3-4 庶人終○. 4-18 而共飲○之. 15-7 飲○可饗. 15-14 立鄙○以守路. 16-11 余不愛衣○於民. 34-4 次之○也. 39-8 無○粟之馬. 42-3 馬不○粟. 42-4 其父兄之○麤而衣惡者. 42-5 人之父兄○麤衣惡. 42-6 相延○鼈. 47-17 將使鼈長而後○之. 47-17 ○必粱肉. 53-4 社稷之不血○. 53-8 君○之. 62-6 非○不長. 62-6 嗛嗛之○. 63-24 言不可○. 71-8 不○其言矣. 76-20 饑○其糴. 82-21 乞○於野人. 87-12 吾○舅氏之肉. 88-21 誰能與犲狼爭○. 88-22 是以甘○. 88-23 玉帛酒○. 90-3 公○貢. 96-19 大夫○邑. 96-19 士○田. 96-19 庶人○力. 96-20 工商○官. 96-20 皁隸○職. 96-20 官宰○加. 96-21 與之禮○. 115-21 楊○我生. 119-22 魯人○言. 123-16 非鬼非○. 125-7 故○穀者. 125-17 是不饗穀而○蠱也. 125-18 祿以○爵. 126-2 獻子將○. 129-25 使佐○. 130-1 比已○. 130-1 唯○可以忘憂. 130-2 吾子一○之間而三歎. 130-2 中○而自咎也. 130-4 豈主之○而有不足. 130-4 主之既已○. 130-5 襄子將○. 132-24 主茶騩而○溱洧. 135-21 以衣○民人者也. 136-12 收經入以○兆民. 137-14 子尚良○. 142-3 子尚良○. 142-4 不皇暇○. 146-17 士○魚炙. 150-15 庶人○菜. 150-15 以○兆民. 152-4 以○萬官. 152-5 聚貨不妨民衣○之利. 152-9 願○熊蹯. 153-1 飲○思禮. 154-4 而天奪之○. 158-12 余不○三日矣. 160-12 天奪吾○. 160-17 令秣馬○士. 162-25 弗使血○. 166-2 觴酒豆肉簞○. 166-6 飲○不致味. 166-7 不使血○. 166-22 ○土不均. 167-13 飽其○. 172-1 則不○. 172-4 民俱有三年之○. 172-5 又使之望而不得○. 176-23

【胙】 6

嘗禘蒸享之所致君○者. 39-16 ○不受. 49-2 反○于絳. 59-8 致○於桓公. 59-14 使孔致○. 59-15 命公○侑. 97-7

【脉】 3

土乃○發. 4-3 ○其滿眚. 4-5 至于手拇毛○. 145-16

【匍】 2

乃○匐將入於棘闈. 160-14 ○匐就君. 163-17

【負】 10

○任擔荷. 54-4 築葵茲晏○夏領釜丘. 60-15 吾命之以○蔡之田七十萬. 78-24 僖○羈之妻言於○羈曰. 89-13 僖○羈饋飧. 89-15 ○羈言於曹伯曰. 89-17 申亥○王以歸. 160-15 一个○矢. 160-19 億○晉衆庶. 163-19

【勉】 22

夫諸侯之○於君者. 47-2 魯爲○矣. 47-4 民皆○爲善. 56-17 孺子○之乎. 69-19 孺子○之乎. 69-23 雖○之. 69-25 ○之而已矣. 70-1 孺子○之. 72-25 子○之. 76-6 子○之. 77-12 公子○之. 78-19 子其○之. 88-3 女○之. 103-7 爾○從二三子. 104-7 吾子○之. 107-18 吾子○之. 107-22 乃厚其外交而○之. 119-3 勤○以勸之. 141-6 父○其子. 172-18 兄○其弟. 172-18 婦○其夫. 172-18 君王○之. 178-21

【風】 15

瞽告有協○至. 4-10 瞽帥音官以○土. 4-19 火見而清○戒寒. 16-4 清○至而修城郭宮室. 16-5 以遂八○. 29-19 ○雨時至. 29-20 海多大○. 39-3 防○氏後至. 49-21 防○何守也. 49-25 ○聽臚言於市. 107-10 夫樂以開山川之○也. 121-19 ○德以廣之. 121-20○山川以遠之. 121-20 ○物以聽之. 121-20 虞幕能聽協○. 136-9

【狩】 2

○於畢時. 6-6 田○罼弋. 53-3

【逢】 1

○公之所憑神也. 31-8

【怨】 83

懼○之來也. 3-12 ○而不怒. 3-20 民神無○. 7-9 民神○痛. 7-12 分均無○. 10-10 若民不○而財不匱. 10-11 是以小○置大德也. 11-10 且夫兄弟之○. 11-11 章○外利. 11-12 以○報德. 11-13 故上下無○. 14-6 其亦有七○. 20-2 ○在小醜. 20-2 而益之以三○. 22-2 ○之本也. 22-4 民有○亂. 25-9 能避○矣. 26-18 而能避○. 26-19 莫不○恨. 30-7 皆○府也. 41-15 非多○. 41-17 爲○三府. 41-17 懼忓季孫之○也. 48-3 以寵賈○. 64-5 是○君也. 73-3 仁不○君. 73-5 逃死而○君. 73-7 去而厚○. 73-7 愚陋而多○. 73-24 多○可與共憂. 73-24 卒於○讎. 75-12 ○之本也. 76-9 厚貪則○生. 76-10 貪則民○. 76-16 賴富而民○. 76-16 故出亡無○於國. 79-15 無損於○. 82-12 君深其○. 82-16 以德爲○. 84-24 臣○君. 85-8 晉侯日載其○. 90-19 黷則生○. 92-18 ○亂毓災. 92-18 ○其多矣. 94-16 何舊○也. 95-14 而無○言. 95-22 不若使齊秦主楚○. 97-24 必屬○焉. 98-2 子一言而有三○. 98-8 ○已多矣. 98-8 ○之所聚也. 102-22 欒書是以○郤至. 108-20 則○靖. 109-5 而○由細. 109-10 故以惠誅○. 109-10 細無○而大不過. 109-11 其誰○. 113-10 伯樂與尹鐸有○. 131-6 ○若○焉. 131-7 ○豈在明. 133-24 ○不在大. 133-24 其速○於民多矣. 152-23 蓄○滋厚. 152-24 昔瓦唯長舊○. 153-9 使神無有○痛於楚國. 154-22 不忘舊○. 156-2 思報○而已. 156-2 夫造勝之○者. 156-6 思舊○以修其心. 156-8 彼將思舊○而欲大寵. 156-9 ○而有術. 156-10 德其忘○. 156-12 惡之不○. 156-14 惡之則○. 156-15 欲惡○偪. 156-16 將怒而○. 156-17 舊○滅宗. 156-20 ○賊之人也. 156-22 非唯舊○乎. 157-3 吾○其棄吾言. 157-9 以小○寘大德. 157-10 而思邊垂之小○. 158-19

【急】 11

民之所○在大事. 8-22 固國之艱○是爲. 35-14 賢者○病而讓夷. 35-19 非○病也. 35-21 國○矣. 36-10 以爲朝夕之○. 78-5 無有難○也. 79-3 告○於晉. 97-22 宋人告○. 97-22 非晉國之○也. 103-11 何○以其言取罪也. 147-19

【胤】 6

今陳侯不念○續之常. 17-4 以有○在下. 24-16 以殄滅無○. 24-22 永錫祚○. 27-5 ○也者. 27-7 晉○. 89-7

【計】 8

且夫君子○成而後行. 44-21 二三子○乎. 44-21 子○其利者. 47-5 夜而○過. 48-16 皆有終歲之○. 56-19 ○億事. 137-13 以能遂疑○

12 ○公子黑臀而立之. 104-1 大夫○于清原. 113-5 且觀道○者. 115-5 未退而○之. 119-19 荆之○諸侯也亦云. 122-23 從而○. 148-7 越王句踐起師○之. 158-4 此○於天. 174-10 ○德也. 174-12 陰謀○德. 174-13 不○天時. 175-15 ○天時. 176-7 ○節萌生. 176-12

【兹】 12

必○君之子孫實續之. 27-10 今○海其有災乎. 38-25 築葵○晏負夏領釜丘. 60-15 我教○暇豫事君. 71-14 ○可以親. 87-11 使○四人者爲之. 114-16 使○四人者. 114-21 欲試之○圃. 131-20 趙簡子問於壯馳○曰. 132-11 壯馳○拜曰. 132-12 ○故不言. 147-4 攝少司馬○. 163-25

【洪】 1

鮌鄣○水而殛死. 38-9

【洒】 1

重耳父生不得供備○掃之臣. 77-6

【洧】 1

主茶驍而食溱○. 135-21

【洗】 1

三曰姑○. 30-16

【洵】 1

無○涕. 49-11

【洛】 5

昔伊○竭而夏亡. 6-16 穀○鬬. 23-16 北有衛燕狄鮮虞潞○泉徐蒲. 135-7 其濟○河潁之間乎. 135-13 右○左濟. 135-20

【洲】 1

又有藪曰雲連徒○. 154-23

【津】 3

日在析木之○. 31-6 ○梁之上. 79-3 若○水. 147-7

【恃】 10

何○而不恐. 36-16 ○二先君之所職業. 36-16 ○此以不恐. 36-22 而○諸侯. 44-25 胡可○也. 69-25 公子誰○於晉. 79-13 其誰能○乎. 79-16 ○其富寵. 127-2 虢叔○勢. 135-14 鄶仲○險. 135-14

【恒】 9

夫天事○象. 9-19 ○知避其災也. 39-1 故士之子○爲士. 53-22 故工之子○爲工. 54-2 故商之子○爲商. 54-8 故農之子○爲農. 54-16 必有以知天地之○制. 175-12 因陰陽之○順天地之常. 175-17 未有○常. 175-24

【恫】 1

神罔時○. 100-21

【恬】 1

而又不自安○逸. 161-4

【恤】 17

勤○民隱. 1-19 侈則不○匱. 18-2 匱而不○. 18-2 在位者○民之患. 35-20 班相○也. 37-7 諸侯○之. 37-7 而莫之○也. 41-24 死喪同○. 55-17 君欲勿○. 68-10 若大難至而○之. 68-11 ○孤疾. 113-18 而能○大事. 115-6 夫范中行氏不○庶難. 132-19 ○民之故也. 152-13 是不先○民而後己之富乎. 152-20 是之不○. 152-23 余心豈忘憂○. 165-11

【恪】 11

朝夕○勤. 1-14 ○恭于農. 5-2 日○位著. 9-8 敬○恭儉. 17-18 ○所以守業也. 17-22 以○守業. 17-23 俾莫不任肅純○也. 30-23 執事有○. 50-21 德之○也. 102-10 ○於德以臨事. 102-10 必恭○於朝. 146-9

【恨】 1

莫不怨○. 30-7

【宣】 78

○之使言. 2-23 口之○言也. 3-3 而○之於口. 3-5 ○王在邵公之宮. 3-18 乃以其子代○王. 3-21 ○王長而立之. 3-21 ○王即位. 3-22 ○王伐魯. 5-19 ○王欲得國子之能導訓諸侯者. 5-20 ○王既喪南國之師. 5-25 鄭出自○王. 12-12 叔孫○子東門子家皆侈. 17-15 寬肅○惠. 17-18 ○所以教施也. 17-19 教施而○則徧. 17-20 魯○公卒. 18-8 魯叔孫○伯亦奔齊. 18-9 趙○子未有軍行. 19-16 厲○幽平. 25-11 匏以○之. 29-17 所以○養六氣九德也. 30-15 所以○布哲人之令德. 30-19 助○物也. 30-21 ○中氣也. 30-22 故謂之○. 31-21 所以○三王之德也. 31-21 ○公使僕人. 40-10 ○公夏濫於泗淵. 40-21 助○氣也. 40-24 季文子相○成. 42-3 子服惠伯見韓○子. 46-19 ○子說. 47-6 牧相○序民事. 48-10 趙○子言韓獻子於靈公. 103-1 ○子召而禮之. 103-3 趙○子請師於靈公. 103-10 ○子曰. 103-16 趙○子驟諫. 103-22 見中行○子. 107-6 ○子曰. 107-6 成○之後. 107-18 ○子之忠. 107-19 夫○子. 107-21 有○子之忠. 107-22 使呂○子將下軍. 113-20 武子○法. 114-3 而○惠於教也. 114-11 知右行辛之能以數○物定功也. 114-11 呂○子卒. 115-5 范○子以公入于襄公之宮. 119-7 范○子問焉. 119-25 ○子曰. 120-1 范○子與和大夫爭田. 120-7 ○子欲攻之. 120-8 見○子曰. 120-19 ○子問於訾祏. 121-3 ○子說. 121-11 范○子謂獻子曰. 121-13 ○子曰. 121-17 韓○子問二公子之祿焉. 125-24 ○子曰. 126-1 韓○子贊授客館. 126-7 ○子以告. 126-17 叔向見韓○子. 126-19 ○子憂貧. 126-19 ○子曰. 126-19 ○其德行. 126-22 ○子拜稽首焉. 127-6 韓○子患之. 128-7 ○子曰. 128-8 智○子將以瑤爲後. 133-3 ○子曰. 133-4 且○王之時. 137-23 於是○王聞之. 137-24 當○王時而生. 138-10 明行以○翼之. 141-6 其聖能光遠○朗. 149-8 當○王時. 150-8

【宦】 1

○士三百人於吴. 171-12

【宥】 7

夙夜基命○密. 26-21 ○. 26-24 君若○而反之. 52-11 一再則○. 57-8 ○閒罪. 58-7 ○閒罪. 113-17 而又○赦之. 158-17

【室】 64

王○其將卑乎. 3-8 夫狄無列於王○. 12-8 今天降禍災於周○. 13-6 吾聞王○之禮. 14-20 以奬王○. 14-24 今我王○之一二兄弟. 15-4 清風至而修城郭宮○. 16-5 營○之中. 16-7 王○其愈卑乎. 25-12 而少光王○. 25-17 王○大亂. 26-8 王○遂卑. 26-9 夫宮○不崇. 26-15○家之壼. 27-5 以佐王○. 27-8 ○如懸磬. 36-15 女股肱周○. 36-18 欲○文伯. 49-5 老請守龜卜○之族. 49-6 宗○之謀. 49-7 今詩以合○. 49-8 以屏周○. 55-21 譬之如○. 75-10 可以利公○. 75-25 苟姬未絕周○. 89-6 股肱周○. 90-22 整師以復彊周○. 93-18 以輔王○. 94-2 有周○之師旅. 97-13 君定王○. 97-14 猶宮○之有牆屋也. 107-17 諸臣之委○而徒退者. 109-24 納其○以分婦人. 110-12 可以利公○不忘. 116-18 公○之有回. 120-13 公○其將卑乎. 121-18 公○懼卑. 122-17 趙文子爲○. 124-7 天子之○. 124-8 今周○少卑. 126-16 其富半公○. 127-2 少○周爲趙簡子之右. 131-23 使少○周爲宰. 131-25 智襄子爲○美. 133-14 ○美夫. 133-14 ○成. 133-18 王○多故. 135-4 王○將卑. 135-5 或在王○. 136-19 王○方騷. 138-16 九年而王○始騷. 139-4 施二師而分其○. 142-17 莊王既以夏氏之○. 143-4 吾倍其○. 143-20 殺白公而定王○. 157-11 而土埋之其○. 160-15 周○卑約. 163-16 今非王○不平安是憂. 163-18 周○既卑. 164-6 則何有於周○. 164-12 昔周○逢天之降禍. 165-11 當○者死. 171-23 君若不忘周○. 172-24 固周○之不成子也. 178-13

【穽】 1

設○鄂. 41-2

【突】 7

狐○御戎. 69-21 狐○歎曰. 69-23 狐○諫曰. 70-3 ○聞之. 70-4 狐○杜門不出. 70-11 孤○不順. 71-7 乃使猛足言於狐○曰. 73-12

【穿】 3

季桓子○井. 47-7 吾○井而獲狗. 47-8 趙○攻公於桃園. 104-1

【客】 20

子國爲○. 6-24 以露睹父爲○. 47-16 ○執骨而問曰. 49-20 ○曰. 49-22 ○曰. 49-25 ○曰. 50-4 出見○. 59-17 鄭也與○將行事. 81-9 ○還. 83-5 比之賓○. 90-1 有秦○廋辭於朝. 104-9 郤至甲胄而見○. 108-24 肸也欲子員之對○也. 122-11 韓宣子贊授○館. 126-7 ○問君疾. 126-8 曰剄於○前以酬○. 164-1 弗爲人○. 174-8 而先爲人○. 174-9 宜爲人○. 177-18

【冠】 5

南○以如夏氏. 15-25 棄衮冕而南○以出. 17-7 趙文子○. 107-4 人之有○. 107-16 其○也. 116-1

【軍】 137

夫三○之所尋. 13-20 四○之帥. 19-6 ○帥强禦. 19-7 吾三逐楚○之卒. 19-11 自下○之佐以政. 19-16 趙宣子未有○行. 19-16 今欒伯自下○往. 19-17 若佐新○而升爲政. 19-18 季武子爲三○. 43-20 諸侯有卿無○. 43-21 遂作中○. 44-3 以從○吏. 46-23 有○旅之出. 51-5 執枹鼓立於○門. 52-8 作內政而寄○令焉. 55-9 以爲○令. 55-11 故萬人爲一○. 55-14 三○. 55-14 故有中○之鼓. 55-14 ○旅整於郊. 55-16 夫○令則寄諸內政矣. 58-4 ○譚遂. 60-12 公作二○. 66-22 公將上○. 66-22 太子申生將下○. 66-22 而帥下○. 67-1 下○. 67-1 上○之貳也. 67-1 故古之爲○也. 67-6 ○有左右. 67-6 以撫○也. 69-12 火中成○. 75-4 ○敗. 85-2 司馬説進三○之士而數慶鄭曰. 85-22 三○之士皆在. 86-1 ○于廬柳. 95-4 公以二○下. 97-4 公令疏○而去之. 97-17 ○吏以告. 97-18 ○吏請曰. 98-11 鄭人以詹伯爲將○. 99-2 使佐新上○. 99-8 乃使欒枝將下○. 99-13 胥臣佐下○. 99-14 乃使狐毛將上○. 99-17 先且居之佐○也善. 99-18 ○伐有賞. 99-18 乃使先且居將上○. 99-20 作五○. 99-22 使趙衰將新上○. 99-22 胥嬰將新下○. 99-22 乃使趙衰佐新上○. 99-25 作三○. 101-8 使郤縠將中○. 101-8 使爲下○大夫. 102-11 夫○事無犯. 103-4 召○吏而戒欒正. 103-14 令三○之鍾鼓必備. 103-14 三○之心. 104-17 ○事集焉. 104-19 三○從之. 104-22 克也以君命命三○之士. 105-2 三○之士用命. 105-3 燮也受命於中○. 105-4 以命上○之士. 105

-4 上○之士用命. 105-5 書也受命於上○. 105-6 以命下○之士. 105-6 下○之士用命. 105-7 欒武子將上○. 109-16 范文子將下○. 109-16 三○不振旅. 110-2 荆壓晉○. 110-15○吏患之. 110-15 使呂宣子將下○. 113-20 呂錡佐智莊子於上○. 113-21 使彘恭子將新○. 114-2 使佐新○. 115-6 使佐新○. 115-9 魏絳爲中○司馬. 115-13 使臣狃中○之司馬. 115-18 ○事有死無犯爲敬. 115-19 ○旅之事也. 115-21 令之佐新○. 115-22 祁奚辭於○尉. 115-23 公使祁午爲○尉. 116-3 ○無秕政. 116-4 使魏絳佐新○. 116-20 ○于蕭魚. 116-21 外有○. 120-8 老也以○事承子. 120-11 ○無敗政. 121-6 三○之士暴骨. 122-13 楚令尹子木欲襲晉○. 122-18 以藩爲○. 123-3 其家半三○. 127-2 ○吏曰. 128-15 令○吏呼城. 128-21 ○吏執之. 129-2 王孫啓豫於○事. 142-11 雍子與於○事. 142-24 在中○王族而已. 142-24 榭不過講○實. 144-21 國馬足以行○. 152-9 而辱○士使寇令焉. 158-22 則吾何以春秋曜吾○士. 159-18 三○叛王於乾谿. 160-10 越王句踐乃率中○. 162-1 十旌一將○. 163-3 左○亦如之. 163-6 右○亦如之. 163-7 去晉○一里. 163-9 三○皆譁釦以振旅. 163-11 周○飾壘. 163-13 而造於弊邑之○壘. 163-14 則不能與三○共饑勞之殃. 166-19 ○士不死. 167-14 至於○. 167-18 王乃命有司大徇於○. 167-23 徇於○. 168-1 明日徇於○. 168-4 徇於○. 168-6 遷○接龢. 168-7 王乃命有司大徇於○. 168-8 ○於江北. 168-11 越王○於江南. 168-11 以爲左右○. 168-12 以其私卒君子六千人爲中○. 168-12 乃令左○銜枚. 168-13 亦令右○銜枚. 168-14 乃命左○右○. 168-14 越王乃令其中○. 168-16 越之左○右○. 168-18 乃號令於三○曰. 170-4 居○三年. 177-22

【祏】 6

盍訪之訾○. 120-20 訾○實直而博. 120-20 宣子問於訾○. 121-3 訾○對曰. 121-3 訾○死. 121-13 昔者吾有訾○也. 121-13

【祐】 2

天命不○. 125-7 天命不○. 125-10

【祓】 4

王其祇○. 4-7 是故○除其心. 8-24 ○除其心. 8-25 敬其○除. 15-7

【祖】 22

我太○后稷之所經緯也. 31-10 故有虞氏禘黄帝而○顓頊. 38-13 夏后氏禘黄帝而○顓頊. 38-13 商人禘舜而○契. 38-14 ○文王而宗武王. 38-15 凡禘郊○宗報. 38-17 各致齊敬於其皇○. 39-23 今將先明而後○. 39-24 ○識地德. 48-9 季康子之從○叔母也. 49-1 晉○唐叔. 89-22 嗣續其○. 94-23 自臣之○. 119-14 昔匄之○. 120-1 敢昭告于皇○文王烈○康叔文○襄公昭考靈公. 131-14 彭姓彭○豕韋諸稽. 136-16 高○之主. 149-11 寵神其○. 150-9 士庶人不過其○. 151-7 以昭祀其先○. 151-12

【神】 94

事○保民. 1-17 使○人百物. 3-12 乃能媚於○. 5-6 匱○乏祀. 5-8 肅恭明○. 5-22 有○降於莘. 7-6 ○饗而民聽. 7-8 民○無怨. 7-9 故明○降之. 7-9 明○不蠲. 7-12 民○怨痛. 7-12 故○亦往焉. 7-13 是以或見○以興. 7-13 是皆明○之志者也. 7-19 今是何○也. 7-20 夫○壹. 7-23 其丹朱之○乎. 7-24 道而得○. 8-1 淫而得○. 8-1 ○之見也. 8-5 不禋於○. 8-9 ○必禍之. 8-10 離民怒○. 8-12 又崇立於上帝明○而敬事之. 9-6 祥所以事○也. 11-14 以供上帝山川百○之祀. 12-25 足以供給○祇而已. 13-3 言孝必及○. 22-14 昭○能孝. 22-23 其母夢○規其臀以墨. 23-8 ○無閒行. 24-9 不度民○之義. 24-22 和於民○. 24-24 而滑夫二川之○. 25-3 而況○乎. 25-9 不共○祇. 25-20 度之天○. 26-2 以合○人. 30-1 ○是以寧. 30-1 而離民怒○. 30-3 古之○瞽. 30-12 考○納賓也. 30-17 所以安靖○人. 30-17 逢公之所憑○也. 31-8 凡人○. 31-12 不愛牲玉於○. 34-5 民和而後○降之福. 34-6 ○弗福也. 34-10 而○求優裕於享者也. 34-11 其周公太公及百辟○祇. 36-3 加之以社稷山川之○. 38-19 易○之班亦不祥. 40-4 合○事於内朝. 47-24 昔禹致羣○於會稽之山. 49-21 敢問誰守爲○. 49-22 其守爲○. 49-23 以約誓于上下庶○. 59-3 有○人面白毛虎爪. 74-8 ○曰. 74-9 天之刑○也. 74-11 鬼○降衷. 77-22 億寧百○. 100-20 ○罔時恫. 100-21 上下○祇. 126-8 夫鬼○之所及. 126-14 伯夷能禮於○. 136-24 褻人之○. 138-3 至於○明. 147-1 若武丁之○明也. 147-8 古者民○不雜. 149-6 則明○降之. 149-9 是使制○之處位次主. 149-10 而敬恭明○者. 149-13 上下之○. 149-16 有天地○民類物之官. 149-17 ○是以能有明德. 149-19 民○異業. 149-19 故○降之嘉生. 149-19 民○雜糅. 149-22 民○同位. 150-1 ○狎民則. 150-1 司天以屬○. 150-3 寵○其祖. 150-9 夫○. 150-18 天子徧祀羣○品物. 151-6 羣○頻行. 151-8 以事百○. 151-18 致力於○. 151-20 無有苛慝於○者. 151-23 又能上下説於鬼○. 154-21 使○無有怨痛於楚國. 154-22 而皇○相之. 155-2 而胡重於鬼○而自輕也. 159-21 上帝鬼○而不可以告. 163-16

【祝】 11

使太宰以○史帥狸姓. 8-3 帥傅氏及○史. 8-7 虢公亦使○史請土焉. 8-8 宗○執祀. 16-19 宗○書昭穆. 39-24 范文子謂其宗○曰. 110-24 凡吾宗○. 111-1 故命之曰○融. 136-7 ○融亦能昭顯天地之光明. 136-13 以爲之○. 149-14 虔其○宗. 151-11

【祚】 14

天地所○. 22-18 故天○之以天下. 22-25 ○以天下. 24-11 ○四嶽國. 24-12 永錫○胤. 27-5 必有章譽蕃育之○. 27-9 天○將在武族. 89-6 天○有德. 89-7 今晉公子有三○焉. 90-15 獲三○者. 90-23 天之○楚. 91-15 楚不可○. 91-16 天○之矣. 91-18 文之○盡. 138-24

【祇】 2

王其○祓. 4-7 ○以解志. 104-20

【祠】 1

必速○而歸福. 72-12

【郡】 1

君實有○縣. 79-2

【退】 74

各以利○. 12-7 武子遂不敢對而○. 15-17 叔向○. 44-7 諸侯之大夫尋盟未○. 45-23 齊師○而後敢還. 46-24 公父文伯○朝. 48-2 繹不盡飫則○. 49-3 齊侯受之而○. 52-23 是故鄉長○而修德進賢. 56-6 ○問之其鄉. 56-11 國子高子○而修鄉. 56-13 鄉○而修連. 56-14 連○而修里. 56-14 里○而修軌. 56-14 軌○而修伍. 56-15 伍○而修家. 56-15 五屬大夫於是○而修屬. 57-15 屬○而修縣. 57-16 縣○而修鄉. 57-16 鄉○而修卒. 57-17 卒○而修邑. 57-17 邑○而修家. 57-17 其○者拒違. 65-22 誰能○敵. 67-9 里克○. 69-16 雖欲有○. 71-8 驪姬○. 73-11 ○而不私. 78-17 公子縶○. 78-18 ○而私於公子縶曰. 78-22 ○而不私. 79-8 且可以進○. 79-10 不聞命而擅進○. 85-18 且戰而自○. 85-20 ○而自殺. 85-20 鄭擅進○. 85-24 師○. 95-5 ○而思之. 95-14 晉師○舍. 98-11 何故○. 98-12 ○三舍避楚. 98-15 麇○. 103-23 范武子○自朝. 104-4 范文子暮○於朝. 104-8 車無○表. 104-18 鼓無○聲. 104-18 楚師將○. 108-14 ○戰. 108-22 諸臣之委室而徒○者. 109-24 非○而何. 110-16 既○荆師於鄢. 110-19 圖之進○. 113-12 卻○秦師于輔氏. 114-7 請○也. 116-15 未○而逆之. 119-19 諸侯有盟未○. 123-25 不阿而○. 124-19 又不自○. 125-13 不能則○. 128-21 而不○. 129-25 否則○. 132-6 夫子踐位則○. 141-8 自○則敬. 141-8 遂趨而○. 147-24 故進○周旋. 148-7 ○則不可. 163-21 乃○就幕而會. 164-16 吴王夫差既○于黄池. 164-20 ○而不○. 168-9 有能助寡人謀而○吴者. 170-5 欲其旅進旅○. 172-15 ○則思刑. 172-16 ○則無恥. 172-17

【屍】 1

殺而以其○授之. 52-20

【屋】 1

猶宫室之有牆○也. 107-17

【咫】 5

其長尺有○. 50-8 其長尺有○. 50-12 天威不違顔○尺. 59-18 ○聞則多矣. 100-1 是知天○. 145-24

【屏】 9

所以藩○民則也. 31-18 以○周室. 55-21 爾射余於○內. 95-10 故以彘季○其宗. 114-4 ○攝之位. 149-15 ○營仿偟於山林之中. 160-11 王背○而立. 167-9 夫人向○. 167-9 不出○. 167-11

【弭】 9

吾能○謗矣. 2-20 至于今未○. 25-11 渠○於有渚. 58-12 渠○於有渚. 58-15 渠○於有渚. 58-17 衆不可○. 71-8 以定民○憂. 76-14 其左執鞭○. 91-12 ○其百苛. 151-13

【陣】 6

楚半○. 108-13 夫○不諱忌. 108-15 而不與○. 108-16 夫楚與鄭○. 108-16 在○而譁. 108-18 萬人以爲方○. 163-4

【韋】 6

郤至以韎○之跗注. 108-21 有韎○之跗注. 108-23 在商爲豕○氏. 120-2 ○藩木楗. 126-3 大彭豕○爲商伯矣. 136-15 彭姓彭祖豕○諸稽. 136-16

【胥】 26

唯能用管夷吾甯戚隰朋賓○無鮑叔牙之屬. 60-21 ○籍狐箕欒郤柏先羊舌董韓. 96-16 ○臣多聞. 99-12 ○臣佐下軍. 99-14 箕鄭○嬰先都在. 99-20 ○嬰將新下軍. 99-22 文公問於○臣曰. 100-6 是故使○之昧與夷羊五刺郤至苦成叔及郤錡. 111-10 夫申○華登簡報吴國之士於甲兵. 158-6 申○諫曰. 159-10 申○進諫曰. 159-23 乃訊申○曰. 161-2 申○釋劍而對曰. 161-8 乃使取申○之尸. 161-19 吴王夫差既殺申○. 161-21 楚申包○使於越. 166-1 包○辭曰. 166-4 包○曰. 166-7 包○曰. 166-10 包○曰. 166-12 包○曰. 166-14 包○曰. 166-17 吾問於王孫包○. 166-23 使人説於子○曰. 169-5 子○諫曰. 170-21 今申○驟諫其王. 176-12

【孩】 1

而近○童焉. 161-9

【陘】 1
賜公南陽陽樊温原州○絺組攢茅之田. 97-8

【除】 27
而○其害也. 1-19 司空○壇于籍. 4-8 是故祓○其心. 8-24 祓○其心. 8-25 敬其祓○. 15-7 雨畢而○道. 16-4 九月○道. 16-6 門尹○門. 16-18 身聳○潔. 26-16 故聖人樹德於民以○之. 27-22 湯以寬治民而○其邪. 38-11 具舟○隧. 44-8 恐宗廟之不掃○. 53-8 擊菜○田. 54-10 ○闇以應外謂之忠. 74-22 闇不○矣. 74-23 吾以○之矣. 87-23 ○君之惡. 95-18 糞○而已. 107-17 ○鯁而避彊. 111-22 而無○. 126-9 不可○也. 138-8 明○害以導之武. 141-2 先君以是○亂克敵. 144-5 絜其糞○. 151-10 能者早○之. 156-20 ○民之害. 175-10

【姑】 2
密須由伯○. 12-1 姬酉祁己滕箴任荀僖○儇依是也. 92-7

【姪】 1
則我皇妣大姜之○. 31-8

【姻】 4
夫婚○. 11-19 重之以婚○. 35-14 而殘其○族. 97-14 合其州鄉朋友婚○. 151-13

【絯】 1
行○極. 137-14

【姦】 25
司寇協○. 6-2 司寇詰○. 16-19 ○仁爲佻. 20-9 ○禮爲羞. 20-9 ○勇爲賊. 20-9 有三○以求替其上. 20-12 無○物也. 31-1 用宄之財者爲○. 40-17 使君爲藏○者. 40-18 下無○慝. 44-1 ○也. 110-18 在外爲○. 111-21 禦○以刑. 111-22 ○宄並至. 111-23 朝無○官. 121-4 國無○民. 121-7 於朝無○行. 121-9 ○以事君者. 122-15 三○同罪. 128-8 ○之大者也. 128-17 賞善罰○. 128-17 賞大○也. 128-18 ○而盈祿. 128-18 而有○子. 140-9 必用○人. 156-18

【怒】 40
王○. 2-19 所○甚多. 3-11 王其以我爲懟而○乎. 3-20 怨而不○. 3-20 離民○神. 8-12 王○. 11-5 其喜○取與亦議之. 18-16 而離民○神. 30-3 以○大國. 36-9 使君盛○. 36-13 以○大國. 44-2 醉而○. 45-5 睹父○. 47-17 ○曰. 47-18 而使夫人○也. 47-19 唯知哀樂喜○之節. 76-25 是哀樂喜○之節易也. 77-2 ○不及色. 79-15 公子○. 87-12 嬴○曰. 91-23 執宛春以○楚. 98-9 事王不○. 100-14 郤獻子○. 104-4 干人之○. 104-5 夫郤子之○甚矣. 104-5 何以逞○. 104-6 以成其○. 104-6 武子○曰. 104-10 聞吾子有和之○. 120-23 而○和大夫. 120-24 公○. 121-23 子朱○曰. 122-11 ○曰. 130-19 王心○矣. 138-20 子亹○而出. 146-3 速其○也. 156-6 將○而怨. 156-17 盛○屬兵. 158-21 王○而殺之. 176-12 王○曰. 176-17

【飛】 2
秦伯賦鳩○. 93-21 轂之○實生之. 125-16

【盈】 24
陽癉憤○. 4-2 而○其願. 18-15 倉廩○. 68-24 欒○不獲罪. 118-19 若愛欒○. 118-23 逐欒○. 119-4 欒○出奔楚. 119-4 欒○晝入. 119-6 欒○不克. 119-7 遂刺欒○. 119-8 谿壑可○. 119-21 姦而○祿. 128-18 以城來○願. 128-19 惡角犀豐○. 137-7 四境○壘. 152-22 夫○而不偪. 155-13 用能援持○以沒. 161-14 有持○. 174-5 持○者與天. 174-6 天道○而不溢. 174-7 今君王未○而溢. 174-8 持○者與天. 174-17 月○而匡. 177-12 ○吾陰節. 177-17

【勇】 28
○而有禮. 19-11 ○也. 19-12 夫仁禮○. 20-7 以義死用謂之○. 20-8 姦○爲賊. 20-9 言○必及制. 22-14 ○. 22-20 帥義能○. 22-22 使百姓皆加○焉. 52-9 有拳○股肱之力. 56-1 有拳○股肱之力. 57-11 ○不逃死. 73-6 無○. 73-7 無○. 81-19 郤子○而不知禮. 105-11 ○以知禮. 109-1 知魏絳之○而不亂也. 114-23 ○不能死. 116-14 其○. 116-18 毅而不○. 155-22 大夫種○而善謀. 159-12 事君○謀. 162-18 ○怯盡應. 163-11 乃命王孫雒先與○獲. 164-17 ○次之. 166-18 不○. 166-19 吾不欲匹夫之○也. 172-15 夫○者. 174-12

【怠】 17
不敢○業. 1-13 淫佚荒○. 7-10 謂之○. 27-18 其所○棄者多矣. 28-6 其間無由荒○. 34-17 無日以○. 48-17 況有○惰. 48-23 無或淫○而不聽治者. 57-5 喜亂必○德. 77-2 晉莫不○. 82-22 ○教而重斂. 109-23 ○教而重斂. 110-11 ○偷甚矣. 125-4 是皆有驕侈○慢之心. 135-14 其民○沓其君. 137-3 我不可以○. 165-16 得時無○. 177-6

【癸】 2
王以二月○亥夜陳. 31-16 自玄王以及主○. 39-24

【蚤】 7
若皆○世猶可. 18-6 君弗○圖. 89-9 子盍○自貳焉. 89-15 王無○圖. 176-4 王若○圖之. 176-4 ○晏無失. 177-20 孰使我○朝而晏罷者. 178-5

【柔】 12
以懷○之. 13-19 無亦擇其○嘉. 15-5 所以優○容民也. 31-23 寬惠○民. 52-7 公子無亦晉之○嘉. 88-23 而○和萬民. 100-20 ○惠小物. 116-1 以生○嘉材者也. 136-13 ○而不屈. 175-18 近則用○. 177-13 剛○以禦. 177-14 ○而不可迫. 177-19

【矜】 6
不可以○. 63-24 今○狄之善. 71-6 禮賓○窮. 89-20 ○其伐而恥國君. 105-11 勞而不○其功. 174-7 不勞而○其功. 174-9

【紂】 6
底○之多罪. 31-21 ○踣于京. 41-25 今夫以君爲○. 68-7 若○有良子. 68-8 而先喪○. 68-8 吾豈知○之善否哉. 68-10

【紃】 2
伯霜仲雪叔熊季○. 135-23 季○是立. 136-2

【約】 8
以○誓于上下庶神. 59-3 久○而無釁. 90-17 ○而不諂. 91-17 不爲豐○舉. 153-18 ○辭行成. 158-10 故婉○其辭. 159-14 身自○也. 159-25 周室卑○. 163-16

【級】 1
明等○以導之禮. 140-22

【紀】 25
○農協功. 4-22 數之○也. 6-19 不過其○. 6-20 五義○宜. 15-14 ○之以三. 30-13 莒太子僕弒○公. 40-9 足以○綱天下者. 49-23 設象以爲民○. 53-10 以爲民○統. 53-12 東至于○酅. 58-20 蔽兆之○. 62-20 言之○也. 80-20 ○言以敘之. 80-21 蓄力一○. 87-8 此大夫管仲之所以○綱齊國. 88-12 實○商人. 88-16 瞽史之○曰. 88-17 國之○也. 89-2 國無○不可以終. 89-2 禮以○政. 89-21 而天之大○也. 95-1 實○綱之僕. 96-12 以德○民. 99-15 建九○以立純德. 137-12 四時以爲○. 177-10

【耕】 6
王○一墢. 4-14 以待時○. 54-11 及○. 54-11 深○而疾耰之. 54-11 邊鄙○農不儆. 116-9 令其子孫將○於齊. 132-20

【泰】 8
而○侈焉. 18-4 而亦○侈焉. 18-5 得○之八. 94-24 君驕○而有烈. 110-24 而況驕○乎. 110-25 驕○奢侈. 126-24 以○于國. 127-3 ○誓曰. 137-6

【秦】 100
○人殺子金子公. 9-24 ○師將襲鄭. 14-12 ○師必有謫. 14-13 ○師無謫. 14-16 ○師還. 14-16 諸侯伐○. 44-4 諸侯謂○不恭而討之. 44-5 於○何益. 44-6 晉正於○. 64-11 梁近於○. 74-4 ○親吾君. 74-5 必援於○. 74-5 援○以搖之. 76-7 而請君于○. 76-18 子厚賂○人以求入. 77-11 盍請君于○乎. 77-18 乃使梁由靡告于○穆公. 77-19 ○穆公許諾. 78-4 ○人勤我矣. 78-19 ○人殺冀芮而施之. 81-3 乃背○賂. 81-5 使丕鄭聘於○. 81-5 丕鄭如○謝緩賂. 81-7 其言我於○也. 81-10 丕豹出奔○. 81-13 丕鄭之自○反也. 81-14 子使於○. 81-16 出奔○. 81-21 乞糴於○. 82-1 ○饑. 82-11 ○歲定. 82-15 ○寇深矣. 82-15 公禦○師. 82-20 ○莫不慍. 82-22 輅○公. 83-13 君遂止于○. 83-14 雖微○國. 83-20 使子父代處○. 84-4 ○始知河東之政. 84-4 公在○三月. 84-6 聞○將成. 84-6 ○將歸寡人. 84-7 呂甥逆君於○. 84-15 事○. 84-19 願從其君而與報○. 84-22 ○君曰. 84-25 將獨伐○. 85-4 以報于○. 85-13 ○豈不能. 85-14 使失○公. 85-24 ○乃召重耳於楚而納之. 86-3 於是懷公自○逃歸. 91-21 ○伯召公子於楚. 91-21 楚子厚幣以送公子于○. 91-21 ○伯歸女五人. 91-23 ○晉匹也. 91-24 ○伯見公子曰. 91-24 唯○所命從也. 92-24 今將婚媾以從○. 93-2 ○伯將享公子. 93-5 ○伯享公子. 93-6 ○伯謂其大夫曰. 93-8 ○伯賦采菽. 93-12 ○伯降辭. 93-13 ○伯歎曰. 93-21 ○伯賦鳩飛. 93-21 ○伯賦六月. 93-22 ○伯降辭. 93-22 ○伯納公子. 94-15 ○伯使公子縶如師. 95-5 狐偃及○晉大夫盟于郇. 95-5 ○伯還. 95-7 脫會○伯于王城. 96-5 ○伯誘而殺之. 96-6 ○伯納衛三千人. 96-11 亦使告于○. 96-23 ○將納之. 96-24 公率齊○. 97-21 齊○不欲. 97-23 不若使齊○主楚怨. 97-24 而賂齊○. 97-25 必不許齊○. 98-1 齊○不得其請. 98-1 有○客廋辭於朝. 104-9 ○來圖敗晉功. 114-7 郤退○師于輔氏. 114-7 ○景公使其弟鍼來求成. 122-9 ○晉不和久矣. 122-13 ○后子來奔. 124-21 ○君道乎. 124-21 ○景公使醫和視之. 125-5 ○后子來仕. 125-23 ○公子富. 126-1 且○楚匹也. 126-5 ○仲齊侯. 139-1 而○晉齊楚代興. 139-5 ○景襄於是乎取周土. 139-5 ○有徵衙. 145-9 ○徵衙寔難桓景. 145-14 不式諸戎狄楚○. 163-19

【珠】 2
龜○角齒. 154-24 ○足以禦火災. 155-8

【珩】 3
白玉之○六雙. 79-4 楚之白○猶在乎. 154-16 若夫白○. 155-3

【班】 18
○三之. 4-15 ○嘗之. 4-18 爲○爵貴賤以列之. 9-11 而○先王之大

物. 13-7 其適來○貢. 15-3 國有○事. 16-14 則以○加一等益虔. 16-23 ○相恤也. 37-7 晉不以固○. 37-19 魯之○長. 37-20 爲有司之以○命事也. 39-18 以○徙次. 39-19 易神之○亦不祥. 40-4 ○序顛毛. 53-12 車○外內. 94-5 宋人使門尹○. 97-22 ○爵同. 122-12 孤欲守吾先君之○爵. 163-21

【敖】 7

殺郟○而代之. 45-21 問具山○山. 129-11 不爲具○乎. 129-11 若○氏離矣. 142-14 能違若○之欲. 148-8 滅若○氏. 152-19 盍求若○氏與子干子晳之族而近之. 156-23

【素】 2

夫謀必○. 158-9 皆白裳白旂○甲白羽之矰. 163-5

【匿】 2

文不可○. 13-24 ○文不昭. 13-24

【匪】 1

莫○爾極. 3-14

【馬】 51

司○陳芻. 16-21 辰○農祥也. 31-10 無食粟之○. 42-3 ○不食粟. 42-4 而我美妾與○. 42-6 不聞以妾與○. 42-7 ○餼不過稂莠. 42-9 召舟虞與司○. 44-7 閔○父笑. 50-18 服牛軺○. 54-4 奉之以車○衣裘. 57-25 試諸狗○. 58-8 懸車束○. 59-6 牛○選具. 59-24 桓公與之繫○三百. 60-2 罷○以爲幣. 60-7 戎○濘而止. 83-11 君令司○說刑之. 85-21 司○說進三軍之士而數慶鄭曰. 85-22 有○二十乘. 87-18 與司○公孫固相善. 90-6 贈以○二十乘. 90-12 以爲司○. 103-1 ○逸不能止. 104-22 范文子立於戎○之前. 110-20 使爲元司○. 114-23 使爲輿司○. 115-2 魏絳爲中軍司○. 115-13 使臣狃中軍之司○. 115-18 乃使爲司○. 116-20 悼公與司○侯升臺而望. 117-6 司○侯見. 120-23 叔向見司○侯之子. 122-3 以從司○. 130-10 納其乘○. 142-5 譬之如牛○. 145-21 司○子期欲以妾爲內子. 148-1 而爲司○氏. 150-8 問蓄貨聚○. 152-6 聚○不害民之財用. 152-9 國○足以行軍. 152-9 公○足以稱賦. 152-10 夫貨○郵則闕於民. 152-11 余愛子與司○. 156-10 昔齊騶○繻. 157-1 令秣○食士. 162-25 係○舌. 162-25 攝少司○茲. 163-25 唯是車○兵甲卒伍既具. 166-3 唯是車○兵甲卒伍既具. 166-22 其身親爲夫差前○. 171-12

【振】 17

蹈斃不○. 24-19 以○救民. 27-12 陷而不○. 41-24 春以蒐○旅. 55-15 均服○○. 75-3 先君叔○. 89-22 救乏○滯. 96-13 治兵○旅. 103-21 成而後○武於外. 109-7 三軍不○旅. 110-2 ○廢淹. 113-18 滯久而不○. 151-3 吾○旅焉. 159-9 親就鳴鐘鼓丁寧錞于○鐸. 163-10 三軍皆譁釦以○旅. 163-11 無姬姓之○也. 163-17

【挾】 9

○其槍刈耨鎛. 54-12 ○以銜骨. 62-12 ○以銜骨. 63-11 可謂○乎. 63-13 且夫○. 63-21 雖謂之○. 63-22 亡人之所懷○纓纕. 79-3 ○經秉枹. 163-3 ○經秉枹. 163-4

【起】 24

參國○案. 54-22 今君○百姓. 64-19 危自中○. 69-5 以○讒於內也. 70-6 讒言益○. 70-11 優施○舞. 71-13 ○而哭. 78-16 ○而不哭. 78-22 ○而哭. 79-7 廢而不○. 84-24 世相○也. 90-23 疾自中○. 109-15 今吾若○瑕原韓魏之後. 118-16 ○也將亡. 127-7 非○也敢專承之. 127-7 蓮氏將○之. 136-2 吴王夫差○師伐越. 158-4 越王句踐○師逆之. 158-4 繄○死人而肉白骨也. 158-17 乃○師北征. 161-21 王若今○師以會. 165-20 於是吴王○師. 168-11 人事不○. 174-8 人事不○. 174-9

【貢】 17

要服者○. 1-23 歲○. 1-23 有不○. 2-2 讓不○. 2-4 其適來班○. 15-3 職○業事之不共而獲戾. 35-25 繕○賦以共從者. 44-1 使各以其方賄來○. 50-11 於是肅慎氏○楛矢石砮. 50-12 肅慎氏之○矢. 50-13 分異姓以遠方之職○. 50-15 故分陳以肅慎氏之○. 50-15 使○絲於周而反. 58-24 公食○. 96-19 越國固○獻之邑也. 158-21 春秋○獻. 159-1 ○獻莫入. 163-16

【埋】 3

狐○之而狐搰之. 159-4 而土○之其室. 160-15 必哭泣葬○之. 171-23

【都】 6

於晉爲○. 66-18 箕鄭胥嬰先○在. 99-20 先○佐之. 99-23 使富○那豎贊焉. 144-10 國有○鄙. 145-18 ○鄙荐饑. 160-18

【哲】 5

而亦未觀夫前○令德之則. 25-22 不忝前○之謂也. 27-6 可謂不忝前○矣. 27-8 所以宣布○人之令德. 30-19 及前○令德之人. 38-19

【耆】 4

○艾修之. 2-25 ○其股肱. 130-9 有父母○老而無昆弟者. 167-23 子有父母○老. 167-24

【耄】 4

爾老○矣. 30-10 女無亦謂我老○而舍我. 146-3 唯子老○. 146-5 無謂我老○而舍我. 146-8

【挫】 1

而未嘗有所○也. 158-7

【恐】 35

猶○其有墜失也. 9-9 猶○殞越. 17-9 魯國○乎. 36-14 小人○矣. 36-15 何恃而不○. 36-16 恃此以不○. 36-22 ○無及也. 37-21 猶○其踰也. 39-24 余○易焉. 41-14 猶○忘先人之業. 48-22 ○宗廟之不掃除. 53-8 ○隕越於下. 59-18 又○削封疆. 68-20 申生○而出. 72-15 ○其如壅大川. 76-13 久則○諸侯之謀. 77-17 ○厚亂. 77-18 ○搆諸侯. 83-17 ○爲君憂. 83-18 猶○其不聞也. 103-19 則○國人之屬耳目於我也. 104-25 吾○及焉. 111-1 ○及吾身. 118-7 猶○不濟. 125-1 有○色. 132-24 ○無及也. 138-22 余○德之不類. 147-4 又○其荒失遺忘. 147-11 猶○其至也. 156-21 今越王句踐○懼而改其謀. 159-24 吾民○叛. 162-12 ○事之不集. 163-22 ○齊宋之爲己害也. 164-17 今其禍新民○. 176-20 唯○弗及. 177-3

【挶】 1

倚而畚○. 16-7

【盍】 33

○納王乎. 7-3 君○以名器請糴于齊. 35-15 君○請衛君. 37-8 子○圖乎. 65-12 ○殺我. 67-25 君○老而授之政. 68-12 君○使之伐狄. 68-20 ○從吾兄竄於狄乎. 74-2 子○入乎. 76-23 子○盡國以賂外內. 77-14 ○請君于秦乎. 77-18 君○待之乎. 83-7 君○赦之. 85-13 ○速行乎. 87-7 子○蚤自貳焉. 89-15 君○納王. 96-23 ○納天子以示之義. 101-4 ○伐原以示之信. 101-6 ○大蒐. 101-7 ○亟索士整庇州犂焉. 105-25 ○姑謀睦乎. 109-5 ○姑釋荆與鄭以爲外患乎. 109-15 ○姑釋荆與鄭以爲外患乎. 109-21 ○姑無戰乎. 110-1 ○姑以違蠻夷爲恥乎. 110-8 ○訪之訾祏. 120-20 ○密和. 121-2 子○逃之. 123-19 ○已乎. 129-16 子○爲我請乎. 129-19 ○姑無愛寶於諸侯乎. 134-7 ○求若敖氏與子干子晳之族而近之. 156-23 王其○亦鑑於人. 160-6

【剄】 1

曰○於客前以酬客. 164-1

【耼】 1

○由鄭姬. 12-1

【耿】 1

其光○於民矣. 80-19

【恥】 25

今既免大○. 46-11 子思報父之○. 64-24 ○大國之士於中原. 83-18 ○一國之士. 83-23 ○也. 93-8 ○也. 93-8 ○也. 93-9 ○也. 93-9 ○也. 93-10 ○門不閉. 93-10 矜其伐而○國君. 105-11 非○乎. 107-19 固有大○三. 110-3 不毀晉○. 110-4 晉國故大○. 110-7 盍姑以違蠻夷爲○乎. 110-8 是揚吾君之○者也. 122-1 ○. 124-12 而○人之君相. 134-1 吴王將○不戰. 165-21 昔者夫差○吾君於諸侯之國. 172-6 安與知○. 172-9 而患其志行之少○也. 172-12 不患其志行之少○也. 172-13 退則無○. 172-17

【華】 27

且不○國乎. 42-4 且吾聞以德榮爲國○. 42-7 皇皇者○. 43-16 令賈○刺夷吾. 73-18 共○賈○叔堅騅歂纍虎特宫山祁. 81-12 見共○曰. 81-15 共○曰. 81-15 共賜謂共○曰. 81-16 共○曰. 81-17 共○曰. 81-18 ○而不實. 93-9 情之○也. 102-16 三周○不注之山. 104-22 陽子○而不實. 105-22 ○則榮矣. 107-4 而失諸○. 116-7 和諸戎狄而正諸○. 116-24 問於伯○. 120-8 伯○曰. 120-8 鄔弊補舟依 歷○. 135-17 若前○後河. 135-20 靈王爲章○之臺. 143-21 則○元駟騑. 144-3 皆有其○而不實者也. 155-24 夫申胥○登簡報吴國之士於甲兵. 158-6 乃築臺於章○之上. 160-7

【恭】 45

○王遊於涇上. 2-13 恪○于農. 5-2 肅○明神. 5-22 敬恪○儉. 17-18 ○所以給事也. 17-22 以○給事. 17-23 文之○也. 22-18 而令德孝○. 23-10 ○也. 26-24 ○儉信寬. 27-1 祀以獨○. 34-9 獨○不優. 34-10 諸侯謂秦不○而討之. 44-5 不可以不○. 46-16 陷而入於○. 50-17 溫○朝夕. 50-21 先聖王之傳○. 50-21 陷而入於○. 50-23 周○王能庇昭穆之闕而爲○. 50-23 楚○王能知其過而爲○. 50-24 曰陷而後○. 50-25 ○以俟嗣. 66-24 而多識以○敬. 90-9 夫不忘○敬. 103-24 楚○王帥東夷救鄭. 108-12 欒武子使智武子彘○子如周迎悼公. 113-4 使彘○子將新軍. 114-2 知鐸遏寇之○敬而信彊也. 114-25 知籍偃之惇帥舊職而○給也. 114-25 公族之不○. 120-13 居處○. 121-15 有○德以升在位. 130-22 明○儉以導之孝. 140-23 ○敬以臨監之. 141-6 ○王有疾. 141-10 可不謂○乎. 141-16 則請爲○. 141-16 譖雍子於○王. 142-22 ○王使巫臣聘於齊. 143-6 必○恪於朝. 146-9 唯政之○. 146-18 而敬○明神者. 149-13 其誰敢不齊肅○敬. 151-20

子私於○公曰. 14-19 召○公而問之. 14-21 ○公以告. 14-21 汩越九○. 24-7 猶塞川○而爲潢汙也. 28-4 故大者陳之○野. 37-3 臺○姑與漆里. 58-15 公命殺杜○款. 72-16 杜○款將死. 72-18 恥大國之士於中○. 83-18 會于中○. 91-12 泉○以資之. 94-5 賜公南陽陽樊溫○州陘絺組攢茅之田. 97-8 文公伐○. 97-17 而○不降. 97-17 ○不過一二日矣. 97-18 得○而失信. 97-19 而○請降. 97-20 及清○之蒐. 99-7 公使○季爲卿. 99-15 蒐于清○. 99-21 諏於蔡○. 100-18 有○以卬浦. 101-2 盍伐○以示之信. 101-6 乃伐○. 101-6 大夫逆于清○. 113-5 今吾若起瑕○韓魏之後. 118-16 趙文子與叔向遊於九○. 124-14 高山峻○. 133-16 以與楚昭王毒逐於中○柏舉. 164-23 以爲平○. 166-2 以爲平○. 166-21 以暴露百姓之骨於中○. 171-9 失之中○. 177-5

【逐】 18

吾三○楚軍之卒. 19-11 乃○叔孫僑如. 22-8 遂○之. 47-19 ○太子宜臼. 63-8 而○二公子. 65-2 盡○羣公子. 73-19 與○出之. 83-15 ○之. 83-17 饜邇○遠. 87-10 以戈○子犯. 88-20 ○之. 104-22 三○楚平王卒. 108-21 范文子執戈○之. 110-17 公遂○羣賊. 118-4 則明○羣賊. 119-1 盡○羣賊. 119-4 ○欒盈. 119-4 以與楚昭王毒○於中原柏舉. 164-23

【烈】 9

覿武無○. 13-24 能定武○者也. 26-22 昔○山氏之有天下也. 38-5 皆有功○於民者也. 38-19 唯無德而功○多. 110-14 君驕泰而有○. 110-24 君有○名. 129-6 敢昭告于皇祖文王○祖康叔文祖襄公昭考靈公. 131-14 而後使先聖之後之有光○. 149-11

【致】 37

以○戎于商牧. 1-18 必○之於王. 2-13 於是乎○武. 13-21 饍宰不○餼. 15-22 膳宰○饔. 16-20 小者○之市朝. 37-4 嘗禘蒸享之所○君胙者. 39-16 以○君命者. 39-17 各○齊敬於其皇祖. 39-23 ○祿而不出. 45-10 昔禹○羣神於會稽之山. 49-21 先王欲昭其令德之○遠也. 50-12 山澤各○其時. 56-22 ○胙於桓公. 59-14 使孔○胙. 59-15 則○死焉. 62-8 故莫不盡忠極勞以○死也. 64-18 抑未有以○罪焉. 71-9 故輕○諸侯. 75-7 ○命穆公. 79-6 呂甥○衆而告之曰. 84-10 不敢以禮○之. 92-1 余將○政焉. 104-6 不求○也. 123-18 ○右焉. 131-24 ○之以死. 132-6 ○遠以爲明. 143-22 以一純二精三牲四時五色六律七事八種九祭十日十二辰以○之. 150-19 ○力於神. 151-20 董褐既○命. 164-2 飲食不○味. 166-7 於是人有○死之心. 168-8 將以○死. 170-18 乃○其父母昆弟而誓之. 171-16 乃○其衆而誓之曰. 172-11 ○其死. 176-21 乃可以○天地之殛. 176-23

【晉】 296

○取虢. 8-12 賜○惠公命. 8-13 呂甥郤芮相○侯. 8-13 ○侯執玉卑. 8-14 ○不亡. 8-16 今○侯卽位. 9-2 夫○侯. 9-15 故○侯誣王. 9-20 而立○侯. 9-23 而○人殺懷公. 9-24 賜○文公命. 9-25 ○侯郊勞. 10-1 ○侯端委以入. 10-3 ○. 10-6 臣入○境. 10-13 ○侯其能禮矣. 10-14 使於○者. 10-16 ○侯納之. 10-17 立○文公. 10-18 ○鄭是依. 11-9 ○文公納之. 12-22 ○文公既定襄王于郟. 12-23 以陽樊賜○文公. 13-17 ○侯圍之. 13-17 王以○君爲能德. 13-18 是以未從於○. 13-19 ○侯聞之. 14-2 ○人執衞成公. 14-4 ○侯請殺之. 14-5 ○人乃歸衞侯. 14-10 ○人敗諸崤. 14-16 ○侯使隨會聘于周. 14-18 於是乎修執秩以爲○法. 15-17 ○既克楚于鄢. 18-20 以爲必相○國. 18-25 相○國. 18-25 以○國之克也. 19-1 ○不戰矣. 19-2 ○不知乘. 19-2 罪不由○. 19-5 ○得其民. 19-6 若是而知○國之政. 19-13 抑○國之舉也. 19-15 ○之克也. 20-4 故儆之以○. 20-4 王叔陳生奔○. 20-15 單襄公見○厲公. 21-4 ○郤錡見. 21-4 言及○難. 21-7 ○將有亂. 21-9 寡人懼不免於○. 21-10 吾見○君之容. 21-11 今○侯視遠而足高. 21-13 ○侯爽二. 21-20 ○之寵人也. 21-22 今君偪於○. 22-5 齊○有禍. 22-6 何憂於○. 22-6 ○殺三郤. 22-9 ○侯弒. 22-10○孫談之子周. 22-12 ○國有憂. 22-15 必善○周. 22-17 將得○國. 22-17 爲○休戚. 23-4 吾聞○之筮之也. 23-6 使有○國. 23-9 實有○國. 23-11 ○仍無道而鮮胄. 23-13 必早善○子. 23-14 太子○諫曰. 23-17 ○聞古之長民者. 23-17 ○羊舌肸聘于周. 26-10 爲之告○. 32-5 雖○魏子. 32-25 ○人以爲討. 33-5 ○人執衞成公. 36-24 今○人鴆衞侯不死. 37-4 且以動○. 37-9 夫○新得諸侯. 37-9 自是○聘於魯. 37-12 ○文公解曹地以分諸侯. 37-16 ○始伯. 37-17 而欲親○. 37-18 ○不以固班. 37-19 子叔聲伯如○. 41-10 ○人殺厲公. 41-20 叔孫穆子聘於○. 43-4 ○悼公饗之. 43-4 ○侯使行人問焉. 43-4 ○叔向見叔孫穆子曰. 44-4 ○樂王鮒求貨於穆子. 45-25 ○昭公使叔向辭昭公. 46-13 ○信蠻夷. 46-14 ○必患我. 46-17 ○人執平子. 46-19 ○爲盟主. 46-19 齊人閒○之禍. 46-21 而與○共其憂. 47-1 諸侯之事○者. 47-3 制○國之政. 62-5 若○以男戎勝戎. 63-1 而戎亦必以女戎勝○. 63-2 今○寡德. 63-10 今○國之方. 63-18 於○何害. 63-22 ○國懼則甚矣. 63-22 ○正於秦. 64-11 於○爲都. 66-18 ○之啓土. 66-18 夫狄近○而不通. 73-23 以觀○國. 73-25 使○襲於爾門. 74-9 以其族適○. 74-19 而暇○是皇. 75-13 ○侯將死矣. 75-15 今○侯不量齊德之豐否. 75-17 天降禍于○國. 77-20 ○國其誰非君之羣隸臣也. 78-2 夫○國之亂. 78-5 君若求置○君而載之. 79-9 君若求置○君以成名於天下. 79-9 公子誰恃於○. 79-13 ○君必出. 81-9 ○君大失其衆. 81-21 ○饑. 82-1 ○君無禮於君. 82-1 君有施於○君. 82-5 ○君無施於其衆. 82-6 歸糴於○. 82-9 帥師侵○. 82-15 ○莫不息. 82-22 昔君之不納公子重耳而納○君. 83-5 昔吾之不納公子重耳而納○君. 83-7 ○師潰. 83-11 殺○君. 83-15 ○君之無道. 83-21 以要○國之成. 84-3 ○國和乎. 84-15 乃改館○君. 84-25 ○人殺懷公於高梁. 86-3 而欲親○. 87-8 子去○難. 88-2 ○無寧歲. 88-2 天未喪○. 88-3 有○國者. 88-3 ○之無道久矣. 88-14 吾聞○之始封也. 88-16 子必有○. 88-18 公子無亦○之柔嘉. 88-23 ○公子. 89-4 唯○實昌. 89-7 ○胤. 89-7 ○仍無道. 89-7 ○之守祀. 89-8 吾觀○公子. 89-13 必得○國. 89-14 得○國而討無禮. 89-14 夫○公子在此. 89-17 ○祖唐叔. 89-22 ○公子生十七年而亡. 89-24 謂○公子之亡. 90-1 ○公子亡. 90-6 今○公子有三祚焉. 90-15 而○國不靖. 90-18 ○侯日載其怨. 90-19 ○鄭兄弟也. 90-21 與○文侯. 90-21 ○鄭之親. 90-25 子若克復○國. 91-8 其波及○國者. 91-10 得復○國. 91-11 ○楚治兵. 91-12 請殺○公子. 91-14 而反○國. 91-14 且○公子. 91-17 秦○匹也. 91-24 使主○民. 93-19 尚有○國. 93-25 不有○國. 94-2 我命筮曰尚有○國. 94-3 不有○國. 94-5 ○人是居. 94-21 必有○國. 94-24 皆○祥也. 95-1 ○人懼. 95-3 狐偃及秦○大夫盟于郇. 95-5 公入于○師. 95-6 告急於○. 97-22 從○師. 98-11 ○師退舍. 98-11 鄭人以詹予○. 98-20 ○人將烹之. 98-21 夫○公子賢明. 98-23 ○饑. 99-3 臨長○國者. 103-7 非○國之急也. 103-11 ○爲盟主. 103-12 必發諸○國. 104-6 吾不在○國. 104-11 則○可爲也. 108-7 ○人欲爭鄭. 109-2 ○伐鄭. 109-6 ○伐鄭. 109-16 稱○之德. 109-18 則○國之福也. 109-25 ○國之政. 110-3 今我任○國之政. 110-4 不毀○恥. 110-4 ○國故大恥. 110-7 荆壓○軍. 110-15 吾庸知天之不授○. 110-21 以定○國. 114-1 以定○國. 114-3 秦來圖敗○功. 114-7 戎狄事○. 116-10 且夫欒氏之誣○國久也. 118-14 以無大援於○國. 119-14 ○繼之. 120-2 ○爲諸侯盟主. 120-25 使服聽命於○. 121-1 ○國其誰不爲子從. 121-1 昔隰叔子違周難於○國. 121-3 及文子成○荆之盟. 121-8 以相○國. 121-14 以封于○. 121-25 秦○不和久矣. 122-13 ○其庶乎. 122-16 楚令尹子木欲襲○軍. 122-18 若盡○師. 122-19 則○可弱也. 122-19 死而可以固○國之盟主. 123-2 畏○之信也. 123-5 ○何以爲盟主矣. 124-1 行廉直於○國. 124-16 今趙孟相○國. 125-1 ○之殃也. 125-21 諸侯叛○. 125-22 ○實繼之. 126-16 以正○國. 126-23 ○豈其無. 128-20 未委質於○之鼓也. 129-5 趙簡子使尹鐸爲○陽. 130-13 ○國有難. 130-15 無以○陽爲遠. 130-16 趙簡子使尹鐸爲○陽. 130-17 簡子如○陽. 130-18 今主任○國之政. 132-14 欲擅○國. 132-20 乃有○陽之難. 134-4 ○陽之圍. 134-6 其○陽乎. 134-13 乃走○陽. 134-14 ○師圍而灌之. 134-14 西有虞虢○隗霍楊魏芮. 135-9 其在○乎. 138-24 而秦○齊楚代興. 139-5 ○文侯於是乎定天子. 139-6 將遂奔○. 142-2 蔡聲子將如○. 142-2 尚能事○君. 142-3 子雖兄弟於○. 142-6 ○卿不若楚. 142-7 王孫啓奔○. 142-10 ○人用之. 142-11 ○將遁矣. 142-11 析公奔○. 142-20 ○人用之. 142-20 雍子奔○. 142-23 ○人用之. 142-23 ○將遁矣. 142-23 遂奔○. 143-7 ○人用之. 143-7 寔通吴○. 143-7 乃遂奔○. 143-13 ○人又用之矣. 143-13 而賂盜以賊一夫於○. 143-19 吾不服諸夏而獨事○. 145-5 唯○近我遠也. 145-5 亦當○矣. 145-6 ○有曲沃. 145-9 ○曲沃寔納齊師. 145-14 齊桓○文. 147-14 王孫圍聘於○. 154-15 ○長魚矯. 157-2 以會○公午於黃池. 161-23 吴○爭長未成. 162-4 與會而先○. 162-6 會而先○. 162-10 ○既執諸侯之柄以臨我. 162-10 去○軍一里. 163-9 ○師大駭. 163-13 億負○衆庶. 163-19 ○乃令董褐復命曰. 164-5 ○侯亞之. 164-16 西則○. 166-15

【柴】 1

○夫吠狗. 58-17

【虔】 7

將蠻夷戎狄之驕逸不○. 13-20 則以班加一等益○. 16-23 以告○也. 35-11 所以朝夕○君命也. 39-10 糾○天刑. 48-11 ○其祝宗. 151-11 上所以教民○也. 151-15

【時】 88

夫兵戢而○動. 1-5 肆于○夏. 1-6 ○序其德. 1-13 ○享. 1-23 太史順○覛土. 4-1 先○九日. 4-4 先○五日. 4-10 而○布之于農. 4-21 不解于○. 5-3 是○也. 5-4 三○務農. 5-5 而一○講武. 5-5 則享祀○至. 5-6 狩於畢○. 6-6 以○相見. 15-4 ○宴不淫. 15-12 其○儆曰. 16-6 不奪民○. 16-14 肅所以濟○也. 17-19 ○動而濟. 17-20 ○無逆數. 24-10 不順四○之序. 24-22 而順於○動. 24-24 而方不順○. 25-19 方之○動. 26-3 方非○動. 26-6 明以○動. 29-4 動不順○. 29-7 風雨○至. 29-20 動不違○. 34-7 助○也. 34-19 審其四○. 53-

23 察其四○. 54-3 察其四○. 54-9 以待○耕. 54-11 以待○雨. 54-11 ○雨既至. 54-12 惟慎端慤以待○. 56-9 山澤各致其○. 56-22 無奪民○. 56-24 非謀不卒○. 64-1 ○不可失. 78-10 ○日及矣. 88-14 ○不可失. 88-15 乾○之役. 95-21 則○無廢功. 99-6 神罔○恫. 100-21 歷○而發之. 102-20 而有○節. 121-22 且宣王之○. 137-23 當宣王○而生. 138-10 ○至而求用. 138-22 問於申叔○. 140-12 叔○曰. 140-12 民不廢○務. 144-2 其日不廢○務. 144-23 四○之隙. 144-25 而爲之牲器○服. 149-10 能知四○之生. 149-14 當宣王○. 150-8 以一純二精三牲四○五色六律七事八種九祭十日十二辰以致之. 150-19 日祭月享○類歲祀. 151-5 士庶人舍○. 151-5 從其○享. 151-11 天地民及四○之務. 151-24 年穀○熟. 159-16 而驟救傾以○. 161-14 ○雨既至. 170-9 夫聖人隨○以行. 174-7 是謂守○. 174-8 天○不作. 174-8 天○不作. 174-9 ○不至. 175-8 因○之所宜而定之. 175-10 ○將有反. 175-11 ○無反. 175-13 ○節三樂. 175-15 不逆天○. 175-15 ○反是守. 176-2 得○不成. 176-3 逆天○. 176-7 子應我以天○. 176-18 臣聞從○者. 177-2 得○無怠. 177-6 ○不再來. 177-6 四○以爲紀. 177-10 ○爲之庸. 177-25 得○不成. 178-1

【逞】 7

以○其違. 8-11 以○淫心. 30-2 ○而不知. 62-15 不○於齊. 104-5 何以○怒. 104-6 亦掄○志虧君以亂國者之後. 118-11 彼若求○志. 119-2

【畢】 22

今自大○伯士之終也. 2-8 百吏庶民○從. 4-12 ○. 4-17 狩於○時. 6-6 既○. 10-4 場功未○. 15-22 夫辰角見而雨○. 16-3 雨○而除道. 16-4 未○而雨. 31-16 以夷則之上宮○. 31-16 踦跂○行. 46-22 戒備○矣. 80-9 重之以周邵○榮. 100-19 得○陽. 106-2 ○陽實送州犂于荆. 106-3 ○故刑. 113-17 謂陽○曰. 118-4 陽○對曰. 118-7 陽○曰. 118-20 而使祁午及陽○適曲沃. 119-4 伎藝○給則賢. 133-9 越國之寶器○從. 170-15

【財】 45

阜其○求. 1-8 ○用於是乎出. 3-2 其所以阜○用衣食者也. 3-4 ○用蕃殖. 3-25 ○用不乏. 5-3 守則有○. 5-6 而困民之○. 5-9 民乏○用. 6-15 若民不怨而○不匱. 10-11 而○不匱竭. 12-6 ○用可嘉. 15-15 此先王所以不用○賄. 16-8 且○不給. 18-16 是以民生有○用. 23-22 若民離而○匱. 28-5 而鮮民○. 28-20 聖人保樂而愛○. 29-12 ○以備器. 29-12 樂以殖○. 29-13 妨於○. 29-22 正害○匱. 29-22 妨正匱○. 29-23 則有蕃殖之○. 29-25 若夫匱○用. 30-2 今○亡民罷. 30-7 ○不過用. 34-8 ○用不匱. 34-8 夫民求不匱於○. 34-11 制○用之節. 34-17 藏寶○. 35-15 以明民共○. 38-8 所以出○用也. 38-21 用宄之○者爲姦. 40-17 與無○. 55-2 與無○. 55-4 無愛○. 78-20 省用足○. 96-14 ○用不匱. 96-21 求○於有方. 137-16 ○用盡焉. 144-6 縮於○用則匱. 144-14 其爲不匱○用. 144-22 聚馬不害民之○用. 152-9 足以備○用. 155-9 皆知其資○之不足以支長久也. 176-20

【眩】 6

觀美而○. 28-21 而有震○. 29-5 有○惑之明. 29-6 若藥不瞑○. 147-7 有○瞀之疾者. 168-4 子有○瞀之疾. 168-5

【哤】 1

則其言○. 53-16

【晐】 1

以○姓於王宮. 158-23

【晏】 4

掎止○萊焉. 46-24 築葵茲○負夏領釜丘. 60-15 蚤○無失. 177-20 孰使我蚤朝而○罷者. 178-5

【畔】 2

修其疆○. 5-2 卞人將○. 45-7

【員】 8

叔向命召行人子○. 122-9 召子○. 122-10 肸也欲子○之對客也. 122-11 夫子○. 122-14 ○不忍稱疾辟易. 161-15 ○請先死. 161-16 君何面目以見○也. 169-6 ○聞之. 170-23

【圃】 1

藪有○草. 16-12

【哭】 10

朝○穆伯. 49-16 而暮○文伯. 49-16 驪姬見申生而○之. 73-9 不得與於○泣之位. 78-15 起而○. 78-16 起而不○. 78-22 起而○. 79-7 衆皆○. 84-8 國三日○. 105-18 必○泣葬埋之. 171-23

【豈】 33

先王○有賴焉. 13-3 ○敢厭縱其耳目心腹. 13-4 余一人○敢有愛. 13-8 且夫陽○有裔民哉. 14-1 ○繄多寵. 24-15 夫亡者○繄無寵. 24-21 ○唯寡君與二三臣實受君賜. 36-3 ○其貪壤地. 36-21 ○唯魯然. 46-15 夫○惠其民. 67-25 ○能憚君. 68-4 吾○知紂之善否哉. 68-10 ○能欲行吾言. 76-2 夫孺子○獲罪於民. 76-10 ○謂君無有. 79-2 吾○將徒殺之. 83-20 秦○不能. 85-14 ○專在寡人乎. 93-21 ○不如女言. 96-3 ○敢犯之. 119-11 晉○其無. 128-20 ○曰土臣. 129-2 ○主之食而有不足. 130-4 怨○在明. 133-24 夫○不欲其善. 140-9 ○不使諸侯之心惕惕焉. 145-22 天王○辱裁之. 159-2 ○能涉江淮而與我爭此地哉. 160-4 ○遽忘於諸侯之耳乎. 160-16 孤○敢自多. 161-6 彼○能與我行此危事也哉. 162-18 夫差○敢自多. 165-6 余心○忘憂恤. 165-11

【罟】 4

里革斷其○而棄之. 40-21 又行罜○. 41-5 是良○也. 41-7 藏○. 41-8

【置】 2

獸虞於是乎禁○羅. 40-25 水虞於是禁○罜麗鹿. 41-1

【罛】 1

水虞於是乎講○罶. 40-22

【罜】 1

水虞於是禁罝○麗鹿. 41-1

【峻】 1

高山○原. 133-16

【剛】 10

旅力方○. 19-6 且○而主能. 102-21 ○而尚寵. 123-19 ○四支以衛體. 137-11 勝直而○. 155-19 彊而不○. 175-18 遠則用○. 177-13 ○柔以禦. 177-14 ○彊而力疾. 177-18 ○彊而力疾. 177-21

【眚】 3

脉其滿○. 4-5 夫誰無疾○. 156-20 國之疾○也. 156-20

【缺】 1

冀○. 薅. 102-4

【氣】 22

土○震發. 4-2 陽○俱蒸. 4-5 夫天地之○. 6-11 其血○不治. 15-2 五味實○. 15-14 ○之導也. 23-19 以導其○. 23-20 ○不沈滯. 23-21 水無沈○. 24-9 聲味生○. 29-3 ○在口爲言. 29-3 不精則○佚. 29-5 ○佚則不和. 29-5 於是乎○無滯陰. 29-20 所以宣養六○九德也. 30-15 宣中○也. 30-22 若血○强固. 40-6 助宣○也. 40-24 其衆莫不生○. 98-14 莫盡其○. 150-2 ○縱則底. 151-2 土○含收. 151-8

【特】 6

子爲我具○羊之饗. 71-11 共華賈華叔堅騅歂纍虎○宮山祁. 81-12 諸侯舉以○牛. 150-13 祀以○牛. 150-14 大夫舉以○牲. 150-15 祀以○牲. 150-15

【郵】 9

言無○. 71-12 不爲○矣. 87-11 ○之也. 91-20 夫○而效之. 91-20 ○又甚焉. 91-20 效○. 91-20 ○無正進. 130-20 ○無正御. 131-11 夫貨馬○則闕於民. 152-11

【造】 4

故凡我○國. 17-3 夫○勝之怨者. 156-6 而○於弊邑之軍壘. 163-14 皆○於國門之外. 167-6

【乘】 25

超○者三百○. 14-13 晉不知○. 19-2 ○人不義. 20-6 以車一○. 22-10 士有陪○. 45-18 有革車八百○. 58-21 ○桴濟河. 59-5 ○車之會三. 59-11 郤叔虎將○城. 66-1 有馬二十○. 87-18 贈以馬二十○. 90-12 ○馹自下. 96-5 趙孟使人以其○車干行. 103-1 ○縵不舉. 105-18 以車一○. 110-13 輅車十五○. 116-22 其車千○. 125-23 其車五○. 125-23 駕而○材. 131-12 納其○馬. 142-5 賦皆千○. 145-6 不能○其車. 171-1 吾能○其舟. 171-2 遂○輕舟. 179-2

【秫】 1

令○馬食士. 162-25

【秩】 4

於是乎修執○以爲晉法. 15-17 周之○官有之. 16-17 亂地之○者也. 109-25 至於今令尹○之. 152-15

【笑】 14

閔馬父○. 50-18 ○吾子之大也. 50-18 優○在前. 53-7 里克○曰. 71-15 取○諸侯. 73-3 以爲諸侯○. 76-12 其若爲諸侯○何. 83-6 必爲諸侯○. 83-24 戰而取○諸侯. 83-25 齊頃公使婦人觀而○之. 104-3 以爲諸侯○也. 110-7 爲○焉. 129-13 子西○曰. 157-7 以爲諸侯○. 163-22

【第】 1

牀○之不安邪. 65-18

【倖】 3

我以徼○. 78-13 我以徼○. 78-21 偷居○生. 80-12

【倚】 7

左史○相廷見申公子亹. 146-2 左史○相曰. 146-5 ○相將奔走承序. 146-6 ○几有誦訓之諫. 146-11 於○相何害. 146-16 訪之左史○相. 148-1 又有左史○相. 154-19

【倄】 1

今吾道路○遠. 162-5

【俱】 5

陽氣○蒸. 4-5 土其○動. 4-7 使○曰. 66-17 民○有三年之食. 172-5 與之○行. 177-12

【候】 6

○不在疆. 15-20 ○人爲導. 16-18 使爲元○. 114-24 使范獻子爲○奄. 115-10 ○遮扞衛不行. 123-3 將使○淫德而加之焉. 138-14

【俾】 3

○莫不任肅純恪也. 30-23 ○應復也. 30-25 而○守天聚者. 89-6

【倫】 2

且臣之○. 99-19 而知國○. 119-1

【隼】 3

有○集于陳侯之庭而死. 50-7 陳惠公使人以○如仲尼之館. 50-9 ○之來也遠矣. 50-10

【俯】 1

蘧蒢不可使○. 100-7

【倍】 1

吾○其室. 143-20

【倦】 6

故歲飫不○. 15-11 從之不○. 29-2 用而不○. 67-3 考省不○. 80-9 成幼而不○. 90-10 則徧而不○. 114-19

【臭】 2

○達於外. 80-10 而有是○也. 80-11

【射】 24

杜伯○王於鄗. 7-18 王將鑄無○. 28-10 若無○有林. 28-12 王將鑄無○. 30-12 六曰無○. 30-19 以無○之上宮. 31-22 ○寡人中鉤. 52-10 虢○曰. 82-11 君其訊○也. 82-17 虢○爲右. 82-19 爾○余於屏內. 95-10 親○楚王. 113-23 平公○鴳. 121-23 ○兕于徒林. 121-24 ○鴳不死. 121-25 是見寅與吉○也. 130-18 ○御足力則賢. 133-8 而教之○御. 143-8 昭王問於觀○父. 149-4 王問與觀○父. 150-12 必自○其牲. 151-16 必自○牛刲羊擊豕. 151-17 曰觀○父. 154-18 夫一人善○. 158-8

【皋】 3

以○落狄之朝夕苛我邊鄙. 68-18 臣聞○落氏將戰. 69-9 大夫○如進對曰. 167-3

【躬】 5

衣○之偏. 69-18 衣○之偏. 70-1 偏○無慝. 70-1 弗○弗親. 147-18 靡王○身. 174-11

【息】 14

今吾聞子頹歌舞不○. 7-1 ○由陳嬀. 12-1 里克丕鄭荀○相見. 65-4 荀○曰. 65-5 先告荀○曰. 75-21 荀○曰. 75-22 荀○曰. 75-24 荀○謂何. 76-5 荀○曰死之. 76-5 荀○將死之. 76-19 荀○立卓子. 76-19 荀○死之. 76-20 祀所以昭孝○民撫國家定百姓也. 151-1 ○民不戒. 165-15

【烏】 2

不如鳥○. 71-14 皆玄裳玄旗黑甲○羽之矰. 163-8

【師】 141

○箴. 2-24 太○監之. 4-17 農○一之. 4-23 太○乇之. 4-25 王○敗績于姜氏之戎. 5-11 宣王既喪南國之○. 5-25 王降狄○以伐鄭. 11-18 何足以辱○. 13-23 秦○將襲鄭. 14-12 秦○必有謫. 14-13 ○輕而驕. 14-14 秦○無謫. 14-16 秦○還. 14-16 火○監燎. 16-20 水○監濯. 16-20 所以厲六○. 31-19 匠○慶言於公曰. 35-2 以膏沐犒○. 36-12 敢犒輿○. 36-14 ○存侍. 41-8 天子作○. 43-20 元侯作○. 43-21 出楚○以伐魯. 44-24 若得楚○以伐魯. 45-1 齊○退而後敢還. 46-24 ○尹維旅. 48-10 ○亥聞之. 49-6 昔正考父校商之名頌十二篇於周太○. 50-19 ○教之. 62-6 將○保之. 63-19 ○未出. 66-23 ○出於虞. 74-20 以○奉公子重耳. 81-8 帥○侵晉. 82-15 公禦秦○. 82-20 令韓簡視○. 82-20 ○少於我. 82-20 晉○潰. 83-11 ○事趙衰. 90-7 必懼楚○. 91-14 楚○之懼. 91-15 二帝用○以相濟也. 92-15 非此用○. 93-10 整○以復彊周室. 93-18 利建侯行○. 94-13 呂甥冀芮帥○. 95-4 秦伯使公子縶如○. 95-5 ○退. 95-5 公入于晉○. 95-6 右○取昭叔于溫. 97-4 左○迎王于鄭. 97-5 有周室之○旅. 97-13 從晉○. 98-11 晉○退舍. 98-11 且楚○老矣. 98-12 予我詹而○還. 98-19 處○弗煩. 100-13 官○之所材也. 100-23 官○之所不材也. 101-1 備○尚禮以示之. 101-7 敗楚○于城濮. 101-10 趙宣子請○於靈公. 103-10 齊○大敗. 104-22 郤獻子○勝而返. 104-23 夫○. 104-24 郤子之○也. 104-24 且使苦成叔及欒黶興齊魯之○. 108-12 興齊魯之○. 108-14 楚○將退. 108-14 於是敗楚○於鄢陵. 108-20 既退荆○於鄭. 110-19 使苦成叔緩齊魯之○. 111-6 而敗楚○. 114-1 卻退秦○于輔氏. 114-7 臣聞○衆以順爲武. 115-19 勞○於戎. 116-7 及爲成○. 121-6 ○曠曰. 121-18 ○曠侍. 122-17 若盡晉○. 122-19 必不加○. 123-22 納諫不忘其○. 124-19 中行穆子帥○伐狄. 128-14 可無勞○而得城. 128-15 而去其○保. 130-23 擇○保以相子. 130-25 重之以○保. 131-1 委土可以爲○保. 131-3 而殺智伯于○. 134-4 晉○圍而灌之. 134-14 王○若在. 138-20 覆楚國之○. 141-10 是○也. 142-12 楚○必敗. 142-14 大敗楚○. 142-14 申公子儀父爲○. 142-16 使○崇子孔帥○以伐舒. 142-17 施二○而分其室. 142-17 ○還至. 142-18 楚○可料也. 142-24 大敗楚○. 143-2 而以伯子男爲○旅. 144-17 晉曲沃寔納齊○. 145-14 至于○長士. 146-8 位宁有官○之典. 146-11 宴居有○工之誦. 146-13 闔廬能敗吾○. 154-6 吳王夫差起○伐越. 158-4 越王句踐起○逆之. 158-4 乃大戒○徒. 159-23 齊○敗績. 160-21 寡人帥○不腆吳國之役. 160-23 以犯獵吳國之○徒. 160-25 齊○受服. 161-6 乃起○北征. 161-21 率○沿海泝淮. 161-25 行頭皆官○. 163-1 晉○大駭. 163-13 帥徒○. 164-18 楚○敗績. 164-24 齊○還. 165-5 今罷○而不戒以忘我. 165-16 王若今起○以會. 165-20 而以中國之○與我戰. 165-21 乃大戒○. 165-25 於是吳王起○. 168-11 越王乃中分其○. 168-12 吳○聞之. 168-15 越人分爲二○. 168-15 將以夾攻我○. 168-15 且亦中分其○. 168-16 吳○大北. 168-17 越○遂入吳國. 168-19 寡君之○徒. 170-14 以從君之○徒. 170-16 寡人之○徒. 172-20 果興○而伐吳. 174-15 遂興○伐吳. 177-3 吳○自潰. 177-22 擊鼓興○. 178-19

【徒】 31

王乃使司○. 4-7 司○省民. 4-16 司○五之. 4-24 司○協旅. 6-2 司○具○. 16-19 契爲司○而民輯. 38-11 請從司○. 39-18 其○曰. 66-1 而難三公子之○. 66-4 三公子之○. 75-21 三公子之○. 76-4 以家僕○爲右. 82-18 吾豈將○殺之. 83-20 使家僕○召之. 85-7 家僕○曰. 85-17 諸臣之委室而○退者. 109-24 使張老爲司○. 115-9 射兕于○林. 121-24 后子謂其○曰. 124-25 桓公爲司○. 135-4 幽王八年而桓公爲司○. 139-4 又有藪曰雲連○洲. 154-23 乃大戒師○. 159-23 以犯獵吳國之師○. 160-25 ○遽來告孤. 163-17 然而不可○許也. 164-4 帥○師. 164-18 寡君之師○. 170-14 以從君之師○. 170-16 寡人之師○. 172-20

【徑】 1

○召君於外也. 77-18

【徐】 4

萊莒○夷吳越. 58-23 北有衛燕狄鮮虞潞洛泉○蒲. 135-7 齊宋○夷曰. 162-9 安○而重固. 177-19

【殷】 11

謂其能以嘉祉○富生物也. 24-12 ○鑒不遠. 25-25 昔武王伐○. 31-5 昔武王克○. 32-9 ○辛伐有蘇. 63-4 於是乎與膠鬲比而亡○. 63-5 方事之○也. 108-23 及○周. 138-7 昔○武丁. 147-1 其民○衆. 160-1 民衆○. 175-11

【般】 1

殺子○於次. 157-3

【殺】 126

則○之. 2-19 今○王子. 3-19 及魯人○懿公. 5-18 ○子頹及三大夫. 7-4 而晉人○懷公. 9-24 秦人○子金子公. 9-24 ○譚伯. 12-18 而蔑○其民人. 13-20 晉侯請○之. 14-5 又爲臣○其君. 14-8 陳侯○於夏氏. 17-12 晉○三郤. 22-9 齊人○國武子. 22-10 景王既○下門子. 31-24 將○單子. 32-3 ○萇弘. 33-5 諱而惡○之也. 37-6 ○其君. 40-11 夫莒太子○其君. 40-12 亦不可不○也. 40-19 晉人○厲公. 41-20 臣○其君. 41-20 失威而至於○. 41-21 ○郲敖而代之. 45-21 禹○而戮之. 49-22 ○而以其屍授之. 52-20 莊公將○管仲. 52-20 ○哀侯. 62-4 ○太子. 65-2 盍○我. 67-25 ○君而厚利衆. 68-5 ○親無惡於人. 68-6 君既許我○太子而立奚齊矣. 71-10 君既許驪姬○太子而立奚齊. 71-20 吾秉君以○太子. 71-21 公命○杜原款. 72-16 ○身以成志. 72-25 ○父以求利人. 73-10 驪姬既○太子申生. 73-16 里克將○奚齊. 75-21 將○孺子. 75-22 死吾君而○其孤. 75-22 將○孺子. 76-4 ○無罪. 76-12 是故將○奚齊. 76-13 今○君而賴其富. 76-15 於是○奚齊卓子及驪姬. 76-18 既○奚齊. 76-19 里克又○卓子. 76-20 既○奚齊卓子. 76-21 惠公既○里克而悔之. 80-23 使寡人過○我社稷之鎮. 80-23 不圖而○者. 81-1 不圖而○. 81-2 秦人○冀芮而施之. 81-3 而○里克. 81-6 子○二君與一大夫. 81-6 弗○. 81-11 是故○丕鄭及七輿大夫. 81-11 君○之. 81-16 ○里克. 81-22 今又○臣之父. 81-22 失衆安能○人. 81-23 ○其內主. 83-9 ○晉君. 83-15 ○之利. 83-16 不若○之. 83-18 又○其君以重之. 83-19 吾豈將徒○之. 83-20 ○無道而立有道. 83-22 ○其弟而立其兄. 84-1 必自○也. 85-11 敗國且○孺子. 85-16 無使自○. 85-17 退而自○. 85-20 晉人○懷公於高粱. 86-3 姜氏○之. 87-22 則請○之. 91-3 請○晉公子. 91-14 弗○. 91-14 ○之何爲. 91-15 以求○余. 95-14 秦伯誘而○之. 96-6 ○之于隰城. 97-5 ○身贖國. 98-25 乃命弗○. 99-1 靈公將○趙盾. 104-1 將謀而○之. 106-3 ○三郤而尸諸朝. 110-11 君之○我也. 111-15 是故皆自○. 111-16 長魚矯既○三郤. 111-19 不○此二子者. 111-20 ○老牛莫之敢尸. 112-4 待吾爲子○之. 120-18 拘將○

之. 121-23 君必○之. 121-24 君其必速○之. 122-1 而○趙武. 122-19 必○叔孫豹. 124-1 不知人○乎. 126-10 邢侯○叔魚與雍子於朝. 128-6 請○其生者. 128-8 與非司寇而擅○. 128-10 必○鐸也. 130-19 而○智伯于師. 134-4 又因而○之. 134-13 ○之. 138-4 其○也滋速. 138-15 王欲○太子以成伯服. 138-17 盧戢黎○二子而復王. 142-19 使○之. 143-18 齊渠丘寔○無知. 145-13 血以告○. 150-22 平王○吾父. 153-16 見鱙弗○. 153-17 ○三郤於榭. 157-2 ○子般於次. 157-3 將入○之. 157-11 ○白公而定王室. 157-11 以刈○四方之蓬蒿. 161-3 遂自○. 161-17 吴王夫差既○申胥. 161-21 遂自○. 169-6 與其○是人也. 170-19 王怒而○之. 176-12

【釜】 1

築葵兹晏負夏領○丘. 60-15

【豺】 1

如餓○狼焉. 152-8

【豹】 10

寡君使○. 43-8 ○之業. 44-6 使叔孫○. 46-22 丕○出奔秦. 81-13 丕鄭之子曰○. 81-21 丕○曰. 82-1 使孟樂因魏莊子納虎○之皮. 116-5 以○所聞. 120-3 ○也受命於君. 123-20 必殺叔孫○. 124-1

【奚】 26

君以爲○若. 19-19 ○啻其聞之也. 40-16 生○齊. 64-12 ○齊處絳. 64-14 驪姬生○齊. 65-3 而立○齊. 65-3 使○齊莅事. 65-10 ○齊在廟. 65-12 君既許我殺太子而立○齊矣. 71-10 君既許驪姬殺太子而立○齊. 71-20 將立○齊. 72-1 乃立○齊. 73-19 里克將殺○齊. 75-21 是故將殺○齊. 76-13 於是殺○齊卓子及驪姬. 76-18 既殺○齊. 76-19 既殺○齊卓子. 76-21 吾又○言哉. 83-9 公知祁○之果而不淫也. 114-22 祁○辭於軍尉. 115-23 問於祁○. 120-12 祁○曰. 120-12 大夫○隆於越. 159-18 乃使行人○斯釋言於齊. 160-23 請問戰○以而可. 166-4 問戰○以而可. 166-23

【啚】 4

鬱人薦○. 4-11 王祼○. 4-12 奉犧牲玉○往獻焉. 8-7 文仲以○圭與玉磬. 35-23

【倉】 6

○葛呼曰. 13-17 君之○廩固不實. 68-20 ○廩盈. 68-24 ○葛呼曰. 97-11 邯鄲之○庫實. 134-12 府○實. 175-11

【飢】 1

而無○寒乏匱之患. 23-23

【盆】 1

楚○冒於是乎始啓濮. 139-7

【脆】 1

臣○弱. 111-23

【脂】 1

句踐載稻與○於舟以行. 172-2

【朕】 3

○夢協○卜. 23-12 沃○心. 147-7

【狸】 1

使太宰以祝史帥○姓. 8-3

【狷】 5

小心○介. 72-20 亡人無○潔. 78-19 ○潔不行. 78-20 其心又○而不絜. 156-1 若其○也. 156-1

【狼】 7

得四白○四白鹿以歸. 2-12 豺○之德也. 12-9 封豕豺○也. 12-16 誰能與豺○爭食. 88-22 豺○之聲. 119-23 如餓豺○焉. 152-8 ○子野心. 156-22

【卿】 53

使公○至於列士獻詩. 2-23 榮公爲○士. 3-16 咸戒公○百吏庶民. 4-8 上○逆於境. 10-1 ○出郊勞. 16-18 上○監之. 16-25 而帥其○佐. 17-5 建立○士. 19-4 而況在侈○乎. 20-2 三○而五大夫. 21-22 以爲○佐. 26-19 使公○皆從. 32-2 ○大夫佐之. 34-22 ○出告糴. 35-17 辰也備○. 35-17 子爲魯上○. 42-3 ○帥之. 43-21 諸侯有○無軍. 43-21 有大夫無○. 43-23 諸侯之○有然者. 46-5 必使上○從之. 46-16 自○以下. 47-24 與三公九○. 48-9 ○大夫朝考其職. 48-14 ○之內子. 48-19 升以爲上○之贊. 56-12 令子爲上○. 62-5 ○材三人從之. 89-25 其左右皆○才. 98-23 公使趙衰爲○. 99-12 公使原季爲○. 99-15 使狐偃爲○. 99-16 一旦而尸三○. 111-20 悼公使張老爲○. 116-17 若在○位. 116-19 子爲正○. 121-1 及爲○. 121-6 大國之○. 125-24 自○以下. 126-15 吾有○之名. 126-19 五大夫三○. 127-4 有武德以羞爲正○. 130-22 三○宴于藍臺. 133-19 而立以爲○士. 137-20 不建立○士. 137-22 晉○不若楚. 142-7 其大夫皆○材也. 142-7 我爲楚○. 143-18 自○以下. 146-8 ○士患之. 147-3 ○舉以少牢. 150-14 ○大夫舍月. 151-5 ○大夫祀其禮. 151-7

【逢】 5

是謂○福. 8-1 無○其災害. 13-2 雖○齒牙. 63-13 終○其咎. 80-6 昔周室○天之降禍. 165-11

【桀】 2

○奔南巢. 41-25 昔夏○伐有施. 63-3

【留】 5

○賓不見. 15-25 能○外寇而不害. 74-21 而○外寇. 74-24 舉國○之. 144-7 一日○. 162-23

【芻】 3

司馬陳○. 16-21 出稷禾秉○缶米. 51-6 ○豢幾何. 150-25

【討】 14

有征○之備. 2-5 晉人以爲○. 33-5 君今來○弊邑之罪. 36-20 亦不○其使者. 37-5 猶懼有○. 44-2 自是齊楚代○於魯. 44-3 諸侯謂秦不恭而○之. 44-5 臣○之. 45-8 以○無禮. 89-9 衛而在○. 89-10 得晉國而○無禮. 89-14 縱不能○. 124-1 上虐下爲○. 153-19 君而○臣. 153-20

【託】 1

○在草莽. 77-21

【訓】 50

修其○典. 1-14 先王之○也. 1-23 其無乃廢先王之○. 2-9 宣王欲得國子之能導○諸侯者. 5-20 必問於遺○. 5-22 然則能○治其民矣. 5-23 昭明物則以○之. 8-25 以示民○則. 15-5 若啓先王之遺○. 24-25 咨之前○. 26-3 ○上下之則. 34-17 何以○民. 34-19 非先王之○也. 34-20 所以○民也. 37-8 以逆○民亦不祥. 40-4 古之○也. 41-4 習武○也. 45-16 先王之○也. 48-21 君何以○矣. 62-9 用前○. 90-14 若用前○. 90-24 可謂前○. 90-24 順以○之. 94-5 是謂明○. 95-17 明○能終. 95-17 君實不能明○. 95-24 所以爲明○也. 103-11 無乃不堪君○. 113-13 圖在明○. 118-10 明○在威權. 118-10 緝○典. 121-7 可以教○. 124-3 未及教○. 130-24 有景之教○. 131-1 可以○矣. 131-25 若更君而周○之. 137-3 合十數以○百體. 137-13 周○而能用之. 137-14 ○語有之. 138-2 可教○. 140-9 教之○典. 140-17 多○典刑以納之. 140-20 ○及諸夏. 141-15 下之可以○後世. 141-21 以○導我. 146-10 倚几有誦○之諫. 146-11 以○御之. 146-14 能作○辭. 154-18 能道○典. 154-20 而導之以○辭. 155-1

【訊】 6

君其○射也. 82-17 穆公○之曰. 84-15 考○其阜以出. 109-5 可徵○也. 120-9 乃○申胥曰. 161-2 ○讓日至. 164-8

【記】 1

瞽史○曰. 94-23

【涷】 2

使不○餒. 52-5 戎士○餒. 53-5

【衰】 27

及夏之○也. 1-11 其○也. 7-18 有夏雖○. 24-17 申呂雖○. 24-17 相地而○征. 56-21 商之○也. 63-23 師事趙○. 90-7 趙○. 90-8 吾不如○之文也. 93-5 請使○從. 93-6 召令狐臼○桑泉. 95-3 文公問元帥於趙○. 99-9 公使趙○爲卿. 99-12 使趙○代之. 99-18 趙○三讓. 99-20 以趙○之故. 99-21 使趙○將新上軍. 99-22 夫趙○三讓不失義. 99-23 請令○也從子. 99-25 乃使趙○佐新上軍. 99-25 君之明兆於○矣. 121-18 鼓音不○. 131-9 若周○. 136-23 周○. 136-26 夏之○也. 138-2 若周○. 138-23 及少皞之○也. 149-21

【畝】 6

不籍千○. 3-22 庶民終于千○. 4-15 戰于千○. 5-10 或在畎○. 25-24 畎○之人. 25-24 爲畎○之勤. 132-21

【衷】 18

其君齊明○正. 7-7 考中度○以莅之. 8-24 考中度○. 9-1 作而不○. 46-6 是昭其不○也. 46-7 惡不○也. 46-7 鬼神降○. 77-22 ○而思始. 87-9 私志雖○. 121-16 而又能齊肅○正. 149-7 直而不○. 155-22 不○也. 155-24 今天降○於吳. 161-6 天舍其○. 164-24 天舍其○. 165-5 文武寔舍其○. 165-6 吾欲與之徼天之○. 166-2 吾欲與之徼天之○. 166-22

【高】 39

視遠步○. 21-4 今晉侯視遠而足○. 21-13 足○. 21-17 ○位寔疾顛. 21-23 夫天地成而聚於○. 23-19 墮○堙庳. 24-1 ○○下下. 24-6 故○朗令終. 24-25 ○山廣川大藪也. 32-20 ○圉大王. 38-17 築臺以爲○位. 53-2 ○子帥五鄉焉. 54-22 有○子之鼓. 55-15 國子○子退而修鄉. 56-13 使○子存之. 59-23 晉人殺懷公於○梁. 86-3 天作○山. 90-20 懷公奔○梁. 95-4 刺懷公于○梁. 95-8 不敢居○位. 116-13 ○山峻原. 133-16 夫黎爲○辛氏火正. 136-5 今王棄○明昭顯. 137-7 不聞其以土木之崇○彤鏤爲美. 143-23 ○不過望國氛. 144-1 臺度於臨觀之○. 144-22 地有○下. 145-18 ○祖之主. 149-11 子○曰. 155-19 子○曰. 155-21 子○曰. 156-13 可○也. 156-14 ○之不驕. 156-14 ○之則驕. 156-15 子○以疾閒居於蔡. 157-7 而○○下下. 160-17 勸之以○位重畜. 162-20

【亳】 1

自河徂○. 147-2
【郭】 7
清風至而修城○宮室. 16-5 ○偃曰. 63-16 ○偃曰. 80-7 ○偃曰. 80-15 ○偃聞之. 80-23 文公問於○偃曰. 100-3 闕爲石○. 160-8
【席】 2
側○而坐. 167-12 側○而坐. 167-16
【庫】 1
邯鄲之倉○實. 134-12
【庬】 2
敦○純固. 3-25 以○衣純. 69-24
【病】 13
固民之殄○是待. 35-15 今國○矣. 35-15 賢者急○而讓夷. 35-19 非急○也. 35-21 ○焉. 36-7 舅所○也. 82-17 以韓之○. 84-12 余○喙. 104-16 不可以言○. 104-19 ○未若死. 104-20 王○之. 147-21 問其○. 166-9 令孤子寡婦疾疹貧○者. 171-24
【疾】 49
高位寔○顛. 21-23 襄公有○. 22-17 譬之如○. 41-14 於是乎有鰥寡孤○. 51-4 深耕而○耰之. 54-11 民之○心. 64-17 民○其態. 64-21 公稱○. 65-10 重償可○. 66-8 稱○不朝. 72-11 民○君之侈也. 74-15 而益其○也. 74-17 民○其態. 74-17 畏威如○. 88-9 畏威如○. 88-10 據鼎耳而○號曰. 98-25 不加○焉. 100-13 奈夫八○何. 100-23 先王○是驕也. 107-12 ○自中起. 109-15 恤孤○. 113-18 平公有○. 125-5 使至於生○. 125-12 其次○人. 125-14 平公有○. 126-7 客問君○. 126-8 寡君之○久矣. 126-8 今臣一旦爲狂○. 130-11 與余以狂○賞也. 130-11 吾不幸有○. 134-8 是養吾○而干吾祿也. 134-9 恭王有○. 141-10 有○. 141-18 陳蔡及不羹人納棄○而弒靈王. 146-1 厥○不瘳. 147-8 其智之不○也. 147-9 而嗜其○味. 156-19 夫誰無○眚. 156-20 國之○眚也. 156-20 子高以○閒居於蔡. 157-7 猶人之有腹心之○也. 160-2 譬諸○. 160-4 員不忍稱○辟易. 161-15 ○者吾問之. 166-8 有眩瞀之○者. 168-4 子有眩瞀之○. 168-5 令孤子寡婦○疹貧病者. 171-24 剛彊而力○. 177-18 剛彊而力○. 177-21
【疹】 1
令孤子寡婦疾○貧病者. 171-24
【效】 6
而諸侯○之. 5-15 男女○績. 48-20 夫鄢而○之. 91-20 ○鄢. 91-20 甲胄而○死. 104-20 今又○之. 153-10
【衰】 1
棄○冕而南冠以出. 17-7
【唐】 10
○叔之世. 88-17 ○叔. 89-5 晉祖○叔. 89-22 狐氏出自○叔. 90-16 ○叔以封. 94-23 爲陶○氏. 120-1 在周爲○杜氏. 120-2 昔吾先君○叔. 121-24 今君嗣吾先君○叔. 121-25 南有荆蠻申呂應鄧陳蔡隨○. 135-6
【恣】 1
君若○志以用重耳. 93-19
【旁】 4
民○有慝. 41-23 乃使○告於諸侯. 103-20 ○求四方之賢. 147-5 使以象○求聖人. 147-11
【旄】 1
羽○齒革. 91-9
【旂】 3
渠門赤○. 59-20 取號之○. 75-3 皆白裳白○素甲白羽之矰. 163-5
【旅】 27
乃命其○曰. 4-23 司徒協○. 6-2 ○於裔土. 13-11 ○力方剛. 19-6 今齊社而往觀○. 34-20 諸侯有○賁. 45-17 師尹維○. 48-10 有軍○之出. 51-5 故二千人爲○. 55-13 春以蒐振○. 55-15 軍○整於郊. 55-16 政不○舊. 56-21 庭實○百. 91-6 禮賓○. 96-16 有周室之師○. 97-13 舍於逆○甯嬴氏. 102-12 治兵振○. 103-21 三軍不振○. 110-2 軍○之事也. 115-21 ○人. 120-11 一○之田. 125-25 而以伯子男爲師○. 144-17 在輿有○賁之規. 146-10 吾振○焉. 159-9 三軍皆譁釦以振○. 163-11 欲其○進○退. 172-15
【畜】 12
○義豐功謂之仁. 20-8 吾以爲信○矣. 32-1 ○功用也. 41-2 其○散而無育. 60-1 今君滅其父而○其子. 64-23 ○其子. 64-24 昔者吾○於趙氏. 112-3 則民心皆可○. 118-13 ○其心而知其欲惡. 118-13 六○玩好必從. 154-13 勸之以高位重○. 162-20 容○禽獸. 175-7
【羞】 7
姦禮爲○. 20-9 ○也. 20-11 ○鼈焉. 47-17 以爲天子○. 59-19 有武德以○爲正卿. 130-22 不○珍異. 141-23 以○子文. 152-14
【拳】 2
有○勇股肱之力. 56-1 有○勇股肱之力. 57-11
【料】 8
乃○民於太原. 5-25 民不可○也. 6-1 夫古者不○民而知其少多. 6-1 又何○焉. 6-6 不謂其少而大○之. 6-7 且無故而○民. 6-8 王卒○之. 6-9 楚師可○也. 142-24
【益】 30
則以班加一等○虔. 16-23 而○之以三怨. 22-2 以○其災. 28-7 無○於樂. 28-20 無○於教. 30-3 無○於君. 35-6 辭其何○. 36-9 ○邪多矣. 41-23 於秦何○. 44-6 庶幾有○於魯國乎. 47-1 求必○廣. 68-23 讒言○起. 70-11 其志○廣. 71-6 而○其疾也. 74-17 兵甲○多. 84-13 庶有○乎. 84-14 然則教無○乎. 100-22 文○其質. 100-22 寵至而○戒. 107-7 而○婦人田. 109-23 則焉取以○此. 109-24 不可○也. 111-20 枝葉○長. 118-7 本根○茂. 118-7 乃○和田. 121-11 無能○焉. 140-5 吾語子何○. 157-5 以盟爲有○乎. 159-20 以盟爲無○乎. 159-21 ○左以爲牡. 177-20
【兼】 3
故能○翼. 68-13 余一人○受而介福. 165-13 而○其利. 175-8
【剡】 1
大喪大亂之○也. 77-4
【浦】 2
有原以印○. 101-2 巴○之犀犛兕象. 147-22
【涑】 1
而汾河○澮以爲渠. 75-15
【酒】 19
王子頹飲三大夫○. 6-24 潔其○醴. 15-5 王叔簡公飲之○. 18-21 飲○宴語. 18-22 公父文伯飲南宮敬叔○. 47-16 公飲大夫○. 62-17 飲○出. 63-1 吾以從之飲○. 71-12 使優施飲里克○. 71-13 乃寘鴆于○. 72-14 飲小臣○. 72-16 玉帛○食. 90-3 吾飲諸大夫○. 105-23 禋其○醴. 151-11 觴○豆肉簞食. 166-6 二壺○. 171-21 二壺○. 171-22 入則○荒. 175-25 無至○荒. 176-21
【浹】 2
近不過○日. 150-25 ○日而令大夫朝之. 179-4
【涇】 3
恭王遊於○上. 2-13 及○. 44-4 及○而止. 44-5
【涉】 6
必將○矣. 44-8 豈能○江淮而與我爭此地哉. 160-4 吾謂吳王將遂○吾地. 165-16 ○江鳴鼓. 168-15 銜枚潛○. 168-17 乃遂○而從之. 168-18
【涓】 1
乃見其○人疇. 160-12
【海】 16
合通四○. 24-8 ○鳥曰爰居. 37-25 今○鳥至. 38-23 今茲○其有災乎. 38-25 ○多大風. 39-3 使○於有蔽. 58-12 使○於有蔽. 58-15 使○於有蔽. 58-17 ○濱諸侯莫敢不來服. 59-1 雀入于○爲蛤. 132-16 光照四○. 136-7 撫征南○. 141-15 率師沿○泝淮. 161-25 今君掩王東○. 164-10 其民必移就蒲嬴於東○之濱. 165-18 故濱於東○之陂. 178-13
【浤】 1
死又不敢○喪. 77-6
【浴】 2
三釁三○之. 53-1 諜其將○. 89-12
【浮】 2
而鎮其○. 140-15 以○於五湖. 179-3
【流】 17
乃○王於彘. 3-7 王○于彘. 3-17 ○在裔土. 9-12 余一人其○辟. 13-10 ○之若何. 22-7 天災○行. 35-23 爲我○之於夷. 40-14 厲○于彘. 41-25 西服○沙西吳. 59-8 ○志而行. 63-17 必復○. 64-23 天殃○行. 82-4 從懷如○. 88-10 從懷如○. 88-11 有直質而無○心. 116-1 漦○于庭. 138-7 ○走死亡. 176-3
【涕】 1
無洵○. 49-11
【浚】 1
○民之膏澤以實之. 134-12
【悖】 2
是以事行而不○. 3-1 於是乎有狂○之言. 29-6
【悔】 12
雖死何○. 73-15 困往多○. 73-22 困且多○. 73-22 且必告○. 74-6 死人復生不○. 76-1 惠公既殺里克而○之. 80-23 得貞屯○豫. 93-25 君其無○乎. 95-25 ○納文公. 96-1 王雖○之. 160-19 雖○之. 171-3 後將○之. 177-7
【悅】 3
公○. 65-25 志行而衆○. 68-6 且賞以○衆. 84-8
【悌】 5

愷○君子. 19-24 愷○君子. 27-24 干祿愷○. 27-24 不長○於鄉里. 56-4 不長○於鄉里. 57-13

【悛】 8

其有○乎. 32-21 不敢不○. 45-5 動而不○. 140-19 ○而不攝. 140-19 庶○而更乎. 153-11 有過必○. 154-11 而不以絜○德. 156-2 無使夫○. 165-20

【害】 40

明利○之鄉. 1-8 使務利而避○. 1-8 而除其○也. 1-19 其○多矣. 3-10 ○於政. 6-8 無逢其災○. 13-2 以○天下. 24-1 物無○生. 24-10 ○之道也. 26-7 正○財匱. 29-22 而○金再興焉. 30-9 已犧何○. 32-1 無相○也. 36-19 禦災○也. 45-17 爲戮何○. 46-7 備之何○. 62-22 於晉何○. 63-22 雖危何○. 67-12 將以○之. 67-14 必能○我. 68-16 失政而○國. 68-16 則必惡其心而○其身矣. 69-4 ○其身. 69-5 能留外寇而不○. 74-21 勝無後○. 83-22 國可以無○. 84-4 諸大夫○伯宗. 106-3 其産將○大. 110-1 復○矣. 118-23 安能○我. 122-25 何○. 123-23 面很不○. 133-7 皆能○人. 134-3 明除○以導之武. 141-2 皆無○焉. 144-13 於倚相何○. 146-16 聚馬不○民之財用. 152-9 ○可待也. 156-10 恐齊宋之爲己○也. 164-17 除民之○. 175-10

【宸】 1

而爲弊邑○宇. 172-24

【家】 62

叔孫宣子東門子○皆侈. 17-15 若○不亡. 17-17 國○弗堪. 18-3 子○奔齊. 18-8 室○之壼. 27-5 是以國○無違. 35-20 夫苦成叔○. 41-13 必立新○. 41-16 立新○. 41-16 爲國○之利也. 44-13 蔡子○曰. 45-15 合○事於內朝. 47-24 以歜之○. 48-2 夜庀其○事. 48-15 若必治國○者. 52-5 若必治國○者. 52-6 治國○不失其柄. 52-7 是以國○不日引. 53-7 五○爲軌. 55-10 五○爲軌. 55-11 ○與○相疇. 55-18 設之以國○之患而不疚. 56-11 伍退而修○. 56-15 罷女無○. 56-17 不如爲善於○. 56-18 三十○爲邑. 57-1 邑退而修○. 57-17 大○鄰國. 63-19 因驕以制人○. 72-9 國○多難. 73-13 且鎮撫其國○. 77-25 鎮撫國○. 80-15 國○代有. 82-4 以○僕徒爲右. 82-18 則國○多慝. 83-17 使○僕徒召之. 85-7 ○僕徒曰. 85-17 以御于○邦. 100-16 苟○悖惠. 114-15 弒厲公以厚其○. 118-15 三世事○. 119-12 且吾子之○老也. 120-21 吾聞國○有大事. 120-21 且爲吾○. 121-14 醫及國○乎. 125-14 其○半三軍. 127-2 國○之將興也. 132-13 爲國○之難也. 134-6 ○爲巫史. 149-23 祀所以昭孝息民撫國○定百姓也. 151-1 ○於是乎嘗祀. 151-9 ○貨足以共用. 152-10 以輔相國○. 155-6 猶敗國○. 156-18 吾聞國○將敗. 156-18 夫國○之事. 174-4 將妨於國○. 174-10 隨之以國○之重器. 174-21 屬國○. 175-1 不穀之國○. 175-14 蠡之國○也. 175-14

【宵】 4

○靜女德. 125-18 不如○也. 133-4 ○也很. 133-4 ○之很在面. 133-5

【宴】 17

而加之以○好. 10-5 親戚○饗. 14-23 唯是先王之○禮. 14-24 酬幣○貨. 15-8 ○以合好. 15-11 時○不淫. 15-12 飲酒○語. 18-22 ○好享賜. 26-16 徹俎不○. 49-2 既徹俎而○. 49-20 明日○. 93-12 三卿○于藍臺. 133-19 今主一○. 133-25 大不過容○豆. 144-1 問誰○焉. 144-3 ○居有師工之誦. 146-13 同○思樂. 154-5

【宮】 38

宣王在邵公之○. 3-18 王即齋○. 4-10 乃命魯孝公於夷○. 5-24 命于武○. 10-2 清風至而修城郭○室. 16-5 將毀王○. 23-16 明以妨王○. 25-3 王將防鬭川以飾○. 25-10 將焉用飾○. 26-1 夫○室不崇. 26-15 琴瑟尚○. 29-11 大不踰○. 29-11 夫○. 29-12 瓦絲尚○. 29-14 以夷則之上○畢. 31-16 故長夷則之上○. 31-17 王以黃鍾之下○. 31-18 以太蔟之下○. 31-19 以無射之上○. 31-22 莊公丹桓○之楹. 35-2 公父文伯飲南○敬叔酒. 47-16 ○之奇諫而不聽. 74-20 共華賈華叔堅騅歂纍虎特○山祁. 81-12 即位于武○. 95-8 將以己丑焚公○. 96-1 公○火. 96-6 而謀於南○. 100-18 猶○室之有牆屋也. 107-17 朝于武○. 113-16 范宣子以公入于襄公之○. 119-7 其○不備其宗器. 126-21 從姬氏於公○. 130-21 及景子長於公○. 130-24 故唯東○與西廣實來. 142-12 右執殤○. 146-24 以晐姓於王○. 158-23 ○中之樂. 176-21 至於姑蘇之○. 178-19

【容】 12

以示○合好. 15-8 ○貌有崇. 15-13 棄殺行○. 20-11 吾見晉君之○. 21-11 是以觀其○. 21-12 不○於耳. 29-23 所以優柔○民也. 31-23 無憂○. 49-11 吾安○子. 107-23 大不過○宴豆. 144-1 ○貌之崇. 149-13 ○畜禽獸. 175-7

【窋】 1

我先王不○. 1-11

【宰】 21

○夫陳饗. 4-17 膳○監之. 4-17 使太○以祝史帥狸姓. 8-3 王使太○忌父. 8-6 襄王使太○文公及內史興. 9-25 太○莅之. 10-2 太○以王命. 10-3 饍○不致餼. 15-22 膳○致饔. 16-20 子服景伯戒○人曰. 50-17 使鮑叔爲○. 52-4 臣立三○. 54-23 天子使○孔. 59-14 遇○周公. 75-6 ○孔謂其御曰. 75-15 官○食加. 96-21 以隨○人. 130-10 使少室周爲○. 131-25 而後使太○啓彊請於魯侯. 144-8 納之太○嚭. 171-4 太○嚭諫曰. 171-5

【案】 1

參國起○. 54-22

【朗】 2

故高○令終. 24-25 其聖能光遠宣○. 149-8

【冢】 2

君之○嗣其替乎. 80-18 其○君侈驕. 137-2

【袪】 3

勃鞮斬其○. 95-10 斬余衣○. 95-12 鉤近於○. 95-22

【被】 6

夫子○文矣. 22-25 ○文相德. 23-4 ○羽先升. 66-2 乃大蒐于○廬. 101-7 ○甲帶劍. 164-23 ○甲帶劍. 165-4

【祥】 29

農○晨正. 4-2 不○. 11-13 ○所以事神也. 11-14 不○則福不降. 11-14 佻天不○. 20-6 不○則天棄之. 20-6 襲于休○. 23-13 則非○也. 26-2 辰馬農○也. 31-10 犯順不○. 40-4 以逆訓民亦不○. 40-4 易神之班亦不○. 40-4 不明而躋之亦不○. 40-4 不○. 81-2 不○. 81-2 皆晉○也. 95-1 辨祆○於謠. 107-10 犯順不○. 112-6 弗救不○. 124-4 不去亦不○. 124-5 及○. 141-18 臺不過望氛○. 144-21 以干其不○. 164-14 遭民之不○. 165-11 畏天之不○. 168-21 彊索者不○. 176-2 助天爲虐者不○. 178-11 不忌其不○乎. 178-12 助天爲虐不○. 178-16

【冥】 2

○勤其官而水死. 38-11 郊○而宗湯. 38-14

【書】 42

史獻○. 2-24 夏○有之曰. 8-18 ○有之曰. 12-15 ○曰. 19-23 觀之詩○. 26-4 夏○有之曰. 27-23 君舉必○. 34-23 ○而不法. 34-23 逆則亦○其逆也. 35-9 懼逆之○於後也. 35-10 使○以爲三筴. 39-4 故工史○世. 39-23 宗祝○昭穆. 39-24 以○命季文子. 40-10 而更其○. 40-12 追而予之璽○. 45-7 期而○伐. 56-8 西方之○有之曰. 88-8 文公學讀○於臼季. 100-1 ○也受命於上軍. 105-6 ○也何力之有焉. 105-7 欒○曰. 108-13 欒○是以怨郤至. 108-20 欒○謂王子發鉤曰. 111-3 君告欒○. 111-5 欒○曰. 111-5 欒○使人謂孫周曰. 111-9 欒○弒厲公. 111-17 欒○曰. 112-5 授僕人○而伏劍. 115-17 公讀○曰. 115-18 欒○實覆宗. 118-15 欒○立吾先君. 118-19 夏○有之. 133-24 周○有之. 133-24 謂欒○曰. 142-24 欒○從之. 143-2 ○之以文. 145-20 史不失○. 146-13 周○曰. 146-16 武丁於是作○. 147-4 周○所謂重黎寔使天地不通者. 149-4

【展】 12

工人○車. 16-21 和○百事. 30-23 宗人夏父○曰. 35-8 問於○禽. 36-7 ○禽使乙喜. 36-12 ○禽曰. 38-1 ○禽曰. 40-3 ○親也. 50-15 侈必○. 74-16 ○而不信. 155-21 ○也. 155-22 其○也. 156-3

【弱】 7

王而○之. 12-12 而用幼○. 19-4 君幼○. 110-20 臣脆○. 111-23 則晉可○也. 122-19 昔莊王方○. 142-16 魯弁費寔○襄公. 145-12

【陸】 4

遂田于大○. 33-4 陵阜○墐井田疇均. 56-22 ○人居○. 170-23

【陵】 20

○其民. 9-16 若貪○之人來. 18-15 ○上者也. 19-21 柯○之會. 21-4 犯則○人. 22-1 諸侯會于柯○. 22-8 細抑大○. 29-23 伯○之後. 31-8 而幽王蕩以爲魁○糞土溝瀆. 32-20 ○爲之終. 53-14 ○阜陸墐井田疇均. 56-22 可以○小. 67-9 ○也. 103-17 於是敗楚師於鄢○. 108-20 遂與荆人戰於鄢○. 110-10 而小不見○矣. 124-3 以其五賢○人. 133-10 齊人與戰於艾○. 160-21 吴王夫差既勝齊人於艾○. 160-23 簦笠相望於艾○. 165-5

【陳】 48

布令○辭. 2-5 ○錫載周. 3-14 膳夫農正○籍禮. 4-13 宰夫○饗. 4-17 ○由大姬. 11-22 息由○嬀. 12-1 ○其鼎俎. 15-6 遂假道於○. 15-19 及○. 15-24 ○靈公與孔寧儀行父. 15-24 ○侯不有大咎. 16-2 今○國. 16-9 今○國. 16-15 司馬○芻. 16-21 承王命以爲過賓於○. 17-1 今○侯不念胤續之常. 17-4 ○. 17-6 ○侯殺於夏氏. 17-12 楚子入○. 17-13 三○而不整. 19-5 王叔○生奔晉. 20-15 王以二月癸亥夜○. 31-16 故大者○之原野. 37-3 仲尼在○. 50-7 有隼集于○侯之庭而死. 50-7 ○惠公使人以隼如仲尼之館. 50-9 而封諸○. 50-14 故分○以肅慎氏之貢. 50-15 ○妾數百. 53-4 戎士待○妾之餘. 53-6 相○以功. 53-25 相○以知賈. 54-6 楚既○. 98-11 臣嘗○辭矣. 119

-17 君問之○辭. 119-19 南有荆蠻申呂應鄧○蔡隨唐. 135-6 不○庶侈. 141-24 昔○公子夏. 143-3 子南之母亂○而亡之. 143-4 則○侯蔡侯許男頓子. 144-4 靈王城○蔡不羹. 145-4 ○蔡及不羹人納棄疾而弑靈王. 146-1 以閒○蔡. 160-8 ○士卒百人. 163-1 以中○而立. 163-6 既○. 163-9 宋鄭魯衛○蔡執玉之君皆入朝. 169-7 凡○之道. 177-19

【孫】 95

是實臨照周之子○. 7-22 王使游○伯請滑. 11-4 王○滿觀之. 14-13 叔○宣子東門子家皆侈. 17-15 叔○東門其亡乎. 17-16 不若叔○. 18-4 叔○之位. 18-5 魯叔○宣伯亦奔齊. 18-9 使叔○僑如先聘. 18-11 見王○說. 18-11 魯叔○之來也. 18-12 仲○蔑爲介. 18-19 王○說與之語. 18-19 乃逐叔○僑如. 22-8 晉○談之子周. 22-12 三而畀驩之○. 23-9 此其○也. 23-10 必驩之○. 23-11 共之從○四嶽佐之. 24-5 懼長及子○. 25-12 子○爲隸. 25-21 子○豐厚. 25-23 天所崇之子○. 25-24 子○必蕃. 27-4 子○蕃育之謂也. 27-7 必茲君之子○實續之. 27-10 則必子○實有禍. 33-1 世世子○. 36-19 臧○之爲政也. 38-1 孟○善守矣. 39-13 仲○它諫曰. 42-3 叔○穆子聘於晉. 43-4 叔○穆子曰. 43-20 晉叔向見叔○穆子曰. 44-4 魯叔○賦匏有苦葉. 44-8 蔡公○歸生與鄭罕虎見叔○穆子. 45-13 楚人將以叔○穆子爲戮. 45-24 使叔○豹. 46-22 懼忓季○之怨也. 48-3 若子季○欲其法也. 51-7 及公○枝. 78-4 謂公○枝曰. 82-5 公○枝曰. 82-5 公○枝進諫曰. 83-5 公○枝曰. 83-18 公○枝曰. 83-23 公○枝曰. 84-3 與司馬公○固相善. 90-6 公○固言於襄公曰. 90-6 子○賴之. 95-2 申○之矢. 95-21 將納○周. 111-6 必見○周. 111-8 欒書使人謂○周曰. 111-9 見○周. 111-10 乃納○周而立之. 111-17 其子○不可不崇也. 114-1 而子○不立者. 119-5 魯襄公使叔○穆子來聘. 119-25 問於○林甫. 120-10 ○林甫曰. 120-10 子○饗之. 122-13 楚令尹圍將以魯叔○穆子爲戮. 123-16 趙文子謂叔○曰. 123-17 必殺叔○豹. 124-1 必免叔○. 124-5 鄭簡公使公○成子來聘. 126-7 曾○蒯聵. 131-13 令其子○將耕於齊. 132-20 夫其子○必光啓土. 136-5 其子○未嘗不章. 136-8 或譖王○啓於成王. 142-10 王○啓奔晉. 142-10 王○啓豫於軍事. 142-11 則王○啓之爲也. 142-15 王○圍聘於晉. 154-15 問於王○圉曰. 154-16 懼子○之有貳者也. 155-12 懼子○之以梁之險. 155-15 不忘子○. 155-16 子西使人召王○勝. 155-18 聞子召王○勝. 155-18 王○雒曰. 162-7 王乃步就王○雒曰. 162-13 王○雒曰. 162-14 王○雒進. 162-15 乃命王○雒先與勇獲. 164-17 乃使王○苟告勞于周. 164-21 吾問於王○包胥. 166-23 使王○雒行成於越. 177-22 王○雒曰. 178-10 王○子. 178-12 王○雒曰. 178-16 後世子○. 179-5

【陣】 1

反其○. 98-18

【陰】 18

○陽分布. 4-22 ○迫而不能烝. 6-12 而鎮○也. 6-13 陽失而在○. 6-13 故天無伏○. 24-8 於是乎氣無滯○. 29-20 ○陽序次. 29-20 地南至於餉○. 58-19 若黍苗之仰○雨也. 93-15 與鼓子田於河○. 129-9 ○謀逆德. 174-13 因○陽之恒順天地之常. 175-17 陽至而○. 177-11 ○至而陽. 177-11 後則用○. 177-13 後無○蔽. 177-13 盈吾○節. 177-17 ○節不盡. 177-19

【陶】 1

爲○唐氏. 120-1

【陷】 9

寡謀自○. 14-15 使無○於惡. 35-3 ○而不振. 41-24 ○而入於恭. 50-17 ○而入於恭. 50-23 曰○而後恭. 50-25 故○於大難. 72-21 而○於大戮. 113-14 以不○於大難. 161-9

【陪】 2

士有○乘. 45-18 ○屬萬. 152-3

【烝】 10

獮於既○. 6-6 陰迫而不能○. 6-12 餚○. 14-19 則有全○. 14-22 則有房○. 14-22 則有餚○. 14-23 禮○而已. 15-11 將焉用全○. 15-15 ○享無度. 149-23 ○嘗不過把握. 150-18

【姬】 56

陳由大○. 11-22 聃由鄭○. 12-1 羅由季○. 12-2 若由是○姓也. 13-12 我大○之後也. 17-6 我○氏出自天黿. 31-7 諸○不獲闕焉. 45-2 以分大○. 50-14 獲驪○以歸. 62-16 驪○不克. 64-11 獲驪○以歸. 64-12 驪○請使申生主曲沃. 64-13 君以驪○爲夫人. 64-17 驪○果作難. 65-1 驪○生奚齊. 65-3 抑驪○之不存側邪. 65-19 通於驪○. 66-4 驪○問焉. 66-4 驪○曰. 66-6 驪○曰. 66-9 驪○賂二五. 66-14 驪○既遠太子. 66-20 優施教驪○夜半而泣. 67-22 驪○曰. 68-1 驪○曰. 68-12 驪○曰. 68-18 驪○謂公曰. 71-4 驪○告優施曰. 71-10 驪○許諾. 71-12 君既許驪○殺太子而立奚齊. 71-20 驪○以君命命申生曰. 72-12 驪○受福. 72-14 驪○與犬肉. 72-15 驪○見申生而哭之. 73-9 驪○退. 73-11 驪○既殺太子申生. 73-16 驪○懼. 74-5 驪○使奄楚以環釋言. 74-6 將以驪○之惑蠱君. 76-10 於是殺奚齊卓子及驪○. 76-18 苟○未絕周室. 89-6 實建諸○. 89-23 狐○. 90-16 ○酉祁己滕箴任荀僖姞儇依是也. 92-7 故皆爲○姓. 92-13 黃帝以○水成. 92-14 故黃帝爲○. 92-15 驪○之讒. 95-10 諸○之良. 96-19 趙孟○之讒. 112-4 從○氏於公宮. 130-21 趙有孟○之讒. 133-22 實與諸○代相干也. 136-23 諸○其孰興. 138-23 以夏○行. 143-7 無○姓之振也. 163-17

【娠】 1

大任○文王不變. 100-12

【娣】 2

其○生卓子. 64-13 其○生卓子. 65-3

【砮】 2

石○. 50-8 於是肅慎氏貢楛矢石○. 50-12

【脅】 2

聞其骿○. 89-11 及○欒中行. 111-19

【畚】 1

偝而○挶. 16-7

【通】 16

合○四海. 24-8 今日必○. 40-14 ○道于九夷百蠻. 50-10 ○齊國之魚鹽于東萊. 60-13 ○於驪姬. 66-4 ○復故交. 71-22 道遠難○. 73-22 夫狄近晉而不○. 73-23 不○可以竄惡. 73-24 閉而不○. 94-1 ○商寬農. 96-13 寔○吴晉. 143-7 周書所謂重黎寔使天地不○者. 149-4 是謂絕地天○. 150-4 ○於商魯之閒. 161-22 以環瑱○相問也. 167-19

【能】 296

故○保世以滋大. 1-9 吾○弭謗矣. 2-20 其與○幾何. 3-5 王○久乎. 3-11 故○載周. 3-14 乃○媚於神. 5-6 宣王欲得國子之○導訓諸侯者. 5-20 然則○訓治其民矣. 5-23 陽伏而不○出. 6-11 陰迫而不○烝. 6-12 中○應外. 10-12 晉侯其○禮矣. 10-14 故○光有天下. 11-15 是皆○內利親親者也. 11-22 若○有濟也. 12-15 叔父若○光裕大德. 13-9 余安○知之. 13-15 王以晉君爲○德. 13-18 ○無敗乎. 14-15 其○久乎. 17-11 下○堪其任. 18-1 其○足用矣. 18-1 ○獲鄭伯而赦之. 19-13 則○長利. 19-25 未○違難. 20-13 ○勿從乎. 20-14 何以○久. 21-14 其誰○忍之. 22-3 唯善人○受盡言. 22-4 ○文則得天地. 22-18 象天○敬. 22-21 帥意○忠. 22-21 思身○信. 22-21 愛人○仁. 22-21 利制○義. 22-22 事建○智. 22-22 帥義○勇. 22-22 施辯○教. 22-22 昭神○孝. 22-23 慈和○惠. 22-23 推敵○讓. 22-23 故上下○相固. 23-24 謂其○以嘉祉殷富生物也. 24-12 謂其○爲禹股肱心膂. 24-14 唯○釐舉嘉義. 24-16 不○爲禍. 25-7 ○避怨矣. 26-18 而○避怨. 26-19 成王○明文昭. 26-22 ○定武烈者也. 26-22 若○類善物. 27-8 ○無匱乎. 27-16 則○思慮純固. 28-24 然則○樂. 29-1 其何以○樂. 29-8 故○生是良材. 32-20 莫不○使共祀. 34-8 雖不○察. 34-12 故○攝固. 35-4 使○共職. 36-3 不○事疆場之司. 36-12 故○有親. 37-7 ○禦大災則祀之. 38-4 ○扞大患則祀之. 38-4 ○殖百穀百蔬. 38-6 ○平九土. 38-7 黃帝○成命百物. 38-8 顓頊○修之. 38-8 帝嚳○序三辰以固民. 38-9 堯○單均刑法以儀民. 38-9 禹○以德修鯀之功. 38-10 ○帥顓頊者也. 38-15 ○帥禹者也. 38-16 ○帥契者也. 38-16 ○帥稷者也. 38-17 不知而不○問. 38-25 ○無殃乎. 40-5 不○任重. 41-12 不○去舊. 41-16 其身之不○定. 41-17 焉○予人之邑. 41-17 則不○使. 41-24 民何○爲焉. 42-2 過而○改者. 42-9 是以上○征下. 43-23 不○令於國. 44-25 謂予○也. 45-11 ○而欺其君. 45-11 可以爲○乎. 46-11 吾○老而已. 47-11 君子○勞. 47-13 其以歜爲不○事主乎. 48-4 周恭王○庇昭穆之闕而爲恭. 50-23 楚恭王○知其過而爲恭. 50-24 則非臣之所○也. 52-6 不勞而○. 53-21 不勞而○. 54-1 不勞而○. 54-7 不勞而○. 54-16 其秀民之○爲士者. 54-17 莫之○禦. 55-22 以觀其所○. 56-12 唯○用管夷吾甯戚隰朋賓胥無鮑叔牙之屬. 60-21 ○銜骨乎. 63-13 而不○喪國. 63-21 不○爲膏. 63-25 其何○服. 64-1 不可謂○謀. 64-3 是以民○欣之. 64-18 是以○有常. 64-22 故○治事. 67-4 何事○治. 67-6 敗弗○補也. 67-7 弗○移也. 67-8 誰○退敵. 67-9 焉○及吴太伯乎. 67-20 豈○憚君. 68-4 孰○愛親. 68-13 故○兼翼. 68-13 ○絕於我. 68-16 必○害我. 68-16 焉○勝狄. 71-6 吾不○. 72-10 不○教導. 72-19 不○深知君之心度. 72-20 ○留外寇而不害. 74-21 何以○久. 74-25 誰○懼之. 75-17 力有所○. 75-25 豈○欲行吾言. 76-2 孰○勿從. 77-14 敏○竄謀. 78-6 其誰○恃乎. 79-16 失衆安○殺人. 81-23 孰○出君. 81-25 ○淺其寇乎. 82-16 ○合之. 82-25 弗○離也. 82-25○納之. 84-23 ○執之. 84-23 則○釋之. 84-23 我○行之. 85-14 秦豈不○. 85-14 出不○用. 85-16 入不○治. 85-16 有人○坐待刑. 86-1 而不○面夷. 86-1 誰○興之. 87-7 其○及乎. 88-7 乃○威民. 88-11 誰○與豺狼爭食. 88-22 不○禮焉. 89-1 余焉○盡禮焉. 89-19 不○爲榮. 91-4 不○蕃廡. 91-4 不○蕃殖. 91-4 誰○懼之. 91-16 誰○廢之. 91-18 乃○攝固. 92-21 使○成嘉穀. 93-17 安○建侯.

94-2 明訓○終. 95-17 其○久矣. 95-23 君實不○明訓. 95-24 舉善援○. 96-14 異姓之○. 96-19 不○修身. 96-25 而又不○宗人. 96-25 ○惇篤者. 99-11 ○其官有賞. 99-19 吾不○行也. 100-1 而多聞以待○者. 100-2 其○善之乎. 100-7 因體○質而利之者也. 101-2 且剛而主○. 102-21 懼女不○也. 103-5 舉而不○. 103-6 大夫莫之○對也. 104-9 大夫非不○也. 104-10 馬逸不○止. 104-22 然而民不○戴其上. 105-25 ○內睦而後圖外. 109-3 且唯聖人○無外患. 109-13 ○受多福. 109-18 ○無外患. 109-20 不○忍俟也. 111-24 非吾所○爲也. 112-2 吾○違兵. 112-4 二三子不○事君. 112-5 其○乎. 112-7 知右行辛之○以數宣物定功也. 114-11 知欒糾之○御. 114-12 而○恤大事. 115-6 臣請薦所○擇. 116-3 不○死. 116-13 智不○匡君. 116-13 仁不○救. 116-14 勇不○死. 116-14 難雖不○死君. 116-15 而○讓. 116-15 ○治大官. 116-17 ○志善也. 117-5 孰○. 117-9 莫○勿從. 118-13 直○端辨之. 120-20 博○上下比之. 120-21 若○靖端諸侯. 121-1 專則不○. 121-14 吾所○禦也. 122-15 安○害我. 122-25 子若○以忠信贊君. 123-7 縱不○討. 124-1 誰○俟五. 124-25 吾子不○諫惑. 125-12 何以○久. 125-13 而○金玉其車. 126-4 ○行諸侯之賄. 126-4 吾以爲○其德矣. 127-5 不○則退. 128-21 亦○纂修其身. 130-24 吾○止之. 131-12 獻○而進賢. 132-4 不○匡相其君. 132-7 又不○定. 132-7 莫不○化. 132-17 唯人不○. 132-17 其誰○待之. 133-11 夫君子○勤小物. 133-25 皆○害人. 134-3 虞幕○聽協風. 136-9 夏禹○單平水土. 136-10 商契○和合五教. 136-10 周棄○播殖百穀蔬. 136-11 祝融亦○昭顯天地之光明. 136-13 伯夷○禮於神. 136-24 伯翳○議百物. 136-25 故○豐長. 137-9 周訓而○用之. 137-14 無○益焉. 140-5 不○故也. 140-9 中國所不○用也. 140-10 尚○事晉君. 142-3 不○用也. 142-9 大○掉小. 145-17 而不○掉其尾. 145-21 ○經營百事. 146-6 ○聳其德. 147-1 不穀雖不○用. 147-21 ○違若敖之欲. 148-8 民將○登天乎. 149-5 而又○齊肅衷正. 149-7 其智○上下比義. 149-8 其聖○光遠宣朗. 149-8 其明○光照之. 149-8 其聰○聽徹之. 149-9 而○知山川之號. 149-11 ○知四時之生. 149-14 民是以○有忠信. 149-18 神是以○有明德. 149-19 而莫之○禦也. 150-10 ○言○聽徹其官者. 152-2 子常其○賢於成靈乎. 152-25 不○顧矣. 153-22 闔廬○敗吾師. 154-6 焉○敗人. 154-14 ○作訓辭. 154-18 ○道訓典. 154-20 又○上下說於鬼神. 154-21 明王聖人○制議百物. 155-5 不○寶也. 155-10 臣○自壽. 155-13 既○得入. 156-7 ○者早除之. 156-20 其○幾何. 156-25 楚國之○平均. 157-10 豈○涉江淮而與我爭此地哉. 160-4 以○遂疑計惡. 161-9 用○援持盈以沒. 161-14 吾須之不○. 162-11 彼豈○與我行此危事也哉. 162-18 乃○至於吴. 162-24 其父子昆弟不相○. 165-1 伯父若○然. 165-13 其至者亦將不○之會也已. 165-22 ○博取於諸侯. 166-5 則不○與三軍共饑勞之殃. 166-19 則不○斷疑. 166-19 夫唯○下其羣臣. 169-8 有○助寡人謀而退吴者. 170-5 吾不○居其地. 171-1 不○乘其車. 171-1 吾○居其地. 171-2 吾○乘其舟. 171-2 今寡人不○. 171-18 唯地○包萬物以爲一. 175-6

【務】 22

使○利而避害. 1-8 棄稷不○. 1-11 是先王非○武也. 1-19 王事唯農是○. 5-4 三時○農. 5-5 君子○治. 34-7 而小人○力. 34-7 ○施與力. 75-7 而不○德. 75-7 得國之○也. 94-3 君其○之. 97-1 請○實乎. 107-5 非所○也. 112-3 子○德. 123-14 ○德. 123-14 吾何德之○. 129-7 ○和同也. 137-16 而知先王之○. 140-16 ○慎惇篤以固之. 140-20 民不廢時○. 144-2 其日不廢時○. 144-23 天地民及四時之○. 151-24

【桑】 6

設○主. 10-2 至于稷○. 70-2 果敗狄於稷○而反. 70-10 反自稷○. 71-4 與從者謀於○下. 87-21 召令狐臼衰○泉. 95-3

【紘】 1

加之以○綖. 48-18

【純】 13

而守終○固. 2-11 敦庬○固. 3-25 守終○固. 23-3 則能思慮○固. 28-24 俾莫不任肅○恪也. 30-23 久固則○. 31-3 ○明則終. 31-3 以庬衣○. 69-24 德不○. 133-1 建九紀以立○德. 137-12 以一○二精三牲四時五色六律七事八種九祭十日十二辰以致之. 150-19 所謂一○二精七事者. 151-22 謂之一○. 151-23

【納】 47

盍○王乎. 7-3 晉侯○之. 10-17 晉文公○之. 12-22 考神○賓也. 30-17 ○要也. 34-20 使○賂焉. 37-14 則請○祿與車服而違署. 39-12 里克欲○我. 76-23 非亂誰○我. 77-3 呂甥欲○我. 77-11 請○之左右. 79-5 昔君之不○公子重耳而○晉君. 83-5 昔吾之不○公子重耳而○晉君. 83-7 又曰余○有道以臨女. 83-23 能○之. 84-23 ○而不遂. 84-24 秦乃召重耳於楚而○之. 86-3 而○幣. 93-3 秦伯○公子. 94-15 悔○文公. 96-1 秦伯○衞三千人. 96-11 君盍○王. 96-23 若不○. 96-24 秦將○之. 96-24 盍○天子以示之義. 101-4 乃○襄王于周. 101-5 而○之以成子之文. 107-22 ○其室以分婦人. 110-12 將○孫周. 111-6 乃○孫周而立之. 111-17 使孟樂因魏莊子○虎豹之皮. 116-5 ○女工妾三十人. 116-22 ○諫不忘其師. 124-19 雍子○其女於叔魚. 128-5 請○賂於魏獻子. 129-23 朝夕誦善敗而○之. 132-5 多訓典刑以○之. 140-20 孝順以○之. 141-6 ○其乘馬. 142-5 晉曲沃寔○齊師. 145-14 陳蔡及不羹人○棄疾而弑靈王. 146-1 必誦志而○之. 146-10 棘闈不○. 160-14 ○之太宰嚭. 171-4 ○官其子. 171-25

【紛】 1

刑政放○. 29-7

【紡】 1

獻子執而○於庭之槐. 129-18

【紞】 1

王后親織玄○. 48-18

【紓】 1

以○執事. 36-2

【耜】 2

民無懸○. 16-13 耒○耞芟. 54-9

【耞】 1

耒耜○芟. 54-9

【舂】 3

王后必自○其粢. 151-16 夫人必自○其盛. 151-17 天子親○禘郊之盛. 151-19

【責】 3

衆將○焉. 71-8 夫齊侯將施惠出○. 75-12 棄○薄斂. 96-12

【理】 3

行○以節逆之. 16-17 生子輿爲○. 121-3 叔魚爲贊○. 128-4

【規】 13

近臣盡○. 2-25 ○方千里. 12-24 其母夢神○其臀以墨. 23-8 明不○闇. 125-11 智襄子戲韓康子而侮段○. 133-19 段○反. 134-4 其速○所矣. 138-21 使不○東夏. 142-20 在輿有旅賁之○. 146-10 而使朝夕○諫. 147-6 故使朝夕○誨箴諫. 147-11 而惡○諫者. 147-13 其又以○爲瑱也. 147-23

【措】 1

而妖試幸○. 137-22

【掎】 1

○止晏萊焉. 46-24

【掩】 6

伐則○人. 22-2 ○賊者爲藏. 40-17 而三○人於朝. 104-11 今君○王東海. 164-10 ○其惡. 166-12 所不○子之惡. 178-25

【捷】 4

且獻楚○. 10-20 鄭伯○之齒長矣. 12-11 不如○而行. 105-15 事若不○. 168-3

【焉】 322

而後王斟酌○. 3-1 皆將取○. 3-10 又何料○. 6-6 禍孰大○. 7-3 而均布福○. 7-9 故神亦往○. 7-13 生穆王○. 7-22 往獻○. 8-4 奉犧牲玉鬯往獻○. 8-7 虢公亦使祝史請土○. 8-8 而求福○. 8-10 而求用○. 8-10 而求利○. 8-12 亦必及○. 9-22 請隧○. 12-23 先王豈有賴○. 13-3 叔父有地而隧○. 13-15 余一人敢設飫禘○. 14-25 若禽獸○. 15-2 將○用全烝. 15-15 而泰侈○. 18-4 而亦泰侈○. 18-5 必有異○. 18-12 故不歡○. 18-14 勸二三君子必先導○. 18-25 然後庇○. 19-25 君何患○. 21-9 ○知天道. 21-11 亦將與○. 22-3 夫子皆有○. 22-23 君三出○. 23-6 三襲○. 23-12 必有夏呂之功○. 25-1 必有共鯀之敗○. 25-2 佐饔者嘗○. 25-5 佐鬬者傷○. 25-6 無有異○. 25-25 將○用飾宮. 26-1 皆有○. 26-15 民皆得○. 27-13 天未厭禍○. 27-19 故君子得以易樂干祿○. 27-25 而何易樂之有○. 28-2 將○用之. 28-20 患莫甚○. 28-22 則歸心○. 28-25 而有離民之器二○. 29-9 而害金再興○. 30-9 有建星及牽牛○. 31-7 使永監○. 32-10 少典與○. 32-11 亦將及○. 32-25 必將至○. 34-13 受命○. 34-21 受事○. 34-22 病○. 36-7 願以子之辭行賂○. 36-10 使納賂○. 37-14 有虞氏報○. 38-15 夏后氏報○. 38-16 商人報○. 38-17 周人報○. 38-17 僖又未有明○. 40-3 若有殃○在. 40-5 余恐易○. 41-14○能予人之邑. 41-17 民何能爲○. 42-2 晉侯使行人問○. 43-4 況畏而服○. 44-14 必用命○. 45-1 諸姬不獲闚○. 45-2 而又求入○. 45-4 又何謁○. 45-10 二人執戈先○. 45-13 如龜○. 45-20 子何愛○. 46-2 吾懼壓○. 46-10 魯懼及○. 46-16 掎止晏萊○. 46-24 其中有羊○. 47-7 羞鼈○. 47-17 婦人治其業○. 47-25 子將業君之官職○. 47-25 子將庀季氏之政○. 48-1 康子往○. 49-1 康子與○. 49-2 獲骨○. 49-18 使永監○. 50-13 又何訪○. 51-8 使百姓皆加勇○. 52-9 而與之坐而問○. 53-2 而慎用其六柄○. 53-14 少而習○. 53-20 其心安○. 53-20 不見異物而遷○. 53-20 少而習○. 53-25 其心安○. 53-25 不見異物而遷○. 53-25 少而習○. 54-6 其心安○. 54-6

不見異物而遷○. 54-6 少而習○. 54-14 其心安○. 54-15 不見異物而遷○. 54-15 公帥五鄉○. 54-22 國子帥五鄉○. 54-22 高子帥五鄉○. 54-22 作內政而寄軍令○. 55-9 鄉有良人○. 55-11 君親問○. 55-23 桓公又問○. 56-1 桓公又問○. 56-3 各使治一屬○. 57-3 各使聽一屬○. 57-4 桓公又親問○. 57-8 桓公又問○. 57-11 桓公又問○. 57-13 天下諸侯稱仁○. 60-2 故又大施忠○. 60-12 諸侯稱廣○. 60-15 而無怵惕○. 60-20 則致死○. 62-8 君○用之. 62-10 國移心○. 62-13 其有吉孰大○. 62-19 有罪二○. 62-20 有施人以妹喜女○. 63-3 有蘇氏以妲己女○. 63-5 褒人以褒姒女○. 63-6 當之者戕○. 63-21 其皆有○. 64-10 又何圖○. 65-14 有不忠○. 65-15 有不貞○. 65-15 公辭○. 65-19 驪姬問○. 66-4 太子處○. 66-19 公子重耳處○. 66-19 公子夷吾處○. 66-20 貳若體○. 67-3 寡人有子而制○. 67-10 又○得立. 67-14 又何求○. 67-20 ○能及吴太伯乎. 67-20 孰不惑○. 68-7 與衆之信輯睦○. 68-21 又何患○. 70-2 又有甘言○. 70-8 ○避之. 70-9 猶有令名○. 70-10 ○能勝狄. 71-6 衆將責○. 71-8 抑未有以致罪○. 71-9 棄寵求廣土而竄伏○. 72-20 猶有令名○. 72-24 ○始爲令. 73-19 國無公族○. 73-19 無卜○. 73-21 小國襲○. 74-14 大國襲○. 74-15 而歸圖○. 74-25 懼及○. 75-1 又何加○. 75-11 ○用死. 75-24 ○避之. 76-2 然後誅○. 82-8 ○作轅田. 84-8 吾君慙○. 84-10 ○作州兵. 84-14 德莫厚○. 84-24 惠莫大○. 84-24 饋七牢○. 84-25 又何求○. 87-13 甚善○. 87-18 而有終○之志也. 87-21 疊妾在○. 87-22 將○用之. 88-24 不能禮○. 89-1 君不禮○. 89-4 曹共公亦不禮○. 89-11 子盍蚤自貳○. 89-15 寘璧○. 89-16 不亦禮○. 89-17 余○能盡禮○. 89-19 動則諮○. 90-10 鄭文公亦不禮○. 90-14 今晉公子有三祚○. 90-15 若不禮○. 91-3 則君地生○. 91-10 鄆又甚○. 91-20 懷嬴與○. 91-23 備嬪嬙○. 91-25 必先有入○. 93-1 又何疑○. 93-3 是子將有○. 93-21 吉孰大○. 94-4 公問○. 94-19 公辭○. 95-10 余何有○. 95-18 又何患○. 95-25 公辭○以沐. 96-7 人將○依. 96-25 樊仲之官守○. 97-13 民將○放. 97-14 必屬怨○. 98-2 其易也將至○. 100-4 不加疾○. 100-13 黨孰大○. 103-6 天必誅○. 103-12 將懼及○. 103-13 罪莫大○. 103-19 必獲毒○. 104-5 余將致政○. 104-6 吾知三○. 104-10 軍事集○. 104-19 克也何力之有○. 105-3 燮也何力之有○. 105-5 書也何力之有○. 105-7 以禮○. 105-19 子何喜○. 105-23 盍亟索士整庇州犂○. 105-25 又何加○. 107-17 何稱述○. 108-4 故擾擾○. 108-7 ○用鄭. 108-8 故擾擾○. 109-19 則○取以益此. 109-24 童子何知○. 110-17 吾恐及○. 111-1 將稟命○. 113-6 故求元君而訪○. 113-10 公問○. 115-23 而君比義○. 116-3 臣○得之. 117-3 二三子何勞○. 117-4 罪孰大○. 119-2 范宣子問○. 119-25 且吾子之心有出○. 120-9 日聽命○. 120-16 吾朝夕顧○. 121-14 子何患○. 122-20 諸侯何望○. 123-1 何懼○. 123-2 欒王鮒求貨○. 123-16 張老夕○而見之. 124-7 加密石○. 124-9 有○. 124-23 韓宣子問二公子之祿○. 125-24 宣子拜稽首○. 127-6 爲笑○. 129-13 欲爲繫援○. 129-17 又何請○. 129-20 獻子問○. 130-2 吾將往○. 130-17 怨若怨○. 131-7 致右○. 131-24 將○用之. 132-2 又何問○. 132-3 則主○得之. 132-8 士茁夕○. 133-14 余懼及○. 135-4 寄孥與賄○. 135-15 乃布幣○. 138-5 將使侯淫德而加之○. 138-14 無能益○. 140-5 而爲之聳善而抑惡○. 140-12 而爲之昭明德而廢幽昏○. 140-13 而戒懼○. 140-17 行比義○. 140-18 若杞梓皮革○. 142-8 與伍舉升○. 143-21 問誰宴○. 144-3 國民罷○. 144-6 財用盡○. 144-6 年穀敗○. 144-6 百官煩○. 144-6 願得諸侯與始升○. 144-7 使富都那豎贊○. 144-10 而使長鬣之士相○. 144-10 皆無害○. 144-13 胡美之○. 144-14 使民蒿○忘其安樂. 144-19 若體性○. 145-16 豈不使諸侯之心惕惕○. 145-22 而獻飲○. 148-5 王取經入○. 152-5 如餓豺狼○. 152-8 而我取富○. 152-17 若防大川○. 152-25 如遺迹○. 153-2 無有歎○. 154-5 吾聞其嗣又甚○. 154-7 ○能敗人. 154-14 而國民保○. 155-2 何寶之○. 155-3 將○用之. 155-19 將○用之. 155-25 驕有欲○. 156-15 懼有惡○. 156-16 見成事○. 158-9 將必寬然有伯諸侯之心○. 158-11 而辱軍士使寇令○. 158-22 唯天王秉利度義○. 159-7 吾振旅○. 159-9 乃入芋尹申亥氏○. 160-15 而近孩童○. 161-9 ○可以濟事. 162-15 無有誅○. 162-22 以焚其北郛○而過之. 164-18 越王句踐問○. 166-1 王固問○. 166-4 以賓服○. 166-16 蔑以加○. 166-17 又何求○. 171-6 王召范蠡而問○. 174-16 王召范蠡而問○. 175-23 亦又甚○. 176-1 王召范蠡而問○. 176-6 王召范蠡而問○. 176-11 王召范蠡而問○. 176-15 王召范蠡而問○. 176-24

【掉】 2

大能○小. 145-17 而不能○其尾. 145-21

【埸】 3

不能事疆○之司. 36-12 審吾疆○. 57-22 疆○無主. 66-15

【赦】 13

能獲鄭伯而○之. 19-13 楚人乃○之. 46-8 三則不○. 57-8 不若○之以報讎. 85-13 君盍○之. 85-13 一臣可以○百姓. 98-19 禍無○矣. 98-24 ○囚繫. 113-17 乃趣○之. 122-2 庶幾○吾罪. 143-12 而又宥○之. 158-17 爲不可○也. 170-17 子苟○越國之罪. 171-4

【赧】 1

否則○. 141-8

【推】 2

○敵能讓. 22-23 ○賢也. 99-24

【埤】 1

松柏不生○. 125-12

【捨】 1

然戰而擅○國君. 111-7

【掄】 2

君○賢人之後. 118-11 亦○逞志虧君以亂國者之後. 118-11

【授】 18

司里不○館. 15-23 司里○館. 16-19 今日必○. 40-12 殺而以其屍○之. 52-20 誠可立而○之. 56-11 必○之情. 64-25 君盍老而○之政. 68-12 我○之政. 68-15 而○重耳. 86-4 子犯○公子載璧. 94-15 唯德是○. 110-21 吾庸知天之不○晉. 110-21 ○僕人書而伏劍. 115-17 僕人○公. 115-17 將○立之. 119-6 韓宣子贊○客館. 126-7 唯天所○. 158-5 不可以○命. 158-9

【教】 68

瞽史○誨. 2-25 以是○王. 3-11 是○逆也. 5-15 以○民事君. 9-7 故先王之○曰. 16-4 是廢先王之○也. 16-10 昔先王之○. 17-9 若廢其○而棄其制. 17-10 宣所以○施也. 17-19 ○施而宣則徧. 17-20 言○必及辯. 22-14 ○. 22-20 施辯能○. 22-22 無益於○. 30-3 其欲○民戒也. 32-11 處大○小. 36-8 不○魚長. 41-5 君○使臣曰每懷靡及. 43-16 敢不拜○. 43-17 帥○衛以贊元侯. 43-22 今吾子之○官僚. 50-24 是故其父兄之○. 53-21 是故其父兄之○. 54-1 是故其父兄之○. 54-7 是故其父兄之○. 54-15 內○既成. 55-16 ○不善則政不治. 57-8 ○大成. 60-19 師○之. 62-6 非○不知. 62-7 優施○驪姬夜半而泣. 67-22 我○茲暇豫事君. 71-14 不能○導. 72-19 呂甥○之言. 84-6 以○之義. 96-24 而○誨之. 100-6 ○將不入. 100-11 則文王非專○誨之力也. 100-21 然則○無益乎. 100-22 夫○者. 101-2 范叔之○. 108-2 怠○而重斂. 109-23 怠○而重斂. 110-11 而宣惠於○也. 114-11 故使惇惠者○之. 114-17 惇惠者○之. 114-19 子○寡人. 116-24 可以○訓. 124-3 是我以鼓○吾邊鄙貳也. 128-20 未及○訓. 130-24 擇言以○子. 130-25 有景之○訓. 131-1 商契能和合五○. 136-10 可○訓. 140-9 ○之春秋. 140-12 ○之世. 140-13 ○之詩. 140-14 ○之禮. 140-14 ○之樂. 140-15 ○之令. 140-16 ○之語. 140-16 ○之故志. 140-17 ○之訓典. 140-17 ○備而不從者. 141-7 而○之射御. 143-8 將以○民利也. 145-2 上所以○民虔也. 151-15 則撫民保○以須之. 175-13

【掐】 1

無○膺. 49-11

【捽】 3

戎夏交○. 62-12 交○. 62-12 肸也待交○可也. 129-22

【培】 2

必墮其壘○. 130-17 若見壘○. 130-18

【接】 3

○誠拔取以獻具. 150-23 兩君偃兵○好. 163-14 遷軍○龢. 168-7

【執】 54

晉侯○玉卑. 8-14 夫○玉卑. 9-18 鄭人○之. 11-4 晉人○衛成公. 14-4 於是乎修○秩以爲晉法. 15-17 宗祝○祀. 16-19 魯○政唯强. 18-14 今吾○政. 25-2 今婦○幣. 35-11 以紓○事. 36-2 晉人○衛成公. 36-24 公○之. 40-15 ○政未改. 44-16 ○政不貳. 44-19 二人○戈先焉. 45-13 有○戈之前. 45-14 有○戈之前. 45-16 其○政貳也. 46-14 晉人○平子. 46-19 客○骨而問曰. 49-20 ○事有恪. 50-21 ○枹鼓立於軍門. 52-8 ○鉞立於西阿. 74-8 能○之. 84-23 其左○鞭弭. 91-12 ○宛春以怒楚. 98-9 獻子○而戮之. 103-2 敢歸諸下○政. 105-10 抑年少而○官者衆. 107-23 范文子○戈逐之. 110-17 ○政使欒氏之臣勿從. 119-9 吏○之. 119-10 ○政曰. 119-11 今○政曰. 119-15 軍吏○之. 129-2 獻子○而紡於庭之槐. 129-18 王使○而戮之. 137-25 ○政弗是. 143-11 余左○鬼中. 146-24 右○殤宮. 146-24 王欲○之. 153-7 敢私告於下○事曰. 158-15 以重得罪於下○事. 158-19 ○箕箒. 158-23 晉既○諸侯之柄以臨我. 162-10 我既○諸侯之柄. 162-21 王總其百○事. 164-25 敢使苟告於下○事. 165-8 宋鄭魯衛陳蔡○玉之君皆入朝. 169-7 ○其手而與之謀. 170-10 私於下○事. 170-13 而又與大國○讎. 171-8 君王已委制於○事之人矣. 178-17 無使○事之人. 178-18

【掃】 5

恐宗廟之不○除. 53-8 重耳父生不得供備洒○之臣. 77-6 ○宗廟. 79-1 不○. 167-12 不○. 167-16

【基】 11

自后稷之始○靖民. 25-14 ○德十五而始平. 25-15 ○禍十五. 25-16 夙夜○命宥密. 26-21 ○. 26-24 滅禍不自其○. 64-23 禍之○也. 64-23 唯德之○. 91-5 福之○也. 110-22 猶無○而厚墉也. 110-23 ○於其身. 130-23

【聆】 1

回祿信於○隧. 7-15

【娶】 8

昔昭王○於房. 7-20 昔少典○于有蟜氏. 92-13 是故○妻避其同姓. 92-19 董叔將○於范氏. 129-16 椒舉○於申公子牟. 141-25 爲御叔○於鄭穆公. 143-3 今椒舉○於子牟. 143-10 丈夫二十不○. 171-20

【萇】 9

劉文公與○弘欲城周. 32-4 說○弘而與之. 32-5 ○弘其不歿乎. 32-7 今○劉欲支天之所壞. 32-12 ○叔必速及. 32-22 ○叔反是. 32-23 ○叔必爲戮. 32-25 ○弘與之. 33-4 殺○弘. 33-5

【著】 3

日恪位○. 9-8 而○在刑辟. 9-12 底○滯淫. 87-6

【萊】 3

掎止晏○焉. 46-24 ○莒徐夷吳越. 58-23 通齊國之魚鹽于東○. 60-13

【菫】 1

寘○于肉. 72-14

【菽】 1

秦伯賦采○. 93-12

【菓】 1

擊○除田. 54-10

【萌】 1

逆節○生. 176-12

【菜】 1

庶人食○. 150-15

【萃】 5

羣○而州處. 53-19 羣○而州處. 53-23 羣○而州處. 54-3 羣○而州處. 54-9 則三○以攻其王族. 143-1

【乾】 6

遇○之否. 23-6 ○時之役. 95-21 乃有○谿之亂. 147-24 以隕於○谿. 148-6 前盟口血未○. 159-20 三軍叛王於○谿. 160-10

【梗】 3

○陽人有獄. 129-23 今以○陽之賄殃之. 129-24 乃辭○陽人. 130-6

【桴】 1

乘○濟河. 59-5

【桷】 1

而刻其○. 35-2

【梓】 1

若杞○皮革焉. 142-8

【梯】 1

以爲亂○. 175-11

【救】 27

以振○民. 27-12 有至而後○之. 27-18 猶不可○. 32-15 以○弊邑. 36-2 ○敗不暇. 67-8 其誰云○之. 74-18 潰而不可○禦也. 76-13 釋來○君. 83-14 亦不克○. 83-14 公出○火. 96-2 ○乏振滯. 96-13 伐曹衛以○宋. 97-21 ○饑何以. 99-3 將○之. 104-13 子不將○之乎. 104-14 楚恭王帥東夷○鄭. 108-12 荆○之. 109-6 猶可○也. 109-14 荆○之. 109-16 以○宋. 115-4 仁不能○. 116-14 人○之. 122-16 弗○不祥. 124-4 其○之. 138-20 而驟○傾以時. 161-14 ○其不足. 166-13 猶○火追亡人也. 177-2

【斬】 14

○孤竹. 59-1 ○鄭. 85-17 ○慶鄭. 86-2 勃鞮○其祛. 95-10 ○余衣祛. 95-12 韓獻子將○人. 104-13 則既○之矣. 104-13 魏絳○其僕. 115-14 ○有罪者以徇. 167-18 ○有罪者以徇. 167-19 ○有罪者以徇. 167-20 ○有罪者以徇. 167-21 ○有罪者以徇. 168-7 身○. 168-10

【專】 16

好○利. 3-9 而或○之. 3-10 胡可○也. 3-10 今王學○利. 3-15 匹夫○利. 3-15 用善不肯○. 41-24 節○車. 49-18 其骨節○車. 49-22 猶不敢○. 50-22 未獲○也. 63-19 好○利而不忌. 65-21 豈○在寡人乎. 93-21 則文王非○教誨之力也. 100-21 ○則不能. 121-14 非起也敢○承之. 127-7 猶不敢○制. 147-10

【曹】 22

且民所○好. 30-8 其所○惡. 30-8 ○劌問所以戰於莊公. 34-4 ○劌諫曰. 34-14 晉文公解○地以分諸侯. 37-16 衛人出廬于○. 59-25 自衛過○. 89-11 ○共公亦不禮焉. 89-11 ○其首誅也. 89-15 負羈言於○伯曰. 89-17 ○伯曰. 89-18 ○詩曰. 91-19 伐○衛以救宋. 97-21 我分○衛之地. 97-25 楚愛○衛. 98-1 是故以○田衛田賜宋人. 98-2 請復衛侯而封○. 98-4 我不許○衛之請. 98-7 不若私許復○衛. 98-8 遂伐○衛. 101-9 東有齊魯○宋滕薛鄒莒. 135-10 ○姓鄒莒. 136-18

【堅】 3

而示之以○忍之權. 69-4 夫○樹在始. 76-24 共華賈華叔○騅歂纍虎特宮山祁. 81-12

【戚】 14

親○補察. 2-25 親○宴饗. 14-23 未嘗不○. 22-15 爲晉休○. 23-4 唯能用管夷吾甯○隰朋賓胥無鮑叔牙之屬. 60-21 愛親○. 96-15 ○施不可使仰. 100-8 ○施直鎛. 100-23 侏儒○施. 137-21 衛有蒲○. 145-7 衛蒲○寔出獻公. 145-11 比爾兄弟親○. 151-13 將○而懼. 156-17 ○然服士. 160-2

【帶】 8

惠后欲立王子○. 12-21 爲大○. 48-19 端委韠○. 130-10 爲○甲三萬. 163-9 被甲○劍. 164-23 被甲○劍. 165-4 有○甲五千人. 170-17 是以○甲萬人事君也. 170-18

【匏】 9

○竹利制. 29-11 ○竹尚議. 29-14 ○以宣之. 29-17 越之○竹. 29-19 及○有苦葉矣. 44-6 夫苦○不材於人. 44-7 魯叔孫賦○有苦葉. 44-8 而以金石○竹之昌大囂庶爲樂. 143-23 爲○居之臺. 144-1

【奢】 1

驕泰○侈. 126-24

【爽】 5

實有○德. 7-20 言○. 21-18 晉侯○二. 21-20 經緯不○. 22-24 民之精○不攜貳者. 149-6

【盛】 13

上帝之粢○. 3-23 奉犧牲粢○玉帛. 8-4 頌之○德也. 26-20 使君○怒. 36-13 使潔奉禘郊之粢○. 48-12 ○服將朝. 103-23 敬其粢○. 151-10 夫人必自舂其○. 151-17 天子親舂禘郊之○. 151-19 ○怒屬兵. 158-21 ○以鴟鵜. 161-20 ○而不驕. 174-7 未○而驕. 174-9

【雪】 1

伯霜仲○叔熊季紃. 135-23

【頃】 3

召○公而告之. 22-17 ○公許諾. 23-15 齊○公使婦人觀而笑之. 104-3

【彪】 2

衛○傒適周. 32-7 使傅太子○. 117-10

【處】 68

王○於鄭. 6-23 虐其○者. 9-3 季孟其長○魯乎. 17-16 目以○義. 21-13 夫目以○義. 21-19 將民之與○而離之. 27-20 ○大教小. 36-8 ○小事大. 36-8 而智者○物. 38-24 ○大國之間. 44-1 不敢寧○. 46-21 無有○人. 46-23 昔聖王之○民也. 48-6 擇瘠土而○之. 48-6 朝夕○事. 48-22 勿使雜○. 53-15 雜○. 53-15 ○士農工商若何. 53-16 昔聖王之○士也. 53-17 ○工. 53-17 ○商. 53-17 ○農. 53-18 羣萃而州○. 53-19 羣萃而州○. 53-23 羣萃而州○. 54-3 羣萃而州○. 54-9 野○而不暱. 54-17 有居○好學. 55-23 有居○爲義好學. 57-9 重耳○蒲城. 64-14 夷吾○屈. 64-14 奚齊○絳. 64-14 若之何其民之與○而棄之也. 65-8 以是○國. 65-24 早○之. 66-5 太子○焉. 66-19 公子重耳○焉. 66-19 公子夷吾○焉. 66-20 善○父子之閒矣. 69-20 ○五年. 71-4 ○一年. 74-2 羣臣莫敢寧○. 77-23 而忌○者. 81-22 足者不○. 81-24 ○者不足. 81-25 以君之出也○己. 82-21 使子父代○秦. 84-4 入○不安. 85-15 不遑啓○. 88-6 日月不○. 88-7 敗不可○. 88-15 吾欲使陽○父傅讙也. 100-6 ○師弗煩. 100-13 陽○父如衛. 102-12 孤欲長○其願. 113-9 ○有所. 115-25 且夫戎狄荐○. 116-7 居○恭. 121-15 以品○庶類者也. 136-10 將民之與○. 144-15 ○暑之既至. 145-21 是使制神之○位次主. 149-10 至於今○郹. 152-20 而○以念惡. 161-4 ○而不○. 168-9 自若以○. 175-9 黿鼉魚鱉之與○. 178-13

【雀】 1

○入于海爲蛤. 132-16

【堂】 2

父死在○而求利. 78-12 及○. 119-23

【常】 42

今陳侯不念胤續之○. 17-4 數之○也. 22-24 不過墨丈尋○之閒. 28-15 物得其○曰樂極. 29-17 夫子而棄○法. 33-1 何○之有. 39-21 而改其○. 40-2 必○立矣. 41-19 是以能有○. 64-22 固秉○矣. 66-10 怪生無○. 69-3 無○生不立. 69-3 不可○也. 76-17 大夫無○. 77-12 大夫無○. 77-14 得國○於喪. 78-10 失國○於喪. 78-10 國之○也. 89-21 失○不立. 89-21 愛糞土以毀五○. 90-3 反易民○. 113-12 有○位於國者. 118-11 子○易之. 122-15 官不易朝○. 144-2 若○如此. 146-20 使復舊○. 150-4 鬬且廷見令尹子○. 152-6 子○與之語. 152-6 今子○. 152-21 子○其能賢於成靈乎. 152-25 子○爲政. 153-2 子○奔鄭. 153-4 載○建鼓. 163-4 如此則有○賞. 172-16 如

此則有○刑. 172-17 因陰陽之恒順天地之○. 175-17 因以爲○. 175-19 未有恒○. 175-24 無忘國○. 176-22 嬴縮以爲○. 177-9 日月以爲○. 177-10 因天地之○. 177-12

【晨】 3

農祥○正. 4-2 丙之○. 75-3 ○往. 103-22

【眺】 1

以騾聘○於諸侯. 57-24

【敗】 72

善○於是乎興. 3-3 行善而備○. 3-4 周必○. 3-16 王師○績于姜氏之戎. 5-11 而雖闕不○親也. 11-7 能無○乎. 14-15 晉人○諸崤. 14-16 則無○功. 17-20 楚有五○. 19-2 有五勝以伐五○. 19-9 必有共鮌之○焉. 25-2 其衆未○. 44-11 非○而何. 63-14 必○國. 65-1 是以寡○. 67-7 ○弗能補也. 67-7 救○不暇. 67-8 而厚其○. 68-8 果○狄於稷桑而反. 70-10 何可○也. 72-7 勝○若化. 81-25 軍○. 85-2 不○. 85-9 既○而誅. 85-9 ○國且殺孺子. 85-16 齊國之政○矣. 88-13 ○不可處. 88-15 必○. 98-12 楚衆大○. 98-16 ○楚師于城濮. 101-10 齊師大○. 104-22 於是○楚師於鄢陵. 108-20 戰○. 111-6 雖死必○. 111-13 而○楚師. 114-1 秦來圖○晉功. 114-7 禍○無已. 118-6 國無○績. 121-4 軍無○政. 121-6 荆○我. 123-1 何○國之有. 124-4 無○用. 131-16 朝夕誦善○而納之. 132-5 心佷○國. 133-6 楚師必○. 142-14 大○楚師. 142-14 寔讒○楚. 142-20 吾上下必○其左右. 143-1 必大○之. 143-1 大○楚師. 143-2 其亦必有豐○也哉. 143-13 年穀○焉. 144-6 以○於柏舉. 153-10 死在司○矣. 153-13 以無忘前○. 153-14 闔廬能○吾師. 154-6 夫差先自○也已. 154-13 焉能○人. 154-14 以朝夕獻善○於寡君. 154-20 猶○國家. 156-18 吾聞國家將○. 156-18 人求多聞善○. 157-4 夫越王之不忘○吴於其心也. 160-2 齊師○績. 160-21 ○王子友於姑熊夷. 162-1 吴既○矣. 162-9 楚師○績. 164-24 又大○之於没. 168-18 又郊○之. 168-18 是故○吴於囿. 172-19 又○之於没. 172-19 又郊○之. 172-19

【野】 20

○有庾積. 15-21 ○場若棄. 16-10 ○無奥草. 16-13 則我有周之分○. 31-9 布戎于牧之○. 31-18 以暴露於弊邑之○. 36-13 ○無青草. 36-16 故大者陳之原○. 37-3 舜勤民事而○死. 38-9 就田○. 53-18 以旦暮從事於田○. 54-12 以從事於田○. 54-14 ○處而不暱. 54-17 使無日以牧田○. 68-19 乞食於○人. 87-12 ○人舉塊以與之. 87-12 舍於冀○. 102-4 狼子○心. 156-22 田○開闢. 175-11 不死其○. 177-15

【閉】 4

釋其○修. 75-18 恥門不○. 93-10 ○而不通. 94-1 而遠備○之. 156-21

【問】 104

必○於遺訓. 5-22 不干所○. 5-23 王○於内史過. 7-6 召原公而○之. 14-21 王○魯大夫孰賢. 17-16 使私○諸魯. 18-18 敢○天道乎. 21-10 ○之伶州鳩. 29-10 ○律於伶州鳩. 30-12 ○之. 31-24 曹劌○所以戰於莊公. 34-4 ○於展禽. 36-7 不知而不能○. 38-25 晉侯使行人○焉. 43-4 敢○何禮也. 43-7 使○之仲尼曰. 47-7 季康子○於公父文伯之母. 47-11 且○之仲尼. 49-18 客執骨而○曰. 49-20 敢○骨何爲大. 49-20 敢○誰守爲神. 49-22 ○之. 50-10 景伯○之. 50-18 莊公以○施伯. 52-17 而與之坐而○焉. 53-2 敢○爲此若何. 53-8 君親○焉. 55-23 桓公又○焉. 56-1 桓公又○焉. 56-3 退○之其鄉. 56-11 桓公又親○焉. 57-8 桓公又○焉. 57-11 桓公又○焉. 57-13 桓公○曰. 58-4 驪姬○焉. 66-4 獻公○於卜偃曰. 75-2 昔君○臣事君於我. 75-24 穆公○冀芮曰. 79-13 君厚○以召呂甥郤稱冀芮而止之. 81-8 穆公使泠至報○. 81-9 楚子○於公子曰. 91-8 公○焉. 94-19 公○於箕鄭曰. 99-3 文公○元帥於趙衰. 99-9 文公○於郭偃曰. 100-3 文公○於胥臣曰. 100-6 從而○之. 102-5 ○其居. 105-15 伯宗○曰. 105-16 ○其名. 105-20 ○謗譽於路. 107-11 王使工尹襄○之以弓. 108-22 而受其○. 111-8 公○焉. 115-23 君○之陳辭. 119-19 范宣子○焉. 119-25 ○於伯華. 120-8 ○於孫林甫. 120-10 ○於張老. 120-11 ○於祁奚. 120-12 ○於籍偃. 120-15 ○於叔魚. 120-18 徧○於大夫. 120-20 宣子○於訾祏. 121-3 ○曰. 124-21 韓宣子○二公子之祿焉. 125-24 客○君疾. 126-8 ○具山敖山. 129-11 ○誰於庭. 129-25 獻子○焉. 130-2 又何○焉. 132-3 趙簡子○於壯馳茲曰. 132-11 未應吾○. 132-13 而○及小人. 132-14 ○於史伯曰. 135-4 ○於申叔時. 140-12 ○誰宴焉. 144-3 ○誰相禮. 144-3 ○誰贊事. 144-3 使僕夫子晳○於范無宇. 145-4 昭王○於觀射父. 149-4 王○與觀射父. 150-12 ○蓄貨聚馬. 152-6 令尹○蓄聚積實. 152-7 ○於王孫圉曰. 154-16 越王句踐○焉. 166-1 請○戰奚以而可. 166-4 王固○焉. 166-4 敢○君王之所以與之戰者. 166-5 疾者吾○之. 166-8 ○其病. 166-9 吾○於王孫包胥. 166-23 ○戰奚以而可. 166-23 以環瑱通相○也. 167-19 ○傷者. 171-10 必○其名. 172-3 王不○. 174-6 王召范蠡而○焉. 174-16 王○於范蠡曰. 175-5 王召范蠡而○焉. 175-23 王召范蠡而○焉. 176-6 王召范蠡而○焉. 176-11 王召范蠡而○焉. 176-15 王召范蠡而○焉. 176-24

【曼】 1

鄧由楚○. 12-2

【晦】 2

○而休. 48-17 天有○明. 145-18

【冕】 4

命○服. 10-4 三命而後卽○服. 10-4 棄衮○而南冠以出. 17-7 聖王正端○. 151-22

【晚】 2

以○蓋者也. 68-5 今歲○矣. 176-25

【異】 29

王何○之有. 13-6 必有○焉. 18-12 其心必○矣. 21-14 無有○焉. 25-25 ○哉. 26-13 人○於是. 32-2 分○姓以遠方之職貢. 50-15 不見○物而遷焉. 53-20 不見○物而遷焉. 53-25 不見○物而遷焉. 54-6 不見○物而遷焉. 54-15 君有○心. 67-14 聚居○情惡. 74-4 無○公子. 88-3 其同生而○姓者. 92-5 成而○德. 92-15 ○德之故也. 92-16 ○姓則○德. 92-16 ○德則○類. 92-16 ○類雖近. 92-16 故○德合姓. 92-20 ○日見我. 95-15 ○姓之能. 96-19 ○於是. 133-21 先王聘后於○姓. 137-16 不羞珍○. 141-23 民神○業. 149-19

【跂】 1

踦○畢行. 46-22

【距】 4

○今九日. 4-7 ○險而隣於小. 138-25 諸侯皆○. 144-8 而遠者○違. 144-16

【趾】 1

天王親趨玉○. 158-16

【略】 2

犪牲不○. 56-25 ○則行志. 126-24

【畡】 4

故王者居九○之田. 137-14 百姓千品萬官億醜兆民經入○數以奉之. 150-21 所謂百姓千品萬官億醜兆民經入○數者. 152-1 天子之田九○. 152-4

【圉】 9

鄭伯將王自○門入. 7-4 湮替隸○. 24-20 高○大王. 38-17 使小臣○告于申生. 72-18 是故歸惠公而質子○. 84-4 二三子其改置以代○也. 84-7 子○之辱. 91-25 今子於子○. 92-22 魯○人犖. 157-2

【蚔】 1

蟲舍○蝝. 41-4

【蛇】 1

爲○將若何. 159-17

【鄂】 1

設穽○. 41-2

【唱】 1

越大夫種乃○謀曰. 165-15

【國】 428

○人謗王. 2-18 ○人莫敢言. 2-19 於是○莫敢出言. 3-6 ○人圍之. 3-18 宣王欲得○子之能導訓諸侯者. 5-20 宣王既喪南○之師. 5-25 ○必亡. 6-14 夫○必依山川. 6-18 若○亡. 6-19 邊伯石速蔿○出王而立子頹. 6-22 子○爲客. 6-24 ○之將興. 7-7 ○之將亡. 7-9 ○之臧. 8-20 ○之不臧. 8-21 將何以守○. 9-5 於是乎有蠻夷之○. 9-13 昔摯疇之○也. 11-21 ○無寄寓. 15-23 ○必亡. 16-2 今陳○. 16-9 ○有郊牧. 16-11 ○有班事. 16-14 今陳○. 16-15 敵○賓至. 16-17 其貴○之賓至. 16-23 故凡我造○. 17-3 將何以守○. 17-10 居大○之閒. 17-10 ○家弗堪. 18-3 以爲必相晉○. 18-25 相晉○. 18-25 以晉○之克也. 19-1 若是而知晉○之政. 19-13 抑晉○之舉也. 19-15 叛○卽讎. 20-11 齊○佐見. 21-6 故○將無咎. 21-16 則○從之. 21-20 雖齊○子. 22-3 立於淫亂之○. 22-3 ○德而鄰於不修. 22-5 齊人殺○武子. 22-10 晉○有憂. 22-15 將得晉○. 22-17 小而後○. 22-18 可以得○. 23-1 非○何取. 23-4 使有晉○. 23-9 實有晉○. 23-11 其德又可以君○. 23-12 祚四嶽○. 24-12 靡○不泯. 25-7 周固嬴○也. 27-19 則何以經○. 27-21 ○無經. 27-21 ○其危哉. 29-9 ○之大節也. 35-12 固○之艱急是爲. 35-14 今○病矣. 35-15 ○有饑饉. 35-17 是以○家無違. 35-20 以怒大○. 36-9 ○急矣. 36-10 魯○恐乎. 36-14 臧文仲使○人祭之. 37-25 ○之大節也. 38-1 以爲○典. 38-2 以勞定○則祀之. 38-3 ○之典祀也. 38-18 以爲○典. 38-23 行諸○. 40-24 鮑○謂之曰. 41-11 重莫如○. 41-13 欲任兩○. 41-13 鮑○曰. 41-18 且不華○乎. 42-4 然吾觀○人. 42-5 且吾聞以德榮爲○華. 42-7 處大○之間. 44-1 以怒大○. 44-2 爲○家之利也. 44-13 帥大讎以憚小○. 44-19 而有守○之備. 44-22 不能令於○. 44-25 子股肱魯○. 45-9 大○也. 45-15 而○有罪. 46-3 而又小○也. 46-25 則夕極於魯○. 46-25 庶幾有益於魯○乎. 47-1 小○共命. 47-6 書考其○職.

○. 3-16 宣王○喪南國之師. 5-25 獮於○烝. 6-6 先王○有天下. 9-6 ○畢. 10-4 晉文公○定襄王于郟. 12-23 晉○克楚于鄢. 18-20 ○喪. 21-20 一○往矣. 23-7 藪澤肆○. 28-1 若積聚○喪. 28-11 景王○殺下門子. 31-24 ○復命. 37-21 ○其葬也. 40-7 魯○不違夙之取卞也. 45-1 ○得之矣. 45-8 今○免大恥. 46-11 椒○言之矣. 46-17 ○徹俎而宴. 49-20 時雨○至. 54-12 國○安矣. 55-4 內教○成. 55-16 政○成. 56-16 政○成矣. 57-18 ○反侵地. 58-18 ○許桓公. 60-10 ○. 64-11 則上下○有判矣. 64-20 ○無老謀. 66-2 驪姬○遠太子. 66-20 君○許我殺太子而立奚齊矣. 71-10 其母○死. 71-17 君○許驪姬殺太子而立奚齊. 71-20 謀○成矣. 71-21 驪姬○殺太子申生. 73-16 宗國○卑. 74-18 ○不忠信. 74-24 ○鎮其甍矣. 75-10 吾言○往矣. 76-2 ○殺奚齊. 76-19 ○殺奚齊卓子. 76-21 ○入而後圖聚. 77-15 ○里丕死. 80-6 惠公○殺里克而悔之. 80-23 惠公○即位. 81-5 今君○定而列成. 83-3 ○敗而誅. 85-9 ○饗. 91-8 ○而揮之. 91-23 ○戰而後圖之. 98-10 楚○陳. 98-11 ○復命. 102-6 則○斬之矣. 104-13 ○飲. 105-24 政德○成. 107-9 ○退荆師於鄢. 110-19 ○戰. 111-3 ○刺三郤. 111-17 長魚矯○殺三郤. 111-19 ○弑厲公. 113-4 今○無事矣. 121-10 中行伯○克. 128-22 ○獻. 129-8 ○繫矣. 129-19 ○援矣. 129-19 ○飽. 130-2 主之○已食. 130-5 未○亂而遭之. 138-10 ○笄而孕. 138-10 莊王○以夏氏之室. 143-4 ○其失也. 145-20 處暑之○至. 145-21 蝨蠻之○多. 145-21 ○得道. 147-10 ○得以爲輔. 147-11 ○能得入. 156-7 ○罷弊其民. 158-12 今天王○封植越國. 159-4 若越○改. 159-9 ○許越成. 159-23 今王○變鮌禹之功. 160-17 吳王夫差○勝齊人於艾陵. 160-23 吳王夫差○殺申胥. 161-21 吳○敗矣. 162-9 晉○執諸侯之柄以臨我. 162-10 我○執諸侯之柄. 162-21 ○而皆入其地. 162-22 ○陳. 163-9 董褐○致命. 164-2 周室○卑. 164-6 吳王○會. 164-17 吳王夫差○退于黃池. 164-20 今吳民○罷. 165-17 天占○兆. 165-19 唯是車馬兵甲卒伍○具. 166-3 唯是車馬兵甲卒伍○具. 166-22 ○命孤矣. 166-23 天○降禍於吳國. 169-3 越○有之矣. 169-4 時雨○至. 170-9 今君王○棲於會稽之上. 170-9 句踐○許之. 172-11 吾年○少. 175-24

【兜】 1

使勿○. 107-10

【假】 4

遂○道於陳. 15-19 無必○手於武王. 68-9 早而○寐. 103-23 ○貸居賄. 126-25

【術】 6

獲其三帥丙○視. 14-17 皆是○也. 42-1 有禦楚之○. 44-22 意之○也. 80-20 盡戒之○也. 107-12 怨而有○. 156-10

【徙】 7

不遠○遷. 7-24 以班○次. 39-19 令勿使遷○. 55-17 ○其大舟. 162-3 明日○舍. 167-19 明日○舍. 167-20 明日○舍. 167-21

【得】 139

○四白狼四白鹿以歸. 2-12 ○衞巫. 2-19 無不○其極. 3-12 宣王欲○國子之能導訓諸侯者. 5-20 道而○神. 8-1 淫而○神. 8-1 而○其位. 9-15 必大○諸侯. 18-25 晉○其民. 19-6 ○民. 19-7 遠於○政矣. 20-12 將○晉國. 22-17 能文則○天地. 22-18 可以○國. 23-1 及其○之也. 24-23 民皆○焉. 27-13 故君子○以易樂干祿焉. 27-25 上○民心. 28-25 物○其常曰樂極. 29-17 若○天福. 32-25 夫晉新○諸侯. 37-9 將壽寵○没. 40-7 爲我○法. 41-7 若○楚師以伐魯. 45-1 既○之矣. 45-8 其無乃○蠻夷而失諸侯之信乎. 47-4 肥也不○聞命. 47-22 其可○也. 50-16 ○之金櫝. 50-16 則必○志於天下. 52-18 若不生○. 52-21 猶未○請也. 52-21 則難以速○志矣. 55-6 則難以速○志矣. 55-7 君若欲速○志於天下諸侯. 55-7 可○而舉也. 56-16 可○而誅也. 56-16 可○而舉也. 57-18 可○而誅也. 57-18 克國○妃. 62-18 不○其君. 63-13 而○其君. 63-13 不可謂○人. 64-3 民外不○其利. 64-20 彼○其情. 64-25 其○之乎. 66-12 太子由是○罪. 66-21 太子不○立矣. 67-13 又焉○立. 67-14 君○其欲. 67-16 而○勤與從. 67-19 苟交利而○寵. 68-6 彼○政而行其欲. 68-12 ○其所索. 68-12 君○其賴. 68-24 不懼不○. 69-19 吾固告君曰○衆. 71-5 難以○閒. 72-5 可以○重賂. 76-8 ○國在亂. 76-22 以喪○國. 77-1 重耳父生不○供備洒掃之臣. 77-6 ○國常於喪. 78-10 不○與於哭泣之位. 78-15 ○之而狃. 80-5 不○君. 85-4 臣○其志. 85-5 臣○其志. 85-21 必○晉國. 89-14 ○晉國而討無禮. 89-14 離違而○所. 90-17 ○復晉國. 91-11 其○姓者十四人. 92-6 ○貞屯悔豫. 93-25 ○國之務也. 94-3 ○國之卦也. 94-14 ○泰之八. 94-24 宜吾不○見也. 96-8 ○原而失信. 97-19 齊秦不○其請. 98-1 而○志於諸侯. 98-24 而○文王. 100-12 臣○賢人. 102-6 今乃○之. 102-13 子○所求. 102-14 不○政. 104-6 獻之以○殞命之禮. 105-8 ○畢陽. 106-2 ○鄭. 108-8 享一利亦○一惡. 112-3 戎狄無親而好○. 116-6 猶○獸而失人也. 116-7 寡人無不○志. 117-1 臣焉○之. 117-3 ○之者賞. 119-6 君知其不可○也. 119-20 搏之不○. 122-1 可無勞師而○城. 128-15 欲而○之. 129-20 有所○犬. 131-20 吾願○范中行之良臣. 132-1 則主焉○之. 132-8 甚○周衆與東土之人. 135-4 ○乎. 137-19 若○保其首領以殁. 141-11 若○歸骨於楚. 142-4 子牟○罪而亡. 143-10 亡人○生. 143-15 願○諸侯與始升焉. 144-7 而僅○以來. 144-9 君安○肥. 144-15 櫟人寔使鄭子不○其位. 145-10 而何暇○見. 146-7 ○傅說以來. 147-6 既○道. 147-10 既○以爲輔. 147-11 ○一士若賞. 154-11 是故○民. 154-11 縱臣而○以其首領以没. 155-14 足以○人. 156-2 既能○入. 156-7 動而○人. 156-10 ○罪於天王. 158-16 以重○罪於下執事. 158-19 以○其志. 159-13 王若不○志於齊. 161-11 吾先君○之也. 161-13 孤不使大夫○有見也. 161-19 不○事君亦在今日. 163-22 ○罪於君王. 168-22 苟○聞子大夫之言. 170-10 寧其○此國也. 170-19 交○其志. 175-16 ○時不成. 176-3 又使之望而不○食. 176-23 ○時無怠. 177-6 ○罪於會稽. 177-23 ○時不成. 178-1 ○罪於子. 178-18

【從】 174

密康公○. 2-13 王不○. 3-19 百吏庶民畢○. 4-12 王敬○之. 4-14 若魯○之. 5-15 若不○而誅之. 5-16 諸侯○是而不睦. 5-19 內史過○至虢. 8-8 王○之. 10-16 王弗○. 12-19 是以未○於晉. 13-19 無○非彝. 17-3 夷鄭○之. 19-5 天必○之. 20-14 能勿○乎. 20-14 足以○之. 21-12 目體不相○. 21-14 則國○之. 21-20 共之○孫四嶽佐之. 24-5 大不○象. 26-5 小不○文. 26-5 視其上而○之. 26-11 令之不○. 27-21 ○之不倦. 29-2 故樂器重者○細. 29-13 輕者○大. 29-13 樂○和. 29-15 和○平. 29-15 使公卿皆○. 32-2 ○善如登. 32-16 ○惡如崩. 32-16 以○其私欲. 33-1 臣○有司. 35-9 ○者曰. 35-19 其亦使聽○而釋之. 36-20 ○之. 37-21 請○司徒. 39-18 行而○之. 42-2 以辱○者. 43-6 帥賦以○諸侯. 43-23 繕貢賦以共○者. 44-1 弗○. 44-3 諸侯○之. 44-9 姑○君乎. 44-12 若○君而走患. 44-20 必使上卿○之. 46-16 椒請○. 46-18 以○軍吏. 46-23 ○之. 47-21 季康子之○祖叔母也. 49-1 ○禮而靜. 49-12 旦暮○事. 53-24 旦暮○事於此. 54-5 以旦暮○事於田野. 54-12 以○事於田野. 54-14 吾欲○事於諸侯. 54-25 吾欲○事於諸侯. 57-20 君欲○事於天下諸侯. 57-21 且君知成之○也. 62-9 ○君而貳. 62-9 誰云不○. 63-14 諸夏○戎. 63-14 ○政者不可以不戒. 63-15 又○其欲. 64-24 ○其惡心. 65-1 君立臣○. 65-5 ○其義. 65-6 闕○補之. 67-6 患不○. 67-19 而得勤與○. 67-19 太子○. 69-12 吾以○之飲酒. 71-12 抑撓志以○君. 72-9 盍○吾兄竄於狄乎. 74-2 吾蔑○之矣. 75-22 大夫其○之. 77-9 孰能勿○. 77-14 願○其君而與報秦. 84-22 與○者謀於桑下. 87-21 ○者將以子行. 87-23 子必○之. 87-23 ○懷如流. 88-10 ○懷如流. 88-11 吾○中也. 88-12 吾其○之. 88-12 ○者之謀忠矣. 88-14 懷不可○. 88-15 其○者皆國相也. 89-14 卿材三人○之. 89-25 襄公○之. 90-12 唯秦所命○也. 92-24 欲人之○己也. 93-1 必先○人. 93-1 今將婚媾以○秦. 93-2 聽○以德之. 93-3 公子使子犯○. 93-5 請使衰○. 93-6 使子餘○. 93-6 其何實不○. 93-19 其誰不惕惕以○命. 93-20 敢不○德. 93-23 臣○君還軫. 94-16 又爲惠公○余於渭濱. 95-12 不○. 96-7 ○者爲羈紲之僕. 96-9 ○晉師. 98-11 則民○事有業. 99-6 公○之. 99-11 請令衰也○子. 99-25 ○而問之. 102-5 舉而○之. 102-13 而不○之. 102-14 吾何以○政. 103-6 苟○是行也. 103-7 爾勉○二三子. 104-7 三軍○之. 104-22 而○之. 105-20 ○欒伯之言. 108-2 二三子爲令之不○. 113-10 婉以○令. 115-24 莫能勿○. 118-13 若○. 118-13 執政使欒氏之臣勿○. 119-9 ○欒氏者大戮施. 119-9 無○欒氏而○君. 119-12 是明令必○君也. 119-12 不○君者爲大戮. 119-16 若以君官○子之私. 120-14 偃也以斧鉞○於張孟. 120-16 晉國其誰不爲子○. 121-1 拂衣○之. 122-15 以○諸侯之盟. 123-20 ○其等. 124-10 武○二三子. 125-8 無以○二三子. 126-20 非僚勿○. 128-23 以○司馬. 130-10 ○姬氏於公宮. 130-21 君行臣不○. 131-21 ○者曰. 134-10 ○者曰. 134-12 天必○之. 137-7 讒諂巧○之人也. 137-20 虢公○矣. 138-20 若是而不○. 140-19 教備而不○者. 141-7 唯是春秋所以○先君者. 141-12 不○其過. 141-14 大夫○之. 141-16 諸侯之○者. 142-13 先軫○之. 142-14 欒書○之. 143-2 芋尹申亥○靈王之欲. 148-5 ○而逆. 148-7 唯道是○. 148-7 其用不○. 151-4 ○其時享. 151-11 夫○政者. 152-17 六畜玩好必○. 154-13 敢不○子. 155-16 不○. 157-7 以○逸王志. 159-14 孤敢不順○君命長弟. 164-14 若事夸而○我. 165-22 莫如此不○其伍之令. 167-19 乃遂涉而○之. 168-18 男女服○. 168-20 越國之寶器畢○. 170-15 以○君之師徒. 170-16 臣聞○時者. 177-2 往○其所. 177-14 彼來○我. 177-15 蠡請○會稽之罰. 178-25

【敘】 3

紀言以○之. 80-21 故重黎氏世○天地. 150-6 以○百物. 154-20

【釦】 1

三軍皆譁○以振旅. 163-11

【欲】 164

今天子○修先王之緒. 5-8 宣王○得國子之能導訓諸侯者. 5-20 ○替

其鎮.9-21 惠后○立王子帶.12-21 ○以貽女.14-25 必○賜也.18-13 欒范不○.19-10 而○上之.20-1 民之所○.20-14 王叔○郤至.20-14 王○壅之.23-16 ○壅防百川.24-1 由○亂民也.25-24 由○靖民也.25-25 王○合是五位三所而用之.31-11 劉文公與萇弘○城周.32-4 其○教民戒也.32-11 今萇劉○支天之所壞.32-12 以從其私○.33-1 吾屬○美之.35-6 臧文仲○以辭告. 36-7 而○固諸侯.37-17 而○親晉.37-18 文公○弛孟文子之宅.39-6 吾○利子於外之寬者.39-6 公○弛郤敬子之宅.39-15 郤犨○予之邑.41-10 ○信讓耶.41-11 ○任兩國.41-13 位下而○上政.41-15 無大功而○大祿.41-15 ○還.44-10 諸大夫皆○還.44-12 非○安身也.44-13 公○還.44-24 則又可以出貨而成私○乎.46-3 ○室文伯.49-5 ○明其子之令德.49-14 先王○昭其令德之致遠也.50-12 季康子○以田賦.51-2 若子季孫○其法也.51-7 若○犯法.51-8 ○以戮之於羣臣.52-14 此非○戮之也.52-17 ○用其政也.52-17 寡君○以親爲戮.52-20 吾○從事於諸侯.54-25 君若○速得志於天下諸侯.55-7 吾○從事於諸侯.57-20 君○從事於天下諸侯.57-21 吾○南伐.58-11 吾○西伐.58-14 吾○北伐.58-16 雖○縱惑.63-19 又從其○.64-24 而信其○.64-24 以厚其○.64-25 吾○作大事.66-4 吾○爲難.66-6 雖○無遷.66-12 君得其○.67-16 ○其甚矣.68-7 雖○愛君.68-7 君○勿恤.68-10 彼得政而行其○.68-12 申生○戰.70-3 抑○測吾心也.70-7 雖○有退.71-8 豈能○行吾言.76-2 里克○納我.76-23 呂甥○納我.77-11 ○先導者行乎.80-22 雖○禦我.82-9 而○親晉.87-8 ○行.87-21 況其順身縱○懷安.88-6 ○觀其狀.89-12 公子○辭.91-6 ○以成婚.91-25 公子○辭.92-3 ○人之愛己也.93-1 ○人之從己也.93-1 我○擊楚.97-23 齊秦不○.97-23 蔑不○矣.98-2 楚衆○止.98-15 吾○使陽處父傳讙也.100-6 ○用其民.101-4 ○溱佐之.101-9 吾見其貌而○之.102-15 范文子不○.108-6 子見無土而○富者.108-10 晉人○爭鄭.109-2 范文子不○.109-3 大夫○戰.109-6 范文子不○.109-6 欒武子○戰.109-17 范文子不○.109-17 郤至○爲難.111-6 我○以吾宗與吾黨夾而攻之.111-12 中行偃○伐之.112-5 吾雖○攻之.112-7 孤○長處其願.113-9 若○奉元.113-11 若○暴虐.113-11 畜其心而知其○惡.118-13 ○作亂者誰與.118-18 宣子○攻之.120-8 肸也○子員之對客也.122-11 楚令尹子木○襲晉軍.122-18 何○於先.123-10 夫楚令尹有○於楚.123-17 ○爲繫援焉.129-17 ○而得之.129-20 子不○也.129-22 若○之.129-22 ○試之茲囿.131-20 ○擅晉國.132-20 夫地也求飲吾○.134-9 民之所○.137-6 ○無弊.137-18 將以縱○.138-16 王○殺太子以成伯服.138-17 君若○避其難.138-21 太子○善.140-6 若不○善.140-7 夫豈不○其善.140-9 夫子不以其私○干國之典.141-24 唯子玉○之.142-12 且夫私○弘侈. 144-15 以成其私○. 144-19 故○見以交儆子.146-5 而○自安也.146-19 吾○已子張之諫. 146-22 而○自逸也.147-18 司馬子期○以妾爲內子.148-1 ○筓之.148-2 芋尹申亥從靈王之○.148-5 ○其道也.148-7 能違若敖之○.148-8 而○薦芰以干之.148-9 王○執之.153-7 順道其○惡.154-22 ○實之境.155-20 彼將思舊怨而○大寵.156-9 驕有○焉.156-15 ○惡怨偪.156-16 而必○用之.156-18 民以惡死而○貴富以長没也.162-16 孤○守吾先君之班爵.163-21 吾○與之徼天之衷.166-2 施民所○.166-11 吾○與之徼天之衷.166-22 國人○告者來告.167-6 擇子之所○歸者一人.168-3 夫差將○聽與之成.170-21 吾不○匹夫之勇也.172-15 ○其旅進旅退.172-15 而○伐吴.174-4 吾○與子謀之. 176-1 ○許之.177-4 ○許之.177-25 王又○許之.178-4 吾○勿許.178-7

【貪】 23

其君○冒辟邪.7-10 是謂○禍.8-2 ○而不讓.15-2 若○陵之人來.18-15 民之○亂.25-8 而○天禍.25-11 豈其○壤地.36-21 寡人實○.40-19 ○無藝也.41-6 而內惡其○.64-20 其上○以忍.65-22 ○者.76-9 厚○則怨生.76-10 ○且反義.76-16 ○則民怨.76-16 大夫之○.120-13 ○慾無藝.126-24 ○.130-3 而加之以○冒.135-15 是驕而○.135-16 其民沓○而忍.137-1 闔廬口不○嘉味.154-8 毅○無厭.156-7

【貧】 6

○而不懼.99-7 宣子憂○.126-19 今吾子有欒武子之○.127-5 ○者吾與之.166-13 使○富皆利之.166-14 令孤子寡婦疾疹○病者.171-24

【脯】 2

籩豆○醢.141-23 每朝設○一束糗一筐.152-14

【脤】 1

受○於社.104-20

【豚】 2

士有○犬之奠.141-22 一○.171-22

【脱】 4

無禮則○.14-15 入險而○.14-15 ○衣就功.54-13 ○會秦伯于王城.96-5

【彫】 2

民力○盡.28-2 穆公衡○戈.83-1

【匐】 2

乃匍○將入於棘闈.160-14 匍○就君.163-17

【魚】 23

取名○.40-23 稓○鼈.40-25 ○禁鯤鮞.41-3 今○方別孕.41-5 不教○長.41-5 通齊國之○鹽于東萊.60-13 彤○氏之甥也.92-5 長○矯既殺三郤.111-19 軍于蕭○.116-21 叔○生. 119-21 問於叔○.120-18 叔○曰.120-18 叔○爲贊理.128-4 雍子納其女於叔○.128-5 叔○抑邢侯.128-6 邢侯殺叔○與雍子於朝.128-6 而尸叔○與雍子於市.128-12 黿鼉○鼈.132-17 庶人有○炙之薦.141-23 士食○炙.150-15 祀以○.150-15 晉長○矯.157-2 黿鼉○鼈之與處.178-13

【象】 18

夫天事恒○.9-19 奉其犧○.15-6 文章比○.15-13 ○天能敬. 22-21 文之○也.22-25 ○物天地.24-4 帥○禹之功.24-10 上不○天.25-19 大不從○.26-5 夫政○樂.29-15 曰龍罔○.47-10 設○以爲民紀.53-10 天事必○.87-13 以○穀明.125-18 而又使以○夢.147-5 使以○旁求聖人.147-11 巴浦之犀犛兕○.147-22 以○帝舜.160-8

【逸】 15

是有○罰.8-22 將蠻夷戎狄之驕○不虔.13-20 有○無罷.16-14 民罷於○樂.16-16 ○則淫.48-7 馬○不能止.104-22 ○王罰之.107-8 而取之以○.138-11 不敢淫○.147-14 而欲自○也.147-18 耳不樂○聲.154-9 以從○王志.159-14 而又不自安恬○.161-4 莫如此淫○不可禁也.167-22 又觀其民之饑飽勞○以參之.177-16

【猗】 1

○兮違兮.80-13

【猛】 4

亦不主○毅.18-17 ○足乃言於太子曰.65-11 乃使○足言於狐突曰.73-12 ○.167-2

【祭】 19

○公謀父諫曰.1-4 甸服者○.1-22 日○.1-23 有不○.2-1 於是乎有刑不○.2-3 臧文仲使國人○之.37-25 ○養尸.47-18 成○服.48-19 ○悼子.49-2 ○祀同福.55-17 乃○于曲沃. 72-13 公○之地.72-15 以主其○祀.77-24 ○我必以芰.141-18 其○典有之曰.141-22 ○以牛俎於王.150-12 以一純二精三牲四時五色六律七事八種九○十日十二辰以致之.150-19 日○月享時類歲祀.151-5 以奉其社稷之○.164-25

【詎】 2

○非聖人.109-14 ○非聖人.109-20

【許】 60

虢叔○諾.7-4 齊○申呂由大姜.11-22 王不○.12-24 頃公○諾.23-15 齊○猶在.24-17 齊侯乃○爲平而還.36-22 既○桓公.60-10 公○之.64-14 君既○我殺太子而立奚齊矣.71-10 驪姬○諾.71-12 君既○驪姬殺太子而立奚齊.71-20 申生○諾.72-13 申生○諾.73-1 丕鄭○諾.76-17 再拜稽首○諾.77-15 大夫○諾.77-19 秦穆公○諾.78-4 弗○.97-7 則不○我.97-23 必不○齊秦.98-1 我不○曹衞之請.98-7 是不○釋宋也.98-7 不若私○復曹衞.98-8 公弗○.98-18 鄭伯弗○.98-19 公○之.103-13 不○.105-20 公○諾.119-4 ○而弗予.128-17 獻子將○之.129-23 簡子○之.131-24 不敢不○.135-16 大夫○諾.141-12 則陳侯蔡侯○男頓子.144-4 必○吾成.158-11 越王○諾.158-14 吾將○越成.159-8 不可○也.159-10 乃○之成.159-19 吴王乃○之.159-22 既○越成.159-23 吴王○諾. 162-24 主其○之先.164-4 然而不可徒○也.164-4 趙鞅○諾.164-4 ○諾.164-15 吴王○諾.164-16 ○君成.168-22 乃不○成.168-25 句踐既○之.172-11 吴人不○.174-21 吴人○諾.175-1 欲○之.177-4 王姑勿○也.177-5 弗○.177-8 欲○之.177-25 不○.178-3 王又欲○之.178-4 王姑勿○.178-7 吾欲勿○.178-7

【訟】 2

索○者.58-7 是以言至而無所○之也.72-21

【設】 17

○庭燎.10-1 ○桑主.10-2 余一人敢○飫禘焉.14-25 有未至而○之.27-17 ○穽鄂.41-2 今大夫而○諸侯之服.45-18 而敢○服以見諸侯之大夫乎.45-19 ○象以爲民紀.53-10 ○之以國家之患而不疚.56-11 方舟○泭.59-5 ○微薄而觀之.89-12 非敵而君○之.91-7 ○望表.123-12 每朝○脯一束糗一筐.152-14 王不如○戎.158-9 必○以此民也.162-23 ○右以爲牝.177-20

【訪】 9

使冉有○諸仲尼.51-2 又何○焉.51-8 而○於辛尹.100-19 故求元君而○焉.113-10 盍○之訾祏.120-20 而○諮於耇老.120-22 使○物官.140-16 ○之左史倚相.148-1 敢○諸大夫.166-23

【孰】 33

禍○大焉. 7-3 王問魯大夫○賢. 17-16 其咎○多. 32-22 其有吉○大焉. 62-19 衆○沮之. 68-6 人○去之. 68-6 ○不惑焉. 68-7 ○能愛親. 68-13 人○好之. 73-10 人○利之. 73-10 ○適禦我. 77-13 ○能勿從. 77-14 人○仁我. 78-13 人○信我. 78-13 ○是人斯. 80-11 ○知之. 81-18 ○能出君. 81-25 ○利. 83-16 天下○弗患. 83-20 吉○大焉. 94-4 黨○大焉. 103-6 ○可. 115-23 ○能. 117-9 人○偷生. 118-13 罪○大焉. 119-2 ○爲愈. 132-12 諸姬其○興. 138-23 姜嬴其○興. 138-25 二國○賢. 142-7 ○利. 162-6 其○利乎. 170-19 ○是吾君也. 172-18 ○使我蚤朝而晏罷者. 178-5

【烹】 2
晉人將○之. 98-21 乃就○. 98-25

【庶】 42
○民不忍. 1-18 ○人傳語. 2-25 民之蕃○. 3-24 咸戒公卿百吏○民. 4-8 百吏○民畢從. 4-12 ○民終于千畝. 4-15 ○人終食. 4-18 慈保○民. 8-11 制義○孚以行之. 8-25 制義○孚. 9-1 ○人工商. 9-9 ○民弗助. 24-1 臣故曰○可已矣. 35-7 蕃○物也. 41-4 ○幾有益於魯國乎. 47-1 晝講其○政. 48-14 自○人以下. 48-16 自○士以下. 48-19 以約誓于上下○神. 59-3 ○幾曰. 76-14 ○有益乎. 84-14 ○人食力. 96-20 晉其○乎. 122-16 ○曰可以鑑而鳩趙宗乎. 131-4 夫范中行氏不恤○難. 132-19 以品處○類者也. 136-10 ○人有魚炙之薦. 141-23 不陳○侈. 141-24 ○幾赦吾罪. 143-12 而以金石匏竹之昌大囂○爲樂. 143-23 ○民攻之. 145-1 ○民子來. 145-1 ○民弗信. 147-19 ○人食菜. 150-15 士○人舍時. 151-5 士○人不過其祖. 151-7 至於○人. 151-19 ○悛而更乎. 153-11 ○憶懼而鑒前惡乎. 153-12 裕其衆○. 160-1 興其衆○. 160-25 億負晉衆○. 163-19

【庚】 1
野有○積. 15-21

【㢊】 1
將夾溝而○我. 162-9

【庳】 2
陂塘汙○. 23-20 墮高堙○. 24-1

【廊】 1
夫謀之○廟. 177-5

【康】 21
密○公從. 2-13 ○公不獻. 2-17 使劉○公聘於魯. 17-14 及文武成○. 25-13 而○克安之. 25-15 成王不敢○. 26-21 成王不敢○. 26-23 聞○王卒. 44-10 季○子問於公父文伯之母. 47-11 ○子曰. 47-12 ○子在其朝. 47-21 ○子辭於朝. 47-22 季○子之從祖叔母也. 49-1 ○子往焉. 49-1 ○子與焉. 49-2 季○子欲以田賦. 51-2 ○叔. 89-5 敢昭告于皇祖文王烈祖○叔文祖襄公昭考靈公. 131-14 智襄子戲韓○子而侮段規. 133-19 ○王以爲椒舉遣之. 142-1 不唯下土之不○靖. 165-12

【庸】 18
○勳. 12-4 是不○勳也. 12-11 自顯○也. 13-10 其安○刑. 14-8 布刑而不○. 14-8 服物昭○. 15-13 ○何傷. 45-5 君之○臣也. 52-4 吾○知天之不授晉. 110-21 無功○者. 116-13 功○以稱之. 126-2 唯其功○少也. 126-4 使其子狐○爲行人於吳. 143-7 王其無○戰. 158-6 於是越王句踐乃命范蠡后○. 161-24 大夫后○乃進對曰. 166-25 請姑無○戰. 172-9 時爲之○. 177-25

【鹿】 11
得四白狼四白○以歸. 2-12 水虞於是禁罝罜麗○. 41-1 樂及○鳴之三. 43-4 今伶簫詠歌及○鳴之三. 43-13 夫○鳴. 43-14 ○皮四分. 60-7 築五○中牟蓋與牡丘. 60-17 過五○. 87-12 取五○. 99-14 麀○攸伏. 145-1 而囷○空虛. 165-18

【章】 35
故爲車服旗○以旌之. 9-10 ○怨外利. 11-12 亦唯是死生之服物采○. 13-5 余何敢以私勞變前之大○. 13-14 將以講事成○. 15-10 文○比象. 15-13 其飾彌○. 25-9 其無乃○禍. 25-10 我又○之. 25-12 王又○輔禍亂. 25-17 必有○譬蕃育之祚. 27-9 以○物也. 35-11 善有○. 37-23 其○大矣. 37-23 表之○也. 39-8 ○之次也. 39-8 君之所以○使臣之勤也. 43-15 敢不拜○. 43-15 而爲賦綠衣之三○. 49-5 上下有○. 49-17 變非聲○. 67-8 聲○過數則有釁. 67-8 無○其惡. 68-8 ○父之惡. 73-3 而惡滋○. 80-16 王○也. 97-7 其○大矣. 99-15 而○明者也. 125-17 其子孫未嘗不○. 136-8 靈王爲○華之臺. 143-21 乃築臺於○華之上. 160-7 越聞○矣. 162-8 若越聞愈○. 162-11 越聞愈○. 164-17 而名聲○明. 175-21

【産】 6
如草木之○也. 107-16 其○將害大. 110-1 子○曰. 126-11 公見子○. 126-18 苛慝不○. 130-10 沈竈○鼃. 134-15

【商】 42
○王帝辛. 1-17 以致戎于○牧. 1-18 司○協民姓. 6-2 河竭而○亡. 6-16 ○之興也. 7-16 庶人工○. 9-9 戎○必克. 23-13 下及夏○之季. 25-18 布令于○. 31-20 玄王勤○. 32-17 ○人禘舜而祖契. 38-14 ○人報焉. 38-17 ○周之蒸也. 39-25 魯未若○周. 40-1 ○聞之曰. 47-14 在虞夏○爲汪芒氏. 50-2 昔武王克○. 50-10 昔正考父校○之名頌十二篇於周太師. 50-19 處士農工○若何. 53-16 處○. 53-17 令夫○. 54-3 故○之子恒爲○. 54-8 工○之鄉六. 54-21 ○之衰也. 63-23 實紀○人. 88-16 ○之饗國. 88-17 將如○數. 88-18 ○頌曰. 90-11 通○寬農. 96-13 工○食官. 96-20 陽人有夏○之嗣典. 97-12 在○爲豕韋氏. 120-2 夫絳之富○. 126-3 虞夏○周是也. 136-9 ○契能和合五教. 136-10 大彭豕韋爲○伯矣. 136-15 則○滅之矣. 136-17 舜有○均. 140-7 以至於夏○. 150-6 通於○魯之閒. 161-22 出於○魯之閒. 165-7

【旌】 4
故爲車服旗章以○之. 9-10 且○君伐. 66-17 建○提鼓. 163-3 十○一將軍. 163-3

【族】 35
王御不參一○. 2-15 有分○於周. 16-25 用足則○可以庇. 18-2 非是○也. 38-5 老請守龜卜室之○. 49-6 工立三○. 54-23 生之○也. 62-7 少○而多敵. 64-5 國無公○焉. 73-19 舟之僑告諸其○曰. 74-11 以其○適晉. 74-19 天祚將在武○. 89-6 必武○也. 89-6 武○. 89-7 公○也. 90-9 昭舊○. 96-15 而殘其姻○. 97-14 范匄自公○趨過之. 110-16 興舊○. 113-17 欒伯請公○大夫. 114-15 爲公○大夫. 114-21 使公○穆子受事於朝. 116-12 無忌備公○. 116-12 使掌公○大夫. 116-16 公○之不恭. 120-13 非其○類. 126-14 不過其○. 126-16 有孝德以出在公○. 130-21 智果別○于太史. 133-12 使知○類. 140-17 彼有公○甥舅. 142-9 在中軍王○而已. 142-24 則三萃以攻其王○. 143-1 盍求若敖氏與子干子晳之○而近之. 156-23 葬二子之○. 157-12

【旋】 6
周○序順. 15-13 周○變動. 67-4 周○不動. 67-5 以與君周○. 91-13 故進退周○. 148-7 周○無究. 177-20

【望】 23
疆有寓○. 16-11 諸侯莫不○分. 37-18 諸侯其誰○之. 37-20 ○汶山. 58-24 夫齊楚道遠而○大. 73-21 ○大難走. 73-22 不可以走○. 73-22 以○君之塵垢者. 79-4 重耳之○也. 93-18 女亦知吾○爾也乎. 104-24 悼公與司馬侯升臺而○. 117-6 諸侯何○焉. 123-1 設○表. 123-12 臣何○矣. 131-4 緬然引領南○. 143-12 高不過○國氛. 144-1 臺不過○氛祥. 144-21 道殣相○. 152-22 ○之如荼. 163-6 ○之如火. 163-7 ○之如墨. 163-9 簦笠相○於艾陵. 165-5 又使之○而不得食. 176-23

【率】 5
公○齊秦. 97-21 而心○舊典者. 149-16 ○師沿海泝淮. 161-25 越王句踐乃○中軍. 162-1 必○諸侯. 164-8

【牽】 1
有建星及○牛焉. 31-7

【敝】 1
發帥○賦. 46-22

【清】 8
火見而○風戒寒. 16-4 ○風至而修城郭宮室. 16-5 在○濁之閒. 28-16 其察○濁也. 28-16 及○原之蒐. 99-7 蒐于○原. 99-21 大夫逆于○原. 113-5 而以察○濁爲聰. 143-24

【渚】 4
渠弭於有○. 58-12 渠弭於有○. 58-15 渠弭於有○. 58-17 而鼃黽之與同○. 178-14

【淹】 1
振廢○. 113-18

【渠】 9
夫先樂金奏肆夏樊遏○. 43-9 ○弭於有渚. 58-12 ○弭於有渚. 58-15 ○弭於有渚. 58-17 ○門赤旂. 59-20 而汾河涑澮以爲○. 75-15 齊有○丘. 145-8 齊○丘寔殺無知. 145-13 奉文犀之○. 163-3

【淺】 1
能○其寇乎. 82-16

【淑】 2
周而不○. 155-22 不○也. 155-24

【混】 1
以○厚民人者. 27-9

【涸】 3
天根見而水○. 16-3 水○而成梁. 16-5 故川○山崩. 105-18

【淮】 6
爲○之會. 75-20 雉入于○爲蜃. 132-16 豈能涉江○而與我爭此地哉. 160-4 率師沿海泝○. 161-25 封於江○之閒. 162-24 余沿江泝○. 165-7

【淫】 44

○佚荒怠. 7-10 ○而得神. 8-1 而況可以○縱其身乎. 9-14 守節不○. 10-12 時宴不○. 15-12 天道賞善而罰○. 17-3 無卹慆○. 17-4 以○於夏氏. 17-6 聽○. 21-18 立於○亂之國. 22-3 其利○矣. 22-7 ○失其身. 23-25 播其○心. 24-3 民無○心. 24-10 必有慆○之心閒之. 24-18 以逞○心. 30-2 而卹慆○. 32-13 逸則○. 48-7 ○則忘善. 48-7 ○也. 48-8 使無慆○. 48-14 誰敢○心舍力. 48-22 季氏之婦不○矣. 48-25 驕躁○暴. 56-4 無或○怠而不聽治者. 57-5 驕躁○暴. 57-14 擇其○亂者而先征之. 58-3 擇天下之甚○亂者而先征之. 58-21 東南多有○亂者. 58-23 男女不○. 59-24 底著滯○. 87-6 使○觀狀. 98-22 公知祁奚之果而不○也. 114-22 知程鄭端而不○. 115-2 守業而不○. 115-25 將使侯○德而加之焉. 138-14 不聞其以觀大視侈○色以爲明. 143-24 不敢○逸. 147-14 目不○於色. 154-9 使○樂於諸夏之國. 159-14 以○名聞於天子. 164-11 莫如此○逸不可禁也. 167-22 ○佚之事. 174-14 今吴王○於樂而忘其百姓. 176-7

【淨】 1

○其巾冪. 15-7

【淳】 2

王乃○濯饗醴. 4-11 以○燿敦大. 136-6

【深】 11

○耕而疾耰之. 54-11 且○亂. 65-1 善○謀也. 70-12 吾聞申生之謀愈○. 71-4 是以○謀. 71-8 不能○知君之心度. 72-20 秦寇○矣. 82-15 君○其怨. 82-16 其爲德也○矣. 122-21 闕爲○溝. 161-21 闕溝○水. 165-7

【梁】 29

川不○. 15-21 水涸而成○. 16-5 十月成○. 16-6 川無舟○. 16-10 ○其踁謂穆子曰. 46-1 夷吾逃于○. 73-18 不若走○. 74-4 ○近於秦. 74-4 乃遂之○. 74-6 告公子夷吾于○. 77-10 乃使○由靡告于秦穆公. 77-19 弔公子夷吾于○. 78-18 津○之上. 79-3 ○由靡御韓簡. 82-19 ○由靡御韓簡. 83-13 ○由靡曰. 85-14 ○由靡曰. 85-18 女誤○由靡. 85-24 晉人殺懷公於高○. 86-3 歲在大○. 94-19 懷公奔高○. 95-4 刺懷公于高○. 95-8 ○山崩. 105-13 ○山崩. 105-16 公子揚干亂行於曲○. 115-13 惠王以○與魯陽文子. 155-11 ○險而在境. 155-11 懼子孫之以○之險. 155-15 沈諸○聞之. 155-18

【情】 11

必以○斷之. 34-12 必授之○. 64-25 彼得其○. 64-25 吾聞君子不去○. 72-23 死不遷○. 72-24 守○説父. 72-24 聚居異○惡. 74-4 ○之華也. 102-16 身爲○. 102-16 今陽子之○譓矣. 102-20 皆以○告. 166-24

【惜】 2

○也. 72-2 ○也. 107-6

【悼】 10

是爲○公. 23-15 晉○公饗之. 43-4 祭○子. 49-2 隱○播越. 77-21 而○其父兄子弟之死喪者. 84-16 寔爲○公. 111-17 欒武子使智武子彘恭子如周迎○公. 113-4 ○公聞之. 116-15 ○公使張老爲卿. 116-17 ○公與司馬侯升臺而望. 117-6

【惕】 11

猶日怵○. 3-12 亹亹怵○. 9-15 夫見亂而不○. 25-8 是以爲之日○. 32-11 而無怵○焉. 60-20 其誰不○○以從命. 93-20 豈不使諸侯之心○○焉. 145-22 是之爲日○. 156-21 一日○. 162-23

【惟】 4

則○女衆. 8-21 則○余一人. 8-21 ○愼端愨以待時. 56-9 ○君圖之. 153-13

【惇】 8

吾聞夫犬戎樹○. 2-10 守學彌○. 99-10 能○篤者. 99-11 荀家○惠. 114-15 故使○惠者教之. 114-17 ○惠者教之. 114-19 知籍偃之○帥舊職而恭給也. 114-25 務愼○篤以固之. 140-20

【悴】 1

而日以憔○. 159-15

【寇】 17

辟在司○. 4-23 司○協姦. 6-2 司○行戮. 6-25 司○詰姦. 16-19 能留外○而不害. 74-21 而留外○. 74-24 ○知其釁. 74-25 而厚於○. 82-12 秦○深矣. 82-15 能淺其○乎. 82-16 今吾司○之刀鋸日弊. 109-8 知鐸遏○之恭敬而信彊也. 114-25 離民且速○. 118-6 以煩司○. 119-16 與非司○而擅殺. 128-10 以煩司○. 129-6 而辱軍士使○令焉. 158-22

【寅】 2

壬○. 95-6 是見○與吉射也. 130-18

【寄】 8

國無○寓. 15-23 可以○政. 55-8 作内政而○軍令焉. 55-9 夫軍令則○諸内政矣. 58-4 志父○也. 131-16 ○孥與賄焉. 135-15 乃東○帑與賄. 139-2 十邑皆有○地. 139-3

【宿】 3

○於重館. 37-17 若○而至. 95-13 一夕之○. 154-12

【密】 10

○康公從. 2-13 王滅○. 2-17 ○須由伯姞. 12-1 夙夜基命宥○. 26-21 ○. 26-25 以魯之○邇於齊. 46-25 襲侵○聲. 103-18 盍○和. 121-2 加○石焉. 124-9 孤以下○邇於天子. 164-7

【鄆】 1

季武子伐莒取○. 45-24

【啓】 21

故以其黨○狄人. 12-21 若○先王之遺訓. 24-25 則○戎心. 66-15 晉之○土. 66-18 不遑○處. 88-6 天將○之. 90-16 誰○之心. 91-8 ○土安疆. 97-1 以○東道. 97-2 是天○之心也. 136-3 天之所○. 136-4 夫其子孫必光○土. 136-5 可以大○. 138-25 楚蚠冒於是乎始○濮. 139-7 ○有五觀. 140-7 或譖王孫○於成王. 142-10 王孫○奔晉. 142-10 王孫○豫於軍事. 142-11 則王孫○之爲也. 142-15 而後使太宰○彊請於魯侯. 144-8 ○乃心. 147-7

【視】 23

獲其三帥丙術○. 14-17 司空不○塗. 15-21 司空○塗. 16-19 ○遠步高. 21-4 今晉侯○遠而足高. 21-13 步言○聽. 21-16 ○遠. 21-17 ○無還. 22-12 ○無還. 23-1 ○其上而從之. 26-11 故必聽和而○正. 28-22 ○正則明. 28-23 若○聽不和. 29-4 令韓簡○師. 82-20 矇瞍不可使○. 100-9 其母○之. 119-21 遂不○. 119-22 文子○日. 124-24 秦景公使醫和○之. 125-5 不聞其以觀大○侈淫色以爲明. 143-24 若跣不○地. 147-8 孤何以○於天下. 169-5 余何面目以○於天下乎. 173-1

【晝】 6

○考其國職. 48-13 ○講其庶政. 48-14 ○而講貫. 48-16 ○戰目相見. 55-19 樂盈○入. 119-6 ○選男德. 125-18

【逮】 6

道相○也. 10-16 乃○于讒. 72-22 昔吾○事莊主. 107-4 ○鰥寡. 113-17 非死○之. 125-4 其不○者一也. 133-8

【敢】 156

不○怠業. 1-13 國人莫○言. 2-19 乃不○言. 2-20 於是國莫○出言. 3-6 而況○樂禍乎. 7-1 豈○猒縱其耳目心腹. 13-4 余一人豈○有愛. 13-8 余何○以私勞變前之大章. 13-14 文公遂不○請. 13-16 宜吾不○服也. 13-20 其○逆命. 13-23 其○自愛也. 14-1 余一人○設飫禘焉. 14-25 武子遂不○對而退. 15-17 ○問天道乎. 21-10 成王不○康. 26-21 成王不○康. 26-23 故不○不告. 35-10 ○告滯積. 36-2 ○犒輿師. 36-14 不○及君. 37-15 不○聞命. 39-11 吾是以不○. 42-6 ○問何禮也. 43-7 皆非使臣之所○聞也. 43-12 故不○拜. 43-12 臣○不拜貺. 43-14 ○不拜嘉. 43-15 ○不拜章. 43-15 ○不拜教. 43-17 ○不重拜. 43-19 不○不悛. 45-5 ○享其祿. 45-11 而○設服以見諸侯之大夫乎. 45-19 ○逃難乎. 46-18 不○寧處. 46-21 齊師退而後○還. 46-24 不○憚其患. 47-1 羣臣○憚戮乎. 47-3 皆非吾所○言也. 48-1 誰○淫心舍力. 48-22 ○問骨何爲大. 49-20 ○問誰守爲神. 49-22 猶不○專. 50-22 ○問爲此若何. 53-8 是故士莫○言一朝之便. 56-19 莫○以終歲之議. 56-19 荆州諸侯莫○不來服. 58-25 海濱諸侯莫○不來服. 59-1 莫○不來服. 59-10 余○承天子之命. 59-18 莫之○背. 60-10 臣○以私利廢人之道. 62-8 誰○興之. 62-14 臣不○蔽. 62-19 何○憚罰. 62-23 不○愛親. 68-4 吾不○. 71-22 吾不○. 72-9 不○行也. 72-20 然款也不○愛死. 72-22 申生不○愛其死. 73-13 死又不○沱喪. 77-6 ○辭. 77-7 重耳不○違. 77-9 君死自立則不○. 77-17 羣臣莫○寧處. 77-23 又何○有他志. 78-16 不○當公子. 79-5 寡人未之○忘. 82-25 寡人未○忘. 83-3 ○不盡心. 89-10 不○以禮致之. 92-1 ○有安志. 93-13 ○不降拜. 93-14 重耳○有惰心. 93-23 ○不從德. 93-23 而未○承命. 97-12 ○私布於吏. 97-15 不○聞命. 99-17 ○以告. 102-6 ○不分謗乎. 104-14 故不○. 104-25 ○歸諸下執政. 105-10 不○當. 108-25 ○三肅之. 109-1 殺老牛莫之○尸. 112-4 出令將不○不成. 113-9 ○不承業. 113-14 ○不承. 113-19 饜也果○. 114-16 使果○者諗之. 114-18 果○者諗之. 114-20 臣○不敬. 115-20 不○居高位. 116-13 ○辱君朝. 116-14 彼若不○而遠逃. 119-3 豈○犯之. 119-11 臣故不○不君. 119-15 臣○忘其死. 119-16 不○侵官. 120-9 不○安易. 121-15 不○謂是也. 121-17 楚人不○謀. 123-4 何○以告. 124-11 非起也○專承之. 127-7 ○卹私利. 129-6 ○不歸祿. 131-6 ○昭告于皇祖文王烈祖康叔文祖襄公昭考靈公. 131-14 死不○請. 131-16 臣○煩當日. 131-21 ○賀. 132-12 彊毅果○則賢. 133-10 誰○興之. 133-21 曰不○興難. 134-1 不○不許. 135-16 文王猶不○驕. 146-18 猶不○專制. 147-10 不○淫逸. 147-14 故不○不言. 147-19 其誰○不戰戰兢兢. 151-18 其誰○不齊肅恭敬. 151-20 今而○來. 153-9 今之○見. 153-11 ○不從子. 155-16 故不○不言. 156-10 不○顯然布幣行禮. 158-15 ○私告於下執事曰. 158-15 孤不○忘天災. 158-17 其○忘君王之大賜乎. 158-18 ○忘天王之大德. 158-19 則何實以事吴○使下臣盡辭. 159-6 不○左右.

160-24 孤豈○自多. 161-6 ○告於大夫. 161-7 雒○先對. 162-7 ○請亂故. 163-15 進則不○. 163-21 寡君未○觀兵身見. 164-5 諸侯是以○辭. 164-12 孤○不順從君命長弟. 164-14 夫差豈○自多. 165-6 ○使苟告於下執事. 165-8 ○問君王之所以與之戰者. 166-5 未嘗○不分也. 166-6 未嘗○絕. 166-16 ○訪諸大夫. 166-23 不○絕祀. 168-21 孤○請成. 168-23 孤○不聽天之命. 168-24 孤不○不受. 169-1 不○徹聲聞於天王. 170-13 其有○不盡力者乎. 172-11 蠡不○言. 174-7 吾王○無聽天之命. 178-9 有○侵蠡之地者. 179-6

【尉】 4

使爲元○. 114-22 使爲輿○. 114-25 祁奚辭於軍○. 115-23 公使祁午爲軍○. 116-3

【屠】 1

里克及丕鄭使○岸夷. 76-21

【張】 16

○侯御. 104-17 見○老而語之. 108-2 ○老曰. 108-2 知○老之智而不詐也. 114-24 使○老延君譽于四方. 115-4 使○老爲司徒. 115-9 士魴○老交止之. 115-17 悼公使○老爲卿. 116-17 問於○老. 120-11 ○老曰. 120-11 偃也以斧鉞從於○孟. 120-16 ○老夕焉而見之. 124-7 ○談曰. 134-6 ○談曰. 134-8 白公子○驟諫. 146-22 吾欲已子○之諫. 146-22

【將】 330

穆王○征犬戎. 1-4 王室其○卑乎. 3-8 皆○取焉. 3-10 ○導利而布之上下者也. 3-11 ○何以求福用民. 5-9 民○棄上. 5-14 王命○有所壅. 5-16 周○亡矣. 6-10 鄭伯○王自圉門入. 7-4 國之○興. 7-7 國之○亡. 7-9 且呂郤○不免. 8-16 ○何以守國. 9-5 若○廣其心. 9-16 ○何以固守. 9-17 人亦○誣之. 9-21 人亦○替之. 9-21 ○以狄伐鄭. 11-5 ○以其女爲后. 11-19 尚○列爲公侯. 13-12 物○自至. 13-13 今○大泯其宗祊. 13-19 ○蠻夷戎狄之驕逸不虔. 13-20 父子○獄. 14-7 秦師○襲鄭. 14-12 ○和協典禮. 15-4 ○以講事成章. 15-10 ○焉用全烝. 15-15 民○築臺於夏氏. 15-23 ○何以守國. 17-10 未○事. 18-21 ○必求之. 19-18 晉○有亂. 21-9 今君曰○有亂. 21-10 故國○無咎. 21-16 亦○與焉. 22-3 ○得晉國. 22-17 其○失之矣. 23-14 ○毀王宮. 23-16 王○防鬬川以飾宮. 25-10 ○何以堪之. 25-17 ○焉用飾宮. 26-1 ○鑄大錢. 27-11 王用○有所乏. 27-16 乏則○厚取於民. 27-17 ○有遠志. 27-17 ○民之與處而離之. 27-20 ○災是備禦而召之. 27-20 君子○險哀之不暇. 28-2 王○鑄無射. 28-10 ○焉用之. 28-20 王○鑄無射. 30-12 ○殺單子. 32-3 ○合諸侯. 32-5 而又○補之. 32-14 ○天以道補者也. 32-22 亦○及焉. 32-25 今○惠以小賜. 34-9 ○何以戰. 34-10 必○至焉. 34-13 ○無不趨也. 36-10 皆○爭先. 37-19 ○易而次. 39-9 ○躋僖公. 39-20 今○先明而後祖. 39-24 ○壽寵得沒. 40-7 ○牧民而正其邪者也. 41-22 ○安用之. 41-24 必○涉矣. 44-8 ○爲喪舉. 44-17 ○天下是王. 45-3 卞人○畔. 45-7 ○不入矣. 45-20 楚人○以叔孫穆子爲戮. 45-24 夫必○或循之. 46-4 ○或道之. 46-6 ○安勸矣. 47-3 ○使鼈長而後食之. 47-17 子○業君之官職焉. 47-25 子○庀季氏之政焉. 48-1 道○何爲. 50-25 夫知吾○用之. 52-13 莊公○殺管仲. 52-20 則大國亦○正卒伍. 55-5 大罰○及. 62-20 ○師保之. 63-19 ○不克饗. 64-7 公○黜太子申生. 65-3 ○及矣. 65-4 郤叔虎○乘城. 66-1 公○上軍. 66-22 太子申生○下軍. 66-22 吾○諫以觀之. 66-25 ○以害之. 67-14 彼○惡始而美終. 68-4 吾○圖之. 68-17 臣聞皋落氏○戰. 69-9 衆○責焉. 71-8 難○至矣. 71-9 ○及矣. 72-1 ○立奚齊. 72-1 子○何如. 72-7 ○伏也. 72-10 杜原款○死. 72-18 吾○伏以俟命. 73-8 ○死. 73-12 ○行. 74-19 虞○亡矣. 74-21 獻公○如會. 75-6 夫齊侯○施惠出責. 75-12 ○在東矣. 75-14 晉侯○死矣. 75-15 里克○殺奚齊. 75-21 ○殺孺子. 75-22 子○如何. 75-22 ○殺孺子. 76-4 子○何如. 76-4 ○以驪姬之惑蠱君. 76-10 是故○殺奚齊. 76-13 荀息○死之. 76-19 ○待君命. 77-23 ○何以長利. 78-14 ○至矣. 80-22 ○及矣. 81-3 鄭也與客○行事. 81-9 ○待也. 81-17 行○安入. 81-19 寡人○無所避. 83-1 寡人○親見. 83-3 ○止之. 83-13 吾豈○徒殺之. 83-20 吾○以公子重耳代之. 83-21 聞秦○成. 84-6 秦○歸寡人. 84-7 吾固○歸君. 84-20 今君○來. 85-2 ○止. 85-3 ○安適. 85-4 ○待刑以快君志. 85-4 ○獨伐秦. 85-4 ○止不面夷. 85-23 戾久○底. 87-6 ○鞭之. 87-13 ○死於齊而已矣. 87-18 從者○以子行. 87-23 貳○可乎. 88-2 ○何及矣. 88-7 ○如商數. 88-18 ○焉用之. 88-24 天祚○在武族. 89-6 諜其○浴. 89-12 ○施於宜. 90-3 天○啓之. 90-16 ○奪其國. 92-24 ○有請於人. 92-25 今○婚媾以從秦. 93-2 秦伯○享公子. 93-5 是子○有焉. 93-21 ○集天行. 94-20 又○出矣. 95-16 ○以己丑焚公宮. 96-1 秦○納之. 96-24 人○焉依. 96-25 ○殘其民. 97-11 君○殘之. 97-12 民○焉放. 97-14 晉人○烹之. 98-21 鄭人以詹伯爲○軍. 99-2 乃使欒枝○下軍. 99-13 乃使狐毛○上軍. 99-17 乃使先且居○上軍. 99-20 使趙衰○新上軍. 99-22 胥嬰○新下軍. 99-22 其難也○至矣. 100-4 其易也○至焉. 100-4 質○善. 100-10 教○不入. 100-11 使郤穀○中軍. 101-8 其卒○復. 102-18 ○懼及焉. 103-13 盛服○朝. 103-23 靈公○殺趙盾. 104-1 余○致政焉. 104-6 韓獻子○斬人. 104-13 ○救之. 104-13 子不○救之乎. 104-14 乃○若何. 105-16 ○若何. 105-17 ○謀而殺之. 106-3 厲公○伐鄭. 108-6 楚師○退. 108-14 鄭○顧楚. 108-19 楚○顧夷. 108-19 ○誰行武. 109-12 欒武子○上軍. 109-16 范文子○下軍. 109-16 必○輯睦. 109-22 吾君○伐智而多力. 109-22 ○與幾人. 109-25 其産○害大. 110-1 ○謀. 110-15 ○穀. 110-19 ○納孫周. 111-6 郤至○往. 111-9 ○稟命焉. 113-6 出令○不敢不成. 113-9 ○在今日. 113-11 使呂宣子○下軍. 113-20 使彘恭子○新軍. 114-2 其○來辭. 115-16 ○授立之. 119-6 ○何治爲. 121-11 ○若之何. 121-15 公室其○卑乎. 121-18 拘○殺之. 121-23 諸侯○載之. 123-8 諸侯○棄之. 123-10 今○與狎主諸侯之盟. 123-13 楚令尹圍○以魯叔孫穆子爲戮. 123-16 文子○請之於楚. 123-25 趙孟○死矣. 124-25 ○弔不暇. 127-6 起也○亡. 127-7 必○求利於我. 128-16 善○若何. 128-18 儆○攻之. 128-21 董叔○娶於范氏. 129-16 ○不勝. 129-23 獻子○許之. 129-23 獻子○食. 129-25 吾○往焉. 130-17 吾兩鞁○絕. 131-11 衛莊公○禱. 131-13 主○適螻. 131-21 ○焉用之. 132-2 ○勤營其君. 132-8 國家之○興也. 132-13 令其子孫○耕於齊. 132-20 襄子○食. 132-24 智宣子○以瑤爲後. 133-3 難○由我. 133-21 王室○卑. 135-5 必○背君. 135-16 蓮氏○起之. 136-2 其○至矣. 136-26 王○棄是類也. 137-17 ○使候淫德而加之焉. 138-14 ○以縱欲. 138-16 方○德申. 138-19 其○興乎. 139-2 善人○至. 140-7 宗老○薦芰. 141-19 ○遂奔晉. 142-2 蔡聲子○如晉. 142-2 晉○遁矣. 142-11 晉○遁矣. 142-23 ○民之與處. 144-15 ○以教民利也. 145-2 倚相○奔走承序. 146-6 王○何爲. 146-20 民○能登天乎. 149-5 ○何以封矣. 152-12 鄖公之弟懷○弒王. 153-15 吳○斃矣. 154-14 ○焉用之. 155-19 ○焉用之. 155-25 彼○思舊怨而欲大寵. 156-9 子○若何. 156-16 ○戚而懼. 156-17 ○怒而怨. 156-17 吾聞國家○敗. 156-18 ○入殺之. 157-11 ○必寬然有伯諸侯之心焉. 158-11 ○殘伐越國. 158-21 孤○有大志於齊. 159-8 吾○許越成. 159-8 ○還玩吾國於股掌之上. 159-12 爲蛇○若何. 159-17 ○盟. 159-20 ○以伐齊. 159-23 ○必越實有吳土. 160-5 乃匍匐○入於棘闈. 160-14 今王○很天而伐齊. 160-18 ○百羣皆奔. 160-19 ○死. 161-17 ○夾溝而廖我. 162-9 ○成其志. 162-11 ○若之何. 162-13 彼○不戰而先我. 162-21 十旌一○軍. 163-3 ○不長弟. 163-20 董褐○還. 163-25 ○毒. 164-3 吾謂吳王○遂涉吾地. 165-16 吳王○恥不戰. 165-21 其至者亦○不能之會也已. 165-22 ○伐吳. 165-25 孤○以舉大事. 166-25 ○爲戮不利. 167-7 道○不行. 167-8 ○轉於溝壑. 167-25 ○舟戰於江. 168-13 ○以夾攻我師. 168-15 ○以禦越. 168-16 夫差○死. 169-5 ○焚宗廟. 170-17 ○以致死. 170-18 夫差○欲聽與之成. 170-21 ○不可改於是矣. 170-23 ○進之. 171-5 ○帥二三子夫婦以蕃. 171-18 ○免者. 171-20 今寡人○助天威之. 172-14 吾○殘汝社稷. 172-25 ○妨於國家. 174-10 時○有反. 175-11 事○有閒. 175-11 其事又○未可知也. 176-5 必○與天地相參. 176-19 彼○同其力. 176-20 彼其上○薄其德. 176-22 民○盡其力. 176-22 子○奈何. 177-1 臣故○謁之. 177-2 後○悔之. 177-7 若○與之. 177-15 其事○易冀已. 178-7 今○反此義. 178-9 子○助天爲虐. 178-12 ○助天爲虐. 178-16

【階】 4

禍福之○也. 11-20 其無乃○禍乎. 11-21 又登叔隗以○狄. 12-16 亡之○也. 161-11

【陽】 75

○癉憤盈. 4-2 ○氣俱蒸. 4-5 史帥○官. 4-6 陰○分布. 4-22 伯○父曰. 6-10 ○伏而不能出. 6-11 是○失其所. 6-13 ○失而在陰. 6-13 以○樊賜晉文公. 13-17 ○人不服. 13-17 故勞之以○樊. 13-18 ○樊懷我王德. 13-18 此羸者○也. 13-21 ○不承獲甸. 13-24 且夫○豈有裔民哉. 14-1 乃出○民. 14-3 地無散○. 24-9 亦無散○. 29-20 陰○序次. 29-20 所以金奏贊○出滯也. 30-16 贊○秀也. 30-24 而大朝諸侯於○穀. 59-10 吾命之以汾○之田百萬. 78-23 唯青○與夷鼓. 92-4 青○. 92-4 唯青○與蒼林氏. 92-12 次於○樊. 97-4 賜公南○○樊溫原州陘絺組攢茅之田. 97-8 ○人不服. 97-11 ○人未狎君德. 97-12 ○人有夏商之嗣典. 97-12 迺出○人. 97-16 吾欲使○處父傅讙也. 100-6 ○處父如衛. 102-12 ○子道與之語. 102-14 今○子之貌濟. 102-17 今○子之情譓矣. 102-20 ○子死之. 102-23 諸大夫皆謂我智似○子. 105-22 ○子華而不實. 105-22 得畢○. 106-2 畢○實送州犂于荆. 106-3 謂○畢曰. 118-4 ○畢對曰. 118-7 ○畢曰. 118-20 而使祁午及○畢適曲沃. 119-4 昔成王盟諸侯于岐○. 123-10 其○子乎. 124-16 夫○子. 124-16 梗○人有獄. 129-23 今以梗○之賄殃之. 129-24 乃辭梗○人. 130-6 趙簡子使尹鐸爲晉○. 130-13 無以晉○爲遠. 130-16 趙簡子使尹鐸爲晉○. 130-17 簡子如晉○. 130-18 乃有晉○之難. 134-4 晉○之圍. 134-6 其晉○乎. 134-13 乃走晉○. 134-14 妘姓鄔鄶路偪○. 136-17 若資東○之盜. 143-17 穀○豎愛子反

之勞也. 148-4 惠王以梁與魯○文子. 155-11 與之魯○. 155-17 請貞於○卜. 164-7 因陰○之恒順天地之常. 175-17 ○至而陰. 177-11 陰至而○. 177-11 先則用○. 177-13 先無○察. 177-14 ○節不盡. 177-15 盡其○節. 177-17 ○節不盡. 177-18

【隗】 3

○姓也. 12-12 又登叔○以階狄. 12-16 西有虞虢晉○霍楊魏芮. 135-9

【隆】 2

無德而福○. 110-22 大夫奚○於越. 159-18

【婚】 6

夫○姻. 11-19 重之以○姻. 35-14 同姓不○. 90-16 欲以成○. 91-25 今將○媾以從秦. 93-2 合其州鄉朋友○姻. 151-13

【婉】 3

則○而入. 114-20 ○以從令. 115-24 故○約其辭. 159-14

【婦】 24

公使大夫宗○覿. 35-8 夫○贄不過棗栗. 35-10 今○執幣. 35-11 夫○. 47-14 ○人治其業焉. 47-25 命○. 48-19 季氏之○不淫矣. 48-25 二三○之辱共先者祀. 49-10 女知莫若○. 49-12 公父氏之○. 49-14 季氏之○. 49-17 齊頃公使○人觀而笑之. 104-3 而益○人田. 109-23 納其室以分○人. 110-12 而○言是行. 137-22 有夫○鬻是器者. 137-25 王使○人不幃而譟之. 138-8 夫○哀其夜號也. 138-11 百姓夫○. 151-10 夫○三百. 169-2 將帥二三子夫○以蕃. 171-18 令壯者無取老○. 171-18 令孤子寡○疾疹貧病者. 171-24 ○勉其夫. 172-18

【習】 9

是皆○民數者也. 6-6 ○武訓也. 45-16 夕而○復. 48-16 少而○焉. 53-20 少而○焉. 53-25 少而○焉. 54-6 少而○焉. 54-14 日考而○. 80-9 羊舌肸○於春秋. 117-9

【參】 6

王御不○一族. 2-15 ○其國而伍其鄙. 53-13 ○國起案. 54-22 而以○入. 94-25 必將與天地相○. 176-19 又觀其民之饑飽勞逸以○之. 177-16

【貫】 2

晝而講○. 48-16 楛矢○之. 50-8

【鄉】 42

明利害之○. 1-8 而監其○之資. 54-3 制國以爲二十一○. 54-20 以爲二十一○. 54-21 工商之○六. 54-21 士○十五. 54-22 公帥五○焉. 54-22 國子帥五○焉. 54-22 高子帥五○焉. 54-22 市立三○. 54-23 十連爲○. 55-11 ○有良人焉. 55-11 十連爲○. 55-13 ○良人帥之. 55-13 五○一帥. 55-14 五○之帥帥之. 55-14 ○長復事. 55-23 於子之○. 55-23 發聞於○里者. 55-24 於子之○. 56-1 於子之○. 56-3 不長悌於○里. 56-4 是故○長退而修德進賢. 56-6 退問之其○. 56-11 國子高子退而修○. 56-13 ○退而修連. 56-14 ○不越長. 56-16 與其爲善於○也. 56-17 十卒爲○. 57-2 ○有○帥. 57-2 三○爲縣. 57-2 下政聽○. 57-5 發聞於○里者. 57-10 不長悌於○里. 57-13 縣退而修○. 57-16 ○退而修卒. 57-17 吾誰○而入. 73-4 遊有○. 115-24 魯人以其○對. 129-11 合其州○朋友婚姻. 151-13 皇天后土四○地主正之. 179-6

【紲】 1

從者爲羈○之僕. 96-9

【組】 1

賜公南陽陽樊温原州陘絺○攢茅之田. 97-8

【細】 11

○不過羽. 29-12 故樂器重者從○. 29-13 ○大不踰曰平. 29-18 今○過其主. 29-22 ○抑大陵. 29-23 出四隙之○也. 30-21 ○鈞有鍾無鎛. 31-1 鳴其○也. 31-2 而加禮於其○. 43-6 而怨由○. 109-10 ○無怨而大不過. 109-11

【終】 41

○王. 1-23 今自大畢伯士之○也. 2-8 而守○純固. 2-11 ○必亡. 2-17 庶民○于千畝. 4-15 庶人○食. 4-18 司民協孤○. 6-2 德之○也. 23-3 守○純固. 23-3 配而不○. 23-6 故高朗令○. 24-25 其○也. 27-2 ○於固和. 27-3 純明則○. 31-3 ○復則樂. 31-3 ○則講於會. 34-16 陵爲之○. 53-14 皆有○歲之計. 56-19 莫敢以○歲之議. 56-19 皆有○身之功. 56-20 非禮不○年. 64-2 君未○命而不歿. 67-24 彼將惡始而美○. 68-4 ○必槁落. 76-24 ○君之重愛. 78-2 ○逢其咎. 80-6 求善以○. 87-10 而有○焉之志也. 87-21 國無紀不可以○. 89-2 爲禮而不○. 93-8 明訓能○. 95-17 佐相以○. 95-22 言○. 115-16 無○子嘉父. 116-5 ○滅羊舌氏之宗者. 119-24 我○之. 122-5 夫子○之. 122-5 猶懼不○其身. 125-3 使其身無○没於越國. 178-25 莫知其所○極. 179-3 使無○没於越國. 179-6

【紹】 3

延及寡君之○續昆裔. 77-20 則○其同位. 126-14 明○享余一人. 165-10

【巢】 1

桀奔南○. 41-25

【貳】 35

百姓攜○. 7-11 民乃攜○. 12-7 成事不○. 29-2 平民無○也. 30-18 其誰由己○. 44-18 執政不○. 44-19 大夫有○車. 45-17 其執政○也. 46-14 ○心必失諸侯. 46-14 誰爲之○. 46-17 從君而○. 62-9 何○之有. 65-6 君之○也. 66-24 君之○也. 67-1 上軍之○也. 67-1 下不可以○上. 67-2 ○若體焉. 67-3 上○代舉. 67-4 下○代履. 67-4 若以下○上. 67-7 不可以○. 88-1 ○無成命. 88-1 無○爾心. 88-1 ○將可乎. 88-2 ○必有咎. 88-4 子盍蚤自○焉. 89-15 事君不○. 95-16 何○之有. 95-19 是我以鼓教吾邊鄙○也. 128-20 不以安賈○. 128-21 民之精爽不攜○者. 149-6 懼子孫之有○者也. 155-12 偪則懼○. 155-12 憾而不○者. 155-13 無是○言也. 174-14

【絜】 6

禋○之服. 149-13 ○其糞除. 151-10 其心又狷而不○. 156-1 而不以○悛德. 156-2 其不○也. 156-4 ○其居. 171-25

【琴】 1

○瑟尚宮. 29-11

【斑】 1

以正○爵之義. 34-16

【替】 13

○其贊也. 9-18 ○贊無鎮. 9-19 欲○其鎮. 9-21 人亦將○之. 9-21 有三姦以求○其上. 20-12 守祀不○其典. 24-16 湮○隸圉. 24-20 令德○矣. 35-5 而○前之令德. 35-6 君之冢嗣其○乎. 80-18 薦可而○否. 132-4 十世不○. 136-4 唯獨居思念前世之崇○者. 154-2

【款】 4

公命殺杜原○. 72-16 杜原○將死. 72-18 ○也不才. 72-19 然○也不敢愛死. 72-22

【堯】 7

昔○臨民以五. 8-5 ○用殛之于羽山. 24-3 ○能單均刑法以儀民. 38-9 郊○而宗舜. 38-13 以佐○者也. 136-25 故○有丹朱. 140-7 ○復育重黎之後. 150-5

【堪】 12

而何德以○之. 2-15 王猶不○. 2-16 民不○命矣. 2-18 其何任不○. 17-25 下能○其任. 18-1 國家弗○. 18-3 猶不可○. 20-2 將何以○之. 25-17 若不○重. 27-14 口弗○也. 63-22 無乃不○君訓. 113-13 民力不○. 150-23

【堙】 2

墮高○庳. 24-1 夷竈○井. 110-16

【越】 105

猶恐殞○. 17-9 楚○必朝. 19-13 而亦不散○. 23-22 汩○九原. 24-7 ○之匏竹. 29-19 聽聲○遠. 29-23 而黜散○也. 30-20 外臣之言不○境. 37-14 ○哉. 38-1 吴伐○. 49-18 鄉不○長. 56-16 朝不○爵. 56-17 萊莒徐夷吴○. 58-23 恐隕○於下. 59-18 隱悼播○. 77-21 而○於民. 80-16 使○于諸侯. 126-22 芈姓蘷○. 136-20 吴王夫差起師伐○. 158-4 ○王句踐起師逆之. 158-4 夫吴之與○. 158-5 ○王許諾. 158-14 昔者○國見禍. 158-15 君王之於○也. 158-17 將殘伐○國. 158-21 ○國固貢獻之邑也. 158-21 今天王既封植○國. 159-4 吾將許○成. 159-8 若○既改. 159-9 夫○. 159-10 夫○王好信以愛民. 159-16 大夫奚隆於○. 159-18 ○曾足以爲大虞乎. 159-18 若無○. 159-18 ○王又使諸稽郢辭曰. 159-20 既許○成. 159-23 昔天以○賜吴. 159-23 今○王句踐恐懼而改其謀. 159-24 ○之在吴. 160-1 夫○王之不忘敗吴於其心也. 160-2 今王非○是圖. 160-3 將必○實有吴土. 160-5 以服吴○. 160-9 ○人必來襲我. 160-19 以見王之親爲○之擒也. 161-15 以見○之入. 161-18 於是○王句踐乃命范蠡后庸. 161-24 ○王句踐乃率中軍. 162-1 以○亂告. 162-4 ○爲不道. 162-5 ○聞章矣. 162-8 若○聞愈章. 162-11 今大國○錄. 163-14 大則○入吴. 164-3 ○聞愈章. 164-17 ○大夫種乃唱謀曰. 165-15 ○王曰. 165-25 楚申包胥使於○. 166-1 ○王句踐問焉. 166-1 ○國之中. 166-8 ○國之中. 166-10 ○國之中. 166-13 ○國南則楚. 166-15 ○王曰. 166-20 ○王句踐乃召五大夫. 166-21 ○王軍於江南. 168-11 ○王乃中分其師. 168-12 ○人分爲二師. 168-15 將以禦○. 168-16 ○王乃令其中軍. 168-16 ○之左軍右軍. 168-18 ○師遂入吴國. 168-19 昔不穀先委制於○君. 168-20 孤無奈○之先君何. 168-21 ○王曰. 168-23 昔天以○賜吴. 168-23 今天以吴賜○. 168-24 天以吴賜○. 169-1 ○既有之矣. 169-4 ○滅吴. 169-7 ○王句踐棲於會稽之上. 170-4 吾與之共知○國之政. 170-5 ○國之寶器畢從. 170-15 寡君帥○國之衆. 170-16 若以○國之罪. 170-16 夫吴之與○也. 170-21 有吴則無○. 170-22 有○則無吴矣. 170-22 夫○國. 171-1 ○人飾美女八人. 171-4 子苟赦○國之罪. 171-4 今○國亦節矣. 172-7 ○四封之內. 172-10 昔天以○予吴. 172-21 今天以吴予○. 172-22 ○可以無聽天

【葛】 2
倉○呼曰. 13-17 倉○呼曰. 97-11
【董】 12
○因迎公於河. 94-19 胥籍狐箕欒郤柏先羊舌○韓. 96-16 ○伯爲尸. 126-17 ○叔將娶於范氏. 129-16 ○祁愬於范獻子. 129-17 ○安于多. 130-7 己姓昆吾蘇顧温○. 136-15 ○姓鬷夷豢龍. 136-16 乃令○褐請事. 163-13 ○褐將還. 163-25 ○褐既致命. 164-2 晉乃令○褐復命曰. 164-5
【蒐】 6
○于農隙. 6-5 春以○振旅. 55-15 及清原之○. 99-7 ○于清原. 99-21 盍大○. 101-7 乃大○于被廬. 101-7
【敬】 65
王○從之. 4-14 而○事耇老. 5-22 不○. 8-14 不○王命. 9-3 又崇立於上帝明神而○事之. 9-6 逆王命○. 10-6 ○王命. 10-7 ○其祓除. 15-7 ○恪恭儉. 17-18 ○所以承命也. 17-22 以○承命. 17-23 言○必及天. 22-13 夫○. 22-18 象天能○. 22-21 儉而○. 26-11 動莫若○. 26-14 ○也. 26-16 居儉動○. 26-18 ○百姓也. 26-24 而○百姓. 27-1 單子儉○讓咨. 27-3 ○王十年. 32-4 公欲弛郤○子之宅. 39-15 各致齊○於其皇祖. 39-23 公父文伯飲南宮○叔酒. 47-16 其事君者言○. 53-19 而○百姓. 55-2 而○百姓. 55-4 事君以○. 65-13 受命不遷爲○. 65-13 ○順所安爲孝. 65-13 棄命不○. 65-14 孝○忠貞. 65-15 ○賢於請. 69-19 ○也. 72-25 ○以知微. 78-6 ○不墜命. 78-7 昔管○仲有言. 88-9 而多識以恭○. 90-9 聖○日躋. 90-12 畏黷○也. 92-18 二三子○乎. 93-10 ○. 102-5 齊桓公親舉管○子. 102-9 臣見其不忘○也. 102-10 夫○. 102-10 趙孟○哉. 103-24 夫不忘恭○. 103-24 唯○. 104-7 知鐸遏寇之恭○而信彊也. 114-25 軍事有死無犯爲○. 115-19 臣敢不○. 115-20 和安而好○. 116-1 ○學而好仁. 121-16 不吾○也. 129-18 明○戒以導之事. 140-23 恭○以臨監之. 141-6 自退則○. 141-8 齊○之勤. 149-12 而○恭明神者. 149-13 ○而不瀆. 149-19 爲齊○也. 150-23 ○不可久. 150-23 ○其粢盛. 151-10 其誰敢不齊肅恭○. 151-20
【落】 4
以皋○狄之朝夕苛我邊鄙. 68-18 臣聞皋○氏將戰. 69-9 終必槁○. 76-24 民人離○. 159-15
【戟】 3
制重罪贖以犀甲一○. 58-5 輕罪贖以鞼盾一○. 58-6 美金以鑄劍○. 58-8
【朝】 92
○夕恪勤. 1-14 於是乎有○日夕月. 9-7 以諸侯○王于衡雍. 10-18 火○覿矣. 15-20 火○覿矣. 16-9 今雖○也不才. 16-25 魯成公來○. 18-11 王叔子譽諸○. 18-23 楚越必○. 19-13 制○以序成. 20-10 吾○夕儆懼. 25-16 單子○夕不忘成王之德. 27-7 使五年四王一相○. 34-15 小者致之市○. 37-4 所以○夕虔君命也. 39-10 成公在○. 41-20 而立其○乎. 45-12 伐取○歌. 46-21 齊○駕. 46-25 康子在其○. 47-21 康子辭於○. 47-22 合民事於外○. 47-23 合神事於內○. 47-24 合官職於外○. 47-24 合家事於內○. 47-24 夫外○. 47-25 內○. 48-1 公父文伯退○. 48-2 ○其母. 48-2 大采○日. 48-9 諸侯○修天子之業命. 48-13 卿大夫○考其職. 48-14 士○受業. 48-15 加之以○服. 48-19 ○夕處事. 48-22 吾冀而○夕修我曰. 48-23 ○哭穆伯. 49-16 溫恭○夕. 50-21 正月之○. 55-23 ○不越爵. 56-17 是故士莫敢言一○之便. 56-19 正月之○. 57-7 而大○諸侯於陽穀. 59-10 帥諸侯而○天子. 59-12 ○服以濟河. 60-20 史蘇○. 64-16 郤叔虎○. 65-18 以皋落狄之○夕苛我邊鄙. 68-18 稱疾不○. 72-11 以爲○夕之急. 78-5 令國人於○曰. 84-6 其主○升之. 103-2 盛服將○. 103-23 范武子退自○. 104-4 范文子暮退於○. 104-8 有秦客廋辭於○. 104-9 而三掩人於○. 104-11 伯宗○. 105-21 吾言於○. 105-21 使工誦諫於○. 107-9 考百事於○. 107-11 殺三郤而尸諸○. 110-11 ○于武宮. 113-16 使公族穆子受事於○. 116-12 敢辱君○. 116-14 以正於○. 121-4 ○無姦官. 121-4 於○無姦行. 121-9 吾○夕顧焉. 121-14 ○夕不相及. 124-24 以過於○. 126-3 其身尸於○. 127-3 一○而滅. 127-4 邢侯殺叔魚與雍子於○. 128-6 二人○. 129-25 ○夕誦善敗而納之. 132-5 官不易○常. 144-2 苟在○者. 146-8 必恭恪於○. 146-9 ○夕以交戒我. 146-9 而使○夕規諫. 147-6 故使○夕規誨箴諫. 147-11 成王聞子文之○. 152-14 每○設脯一束糗一筐. 152-14 子西歎於○. 154-2 ○夕勤志. 154-10 以○夕獻善敗於寡君. 154-20 宋鄭魯衛陳蔡執玉之君皆入○. 169-7 孰使我蚤○而晏罷者. 178-5 一○而棄之. 178-6 而○禮之. 179-4 浹日而令大夫○之. 179-4
【喪】 36
宣王既○南國之師. 5-25 偏○有咎. 21-20 既○. 21-20 若積聚既○. 28-11 聞○而還. 44-15 其誰代之任○. 44-15 將爲○舉. 44-17 聞○而還. 44-17 死○同恤. 55-17 而不能○國. 63-21 而先○紂. 68-8 不哀○而求國. 76-25 以○得國. 77-1 則必樂○. 77-1 樂○必哀生. 77-1 非○誰代. 77-3 ○亂有小大. 77-4 大○大亂之剡也. 77-4 父母死爲大○. 77-4 死又不敢涖○. 77-6 ○亂並臻. 77-22 又重之以○. 78-9 得國常於○. 78-10 失國常於○. 78-10 ○不可久. 78-11 果○其田. 80-5 果○其賂. 80-5 ○田不懲. 80-6 ○君有君. 84-13 而悼其父兄子弟之死○者. 84-16 而○其君. 85-3 快意而○君. 85-19 天未○晉. 88-3 則大不○威. 124-3 惑以○志. 125-7 與哀殯○. 154-4
【辜】 1
罪人克伏其○. 77-22
【蔡】 2
蘧○不可使俯. 100-7 蘧○蒙璆. 100-24
【葵】 3
○丘之會. 59-14 築○茲晏負夏領釜丘. 60-15 ○丘之會. 75-6
【楛】 4
榛○濟濟. 27-24 夫旱麓之榛○殖. 27-24 ○矢貫之. 50-8 於是肅慎氏貢○矢石砮. 50-12
【植】 1
今天王既封○越國. 159-4
【棼】 1
苗○皇曰. 105-10
【焚】 9
而火○其彝器. 25-20 ○而死. 33-4 ○. 40-8 將以己丑○公宮. 96-1 是○穀也. 113-7 成而○之. 113-9 ○其姑蘇. 162-2 以○其北郛焉而過之. 164-18 將○宗廟. 170-17
【棟】 6
不厚其○. 41-12 ○莫如德. 41-13 養吾○也. 46-10 夫○折而榱崩. 46-10 國之○也. 67-11 ○成乃制之. 67-11
【棲】 3
越王句踐○於會稽之上. 170-4 今君王既○於會稽之上. 170-9 ○於會稽. 174-15
【椒】 9
○既言之矣. 46-17 ○請從. 46-18 ○舉娶於申公子牟. 141-25 康王以爲○舉遣之. 142-1 ○舉奔鄭. 142-1 ○舉降三拜. 142-5 今○舉娶於子牟. 143-10 謂○舉曰. 143-11 乃使○鳴召其父而復之. 143-20
【晳】 3
使僕夫子○問於范無宇. 145-4 子○復命. 145-24 盍求若敖氏與子干子○之族而近之. 156-23
【楗】 1
韋藩木○. 126-3
【極】 15
無不得其○. 3-12 莫匪爾○. 3-14 物得其常曰樂○. 29-17 ○之所集曰聲. 29-18 則夕○於魯國. 46-25 人長之○幾何. 50-4 數之○也. 50-5 故莫不盡忠○勞以致死也. 64-18 使知其○. 66-5 夫人知○. 66-5 而○於此. 88-2 行姟○. 137-14 則不知民之○. 166-18 無過天○. 177-10 莫知其所終○. 179-3
【軫】 14
還○諸侯. 91-1 臣從君還○. 94-16 先○曰. 97-24 先○曰. 97-24 先○曰. 98-6 先○有謀. 99-12 先○佐之. 99-13 先○之謀也. 99-14 使先○代之. 99-14 先○不復命. 110-3 謂先○曰. 142-12 先○從之. 142-14 以還○於諸侯. 143-17 還○諸侯. 147-14
【軺】 1
服牛○馬. 54-4
【惠】 67
○王三年. 6-22 精潔○和. 7-8 其○足以同其民人. 7-8 賜晉○公命. 8-13 以和○民. 8-24 及○后之難. 10-16 平桓莊○. 12-10 ○后欲立王子帶. 12-21 君若○及之. 13-22 寬肅宣○. 17-18 ○所以和民也. 17-19 ○以和民則阜. 17-20 是以不主寬○. 18-17 言○必及和. 22-15 ○. 22-21 慈和能○. 22-23 夫○本而後民歸之志. 34-5 今將○以小賜. 34-9 先臣○伯以命於司里. 39-15 子服○伯曰. 44-12 子服○伯曰. 46-14 子服○伯曰. 46-17 子服○伯見韓宣子. 46-19 陳○公使人以隼如仲尼之館. 50-9 君加○於臣. 52-5 寬○柔民. 52-7 聰○質仁. 55-24 甚寬○而慈於民. 67-23 夫豈○其民. 67-25 而不○於其父乎. 67-25 若○於父. 70-5 ○於衆. 70-5 ○難徧也. 75-11 夫齊侯將施○出責. 75-12 子○顧亡人. 77-5 君若○顧社稷. 77-24 君○弔亡臣. 78-14 寔爲○公. 79-12 ○公入. 80-4 ○公即位. 80-10 ○公既殺里克而悔之. 80-23 ○公既即位. 81-5 昔君之○也. 82-24 是故歸○公而質子圉. 84-4 不亦○乎. 84-11 君之○也. 84-23 ○莫大焉. 84-24 ○公未至. 85-1 ○公卒. 86-3 而○以有謀. 90-8 ○公卒. 94-15 又爲○公從余於渭濱. 95-12 未報楚○. 98-13 而○慈二蔡. 100-14 ○于宗公. 100-21 故以○誅怨. 109-10 ○公不復舍. 110-2 而宣○於教也. 114-11 荀家惇○. 114-15 故使惇○者教之. 114-17 惇○者教之. 114-19 柔○小物. 116-1 夫君子寬○以卹後. 124-25 巧文辯○則賢. 133-9 ○於小民. 146-17 ○王以梁與魯陽文子. 155-11 忠○以善

之. 166-11
【惑】 15
有眩○之明. 29-6 吾○之. 45-15 縱○不疚. 63-17 雖欲縱○. 63-19 不阿其○. 65-6 ○則誤民. 65-7 亦不阿○. 65-9 今謂君○於我. 67-23 孰不○焉. 68-7 ○不釋也. 68-7 將以驪姬之○蠱君. 76-10 ○以生蠱. 125-7 ○以喪志. 125-7 吾子不能諫○. 125-12 其○者. 126-16
【粟】 3
無食○之馬. 42-3 馬不食○. 42-4 公令河上輸之○. 82-11
【棗】 1
夫婦贄不過○栗. 35-10
【棘】 2
乃匍匐將入於○闈. 160-14 ○闈不納. 160-14
【酢】 1
獻酬交○也. 30-18
【厥】 7
亶○心. 26-21 不更○貞. 80-12 韓○必不没矣. 103-2 吾舉○也而中. 103-8 安用○也. 112-5 ○疾不瘳. 147-8 ○足用傷. 147-8
【殖】 17
財用蕃○. 3-25 穀乃不○. 4-6 豐○九藪. 24-7 夫旱麓之榛楛○. 27-24 生何以○. 28-12 以○義方. 28-25 動以○生. 29-4 政成生○. 29-4 樂以○財. 29-13 則有蕃○之財. 29-25 能○百穀百蔬. 38-6 所以生○也. 38-21 惡不○也. 90-16 不能蕃○. 91-4 周棄能播○百穀蔬. 136-11 生乃不○. 151-3 其生不○. 151-4
【殘】 9
所○必多. 25-9 乃易○也. 66-6 將○其民. 97-11 君將○之. 97-12 而○其姻族. 97-14 將○伐越國. 158-21 求○我社稷宗廟. 166-2 求○吾社稷宗廟. 166-21 吾將○汝社稷. 172-25
【雄】 2
見○雞自斷其尾. 31-24 吾見○雞自斷其尾. 31-25
【殛】 5
堯用○之于羽山. 24-3 鮌鄣洪水而○死. 38-9 是故舜之刑也○鮌. 102-7 ○之于羽山. 126-12 乃可以致天地之○. 176-23
【雲】 1
又有藪曰○連徒洲. 154-23
【雅】 1
大○曰. 3-14
【覘】 1
公使○之. 111-10
【虛】 3
無愛○以求入. 77-15 始合諸侯于○朾. 115-4 而囷鹿空○. 165-18
【棠】 1
○潛. 58-12
【掌】 5
寔○近官. 96-18 ○其中官. 96-19 ○其遠官. 96-19 使○公族大夫. 116-16 將還玩吾國於股○之上. 159-12
【暑】 1
處○之既至. 145-21
【量】 10
釐改制○. 24-4 於是乎○資幣. 27-12 律度○衡. 28-18 正之以度○. 29-2 考中聲而○之以制. 30-13 而○其有無. 51-4 今晉侯不○齊德之豐否. 75-17 ○力而進. 128-20 明度○以導之義. 140-22 彝器之○. 149-15
【貺】 7
單子之○我. 26-15 ○使臣以大禮. 43-8 君之所以○使臣. 43-13 臣敢不拜○. 43-14 君○使臣以大禮. 43-19 而嘉其○. 65-14 受君之重○. 78-2
【貽】 1
欲以○女. 14-25
【鼎】 3
陳其○俎. 15-6 據○耳而疾號曰. 98-25 賜之莒○. 126-18
【戢】 4
夫兵○而時動. 1-5 載○干戈. 1-6 則以王如廬○黎. 142-18 廬○黎殺二子而復王. 142-19
【開】 2
夫樂以○山川之風也. 121-19 田野○闢. 175-11
【猒】 2
不可○也. 12-17 豈敢○縱其耳目心腹. 13-4
【閔】 1
度於○夭. 100-18
【間】 6
其○無由荒怠. 34-17 處大國之○. 44-1 且夫○父之愛. 65-14 子無謀吾父子之○. 69-15 其濟洛河潁之○乎. 135-13 唯謝郟之○. 137-2
【閒】 43
而自竄于戎狄之○. 1-12 新不○舊. 12-13 王以狄女○姜任. 12-13 田在草○. 16-15 居大國之○. 17-10 神無○行. 24-9 必有慆淫之心○之. 24-18 必有忠信之心○之. 24-23 不過步武尺寸之○. 28-14 不過墨丈尋常之○. 28-15 在清濁之○. 28-16 爲之六○. 30-20 元○大呂. 30-20 二○夾鍾. 30-21 三○仲呂. 30-22 四○林鍾. 30-23 五○南呂. 30-23 六○應鍾. 30-24 齊人○晉之禍. 46-21 使就○燕. 53-17 ○燕則父與父言義. 53-19 宥○罪. 58-7 善處父子之○矣. 69-20 乃可○也. 72-4 難以得○. 72-5 一○也. 108-15 二○也. 108-16 三○也. 108-17 四○也. 108-18 五○也. 108-18 ○蒙甲胄. 108-25 宥○罪. 113-17 可以少○. 118-8 使無有○隙. 121-8 吾子一食之○而三歎. 130-2 子高以疾○居於蔡. 157-7 以伺吾○. 160-3 以○陳蔡. 160-8 通於商魯之○. 161-22 封於江淮之○. 162-24 出於商魯之○. 165-7 事將有○. 175-11 事無○. 175-13
【閔】 1
○馬父笑. 50-18
【遇】 8
○乾之否. 23-6 且○傷乎. 25-11 里革○之. 40-12 ○兆. 62-12 出○士蔿. 65-19 ○宰周公. 75-6 ○大車當道而覆. 105-13 ○之於鄭. 142-2
【遏】 3
猶不可○. 25-9 夫先樂金奏肆夏樊○渠. 43-9 知鐸○寇之恭敬而信彊也. 114-25
【景】 16
及○王. 26-8 ○王崩. 26-8 ○王二十一年. 27-11 ○王既殺下門子. 31-24 子服○伯戒宰人曰. 50-17 ○伯問之. 50-18 ○霍以爲城. 75-15 其勳銘於○鍾. 114-9 以輔成○. 121-6 秦○公使其弟鍼來求成. 122-9 秦○公使醫和視之. 125-5 士○伯如楚. 128-4 及○子長於公宮. 130-24 有○之教訓. 131-1 秦○襄於是乎取周土. 139-5 秦徵衙寔難桓○. 145-14
【跗】 2
郤至以韎韋之○注. 108-21 有韎韋之○注. 108-23
【跛】 2
立無○. 22-12 且夫立無○. 23-1
【貴】 14
爲班爵○賤以列之. 9-11 尊○. 12-4 是不尊○也. 12-9 其○國之賓至. 16-23 故聖人○讓. 19-22 故先王○之. 31-4 雖○. 37-23 市賤鬻○. 54-5 尊○寵. 96-15 ○貨而易土. 116-8 今子○而忘義. 124-10 天子之○也. 144-16 則無爲○智矣. 162-16 民以惡死而欲○富以長没也. 162-16
【蛤】 1
雀入于海爲○. 132-16
【鄖】 7
至於今處○. 152-20 昭王奔○. 153-15 ○公之弟懷將弑王. 153-15 ○公辛止之. 153-16 ○公曰. 153-17 ○公以王奔隨. 153-23 王歸而賞及○懷. 153-24
【單】 24
定王使○襄公聘於宋. 15-19 ○子歸. 16-2 ○子如楚. 17-12 邵公以告○襄公曰. 18-24 ○襄公見晉厲公. 21-4 ○子曰. 21-9 事○襄公. 22-12 ○襄公曰驩. 23-10 及○靖公. 26-10 ○之老送叔向. 26-13 其有○子也. 26-14 ○子之貺我. 26-15 ○子儉敬讓咨. 27-3 ○若不興. 27-4 ○子朝夕不忘成王之德. 27-7 則○子必當之矣. 27-9 ○若有闕. 27-9 ○穆公曰. 27-11 ○穆公曰. 28-10 將殺○子. 32-3 見○穆公曰. 32-7 ○子曰. 32-22 堯能○均刑法以儀民. 38-9 夏禹能○平水土. 136-10
【喙】 2
余病○. 104-16 是虎目而豕○. 119-21
【買】 1
與紹親以○直. 128-10
【嵎】 1
守封○之山者也. 50-1
【幃】 1
王使婦人不○而譟之. 138-8
【黑】 3
故名之曰○臀. 23-9 逆公子○臀而立之. 104-1 皆玄裳玄旗○甲烏羽之矰. 163-8
【圍】 18
國人○之. 3-18 晉侯○之. 13-17 楚公子○. 45-13 公子○. 45-15 公子○反. 45-21 公○之. 97-11 臣亦釋宋之○. 98-5 子玉釋宋○. 98-11 釋宋○. 101-10 欒武子中行獻子○公於匠麗氏. 112-1 楚令尹○

將以魯叔孫穆子爲戮. 123-16 ○鼓. 128-14 晉陽之○. 134-6 晉師○而灌之. 134-14 王孫○聘於晉. 154-15 問於王孫○曰. 154-16 ○聞國之寶. 155-5 ○王臺. 168-19

【甥】 19

呂○郤芮相晉侯. 8-13 夫亦皆天子之父兄○舅也. 14-1 呂○及郤稱. 77-10 呂○欲納我. 77-11 呂○出. 77-17 君厚問以召呂○郤稱冀芮而止之. 81-8 乃使郤乞告呂○. 84-6 呂○教之言. 84-6 呂○致衆而告之曰. 84-10 呂○曰. 84-12 呂○逆君於秦. 84-15 方雷氏之○也. 92-5 彤魚氏之○也. 92-5 呂○冀芮帥師. 95-4 於是呂○冀芮畏偪. 96-1 則皆王之父兄○舅也. 97-14 是非王之支子母弟○舅也. 135-11 吾○也. 142-6 彼有公族○舅. 142-9

【無】 538

玩則○震. 1-5 而○勤民於遠. 2-7 是以近○不聽. 2-7 遠○不服. 2-7 其○乃廢先王之訓. 2-9 ○不得其極. 3-12 ○有求利於其官. 5-4 ○以賦令. 6-8 且○故而料民. 6-8 水土○所演. 6-15 民神○怨. 7-9 ○所依懷. 7-13 ○有祈也. 8-4 其君必○後. 8-16 ○與守邦. 8-19 ○以萬夫. 8-19 替贊○鎮. 9-19 誣王○民. 9-19 懷公○胄. 9-24 分均○怨. 10-10 行報○匱. 10-10 ○乃不可乎. 11-11 其○乃階禍乎. 11-21 求○不至. 12-6 動○不濟. 12-6 夫狄○列於王室. 12-8 ○逢其災害. 13-2 使○有遠志. 13-19 ○乃玩而頓乎. 13-23 觀武○烈. 13-24 故上下○怨. 14-6 ○乃不可乎. 14-6 夫君臣○獄. 14-7 是○上下也. 14-7 余懼其○後. 14-9 驕則○禮. 14-14 ○禮則脫. 14-15 能○敗乎. 14-15 秦師○謫. 14-16 ○毁折. 14-20 ○亦擇其柔嘉. 15-5 道○列樹. 15-22 國○寄寓. 15-23 縣○施舍. 15-23 川○舟梁. 16-10 其餘○非穀土. 16-13 民○懸耜. 16-13 野○奧草. 16-13 有優○匱. 16-14 有逸○罷. 16-14 ○從非彝. 17-3 ○即慆淫. 17-4 而○此四者. 17-11 則○敗功. 17-20 則可以上下○隙矣. 17-25 ○不及. 19-18 故國將○咎. 21-16 必皆○謫. 21-16 ○德之患. 22-6 立○跛. 22-12 視○還. 22-12 聽○聳. 22-12 言○遠. 22-12 且夫立○跛. 23-1 視○還. 23-1 聽○聳. 23-2 言○遠. 23-2 晉仍○道而鮮胄. 23-13 然則○夭昏札瘥之憂. 23-22 而○飢寒乏匱之患. 23-23 故天○伏陰. 24-8 地○散陽. 24-9 水○沈氣. 24-9 火○災燀. 24-9 神○閒行. 24-9 民○淫心. 24-10 時○逆數. 24-10 物○害生. 24-10 絕後○主. 24-20 夫亡者豈繄○寵. 24-21 以殄滅○胤. 24-22 ○乃實有所避. 25-3 ○乃不可乎. 25-4 ○過亂人之門. 25-5 其○乃章禍. 25-10 王○亦鑒于黎苗之王. 25-17 ○有異焉. 25-25 ○所比度. 26-5 燕○私. 26-11 器○彤鏤. 26-16 而加之以○私. 26-18 能○匱乎. 27-16 ○乃不可乎. 27-20 國○經. 27-21 其竭也○日矣. 28-5 王將鑄○射. 28-10 若○射有林. 28-12 ○益於樂. 28-20 是以作○不濟. 28-25 求○不獲. 28-25 民○據依. 29-7 於是乎氣○滯陰. 29-20 亦○散陽. 29-20 ○益於教. 30-3 王將鑄○射. 30-12 平民○貳也. 30-18 六曰○射. 30-19 ○姦物也. 31-1 細鈞有鍾○鎛. 31-1 大鈞有鎛○鍾. 31-2 甚大○鎛. 31-2 以○射之上宮. 31-22 周若○咎. 32-24 是以用民○不聽. 34-9 求福○不豐. 34-9 其間○由荒怠. 34-17 使○陷於惡. 35-3 ○益於君. 35-6 是男女○别也. 35-12 不可○也. 35-12 是以國家○違. 35-20 將○不趨也. 36-10 野○青草. 36-16 ○相害也. 36-19 夫衛君殆○罪矣. 37-1 ○有隱者. 37-2 是○隱也. 37-4 恐○及也. 37-21 今○故而加典. 38-2 ○功而祀之. 38-24 ○乃違乎. 39-18 ○乃不可乎. 40-2 能○殃乎. 40-5 不爲○殃. 40-7 ○逆命矣. 40-12 ○逆命矣. 40-14 貪○藝也. 41-6 使吾○忘諗. 41-8 而○大德. 41-13 亡○日矣. 41-14 ○大功而欲大祿. 41-15 民○所始. 41-17 ○由省之. 41-23 ○衣帛之妾. 42-3 ○食粟之馬. 42-3 ○乃非相人乎. 42-6 諸侯有卿○軍. 43-21 有大夫○卿. 43-23 下○姦慝. 44-1 ○乃不可乎. 44-2 彼○亦置其同類. 45-3 若○其心. 45-19 ○有處人. 46-23 其○乃得蠻夷而失諸侯之信乎. 47-4 ○乃罪乎. 47-23 使○慆淫. 48-14 ○憾而後即安. 48-16 ○日以息. 48-17 必○廢先人. 48-24 請○瘠色. 49-11 ○洵涕. 49-11 ○掐膺. 49-11 ○憂容. 49-11 ○加服. 49-12 愛而○私. 49-17 ○以吾命. 49-19 使○忘職業. 50-11 使○忘服也. 50-15 而量其有○. 51-4 ○則已. 51-6 易其所○. 54-5 與○財. 55-2 與○財. 55-4 以誅○道. 55-21 而○大厲. 56-12 罷士○伍. 56-17 罷女○家. 56-17 ○奪民時. 56-24 ○或淫怠而不聽治者. 57-5 ○受其資. 57-23 弢○弓. 59-12 服○矢. 59-12 ○下拜. 59-16 曰爾○下拜. 59-18 國絕○嗣. 59-23 其畜散而○育. 60-1 而○怵惕焉. 60-20 唯能用管夷吾甯戚隰朋賓胥○鮑叔牙之屬. 60-21 苟○死. 62-4 飲而○肴. 62-17 罰女以○肴. 62-18 不唯○肴. 62-21 凶之○有. 62-21 亡○日矣. 63-15 ○所不疚. 63-17 以儆○辱之故. 64-14 有縱君而○諫臣. 65-22 有冒上而○忠下. 65-23 而○所據依. 65-24 既○老謀. 66-2 而又○壯事. 66-2 ○乃難遷乎. 66-9 ○不遷矣. 66-11 雖欲○遷. 66-12 不可以○主. 66-15 宗邑○主. 66-15 疆埸○主. 66-15 ○乃不可乎. 67-1 ○以避罪. 67-15 不患○名. 67-19 不患○祿. 67-19 ○乃以國故. 67-23 ○以一妾亂百姓. 67-25 故長民者○親. 68-3 殺親○惡於人. 68-6 ○章其惡. 68-8 ○必假手於武王. 68-9 唯○親. 68-13 使○日以牧田野. 68-19 怪生○常. 69-3 ○常生不立. 69-3 子○謀吾父子之間. 69-15 偏躬○慝. 70-1 親以○災. 70-2 言○郵. 71-12 且人中心唯○忌之. 72-6 我○心. 72-7 是以言至而○所訟之也. 72-21 ○勇. 73-7 國○公族焉. 73-19 ○卜焉. 73-21 其○不成. 74-1 ○走. 74-9 内外○親. 74-18 君可○會也. 75-6 君○懼矣. 75-14 ○不爲. 75-25 ○不遂也. 76-6 可使○入. 76-8 赦○罪. 76-12 大夫○常. 77-12 大夫○常. 77-14 ○愛虛以求入. 77-15 亡人○親. 78-12 亡人○狷潔. 78-19 ○愛財. 78-20 豈謂君○有. 79-2 ○有難急也. 79-3 亡人○黨. 79-14 故出亡○怨於國. 79-15 故○不濟. 80-8 貞之○報也. 80-11 國斯○刑. 80-12 ○後. 81-3 ○勇. 81-19 且夫禍唯○釁. 81-24 晉君○禮於君. 82-1 晉君○施於其衆. 82-6 ○損於怨. 82-12 三施而○報. 82-22 寡人將○所避. 83-1 若○天乎. 83-10 晉君之○道. 83-21 殺○道而立有道. 83-22 勝○後害. 83-22 ○乃不可乎. 83-24 國可以○害. 84-4 有死○他. 84-19 而○來. 84-20 ○使自殺. 85-17 謀而○正. 87-9 貳○成命. 88-1 ○貳爾心. 88-1 晉○寧歲. 88-2 民○成君. 88-3 ○異公子. 88-3 猶懼○及. 88-6 晉之○道久矣. 88-14 若○所濟. 88-20 若○所濟. 88-21 公子○亦晉之柔嘉. 88-23 國○紀不可以終. 89-2 民○結不可以固. 89-2 德○建不可以立. 89-3 ○乃不可乎. 89-3 晉仍○道. 89-7 以討○禮. 89-9 得晉國而討○禮. 89-14 亡者皆○禮者也. 89-19 國君○親. 89-22 ○乃不可乎. 90-4 久約而○釁. 90-17 ○乃不可乎. 91-2 黍稷○成. 91-3 其○令君乎. 91-16 則○故. 92-1 ○德於人. 93-2 則○所矣. 93-10 爻○爲也. 94-1 ○不濟矣. 94-21 君○懼矣. 95-2 其○蒲狄乎. 95-19 而○怨言. 95-22 君其○悔乎. 95-25 匡困資○. 96-13 ○若政何. 97-7 ○乃非禮乎. 97-12 子玉○禮哉. 98-5 宋衆○乃彊乎. 98-7 禍○赦矣. 98-24 則時○廢功. 99-6 然則教○益乎. 100-22 夫軍事○犯. 103-4 ○以內易外也. 104-6 亡○日矣. 104-11 車○退表. 104-18 鼓○退聲. 104-18 主言而○謀. 105-23 故○憂. 108-10 子見○土而欲富者. 108-10 ○乃傷乎. 108-24 細○怨而大不過. 109-11 且唯聖人能○外患. 109-13 又○內憂. 109-14 ○德而服者衆. 109-18 能○外患. 109-20 又○內憂. 109-20 盍姑○戰乎. 110-1 福○所用輕. 110-6 禍○所用重. 110-6 唯○德而功烈多. 110-14 天道○親. 110-21 ○德而福隆. 110-22 猶○基而厚墉也. 110-23 其壞也○日矣. 110-23 順○不行. 112-6 果○不徹. 112-6 ○乃不堪君訓. 113-13 而○後. 114-1 ○忌鎮靜. 114-16 軍事有死○犯爲敬. 115-19 請○重寡人之過. 115-21 有直質而○流心. 116-1 軍○秕政. 116-4 ○終子嘉父. 116-5 戎狄○親而好得. 116-6 ○忌備公族. 116-12 ○功庸者. 116-13 今○忌. 116-13 寡人○不得志. 117-1 寡人○以待戎. 117-4 ○以濟河. 117-4 禍敗○已. 118-6 亦○君也. 118-22 ○內亂也. 119-8 ○從欒氏而從君. 119-12 以○大援於晉國. 119-14 久而○成. 120-8 又○決. 120-20 朝○姦官. 121-4 國○敗績. 121-4 諸侯○二心. 121-5 軍○敗政. 121-6 國○姦民. 121-7 使○有閒隙. 121-8 於朝○姦行. 121-9 於國○邪民. 121-9 於是○四方之患. 121-10 而○外內之憂. 121-10 今既○事矣. 121-10 謀則○與也. 121-15 ○不可. 122-5 導賓主之言○私. 122-14 忠塞○用. 122-25 没平公○楚患. 123-5 ○爭先. 123-14 可○愛乎. 124-2 國○道. 124-23 內○苛慝. 125-9 而○尋尺之祿. 126-5 ○大績於民故也. 126-5 ○不偏諭. 126-9 而○除. 126-9 而○其實. 126-19 ○以從二三子. 126-20 貪慾○藝. 126-24 唯○德也. 127-4 可○勞師而得城. 128-15 晉豈其○. 128-20 ○有二心. 129-5 臣○叛質. 129-6 我○一. 129-21 民○二心. 130-10 而○以尹鐸爲少. 130-15 ○以晉陽爲遠. 130-16 郵○正進. 130-20 ○謗於國. 130-25 郵○正御. 131-11 夷請○筋○骨. 131-15 ○面傷. 131-16 ○敗用. 131-16 ○隕懼. 131-16 君子哀○人. 132-18 不哀○賄. 132-18 哀○德. 132-18 不哀○寵. 132-19 故○大患. 133-25 ○乃不可乎. 134-1 盍姑○愛寶於諸侯乎. 134-7 吾○使也. 134-7 民○叛意. 134-15 ○不克矣. 135-17 而又○令聞. 136-19 斟姓○後. 136-20 聲一○聽. 137-17 物一○文. 137-17 味一○果. 137-17 欲○弊. 137-18 恐○及也. 138-22 ○能益焉. 140-5 而○惡於諸侯. 144-5 ○有至者. 144-8 皆○害焉. 144-13 使僕夫子皙問於范○宇. 145-4 齊渠丘寔殺○知. 145-13 女○亦謂我老耄而舍我. 146-3 ○謂我老耄而舍我. 146-8 是○所稟令也. 147-3 ○余棄也. 147-12 ○乃不可乎. 147-18 子木有羊饋而○芰薦. 148-3 若○然. 149-5 ○有要質. 149-23 烝享○度. 149-23 ○有嚴威. 150-1 ○物以享. 150-2 ○相侵瀆. 150-4 則○不受休. 150-22 ○有苛慝於神者. 151-23 ○一日之積. 152-13 死○日矣. 152-18 ○令名於四方. 152-21 民○所放. 152-23 而○禮不顧. 153-3 ○乃不可乎. 153-10 以○忘前敗. 153-14 ○有歎焉. 154-5 ○患吳矣. 154-8 使○以寡君爲口實. 154-19 使寡君○忘先王之業. 154-21 使神○有怨痛於楚國. 154-22 使○水旱之災. 155-7 夫事君○憾. 155-12 若來而○寵. 156-6 穀食○厭. 156-7 ○所靖矣. 156-17 夫誰○疾眚. 156-20 死○日矣. 156-22 王其○庸戰. 158-6 乃○有命矣. 158-13 今句踐申禍○良. 158-18 是以○成功. 159-4 是天王之○成勞也. 159-6 而○拂吾慮. 159-8 若○越. 159-18 以盟爲○益乎. 159-21 ○鑑於水. 160-6 王覺

而○見也. 160-14 王其○方收也. 160-19 今王○以取之. 161-14 ○會而歸. 162-6 ○會而歸. 162-8 遠○正就. 162-8 我○生命矣. 162-10 王其○疑. 162-14 必○有二命. 162-14 則○爲貴智矣. 162-16 ○遷. 162-18 ○有誅焉. 162-22 ○姬姓之振也. 163-17 爲使者之○遠也. 163-23 ○以待危. 164-4 ○所逃罪. 164-7 夫諸侯○二君. 164-13 而周○二王. 164-13 君若○卑天子. 164-13 市○赤米. 165-18 ○使夫悛. 165-20 ○以行之. 166-4 ○以銓度天下之衆寡. 166-18 ○以行之. 166-22 ○阿孤. 166-24 內政○出. 167-10 外政○入. 167-10 內政○出. 167-15 外政○入. 167-15 有父母耆老而○昆弟者. 167-23 孤○奈越之先君何. 168-21 王其○死. 169-1 使死者○知. 169-5 夫雖○四方之憂. 170-7 ○乃後乎. 170-9 寡君句踐之○所使. 170-12 ○乃卽傷君王之所愛乎. 170-19 民○所移. 170-22 有吴則○越. 170-22 有越則○吴矣. 170-22 必○及已. 171-3 南至於句○. 171-14 令壯者○取老婦. 171-18 令老者○取壯妻. 171-19 ○不餔也. 172-3 ○不歠也. 172-3 請姑○庸戰. 172-9 退則○恥. 172-17 而可○死乎. 172-19 越可以○聽天之命. 172-22 ○是貳言也. 174-14 ○曠其衆. 175-11 事○閒. 175-13 時○反. 175-13 王○蚤圖. 176-4 ○至禽荒. 176-21 ○至酒荒. 176-21 ○忘國常. 176-22 得時○怠. 177-6 ○過天極. 177-10 後○陰蔽. 177-13 先○陽察. 177-14 用人○藝. 177-14 蚤晏○失. 177-20 周旋○究. 177-20 吾王敢○聽天之命. 178-9○助天爲虐. 178-11 ○使執事之人. 178-18 使其身○終没於越國. 178-25 使○終没於越國. 179-6

【短】 3

○之至也. 50-5 是吴命之○也. 161-15 君有○垣. 164-11

【智】 48

言○必及事. 22-14 ○. 22-20 事建能○. 22-22 ○雖弗及. 34-13 難以爲仁且○矣. 38-23 而○者處物. 38-24 非○也. 38-25 ○也夫. 49-14 寡○不敏. 72-19 ○不重困. 73-5 不○. 73-6 不○. 81-19 ○也. 83-23 不可謂○. 84-2 不○. 85-15 ○也. 98-25 毛之○. 99-16 諸大夫皆謂我○似陽子. 105-22 見○武子. 107-18 ○子之道善矣. 108-4 吾君將伐○而多力. 109-22 君伐○而多力. 110-10 ○人不詐. 111-14 事廢爲不○. 112-2 欒武子使○武子彘恭子如周迎悼公. 113-4 呂錡佐○莊子於上軍. 113-21 知張老之○而不詐也. 114-24 ○不能匡君. 116-13 夫絳之○. 116-17 ○宣子將以瑤爲後. 133-3 ○果曰. 133-4 ○宗必滅. 133-11 ○果別族于太史. 133-12 及○氏之亡也. 133-13 ○襄子爲室美. 133-14 ○伯曰. 133-14 ○伯曰. 133-15 三年而○氏亡. 133-18 ○襄子戲韓康子而侮段規. 133-19 ○伯國聞之. 133-20 而殺○伯于師. 134-4 遂滅○氏. 134-5 其○之不疾也. 147-9 其○能上下比義. 149-8 詐而不○. 155-21 則無爲貴○矣. 162-16 ○爲始. 166-17 不○. 166-18

【程】 2

知○鄭端而不淫. 115-2 ○伯休父其後也. 150-8

【黍】 5

○稷無成. 91-3 ○不爲○. 91-4 子餘使公子賦○苗. 93-14 若○苗之仰陰雨也. 93-15

【犂】 2

盍亟索士整庇州○焉. 105-25 畢陽實送州○于荆. 106-3

【稂】 1

馬餼不過○莠. 42-9

【筐】 1

每朝設脯一束糗一○. 152-14

【笲】 9

折委○. 104-12 靡○之役. 104-13 靡○之役. 104-16 靡○之役. 104-23 靡○之役. 105-2 靡○之役也. 105-8 旣○而孕. 138-10 欲○之. 148-2 去○. 167-12

【等】 5

則以班加一○益虔. 16-23 加於諸侯一○. 37-12 而○胄之親疏也. 39-22 從其○. 124-10 明○級以導之禮. 140-22

【策】 4

天○焞焞. 75-4 ○於上帝. 105-18 委質而○死. 129-5 而○告之. 138-6

【筵】 1

布几○. 10-2

【答】 1

周王○曰. 165-10

【筋】 2

夷請無○無骨. 131-15 ○力不足以勝甲兵. 168-6

【筆】 3

臣以死奮○. 40-16 進秉○. 130-8 臣以秉○事君. 133-16

【傲】 1

小國○. 74-15

【備】 49

有征討之○. 2-5 小醜○物. 2-16 行善而○敗. 3-4 而不○大難. 3-11 土不○墾. 4-23 以○百姓兆民之用. 12-25 而縮取○物. 13-10 草木節解而○藏. 16-5 且夫○. 27-17 可先而不○. 27-18 將災是○禦而召之. 27-20 災至而○亡. 28-5 吾周官之於災○也. 28-6 財以○器. 29-12 物○而樂成. 29-21 民○樂之. 30-6 辰也○卿. 35-17 而有守國之○. 44-22 ○承事也. 45-17 使僮子○官. 48-5 有守禦之○. 55-7 而○其凶. 62-21 ○之何害. 62-22 ○之爲瘳. 62-22 重耳父生不得供○洒掃之臣. 77-6 戒○畢矣. 80-9 ○嬪嬙焉. 91-25 ○師尚禮以示之. 101-7 令三軍之鍾鼓必○. 103-14 而○鍾鼓. 103-15 是故伐○鍾鼓. 103-17 吾○鍾鼓. 103-20 物○矣. 108-3 無忌○公族. 116-12 ○其物. 124-10 其宮不○其宗器. 126-21 主不○. 133-20 又弗○. 134-1 教○而不從者. 141-7 木不妨守○. 144-2 四封不○一同. 147-16 故求○物. 150-19 百嘉○舍. 151-8 所以○賦. 154-24 有不虞之○. 155-1 足以○財用. 155-9 而遠○閉之. 156-21 ○刑戮. 162-20 審○則可以戰乎. 167-3

【傅】 12

帥○氏及祝史. 8-7 吾欲使陽處父○讙也. 100-6 在○弗勤. 100-13 使爲太○. 114-11 使○太子彪. 117-10 居太○. 121-7 叔向爲太○. 125-23 未○而鼓降. 128-21 莊王使士亹○太子箴. 140-4 王卒使○之. 140-11 王子燮爲○. 142-16 得○說以來. 147-6

【貸】 1

假○居賄. 126-25

【順】 47

太史○時覛土. 4-1 不○必犯. 5-12 故出令不可不○也. 5-13 行而不○. 5-14 所以爲○也. 5-14 非禮不○. 9-2 ○之道也. 10-7 以○及天地. 13-2 周旋序○. 15-13 則○而德建. 15-15 奉義○則謂之禮. 20-8 ○義爲上. 20-10 不○四時之序. 24-22 而○於時動. 24-24 而方不○時. 25-19 則非○也. 26-3 動不○時. 29-7 君作而○. 35-9 夫宗有司之言○矣. 40-3 犯○不祥. 40-4 諸侯稱○矣. 59-20 敬○所安爲孝. 65-13 孤突不○. 71-7 在因民而○之. 77-8 況其○身縱欲懷安. 88-6 ○以訓之. 94-5 衆○. 94-7 衆而○. 94-9 衆○而有武威. 94-11 以○禮也. 97-11 其身果而辭○. 112-6 ○無不行. 112-6 犯○不祥. 112-6 臣聞師衆以○爲武. 115-19 而辭○. 116-19 臣○之也. 119-11 必○於典刑. 120-22 ○其憲則. 126-22 ○德以學子. 130-25 不○. 131-21 行之以○. 132-5 孝○以納之. 141-6 道其○辭. 151-12 ○道其欲惡. 154-22 孤敢不○從君命長弟. 164-14 因陰陽之恒○天地之常. 175-17 必○天道. 177-20

【傒】 1

衛彪○適周. 32-7

【集】 13

極之所○曰聲. 29-18 有隼○于陳侯之庭而死. 50-7 不其○亡. 63-20 人皆○於苑. 71-14 己獨○於枯. 71-15 重耳若獲○德而歸載. 93-19 將○天行. 94-20 ○于桓鉤. 95-21 軍事○焉. 104-19 幸而○. 122-13 不○. 122-13 恐事之不○. 163-22 以○其謀. 169-8

【雋】 2

成而○才. 90-17 姜嬴之○也. 139-2

【遑】 1

不○啓處. 88-6

【鄔】 2

○弊補舟依黖歷華. 135-17 妘姓○鄶路偪陽. 136-17

【衆】 88

人三爲○. 2-14 公行下○. 2-14 ○以美物歸女. 2-15 ○非元后. 8-18 后非○. 8-18 則惟女○. 8-21 則長○使民. 8-22 先王知大事之必以濟○也. 8-23 然則長○使民之道. 9-1 ○心成城. 30-9 ○口鑠金. 30-9 爲其名與其○也. 44-11 其○未敗. 44-11 畏其名與○也. 44-14 秀出於○者. 56-2 秀出於○者. 57-12 ○以爲親. 68-3 苟利○而百姓和. 68-3 以○故. 68-4 ○況厚之. 68-4 殺君而厚利○. 68-5 ○孰沮之. 68-6 志行而○悅. 68-6 以觀其果於○也. 68-21 與○之信輯睦焉. 68-21 則善用○矣. 68-23 惠於○. 70-5 吾固告君曰得○. 71-5 ○不利. 71-5 又失言於○矣. 71-7 ○將責焉. 71-8 ○不可弭. 71-8 ○謂虢不久. 74-12 在親○而善鄰. 77-8 苟○所利. 77-8 苟○所置. 77-14 而○安之. 79-16 夫○口禍福之門. 80-7 是以君子省○而動. 80-8 晉君大失其○. 81-21 ○固不說. 81-22 失○安能殺人. 81-23 ○莫不知. 82-1 晉君無施於其○. 82-6 苟○不說. 82-7 以說其○. 82-8 ○說. 82-8 鬬士○. 82-20 鬬士是故○. 82-22 寡人有○. 82-25 且賞以悅○. 84-8 ○皆哭. 84-8 呂甥致○而告之曰. 84-10 ○曰. 84-12 ○皆說. 84-14 僞言誤○. 85-23 ○也. 94-6 而尚水與○. 94-6 ○順. 94-7 ○而順. 94-9 ○順而有武威. 94-11 懼者○矣. 96-10 宋○無乃彊乎. 98-7 其○莫不生氣. 98-14 楚○欲止. 98-15 楚○大敗. 98-16 ○咸曰. 103-2 抑年少而執官者○. 107-23 夫○聞讙則必懼. 108-18 無德而服者○. 109-18 服者○也. 110-14 且○何罪. 111-15 臣聞師○以順爲武. 115-19 謀於○不以賈好. 121-16 甚得周○與東

土之人. 135-4 君若以成周之○. 135-16 裕其○庶. 160-1 其民殷○. 160-1 興其○庶. 160-25 出則罪吾○. 161-5 億負晉○庶. 163-19 無以銓度天下之○寡. 166-18 寡君帥越國之○. 170-16 乃致其○而誓之曰. 172-11 不患其○之不足也. 172-12 而患其○之不足也. 172-14 民○殷. 175-11 無曠其○. 175-11

【衉】 1

吾伏弢○血. 131-8

【遁】 2

晉將○矣. 142-11 晉將○矣. 142-23

【御】 29

王○不參一族. 2-15 百官○事. 4-10 而立伯○. 5-18 內官不過九○. 13-3 監九○. 48-12 狐突○戎. 69-21 宰孔謂其○曰. 75-15 步揚○戎. 82-18 梁由靡○韓簡. 82-19 梁由靡○韓簡. 83-13 其先君之戎○. 90-8 以○于家邦. 100-16 張侯○. 104-17 以整○人. 105-10 ○宄以德. 111-21 知欒糾之能○. 114-12 使爲戎○. 114-13 在夏爲○龍氏. 120-2 朱也當○. 122-10 郵無正○. 131-11 射○足力則賢. 133-8 實○在側. 137-21 爲○叔娶於鄭穆公. 143-3 而教之射○. 143-8 居寢有褻○之箴. 146-12 以訓○之. 146-14 以隨諸○. 159-1 男女服爲臣○. 168-23 皆曲相○. 176-8

【復】 59

以○先王之職. 13-12 俾應○也. 30-25 終○則樂. 31-3 旣○命. 37-21 有司○命. 40-14 魯夫人辭而○之. 47-19 夕而習○. 48-16 鄉長○事. 55-23 而○用之. 56-8 五屬大夫○事. 57-7 必○生. 64-22 必○流. 64-23 必○亂. 64-23 通○故交. 71-22 ○爲君. 74-7 死人○生不悔. 76-1 不過所○. 79-14 與○之. 83-16 ○之. 83-17 ○其君而質其適子. 84-3 ○於壽星. 87-15 若○而修其德. 89-8 子若克○晉國. 91-8 得○晉國. 91-11 整師以○彊周室. 93-18 請○衞侯而封曹. 98-4 不若私許○曹衞. 98-8 若○其國. 98-23 旣○命. 102-6 其卒將○. 102-18 惠公不○舍. 110-2 先軫不○命. 110-3 於是乎始○霸. 115-11 ○害矣. 118-23 令鼓人各○其所. 128-23 以克○其所. 130-23 ○使立於外. 132-8 盧戢黎殺二子而○王. 142-19 乃使椒鳴召其父而○之. 143-20 子晳○命. 145-24 子○語. 147-21 使○舊常. 150-4 三苗○九黎之德. 150-5 堯○育重黎之後. 150-5 使○典之. 150-6 王止而後○. 152-16 使○在其位. 153-14 ○言而不謀身. 155-22 足以○之. 156-3 以○先王之業者. 157-10 晉乃令董褐○命曰. 164-5 使褐○命. 164-5 是以○歸於吳. 165-1 請○戰. 172-11 大夫種來而○往. 174-21 不穀請○會稽之和. 177-24 五年○反. 178-1 使者往而○來. 178-4 臣不○入越國矣. 178-21

【循】 3

夫必將或○之. 46-4 ○詩以詠之. 121-20 ○禮以節之. 121-21

【徧】 12

稷則○誡百姓. 4-21 樂及○儛. 6-24 教施而宣則○. 17-20 施○而民阜. 17-21 惠難○也. 75-11 不○不報. 75-12 則○而不倦. 114-19 ○問於大夫. 120-20 無不○諭. 126-9 ○戒其所知. 129-12 以告○至. 150-22 天子○祀羣神品物. 151-6

【須】 8

密○由伯姞. 12-1 豎頭○. 96-7 吾○之不能. 162-11 必不○至之會也. 165-21 泝江五里以○. 168-13 踰江五里以○. 168-14 中水以○. 168-15 則撫民保教以○之. 175-13

【舒】 1

使師崇子孔帥師以伐○. 142-17

【鈍】 1

使吾甲兵○獘. 159-14

【鈞】 9

關石和○. 27-23 大不出○. 28-17 細○有鍾無鎛. 31-1 大○有鎛無鍾. 31-2 ○之死也. 68-8 身○以年. 69-14 唯與讒人○是惡也. 72-22 ○之死也. 111-16 若之何其○之. 126-1

【弒】 18

晉侯○. 22-10 莒太子僕○紀公. 40-9 二君○死. 59-22 ○君以爲廉. 72-8 而遂○之. 96-2 宋人○昭公. 103-10 今宋人○其君. 103-11 今宋人○其君. 103-19 遂○諸翼. 110-12 欒書○厲公. 111-17 厲公○. 111-25 ○君以求威. 112-1 旣○厲公. 113-4 ○厲公以厚其家. 118-15 宋蕭蒙寔○昭公. 145-11 陳蔡及不羹人納棄疾而○靈王. 146-1 鄖公之弟懷將○王. 153-15 下虐上爲○. 153-19

【殽】 1

重之以不○. 26-18

【禽】 11

若○獸焉. 15-2 男則玉帛○鳥. 35-11 問於展○. 36-7 展○使乙喜. 36-12 展○曰. 38-1 展○曰. 40-3 登川○. 40-23 容畜○獸. 175-7 出則○荒. 175-24 無至○荒. 176-21 吾猶○獸也. 178-15

【爲】 646

夫獸三○羣. 2-14 人三○衆. 2-14 女三○粲. 2-14 是故○川者. 2-22 ○民者. 2-23 榮公○卿士. 3-16 王其以我○懟而怒乎. 3-20 是故稷○大官. 4-1 所以○順也. 5-14 子國○客. 6-24 君○之不舉. 6-25 然則何○. 7-25 故○車服旗章以旌之. 9-10 ○贄幣瑞節以鎭之. 9-10 ○班爵貴賤以列之. 9-11 ○令聞嘉譽以聲之. 9-11 遂○踐土之盟. 10-20 將以其女○后. 11-19 王其以我○懟乎. 12-19 以○甸服. 12-25 尚將列○公侯. 13-12 何政令之○也. 13-15 王以晉君○能德. 13-18 又○臣殺其君. 14-8 於是乎修執秩以○晉法. 15-17 候人○導. 16-18 承王命以○過賓於陳. 17-1 ○臣必臣. 17-18 ○君必君. 17-18 所以○令聞長世也. 18-1 仲孫蔑○介. 18-19 以○必相晉國. 18-25 ○己實謀之. 19-2 若佐新軍而升○政. 19-18 君以○奚若. 19-19 以○己力. 20-5 皆民之○也. 20-7 姦仁○佻. 20-9 姦禮○羞. 20-9 姦勇○賊. 20-9 盡敵○上. 20-9 順義○上. 20-10 ○晉休戚. 23-4 是○悼公. 23-15 疏○川谷. 23-20 謂其能○禹股肱心膂. 24-14 不能○禍. 25-7 寧○荼毒. 25-8 子孫○隸. 25-21 則皆亡王之○也. 26-4 以○卿佐. 26-19 則○作重幣以行之. 27-12 猶塞川原而○潢汙也. 28-4 而○之大林. 28-10 夫鍾聲以○耳也. 28-13 不可以○目也. 28-14 以○憲令. 29-1 氣在口○言. 29-3 在目○明. 29-3 則○和. 30-6 ○之六閒. 30-20 吾以○信畜矣. 32-1 抑其惡○人用也乎. 32-1 ○之告晉. 32-5 魏獻子○政. 32-5 以○飫歌. 32-9 夫禮之立成者○飫. 32-10 是以○之日惕. 32-11 必盡知天地之○也. 32-12 而幽王蕩以○魁陵糞土溝瀆. 32-20 萇叔必○戮. 32-25 勤百姓以○己名. 33-2 晉人以○討. 33-5 君○是舉. 34-18 其○後世昭前之令聞也. 35-3 夫○四鄰之援. 35-13 固國之艱急是○. 35-14 其○選事乎. 35-19 若○小而崇. 36-9 齊侯乃許○平而還. 36-22 衞侯聞其臧文仲之○也. 37-13 獲地於諸侯○多. 37-21 ○之請曰. 37-22 臧孫之○政也. 38-1 以○國典. 38-2 故祀以○稷. 38-6 故祀以○社. 38-8 契○司徒而民輯. 38-11 所以○明質. 38-20 以○國典. 38-23 難以○仁且智矣. 38-23 使書以○三筴. 39-4 ○不易之故也. 39-8 ○寬利. 39-9 ○利故. 39-11 ○有司之以班命事也. 39-18 夏父弗忌○宗. 39-20 我○宗伯. 39-21 明者○昭. 39-21 其次○穆. 39-21 ○不踰也. 40-1 不○無殃. 40-7 ○我予之邑. 40-12 ○我流之於夷. 40-14 毀則者○賊. 40-16 掩賊者○藏. 40-17 竊寶者○宄. 40-17 用宄之財者○姦. 40-17 使君○藏姦者. 40-18 以○夏犒. 40-25 ○我得法. 41-7 ○怨三府. 41-17 民何能○焉. 42-2 子○魯上卿. 42-3 人其以子○愛. 42-4 且吾聞以德榮○國華. 42-7 使○上大夫. 42-9 臣以○肆業及之. 43-12 和○每懷. 43-17 咨才○諏. 43-17 咨事○謀. 43-18 咨義○度. 43-18 咨親○詢. 43-18 忠信○周. 43-18 季武子○三軍. 43-20 若○元侯之所. 44-2 非○一人也. 44-10 ○其名與其衆也. 44-11 何○還. 44-11 不知所○. 44-12 ○國家之利也. 44-13 予○先君來. 44-16 將○喪舉. 44-17 若楚公子不○君. 45-21 楚人將以叔孫穆子○戮. 45-24 吾○子請於楚. 45-25 而○諸侯法矣. 46-5 ○戮何害. 46-7 吾不難○戮. 46-9 可以○能乎. 46-11 誰○之貳. 46-17 晉○盟主. 46-19 魯○勉矣. 47-4 以露睹父○客. 47-16 其以歜○不能事主乎. 48-4 ○大帶. 48-19 以○別於男女之禮矣. 49-4 而○賦綠衣之三章. 49-5 敢問骨何○大. 49-20 此○大矣. 49-22 敢問誰守○神. 49-22 其守○神. 49-23 ○公侯. 49-24 ○漆姓. 50-1 在虞夏商○汪芒氏. 50-2 於周○長狄. 50-3 今○大人. 50-3 以郇○首. 50-20 周恭王能庇昭穆之闕而○恭. 50-23 楚恭王能知其過而○恭. 50-24 道將何○. 50-25 先王以○足. 51-7 使鮑叔○宰. 52-4 夫○其君動也. 52-11 則必長○魯國憂矣. 52-19 寡君欲以親○戮. 52-20 築臺以○高位. 53-2 敢問○此若何. 53-8 設象以○民紀. 53-10 以○民紀統. 53-12 ○之若何. 53-13 陵○之終. 53-14 故士之子恒○士. 53-22 故工之子恒○工. 54-2 故商之子恒○商. 54-8 故農之子恒○農. 54-16 其秀民之能○士者. 54-17 制國以○二十一鄉. 54-20 以○二十一鄉. 54-21 以○三官. 54-23 ○之若何. 55-8 五家○軌. 55-10 軌○之長. 55-10 十軌○里. 55-10 四里○連. 55-10 連○之長. 55-11 十連○鄉. 55-11 以○軍令. 55-11 五家○軌. 55-11 故五人○伍. 55-11 十軌○里. 55-12 故五十人○小戎. 55-12 四里○連. 55-12 故二百人○卒. 55-13 十連○鄉. 55-13 故二千人○旅. 55-13 故萬人○一軍. 55-14 升以○上卿之贊. 56-12 民皆勉○善. 56-17 與其○善於鄉也. 56-17 不如○善於里. 56-18 與其○善於里也. 56-18 不如○善於家. 56-18 三十家○邑. 57-1 十邑○卒. 57-2 十卒○鄉. 57-2 三鄉○縣. 57-2 十縣○屬. 57-3 有居處○義好學. 57-9 而重○之皮幣. 57-23 ○遊士八十人. 57-25 ○之若何. 58-4 ○之若何. 58-5 以魯○主. 58-11 以衞○主. 58-14 以燕○主. 58-16 與諸侯飾牲○載. 59-2 ○君不君. 59-17 ○臣不臣. 59-17 以○天子羞. 59-19 知桓公之非○己動也. 60-3 罷馬以○幣. 60-7 縷綦以○奉. 60-7 可○動者○之動. 60-12 可○謀者○之謀. 60-12 以○諸侯利. 60-14 令子○上卿. 62-5 齒牙○猾. 62-12 立以○夫人. 62-16 備之○瘳. 62-22 齒牙○猾. 63-11 不能○膏. 63-25 若○亂. 64-6 ○人而已. 64-8 立以○夫人. 64-12 君以驪姬○夫人. 64-17 以○百姓也. 64-18 受命不遷○敬. 65-13 敬順所安○孝. 65-13 必○翟相也. 65-20 吾欲○難. 66-6 其○人也. 66-7 精○易辱. 66-12 於晉○都. 66-18 其

反○物用也. 67-6 故古之○軍也. 67-6 ○吳太伯. 67-17 子輿之○我謀. 67-18 ○人子者. 67-18 ○人臣者. 67-19 ○仁與○國不同. 68-2 ○仁者. 68-2 ○國者. 68-2 衆以○親. 68-3 今夫以君○紂. 68-7 夫○人子者. 69-18 先友○右. 69-21 子○我具特羊之饗. 71-11 其母○夫人. 71-16 其子○君. 71-16 多○之故. 72-3 君○我心. 72-8 弑君以○廉. 72-8 ○廢人以自利也. 72-10 是以謚○共君. 73-15 焉始○令. 73-19 且以監諸侯之○. 74-1 復○君. 74-7 西○此會也. 75-10 景霍以○城. 75-15 而汾河涑澮以○渠. 75-15 ○淮之會. 75-20 無不○. 75-25 我○子行之. 76-6 以○諸侯笑. 76-12 且○援. 76-14 反義則富不○賴. 76-16 懼○諸侯載. 76-17 吾請○子鈇. 76-23 父母死○大喪. 77-4 讒在兄弟○大亂. 77-4 以○朝夕之急. 78-5 信仁以○親. 78-12 亦○君之東游. 79-2 不役○後也. 79-7 寔○惠公. 79-12 貞○不聽. 80-12 信○不誠. 80-12 ○王妃兮. 80-15 以○榮也. 80-16 ○子君者. 81-7 以禍○違. 81-25 以家僕徒○右. 82-18 虢射○右. 82-19 其若○諸侯笑何. 83-6 恐○君憂. 83-18 必○諸侯笑. 83-24 何○而可. 84-12 以○君援. 84-13 以德○怨. 84-24 實○文公. 86-4 非以狄○榮. 87-4 不○郵矣. 87-11 皆以○然. 87-11 以國○親. 89-22 不能○榮. 91-4 黍不○黍. 91-4 稷不○稷. 91-4 殺之何○. 91-15 此○才. 91-25 同姓○兄弟. 92-3 皆○己姓. 92-4 别○十二姓. 92-6 ○十二姓. 92-7 故皆○姬姓. 92-13 故黄帝○姬. 92-15 炎帝○姜. 92-15 ○禮而不終. 93-8 爻無○也. 94-1 又○惠公從余於渭濱. 95-12 吾以君○已知之矣. 95-15 而卒○明王. 95-20 而卒以○侯伯. 95-21 從者○羈紲之僕. 96-9 居者○社稷之守. 96-9 直○壯. 98-13 曲○老. 98-13 厚○之禮而歸之. 99-1 鄭人以詹伯○將軍. 99-2 公使○箕. 99-7 公使趙衰○卿. 99-12 皆可以○輔佐. 99-12 公使原季○卿. 99-15 使狐偃○卿. 99-16 吾以治國○易. 100-3 君以○易. 100-4 君以○難. 100-4 其何善之○. 100-11 胡○. 100-22 以○大政. 101-8 使○下軍大夫. 102-11 身○情. 102-16 以○司馬. 103-1 所以○明訓也. 103-11 晉○盟主. 103-12 ○蹔事也. 103-18 ○君故也. 103-20 實○成公. 104-2 ○君之辱. 105-9 傳○速也. 105-14 君○之降服出次. 105-18 ○寵驕. 107-8 而老○大夫. 107-18 則晉可○也. 108-7 ○使者故. 109-1 吾聞之○人臣者. 109-3 幸以○政. 109-13 盍姑釋荆與鄭以○外患乎. 109-15 盍姑釋荆與鄭以○外患乎. 109-21 以○諸侯笑也. 110-7 盍姑以違蠻夷○恥乎. 110-8 必○戮. 110-18 ○我祈死. 111-1 先難○免. 111-2 郤至欲○難. 111-6 寔○悼公. 111-17 亂在内○宄. 111-21 在外○姦. 111-21 非吾所能○也. 112-2 威行○不仁. 112-2 事廢○不智. 112-2 二三子○令之不從. 113-10 使○太傅. 114-11 使○元司空. 114-12 使○戎御. 114-13 使○戎右. 114-14 使兹四人者○之. 114-16 ○公族大夫. 114-21 使○元尉. 114-22 使○元司馬. 114-23 使○元候. 114-24 使○輿尉. 114-25 使○輿司馬. 115-2 使○贊僕. 115-3 公以趙文子○文也. 115-5 公以魏絳○不犯. 115-9 使張老○司徒. 115-9 使范獻子○候奄. 115-10 魏絳○中軍司馬. 115-13 ○我勿失. 115-15 臣聞師衆以順○武. 115-19 軍事有死無犯○敬. 115-19 公使祁午○軍尉. 116-3 悼公使張老○卿. 116-17 乃使○司馬. 116-20 諸侯之○. 117-7 則其○暱與隱也. 118-22 ○賊於絳. 119-6 不從君者○大戮. 119-16 ○陶唐氏. 120-1 在夏○御龍氏. 120-2 在商○豕韋氏. 120-2 在周○唐杜氏. 120-2 ○范氏. 120-3 待吾○子殺之. 120-18 吾以○不信. 120-24 晉○諸侯盟主. 120-25 子○正卿. 121-1 晉國其誰不○子從. 121-1 生子輿○理. 121-3 ○司空. 121-4 佐文襄○諸侯. 121-5 及○卿. 121-6 及○成師. 121-6 將何治○. 121-11 且○吾家. 121-14 以○大甲. 121-25 其○德也深矣. 122-21 其○本也固矣. 122-21 且夫合諸侯以○不信. 122-25 ○此行也. 123-1 以藩○軍. 123-3 楚○荆蠻. 123-11 楚令尹圍將以魯叔孫穆子○戮. 123-16 其○人也. 123-19 ○社稷也. 123-20 若○諸侯戮者. 123-22 請○戮也. 123-22 晉何以○盟主矣. 124-1 趙文子○室. 124-7 ○後世之見之也. 124-12 仁者之○也. 124-13 不仁者之○也. 124-13 不可○也. 125-6 ○諸侯盟主. 125-9 蟲皿○蠱. 125-20 叔向○太傅. 125-23 子○大政. 126-11 化○黄熊. 126-13 實○夏郊. 126-13 董伯○尸. 126-17 吾以○能其德矣. 127-5 叔魚○贊理. 128-4 子何不○. 128-15 委質○臣. 129-5 不○具敖乎. 129-11 ○笑焉. 129-13 欲○繫援焉. 129-17 子盍○我請乎. 129-19 ○君子之心. 130-5 贊○名命. 130-8 今臣一旦○狂疾. 130-11 趙簡子使尹鐸○晉陽. 130-13 以○繭絲乎. 130-13 抑○保鄣乎. 130-13 而無以尹鐸○少. 130-15 無以晉陽○遠. 130-16 必以○歸. 130-16 趙簡子使尹鐸○晉陽. 130-17 有武德以羞○正卿. 130-22 委土可以○師保. 131-3 吾何○不增. 131-3 吾幾不○人矣. 131-5 吾○主圖. 131-7 非○子也. 131-7 衛莊公○右. 131-10 何○. 131-19 何○不告. 131-20 少室周○趙簡子之右. 131-23 使少室周○宰. 131-25 臣以○不良故也. 132-3 則何良之○. 132-7 孰○愈. 132-12 君子自以○不足. 132-13 雀入于海○蛤. 132-16 雉入于淮○蜃. 132-16 ○畎畝之勤. 132-21 雍不○幸. 133-2 智宣子將以瑤○後. 133-3 ○輔氏. 133-12 智襄子○室美. 133-14 我不○難. 133-21 先主○重器也. 134-6 ○國家之難也. 134-6 桓公○司徒. 135-4 虢鄶○大. 135-14 夫黎○高辛氏火正. 136-5 其後皆○王公侯伯. 136-12 昆吾○夏伯矣. 136-14 大彭豕韋○商伯矣. 136-15 皆○采衞. 136-18 而立以○卿士. 137-20 其又何可○乎. 138-2 化○二龍. 138-3 化○玄黿. 138-9 ○弧服者. 138-11 而以○入於王. 138-12 使至於○后. 138-13 其○毒也大矣. 138-14 幽王八年而桓公○司徒. 139-4 而○之聳善而抑惡焉. 140-12 而○之昭明德而廢幽昏焉. 140-13 而○之導廣顯德. 140-14 不可○也. 141-4 請○靈若厲. 141-12 則請○恭. 141-16 康王以○椒舉遣之. 142-1 以○諸侯主. 142-3 則王孫啓之○也. 142-15 申公子儀父○師. 142-16 王子燮○傅. 142-16 則析公之○也. 142-21 則雍子之○也. 143-2 ○御叔娶於鄭穆公. 143-3 使其子狐庸○行人於吳. 143-7 至于今○患. 143-8 則申公巫臣之○也. 143-9 又何不來○. 143-16 我○楚卿. 143-18 子○我召之. 143-19 靈王○章華之臺. 143-21 臣聞國君服寵以○美. 143-21 安民以○樂. 143-22 聽德以○聰. 143-22 致遠以○明. 143-22 不聞其以土木之崇高彤鏤○美. 143-23 而以金石匏竹之昌大囂庶○樂. 143-23 不聞其以觀大視侈淫色以○明. 143-24 而以察清濁○聰. 143-24 ○匏居之臺. 144-1 今君○此臺也. 144-5 唯其以公侯○官正也. 144-17 而以伯子男○師旅. 144-17 其○惡也甚矣. 144-19 故先王之○臺榭也. 144-21 其○不匱財用. 144-22 於是乎○之. 144-23 夫○榭臺. 145-2 而○之正. 145-3 國○大城. 145-7 王將何○. 146-20 升以○公. 147-6 既得以○輔. 147-11 至於今○令君. 147-17 其又以規○瑱也. 147-23 司馬子期欲以妾○内子. 148-1 而○之牲器時服. 149-10 以○之祝. 149-14 ○之宗. 149-17 家○巫史. 149-23 不蠲其○. 150-1 而○司馬氏. 150-8 ○齊敬也. 150-23 玉帛○二精. 151-24 ○七事. 151-24 是○百姓. 152-3 ○萬官. 152-4 ○億醜. 152-4 ○楚良臣. 152-20 子常○政. 153-2 不○外内行. 153-17 不○豐約舉. 153-18 下虐上○弑. 153-19 上虐下○討. 153-19 何讎之○. 153-20 其○寶也. 154-17 未嘗○寶. 154-18 使無以寡君○口實. 154-19 其○人也. 155-21 彼其父○戮於楚. 156-1 ○之上者. 156-17 ○之關籥蕃籬. 156-21 是之○日惕. 156-21 遂使○白公. 157-7 ○虺弗摧. 159-17 ○蛇將若何. 159-17 越曾足以○大虞乎. 159-18 以盟○有益乎. 159-20 以盟○無益乎. 159-21 而齊魯以○憂. 160-3 闕○石郭. 160-8 以見王之親○越之擒也. 161-15 闕○深溝. 161-21 越○不道. 162-5 危事不可以○安. 162-15 死事不可以○生. 162-16 則無○貴智矣. 162-16 以○徹行. 163-1 萬人以○方陣. 163-4 ○帶甲三萬. 163-9 日中○期. 163-14 以○諸侯笑. 163-22 ○使者之無遠也. 163-23 恐齊宋之○己害也. 164-17 以○過賓於宋. 164-18 昔者楚人○不道. 164-21 吳國○不道. 166-1 以○平原. 166-2 智○始. 166-17 吳○不道. 166-21 以○平原. 166-21 將○戮不利. 167-7 而子○我死. 167-24 子○我禮已重矣. 167-25 以○左右軍. 168-12 以其私卒君子六千人○中軍. 168-12 越人分○二師. 168-15 男女服○臣御. 168-23 ○不可赦也. 170-17 其身親○夫差前馬. 171-12 吾與君○二君乎. 172-23 而○弊邑宸宇. 172-24 ○三者. 174-5 弗○人客. 174-8 弗○之始. 174-8 而先○人客. 174-9 而創○之始. 174-10 ○之奈何. 174-16 蠡○我守於國. 175-1 唯地能包萬物以○一. 175-6 以○亂梯. 175-11 因以○常. 175-19 令大夫種○之. 175-21 而先○之征. 176-13 反○之災. 177-6 贏縮以○常. 177-9 四時以○紀. 177-10 日月以○常. 177-10 明者以○法. 177-11 宜○人客. 177-18 宜○人主. 177-19 設右以○牝. 177-20 益左以○牡. 177-20 時○之庸. 177-25 無助天○虐. 178-11 助天○虐者不祥. 178-11 子將助天○虐. 178-12 將助天○虐. 178-16 助天○虐不祥. 178-16 ○人臣者. 178-23 ○此事也. 178-24 妻子○戮. 179-2 以○范蠡地. 179-5

【舜】 7

○勤民事而野死. 38-9 郊堯而宗○. 38-13 商人禘○而祖契. 38-14 是故○之刑也殛鮌. 102-7 以佐○者也. 136-25 ○有商均. 140-7 以象帝○. 160-8

【創】 2

以○制天下. 13-10 而○爲之始. 174-10

【飫】 8

王公立○. 14-22 余一人敢設○禘焉. 14-25 夫王公諸侯之有○也. 15-10 ○以顯物. 15-11 故歲○不倦. 15-11 以爲○歌. 32-9 夫禮之立成者爲○. 32-10 繹不盡○則退. 49-3

【飭】 3

以○其子弟. 53-24 以○其子弟. 54-5 與諸侯○牲爲載. 59-2

【飯】 2

尋○. 132-24 寡人禮先壹○矣. 172-24

【飲】 21

王子頹○三大夫酒. 6-24 而共○食之. 15-7 ○食可饗. 15-14 王叔簡公○之酒. 18-21 ○酒宴語. 18-22 公父文伯○南宮敬叔酒. 47-16 公○大夫酒. 62-17 ○而無肴. 62-17 ○酒出. 63-1 吾以從之○酒. 71-12 使優施○里克酒. 71-13 中○. 71-13 ○小臣酒. 72-16 吾○諸大夫酒. 105-23 既○. 105-24 夫地也求○吾欲. 134-9 而獻○焉. 148-

5 ○食思禮. 154-4 ○食不致味. 166-7 肆與大夫觴○. 176-22 觥○不及壺飧. 176-24

【腊】 2
厚味寔○毒. 21-23 毒之酋○者. 138-15

【腆】 5
不○先君之幣器. 36-1 不○先君之禮. 43-6 不○之樂以節之. 43-6 不○弊邑之禮. 105-9 寡人帥師不○吳國之役. 160-23

【勝】 56
是有五○也. 19-7 有一○猶足用也. 19-9 有五○以伐五敗. 19-9 戰而○. 19-10 不過一人之所○. 28-16 ○敵而歸. 41-16 與邯鄲○擊齊之左. 46-23 文事○矣. 60-20 ○而不吉. 62-11 是交○也. 62-12 女曰○而不吉. 62-18 若晉以男戎○戎. 63-1 而戎亦必以女戎○晉. 63-2 有子而弗○. 68-15 若不○狄. 68-22 若○狄. 68-22 且夫○狄. 68-23 申生○狄而反. 69-7 焉能○狄. 71-6 ○敗若化. 81-25 擊而不○. 83-6 吾必○之. 83-10 戰○大國. 83-22 ○無後害. 83-22 且戰不○. 85-14 中不○貌. 93-8 尊明○患. 98-24 郤獻子師○而返. 104-23 必以○歸. 108-15 武不行而○. 109-12 又○荆與鄭. 109-22 戰若不○. 109-25 戰若○. 109-25 大○之. 110-10 夫以德○者. 110-24 今以○歸. 110-25 將不○. 129-23 弗○. 131-24 ○左人中人. 132-24 今土木○. 133-17 子西使人召王孫○. 155-18 聞子召王孫○. 155-18 ○直而剛. 155-19 夫造○之怨者. 156-6 安用○也. 156-24 子之尚○也. 157-7 ○未可成也. 158-8 夫固知君王之蓋威以好○也. 159-13 吳王夫差既○齊人於艾陵. 160-23 則何以使下國○. 161-1 筋力不足以○甲兵. 168-6 我攻而○之. 171-1 吾攻而○之. 171-1 不○. 174-15 是故戰○而不報. 175-20 兵○於外. 175-20

【猾】 5
齒牙爲○. 62-12 齒牙爲○. 63-11 以○其中. 63-14 而○以齒牙. 63-22 以○其中. 79-10

【猶】 69
王○不堪. 2-16 ○土之有山川也. 3-2 ○其原隰之有衍沃也. 3-2 ○日怵惕. 3-12 ○謂之盜. 3-15 ○恐其有墜失也. 9-9 ○有散遷懈慢. 9-11 ○曰未也. 9-16 ○恐殞越. 17-9 若皆蚤世○可. 18-6 有一勝○足用也. 19-9 ○不可堪. 20-2 杞鄫○在. 24-17 齊許○在. 24-17 ○不可遏. 25-9 ○塞川原而爲潢汙也. 28-4 ○目所不見. 28-14 ○不可救. 32-15 ○恐其踰也. 39-24 ○多矣. 42-5 ○懼有討. 44-2 而主○績. 48-3 ○恐忘先人之業. 48-22 ○不敢專. 50-22 夫○是也. 52-11 ○未得請也. 52-21 亡○未也. 63-23 其○隸農也. 64-6 ○有令名焉. 70-10 ○有令名焉. 72-24 君○在外. 84-11 ○失其國. 85-6 ○在乎. 85-8 ○懼無及. 88-6 ○糞土也. 90-3 臣○知之. 94-16 ○未知之也. 95-15 不○愈也. 100-2 ○恐其不聞也. 103-19 ○宮室之有牆屋也. 107-17 內○有不刑. 109-9 ○可救也. 109-14 ○無基而厚墉也. 110-23 ○懼失之. 110-25 ○得獸而失人也. 116-7 本根○樹. 118-7 滅之○少. 119-2 ○可以久乎. 124-23 ○恐不濟. 125-1 ○懼不終其身. 125-3 ○木之有枝葉也. 129-14 ○庇廕人. 129-14 ○箴儆於國. 146-7 文王○不敢驕. 146-18 ○自謂未乂. 147-10 ○不敢專制. 147-10 楚之白珩○在乎. 154-16 ○敗國家. 156-18 ○恐其至也. 156-21 ○蒙耳也. 157-5 及吾○可以戰也. 159-17 ○人之有腹心之疾也. 160-2 其○有及乎. 160-20 而吳國○世. 161-12 然○未可以戰也. 166-17 ○父母也. 172-10 ○尚殆. 176-21 ○救火追亡人也. 177-2 吾○禽獸也. 178-15

【飧】 3
僖負羈饋○. 89-15 公子受○反璧. 89-16 觥飲不及壺○. 176-24

【然】 84
○則能訓治其民矣. 5-23 ○則何爲. 7-25 ○則長衆使民之道. 9-1 ○則民莫不審固其心力. 12-5 若不○. 13-15 不○. 13-25 不○. 14-10 胡有孑○其郊戎狄也. 15-8 ○後庇焉. 19-25 ○則無夭昏札瘥之憂. 23-22 ○則能樂. 29-1 ○後可同也. 31-13 ○則夫支之所道者. 32-11 不○. 32-12 ○吾觀國人. 42-5 不○. 45-16 諸侯之卿有○者. 46-5 豈唯魯○. 46-15 ○則意如乎. 46-17 雖○. 47-12 ○而又生男. 64-20 三代皆○. 65-1 ○吾聞之. 67-18 ○. 71-20 ○款也不敢愛死. 72-22 雖○. 73-13 不○. 79-16 ○後誅焉. 82-8 ○. 82-12 ○. 82-23 ○. 83-7 ○公子重耳實不肯. 83-8 ○則若何. 84-2 君其不○. 84-24 ○. 84-25 皆以爲○. 87-11 不○. 88-5 雖○. 91-11 ○則請止狐偃. 91-19 ○是吾惡心也. 96-4 ○後用之. 98-2 ○則若何. 99-5 ○. 100-2 ○則教無益乎. 100-22 若川○. 101-2 ○而民不能戴其上. 105-25 ○而壯不若老者多矣. 107-13 ○則王者多憂乎. 108-8 ○戰而擅捨國君. 111-7 不○. 127-3 亦必○矣. 138-20 不○. 141-20 ○蔡. 142-6 緬○引領南望. 143-12 子木愀○曰. 143-15 不○. 143-18 不○. 145-22 桓文皆○. 147-17 不○. 147-19 不○. 147-22 若無○. 149-5 不○. 150-10 不○. 152-7 ○. 154-17 ○. 155-19 不○. 156-13 不仁者則不○. 156-15 將必寬○有伯諸侯之心焉. 158-11 不敢顯○布幣行禮. 158-15 ○後安受吾燼. 159-15 戚○服士. 160-2 譬如羣獸○. 160-18 雖○. 162-17 ○而不可徒許也. 164-4 伯父若能○. 165-13 ○猶未可以戰也. 166-17 ○謀臣與爪牙之士. 170-7 ○後乃求謀臣. 170-9 ○後卑事夫差. 171-11 ○後受其名. 175-7 道固○乎. 176-17 ○後乃可以成功. 176-19 天節固○. 177-7 余雖靦○而人面哉. 178-15

【鄒】 2
東有齊魯曹宋滕薛○莒. 135-10 曹姓○莒. 136-18

【詐】 9
○之見○. 80-5 智人不○. 111-14 知張老之智而不○也. 114-24 ○而不智. 155-21 ○也. 155-23 其○也. 156-3 所以生○謀也. 156-16 ○謀之心. 156-17

【詠】 8
歌以○之. 29-16 ○之以中音. 30-1 所以○歌九則. 30-18 今伶簫○歌及鹿鳴之三. 43-13 歌所以○詩也. 49-7 歌以○之. 49-8 循詩以○之. 121-20 則文○物以行之. 140-19

【就】 18
使○閒燕. 53-17 ○官府. 53-17 ○市井. 53-18 ○田野. 53-18 脫衣○功. 54-13 ○其利. 60-10 不足○也. 63-23 君揖大夫○車. 83-10 鄭也○刑. 85-25 乃○烹. 98-25 撫劍○之. 122-12 遠無正○. 162-8 王乃步○王孫雒曰. 162-13 親○鳴鐘鼓丁寧錞于振鐸. 163-10 匍匐○君. 163-17 乃退○幕而會. 164-16 其民必移○蒲蠃於東海之濱. 165-18 先人○世. 175-23

【鄗】 1
杜伯射王於○. 7-18

【敦】 3
守以○篤. 1-14 ○厖純固. 3-25 以淳燿○大. 136-6

【廋】 1
有秦客○辭於朝. 104-9

【痛】 2
民神怨○. 7-12 使神無有怨○於楚國. 154-22

【粢】 5
上帝之○盛. 3-23 奉犧牲○盛玉帛. 8-4 使潔奉禘郊之○盛. 48-12 敬其○盛. 151-10 王后必自舂其○. 151-16

【童】 10
○謠有之. 75-2 ○昏不可使謀. 100-10 ○昏嚚瘖僬僥. 100-25 爾○子. 104-10 ○子何知焉. 110-17 而近頑○窮固. 137-8 近頑○也. 137-22 有○謠曰. 137-23 府之○妾. 138-9 而近孩○焉. 161-9

【竢】 1
則濟可○. 100-11

【竣】 7
有司已於事而○. 54-18 有司已於事而○. 55-25 有司已於事而○. 56-3 有司已於事而○. 56-5 有司已於事而○. 57-11 有司已於事而○. 57-12 有司已於事而○. 57-15

【啻】 1
奚○其聞之也. 40-16

【旐】 1
旟○有翩. 25-7

【遊】 8
恭王○於涇上. 2-13 戎車待○車之裂. 53-5 少同○. 55-18 爲○士八十人. 57-25 使周○於四方. 58-1 ○有鄉. 115-24 趙文子與叔向○於九原. 124-14 國之孺子之○者. 172-2

【棄】 83
○稷不務. 1-11 而○其大功. 5-8 民將○上. 5-14 夫天之所○. 6-19 ○其信也. 9-3 ○其禮也. 9-3 ○其忠也. 9-4 ○其精也. 9-4 四者皆○. 9-4 今以小忿○之. 11-10 ○親即狄. 11-13 王其不可以○之. 11-16 王而○之. 12-11 且○舊也. 12-14 王一舉而○七德. 12-14 王不忍小忿而○鄭. 12-15 野場若○. 16-10 是○先王之法制也. 16-16 ○其伉儷妃嬪. 17-5 ○衮冕而南冠以出. 17-7 若廢其教而○其制. 17-10 ○壯之良. 19-4 不祥則天○之. 20-6 ○毅行容. 20-11 日○其德. 21-17 昔共工○此道也. 23-25 而蔑○五則. 25-20 其所怠○者多矣. 28-6 使迷亂○德. 32-13 夫子而○常法. 33-1 夫齊○太公之法. 34-17 而○先王之命. 36-21 魯不○其親. 37-10 周○繼之. 38-6 里革斷其罟而○之. 40-21 而○民事. 41-23 而○兄弟. 46-14 若盟而○魯侯. 46-20 今信蠻夷而○之. 47-2 若○魯. 47-3 若以蠻夷之故○之. 47-4 ○人失謀. 64-6 是○民也. 65-7 若之何其民之與處而○之也. 65-8 ○命不敬. 65-14 ○安而圖. 65-16 ○政而役. 66-1 ○寵求廣土而竄伏焉. 72-20 ○君去罪. 73-5 子而○之. 88-13 忠不可○. 88-15 今君○之. 89-3 ○三德矣. 89-4 今君○之. 89-24 外內○之. 90-19 ○此四者. 91-1 取其所○. 92-22 而○民主. 95-24 ○責薄斂. 96-12 ○禮違親. 98-23 若稟而○之. 113-7 諸侯將○之. 123-10 而○之. 132-7 若弗○. 132-8 周○能播殖百穀蔬. 136-11 今王○高明昭顯. 137-7 盡乃○矣. 137-10 王將○是類也. 137-17 ○聘后而立內妾. 137-

21 懼而○之. 138-1 故懼而○之. 138-11 陳蔡及不羹人納○疾而弑靈王. 146-1 無余○也. 147-12 一國○之. 153-2 而○不穀. 153-9 周言○德. 155-24 今子聞而○之. 157-5 吾怨其○吾言. 157-9 天若○吴. 158-10 今王播○黎老. 161-9 夫天之所○. 161-11 亦有以○之. 161-14 一朝而○之. 178-6

【善】 122

○敗於是乎興. 3-3 行○而備敗. 3-4 不可不○也. 10-6 王其○之. 10-14 古之○禮者. 15-15 天道賞○而罰淫. 17-3 是不賞○也. 18-15 唯○人能受盡言. 22-4 必○晉周. 22-17 必早○晉子. 23-14 若能類○物. 27-8 從○如登. 32-16 ○有章. 37-23 孟孫○守矣. 39-13 不亦○乎. 41-7 用○不肯專. 41-24 ○哉. 47-13 思則○心生. 48-7 淫則忘○. 48-7 忘○則惡心生. 48-7 ○哉. 49-6 ○. 54-21 擇其○者. 55-2 擇其○者. 55-3 ○. 55-9 足以補官之不○政. 56-10 是故匹夫有○. 56-15 匹夫有不○. 56-16 民皆勉爲○. 56-17 與其爲○於鄉也. 56-17 不如爲○於里. 56-18 與其爲○於里也. 56-18 不如爲○於家. 56-18 教不○則政不治. 57-8 是故匹夫有○. 57-18 匹夫有不○. 57-18 且○否莫不信. 66-10 若外殫○. 66-11 吾豈知紂之○否哉. 68-10 則○用衆矣. 68-23 ○處父子之閒矣. 69-20 ○深謀也. 70-12 今矜狄之○. 71-6 在親衆而○鄰. 77-8 ○以微勸也. 79-17 ○哉. 80-7 ○之難也. 80-15 忘○而背德. 82-13 忘○而背德. 83-12 求○以終. 87-10 甚○焉. 87-18 ○. 89-2 ○人也. 89-4 與司馬公孫固相○. 90-6 而好○不厭. 90-7 辰以成○. 94-22 舉○援能. 96-14 ○以德勸. 98-16 先且居之佐軍也○. 99-18 ○君有賞. 99-19 其能○之乎. 100-7 質將○. 100-10 其何○之爲. 100-11 成人在始與○. 107-14 始與○. 107-15 ○進○. 107-15 不○蔑由至矣. 107-15 始與不○. 107-15 不○進不○. 107-16 ○亦蔑由至矣. 107-16 ○矣. 108-2 智子之道○矣. 108-4 ○逃難哉. 110-19 能志○也. 117-5 以其○行. 117-8 ○人在位患. 124-4 吾不○. 124-8 賞○罰姦. 128-17 ○將若何. 128-18 ○. 130-6 是罰○也. 131-4 罰○必賞惡. 131-4 諫過而賞○. 132-3 朝夕誦○敗而納之. 132-5 ○. 132-10 賴子之○. 140-5 ○之也. 140-6 夫○在太子. 140-6 太子欲○. 140-6 ○人將至. 140-7 若不欲○. 140-7 ○則不用. 140-7 夫豈不欲其○. 140-9 而爲之聳○而抑惡焉. 140-12 先其○. 141-14 若先君○. 141-16 吾先人以○事君. 153-20 聞一○若驚. 154-10 有不○必懼. 154-11 以朝夕獻○敗於寡君. 154-20 余○之. 156-12 其又何○乎. 156-23 人求多聞○敗. 157-4 夫一人○射. 158-8 大夫種勇而○謀. 159-12 施民所○. 159-25 ○哉. 165-25 ○則○矣. 166-8 ○則○矣. 166-10 忠惠以○之. 166-11 稱其○. 166-11 ○則○矣. 166-12 ○則○矣. 166-14 ○哉. 166-17 臣聞古之○用兵者. 177-9 古之○用兵者. 177-12

【尊】 8

○貴. 12-4 是不○貴也. 12-9 ○貴寵. 96-15 ○明勝患. 98-24 卑○一也. 153-18 卑辭○禮. 174-19 ○之以名. 174-19 禮愈○. 178-4

【奠】 2

里克辟○. 71-18 士有豚犬之○. 141-22

【道】 101

○路以目. 2-20 ○而得神. 8-1 然則長衆使民之○. 9-1 順之○也. 10-7 ○相逮也. 10-16 是○廢也. 14-16 遂假○於陳. 15-19 ○茀不可行. 15-20 ○無列樹. 15-22 雨畢而除○. 16-4 九月除○. 16-6 而○路若塞. 16-9 列樹以表○. 16-11 ○路不可知. 16-15 天○賞善而罰淫. 17-3 亡之○也. 18-3 敢問天○乎. 21-10 焉知天○. 21-11 德之○也. 23-2 ○正事信. 23-3 晉仍無○而鮮冑. 23-13 昔共工棄此○也. 23-25 害之○也. 26-7 是○成王之德也. 26-22 夫○成命者. 26-22 詩以○之. 29-16 於是乎○之以中德. 29-25 天之○也. 30-14 和之○也. 31-2 然則夫支之所○者. 32-11 將天以○補者也. 32-22 夫天○導可而省否. 32-23 反○. 32-24 犯鬼○二. 40-5 犯人○二. 40-5 將或○之. 46-6 通○于九夷百蠻. 50-10 ○將何爲. 50-25 比校民之有○者. 53-10 以誅無○. 55-21 行文○. 59-12 人之○也. 62-8 臣敢以私利廢人之○. 62-8 其天○也. 64-20 立太子之○三. 69-13 夫齊楚○遠而望大. 73-21 ○遠難通. 73-22 大國○. 74-14 而輕於行○. 75-19 志○者勿忘. 81-3 ○也. 82-4 不可以廢○於天下. 82-5 其天○也. 82-6 晉君之無○. 83-21 殺無○而立有○. 83-22 又曰余納有○以臨女. 83-23 天之○也. 87-16 晉之無○久矣. 88-14 晉仍無○. 89-7 ○路之人也. 92-22 輕關易○. 96-13 以啓東○. 97-2 陽子○與之語. 102-14 遇大車當○而覆. 105-13 智子之○善矣. 108-4 天○無親. 110-21 君不○於我. 111-12 且觀○逆者. 115-5 和於政而好其○. 121-16 若是○也果. 124-3 秦君○乎. 124-21 必避不○也. 124-22 國無○. 124-23 人之○也. 131-3 ○之以文. 132-5 ○之以言. 145-20 三年默以思○. 147-2 故三年默以思○. 147-10 既得○. 147-10 違而○. 148-4 欲其○也. 148-7 唯○是從. 148-7 以之○而去芰薦. 148-8 ○其順辭. 151-12 ○殣相望. 152-22 能○訓典. 154-20 順○其欲惡. 154-22 越爲不○. 162-5 今吾○路脩遠. 162-5 吾○路悠遠. 162-14 昔者楚人爲不○. 164-21 吴國爲不○. 166-1 吴爲不○. 166-21 ○將不行. 167-8 今孤不○. 168-22 天○盈而不溢. 174-7 ○固然乎. 176-17 天○皇皇. 177-10 凡陳之○. 177-19 必順天○. 177-20

【遂】 84

○征之. 2-12 ○爲踐土之盟. 10-20 狄人○入周. 12-21 文公○不敢請. 13-16 武子○不敢對而退. 15-17 ○假道於陳. 15-19 王○不賜. 18-18 稱○共工之過. 24-3 王室○卑. 26-9 以○八風. 29-19 ○田于大陸. 33-4 ○如齊. 35-1 ○躋之. 40-2 ○作中軍. 44-3 乃○行. 44-23 ○出. 47-17 ○逐之. 47-19 ○滋民. 55-2 ○修舊法. 55-3 ○滋民. 55-4 ○使役官. 56-7 則牛羊○. 56-25 ○南征. 58-24 ○北伐山戎. 59-1 ○下拜. 59-19 軍譚○. 60-12 ○鬬而死. 62-10 ○伐驪戎. 62-16 ○克之. 66-3 太子○行. 67-21 太子○行. 69-21 乃○之狄. 74-1 乃○之梁. 74-6 是以○於逆命. 74-16 無不○也. 76-6 ○不予. 82-14 置而不○. 83-6 君○止于秦. 83-14 是再施不○也. 84-2 納而不○. 84-24 ○適齊. 87-17 ○行. 88-24 ○如楚. 91-6 不○其媾. 91-20 而○弑之. 96-2 ○如河上. 96-6 ○定之于郟. 97-6 ○伐曹衛. 101-9 於是乎○伯. 101-10 ○與荆人戰於鄢陵. 110-10 ○弑諸翼. 110-12 於是乎○伯. 116-11 公○逐羣賊. 118-4 是○威而遠權. 118-12 ○令於國人曰. 119-5 ○刺欒盈. 119-8 ○不視. 119-22 ○施邢侯氏. 128-12 ○滅智氏. 134-5 王○置之. 138-13 ○不用. 141-24 將○奔晉. 142-2 ○奔晉. 143-7 乃○奔晉. 143-13 ○趨而退. 147-24 ○去王. 153-7 ○使爲白公. 157-7 ○伐齊. 160-21 以能○疑計惡. 161-9○自殺. 161-17 ○至于郢. 164-25 吾謂吴王將○涉吾地. 165-16 我○踐其地. 165-22 奔○可出. 165-24 王○出. 167-11 王○出. 167-15 乃○涉而從之. 168-18 越師○入吴國. 168-19 ○自殺. 169-6 ○使之行成於吴. 170-12 ○滅吴. 173-2 ○興師伐吴. 177-3 ○滅吴. 178-20 ○乘輕舟. 179-2

【曾】 2

○孫蒯聵. 131-13 越○足以爲大虞乎. 159-18

【焞】 2

天策○○. 75-4

【勞】 36

晉侯郊○. 10-1 皆受鄭○. 12-11 王○之以地. 12-23 余何敢以私○變前之大章. 13-14 故○之以陽樊. 13-18 卿出郊○. 16-18 以○定國則祀之. 38-3 武子○之. 46-9 君子能○. 47-13 ○其民而用之. 48-6 夫民○則思. 48-7 ○也. 48-9 君子○心. 48-21 小人○力. 48-21 不○而能. 53-21 不○而能. 54-1 不○而能. 54-7 不○而能. 54-16 以爾自卑○. 59-16 故莫不盡忠極○以致死也. 64-18 平王○而德之. 90-22 ○也. 94-6 賞功○. 96-15 ○師於戎. 116-7 二三子之○也. 117-3 二三子何○焉. 117-4 可無○師而得城. 128-15 穀陽豎愛子反之○也. 148-4 是天王之無成○也. 159-6 其民不忍饑○之殃. 160-10 乃使王孫苟告○于周. 164-21 則不能與三軍共饑○之殃. 166-19 ○而不矜其功. 174-7 不○而矜其功. 174-9 又觀其民之饑飽○逸以參之. 177-16 君憂臣○. 178-23

【湛】 1

虞于○樂. 23-25

【湖】 5

戰於五○. 174-15 至於五○. 177-3 與我爭三江五○之利者. 178-5 反至五○. 178-21 以浮於五○. 179-3

【湮】 1

○替隸圉. 24-20

【測】 1

抑欲○吾心也. 70-7

【湯】 7

在○誓曰. 8-19 ○以寬治民而除其邪. 38-11 郊冥而宗○. 38-14 莫若○. 39-24 未嘗躋○與文武. 40-1 ○降不遲. 90-11 ○有太甲. 140-8

【温】 9

○之會. 14-4 王叔子譽○季. 18-24 ○之會. 36-24 ○恭朝夕. 50-21 右師取昭叔于○. 97-4 賜公南陽陽樊○原州陘絺組攢茅之田. 97-8 見○季子. 108-1 有○德以成其名譽. 130-22 己姓昆吾蘇顧○董. 136-15

【渭】 1

又爲惠公從余於○濱. 95-12

【滑】 3

鄭人伐○. 11-4 王使游孫伯請○. 11-4 而○夫二川之神. 25-3

【溲】 1

少○於豕牢. 100-12

【淵】 3

宣公夏濫於泗○. 40-21 箕遺及黄○嘉父作亂. 118-4 以入于羽○. 126-13

【渝】 2

弗震弗○. 4-5 次於雍○. 46-23

【盗】 4

猶謂之○. 3-15 若資東陽之○. 143-17 而賂○以賊一夫於晉. 143-19 ○賊司目. 152-22

【游】 2

王使○孫伯請滑. 11-4 亦爲君之東○. 79-2

【滋】 14

故能保世以○大. 1-9 其抑下○甚. 19-22 其讎不○大乎. 44-18 遂○民. 55-2 遂○民. 55-4 我罪○厚. 70-9 而惡○章. 80-16 如穀之○. 94-23 可以○. 108-2 憂○長. 108-8 其殺也○速. 138-15 積貨○多. 152-24 蓄怨○厚. 152-24 民乃蕃○. 175-16

【惰】 3

居官而○. 35-21 況有怠○. 48-23 重耳敢有○心. 93-23

【愠】 5

秦莫不○. 82-22 舅犯○曰. 98-5 夫民心之○也. 152-25 王○曰. 161-19 吴王若○而又戰. 165-23

【愀】 1

子木○然曰. 143-15

【寒】 5

火見而清風戒○. 16-4 而無飢○乏匱之患. 23-23 古者大○降. 40-21 及○. 54-10 ○之甚矣. 69-24

【富】 27

○辰諫曰. 11-5 ○辰諫曰. 11-19 ○辰曰. 12-19 謂其能以嘉祉殷○生物也. 24-12 則百姓○. 56-24 今殺君而賴其○. 76-15 反義則○不爲賴. 76-16 賴○而民怨. 76-16 子見無土而欲○者. 108-10 夫利君之○. 111-15 ○以聚黨. 111-15 ○而忘禮. 124-10 秦公子○. 126-1 若之何以○賦祿也. 126-2 夫絳之○商. 126-3 若之何其回於○也. 126-6 其○半公室. 127-2 恃其○寵. 127-2 范氏○. 129-16 使○都那豎贊焉. 144-10 人生求○. 152-16 而我取○焉. 152-17 非逃○也. 152-18 是不先恤民而後己之○乎. 152-20 民以惡死而欲貴○以長没也. 162-16 ○者吾安之. 166-13 使貧○皆利之. 166-14

【寔】 21

高位○疾顛. 21-23 厚味○腊毒. 21-23 ○爲惠公. 79-12 ○掌近官. 96-18 ○爲悼公. 111-17 ○讒敗楚. 142-20 ○通吴晉. 143-7 櫟人○使鄭子不得其位. 145-10 衛蒲戚○出獻公. 145-11 宋蕭蒙○弑昭公. 145-11 魯弁費○弱襄公. 145-12 齊渠丘○殺無知. 145-13 晉曲沃○納齊師. 145-14 秦徵衙○難桓景. 145-14 用之○難. 146-23 周書所謂重黎○使天地不通者. 149-4 重○上天. 150-9 黎○下地. 150-10 ○式靈之. 161-7 文武○舍其衷. 165-6 ○失宗廟社稷. 169-4

【寓】 3

國無寄○. 15-23 疆有○望. 16-11 ○也. 169-2

【寝】 4

及○門. 47-21 ○門之内. 47-25 不餐而○. 71-18 則○門辟矣. 103-22

【甯】 4

唯能用管夷吾○戚隰朋賓胥無鮑叔牙之屬. 60-21 ○莊子言於公曰. 89-1 過○. 102-12 舍於逆旅○嬴氏. 102-12

【寐】 4

歸寢不○. 65-17 今夕君寢不○. 65-20 早而假○. 103-23 王○. 160-13

【運】 1

廣○百里. 171-16

【補】 10

親戚○察. 2-25 而又將○之. 32-14 將天以道○者也. 32-22 足以○官之不善政. 56-10 闕從○之. 67-6 敗弗能○也. 67-7 ○乏薦饑. 82-4 君○王闕. 97-11 鄔弊○舟依黖歷華. 135-17 ○民之不足. 171-11

【裕】 7

而布施優○也. 5-6 叔父若能光○大德. 13-9 廣○民人之謂也. 27-6 可謂廣○民人矣. 27-8 而神求優○於享者也. 34-11 何不寬○也. 95-23 ○其衆庶. 160-1

【祼】 1

王○鬯. 4-12

【禍】 56

而況敢樂○乎. 7-1 樂○也. 7-2 ○孰大焉. 7-3 臨○忘憂. 7-3 是謂樂○. 7-3 ○必及之. 7-3 而降之○. 7-13 而○福之. 7-23 是謂貪○. 8-2 神必○之. 8-10 ○福之階也. 11-20 利外則取○. 11-20 其無乃階○乎. 11-21 今天降○災於周室. 13-6 殆必○者也. 21-12 齊晉有○. 22-6 ○亂並興. 24-1 ○不好. 25-6 不能爲○. 25-7 其無乃章○. 25-10 而貪天○. 25-11 基○十五. 25-16 王又章輔○亂. 25-17 天未厭○焉. 27-19 則必子孫實有○. 33-1 齊人閒晉之○. 46-21 ○災共之. 55-17 滅○不自其基. 64-23 ○之基也. 64-23 天降○于晉國. 77-20 ○亂其興. 80-6 ○. 80-7 夫衆口○福之門. 80-7 罹天之○. 81-2 罹天之○. 81-3 且夫○唯無斃. 81-24 以○爲違. 81-25 以徼天○. 91-1 天降鄭○. 98-22 ○無赦矣. 98-24 今○及矣. 98-24 擇○莫若輕. 110-6 ○無所用重. 110-6 ○敗無已. 118-6 ○又不克. 136-3 ○災不至. 149-20 ○災薦臻. 150-2 昔者越國見○. 158-15 今句踐申○無良. 158-18 昔周室逢天之降○. 165-11 天既降○於吴國. 169-3 上天降○於越. 175-25 今其○新民恐. 176-20 昔者上天降○於吴. 177-23 昔者上天降○於越. 178-8 以報此○. 178-9

【祿】 27

回○信於聆隧. 7-15 大臣享其○. 9-22 干○愷悌. 27-24 故君子得以易樂干○焉. 27-25 ○. 39-8 則請納○與車服而違署. 39-12 無大功而欲大○. 41-15 致○而不出. 45-10 敢享其○. 45-11 不患無○. 67-19 又重之以寡君之不○. 77-21 此之謂世○. 120-4 而饗其○位. 121-10 實賦○. 125-24 韓宣子問二公子之○焉. 125-24 ○以食爵. 126-2 若之何以富賦○也. 126-2 而無尋尺之○. 126-5 乃均其○. 126-6 姦而盈○. 128-18 吾定而○爵. 129-4 敢不歸○. 131-6 而福○並至. 133-1 是養吾疾而干吾○也. 134-9 成王每出子文之○. 152-15 而天○亟至. 161-14 與其重○. 177-22

【尋】 5

夫三軍之所○. 13-20 不過墨丈○常之間. 28-15 諸侯之大夫○盟未退. 45-23 而無○尺之祿. 126-5 ○飯. 132-24

【犀】 5

制重罪贖以○甲一戟. 58-5 惡角○豐盈. 137-7 巴浦之○犛兕象. 147-22 奉文○之渠. 163-3 今夫差衣水○之甲者. 172-13

【弼】 2

世有輔○之臣. 161-8 憯輔遠○. 176-8

【强】 5

魯執政唯○. 18-14 我則○之. 19-2 軍帥○禦. 19-7 我則○之. 19-10 若血氣○固. 40-6

【費】 2

魯有弁○. 145-8 魯弁○寔弱襄公. 145-12

【疏】 8

○爲川谷. 23-20 ○川導滯. 24-6 而等胄之親○也. 39-22 不如曰不信以○之. 72-2 志少○. 72-4 公令○軍而去之. 97-17 子皆○之. 131-2 以○其穢. 140-15

【違】 43

人必○之. 8-10 以逞其○. 8-11 則不○. 17-23 若承命不○. 17-24 未能○難. 20-13 ○天. 32-24 動不○時. 34-7 是以國家無○. 35-20 則請納祿與車服而○署. 39-12 無乃○乎. 39-18 ○君命者. 40-15 臣○君命者. 40-18 則不如○君以避難. 44-21 魯既不○夙之取卞也. 45-1 天威不○顔咫尺. 59-18 肆侈不○. 63-17 不聞○命. 65-5 其退者拒○. 65-22 以○心目. 67-5 苟○其○. 75-17 重耳不敢○. 77-9 猗兮○兮. 80-13 以禍爲○. 81-25 離○而得所. 90-17 棄禮○親. 98-23 若有○質. 100-11 又以○蠻夷重之. 110-4 盍姑以○蠻夷爲恥乎. 110-8 吾能○兵. 112-4 昔隰叔子○周難於晉國. 121-3 若○於德. 123-9 昔者鮌○帝命. 126-12 與王心○. 142-12 而遠者距○. 144-16 昔先大夫子囊○王之命謚. 148-3 ○而道. 148-4 能○若敖之欲. 148-8 以其不○心. 151-23 余令而不○. 161-10 夫不○. 161-10 乃○也. 161-10 夫不○. 161-10

【隙】 5

蒐于農○. 6-5 則可以上下無○矣. 17-25 出四○之細也. 30-21 使無有閒○. 121-8 四時之○. 144-25

【隕】 9

而○於韓. 9-23 駟見而○霜. 16-4 ○霜而冬裘具. 16-5 四世而○. 32-16 七世而○. 32-18 恐○越於下. 59-18 公○於韓. 80-7 無○懼. 131-16 以○於乾谿. 148-6

【媿】 2

是故大國慚○. 60-20 生人不○. 76-1

【媚】 2

乃能○於神. 5-6 其臣競諂以求○. 65-21

【賀】 11

且使國人○夢. 74-11 而○大國之襲. 74-13 二三子可以○我矣. 103-8 叔向○之. 126-19 子○我. 126-20 是以○. 127-5 何○之有. 127-6 敢○. 132-12 何○. 132-13 吾是以○. 132-15 ○有喜. 171-11

【登】 9

馨香不○. 7-11 又○叔隗以階狄. 12-16 若○年以載其毒. 18-6 從善如○. 32-16 ○川禽. 40-23 成拜卒○. 93-14 不哀年之不○. 132-19 民將能○天乎. 149-5 夫申胥華○簡報吴國之士於甲兵. 158-6

【發】 21

土氣震○. 4-2 土乃脉○. 4-3 ○幣於大夫. 17-14 ○幣於大夫. 26-10 土○而社. 34-19 土蟄○. 40-22 ○帥敝賦. 46-22 賓○幣於大夫. 49-19 ○聞於鄉里者. 55-24 ○聞於鄉里者. 57-10 言文而○之. 102-17 歷時而○之. 102-20 乃○令于太廟. 103-13 必○諸晉國. 104-6

朗. 149-8 而後使先○之後之有光烈. 149-11 ○王正端冕. 151-22 明王○人能制議百物. 155-5 體德明○. 161-3 ○. 167-1 夫○人隨時以行. 174-7 ○人因天. 175-19 ○人因而成之. 175-20 ○人不出. 176-8 ○人之功. 177-25

【聘】 20

晉侯使隨會○于周. 14-18 定王使單襄公○於宋. 15-19 以○於楚. 15-19 使劉康公○於魯. 17-14 使叔孫僑如先○. 18-11 晉羊舌肸○于周. 26-10 自是晉○於魯. 37-12 叔孫穆子○於晉. 43-4 吴子使來好○. 49-18 以驟○眺於諸侯. 57-24 使丕鄭○於秦. 81-5 郤獻子○于齊. 104-3 郤至○於周. 111-10 魯襄公使叔孫穆子來○. 119-25 鄭簡公使公孫成子來○. 126-7 范獻子○於魯. 129-11 先王○后於異姓. 137-16 棄○后而立内妾. 137-21 恭王使巫臣○於齊. 143-6 王孫圍○於晉. 154-15

【斟】 2

而後王○酌焉. 3-1 ○姓無後. 136-20

【蓋】 12

惡其○人也. 19-21 不可○也. 19-22 求○人. 19-22 是求○七人也. 20-1 其可以○穆伯. 39-13 築五鹿中牟○與牡丘. 60-17 以晚○者也. 68-5 以濟○也. 102-21 ○其先王. 136-4 以謀○人. 155-23 足以○之. 156-4 夫固知君王之○威以好勝也. 159-13

【鄞】 1

東至於○. 171-15

【勤】 33

朝夕恪○. 1-14 ○恤民隱. 1-19 而無○民於遠. 2-7 以○叔父. 13-7 玄王○商. 32-17 后稷○周. 32-18 ○百姓以爲己名. 33-2 以死○事則祀之. 38-3 舜○民事而野死. 38-9 冥○其官而水死. 38-11 稷○百穀而山死. 38-12 君之所以章使臣之○也. 43-15 故不憚○遠. 44-13 而○易之. 64-7 與其○而不入. 67-16 患不○. 67-19 而得○與從. 67-19 其有○也. 75-14 秦人○我矣. 78-19 在傅弗○. 100-13 文子○身. 114-3 且○身. 118-23 事主以○. 119-13 ○之以力. 132-5 將○營其君. 132-8 爲畎畝之○. 132-21 夫君子能○小物. 133-25 則身○之. 140-20 ○勉以勸之. 141-6 故變而不○. 145-17 齊敬之○. 149-12 是○民以自封. 152-18 朝夕○志. 154-10

【蓐】 1

則○收也. 74-10

【幕】 3

○. 38-15 虞○能聽協風. 136-9 乃退就○而會. 164-16

【夢】 9

其母○神規其臀以墨. 23-8 且其○曰. 23-11 朕○協朕卜. 23-12 今夕君○齊姜. 72-12 虢公○在廟. 74-8 且使國人賀○. 74-11 今嘉其○. 74-16 今○黄熊入於寢門. 126-9 而又使以象○. 147-5

【蒼】 1

唯青陽與○林氏. 92-12

【蒯】 1

曾孫○聵. 131-13

【蓬】 1

以刈殺四方之○蒿. 161-3

【蓑】 1

譬如○笠. 170-8

【蒿】 2

使民○焉忘其安樂. 144-19 以刈殺四方之蓬○. 161-3

【蓄】 5

○力一紀. 87-8 問○貨聚馬. 152-6 令尹問○聚積實. 152-7 而○聚不厭. 152-23 ○怨滋厚. 152-24

【蒲】 15

首戴茅○. 54-13 重耳處○城. 64-14 ○與二屈. 66-14 而二公子主○與屈. 66-17 又城○. 66-19 亦使○城午. 77-10 獻公使寺人勃鞮伐公於○城. 95-9 困余於○城. 95-11 ○人狄人. 95-17 其無○狄乎. 95-19 ○城伯請佐. 99-23 北有衛燕狄鮮虞潞洛泉徐○. 135-7 衛有○戚. 145-7 衛○戚寔出獻公. 145-11 其民必移就○贏於東海之濱. 165-18

【蒙】 5

蘧蒢○璆. 100-24 閒○甲胄. 108-25 宋有蕭○. 145-8 宋蕭○寔弑昭公. 145-11 猶○耳也. 157-5

【幹】 1

政之○也. 89-20

【蒸】 9

立我○民. 3-13 陽氣俱○. 4-5 收擸而○. 34-19 嘗禘○享之所致君胙者. 39-16 ○. 39-20 商周之○也. 39-25 ○而獻功. 48-20 ○于武公. 65-10 國於是乎○嘗. 151-9

【禁】 7

獸虞於是乎○罝羅. 40-25 水虞於是○罝罜麗鹿. 41-1 魚○鯤鮞. 41-3 三○而不可上下. 58-7 所以○暴於諸侯也. 60-16 莫如此淫逸不可○也. 167-22 上帝之○也. 174-14

【楚】 147

且獻○捷. 10-20 鄧由○曼. 12-2 以聘於○. 15-19 單子如○. 17-12 ○子入陳. 17-13 晉既克○于鄢. 18-20 ○有五敗. 19-2 吾三逐○軍之卒. 19-11 ○越必朝. 19-13 天有惡於○也. 20-4 自是齊○代討於魯. 44-3 襄昭皆如○. 44-3 襄公如○. 44-10 而聽於○. 44-13 非義○也. 44-13 有禦○之術. 44-22 出○師以伐魯. 44-24 若得○師以伐魯. 45-1 若○之克魯. 45-2 襄公在○. 45-7 ○公子圍. 45-13 ○公子甚美. 45-14 ○. 45-15 若○公子不爲君. 45-21 ○人將以叔孫穆子爲戮. 45-24 吾爲子請於○. 45-25 ○人乃赦之. 46-8 ○恭王能知其過而爲恭. 50-24 伐○. 58-24 桓公城○丘以封之. 60-1 公令閹○刺重耳. 73-17 卜適齊○. 73-20 夫齊○道遠而望大. 73-21 驪姬使奄○以環釋言. 74-6 南伐○. 75-10 吾寧事齊○. 84-17 齊○又交輔之. 84-18 秦乃召重耳於○而納之. 86-3 吾不適齊○. 87-7 遂如○. 91-6 ○成王以周禮享之. 91-6 ○子問於公子曰. 91-8 晉○治兵. 91-12 必懼○師. 91-14 ○師之懼. 91-15 天之祚○. 91-15 ○不可祚. 91-16 秦伯召公子於○. 91-21 ○子厚幣以送公子于秦. 91-21 余於伯○屢困. 95-14 伯○知之. 96-2 伯○以呂郤之謀告公. 96-4 ○成王伐宋. 97-21 告○. 97-23 我欲擊○. 97-23 不若使齊秦主○怨. 97-24 藉之告○. 97-25 ○愛曹衛. 98-1 是○一言而有三施. 98-8 執宛春以怒○. 98-9 ○既陳. 98-11 且○師老矣. 98-12 二三子忘在○乎. 98-13 未報○惠. 98-13 我曲○直. 98-14 退三舍避○. 98-15 ○衆欲止. 98-15 ○衆大敗. 98-16 敗○師于城濮. 101-10 ○恭王帥東夷救鄭. 108-12 ○半陣. 108-13 ○師將退. 108-14 夫南夷與○來. 108-15 夫○與鄭陣. 108-16 鄭將顧○. 108-19 ○將顧夷. 108-19 於是敗○師於鄢陵. 108-20 三逐○平王卒. 108-21 且以勸○乎. 110-21 故免○王. 111-7 獲○公子穀臣. 113-22 親射○王. 113-23 而敗○師. 114-1 欒盈出奔○. 119-4 ○令尹子木欲襲晉軍. 122-18 ○人不敢謀. 123-4 没平公無○患. 123-5 ○人固請先歃. 123-6 ○爲荆蠻. 123-11 所以服○也. 123-14 乃先○人. 123-14 ○令尹圍將以魯叔孫穆子爲戮. 123-16 夫○令尹有欲於○. 123-17 文子將請之於○. 123-25 固請於○而免之. 124-5 ○公子干來仕. 125-23 且秦○匹也. 126-5 以亡於○. 127-1 士景伯如○. 128-4 而秦晉齊○代興. 139-5 ○蚠冒於是乎始啓濮. 139-7 覆○國之師. 141-10 赫赫○國. 141-14 夫子承○國之政. 141-20 雖微○國. 141-21 若得歸骨於○. 142-4 晉卿不若○. 142-7 ○實遺之. 142-8 雖○有材. 142-8 ○師必敗. 142-14 大敗○師. 142-14 寔讒敗○. 142-20 ○師可料也. 142-24 ○必歆之. 142-25 大敗○師. 143-2 導之伐○. 143-8 彼若謀○. 143-13 我爲○卿. 143-18 ○其殆矣. 145-3 又加之以○. 145-6 今子老○國. 146-19 ○其難哉. 146-20 吾子經營○國. 148-8 ○其亡乎. 152-7 爲○良臣. 152-20 而相○君. 152-21 吴人入○. 153-5 吴人入○. 153-15 ○之白珩猶在乎. 154-16 ○之所寶者. 154-18 使神無有怨痛於○國. 154-22 此○國之寶也. 155-3 ○雖蠻夷. 155-10 施及○國. 155-16 彼其父爲戮於○. 156-1 而德其治○國. 157-9 ○國之能平均. 157-10 昔○靈王不君. 160-7 罷弊○國. 160-8 不式諸戎狄○秦. 163-19 昔者○人爲不道. 164-21 以與○昭王毒逐於中原柏舉. 164-23 ○師敗績. 164-24 今齊侯壬不鑒於○. 165-2 ○申包胥使於越. 166-1 越國南則○. 166-15

【楊】 2

○食我生. 119-22 西有虞虢晉隗霍○魏芮. 135-9

【槐】 2

觸庭之○而死. 103-25 獻子執而紡於庭之○. 129-18

【槎】 1

且夫山不○蘖. 41-3

【概】 1

夫○王作亂. 165-1

【楹】 1

莊公丹桓宫之○. 35-2

【椽】 2

斲其○而礱之. 124-7 斲其○而礱之. 124-9

【裘】 2

隕霜而冬○具. 16-5 奉之以車馬衣○. 57-25

【輅】 3

賞服大○. 59-19 ○秦公. 83-13 ○車十五乘. 116-22

【剸】 2

而與○同. 137-18 與○同也. 137-20

【賈】 12

以知其市之○. 54-3 相陳以知○. 54-6 以寵○怨. 64-5 令○華刺夷吾. 73-18 共華○華叔堅騅歂纍虎特宫山祁. 81-12 而長事○佗. 90-7 ○佗. 90-9 乃有○季之難. 102-23 謀於衆不以○好. 121-16 雍子○之以其子. 128-9 不以安○貳. 128-21 臣聞之○人. 170-6

【酬】 4
○幣宴貨. 15-8 交○好貨皆厚. 18-21 獻○交酢也. 30-18 曰到於客前以○客. 164-1

【蜃】 1
雉入于淮爲○. 132-16

【雷】 6
震○出滯. 4-23 方○氏之甥也. 92-5 ○也. 94-6 主○與車. 94-6 主震○. 94-9 內有震○. 94-9

【頓】 4
而王幾○乎. 2-10 無乃玩而○乎. 13-23 則陳侯蔡侯許男○子. 144-4 ○纇於邊. 158-20

【歲】 26
○貢. 1-23 是○也. 6-20 故○飫不倦. 15-11 ○在鶉火. 31-5 ○之所在. 31-9 是○也. 33-3 是○也. 39-3 其○收. 51-6 皆有終○之計. 56-19 莫敢以終○之議. 56-19 是○也. 75-19 ○之二七. 80-14 秦○定. 82-15 ○在壽星及鶉尾. 87-14 晉無寧○. 88-2 ○在大火. 88-16 ○在大梁. 94-19 ○在大火. 94-22 今忨日而潡○. 125-3 是○也. 125-22 日祭月享時類○祀. 151-5 三○於沮汾. 160-9 不稔於○. 161-21 以○之不穫也. 162-21 歸不稔於○. 165-7 今○晚矣. 176-25

【訾】 7
○相其質. 56-10 盍訪之○祏. 120-20 ○祏實直而博. 120-20 宣子問於○祏. 121-3 ○祏對曰. 121-3 ○祏死. 121-13 昔者吾有○祏也. 121-13

【粲】 2
女三爲○. 2-14 夫○. 2-15

【虞】 30
以服事○夏. 1-10 以待不庭不○之患. 12-25 ○人入材. 16-20 以待不○. 23-24 ○于湛樂. 23-25 其在有○. 24-2 故有○氏禘黃帝而祖顓頊. 38-13 有○氏報焉. 38-15 水○於是乎講罛罶. 40-22 獸○於是乎禁罝羅. 40-25 水○於是禁罝罜麗鹿. 41-1 召舟○與司馬. 44-7 在○夏商爲汪芒氏. 50-2 配○胡公. 50-14 澤立三○. 54-23 師出於○. 74-20 ○將亡矣. 74-21 ○乃亡. 75-1 衛文公有邢狄之○. 88-25 詢于八○. 100-16 自○以上. 120-1 其若不○何. 129-7 北有衛燕狄鮮○潞洛泉徐蒲. 135-7 西有○虢晉隗霍楊魏芮. 135-9 ○夏商周是也. 136-9 ○幕能聽協風. 136-9 以戒不○者也. 154-25 有不○之備. 155-1 越曾足以爲大○乎. 159-18 今伯父有蠻荆之○. 164-9

【業】 30
不敢怠○. 1-13 各守其○. 9-9 恪所以守○也. 17-22 以恪守○. 17-23 守○不懈. 17-24 非故○也. 34-19 職貢○事之不共而獲戾. 35-25 恃二先君之所職○. 36-16 臣以爲肆○及之. 43-12 豹之○. 44-6 婦人治其○焉. 47-25 子將○君之官職焉. 47-25 諸侯朝修天子之○命. 48-13 夕序其○. 48-15 士朝受○. 48-15 猶恐忘先人之○. 48-22 使無忘職○. 50-11 而○用之. 55-2 而○用之. 55-3 武公之○. 90-24 繼文之○. 96-25 則民從事有○. 99-6 敢不承○. 113-14 守○而不淫. 115-25 以受先○. 130-25 失先君之○. 141-10 其事不煩官○. 144-23 民神異○. 149-19 使寡君無忘先王之○. 154-21 以復先王之○者. 157-10

【當】 26
其○之乎. 21-9 其○之也. 23-14 則單子必○之矣. 27-9 ○辰. 31-17 其○身乎. 32-25 居官者○事不避難. 35-20 雖○三季之王. 63-10 ○之者戕焉. 63-21 今適○之. 77-5 不敢○公子. 79-5 何以○之. 94-6 今君○之. 94-21 遇大車○道而覆. 105-13 不敢○. 108-25 威與懷各○其所. 118-17 朱也○御. 122-10 臣敢煩○日. 131-21 非德不○雍. 133-2 ○成周者. 135-6 ○周未有. 136-15 ○宣王時而生. 138-10 亦○晉矣. 145-6 ○宣王時. 150-8 ○君而亡之. 153-6 ○孤之身. 169-4 ○室者死. 171-23

【睹】 2
以露○父爲客. 47-16 ○父怒. 47-17

【睦】 10
和協輯○. 3-24 諸侯從是而不○. 5-19 諸侯輯○. 19-8 與衆之信輯○焉. 68-21 羣臣輯○. 84-13 能內○而後圖外. 109-3 不○而圖外. 109-4 盍姑謀○乎. 109-5 必將輯○. 109-22 五穀○熟. 175-16

【賊】 18
姦勇爲○. 20-9 ○也. 20-11 毀則者爲○. 40-16 掩○者爲藏. 40-17 ○之兆也. 63-12 而報之以○. 85-15 鄭也○而亂國. 85-20 管仲○桓公. 95-20 其○也. 102-9 使鉏麑○之. 103-22 ○國之鎮. 103-24 公遂逐羣○. 118-4 則明逐羣○. 119-1 盡逐羣○. 119-4 爲○於絳. 119-6 而賂盜以○一夫於晉. 143-19 盜○司目. 152-22 怨○之人也. 156-22

【賄】 15
此先王所以不用財○. 16-8 王厚○之. 18-19 使各以其方○來貢. 50-11 以○滅親. 74-23 而遠人以其方○歸之. 108-9 必以○死. 119-22 而以○成事. 123-9 能行諸侯之○. 126-4 假貸居○. 126-25 吾主以不○聞於諸侯. 129-24 今以梗陽之○殃之. 129-24 不哀無○. 132-18 不德而○. 134-9 寄孥與○焉. 135-15 乃東寄帑與○. 139-2

【賂】 24
而背外內之○. 9-3 德薄而以地○諸侯. 19-3 願以子之辭行○焉. 36-10 其可○乎. 36-11 使納○焉. 37-14 驪姬○二五. 66-14 可以得重○. 76-8 子厚○秦人以求入. 77-11 子盍盡國以○外內. 77-14 重○配德. 78-20 而背外內之○. 80-4 果喪其○. 80-5 乃背秦○. 81-5 丕鄭如秦謝緩○. 81-7 背君○. 81-22 弗與○地. 82-11 背其外○. 83-9 乃行○于草中之戎. 97-1 而○齊秦. 97-25 厚○之. 119-17 請納○於魏獻子. 129-23 而○盜以賊一夫於晉. 143-19 ○君之辱. 170-14 ○君之辱. 172-21

【嗜】 3
屈到○芰. 141-18 子夕○芰. 148-3 而○其疾味. 156-19

【鄙】 12
立○食以守路. 16-11 參其國而伍其○. 53-13 伍○若何. 56-21 制○. 57-1 以皋落狄之朝夕苛我邊○. 68-18 吾邊○不儆. 68-24 邊○耕農不儆. 116-9 是我以鼓教吾邊○貳也. 128-20 國有都○. 145-18 草○之人. 158-19 都○荐饑. 160-18 夫吴之邊○遠者. 165-20

【黽】 1
而鼃○之與同渚. 178-14

【愚】 3
甚精必○. 66-12 ○不知避難. 66-12 ○陋而多怨. 73-24

【盟】 39
遂爲踐土之○. 10-20 背宋之○. 19-3 申之以○誓. 35-14 諸侯之大夫尋○未退. 45-23 弗與○. 46-13 夫○. 46-19 晉爲○主. 46-19 若○而棄魯侯. 46-20 齊閭丘來○. 50-17 而賜之○質. 90-22 狐偃及秦晉大夫○于郇. 95-5 晉爲○主. 103-12 乃○而入. 113-15 修好申○而還. 115-8 使魏莊子○之. 115-11 晉爲諸侯○主. 120-25 及文子成晉荆之○. 121-8 諸侯之大夫○于宋. 122-18 死而可以固晉國之○主. 123-2 宋之○. 123-6 昔成王○諸侯于岐陽. 123-10 故不與○. 123-13 今將與狎主諸侯之○. 123-13 以從諸侯之○. 123-20 而受○者逃. 123-21 諸侯有○未退. 123-25 安用齊○. 124-1 又免其受○者. 124-1 晉何以爲○主矣. 124-1 以主諸侯之○. 125-2 爲諸侯○主. 125-9 民瀆齊○. 150-1 句踐請○. 158-22 將○. 159-20 以○爲有益乎. 159-20 前○口血未乾. 159-20 以○爲無益乎. 159-21 荒成不○. 159-22 背其齊○. 162-5

【暗】 2
而好讒慝○昧. 137-7 行○昧也. 137-23

【暇】 9
君子將險哀之不○. 28-2 救敗不○. 67-8 我教茲○豫事君. 71-14 ○豫之吾吾. 71-14 而○晉是皇. 75-13 將弔不○. 127-6 官僚之○. 144-24 而何○得見. 146-7 不皇○食. 146-17

【號】 7
以○召天下之賢士. 58-1 公○慶鄭曰. 83-11 據鼎耳而疾○曰. 98-25 聞其○也. 119-23 夫婦哀其夜○也. 138-11 而能知山川之○. 149-11 乃○令於三軍曰. 170-4

【照】 3
是實臨○周之子孫. 7-22 光○四海. 136-7 其明能光○之. 149-8

【畸】 1
王稱左○曰. 163-25

【跨】 2
不○其國. 63-12 若○其國. 63-13

【跣】 2
公○而出. 115-20 若○不視地. 147-8

【路】 11
道○以目. 2-20 而道○若塞. 16-9 立鄙食以守○. 16-11 道○不可知. 16-15 道○之人也. 92-22 問謗譽於○. 107-11 妘姓鄔鄶○偪陽. 136-17 方戮在○. 138-11 以絕吴○. 162-1 今吾道○脩遠. 162-5 吾道○悠遠. 162-14

【園】 1
趙穿攻公於桃○. 104-1

【遣】 7
而後○之. 18-14 而重○之. 75-8 數而○之. 119-1 乃○之. 119-20 康王以爲椒舉○之. 142-1 女實○之. 143-11 而吴人○之. 175-5

【蛃】 1
○蟻蜂蠆. 134-2

【蛾】 2
○析謂慶鄭曰. 85-1 ○析曰. 85-12

【蜂】 1
蛃蟻○蠆. 134-2

【農】 26

夫民之大事在○. 3-23 ○祥晨正. 4-2 監○不易. 4-7 命○大夫. 4-9 咸戒○用. 4-9 膳夫○正陳籍禮. 4-13 而時布之于○. 4-21 紀○協功. 4-22 ○師一之. 4-23 ○正再之. 4-24 恪恭于○. 5-2 王事唯○是務. 5-4 以干○功. 5-5 三時務○. 5-5 王治○於籍. 6-4 蒐于○隙. 6-5 辰馬○祥也. 31-10 處士○工商若何. 53-16 處○. 53-18 令夫○. 54-9 故○之子恒爲○. 54-16 其猶隸○也. 64-6 通商寬○. 96-13 邊鄙耕○不儆. 116-9 譬如○夫作耦. 161-3

【嗣】 18

而妨於後○. 6-9 非○也. 9-15 後○何觀. 34-23 苟芈姓實○. 44-15 余懼穆伯之絕○也. 48-24 國絕無○. 59-23 恭以俟○. 66-24 君之冢○其替乎. 80-18 故二王之○. 89-23 ○續其祖. 94-23 陽人有夏商之○典. 97-12 今吾子○位. 121-9 今君○吾先君唐叔. 121-25 而○立矣. 130-24 今吾子○位. 131-1 武其○乎. 138-24 皆非○也. 147-14 吾聞其○又甚焉. 154-7

【嗛】 4

○○之德. 63-23 ○○之食. 63-24

【歜】 1

共華賈華叔堅騅○纍虎特宮山祁. 81-12

【署】 5

○. 39-7 命易臣之○. 39-9 夫○. 39-10 臣立先臣之○. 39-10 則請納祿與車服而違○. 39-12

【置】 21

是以小怨○大德也. 11-10 彼無亦○其同類. 45-3 苟衆所○. 77-14 是故○之者不殆. 78-12 君若求○晉君而載之. 79-9 ○仁. 79-9 君若求○晉君以成名於天下. 79-9 則不如○不仁. 79-10 仁有○. 79-11 武有○. 79-11 仁○德. 79-11 武○服. 79-11 是故先○公子夷吾. 79-12 是君之不○德而○服也. 83-5 ○而不遂. 83-6 是吾不○德而○服也. 83-8 二三子其改○以代圉也. 84-7 ○茀蕝. 123-12 王遂○之. 138-13

【罪】 103

余一人有○. 8-19 萬夫有○. 8-20 ○不由晉. 19-5 底紂之多○. 31-21 君今來討弊邑之○. 36-20 夫衛君殆無○矣. 37-1 故解有○之地. 37-18 若○也. 39-11 非子之○. 40-19 下有○而子征之. 45-9 而國有○. 46-3 且○非我之由. 46-7 無乃○乎. 47-23 其○五. 54-18 其○五. 55-25 其○五. 56-3 其○五. 56-5 其○五. 57-10 其○五. 57-12 其○五. 57-15 制重○贖以犀甲一戟. 58-5 輕○贖以鞼盾一戟. 58-6 小○謫以金分. 58-7 宥閒○. 58-7 有○二焉. 62-20 太子由是得○. 66-21 其因以○之. 67-15 無以避○. 67-15 雖濟其○. 68-22 我○滋厚. 70-9 抑未有以致○焉. 71-9 非子之○. 73-2 去而○釋. 73-2 棄君去○. 73-5 若○不釋. 73-6 去而○重. 73-6 有○不死. 73-7 申生有○. 73-12 不免於○. 74-4 夫孺子豈獲○於民. 76-10 殺無○. 76-12 以重其○. 77-7 ○人克伏其辜. 77-22 其民何○. 82-4 其小人不念其君之○. 84-16 且知其○. 84-18 子之○也. 85-2 有大○三. 85-3 鄭也有○. 85-7 又失有○. 85-9 而○一也. 85-24 而○二也. 85-24 而○三也. 85-25 而○四也. 85-25 寡人之○也. 92-2 ○也. 93-2 ○戾之人也. 95-24 何必○居者. 96-9 其父有○. 102-7 吾乃今知免於○矣. 103-9 大○伐之. 103-16 小○憚之. 103-16 聲其○也. 103-17 ○莫大焉. 103-19 不亦大○乎. 111-8 且衆何○. 111-15 宥閒○. 113-17 有○不避刑. 115-16 欒盈不獲○. 118-19 ○孰大焉. 119-2 是吾○也. 120-14 若魯有○. 123-21 而離桓之○. 127-1 三姦同○. 128-8 其○一也. 128-11 奉辭伐○. 135-17 不穀之○也. 141-11 子牟有○而亡. 141-25 子牟得○而亡. 143-10 庶幾赦吾○. 143-12 何急以其言取○也. 147-19 寡君其可以免○於諸侯. 155-2 得○於天王. 158-16 以重得○於下執事. 158-19 親委重○. 158-20 天若不知有○. 160-25 出則○吾衆. 161-5 無所逃○. 164-7 斬有○者以徇. 167-18 斬有○者以徇. 167-19 斬有○者以徇. 167-20 斬有○者以徇. 167-21 斬有○者以徇. 168-7 得○於君王. 168-22 若以越國之○. 170-16 子苟赦越國之○. 171-4 此則寡人之○也. 171-9 其父母有○. 171-19 其父母有○. 171-20 非二三子之○也. 172-8 寡人之○也. 172-8 得○於會稽. 177-23 得○於子. 178-18

【蜀】 1

懼之以○之役. 144-9

【雉】 2

申生乃○經于新城之廟. 73-11 ○入于淮爲蜃. 132-16

【歃】 5

楚人固請先○. 123-6 在德不在先○. 123-7 ○雖在後. 123-8 今雖先○. 123-9 吳公先○. 164-16

【稇】 1

○載而歸. 60-8

【稚】 1

趙襄子使新○穆子伐狄. 132-23

【稔】 4

鮮不五○. 124-24 不三○矣. 138-21 不○於歲. 161-21 歸不○於歲. 165-7

【筮】 8

吾聞晉之○之也. 23-6 決之以卜○. 69-14 公子親○之. 93-25 ○史占之. 93-25 我命○曰尚有晉國. 94-3 ○告我曰利建侯. 94-3 臣○之. 94-24 我篋卜○矣. 165-19

【筴】 1

使書以爲三○. 39-4

【節】 45

爲贄幣瑞○以鎮之. 9-10 義所以○也. 10-9 義○則度. 10-10 ○度不攜. 10-11 守○不淫. 10-12 體解○折. 15-7 本見而草木○解. 16-3 草木○解而備藏. 16-5 行理以○逆之. 16-17 必不○矣. 26-6 作又不○. 26-7 制度不可以出○. 28-20 革木以○之. 29-17 ○之鼓. 29-19 昭明大○而已. 32-10 制財用之○. 34-17 國之大○也. 35-12 國之大○也. 38-1 而○. 38-1 不腆之樂以○之. 43-6 ○專車. 49-18 其骨○專車. 49-22 權○其用. 53-23 權○其用. 54-9 唯知哀樂喜怒之○. 76-25 是哀樂喜怒之○易也. 77-2 循禮以○之. 121-21 而有時○. 121-22 制○義以動行之. 141-6 禮○之宜. 149-12 今越國亦○矣. 172-7 有○事. 174-5 ○事者與地. 174-6 ○事者與地. 174-18 ○事奈何. 175-6 ○事者與地. 175-6 時○三樂. 175-15 逆○萌生. 176-12 天○固然. 177-7 陽○不盡. 177-15 盡其陽○. 177-17 盈吾陰○. 177-17 陽○不盡. 177-18 陰○不盡. 177-19 天○不遠. 178-1

【與】 247

其○能幾何. 3-5 魯武公以括○戲見王. 5-12 無○守邦. 8-19 何辭之有○. 13-11 其若先王○百姓何. 13-15 而使舌人體委○之. 15-3 陳靈公○孔寧儀行父. 15-24 ○之語. 18-12 其喜怒取○亦議之. 18-16 王孫説○之語. 18-19 ○之語. 18-24 諸侯○之. 19-7 其君○三郤. 21-9 亦將○焉. 22-3 ○民之憲言. 26-4 將民之○處而離之. 27-20 星○日辰之位. 31-6 劉文公○萇弘欲城周. 32-4 説萇弘而○之. 32-5 少典○焉. 32-11 萇弘○之. 33-4 文仲以鬯圭○玉磬. 35-23 豈唯寡君○二三臣實受君賜. 36-3 ○其車服. 39-9 則請納祿○車服而違署. 39-12 未嘗躋湯○文武. 40-1 而我美妾○馬. 42-6 不聞以妾○馬. 42-7 召舟虞○司馬. 44-7 爲其名○其衆也. 44-11 畏其名○衆也. 44-14 蔡公孫歸生○鄭罕虎見叔孫穆子. 45-13 弗○盟. 46-13 ○邯鄲勝擊齊之左. 46-23 而○晉共其憂. 47-1 ○之言. 47-21 ○三公九卿. 48-9 ○百官之政事. 48-10 ○大史司載. 48-11 閫門○之言. 49-1 康子○焉. 49-2 而○之坐而問焉. 53-2 閒燕則父○父言義. 53-19 子○子言孝. 53-19 ○無財. 55-2 ○無財. 55-4 人○人相疇. 55-17 家○家相疇. 55-18 桓公召而○之語. 56-10 ○其爲善於鄉也. 56-17 ○其爲善於里也. 56-18 臺原姑○漆里. 58-15 ○諸侯飭牲爲載. 59-2 ○諸侯戮力同心. 59-4 ○辟耳之谿拘夏. 59-7 桓公○之繫馬三百. 60-2 桓公知天下諸侯多○已也. 60-11 築五鹿中牟蓋○牡丘. 60-17 ○史蘇曰. 62-17 於是乎○伊尹比而亡夏. 63-4 於是乎○膠鬲比而亡殷. 63-5 於是乎○虢石甫比. 63-7 其○幾何. 63-22 若之何其民之○處而棄之也. 65-8 不○. 65-10 蒲○二屈. 66-14 而二公子主蒲○屈. 66-17 ○上攝下. 67-5 雖克○否. 67-15 ○其勤而不入. 67-16 而得勤○從. 67-19 爲仁○爲國不同. 68-2 不可○政. 68-14 我以武○威. 68-14 ○衆之信輯睦焉. 68-21 君○我此. 69-22 驪姬○犬肉. 72-15 唯○讒人鈞是惡也. 72-22 ○知共君之事. 73-17 多怨可○共憂. 73-24 務施○力. 75-7 不得○於哭泣之位. 78-15 中大夫里克○我矣. 78-22 丕鄭○我矣. 78-23 亡人何國之○有. 79-1 吾○公子重耳. 79-6 子殺二君○一大夫. 81-6 鄭也○客將行事. 81-9 誰○. 82-9 弗○賂地. 82-11 ○逐出之. 83-15 ○以歸之. 83-16 ○復之. 83-16 願從其君而○報秦. 84-22 野人舉塊以○之. 87-12 ○從者謀於桑下. 87-21 懷○安. 88-8 姜○子犯謀. 88-20 誰能○豺狼爭食. 88-22 ○司馬公孫固相善. 90-6 ○晉文侯. 90-21 以○君周旋. 91-13 懷嬴○焉. 91-23 唯青陽○夷鼓. 92-4 唯青陽○蒼林氏. 92-12 主雷○車. 94-6 而尚水○衆. 94-6 所不○舅氏同心者. 94-18 ○麗土之狄. 97-2 子○之. 98-6 ○詹同. 99-1 ○之歸. 102-6 陽子道○之語. 102-14 其○幾何. 105-11 而○之語. 105-24 成人在始○善. 107-14 始○善. 107-15 始○不善. 107-15 夫南夷○楚來. 108-15 而不○陣. 108-16 夫楚○鄭陣. 108-16 而不○整. 108-17 盍姑釋荊○鄭以爲外患乎. 109-15 盍姑釋荊○鄭以爲外患乎. 109-21 諸臣之內相○. 109-22 又勝荊○鄭. 109-22 將○幾人. 109-25 ○其君臣不相聽. 110-7 遂○荊人戰於鄢陵. 110-10 君○二三臣其戒之. 110-22 是故使胥之昧○夷羊五刺郤至苦成叔及郤錡. 111-10 我欲以吾宗○吾黨夾而攻之. 111-12 ○連尹襄老. 113-23 ○之禮食. 115-21 請○子共樂之. 117-1 悼公○司馬侯升臺而望. 117-6 威○懷各當其所. 118-17 欲作亂者誰○. 118-18 則其爲暱○隱也. 118-22 范宣子○和大夫爭田. 120-7 聞子○和未寧. 120-19 而○之和. 121-12 謀則無○也. 121-15 吾蔑○比而事君矣. 122-4 ○鮮卑守燎. 123-12 故不○盟. 123-13 今將○狎主諸侯之盟. 123-13 趙文子○叔向遊於九原. 124-14 吾誰○歸. 124-15

邢侯○雍子爭田. 128-4 邢侯殺叔魚○雍子於朝. 128-6 ○絕親以買直. 128-10 ○非司寇而擅殺. 128-10 而尸叔魚○雍子於市. 128-12 ○鼓子田於河陰. 129-9 ○子諫乎. 129-24 ○余以狂疾賞也. 130-11 是見寅○吉射也. 130-18 伯樂○尹鐸有怨. 131-6 請○之戲. 131-24 吾不○皆斃. 134-9 其誰○我. 134-12 其誰○我. 134-13 甚得周衆○東土之人. 135-4 寄孥○賄焉. 135-15 實○諸姬代相干也. 136-23 故先王以土○金木水火雜. 137-10 而○剸同. 137-18 ○剸同也. 137-20 ○去之. 138-4 ○止之. 138-5 而繒○西戎. 138-18 繒○西戎. 138-18 乃東寄帑○賄. 139-2 子木○之語. 142-6 ○王心違. 142-12 故唯東宮○西廣實來. 142-12 雍子○於軍事. 142-24 ○伍舉升焉. 143-21 願得諸侯○始升焉. 144-7 將民之○處. 144-15 王問○觀射父. 150-12 子常○之語. 152-6 ○哀殯喪. 154-4 惠王以梁○魯陽文子. 155-11 ○之魯陽. 155-17 余愛子○司馬. 156-10 盍求若敖氏○子干子皙之族而近之. 156-23 夫吳之○越. 158-5 豈能涉江淮而○我爭此地哉. 160-4 齊人○戰於艾陵. 160-21 ○會而先晉. 162-6 ○我同. 162-17 彼豈能○我行此危事也哉. 162-18 ○王士五人. 163-25 不可○戰. 164-3 乃命王孫雒先○勇獲. 164-17 以○楚昭王毒逐於中原柏舉. 164-23 而以中國之師○我戰. 165-21 吾欲○之徼天之衷. 166-2 敢問君王之所以○之戰者. 166-5 貧者吾○之. 166-13 則不能○三軍共饑勞之殃. 166-19 吾欲○之徼天之衷. 166-22 吾○子圖之. 168-1 吾○子圖之. 168-5 其○幾何. 169-2 吾○之共知越國之政. 170-5 然謀臣○爪牙之士. 170-7 執其手而○之謀. 170-10 ○其殺是人也. 170-19 夫差將欲聽○之成. 170-21 夫吳之○越也. 170-21 夫差○之成而去之. 171-6 而又○大國執讎. 171-8 公○之母. 171-22 公○之飲. 171-23 句踐載稻○脂於舟以行. 172-2 安○知恥. 172-9 吾○君爲二君乎. 172-23 持盈者○天. 174-6 定傾者○人. 174-6 節事者○地. 174-6 持盈者○天. 174-17 定傾者○人. 174-17 節事者○地. 174-18 ○人奈何. 174-18 又身○之市. 174-19 ○范蠡入宦於吳. 175-4 節事者○地. 175-6 唯舟○車. 175-25 吾欲○子謀之. 176-1 吾○子謀吳. 176-6 吾○子謀吳. 176-11 吾○子謀吳. 176-15 吾○子言人事. 176-18 必將○天地相參. 176-19 肆○大夫觴飲. 176-22 ○之俱行. 177-12 固守勿○. 177-15 若將○之. 177-15 弗○戰. 177-21 ○其重祿. 177-22 ○我爭三江五湖之利者. 178-5 黿鼉魚鼈之○處. 178-13 而鼃黽之○同渚. 178-14 吾○子分國. 179-1

【僅】 3

余一人○亦守府. 13-7 而○克安民. 25-14 而○得以來. 144-9

【傳】 7

庶人○語. 2-25 先聖王之○恭. 50-21 以○召伯宗. 105-13 避○. 105-13 ○爲速也. 105-14 而以○召伯宗. 105-16 ○郊之. 138-6

【毀】 5

無○折. 14-20 將○王宮. 23-16 ○則者爲賊. 40-16 愛糞土以○五常. 90-3 不○晉恥. 110-4

【舅】 20

夫亦皆天子之父兄甥○也. 14-1 不及○姑. 47-14 學於○姑者禮也. 47-14 實謂爾伯○. 59-16 重耳告○犯曰. 76-23 ○犯曰. 76-24 ○犯曰. 77-3 重耳告○犯. 78-11 ○犯曰. 78-11 ○所病也. 82-17 吾食○氏之肉. 88-21 ○犯走. 88-21 其○也. 90-8 所不與○氏同心者. 94-18 則皆王之父兄甥○也. 97-14 ○犯慍曰. 98-5 其○犯乎. 124-17 夫○犯. 124-18 是非王之支子母弟甥○也. 135-11 彼有公族甥○. 142-9

【傾】 6

大命其○. 80-13 體有所○. 160-18 而驟救○以時. 161-14 有定○. 174-5 定○者與人. 174-6 定○者與人. 174-17

【傷】 15

○人必多. 2-22 佐鬬者○焉. 25-6 且遇○乎. 25-11 庸何○. 45-5 枯且有○. 71-17 郤獻子○. 104-16 無乃○乎. 108-24 必自○也. 109-18 無面○. 131-16 王親面○. 143-2 厥足用○. 147-8 以自○也. 159-14 無乃卽○君王之所愛乎. 170-19 問○者. 171-10 不○越民. 178-20

【魁】 1

而幽王蕩以爲○陵糞土溝瀆. 32-20

【奧】 1

野無○草. 16-13

【衙】 2

秦有微○. 145-9 秦微○寔難桓景. 145-14

【微】 16

○我. 19-2 且夫戰也○謀. 19-11 上甲○. 38-16 ○而昭矣. 49-7 知○. 69-8 敬以知○. 78-6 ○知可否. 78-7 善以○勸也. 79-17 雖○秦國. 83-20 設○薄而觀之. 89-12 ○郤至. 111-4 ○子. 117-4 ○子. 131-5 雖○楚國. 141-21 ○君王之言. 177-1 ○者則是行. 177-11

【愆】 3

德音不○. 30-1 ○則有辟. 48-21 舍其○令. 159-25

【覛】 1

太史順時○土. 4-1

【鉥】 1

吾請爲子○. 76-23

【鉞】 6

有斧○刀墨之民. 9-13 其次用斧○. 37-2 執○立於西阿. 74-8 而斧○不行. 109-9 偃也以斧○從於張孟. 120-16 王親秉○. 163-6

【鉏】 2

惡金以鑄○夷斤斸. 58-8 使○麑賊之. 103-22

【鉤】 6

射寡人中○. 52-10 集于桓○. 95-21 ○近於袪. 95-22 獲王子發○. 111-3 欒書謂王子發○曰. 111-3 發○告君. 111-5

【鈹】 2

挺○搢鐸. 164-23 挺○搢鐸. 165-4

【愈】 8

王室其○卑乎. 25-12 吾聞申生之謀○深. 71-4 不猶○也. 100-2 孰爲○. 132-12 若越聞○章. 162-11 越聞○章. 164-17 辭○卑. 178-4 禮○尊. 178-4

【會】 58

溫之○. 14-4 晉侯使隨○聘于周. 14-18 月○. 15-12 柯陵之○. 21-4 其君在○. 21-16 諸侯○于柯陵. 22-8 終則講於○. 34-16 諸侯○之. 34-21 臣不聞諸侯相○祀也. 34-22 溫之○. 36-24 虢之○. 45-13 虢之○. 45-23 莒人告于○. 45-24 承君命以○大事. 46-2 是我○吾私也. 46-3 平丘之○. 46-13 墮○稽. 49-18 昔禹致羣神於○稽之山. 49-21 乘車之○三. 59-11 葵丘之○. 59-14 葵丘之○. 75-6 獻公將如○. 75-6 君可無○也. 75-6 西爲此○也. 75-10 雖後之○. 75-13 爲淮之○. 75-20 ○其季年. 87-11 ○于中原. 91-12 脫○秦伯于王城. 96-5 荀○文敏. 114-15 諸侯○于雞丘. 115-7 ○諸侯於雞丘. 115-13 且雞丘之○. 116-19 虢之○. 123-16 ○以伐周. 138-18 祀以○. 150-13 日月○于龍豼. 151-7 以○晉公午於黃池. 161-23 無○而歸. 162-6 與○而先晉. 162-6 無○而歸. 162-8 ○而先晉. 162-10 必○而先之. 162-12 今○日薄矣. 163-21 乃退就幕而○. 164-16 吳王旣○. 164-17 王若今起師以○. 165-20 必不須至之○也. 165-21 其至者亦將不能之○也已. 165-22 越王句踐棲於○稽之上. 170-4 今君王旣棲於○稽之上. 170-9 棲於○稽. 174-15 得罪於○稽. 177-23 不穀請復○稽之和. 177-24 其忘○稽之事乎. 178-3 昔者君王辱於○稽. 178-23 蠡請從○稽之罰. 178-25 環○稽三百里者. 179-5

【愛】 54

○親. 12-5 是不○親也. 12-13 余一人豈敢有○. 13-8 其敢自○也. 14-1 是故小大莫不懷○. 16-22 文之○也. 22-19 ○人能仁. 22-21 聖人保樂而○財. 29-12 余不○衣食於民. 34-4 不○牲玉於神. 34-5 其○我甚矣. 40-11 人其以子爲○. 42-4 子何○焉. 46-2 余非○貨. 46-7 ○而無私. 49-17 且夫間父之○. 65-14 ○親之謂仁. 68-2 不敢○親 68-4 雖欲○君. 68-7 孰能○親. 68-13 年同以○. 69-14 ○疑. 69-14 然款也不敢○死. 72-22 死必遺○. 72-25 申生不敢○其死. 73-13 而又○吾身乎. 76-2 無○虛以求入. 77-15 終君之重○. 78-2 無○財. 78-20 ○其父孝也. 79-7 而又○其實. 82-13 ○親明賢. 89-20 不○親也. 89-24 ○糞土以毀五常. 90-3 欲人之○己也. 93-1 必先○人. 93-1 受好以○之. 93-2 ○親戚. 96-15 楚○曹衛. 98-1 君何○於臣也. 98-20 若○欒盈. 118-23 子何○於死. 123-2 可無○乎. 124-2 盍姑無○寶於諸侯乎. 134-7 其陳○太子. 138-19 明慈○以導之仁. 141-1 穀陽豎○子反之勞也. 148-4 君實有國而不○. 153-12 ○而不仁. 155-21 ○而不謀長. 155-22 則其○也. 156-2 余○子與司馬. 156-10 夫越王好信以○民. 159-16 無乃卽傷君王之所○乎. 170-19

【亂】 105

堯之○. 3-18 民○之也. 6-11 子頹之○. 11-9 以○百度. 13-4 以○前好. 15-1 東門氏來告○. 18-8 晉將有○. 21-9 今君曰將有○. 21-10 立於淫○之國. 22-3 及厲公之○. 23-15 禍○並興. 24-1 無過○人之門. 25-5 ○生不夷. 25-7 民之貪○. 25-8 夫見○而不惕. 25-8 民有怨○. 25-9 是飾○而佐鬬也. 25-10 自后稷以來寧○. 25-13 王又章輔禍○. 25-17 由欲○民也. 25-24 其以徼○也. 26-1 ○於是乎始生. 26-8 王室大○. 26-8 故謂之羸○. 31-23 使迷○棄德. 32-13 昔孔甲○夏. 32-16 帝甲○之. 32-17 幽王○之. 32-19 所以禦○也. 36-8 使加己○. 36-9 ○在前矣. 36-9 昔欒氏之○. 46-20 其輯之○. 50-20 擇其淫○者而先征之. 58-3 擇天下之甚淫○者而先征之. 58-21 東南多有淫○者. 58-23 ○之本也. 59-17 魯有夫人慶父之○. 59-22 是以讒口之○. 63-20 雖驪之○. 63-25 吾聞以○聚者. 64-1 若爲○. 64-6 ○本生矣. 64-16 其○生哉. 64-21 必復○. 64-23 且深○. 65-1 ○必自女戎. 65-1 必○國. 67-23 無以一妾○百姓. 67-25 使君迷○. 76-11 ○國而身殆. 76-17 國○民擾. 76-22 得國在○. 76-22 因○以入. 77-1 因○以入. 77-1 則必喜○. 77-2 喜○必怠德. 77-2

103-4 ○也. 103-5 以濟大○. 113-11 非○不變. 116-2 而君比○焉. 116-3 德○之樂. 117-7 何謂德○. 117-7 可謂德○矣. 117-8 ○也. 124-10 今子貴而忘○. 124-10 立○於諸侯. 130-9 行比○焉. 140-18 明度量以導之○. 140-22 制節○以動行之. 141-6 非○也. 143-19 則德○鮮少. 144-16 德○不行. 144-16 故制之以○. 145-19 其智能上下比○. 149-8 君子臨政思○. 154-4 彊忍犯○. 155-23 奉之以不○. 156-5 有一不○. 156-17 吾不○也. 157-11 唯天王秉利度○焉. 159-7 而摩厲之於○. 172-1 今將反此○. 178-9

【豢】 2
董姓飂夷○龍. 136-16 芻○幾何. 150-25

【慈】 12
而加之以○和. 1-16 ○保庶民. 8-11 文之○也. 22-21 ○和能惠. 22-23 ○孝於父母. 55-24 有不○孝於父母. 56-4 ○孝於父母. 57-9 有不○孝於父母. 57-13 甚寬惠而○於民. 67-23 而惠○二蔡. 100-14 明○愛以導之仁. 141-1 ○其幼. 166-9

【煙】 1
○徹于上. 40-8

【煩】 10
入也○已. 82-21 處師弗○. 100-13 以○刑史. 113-14 以○司寇. 119-16 以○司寇. 129-6 臣敢○當日. 131-21 若民○. 140-9 用不○官府. 144-2 百官○焉. 144-6 其事不○官業. 144-23

【煖】 1
冬○. 39-3

【溱】 2
欲○佐之. 101-9 主芣騩而食○洧. 135-21

【溝】 5
而幽王蕩以爲魁陵糞土○瀆. 32-20 闕爲深○. 161-21 將夾○而㢊我. 162-9 闕○深水. 165-7 將轉於○壑. 167-25

【滅】 32
王○密. 2-17 乃廢○. 6-9 幽王乃○. 6-20 共工用○. 24-2 以殄○無胤. 24-22 至於殄○. 41-24 幽○于戲. 42-1 ○驪子. 64-12 ○禍不自其基. 64-23 今君○其父而畜其子. 64-23 以賄○親. 74-23 災毓○姓. 92-19 ○其前惡. 102-7 若○欒氏. 118-16 ○之猶少. 119-2 ○欒氏. 119-8 終○羊舌氏之宗者. 119-24 其宗○於絳. 127-3 一朝而○. 127-4 智宗必○. 133-11 遂○智氏. 134-5 則夏○之矣. 136-16 則商○之矣. 136-17 則周○之矣. 136-17 ○若敖氏. 152-19 舊怨○宗. 156-20 越○吳. 169-7 君必○之. 171-3 ○汝宗廟. 173-1 遂○吳. 173-2 失德○名. 176-3 遂○吳. 178-20

【源】 4
川○必塞. 6-14 ○塞. 6-14 其川○又塞. 6-17 塞水不自其○. 64-22

【塗】 3
司空不視○. 15-21 司空視○. 16-19 霑體○足. 54-13

【溢】 2
天道盈而不○. 174-7 今君王未盈而○. 174-8

【粱】 2
食必○肉. 53-4 夫膏○之性難正也. 114-16

【慎】 19
不可不○也. 8-22 故不可不○也. 21-19 ○也. 23-2 ○. 23-3 ○成端正. 23-4 唯此之○. 23-24 故聖人○之. 28-18 故○制祀. 38-2 此肅○氏之矢也. 50-10 於是肅○氏貢楛矢石砮. 50-12 肅○氏之貢矢. 50-13 故分陳以肅○氏之貢. 50-15 而○用其六柄焉. 53-14 惟○端慤以待時. 56-9 故行不可不○也. 80-17 君之所○也. 89-3 欒枝貞○. 99-12 務○惇篤以固之. 140-20 ○其采服. 151-11

【愷】 3
○悌君子. 19-24 ○悌君子. 27-24 干祿○悌. 27-24

【慆】 4
無卽○淫. 17-4 必有○淫之心閒之. 24-18 而卽○淫. 32-13 使無○淫. 48-14

【塞】 11
川源必○. 6-14 源○. 6-14 其川源又○. 6-17 ○必竭. 6-17 而道路若○. 16-9 猶○川原而爲潰汙也. 28-4 ○水不自其源. 64-22 其進者壅○. 65-21 彼○我施. 83-9 而○其忠也. 122-24 忠○無用. 122-25

【寘】 7
不如○里革於側之不忘也. 41-8 乃○鴆于酒. 72-14 ○菫于肉. 72-14 ○璧焉. 89-16 吾慭○之於耳. 147-21 欲○之境. 155-20 以小怨○大德. 157-10

【禆】 3
○輔先君而成霸者也. 88-13 而○諸侯之闕. 123-8 若以同○同. 137-10

【福】 35
將何以求○用民. 5-9 而均布○焉. 7-9 而禍○之. 7-23 是謂逢○. 8-1 而求○焉. 8-10 不祥則○不降. 11-14 禍○之階也. 11-20 由之利內則○. 11-20 求○不回. 19-24 必受其○. 22-5 皇天弗○. 24-1 而受天之豐○. 25-22 若得天○. 32-25 民和而後神降之○. 34-6 求○無不豐. 34-9 神弗○也. 34-10 祭祀同○. 55-17 國之○也. 62-22 必速祠而歸○. 72-12 歸○于絳. 72-13 驪姬受○. 72-14 夫衆口禍○之門. 80-7 天所○也. 90-15 能受多○. 109-18 則晉國之○也. 109-25 擇○莫若重. 110-6 ○無所用輕. 110-6 吾何○以及此. 110-20 ○之基也. 110-22 無德而○隆. 110-22 而○祿並至. 133-1 夫幸非○. 133-1 而不知其○. 149-23 余一人兼受而介○. 165-13 ○生於內. 175-21

【禋】 4
不○於神. 8-9 ○也. 8-11 ○絜之服. 149-13 ○其酒醴. 151-11

【禘】 12
○郊之事. 14-22 余一人敢設飫○焉. 14-25 故有虞氏○黃帝而祖顓頊. 38-13 夏后氏○黃帝而祖顓頊. 38-13 商人○舜而祖契. 38-14 周人○嚳而郊稷. 38-15 凡○郊祖宗報. 38-17 嘗○蒸享之所致君胙者. 39-16 使潔奉○郊之粢盛. 48-12 郊○不過繭栗. 150-17 天子○郊之事. 151-15 天子親舂○郊之盛. 151-19

【肅】 20
○恭明神. 5-22 寬○宣惠. 17-18 ○所以濟時也. 17-19 俾莫不任○純恪也. 30-23 此○慎氏之矢也. 50-10 於是○慎氏貢楛矢石砮. 50-12 ○慎氏之貢矢. 50-13 故分陳以○慎氏之貢. 50-15 不○而成. 53-21 不○而成. 54-1 不○而成. 54-7 不○而成. 54-15 敢三○之. 109-1 知羊舌職之聰敏○給也. 114-22 明齊○以耀之臨. 141-3 而又能齊○衷正. 149-7 故齊○以承之. 150-24 ○○濟濟. 151-12 其誰敢不齊○恭敬. 151-20

【羣】 30
夫獸三爲○. 2-14 王田不取○. 2-14 而度之于○生. 24-5 ○臣敢憚戮乎. 47-3 昔禹致○神於會稽之山. 49-21 欲以戮之於○臣. 52-14 以戮於○臣. 52-21 合○叟. 53-10 ○萃而州處. 53-19 ○萃而州處. 53-23 ○萃而州處. 54-3 ○萃而州處. 54-9 盡逐○公子. 73-19 讒○公子. 76-11 ○臣莫敢寧處. 77-23 而○臣受其大德. 78-2 晉國其誰非君之○隸臣也. 78-2 而○臣是憂. 84-11 ○臣輯睦. 84-13 君鎮撫○臣. 113-13 公遂逐○賊. 118-4 則明逐○賊. 119-1 盡逐○賊. 119-4 天子徧祀○神品物. 151-6 ○神頻行. 151-8 帥其○臣精物. 151-23 ○臣懼矣. 153-25 譬如○獸然. 160-18 將百○皆奔. 160-19 夫唯能下其○臣. 169-8

【辟】 16
於是乎有刑罰之○. 2-4 ○在司寇. 4-23 其君貪冒○邪. 7-10 而著在刑○. 9-12 余一人其流○. 13-10 其周公太公及百○神祇. 36-3 今一言而○境. 37-23 愆則有○. 48-21 其何以避○. 48-23 與○耳之谿拘夏. 59-7 里克○奠. 71-18 其在○也. 88-12 則寢門○矣. 103-22 立而○之. 105-13 公侯祀百○. 126-15 員不忍稱疾○易. 161-15

【遜】 1
鄭也不○. 82-18

【障】 2
是○之也. 2-21 澤不陂○. 16-10

【媾】 2
不遂其○. 91-20 今將婚○以從秦. 93-2

【嫁】 2
古之○者. 47-14 女子十七不○. 171-19

【猎】 1
○魚鼈. 40-25

【經】 18
○之以天. 22-24 ○緯不爽. 22-24 則何以○國. 27-21 國無○. 27-21 我太祖后稷之所○緯也. 31-10 申生乃雉○于新城之廟. 73-11 收○入. 137-13 收○入以食兆民. 137-14 ○始靈臺. 144-25 ○之營之. 144-25 ○始勿亟. 145-1 能○營百事. 146-6 吾子○營楚國. 148-8 百姓千品萬官億醜兆民○入晐數以奉之. 150-21 所謂百姓千品萬官億醜兆民○入晐數者. 152-1 王取○入焉. 152-5 挾○秉枹. 163-3 挾○秉枹. 163-4

【絺】 2
賜公南陽陽樊溫原州陘○組攢茅之田. 97-8 冬則資○. 170-6

【綏】 1
○謗言. 56-10

【瑱】 2
其又以規爲○也. 147-23 以環○通相問也. 167-19

【瑤】 4
智宣子將以○爲後. 133-3 ○之佷在心. 133-5 ○之賢於人者五. 133-7 若果立○也. 133-11

【慝】 14
觀其苛○. 7-13 有過○之度. 29-6 民旁有○. 41-23 下無姦○. 44-1 偏躬無○. 70-1 則國家多○. 83-17 內無苛○. 125-9 蠱之○. 125-

15 以伏蠱○. 125-18 苛○不產. 130-10 而好讒○暗昧. 137-7 用讒○也. 137-22 殄其讒○. 151-14 無有苛○於神者. 151-23

【墐】 1
陵阜陸○井田疇均. 56-22

【駬】 1
乘○自下. 96-5

【趙】 54
○宣子未有軍行. 19-16 師事○衰. 90-7 ○衰. 90-8 ○夙之弟也. 90-8 狐○謀之. 90-19 文公問元帥於○衰. 99-9 公使○衰爲卿. 99-12 使○衰代之. 99-18 ○衰三讓. 99-20 以○衰之故. 99-21 使○衰將新上軍. 99-22 夫○衰三讓不失義. 99-23 乃使○衰佐新上軍. 99-25 ○宣子言韓獻子於靈公. 103-1 ○孟使人以其乘車干行. 103-1 ○宣子請師於靈公. 103-10 ○同曰. 103-15 ○宣子驟諫. 103-22 ○孟敬哉. 103-24 靈公將殺○盾. 104-1○穿攻公於桃園. 104-1 ○文子冠. 107-4 昔者吾畜於○氏. 112-3 ○孟姬之讒. 112-4 公以○文子爲文也. 115-5 而殺○武. 122-19 叔向謂○文子曰. 123-6 ○文子謂叔孫曰. 123-17 ○文子爲室. 124-7 ○文子與叔向遊於九原. 124-14 ○文子見之. 124-21 ○孟將死矣. 124-25 今○孟相晉國. 125-1 ○文子卒. 125-4 ○文子聞之. 125-8 ○文子卒. 125-22 ○簡子曰. 129-21 ○簡子賞之. 130-7 ○簡子使尹鐸爲晉陽. 130-13 ○簡子使尹鐸爲晉陽. 130-17 失○氏之典刑. 130-23 庶曰可以鑑而鳩○宗乎. 131-4 ○簡子曰. 131-8 以諄○鞅之故. 131-13 ○簡子田于螻. 131-18 少室周爲○簡子之右. 131-23 ○簡子曰. 132-1 ○簡子問於壯馳兹曰. 132-11 ○簡子歎曰. 132-16 ○襄子使新稚穆子伐狄. 132-23 ○有孟姬之讒. 133-22 ○簡子鳴玉以相. 154-15 乃告○鞅曰. 164-2 ○鞅許諾. 164-4

【墟】 1
實沈之○. 94-20

【嘉】 30
爲令聞○譽以聲之. 9-11 不俟馨香○味. 15-3 無亦擇其柔○. 15-5 財用可○. 15-15 莫非○績. 24-11 皇天○之. 24-11 謂其能以○祉殷富生物也. 24-12 唯能釐舉○義. 24-16 唯有○功. 24-17 ○生繁祉. 29-21 君之所以○先君之好也. 43-14 敢不拜○. 43-15 而○其貺. 65-14 今○其夢. 74-16 公子無亦晉之柔○. 88-23 使能成○穀. 93-17 ○也. 94-9 無終子○父. 116-5 鄭伯○來. 116-21 箕遺及黃淵○父作亂. 118-4 蠱莫○於穀. 125-16 ○吾子之賜. 127-7 以生柔○材者也. 136-13 故神降之○生. 149-19 ○生不降. 150-2 百○備舍. 151-8 合其○好. 151-14 闔廬口不貪○味. 154-8 玉足以庇廕○穀. 155-6 若余○之. 165-10

【臺】 18
民將築○於夏氏. 15-23 築○以爲高位. 53-2 ○原姑與漆里. 58-15 悼公與司馬侯升○而望. 117-6 三卿宴于藍○. 133-19 靈王爲章華之○. 143-21 ○美夫. 143-21 爲匏居之○. 144-1 今君爲此○也. 144-5 故先王之爲○榭也. 144-21 ○不過望氛祥. 144-21 ○度於臨觀之高. 144-22 經始靈○. 144-25 夫爲榭○. 145-2 若君謂此○美. 145-2 ○榭陂池必成. 154-13 乃築○於章華之上. 160-7 圍王○. 168-19

【推】 1
爲虺弗○. 159-17

【赫】 2
○○楚國. 141-14

【誓】 9
在湯○曰. 8-19 在太○曰. 20-13 吾聞之大○. 23-12 申之以盟○. 35-14 以約○于上下庶神. 59-3 夫韓之○曰. 85-22 泰○曰. 137-6 乃致其父母昆弟而○之. 171-16 乃致其衆而○之曰. 172-11

【墉】 1
猶無基而厚○也. 110-23

【境】 8
上卿逆於○. 10-1 臣入晉○. 10-13 外臣之言不越○. 37-14 今一言而辟○. 37-23 夫邊○者. 145-20 四○盈壘. 152-22 梁險而在○. 155-11 欲實之○. 155-20

【瑴】 1
行玉二十○. 37-10

【壽】 5
將○寵得没. 40-7 雖○而没. 40-7 歲在○星及鶉尾. 87-14 復於○星. 87-15 臣能自○. 155-13

【綦】 1
縷○以爲奉. 60-7

【聚】 21
乃講○三代之典禮. 15-17 土之○也. 23-18 夫天地成而○於高. 23-19 是故○不阤崩. 23-21 若積○既喪. 28-11 吾聞以亂○者. 64-1 ○居異情惡. 74-4 既入而後圖○. 77-15 各○爾有. 80-13 而俾守天○者. 89-6 守天之○. 90-2 ○必有闕. 90-3 失位而闕○. 90-4 怨之所○也. 102-22 富以○黨. 111-15 是○民利以自封而瘠民也. 144-14 問蓄貨○馬. 152-6 令尹問蓄○積實. 152-7 ○貨不妨民衣食之利. 152-9 ○馬不害民之財用. 152-9 而蓄○不厭. 152-23

【蓺】 1
墾田若○. 15-22

【鞅】 5
○乎. 121-13 ○也. 121-15 以諄趙○之故. 131-13 乃告趙○曰. 164-2 趙○許諾. 164-4

【鞁】 2
吾兩○將絕. 131-11 兩○皆絕. 131-12

【慕】 1
而叛者○. 75-8

【暮】 7
而○哭文伯. 49-16 旦○從事. 53-24 旦○從事於此. 54-5 以旦○從事於田野. 54-12 而○戮其車. 103-2 范文子○退於朝. 104-8 何○也. 104-8

【蔑】 17
王而○之. 12-10 而○殺其民人. 13-20 不○民功. 16-14 是○先王之官也. 17-1 ○其官而犯其令. 17-10 仲孫○爲介. 18-19 而○棄五則. 25-20 吾○從之矣. 75-22 ○天命矣. 78-25 而君○之. 89-25 ○不欲矣. 98-2 不善○由至矣. 107-15 善亦○由至矣. 107-16 吾○與比而事君矣. 122-4 ○不克矣. 156-5 ○以加焉. 166-17 西至於姑○. 171-15

【蔇】 1
既鎮其○矣. 75-10

【蔡】 15
○公孫歸生與鄭罕虎見叔孫穆子. 45-13 ○子家曰. 45-15 吾命之以負○之田七十萬. 78-24 而惠慈二○. 100-14 諏於○原. 100-18 南有荆蠻申呂應鄧陳○隨唐. 135-6 文王有管○. 140-8 ○聲子將如晉. 142-2 然○. 142-6 則陳侯○侯許男頓子. 144-4 靈王城陳○不羹. 145-4 陳○及不羹人納棄疾而弒靈王. 146-1 子高以疾閒居於○. 157-7 以閒陳○. 160-8 宋鄭魯衛陳○執玉之君皆入朝. 169-7

【蔟】 2
二曰太○. 30-15 以太○之下宮. 31-19

【蔽】 10
謂之○明. 55-25 謂之○賢. 56-2 謂之○明. 57-10 謂之○賢. 57-12 使海於有○. 58-12 使海於有○. 58-15 使海於有○. 58-17 臣不敢○. 62-19 ○兆之紀. 62-20 後無陰○. 177-13

【熙】 2
於緝○. 26-21 ○. 26-25

【兢】 2
其誰敢不戰戰○○. 151-18

【榛】 2
○楛濟濟. 27-24 夫旱麓之○楛殖. 27-24

【榭】 6
故先王之爲臺○也. 144-21 ○不過講軍實. 144-21 故○度於大卒之居. 144-22 夫爲○臺. 145-2 臺○陂池必成. 154-13 殺三郤於○. 157-2

【覡】 1
在男曰○. 149-9

【槍】 1
挟其○刈耨鎛. 54-12

【榱】 1
夫棟折而○崩. 46-10

【槁】 1
終必○落. 76-24

【輔】 20
王又章○禍亂. 25-17 以夾○先王. 36-19 不如立其弟而○之. 76-19 君苟○我. 78-25 若征繕以○孺子. 84-12 齊楚又交○之. 84-18 裨○先君而成霸者也. 88-13 夾○平王. 90-22 以○王室. 94-2 皆可以爲○佐. 99-12 郤退秦師于○氏. 114-7 以○成景. 121-6 直不○曲. 125-11 爲○氏. 133-12 唯○果在. 133-13 且夫誦詩以○相之. 141-5 既得以爲○. 147-11 以○相國家. 155-6 世有○弼之臣. 161-8 憎○遠弼. 176-8

【輕】 24
而○重布之. 13-6 師○而驕. 14-14 ○則寡謀. 14-14 冒没○儳. 15-2 權○重. 27-12 民患○. 27-12 則多作○而行之. 27-14 今王廢○而作重. 27-16 ○者從大. 29-13 ○過而移諸甲兵. 58-5 ○罪贖以鞼盾一戟. 58-6 故使○其幣. 60-6 ○其所任. 67-12 ○其任而不憂其危. 67-14 故○致諸侯. 75-7 而○於行道. 75-19 ○關易道. 96-13 擇禍莫若○. 110-6 福無所用○. 110-6 而胡重於鬼神而自○也. 159-21 ○其征賦. 159-25 令各○其死. 162-20 ○而不可取. 177-18 遂乘○

舟. 179-2

【匱】 27

○神乏祀. 5-8 今號公動○百姓. 8-11 行報無○. 10-10 若民不怨而財不○. 10-11 而財不○竭. 12-6 有優無○. 16-14 侈則不恤○. 18-2 ○而不恤. 18-2 而無飢寒乏○之患. 23-23 能無○乎. 27-16 若○. 27-16 若夫山林○竭. 28-1 資用乏○. 28-2 若民離而財○. 28-5 正害財○. 29-22 妨正○財. 29-23 若夫○財用. 30-2 財用不○. 34-8 夫民求不○於財. 34-11 財用不○. 96-21 何○之有. 99-7 其言○. 102-17 縮於財用則○. 144-14 其爲不○財用. 144-22 不知其以○之也. 145-2 求用不○. 149-20 民○于祀. 149-23

【歌】 12

今吾聞子頹○舞不息. 7-1 ○以詠之. 29-16 所以詠○九則. 30-18 以爲飫○. 32-9 夫○文王大明緜. 43-10 今伶簫詠○及鹿鳴之三. 43-13 伐取朝○. 46-21 ○所以詠詩也. 49-7 ○以詠之. 49-8 乃○曰. 71-14 ○鍾二肆. 116-22 ○鍾一肆. 116-23

【遭】 3

未既亂而○之. 138-10 ○世之亂. 150-10 ○民之不祥. 165-11

【監】 23

使○謗者. 2-19 ○農不易. 4-7 后稷○之. 4-13 太史○之. 4-16 太師○之. 4-17 膳宰○之. 4-17 火師○燎. 16-20 水師○濯. 16-20 上卿○之. 16-25 則君親○之. 16-25 使永○焉. 32-10 使長○於世. 35-4 ○九御. 48-12 使永○焉. 50-13 而○其鄉之資. 54-3 以○其上下之所好. 58-2 以○國也. 69-12 且以○諸侯之爲. 74-1 ○戒而謀. 80-8 恭敬以臨○之. 141-6 以臨○享祀. 151-23 以○其官. 152-3 以○戒也. 157-4

【厲】 25

○王虐. 2-18 ○王說榮夷公. 3-8 鄭○公見虢叔. 6-25 單襄公見晉○公. 21-4 及○公之亂. 23-15 ○宣幽平. 25-11 ○始革典. 25-15 故謂之○. 31-19 所以○六師. 31-19 晉人殺○公. 41-20 ○流于彘. 41-25 而無大○. 56-12 ○公將伐鄭. 108-6 ○公六年. 108-12 ○公之所以死者. 110-14 欒書弒○公. 111-17 ○公弒. 111-25 既弒○公. 113-4 ○公之亂. 116-12 弒○公以厚其家. 118-15 抑○鬼邪. 126-11 其何○之有. 126-12 及○王之末. 138-7 請爲靈若○. 141-12 而摩○之於義. 172-1

【厭】 6

克○帝心. 24-11 天未○禍焉. 27-19 而好善不○. 90-7 民志不○. 118-5 而蓄聚不○. 152-23 縠貪無○. 156-7

【愿】 1

吾有妾而○. 148-2

【爾】 23

況○小醜乎. 2-16 莫匪○極. 3-14 各守○典. 17-4 ○老耄矣. 30-10 ○又在下位. 48-22 ○今曰. 48-24 各保治○所. 57-5 以○自卑勞. 59-16 實謂○伯舅. 59-16 曰○無下拜. 59-18 ○勿憂. 68-17 使晉襲於○門. 74-9 各聚○有. 80-13 ○俟我. 81-25 無貳○心. 88-1 ○射余於屏內. 95-10 ○勉從二三子. 104-7 ○童子. 104-10 女亦知吾望○也乎. 104-24 ○試聽之. 105-24 ○心事君. 129-3 比○兄弟親戚. 151-13 今○以是殃之. 153-21

【奪】 15

不○民時. 16-14 而又○之資. 28-7 自幽王而天○之明. 32-13 無○民時. 56-24 是天○之鑒. 74-16 而○之利. 76-11 將○其國. 92-24 不○諸大夫田. 109-24 天○之明. 137-18 其所不○稽地. 144-22 而天○之食. 158-12 天○吾食. 160-17 ○之利. 165-20 有○. 176-3 而○之利. 177-17

【臧】 13

國之○. 8-20 國之不○. 8-21 ○文仲言於莊公曰. 35-13 ○文仲欲以辭告. 36-7 ○文仲言於僖公曰. 37-1 衛侯聞其○文仲之爲也. 37-13 僖公使○文仲往. 37-16 ○文仲使國人祭之. 37-25 ○孫之爲政也. 38-1 ○文仲聞之曰. 39-13 其事○. 104-25 魯先大夫○文仲. 120-4 龜足以憲○否. 155-7

【毹】 1

日月會于龍○. 151-7

【殞】 2

猶恐○越. 17-9 獻之以得○命之禮. 105-8

【鳶】 1

○肩而牛腹. 119-21

【褻】 1

衣之偏○之衣. 69-1

【睿】 3

謂之○聖武公. 146-15 子實不○聖. 146-16 其聖之○廣也. 147-8

【對】 213

○曰. 5-22 ○曰. 7-7 ○曰. 7-20 ○曰. 7-25 ○曰. 8-1 ○曰. 8-3 ○曰. 8-5 ○曰. 8-18 ○曰. 12-4 ○曰. 14-14 武子遂不敢○而退. 15-17 ○曰. 16-3 ○曰. 17-16 ○曰. 17-18 ○曰. 18-4 ○曰. 21-11 ○曰. 29-10 ○曰. 30-5 ○曰. 30-6 ○曰. 30-12 ○曰. 31-5 ○曰. 34-5 ○曰. 34-12 ○曰. 35-6 ○曰. 35-9 ○曰. 35-17 ○曰. 36-8 ○曰. 36-14 ○曰. 36-16 ○曰. 39-7 ○曰. 39-15 僕人以里革○. 40-15 ○曰. 40-15 ○曰. 41-12 大夫莫○. 41-21 ○曰. 43-8 ○曰. 47-8 ○曰. 47-11 ○曰. 47-12 ○曰. 50-18 仲尼不○. 51-2 鮑叔○曰. 52-10 鮑子○曰. 52-12 鮑子○曰. 52-13 施伯○曰. 52-17 施伯○曰. 52-19 管子○曰. 53-8 管子○曰. 53-13 管子○曰. 53-15 管子○曰. 53-17 管子○曰. 54-20 管子○曰. 54-25 管子○曰. 55-1 管子○曰. 55-5 管子○曰. 55-9 管子○曰. 56-21 管子○曰. 57-1 管子○曰. 57-21 管子○曰. 57-22 管子○曰. 58-4 管子○曰. 58-5 管子○曰. 58-11 管子○曰. 58-14 管子○曰. 58-16 管子○曰. 59-16 ○曰. 62-12 ○曰. 62-14 ○曰. 65-18 ○曰. 66-5 士蔿○曰. 67-2 ○曰. 67-3 ○曰. 67-11 里克○曰. 69-11 吾○以中立. 72-2 ○曰. 74-10 ○曰. 75-2 我○以忠貞. 75-24 我○曰. 75-25 ○曰. 79-13 ○曰. 84-15 ○曰. 84-16 ○曰. 84-20 ○曰. 84-21 且○曰. 88-21 ○曰. 89-20 ○曰. 91-9 ○曰. 91-11 ○曰. 92-24 ○曰. 92-25 ○曰. 94-19 ○曰. 95-15 ○曰. 99-3 ○曰. 99-4 ○曰. 99-5 ○曰. 99-9 ○曰. 100-1 ○曰. 100-4 ○曰. 100-7 ○曰. 100-22 ○曰. 100-23 ○曰. 101-6 ○曰. 101-7 ○曰. 102-7 ○曰. 102-10 ○曰. 103-11 ○曰. 104-9 大夫莫之能○也. 104-9 ○曰. 104-24 ○曰. 105-2 ○曰. 105-4 ○曰. 105-6 ○曰. 105-14 ○曰. 105-17 ○曰. 105-22 ○曰. 111-20 大夫○曰. 113-13 赤○曰. 115-15 ○曰. 115-23 ○曰. 117-6 ○曰. 117-7 ○曰. 117-9 陽畢○曰. 118-7 ○曰. 118-10 ○祀. 119-11 穆子未○. 120-1 ○曰. 120-3 訾祏○曰. 121-3 ○曰. 121-15 肸也欲子員之○客也. 122-11 ○曰. 123-20 ○曰. 124-8 ○曰. 124-21 ○曰. 124-23 ○曰. 124-23 ○曰. 125-10 ○曰. 125-14 ○曰. 125-15 ○曰. 125-20 ○曰. 125-24 ○曰. 126-2 ○曰. 126-8 ○曰. 126-20 ○曰. 128-8 ○曰. 129-4 魯人以其鄉○. 129-11 ○曰. 129-12 同辭○曰. 130-3 ○曰. 130-7 ○曰. 131-20 ○曰. 132-3 ○曰. 132-13 ○曰. 133-5 ○曰. 133-15 ○曰. 133-16 ○曰. 133-21 史伯○曰. 135-5 ○曰. 135-23 ○曰. 137-1 ○曰. 137-5 ○曰. 138-23 ○曰. 139-1 ○曰. 140-6 ○曰. 142-7 ○曰. 142-9 ○曰. 143-15 ○曰. 143-16 ○曰. 143-21 ○曰. 145-7 ○曰. 146-23 ○曰. 147-1 ○曰. 147-22 ○曰. 148-2 ○曰. 149-6 ○曰. 150-13 ○曰. 150-17 ○曰. 150-18 ○曰. 150-25 ○曰. 151-1 ○曰. 151-22 ○曰. 151-25 ○曰. 152-1 ○曰. 152-17 ○曰. 153-6 ○曰. 154-8 ○曰. 154-17 申胥釋劍而○曰. 161-8 雒敢先○. 162-7 吳王親○之. 163-16 乃○曰. 166-5 大夫后庸乃進○曰. 166-25 大夫苦成進○曰. 167-1 大夫種進○曰. 167-2 大夫蠡進○曰. 167-3 大夫臯如進○曰. 167-3 大夫種進○曰. 170-6 句踐○曰. 172-21 夫差○曰. 172-23 ○曰. 174-6 范蠡○曰. 174-17 ○曰. 174-18 ○曰. 175-2 ○曰. 175-6 ○曰. 175-14 ○曰. 176-1 ○曰. 176-9 ○曰. 176-12 ○曰. 176-16 范蠡○曰. 176-19 ○曰. 177-1 而難○其使者. 178-7 子其○之. 178-8 ○曰. 178-22 范蠡○曰. 179-2

【嘗】 17

班○之. 4-18 未○不戚. 22-15 未○不怡. 22-16 佐饍者○焉. 25-5 ○禘蒸享之所致君胙者. 39-16 未○躋湯與文武. 40-1 而○之寢廟. 40-23 臣○陳辭矣. 119-17 其子孫未○不章. 136-8 烝○不過把握. 150-18 國於是乎蒸○. 151-9 家於是乎○祀. 151-9 未○爲寶. 154-18 而未○有所挫也. 158-7 日臣○卜於天. 165-17 未○敢不分也. 166-6 未○敢絕. 166-16

【裳】 3

皆白○白旆素甲白羽之矰. 163-5 皆赤○赤旟丹甲朱羽之矰. 163-6 皆玄○玄旗黑甲烏羽之矰. 163-8

【暱】 8

諸侯其誰○之. 44-25 野處而不○. 54-17 大其私○. 109-23 大其私○. 110-11 不可以○於權. 118-20 ○於權. 118-20 則其爲○與隱也. 118-22 結其親○. 151-14

【瞍】 3

○賦. 2-24 矇○不可使視. 100-9 矇○修聲. 100-25

【聞】 220

吾○夫犬戎樹惇. 2-10 吾○之. 6-25 今吾○子頹歌舞不息. 7-1 臣○之. 8-1 爲令○嘉譽以聲之. 9-11 令○不忘. 11-16 臣○之曰. 13-23 晉侯○之. 14-2 吾○王室之禮. 14-20 子弗○乎. 14-22 臣○之. 17-18 所以爲令○長世也. 18-1 吾○之. 22-5 吾○晉之筮之也. 23-6 且吾○成公之生也. 23-7 吾○之大誓. 23-12 晉○古之長民者. 23-17 令○不忘. 25-23 吾○之曰. 26-13 令○不忘之謂也. 27-6 臣○之. 29-10 非臣之所○也. 30-3 ○之. 32-7 臣不○諸侯相會祀也. 34-22 臣○聖王公之先封者. 35-2 其爲後世昭前之令○也. 35-3 獲○之. 36-8 不○以辭. 36-8 臣○之. 37-7 衛侯○其臧文仲之爲也. 37-13 臣○之曰. 37-22 文仲○柳下季之言. 39-3 不敢○命. 39-11 臧文仲○之曰. 39-13 女亦○之乎. 40-15 奚啻其○之也. 40-16 臣○之曰. 40

-16 公○之. 41-7 吾○之. 41-12 且吾○以德榮爲國華. 42-7 不○以妾與馬. 42-7 文子○之. 42-9 皆非使臣之所敢○也. 43-12 臣○之曰. 43-17 ○康王卒. 44-10 ○畏而往. 44-15 ○喪而還. 44-15 ○喪而還. 44-17 ○季武子襲卞. 44-24 以丘之所○. 47-8 丘○之. 47-9 肥願有○於主. 47-12 吾○之先姑曰. 47-12 子夏○之. 47-13 商○之曰. 47-14 文伯之母○之. 47-18 吾○之先子曰. 47-18 肥也不得○命. 47-22 子弗○乎. 47-23 而未之○耶. 48-5 仲尼○之曰. 48-25 仲尼○之. 49-3 師亥○之. 49-6 吾○之. 49-9 吾惡其以好內○也. 49-10 仲尼○之曰. 49-12 仲尼○之曰. 49-16 丘○之. 49-21 女不○乎. 51-3 故夜戰聲相○. 55-18 發○於鄉里者. 55-24 發○於鄉里者. 57-10 桓公○之. 59-23 成○之. 62-5 吾○以亂聚者. 64-1 吾○君子好好而惡惡. 64-21 吾○事君者. 65-5 不○違命. 65-5 吾○事君者. 65-6 吾○之羊舌大夫曰. 65-12 且吾○之. 66-12 太子○之. 67-17 然吾○之. 67-18 吾○申生. 67-22 吾○之外人言曰. 68-1 僕人贊○之. 69-2 臣○皋落氏將戰. 69-9 寡人○之. 69-13 且吾○之曰. 69-19 突○之. 70-4 吾○申生之謀愈深. 71-4 吾○之. 71-7 抑有所○之乎. 71-19 吾○君子不去情. 72-23 吾○之. 73-5 吾○之曰. 74-14 吾○之. 75-11 克○之. 76-9 偃也○之. 77-3 雖四鄰諸侯之○之也. 77-25 寡人○之. 78-10 臣○之曰. 79-11 臣○之. 79-13 郭偃○之. 80-23 ○里克死. 81-14 莫不○. 83-21 ○秦將成. 84-6 雖四鄰之○之也. 84-13 鄭也○之曰. 85-2 ○慶鄭止. 85-7 臣○奔刑之臣. 85-12 其○賢於刑之. 85-18 不○命而擅進退. 85-18 其○之者. 87-23 小妾○之. 88-9 吾○晉之始封也. 88-16 ○其骿脅. 89-11 臣○之. 89-20 臣○之. 90-14 不穀願○之. 91-11 偃也○之. 98-13 胥臣多○. 99-12 不敢○命. 99-17 咫○則多矣. 100-1 而多○以待能者. 100-2 臣○昔者. 100-11 今君之所○也. 102-8 ○其言而惡之. 102-15 吾○事君者. 103-3 猶恐其不○也. 103-19 吾○之. 104-5 何○. 105-15 吾○古之言王者. 107-8 夫衆○譁則必懼. 108-18 吾○之爲人臣者. 109-3 吾○之. 109-7 吾○之. 109-17 吾○之. 110-20 臣固○之. 111-5 至○之. 111-14 臣○之. 111-21 君知士貞子之帥志博○. 114-11 臣○絳之志. 115-16 臣○師衆以順爲武. 115-19 臣○之曰. 116-13 悼公○之. 116-15 臣○之曰. 119-12 叔向之母○之. 119-23 ○其號也. 119-23 以豹所○. 120-3 叔向○之. 120-19 ○子與和未寧. 120-19 吾○國家有大事. 120-21 ○吾子有和之怒. 120-23 叔向○之. 121-23 勿令遠○. 122-2 平公○之. 122-16 文子○之. 122-20 吾○之曰. 124-4 文子○之. 124-7 鍼○之. 124-23 趙文子○之. 125-8 和○之曰. 125-11 僑○之. 126-12 邢侯○之逃. 128-11 臣○之. 129-5 吾主以不賄○於諸侯. 129-24 史黯○之. 131-18 而麓不○. 131-21 ○牛談有力. 131-24 臣○之. 132-13 臣○之. 132-18 吾○之. 133-1 智伯國○之. 133-20 臣○之. 136-4 而又無令○. 136-19 於是宣王○之. 137-24 臣○之. 138-23 臣○國君服寵以爲美. 143-21 不○其以土木之崇高彤鏤爲美. 143-23 不○其以觀大視侈淫色以爲明. 143-24 ○一二之言. 146-9 吾盡○之矣. 146-24 寧○他言. 146-24 成王○子文之朝. 152-14 吾○君子. 154-2 吾○其嗣又甚焉. 154-7 ○一善若驚. 154-10 今吾○夫差. 154-12 圍○國之寶. 155-5 沈諸梁○之. 155-18 ○子召王孫勝. 155-18 吾○之. 155-19 吾○之. 156-13 吾○國家將敗. 156-18 是皆子之所○也. 157-3 人求多○善敗. 157-4 今子○而棄之. 157-5 葉公○之. 157-9 以明○於天下. 159-5 越○章矣. 162-8 若越○愈章. 162-11 以淫名○於天子. 164-11 越○愈章. 164-17 吳師○之. 168-15 臣○之賈人. 170-6 苟得○子大夫之言. 170-10 不敢徹聲○於天王. 170-13 員○之. 170-23 嚭○古之伐國者. 171-6 寡人○. 171-17 寡人○古之賢君. 172-12 蠡○之. 176-2 臣○從時者. 177-2 吳人○之. 177-4 臣○之. 177-6 臣○古之善用兵者. 177-9 臣○之. 177-25 臣○之. 178-23 臣○命矣. 179-2

【閭】 1

齊○丘來盟. 50-17

【暤】 1

及少○之衰也. 149-21

【踁】 1

梁其○謂穆子曰. 46-1

【蜽】 1

曰夔蝄○. 47-9

【蝄】 1

曰夔○蜽. 47-9

【鄲】 2

與邯○勝擊齊之左. 46-23 邯○之倉庫實. 134-12

【鳴】 12

鸑鷟○於岐山. 7-17 ○其細也. 31-2 大昭小○. 31-2 樂及鹿○之三. 43-4 今伶簫詠歌及鹿○之三. 43-13 夫鹿○. 43-14 ○鍾鼓. 103-21 乃使椒○召其父而復之. 143-20 趙簡子○玉以相. 154-15 雞○乃定. 163-9 親就○鐘鼓丁寧錞于振鐸. 163-10 涉江○鼓. 168-15

【罰】 19

於是乎有刑○之辟. 2-4 是有逸○. 8-22 天道賞善而○淫. 17-3 ○也. 37-23 糾之以刑○. 53-12 ○女以無肴. 62-18 大○將及. 62-20 何敢憚○. 62-23 受君之○. 81-2 受君之○. 81-2 而不修天○. 103-13 逸王○之. 107-8 賞善○姦. 128-17 若○之. 131-4 是○善也. 131-4 ○善必賞惡. 131-4 明精意以導之○. 141-2 審○則可以戰乎. 167-1 蠡請從會稽之○. 178-25

【圖】 55

天子其○之. 5-17 省其典○刑法. 25-1 王其○之. 26-5 王其○之. 28-7 知夫苟中心○民. 34-12 吾不○矣. 41-19 今子○遠以讓邑. 41-19 子盍○乎. 65-12 又何○焉. 65-14 棄安而○. 65-16 君其○之. 67-10 且君其○之. 68-13 吾將○之. 68-17 乃可厚○也. 68-23 君其○之. 68-25 其可以○之乎. 70-5 君若不○. 71-9 而○吾君. 73-14 而歸○焉. 74-25 夫二國士之所○. 76-6 既入而後○聚. 77-15 公子其○之. 78-11 不○而殺者. 81-1 不○而殺. 81-2 君其○之. 89-5 君弗蚤○. 89-9 君其○之. 90-5 君其○之. 90-12 君其○之. 91-2 心覆則○反. 96-8 唯君○之. 97-15 既戰而後○之. 98-10 能內睦而後○外. 109-3 不睦而○外. 109-4 ○之進退. 113-12 秦來○敗晉功. 114-7 君其○之. 116-10 子實○之. 118-10 ○在明訓. 118-10 君其○之. 118-23 厚箴戒○以待之. 119-1 吾爲主○. 131-7 不見是○. 133-24 又不○也. 143-13 惟君○之. 153-13 今王非越是○. 160-3 踰諸夏而○東國. 160-9 先之○之. 162-13 吾與子○之. 168-1 吾與子○之. 168-5 蠡其○之. 175-14 吾百姓之不○. 175-25 王無蚤○. 176-4 王若蚤○之. 176-4 今王君其○不穀. 177-24

【舞】 2

今吾聞子頹歌○不息. 7-1 優施起○. 71-13

【犒】 3

以膏沐○師. 36-12 敢○輿師. 36-14 以爲夏○. 40-25

【種】 18

以一純二精三牲四時五色六律七事八○九祭十日十二辰以致之. 150-19 大夫○乃獻謀曰. 158-5 大夫○勇而善謀. 159-12 越大夫○乃唱謀曰. 165-15 大夫○進對曰. 167-2 大夫○進對曰. 170-6 使其下臣○. 170-13 非其身之所○. 172-4 乃令大夫○行成於吳. 174-20 大夫○來而復往. 174-21 蠡不如○也. 175-2 ○亦不如蠡也. 175-3 令大夫○守於國. 175-3 蠡不如○也. 175-17 ○亦不如蠡也. 175-21 令大夫○爲之. 175-21 今其稻蟹不遺○. 176-16 今吳稻蟹不遺○. 178-11

【稱】 25

君子不自○也. 19-20 ○遂共工之過. 24-3 而○昊天. 26-23 ○曰自古. 50-22 諸侯○順矣. 59-20 天下諸侯○仁焉. 60-2 諸侯○寬. 60-13 諸侯○廣焉. 60-15 公○疾. 65-10 ○疾不朝. 72-11 呂甥及郤○. 77-10 君厚問以召呂甥郤○冀芮而止之. 81-8 君○所以佐天子匡王國者. 93-23 何○述焉. 108-4 ○晉之德. 109-18 ○曰王父. 113-19 其知不足○也. 124-17 其仁不足○也. 124-18 子○蠱. 125-15 功庸以○之. 126-2 ○於前世. 130-8 公馬足以○賦. 152-10 員不忍○疾辟易. 161-15 王○左畸曰. 163-25 ○其善. 166-11

【稷】 1

出○禾秉芻缶米. 51-6

【箕】 9

胥籍狐○欒郤柏先羊舌董韓. 96-16 公問於○鄭曰. 99-3 公使爲○. 99-7 ○鄭胥嬰先都在. 99-20 ○鄭佐之. 99-22 ○之役. 110-3 ○遺及黃淵嘉父作亂. 118-4 檿弧○服. 137-24 執○箒. 158-23

【箠】 1

君王不以鞭○使之. 158-21

【管】 34

則其○夷吾乎. 52-6 夫○夷吾. 52-10 夫○子. 52-18 莊公將殺○仲. 52-20 ○子對曰. 53-8 ○子對曰. 53-13 ○子對曰. 53-15 ○子對曰. 53-17 ○子對曰. 54-20 ○子於是制國. 54-21 ○子對曰. 54-25 ○子對曰. 55-1 ○子對曰. 55-5 ○子對曰. 55-9 ○子於是制國. 55-10 ○子對曰. 56-21 ○子對曰. 57-1 ○子對曰. 57-21 ○子對曰. 57-22 ○子對曰. 58-4 ○子對曰. 58-5 ○子對曰. 58-11 ○子對曰. 58-14 ○子對曰. 58-16 桓公召○子而謀. 59-16 ○子對曰. 59-16 唯能用○夷吾甯戚隰朋賓胥無鮑叔牙之屬. 60-21 ○仲歿矣. 87-9 昔○敬仲有言. 88-9 此大夫○仲之所以紀綱齊國. 88-12 ○仲賊桓公. 95-20 齊桓公親舉○敬子. 102-9 文王有○蔡. 140-8 請委○籥. 175-1

【箒】 1

執箕○. 158-23

【毓】 2

怨亂○災. 92-18 災○滅姓. 92-19

【僥】 3

僬○氏長三尺. 50-4 僬○不可使舉. 100-8 童昏嚚瘖僬○. 100-25

【僨】 1

重○可疾. 66-8

【僖】 8
臧文仲言於○公曰. 37-1 ○公使臧文仲往. 37-16 將躋○公. 39-20 ○又未有明焉. 40-3 ○負羈之妻言於負羈曰. 89-13 ○負羈饋飧. 89-15 姬酉祁己滕箴任荀○姞儇依是也. 92-7 齊莊○於是乎小伯. 139-6

【儆】 15
以○其官. 9-9 其時○曰. 16-6 故○之以晉. 20-4 吾朝夕○懼. 25-16 夜○百工. 48-14 以○無辱之故. 64-14 吾邊鄙不○. 68-24 其誰不○懼於君之威. 78-1 ○其民也. 103-18 邊鄙耕農不○. 116-9 ○將攻之. 128-21 故欲見以交○子. 146-5 猶箴○於國. 146-7 於是乎作懿戒以自○也. 146-14 以○君也. 153-11

【僚】 3
今吾子之教官○. 50-24 非○勿從. 128-23 官○之暇. 144-24

【僕】 15
莒太子○弑紀公. 40-9 宣公使○人. 40-10 ○人以里革對. 40-15 ○人贊聞之. 69-2 以家○徒爲右. 82-18 使家○徒召之. 85-7 家○徒曰. 85-17 從者爲羈紲之○. 96-9 實紀綱之○. 96-12 其○曰. 104-14 使爲贊○. 115-3 魏絳斬其○. 115-14 授○人書而伏劍. 115-17 ○人授公. 115-17 使○夫子皙問於范無宇. 145-4

【僑】 4
使叔孫○如先聘. 18-11 乃逐叔孫○如. 22-8 舟之○告諸其族曰. 74-11 ○聞之. 126-12

【僬】 3
○僥氏長三尺. 50-4 ○僥不可使舉. 100-8 童昏嚚瘖○僥. 100-25

【僞】 1
○言誤衆. 85-23

【僮】 1
使○子備官. 48-5

【魄】 2
其○兆於民矣. 80-19 ○. 80-20

【衙】 6
挾以○骨. 62-12 挾以○骨. 63-11 能○骨乎. 63-13 乃令左軍○枚. 168-13 亦令右軍○枚. 168-14 ○枚潛涉. 168-17

【桀】 1
奉○匜. 159-1

【銑】 1
而玦之以金○者. 69-24

【銓】 1
無以○度天下之衆寡. 166-18

【銘】 3
故○其栝曰. 50-13 其○有之. 63-23 其勳○於景鍾. 114-9

【貌】 9
容○有崇. 15-13 中不勝○. 93-8 吾見其○而欲之. 102-15 夫○. 102-15 ○之機也. 102-16 今陽子之○濟. 102-17 子○有喜. 105-21 體○以左右之. 141-5 容○之崇. 149-13

【領】 5
築葵茲晏負夏○釜丘. 60-15 若得保其首○以歿. 141-11 緬然引○南望. 143-12 有首○股肱. 145-16 縱臣而得以其首○以沒. 155-14

【疑】 7
愛○. 69-14 所生不○. 91-5 又何○焉. 93-3 以能遂○計惡. 161-9 王其無○. 162-14 則不能斷○. 166-19 不穀○子之所謂者. 178-22

【獄】 9
夫君臣無○. 14-7 君臣皆○. 14-7 父子將○. 14-7 及伯輿之○. 20-15 余聽○. 34-12 及斷○之日. 128-6 鮒也鬻○. 128-9 梗陽人有○. 129-23 褒人褒姁有○. 138-12

【雒】 10
王孫○曰. 162-7 ○敢先對. 162-7 王乃步就王孫○曰. 162-13 王孫○曰. 162-14 王孫○進. 162-15 乃命王孫○先與勇獲. 164-17 使王孫○行成於越. 177-22 王孫○曰. 178-10 王孫○曰. 178-16 ○請反辭於王. 178-17

【誠】 4
稷則徧○百姓. 4-21 ○莫如豫. 64-9 夫子○之. 64-9 簡子○襄子曰. 130-15

【誣】 8
其刑矯○. 7-11 ○其王也. 9-18 ○王無民. 9-19 故晉侯○王. 9-20 人亦將○之. 9-21 迂則○人. 22-2 而○國人. 76-11 且夫欒氏之○晉國久也. 118-14

【語】 33
庶人傳○. 2-25 王見其○. 14-20 與之○. 18-12 王孫説與之○. 18-19 説以○王. 18-19 飲酒宴○. 18-22 與之○. 18-24 其○犯. 21-5 其○迂. 21-6 其○伐. 21-6 其○盡. 21-7 而聽三郤之○矣. 21-11 今郤伯之○犯. 22-1 ○説昊天有成命. 26-12 且其○説昊天有成命. 26-20 主亦有以○肥也. 47-11 何以○子. 47-12 吾○女. 48-6 相○以事. 53-25 相○以利. 54-6 桓公召而與之○. 56-10 公○之. 65-18 ○人曰. 67-13 陽子道與之○. 102-14 而與之○. 105-24 見張老而○之. 108-2 訓○有之. 138-2 教之○. 140-16 子木與之○. 142-6 子復○. 147-21 子常與之○. 152-6 歸以○其弟. 152-6 吾○子何益. 157-5

【誤】 5
惑則○民. 65-7 民○失德. 65-7 又重之以○人. 85-3 僞言○衆. 85-23 女○梁由靡. 85-24

【誥】 1
以自○也. 147-15

【誘】 2
必使○我. 81-11 秦伯○而殺之. 96-6

【誨】 4
瞽史教○. 2-25 而教○之. 100-6 則文王非專教○之力也. 100-21 故使朝夕規○箴諫. 147-11

【説】 42
厲王○榮夷公. 3-8 見王孫○. 18-11 ○言於王曰. 18-12 王孫○與之語. 18-19 ○讓. 18-19 ○以語王. 18-19 相○也. 18-22 語○昊天有成命. 26-12 且其語○昊天有成命. 26-20 ○萇弘而與之. 32-5 公○. 37-10 求○其侮. 44-18 ○侮不懦. 44-19 宣子○. 47-6 公○. 66-19 公○. 68-25 公不○. 69-16 守情○父. 72-24 衆固不○. 81-22 苟衆不○. 82-7 以○其衆. 82-8 衆○. 82-8 衆皆○. 84-14 君令司馬○刑之. 85-21 司馬○進三軍之士而數慶鄭曰. 85-22 ○. 85-25 公○. 97-1 公○. 98-2 公○. 98-10 公○. 108-19 君不○. 115-20 公○. 116-10 公○. 119-17 宣子○. 121-11 平公○新聲. 121-18 簡子○. 131-5 公○. 139-2 得傅○以來. 147-6 又能上下○於鬼神. 154-21 諸侯必○. 162-22 使人○於子胥曰. 169-5 句踐○於國人曰. 171-8

【誑】 3
以○劉子. 32-23 ○人. 32-24 天又○之. 74-17

【誦】 11
矇○. 2-25 輿人○之. 80-4 國人○之曰. 80-11 使工○諫於朝. 107-9 朝夕○善敗而納之. 132-5 且夫○詩以輔相之. 141-5 必○志而納之. 146-10 倚几有○訓之諫. 146-11 宴居有師工之○. 146-13 矇不失○. 146-14 輿人○. 147-15

【膏】 6
土○其動. 4-5 以○沐犒師. 36-12 不能爲○. 63-25 若君實庇廕○澤之. 93-16 夫○粱之性難正也. 114-16 浚民之○澤以實之. 134-12

【廣】 25
若將○其心. 9-16 而○施德於天下者也. 16-9 則必○其身. 18-3 ○也. 26-25 ○厚其心. 27-2 ○裕民人之謂也. 27-6 可謂○裕民人矣. 27-8 高山○川大藪也. 32-20 夫○川之鳥獸. 39-1 諸侯稱○焉. 60-15 狄之○莫. 66-18 求必益○. 68-23 其志益○. 71-6 棄寵求○土而竄伏焉. 72-20 ○德也. 99-24 德○賢至. 99-24 以耀德於○遠也. 121-19 風德以○之. 121-20 夫德○遠. 121-21 而爲之導○顯德. 140-14 故唯東宮與西○實來. 142-12 其聖之睿○也. 147-8 以○侈吳王之心. 158-10 以○民心. 162-19 ○運百里. 171-16

【遮】 1
候○扞衛不行. 123-3

【瘖】 2
嚚○不可使言. 100-9 童昏嚚○僬僥. 100-25

【瘥】 1
然則無夭昏札○之憂. 23-22

【塵】 1
以望君之○垢者. 79-4

【竭】 10
昔伊洛○而夏亡. 6-16 河○而商亡. 6-16 塞必○. 6-17 山崩川○. 6-18 川○. 6-19 三川○. 6-20 而財不匱○. 12-6 若夫山林匱○. 28-1 其○也無日矣. 28-5 ○力以役事. 65-5

【端】 11
晉侯○委以入. 10-3 ○也. 23-2 ○. 23-2 慎成○正. 23-4 惟慎○愨以待時. 56-9 知程鄭○而不淫. 115-2 直能○辨之. 120-20 若能靖○諸侯. 121-1 ○刑法. 121-7 ○委韠帶. 130-10 聖王正○冕. 151-22

【適】 19
其○來班貢. 15-3 ○周. 22-12 賓孟○郊. 31-24 衛彪傒○周. 32-7 ○子殆. 70-4 卜○齊楚. 73-20 以其族○晉. 74-19 以其孥○西山. 75-1 今○當之. 77-5 孰○禦我. 77-13 復其君而質其○子. 84-3 將安○. 85-4 吾不○齊楚. 87-7 遂○齊. 87-17 寡人之○. 91-24 而使祁午及陽畢○曲沃. 119-4 吾○魯而名其二諱. 129-13 主將○螻. 131-21 莫○相非. 176-8

【齊】 129
其君○明衷正. 7-7 ○許申呂由大姜. 11-22 子家奔○. 18-8 魯叔孫宣伯亦奔○. 18-9 ○國佐見. 21-6 雖○國子. 22-3 ○其有乎. 22-4

是故大國○媿. 60-20

【慢】 6

猶有散遷懈○. 9-11 鮮有○心. 66-6 雖其○. 66-6 民○其政. 66-16 是皆有驕侈怠○之心. 135-14 民則不○. 150-16

【寬】 22

○肅宣惠. 17-18 ○所以保本也. 17-19 則○於死. 17-23 ○於死而遠於憂. 17-24 是以不主○惠. 18-17 ○也. 26-24 恭儉信○. 27-1 中於信○. 27-2 湯以○治民而除其邪. 38-11 吾欲利子於外之○者. 39-6 爲○利. 39-9 ○惠柔民. 52-7 諸侯稱○. 60-13 甚○惠而慈於民. 67-23 何不○裕也. 95-23 通商○農. 96-13 夫君子○惠以卹後. 124-25 闔沒謂叔○曰. 129-23 尹鐸之所○也. 134-14 將必○然有伯諸侯之心焉. 158-11 吾○民以子之. 166-10 吾修令○刑. 166-11

【賓】 29

侯衛○服. 1-20 ○服者享. 1-22 ○饗贈餞. 10-4 留○不見. 15-25 敵國○至. 16-17 ○入如歸. 16-22 其貴國之○至. 16-23 承王命以爲過○於陳. 17-1 ○禮贈餞. 26-11 ○之禮事. 26-17 考神納○也. 30-17 四曰蕤○. 30-17 ○孟適郊. 31-24 饗養上○. 47-18 ○發幣於大夫. 49-19 唯能用管夷吾甯戚隰朋○胥無鮑叔牙之屬. 60-21 禮○矜窮. 89-20 比之○客. 90-1 是不禮○. 90-2 如○. 93-7 禮○旅. 96-16 相待如○. 102-5 知荀○之有力而不暴也. 114-13 導○主之言無私. 122-14 其不○也久矣. 140-10 公貨足以○獻. 152-10 以○享於諸侯者也. 154-25 以爲過○於宋. 164-18 以○服焉. 166-16

【寡】 82

輕則○謀. 14-14 ○謀自陷. 14-15 ○人懼不免於晉. 21-10 豈唯○君與二三臣實受君賜. 36-3 ○君不佞. 36-12 ○人實貪. 40-19 ○君使豹. 43-8 今我○也. 48-22 於是乎有鰥○孤疾. 51-4 射○人中鉤. 52-10 ○君有不令之臣. 52-14 ○君欲以親爲戮. 52-20 桓公擇是○功者而謫之. 57-7 何故獨○功. 57-8 齊國○甲兵. 58-4 口在○人. 62-14 ○人弗受. 62-14 今晉○德. 63-10 ○人在上. 67-1 是以○敗. 67-7 ○人有子而制焉. 67-10 ○人聞之. 69-13 ○智不敏. 72-19 延及○君之紹續昆裔. 77-20 又重之以○君之不祿. 77-21 ○君使縶弔公子之憂. 78-9 ○人聞之. 78-10 使○人過殺我社稷之鎮. 80-23 ○人其君是惡. 82-3 ○人未之敢忘. 82-25 ○人有衆. 82-25 ○人之願也. 83-1 ○人將無所避. 83-1 ○人之憂也. 83-2 ○人未敢忘. 83-3 ○人將親見. 83-3 秦將歸○人. 84-7 ○人不足以辱社稷. 84-7 ○人之適. 91-24 ○人之罪也. 92-2 豈專在○人乎. 93-21 施舍分○. 96-12 刑于○妻. 100-15 ○君使克也. 105-9 今我○德. 108-10 以○君之靈. 108-25 逮鰥○. 113-17 ○人屬諸侯. 115-15 魏絳戮○人之弟. 115-15 ○人之言. 115-20 請無重○人之過. 115-21 子教○人. 116-24 ○人無不得志. 117-1 ○人無以待戎. 117-4 ○君之疾久矣. 126-8 使無以○君爲口實. 154-19 以朝夕獻善敗於○君. 154-20 使○君無忘先王之業. 154-21 ○君其可以免罪於諸侯. 155-2 ○君句踐. 158-14 ○人帥師不腆吳國之役. 160-23 ○君未敢觀兵身見. 164-5 無以銓度天下之衆○. 166-18 ○人其達王於甬句東. 169-2 有能助○人謀而退吳者. 170-5 ○君句踐之無所使. 170-12 ○君之師徒. 170-14 ○君帥越國之衆. 170-16 ○人不知其力之不足也. 171-8 此則○人之罪也. 171-9 ○人請更. 171-10 ○人聞. 171-17 今○人不能. 171-18 令孤子○婦疾疹貧病者. 171-24 ○人之罪也. 172-8 如○人者. 172-9 ○人聞古之賢君. 172-12 今○人將助天威之. 172-14 ○人之師徒. 172-20 ○人禮先壹飯矣. 172-24 亦○人之願也. 172-25 ○人請死. 173-1

【察】 11

親戚補○. 2-25 夫目之○度也. 28-14 其○色也. 28-15 耳之○和也. 28-15 其○清濁也. 28-16 雖不能○. 34-12 ○其四時. 54-3 ○其四時. 54-9 而以○清濁爲聰. 143-24 今君王不○. 158-21 先無陽○. 177-14

【寧】 19

而和○百姓. 11-15 使各有○宇. 13-1 陳靈公與孔○儀行父. 15-24 ○爲荼毒. 25-8 自后稷以來○亂. 25-13 ○也. 26-25 帥歸於○. 27-1 神是以○. 30-1 不敢○處. 46-21 羣臣莫敢○處. 77-23 吾○事齊楚. 84-17 晉無○歲. 88-2 億○百神. 100-20 戰以錞于丁○. 103-17 聞子與和未○. 120-19 ○聞他言. 146-24 夫乃其○. 156-12 親就鳴鐘鼓丁○錞于振鐸. 163-10 ○其得此國也. 170-19

【寤】 1

而以覺○王心. 161-12

【寢】 6

而嘗之○廟. 40-23 歸○不寐. 65-17 今夕君○不寐. 65-20 今夢黃熊入於○門. 126-9 居○有褻御之箴. 146-12 以○於地. 160-13

【實】 91

而咨於故○. 5-23 今三川○震. 6-13 ○有爽德. 7-20 是○臨照周之子孫. 7-22 以惡○心. 9-4 其叔父○應且憎. 13-8 而叔父使士季○來修舊德. 14-24 五味○氣. 15-14 爲己○謀之. 19-2 文之○也. 22-19 ○有晉國. 23-11 無乃○有所避. 25-3 必茲君之子孫○續之. 27-10 且絕民用以○王府. 28-4 人犧○難. 32-1 ○用人也. 32-2 則必子孫○有禍. 33-1 豈唯寡君與二三臣○受君賜. 36-3 ○永饗而賴之. 36-5 寡人○貪. 40-19 以○廟庖. 41-2 苟芈姓○嗣. 44-15 子○制之. 45-9 ○謂爾伯舅. 59-16 令司正○爵. 62-17 君之倉廩固不○. 68-20 戎狄之民○環之. 75-16 人○有之. 78-13 人○有之. 78-20 君○有郡縣. 79-2 民○戴之. 80-17 而又愛其○. 82-13 然公子重耳○不肯. 83-8 ○爲文公. 86-4 ○疚大事. 88-8 ○紀商人. 88-16 唯晉○昌. 89-7 公子○德. 89-7 ○建諸姬. 89-23 ○左右之. 90-10 ○生重耳. 90-17 庭○旅百. 91-6 華而不○. 93-9 若君○庇廕膏澤之. 93-16 其何○不從. 93-19 土厚而樂其○. 94-5 ○沈之星也. 94-20 ○沈之墟. 94-20 君○不能明訓. 95-24 ○紀綱之僕. 96-12 以○裔土. 101-2 非其○也. 102-18 ○爲成公. 104-2 陽子華而不○. 105-22 畢陽○送州犂于荊. 106-3 ○之不知. 107-5 請務○乎. 107-5 子○圖之. 118-10 欒書○覆宗. 118-15 訾祏○直而博. 120-20 ○難. 123-23 何○生之. 125-15 穀之飛○生之. 125-16 ○賦祿. 125-24 ○爲夏郊. 126-13 晉○繼之. 126-16 而無其○. 126-19 今君○遷. 129-3 吾言○過矣. 132-10 邯鄲之倉庫○. 134-12 浚民之膏澤以○之. 134-12 ○有昭德. 136-23 ○與諸姬代相干也. 136-23 夫和○生物. 137-8 ○御在側. 137-21 ○亡周國. 137-24 武○昭文之功. 138-23 楚○遺之. 142-8 故唯東宮與西廣○來. 142-12 女○遺之. 143-11 民○瘠矣. 144-15 榭不過講軍○. 144-21 子○不睿聖. 146-16 令尹問蓄聚積○. 152-7 君○有國而不愛. 153-12 使無以寡君爲口○. 154-19 皆有其華而不○者也. 155-24 則何○以事吳敢使下臣盡辭. 159-6 非○忠心好吳也. 159-10 將必越○有吳土. 160-5 府倉○. 175-11

【肇】 1

遵本○末. 53-11

【褐】 5

乃令董○請事. 163-13 董○將還. 163-25 董○既致命. 164-2 晉乃令董○復命曰. 164-5 使○復命. 164-5

【盡】 44

近臣○規. 2-25 ○敵爲上. 20-9 其語○. 21-7 而好○言. 22-3 唯善人能受○言. 22-4 民力彫○. 28-2 必○知天地之爲也. 32-12 繹不○飫則退. 49-3 ○其四支之敏. 54-14 非義不○齒. 64-2 故莫不○忠極勞以致死也. 64-18 ○敵而反. 69-6 雖○敵. 69-7 狄可○乎. 69-25 ○逐羣公子. 73-19 子盍○國以賂外內. 77-14 公子○之. 78-20 兵甲○矣. 84-12 敢不○心. 89-10 余焉能○禮焉. 89-19 臣願獲○辭而死. 98-21 ○戒之術也. 107-12 ○諫於襄靈. 107-21 ○逐羣賊. 119-4 若○晉師. 122-19 魯誅○矣. 123-22 擊人○殪. 131-11 ○乃棄矣. 137-10 文之祚○. 138-24 財用○焉. 144-6 吾○聞之矣. 146-24 其可○乎. 147-23 莫○其氣. 150-2 則何實以事吳敢使下臣○辭. 159-6 勇怯○應. 163-11 聽樂不○聲. 166-7 則是○也. 168-3 其有敢不○力者乎. 172-11 人事未○也. 176-16 民將○其力. 176-22 陽節不○. 177-15 ○其陽節. 177-17 陽節不○. 177-18 陰節不○. 177-19

【屢】 1

余於伯楚○困. 95-14

【韎】 2

郤至以○韋之跗注. 108-21 有○韋之跗注. 108-23

【墮】 5

不○山. 23-18 ○高堙庳. 24-1 ○會稽. 49-18 是○其前言. 119-18 必○其壘培. 130-17

【隨】 12

晉侯使○會聘于周. 14-18 是以受○范. 121-8 其○武子乎. 124-19 以○宰人. 130-10 南有荊蠻申呂應鄧陳蔡○唐. 135-6 昭王奔○. 153-4 鄖公以王奔○. 153-23 以○諸御. 159-1 夫聖人○時以行. 174-7 ○之以國家之重器. 174-21 以身○之. 175-1 以○使者. 178-19

【獎】 1

以○王室. 14-24

【隩】 2

宅居九○. 24-8 其○愛太子. 138-19

【隣】 1

距險而○於小. 138-25

【墜】 3

猶恐其有○失也. 9-9 敬不○命. 78-7 自先王莫○其國. 153-6

【隧】 5

回祿信於聆○. 7-15 請○焉. 12-23 叔父有地而○焉. 13-15 具舟除○. 44-8 公請○. 97-7

【嫡】 3

一介○女. 158-23 一介○男. 159-1 小則嬖妾○子死. 164-3

【翟】 5

且夫長○之人. 22-6 見○柤之氛. 65-17 必爲○柤也. 65-20 夫○柤之君. 65-20 乃伐○柤. 66-1

【熊】 7

今夢黃○入於寢門. 126-9 化爲黃○. 126-13 夫荆子○嚴生子四人. 135-23 伯霜仲雪叔○季紃. 135-23 叔○逃難於濮而蠻. 136-2 願食○蹯. 153-1 敗王子友於姑○夷. 162-1

【態】 2
民疾其○. 64-21 民疾其○. 74-17

【鄧】 2
○由楚曼. 12-2 南有荆蠻申呂應○陳蔡隨唐. 135-6

【瞀】 2
有眩○之疾者. 168-4 子有眩○之疾. 168-5

【斴】 5
○其椽而礱之. 124-7 ○其椽而礱之. 124-9 大夫○之. 124-9 匠人請皆○之. 124-11 其○者. 124-12

【緒】 2
纂修其○. 1-13 今天子欲修先王之○. 5-8

【綱】 3
足以紀○天下者. 49-23 此大夫管仲之所以紀○齊國. 88-12 實紀○之僕. 96-12

【網】 1
獸惡其○. 19-23

【維】 3
其類○何. 27-5 皆在北○. 31-6 師尹○旅. 48-10

【綴】 1
比○以度. 53-11

【綠】 1
而爲賦○衣之三章. 49-5

【慧】 1
聰○質仁. 57-9

【耦】 1
譬如農夫作○. 161-3

【瑻】 1
邅蔯蒙○. 100-24

【蔡】 3
卜請其○而藏之. 138-5 龍亡而○在. 138-6 ○流于庭. 138-7

【犛】 1
巴浦之犀○兕象. 147-22

【輂】 1
攀○即利而舍. 123-3

【髮】 1
暴其○膚. 54-14

【撓】 2
抑○志以從君. 72-9 ○亂百度. 161-5

【墳】 1
地○. 72-15

【駟】 4
○見而隕霜. 16-4 月在天○. 31-5 自鶉及○七列. 31-11 則華元○騑. 144-3

【駒】 2
見郤○伯. 107-13 ○伯曰. 107-13

【趣】 2
○行事乎. 86-1 乃○赦之. 122-2

【墣】 1
疇枕王以○而去之. 160-13

【撫】 16
以鎮○百姓. 13-10 其何以鎮○諸侯. 36-21 鎮○弊邑. 43-5 以○軍也. 69-12 諸侯義而○之. 76-15 且鎮○其國家. 77-25 鎮○國家. 80-15 鎮○其民. 89-9 不鎮○民. 103-15 君鎮○羣臣. 113-13 故使魏絳○諸戎. 116-11 ○而泣之. 122-3 ○劍就之. 122-12 ○征南海. 141-15 祀所以昭孝息民○國家定百姓也. 151-1 則○民保教以須之. 175-13

【播】 5
○其淫心. 24-3 隱悼○越. 77-21 必○於外. 80-16 周棄能○殖百穀蔬. 136-11 今王○棄黎老. 161-9

【擒】 1
以見王之親爲越之○也. 161-15

【鞏】 1
田于○. 32-2

【摯】 1
昔○疇之國也. 11-21

【增】 5
則○修於德. 2-6 又○其寵. 63-10 懼子之應且○也. 120-14 尹鐸往而○之. 130-18 吾何爲不○. 131-3

【穀】 42
○乃不殖. 4-6 其餘無非○土. 16-13 ○洛鬬. 23-16 能殖百○百蔬. 38-6 稷勤百○而山死. 38-12 而大朝諸侯於陽○. 59-10 不○願聞之. 91-11 使能成嘉○. 93-17 如○之滋. 94-23 出○戍. 101-9 屬見不○而下. 108-24 將○. 110-19 是焚○也. 113-7 是○不成也. 113-8 ○之不成. 113-8 獲楚公子○臣. 113-22 而年○龢熟. 124-24 ○之飛實生之. 125-16 蠱莫嘉於○. 125-16 ○興蠱伏. 125-17 故食○者. 125-17 以象○明. 125-18 是不饗○而食蠱也. 125-18 是不昭○明而皿蠱也. 125-19 周棄能播殖百○蔬. 136-11 不○不德. 141-10 不○之罪也. 141-11 年○敗焉. 144-6 不○雖不能用. 147-21 ○陽豎愛子反之勞也. 148-4 而棄不○. 153-9 玉足以庇廕嘉○. 155-6 年○時熟. 159-16 昔不○先委制於越君. 168-20 不○之國家. 175-14 五○睦熟. 175-16 不○卽位. 175-23 吴人之那不○. 175-25 妄其欺不○邪. 176-17 今王君其圖不○. 177-24 不○請復會稽之和. 177-24 不○疑子之所謂者. 178-22

【憝】 1
惟慎端○以待時. 56-9

【墢】 1
王耕一○. 4-14

【歎】 16
其母○曰. 48-5 狐突○曰. 69-23 秦伯○曰. 93-21 ○而言曰. 103-24 穆子○而謂其左右曰. 129-7 三○. 130-2 吾子一食之閒而三○. 130-2 故○. 130-4 是以再○. 130-5 是以三○. 130-6 趙簡子○曰. 132-16 子西○於朝. 154-2 於是有○. 154-4 無有○焉. 154-5 今吾子臨政而○. 154-5 吾是以○. 154-7

【蕤】 1
四曰○賓. 30-17

【蕒】 1
而使君○. 85-5

【蕪】 1
田疇荒○. 28-2

【蕃】 12
民之○庶. 3-24 財用○殖. 3-25 子孫必○. 27-4 子孫○育之謂也. 27-7 必有章譽○育之祚. 27-9 則有○殖之財. 29-25 ○庶物也. 41-4 不能○廡. 91-4 不能○殖. 91-4 爲之關籥○籬. 156-21 將帥二三子夫婦以○. 171-18 民乃○滋. 175-16

【蔿】 7
邊伯石速○國出王而立子頹. 6-22 士○曰. 64-9 出遇士○. 65-19 士○以告. 65-25 士○言於諸大夫曰. 66-23 士○對曰. 67-2 士○出. 67-13

【蕩】 1
而幽王○以爲魁陵糞土溝瀆. 32-20

【蔬】 2
能殖百穀百○. 38-6 周棄能播殖百穀○. 136-11

【蕝】 1
置茆○. 123-12

【樞】 1
心之○機也. 28-22

【樊】 9
○仲山父諫曰. 5-12 ○穆仲曰. 5-21 以陽○賜晉文公. 13-17 故勞之以陽○. 13-18 陽○懷我王德. 13-18 夫先樂金奏肆夏○遏渠. 43-9 次於陽○. 97-4 賜公南陽陽○温原州陘絺組攢茅之田. 97-8 ○仲之官守焉. 97-13

【慙】 1
吾君○焉. 84-10

【輟】 1
亂兵不○. 118-5

【豎】 4
○頭須. 96-7 使○襄搏之. 121-23 使富都那○贊焉. 144-10 穀陽○愛子反之勞也. 148-4

【賢】 48
明○. 12-4 是不明○也. 12-10 王問魯大夫孰○. 17-16 子則○矣. 19-15 ○者急病而讓夷. 35-19 ○材在後. 53-7 謂之蔽○. 56-2 是故鄉長退而修德進○. 56-6 選其官之○者. 56-8 謂之蔽○. 57-12 以號召天下之○士. 58-1 敬○於請. 69-19 其聞○於刑之. 85-18 ○人也. 89-14 愛親明○. 89-20 可謂○矣. 89-25 是不明○也. 89-25 明○良. 96-15 夫晉公子○明. 98-23 ○於臣. 99-16 推○也. 99-24 德廣○至. 99-24 而○良贊之. 100-10 於是乎用四方之○良. 100-16 臣得○人. 102-6 子何以知其○也. 102-9 夫○者. 107-7 選○良. 113-16 其可以○於臣. 116-2 君掄○人之後. 118-11 知○而讓. 131-25 獻能而進○. 132-4 又求○人. 132-14 瑤之○於人者五. 133-7 美鬢長大則○. 133-8 射御足力則○. 133-8 伎藝畢給則○. 133-9 巧文辯惠則○. 133-9 彊毅果敢則○. 133-10 以其五○陵人. 133-10 求○良以翼之.

140-19 二國孰○. 142-7 其大夫則○. 142-7 旁求四方之○. 147-5 子常其能○於成靈乎. 152-25 古之○君. 171-17 寡人聞古之○君. 172-12 吴王帥其○良. 177-22

【遷】 23

周乃東○. 6-21 不遠徙○. 7-24 猶有散○懈慢. 9-11 我周之東○. 11-9 不見異物而○焉. 53-20 不見異物而○焉. 53-25 不見異物而○焉. 54-6 不見異物而○焉. 54-15 令勿使○徙. 55-17 受命不○爲敬. 65-13 無乃難○乎. 66-9 可辱○重. 66-9 無不○矣. 66-11 雖欲無○. 66-12 死不○情. 72-24 辱收其逋○裔胄, 77-24 成而不○. 92-21 是以遠服而邇不○. 121-22 今君實○. 129-3 有○. 162-18 無○. 162-18 ○軍接龢. 168-7 唯謀不○. 177-7

【醉】 2

○而怒. 45-5 ○而載之以行. 88-20

【憂】 50

臨禍忘○. 7-3 則遠於○. 17-24 寬於死而遠於○. 17-24 ○必及之. 18-3 何○於晉. 22-6 晉國有○. 22-15 然則無夭昏札瘥之○. 23-22 而弔其○. 44-14 而與晉共其○. 47-1 無○容. 49-11 則必長爲魯國○矣. 52-19 桓公○天下諸侯. 59-22 而祇取○也. 63-24 國之○也. 67-9 非子之○也. 67-10 輕其任而不○其危. 67-14 爾勿○. 68-17 多怨可與共○. 73-24 今若休○於狄. 73-25 以定民弭○. 76-14 寡君使縶弔公子之○. 78-9 寡人之○也. 83-2 恐爲君○. 83-18 而羣臣是○. 84-11 文王在母不○. 100-13 ○滋長. 108-8 然則王者多○乎. 108-8 故無○. 108-10 故多○. 108-10 必有内○. 109-13 又無内○. 109-14 又無内○. 109-20 必有内○. 109-21 ○必及君. 111-20 是之不○. 120-24 而無外内之○. 121-10 宣子○貧. 126-19 吾是以○. 126-20 若不○德之不建. 127-5 唯食可以忘○. 130-2 君不度○於二令君. 147-17 而齊魯以爲○. 160-3 而遠其大○. 161-11 今非王室不平安是○. 163-18 類有大○. 164-2 以休君○. 164-10 余心豈忘○恤. 165-11 夫雖無四方之○. 170-7 弔有○. 171-10 君○臣勞. 178-23

【殣】 1

道○相望. 152-22

【殤】 1

右執○宮. 146-24

【震】 18

玩則無○. 1-5 土氣○發. 4-2 弗○弗渝. 4-5 ○雷出滯. 4-23 民用莫不○動. 5-1 西周三川皆○. 6-10 於是有地○. 6-12 今三川實○. 6-13 君之武○. 13-23 若聽樂而○. 28-21 而有○眩. 29-5 ○. 94-4 ○. 94-6 車有○. 94-7 主○雷. 94-9 内有○雷. 94-9 ○. 94-12 四鄰莫不○動. 116-10

【劌】 2

曹○問所以戰於莊公. 34-4 曹○諫曰. 34-14

【齒】 11

鄭伯捷之○長矣. 12-11 ○牙爲猾. 62-12 ○牙爲猾. 63-11 雖逢○牙. 63-13 而猾以○牙. 63-22 非義不盡○. 64-2 行之以○牙. 64-3 羽旄○革. 91-9 其○又長. 99-16 龜珠角○. 154-24 夫危事不○. 162-7

【膚】 1

暴其髮○. 54-14

【慮】 5

夫民○之於心. 3-4 則能思○純固. 28-24 若以偃之○. 73-23 而無拂吾○. 159-8 我絕○. 162-18

【賞】 38

以○私德. 13-8 天道○善而罰淫. 17-3 是不○善也. 18-15 ○也. 37-23 請○之. 37-24 勸之以○賜. 53-12 ○服大輅. 59-19 故○女以爵. 62-18 且○以悦衆. 84-8 ○功勞. 96-15 軍伐有○. 99-18 善君有○. 99-19 能其官有○. 99-19 且居有三○. 99-19 故興王○諫臣. 107-8 出滯○. 113-17 不可不○也. 116-16 不可不○也. 116-20 而○立之. 118-17 得之者○. 119-6 ○善罰姦. 128-17 ○大姦也. 128-18 趙簡子○之. 130-7 固○之. 130-7 而曰必○女. 130-11 與余以狂疾○也. 130-11 罰善必○惡. 131-4 以免難之○○尹鐸. 131-5 以其○如伯樂氏. 131-6 諫過而○善. 132-3 明正德以導之○. 141-3 王歸而○及郢懷. 153-24 或可○也. 153-24 得一士若○. 154-11 審○則可以戰乎. 166-25 進則思○. 172-16 如此則有常○. 172-16

【暴】 11

蠭䕸○虐. 7-11 以○露於弊邑之野. 36-13 ○其髮膚. 54-14 驕躁淫○. 56-4 驕躁淫○. 57-14 所以禁○於諸侯也. 60-16 若欲○虐. 113-11 知荀賓之有力而不○也. 114-13 三軍之士○骨. 122-13 忠不可○. 122-20 以○露百姓之骨於中原. 171-9

【賦】 25

瞍○. 2-24 ○事行刑. 5-22 無以○令. 6-8 帥○以從諸侯. 43-23 繕貢○以共從者. 44-1 魯叔孫○匏有苦葉. 44-8 發帥敝○. 46-22 社而○事. 48-20 而爲○綠衣之三章. 49-5 季康子欲以田○. 51-2 ○里以入. 51-4 則苟而○. 51-8 秦伯○采菽. 93-12 子餘使公子○黍苗. 93-14 秦伯○鳩飛. 93-21 公子○河水. 93-22 秦伯○六月. 93-22 ○職任功. 96-12 實○祿. 125-24 德以○之. 126-2 若之何以富○祿也. 126-2 ○皆千乘. 145-6 公馬足以稱○. 152-10 所以備○. 154-24 輕其征○. 159-25

【賤】 3

爲班爵貴○以列之. 9-11 雖○. 37-23 市○鬻貴. 54-5

【賜】 37

○晉惠公命. 8-13 ○晉文公命. 9-25 以陽樊○晉文公. 13-17 必欲○也. 18-13 王其勿○. 18-15 王遂不○. 18-18 ○姓曰姒. 24-12 ○姓曰姜. 24-13 宴好享○. 26-16 今將惠以小○. 34-9 小○不咸. 34-9 豈唯寡君與二三臣實受君○. 36-3 ○女土地. 36-19 則是君之○也. 52-5 勸之以賞○. 53-12 報○以力. 62-8 君○之奇. 69-2 君○我以偏衣金玦. 69-16 是故○我奇服. 70-7 申生受○. 73-14 共○謂共華曰. 81-16 ○曰. 81-18 天○也. 87-13 而○之盟質. 90-22 ○公南陽陽樊温原州陘絺組攢茅之田. 97-8 以○宋人. 97-25 是故以曹田衛田○宋人. 98-2 若受君○. 119-18 ○之莒鼎. 126-18 嘉吾子之○. 127-7 ○申公巫臣. 143-5 而物○之姓. 152-2 其敢忘君王之大○乎. 158-18 昔天以越○吴. 159-23 昔天以越○吴. 168-23 今天以吴○越. 168-24 天以吴○越. 169-1

【瞑】 1

若藥不○眩. 147-7

【數】 30

是皆習民○者也. 6-6 ○之紀也. 6-19 ○之常也. 22-24 時無逆○. 24-10 以○合之. 31-13 ○合聲和. 31-13 故以七同其○. 31-14 有○矣. 39-17 亦有○矣. 39-17 ○之極也. 50-5 陳妾○百. 53-4 即位○年. 58-23 非天不離○. 64-3 聲章過○則有釁. 67-8 其○告於民矣. 80-18 ○. 80-20 司馬説進三軍之士而○慶鄭曰. 85-22 將如商○. 88-18 知右行辛之能以○宣物定功也. 114-11 ○而遣之. 119-1 歷遠年之○. 125-2 尹鐸損其戶○. 130-14 莫之○也. 136-19 合十○以訓百體. 137-13 ○年乃成. 144-7 昔衛武公年○九十有五矣. 146-7 以禦○戒者. 146-19 百姓千品萬官億醜兆民經入畡○以奉之. 150-21 所謂百姓千品萬官億醜兆民經入畡○者. 152-1 究○而止. 177-10

【踦】 1

○跂畢行. 46-22

【踐】 27

遂爲○土之盟. 10-20 足以○德. 21-19 夫子○位則退. 141-8 越王句○起師逆之. 158-4 寡君句○. 158-14 以心孤句○. 158-16 今句○申禍無良. 158-18 句○用帥二三之老. 158-20 句○請盟. 158-22 今越王句○恐懼而改其謀. 159-24 於是越王句○乃命范蠡后庸. 161-24 越王句○乃率中軍. 162-1 我遂○其地. 165-22 越王句○問焉. 166-1 越王句○乃召五大夫. 166-21 句○願諸大夫言之. 166-24 越王句○棲於會稽之上. 170-4 句○曰. 170-10 寡君句○之無所使. 170-12 請句○女女於王. 170-15 句○説於國人曰. 171-8 句○之地. 171-14 句○載稻與脂於舟以行. 172-2 句○辭曰. 172-7 句○既許之. 172-11 句○對曰. 172-21 越王句○即位三年. 174-4

【踣】 2

○斃不振. 24-19 紂○于京. 41-25

【遺】 14

必問於○訓. 5-22 若啓先王之○訓. 24-25 以○後之人. 32-10 不足以○後之人. 32-12 ○後之人法. 35-3 死必○愛. 72-25 王之○命. 90-25 箕○及黄淵嘉父作亂. 118-4 楚實○之. 142-8 若之何其○之材也. 142-9 又恐其荒失○忘. 147-11 如○迹焉. 153-2 今其稻蟹不○種. 176-16 今吴稻蟹不○種. 178-11

【蝎】 1

雖○譖. 70-9

【蝝】 1

蟲舍蚳○. 41-4

【罼】 1

田狩○弋. 53-3

【罶】 1

水虞於是乎講罛○. 40-22

【罷】 19

有逸無○. 16-14 民○於逸樂. 16-16 上下不○. 29-21 ○民力. 30-2 今財亡民○. 30-7 ○士無伍. 56-17 ○女無家. 56-17 ○馬以爲幣. 60-7 民○力以完之. 134-11 國民○焉. 144-6 好○民力. 154-12 既○弊其民. 158-12 ○弊楚國. 160-8 以○民於姑蘇. 160-17 而先○之. 162-22 今○師而不戒以忘我. 165-16 今吴民既○. 165-17 ○而未至. 165-21 孰使我蚤朝而晏○者. 178-5

【墨】 4

有斧鉞刀○之民. 9-13 其母夢神規其臀以○. 23-8 不過○丈尋常之間. 28-15 望之如○. 163-9

【骿】 1

聞其○脅. 89-11

【稽】 26

拜不○首. 8-15 拜不○首. 9-18 墮會○. 49-18 昔禹致羣神於會○之山. 49-21 再拜○首曰. 62-19 公拜○首. 74-10 再拜○首許諾. 77-15 不○首. 78-16 再拜○首. 78-21 再拜不○首. 79-6 再拜○首. 87-17 公子再拜○首. 91-9 宣子拜○首焉. 127-6 彭姓彭祖豕韋諸○. 136-16 乃命諸○郢行成於吳. 158-14 越王又使諸○郢辭曰. 159-20 擁鐸拱○. 163-2 越王句踐棲於會○之上. 170-4 今君王既棲於會○之上. 170-9 棲於會○. 174-15 得罪於會○. 177-23 不穀請復會○之和. 177-24 其忘會○之事乎. 178-3 昔者君王辱於會○. 178-23 蠡請從會○之罰. 178-25 環會○三百里者. 179-5

【稷】 48

昔我先王世后○. 1-10 棄○不務. 1-11 思文后○. 3-13 是故○爲大官. 4-1 太史告○曰. 4-4 ○以告. 4-6 后○監之. 4-13 其后○省功. 4-16 ○則徧誡百姓. 4-21 后○三之. 4-24 自后○以來寧亂. 25-13 自后○之始基靖民. 25-14 或在社○. 25-25 我太祖后○之所經緯也. 31-10 后○勤周. 32-18 必不泯其社○. 36-21 故祀以爲○. 38-6 ○勤百穀而山死. 38-12 周人禘嚳而郊○. 38-15 能帥○者也. 38-17 加之以社○山川之神. 38-19 自○以及王季. 39-25 社○之事. 45-9 社○之守者. 49-23 社○之不血食. 53-8 至于○桑. 70-2 社○危. 70-4 而利社○. 70-5 果敗狄於○桑而反. 70-10 反自○桑. 71-4 君若惠顧社○. 77-24 定社○. 79-1 使寡人過殺我社○之鎮. 80-23 寡人不足以辱社○. 84-7 黍○無成. 91-3 ○不爲○. 91-4 后○是相. 94-23 居者爲社○之守. 96-9 而定社○. 98-20 皆社○之衞也. 99-21 社○之鎮也. 103-24 爲社○也. 123-20 以奉其社○之祭. 164-25 求殘我社○宗廟. 166-2 求殘吾社○宗廟. 166-21 寔失宗廟社○. 169-4 吾將殘汝社○. 172-25

【稻】 3

句踐載○與脂於舟以行. 172-2 今其○蟹不遺種. 176-16 今吳○蟹不遺種. 178-11

【黎】 13

王無亦鑒于○苗之王. 25-17 且重○之後也. 136-5 夫○爲高辛氏火正. 136-5 則以王如廬戢○. 142-18 廬戢○殺二子而復王. 142-19 周書所謂重○寔使天地不通者. 149-4 九○亂德. 149-22 命火正○. 150-3 三苗復九○之德. 150-5 堯復育重○之後. 150-5 故重○氏世敘天地. 150-6 ○寔下地. 150-10 今王播棄○老. 161-9

【箴】 9

師○. 2-24 姬酉祁己滕○任荀僖姞儇依是也. 92-7 厚○戒圖以待之. 119-1 莊王使士亹傅太子○. 140-4 猶○儆於國. 146-7 居寢有褻御之○. 146-12 凡百○諫. 146-24 故使朝夕規誨○諫. 147-11 其臣○諫以不入. 160-7

【箭】 1

金木竹○之所生也. 154-23

【篇】 1

昔正考父校商之名頌十二○於周太師. 50-19

【儇】 1

姬酉祁己滕箴任荀僖姞○依是也. 92-7

【儉】 13

季文子孟獻子皆○. 17-14 敬恪恭○. 17-18 ○所以足用也. 17-22 以○足用. 17-23 今夫二子者○. 18-1 ○而敬. 26-11 居莫若○. 26-14 ○也. 26-16 居○動敬. 26-18 恭○信寬. 27-1 單子○敬讓咨. 27-3 今先君○而君侈. 35-5 明恭○以導之孝. 140-23

【億】 8

○寧百神. 100-20 計○事. 137-13 百姓千品萬官○醜兆民經入畡數以奉之. 150-21 ○其上下. 151-15 所謂百姓千品萬官○醜兆民經入畡數者. 152-1 爲○醜. 152-4 ○負晉衆庶. 163-19 ○有三千. 172-13

【儀】 17

丹朱憑身以○之. 7-21 威○有則. 15-13 陳靈公與孔寧○行父. 15-24 ○之于民. 24-4 度之于軌○. 24-10 不○生物之則. 24-22 而○於物則. 24-24 而下不○地. 25-19 百官軌○. 30-13 示民軌○也. 30-20 堯能單均刑法以○民. 38-9 桓公築夷○以封之. 59-24 威○以先後之. 141-5 申公子○父爲師. 142-16 變及○父. 142-17 威○之則. 149-12 采服之○. 149-15

【緜】 1

夫歌文王大明○. 43-10

【樂】 76

○及偏儛. 6-24 而況敢○禍乎. 7-1 ○禍也. 7-2 是謂○禍. 7-3 民罷於逸○. 16-16 虞于湛○. 23-25 故君子得以易○干祿焉. 27-25 而何易○之有焉. 28-2 無益於○. 28-20 夫○不過以聽耳. 28-21 若聽○而震. 28-21 然則能○. 29-1 ○之至也. 29-2 ○之至也. 29-4 其何以能○. 29-8 聖人保○而愛財. 29-12 ○以殖財. 29-13 故○器重者從細. 29-13 夫政象○. 29-15 ○從和. 29-15 聲以和○. 29-15 物得其常曰○極. 29-17 物備而○成. 29-21 故曰○正. 29-21 妨於○. 29-22 民備○之. 30-6 終復則○. 31-3 ○及鹿鳴之三. 43-4 而後拜○三. 43-4 不腆之○以節之. 43-6 夫先○金奏肆夏樊遏渠. 43-9 則兩君相見之○也. 43-11 晉○王鮒求貨於穆子. 45-25 居同○. 55-20 抑君亦○其吉. 62-21 ○○而安安. 64-22 唯知哀○喜怒之節. 76-25 則必○喪. 77-1 ○喪必哀生. 77-1 是哀○喜怒之節易也. 77-2 民生安○. 87-19 ○也. 94-4 土厚而○其實. 94-5 居○出威之謂也. 94-13 召軍吏而戒○正. 103-14 ○乎哉. 108-11 使孟○因魏莊子納虎豹之皮. 116-5 女○二八. 116-22 公錫魏絳女○一八. 116-23 請與子共○之. 117-1 ○夫. 117-6 臨下之○. 117-6 則○矣. 117-7 德義之○. 117-7 夫○以開山川之風也. 121-19 ○王鮒求貨焉. 123-16 ○王鮒曰. 123-25 思○而喜. 131-2 伯○與尹鐸有怨. 131-6 以其賞如伯○氏. 131-6 以成○物生者也. 136-9 和○如一. 137-15 教之○. 140-15 安民以爲○. 143-22 而以金石匏竹之昌大囂庶爲○. 143-23 使民蒿焉忘其安○. 144-19 同宴思○. 154-5 在○思舊. 154-5 耳不○逸聲. 154-9 使淫○於諸夏之國. 159-14 聽○不盡聲. 166-7 玩好女○. 174-19 時節三○. 175-15 今吳王淫於○而忘其百姓. 176-7 宮中之○. 176-21

【質】 23

文王○文. 22-25 ○之以犧牲. 36-19 所以爲明○. 38-20 聰惠○仁. 55-24 訾相其○. 56-10 聰慧○仁. 57-9 復其君而○其適子. 84-3 是故歸惠公而○子圉. 84-4 而賜之盟○. 90-22 沈璧以○. 94-18 ○將善. 100-10 若有違○. 100-11 文益其○. 100-22 因體能○而利之者也. 101-2 有直○而無流心. 116-1 臣委○於狄之鼓. 129-4 未委○於晉之鼓也. 129-5 委○爲臣. 129-5 委○而策死. 129-5 臣無叛○. 129-6 忠信之○. 149-13 無有要○. 149-23 王公之子弟之○. 152-2

【德】 250

先王耀○不觀兵. 1-4 我求懿○. 1-6 懋正其○. 1-7 懷○而畏威. 1-9 時序其○. 1-13 奕世載○. 1-15 則修○. 2-2 則增修於○. 2-6 帥舊○. 2-10 而何○以堪之. 2-15 今周○若二代之季矣. 6-17 其○足以昭其馨香. 7-8 觀其政○. 7-9 實有爽○. 7-20 ○之則也. 10-7 則○以導諸侯. 10-7 是以小怨置大○也. 11-10 以怨報○. 11-13 不失此三○者. 11-15 王○狄人. 11-19 若七○離判. 12-7 豺狼之○也. 12-9 王一舉而棄七○. 12-14 以賞私○. 13-8 叔父若能光裕大○. 13-9 叔父其懋昭明○. 13-13 王以晉君爲能○. 13-18 陽樊懷我王○. 13-18 謂君其何○之布. 13-19 而叔父使士季實來修舊○. 14-24 建大○昭大物也. 15-10 五聲昭○. 15-14 則順而○建. 15-15 而廣施○於天下者也. 16-9 懋帥其○也. 17-9 主○義而已. 18-17 ○薄而以地賂諸侯. 19-3 則可以知○矣. 21-17 日棄其○. 21-17 足以踐○. 21-19 國○而鄰於不修. 22-5 無○之患. 22-6 ○之道也. 23-2 ○之信也. 23-2 ○之終也. 23-3 ○之守也. 23-3 明令○矣. 23-3 ○之相也. 23-4 被文相○. 23-4 而令○孝恭. 23-10 其○又可以君國. 23-12 基○十五而始平. 25-15 其何○之修. 25-16 而亦未觀夫前哲令○之則. 25-22 下非地○. 26-6 ○莫若讓. 26-15 ○讓事咨. 26-18 頌之盛○也. 26-20 是道成王之○也. 26-22 讓於○也. 26-23 翼上○讓. 27-1 始於○讓. 27-2 以應成○. 27-3 單子朝夕不忘成王之○. 27-7 膺保明○. 27-8 故聖人樹○於民以除之. 27-22 明則○昭. 28-24 聽言昭○. 28-24 以言○於民. 28-24 民歆而○之. 28-24 於是乎道之以中○. 29-25 ○音不愆. 30-1 所以宣養六氣九○也. 30-15 所以宣布哲人之令○. 30-19 昭顯文○. 31-21 所以宣三王之○也. 31-21 使迷亂棄○. 32-13 若布○于民. 34-6 令○替矣. 35-5 而替前之令○. 35-6 禹能以○修鮌之功. 38-10 及前哲令○之人. 38-19 棟莫如○. 41-13 而無大○. 41-13 少○而多寵. 41-15 且吾聞以○榮爲國華. 42-7 皆昭令○以合好也. 43-11 重之以六○. 43-19 以征不○. 43-20 而何○於君. 45-3 祖識地○. 48-9 欲明其子之令○. 49-14 先王欲昭其令○之致遠也. 50-12 是故鄉長退而修○進賢. 56-6 有功休○. 56-9 今晉寡○. 63-10 嗛嗛之○. 63-23 非○不及世. 64-2 不可謂○. 64-5 ○義不行. 64-5 民誤失○. 65-7 而不務○. 75-7 而厚○之. 75-9 今晉侯不量齊○之豐否. 75-17 喜亂必怠○. 77-2 而欣喜於君之○. 78-1 而羣臣受其大○. 78-2 重賂配○. 78-20 仁置○. 79-11 忘善而背○. 82-13 是君之不置○而置服也. 83-5 是吾不置○而置服也. 83-8 忘善而背○. 83-12 兄○我而忘其親. 84-1 ○莫厚焉. 84-24 以○爲怨. 84-24 始入而報○. 85-8 ○之建也. 89-2 ○無建不可以立. 89-3 棄三○矣. 89-4 公子實○. 89-7 天祚有○. 89-7 若復而修其○. 89-8 重耳日載其○. 90-19 平王勞而○之. 90-22 唯○之基. 91-5 我之不○. 91-15 同○之難也如是. 92-13 成而異○. 92-15 異○之故也. 92-16 異姓則異○. 92-16 異○則異類. 92-16 同姓則同○. 92-17 同○則同心. 92-17 故異○合姓. 92-20 同○合義. 92-20 無○於人. 93-2 聽從以○之. 93-3 重耳若獲集○而歸載. 93-19 敢不從○. 93-23 今君之○宇. 95-23 利器明○. 96-14 陽人未狎君○. 97-12 善以○勸. 98-16 志○義之府也. 99-10 夫○義. 99-11 夫三○者. 99-15 以○紀民. 99-15

是廢○也. 99-21 廣○也. 99-24 ○廣賢至. 99-24 ○之恪也. 102-10 恪於○以臨事. 102-10 政○既成. 107-9 夫王者成其○. 108-9 今我寡○. 108-10 唯厚○者. 109-17 無○而服者衆. 109-18 稱晉之○. 109-18 唯無○而功烈多. 110-14 唯○是授. 110-21 夫○. 110-22 無○而福隆. 110-22 夫以○勝者. 110-24 御宄以○. 111-21 不可謂○. 111-22 ○刑不立. 111-23 薦積○. 113-17 夫二子之○. 114-4 ○義之樂. 117-7 何謂○義. 117-7 可謂○義矣. 117-8 而懷其○. 118-12 以報其○. 119-3 以耀○於廣遠也. 121-19 風○以廣之. 121-20 夫○廣遠. 121-21 比○以贊事. 122-7 其爲○也深矣. 122-21 在○不在先敵. 123-7 若違於○. 123-9 唯有○也. 123-13 子務○. 123-14 務○. 123-14 思長世之○. 125-2 書選男○. 125-18 宵靜女○. 125-18 ○以賦之. 126-2 宣其○行. 126-22 而賴武之○. 126-25 而修武之○. 127-1 唯無○也. 127-4 吾以爲能其○矣. 127-5 若不憂○之不建. 127-5 吾何○之務. 129-7 有孝○以出在公族. 130-21 有恭○以升在位. 130-22 有武○以羞爲正卿. 130-22 有温○以成其名譽. 130-22 順○以學子. 130-25 哀無○. 132-18 ○不純. 133-1 非○不當雍. 133-2 不○而賄. 134-9 天明地○. 136-7 實有昭○. 136-23 而未及周○. 137-3 建九紀以立純○. 137-12 將使候淫○而加之焉. 138-14 方將○申. 138-19 若加之以○. 138-25 夫國大而有○者近興. 139-1 皆有元○也. 140-8 而爲之昭明○而廢幽昏焉. 140-13 而爲之導廣顯○. 140-14 使明其○. 140-16 用明○於民也. 140-16 明正○以導之賞. 141-3 ○音以揚之. 141-7 不穀不○. 141-10 聽○以爲聰. 143-22 則○義鮮少. 144-16 ○義不行. 144-16 唯其施令○於遠近. 144-18 能聳其○. 147-1 余恐○之不類. 147-4 心類○音. 147-14 以○有國. 147-15 神是以能有明○. 149-19 九黎亂○. 149-22 三苗復九黎之○. 150-5 明○以昭之. 150-21 觀君之○也. 153-11 子患政○之不修. 154-8 子修○以待吴. 154-14 周言棄○. 155-24 是六○者. 155-24 而不以絜悛○. 156-2 ○其忘怨. 156-12 而○其治楚國. 157-9 以小怨寘大○. 157-10 敢忘天王之大○. 158-19 體○明聖. 161-3 戮力同○. 165-12 伯父秉○已侈大哉. 165-14 逆○也. 174-12 陰謀逆○. 174-13 ○虐之行. 175-18 失○滅名. 176-3 彼其上將薄其○. 176-22

【徵】 9

亡之○也. 6-18 不○於他. 11-11 ○於他. 11-12 唯官是○. 13-22 則○之. 51-5 其靡有○兮. 80-14 可○訊也. 120-9 秦有○衙. 145-9 秦○衙寔難桓景. 145-14

【徹】 14

其何事不○. 17-21 上作事而○. 17-25 煙○于上. 40-8 ○俎不宴. 49-2 既○俎而宴. 49-20 果無不○. 112-6 攝而不○. 140-21 其聽能聽○之. 149-9 民之○官百. 152-2 能言能聽○其官者. 152-2 姓有○品. 152-3 以爲○行. 163-1 以○於兄弟之國. 165-8 不敢○聲聞於天王. 170-13

【盤】 1

在○庚曰. 8-20

【鋭】 1

方上而○下. 18-14

【劍】 6

美金以鑄○戟. 58-8 授僕人書而伏○. 115-17 撫○就之. 122-12 申胥釋○而對曰. 161-8 被甲帶○. 164-23 被甲帶○. 165-4

【鄶】 5

○由叔妘. 12-1 虢○爲大. 135-14 ○仲恃險. 135-14 妘姓鄔○路偪陽. 136-17 虢○受之. 139-3

【慾】 1

貪○無藝. 126-24

【虢】 33

○文公諫曰. 3-22 鄭厲公見○叔. 6-25 ○叔許諾. 7-4 ○叔自北門入. 7-4 在○土. 7-25 今○少荒. 8-2 ○其幾何. 8-5 內史過從至○. 8-8 ○公亦使祝史請土焉. 8-8 ○必亡矣. 8-9 今○公動匱百姓. 8-11 晉取○. 8-12 ○之會. 45-13 ○之會. 45-23 於是乎與○石甫比. 63-7 ○公夢在廟. 74-8 衆謂○不久. 74-12 ○乃亡. 74-19 伐○之役. 74-20 攻○. 75-2 取○之旂. 75-3 ○公其奔. 75-4 ○射曰. 82-11 ○射爲右. 82-19 孝友二○. 100-14 而諮于二○. 100-17 ○之會. 123-16 西有虞○晉隗霍楊魏芮. 135-9 ○鄶爲大. 135-14 ○叔恃勢. 135-14 夫○石父. 137-20 ○公從矣. 138-20 ○鄶受之. 139-3

【餔】 1

無不○也. 172-3

【餓】 1

如○豺狼焉. 152-8

【餘】 16

其○以均分公侯伯子男. 13-1 其○無非穀土. 16-13 戎士待陳妾之○. 53-6 君之○也. 91-10 謂子○曰. 92-25 使子○從. 93-6 子○相. 93-7 子○使公子降拜. 93-12 子○曰. 93-13 子○使公子賦黍苗. 93-14 子○曰. 93-15 子○使公子降拜. 93-22 子○曰. 93-22 若有○. 132-14 其○則否. 154-4 裁其有○. 166-14

【餒】 3

使不凍○. 52-5 戎士凍○. 53-5 民之羸○. 152-21

【滕】 2

姬酉祁己○箴任荀僖姞儇依是也. 92-7 東有齊魯曹宋○薛鄒莒. 135-10

【膠】 1

於是乎與○鬲比而亡殷. 63-5

【魯】 83

○武公以括與戲見王. 5-12 若○從之. 5-15 ○侯歸而卒. 5-17 及○人殺懿公. 5-18 宣王伐○. 5-19 ○侯孝. 5-21 乃命○孝公於夷宮. 5-24 使劉康公聘於○. 17-14 王問○大夫孰賢. 17-16 季孟其長處○乎. 17-16 ○宣公卒. 18-8 ○叔孫宣伯亦奔齊. 18-9 ○成公來朝. 18-11 ○叔孫之來也. 18-12 ○執政唯强. 18-14 使私問諸○. 18-18 及○侯至. 18-18 ○成公見. 21-7 ○侯曰. 21-10 ○侯歸. 22-8 ○饑. 35-13 齊孝公來伐○. 36-7 ○國恐乎. 36-14 ○不棄其親. 37-10 自是晉聘於○. 37-12 ○之班長. 37-20 止於○東門之外. 37-25 而守其後於○乎. 39-14 ○未若商周. 40-1 子爲○上卿. 42-3 自是齊楚代討於○. 44-3 ○叔孫賦匏有苦葉. 44-8 ○人以莒人先濟. 44-9 出楚師以伐○. 44-24 若得楚師以伐○. 45-1 ○既不違夙之取卞也. 45-1 若楚之克○. 45-2 若不克○. 45-4 子股肱○國. 45-9 豈唯○然. 46-15 ○懼及焉. 46-16 若盟而棄○侯. 46-20 以○之密邇於齊. 46-25 則夕極於○國. 46-25 庶幾有益於○國乎. 47-1 若棄○. 47-3 ○爲勉矣. 47-4 ○夫人辭而復之. 47-19 ○其亡乎. 48-5 請諸○. 52-12 ○君之謀臣也. 52-13 使人請諸○. 52-14 桓公使請諸○. 52-15 則必長爲○國憂矣. 52-19 以○爲主. 58-11 ○有夫人慶父之亂. 59-22 且使苦成叔及欒黶興齊○之師. 108-12 興齊○之師. 108-14 及齊○之未至也. 111-4 使苦成叔緩齊○之師. 111-6 ○襄公使叔孫穆子來聘. 119-25 ○先大夫臧文仲. 120-4 ○人食言. 123-16 楚令尹圍將以○叔孫穆子爲戮. 123-16 若○有罪. 123-21 ○誅盡矣. 123-22 而○背之. 123-25 范獻子聘於○. 129-11 ○人以其鄉對. 129-11 吾適○而名其二諱. 129-13 ○孟獻子有鬬臣五人. 129-21 東有齊○曹宋滕薛鄒莒. 135-10 而後使太宰啓彊請於○侯. 144-8 ○有弁費. 145-8 ○弁費寔弱襄公. 145-12 惠王以梁與○陽文子. 155-11 與之○陽. 155-17 ○國人犖. 157-2 而齊○以爲憂. 160-3 夫齊○. 160-3 通於商○之閒. 161-22 出於商○之閒. 165-7 宋鄭○衛陳蔡執玉之君皆入朝. 169-7

【魴】 1

士○張老交止之. 115-17

【穎】 1

其濟洛河○之間乎. 135-13

【劉】 6

使○康公聘於魯. 17-14 ○文公與萇弘欲城周. 32-4 今萇○欲支天之所壞. 32-12 以誰○子. 32-23 若○氏. 32-25 ○氏亡. 33-6

【請】 108

虢公亦使祝史○土焉. 8-8 王使游孫伯○滑. 11-4 ○隧焉. 12-23 文公遂不敢○. 13-16 晉侯○殺之. 14-5 殆○之也. 18-13 若○之. 18-13 ○之也. 18-18 君盍以名器○糴于齊. 35-15 辰○如齊. 35-17 吾子○之. 35-19 有諸侯之○. 37-6 君盍○衛君. 37-8 爲之○曰. 37-22 ○賞之. 37-24 則○納祿與車服而違署. 39-12 ○從司徒. 39-18 吾爲子○於楚. 45-25 椒○從. 46-18 老○守龜卜室之族. 49-6 ○無瘠色. 49-11 ○諸魯. 52-12 使人○諸魯. 52-14 故○之. 52-15 桓公使○諸魯. 52-15 齊使者○曰. 52-20 猶未得○也. 52-21 ○生之. 52-22 驪姬○使申生主曲沃. 64-13 敬賢於○. 69-19 而○君于秦. 76-18 吾○爲子鈇. 76-23 盍○君于秦乎. 77-18 ○納之左右. 79-5 則○殺之. 91-3 ○殺晉公子. 91-14 然則○止狐偃. 91-19 將有○於人. 92-25 ○使衰從. 93-6 ○由此亡. 94-17 吾○去之. 96-4 公○隧. 97-7 而原○降. 97-20 齊秦不得其○. 98-1 ○復衛侯而封曹. 98-4 我不許曹衛之○. 98-7 軍吏○曰. 98-11 詹○往. 98-19 詹固○. 98-19 ○使郤縠. 99-11 蒲城伯○佐. 99-23 ○令衰也從子. 99-25 趙宣子○師於靈公. 103-10 ○伐齊. 104-4 郤獻子○以徇. 104-14 ○以見. 105-20 ○務實乎. 107-5 ○俟之. 108-14 欒伯○公族大夫. 114-15 諸戎來○服. 115-11 ○死之. 115-20 ○無重寡人之過. 115-21 臣○薦所能擇. 116-3 ○退也. 116-15 ○與子共樂之. 117-1 楚人固○先敵. 123-6 ○爲戮也. 123-22 文子將○之於楚. 123-25 固○於楚而免之. 124-5 匠人○皆斲之. 124-11 ○殺其生者. 128-8 鼓人或○以城叛. 128-14 子盍爲我○乎. 129-19 又何○焉. 129-20 ○納賂於魏獻子. 129-23 ○曰. 130-13 夷○無筋無骨. 131-15 死不敢○. 131-16 ○與之戲. 131-24 卜○其鰲而藏之. 138-5 ○爲靈若厲. 141-12 則○爲恭. 141-16 而後使太宰啓彊○於魯侯. 144-8 ○聽其辭. 153-8 句踐○盟. 158-22 員○先死. 161-16 ○王勵士. 162-19 乃令董褐○事. 163-13 敢○亂故. 163-15 ○貞於陽卜. 164-7 ○問戰奚以而可. 166-4 君告孤○成. 168-20 孤敢○成. 168-23 ○句踐女女於王. 170-15 寡人○更.

【廟】 24
日月底于天〇. 4-2 館諸宗〇. 10-1 是以人夷其宗〇. 25-20 夫宗〇
之有昭穆也. 39-21 而嘗之寢〇. 40-23 以實〇庖. 41-2 恐宗〇之不
掃除. 53-8 奚齊在〇. 65-12 申生乃雉經于新城之〇. 73-11 虢公夢
在〇. 74-8 掃宗〇. 79-1 薦在宗〇. 93-17 乃發令于太〇. 103-13 受
命於〇. 104-19 宗〇之犧. 132-21 宗〇之事. 149-11 諸侯宗〇之事.
151-16 求殘我社稷宗〇. 166-2 求殘吾社稷宗〇. 166-21 寔失宗〇
社稷. 169-4 將焚宗〇. 170-17 必〇禮之. 172-1 滅汝宗〇. 173-1 夫
謀之廊〇. 177-5
【摩】 1
而〇厲之於義. 172-1
【廡】 1
不能蕃〇. 91-4
【瘠】 6
擇〇土而處之. 48-6 〇土之民. 48-8 請無〇色. 49-11 是聚民利以自
封而〇民也. 144-14 民實〇矣. 144-15 〇磽之地. 144-23
【麌】 1
獸長麑〇. 41-3
【慶】 20
使郤至告〇于周. 18-20 有〇. 22-16 匠師〇言於公曰. 35-2 固〇其
喜. 44-14 魯有夫人〇父之亂. 59-22 〇鄭曰. 82-13 公謂〇鄭曰. 82
-15 〇鄭曰. 82-16 〇鄭吉. 82-17 公號〇鄭曰. 83-11 〇鄭曰. 83-
12 〇鄭曰. 83-13 蛾析謂〇鄭曰. 85-1 〇鄭曰. 85-2 聞〇鄭止. 85-7
〇鄭曰. 85-8 〇鄭曰. 85-10 司馬說進三軍之士而數〇鄭曰. 85-22
〇鄭曰. 85-25 斬〇鄭. 86-2
【廢】 38
其無乃〇先王之訓. 2-9 乃〇滅. 6-9 是道〇也. 14-16 是〇先王之教
也. 16-10 若〇其教而棄其制. 17-10 而觀其〇興者. 25-1 其〇者.
25-2 亦不〇重. 27-14 今王〇輕而作重. 27-16 鮮其不〇也. 30-8 懼
一之〇也. 30-10 必無〇先人. 48-24 臣敢以私利〇人之道. 62-8 〇
國而向己. 64-4 〇人以自成. 65-15 而其世不〇. 68-9 爲〇人以自利
也. 72-10 孺子〇. 75-24 〇義則利不立. 76-9 不可以〇道於天下.
82-5 又〇吉卜. 83-12 〇而不起. 84-24 世不〇親. 89-23 誰能〇之.
91-18 則時無〇功. 99-6 不可〇也. 99-16 不可〇也. 99-19 〇讓.
99-21 是〇德也. 99-21 受命而〇之. 103-25 事〇爲不智. 112-2 〇也.
113-10 振〇淹. 113-18 不〇其先人之職. 116-18 而爲之昭明德而〇
幽昏焉. 140-13 使知〇興者. 140-17 民不〇時務. 144-2 其日不〇時
務. 144-23
【毅】 7
亦不主猛〇. 18-17 故制戎以果〇. 20-10 棄〇行容. 20-11 彊〇果敢
則賢. 133-10 〇而不勇. 155-22 〇也. 155-24 〇貪無厭. 156-7
【敵】 19
〇國賓至. 16-17 〇必三讓. 19-24 盡〇爲上. 20-9 言讓必及〇. 22-
15 推〇能讓. 22-23 勝〇而歸. 41-16 少族而多〇. 64-5 有釁則〇入.
67-8 〇入而凶. 67-8 誰能退〇. 67-9 〇之如志. 67-9 盡〇而反. 69
-6 雖盡〇. 69-7 非〇而君設之. 91-7 先君以是除亂克〇. 144-5 且
夫自〇以下. 153-18 仇讎〇戰之國也. 170-21 〇國之制. 175-3 〇國
之制. 175-17
【蝨】 1
〇蠻之既多. 145-21
【羹】 2
靈王城陳蔡不〇. 145-4 陳蔡及不〇人納棄疾而弒靈王. 146-1
【糅】 1
民神雜〇. 149-22
【遵】 2
〇汶之上. 160-24 〇汶伐博. 165-4
【導】 41
決之使〇. 2-23 將〇利而布之上下者也. 3-11 宣王欲得國子之能〇
訓諸侯者. 5-20 則德以〇諸侯. 10-7 候人爲〇. 16-18 勸二三君子必
先〇焉. 18-25 氣之〇也. 23-19 以〇其氣. 23-20 疏川〇滯. 24-6 夫
天道〇可而省否. 32-23 不能教〇. 72-19 是以〇民. 76-25 何以〇民.
77-2 民不我〇. 77-2 述意以〇之. 80-21 欲先〇者行乎. 80-22 義以
〇利. 92-21 〇前志以佐先君. 107-19 〇法而卒以政. 107-20 使文敏
者〇之. 114-17 文敏者〇之. 114-19 則民不〇. 118-21 何以〇民.
118-21 民之不〇. 118-22 〇賓主之言無私. 122-14 而爲之〇廣顯德.
140-14 則明施舍以〇之忠. 140-21 明久長以〇之信. 140-21 明度量
以〇之義. 140-22 明等級以〇之禮. 140-22 明恭儉以〇之孝. 140-
23 明敬戒以〇之事. 140-23 明慈愛以〇之仁. 141-1 明昭利以〇之文.
141-1 明除害以〇之武. 141-2 明精意以〇之罰. 141-2 明正德以〇
之賞. 141-3 〇之伐楚. 143-8 以訓〇我. 146-10 臨事有瞽史之〇.
146-13 而〇之以訓辭. 155-1
【褻】 1
戎車待遊車之〇. 53-5
【獘】 1
使吾甲兵鈍〇. 159-14
【潔】 9
精〇惠和. 7-8 〇其酒醴. 15-5 身聳除〇. 26-16 所以修〇百物. 30-
16 使〇奉禘郊之粢盛. 48-12 小心精〇. 66-7 精〇易辱. 66-8 亡人
無狷〇. 78-19 狷〇不行. 78-20
【潛】 2
棠〇. 58-12 銜枚〇涉. 168-17
【潰】 5
川壅而〇. 2-22 〇而不可救禦也. 76-13 晉師〇. 83-11 〇而所犯必
大矣. 152-25 吳師自〇. 177-22
【憒】 1
陽癉〇盈. 4-2
【憚】 12
〇其犧也. 31-25 而人曰〇其犧也. 31-25 不〇以吾故. 40-11 故不〇
勤遠. 44-13 帥大讎以〇小國. 44-19 不敢〇其患. 47-1 羣臣敢〇戮
乎. 47-3 何敢〇罰. 62-23 豈能〇君. 68-4 不〇征繕. 84-17 小罪〇
之. 103-16 不〇死進. 107-21
【憔】 1
而日以〇悴. 159-15
【憐】 2
不可不〇也. 90-1 不〇窮也. 90-2
【憎】 2
其叔父實應且〇. 13-8 〇輔遠弼. 176-8
【寫】 1
以良金〇范蠡之狀. 179-4
【審】 11
於是乎又〇之以事. 6-4 然則民莫不〇固其心力. 12-5 〇其四時. 53
-23 〇吾疆埸. 57-22 〇賞則可以戰乎. 166-25 〇罰則可以戰乎. 167
-1 〇物則可以戰乎. 167-2 〇備則可以戰乎. 167-3 〇聲則可以戰
乎. 167-4 告孤不〇. 167-7 必〇之. 167-7
【窮】 8
不識〇固. 40-13 禮賓矜〇. 89-20 不憐〇也. 90-2 資〇困. 90-15 若
資〇困. 90-25 可謂〇困. 91-1 而近頑童〇固. 137-8 好〇固也. 137
-21
【冪】 1
淨其巾〇. 15-7
【翩】 1
旟旐有〇. 25-7
【鴆】 2
今晉人〇衛侯不死. 37-4 乃寘〇于酒. 72-14
【遲】 2
湯降不〇. 90-11 則加〇矣. 105-14
【履】 2
下貳代〇. 67-4 而後〇之. 158-9
【選】 8
〇其馨香. 15-5 其爲〇事乎. 35-19 以告且〇. 56-8 〇其官之賢者.
56-8 謂之三〇. 56-13 牛馬〇具. 59-24 〇賢良. 113-16 晝〇男德.
125-18
【險】 8
〇而不懟. 3-20 入〇而脫. 14-15 君子將〇哀之不暇. 28-2 必內〇之.
69-5 鄶仲恃〇. 135-14 距〇而鄰於小. 138-25 梁〇而在境. 155-11
懼子孫之以梁之〇. 155-15
【嫣】 2
息由陳〇. 12-1 盧由荊〇. 12-2
【駕】 4
齊朝〇. 46-25 郤獻子〇. 104-13 〇而往. 124-8 〇而乘材. 131-12
【戮】 36
司寇行〇. 6-25 萇叔必爲〇. 32-25 抑刑〇也. 40-6 楚人將以叔孫穆
子爲〇. 45-24 爲〇何害. 46-7 吾不難爲〇. 46-9 羣臣敢憚〇乎. 47
-3 禹殺而〇之. 49-22 欲以〇之於羣臣. 52-14 此非欲〇之也. 52-
17 寡君欲以親爲〇. 52-20 以〇於羣臣. 52-21 與諸侯〇力同心. 59-
4 死〇. 81-3 〇力一心. 90-22 獻子執而〇之. 103-2 而暮〇其車.
103-2 必爲〇. 110-18 而陷於大〇. 113-14 魏絳〇寡人之弟. 115-15
從欒氏者大〇施. 119-9 不從君者爲大〇. 119-16 楚令尹圍將以魯叔
孫穆子爲〇. 123-16 若爲諸侯〇者. 123-22 請爲〇也. 123-22 夫〇
出於身. 123-23 而〇其死者. 128-8 王使執而〇之. 137-25 方〇在路.
138-11 使子南〇於諸侯. 143-4 或可〇也. 153-24 彼其父爲〇於楚.
156-1 備刑〇. 162-20 〇力同德. 165-12 將爲〇不利. 167-7 妻子爲
〇. 179-2
【豫】 8

【餐】 1
不○而寢. 71-18

【遽】 7
○歸告王. 31-25 公懼○出見之. 96-3 公○見之. 96-10 ○人來告. 132-24 豈○忘於諸侯之耳乎. 160-16 遽○乃至. 162-4 徒○來告孤. 163-17

【盧】 2
○由荊嬀. 12-2 侏儒扶○. 100-24

【縣】 10
○無施舍. 15-23 ○有序民. 16-15 三鄉爲○. 57-2 ○有○帥. 57-3 十○爲屬. 57-3 牧政聽○. 57-5 屬退而修○. 57-16 ○退而修鄉. 57-16 君實有郡○. 79-2

【闞】 1
皆不踰○. 49-2

【闥】 1
公令○楚刺重耳. 73-17

【閭】 3
○沒謂叔寬曰. 129-23 ○明叔褒在. 130-1 邴歜○職. 157-1

【闕】 2
○伯之星也. 88-16 ○伯之星也. 94-22

【踰】 13
不○其上. 26-17 大不○宮. 29-11 細大不○曰平. 29-18 猶恐其○也. 39-24 爲不○也. 40-1 皆不○闞. 49-2 ○方城. 58-24 ○太行. 59-7 文公○垣. 95-9 則美惡不○. 99-5 ○諸夏而圖東國. 160-9 而自○之. 164-11 ○江五里以須. 168-14

【器】 23
而利其○用. 1-8 而火焚其彝○. 25-20 ○無彤鏤. 26-16 小大○用. 28-18 而有離民之○二焉. 29-9 財以備○. 29-12 故樂○重者從細. 29-13 上作○. 30-6 均利○用. 30-25 鑄名○. 35-15 君盍以名○請糴于齊. 35-15 不腆先君之幣○. 36-1 君有攻伐之○. 55-6 利○明德. 96-14 其宮不備其宗○. 126-21 先主爲重○也. 134-6 有夫婦鬻是○者. 137-25 而爲之牲○時服. 149-10 彝○之量. 149-15 越國之寶○畢從. 170-15 凶○也. 174-12 好用凶○. 174-13 隨之以國家之重○. 174-21

【戰】 89
○于千畝. 5-10 晉不○矣. 19-2 不可以不○. 19-10 ○而勝. 19-10 且夫○也微謀. 19-11 夫○. 20-9 叛○而擅舍鄭君. 20-10 曹劌問所以○於莊公. 34-4 將何以○. 34-10 故夜○聲相聞. 55-18 晝○目相見. 55-19 ○則同彊. 55-20 一○帥服三十一國. 58-23 臣聞皋落氏將○. 69-9 申生欲○. 70-3 不若○也. 70-9 不○而反. 70-9 我○死. 70-10 公令韓簡挑○. 82-24 ○勝大國. 83-22 ○而取笑諸侯. 83-25 不○. 85-8 ○而用良. 85-9 且○不勝. 85-14 出○不克. 85-15 且○而自退. 85-20 既○而後圖之. 98-10 ○鬭. 98-13 果○. 98-16 ○以錞于丁寧. 103-17 鄢之○. 108-21 退○. 108-22 大夫欲○. 109-6 夫○. 109-10 欒武子欲○. 109-17 今我○. 109-22 ○若不勝. 109-25 ○若勝. 109-25 盍姑無○乎. 110-1 遂與荊人○於鄢陵. 110-10 既○. 111-3 郤至使人勸王○. 111-3 且夫○也. 111-4 己勸君○. 111-6 ○敗. 111-6 然○而擅捨國君. 111-7 鐵之○. 131-8 其誰敢不○○兢兢. 151-18 乃有柏舉之○. 153-3 王其無庸○. 158-6 及吾猶可以○也. 159-17 齊人與○於艾陵. 160-21 今夕必挑○. 162-19 彼將不○而先我. 162-21 不可與○. 164-3 吳王將恥不○. 165-21 而以中國之師與我○. 165-21 吳王若慍而又○. 165-23 若不○而結成. 165-24 請問○奚以而可. 166-4 敢問君王之所以與之○者. 166-5 願以此○. 166-7 未可以○也. 166-8 願以此○. 166-9 未可以○也. 166-10 願以此○. 166-12 未可以○也. 166-12 願以此○. 166-14 未可以○也. 166-15 願以此○. 166-16 然猶未可以○也. 166-17 夫○. 166-17 問○奚以而可. 166-23 審賞則可以○乎. 166-25 審罰則可以○乎. 167-1 審物則可以○乎. 167-2 審備則可以○乎. 167-3 審聲則可以○乎. 167-4 將舟○於江. 168-13 三○三北. 168-19 仇讎敵○之國也. 170-21 昔者之○也. 172-8 請姑無庸○. 172-9 請復○. 172-11 ○於五湖. 174-15 是故○勝而不報. 175-20 出而挑○. 177-4 弗與○. 177-21

【還】 36
受地而○. 13-16 秦師○. 14-16 視無○. 22-12 視無○. 23-1 齊侯乃許爲平而○. 36-22 欲○. 44-10 何爲○. 44-11 諸大夫皆欲○. 44-12 聞喪而○. 44-15 聞喪而○. 44-17 公欲○. 44-24 齊師退而後敢○. 46-24 公乃○. 75-14 君若○. 82-25 君若不○. 83-1 客○. 83-5 ○軫諸侯. 91-1 臣從君○軫. 94-16 秦伯○. 95-7 予我詹而師○. 98-19 及山而○. 102-14 修好申盟而○. 115-8 乃○. 119-23 簡子乃○. 131-21 ○自衞. 133-19 ○. 142-6 師○至. 142-18 以○軫於諸侯. 143-17 ○軫諸侯. 147-14 將○玩吾國於股掌之上. 159-12 吳王○自伐齊. 161-2 董褐將○. 163-25 齊師○. 165-5 吳王夫差○自黃池. 165-15 日困而○. 177-12 天有○形. 178-1

【麗】 1
水虞於是禁罝罜○鹿. 41-1

【罹】 4
而祗○咎也. 63-25 其○咎而已. 64-1 ○天之禍. 81-2 ○天之禍. 81-3

【默】 2
三年○以思道. 147-2 故三年○以思道. 147-10

【積】 8
野有庾○. 15-21 甸人○薪. 16-20 若○聚既喪. 28-11 敢告滯○. 36-2 薦○德. 113-17 令尹問蓄聚○實. 152-7 無一日之○. 152-13 ○貨滋多. 152-24

【穆】 58
○王將征犬戎. 1-4 樊○仲曰. 5-21 生○王焉. 7-22 其昭○又近. 23-1 單○公曰. 27-11 單○公曰. 28-10 見單○公曰. 32-7 其可以蓋○伯. 39-13 非昭○也. 39-20 其次爲○. 39-21 夫宗廟之有昭○也. 39-21 宗祝書昭○. 39-24 叔孫○子聘於晉. 43-4 叔孫○子曰. 43-20 晉叔向見叔孫○子曰. 44-4 ○子曰. 44-6 蔡公孫歸生與鄭罕虎見叔孫○子. 45-13 ○子曰. 45-14 ○子曰. 45-16 楚人將以叔孫○子爲戮. 45-24 晉樂王鮒求貨於○子. 45-25 ○子不予. 45-25 梁其踁謂○子曰. 46-1 ○子曰. 46-2 ○子歸. 46-9 ○子曰. 46-9 余懼○伯之絕嗣也. 48-24 朝哭○伯. 49-16 周恭王能庇昭○之闕而爲恭. 50-23 昔吾先王昭王○王. 53-9 乃使梁由靡告于秦○公. 77-19 秦○公許諾. 78-4 致命○公. 79-6 ○公曰. 79-6 ○公問冀芮曰. 79-13 乃謂○公曰. 81-7 ○公使泠至報問. 81-9 謂○公曰. 81-21 ○公曰. 81-23 ○公衡彫戈. 83-1 ○公曰. 83-7 ○公歸. 83-15 ○公訊之曰. 84-15 武之○也. 89-5 使公族○子受事於朝. 116-12 自○侯以至于今. 118-5 魯襄公使叔孫○子來聘. 119-25 ○子未對. 120-1 楚令尹圍將以魯叔孫○子爲戮. 123-16 中行○子帥師伐狄. 128-14 ○子不受. 128-15 ○子曰. 128-16 ○子召之. 129-3 ○子歎而謂其左右曰. 129-7 趙襄子使新稚○子伐狄. 132-23 爲御叔娶於鄭○公. 143-3 昭○之世. 149-12 成不禮於○. 153-1

【頹】 5
邊伯石速蔿國出王而立子○. 6-22 王子○飲三大夫酒. 6-24 今吾聞子○歌舞不息. 7-1 殺子○及三大夫. 7-4 子○之亂. 11-9

【勳】 5
鄭武莊有大○力于平桓. 11-8 庸○. 12-4 是不庸○也. 12-11 饗民之○力. 25-22 其○銘於景鍾. 114-9

【篤】 3
守以敦○. 1-14 能惇○者. 99-11 務慎惇○以固之. 140-20

【築】 6
民將○臺於夏氏. 15-23 ○臺以爲高位. 53-2 桓公○夷儀以封之. 59-24 ○葵兹晏負夏領釜丘. 60-15 ○五鹿中牟蓋與牡丘. 60-17 乃○臺於章華之上. 160-7

【舉】 44
君爲之不○. 6-25 王一○而棄七德. 12-14 抑晉國之○也. 19-15 唯能釐○嘉義. 24-16 君爲是○. 34-18 君○必書. 34-23 將爲喪○. 44-17 可得而○也. 56-16 可得而○也. 57-18 上貳代○. 67-4 野人○塊以與之. 87-12 ○善援能. 96-14 僬僥不可使○. 100-8 其○也興禹. 102-8 齊桓公親○管敬子. 102-9 ○而從之. 102-13 夫周以○義. 103-4 ○以其私. 103-4 ○而不能. 103-6 吾○厥也而中. 103-8 乘緩不○. 105-18 非上不○. 116-2 釋夫子而○. 120-17 三代○之. 126-14 未○夏郊邪. 126-17 椒○娶於申公子牟. 141-25 康王以爲椒○遣之. 142-1 椒○奔鄭. 142-1 椒○降三拜. 142-5 今椒○娶於子牟. 143-10 謂椒○曰. 143-11 與伍○升焉. 143-21 ○國留之. 144-7 ○伯以告. 146-3 祀加於○. 150-13 天子○以大牢. 150-13 諸侯○以特牛. 150-13 卿○以少牢. 150-14 大夫○以特牲. 150-15 乃有柏○之戰. 153-3 以敗於柏○. 153-10 不爲豐約○. 153-18 以與楚昭王毒逐於中原柏○. 164-23 孤將以○大事. 166-25

【興】 54
善敗於是乎○. 3-3 於是乎○. 3-25 國之將○. 7-7 是以或見神以○. 7-13 昔夏之○也. 7-14 商之○也. 7-16 周之○也. 7-17 襄王使太宰文公及內史○. 9-25 內史○歸. 10-6 禍亂並○. 24-1 而觀其廢○者. 25-1 其○者. 25-1 一姓不再○. 26-13 今周其○乎. 26-14 其有不○乎. 26-19 單若不○. 27-4 而害金再○焉. 30-9 十有四世而○. 32-17 十有五世而○. 32-18 胡可○也. 32-19 夏之○也. 38-6 誰敢○之. 62-14 ○百姓. 64-18 讒言彌○. 67-21 讒言繁○. 77-20 禍亂其○. 80-6 誰能○之. 87-7 天之所○. 91-18 所以○也. 94-21 其舉也○禹. 102-8 故○王賞諫臣. 107-8 且使苦成叔及欒黶○齊魯之師. 108-12 ○齊魯之師. 108-14 ○舊族. 113-17 其子不可不○也. 114-10 穀○蠱伏. 125-17 國家之將○也. 132-13 誰敢○之. 133-21 曰不敢○難. 134-1 必不○矣. 136-20 融之○者. 136-20 其必○矣. 136-23 而未有○者. 136-26 諸姬其孰○. 138-23 姜嬴其孰○. 138-25 夫國大而

有德者近○. 139-1 其將○乎. 139-2 而秦晉齊楚代○. 139-5 使知廢○者. 140-17 其可○乎. 141-7 ○其衆庶. 160-25 果○師而伐吴. 174-15 遂○師伐吴. 177-3 擊鼓○師. 178-19

【盥】 1

公子使奉匜沃○. 91-23

【學】 20

今王○專利. 3-15 ○於舅姑者禮也. 47-14 其子弟之○. 53-21 其子弟之○. 54-1 其子弟之○. 54-7 其子弟之○. 54-15 有居處好○. 55-23 有居處爲義好○. 57-9 守○彌惇. 99-10 文公○讀書於臼季. 100-1 故人生而○. 100-22 非○不入. 100-23 好○而不戲. 115-25 其○. 116-18 敬○而好仁. 121-16 人不可以不○. 129-12 唯不○也. 129-13 人之有○也. 129-13 而況君子之○乎. 129-14 順德以○子. 130-25

【儒】 3

侏○不可使援. 100-8 侏○扶盧. 100-24 侏○戚施. 137-21

【儛】 1

樂及徧○. 6-24

【暨】 1

上求不○. 12-8

【徼】 6

其以○亂也. 26-1 我以○倖. 78-13 我以○倖. 78-21 以○天禍. 91-1 吾欲與之○天之衷. 166-2 吾欲與之○天之衷. 166-22

【衡】 4

以諸侯朝王于○雍. 10-18 律度量○. 28-18 山立三○. 54-23 穆公○彫戈. 83-1

【衛】 46

侯○賓服. 1-20 得○巫. 2-19 晉人執○成公. 14-4 余何私於○侯. 14-10 晉人乃歸○侯. 14-10 ○彪傒適周. 32-7 晉人執○成公. 36-24 夫○君殆無罪矣. 37-1 今晉人鴆○侯不死. 37-4 君盍請○君. 37-8 乃免○侯. 37-11 ○侯聞其臧文仲之爲也. 37-13 帥教○以贊元侯. 43-22 以○身也. 46-1 以○爲主. 58-14 狄人攻○. 59-25 ○人出廬于曹. 59-25 以○諸夏之地. 60-18 過○. 88-25 ○文公有邢狄之虞. 88-25 而○. 89-4 ○而在討. 89-10 自○過曹. 89-11 秦伯納○三千人. 96-11 伐曹○以救宋. 97-21 我分曹○之地. 97-25 楚愛曹○. 98-1 是故以曹田○田賜宋人. 98-2 請復○侯而封曹. 98-4 我不許曹○之請. 98-7 不若私許復曹○. 98-8 是故拘宛春於○. 98-10 皆社稷之○也. 99-21 遂伐曹○. 101-9 陽處父如○. 102-12 候遮扞○不行. 123-3 ○莊公爲右. 131-10 ○莊公將禱. 131-13 還自○. 133-19 北有○燕狄鮮虞潞洛泉徐蒲. 135-7 皆爲采○. 136-18 剛四支以○體. 137-11 ○有蒲戚. 145-7 ○蒲戚寔出獻公. 145-11 昔○武公年數九十有五矣. 146-7 宋鄭魯○陳蔡執玉之君皆入朝. 169-7

【錯】 1

文○其服. 126-4

【錡】 4

晉郤○見. 21-4 是故使胥之昧與夷羊五刺郤至苦成叔及郤○. 111-10 郤○謂郤至曰. 111-12 呂○佐智莊子於上軍. 113-21

【錢】 2

將鑄大○. 27-11 卒鑄大○. 28-9

【錫】 3

陳○載周. 3-14 永○祚胤. 27-5 公○魏絳女樂一八. 116-23

【錞】 2

戰以○于丁寧. 103-17 親就鳴鐘鼓丁寧○于振鐸. 163-10

【鋸】 2

中刑用刀○. 37-2 今吾司寇之刀○日弊. 109-8

【錄】 1

今大國越○. 163-14

【墾】 2

土不備○. 4-23 ○田若蓺. 15-22

【餞】 2

賓饗贈○. 10-4 賓禮贈○. 26-11

【餚】 2

○烝. 14-19 則有○烝. 14-23

【餉】 1

地南至於○陰. 58-19

【館】 9

○諸宗廟. 10-1 司里不授○. 15-23 司里授○. 16-19 宿於重○. 37-17 重○人告曰. 37-17 重○人之力也. 37-22 陳惠公使人以隼如仲尼之○. 50-9 乃改○晉君. 84-25 韓宣子贊授客○. 126-7

【膳】 4

○夫農正陳籍禮. 4-13 ○宰監之. 4-17 ○夫贊王. 4-17 ○宰致饔. 16-20

【鴟】 1

盛以○鶇. 161-20

【鮒】 4

晉欒王○求貨於穆子. 45-25 欒王○求貨焉. 123-16 欒王○曰. 123-25 ○也鬻獄. 128-9

【鮑】 9

○國謂之曰. 41-11 ○國曰. 41-18 若○氏有釁. 41-18 使○叔爲宰. 52-4 ○叔對曰. 52-10 ○子對曰. 52-12 ○子對曰. 52-13 如○叔之言. 52-15 唯能用管夷吾甯戚隰朋賓胥無○叔牙之屬. 60-21

【鮌】 8

有崇伯○. 24-2 必有共○之敗焉. 25-2 ○鄣洪水而殛死. 38-9 禹能以德修○之功. 38-10 郊○而宗禹. 38-14 是故舜之刑也殛○. 102-7 昔者○違帝命. 126-12 今王既變○禹之功. 160-17

【獲】 36

陽不承○甸. 13-24 ○其三帥丙術視. 14-17 能○鄭伯而赦之. 19-13 求無不○. 28-25 求則不○. 29-8 職貢業事之不共而○戾. 35-25 ○聞之. 36-8 ○地於諸侯爲多. 37-21 諸姬不○闚焉. 45-2 必不○矣. 45-4 ○如土缶. 47-7 吾穿井而○狗. 47-8 ○胥焉. 49-18 ○驪姬以歸. 62-16 而不○追鑒. 63-17 未○專也. 63-19 雖○沃田. 64-7 ○驪姬以歸. 64-12 夫孺子豈○罪於民. 76-10 必○此土. 87-14 必○諸侯. 87-15 人誰○安. 88-8 必○諸侯. 89-9 ○三祚者. 90-23 若不○命. 91-12 重耳若○集德而歸載. 93-19 二子求公不○. 96-6 臣願○盡辭而死. 98-21 吾懼未○其利. 102-22 必○毒焉. 104-5 ○王子發鉤. 111-3 ○楚公子穀臣. 113-22 予之貨而○其土. 116-8 欒盈不○罪. 118-19 不○而死. 153-1 乃命王孫雒先與勇○. 164-17

【獨】 9

祀以○恭. 34-9 ○恭不優. 34-10 何故○寡功. 57-8 己○集於枯. 71-15 將○伐秦. 85-4 吾不服諸夏而○事晉. 145-5 其○何力以待之. 153-3 唯○居思念前世之崇替者. 154-2 王親○行. 160-10

【謀】 83

祭公○父諫曰. 1-4 輕則寡○. 14-14 寡○自陷. 14-15 爲己實○之. 19-2 且夫戰也微○. 19-11 諏○度詢. 43-16 咨事爲○. 43-18 宗室之○. 49-7 ○而不犯. 49-7 魯君之○臣也. 52-13 桓公召管子而○. 59-16 可爲○者爲之○. 60-12 非○不卒時. 64-1 不可謂能○. 64-3 棄人失○. 64-6 既無老○. 66-2 子輿之爲我○. 67-18 子無○吾父子之間. 69-15 善深○也. 70-12 吾聞申生之○愈深. 71-4 是以深○. 71-8 ○既成矣. 71-21 君○成矣. 72-1 況固其○也. 72-4 久則恐諸侯之○. 77-17 敏能竄○. 78-6 監戒而○. 80-8 ○度而行. 80-8 內○外度. 80-9 不○而諫者. 81-1 不○而諫. 81-1 吾○也. 81-17 ○而困人. 81-19 合大夫而○曰. 83-15 ○而無正. 87-9 與從者○於桑下. 87-21 從者之○忠矣. 88-14 姜與子犯○. 88-20 而惠以有○. 90-8 狐趙○之. 90-19 ○作亂. 96-1 伯楚以呂郤之○告公. 96-4 先軫有○. 99-12 先軫之○也. 99-14 童昏不可使○. 100-10 而○於南宮. 100-18 主言而無○. 105-23 將○而殺之. 106-3 盍姑○睦乎. 109-5 將○. 110-15 ○則無與也. 121-15 ○於衆不以賈好. 121-16 今我以忠○諸侯. 122-22 楚人不敢○. 123-4 彼若○楚. 143-13 復言而不○身. 155-22 愛而不○長. 155-22 以○蓋人. 155-23 足以○之. 156-3 所以生詐○也. 156-16 詐○之心. 156-17 大夫種乃獻○曰. 158-5 夫○必素. 158-9 大夫種勇而善○. 159-12 今越王句踐恐懼而改其○. 159-24 比○. 161-10 乃合大夫而○曰. 162-5 事君勇○. 162-18 越大夫種乃唱○曰. 165-15 以集其○. 169-8 有能助寡人○而退吴者. 170-5 然○臣與爪牙之士. 170-7 然後乃求○臣. 170-9 執其手而與之○. 170-10 陰○逆德. 174-13 吾欲與子○之. 176-1 吾與子○吴. 176-6 吾與子○吴. 176-11 吾與子○吴. 176-15 夫○之廊廟. 177-5 唯○不遷. 177-7 夫十年○之. 178-6

【諜】 2

○其將浴. 89-12 ○出曰. 97-18

【諫】 58

祭公謀父○曰. 1-4 百工○. 2-25 昔吾驟○王. 3-19 虢文公○曰. 3-22 樊仲山父○曰. 5-12 仲山父○曰. 5-25 弗○而阿之. 9-22 富辰○曰. 11-5 富辰○曰. 11-19 昔吾驟○王. 12-19 太子晉○曰. 23-17 曹劌○曰. 34-14 仲孫它○曰. 42-3 有縱君而無○臣. 65-22 吾將○以觀之. 66-25 里克○曰. 69-9 狐突○曰. 70-3 宮之奇○而不聽. 74-20 不謀而○者. 81-1 不謀而○. 81-1 公孫枝進○曰. 83-5 降而聽○. 85-8 叔詹○曰. 90-14 趙宣子驟○. 103-22 故興王賞○臣. 107-8 使工誦○於朝. 107-9 盡○於襄靈. 107-21 以○取惡. 107-21 且好○而不隱也. 115-2 納○不忘其師. 124-19 吾子不能○惑. 125-12 與子○乎. 129-24 ○過而賞善. 132-3 ○曰. 133-20 擇臣取○工. 137-16 倚几有誦訓之○. 146-11 白公子張驟○. 146-22 吾欲已子張之○. 146-22 若○. 146-23 凡百箴○. 146-24 白公又○. 147-1 而使朝夕規○. 147-6 故使朝夕規誨箴○. 147-11 而惡規○者. 147-13 近臣○. 147-15 子西○曰. 153-24 縱過而翳○. 154-12 申胥○曰. 159-10 申胥進○曰. 159-23 其臣箴○以不入. 160-7 子胥○曰. 170-21 太宰嚭○

曰. 171-5 范蠡進〇曰. 174-4 范蠡進〇曰. 174-12 今申胥驟〇其王. 176-12 范蠡進〇曰. 177-4 范蠡進〇曰. 177-25 范蠡〇曰. 178-5

【謁】 5

又何〇焉. 45-10 謂〇者曰. 96-8 〇者以告. 96-10 不〇而歸. 124-7 臣故將〇之. 177-2

【謂】 161

猶〇之盜. 3-15 不〇其少而大料之. 6-7 是〇樂禍. 7-3 是〇逢福. 8-1 是〇貪禍. 8-2 〇君其何德之布. 13-19 〇我曰. 19-16 其郤至之〇乎. 19-20 以義死用〇之勇. 20-8 奉義順則〇之禮. 20-8 畜義豐功〇之仁. 20-8 〇其能以嘉祉殷富生物也. 24-12 〇其能爲禹股肱心膂. 24-14 不忝前哲之〇也. 27-6 廣裕民人之〇也. 27-6 令聞不忘之〇也. 27-6 子孫蕃育之〇也. 27-7 可〇不忝前哲矣. 27-8 可〇廣裕民人矣. 27-8 〇之怠. 27-18 〇之召災. 27-19 王〇伶州鳩曰. 30-5 故〇之厲. 31-19 故〇之宣. 31-21 故〇之羸亂. 31-23 守府之〇多. 32-19 使〇之曰. 39-6 鮑國〇之曰. 41-11 可〇多矣. 41-17 諸侯〇秦不恭而討之. 44-5 〇予能也. 45-11 梁其踁〇穆子曰. 46-1 〇之不幸. 47-14 可〇知禮矣. 49-17 〇之蔽明. 55-25 〇之蔽賢. 56-2 〇之下比. 56-5 〇之三選. 56-13 〇之蔽明. 57-10 〇之蔽賢. 57-12 〇之下比. 57-15 實〇爾伯舅. 59-16 何〇也. 62-11 可〇挾乎. 63-13 雖〇之挾. 63-22 不可〇能謀. 64-3 不可〇得人. 64-3 不可〇禮. 64-4 不可〇義. 64-4 不可〇德. 64-5 不可〇天. 64-5 不可〇好. 64-25 〇公曰. 67-22 今〇君惑於我. 67-23 愛親之〇仁. 68-2 利國之〇仁. 68-3 不可〇武. 68-15 不可〇威. 68-15 驪姬〇公曰. 71-4 〇里克妻曰. 71-13 何〇苑. 71-16 何〇枯. 71-16 可不〇苑乎. 71-17 可不〇枯乎. 71-17 子〇何. 72-1 人〇申生曰. 73-2 衆〇虢不久. 74-12 〇其子曰. 74-21 除闇以應外〇之忠. 74-22 定身以行〇之信. 74-22 宰孔〇其御曰. 75-15 何〇也. 75-25 荀息〇何. 76-5 豈〇君無有. 79-2 乃〇穆公曰. 81-7 共賜〇共華曰. 81-16 〇穆公曰. 81-21 〇公孫枝曰. 82-5 公〇慶鄭曰. 82-15 不可〇武. 83-25 不可〇仁. 84-1 不可〇智. 84-2 國〇君何. 84-20 蛾析〇慶鄭曰. 85-1 故〇之下. 88-11 可〇賢矣. 89-25 〇晉公子之亡. 90-1 有禮之〇也. 90-12 可〇親有天矣. 90-21 可〇大天. 90-23 可〇前訓. 90-24 可〇兄弟. 90-25 可〇窮困. 91-1 公子〇子犯曰. 92-24 〇子餘曰. 92-25 秦伯〇其大夫曰. 93-8 居樂出威之〇也. 94-13 是〇大辰. 94-22 是〇天地配亨. 94-24 是〇臣. 95-16 是〇君. 95-16 是〇明訓. 95-17 〇謁者曰. 96-8 不可〇老. 98-14 嬴〇其妻曰. 102-13 諸大夫皆〇我智似陽子. 105-22 此〇成人. 107-14 可不〇文乎. 107-20 可不〇忠乎. 107-22 范文子〇其宗祝曰. 110-24 欒書〇王子發鉤曰. 111-3 欒書使人〇孫周曰. 111-9 郤錡〇郤至曰. 111-12 不可〇德. 111-22 不可〇刑. 111-23 公〇羊舌赤曰. 115-14 何〇德義. 117-7 可〇德義矣. 117-8 〇陽畢曰. 118-4 何〇也. 120-1 其此之〇也. 120-3 此之〇世祿. 120-4 此之〇死而不朽. 120-5 范宣子〇獻子曰. 121-13 不敢〇是也. 121-17 〇叔向曰. 122-20 叔向〇趙文子曰. 123-6 趙文子〇叔孫曰. 123-17 后子〇其徒曰. 124-25 是〇遠男而近女. 125-6 自今之〇. 125-10 八年之〇多矣. 125-13 穆子歎而〇其左右曰. 129-7 閻沒〇叔寬曰. 129-23 〇之幸. 133-1 以他平他〇之和. 137-9 可不〇恭乎. 141-16 〇先軫曰. 142-12 〇欒書曰. 142-24 〇椒舉曰. 143-11 若君〇此臺美. 145-2 女無亦〇我老耄而舍我. 146-3 無〇我老耄而舍我. 146-8 〇之睿聖武公. 146-15 〇史老曰. 146-22 猶自〇未乂. 147-10 周書所〇重黎寔使天地不通者. 149-4 非此之〇也. 149-6 是〇五官. 149-18 是〇絕地天通. 150-4 所〇一純二精七事者. 151-22 〇之一純. 151-23 所〇百姓千品萬官億醜兆民經入畡數者. 152-1 〇之千品. 152-3 人〇子文曰. 152-16 王使〇之曰. 153-8 其子之〇乎. 156-19 吾〇吴王將遂涉吾地. 165-16 〇二三子歸而不歸. 168-8 是〇守時. 174-8 不穀疑子之所〇者. 178-22

【諭】 1

無不徧〇. 126-9

【諡】 2

是以〇爲共君. 73-15 子囊議〇. 141-13

【諮】 3

動則〇焉. 90-10 而〇于二虢. 100-17 而訪〇於耇老. 120-22

【諺】 6

且〇曰. 19-23 故〇曰. 30-8 〇曰. 32-16 〇曰. 91-3 夫〇曰. 159-4 〇有之. 176-24

【諱】 5

隱乃〇也. 37-2 〇而惡殺之也. 37-6 夫陣不〇忌. 108-15 先君獻武之〇也. 129-12 吾適魯而名其二〇. 129-13

【憑】 2

丹朱〇身以儀之. 7-21 逄公之所〇神也. 31-8

【磨】 1

〇之石. 29-19

【廩】 5

〇于籍東南. 4-20 〇協出. 6-3 〇人獻餼. 16-21 君之倉〇固不實. 68-20 倉〇盈. 68-24

【瘳】 3

備之爲〇. 62-22 何〇. 74-14 厥疾不〇. 147-8

【褎】 11

周幽王伐有〇. 63-6 〇人以〇姒女焉. 63-6 〇姒有寵. 63-7 閻明叔〇在. 130-1 收以奔〇. 138-1 〇人之神. 138-3 〇之二君也. 138-4 逃于〇. 138-12 〇人〇姁有獄. 138-12

【親】 95

〇戚補察. 2-25 不〇於民. 8-10 〇也. 8-11 而雖鬩不敗〇也. 11-7 棄〇卽狄. 11-13 是皆能內利〇〇者也. 11-22 是皆外利離〇者也. 12-2 愛〇. 12-5 〇舊. 12-5 是不愛〇也. 12-13 〇戚宴饗. 14-23 忠非〇禮. 14-25 則君〇監之. 16-25 故能有〇. 37-7 以示〇於諸侯. 37-9 魯不棄其〇. 37-10 而欲〇晉. 37-18 亦必〇先者. 37-19 而等胄之〇疏也. 39-22 咨〇爲詢. 43-18 王后〇織玄紞. 48-18 展〇也. 50-15 寡君欲以〇爲戮. 52-20 桓公〇逆之于郊. 53-1 君〇問焉. 55-23 桓公〇見之. 56-6 桓公又〇問焉. 57-8 鄰國未吾〇也. 57-21 則〇鄰國. 57-22 則四鄰之國〇我矣. 57-25 四鄰大〇. 58-18 愛〇之謂仁. 68-2 故長民者無〇. 68-3 衆以爲〇. 68-3 不敢愛〇. 68-4 殺〇無惡於人. 68-6 孰能愛〇. 68-13 唯無〇. 68-13 〇以無災. 70-2 秦〇吾君. 74-5 內外無〇. 74-18 以賄滅〇. 74-23 在〇衆而善鄰. 77-8 亡人無〇. 78-12 信仁以爲〇. 78-12 寡人將〇見. 83-3 兄德我而忘其〇. 84-1 君〇止. 85-25 而欲〇晉. 87-8 玆可以〇. 87-11 〇. 89-2 〇也. 89-4 愛〇明賢. 89-20 國君無〇. 89-22 以國爲〇. 89-22 世不廢〇. 89-23 不愛〇也. 89-24 〇有天. 90-14 可謂〇有天矣. 90-21 若〇有天. 90-23 晉鄭之〇. 90-25 公子〇筮之. 93-25 愛〇戚. 96-15 民〇而未知義也. 96-23 棄禮違〇. 98-23 齊桓公〇舉管敬子. 102-9 天道無〇. 110-21 公〇見之. 113-19 〇射楚王. 113-23 〇止杜回. 114-9 戎狄無〇而好得. 116-6 諸侯〇之. 126-23 與絕〇以買直. 128-10 非〇則頑. 135-12 王〇面傷. 143-2 弗躬弗〇. 147-18 比爾兄弟〇戚. 151-13 結其〇暱. 151-14 天子〇舂禘郊之盛. 151-19 王后〇繰其服. 151-19 天王〇趨玉趾. 158-16 〇委重罪. 158-20 王〇獨行. 160-10 以見王之〇爲越之擒也. 161-15 王〇秉鉞. 163-6 〇就鳴鐘鼓丁寧錞于振鐸. 163-10 吴王〇對之. 163-16 孤用〇聽命於藩籬之外. 163-23 王〇命之曰. 167-23 王〇命之曰. 168-2 王〇命之曰. 168-4 君王以〇辱於弊邑. 168-22 其身〇爲夫差前馬. 171-12 〇吾君也. 172-10

【溥】 1

〇本肇末. 53-11

【辨】 3

〇其功苦. 53-23 〇祆祥於謠. 107-10 直能端〇之. 120-20

【龍】 8

曰〇罔象. 47-10 〇旗九旒. 59-20 〇尾伏辰. 75-3 在夏爲御〇氏. 120-2 董姓鬷夷豢〇. 136-16 化爲二〇. 138-3 〇亡而漦在. 138-6 日月會于〇豵. 151-7

【嬴】 12

反及〇內. 31-22 懷〇與焉. 91-23 〇怒曰. 91-23 公及夫人〇氏. 96-11 舍於逆旅甯〇氏. 102-12 〇謂其妻曰. 102-13 姜〇荊芈. 136-23 〇. 136-24 姜〇其孰興. 138-25 姜〇之雋也. 139-2 〇縮轉化. 177-7 〇縮以爲常. 177-9

【壅】 11

川〇而潰. 2-22 胡可〇也. 3-5 若〇其口. 3-5 王命將有所〇. 5-16 王欲〇之. 23-16 欲〇防百川. 24-1 王卒〇之. 26-8 胡可〇也. 62-15 其進者〇塞. 65-21 恐其如〇大川. 76-13 〇也. 94-11

【糗】 1

每朝設脯一束〇一筐. 152-14

【燎】 3

設庭〇. 10-1 火師監〇. 16-20 與鮮卑守〇. 123-12

【燀】 1

火無災〇. 24-9

【營】 6

〇室之中. 16-7 將勤〇其君. 132-8 經之〇之. 144-25 能經〇百事. 146-6 吾子經〇楚國. 148-8 屏〇仿偟於山林之中. 160-11

【潞】 2

昔克〇之役. 114-7 北有衛燕狄鮮虞〇洛泉徐蒲. 135-7

【㵝】 1

今忨日而〇歲. 125-3

【澤】 14

〇不陂. 15-21 〇不陂障. 16-10 不竇〇. 23-18 〇. 23-19 陂鄣九〇. 24-7 藪〇肆既. 28-1 及九州名山川〇. 38-21 〇不伐夭. 41-3 民之川〇也. 42-1 〇立三虞. 54-23 山〇各致其時. 56-22 若君實庇廕膏〇之. 93-16 浚民之膏〇以實之. 134-12 山林藪〇. 155-9

【濁】 3
在清○之閒. 28-16 其察清○也. 28-16 而以察清○爲聰. 143-24
【澮】 1
而汾河涑○以爲渠. 75-15
【憾】 6
無○而後卽安. 48-16 則民不○. 56-24 且夫狄之○者. 128-18 夫事君無○. 155-12 ○則懼偪. 155-12 ○而不貳者. 155-13
【懈】 3
猶有散遷○慢. 9-11 則不○. 17-23 守業不○. 17-24
【憶】 1
庶○懼而鑒前惡乎. 153-12
【憲】 6
與民之○言. 26-4 以爲○令. 29-1 布○施舍於百姓. 31-22 順其○則. 126-22 國之○法也. 128-17 龜足以○臧否. 155-7
【避】 34
使務利而○害. 1-8 諸侯○之. 6-7 而○之者. 19-9 無乃實有所○. 25-3 能○怨矣. 26-18 而能○怨. 26-19 居官者當事不○難. 35-20 恒知○其災也. 39-1 則不如違君以○難. 44-21 其何以○辟. 48-23 愚不知○難. 66-12 無以○罪. 67-15 焉○之. 70-9 死不可○. 73-8 焉○之. 76-2 寡人將無所○. 83-1 不足以辱君○也. 83-12 ○其遠也. 87-8 其○君三舍. 91-12 是故娶妻○其同姓. 92-19 襄王○昭叔之難. 96-22 以君○臣. 98-12 若我以君○臣. 98-14 退三舍○楚. 98-15 ○傳. 105-13 若俟吾○. 105-14 除鯁而○彊. 111-22 有事不○難. 115-16 有罪不○刑. 115-16 必不○也. 123-19 必○不道也. 124-22 君若欲○其難. 138-21 臣○於成臼. 153-11 以○天殃. 175-10
【嬖】 3
而○是女也. 138-13 十行一○大夫. 163-3 小則○妾嫡子死. 164-3
【彊】 26
戰則同○. 55-20 以征則○. 57-19 天○其毒. 64-21 甚好仁而○. 67-22 而行○於君. 67-24 申生甚好信而○. 71-7 ○也. 72-24 整師以復○周室. 93-18 母老子○. 94-12 宋衆無乃○乎. 98-7 而外○之. 102-18 除鯁而避○. 111-22 知鐸遏寇之恭敬而信○也. 114-25 ○志而用命. 115-25 ○毅果敢則賢. 133-10 申繒西戎方○. 138-15 申呂方○. 138-19 而後使太宰啓○請於魯侯. 144-8 ○忍犯義. 155-23 又非懾畏吾兵甲之○也. 159-10 不可○生. 175-8 不可○成. 175-9 ○而不剛. 175-18 ○索者不祥. 176-2 剛○而力疾. 177-18 剛○而力疾. 177-21
【隰】 4
猶其原○之有衍沃也. 3-2 唯能用管夷吾甯戚○朋賓胥無鮑叔牙之屬. 60-21 殺之于○城. 97-5 昔○叔子違周難於晉國. 121-3
【隱】 14
勤恤民○. 1-19 無有○者. 37-2 ○乃諱也. 37-2 是無○也. 37-4 則事可以○令. 55-8 ○武事. 59-12 ○五刃. 60-20 ○悼播越. 77-21 犯而不○. 103-5 則過不○. 114-20 且好諫而不○也. 115-2 不可以○於私. 118-20 行權○於私. 118-21 則其爲暱與○也. 118-22
【嬙】 1
備嬪○焉. 91-25
【縛】 1
於是莊公使束○以予齊使. 52-22
【縊】 1
王○. 160-15
【環】 8
○山於有牢. 58-13 ○山於有牢. 58-16 ○山於有牢. 58-18 驪姬使奄楚以○釋言. 74-6 戎狄之民實○之. 75-16 以○瑱通相問也. 167-19 三江○之. 170-22 ○會稽三百里者. 179-5
【黿】 5
星在天○. 31-6 我姬氏出自天○. 31-7 ○鼉魚鼈. 132-17 化爲玄○. 138-9 ○鼉魚鼈之與處. 178-13
【騁】 1
王其且馳○弋獵. 176-21
【趨】 8
見其君必下而○. 19-12 將無不○也. 36-10 范匄自公族○過之. 110-16 ○而出. 130-12 遂○而退. 147-24 天王親○玉趾. 158-16 疇○而進. 160-13 蹶而○之. 177-2
【戴】 5
欣○武王. 1-18 何○. 8-18 首○茅蒲. 54-13 民實○之. 80-17 然而民不能○其上. 105-25
【蟄】 1
土○發. 40-22
【縶】 11
君使○也. 78-6 ○敏且知禮. 78-6 乃使公子○弔公子重耳于狄. 78-8 寡君使○弔公子之憂. 78-9 公子○退. 78-18 退而私於公子○曰. 78-22 公子○反. 79-6 公子○曰. 79-8 公子○曰. 83-16 公子○曰. 83-20 秦伯使公子○如師. 95-5
【聲】 44
爲令聞嘉譽以○之. 9-11 五○昭德. 15-14 且夫鍾不過以動○. 28-12 夫鍾○以爲耳也. 28-13 非鍾○也. 28-13 鍾○不可以知和. 28-19 夫耳內和○. 29-1 口內味而耳內○. 29-3 ○味生氣. 29-3 革木一○. 29-14 ○以和樂. 29-15 律以平○. 29-16 極之所集曰○. 29-18 ○應相保曰和. 29-18 聽○越遠. 29-23 ○不和平. 29-24 夫有和平之○. 29-25 考中○而量之以制. 30-13 以○昭之. 31-13 數合○和. 31-13 而以律和其○. 31-14 子叔○伯如晉. 41-10 故夜戰○相聞. 55-18 變非○章. 67-8 ○章過數則有釁. 67-8 矇瞍修○. 100-25 ○其罪也. 103-17 襲侵密○. 103-18 明○之. 103-19 鼓無退○. 104-18 其○. 119-23 豺狼之○. 119-23 平公說新○. 121-18 ○一無聽. 137-17 蔡○子將如晉. 142-2 ○子曰. 142-4 ○子受之. 142-5 和○以聽之. 150-22 耳不樂逸○. 154-9 其○動天地. 163-12 聽樂不盡○. 166-7 審○則可以戰乎. 167-4 不敢徹○聞於天王. 170-13 而名○章明. 175-21
【藉】 1
○之告楚. 97-25
【聰】 10
聽和則○. 28-23 ○則言聽. 28-23 ○惠質仁. 55-24 ○慧質仁. 57-9 知羊舌職之○敏肅給也. 114-22 又甚○明和協. 136-3 和六律以○耳. 137-11 聽德以爲○. 143-22 而以察清濁爲○. 143-24 其○能聽徹之. 149-9
【艱】 1
固國之○急是爲. 35-14
【鞬】 1
右屬櫜○. 91-13
【藍】 3
三卿宴于○臺. 133-19 見○尹亹載其孥. 153-5 ○尹亹曰. 154-2
【藏】 14
鍾而○之. 4-21 草木節解而備○. 16-5 是去其○而翳其人也. 28-7 ○寶財. 35-15 掩賊者爲○. 40-17 使君爲○姦者. 40-18 使有司○之. 41-8 ○罟. 41-8 使百姓莫不有○惡於其心中. 76-12 守○者也. 96-7 ○出如入. 99-7 卜請其漦而○之. 138-5 櫝而○之. 138-6 而○在王府. 141-20
【舊】 26
帥○德. 2-10 親○. 12-5 新不閒○. 12-13 且棄○也. 12-14 而叔父使士季實來修○德. 14-24 而干○職. 14-25 不能去○. 41-16 修○法. 55-1 遂修○法. 55-3 政不旅○. 56-21 何○怨也. 95-14 昭○族. 96-15 友故○. 96-16 興○族. 113-17 知籍偃之惇帥○職而恭給也. 114-25 而亂○法. 129-7 而心率○典者. 149-16 使復○常. 150-4 不忘○者. 150-5 昔瓦唯長○怨. 153-9 在樂思○. 154-5 不忘○怨. 156-2 思○怨以修其心. 156-8 彼將思○怨而欲大寵. 156-9 ○怨滅宗. 156-20 非唯○怨乎. 157-3
【韓】 27
而隕於○. 9-23 子服惠伯見○宣子. 46-19 公隕於○. 80-7 至於○. 82-15 梁由靡御○簡. 82-19 令○簡視師. 82-20 公令○簡挑戰. 82-24 梁由靡御○簡. 83-13 以○之病. 84-12 夫○之誓曰. 85-22 胥籍狐箕欒郤柏先羊舌董○. 96-16 趙宣子言○獻子於靈公. 103-1 ○厥必不沒矣. 103-2 ○獻子將斬人. 104-13 見○獻子. 107-14 ○子之戒. 108-3 昔○之役. 110-2 乃召○獻子. 112-1 ○獻子老. 116-12 以忝○宗. 116-14 今吾若起瑕原○魏之後. 118-16 ○宣子問二公子之祿焉. 125-24 ○宣子贊授客館. 126-7 叔向見○宣子. 126-19 ○宣子患之. 128-7 智襄子戲○康子而侮段規. 133-19 應○不在. 138-24
【隸】 7
湮替○圉. 24-20 子孫爲○. 25-21 子之○也. 45-10 其猶○農也. 64-6 晉國其誰非君之羣○臣也. 78-2 皁○食職. 96-20 世○於欒氏. 119-14
【檐】 3
王背○而立. 167-13 大夫向○. 167-13 大夫送王不出○. 167-16
【懋】 4
○正其德. 1-7 叔父其○昭明德. 13-13 ○帥其德也. 17-9 ○穡勸分. 96-13
【轅】 2
焉作○田. 84-8 夫郤氏有車○之難. 133-22
【擊】 17
與邯鄲勝○齊之左. 46-23 ○菜除田. 54-10 雖我必○之. 82-13 必○我. 82-14 今又○之. 82-22 今我不○. 82-23 ○而不勝. 83-6 我欲○楚. 97-23 必○之. 98-6 難以○人. 98-8 ○之以杖. 104-12 公使○之. 108-13 我○之. 108-15 鄭人○我. 131-8 ○人盡殪. 131-11 必自射牛刲羊○豕. 151-17 ○鼓興師. 178-19

又鄭之○定. 11-10 其○曰. 94-8 其○曰. 94-13
【谿】 5
與辟耳之○拘夏. 59-7 ○壑可盈. 119-21 乃有乾○之亂. 147-24 以隕於乾○. 148-6 三軍叛王於乾○. 160-10
【臊】 2
其政腥○. 7-11 偃之肉腥○. 88-23
【鰤】 1
魚禁鯤○. 41-3
【鮮】 13
其歸○矣. 3-16 晉仍無道而○冑. 23-13 又鑄大鍾以○其繼. 28-11 又○其繼. 28-11 而○民財. 28-20 ○其不濟也. 30-8 ○其不廢也. 30-8 ○有慢心. 66-6 ○不夭昏. 75-19 與○卑守燎. 123-12 ○不五稔. 124-24 北有衞燕狄○虞潞洛泉徐蒲. 135-7 則德義○少. 144-16
【獮】 2
○於既烝. 6-6 秋以○治兵. 55-15
【講】 11
而一時○武. 5-5 將以○事成章. 15-10 乃○聚三代之典禮. 15-17 終則○於會. 34-16 夫仁者○功. 38-24 水虞於是乎○罛留. 40-22 晝○其庶政. 48-14 晝而○貫. 48-16 而○以多物. 137-16 物一不○. 137-17 榭不過○軍實. 144-21
【譁】 4
在陣而○. 108-18 夫衆聞○則必懼. 108-18 若夫○囂之美. 155-9 三軍皆○釦以振旅. 163-11
【謝】 5
○季文子. 41-10 且○之. 81-6 丕鄭如秦○緩賂. 81-7 ○西之九州. 137-1 唯○郟之間. 137-2
【謠】 3
童○有之. 75-2 辨祅祥於○. 107-10 有童○曰. 137-23
【謗】 11
國人○王. 2-18 使監○者. 2-19 吾能弭○矣. 2-20 綏○言. 56-10 其子又有○. 71-17 敢不分○乎. 104-14 問○譽於路. 107-11 無○於國. 130-25 左史○之. 146-3 而又○我. 146-4 遠臣○. 147-15
【謚】 1
昔先大夫子囊違王之命○. 148-3
【燮】 2
○乎. 104-4 ○乎. 104-24
【褻】 1
居寢有○御之箴. 146-12
【襄】 45
○王使邵公過及內史過. 8-13 ○王三年. 9-23 ○王使太宰文公及內史興. 9-25 ○王十六年. 10-18 ○王十三年. 11-4 晉文公既定○王于郟. 12-23 定王使單○公聘於宋. 15-19 邵公以告單○公曰. 18-24 ○公曰. 19-20 單○公見晉厲公. 21-4 事單○公. 22-12 ○公有疾. 22-17 單○公曰驩. 23-10 ○昭皆如楚. 44-3 ○公如楚. 44-10 ○公在楚. 45-7 我先君○公. 46-21 昔吾先君○公. 53-2 公孫固言於○公曰. 90-6 ○公從之. 90-12 ○王避昭叔之難. 96-22 乃納○王于周. 101-5 盡諫於○靈. 107-21 王使工尹○問之以弓. 108-22 與連尹○老. 113-23 范宣子以公入于○公之宮. 119-7 魯○公使叔孫穆子來聘. 119-25 佐文○爲諸侯. 121-5 使豎○搏之. 121-23 簡子誡○子曰. 130-15 敢昭告于皇祖文王烈祖康叔文祖○公昭考靈公. 131-14 趙○子使新稚穆子伐狄. 132-23 ○子將食. 132-24 ○子曰. 133-1 智○子爲室美. 133-14 智○子戲韓康子而侮段規. 133-19 ○子曰. 134-7 ○子曰. 134-8 ○子出. 134-9 ○子曰. 134-10 ○子曰. 134-12 秦景○於是乎取周土. 139-5 卒於○老. 143-5 ○老死于郊. 143-5 魯弁費宴弱○公. 145-12
【膺】 2
○保明德. 27-8 無掐○. 49-11
【應】 23
中能○外. 10-12 其叔父實○且憎. 13-8 以○成德. 27-3 聲○相保曰和. 29-18 六閒○鍾. 30-24 俾○復也. 30-25 王弗○. 32-2 弗○. 47-21 弗○而入. 47-22 式權以相○. 53-10 軀往離散以○我. 63-12 除闇以○外謂之忠. 74-22 懼子之○且增也. 120-14 未○吾問. 132-13 南有荊蠻申呂○鄧陳蔡隨唐. 135-6 ○韓不在. 138-24 勇怯盡○. 163-11 天○未也. 176-9 天○至矣. 176-16 子○我以天時. 176-18 今天○至矣. 176-18 子○我以人事. 176-18 以○使者. 178-8
【癉】 1
陽○憤盈. 4-2
【齋】 2
王卽○宮. 4-10 各卽其○三日. 4-11
【糞】 5
而幽王蕩以爲魁陵○土溝瀆. 32-20 猶○土也. 90-3 愛○土以毀五常. 90-3 ○除而已. 107-17 絜其○除. 151-10
【斃】 10
踣○不振. 24-19 犬○. 72-16 亦○. 72-16 且夫禍唯無○. 81-24 信反必○. 122-24 吾不與皆○. 134-9 又○死以守之. 134-11 十一年而○. 139-4 以○於鄢. 148-5 吳將○矣. 154-14
【濫】 1
宣公夏○於泗淵. 40-21
【濮】 6
至于城○. 98-16 城○之役. 99-18 敗楚師于城○. 101-10 叔熊逃難於○而蠻. 136-2 楚蚠冒於是乎始啓○. 139-7 及城○之役. 142-11
【濟】 53
先王知大事之必以○衆也. 8-23 其何事不○. 10-12 動無不○. 12-6 若能有○也. 12-15 肅所以○時也. 17-19 時動而○. 17-20 其不○乎. 25-16 榛楛○○. 27-24 是以作無不○. 28-25 作則不○. 29-8 鮮其不○也. 30-8 莫○. 44-4 共○而已. 44-8 魯人以莒人先○. 44-9 西至于○. 58-19 ○汝. 58-24 乘桴○河. 59-5 朝服以○河. 60-20 雖○其罪. 68-22 故無不○. 80-8 君國可以○百姓. 88-14 若無所○. 88-20 若無所○. 88-21 二帝用師以相○也. 92-15 以○大事. 92-22 施而不○. 93-9 東行○河. 93-18 小事不○. 94-10 吾其○乎. 94-19 無不○矣. 94-21 何不○之有. 94-25 ○且秉成. 95-1 公子○河. 95-3 則○可竢. 100-11 其何不○. 102-11 今陽子之貌○. 102-17 若中不○. 102-18 以○蓋也. 102-21 事君必○. 107-22 以○大義. 113-11 無以○河. 117-4 猶恐不○. 125-1 其○洛河潁之間乎. 135-13 右洛左○. 135-20 若是而不○. 141-3 肅肅○○. 151-12 ○於成臼. 153-5 以○其志. 154-12 西屬之○. 161-23 焉可以○事. 162-15 今事已○矣. 178-24
【濱】 6
是以○於死. 52-10 海○諸侯莫敢不來服. 59-1 嶽○諸侯. 59-9 又爲惠公從余於渭○. 95-12 其民必移就蒲嬴於東海之○. 165-18 故○於東海之陂. 178-13
【濘】 1
戎馬○而止. 83-11
【濯】 2
王乃淳○饗醴. 4-11 水師監○. 16-20
【懦】 2
說侮不○. 44-19 少○於諸侯. 123-18
【鴳】 2
平公射○. 121-23 射○不死. 121-25
【襏】 1
身衣○襖. 54-13
【禮】 124
膳夫農正陳籍○. 4-13 ○也. 9-1 非○不順. 9-2 棄其○也. 9-3 如公命侯伯之○. 10-5 奉○義成. 10-7 成○義. 10-7 且○所以觀忠信仁義也. 10-8 行○不疚. 10-13 晉侯其能○矣. 10-14 樹於有○. 10-14 ○新. 12-5 夫○. 12-13 非○. 12-14 驕則無○. 14-14 無○則脫. 14-15 原公相○. 14-19 吾聞王室之○. 14-20 今此何○也. 14-20 唯是先王之宴○. 14-24 忠非親○. 14-25 將和協典○. 15-4 ○烝而已. 15-11 古之善○者. 15-15 乃講聚三代之典○. 15-17 ○如行人. 18-18 勇而有○. 19-11 ○也. 19-13 在○. 19-24 夫仁○勇. 20-7 奉義順則謂之○. 20-8 姦○爲羞. 20-9 賓○贈餞. 26-11 ○也. 26-15 賓之○事. 26-17 夫○之立成者爲飫. 32-10 夫○. 34-14 不腆先君之○. 43-6 而加○於其細. 43-6 敢問何○也. 43-7 貺使臣以大○. 43-8 君貺使臣以大○. 43-19 學於舅姑者○也. 47-14 以爲別於男女之○矣. 49-4 從○而靜. 49-12 可謂知○矣. 49-17 制○義可法於四方. 52-8 而重其○. 60-6 非○不終年. 64-2 不可謂○. 64-4 ○義不則. 64-5 繁敏且知○. 78-6 知○可使. 78-6 晉君無○於君. 82-1 不能○焉. 89-1 夫○. 89-1 君不○焉. 89-4 以討無○. 89-9 曹共公亦不○焉. 89-11 得晉國而討無○. 89-14 不亦○焉. 89-17 亡者皆無○者也. 89-19 余焉能盡○焉. 89-19 ○賓矜窮. 89-20 ○之宗也. 89-21 ○以紀政. 89-21 不可不○也. 90-2 是不○賓. 90-2 殆有○矣. 90-11 樹於有○. 90-11 有○之謂也. 90-12 鄭文公亦不○焉. 90-14 ○兄弟. 90-15 若○兄弟. 90-25 若不○焉. 91-3 楚成王以周○享之. 91-6 非○也. 91-21 不敢以○致之. 92-1 ○志有之曰. 92-25 如享國君之○. 93-7 爲○而不終. 93-8 ○賓旅. 96-16 以順○也. 97-11 無乃非○乎. 97-12 子玉無○哉. 98-5 棄○違親. 98-23 厚爲之○而歸之. 99-1 民未知○. 101-7 備師尚○以示之. 101-7 宣子召而○之. 103-3 獻之以得殞命之○. 105-8 不腆弊邑之○. 105-9 郤子勇而不知○. 105-11 以○焉. 105-19 勇以知○. 109-1 兄弟之○也. 115-20 與之○食. 115-21 循○以節之. 121-21 ○也. 124-10 富而忘○. 124-10 非事君之○也. 128-16 伯夷能○於神. 136-24 教之○. 140-14 明等級以導之○. 140-22 問誰相○. 144-3 行之以○. 145-19 ○節之宜. 149-12 卿大夫祀其○. 151-7 成不○於穆. 153-1 而無○不顧. 153-3 或○於君. 154-1 或○於父. 154-1 飲食思○. 154-4 不敢顯然布幣行○. 158-

15 亦征諸侯之○也. 159-2 諸侯大夫失○於天子. 164-6 ○世不纘. 164-9 用命孤○佐周公. 164-10 子爲我○已重矣. 167-25 必廟○之. 172-1 寡人○先壹飯矣. 172-24 卑辭尊○. 174-19 ○愈尊. 178-4 而朝○之. 179-4

【臀】 3
其母夢神規其○以墨. 23-8 故名之曰黑○. 23-9 逆公子黑○而立之. 104-1

【彌】 3
其飾○章. 25-9 讒言○興. 67-21 守學○惇. 99-10

【孺】 14
○子懼乎. 69-17 ○子何懼. 69-18 ○子勉之乎. 69-19 ○子勉之乎. 69-23 ○子勉之. 72-25 將殺○子. 75-22 ○子立. 75-23 ○子廢. 75-24 將殺○子. 76-4 夫○子豈獲罪於民. 76-10 若征繕以輔○子. 84-12 以立○子. 84-17 敗國且殺○子. 85-16 國之○子之遊者. 172-2

【牆】 2
兄弟鬩于○. 11-6 猶宮室之有○屋也. 107-17

【嬪】 3
棄其伉儷妃○. 17-5 九妃六○. 53-4 備○嬙焉. 91-25

【翼】 10
於○東門葬. 22-10 ○其上也. 26-23 ○上德讓. 27-1 鳥○鷇卵. 41-3 武公伐○. 62-4 故能兼○. 68-13 遂弑諸○. 110-12 葬於○東門之外. 110-13 求賢良以○之. 140-19 明行以宣○之. 141-6

【嚮】 1
莫不○義. 48-8

【績】 10
王師敗○于姜氏之戎. 5-11 莫非嘉○. 24-11 其母方○. 48-2 而主猶○. 48-3 男女效○. 48-20 世法文武遠○以成名. 53-9 國無敗○. 121-4 無大○於民故也. 126-5 齊師敗○. 160-21 楚師敗○. 164-24

【縷】 1
○綦以爲奉. 60-7

【縵】 1
乘○不舉. 105-18

【總】 1
王○其百執事. 164-25

【縱】 13
而況可以淫○其身乎. 9-14 豈敢猒○其耳目心腹. 13-4 若君○私回. 41-22 ○惑不疚. 63-17 雖欲○惑. 63-19 有○君而無諫臣. 65-22 以○其回. 65-24 況其順身○欲懷安. 88-6 ○不能討. 124-1 將以○欲. 138-16 氣○則底. 151-2 ○過而翳諫. 154-12 ○臣而得以其首領以沒. 155-14

【縮】 4
而○取備物. 13-10 ○於財用則匱. 144-14 嬴○轉化. 177-7 嬴○以爲常. 177-9

【釐】 4
○改制量. 24-4 唯能○舉嘉義. 24-16 曰夙沙○. 129-1 使夙沙○相之. 129-9

【騑】 1
則華元駟○. 144-3

【騅】 1
共華賈華叔堅○歂遄虎特宮山祁. 81-12

【擾】 8
國亂民○. 76-22 治民在○. 76-22 國亂民○. 77-12 方亂以○. 77-13 故○○焉. 108-7 故○○焉. 109-19

【瞽】 9
○獻曲. 2-24 ○史教誨. 2-25 ○告有協風至. 4-10 ○帥音官以風土. 4-19 吾非○史. 21-11 古之神○. 30-12 ○史之紀曰. 88-17 ○史記曰. 94-23 臨事有○史之導. 146-13

【贄】 4
爲○幣瑞節以鎮之. 9-10 替其○也. 9-18 替○無鎮. 9-19 夫婦○不過棗栗. 35-10

【聵】 3
聾○不可使聽. 100-9 聾○司火. 100-25 曾孫蒯○. 131-13

【職】 21
犬戎氏以其○來王. 2-8 牧協○. 6-3 春秋受○於王. 9-7 以復先王之○. 13-12 而干舊○. 14-25 ○貢業事之不共而獲戾. 35-25 使能共○. 36-3 恃二先君之所○業. 36-16 合官○於外朝. 47-24 子將業君之官○焉. 47-25 晝考其國○. 48-13 卿大夫朝考其○. 48-14 使無忘○業. 50-11 分異姓以遠方之○貢. 50-15 賦○任功. 96-12 皁隸食○. 96-20 知羊舌○之聰敏肅給也. 114-22 知籍偃之惇帥舊○而恭給也. 114-25 不廢其先人之○. 116-18 非子○之. 156-9 郈歜閻○. 157-1

【藝】 4
貪無○也. 41-6 貪慾無○. 126-24 伎○畢給則賢. 133-9 用人無○. 177-14

【覲】 1
其享○之幣薄而言諂. 18-13

【鞮】 3
獻公使寺人勃○伐公於蒲城. 95-9 勃○斬其袪. 95-10 勃○求見. 95-10

【鞭】 4
薄刑用○扑. 37-3 將○之. 87-13 其左執○弭. 91-12 君王不以○箠使之. 158-21

【藪】 8
○有圃草. 16-12 不崇○. 23-18 ○. 23-18 豐殖九○. 24-7 ○澤肆既. 28-1 高山廣川大○也. 32-20 又有○曰雲連徒洲. 154-23 山林○澤. 155-9

【蠆】 1
蛸蟻蜂○. 134-2

【蘷】 1
羋姓○越. 136-20

【繭】 2
以爲○絲乎. 130-13 郊禘不過○栗. 150-17

【藥】 1
若○不瞑眩. 147-7

【藩】 4
所以○屏民則也. 31-18 以○爲軍. 123-3 韋○木楗. 126-3 孤用親聽命於○籬之外. 163-23

【檮】 1
○杌次於丕山. 7-16

【轉】 3
有○易之名. 29-6 將○於溝壑. 167-25 嬴縮○化. 177-7

【蹔】 1
爲○事也. 103-18

【覆】 7
沐則心○. 96-8 心○則圖反. 96-8 遇大車當道而○. 105-13 是先主○露子也. 108-4 欒書實○宗. 118-15 而以信○之. 122-23 ○楚國之師. 141-10

【豎】 2
使○之. 36-24 ○亦不誅. 36-25

【醫】 6
秦景公使○和視之. 125-5 ○及國家乎. 125-14 上○○國. 125-14 固○官也. 125-15 公○守之. 171-21

【檿】 1
○弧箕服. 137-24

【殯】 2
桓公在○. 75-20 與哀○喪. 154-4

【豐】 16
艾人必○. 10-14 畜義○功謂之仁. 20-8 鍾水○物. 24-6 ○殖九藪. 24-7 以養物○民人也. 24-14 而受天之○福. 25-22 子孫○厚. 25-23 求福無不○. 34-9 利以○民. 65-8 今晉侯不量齊德之○否. 75-17 ○兄弟之國. 121-8 惡角犀○盈. 137-7 故能○長. 137-9 其亦必有○敗也哉. 143-13 不求○大. 150-19 不爲○約舉. 153-18

【鬩】 4
兄弟讒○. 11-6 兄弟○于牆. 11-6 則○乃內侮. 11-7 而雖○不敗親也. 11-7

【懟】 3
王其以我爲○而怒乎. 3-20 險而不○. 3-20 王其以我爲○乎. 12-19

【矇】 4
○誦. 2-25 ○瞍不可使視. 100-9 ○瞍修聲. 100-25 ○不失誦. 146-14

【瞻】 2
○彼旱麓. 27-24 民所以○仰也. 38-20

【闔】 8
○廬能敗吾師. 154-6 ○廬卽世. 154-6 ○廬口不貪嘉味. 154-8 吾先君○廬. 164-22 乃○左○. 167-12 乃○左○. 167-16

【闕】 14
單若有○. 27-9 信抑○矣. 46-20 周恭王能庇昭穆之○而爲恭. 50-23 ○從補之. 67-6 ○而變. 67-7 聚必有○. 90-3 失位而○聚. 90-4 君補王○. 97-11 而裨諸侯之○. 123-8 夫貨馬郵則○於民. 152-11 民多○則有離叛之心. 152-11 ○爲石郭. 160-8 ○爲深溝. 161-21 ○溝深水. 165-7

【曠】 4
師○曰. 121-18 師○侍. 122-17 民多○也. 152-17 無○其衆. 175-11

【曜】 3

明之○也. 80-20 明○以昭之. 80-21 則吾何以春秋○吾軍士. 159-18

【壘】 6
必墮其○培. 130-17 若見○培. 130-18 見○. 130-19 四境盈○. 152-22 周軍飾○. 163-13 而造於弊邑之軍○. 163-14

【蟲】 4
水○成. 40-24 水○孕. 41-1 ○舍蚳蝝. 41-4 ○皿爲蠱. 125-20

【蟜】 1
昔少典娶于有○氏. 92-13

【嚚】 3
召史○占之. 74-10 ○瘖不可使言. 100-9 童昏○瘖僬僥. 100-25

【顓】 6
○頊之所建也. 31-6 ○頊能修之. 38-8 故有虞氏禘黄帝而祖○頊. 38-13 夏后氏禘黄帝而祖○頊. 38-13 能帥○頊者也. 38-15 ○頊受之. 150-3

【穫】 3
耨○亦如之. 5-1 耨○亦於籍. 6-5 以歲之不○也. 162-21

【穡】 2
懋○勸分. 96-13 其所不奪○地. 144-22

【穢】 3
蠃○暴虐. 7-11 武王去民之○. 38-12 以疏其○. 140-15

【簠】 1
修其○簋. 15-5

【簡】 36
不亦○彝乎. 17-7 ○王十一年. 18-8 ○王八年. 18-11 王叔○公飲之酒. 18-21 ○王十一年. 22-8 梁由靡御韓○. 82-19 令韓○視師. 82-20 ○曰. 82-21 公令韓○挑戰. 82-24 梁由靡御韓○. 83-13 鄭○公使公孫成子來聘. 126-7 趙○子曰. 129-21 趙○子賞之. 130-7 趙○子使尹鐸爲晉陽. 130-13 ○子曰. 130-14 ○子誡襄子曰. 130-15 趙○子使尹鐸爲晉陽. 130-17 ○子如晉陽. 130-18 ○子說. 131-5 趙○子曰. 131-8 ○子曰. 131-16 趙○子田于螻. 131-18 ○子見之. 131-19 ○子曰. 131-20 ○子乃還. 131-21 少室周爲趙○子之右. 131-23 ○子許之. 131-24 趙○子曰. 132-1 ○子曰. 132-2 ○子曰. 132-9 趙○子問於壯馳兹曰. 132-11 ○子曰. 132-12 趙○子歎曰. 132-16 趙○子鳴玉以相. 154-15 ○子曰. 154-17 夫申胥華登○報吴國之士於甲兵. 158-6

【簞】 1
觴酒豆肉○食. 166-6

【簦】 1
○笠相望於艾陵. 165-5

【雙】 1
白玉之珩六○. 79-4

【邊】 11
○伯石速蔿國出王而立子頹. 6-22 ○人以告. 41-20 以皋落狄之朝夕苛我○鄙. 68-18 吾○鄙不儆. 68-24 ○鄙耕農不儆. 116-9 是我以鼓教吾○鄙貳也. 128-20 夫○境者. 145-20 而思○垂之小怨. 158-19 頓顙於○. 158-20 ○遽乃至. 162-4 夫吴之○鄙遠者. 165-20

【歸】 97
得四白狼四白鹿以○. 2-12 衆以美物○女. 2-15 其○鮮矣. 3-16 魯侯○而卒. 5-17 内史過○. 8-9 内史過○. 8-16 内史興○. 10-6 諸侯必○之. 10-8 夫人奉利而○諸上. 12-6 ○之于周. 14-4 晉人乃○衛侯. 14-10 ○. 15-17 單子○. 16-2 賓入如○. 16-22 ○. 17-16 郤至○. 20-15 魯侯○. 22-8 成公之○也. 23-6 物之○也. 23-19 ○物於下. 23-19 而物有所○. 23-21 帥○於寧. 27-1 則○心焉. 28-25 遽○告王. 31-25 夫惠本而後民○之志. 34-5 民不○也. 34-10 齊人○其玉而予之繯. 36-5 ○之于周. 36-24 ○. 41-11 勝敵而○. 41-16 乃○. 45-6 子冶○. 45-10 蔡公孫○生與鄭罕虎見叔孫穆子. 45-13 穆子○. 46-9 乃○平子. 47-6 而南○. 59-1 是故諸侯○之. 60-4 桓公知諸侯之○己也. 60-6 稛載而○. 60-8 獲驪姬以○. 62-16 獲驪姬以○. 64-12 ○寢不寐. 65-17 必速祠而○福. 72-12 ○福于絳. 72-13 必○於君. 73-3 而○圖焉. 74-25 以待所○兮. 80-13 ○繯於晉. 82-9 ○必狃. 82-23 穆公○. 83-15 與以○之. 83-16 以○. 83-17 不若以○. 84-3 是故○惠公而質子圉. 84-4 秦將○寡人. 84-7 吾固將○君. 84-20 於是懷公自秦逃○. 91-21 秦伯○女五人. 91-23 乃○女. 93-3 重耳若獲集德而○載. 93-19 厚爲之禮而○之. 99-1 與之○. 102-6 ○. 104-4 敢○諸下執政. 105-10 以喜○. 105-21 而遠人以其方賄○之. 108-9 必以勝○. 108-15 今以勝○. 110-25 吾○子. 111-4 不謁而○. 124-7 文子○. 124-11 吾誰與○. 124-15 獻子○. 129-12 必以爲○. 130-16 敢不○禄. 131-6 而物○之. 137-9 若得○骨於楚. 142-4 吾○子. 142-5 ○. 147-24 ○以語其弟. 152-6 王○. 153-7 王○而賞及鄖懷. 153-24 四方○之. 159-16 申亥負王以○. 160-15 無會而○. 162-6 無會而○. 162-8 是以復○於吴. 165-1 ○不稔於歲. 165-7 子○. 167-25 擇子之所欲○者一人. 168-3 其○若已. 168-5 志行不足以聽命者○. 168-6 謂二三子○而不○. 168-8 四方之民○之. 171-17 若水之○下也. 171-17 ○. 175-5

【鎮】 21
而○陰也. 6-13 爲贄幣瑞節以○之. 9-10 替贄無○. 9-19 欲替其○. 9-21 以○撫百姓. 13-10 其何以○撫諸侯. 36-21 ○撫弊邑. 43-5 既○其甍矣. 75-10 且○撫其國家. 77-25 ○撫國家. 80-15 使寡人過殺我社稷之○. 80-23 ○撫其民. 89-9 不○撫民. 103-15 社稷之○也. 103-24 賊國之○. 103-24 君○撫羣臣. 113-13 無忌○靜. 114-16 使○靜者修之. 114-18 ○靜者修之. 114-20 而○定大事. 116-1 而○其浮. 140-15

【鎛】 7
日服其○. 5-2 細鈞有鍾無○. 31-1 大鈞有○無鍾. 31-2 甚大無○. 31-2 挾其槍刈耨○. 54-12 戚施直○. 100-23 及寶○. 116-22

【鎰】 1
黄金四十○. 79-4

【雞】 6
見雄○自斷其尾. 31-24 吾見雄○自斷其尾. 31-25 諸侯會于○丘. 115-7 會諸侯於○丘. 115-13 且○丘之會. 116-19 ○鳴乃定. 163-9

【饁】 1
其妻○之. 102-4

【餼】 4
饍宰不致○. 15-22 廩人獻○. 16-21 馬○不過稂莠. 42-9 公與之○. 171-23

【鯁】 2
小○也. 63-21 除○而避彊. 111-22

【觴】 2
○酒豆肉簞食. 166-6 肆與大夫○飲. 176-22

【獵】 2
以犯○吴國之師徒. 160-25 王其且馳騁弋○. 176-21

【讁】 1
必皆無○. 21-16

【雜】 6
勿使○處. 53-15 ○處. 53-15 故先王以土與金木水火○. 137-10 古者民神不○. 149-6 民神○糅. 149-22 ○受其刑. 176-13

【離】 28
○民怒神. 8-12 是皆外利○親者也. 12-2 若七德○判. 12-7 日○其名. 21-18 是○民也. 27-17 而又○民以佐災. 27-19 將民之與處而○之. 27-20 若民○而財匱. 28-5 各有○心. 29-7 而有○民之器二焉. 29-9 而○民怒神. 30-3 黿往○散以應我. 63-12 ○則有之. 63-12 非天不○數. 64-3 故告之以○心. 69-4 弗能○也. 82-25 ○違而得所. 90-17 ○外之患. 90-18 而懼○其惡名. 91-25 ○則有釁. 102-17 以○百姓. 113-12 ○民且速寇. 118-6 而○桓之罪. 127-1 若敖氏○矣. 142-14 則邇者騷○. 144-16 民多闕則有○叛之心. 152-11 民人○落. 159-15 夫吴民○矣. 160-18

【顏】 1
天威不違○咫尺. 59-18

【羵】 1
曰○羊. 47-10

【糧】 1
令以三日之○. 97-17

【燼】 2
安受其○. 158-12 然後安受吾○. 159-15

【燿】 1
以淳○敦大. 136-6

【瀆】 6
而幽王蕩以爲魁陵糞土溝○. 32-20 ○其信也. 102-19 胡可○也. 102-20 敬而不○. 149-19 民○齊盟. 150-1 無相侵○. 150-4

【竄】 5
而自○于戎狄之閒. 1-12 棄寵求廣土而○伏焉. 72-20 不通可以○惡. 73-24 盍從吾兄○於狄乎. 74-2 敏能○謀. 78-6

【禱】 1
衛莊公將○. 131-13

【璧】 5
寘○焉. 89-16 公子受飧反○. 89-16 子犯授公子載○. 94-15 沈○以質. 94-18 以○侑. 142-2

【嬻】 1
不亦○姓矣乎. 17-6

【彝】 5
出其樽○. 15-6 無從非○. 17-3 不亦簡○乎. 17-7 而火焚其○器. 25-20 ○器之量. 149-15

【織】 2

王后親○玄紞. 48-18 非其夫人之所○. 172-4
【繕】 3
○貢賦以共從者. 44-1 若征○以輔孺子. 84-12 不憚征○. 84-17
【繒】 4
杞○由大姒. 11-21 申○西戎方彊. 138-15 而○與西戎. 138-18 ○與西戎. 138-18
【斷】 10
見雄雞自○其尾. 31-24 吾見雄雞自○其尾. 31-25 必以情○之. 34-12 里革○其罟而棄之. 40-21 及○獄之日. 128-6 則不能○疑. 166-19 吾已○之矣. 174-15 立○之事. 175-3 立○之事. 175-17 今君王不○. 178-3
【鼃】 2
沈竈産○. 134-15 而○黽之與同渚. 178-14
【騩】 1
主芣○而食溱洧. 135-21
【騤】 2
四牡○○. 25-7
【騷】 3
王室方○. 138-16 九年而王室始○. 139-4 則邇者○離. 144-16
【嚭】 3
納之太宰○. 171-4 太宰○諫曰. 171-5 ○聞古之伐國者. 171-6
【壞】 5
不可○也. 32-8 其所○. 32-9 今萇劉欲支天之所○. 32-12 其○之也. 32-14 其○也無日矣. 110-23
【難】 116
而不知大○. 3-9 而不備大○. 3-11 是不布利而懼○乎. 3-14 是以及此○. 3-19 不亦○乎. 8-12 及惠后之○. 10-16 以及此○. 12-19 不亦○乎. 20-6 未能違○. 20-13 明年死○. 20-15 言及晉○. 21-7 其○也如是. 25-15 人犧實○. 32-1 不亦○乎. 32-13 及范中行之○. 33-4 居官者當事不避○. 35-20 ○以爲仁且智矣. 38-23 則不如違君以避○. 44-21 吾不○爲戮. 46-9 敢逃○乎. 46-18 則○以速得志矣. 55-6 則○以速得志矣. 55-7 非人不免○. 64-2 驪姬果作○. 65-1 知○本矣. 65-2 不亦○乎. 65-25 而○三公子之徒. 66-4 吾欲爲○. 66-6 無乃○遷乎. 66-9 愚不知避○. 66-12 ○以征國. 67-9 改其制而不患其○. 67-13 若大○至而恤之. 68-11 ○哉. 69-6 ○將至矣. 71-9 吾○里克. 71-11 ○以得閒. 72-5 ○乃成. 72-11 故陷於大○. 72-21 ○以長生. 73-10 國家多○. 73-13 道遠○通. 73-22 望大○走. 73-22 且夫偕出偕入○. 74-4 惠○偏也. 75-11 施○報也. 75-12 ○. 77-1 是故○. 77-5 無有○急也. 79-3 善之○也. 80-15 不亦○乎. 81-7 必作○. 81-11 往年有○. 82-2 子去晉○. 88-2 不亦○乎. 88-13 是之不○. 90-4 同德之○也如是. 92-13 襄王避昭叔之○. 96-22 使來告○. 96-22 ○以擊人. 98-8 今也○. 100-3 其○也將至矣. 100-4 君以爲○. 100-4 而及其○. 102-22 乃有賈季之○. 102-23 是以○及其身. 105-23 ○必及子乎. 105-25 及欒弗忌之○. 106-3 ○之本也. 108-8 是○. 109-15 ○之本也. 109-20 善逃○哉. 110-19 ○必作. 111-1 先○爲免. 111-2 ○作. 111-2 郤至欲爲○. 111-6 夫膏粱之性○正也. 114-16 有事不避○. 115-16 使至於○. 116-14 ○雖不能死君. 116-15 是以○已也. 118-8 昔隰叔子違周○於晉國. 121-3 實○. 123-23 有人不○以死. 124-2 以免於○. 126-24 宜及於○. 126-25 可以免於○. 127-1 晉國有○. 130-15 昔先主文子少釁於○. 130-20 以及此○. 131-2 思○而懼. 131-2 以免○之賞賞尹鐸. 131-5 使至於○. 132-7 夫范中行氏不恤庶○. 132-19 ○必至矣. 133-21 ○將由我. 133-21 我不爲○. 133-21 夫郤氏有車轅之○. 133-22 范中行有亟治之○. 133-22 曰不敢興○. 134-1 乃有晉陽之○. 134-4 首○. 134-4 爲國家之○也. 134-6 君若以周○之故. 135-15 叔熊逃○於濮而蠻. 136-2 不亦○乎. 138-16 君若欲避其○. 138-21 昔令尹子元之○. 142-10 秦徵衙寔○桓景. 145-14 楚其○哉. 146-20 用之寔○. 146-23 不亦○乎. 147-13 不亦○乎. 156-18 以不陷於大○. 161-9 不則國有大○. 164-3 而○對其使者. 178-7
【蘧】 2
○蒢不可使俯. 100-7 ○蒢蒙璆. 100-24
【勸】 16
○二三君子必先導焉. 18-25 將安○矣. 47-3 ○之以賞賜. 53-12 使民以○. 56-9 使至者○. 75-8 善以微○也. 79-17 好我者○. 84-14 懋穡○分. 96-13 善以德○. 98-16 且以○楚乎. 110-21 郤至使人○王戰. 111-3 已○君戰. 111-6 以戒○其心. 140-12 勤勉以○之. 141-6 ○之以高位重畜. 162-20 國人皆○. 172-18
【孽】 1
以妖○吳國. 161-5
【蘇】 15
史○占之. 62-11 與史○曰. 62-17 史○卒爵. 62-19 史○告大夫曰. 63-1 史○曰. 63-3 殷辛伐有○. 63-4 有○氏以妲己女焉. 63-5 史○朝. 64-16 夫史○之言. 65-4 夫史○之言. 71-23 己姓昆吾○顧溫董. 136-15 以罷民於姑○. 160-17 焚其姑○. 162-2 以上姑○. 177-22 至於姑○之宮. 178-19
【顛】 2
高位寔疾○. 21-23 班序○毛. 53-12
【櫝】 2
得之金○. 50-16 ○而藏之. 138-6
【麓】 4
瞻彼旱○. 27-24 夫旱○之榛楛殖. 27-24 林○散亡. 28-1 而○不聞. 131-21
【櫟】 3
是以受郇○. 121-9 昔鄭有京○. 145-7 ○人寔使鄭子不得其位. 145-10
【攀】 1
○輦卽利而舍. 123-3
【繫】 6
○之絲木. 29-19 桓公與之○馬三百. 60-2 赦囚○. 113-17 欲爲○援焉. 129-17 求○. 129-19 既○矣. 129-19
【櫜】 3
載○弓矢. 1-6 垂○而入. 60-8 右屬○鞬. 91-13
【鬷】 1
董姓○夷豢龍. 136-16
【麗】 2
與○土之狄. 97-2 欒武子中行獻子圍公於匠○氏. 112-1
【礪】 1
用女作○. 147-6
【願】 27
而盈其○. 18-15 ○以子之辭行賂焉. 36-10 吾亦○之. 42-5 肥○有聞於主. 47-12 寡人之○也. 83-1 ○從其君而與報秦. 84-22 不穀○聞之. 91-11 臣○獲盡辭而死. 98-21 固所○也. 98-22 孤始○不及此. 113-6 孤欲長處其○. 113-9 ○由今日. 113-13 以城來盈○. 128-19 ○以小人之腹. 130-5 吾○得范中行之良臣. 132-1 人之所○也. 132-2 非所○也. 142-4 ○得諸侯與始升焉. 144-7 ○食熊蹯. 153-1 ○以此戰. 166-7 ○以此戰. 166-9 ○以此戰. 166-12 ○以此戰. 166-14 ○以此戰. 166-16 句踐○諸大夫言之. 166-24 ○以金玉子女. 170-14 亦寡人之○也. 172-25
【璽】 1
追而予之○書. 45-7
【贈】 3
賓饗○餞. 10-4 賓禮○餞. 26-11 ○以馬二十乘. 90-12
【闚】 1
諸姬不獲○焉. 45-2
【關】 5
○尹以告. 16-17 ○石和鈞. 27-23 使○市幾而不征. 60-14 輕○易道. 96-13 爲之○籥蕃籬. 156-21
【疇】 8
昔摯○之國也. 11-21 田○荒蕪. 28-2 人與人相○. 55-17 家與家相○. 55-18 陵阜陸墐井田○均. 56-22 乃見其涓人○. 160-12 ○趨而進. 160-13 ○枕王以墣而去之. 160-13
【蹶】 1
○而趨之. 177-2
【蹯】 1
願食熊○. 153-1
【蟻】 1
蚋○蜂蠆. 134-2
【嚴】 2
夫荊子熊○生子四人. 135-23 無有○威. 150-1
【獸】 12
夫○三爲羣. 2-14 若禽○焉. 15-2 ○惡其網. 19-23 夫廣川之鳥○. 39-1 鳥○孕. 40-24 ○虞於是乎禁罝羅. 40-25 鳥○成. 41-1 ○長麑麌. 41-3 猶得○而失人也. 116-7 譬如羣○然. 160-18 容畜禽○. 175-7 吾猶禽○也. 178-15
【羅】 2
○由季姬. 12-2 獸虞於是乎禁罝○. 40-25
【贊】 19
太史○王. 4-13 膳夫○王. 4-17 內史○之. 10-4 瓦以○之. 29-17 所以金奏○陽出滯也. 30-16 ○陽秀也. 30-24 帥教衛以○元侯. 43-22 升以爲上卿之○. 56-12 天亦不○. 64-6 僕人○聞之. 69-2 而賢良○之. 100-10 使爲○僕. 115-3 比德以○事. 122-7 子若能以忠信○君. 123-7 韓宣子○授客館. 126-7 叔魚爲○理. 128-4 ○爲名命. 130-8 問誰○事. 144-3 使富都那豎○焉. 144-10
【籥】 1

今伶○詠歌及鹿鳴之三. 43-13
【儳】 1
冒沒輕○. 15-2
【懲】 1
喪田不○. 80-6
【鏤】 2
器無形○. 26-16 不聞其以土木之崇高彤○爲美. 143-23
【辭】 74
有文告之○. 2-5 布令陳○. 2-5 ○. 12-23 何○之有與. 13-11 有○. 19-7 臧文仲欲以○告. 36-7 不聞以○. 36-8 ○其何益. 36-9 願以子之○行賂焉. 36-10 ○曰. 37-14 子何○苦成叔之邑. 41-11 晉昭公使叔向○昭公. 46-13 ○曰. 47-17 魯夫人○而復之. 47-19 康子○於朝. 47-22 ○曰. 52-4 ○曰. 62-5 公○焉. 65-19 敢○. 77-7 則有○矣. 82-7 公子欲○. 91-6 公子欲○. 92-3 秦伯降○. 93-13 秦伯降○. 93-22 公○焉. 95-10 公○焉以沐. 96-7 臣願獲盡○而死. 98-21 公聽其○. 98-22 ○曰. 99-12 ○曰. 99-15 ○曰. 99-16 ○曰. 99-18 有秦客廋○於朝. 104-9 獻子○曰. 112-1 其身果而○順. 112-6 其將來○. 115-16 祁奚○於軍尉. 115-23 ○曰. 116-12 固○不立. 116-15 ○曰. 116-17 而○順. 116-19 固○. 116-20 魏絳○曰. 117-1 ○曰. 119-17 臣嘗陳○矣. 119-17 ○以行之. 119-18 君問之陳○. 119-19 ○曰. 129-2 同○對曰. 130-3 乃○梗陽人. 130-6 ○. 130-7 大夫○之. 130-19 ○曰. 131-7 奉○伐罪. 135-17 ○曰. 140-5 ○曰. 142-4 道其順○. 151-12 請聽其○. 153-8 能作訓○. 154-18 而導之以訓○. 155-1 文子○. 155-11 約○行成. 158-10 則何實以事吳敢使下臣盡○. 159-6 故婉約其○. 159-14 越王又使諸稽郢○曰. 159-20 諸侯是以敢○. 164-12 包胥○曰. 166-4 夫差○曰. 169-3 句踐○曰. 172-7 卑○尊禮. 174-19 ○愈卑. 178-4 雒請反○於王. 178-17 使者○反. 178-19 范蠡○於王曰. 178-21
【饉】 2
國有饑○. 35-17 饑○荐降. 35-24
【鯤】 1
魚禁○鮞. 41-3
【蟹】 2
今其稻○不遺種. 176-16 今吳稻○不遺種. 178-11
【譓】 1
今陽子之情○矣. 102-20
【譚】 2
殺○伯. 12-18 軍○遂. 60-12
【譖】 7
及郤犨之○. 21-7 ○在中矣. 70-8 雖蝎○. 70-9 又○二公子曰. 73-16 或○王孫啓於成王. 142-10 或○析公臣於王. 142-19 ○雍子於恭王. 142-22
【識】 6
不○窮固. 40-13 祖○地德. 48-9 足以相○. 55-19 雖不○義. 65-9 而多○以恭敬. 90-9 不○. 124-21
【燮】 4
○也受命於中軍. 105-4 ○也何力之有焉. 105-5 王子○爲傅. 142-16 ○及儀父. 142-17
【鶉】 4
歲在○火. 31-5 自○及駟七列. 31-11 ○之賁賁. 75-4 歲在壽星及○尾. 87-14
【靡】 16
○國不泯. 25-7 君教使臣曰每懷○及. 43-16 乃使梁由○告于秦穆公. 77-19 其○有徵兮. 80-14 梁由○御韓簡. 82-19 梁由○御韓簡. 83-13 梁由○曰. 85-14 梁由○曰. 85-18 女誤梁由○. 85-24 每懷○及. 88-6 ○笄之役. 104-13 ○笄之役. 104-16 ○笄之役. 104-23 ○笄之役. 105-2 ○笄之役也. 105-8 ○王躬身. 174-11
【廬】 9
衛人出○于曹. 59-25 軍于○柳. 95-4 乃大蒐于被○. 101-7 則以王如○戢黎. 142-18 ○戢黎殺二子而復王. 142-19 闔○能敗吾師. 154-6 闔○即世. 154-6 闔○口不貪嘉味. 154-8 吾先君闔○. 164-22
【麑】 3
獸長○麇. 41-3 使鉏○賊之. 103-22 ○退. 103-23
【蠃】 1
其民必移就蒲○於東海之濱. 165-18
【羸】 6
此○者陽也. 13-21 周固○國也. 27-19 故謂之○亂. 31-23 民○幾卒. 35-24 民之○餒. 152-21 卹民之○. 154-10
【旟】 2
○旐有翩. 25-7 皆赤裳赤○丹甲朱羽之矰. 163-6
【類】 20
比○百則. 24-4 ○之民則. 26-3 其○維何. 27-5 ○也者. 27-5 若能○善物. 27-8 彼無亦置其同○. 45-3 異德則異○. 92-16 異○雖近. 92-16 正名育○. 96-14 若內外○. 102-19 非其族○. 126-14 以品處庶○者也. 136-10 王將棄是○也. 137-17 使知族○. 140-17 余恐德之不○. 147-4 心○德音. 147-14 玉帛之○. 149-14 有天地神民○物之官. 149-17 日祭月享時○歲祀. 151-5 ○有大憂. 164-2
【懷】 39
○德而畏威. 1-9 無所依○. 7-13 而晉人殺○公. 9-24 ○公無胄. 9-24 陽樊○我王德. 13-18 以○柔之. 13-19 是故小大莫不○愛. 16-22 君教使臣曰每○靡及. 43-16 和爲每○. 43-17 ○之以典言. 75-8 亡人之所○挾纓纕. 79-3 威兮○兮. 80-13 ○公立. 86-3 晉人殺○公於高梁. 86-3 每○靡及. 88-6 況其順身縱欲○安. 88-6 ○與安. 88-8 仲可○也. 88-8 從○如流. 88-10 見○思威. 88-10 從○如流. 88-11 ○不可從. 88-15 若何○安. 88-19 於是○公自秦逃歸. 91-21 ○嬴與焉. 91-23 ○公奔高梁. 95-4 刺○公于高梁. 95-8 何其○也. 102-14 而○其德. 118-12 則民○矣. 118-17 威與○各當其所. 118-17 欒○子之出. 119-9 戎狄○之. 126-23 及○子. 126-25 鄖公之弟○將弒王. 153-15 ○曰. 153-16 ○弗聽. 153-22 王歸而賞及鄖○. 153-24 身不○於安. 154-10
【寵】 32
晉之○人也. 21-22 有是○也. 22-2 豈緊多○. 24-15 夫亡者豈緊無○. 24-21 多○人. 26-8 將壽○得沒. 40-7 少德而多○. 41-15 有○. 62-16 妹喜有○. 63-4 妲己有○. 63-5 褒姒有○. 63-7 又增其○. 63-10 以○賈怨. 64-5 今子內固而外○. 66-10 苟交利而得○. 68-6 棄○求廣土而竄伏焉. 72-20 尊貴○. 96-15 ○至而益戒. 107-7 爲○驕. 107-8 於是加○. 121-11 剛而尚○. 123-19 而○其政. 125-13 恃其富○. 127-2 其○大矣. 127-4 不哀無○. 132-19 其○大矣. 141-15 有是○也. 141-15 臣聞國君服○以爲美. 143-21 ○神其祖. 150-9 若來而無○. 156-6 若其○之. 156-6 彼將思舊怨而欲大○. 156-9
【疆】 12
修其○畔. 5-2 候不在○. 15-20 ○有寓望. 16-11 不能事○埸之司. 36-12 審吾○埸. 57-22 正其封○. 57-23 正其封○. 58-18 君之○也. 66-14 ○埸無主. 66-15 又恐削封○. 68-20 封○信. 68-24 啓土安○. 97-1
【韠】 1
端委○帶. 130-10
【穎】 1
頓○於邊. 158-20
【歠】 1
無不○也. 172-3
【繰】 1
王后親○其服. 151-19
【繹】 2
宗不具不○. 49-3 ○不盡飫則退. 49-3
【繡】 1
衣必文○. 53-5
【騶】 1
昔齊○馬繻. 157-1
【壤】 3
豈其貪○地. 36-21 試諸○土. 58-9 山有朽○而崩. 105-17
【攘】 2
而大○諸夏. 45-3 ○白狄之地. 59-4
【馨】 4
其德足以昭其○香. 7-8 ○香不登. 7-11 不侯○香嘉味. 15-3 選其○香. 15-5
【蘖】 1
且夫山不槎○. 41-3
【醴】 6
王乃淳濯饗○. 4-11 犧人薦○. 4-12 饗○乃行. 4-12 潔其酒○. 15-5 王饗○. 97-7 禋其酒○. 151-11
【獻】 71
康公不○. 2-17 使公卿至於列士○詩. 2-23 瞽○曲. 2-24 史○書. 2-24 往○焉. 8-4 奉犧牲玉鬯往○焉. 8-7 且○楚捷. 10-20 廩人○餼. 16-21 季文子孟○子皆儉. 17-14 ○酬交酢也. 30-18 魏○子爲政. 32-5 魏○子合諸侯之大夫於狄泉. 33-3 文子以告孟○子. 42-8 ○子囚之七日. 42-8 蒸而○功. 48-20 ○公卜伐驪戎. 62-11 ○公伐驪戎. 64-12 ○公田. 65-17 召申生○. 72-15 ○公問於卜偃曰. 75-2 ○公將如會. 75-6 ○公卒. 75-20 ○公卒. 75-21 九○. 91-6 ○公使寺人勃鞮伐公於蒲城. 95-9 趙宣子言韓○子於靈公. 103-1 ○子執而戮之. 103-2 郤○子聘于齊. 104-3 郤○子怒. 104-4 韓○子將斬人. 104-13 郤○子駕. 104-13 郤○子請以徇. 104-14 ○子曰. 104-14 郤○子傷. 104-16 郤○子師勝而返. 104-23 郤○子見. 105-2 郤○子伐齊. 105-8 ○之以得殞命之禮. 105-8 在列者○詩. 107-9 見韓○子. 107

-14 ○子曰. 107-14 欒武子中行○子圍公於匠麗氏. 112-1 乃召韓○子. 112-1 ○子辭曰. 112-1 使范○子爲候奄. 115-10 韓○子老. 116-12 ○諸公. 119-10 范宣子謂○子曰. 121-13 旣○. 129-8 范○子聘於魯. 129-11 ○子曰. 129-11 先君○武之諱也. 129-12 ○子歸. 129-12 董祁愬於范○子. 129-17 ○子執而紡於庭之槐. 129-18 魯孟○子有鬬臣五人. 129-21 請納賂於魏○子. 129-23 ○子將許之. 129-23 ○子將食. 129-25 ○子問焉. 130-2 ○子曰. 130-6 ○能而進賢. 132-4 衛蒲戚寔出○公. 145-11 而○飲焉. 148-5 接誠拔取以○具. 150-23 公貨足以賓○. 152-10 以朝夕○善敗於寡君. 154-20 大夫種乃○謀曰. 158-5 越國固貢○之邑也. 158-21 春秋貢○. 159-1 貢○莫入. 163-16

【耀】 5
先王○德不觀兵. 1-4 以○德於廣遠也. 121-19 以○明其志. 140-14 明齊肅以○之臨. 141-3 而○之以大利. 156-7

【黨】 15
故以其○啓狄人. 12-21 亡人無○. 79-14 有○必有讎. 79-14 皆里丕之○也. 81-12 此其○半國矣. 81-23 比而不○. 103-4 ○也. 103-4 ○孰大焉. 103-6 事君而○. 103-6 我欲以吾宗與吾○夾而攻之. 111-12 仁人不○. 111-14 富以聚○. 111-15 利○以危君. 111-15 引○以封己. 122-7 夫上○之國. 171-1

【懸】 5
民無○耜. 16-13 室如○磬. 36-15 ○車束馬. 59-6 以速○. 64-13 以○吾目於東門. 161-17

【闖】 1
○門與之言. 49-1

【躁】 2
驕○淫暴. 56-4 驕○淫暴. 57-14

【鄺】 1
東至于紀○. 58-20

【犧】 14
○人薦醴. 4-12 奉○牲粢盛玉帛. 8-4 奉○牲玉鬯往獻焉. 8-7 奉其○象. 15-6 憚其○也. 31-25 而人曰憚其○也. 31-25 人○實難. 32-1 己○何害. 32-1 ○者. 32-2 質之以○牲. 36-19 ○牲不略. 56-25 宗廟之○. 132-21 ○牲之物. 149-14 奉其○牲. 151-10

【籍】 14
不○千畝. 3-22 司空除壇于○. 4-8 及○. 4-12 膳夫農正陳○禮. 4-13 廩于○東南. 4-20 王治農於○. 6-4 耨穫亦於○. 6-5 ○田以力. 51-3 則有周公之○矣. 51-8 胥○狐箕欒郤柏先羊舌董韓. 96-16 知○偃之惇帥舊職而恭給也. 114-25 問於○偃. 120-15 ○偃曰. 120-15 ○偃在側. 122-6

【纂】 2
○修其緒. 1-13 亦能○修其身. 130-24

【譽】 9
爲令聞嘉○以聲之. 9-11 王叔子○諸朝. 18-23 王叔子○溫季. 18-24 必有章○蕃育之祚. 27-9 問謗○於路. 107-11 使張老延君○于四方. 115-4 公○達于戎. 115-10 有溫德以成其名○. 130-22 諸侯莫不○. 141-21

【釁】 2
三○三浴之. 53-1 昔先主文子少○於難. 130-20

【覺】 3
○. 74-10 王○而無見也. 160-14 而以○寤王心. 161-12

【嚳】 3
帝○受之. 31-7 帝○能序三辰以固民. 38-9 周人禘○而郊稷. 38-15

【鐘】 1
親就鳴○鼓丁寧錞于振鐸. 163-10

【釋】 23
其亦使聽從而○之. 36-20 惑不○也. 68-7 乃其○君. 68-13 君其○申生也. 69-10 去而罪○. 73-2 若罪不○. 73-6 驪姬使奄楚以環○言. 74-6 ○其閉修. 75-18 ○來救君. 83-14 則能○之. 84-23 而○之者. 88-15 臣亦○宋之圍. 98-5 是不許○宋也. 98-7 子玉○宋圍. 98-11 ○宋圍. 101-10 盍姑○荆與鄭以爲外患乎. 109-15 盍姑○荆與鄭以爲外患乎. 109-21 ○夫子而舉. 120-17 乃○之. 130-12 乃使行人奚斯○言於齊. 160-23 申胥○劍而對曰. 161-8 三年○其政. 171-23 三月○其政. 171-23

【饋】 6
○九牢. 10-1 ○七牢焉. 84-25 僖負羈○飧. 89-15 ○之始至. 130-4 大夫有羊○. 141-22 子木有羊○而無芰薦. 148-3

【饍】 1
○宰不致餼. 15-22

【饑】 15
魯○. 35-13 國有○饉. 35-17 ○饉荐降. 35-24 晉○. 82-1 今又薦○. 82-2 補乏薦○. 82-4 秦○. 82-11 ○食其糴. 82-21 晉○. 99-3 救○何以. 99-3 其民不忍○勞之殃. 160-10 都鄙荐○. 160-18 而大荒薦○. 165-17 則不能與三軍共○勞之殃. 166-19 又觀其民之○飽勞逸以參之. 177-16

【臚】 1
風聽○言於市. 107-10

【觸】 2
宜○冒人. 18-15 ○庭之槐而死. 103-25

【譟】 2
王使婦人不幃而○之. 138-8 不鼓不○. 168-17

【議】 10
故聖人之施舍也○之. 18-16 其喜怒取與亦○之. 18-16 上下○之. 26-5 匏竹尚○. 29-14 君○五者以建政. 39-8 而○其老幼. 51-4 莫敢以終歲之○. 56-19 伯翳能○百物. 136-25 子囊○謚. 141-13 明王聖人能制○百物. 155-5

【競】 2
其臣○諂以求媚. 65-21 其臣不心○而力爭. 122-17

【灌】 1
晉師圍而○之. 134-14

【懽】 1
○之故也. 92-1

【寶】 22
藏○財. 35-15 以其○來奔. 40-9 而以其○來. 40-11 而竊其○來. 40-13 竊○者爲宄. 40-17 鄭人以名○行成. 98-18 及○鎛. 116-22 盍姑無愛○於諸侯乎. 134-7 其爲○也. 154-17 未嘗爲○. 154-18 楚之所○者. 154-18 此楚國之○也. 155-3 何○之焉. 155-3 圍聞國之○. 155-5 則○之. 155-6 則○之. 155-7 則○之. 155-8 則○之. 155-8 則○之. 155-9 則○之. 155-9 不能○也. 155-10 越國之○器畢從. 170-15

【竇】 2
不○澤. 23-18 ○犨侍. 132-17

【襫】 1
身衣襏○. 54-13

【譬】 7
○之如疾. 41-14 ○之如室. 75-10 ○之如牛馬. 145-21 ○諸疾. 160-4 ○如羣獸然. 160-18 ○如農夫作耦. 161-3 ○如蓑笠. 170-8

【饗】 25
王乃淳濯○醴. 4-11 ○醴乃行. 4-12 宰夫陳○. 4-17 神○而民聽. 7-8 賓○贈餞. 10-4 親戚宴○. 14-23 飲食可○. 15-14 ○民之勳力. 25-22 實永○而賴之. 36-5 晉悼公○之. 43-4 天子所以○元侯也. 43-10 ○養上賓. 47-18 ○其宗老. 49-5 男女之○. 49-6 將不克○. 64-7 子爲我具特羊之○. 71-11 商之○國. 88-17 君其○之. 91-7 既○. 91-8 王○醴. 97-7 而○其祿位. 121-10 子孫○之. 122-13 是不○穀而食蠱也. 125-18 ○之. 142-2 定公○之. 154-15

【繻】 1
昔齊騶馬○. 157-1

【蠆】 1
蠭○之既多. 145-21

【繼】 10
又鑄大鍾以鮮其○. 28-11 又鮮其○. 28-11 周棄○之. 38-6 來○先君之好. 43-8 後世有○. 47-13 ○文之業. 96-25 晉○之. 120-2 晉實○之. 126-16 同則不○. 137-8 日夜相○. 163-17

【穮】 1
深耕而疾○之. 54-11

【攝】 9
故能○固. 35-4 若下○上. 67-5 與上○下. 67-5 乃能○固. 92-21 悛而不○. 140-19 ○而不徹. 140-21 屏○之位. 149-15 民所以○固者也. 151-20 ○少司馬茲. 163-25

【攜】 9
百姓○貳. 7-11 節度不○. 10-11 令不偷而動不○. 10-11 民乃○貳. 12-7 ○民. 62-13 苟可以○. 62-15 亦固太子以○之. 72-3 以○之. 98-9 民之精爽不○貳者. 149-6

【鷇】 1
鳥翼○卵. 41-3

【鞼】 1
輕罪贖以○盾一戟. 58-6

【歡】 3
故不○焉. 18-14 其○欣足以相死. 55-19 非○也. 70-7

【權】 17
○輕重. 27-12 於是乎有母○子而行. 27-13 於是乎有子○母而行. 27-14 式○以相應. 53-10 ○節其用. 53-23 ○節其用. 54-9 所以示○於中國也. 60-19 而示之以堅忍之○. 69-4 ○在此行也. 69-23 而告我○. 70-7 明訓在威○. 118-10 威○在君. 118-11 是遂威而遠○.

36-20 弗○. 40-2 而○於楚. 44-13 不○國政. 53-3 各使○一屬焉. 57-4 是故正之政○屬. 57-4 牧政○縣. 57-5 下政○鄉. 57-5 無或淫怠而不○治者. 57-5 公弗○. 62-16 不○伯氏. 73-12 宮之奇諫而不○. 74-20 貞爲不○. 80-12 今旱而○於君. 82-6 其君不○. 82-8 降而○諫. 85-8 公子弗○. 88-19 公弗○. 89-10 公弗○. 90-5 弗○. 91-2 公弗○. 91-5 唯命是○. 92-2 ○從以德之. 93-3 公○其辭. 98-22 聾聵不可使○. 100-9 爾試○之. 105-24 又○於民. 107-9 風○臚言於市. 107-10 免冑而○命. 108-24 與其君臣不相○. 110-7 欒武子不○. 110-10 不若○君之命. 111-16 日○命焉. 120-16 使服○命於晉. 121-1 風物以○之. 121-20 ○則進. 132-6 弗○. 133-12 弗○. 134-3 虞幕能○協風. 136-9 聲一無○. 137-17 ○德以爲聰. 143-22 其聰能○徹之. 149-9 和聲以○之. 150-22 能言能○徹其官者. 152-2 請○其辭. 153-8 懷弗○. 153-22 王弗○. 160-21 孤用親○命於藩籬之外. 163-23 ○樂不盡聲. 166-7 志行不足以○命者歸. 168-6 孤敢不○天之命. 168-24 而○君之令乎. 168-24 夫差將欲○與之成. 170-21 越可以無○天之命. 172-22 而○君之令乎. 172-23 王弗○. 174-11 吾王敢無○天之命. 178-9 而○君王之命乎. 178-10 子○吾言. 179-1 不○吾言. 179-1

【驚】 2
諸侯○懼. 68-23 聞一善若○. 154-10

【囊】 3
子○議諡. 141-13 子○曰. 141-14 昔先大夫子○違王之命諡. 148-3

【鑒】 7
王無亦○于黎苗之王. 25-17 殷○不遠. 25-25 而不獲追○. 63-17 是天奪之○. 74-16 庶憶懼而○前惡乎. 153-12 君若不○而長之. 153-12 今齊侯壬不○於楚. 165-2

【贖】 3
制重罪○以犀甲一戟. 58-5 輕罪○以鞼盾一戟. 58-6 殺身○國. 98-25

【體】 16
則有○薦. 15-1 而使舌人○委與之. 15-3 ○解節折. 15-7 夫君子目以定○. 21-12 目不在○. 21-14 目○不相從. 21-14 霑○塗足. 54-13 貳若○焉. 67-3 因○能質而利之者也. 101-2 剛四支以衛○. 137-11 正七○以役心. 137-12 合十數以訓百○. 137-13 ○貌以左右之. 141-5 若○性焉. 145-16 ○有所傾. 160-18 ○德明聖. 161-3

【鑄】 10
將○大錢. 27-11 卒○大錢. 28-9 王將○無射. 28-10 又○大鍾以鮮其繼. 28-11 而○之金. 29-19 卒○大鍾. 30-4 王將○無射. 30-12 ○名器. 35-15 美金以○劍戟. 58-8 惡金以○鉏夷斤斸. 58-8

【鑑】 3
庶曰可以○而鳩趙宗乎. 131-4 王其盍亦○於人. 160-6 無○於水. 160-6

【龢】 5
○也. 27-1 以固○之. 27-2 人民○利. 29-21 而年穀○熟. 124-24 遷軍接○. 168-7

【糴】 9
君盍以名器請○于齊. 35-15 卿出告○. 35-17 如齊告○. 35-23 齊人歸其玉而予之○. 36-5 乞○於秦. 82-1 勿予○. 82-3 歸○於晉. 82-9 而予之○. 82-11 饑食其○. 82-21

【讀】 2
文公學○書於臼季. 100-1 公○書曰. 115-18

【亹】 9
○○怵惕. 9-15 莊王使士○傅太子箴. 140-4 左史倚相廷見申公子○. 146-2 子○不出. 146-2 子○怒而出. 146-3 子○曰. 146-20 見藍尹○載其孥. 153-5 藍尹○曰. 154-2

【癬】 1
疥○也. 160-4

【聾】 2
○聵不可使聽. 100-9 ○聵司火. 100-25

【襲】 16
秦師將○鄭. 14-12 三○焉. 23-12 ○于休祥. 23-13 以三○也. 23-13 聞季武子○卞. 44-24 使晉○於爾門. 74-9 而賀大國之○. 74-13 小國○焉. 74-14 大國○焉. 74-15 ○侵之事. 103-16 ○侵密聲. 103-18 楚令尹子木欲○晉軍. 122-18 若○我. 122-24 越人必來○我. 160-19 泝江以○吳. 162-2 以○攻之. 168-17

【鷟】 1
鸑○鳴於岐山. 7-17

【饔】 1
膳宰致○. 16-20

【竊】 2
而○其寶來. 40-13 ○寶者爲宄. 40-17

【鬻】 6
市賤○貴. 54-5 使民○之四方. 58-2 鮒也○獄. 128-9 夫以回○國之中. 128-10 有夫婦○是器者. 137-25 妻子○. 168-10

【彎】 1
乃左幷○. 104-21

【饜】 5
各○其私. 65-23 ○邇逐遠. 87-10 其知○乎. 88-21 是不可○也. 119-22 屬○而已. 130-6

【顯】 9
自○庸也. 13-10 飫以○物. 15-11 采飾○明. 15-13 ○融昭明. 24-25 昭○文德. 31-21 祝融亦能昭○天地之光明. 136-13 今王棄高明昭○. 137-7 而爲之導廣○德. 140-14 不敢○然布幣行禮. 158-15

【蠱】 11
將以驪姬之惑○君. 76-10 惑以生○. 125-7 子稱○. 125-15 ○之慝. 125-15 物莫伏於○. 125-16 ○莫嘉於穀. 125-16 穀興○伏. 125-17 以伏○慝. 125-18 是不饗穀而食○也. 125-18 是不昭穀明而皿○也. 125-19 蠱皿爲○. 125-20

【籥】 2
爲之關○蕃籬. 156-21 請委管○. 175-1

【讎】 19
叛國即○. 20-11 其○不滋大乎. 44-18 帥大○以憚小國. 44-19 卒於怨○. 75-12 有黨必有○. 79-14 臣思報君之○. 83-19 必報○. 84-17 不若赦之以報○. 85-13 國君而○匹夫. 96-9 是昭余○也. 130-20 在外則○也. 153-17 見○弗殺. 153-17 則有○. 153-19 非是不○. 153-19 何○之爲. 153-20 若皆○君. 153-20 仇○敵戰之國也. 170-21 而又與大國執○. 171-8 臣而思報君之○. 172-10

【鑠】 1
衆口○金. 30-9

【欒】 52
○范不欲. 19-10 今○伯自下軍往. 19-17 昔○氏之亂. 46-20 止○共子曰. 62-4 胥籍狐箕○郤柏先羊舌董韓. 96-16 ○枝貞慎. 99-12 乃使○枝將下軍. 99-13 ○武子見. 105-5 及○弗忌之難. 106-3 見○武子. 107-4 從○伯之言. 108-2 且使苦成叔及○黶興齊魯之師. 108-12 ○書曰. 108-13 ○書是以怨郤至. 108-20 ○武子將上軍. 109-16 ○武子欲戰. 109-17 ○武子曰. 110-2 ○武子不聽. 110-10 ○書謂王子發鉤曰. 111-3 君告○書. 111-5 ○書曰. 111-5 ○書使人謂孫周曰. 111-9 ○書弑厲公. 111-17 及脅○中行. 111-19 ○武子中行獻子圍公於匠麗氏. 112-1 ○書曰. 112-5 ○武子使智武子彘恭子如周迎悼公. 113-4 知○糾之能御. 114-12 ○伯請公族大夫. 114-15 且夫○氏之誣晉國久也. 118-14 ○書實覆宗. 118-15 若滅○氏. 118-16 ○書立吾先君. 118-19 ○盈不獲罪. 118-19 若愛○盈. 118-23 逐○盈. 119-4 ○盈出奔楚. 119-4 ○盈晝入. 119-6 ○盈不克. 119-7 遂刺○盈. 119-8 滅○氏. 119-8 ○懷子之出. 119-9 執政使○氏之臣勿從. 119-9 從○氏者大戮施. 119-9 ○氏之臣辛俞行. 119-10 無從○氏而從君. 119-12 世隸於○氏. 119-14 昔○武子一卒之田. 126-20 今吾子有○武子之貧. 127-5 ○有叔祁之愬. 133-22 謂○書曰. 142-24 ○書從之. 143-2

【變】 11
余何敢以私勞○前之大章. 13-14 用巧○以崇天災. 33-1 周旋○動. 67-4 闕而○. 67-7 ○非聲章. 67-8 以○其志. 72-4 大任娠文王不○. 100-12 非義不○. 116-2 故○而不勤. 145-17 夫天地成而不○. 150-10 今王既○鮌禹之功. 160-17

【蠲】 3
明神不○. 7-12 於是乎國人不○. 110-12 不○其爲. 150-1

【纓】 1
亡人之所懷挾○纕. 79-3

【纕】 1
亡人之所懷挾纓○. 79-3

【鬢】 1
美○長大則賢. 133-8

【驟】 11
昔吾○諫王. 3-19 昔吾○諫王. 12-19 以○聘眺於諸侯. 57-24 多而○立. 63-19 雖○立. 63-20 趙宣子○諫. 103-22 乃○見左史. 146-21 白公子張○諫. 146-22 必○. 161-11 而○救傾以時. 161-14 今申胥○諫其王. 176-12

【觀】 53
先王耀德不○兵. 1-4 ○則玩. 1-5 且○之兵. 2-9 ○其政德. 7-9 ○其苛慝. 7-13 若由是○之. 7-24 若由是○之. 8-6 且禮所以○忠信仁義也. 10-8 王孫滿○之. 14-13 和同可○. 15-14 以吾○之. 20-12 是以○其容. 21-12 於是乎○存亡. 21-15 而○其廢興者. 25-1 而亦未○夫前哲令德之則. 25-22 ○之詩書. 26-4 而美不過以○目. 28-21 ○美而眩. 28-21 莊公如齊○社. 34-14 而○民於社. 34-18 而往○之. 34-18 今齊社而往○旅. 34-20 後嗣何○. 34-23 然吾○國人. 42-5

以○其所能. 56-12 吾○君夫人也. 64-6 吾將諫以○之. 66-25 以○其果於衆也. 68-21 先以○之. 69-4 吾以此○之. 69-15 以○晉國. 73-25 欲○其狀. 89-12 設微薄而○之. 89-12 吾○晉公子. 89-13 文公誅○狀以伐鄭. 98-18 使淫○狀. 98-22 吾故以是○女. 103-6 齊頃公使婦人○而笑之. 104-3 且○道逆者. 115-5 今吾○女也. 121-14 發而○之. 138-7 啓有五○. 140-7 不聞其以○大視侈淫色以爲明. 143-24 若於目○則美. 144-13 安用目○. 144-19 臺度於臨○之高. 144-22 昭王問於○射父. 149-4 王問與○射父. 150-12 ○君之德也. 153-11 曰○射父. 154-18 臣○吴王之色. 164-2 寡君未敢○兵身見. 164-5 又○其民之饑飽勞逸以參之. 177-16

【鹽】 1
通齊國之魚○于東萊. 60-13

【靈】 27
陳○公與孔寧儀行父. 15-24 ○王二十二年. 23-16 山川之○. 49-23 以君之○. 77-22 若以君之○. 91-11 趙宣子言韓獻子於○公. 103-1 趙宣子請師於○公. 103-10 ○公虐. 103-22 ○公將殺趙盾. 104-1 盡諫於襄○. 107-21 以寡君之○. 108-25 君之○也. 117-3 敢昭告于皇祖文王烈祖康叔文祖襄公昭考○公. 131-14 請爲○若厲. 141-12 ○王爲章華之臺. 143-21 經始○臺. 144-25 王在○囿. 145-1 ○王城陳蔡不羹. 145-4 陳蔡及不羹人納棄疾而弑○王. 146-1 ○王虐. 146-22 ○王死之. 147-25 芋尹申亥從○王之欲. 148-5 子常其能賢於成○乎. 152-25 ○不顧於民. 153-1 甚於成○. 153-3 昔楚○王不君. 160-7 寔式○之. 161-7

【蠶】 1
○妾在焉. 87-22

【鬭】 13
穀洛○. 23-16 佐○者傷焉. 25-6 王將防○川以飾宮. 25-10 是飾亂而佐○也. 25-10 遂○而死. 62-10 ○士衆. 82-20 ○士是故衆. 82-22 戰○. 98-13 莫有○心. 108-19 魯孟獻子有○臣五人. 129-21 ○且廷見令尹子常. 152-6 昔○子文三舍令尹. 152-13 自○伯比以來. 153-21

【羈】 5
僖負○之妻言於負○曰. 89-13 僖負○饋飧. 89-15 負○言於曹伯曰. 89-17 從者爲○紲之僕. 96-9

【籩】 2
品其百○. 15-5 ○豆脯醢. 141-23

【籬】 2
爲之關籥蕃○. 156-21 孤用親聽命於藩○之外. 163-23

【讙】 2
吾欲使陽處父傅○也. 100-6 是在○也. 100-7

【讒】 25
兄弟○鬩. 11-6 是以○口之亂. 63-20 是故先施○於申生. 66-13 ○言彌興. 67-21 其若内○何. 69-7 ○言作於中. 69-7 以起○於内也. 70-6 ○言益起. 70-11 乃逮于○. 72-22 唯與○人鈞是惡也. 72-22 不反○. 72-23 ○行身死. 72-24 ○羣公子. 76-11 ○在兄弟爲大亂. 77-4 ○言繁興. 77-20 多○在側. 87-9 驪姬之○. 95-10 趙孟姬之○. 112-4 趙有孟姬之○. 133-22 而好○慝暗昧. 137-7 ○諂巧從之人也. 137-20 用○慝也. 137-22 寔○敗楚. 142-20 殄其○慝. 151-14 信○喜優. 176-7

【讓】 29
○不貢. 2-4 有威○之令. 2-5 貪而不○. 15-2 説○. 18-19 非以○也. 19-21 故聖人貴○. 19-22 敵必三○. 19-24 言○必及敵. 22-15 ○. 22-21 推敵能○. 22-23 德莫若○. 26-15 ○也. 26-17 德○事咨. 26-18 ○於德也. 26-23 翼上德○. 27-1 始於德○. 27-2 單子儉敬○咨. 27-3 賢者急病而○夷. 35-19 欲信○耶. 41-11 今子圖遠以○邑. 41-19 趙衰三○. 99-20 其所○. 99-20 廢○. 99-21 夫趙衰三○不失義. 99-23 ○. 99-24 ○父兄也. 104-10 而能○. 116-15 知賢而○. 131-25 訊○日至. 164-8

【鼈】 7
稓魚○. 40-25 羞○焉. 47-17 相延食○. 47-17 將使○長而後食之. 47-17 ○於何有. 47-19 黿鼉魚○. 132-17 黿鼉魚○之與處. 178-13

【鬣】 1
而使長○之士相焉. 144-10

【鼉】 1
黿○魚鼈. 132-17

【鸑】 1
○鷟鳴於岐山. 7-17

【蠻】 21
夷○要服. 1-21 於是乎有○夷之國. 9-13 將○夷戎狄之驕逸不虔. 13-20 君以○夷伐之. 45-4 晉信○夷. 46-14 今信○夷而棄之. 47-2 若以○夷之故棄之. 47-4 其無乃得○夷而失諸侯之信乎. 47-4 通道于九夷百○. 50-10 又以違○夷重之. 110-4 盍姑以違○夷爲恥乎. 110-8 楚爲荆○. 123-11 南有荆○申呂應鄧陳蔡隨唐. 135-6 則皆○荆戎狄之人也. 135-11 叔熊逃難於濮而○. 136-2 ○芈○矣. 136-22 ○夷戎狄. 140-10 楚雖○夷. 155-10 今伯父有○荆之虞. 164-9 況○荆. 164-12

【斸】 1
惡金以鑄鉏夷斤○. 58-8

【黶】 3
且使苦成叔及欒○興齊魯之師. 108-12 君使○也. 108-13 ○也果敢. 114-16

【釁】 8
惡有○. 37-23 若鮑氏有○. 41-18 聲章過數則有○. 67-8 有○則敵入. 67-8 寇知其○. 74-25 久約而無○. 90-17 離則有○. 102-17 苟國有○. 156-9

【驩】 3
三而畀○之孫. 23-9 單襄公曰○. 23-10 必○之孫. 23-11

【黷】 2
畏○敬也. 92-18 ○則生怨. 92-18

【犨】 4
郤○見. 21-5 及郤○之譖. 21-7 郤○欲予之邑. 41-10 竇○侍. 132-17

【鑽】 1
其次用○笮. 37-2

【驪】 40
獻公卜伐○戎. 62-11 遂伐○戎. 62-16 獲○姬以歸. 62-16 夫○戎之役. 62-18 我卜伐○. 63-11 雖○之亂. 63-25 ○姬不克. 64-11 獻公伐○戎. 64-12 滅○子. 64-12 獲○姬以歸. 64-12 ○姬請使申生主曲沃. 64-13 君以○姬爲夫人. 64-17 ○姬果作難. 65-1 ○姬生奚齊. 65-3 抑○姬之不存側邪. 65-19 通於○姬. 66-4 ○姬問焉. 66-4○姬曰. 66-6 ○姬曰. 66-9 ○姬賂二五. 66-14 ○姬既遠太子. 66-20 優施教○姬夜半而泣. 67-22 ○姬曰. 68-1 ○姬曰. 68-12 ○姬曰. 68-18 ○姬謂公曰. 71-4 ○姬告優施曰. 71-10 ○姬許諾. 71-12 君既許○姬殺太子而立奚齊. 71-20 ○姬以君命命申生曰. 72-12 ○姬受福. 72-14 ○姬與犬肉. 72-15 ○姬見申生而哭之. 73-9 ○姬退. 73-11 ○姬既殺太子申生. 73-16 ○姬懼. 74-5 ○姬使奄楚以環釋言. 74-6 將以○姬之惑蠱君. 76-10 於是殺奚齊卓子及○姬. 76-18 ○姬之讒. 95-10

【鬱】 1
○人薦鬯. 4-11

【麤】 3
○穢暴虐. 7-11 其父兄之食○而衣惡者. 42-5 人之父兄食○衣惡. 42-6

人 名 索 引

夫. 7-4 ○之亂. 11-9
【子輿】 2
○之爲我謀. 67-18 生○爲理. 121-3
【子囊】 3
○議謚. 141-13 ○曰. 141-14 昔先大夫○違王之命謚. 148-3
【子亹】 3
○不出. 146-2 ○怒而出. 146-3 ○曰. 146-20
【王子友】 1
敗○於姑熊夷. 162-1
【王子帶】 1
惠后欲立○. 12-21
【王子頹】 1
○飲三大夫酒. 6-24
【王叔】 2
雖吾○. 20-13 ○欲郤至. 20-14
【王叔子】 2
○譽諸朝. 18-23 ○譽温季. 18-24
【王叔陳生】 1
○奔晉. 20-15
【王叔簡公】 1
○飲之酒. 18-21
【王季】 1
自稷以及○. 39-25
【王孫子】 1
○. 178-12
【王孫包胥】 1
吾問於○. 166-23
【王孫苟】 1
乃使○告勞于周. 164-21
【王孫啓】 3
或譖○於成王. 142-10 ○奔晉. 142-10 則○之爲也. 142-15
【王孫圉】 2
○聘於晉. 154-15 問於○曰. 154-16
【王孫勝】 2
子西使人召○. 155-18 聞子召○. 155-18
【王孫雒】 8
○曰. 162-7 王乃步就○曰. 162-13 ○曰. 162-14 ○進. 162-15 乃命○先與勇獲. 164-17 使○行成於越. 177-22 ○曰. 178-10 ○曰. 178-16
【王孫說】 2
見○. 18-11 ○與之語. 18-19
【王孫滿】 1
○觀之. 14-13
【夫差】 15
今吾聞○. 154-12 ○先自敗也已. 154-13 ○不貰不忍. 165-4 ○豈敢自多. 165-6 ○克有成事. 165-8 ○辭曰. 169-3 ○將死. 169-5 ○將欲聽與之成. 170-21 ○與之成而去之. 171-6 然後卑事○. 171-11 其身親爲○前馬. 171-12 昔者○恥吾君於諸侯之國. 172-6 今○衣水犀之甲者. 172-13 ○行成. 172-20 ○對曰. 172-23
【夫槪王】 1
○作亂. 165-1
【元咺】 1
今○雖直. 14-7
【五】 1
驪姬賂二○. 66-14
【五觀】 1
啓有○. 140-7
【不窋】 1
我先王○. 1-11
【犬戎】 1
吾聞夫○樹惇. 2-10
【犬戎氏】 1
○以其職來王. 2-8
【太公】 4
夫齊棄○之法. 34-17 大懼乏周公○之命祀. 35-24 其周公○及百辟神祇. 36-3 成王命我先君周公及齊先君○曰. 36-17
【太甲】 2
伊尹放○. 95-20 湯有○. 140-8
【瓦】 1
昔○唯長舊怨. 153-9
【少典】 1
昔○娶于有蟜氏. 92-13
【少室周】 2
○爲趙簡子之右. 131-23 使○爲宰. 131-25
【少暤】 1
及○之衰也. 149-21
【中行】 4
及范○之難. 33-4 及脅欒○. 111-19 吾願得范○之良臣. 132-1 范○有亟治之難. 133-22
【中行氏】 2
今范○之臣. 132-6 夫范○不恤庶難. 132-19
【中行伯】 1
○既克. 128-22
【中行宣子】 1
見○. 107-6
【中行偃】 1
○欲伐之. 112-5
【中行穆子】 1
○帥師伐狄. 128-14
【中行獻子】 1
欒武子○圍公於匠麗氏. 112-1
【午】 2
臣之子○可. 115-23 ○之少也. 115-24
【牛談】 1
聞○有力. 131-24
【毛】 2
○之智. 99-16 ○也不在位. 99-17
【公子干】 1
楚○來仕. 125-23
【公子縶】 1
秦伯使○如師. 95-5
【公父氏】 1
○之婦. 49-14
【公父文伯】 8
季康子問於○之母. 47-11 ○飲南宮敬叔酒. 47-16 ○之母. 47-21 ○退朝. 48-2 ○之母. 49-1 ○之母. 49-5 ○卒. 49-9 ○之母. 49-16
【公孫成子】 1
鄭簡公使○來聘. 126-7
【公孫枝】 7
及○. 78-4 謂○曰. 82-5 ○曰. 82-5 ○進諫曰. 83-5 ○曰. 83-18 ○曰. 83-23 ○曰. 84-3
【公孫固】 2
與司馬○相善. 90-6 ○言於襄公曰. 90-6
【公孫歸生】 1
蔡○與鄭罕虎見叔孫穆子. 45-13
【丹朱】 4
協於○. 7-21 ○憑身以儀之. 7-21 其○之神乎. 7-24 故堯有○. 140-7
【文】 17
及○武成康. 25-13 而○始平之. 25-14 昭顯○德. 31-21 莫若○武. 39-25 未嘗躋湯與○武. 40-1 世法○武遠績以成名. 53-9 有事於○武. 59-15 ○之昭也. 89-5 ○武之功. 89-23 繼○之業. 96-25 佐○襄爲諸侯. 121-5 有○之典刑. 131-1 武實昭○之功. 138-23 ○之祚盡. 138-24 桓○皆然. 147-17 收○武之諸侯. 164-7 ○武寔舍其衷. 165-6
【文子】 26
○曰. 42-5 ○以告孟獻子. 42-8 ○聞之. 42-9 ○曰. 107-7 ○曰. 108-9 ○之母弟也. 114-2 ○勤身. 114-3 及○成晉荆之盟. 121-8 ○聞之. 122-20 ○將請之於楚. 123-25 ○曰. 124-2 ○聞之. 124-7 ○歸. 124-11 ○曰. 124-12 ○曰. 124-16 ○曰. 124-17 ○曰. 124-22 ○曰. 124-23 ○視日. 124-24 ○出. 124-25 ○曰. 125-13 ○曰. 125-15 ○曰. 125-20 昔先主○少釁於難. 130-20 惠王以梁與魯陽○. 155-11 ○辭. 155-11
【文王】 12
○質文. 22-25 ○以文昭. 38-12 祖○而宗武王. 38-15 出自○. 89-22 大任娠○不變. 100-12 而得○. 100-12 ○在母不憂. 100-13 則○非專教誨之力也. 100-21 敢昭告于皇祖○烈祖康叔文祖襄公昭考靈公. 131-14 ○有管蔡. 140-8 ○至於日中昃. 146-16 ○猶不敢驕. 146-18
【文公】 20
襄王使太宰○及內史興. 9-25 ○遂不敢請. 13-16 ○欲弛孟文子之宅. 39-6 及○入. 81-3 實爲○. 86-4 ○在狄十二年. 87-4 而知○之安齊. 87-21 ○踰垣. 95-9 悔納○. 96-1 ○之出也. 96-7 ○伐原. 97-17 ○立四年. 97-21 ○誅觀狀以伐鄭. 98-18 ○問元帥於趙衰. 99-9 ○學

【妘】 1
○姓鄔鄶路偪陽. 136-17
【姒】 1
賜姓曰○. 24-12
【邵】 1
重之以周○畢榮. 100-19
【邵公】 6
○告曰. 2-18 告○曰. 2-20 ○曰. 2-21 宣王在○之宮. 3-18 ○曰. 3-18 ○以告單襄公曰. 18-24
【邵公過】 1
襄王使○及內史過. 8-13
【邵桓公】 1
郤至見○. 18-23
【武】 20
及文○成康. 25-13 莫若文○. 39-25 未嘗躋湯與文○. 40-1 世法文○遠績以成名. 53-9 有事於文○. 59-15 ○之穆也. 89-5 周之大功在○. 89-5 天祚將在○族. 89-6 必○族也. 89-6 ○族. 89-7 文○之功. 89-23 定○之功. 96-25 ○從二三子. 125-8 而賴○之德. 126-25 而修○之德. 127-1 先君獻○之諱也. 129-12 ○實昭文之功. 138-23 ○其嗣乎. 138-24 收文○之諸侯. 164-7 文○寔舍其衷. 165-6
【武丁】 4
昔殷○. 147-1 ○於是作書. 147-4 若○之神明也. 147-8 今君或者未及○. 147-12
【武子】 11
○遂不敢對而退. 15-17 ○勞之. 46-9 ○曰. 104-8 ○怒曰. 104-10 ○曰. 104-23 ○曰. 105-1 ○曰. 107-4 ○曰. 107-18 ○之季. 114-2 ○宣法. 114-3 世及○. 121-4
【武王】 10
至于○. 1-15 欣戴○. 1-18 昔○伐殷. 31-5 昔○克殷. 32-9 ○去民之穢. 38-12 祖文王而宗○. 38-15 昔○克商. 50-10 無必假手於○. 68-9 出自○. 89-23 ○之子. 138-24
【武公】 5
○伐翼. 62-4 蒸于○. 65-10 吾先君○. 90-21 ○之業. 90-24 謂之睿聖○. 146-15
【青陽】 3
唯○與夷鼓. 92-4 ○. 92-4 唯○與蒼林氏. 92-12
【長魚矯】 2
○既殺三郤. 111-19 晉○. 157-2
【苦成】 1
大夫○進對曰. 167-1
【苦成氏】 1
○有三亡. 41-14
【苦成叔】 5
子何辭○之邑. 41-11 夫○家. 41-13 且使○及欒黶興齊魯之師. 108-12 使○緩齊魯之師. 111-6 是故使胥之昧與夷羊五刺郤至○及郤錡. 111-10
【苦成叔子】 1
見○. 107-23
【若敖】 1
能違○之欲. 148-8
【若敖氏】 3
○離矣. 142-14 滅○. 152-19 盍求○與子干子晳之族而近之. 156-23
【苗賁皇】 1
○曰. 110-18
【苗棼皇】 1
○曰. 105-10
【苟】 2
敢使○告於下執事. 165-8 ○. 165-10
【范】 6
欒○不欲. 19-10 及○中行之難. 33-4 吾願得○中行之良臣. 132-1 今○中行氏之臣. 132-6 夫○中行氏不恤庶難. 132-19 ○中行有亟治之難. 133-22
【范子】 3
○私於原公曰. 14-19 子○. 178-10 子○. 178-16
【范氏】 3
爲○. 120-3 董叔將娶於○. 129-16 ○富. 129-16
【范文子】 14
○暮退於朝. 104-8 ○後入. 104-23 ○見. 105-3 見○. 107-7 ○不欲. 108-6 ○不欲. 109-3 ○不欲. 109-6 ○將下軍. 109-16 ○不欲. 109-17 ○曰. 110-6 ○執戈逐之. 110-17 ○立於戎馬之前. 110-20 ○謂其宗祝曰. 110-24 ○卒. 111-2
【范匄】 1
○自公族趨過之. 110-16
【范武子】 1
○退自朝. 104-4
【范叔】 1
○之教. 108-2
【范宣子】 4
○以公入于襄公之宮. 119-7 ○問焉. 119-25 ○與和大夫爭田. 120-7 ○謂獻子曰. 121-13
【范無宇】 1
使僕夫子晳問於○. 145-4
【范獻子】 3
使○爲候奄. 115-10 ○聘於魯. 129-11 董祁愬於○. 129-17
【范蠡】 25
於是越王句踐乃命○后庸. 161-24 ○進諫曰. 174-4 ○進諫曰. 174-12 王召○而問焉. 174-16 ○對曰. 174-17 與○入官於吴. 175-4 王問於○曰. 175-5 王召○而問焉. 175-23 王召○而問焉. 176-6 王召○而問焉. 176-11 王召○而問焉. 176-15 ○對曰. 176-19 王召○而問焉. 176-24 ○進諫曰. 177-4 ○曰. 177-9 ○進諫曰. 177-25 ○諫曰. 178-5 ○乃左提鼓. 178-8 ○曰. 178-12 ○曰. 178-17 ○不報於王. 178-19 ○辭於王曰. 178-21 ○對曰. 179-2 以良金寫○之狀. 179-4 以爲○地. 179-5
【析公】 2
○奔晉. 142-20 則○之爲也. 142-21
【析公臣】 1
或譖○於王. 142-19
【杼】 1
○. 38-16
【東山】 2
是故使申生伐○. 68-25 公使太子伐○. 69-9
【東門】 2
叔孫○其亡乎. 17-16 ○之位. 18-4
【東門子家】 1
叔孫宣子○皆侈. 17-15
【東門氏】 1
○來告亂. 18-8
【奄楚】 1
驪姬使○以環釋言. 74-6
【叔】 1
○迂. 22-1
【叔子】 1
○曰. 107-23
【叔仲】 1
○曰. 44-12
【叔仲昭伯】 1
○曰. 44-10
【叔向】 29
單之老送○. 26-13 ○告之曰. 26-13 晉○見叔孫穆子曰. 44-4 ○退. 44-7 晉昭公使○辭昭公. 46-13 ○之母聞之. 119-23 ○聞之. 120-19 ○聞之. 121-23 ○曰. 121-24 ○見司馬侯之子. 122-3 ○曰. 122-6 ○命召行人子員. 122-9 ○曰. 122-10 ○曰. 122-11 ○曰. 122-12 謂○曰. 122-20 ○曰. 122-20 ○謂趙文子曰. 123-6 趙文子與○遊於九原. 124-14 ○曰. 124-16 ○曰. 124-17 ○爲太傅. 125-23 ○見韓宣子. 126-19 ○賀之. 126-19 ○曰. 128-7 ○曰. 129-16 ○過之. 129-18 ○曰. 129-19 ○曰. 129-22
【叔祁】 1
欒有○之愬. 133-22
【叔妘】 1
鄶由○. 12-1
【叔段】 1
○以京患莊公. 145-9
【叔振】 1
先君○. 89-22
【叔時】 1
○曰. 140-12
【叔孫】 6
○東門其亡乎. 17-16 不若○. 18-4 ○之位. 18-5 魯○賦匏有苦葉. 44-8 趙文子謂○曰. 123-17 必免○. 124-5
【叔孫宣子】 1
○東門子家皆侈. 17-15
【叔孫宣伯】 1
魯○亦奔齊. 18-9

【契】 3
○爲司徒而民輯. 38-11 商人褅舜而祖○. 38-14 能帥○者也. 38-16
【括】 1
魯武公以○與戲見王. 5-12
【荆嬀】 1
盧由○. 12-2
【荀】 1
姬酉祁己滕箴任○僖姞儇依是也. 92-7
【荀伯】 1
昔先大夫○. 19-16
【荀息】 10
里克丕鄭○相見. 65-4 ○曰. 65-5 先告○曰. 75-21 ○曰. 75-22 ○曰. 75-24 ○謂何. 76-5 ○曰死之. 76-5 ○將死之. 76-19 ○立卓子. 76-19 ○死之. 76-20
【荀家】 1
○惇惠. 114-15
【荀會】 1
○文敏. 114-15
【荀賓】 1
知○之有力而不暴也. 114-13
【胡公】 1
以○入於貝水. 157-1
【南宮】 1
而謀於○. 100-18
【南宮敬叔】 1
公父文伯飲○酒. 47-16
【柏】 1
胥籍狐箕欒郤○先羊舌董韓. 96-16
【柳下季】 1
文仲聞○之言. 39-3
【柱】 1
其子曰○. 38-6
【勃鞮】 3
獻公使寺人○伐公於蒲城. 95-9 ○斬其袪. 95-10 ○求見. 95-10
【郏敖】 1
殺○而代之. 45-21
【昭】 1
周恭王能庇○穆之闕而爲恭. 50-23
【昭王】 6
昔○娶於房. 7-20 昔吾先王○穆王. 53-9 ○問於觀射父. 149-4 ○奔隨. 153-4 ○出奔. 153-5 ○奔鄖. 153-15
【昭公】 3
晉○使叔向辭○. 46-13 宋人弑○. 103-10 宋蕭蒙寔弑○. 145-11
【昭叔】 2
襄王避○之難. 96-22 右師取○于溫. 97-4
【幽】 2
厲宣○平. 25-11 ○滅于戲. 42-1
【幽王】 7
及○. 6-9 ○二年. 6-10 ○乃滅. 6-20 自○而天奪之明. 32-13 ○亂之. 32-19 而○蕩以爲魁陵糞土溝瀆. 32-20 ○八年而桓公爲司徒. 139-4
【重】 5
且○黎之後也. 136-5 周書所謂○黎寔使天地不通者. 149-4 堯復育○黎之後. 150-5 故○黎氏世敘天地. 150-6 ○寔上天. 150-9
【重耳】 38
○處蒲城. 64-14 公子○處焉. 66-19 ○夷吾. 73-16 公令閹楚刺○. 73-17 ○逃于狄. 73-17 公子○出亡. 73-20 告公子○於狄. 76-21 ○告舅犯曰. 76-23 ○曰. 77-3 公子○出見使者. 77-5 ○父生不得供備洒掃之臣. 77-6 ○不敢違. 77-9 乃使公子縶弔公子○于狄. 78-8 ○告舅犯. 78-11 公子○出見使者. 78-14 ○身亡. 78-15 如弔公子○之命. 78-18 吾與公子○. 79-6 ○仁. 79-6 公子○其入乎. 80-18 以師奉公子○. 81-8 昔君之不納公子○而納晉君. 83-5 昔吾之不納公子○而納晉君. 83-7 然公子○實不肯. 83-8 吾將以公子○代之. 83-21 公子○之仁. 83-21 秦乃召○於楚而納之. 86-3 而授○. 86-4 實生○. 90-17 唯○在. 90-18 ○日載其德. 90-19 君以天子之命服命○. 93-13 ○之仰君也. 93-15 ○之望也. 93-18 ○若獲集德而歸載. 93-19 君若恣志以用○. 93-19 以命○. 93-23 ○敢有惰心. 93-23
【段規】 2
智襄子戲韓康子而侮○. 133-19 ○反. 134-4
【禹】 9
帥象○之功. 24-10 謂其能爲○股肱心膂. 24-14 ○能以德修鯀之功. 38-10 郊鯀而宗○. 38-14 能帥○者也. 38-16 昔○致羣神於會稽之山. 49-21 ○殺而戮之. 49-22 其擧也興○. 102-8 今王既變鯀○之功. 160-17
【郤】 13
且呂○將不免. 8-16 其君與三○. 21-9 而聽三○之語矣. 21-11 晉殺三○. 22-9 伯楚以呂○之謀告公. 96-4 胥籍狐箕欒○柏先羊舌董韓. 96-16 若夫三○. 108-3 殺三○而尸諸朝. 110-11 始於三○. 111-2 既刺三○. 111-17 長魚矯既殺三○. 111-19 夫八○. 127-3 殺三○於榭. 157-2
【郤乞】 1
乃使○告呂甥. 84-6
【郤子】 3
夫○之怒甚矣. 104-5 ○之師也. 104-24 ○勇而不知禮. 105-11
【郤氏】 2
夫○. 21-22 夫○有車轅之難. 133-22
【郤至】 22
使○告慶于周. 18-20 ○見邵桓公. 18-23 其○之謂乎. 19-20 今○在七人之下. 19-25 而○佻天之功. 20-4 且○何三伐之有. 20-7 王叔欲○. 20-14 ○歸. 20-15 ○見. 21-6 ○曰. 108-8 ○曰. 108-14 欒書是以怨○. 108-20 ○以韎韋之跗注. 108-21 ○甲冑而見客. 108-24 ○使人勸王戰. 111-3 微○. 111-4 ○欲爲難. 111-6 ○將往. 111-9 ○聘於周. 111-10 是故使胥之昧與夷羊五刺○苦成叔及郤錡. 111-10 郤錡謂○曰. 111-12 ○曰. 111-13
【郤芮】 1
呂甥○相晉侯. 8-13
【郤伯】 1
今○之語犯. 22-1
【郤叔虎】 3
○朝. 65-18 ○將乘城. 66-1 ○曰. 66-2
【郤昭子】 1
夫○. 127-2
【郤敬子】 1
公欲弛○之宅. 39-15
【郤稱】 2
呂甥及○. 77-10 君厚問以召呂甥○冀芮而止之. 81-8
【郤駒伯】 1
見○. 107-13
【郤縠】 4
○可. 99-9 請使○. 99-11 ○卒. 99-14 使○將中軍. 101-8
【郤錡】 3
晉○見. 21-4 是故使胥之昧與夷羊五刺郤至苦成叔及○. 111-10 ○謂郤至曰. 111-12
【郤獻子】 8
○聘于齊. 104-3 ○怒. 104-4 ○駕. 104-13 ○請以徇. 104-14 ○傷. 104-16 ○師勝而返. 104-23 ○見. 105-2 ○伐齊. 105-8
【郤犫】 3
○見. 21-5 及○之譖. 21-7 ○欲予之邑. 41-10
【負羈】 2
僖○之妻言於○曰. 89-13 ○言於曹伯曰. 89-17
【逢公】 1
○之所憑神也. 31-8
【哀侯】 1
殺○. 62-4
【哀姜】 1
○至. 35-8
【帝甲】 1
○亂之. 32-17
【帝辛】 1
商王○. 1-17
【帝舜】 1
以象○. 160-8
【帝嚳】 2
○受之. 31-7 ○能序三辰以固民. 38-9
【施】 1
公之優曰○. 66-4
【施伯】 4
○. 52-12 莊公以問○. 52-17 ○對曰. 52-17 ○對曰. 52-19
【姜】 7
王以狄女間○任. 12-13 賜姓曰○. 24-13 ○曰. 88-5 ○與子犯謀. 88-20 炎帝爲○. 92-15 ○嬴其孰興. 138-25 ○嬴之雋也. 139-2
【姜氏】 3
王師敗績于○之戎. 5-11 妾告○. 87-22 ○殺之. 87-22
【兹】 1

攝少司馬○. 163-25

【宣】 3

厲○幽平. 25-11 季文子相○成. 42-3 成○之後. 107-18

【宣子】 20

○說. 47-6 ○召而禮之. 103-3 ○曰. 103-16 ○曰. 107-6 ○之忠. 107-19 夫○. 107-21 有○之忠. 107-22 ○曰. 120-1 ○欲攻之. 120-8 見○曰. 120-19 ○問於訾祏. 121-3 ○說. 121-11 ○曰. 121-17 ○曰. 126-1 ○以告. 126-17 ○憂貧. 126-19 ○曰. 126-19 ○拜稽首焉. 127-6 ○曰. 128-8 ○曰. 133-4

【宣王】 12

○在邵公之宮. 3-18 乃以其子代○. 3-21 ○長而立之. 3-21 ○即位. 3-22 ○伐魯. 5-19 ○欲得國子之能導訓諸侯者. 5-20 ○既喪南國之師. 5-25 鄭出自○. 12-12 且○之時. 137-23 於是○聞之. 137-24 當○時而生. 138-10 當○時. 150-8

【宣公】 2

○使僕人. 40-10 ○夏濫於泗淵. 40-21

【突】 1

○聞之. 70-4

【神瞀】 1

古之○. 30-12

【祝融】 1

○亦能昭顯天地之光明. 136-13

【胥】 1

○籍狐箕欒郤柏先羊舌董韓. 96-16

【胥之昧】 1

是故使○與夷羊五刺郤至苦成叔及郤錡. 111-10

【胥臣】 3

○多聞. 99-12 ○佐下軍. 99-14 文公問於○曰. 100-6

【胥嬰】 2

箕鄭○先都在. 99-20 ○將新下軍. 99-22

【姑】 1

姬酉祁己滕箴任荀僖○儇依是也. 92-7

【勇獲】 1

乃命王孫雒先與○. 164-17

【紂】 6

底○之多罪. 31-21 ○踣于京. 41-25 今夫以君爲○. 68-7 若○有良子. 68-8 而先喪○. 68-8 吾豈知○之善否哉. 68-10

【紀公】 1

莒太子僕弒○. 40-9

【秦公】 2

輅○. 83-13 使失○. 85-24

【秦仲】 1

○齊侯. 139-1

【秦伯】 18

○召公子於楚. 91-21 ○歸女五人. 91-23 ○見公子曰. 91-24 ○將享公子. 93-5 ○享公子. 93-6 ○謂其大夫曰. 93-8 ○賦采菽. 93-12 ○降辭. 93-13 ○歎曰. 93-21 ○賦鳩飛. 93-21 ○賦六月. 93-22 ○降辭. 93-22 ○納公子. 94-15 ○使公子縶如師. 95-5 ○還. 95-7 脫會○于王城. 96-5 ○誘而殺之. 96-6 ○納衞三千人. 96-11

【秦君】 2

○曰. 84-25 ○道乎. 124-21

【秦景公】 2

○使其弟鍼來求成. 122-9 ○使醫和視之. 125-5

【秦穆公】 2

乃使梁由靡告于○. 77-19 ○許諾. 78-4

【起】 2

○也將亡. 127-7 非○也敢專承之. 127-7

【華元】 1

則○騆騑. 144-3

【華登】 1

夫申胥○簡報吳國之士於甲兵. 158-6

【恭王】 4

○遊於溼上. 2-13 ○有疾. 141-10 譖雍子於○. 142-22 ○使巫臣聘於齊. 143-6

【莊】 4

鄭武○有大勳力于平桓. 11-8 平桓○惠. 12-10 昔吾逮事○主. 107-4 齊○僖於是乎小伯. 139-6

【莊王】 5

○使士亹傅太子箴. 140-4 昔○方弱. 142-16 ○既以夏氏之室. 143-4 先君○. 144-1 故○之世. 152-19

【莊公】 9

曹劌問所以戰於○. 34-4 ○如齊觀社. 34-14 ○丹桓宮之楹. 35-2 臧文仲言於○曰. 35-13 ○以問施伯. 52-17 ○曰. 52-19 ○將殺管仲. 52-20 於是○使束縛以予齊使. 52-22 叔段以京患○. 145-9

【桓】 7

鄭武莊有大勳力于平○. 11-8 平○莊惠. 12-10 集于○鉤. 95-21 改○之行. 127-1 而離○之罪. 127-1 秦徵衙寔難○景. 145-14 ○文皆然. 147-17

【桓子】 1

及○. 126-24

【桓公】 52

○自莒反於齊. 52-4 ○曰. 52-9 ○曰. 52-11 ○曰. 52-12 ○使請諸魯. 52-15 ○親逆之于郊. 53-1 ○曰. 53-12 ○曰. 53-15 ○曰. 54-20 ○曰. 54-21 ○曰. 54-25 ○曰. 55-1 ○曰. 55-3 ○曰. 55-4 ○曰. 55-8 ○曰. 55-9 ○又問焉. 56-1 ○又問焉. 56-3 ○親見之. 56-6 ○令官長. 56-8 ○召而與之語. 56-10 ○曰. 56-21 ○曰. 57-1 ○曰. 57-5 ○擇是寡功者而謫之. 57-7 ○又親問焉. 57-8 ○又問焉. 57-11 ○又問焉. 57-13 ○曰. 57-20 ○曰. 57-22 ○問曰. 58-4 ○曰. 58-5 ○曰. 58-11 ○曰. 58-14 ○曰. 58-16 致胙於○. 59-14 ○召管子而謀. 59-16 ○懼. 59-17 ○憂天下諸侯. 59-22 ○聞之. 59-23 ○築夷儀以封之. 59-24 ○城楚丘以封之. 60-1 ○與之繫馬三百. 60-2 知○之非爲己動也. 60-3 ○知諸侯之歸己也. 60-6 既許○. 60-10 ○知天下諸侯多與己也. 60-11 ○在殯. 75-20 ○卒. 87-20 管仲賊○. 95-20 ○爲司徒. 135-4 幽王八年而○爲司徒. 139-4

【桓叔】 2

自○以來. 68-13 其自○以下. 127-7

【夏】 2

必有○呂之功焉. 25-1 昔陳公子○. 143-3

【夏父弗忌】 2

○爲宗. 39-20 ○必有殃. 40-3

【夏父展】 1

宗人○曰. 35-8

【夏氏】 5

民將築臺於○. 15-23 南冠以如○. 15-25 以淫於○. 17-6 陳侯殺於○. 17-12 莊王既以○之室. 143-4

【夏后】 2

在○之世. 26-1 ○卜. 138-4

【夏后氏】 2

○禘黃帝而祖顓頊. 38-13 ○報焉. 38-16

【夏禹】 1

○能單平水土. 136-10

【夏桀】 1

昔○伐有施. 63-3

【夏姬】 1

以○行. 143-7

【原】 4

諏於蔡○. 100-18 盍伐○以示之信. 101-6 乃伐○. 101-6 今吾若起瑕○韓魏之後. 118-16

【原公】 4

○相禮. 14-19 范子私於○曰. 14-19 召○而問之. 14-21 ○以告. 14-21

【原季】 1

公使○爲卿. 99-15

【烈山氏】 1

昔○之有天下也. 38-5

【晉】 1

太子○諫曰. 23-17

【晉子】 1

必早善○. 23-14

【晉公午】 1

以會○於黃池. 161-23

【晉文】 1

齊桓○. 147-14

【晉文公】 6

賜○命. 9-25 立○. 10-18 ○納之. 12-22 ○既定襄王于郟. 12-23 以陽樊賜○. 13-17 ○解曹地以分諸侯. 37-16

【晉文侯】 2

與○. 90-21 ○於是乎定天子. 139-6

【晉君】 15

王以○爲能德. 13-18 吾見○之容. 21-11 君若求置○而載之. 79-9 君若求置○以成名於天下. 79-9 ○必出. 81-9 ○大失其衆. 81-21 ○無禮於君. 82-1 君有施於○. 82-5 ○無施於其衆. 82-6 昔君之不納公子重耳而納○. 83-5 昔吾之不納公子重耳而納○. 83-7 殺○. 83-15 ○之無道. 83-21 乃改館○. 84-25 尚能事○. 142-3

地 名 索 引

【邯鄲】 1
○之倉庫實. 134-12
【茱】 1
主○馳而食溱洧. 135-21
【芮】 1
西有虞虢晉隗霍楊魏○. 135-9
【杞】 2
○繒由大姒. 11-21 ○鄫猶在. 24-17
【豖韋】 1
彭姓彭祖○諸稽. 136-16
【芈】 1
姜嬴荆○. 136-23
【早】 1
瞻彼○麓. 27-24
【貝水】 1
以胡公入於○. 157-1
【吠狗】 1
柴夫○. 58-17
【呂】 3
齊許申○由大姜. 11-22 南有荆蠻申○應鄧陳蔡隨唐. 135-6 申○方彊. 138-19
【吴】 84
○伐越. 49-18 萊莒徐夷○越. 58-23 寔通○晉. 143-7 使其子狐庸爲行人於○. 143-7 ○人入楚. 153-5 ○人入楚. 153-15 無患○矣. 154-8 子修德以待○. 154-14 ○將斃矣. 154-14 夫○之與越. 158-5 天若棄○. 158-10 乃命諸稽郢行成於○. 158-14 則何實以事○敢使下臣盡辭. 159-6 非實忠心好○也. 159-10 昔天以越賜○. 159-23 越之在○. 160-1 夫越王之不忘敗○於其心也. 160-2 將必越實有○土. 160-5 以服○越. 160-9 夫○民離矣. 160-18 ○人有功. 160-21 今天降衷於○. 161-6 是○命之短也. 161-15 以絕○路. 162-1 泝江以襲○. 162-2 ○晉爭長未成. 162-4 ○既敗矣. 162-9 乃能至於○. 162-24 大則越入○. 164-3 是以復歸於○. 165-1 今○民既罷. 165-17 夫○之邊鄙遠者. 165-20 將伐○. 165-25 夫○. 166-5 求以報○. 166-7 求以報○. 166-9 求以報○. 166-12 求以報○. 166-14 求以報○. 166-16 ○爲不道. 166-21 ○師聞之. 168-15 ○師大北. 168-17 乃至於○. 168-19 昔天以越賜○. 168-23 而○不受. 168-24 今天以○賜越. 168-24 天以○賜越. 169-1 凡○土地人民. 169-4 越滅○. 169-7 有能助寡人謀而退○者. 170-5 遂使之行成於○. 170-12 夫○之與越也. 170-21 有○則無越. 170-22 有越則無○矣. 170-22 宦士三百人於○. 171-12 是故敗○於囿. 172-19 昔天以越予○. 172-21 而○不受命. 172-21 今天以○予越. 172-22 遂滅○. 173-2 而欲伐○. 174-4 果興師而伐○. 174-15 乃令大夫種行成於○. 174-20 ○人不許. 174-21 ○人許諾. 175-1 與范蠡入官於○. 175-4 而○人遣之. 175-5 委制於○. 175-25 ○人之那不穀. 175-25 夫○. 176-4 君王之○也. 176-4 吾與子謀○. 176-6 吾與子謀○. 176-11 吾與子謀○. 176-15 遂興師伐○. 177-3 ○人聞之. 177-4 ○師自潰. 177-22 昔者上天降禍於○. 177-23 非○乎. 178-5 非○耶. 178-6 委制於○. 178-9 而○不受. 178-9 今○稻蟹不遺種. 178-11 遂滅○. 178-20
【吴國】 9
夫申胥華登簡報○之士於甲兵. 158-6 寡人帥師不腆○之役. 160-23 以犯獵○之師徒. 160-25 以妖孽○. 161-5 而○猶世. 161-12 ○之亡也. 161-18 ○爲不道. 166-1 越師遂入○. 168-19 天既降禍於○. 169-3
【岐山】 2
○崩. 6-20 鸑鷟鳴於○. 7-17
【岐陽】 1
昔成王盟諸侯于○. 123-10
【牡丘】 1
築五鹿中牟蓋與○. 60-17
【狄】 65
而自竄于戎○之閒. 1-12 戎○荒服. 1-21 將以○伐鄭. 11-5 棄親即○. 11-13 王降○師以伐鄭. 11-18 王德○人. 11-19 夫○無列於王室. 12-8 ○. 12-9 ○. 12-12 王以○女閒姜任. 12-13 又登叔隗以階○. 12-16 ○. 12-16 ○人來誅. 12-18 故以其黨啓○人. 12-21 ○人遂入周. 12-21 將蠻夷戎○之驕逸不虔. 13-20 且唯戎○. 15-1 夫戎○. 15-1 胡有孑然其郊戎○也. 15-8 ○人攻邢. 59-24 ○人攻衛. 59-25 以禦戎○之地. 60-16 ○之廣莫. 66-18 君盍使之伐○. 68-20 若不勝○. 68-22 若勝○. 68-22 且夫勝○. 68-23 申生勝○而反. 69-7 ○人出逆. 70-3 果敗○於稷桑而反. 70-10 焉能勝○. 71-6 今矜○之善. 71-6 重耳逃于○. 73-17 其○乎. 73-23 夫○近晉而不通. 73-23 今若休憂於○. 73-25 乃遂之○. 74-1 盍從吾兄竄於○乎. 74-2 戎○之民實環之. 75-16 我使○以動之. 76-7 告公子重耳於○. 76-21 乃使公子縶弔公子重耳于○. 78-8 若○公子. 80-14 文公在○十二年. 87-4 衛文公有邢○之虞. 88-25 蒲人○人. 95-17 其無蒲○乎. 95-19 與麗土之○. 97-2 乃奔○. 111-24 戎○無親而好得. 116-6 且夫戎○荐處. 116-7 戎○事晉. 116-10 和諸戎○而正諸華. 116-24 夫和戎○. 117-1 戎○懷之. 126-23 中行穆子帥師伐○. 128-14 且夫○之憾者. 128-18 臣委質於○之鼓. 129-4 趙襄子使新稚穆子伐○. 132-23 戎○必昌. 135-5 北有衛燕○鮮虞潞洛泉徐蒲. 135-7 則皆蠻荆戎○之人也. 135-11 或在夷○. 136-19 蠻夷戎○. 140-10 不式諸戎○楚秦. 163-19
【狄泉】 1
魏獻子合諸侯之大夫於○. 33-3
【沂】 1
北屬之○. 161-22
【汾】 2
而○河涑澮以爲渠. 75-15 三歲於沮○. 160-9
【汾陽】 1
吾命之以○之田百萬. 78-23
【没】 2
又大敗之於○. 168-18 又敗之於○. 172-19
【汶】 2
遵○之上. 160-24 遵○伐博. 165-4
【汶山】 1
望○. 58-24
【宋】 33
定王使單襄公聘於○. 15-19 背○之盟. 19-3 ○人伐之. 75-20 公子過○. 90-6 楚成王伐○. 97-21 伐曹衛以救○. 97-21 ○人使門尹班. 97-22 ○人告急. 97-22 舍之則○絕. 97-23 使○舍我. 97-24 以賜○人. 97-25 是故以曹田衛田賜○人. 98-2 臣亦釋○之圍. 98-5 是不許釋○也. 98-7 ○衆無乃彊乎. 98-7 子玉釋○圍. 98-11 而抗○. 98-14 釋○圍. 101-10 ○人弑昭公. 103-10 以伐○. 103-10 今○人弑其君. 103-11 今○人弑其君. 103-19 以至于○. 103-21 以救○. 115-4 諸侯之大夫盟于○. 122-18 ○之盟. 123-6 東有齊魯曹○滕薛鄒莒. 135-10 ○有蕭蒙. 145-8 ○蕭蒙寔弑昭公. 145-11 齊○徐夷曰. 162-9 恐齊○之爲己害也. 164-17 以爲過賓於○. 164-18 ○鄭魯衛陳蔡執玉之君皆入朝. 169-7
【郯】 3
○之役. 110-2 ○之役. 113-21 襄老死于○. 143-5
【甬】 2
寡人其達王於○句東. 169-2 吾請達王○句東. 172-23
【武宫】 3
命于○. 10-2 即位于○. 95-8 朝于○. 113-16
【長勺】 1
○之役. 34-4
【長子】 1
○近. 134-10
【長狄】 1
於周爲○. 50-3
【長翟】 1
且夫○之人. 22-6
【拘夏】 1
與辟耳之谿○. 59-7
【苗】 1
王無亦鑒于黎○之王. 25-17
【范】 1
是以受隨○. 121-8
【東夷】 2
以服○. 45-3 楚恭王帥○救鄭. 108-12
【東萊】 1
通齊國之魚鹽于○. 60-13
【東陽】 1
若資○之盜. 143-17
【具】 1
不爲○敖乎. 129-11
【具山】 1
問○敖山. 129-11
【昆吾】 1
己姓○蘇顧温董. 136-15
【牧】 3
以致戎于商○. 1-18 夷羊在○. 7-17 布戎于○之野. 31-18
【依】 1
鄔弊補舟○黖歷華. 135-17
【周】 71

陳錫載○. 3-14 故能載○. 3-14 ○必敗. 3-16 ○將亡矣. 6-10 今○德若二代之季矣. 6-17 ○乃東遷. 6-21 ○之興也. 7-17 是實臨照○之子孫. 7-22 我○之東遷. 11-9 鄭未失○典. 12-10 狄人遂入○. 12-21 歸之于○. 14-4 過○北門. 14-12 晉侯使隨會聘于○. 14-18 ○制有之曰. 16-11 ○之秩官有之. 16-17 有分族於○. 16-25 使郤至告慶于○. 18-20 適○. 22-12 必三取君於○. 23-11 晉羊舌肸聘于○. 26-10 今○其興乎. 26-14 ○固羸國也. 27-19 吾○官之於災備也. 28-6 劉文公與萇弘欲城○. 32-4 衛彪傒適○. 32-7 ○詩有之曰. 32-8 后稷勤○. 32-18 夫○. 32-20 ○若無咎. 32-24 歸之于○. 36-24 ○人禘嚳而郊稷. 38-15 ○人報焉. 38-17 商○之蒸也. 39-25 魯未若商○. 40-1 於○爲長狄. 50-3 昔正考父校商之名頌十二篇於○太師. 50-19 使貢絲於○而反. 58-24 南城於○. 59-8 召西戎以伐○. 63-9 ○於是乎亡. 63-10 ○之大功在武. 89-5 楚成王以○禮享之. 91-6 則失○矣. 96-24 乃納襄王于○. 101-5 且今君若使之於○. 111-8 郤至聘於○. 111-10 欒武子使智武子彘恭子如○迎悼公. 113-4 在○爲唐杜氏. 120-2 ○卑. 120-2 昔隰叔子違○難於晉國. 121-3 甚得○衆與東土之人. 135-4 君若以○難之故. 135-15 ○亂而弊. 135-16 虞夏商○是也. 136-9 於○未有侯伯. 136-14 當○未有. 136-15 則○滅之矣. 136-17 若○衰. 136-23 ○衰. 136-26 ○其弊乎. 137-5 ○法不昭. 137-22 及殷○. 138-7 會以伐○. 138-18 ○不守矣. 138-18 凡○存亡. 138-20 若○衰. 138-23 秦景襄於是乎取○土. 139-5 其在○. 150-8 而○無二王. 164-13 乃使王孫苟告勞于○. 164-21

【周室】14
今天降禍災於○. 13-6 女股肱○. 36-18 以屏○. 55-21 苟姬未絕○. 89-6 股肱○. 90-22 整師以復彊○. 93-18 有○之師旅. 97-13 今○少卑. 126-16 ○卑約. 163-16 ○既卑. 164-6 則何有於○. 164-12 昔○逢天之降禍. 165-11 君若不忘○. 172-24 固○之不成子也. 178-13

【周國】1
實亡○. 137-24

【郇】3
次于○. 95-5 狐偃及秦晉大夫盟于○. 95-5 是以受○櫟. 121-9

【京】3
紂踣于○. 41-25 昔鄭有○櫟. 145-7 叔段以○患莊公. 145-9

【河】18
○竭而商亡. 6-16 北至于○. 58-20 乘桴濟○. 59-5 朝服以濟○. 60-20 而汾○涑澮以爲渠. 75-15 是故氾舟於○. 82-9 公令○上輸之粟. 82-11 東行濟○. 93-18 及○. 94-15 有如○水. 94-18 董因迎公於○. 94-19 公子濟○. 95-3 遂如○上. 96-6 無以濟○. 117-4 其濟洛○潁之間乎. 135-13 若前華後○. 135-20 以入於○. 147-2 自○徂亳. 147-2

【河外】1
且入○列城五. 79-2

【河曲】1
○之役. 103-1

【河東】1
秦始知○之政. 84-4

【河陰】1
與鼓子田於○. 129-9

【沮】1
三歲於○汾. 160-9

【泗】1
宣公夏濫於○淵. 40-21

【房】1
昔昭王娶於○. 7-20

【屈】4
夷吾處○. 64-14 蒲與二○. 66-14 而二公子主蒲與○. 66-17 又城二○. 66-20

【孟門】1
及○. 97-20

【孤竹】1
斬○. 59-1

【姑】1
臺原○與漆里. 58-15

【姑蔑】1
西至於○. 171-15

【姑熊夷】1
敗王子友於○. 162-1

【姑蘇】4
以罷民於○. 160-17 焚其○. 162-2 以上○. 177-22 至於○之宮. 178-19

【封】1
守○嵎之山者也. 50-1

【城濮】4
至于○. 98-16 ○之役. 99-18 敗楚師于○. 101-10 及○之役. 142-11

【荆】19
畢陽實送州犂于○. 106-3 ○救之. 109-6 盍姑釋○與鄭以爲外患乎. 109-15 ○救之. 109-16 盍姑釋○與鄭以爲外患乎. 109-21 又勝○與鄭. 109-22 遂與○人戰於鄢陵. 110-10 ○壓晉軍. 110-15 既退○師於鄢. 110-19 及文子成晉○之盟. 121-8 ○之逆諸侯也亦云. 122-23 ○敗我. 123-1 則皆蠻○戎狄之人也. 135-11 夫○子熊嚴生子四人. 135-23 唯○. 136-22 姜嬴○芈. 136-23 以立名於○. 161-4 今伯父有蠻○之虞. 164-9 況蠻○. 164-12

【荆州】1
○諸侯莫敢不來服. 58-25

【荆蠻】2
楚爲○. 123-11 南有○申呂應鄧陳蔡隨唐. 135-6

【草中】1
乃行賂于○之戎. 97-1

【莒】11
○太子僕弑紀公. 40-9 夫○太子. 40-10 夫○太子殺其君. 40-12 魯人以○人先濟. 44-9 季武子伐○取鄆. 45-24 ○人告于會. 45-24 桓公自○反於齊. 52-4 萊○徐夷吴越. 58-23 賜之○鼎. 126-18 東有齊魯曹宋滕薛鄒○. 135-10 曹姓鄒○. 136-18

【南夷】1
夫○與楚來. 108-15

【南陽】1
賜公○陽樊温原州陘絺組攢茅之田. 97-8

【南巢】1
桀奔○. 41-25

【柯陵】2
○之會. 21-4 諸侯會于○. 22-8

【柏谷】1
及○. 73-20

【柏舉】3
乃有○之戰. 153-3 以敗於○. 153-10 以與楚昭王毒逐於中原○. 164-23

【郟】3
晉文公既定襄王于○. 12-23 遂定之于○. 97-6 唯謝○之間. 137-2

【郢】2
使下臣○. 158-15 遂至于○. 164-25

【昭】1
襄○皆如楚. 44-3

【囿】1
是故敗吴於○. 172-19

【重】3
宿於○館. 37-17 ○館人告曰. 37-17 ○館人之力也. 37-22

【泉】1
北有衛燕狄鮮虞潞洛○徐蒲. 135-7

【負夏】1
築葵兹晏○領釜丘. 60-15

【負蔡】1
吾命之以○之田七十萬. 78-24

【姜】2
○嬴荆芈. 136-23 ○. 136-24

【姜水】1
炎帝以○成. 92-15

【洧】1
主芣騩而食溱○. 135-21

【洛】5
昔伊○竭而夏亡. 6-16 穀○鬭. 23-16 北有衛燕狄鮮虞潞○泉徐蒲. 135-7 其濟○河潁之間乎. 135-13 右○左濟. 135-20

【陘】1
賜公南陽陽樊温原州○絺組攢茅之田. 97-8

【紀】1
東至于○酅. 58-20

【秦】72
○人殺子金子公. 9-24 ○師將襲鄭. 14-12 ○師必有謫. 14-13 ○師無謫. 14-16 ○師還. 14-16 諸侯伐○. 44-4 諸侯謂○不恭而討之. 44-5 於○何益. 44-6 晉正於○. 64-11 梁近於○. 74-4 ○親吾君. 74-5 必援於○. 74-5 援○以搖之. 76-7 而請君于○. 76-18 子厚賂○人以求入. 77-11 盍請君于○乎. 77-18 ○人勤我矣. 78-19 ○人殺冀芮而施之. 81-3 乃背○賂. 81-5 使丕鄭聘於○. 81-5 丕鄭如○謝緩

賂. 81-7 其言我於○也. 81-10 丕豹出奔○. 81-13 丕鄭之自○反也.
81-14 子使於○. 81-16 出奔○. 81-21 乞糴於○. 82-1 ○饑. 82-11
○歲定. 82-15 ○寇深矣. 82-15 公禦○師. 82-20 ○莫不愠. 82-22
君遂止于○. 83-14 使子父代處○. 84-4 ○始知河東之政. 84-4 公在
○三月. 84-6 聞○將成. 84-6 ○將歸寡人. 84-7 呂甥逆君於○. 84-
15 事○. 84-19 願從其君而與報○. 84-22 將獨伐○. 85-4 以報于○.
85-13 ○豈不能. 85-14 ○乃召重耳於楚而納之. 86-3 於是懷公自○
逃歸. 91-21 楚子厚幣以送公子于○. 91-21 ○晉匹也. 91-24 唯○所
命從也. 92-24 今將婚媾以從○. 93-2 狐偃及○晉大夫盟于郇. 95-5
亦使告于○. 96-23 ○將納之. 96-24 公率齊○. 97-21 齊○不欲. 97
-23 不若使齊○主楚怨. 97-24 而賂齊○. 97-25 必不許齊○. 98-1
齊○不得其請. 98-1 有○客廋辭於朝. 104-9 ○來圖敗晉功. 114-7
卻退○師于輔氏. 114-7 ○晉不和久矣. 122-13 ○后子來奔. 124-21
○后子來仕. 125-23 ○公子富. 126-1 且○楚匹也. 126-5 而○晉齊
楚代興. 139-5 ○景襄於是乎取周土. 139-5 ○有徵衙. 145-9 ○徵衙
寔難桓景. 145-14 不式諸戎狄楚○. 163-19

【秦國】 1
雖微○. 83-20

【敖】 1
不爲具○乎. 129-11

【敖山】 1
問具山○. 129-11

【珊】 1
○由鄭姬. 12-1

【華】 5
三周○不注之山. 104-22 而失諸○. 116-7 和諸戎狄而正諸○. 116-
24 鄔弊補舟依騬歷○. 135-17 若前○後河. 135-20

【莘】 1
有神降於○. 7-6

【桓宮】 1
莊公丹○之楹. 35-2

【桃園】 1
趙穿攻公於○. 104-1

【夏】 26
以服事虞○. 1-10 及○之衰也. 1-11 昔伊洛竭而○亡. 6-16 昔○之
興也. 7-14 下及○商之季. 25-18 昔孔甲亂○. 32-16 ○之興也. 38-
6 而大攘諸○. 45-3 在虞○商爲汪芒氏. 50-2 以衞諸○之地. 60-18
於是乎與伊尹比而亡○. 63-4 諸○從戎. 63-14 陽人有○商之嗣典.
97-12 在○爲御龍氏. 120-2 實爲○郊. 126-13 未舉○郊邪. 126-17
祀○郊. 126-17 虞○商周是也. 136-9 昆吾爲○伯矣. 136-14 則○滅
之矣. 136-16 ○之衰也. 138-2 訓及諸○. 141-15 使不規東○. 142-
20 以至於○商. 150-6 使淫樂於諸○之國. 159-14 踰諸○而圖東國.
160-9

【原】 7
臺○姑與漆里. 58-15 賜公南陽陽樊温○州陘絺組攢茅之田. 97-8 文
公伐○. 97-17 而○不降. 97-17 ○不過一二日矣. 97-18 得○而失信.
97-19 而○請降. 97-20

【晉】 182
○取虢. 8-12 ○不亡. 8-16 而○人殺懷公. 9-24 ○. 10-6 臣入○境.
10-13 使於○者. 10-16 ○鄭是依. 11-9 是以未從於○. 13-19 ○人
執衞成公. 14-4 ○人乃歸衞侯. 14-10 ○人敗諸崤. 14-16 於是乎修
執秩以爲○法. 15-17 ○既克楚于鄢. 18-20 ○不戰矣. 19-2 ○不知
乘. 19-2 罪不由○. 19-5 ○得其民. 19-6 ○之克也. 20-4 故儆之以
○. 20-4 王叔陳生奔○. 20-15 ○郤錡見. 21-4 言及○難. 21-7 ○將
有亂. 21-9 寡人懼不免於○. 21-10 ○之寵人也. 21-22 今君偪於○.
22-5 齊○有禍. 22-6 何憂於○. 22-6 ○殺三郤. 22-9 ○孫談之子周.
22-12 必善○周. 22-17 爲○休戚. 23-4 吾聞○之筮之也. 23-6 ○仍
無道而鮮胄. 23-13 ○聞古之長民者. 23-17 ○羊舌肸聘于周. 26-10
爲之告○. 32-5 雖○魏子. 32-25 ○人以爲討. 33-5 ○人執衞成公.
36-24 今○人鴆衞侯不死. 37-4 且以動○. 37-9 夫○新得諸侯. 37-
9 自是○聘於魯. 37-12 ○始伯. 37-17 而欲親○. 37-18 ○不以固班.
37-19 子叔聲伯如○. 41-10 ○人殺厲公. 41-20 叔孫穆子聘於○.
43-4 ○叔向見叔孫穆子曰. 44-4○樂王鮒求貨於穆子. 45-25 ○信蠻
夷. 46-14 ○必患我. 46-17 ○人執平子. 46-19 ○爲盟主. 46-19 齊
人閒○之禍. 46-21 而與○共其憂. 47-1 諸侯之事○者. 47-3 若○以
男戎勝戎. 63-1 而戎亦必以女戎勝○. 63-2 今○寡德. 63-10 於○何
害. 63-22 ○正於秦. 64-11 於○爲都. 66-18 ○之啓土. 66-18 夫狄
近○而不通. 73-23 使○襲於爾門. 74-9 以其族適○. 74-19 而暇○
是皇. 75-13 公子誰恃於○. 79-13 ○饑. 82-1 歸糴於○. 82-9 帥師
侵○. 82-15 ○莫不怠. 82-22 ○師潰. 83-11 ○人殺懷公於高梁. 86
-3 而欲親○. 87-8 子去○難. 88-2 ○無寧歲. 88-2 天未喪○. 88-3
○之無道久矣. 88-14 吾聞○之始封也. 88-16 子必有○. 88-18 公子
無亦○之柔嘉. 88-23 ○公子. 89-4 唯○實昌. 89-7 ○胤. 89-7 ○仍
無道. 89-7 ○之守祀. 89-8 吾觀○公子. 89-13 夫○公子在此. 89-
17 ○祖唐叔. 89-22 ○公子生十七年而亡. 89-24 謂○公子之亡. 90-
1 ○公子亡. 90-6 今○公子有三祚焉. 90-15 ○鄭兄弟也. 90-21 ○
鄭之親. 90-25 ○楚治兵. 91-12 請殺○公子. 91-14 且○公子. 91-
17 秦○匹也. 91-24 使主○民. 93-19 ○人是居. 94-21 皆○祥也. 95
-1 ○人懼. 95-3 狐偃及秦○大夫盟于郇. 95-5 公入于○師. 95-6 告
急於○. 97-22 從○師. 98-11 ○師退舍. 98-11 鄭人以詹予○. 98-
20 ○人將烹之. 98-21 夫○公子賢明. 98-23 ○饑. 99-3 ○爲盟主.
103-12 則○可爲也. 108-7 ○人欲爭鄭. 109-2 ○伐鄭. 109-6 ○伐鄭.
109-16 稱○之德. 109-18 不毀○恥. 110-4 荆壓○軍. 110-15 吾庸
知天之不授○. 110-21 秦來圖敗○功. 114-7 戎狄事○. 116-10 ○繼
之. 120-2 ○爲諸侯盟主. 120-25 使服聽命於○. 121-1 及文子成○
荆之盟. 121-8 以封于○. 121-25 秦○不和久矣. 122-13 ○其庶乎.
122-16 楚令尹子木欲襲○軍. 122-18 若盡○師. 122-19 則○可弱也.
122-19 畏○之信也. 123-5 ○何以爲盟主矣. 124-1 ○之殃也. 125-
21 諸侯叛○. 125-22 ○實繼之. 126-16 ○豈其無. 128-20 未委質於
○之鼓也. 129-5 ○師圍而灌之. 134-14 西有虞虢○隗霍楊魏芮. 135
-9 其在○乎. 138-24 而秦○齊楚代興. 139-5 將遂奔○. 142-2 蔡
聲子將如○. 142-2 子雖兄弟於○. 142-6 ○卿不若楚. 142-7 王孫啓
奔○. 142-10 ○人用之. 142-11 ○將遁矣. 142-11 析公奔○. 142-
20 ○人用之. 142-20 雍子奔○. 142-23 ○人用之. 142-23 ○將遁矣.
142-23 遂奔○. 143-7 ○人用之. 143-7 寔通吴○. 143-7 乃遂奔○.
143-13 ○人又用之矣. 143-13 而賂盜以賊一夫於○. 143-19 吾不服
諸夏而獨事○. 145-5 唯○近我遠也. 145-5 亦當○矣. 145-6 ○有曲
沃. 145-9 ○曲沃寔納齊師. 145-14 王孫圍聘於○. 154-15 ○長魚矯.
157-2 吴○爭長未成. 162-4 與會而先○. 162-6 會而先○. 162-10
○既執諸侯之柄以臨我. 162-10 去○軍一里. 163-9 ○師大駭. 163-
13 億負○衆庶. 163-19 ○乃令董褐復命曰. 164-5 西則○. 166-15

【晉國】 51
以爲必相○. 18-25 相○. 18-25 以○之克也. 19-1 若是而知○之政.
19-13 抑○之舉也. 19-15 ○有憂. 22-15 將得○. 22-17 使有○. 23
-9 實有○. 23-11 制○之政. 62-5 今○之方. 63-18 ○懼則甚矣. 63
-22 以觀○. 73-25 天降禍于○. 77-20 ○其誰非君之羣隸臣也. 78-
2 夫○之亂. 78-5 以要○之成. 84-3 ○和乎. 84-15 有○者. 88-3 必
得○. 89-14 得○而討無禮. 89-14 而○不靖. 90-18 子若克復○. 91
-8 其波及○者. 91-10 得復○. 91-11 而反○. 91-14 尚有○. 93-25
不有○. 94-2 我命筮曰尚有○. 94-3 不有○. 94-5 必有○. 94-24 臨
長○者. 103-7 非○之急也. 103-11 必發諸○. 104-6 吾不在○. 104
-11 則○之福也. 109-25 ○之政. 110-3 今我任○之政. 110-4 ○故
大恥. 110-7 以定○. 114-1 以定○. 114-3 且夫欒氏之誣○久也. 118
-14 以無大援於○. 119-14 ○其誰不爲子從. 121-1 昔隰叔子違周
難於○. 121-3 死而可以固○之盟主. 123-2 行廉直於○. 124-16 今
趙孟相○. 125-1 以正○. 126-23 ○有難. 130-15 欲擅○. 132-20

【晉陽】 8
趙簡子使尹鐸爲○. 130-13 無以○爲遠. 130-16 趙簡子使尹鐸爲○.
130-17 簡子如○. 130-18 乃有○之難. 134-4 ○之圍. 134-6 其○乎.
134-13 乃走○. 134-14

【柴夫】 1
○吠狗. 58-17

【晏】 1
築葵兹○負夏領釜丘. 60-15

【皋落狄】 1
以○之朝夕苛我邊鄙. 68-18

【息】 1
○由陳嬀. 12-1

【徒林】 1
射兕于○. 121-24

【徐】 2
北有衞燕狄鮮虞潞洛泉○蒲. 135-7 齊宋○夷曰. 162-9

【徐夷】 1
萊莒○吴越. 58-23

【殷】 6
○鑒不遠. 25-25 昔武王伐○. 31-5 昔武王克○. 32-9 於是乎與膠鬲
比而亡○. 63-5 及○周. 138-7 昔○武丁. 147-1

【高梁】 3
晉人殺懷公於○. 86-3 懷公奔○. 95-4 刺懷公于○. 95-8

【亳】 1
自河徂○. 147-2

【唐】 1
南有荆蠻申呂應鄧陳蔡隨○. 135-6

【涑】 1

專有名詞索引

國　語

（閱讀本）

李　波　整理

目　録

説　明

《國語》是我國古代最早的一部國别史。《漢書·藝文志》與《隋書·經籍志》都記載《國語》爲21卷，與今本相同。其體例是分國記載，有《周語》3卷、《魯語》2卷、《齊語》1卷、《晉書》9卷、《鄭語》1卷、《楚語》2卷、《吴語》1卷、《越語》2卷。《國語》記載史實的時間，上起西周周穆王征犬戎（約公元前 976 年），下至韓、趙、魏滅智伯（約公元前 453 年），約 500 年的歷史。《國語》以記述西周末年至春秋時期各國貴族言論爲主，通過各有風格、各有特色的語言來塑造人物性格，表述不同人物的思想及命運，記載波瀾壯闊的歷史大事。

流傳至今的《國語》有數種版本。《國語》（閱讀本）是經過整理的《國語》，整理製作《國語》（閱讀本）所依據的底本和參照本如下。

底本：

《國語》，影印本。《四部備要》，上海中華書局，據士禮居黄氏重雕本校刊。正文前有段玉裁的《重刊明道二年國語序》和韋昭的《國語解敘》，正文後附黄丕烈的《校勘明道本韋氏解國語雜記》，汪遠孫的《國語明道本考異》。有斷句。

參照本：

1.《國語》，刻本，湖北崇文書局。現藏廣東省梅縣劍英圖書館，封面印有“天聖明道本，國語，同治己巳，湖北崇文書局重雕”。正文前有錢大昕、段玉裁的“序”，和韋昭的《國語解敘》。正文後附黃丕烈的《校勘明道本韋氏解國語雜記》。無斷句。

2.《國語》，鉛排本，國學基本叢書，商務印書館。统一书号11017·29。1935年12月初版，1958年3月重印第1版第1次印刷。正文前有段玉裁的《重刊明道二年國語序》，韋昭的《國語解敘》。正文後附黃丕烈的《校勘明道本韋氏解國語雜記》，汪遠孫的《國語明道本考異》。有斷句。

3.《國語》，鉛排本，上海古籍出版社。ISBN 7-5325-2327-6。上海師範大學古籍整理研究所校點。1998年3月第1版第1次印刷。有標點。

4.《國語》，影印本，《四部叢刊》初編，上海書店，據商務印書館1926年版重印。注有“上海涵芬樓借杭州葉氏藏明金李刊本景印”。前有韋昭的《國語解敘》。無斷句。

5.《國語二十一卷》，影印本，《四庫全書》第406册，上海古籍出版社。無斷句。

6.《國語正義》，影印本，巴蜀書社，[清]董增齡撰，共21卷，無斷句。版本爲光緒庚辰章氏式訓堂精刻本，其祖本爲作者兼收北宋宋公序補音本之長而刻印的，基本保存了宋刻本的原貌。巴蜀書社影印本《國語正義》漏印了該刻本卷七的第十頁，正文缺 208 個字。

7.《國語注解》，刻本，現藏廣東省梅縣劍英圖書館。封面印有“高陵韋弘嗣解，國語注解，林蘭堂藏板”。正文前有張一鯤的《刻國語序》，韋昭的《國語解敘》，宋庠的《國語補音敘録》。無斷句。

8.《國語集解》，鉛排本，中華書局。ISBN 7-101-02600-1/K·1016。徐元誥撰，王樹民，沈長雲點校。扉頁有“本書爲國家古籍整理出版‘十五’重點規劃項目”。2002 年 6 月第 1 版第 1 次印刷。有標點。

9.《國語補音三卷》，宋庠撰，影印本，《四庫全書》，第 406 册，上海古籍出版社。前有宋庠序，正文僅爲《國語》中的字或詞補音加注。

10．黄丕烈的《校勘明道本韋氏解國語雜記》，附於明道本《國語》之後，影印本。《四部備要》，上海中華書局，據士禮居黄氏重雕本校勘。

11．汪遠孫的《國語明道本考異》，附於明道本《國語》之後，影印本。《四部備要》，上海中華書局，據士禮居黄氏重雕本校勘。

《國語》（閱讀本）全文録入上海中華書局《四部備要》的《國語》正文部分，並斷句標點，標注參照本與底本的文字相異之處。《國語》（閱讀本）力圖真實地反映底本和參照本的原貌，將參照本與底本的不同之處（即異文）放置方括號內，並标注出處版本的標號，標號爲參照本的序列號。

《國語》（閱讀本）的斷句，主要依據上海中華書局《四部備要》的《國語》底本；標點，主要參考上海古籍出版社的鉛排本《國語》。

《國語》（閱讀本）中注意區分不同版本中的不同的字和不同的字形，但不标出避諱字。刻本或影印本中无法辨认的破损字用“□”占位。

爲表明異文的語言環境，兩個有效斷句標點（不包括頓號“、”）之間的異文全句在方括號中引出，並放在句終的標點之前，而没有文字的方括號表示某參照本無此段文字。標點後的方括號中的引文表示某參照本多出此段異文。《國語補音三卷》，《校勘明道本韋氏解國語雜記》及《國語明道本考異》並無原文，也參照正文以異文全句的形式引出。

國語卷第一[國語卷一][2,5][周語上第一 國語][4][國語正義卷第一][6][國語第一][7][周語上第一][8,9]

周語上[ ][4,8,9]

穆王將征犬戎，祭公謀父諫曰："不可。先王耀德不觀兵[先王燿德不觀兵][6,10,11]。夫兵戢而時動，動則威，觀則玩，玩則無震[玩則不震][6]。是故周文公之頌曰：'載戢干戈，載櫜弓矢[載橐弓矢][4]。我求懿德[求我懿德][6]，肆于時夏，允王保之。'先王之於民也，懋正其德[茂正其德][4,5,6,7,9,10,11]，而厚其性，阜其財求，而利其器用，明利害之鄉，以文修之[以文脩之][4]，使務利而避害[使務時而避害][8]，懷德而畏威，故能保世以滋大[故能保丗以滋大][1]。

"昔我先王世后稷[昔我先王丗后稷][1][昔我先世后稷][4,6,7,10,11][昔我先王后稷][11]，以服事虞、夏。及夏之衰也，棄稷不務[棄稷弗務][4,5,6,7,8,11]，我先王不窋，用失其官，而自竄于戎、狄之閒[而自竄于戎、狄之間][2][而自竄于戎、翟之間][4,5,9,10,11][而自竄於戎、翟之間][6,7,8]，不敢怠業，時序其德，纂修其緒[纂脩其緒][4,9][遵修其緒][10][選修其緒][10]，修其訓典[脩其訓典][4]，朝夕恪勤，守以敦篤[守以惇篤][4,5,6,7,9,10,11]，奉以忠信，奕世載德[弈丗載德][1][弈世載德][2,4][亦世載德][8,11]，不忝前人。至于武王[至於武王][6,7][至於文王、武王][8][至于文王、武王][10,11][至於文武][11]，昭前之光明[昭前之先明][7]，而加之以慈和，事神保民，莫弗欣喜[莫不欣喜][4,5,6,7,11]。商王帝辛，大惡於民[大惡于民][5]。庶民不忍[庶民弗忍][4,5,6,7,11]，欣戴武王[訢戴武王][10,11]，以致戎于商牧[以致戎於商牧][6,7,8,11]。是先王非務武也，勤恤民隱，而除其害也。

"夫先王之制：邦內甸服，邦外侯服[邦外矦服][4]，侯、衛賓服[侯、衛賔服][1][矦、衛賔服][4][侯、衛賓服][5][矦、衛賔服][7]，夷、蠻要服[蠻、夷要服][3,4,5,6,7,8,11]，戎、狄荒服[戎、翟荒服][4,5,6,7]。甸服者祭，侯服者祀[矦服者祀][4]，賓服者享[賔服者享][1,4,7]，要服者貢，荒服者王。日祭，月祀，時享，歲貢，終王，先王之訓也。

有不祭，則修意[則脩意][4]；有不祀，則修言[則脩言][4]；有不享，則修文[則脩文][4]；有不貢，則修名[則脩名][4]；有不王，則修德[則脩德][4]；序成，而有不至，則修刑[則脩刑][4]。於是乎有刑不祭[于是乎有刑不祭][5][於是有刑不祭][6]，伐不祀，征不享，讓不貢，告不王。於是乎有刑罰之辟[于是乎有刑罰之辟][5]，有攻伐之兵，有征討之備，有威讓之令[有威讓之命][11]，有文告之辭。布令陳辭，而又不至[而有不至][10, 11]，則增修於德[則又增脩於德][4][則增修于德][5][則又增修於德][6, 7, 10, 11]，而無勤民於遠[無勤民於遠][4, 6, 7, 11][而無勤民于遠][5]，是以近無不聽，遠無不服。

“今自大畢、伯士之終也[今自大畢、伯仕之終也][4, 5, 6, 7, 10, 11]，犬戎氏以其職來王。天子曰：‘予必以不享征之，且觀之兵。’其無乃廢先王之訓，而王幾頓乎！吾聞夫犬戎樹惇[吾聞大犬戎樹惇][7][吾聞夫犬戎樹][8][吾聞夫犬戎樹敦][11]，帥舊德[能帥舊德][4, 5, 6, 7, 9, 10, 11][惇帥舊德][8][率舊德][9, 10, 11]，而守終純固，其有以禦我矣！”

王不聽，遂征之，得四白狼、四白鹿以歸。自是荒服者不至。

恭王遊於涇上，密康公從，有三女奔之。其母曰：“必致之於王[必致之王][6]。夫獸三爲羣，人三爲衆，女三爲粲。王田不取羣，公行下衆[公行不下衆][10]，王御不參一族。夫粲，美之物也。衆以美物歸女，而何德以堪之？王猶不堪，況爾小醜乎[況爾小醜][2, 5, 6][況爾小醜][4, 7, 11][況爾小醜乎之][11]？小醜備物，終必亡[終必亾][6]。”康公不獻[康公弗獻][4, 5, 6, 7, 11]。一年，王滅密。

厲王虐，國人謗王。邵公告曰[召公告王曰][4, 5, 6, 7, 9, 10, 11][邵公告王曰][8]：“民不堪命矣！”王怒，得衞巫[得衛巫][5,7,8]，使監謗者，以告，則殺之。國人莫敢言，道路以目。王喜，告邵公曰[告召公曰][4, 5, 6, 7]：“吾能弭謗矣，乃不敢言。”邵公曰[召公曰][4, 5, 6, 7]：“是障之也[是鄣之也][4, 5, 6, 7, 9, 11]，防民之口，甚於防川[甚於防水][10]。川壅而潰，傷人必多，民亦如之。是故爲川者[是故爲川][5, 7, 11]，決之使導[决之使導][6, 8][決之使道][7]，爲民者，宣之使言。故天子聽政，使公卿至於列士獻詩，瞽獻曲[瞽獻典][4, 5, 7, 9, 10, 11]，史獻書，師箴，瞍賦[瞜賦][4, 5, 6, 7]，矇誦，百工諫，庶人傳語，近臣盡規，親戚補察，瞽、史教誨，耆、艾修之[耆、艾脩之][4]，而後王斟酌焉，是以事行而不悖[是以事行而不背][9]。民之有口[民之有口也][4, 5, 6, 7, 8, 11]，猶土之有山川也，財用於是乎出，猶其原隰之有衍沃也[猶其有原隰衍沃也][3, 4, 5, 6, 7, 8, 11]，衣食於是乎生。口之宣言也，善敗於是乎興，行善而備敗，其所以阜財用衣食者也[所以阜財用衣食者也][4, 5, 6, 7, 11]。夫民慮之於心，而宣之於口，成而行之，胡可壅也？若壅其口，其與能幾何？”王不聽[王弗聽][4, 5, 6, 7, 11]，於是國莫敢出言[於是國人莫敢出言][4, 5, 6, 7, 11]，三年，乃流王於彘[乃流王于彘][4, 9]。

厲王説榮夷公[厲王説榮夷終][10]，芮良夫曰：“王室其將卑乎！夫榮夷公[夫榮公][3, 4, 5, 6, 7, 11]，好專利，而不知大難。夫利，百物之所生也，天地之所載也，而或專之[而有專之][10]，其害多矣。天地百物，皆將取焉，胡可專也？所怒甚多，而不備大難，以是教王，王能久乎？夫王人者，將導利而布之上下者也，使神人百物，無不得其極，猶日怵惕[猶曰怵惕][9, 10, 11]，懼怨之來也[懼怨之來][11]。故頌曰：‘思文后稷，克配彼天。立我蒸民[立我烝民][4, 5, 6, 7, 9, 11]，莫匪爾極。’大雅曰：‘陳錫載周。’是不布利而懼難乎？故能載周，以至于今[以至於今][6, 7, 8]。今王學專利，其可乎？匹夫專利，猶謂之盜[猶謂之盜][4, 7, 8]，王而行之，其歸鮮矣。榮公若用，周必敗。”既，榮公爲卿士，諸侯不享[諸矦不享][4]，王流于彘[王流於彘][6, 7, 8]。

彘之亂，宣王在邵公之宫[宣王在召公之宫][4, 5, 6, 7]，國人圍之，邵公曰[召公曰][4, 5, 6, 7]：“昔吾驟諫王，王不從，是以及此難[以及此難][4, 6, 7, 11]。今殺王子，王其以我爲懟而怒乎！夫事君者，險而不懟，怨而不怒，況事王乎[況事王乎][5, 6]？”乃以其子代宣王，宣王長而立之。

宣王即位，不籍千畝[不籍千畆][1][不藉千畞][4, 7][不藉千畝][5, 9, 11]。虢文公諫曰：“不可。夫民之大事在農[夫民之大事在農][4]，上帝之粢盛[上帝之齍盛][9]，於是乎出；民之蕃庶，於是乎生；事之供給[事之共給][4, 5, 6, 7, 9, 10, 11]，於是乎在；和協輯睦[和協集睦][9]，於是乎興；財用蕃殖，於是乎始；敦庬純固[敦龐純固][2]，於是乎成，是故稷爲大官[是故稷爲天官][10,11]。古者，太史順時覛土[大史順時覛土][4,5,7,9]，陽癉憤盈，土氣震發，農祥晨正[農祥晨正][4]，日月底于天廟[日月底于天廟][5,9,10,11][日月底於天廟][6,7][日月厎於天廟][8]，土乃脉發[土乃脈發][6]。

"先時九日，太史告稷曰[大史告稷曰][4,5,6,7]：'自今至于初吉[自今至於初吉][6,7,8]，陽氣俱蒸[陽氣俱烝][4,5,6,7,9,10]，土膏其動。弗震弗渝，脉其滿眚[脈其滿眚][6]，穀乃不殖[穀乃不殖][1,4,7]。'稷以告。王曰：'史帥陽官，以命我司事，曰："距今九日，土其俱動，王其祗祓，監農不易[監農不易][4]。"'王乃使司徒，咸戒公卿、百吏、庶民，司空除壇于籍[司空除壇于藉][4,5][司空除壇於藉][6,7,8]，命農大夫[命農大夫][4]，咸戒農用[咸戒農用][4]。

"先時五日，瞽告有協風至，王即齋宮[王即齊宮][4,5,6,7,9,11]，百官御事，各即其齋三日[各即其齊三日][4,5,6,7]。王乃淳濯饗醴[王乃湻濯饗醴][1,6]，及期，鬱人薦鬯，犧人薦醴，王祼鬯，饗醴乃行，百吏、庶民畢從。及籍[及藉][4,5,7]，后稷監之，膳夫、農正陳籍禮[膳夫、農正陳藉禮][4][膳夫、農正陳藉禮][5,7]，太史贊王[太史賛王][1][大史贊王][4,5,7]，王敬從之。王耕一墢[王耕一撥][6][王耕一垡][9][王耕一耜][10][王耕一發][10,11]，班三之，庶民終于千畝[庶民終于千畆][1][庶人終于千畮][4][庶人終於千畂][5][庶人終於千畝][6,8][庶人終於千畮][7][庶人終于千畝][11]，其后稷省功，太史監之[大史監之][4,5,6,7]；司徒省民，太師監之[大師監之][4,5,6,7,8]；畢，宰夫陳饗，膳宰監之。膳夫贊王[膳夫賛王][1]，王歆大牢[王歆太牢][6,8]，班嘗之[班甞之][1,4]，庶人終食。

"是日也，瞽帥、音官以風土[瞽帥、音官以風土][1,8,10][瞽帥、音官以風土][2][瞽帥、音官以省風土][4,6,7,11]。廩于籍東南[廩于藉東南][4,5][廩於籍東南][6][廩於藉東南][7][ ][8][稟于籍東南][9,11]，鍾而藏之[ ][8]，而時布之于農[而時布之于農][4][而時布之於農][6,7][ ][8]。稷則徧誡百姓[稷則徧戒百姓][4,5,6,7,9,10,11]，紀農協功[紀農協功][4]，曰：'陰陽分布[陰陽分布][1,4]，震雷出滯。'土不備墾，辟在司寇[辟在司寇][2,3,6,8]。乃命其旅曰：'徇，農師一之[農師一之][4]，農正再之[農正再之][4]，后稷三之，司空四之，司徒五之，太保六之[大保六之][4,5,6,7]，太師七之[大師七之][4,5,6,7,8]，太史八之[大史八之][4,5,6,7]，宗伯九之，王則大徇，耨穫亦如之。’[廪於籍東南，鍾而藏之，而時布之。][8]民用莫不震動，恪恭于農[恪恭于農][4][恪恭於農][6,7,8]，修其疆畔[脩其疆畔][4][修其彊畔][9]，日服其鎛，不解于時[不解於時][6,7,8]，財用不乏，民用和同。

“是時也，王事唯農是務[王事唯農是務][4][王事惟農是務][8]，無有求利於其官，以干農功[以干農功][4]，三時務農[三時務農][4]，而一時講武[一時講武][11]，故征則有威，守則有財。若是，乃能媚於神，而和於民矣，則享祀時至，而布施優裕也。

“今天子欲修先王之緒[今天子欲脩先王之緒][4]，而棄其大功，匱神乏祀[匱神之祀][4, 5, 6, 7, 8, 9, 10, 11]，而困民之財，將何以求福用民？”

王不聽[王弗聽][4, 5, 6, 7, 11]。三十九年，戰于千畝[戰于千畝][1][戰于千畝][4][戰于千畝][5][戰於千畝][6, 8][戰於千畝][7]，王師敗績于姜氏之戎[王師敗績於姜氏之戎][6, 7, 8]。

魯武公以括與戲見王，王立戲，樊仲山父諫曰：“不可立也！不順必犯，犯王命必誅，故出令不可不順也[固出令不可不順也][10]。令之不行，政之不立。行而不順，民將棄上。夫下事上，少事長，所以爲順也。今天子立諸侯[今天子立諸侯][4]，而建其少，是教逆也。若魯從之，而諸侯效之[而諸侯傚之][4][而諸侯傚之][5, 6, 7, 9, 11]，王命將有所壅，若不從而誅之，是自誅王命也。是事也，誅亦失，不誅亦失，天子其圖之！”王卒立之。魯侯歸而卒[魯侯歸而卒][4]，及魯人殺懿公，而立伯御。

三十二年春[三十二年][4, 6, 7, 11]，宣王伐魯，立孝公，諸侯從是而不睦[諸侯從是而不睦][4]。宣王欲得國子之能導訓諸侯者[宣王欲得國子之能導訓諸侯者][4][宣王欲得國子之能訓導諸侯者][8, 11]，樊穆仲曰：“魯侯孝[魯侯孝][4]。”王曰：“何以知之？”對曰：“肅恭明神，而敬事耇老[而敬事耆老][1, 4, 5, 7, 8]，賦事行刑，必問於遺訓，而咨於故實[而咨於故寔][10, 11]，不干所問，不犯所咨。”王曰：“然則能訓治其民矣。”乃命魯孝公於夷宮[乃命魯侯於夷宮][6][乃命魯存公於夷宮][7]。

宣王既喪南國之師，乃料民於太原[乃料民于大原][4, 5][乃料民於大原][6, 7, 8, 9]。仲山父諫曰："民不可料也！夫古者不料民而知其少多[夫古者不料民而知其多少][8]，司民協孤終，司商協民姓[司商協名姓][4, 5, 6, 7, 11]，司徒協旅，司寇協姦[司寇協姦][2, 3, 6, 8]，牧協職，工協革，場協入，廩協出，是則少多、死生、出入、往來者[是則少多、死生、出入、徃來者][5, 7]，皆可知也。於是乎又審之以事，王治農於籍[王治農於藉][4][王治農於藉][5, 7]，蒐于農隙[蒐于農隙][4][蒐於農隙][6, 7, 8]，耨穫亦於籍[耨穫亦於藉][4, 5, 7][ ][8]，獮於既烝，狩於畢時，[耨穫亦於籍，][8]是皆習民數者也，又何料焉？不謂其少而大料之，是示少而惡事也。臨政示少，諸侯避之[諸矦避之][4]。治民惡事，無以賦令。且無故而料民，天之所惡也，害於政，而妨於後嗣。"王卒料之，及幽王，乃廢滅[乃滅][11]。

幽王二年[幽王三年][4, 7, 10, 11]，西周三川皆震。伯陽父曰："周將亡矣[周將亾矣][6]！夫天地之氣，不失其序；若過其序，民亂之也[民之亂也][4, 7, 10, 11]。陽伏而不能出，陰迫而不能烝[陰迫而不能烝][1][陰遁而不能烝][4][陰遁而不能烝][7, 10]，於是有地震。今三川實震，是陽失其所，而鎮陰也[而鎮陰也][1, 4][而填陰也][9, 10]。陽失而在陰[陽失而在陰][1, 4]，川源必塞[源必塞][11]；源塞[ ][4, 7, 11]，國必亡[ ][4, 7, 11][國必亾][6]。夫水土演而民用也。水土無所演[水土無演][4, 6, 7, 11][土無所演][8, 11]，民乏財用，不亡何待[不亾何待][6]？昔伊、洛竭而夏亡[昔伊、洛竭而夏亾][6][昔伊、雒竭而夏亡][11]，河竭而商亡[河竭而商亾][6]。今周德若二代之季矣，其川源又塞[其源又塞][11]，塞必竭[塞必竭，川竭山必崩][10]。夫國必依山川，山崩川竭，亡之徵也[亡之徵也][1, 7][亾之徵也][6]。川竭，山必崩。若國亡[若國亾][6]，不過十年，數之紀也。夫天之所棄，不過其紀。"是歲也，三川竭，岐山崩[岐山崩][4]。十一年，幽王乃滅，周乃東遷。

惠王三年[惠王二年][8, 11]，邊伯、石速、蔿國出王而立子頹[邊伯、石遬、蔿國出王而立王子穨][4, 6, 7, 11][邊伯、石遬、蔿國出王而立子穨][5, 9, 10]。王處於鄭[王處于鄭][1, 2, 4, 5]，三年。王子頹飲三大夫酒[子穨飲三大夫酒][4, 6, 7, 11][王子穨飲三大夫酒][5]，子國爲客，樂及徧儛。鄭厲公見虢叔，曰："吾聞之，司寇行戮[司寇行戮][2, 3, 6, 8]，君爲之不舉，而況敢樂禍乎[而况敢樂禍乎][5,6,7]！今吾聞子頹歌舞不息[今吾聞子穨歌舞不思憂][4,6,7,11][今吾聞子穨歌舞不息][5][今吾聞子頹歌舞不思憂][8]，樂禍也[ ][4,6,7,8,11]。夫出王而代其位，禍孰大焉！臨禍忘憂，是謂樂禍，禍必及之，盍納王乎[盍納王乎][4,5,7,9,10,11]？”虢叔許諾。鄭伯將王自圉門入，虢叔自北門入，殺子頹及三大夫[殺子穨及三大夫][4,5,6,7]，王乃入也[王乃入][4,5,6,7,11]。

十五年，有神降於莘[有神降于莘][4,5,9,10]，王問於內史過，曰：“是何故？固有之乎[有之乎][11]？”對曰：“有之。國之將興，其君齊明衷正[其君齊明中正][6]，精潔惠和，其德足以昭其馨香，其惠足以同其民人。神饗而民聽，民神無怨，故明神降之[故明神降焉][10]，觀其政德[觀其德政][6]，而均布福焉。國之將亡[國之將亾][6]，其君貪冒辟邪[其君貪冒淫辟][10]，淫佚荒怠[淫泆荒怠][8,9,11][邪佚荒怠][10]，麤穢暴虐[麤穢暴虐][1]；其政腥臊，馨香不登；其刑矯誣，百姓攜貳[百姓携貳][8,9]。明神不蠲[明神弗蠲][4,5,6,7,9,10,11]，而民有遠志，民神怨痛[明神怨痛][6]，無所依懷，故神亦往焉[故神亦徃焉][5,7]，觀其苛慝，而降之禍。是以或見神以興[是以或㝵神以興][8,11][是以或見神而興][10]，亦或以亡[亦或以亾][6]。昔夏之興也，融降于崇山[融降於崇山][6,7,8][祝融降于崇山][11]；其亡也[其亾也][6]，回祿信於聆隧[回祿信於聆遂][6,10,11][回祿信於䴕隧][9,10,11][回祿信於亭隧][10,11][回祿信於䴕遂][11]。商之興也，檮杌次於丕山；其亡也[其亾也][6]，夷羊在牧。周之興也，鸑鷟鳴於岐山[鸑鷟鳴於岐山][4]；其衰也[其亡也][8]，杜伯射王於鄗[杜伯射王于鄗][5,9][杜伯射王於鎬][9,10,11][杜伯射宣王於鎬][11]。是皆明神之志者也。”

王曰：“今是何神也？”對曰：“昔昭王娶於房，曰房后，實有爽德[實有爽德][1][是有爽德][10]，協於丹朱[協于丹朱][4,5]，丹朱憑身以儀之[丹朱馮身以儀之][4,5,7,9,10,11]，生穆王焉。是實臨照周之子孫[實臨照周之子孫][4,6,7,11][是臨照周之子孫][10,11][是實監燭周之子孫][10,11][寔臨照周之子孫][11]，而禍福之[而禍福之大][1]。夫神壹[神壹][1][夫一神][10][夫神一][11]，不遠徙遷[不遠徙遷焉][4,7,11]，若由是觀之[由是觀之][11]，其丹朱之神乎[其丹朱乎][4,6,7,11]？”王曰：“其誰受之？”對曰：“在虢土。”王曰：“然則何爲？”對曰：“臣聞之：道而得神，是謂逢福[是謂豐福][10,11]；淫而得神，是謂貪禍。今虢少荒，其亡乎[其亾乎][6]？”王曰：“吾其若之何？”對曰：“使太宰以祝、史帥狸姓[使大宰以祝、史帥狸姓][4,5,7][使大宰以祝、史帥貍姓][6][使太宰以祝、史帥貍姓][11]，奉犧牲、粢盛、玉帛，往獻焉[徃獻焉][5,7]，無有祈也。”

王曰：“虢其幾何？”對曰[曰][6]：“昔堯臨民以五，今其胄見，神之見也，不過其物。若由是觀之，不過五年。”王使太宰忌父[王使大宰忌父][4,5,6,7][王使太宰己父][10][王使太宰□父][11]，帥傅氏及祝、史，奉犧牲、玉鬯往獻焉[奉犧牲、玉鬯徃獻焉][5,7][奉犧牲、玉觴往獻焉][10]。內史過從至虢，虢公亦使祝、史請土焉。內史過歸，以告王曰[告王曰][4,5,6,7,11]：“虢必亡矣[虢必亾矣][6]，不禋於神，而求福焉，神必禍之；不親於民，而求用焉，人必違之[民必違之][4,5,6,7]。精意以享，禋也；慈保庶民，親也。今虢公動匱百姓，以逞其違[以盈其違][10][以□其違][11]，離民怒神，而求利焉，不亦難乎！”十九年，晉取虢。

襄王使邵公過及內史過[襄王使召公過及內史過][4,5,6,7,9]，賜晉惠公命，吕甥、郤芮相晉侯[吕甥、郄芮相晉侯][1,2,8,10][吕甥、郤芮相晉矦][4]，不敬，晉侯執玉卑[晉矦執玉卑][4,7]，拜不稽首。

內史過歸，以告王曰：“晉不亡，其君必無後。且吕、郤將不免[且吕、郄將不免][1,2,8]。”

王曰：“何故？”對曰：“夏書有之曰：‘衆非元后，何戴？后非衆，無與守邦[無以守邑][11]。’在湯誓曰：‘余一人有罪[余一人有辠][4,5,6,7,9,11]，無以萬夫；萬夫有罪[萬夫有辠][4,5,6,7]，在余一人。’在盤庚曰[在般庚曰][4,5,7,9,10,11]：‘國之臧，則惟女衆[則維女衆][4,5,6,7,11]。國之不臧，則惟余一人[則維余一人][4,5,6,7]，是有逸罰。’如是，則長衆使民，不可不慎也。民之所急在大事[民之所急在於大事][4,5,6,7,11]，先王知大事之必以濟衆也[先王知大事之必以衆濟也][3,4,5,6,7,8,9,10,11]，是故祓除其心[故祓除其心][5,6,7,11]，以和惠民。考中度衷以莅之[考中度衷以蒞之][3,8][考中度衷以涖之][4,5,6,7,9,11]，昭明物則以訓之，制義庶孚以行之。祓除其心，精也；考中度衷，忠也；昭明物則，禮也；制義庶孚，信也。然則長衆使民之道，非精不和，非忠不立，非禮不順，非信不行。今晉侯即位[今晉矦即位][4]，而背外內之賂，虐其處者，棄其信也；不敬王命，棄其禮也；施其所惡，棄其忠也；以惡實心，棄其精也。四者皆棄，則遠不至而近不和矣，將何以守國？

"古者，先王既有天下，又崇立於上帝、明神而敬事之[又崇立上帝、明神而敬事之][3,4,6,7,8,11]，於是乎有朝日、夕月，以教民事君。諸侯[諸矦][4]，春秋受職於王[春秋受職于王][4,7]，以臨其民；大夫、士，日恪位著[日恪位箸][4,5,6,7]，以儆其官；庶人、工、商，各守其業，以共其上[以供其上][9]。猶恐其有墜失也[猶恐有墜失也][4,5,6,7,11]，故爲車服、旗章以旌之，爲贄幣、瑞節以鎮之[爲摯幣、瑞節以鎮之][4,5,6,7,9,10,11]，爲班爵、貴賤以列之，爲令聞嘉譽以聲之。猶有散、遷、懈慢[猶有散、遷、解慢][4,5,6,7,9,10,11]，而著在刑辟[而箸在刑辟][4,5,7]，流在裔土，於是乎有蠻、夷之國[於是乎有夷、蠻之國][4,5,7][於是有夷、蠻之國][6]，有斧鉞、刀墨之民，而況可以淫縱其身乎[而况可以淫縱其身乎][5,7]？

"夫晉侯[夫晉矦][4,7]，非嗣也，而得其位，亹亹怵惕[亹亹怵惕][9][謁謁怵惕][9][娓娓怵惕][9]，保任戒懼，猶曰未也。若將廣其心，而遠其鄰，陵其民，而卑其上，將何以固守？

"夫執玉卑，替其贄也[替其摯也][4,5,7][替其摯也][6][替其贄也][11]；拜不稽首，誣其王也[輕其王也][8]。替贄無鎮[替摯無鎮][4,5,7][替摯無鎮][6]，誣王無民[輕王無民][8]。夫天事恆象[夫天事恒象][1,4,5,6,7,8]，任重享大者必速及，故晉侯誣王[故晉矦誣王][7][故晉侯輕王][8]，人亦將誣之[人亦將輕之][8]；欲替其鎮[欲替其鎮][4,5,7]，人亦將替之[人亦將替之][4,5,7]。大臣享其祿，弗諫而阿之，亦必及焉。"

襄王三年，而立晉侯[而立晉矦][4]；八年，而隕於韓；十六年[十七年][8,11]，而晉人殺懷公。懷公無胄[無冑][4,6,7,11]，秦人殺子金、子公。

襄王使太宰文公及內史興[襄王使大宰文公及內史興][4,5,6,7,9]，賜晉文公命，上卿逆於境[上卿逆于境][4,5]，晉侯郊勞[晉矦郊勞][4,7]，館諸宗廟，饋九牢，設庭燎。及期，命于武宮[命於武宮][2,5,6,7,8]，設桑主，布几筵，太宰莅之[大宰涖之][4,5,6,7][太宰蒞之][8]，晉侯端委以入[晉矦端委以入][4,7]。太宰以王命[大宰以王命][4,5,6,7]，命冕服，內史贊之[内史賛之][1]，三命而後即冕服。既畢，賓、饗、贈、餞[賔、饗、贈、餞][1][賓、享、贈、餞][8]，如公命侯伯之禮[如公命矦伯之禮][4]，而加之以宴好。內史興歸，以告王曰："晉，不可不善也。其君必霸，逆王命敬，奉禮義成。敬王命，順之道也；成禮義，德之則也。則德以導諸侯[則德以道諸矦][4][則德以道諸侯][5,6,7,9,10,11]，諸侯必歸之[諸矦必歸之][4]。且禮所以觀忠、信、仁、義也，忠所以分也，仁所以行也，信所以守也，義所以節也。忠分則均，仁行則報，信守則固，義節則度。分均無怨，行報無匱，守固不偷，節度不攜[節度不携][8]。若民不怨而財不匱，令不偷而動不攜[令不偷而動不携][8]，其何事不濟！中能應外，忠也；施三服義，仁也；守節不淫[守禮不淫][4,6,7,11][守法不淫][11]，信也；行禮不疚，義也。臣入晉境，四者不失，臣故曰：'晉侯其能禮矣[晉矦其能禮矣][4,7]，王其善之！'樹於有禮，艾人必豐。"

王從之，使於晉者，道相逮也[道相建也][7]。及惠后之難，王出在鄭，晉侯納之[晉矦納之][4,7]。

襄王十六年[襄王十七年][8,11]，立晉文公。二十一年，以諸侯朝王于衡雍[以諸侯朝王於衡雍][2,8][以諸矦朝于衡雝][4][以諸侯朝于衡雝][5,9][以諸侯朝於衡雝][6,7][以諸侯朝于衡雍][10,11]，且獻楚捷，遂爲踐土之盟[遂爲踐上之盟][7][遂爲踐杜之盟][9]，於是乎始霸[於是乎始霸也][1,2,11]。

國語第一[國語卷第一][1][ ][2,3,8,9][周語上第一　國語][4][國語卷一][5][國語正義卷一終][6][國語第一][7]

國語卷第二[國語卷二][2,5][周語中第二 國語][4][國語正義卷第二][6][國語第二][7][周語中第二][8,9]

周語中[ ][4,8,9]

襄王十三年[襄王十七年][8]，鄭人伐滑。王使游孫伯請滑[使游孫伯請滑][8]，鄭人執之。王怒，將以狄伐鄭[將以翟伐鄭][4,5,6,7]。富辰諫曰："不可。古人有言曰[人有言曰][4,6,7,11]：'兄弟讒鬩，侮人百里。'周文公之詩曰：'兄弟鬩于牆[兄弟鬩於牆][2,6,7,8]，外禦其侮。'若是，則鬩乃內侮，而雖鬩不敗親也。鄭在天子，兄弟也。鄭武、莊有大勳力于平、桓[鄭武、莊有大勳力於平、桓][2,6,7][鄭武、莊有大勳力于平、惠][11]；我周之東遷[凡我周之東遷][4,5,7,11]，晉、鄭是依；子頹之亂[子穨之亂][4,5,6,7]，又鄭之繇定[又鄭之由定][4,5,6,7,11]。今以小忿棄之，是以小怨置大德也，無乃不可乎！且夫兄弟之怨，不徵於他[不徵於他][1][不徵於它][4,5,6,11][不徵於它][7]，徵於他[徵於他][1][徵於它][4,5,6][徵於它][7]，利乃外矣[和乃外矣][7]。章怨外利，不義；棄親即狄[棄親即翟][4,5,6,7]，不祥；以怨報德，不仁。夫義所以生利也，祥所以事神也，仁所以保民也。不義則利不阜，不祥則福不降，不仁則民不至。古之明王，不失此三德者，故能光有天下，而和寧百姓[而和寧百姓][1][而龢寧百姓][4,5,7,9,10,11][而龢甯百姓][6]，令聞不忘。王其不可以棄之。"王不聽。

十七年，王降狄師以伐鄭[王降翟師以伐鄭][4,5,6,7]。

王德狄人[王德翟人][4,5,6,7]，將以其女爲后。富辰諫曰："不可。夫婚姻，禍福之階也。由之利內則福[利內則福由之][4,6,7,8,11]，利外則取禍。今王外利矣，其無乃階禍乎？昔摯、疇之國也，由大任[由太任][4,6]，杞、繒由大姒[杞、繒由太姒][6]，齊、許、申、呂由大姜[齊、許、申、呂由太姜][6]，陳由大姬，是皆能內利親親者也。昔鄢之亡也由仲任[昔鄢之亡也由仲任][4,5,7,10,11][昔鄢之亾也由仲任][6][昔僞之亡也由仲任][9]，密須由伯姞，鄶由叔妘，耼由鄭姬[聃由鄭姬][2,4]，息由陳嬀，鄧由楚曼，羅由季姬，盧由荆嬀[盧由鄀嬀][4,5,7,10][盧由荆媯][6,11]，是皆外利離親者也。”

王曰：“利何如而內，何如而外？”對曰：“尊貴，明賢，庸勳，長老，愛親，禮新，親舊。然則民莫不審固其心力，以役上令，官不易方，而財不匱竭[而射不匱竭][6]，求無不至，動無不濟。百姓兆民，夫人奉利而歸諸上，是利之內也；若七德離判，民乃攜貳[民乃携貳][8]，各以利退[各以利退][4,5,7]，上求不暨，是其外利也。夫狄無列於王室[夫翟無列於王室][4,5,6,7]，鄭伯南也[鄭伯男也][11]，王而卑之，是不尊貴也。狄[翟][4,5,6,7]，豺狼之德也[豺狼之德也][2,4,5,6,7,11]，鄭未失周典，王而蔑之，是不明賢也。平、桓、莊、惠，皆受鄭勞，王而棄之，是不庸勳也。鄭伯捷之齒長矣[鄭伯接之齒長矣][11][鄭伯棲之齒長矣][11]，王而弱之，是不長老也。狄[翟][4,5,6,7]，隗姓也，鄭出自宣王，王而虐之，是不愛親也。夫禮，新不閒舊[新不間舊][5,6,9]，王以狄女閒姜、任[王以翟女閒姜、任][4,7][王以翟女間姜、任][5,6]，非禮，且棄舊也。王一舉而棄七德，臣故曰利外矣。書有之曰：‘必有忍也，若能有濟也。’王不忍小忿而棄鄭，又登叔隗以階狄[又登叔隗以階翟][4,5,6,7]。狄[翟][4,5,6,7]，封豕豺狼也[封豕豺狼也][2,4,5,6,7,8]，不可猒也[不可厭也][2,4,5,6,7,9,10,11]。”王不聽[王弗聽][4,5,6,7,11]。

十八年[十七年][8,11]，王黜狄后[王黜翟后][4,5,6,7]。狄人來誅[翟人來誅][4,5,6,7]，殺譚伯。富辰曰：“昔吾驟諫王，王弗從，以及此難。若我不出，王其以我爲懟乎！”乃以其屬死之。

初，惠后欲立王子帶，故以其黨啓狄人[故以其黨啓翟人][4,5,6,7]。狄人遂入周[翟人遂入周][4,5,6,7]，王乃出居于鄭[周王乃出居於鄭][2,6,7,8]，晉文公納之。

晉文公既定襄王于郟[晉文公既定襄王於郟][2,6,7,8]，王勞之以地，辭，請隧焉。王不許[王弗許][4,5,6,7,11]，曰：“昔我先王之有天下也，規方千里[規方千里][7]，以爲甸服，以供上帝山川百神之祀，以備百姓兆民之用，以待不庭不虞之患。其餘以均分公侯伯子男［其餘以均分公矦伯子男］[4,7]，使各有寧宇［使各有寧宇］[1]［使各有甯宇］[6]［使各有寰宇］[10,11]，以順及天地，無逢其災害［無逢其灾害］[4,7]［無逢其甾害］[5]，先王豈有賴焉。內官不過九御，外官不過九品，足以供給神祇而已［足以供給神祗而已］[4,5,6,7]，豈敢猒縱其耳目心腹［豈敢厭縱其耳目心腹］[2,5]，以亂百度［□以亂百度］[1,11]？亦唯是死生之服物采章［亦惟是死生之服物采章］[8]，以臨長百姓，而輕重布之，王何異之有？今天降禍災於周室［今天降禍灾於周室］[4,7,8]［今天降禍甾於周室］[5]，余一人僅亦守府，又不佞［又不佼］[7]，以勤叔父，而班先王之大物，以賞私德，其叔父實應且憎，以非余一人，余一人豈敢有愛［余一人豈敢有愛也］[4,5,6,7,11]？先民有言曰：‘改玉改行。’叔父若能光裕大德，更姓改物，以創制天下，自顯庸也，而縮取備物，以鎮撫百姓，余一人其流辟，旅於裔土［□旅於裔土］[1,2,11]［於裔土］[4,5,7,8,11]［于裔土］[6]，何辭之有與［何辭之與有］[4,5,6,7,8,11]？若由是姬姓也［若猶是姬姓也］[5]，尚將列爲公侯［尚將列爲公矦］[4,7]，以復先王之職，大物其未可改也。叔父其懋昭明德［叔父其茂昭明德］[4,5,6,7,11]，物將自至，余何敢以私勞變前之大章［余敢以私勞變前之大章］[4,5,6,7,11]，以忝天下，其若先王與百姓何？何政令之爲也？若不然，叔父有地而隧焉，余安能知之？”文公遂不敢請，受地而還。

王至自鄭，以陽樊賜晉文公。陽人不服，晉侯圍之［晉矦圍之］[4,7]。倉葛呼曰：“王以晉君爲能德［王以晉君爲德］[4,6,7,8,11]，故勞之以陽樊，陽樊懷我王德，是以未從於晉。謂君其何德之布，以懷柔之，使無有遠志？今將大泯其宗祊，而蔑殺其民人，宜吾不敢服也！夫三軍之所尋，將蠻、夷、戎、狄之驕逸不虔［將蠻、夷、戎、翟之驕逸不虔］[4,5,6,7]，於是乎致武。此羸者陽也，未狎君政，故未承命［故臣承命］[5,7]。君若惠及之，唯官是徵［唯官是徵］[1,7]，其敢逆命，何足以辱師！君之武震，無乃玩而頓乎？臣聞之曰：‘武不可覿，文不可匿。覿武無烈，匿文不昭。’陽不承獲甸［陽不承穫甸］[6]［陽不獲承甸］[8,11]，而祇以覿武［而袛以覿武］[1]［而秖以覿武］[4]［而祗以覿武］[5,7,8,9]，臣是以懼。不然，其敢自愛也[豈敢自愛也][8]？且夫陽豈有裔民哉[且夫陽豈有裔民][4,5,6,7,11]？夫亦皆天子之父兄甥舅也，若之何其虐之也？”晉侯聞之[晉矦聞之][4,7]，曰：“是君子之言也。”乃出陽民。

温之會[温之會][2,6]，晉人執衛成公[晉人執衛成公][2,5,8]，歸之于周[歸之於周][2,6,7,8]。晉侯請殺之[晉矦請殺之][4,7]，王曰：“不可。夫政自上下者也，上作政，而下行之，不逆，故上下無怨。今叔父作政而不行，無乃不可乎？夫君臣無獄，今元咺雖直，不可聽也。君臣皆獄，父子將獄，是無上下也。而叔父聽之，一逆矣。又爲臣殺其君，其安庸刑？布刑而不庸，再逆矣。一合諸侯[一合諸矦][4,7]，而有再逆政，余懼其無後[余懼其無後也][4,5,6,7,11]。不然，余何私於衛侯[余何私於衛侯][2,5,8][余何私於衛矦][4]？”晉人乃歸衛侯[晉人乃歸衛矦][4,7][晉人乃歸衛侯][5,8]。

二十四年[二十六年][8,11]，秦師將襲鄭，過周北門。左右皆免胄而下拜[左右免胄而下][4,6,7,8,10,11]，超乘者三百乘。王孫滿觀之，言於王曰：“秦師必有讁[秦師必有謫][9,11]。”王曰：“何故？”對曰：“師輕而驕，輕則寡謀，驕則無禮。無禮則脱，寡謀自陥[寡謀自陷][7]。入險而脱[人險而脱][4,7]，能無敗乎？秦師無讁，是道廢也。”是行也，秦師還，晉人敗諸崤[晉人敗諸殽][4,5,6,7]，獲其三帥丙、術、視。

晉侯使隨會聘于周[晉矦使隨會聘于周][4][晉矦使隨會聘於周][7][晉侯使隨會聘於周][8]，定王享之[定王饗之][4,5,6,7,11]，餚烝[殽烝][4,5,6,7,11][肴烝][9,11]，原公相禮。范子私於原公曰：“吾聞王室之禮，無毁折，今此何禮也？”王見其語[王見其語也][4,5,6,7,11]，召原公而問之，原公以告。

王召士季，曰：“子弗聞乎，禘郊之事，則有全烝；王公立飫，則有房烝；親戚宴饗，則有餚烝[則有殽烝][4,5,6,7]。今女非他也[今女非它也][4,5,6,7]，而叔父使士季實來修舊德[而叔父使士季實來脩舊德][4]，以獎王室[以奬王室][1,2]。唯是先王之宴禮[是先王之宴禮][8]，欲以貽女。余一人敢設飫禘焉，忠非親禮，而干舊職，以亂前好？且唯戎、狄[且唯夫戎、翟][4,5,6,7,11]，則有體薦。夫戎、狄[夫戎、翟][4,5,6,7]，冒没輕儳[冐没輕儳][8,10,11]，貪而不讓。其血氣不治，若禽獸焉。其適來班貢，不俟馨香嘉味，故坐諸門外[故生諸門外][6]，而使舌人體委與之。女，今我王室之一二兄弟，以時相見，將和協典禮[將龢協典禮][4,5,6,7]，以示民訓則，無亦擇其柔嘉，選其馨香，潔其酒醴，品其百籩，修其簠簋[脩其簠簋][4,7]，奉其犧象，出其樽彝[出其尊彝][4,6,7][出其尊彞][5]，陳其鼎俎，净其巾冪[浄其巾冪][2,8][静其巾羃][4,6,7][滯其巾羃][5]，敬其祓除，體解節折，而共飲食之[而共飤食之][9]。於是乎有折俎加豆，酬幣宴貨，以示容合好，胡有孑然其郊戎、狄也[胡有孑然其效戎、翟也][4,5,6,7,8]？

"夫王公諸侯之有飫也[夫王公諸矦之有飫也][4]，將以講事成章，建大德、昭大物也，故立成，禮烝而已。飫以顯物，宴以合好[宴以食好][4,5,7,11]，故歲飫不倦[歳飫不倦][4,5,6,7,11]，時宴不淫，月會，旬修[旬脩][4,6,7]，日完不忘。服物昭庸，采飾顯明，文章比象，周旋序順，容貌有崇，威儀有則，五味實氣，五色精心，五聲昭德，五義紀宜，飲食可饗，和同可觀[龢同可觀][4,5,6,7]，財用可嘉，則順而德建[則順而建德][5,6,7,11]。古之善禮者，將焉用全烝？"

武子遂不敢對而退[武子遂不敢對而退][4,7,9,10]。歸，乃講聚三代之典禮，於是乎修執秩以為晉法[於是乎脩執秩以為晉法][4]。

定王使單襄公聘於宋[定王使單襄公聘于宋][4,5]。遂假道於陳，以聘於楚。火朝覿矣，道茀不可行[道茀不可行也][4,5,6,7,11]，候不在疆[候不在疆][1,5][候不在疆][4,7][候不在彊][9][候不在境][9][候不在竟][11]，司空不視塗[司空不視涂][6]，澤不陂，川不梁，野有庾積，場功未畢，道無列樹，墾田若蓺，饍宰不致餼[膳宰不致餼][4,5,6,7,11]，司里不授館，國無寄寓，縣無施舍[縣無弛舍][9]，民將築臺於夏氏[民將築臺于夏氏][4,5,7]。及陳，陳靈公與孔寧、儀行父[陳靈公與孔寧、儀行父][1][陳靈公與孔甯、儀行父][6]，南冠以如夏氏[南冠如夏氏][8]，留賓不見[留賓不見][1][留賓弗見][4][留賓弗見][5,7,9,11][留賓弗見][6]。

單子歸，告王曰：“陳侯不有大咎[陳矦不有大咎][4,7]，國必亡[國必亾][6]。”王曰：“何故？”對曰：“夫辰角見而雨畢，天根見而水涸，本見而草木節解，駟見而隕霜，火見而清風戒寒。故先王之教曰：‘雨畢而除道，水涸而成梁，草木節解而備藏[草木解節而備藏][5]，隕霜而冬裘具，清風至而修城郭宮室[清風至而修城郭][8]。’故夏令曰：‘九月除道，十月成梁。’其時儆曰：‘收而場功，偫而畚挶[偫而畚梮][1,2,8,10,11][偫而畚挶][4,6,7,9,10,11]，營室之中，土功其始，火之初見，期於司里[期于司里][4,5]。’此先王所以不用財賄[此先王之所以不用財賄][4,5,7,11]，而廣施德於天下者也。今陳國，火朝覿矣，而道路若塞，野場若棄，澤不陂障，川無舟梁，是廢先王之教也。

“周制有之曰：‘列樹以表道，立鄙食以守路，國有郊牧，疆有寓望[畺有寓望][4,5,6,7,9,10,11]，藪有圃草，囿有林池，所以禦災也[所以禦灾也][4,7,8][所以禦甾也][5]。其餘無非穀土[其餘無非穀土][1,4,7]，民無懸耜[民無縣耜][4,5,6,7,9,10,11]，野無奧草[野無冥草][11]。不奪民時，不蔑民功。有優無匱，有逸無罷。國有班事，縣有序民。’今陳國，道路不可知，田在草閒[田在草間][5,6]，功成而不收，民罷於逸樂，是棄先王之法制也[是棄先王之法制者也][4,6,7,11]。

“周之秩官有之，曰：‘敵國賓至[敵國賔至][1,4,7]，關尹以告，行理以節逆之[行李以節逆之][11]，候人爲導[候人爲導][1,5][候人爲導][4,7]，卿出郊勞，門尹除門，宗祝執祀，司里授館，司徒具徒，司空視塗[司空視涂][6]，司寇詰姦[司寇詰姦][1,4,7][司寇詰奸][6]，虞人入材，甸人積薪，火師監燎，水師監濯，膳宰致饔[膳宰致餐][4,5,7,9,10,11][膳宰致飧][11]，廩人獻餼，司馬陳芻，工人展車，百官以物至[百官官以物至][4,5,6,7,11]，賓入如歸[賔入如歸][1,4,7]。是故小大莫不懷愛[是故大小莫不懷愛][6]。其貴國之賓至[其貴國之賔至][1,4,7][其貴國賓至][6]，則以班加一等益虔。至於王吏[至于王使][4,5][至於王使][7,9,10,11]，則皆官正莅事[則皆官正涖事][4,5,6,7][則皆官正蒞事][8]，上卿監之。若王巡守，則君親監之。’今雖朝也不才，有分族於周

[有介族於周][9]，承王命以爲過賓於陳[承王命以爲過賔於陳][1,4,7]，而司事莫至，是蔑先王之官也。

“先王之令有之曰：‘天道賞善而罰淫，故凡我造國[故几我造國][7]，無從非彝[無從非彞][1][無從匪彝][5]，無即慆淫，各守爾典，以承天休。’今陳侯不念胤續之常[今陳矦不念胤續之常][4,7]，棄其伉儷妃嬪[棄其伉儷妃嬪][1,4]，而帥其卿佐，以淫於夏氏，不亦嬻姓矣乎[不亦瀆姓矣乎][4,5,6,7,9,10,11][不亦黷姓矣乎][9,11]？陳，我大姬之後也。棄衮冕而南冠以出[棄袞冕而南冠以出][2,9]，不亦簡彝乎[不亦簡彞乎][1][不亦簡彝乎][2,4,6,8][不亦簡彝乎][5]？是又犯先王之令也。

“昔先王之教，懋帥其德也[茂帥其德也][4,5,6,7,9,11]，猶恐殞越[猶恐隕越][4,5,6,7,8,9,10,11]。若廢其教而棄其制，蔑其官而犯其令，將何以守國？居大國之閒[居大國之間][2,5,6]，而無此四者，其能久乎？”

六年，單子如楚。八年，陳侯殺於夏氏[陳矦殺于夏氏][4][陳侯殺于夏氏][5,9][陳矦殺於夏氏][7][陳侯弒于夏氏][9]。九年，楚子入陳。

定王八年，使劉康公聘於魯[使劉康公聘于魯][4]，發幣於大夫。季文子、孟獻子皆儉，叔孫宣子、東門子家皆侈。

歸，王問魯大夫孰賢？對曰：“季、孟其長處魯乎！叔孫、東門其亡乎[叔孫、東門其亾乎][6]！若家不亡[若家不亾][6]，身必不免。”王曰：“何故？”對曰：“臣聞之：爲臣必臣，爲君必君。寬肅宣惠，君也；敬恪恭儉，臣也。寬所以保本也，肅所以濟時也，宣所以教施也[宣所以施教也][8]，惠所以和民也。本有保則必固，時動而濟，則無敗功，教施而宣則徧，惠以和民則阜。若本固而功成，施徧而民阜，乃可以長保民矣，其何事不徹？敬所以承命也，恪所以守業也，恭所以給事也，儉所以足用也。以敬承命，則不違；以恪守業，則不懈；以恭給事，則寬於死；以儉足用，則遠於憂。若承命不違，守業不懈，寬於死而遠於憂[寬於死而遠于憂][6]，則可以上下無隙矣，其何任不堪？上作事而徹[上任事而徹][3,4,5,7,8,11]，下能堪其任，所以爲令聞長世也[所以爲令聞長丗也][1]。今夫二子者儉，其能足用矣[則能足用矣][6,7]，用足則族可以庇。二子者侈，侈則不恤匱，匱而不恤，憂必及之，若是，則必廣其身。且夫人臣而侈，國家弗堪，亡之道也[亾之道也][6]。”王曰：“幾何？”對曰：“東門之位，不若叔孫，而泰侈焉[而泰侈焉][4]，不可以事二君。叔孫之位，不若季、孟[不及季、孟][6]，而亦泰侈焉[而亦泰侈焉][4]，不可以事三君。若皆蚤世猶可[若皆蚤丗猶可][1]，若登年以載其毒，必亡[必亾][6]。”

十六年，魯宣公卒。赴者未及，東門氏來告亂，子家奔齊。簡王十一年[簡王十一年][2,3,4,6,8]，魯叔孫宣伯亦奔齊，成公未殁二年[成公未没二年][4,5,6,7,8]。

簡王八年[簡王八年][2,3,4,6,8]，魯成公來朝，使叔孫僑如先聘，且告。見王孫説[見王孫閱][11]，與之語。説言於王曰：“魯叔孫之來也，必有異焉。其享覲之幣薄而言諂[其享覲之幣薄而言謟][4,7]，殆請之也，若請之，必欲賜也。魯執政唯强[魯執政唯強][2,3]，故不歡焉，而後遣之。且其狀，方上而鋭下，宜觸冒人。王其勿賜。若貪陵之人來，而盈其願，是不賞善也[是賞不善也][8,11]，且財不給。故聖人之施舍也議之，其喜怒取與亦議之[其喜怒取予也亦議之][4,5,6,7,11][其喜怒取與也亦議之][8]。是以不主寬惠，亦不主猛毅，主德義而已。”王曰：“諾。”使私問諸魯，請之也。王遂不賜，禮如行人。及魯侯至[及魯矦至][4,7]，仲孫蔑爲介，王孫説與之語，説讓。説以語王，王厚賄之。

晉既克楚于鄢[晉既克楚於鄢][6,7,8]，使郤至告慶于周[使卻至告慶於周][6][使郤至告慶於周][7,8][使卻至告慶于周][9]。未將事，王叔簡公飲之酒[王叔簡公飲之酒][2,3,4,6,8]，交酬好貨皆厚，飲酒宴語，相説也。

明日，王叔子譽諸朝，郤至見邵桓公[郄至見邵桓公][1][郤至見召桓公][4,5,7,9][卻至見召桓公][6]，與之語。邵公以告單襄公曰[召公以告單襄公曰][4,5,6,7]：“王叔子譽温季[王叔子譽溫季][2,6]，以爲必相晉國，相晉國，必大得諸侯[必大得諸矦][4,7]，勸二三君子必先導焉，可以樹。今夫子見我，以晉國之克也[以爲晉國之克也][8]，爲己實謀之，曰：'微我，晉不戰矣！楚有五敗，晉不知乘，我則强之[我則強之][1,2,3]。背宋之盟，一也；德薄而以地賂諸侯[薄德而以地賂諸矦][4,7,11][薄德而以地賂諸侯][6]，二也；棄壯之良，而用幼弱，三也；建立卿士，而不用其言，四也；夷、鄭從之，三陳而不整[三陳而不鏊][1]，五也。罪不由晉[辠不由晉][4,5,6,7]，晉得其民[晉得其民也][6]，四軍之帥，旅力方剛；卒伍治整[卒伍治鏊][1]，諸侯與之[諸矦與之][4,7]。是有五勝也：有辭，一也；得民，二也；軍帥强禦[軍帥強禦][1,2,3][軍帥彊禦][4,5,6,7,11]，三也；行列治整[行列治鏊][1]，四也；諸侯輯睦[諸矦輯睦][4]，五也。有一勝猶足用也，有五勝以伐五敗，而避之者，非人也。不可以不戰。欒、范不欲，我則强之[我則強之][1,2,3][我則彊之][4,5,7]。戰而勝，是吾力也。且夫戰也微謀，吾有三伐；勇而有禮，反之以仁。吾三逐楚軍之卒[吾三逐楚君之卒][3,4,5,6,11][吾三逐楚君之文][7]，勇也；見其君必下而趨，禮也；能獲鄭伯而赦之[能獲鄭伯而敢此][7]，仁也。若是而知晉國之政，楚、越必朝。'

"吾曰：'子則賢矣。抑晉國之舉也，不失其次，吾懼政之未及子也。'謂我曰：'夫何次之有？昔先大夫荀伯，自下軍之佐以政，趙宣子未有軍行，而以政，今欒伯自下軍往[今欒伯自下軍徃][5]。是三子也[是三子者][6]，吾又過於四之，無不及。若佐新軍而升爲政，不亦可乎？將必求之。'是其言也，君以爲奚若？"

襄公曰："人有言曰：'兵在其頸。'其郤至之謂乎[其郄至之謂乎][6]！君子不自稱也，非以讓也，惡其蓋人也[惡其葢人也][4,5,6,7]。夫人性，陵上者也，不可蓋也[不可葢也][4,5,6,7]。求蓋人[求葢人][4,5,6,7]，其抑下滋甚，故聖人貴讓。且諺曰：'獸惡其網，民惡其上。'書曰[故書曰][8]：'民可近也，而不可上也。'詩曰：'愷悌君子，求福不回。'在禮，敵必三讓，是則聖人知民之不可加也。故王天下者，必先諸民，然後庇焉，則能長利。今郤至在七人之下[今郤至在七人之下][6]，而欲上之，是求蓋七人也[是求蓋七人也][4, 5, 6, 7]，其亦有七怨。怨在小醜，猶不可堪，而況在侈卿乎[而況在侈卿乎][5, 6]？其何以待之？

"晉之克也，天有惡於楚也，故儆之以晉[故警之以晉][6]。而郤至佻天之功[而郤至佻天][4, 5, 7, 11][而郤至佻天][6][而郤至挑天之功][10, 11][而郤至抶天之功][10]，以爲己力，不亦難乎？佻天不祥，乘人不義，不祥則天棄之，不義則民叛之[不義則民畔之][4, 5, 6, 7, 11]。且郤至何三伐之有[且郤至何三伐之有][6]？夫仁、禮、勇，皆民之爲也[皆義之爲也][8]。以義死用謂之勇，奉義順則謂之禮，畜義豐功謂之仁。姦仁爲佻，姦禮爲羞，姦勇爲賊。夫戰，盡敵爲上，守和同[守龢同][4, 5, 6, 7]，順義爲上。故制戎以果毅，制朝以序成。叛戰而擅舍鄭君[畔戰而擅舍鄭君][4, 5, 6, 7]，賊也；棄毅行容[棄義行容][6]，羞也；叛國即讎[畔國即讎][4, 5, 6, 7]，佻也。有三姦以求替其上[有三姦以求替其上][4, 5, 7]，遠於得政矣[遠以得政矣][6]。以吾觀之，兵在其頸，不可久也。雖吾王叔，未能違難。在太誓曰[在大誓曰][4, 5, 6, 7, 8, 9][在秦誓曰][9]：'民之所欲，天必從之。'王叔欲郤至[王叔欲郤至][6]，能勿從乎？"

郤至歸[郤至歸][6]，明年死難。及伯輿之獄，王叔陳生奔晉。

國語卷第二[ ][2, 3, 8, 9]**[周語中第二　國語]**[4]**[國語卷二]**[5]**[國語正義卷第二終]**[6]**[國語第二]**[7]

國語卷第三[國語卷三][2,5][周語下第三　國語][4][國語正義卷第三][6][國語第三][7][周語下第三][8,9]

周語下[ ][4,8,9]

柯陵之會[加陵之會][9,11][嘉陵之會][11]，單襄公見晉厲公，視遠步高。晉 郤錡見[晉 卿錡見單子][4,7][晉 郤錡見單子][5,8,11][晉 卻錡見單子][6]，其語犯。郤犨見[郤犨見][4,5,7,8,9,10][卻犨見][6]，其語迂[其語迃][4,5,7][其語訏][11]。郤至見[卻至見][6]，其語伐。齊國佐見，其語盡。魯 成公見，言及晉難，及郤犨之譖[及郤犨之譛][1][及郤犨之譖][2,3][及郤犨之譛][4][及郤犨之譖][5,7,8][及卻犨之譖][6]。

單子曰:“君何患焉！晉將有亂，其君與三郤[其君與三卻][6]，其當之乎！”魯侯曰[魯矦曰][4,7]:“寡人懼不免於晉，今君曰‘將有亂’，敢問天道乎，抑人故也？”對曰:“吾非瞽、史，焉知天道？吾見晉君之容，而聽三郤之語矣[而聽三卻之語矣][6]，殆必禍者也。夫君子目以定體，足以從之，是以觀其容，而知其心矣。目以處義，足以步目，今晉侯視遠而足高[今晉矦視遠而足高][4,7]，目不在體，而足不步目，其心必異矣。目體不相從，何以能久[何以能人][7]？夫合諸侯[夫合諸矦][4,7]，民之大事也[國之大事也][4,5,6,7,11]，於是乎觀存亡[於是乎觀存亾][6]。故國將無咎，其君在會，步言視聽，必皆無謫[必皆無讁][8,9]，則可以知德矣。視遠，日絕其義[曰絶其義][8,10]；足高，日棄其德[曰棄其德][8,10]；言爽[言爽][1,4]，日反其信[曰反其信][8,10]；聽淫，日離其名[曰離其名][8,10]。夫目以處義[目以處義][8]，足以踐德，口以庇信，耳以聽名者也，故不可不慎也。偏喪有咎，既喪，則國從之。晉侯爽二[晉侯爽二][1][晉矦爽二][4,7][晉侯喪二][9][晉侯褬二][11]，吾是以云。

“夫郤氏[夫卻氏][6]，晉之寵人也，三卿而五大夫[三卿五大夫][6]，可以戒懼矣。高位寔疾顛[高位實疾顛][2,6,8][高位寔疾僨][4,5,7,9,10,11][高位寔疾傎][10]，厚味寔腊毒

[厚味實腊毒][6,8]。今郤伯之語犯[今卻伯之語犯][6]，叔迂[叔迂][3,6,8]，季伐，犯則陵人，迂則誣人[迂則誣人][3,6,8]，伐則掩人[伐則揜人][4,5,6,7,9,10,11]。有是寵也，而益之以三怨，其誰能忍之！雖齊國子，亦將與焉。立於淫亂之國，而好盡言，以招人過[以招□人過][1,2,10,11][以昭人過][11]，怨之本也，唯善人能受盡言，齊其有乎？吾聞之，國德而鄰於不修，必受其福。今君偪於晉[今君逼於晉][9]，而鄰於齊，齊、晉有禍，可以取伯，無德之患，何憂於晉？且夫長翟之人[且夫長狄之人][11]，利而不義，其利淫矣，流之若何？”

魯侯歸[魯矦歸][4,7]，乃逐叔孫僑如。簡王十一年[簡王十一年][2,3,6,8]，諸侯會于柯陵[諸矦會于柯陵][4][諸侯會於柯陵][6][諸矦會於柯陵][7]。十二年，晉殺三郤[晉殺三卻][6]。十三年，晉侯弒[晉侯殺][5,6,9,10,11][晉矦殺][4,7]，於翼東門葬，以車一乘。齊人殺國武子。

晉孫談之子周，適周，事單襄公，立無跛，視無還，聽無聳，言無遠。言敬必及天，言忠必及意，言信必及身，言仁必及人，言義必及利，言智必及事[言知必及事][4,5,6,7,11]，言勇必及制，言教必及辯，言孝必及神，言惠必及和[言惠必及龢][4,5,6,7,9]，言讓必及敵。晉國有憂，未嘗不戚[未甞不戚][1]；有慶，未嘗不怡[未甞不怡][1]。

襄公有疾，召頃公而告之，曰：“必善晉周，將得晉國。其行也文，能文則得天地。天地所祚[天地所胙][3,4,6,7,11]，小而後國。夫敬，文之恭也；忠，文之實也；信，文之孚也；仁，文之愛也；義，文之制也；智[知][4,5,6,7]，文之輿也；勇，文之帥也；教，文之施也；孝，文之本也；惠，文之慈也；讓，文之材也。象天能敬，帥意能忠，思身能信，愛人能仁[愛久能仁][7]，利制能義；事建能智[事建能知][4,5,6,7]，帥義能勇，施辯能教，昭神能孝，慈和能惠，推敵能讓。此十一者，夫子皆有焉。

“天六地五，數之常也。經之以天，緯之以地。經緯不爽[經緯不爽][1,4,7]，文之象也。文王質文，故天祚之以天下[故天胙之以天下][3,4,6,7]。夫子被文矣[夫子被之矣][3, 4, 5, 7, 8, 11]，其昭穆又近，可以得國。且夫立無跛，正也；視無還，端也；聽無聳，成也；言無遠，慎也。夫正，德之道也；端，德之信也；成，德之終也；慎，德之守也。守終純固，道正事信，明令德矣。慎成端正，德之相也。爲晉休戚[爲吾休戚][6]，不背本也。被文相德，非國何取！

“成公之歸也，吾聞晉之筮之也，遇乾之否，曰：‘配而不終，君三出焉。’一既往矣[一既徃矣][7]，後之不知，其次必此。且吾聞成公之生也[且吾聞之成公之生也][4, 5, 6, 7, 11]，其母夢神規其臀以墨[其母夢神規其臀以墨][7][其母夢神規其臀以黑][11]，曰：‘使有晉國，三而畀驩之孫。’故名之曰‘黑臀’，於今再矣。單襄公曰驩[襄公曰驩][3, 4, 5, 6, 7, 8, 10, 11]，此其孫也。而令德孝恭，非此其誰？且其夢曰：‘必驩之孫，實有晉國。’其卦曰：‘必三取君於周。’其德又可以君國，三襲焉。吾聞之大誓，故曰：‘朕夢協朕卜[朕夢協于朕卜][4, 5, 7, 11]，襲于休祥[襲於休祥][8]，戎商必克。’以三襲也。晉仍無道而鮮冑，其將失之矣。必早善晉子[必蚤善晉子][4, 5, 6, 7, 11]，其當之也。”

頃公許諾。及厲公之亂，召周子而立之，是爲悼公。

靈王二十二年，穀、洛鬭[穀、洛鬬][1, 7][穀、雒鬬][11]，將毀王宮。王欲壅之[王欲雍之][9, 11][王欲擁之][10]，太子晉諫曰[大子晉諫曰][4, 5, 7, 9]：“不可。晉聞古之長民者，不墮山[不隋山][9][不墒山][9]，不崇藪，不防川，不竇澤。夫山，土之聚也；藪，物之歸也；川，氣之導也；澤，水之鍾也。夫天地成而聚於高，歸物於下。疏爲川谷[踈爲川谷][1, 4, 7]，以導其氣；陂塘汙庳[陂唐污庳][4, 5, 6, 7][陂唐汙庳][9, 10, 11]，以鍾其美。是故聚不阤崩，而物有所歸；氣不沈滯[氣不沉滯][9]，而亦不散越。是以民生有財用，而死有所葬。然則無夭、昏、札、瘥之憂[然則無夭、昏、扎、瘥之憂][1]，而無飢、寒、乏、匱之患[而無饑、寒、乏、匱之患][6, 7]，故上下能相固，以待不虞，古之聖王，唯此之慎。

“昔共工棄此道也[昔供工棄此道也][9]，虞于湛樂[虞於湛樂][6, 7, 8]，淫失其身[淫泆其身][10]，欲壅防百川，墮高堙庳，以害天下。皇天弗福，庶民弗助，禍亂並興[禍亂竝興][8]，共工用滅。其在有虞，有崇伯鮌[有崈伯鯀][4,5,6,7,11][有崈伯鮌][8,9,10]，播其淫心，稱遂共工之過，堯用殛之于羽山[堯用殛之於羽山][6,7,8]。其後伯禹念前之非度，釐改制量[釐改制量][1,4,7]，象物天地，比類百則，儀之于民，而度之于羣生[而度之於羣生][6,7]，共之從孫四嶽佐之[共之從孫四岳佐之][4,5,6,7,11]，高高下下，疏川導滯[疏川道滯][1,4,7][疏川道滯][5]，鍾水豐物，封崇九山，決汩九川[決汨九川][6][決汩九川][8]，陂鄣九澤[陂障九澤][4,9]，豐殖九藪，汩越九原[汨越九原][6,8][淈越九原][11]，宅居九隩，合通四海。故天無伏陰[故天無伏陰][1,4]，地無散陽[地有散陽][8]，水無沈氣，火無災燀[火無灾燀][4,5,7,9][火無炎燀][8,10,11]，神無閒行，民無淫心，時無逆數，物無害生[物害無生][6,7]。帥象禹之功，度之于軌儀[度之於軌儀][2,8]，莫非嘉績，克厭帝心。皇天嘉之，祚以天下[胙以天下][4,6,7]，賜姓曰'姒'，氏曰'有夏'，謂其能以嘉祉殷富生物也。祚四嶽國[胙四岳國][4,5,6,7]，命以侯伯[命爲矦伯][4,7][命爲侯伯][5,6,11]，賜姓曰'姜'，氏曰'有吕'，謂其能爲禹股肱心膂[謂其能爲禹股肱心吕][9,11]，以養物豐民人也。

"此一王四伯，豈緊多寵？皆亡王之後也[皆亡王之後][4,5,7,11][皆亾王之後][6]。唯能釐舉嘉義[唯能釐舉嘉義][1,4]，以有胤在下，守祀不替其典[守祀不朁其典][4,5,7]。有夏雖衰，杞、鄫猶在[杞、繒猶在][9,11]；申、吕雖衰，齊、許猶在。唯有嘉功，以命姓受祀[以命姓受氏][8,9,11]，迄于天下[迄於天下][6,7,8]，及其失之也，必有慆淫之心閒之[必有慆淫之心間之][5,6,7]。故亡其氏姓[故亾其氏姓][6]，踣斃不振[踣獘不振][4,9,11][踣弊不振][6,7,10][仆斃不振][9]；絶後無主，湮替隸圉[湮替隸圉][1][堙朁隸圉][4,5,7,10][堙替隸圉][6,11][堙替隸圉][9]。夫亡者豈緊無寵[夫亾者豈緊無寵][6]？皆黄、炎之後也。唯不帥天地之度，不順四時之序，不度民神之義，不儀生物之則，以殄滅無胤，至于今不祀[至於今不祀][6,7,8]。及其得之也，必有忠信之心閒之[必有忠信之心間之][5,6]。度於天地，而順於時動，和於民神[龢於民神][4,5,6,7]，而儀於物則，故高朗令終，顯融昭明，命姓受氏，而附之以令名。若啓先王之遺訓，省其典圖刑法，而觀其廢興者，皆可知也。其興者，必有夏、吕之功焉；其廢者，必有共、鮌之敗焉[必有共、鯀之敗焉][4, 5, 6, 7]。今吾執政，無乃實有所避[無乃實有所辟][10, 11]，而滑夫二川之神，使至於爭[使至於争][5, 7]，明以妨王宫，王而飾之，無乃不可乎！

“人有言曰：‘無過亂人之門。’又曰：‘佐饍者嘗焉[佐饍者嘗焉][1][佐饗者嘗焉][2, 5, 9, 11][佐雝者嘗焉][4, 6, 7, 9, 11][佐雍者嘗焉][10, 11]，佐鬭者傷焉。’又曰：‘禍不好，不能爲禍。’詩曰：‘四牡騤騤，旟旐有翩[旟旐有偏][9]，亂生不夷，靡國不泯。’又曰：‘民之貪亂，寧爲荼毒[寧爲荼毒][1][甯爲荼毒][6]。’夫見亂而不惕，所殘必多，其飾彌章[其飾彌彰][5]。民有怨亂，猶不可遏[猶不可過][9, 10, 11]，而況神乎[而况神乎][5, 6, 7]？王將防鬭川以飾宫，是飾亂而佐鬭也，其無乃章禍，且遇傷乎？自我先王，厲、宣、幽、平，而貪天禍，至于今未弭[至於今未弭][2, 4, 5, 6, 7, 8]。我又章之，懼長及子孫，王室其愈卑乎？其若之何？

“自后稷以來寧亂[自后稷以來寧亂][1][自后稷以來甯亂][6]，及文、武、成、康，而僅克安民。自后稷之始基靖民[自后稷之始基静民][11]，十五王，而文始平之，十八王，而康克安之，其難也如是。厲始革典，十四王矣，基德十五而始平，基禍十五，其不濟乎！吾朝夕儆懼，曰：‘其何德之修[其何德之脩][4]，而少光王室，以逆天休？’王又章輔禍亂，將何以堪之？王無亦鑒于黎、苗之王[王無亦鑒於黎、苗之王][6, 7][無亦鑒於黎、苗之王][8][王無亦鑒於黎、苗之士][9]，下及夏、商之季，上不象天，而下不儀地，中不和民[中不龢民][4, 5, 6, 7]，而方不順時，不共神祇[不共神祗][5, 6, 7]，而蔑棄五則。是以人夷其宗廟，而火焚其彝器[而火焚其彝器][1, 5][火焚其彝器][6]，子孫爲隸[子孫爲隸][1, 4, 7]，不夷於民[下夷於民][3, 4, 5, 6, 7, 11]，而亦未觀夫前哲令德之則。則此五者，而受天之豐福，饗民之勳力，子孫豐厚，令聞不忘，是皆天子之所知也。

“天所崇之子孫，或在畎畝[或在畎畆][1][或在畎畮][4, 7]，由欲亂民也。畎畝之人[畎畆之人][1][畎畮之人][4, 7]，或在社稷，由欲靖民也。無有異焉！詩云：‘殷鑒不遠，在夏后之世[在夏后之丗][1][近在夏后之世][4, 6, 7, 11]。’將焉用飾宮？其以徼亂也[以徼亂也][6, 7, 11][其以儌亂也][9]。度之天神，則非祥也。比之地物，則非義也。類之民則，則非仁也。方之時動，則非順也。咨之前訓，則非正也。觀之詩、書，與民之憲言，則皆亡王之爲也[皆亡王之爲也][4, 7, 11][皆亾王之爲也][6]。上下議之[上下儀之][4, 5, 6, 7, 11]，無所比度，王其圖之！夫事，大不從象，小不從文。上非天刑，下非地德，中非民則，方非時動，而作之者，必不節矣。作又不節，害之道也。”

王卒壅之。及景王，多寵人，亂於是乎始生。景王崩，王室大亂。及定王[及貞王][11]，王室遂卑。

晉羊舌肸聘于周[晉羊舌肸聘於周][6, 8][晉羊舌肹聘於周][7]，發幣於大夫，及單靖公。靖公享之，儉而敬；賓禮贈餞[賔禮贈餞][1]，視其上而從之；燕無私，送不過郊，語説昊天有成命。

單之老送叔向，叔向告之曰：“異哉！吾聞之曰：‘一姓不再興。’今周其興乎！其有單子也。昔史佚有言，曰：‘動莫若敬，居莫若儉，德莫若讓，事莫若咨。’單子之貺我[單子之況我][4, 6, 7, 11]，禮也，皆有焉。夫宮室不崇，器無彤鏤[器無蟲鏤][11]，儉也；身聳除潔，外內齊給，敬也；宴好享賜，不踰其上，讓也；賓之禮事[賔之禮事][1]，放上而動，咨也。如是，而加之以無私，重之以不殽，能避怨矣[能辟怨矣][4, 5, 6, 7, 9, 11]。居儉動敬，德讓事咨，而能避怨[而能辟怨][4, 5, 6, 7]，以爲卿佐，其有不興乎！

“且其語説昊天有成命，頌之盛德也。其詩曰：‘昊天有成命，二后受之，成王不敢康。夙夜基命宥密，於緝熙[緝熙][4, 7, 11]！亶厥心，肆其靖之。’是道成王之德也。成王能明文昭，能定武烈者也[定武烈者也][11]。夫道成命者[夫道成命][8]，而稱昊天，翼其上也。二后受之，讓於德也。成王不敢康，敬百姓也。夙夜，恭也。基，始也。命，信也。宥，寬也。密，寧也[寗也][1][甯也][6]。緝，明也。熙，廣也。亶，厚也。肆，固也。靖，龢也[和也][6]。其始也，翼上德讓，而敬百姓。其中也，恭儉信寬，帥歸於寧[帥歸於寧][1][帥歸於甯][6]。其終也，廣厚其心，以固龢之。始於德讓，中於信寬，終於固和[終於固龢][4,5,6,7]，故曰成[故曰成王][10,11]。單子儉敬讓咨，以應成德。單若不興，子孫必蕃，後世不忘[後世不忘][1]。

“詩曰：‘其類維何？室家之壼。君子萬年，永錫祚胤。’類也者，不忝前哲之謂也。壼也者，廣裕民人之謂也。萬年也者，令聞不忘之謂也。胤也者[祚胤也者][4,5,6,7,11]，子孫蕃育之謂也。單子朝夕不忘成王之德，可謂不忝前哲矣。膺保明德，以佐王室，可謂廣裕民人矣。若能類善物，以混厚民人者，必有章譽蕃育之祚，則單子必當之矣。單若有闕，必兹君之子孫實續之，不出於他矣[不出於它矣][4,5,6,7]。”

景王二十一年，將鑄大錢。單穆公曰：“不可。古者，天災降戾[天灾降戾][4,5][天降災戾][11]，於是乎量資幣，權輕重，以振救民，民患輕，則爲作重幣以行之[則爲之作重幣以行之][4,5,6,7,11]，於是乎有母權子而行，民皆得焉。若不堪重，則多作輕而行之[則多作輕幣而行之][8,11]，亦不廢重[亦不廢乎重][8]，於是乎有子權母而行，小大利之。

“今王廢輕而作重，民失其資，能無匱乎？若匱，王用將有所乏，乏則將厚取於民。民不給，將有遠志，是離民也。且夫備，有未至而設之，有至而後救之，是不相入也，可先而不備，謂之怠；可後而先之，謂之召災[謂之召灾][4,5,7,9,11]。周固羸國也，天未厭禍焉，而又離民以佐災[而又離民以佐灾][4,5,7]，無乃不可乎？將民之與處而離之，將災是備禦而召之[將灾是備禦而召之][4,5,7]，則何以經國？國無經，何以出令？令之不從，上之患也，故聖人樹德於民以除之[故聖王樹德於民以除之][4,5,6,7,11]。

“夏書有之曰：‘關石、和鈞[關石、龢均][4,5,6,7]，王府則有。’詩亦有之曰：‘瞻彼旱麓[瞻彼旱鹿][4,5,6,7,9,10]，榛楛濟濟。愷悌君子，干禄愷悌。’夫旱麓之榛楛殖[夫旱鹿之榛楛殖][4,5,6,7,11]，故君子得以易樂干禄焉[故君子得以樂易干禄焉][8,11]。若夫山林匱竭，林麓散亡[林鹿散亡][4,5,7][林鹿散亾][6]，藪澤肆既[藪澤肆逸][11]，民力彫盡[民力凋盡][6]，田疇荒蕪，資用乏匱，君子將險哀之不暇，而何易樂之有焉[而何樂易之有焉][8,11]？

“且絶民用以實王府，猶塞川原而爲潢汙也[猶塞川原而爲潢污也][4,5,7][猶塞川原而爲潢洿也][10]，其竭也無日矣。若民離而財匱，災至而備亡[灾至而備亡][4,5,7][災至而備亾][6]，王其若之何？吾周官之於災備也[吾周官之於灾備也][4,5,7]，其所怠棄者多矣，而又奪之資，以益其災[以益其灾][4,5,7]，是去其藏而翳其人也。王其圖之！”

王弗聽，卒鑄大錢。

二十三年，王將鑄無射，而爲之大林。單穆公曰：“不可。作重幣以絶民資，又鑄大鍾以鮮其繼[又鑄大鐘以鮮其繼][5,7]。若積聚既喪，又鮮其繼，生何以殖？且夫鍾不過以動聲[且夫鐘不過以動聲][5]，若無射有林，耳弗及也[耳不及也][4,5,6,7,11]。夫鍾聲以爲耳也[夫鐘聲以爲耳也][5,7]，耳所不及，非鍾聲也[非鐘聲也][5]。猶目所不見，不可以爲目也。夫目之察度也，不過步武尺寸之閒[不過步武尺寸之間][5,6]；其察色也，不過墨丈尋常之閒[不過墨丈尋常之間][5,6]。耳之察和也[耳之察龢也][4,5,6,7]，在清濁之閒[在清濁之間][5,6]；其察清濁也，不過一人之所勝。是故先王之制鍾也[是故先王之制鐘也][5]，大不出鈞[太不出鈞][7]，重不過石。律度量衡，於是乎生，小大器用，於是乎出，故聖人慎之。今王作鍾也[今王作鐘也][5]，聽之弗及，比之不度，鍾聲不可以知和[鍾聲不可以知龢][4,6,7][鐘聲不可以知龢][5]，制度不可以出節，無益於樂，而鮮民財，將焉用之！

“夫樂不過以聽耳，而美不過以觀目。若聽樂而震，觀美而眩，患莫甚焉。夫耳目，心之樞機也，故必聽和而視正[故必聽龢而視正][4,5,6,7]。聽和則聰[聽和則聦][1][聽龢則聦][4,7][聽龢則聰][5,6]，視正則明。聽則言聽[聦則言聽][1,4,7]，明則德昭。聽言昭德，則能思慮純固。以言德於民，民歆而德之[民歆而得之][11]，則歸心焉。上得民心，以殖義方，是以作無不濟，求無不獲，然則能樂。夫耳內和聲[夫耳內龢聲][4,5,6,7][夫耳納和聲][9]，而口出美言，以爲憲令，而布諸民，正之以度量，民以心力，從之不倦[行之不倦][11]。成事不貳，樂之至也。口內味而耳內聲，聲味生氣。氣在口爲言，在目爲明。言以信名，明以時動。名以成政，動以殖生。政成生殖，樂之至也。若視聽不和[若視聽不龢][4,5,6,7]，而有震眩，則味入不精，不精則氣佚，氣佚則不和[氣佚則不龢][4,5,6,7]。於是乎有狂悖之言，有眩惑之明，有轉易之名，有過慝之度。出令不信，刑政放紛，動不順時，民無據依，不知所力，各有離心。上失其民，作則不濟，求則不獲，其何以能樂，三年之中，而有離民之器二焉，國其危哉！”

王弗聽，問之伶州鳩[問之泠州鳩][9]，對曰：“臣之守官弗及也。臣聞之，琴瑟尚宮，鍾尚羽，石尚角，匏竹利制，大不踰宮[大不逾宮][8][大不過宮][11]，細不過羽。夫宮，音之主也[聲之主也][6]，第以及羽。聖人保樂而愛財，財以備器[財以備樂][6]，樂以殖財。故樂器重者從細，輕者從大。是以金尚羽，石尚角，瓦絲尚宮，匏竹尚議，革木一聲。

“夫政象樂，樂從和[樂從龢][5,6]，和從平[龢從平][5,6]。聲以和樂[聲以龢樂][4,5,6,7]，律以平聲。金石以動之，絲竹以行之，詩以道之[詩以導之][9]，歌以詠之，匏以宣之，瓦以贊之[瓦以贊之][1]，革木以節之。物得其常曰樂極，極之所集曰聲，聲應相保曰和[聲應相保曰龢][4,5,6,7]，細大不踰曰平。如是，而鑄之金，磨之石，繫之絲木，越之匏竹，節之鼓，而行之，以遂八風。於是乎氣無滯陰[於是乎氣無滯陰][1,4]，亦無散陽，陰陽序次[陰陽序次][1,4]，風雨時至，嘉生繁祉，人民龢利[人民龢利][8]，物備而樂成，上下不罷，故曰樂正。今細過其主，妨於正；用物過度，妨於財；正害財匱，妨於樂。細抑大陵，不容於耳，非和也[非龢也][4,5,6,7]。聽聲越遠，非平也。妨正匱財，聲不和平[聲不龢平][4,5,6,7]，非宗官之所司也。

“夫有和平之聲[夫有龢平之聲][4,5,6,7]，則有蕃殖之財。於是乎道之以中德，詠之以中音，德音不愆，以合神人，神是以寧[神是以寕][1][神是以甯][6]，民是以聽。若夫匱財用，罷民力，以逞淫心，聽之不和[聽之不龢][4,5,6,7]，比之不度，無益於教，而離民怒神，非臣之所聞也。”

王不聽，卒鑄大鍾[卒鑄大鐘][5]。二十四年，鍾成[鐘成][5]，伶人告和[伶人告龢][4,5,6,7]。王謂伶州鳩曰：“鍾果和矣[鍾果龢矣][4,6,7][鐘果龢矣][5]。”對曰：“未可知也。”王曰：“何故？”對曰：“上作器，民備樂之[民僃樂之][9]，則爲和[則爲龢][4,5,6,7]。今財亡民罷[今財亾民罷][6]，莫不怨恨，臣不知其和也[臣不知其龢也][4,5,6,7]。且民所曹好，鮮其不濟也。其所曹惡，鮮其不廢也。故諺曰：‘衆心成城[衆志成城][8]，衆口鑠金。’三年之中[今三年之中][4,5,6,7,8,11]，而害金再興焉，懼一之廢也[懼一口之廢也][6]。”王曰：“爾老耄矣！何知？”二十五年，王崩，鍾不和[鍾不龢][4,6,7][鐘不龢][5]。

王將鑄無射，問律於伶州鳩。對曰：“律所以立均出度也。古之神瞽，考中聲而量之以制，度律均鍾[度律均鐘][5]，百官軌儀，紀之以三，平之以六，成於十二[成以十二][11]，天之道也。夫六，中之色也，故名之曰黃鍾[故名之曰黃鐘][5]，所以宣養六氣、九德也。由是第之：二曰太蔟[二曰大蔟][4,5,7,8]，所以金奏贊陽出滯也[所以金奏賛陽出滯也][1,6][所以金奏贊揚出滯也][8]。三曰姑洗，所以修潔百物[所以脩潔百物][4,7]，考神納賓也[考神納賔也][1,7]。四曰蕤賓[四曰蕤賔][1]，所以安靖神人，獻酬交酢也。五曰夷則，所以詠歌九則，平民無貳也[平民無貣也][11][平民無忒也][11]。六曰無射，所以宣布哲人之令德[所以宣布喆人之令德][11]，示民軌儀也。爲之六間[爲之六閒][5,6,9]，以揚沈伏，而黜散越也。元間大呂[元閒大呂][5,6]，助宣物也[助陽宣物也][11]。二間夾鍾[二間夾鍾][1,6][二閒夾鐘][5]，出四隙之細也[出四隙之細][8][出四隟之細也][11]。三間仲呂[三閒中呂][4,7,11][三間中呂][5,6]，宣中氣也。四間林鍾[四間林鐘][5][四閒林鍾][6]，和展百事[和展百物][11]，俾莫不任肅純恪也。五間南呂[五閒南呂][5,6]，贊陽秀也[賛陽秀也][1][贊陽秀物也][8,11][贊陽秀口也][11]。六間應鍾[六閒應鐘][5,6]，均利器用，俾應復也。

“律呂不易，無姦物也[無姦物][6]。細鈞有鍾無鎛[細鈞有鐘無鏄][5]，昭其大也。大鈞有鎛無鍾[大鈞有鏄無鐘][5]，甚大無鎛，鳴其細也。大昭小鳴，和之道也[龢之道也][5,6]。和平則久[龢平則久][4,5,6,7]，久固則純，純明則終，終復則樂，所以成政也，故先王貴之。”

王曰：“七律者何？”對曰：“昔武王伐殷，歲在鶉火，月在天駟，日在析木之津，辰在斗柄，星在天黿。星與日辰之位，皆在北維。顓頊之所建也，帝嚳受之。我姬氏出自天黿，及析木者，有建星及牽牛焉，則我皇妣大姜之姪[則我皇妣太姜之姪][6]，伯陵之後，逄公之所憑神也[逄公之所馮神也][4,6,7,9][逄公之所馮神也][5]。歲之所在，則我有周之分野[則我有周之分野也][4,5,6,7,8,11]。月之所在，辰馬農祥也[辰馬農祥也][4][辰之農祥也][7]。我太祖后稷之所經緯也[我大祖后稷之所經緯也][1,2,8]，王欲合是五位三所而用之。自鶉及駟七列[自鶉及駟七列也][4,5,6,7,8,11]。南北之揆七同[南北之揆七同也][4,5,6,7,8,11]，凡人神[凡神人][4,5,6,7,11]，以數合之，以聲昭之。數合聲和[數合聲龢][4,5,6,7][數合神和][8]，然後可同也。故以七同其數，而以律和其聲[而以律龢其聲][4,5,6,7]，於是乎有七律[于是乎有七律][6]。

“王以二月癸亥夜陳[王以二月癸亥夜陣][9]，未畢而雨。以夷則之上宮畢[以夷則之上宮畢之][4,5,6,7,11]，當辰。辰在戌上[辰在戍上][5]，故長夷則之上宮，名之曰羽，所以藩屏民則也[所以藩屏民則也][3]。王以黃鍾之下宮[王以黃鐘之下宮][5]，布戎于牧之野[布戎於牧之野][2,6,8]，故謂之厲，所以厲六師[所以厲六師也][4,5,6,7,8,11]。以太蔟之下宮[以大蔟之下宮][4,5,8][以太簇之下宮][6][以天蔟之下宮][7]，布令于商[布令於商][2,6,7,8]，昭顯文德，底紂之多罪[底紂之多罪][1][底紂之多辠][4,6,7][底紂之多辠][5]，故謂之宣，所以宣三王之德也[所以宣王之德也][6]。反及嬴內[反及嬴內][9,11]，以無射之上宮，布憲施舍於百姓，故謂之嬴亂[故謂之嬴亂][3,4,5,6,7,8,10,11]，所以優柔容民也。”

景王既殺下門子。賓孟適郊[賔孟適郊][1,7]，見雄雞自斷其尾，問之，侍者曰：“憚其犧也。”遽歸告王，曰：“吾見雄雞自斷其尾，而人曰‘憚其犧也’，吾以爲信畜矣。人犧實難，己犧何害？抑其惡爲人用也乎，則可也。人異於是。犧者，實用人也。”王弗應，田于鞏[田於鞏][6,8]，使公卿皆從，將殺單子，未克而崩。

敬王十年，劉文公與萇弘欲城周[劉文公與萇弘欲城成周][4,5,7,10,11]、[劉文公與萇宏欲城成周][6]，爲之告晉。魏獻子爲政，說萇弘而與之[說萇宏而與之][6]。將合諸侯[將合諸矦][4]。

衛彪傒適周[衛 彪傒適周][4,5]，聞之，見單穆公曰：“萇弘其不歿乎[萇、劉其不歿乎][3,8,10][萇、劉其不没乎][4,5,6,7,11]？周詩有之曰：‘天之所支，不可壞也。其所壞，亦不可支也。’昔武王克殷，而作此詩也，以爲飫歌，名之曰‘支’，以遺後之人，使永監焉。夫禮之立成者爲飫，昭明大節而已，少典與焉[少曲與焉][4,6,7,8,9,10,11]。是以爲之日惕，其欲教民戒也。然則夫支之所道者，必盡知天地之爲也。不然，不足以遺後之人。今萇、劉欲支天之所壞，不亦難乎？自幽王而天奪之明，使迷亂棄德[迷亂棄德][6]，而即慆淫[而即慆淫][3,4,5,6,7,8,9,11]，以亡其百姓[以亾其百姓][6]，其壞之也，久矣。而又將補之，殆不可矣！水火之所犯，猶不可救，而況天乎[而况天乎][5,6]？諺曰：‘從善如登，從惡如崩[從惡是崩][2]。’昔孔甲亂夏，四世而隕[四丗而隕][1][四世而殞][4,5,6,7]；玄王勤商[元王勤商][6]，十有四世而興[十有四丗而興][1]。帝甲亂之，七世而隕[七丗而隕][1][七世而殞][4,5,6,7]。后稷勤周，十有五世而興[十有五丗而興][1,4]，幽王亂之，十有四世矣[十有四丗矣][1][十有四世][4,5,6,7,11]。守府之謂多，胡可興也？夫周，高山、廣川、大藪也，故能生是良材[故能生之良材][4,5,6,7,11]，而幽王蕩以爲魁陵、糞土、溝瀆，其有悛乎？”

單子曰：“其咎孰多？”曰：“萇叔必速及，將天以道補者也[夫將以道補者也][4,5,6,7,11]。夫天道導可而省否[夫天道道可而省不][4,6,7,11]，萇叔反是，以誑劉子，必有三殃：違天，一也；反道，二也；誑人，三也。周若無咎，萇叔必爲戮。雖晉魏子，亦將及焉。若得天福，其當身乎？若劉氏，則必子孫實有禍。夫子而棄常法，以從其私欲，用巧變以崇天災[用巧變以崇天灾][4,5,7]，勤百姓以爲己名，其殃大矣。”

是歲也，魏獻子合諸侯之大夫於狄泉[魏獻子合諸矦之大夫於翟泉][4,7][魏獻子合諸侯之大夫於翟泉][5,6]，遂田于大陸[遂田於大陸][6,7,8]，焚而死，及范、中行之難，萇弘與之[萇宏與之][6]，晉人以爲討。二十八年，殺萇弘[殺萇宏][6]。及定王[及貞王][11]，劉氏亡[劉氏亾][6]。

國語卷第三[國語卷第三終][1][ ][2,3,8,9][周語下第三　國語][4][國語卷三][5][國語正義卷第三終][6][國語第三][7]

國語卷第四[國語卷四][2,5][魯語上第四　國語][4][國語正義卷第四][6][國語第四][7][魯語上第四][8,9]

魯語上[ ][4,8,9]

長勺之役，曹劌問所以戰於莊公[曹劌問所以戰於嚴公][4,6,7,9,10,11]。公曰："余不愛衣食於民[不愛衣食於民][6]，不愛牲玉於神。"對曰："夫惠本而後民歸之志[夫惠大而後民歸之志][8]，民和而後神降之福[民龢而後神降之福][6]。若布德于民[若布德於民][6,7,8]，而平均其政事[而均平其政事][8]，君子務治，而小人務力；動不違時，財不過用[器不過用][4,5,6,7,8,11]；財用不匱，莫不能使共祀[莫不共祀][4,5,6,7,8,11]。是以用民無不聽，求福無不豐。今將惠以小賜，祀以獨恭。小賜不咸，獨恭不優。不咸，民不歸也[民弗歸也][4,5,6,7,11]；不優，神弗福也。將何以戰？夫民求不匱於財，而神求優裕於享者也。故不可以不本[故不可以不大][8]。"公曰："余聽獄，雖不能察，必以情斷之。"對曰："是則可矣。知夫苟中心圖民[夫苟中心圖民][4,5,6,7,8,11]，智雖弗及[知雖不及][4,6,7,11][智雖不及][5]，必將至焉。"

莊公如齊觀社[嚴公如齊觀社][4,6,7]。曹劌諫曰："不可。夫禮，所以正民也。是故先王制諸侯[是故先王制諸矦][4,7]，使五年四王一相朝[使五年四王一相朝也][4,5,6,7,11]。終則講於會，以正斑爵之義[以正班爵之義][3,4,5,6,7,8,11]，帥長幼之序，訓上下之則，制財用之節，其間無由荒怠[其閑無由荒怠][1,2,3,4,8]。夫齊棄太公之法[夫齊棄大公之法][4,7,8,9]，而觀民於社，君爲是舉，而往觀之[而徃觀之][5,6]，非故業也，何以訓民？土發而社，助時也。收攟而蒸[收攟而烝][4,5,6,7,9,11][收捃而承][11]，納要也。今齊社而往觀旅[今齊社而徃觀旅][5][今齊社而旅往觀][8]，非先王之訓也。天子祀上帝，諸侯會之[諸矦會之][4,7]，受命焉。諸侯祀先王、先公[諸矦祀先王、先公][4,7]，卿大夫佐之，受事焉。臣不聞諸侯相會祀也[臣不聞諸矦之相會祀也][4,7][臣不聞諸侯之相會祀也][5,6,11]，祀又不法。君舉必書，書而不法，後嗣何觀？”公不聽，遂如齊。

莊公丹桓宮之楹[嚴公丹桓宮之楹][4,6,7]，而刻其桷。匠師慶言於公曰：“臣聞聖王公之先封者，遺後之人法，使無陷於惡[使無陥於惡][4]。其爲後世昭前之令聞也[其爲後丗昭前之令聞也][1]，使長監於世[使長監於丗][1]，故能攝固，不解以久。今先君儉而君侈[今先君儉而君侈之][4,5,6,7,11]，令德替矣[令德朁矣][4,5,6,7][今德替矣][8]。”公曰：“吾屬欲美之。”對曰：“無益於君，而替前之令德[而朁前之令德][4,5,6,7]，臣故曰庶可已矣[臣故曰庶可以已乎][4,5,6,7,11]。”公弗聽。

哀姜至，公使大夫、宗婦覿，用幣。宗人夏父展曰：“非故也。”公曰：“君作故。”對曰：“君作而順，則故之，逆則亦書其逆也。臣從有司，懼逆之書於後也，故不敢不告。夫婦贄不過棗、栗[夫婦贄不過棗、㮚][4,5,7,9,10,11]，以告虔也。男則玉、帛、禽、鳥，以章物也。今婦執幣[今婦人執幣][6]，是男女無別也。男女之別，國之大節也，不可無也。”公弗聽。

魯饑，臧文仲言於莊公曰[臧文仲言於嚴公曰][4,6,7]：“夫爲四鄰之援[夫爲四隣之援][7]，結諸侯之信[結諸矦之信][4]，重之以婚姻，申之以盟誓，固國之艱急是爲。鑄名器，藏寶財，固民之殄病是待。今國病矣，君盍以名器請糴于齊[君盍以名器請糴于齊][4,5][君盍以名器請糴於齊][6,8][君盍以名器請糴於齊][7]？”公曰：“誰使？”對曰：“國有饑饉，卿出告糴，古之制也。辰也備卿，辰請如齊。”公使往[公使徃][5,6]。

從者曰：“君不命吾子，吾子請之，其爲選事乎？”文仲曰：“賢者急病而讓夷，居官者當事不避難，在位者恤民之患，是以國家無違。今我不如齊，非急病也。在上不邺下[在上不卹下][2,3][在上不恤下][4,5,6,7,8,11]，居官而惰，非事君也。”

文仲以鬯圭與玉磬，如齊告糴，曰：“天災流行[天灾流行][4,5,7]，戾于弊邑[戾于敝邑][4,5,11][戾於敝邑][6,7,8]，饑饉荐降，民羸幾卒，大懼乏周公、太公之命祀[大懼殄周公、大公之命祀][4,5,7][大懼殄周公、太公之命祀][6,8,11]，職貢業事之不共而獲戾［職貢業之不共而獲戾］[6]［職貢業事之不供而獲戾］[9]。不腆先君之幣器［不腆先君之敝器］[4, 5, 6, 7, 8, 9, 11]［不腆先君之弊器］[10, 11]，敢告滯積，以紓執事，以救弊邑［以救敝邑］[4, 5, 6, 7, 8, 9]，使能共職。豈唯寡君與二三臣實受君賜，其周公、太公及百辟神祇［其周公、大公及百辟神祇］[4, 7]［其周公、大公及百辟神祇］[5]［其周公、太公及百辟神祇］[6]［其周公、大公及百辟神祇］[8]，實永饗而賴之［實永饗而嘉賴之］[6]！”齊人歸其玉而予之糴［齊人歸其玉而與之糴］[9]。

齊孝公來伐魯［齊孝公來伐］[4, 5, 6, 7, 8, 10, 11]，臧文仲欲以辭告，病焉，問於展禽。對曰：“獲聞之，處大教小，處小事大，所以禦亂也，不聞以辭。若爲小而祟，以怒大國，使加己亂［使加已亂］[2, 4, 6]，亂在前矣，辭其何益？”文仲曰：“國急矣！百物唯其可者，將無不趨也。願以子之辭行賂焉［願以子之词行賂焉］[8]。其可賂乎［其可乎］[4, 5, 6, 7, 8, 11]？”

展禽使乙喜，以膏沐犒師，曰：“寡君不佞，不能事疆埸之司［不能事彊埸之司］[9]，使君盛怒，以暴露於弊邑之野［以暴 露於敝邑之野］[4]［以暴露於敝邑之野］[5, 6, 7, 8]，敢犒輿師。”齊侯見使者曰［齊矦見使者曰］[4, 7]：“魯國恐乎？”對曰：“小人恐矣，君子則否［君子則不］[4, 5, 6, 7, 11]。”公曰：“室如懸磬［室如縣罄］[4, 6, 7]［室如縣罄］[9, 10, 11]，野無青草，何恃而不恐？”對曰：“恃二先君之所職業［恃二君之所職業］[8]。昔者，成王命我先君周公及齊先君太公曰［成王命我先君周文公及齊先君大公曰］[4, 5, 7]［成王命我先君周文公及齊先君太公曰］[6, 11]［成王命我先君周公及齊先君大公曰］[8]：‘女股肱周室，以夾輔先王。賜女土地，質之以犧牲，世世子孫［丗丗子孫］[1]，無相害也。’君今來討弊邑之罪［今君來討敝邑之罪］[4, 5, 6, 7, 8]［今君來討弊邑之罪］[11]，其亦使聽從而釋之，必不泯其社稷；豈其貪壤地，而棄先王之命？其何以鎮撫諸侯［其何以鎮撫諸矦］[4, 7]？恃此以不恐。”齊侯乃許爲平而還［齊矦乃許爲平而還］[4, 7]。

温之會，晉人執衛成公［晉人執衛成公］[2, 5, 7, 8]，歸之于周［歸之於周］[6, 7, 8]，使毉鴆之［使毉鳩之］[1]［使醫鴆之］[3, 4, 5, 6, 7]，不死，毉亦不誅［醫亦不誅］[3, 4, 5, 6, 7]。

臧文仲言於僖公曰："夫衛君殆無罪矣[夫衛君殆無罪矣][2,5,7,8]。刑五而已，無有隱者，隱乃諱也。大刑用甲兵，其次用斧鉞，中刑用刀鋸，其次用鑽笮[其次用鑽笮][1,9][其次用鑽鑿][10]，薄刑用鞭扑[薄刑用鞭朴][2,6,7]，以威民也。故大者陳之原野，小者致之市朝，五刑三次，是無隱也。今晉人鴆衛侯不死[今晉人鴆衛侯不死][1][今晉人鴆衛侯不死][2,5,8][今晉人鴆衛矦不死][4][今晉人鴆衛矦不死][7]，亦不討其使者[亦不誅其使者][8,11]，諱而惡殺之也。有諸侯之請[有諸矦之請][4,7]，必免之。臣聞之：班相恤也，故能有親。夫諸侯之患[夫諸矦之患][4,7]，諸侯恤之[諸矦恤之][4,7]，所以訓民也。君盍請衛君[君盍請衛君][2,5,7][君盍請衛君][4][君盍請衛君][8]，以示親於諸侯[以示親於諸矦][4,7]，且以動晉？夫晉新得諸侯[夫晉新得諸矦][4,7]，使亦曰：'魯不棄其親，其亦不可以惡。'"公説，行玉二十瑴[行玉二十瑴][3,4,8][行玉廿瑴][9,10,11]，乃免衛侯[乃免衛侯][2,5,8][乃免衛矦][4][乃免衛矦][7]。

自是晉聘於魯[自是晉聘于魯][5]，加於諸侯一等[加於諸矦一等][4,7]，爵同，厚其好貨[則厚其好貨][4,5,6,7,11][厚其好貨也][8]。衛侯聞其臧文仲之爲也[衛侯聞其臧文仲之爲也][2,5,8][衛矦聞其臧文仲之爲也][4][衛矦聞其臧文仲之爲也][7]，使納賂焉。辭曰："外臣之言不越境，不敢及君。"

晉文公解曹地以分諸侯[晉文公解曹地以分諸矦][4,7]。僖公使臧文仲往[僖公使臧文仲徃][5,6]，宿於重館，重館人告曰："晉始伯，而欲固諸侯[而欲固諸矦][4,7]，故解有罪之地，以分諸侯[以分諸矦][4,7]。諸侯莫不望分[諸矦莫不望分][4,7]，而欲親晉，皆將爭先[皆將争先][5,7,8]；晉不以固班[晉不以故班][4,5,6,7,10,11]，亦必親先者，吾子不可以不速行。魯之班長，而又先，諸侯其誰望之[諸矦其誰望之][4,7]？若少安，恐無及也。"從之，獲地於諸侯爲多[獲地於諸矦爲多][4,7]。反，既復命[既覆命][8]，爲之請曰："地之多也，重館人之力也。臣聞之曰[臣聞之][6]：'善有章，雖賤，賞也；惡有釁，雖貴，罰也。'今一言而辟境，其章大矣，請賞之。"乃出而爵之。

海鳥曰"爰居"，止於魯東門之外，三日[二日][4,6,7,11]，臧文仲使國人祭之。展禽曰："越哉，臧孫之爲政也！夫祀，國之大節也；而節，政之所成也。故慎制祀，以爲國典。今無故而加典，非政之宜也。

"夫聖王之制祀也，法施於民則祀之，以死勤事則祀之，以勞定國則祀之，能禦大災則祀之[能禦大灾則祀之][4,5,7,8]，能扞大患則祀之[能捍大患則祀之][8]。非是族也，不在祀典。昔烈山氏之有天下也[昔厲山氏之有天下也][9][昔列山氏之有天下也][9]，其子曰柱，能殖百穀百蔬；夏之興也，周棄繼之，故祀以爲稷。共工氏之伯九有也[供工氏之霸九有也][9]，其子曰后土，能平九土，故祀以爲社。黄帝能成命百物，以明民共財，顓頊能修之[顓頊能脩之][4]。帝嚳能序三辰以固民，堯能單均刑法以儀民，舜勤民事而野死，鮌鄣洪水而殛死[鯀鄣洪水而殛死][4,5,6,7,9]，禹能以德修鮌之功[禹能以德脩鯀之功][4][禹能以德修鯀之功][5,6,7]，契爲司徒而民輯，冥勤其官而水死，湯以寬治民而除其邪，稷勤百穀而山死[稷勤百穀而山死][1,7]，文王以文昭，武王去民之穢[武王以武烈去民之穢][8]。故有虞氏禘黄帝而祖顓頊，郊堯而宗舜；夏后氏禘黄帝而祖顓頊，郊鮌而宗禹[郊鯀而宗禹][4,5,6,7]；商人禘舜而祖契[商人禘嚳而祖契][11]，郊冥而宗湯；周人禘嚳而郊稷，祖文王而宗武王。幕，能帥顓頊者也，有虞氏報焉；杼，能帥禹者也，夏后氏報焉；上甲微，能帥契者也[能帥挈者也][1]，商人報焉；高圉、大王[高圉、太王][6]，能帥稷者也，周人報焉。凡禘、郊、祖、宗、報[凡禘、郊、宗、祖、報][4,5,6,7,11]，此五者，國之典祀也。

"加之以社稷、山川之神，皆有功烈於民者也；及前哲令德之人，所以爲明質[所以爲明質也][3,4,5,6,7,8,11]；及天之三辰，民所以瞻仰也；及地之五行，所以生殖也；及九州名山川澤，所以出財用也[所以出則用也][6]。非是，不在祀典。

"今海鳥至，己不知而祀之，以爲國典，難以爲仁且智矣[難以爲仁且知矣][4,5,6,7]。夫仁者講功，而智者處物[而知者處物][4,5,6,7]。無功而祀之，非仁也；不知而不能問[不知而不問][4,6,7,11]，非智也[非知也][4,5,6,7]。今兹海其有災乎[今茲海其有災乎][4,5,7]？夫廣川之鳥獸，恆知避其災也[恆知避其災也][2,3][恆知而避其災也][4,5,7][恆知而避其災也][6,11]。”

是歲也，海多大風，冬煖[冬燠][4,5,6,7,9,11][冬暖][9]。文仲聞柳下季之言，曰：“信吾過也，季子之言，不可不法也。”使書以爲三筴[使書以爲三策][9][使書以爲三冊][9]。

文公欲弛孟文子之宅[文公欲弛孟文子之宅][3,4,5,6,7,8,9,10,11]，使謂之曰：“吾欲利子於外之寬者。”對曰：“夫位，政之建也；署，位之表也；車服，表之章也；宅，章之次也；禄，次之食也。君議五者以建政，爲不易之故也。今有司來，命易臣之署，與其車服，而曰：‘將易而次，爲寬利[爲寬利也][3,4,5,6,7,8,11]。’夫署，所以朝夕虔君命也。臣立先臣之署[臣立先君之署][8]，服其車服，爲利故，而易其次，是辱君命也，不敢聞命。若罪也，則請納禄與車服而違署，唯里人所命次[唯里人之所命次][4,5,6,7,8,11]。”公弗取。臧文仲聞之曰：“孟孫善守矣，其可以蓋穆伯[其可以葢穆伯][4,7][其可以盖穆伯][5]，而守其後於魯乎！”

公欲弛郈敬子之宅[公欲弛郈敬子之宅][3,4,5,6,7,8,9,10,11]，亦如之。對曰：“先臣惠伯以命於司里，嘗、禘、蒸、享之所致君胙者[嘗、禘、蒸、享之所致君胙者][1][嘗、禘、烝、享之所致君胙者][4,5,6,7,9]，有數矣。出入受事之幣，以致君命者，亦有數矣。今命臣更次於外，爲有司之以班命事也，無乃違乎！請從司徒，以班徙次。”公亦不取[公亦弗取][4,5,6,7,11]。

夏父弗忌爲宗，蒸[烝][4,5,7]，將躋僖公。宗有司曰：“非昭穆也。”曰：“我爲宗伯，明者爲昭，其次爲穆，何常之有！”有司曰：“夫宗廟之有昭穆也，以次世之長幼[以次世之長幼][1]，而等胄之親疏也[而等胄之親踈也][1,4,7]。夫祀，昭孝也。各致齊敬於其皇祖，昭孝之至也。故工史書世[故工史書世][1]，宗祝書昭穆，猶恐其踰也。今將先明而後祖，自玄王以及主癸，莫若湯[莫如湯][7]，自稷以及王季，莫若文、武，商、周之蒸也[商、周之烝也][4,5,6,7]，未嘗躋湯與文、武[未甞躋湯與文、武][1]，爲不踰也[爲踰也][4, 5, 6, 7, 8, 11]。魯未若商、周，而改其常，無乃不可乎？”弗聽，遂躋之。

展禽曰：“夏父弗忌必有殃。夫宗有司之言順矣，僖又未有明焉[又未有明焉][5]。犯順不祥，以逆訓民亦不祥，易神之班亦不祥，不明而躋之亦不祥，犯鬼道二，犯人道二，能無殃乎？”侍者曰：“若有殃焉在？抑刑戮也，其夭札也？”曰：“未可知也。若血氣强固[若血氣強固][1, 2, 3, 4, 7]，將壽寵得没[將壽寵得沒][1, 2, 3, 4, 8]，雖壽而没[雖壽而沒][1, 2, 3, 4, 8]，不爲無殃。”既其葬也，焚，煙徹于上[煙徹於上][6, 7, 8]。

莒太子僕弑紀公[莒大子僕殺紀公][4, 5, 6, 7][莒大子僕弑紀公][8][莒太子僕殺紀公][9, 11]，以其寶來奔。宣公使僕人，以書命季文子，曰：“夫莒太子[夫莒大子][4, 5, 6, 8][夫莒大二][7]，不憚以吾故，殺其君，而以其寶來[而以寶來][4, 5, 6, 7, 8, 11]，其愛我甚矣。爲我予之邑。今日必授，無逆命矣。”里革遇之，而更其書，曰：“夫莒太子殺其君[夫莒大子殺其君][4, 5, 6, 7, 8]，而竊其寶來，不識窮固，又求自邇[又自求邇][6]，爲我流之於夷。今日必通，無逆命矣。”明日，有司復命，公詰之。僕人以里革對。公執之，曰：“違君命者，女亦聞之乎？”對曰：“臣以死奮筆，奚啻其聞之也[奚諦其聞之也][9]！臣聞之曰：‘毁則者爲賊，掩賊者爲藏[掩賊者爲臧][4, 5, 6, 7, 9, 10, 11]，竊寶者爲宄[竊寶者爲軌][4, 6, 7, 11]，用宄之財者爲姦[用軌之財者爲姦][4, 6, 7]，使君爲藏姦者[使君爲臧姦者][4, 5, 6, 7]，不可不去也。臣違君命者，亦不可不殺也。”公曰：“寡人實貪，非子之罪[非子之罪也][5, 6, 7, 8, 11]。”乃舍之。

宣公夏濫於泗淵，里革斷其罟而棄之[李革斷其罟而棄之][11]，曰：“古者大寒降，土蟄發，水虞於是乎講罛罶[水虞於是乎講罟留][10][水虞於是乎講罟簍][10][水虞於是乎溝罟簍][10][水虞於是乎講罛簍][11]，取名魚，登川禽，而嘗之寢廟[而甞之寢廟][1][而嘗之寑廟][4, 7][而甞之寑廟][5][而嘗之廟][8, 11]，行諸國[行諸國人][4, 5, 6, 7, 11]，助宣氣也。鳥獸孕，水蟲成，獸虞於是乎禁罝羅，矠魚鼈[簎魚鼈][9, 10]，以爲夏犒[以爲夏槁][4, 5, 6, 7, 8, 9, 10, 11]，助生阜也。鳥獸成，水蟲孕，水虞於是禁罝罜麗[水虞於是乎禁罝麗][4,5,6,7,10,11][水虞於是乎禁罜麗][8][水虞於是禁罝麗][9,10,11]，設穽鄂[設穽鄂][10,11]，以實廟庖，畜功用也。且夫山不槎蘖[且夫山不槎櫱][4,5,6,7,9,10]，澤不伐夭，魚禁鯤鮞，獸長麑麌，鳥翼鷇卵[鳥翼鷇夘][1]，蟲舍蚳蝝[蟲舍蚳蝝][3,7]，蕃庶物也[番庶物也][7,9]，古之訓也[][6]。今魚方別孕，不教魚長，又行罜罟[又行網罟][3,4,5,6,7,11][又行网罟][8,11][又行罜罟][10,11]，貪無藝也[貪無蓺也][4,5,6,7,9,10,11][貪無埶也][9]。”

公聞之，曰：“吾過而里革匡我，不亦善乎！是良罟也，爲我得法。使有司藏之，使吾無忘諗。”師存侍，曰：“藏罟，不如寘里革於側之不忘也。”

子叔聲伯如晉，謝季文子，郤犨欲予之邑[郤犨欲與之邑][4,5,6][郤犨欲與之邑][7,11][郤犨欲予之邑][8]，弗受也。歸，鮑國謂之曰：“子何辭苦成叔之邑，欲信讓耶[欲信讓邪][4,5,6,7]，抑知其不可乎？”對曰：“吾聞之，不厚其棟，不能任重。重莫如國，棟莫如德。夫苦成叔家，欲任兩國，而無大德，其不存也，亡無日矣[亾無日矣][6]。譬之如疾，余恐易焉。苦成氏有三亡[苦成氏有三亾][6]：少德而多寵，位下而欲上政，無大功而欲大禄，皆怨府也。其君驕而多私，勝敵而歸，必立新家。立新家，不因民，不能去舊；因民，非多怨，民無所始。爲怨三府，可謂多矣。其身之不能定，焉能予人之邑[焉能予人邑][4,5,6,7,11]！”鮑國曰：“我信不若子[吾信不若子][6]，若鮑氏有釁，吾不圖矣。今子圖遠以讓邑，必常立矣。”

晉人殺厲公，邊人以告，成公在朝。公曰：“臣殺其君，誰之過也？”大夫莫對，里革曰：“君之過也。夫君人者，其威大矣[其威太矣][7]。失威而至於殺，其過多矣。且夫君也者，將牧民而正其邪者也，若君縱私回，而棄民事，民旁有慝[民㫄有慝][6]，無由省之，益邪多矣。若以邪臨民，陷而不振，用善不肯專，則不能使，至於殄滅，而莫之恤也，將安用之？桀奔南巢，紂踣于京[紂踣於京][6,7,8][紂踣于亳][10]，厲流于彘[厲汾于彘][4,5,9,11][厲汧於毚][6,7][厲流於毚][8]，幽滅于戲[幽滅於戲][6,7]，皆是術也。夫君也者，民之川澤也。行而從之，美惡皆君之由，民何能爲焉。”

季文子相宣、成，無衣帛之妾，無食粟之馬。仲孫它諫曰：“子爲魯上卿，相二君矣，妾不衣帛，馬不食粟，人其以子爲愛，且不華國乎！”文子曰：“吾亦願之。然吾觀國人，其父兄之食麤而衣惡者，猶多矣，吾是以不敢。人之父兄食麤衣惡，而我美妾與馬，無乃非相人乎[無乃非相人者乎][3,4,5,6,7,8,11]！且吾聞以德榮爲國華，不聞以妾與馬。”

文子以告孟獻子，獻子囚之七日。自是子服之妾，衣不過七升之布，馬餼不過稂莠。文子聞之，曰：“過而能改者，民之上也。”使爲上大夫。

國語卷第四[ ][2,3,8,9][魯語上第一　國語][4][國語卷四][5][國語正義卷第四終][6][國語第四][7]

國語卷第五[國語卷五][2,5][魯語下第五　國語][4][國語正義卷第五][6][國語第五][7][魯語下第五][8,9]

魯語下[ ][4,8,9]

叔孫穆子聘於晉，晉悼公饗之，樂及鹿鳴之三，而後拜樂三。晉侯使行人問焉[晉矦使行人問焉][4,7]，曰：“子以君命，鎮撫弊邑[鎮撫敝邑][4,5,6,7,8]，不腆先君之禮，以辱從者，不腆之樂以節之。吾子舍其大，而加禮於其細，敢問何禮也？”

對曰：“寡君使豹，來繼先君之好，君以諸侯之故[君以諸矦之故][4,7]，貺使臣以大禮[況使臣以大禮][4,6,7,9,10,11][况使臣以大禮][5]。夫先樂金奏肆夏、樊、遏、渠[夫先樂金奏肆夏、繁、遏、渠][4,5,6,7,9,10,11]，天子所以饗元侯也[天子所以饗元矦也][4]；夫歌文王、大明、緜[夫歌文王、大明、綿][8]，則兩君相見之樂也。皆昭令德以合好也，皆非使臣之所敢聞也。臣以爲肄業及之[臣以爲肄口業及之][1,11]，故不敢拜。今伶簫詠歌及鹿鳴之三[今伶簫咏歌及鹿鳴之三][4,5,7][今泠簫詠歌及鹿鳴之三][9,11]，君之所以貺使臣[君之所以況使臣][4,6,7]，臣敢不拜貺[臣敢不拜況][4,6,7]。夫鹿鳴，君之所以嘉先君之好也，敢不拜嘉。四牡，君之所以章使臣之勤也，敢不拜章。皇皇者華，君教使臣曰‘每懷靡及’，諏、謀、度、詢，必咨於周。敢不拜教。臣聞之曰：‘和爲每懷[懷和爲每懷][3,4,5,6,7,8,11]，咨才爲諏[咨事爲諏][11][咨材爲諏][11]，咨事爲謀[咨難爲謀][11]，咨義爲度，咨親爲詢，忠信爲周。’君貺使臣以大禮[君況使臣以大禮][4,6][君况使臣以大禮][7]，重之以六德，敢不重拜。”

季武子爲三軍，叔孫穆子曰：“不可。天子作師，公帥之，以征不德。元侯作師[元矦作師][4,7]，卿帥之，以承天子。諸侯有卿無軍[諸矦有卿無軍][4,7]，帥教衛以贊元侯[帥教衛以贊元侯][1][帥教衛以贊元矦][4][帥教衛以贊元侯][5,8][帥教衛以贊元矦][7]。自伯、子、男，有大夫無卿，帥賦以從諸侯[帥賦以從諸矦][4,7]。是以上能征下，下無姦慝。今我小侯也[今我小矦也][4,7]，處大國之間[處大國之閒][4,7,8]，繕貢賦以共從者，猶懼有討。若爲元侯之所[若爲元矦之所][4,7]，以怒大國，無乃不可乎？”弗從。遂作中軍。自是齊、楚代討於魯，襄、昭皆如楚。

諸侯伐秦[諸矦伐秦][4,7]，及涇，莫濟。晉 叔向見叔孫穆子曰[晉 叔嚮見叔孫穆子曰][4,5,6,7,9,10,11]：“諸侯謂秦不恭而討之[諸矦謂秦不恭而討之][4,7]，及涇而止，於秦何益？”穆子曰：“豹之業，及匏有苦葉矣[在匏有苦葉矣][11]，不知其他[不知其它][4,5,6,7]。”叔向退[叔嚮𨒪][4,5,6,7,9]，召舟虞與司馬，曰：“夫苦匏不材於人，共濟而已。魯 叔孫賦匏有苦葉，必將涉矣。具舟除隧[具舟除隊][9]，不共有法。”是行也，魯人以莒人先濟，諸侯從之[諸矦從之][4,7]。

襄公如楚，及漢，聞康王卒，欲還。叔仲昭伯曰：“君之來也，非爲一人也，爲其名與其衆也。今王死，其名未改，其衆未敗，何爲還？”諸大夫皆欲還。子服惠伯曰：“不知所爲，姑從君乎！”叔仲曰：“子之來也，非欲安身也，爲國家之利也，故不憚勤遠，而聽於楚；非義楚也，畏其名與衆也。夫義人者，固慶其喜，而弔其憂，況畏而服焉[況畏而服焉][5]？聞畏而往，聞喪而還，苟芈姓實嗣[苟芊姓實嗣][2,6,9]，其誰代之任喪？王太子又長矣[王大子又長矣][4,5,6,7,8,9]，執政未改，予爲先君來，死而去之，其誰曰不如先君？將爲喪舉，聞喪而還，其誰曰非侮也？事其君而任其政，其誰由己貳[其誰曰已貳][8]？求説其侮，而亟於前之人，其讎不滋大乎[其讐不滋大乎][8]？説侮不懦，執政不貳，帥大讎以憚小國[帥大讐以憚小國][8][帥大讎以戰小國][11]，其誰云待之[其誰云止之][11]？若從君而走患[若從君而歪患][4,7][若從君以走患][8]，則不如違君以避難[則不如違君以辟難][4,9,11]。且夫君子計成而後行，二三子計乎？有禦楚之術，而有守國之備[而有守國之備乎][4,6,7,11]，則可也；若未有，不如往也。”乃遂行。

反，及方城，聞季武子襲卞，公欲還，出楚師以伐魯。榮成伯曰：“不可。君之於臣，其威大矣。不能令於國，而恃諸侯[而恃諸矦][4,7]，諸侯其誰暱之[諸矦其誰暱之][4,7]？若得楚師以伐魯，魯既不違夙之取卞也，必用命焉，守必固矣。若楚之克魯，諸姬不獲闚焉，而況君乎[而况君乎][2,5,7]？彼無亦置其同類，以服東夷，而大攘諸夏，將天下是王，而何德於君，其予君也？若不克魯，君以蠻、夷伐之，而又求入焉，必不獲矣。不如予之。夙之事君也，不敢不悛。醉而怒，醒而喜，庸何傷？君其入也[君其入焉][2]！”乃歸。

襄公在楚，季武子取卞，使季冶逆，追而予之璽書，以告曰：“卞人將畔[卞人將叛][4,5,6,11][下人將叛][7]，臣討之，既得之矣。”公未言，榮成子曰：“子股肱魯國，社稷之事，子實制之。唯子所利[惟子所利][5]，何必卞？卞有罪而子征之，子之隸也[子之隸也][1,4,7]，又何謁焉？”子冶歸，致禄而不出，曰：“使予欺君[無予欺君][7][使余欺君][9]，謂予能也。能而欺其君，敢享其禄，而立其朝乎？”

虢之會，楚 公子圍，二人執戈先焉。蔡 公孫歸生與鄭 罕虎見叔孫穆子，穆子曰：“楚公子甚美，不大夫矣，抑君也。”鄭 子皮曰：“有執戈之前，吾惑之。”蔡 子家曰：“楚，大國也；公子圍，其令尹也。有執戈之前，不亦可乎？”穆子曰：“不然。天子有虎賁，習武訓也；諸侯有旅賁[諸矦有旅賁][4,7]，禦災害也[禦灾害也][4,7]；大夫有貳車，備承事也；士有陪乘[士有陪椉][9,10]，告奔走也[告奔赱也][4]。今大夫而設諸侯之服[今大夫而設諸矦之服][4,7]，有其心矣。若無其心，而敢設服以見諸侯之大夫乎[而敢設服以見諸矦之大夫乎][4,7]？將不入矣。夫服，心之文也。如龜焉，灼其中，必文於外。若楚公子不爲君，必死，不合諸侯矣[不合諸矦矣][4,7]。”公子圍反，殺郟敖而代之。

虢之會，諸侯之大夫尋盟未退[諸矦之大夫尋盟未退][4][諸侯之大夫尋盟未逷][5,6][諸矦之大夫尋盟未逷][7]。季武子伐莒取鄆，莒人告于會[莒人告於會][6,8]。楚人將以叔孫穆子爲戮。晉 樂王鮒求貨於穆子，曰：“吾爲子請於楚。”穆子不予[穆子不與][6]。梁其踁謂穆子曰：“有貨，以衞身也[以衛身也][5,7,8]。出貨而可以免，子何愛焉？”穆子曰：“非女所知也[非汝所知也][4,5,6,7]。承君命以會大事，而國有罪，我以貨私免，是我會吾私也。苟如是，則又可以出貨而成私欲乎？雖可以免，吾其若諸侯之事何[吾其若諸矦之事何][4,7]？夫必將或循之，曰：‘諸侯之卿有然者[諸矦之卿有然者][4,7]，故也。’則我求安身，而爲諸侯法矣[而爲諸矦法矣][4,7]。君子是以患作。作而不衷，將或道之[將或導之][4,5,6,7]，是昭其不衷也。余非愛貨，惡不衷也。且罪非我之由，爲戮何害？”楚人乃赦之。

穆子歸，武子勞之，日中不出。其人曰：“可以出矣。”穆子曰：“吾不難爲戮，養吾棟也。夫棟折而榱崩，吾懼壓焉。故曰：雖死於外，而庇宗於內，可也。今既免大耻，而不忍小忿，可以爲能乎？”乃出見之。

平丘之會[平丠之會][6]，晉昭公使叔向辭昭公[晉昭公使叔嚮辭昭公][4,5,6,7,9]，弗與盟。子服惠伯曰：“晉信蠻、夷，而棄兄弟，其執政貳也。貳心必失諸侯[貳必失諸矦][4,7][貳必失諸侯][5,8,11][貳心失諸侯][6]，豈唯魯然[豈惟魯然][5]？夫失其政者，必毒於人，魯懼及焉，不可以不恭。必使上卿從之。”季平子曰：“然則意如乎！若我往，晉必患我，誰爲之貳？”子服惠伯曰：“椒既言之矣，敢逃難乎？椒請從。”

晉人執平子。子服惠伯見韓宣子，曰：“夫盟，信之要也。晉爲盟主，是主信也。若盟而棄魯侯[若盟而棄魯矦][4,7]，信抑闕矣。昔欒氏之亂，齊人閒晉之禍[齊人間晉之禍][5,6]，伐取朝歌。我先君襄公，不敢寧處[不敢寧處][1][不敢甯處][6]，使叔孫豹，發帥敝賦[悉帥敝賦][3,11][悉帥弊賦][4,5,6,7]，踦跂畢行[踦跛畢行][9,11]，無有處人，以從軍吏，次於雍渝[次於雝俞][4,5,6,7,9,10,11][次於雍榆][9,11]，與邯鄲勝擊齊之左，掎止晏萊焉[持止晏萊焉][5,7][掎止晏氂焉][10]，齊師退而後敢還[齊師逷而後敢還][5,6,7]。非以求遠也，以魯之密邇於齊，而又小國也；齊朝駕，則夕極於魯國，不敢憚其患，而與晉共其憂，亦曰：'庶幾有益於魯國乎[庶幾有益於魯國也][6]！'今信蠻、夷而棄之，夫諸侯之勉於君者[夫諸矦之勉於君者][4,7]，將安勸矣？若棄魯，而苟固諸侯[而苟固諸矦][4,7]，羣臣敢憚戮乎？諸侯之事晉者[諸矦之事晉者][4,7]，魯爲勉矣。若以蠻、夷之故棄之，其無乃得蠻、夷而失諸侯之信乎[其無乃得蠻、夷而失諸矦之信乎][4][其無乃得蠻而失諸侯之信乎][8]？子計其利者，小國共命。"宣子説，乃歸平子。

季桓子穿井，獲如土缶[獲如土缶][1,7][如獲土缶][8][獲土缶][11]，其中有羊焉。使問之仲尼曰："吾穿井而獲狗，何也？"對曰："以丘之所聞[以丠之所聞][6]，羊也。丘聞之[丠聞之][6]：木石之怪，曰夔、蝄蜽[曰夔、罔兩][9,11]；水之怪[水之恠][1,2]，曰龍、罔象；土之怪[土之恠][1,2]，曰羵羊[曰墳羊][4,6,7,8,9,10,11]。"

季康子問於公父文伯之母，曰："主亦有以語肥也。"對曰："吾能老而已，何以語子。"康子曰："雖然，肥願有聞於主。"對曰："吾聞之先姑曰：'君子能勞，後世有繼[後世有繼][1]。'"子夏聞之，曰："善哉！商聞之曰：'古之嫁者，不及舅、姑，謂之不幸。'夫婦，學於舅、姑者禮也[學於舅、姑者也][3,4,5,6,7,11]。"

公父文伯飲南宮敬叔酒，以露睹父爲客[以露睹父爲客][9,11][以路堵父爲客][10,11]。羞鼈焉，小。睹父怒，相延食鼈，辭曰："將使鼈長而後食之。"遂出。文伯之母聞之，怒曰："吾聞之先子曰：'祭養尸，饗養上賓[饗養上賔][1,7]。'鼈於何有？而使夫人怒也！"遂逐之。五日，魯夫人辭而復之[魯大夫辭而復之][3,4,5,6,7,8]。

公父文伯之母，如季氏，康子在其朝，與之言，弗應，從之，及寢門[及寝門][2,5,8][及㝲門][4,7]，弗應而入。康子辭於朝，而入見，曰："肥也不得聞命，無乃罪乎？"曰："子弗聞乎？天子及諸侯[天子及諸矦][4,7]，合民事於外朝，合神事於內朝；自卿以下，合官職於外朝，合家事於內朝；寢門之內[寝門之內][2,5,8][㝲門之內][4,7]，婦人治其業焉。上下同之。夫外朝，子將業君之官職焉；內朝，子將庀季氏之政焉，皆非吾所敢言也。”

公父文伯退朝[公父文伯𨓏朝][4,5,6,7]，朝其母，其母方績。文伯曰：“以歜之家，而主猶績，懼忓季孫之怒也[懼忓季孫之怒也][3][懼干季孫之怒也][4,5,6,7,8,10,11]。其以歜爲不能事主乎！”

其母歎曰：“魯其亡乎[魯其亾乎][6]！使僮子備官，而未之聞耶[而未之聞邪][4,6,7]？居，吾語女。昔聖王之處民也，擇瘠土而處之，勞其民而用之，故長王天下。夫民勞則思，思則善心生；逸則淫，淫則忘善，忘善則惡心生。沃土之民不材，淫也[逸也][3,8,11]；瘠土之民，莫不嚮義[莫不向義][9]，勞也。[善心生，故嚮義也。][8]是故天子，大采朝日，與三公、九卿，祖識地德；日中考政，與百官之政事[與百官之政與事][6]，師尹維旅[師尹惟旅][4,5,6,7,11]，牧、相宣序民事；少采夕月，與大史、司載[與太史、司載][4,5,7][與大史、師載][8]，糾虔天刑；日入，監九御，使潔奉禘、郊之粢盛[使潔奉郊、禘之粢盛][6]，而後即安。諸侯朝修天子之業命[諸矦朝脩天子之業命][4,7][諸侯朝脩天子之業命][9,11]，晝考其國職，夕省其典刑，夜儆百工，使無慆淫，而後即安。卿大夫朝考其職，晝講其庶政，夕序其業，夜庀其家事，而後即安。士朝受業[士朝而受業][4,5,6,7,8,11]，晝而講貫[晝而講慣][9]，夕而習復，夜而計過[夜而討過][8,11]，無憾而後即安。自庶人以下，明而動，晦而休，無日以怠。

“王后親織玄紞[王后親織元紞][6]，公侯之夫人[公矦之夫人][4,7]，加之以紘、綖，卿之內子，爲大帶，命婦，成祭服，列士之妻，加之以朝服，自庶士以下，皆衣其夫。社而賦事，蒸而獻功[烝而獻功][4,5,6,7]，男女效績，愆則有辟，古之制也。君子勞心，小人勞力，先王之訓也。自上以下，誰敢淫心舍力？今我寡也，爾又在下位，朝夕處事，猶恐忘先人之業。況有怠惰[况有怠惰][5,7]，其何以避辟！吾冀而朝夕修我曰[吾冀而朝夕脩我曰][4,7]：‘必無廢先人。’爾今曰：‘胡不自安。’以是承君之官，余懼穆伯之絕嗣也[余懼穆伯之絕祀也][5,6,7,11]。”仲尼聞之曰：“弟子志之，季氏之婦不淫矣。”

公父文伯之母，季康子之從祖叔母也。康子往焉，闔門與之言[闔門而與之言][11]，皆不踰閾。祭悼子，康子與焉，胙不受[酢不受][3,4,5,6,7,8,9,10,11]，徹俎不宴[撤俎不宴][9]，宗不具不繹，繹不盡飫則退[繹不盡飫則退][4,7]。仲尼聞之，以爲别於男女之禮矣。

公父文伯之母，欲室文伯，饗其宗老，而爲賦綠衣之三章[而爲賦緑衣之三章][9]。老請守龜卜室之族。師亥聞之，曰：“善哉！男女之饗，不及宗臣；宗室之謀，不過宗人。謀而不犯，微而昭矣。詩所以合意，歌所以詠詩也。今詩以合室，歌以詠之，度於法矣。”

公父文伯卒，其母戒其妾曰：“吾聞之：好內，女死之；好外，士死之。今吾子夭死，吾惡其以好內聞也。二三婦之辱共先者祀[二三婦之辱共先祀者][4,5,6,7,8,11]，請無瘠色，無洵涕，無掐膺[無搯膺][3,4,5,6,7,8,9,10,11]，無憂容，有降服，無加服。從禮而静，是昭吾子也。”仲尼聞之曰：“女知莫若婦[女知莫如婦][4,5,6,7,11][女智莫若婦][8,9]，男知莫若夫[男知莫如夫][4,5,6,7,11][男智莫若夫][8,9]。公父氏之婦，智也夫[知也夫][4,5,6,7,9,11]！欲明其子之令德[欲明其子之令德也][4,5,6,7,8,11]。”

公父文伯之母，朝哭穆伯，而暮哭文伯[而莫哭文伯][4,6,7,9,11]。仲尼聞之曰：“季氏之婦，可謂知禮矣。愛而無私，上下有章。”

吴伐越，墮會稽，獲骨焉，節專車。吴子使來好聘，且問之仲尼[且問之仲𡰥][1]，曰：“無以吾命。”賓發幣於大夫[賔發幣於大夫][1]，及仲尼[及仲𡰥][1]，仲尼爵之[仲𡰥爵之][1]。既徹俎而宴，客執骨而問曰：“敢問骨何爲大[敢問骨何焉爲大][11]？”仲尼曰：“丘聞之[丠聞之][6]：昔禹致羣神於會稽之山，防風氏後至[防風後至][4,8,10,11]，禹殺而戮之，其骨節專車。此爲大矣。”客曰：“敢問誰守爲神？”仲尼曰：“山川之靈，足以紀綱天下者，其守爲神；社稷之守者[社稷之守][4,5,6,7,11][社稷][10]，爲公侯[爲公矦][4,7][爲公侯，山川之祀，爲諸侯][10]。皆屬於王者。”客曰：“防風何守也[防風氏何守也][4,5,6,7,10,11]？”仲尼曰：“汪芒氏之君也[芒罔氏之君也][11]，守封、嵎之山者也[守封、隅之山者也][4,6,7,11]，爲漆姓[爲洓姓][10][爲釐姓][10,11]。在虞、夏、商爲汪芒氏[在夏爲防風氏，在殷爲汪茫氏][10][在夏爲防風氏，殷爲汪茫氏][10][在虞、夏爲防風氏，在商爲汪芒氏][10]，於周爲長狄[於周爲長翟][4,5,6,7]，今爲大人[今爲大夫][5]。”客曰：“人長之極幾何？”仲尼曰：“僬僥氏長三尺[焦僥氏長三尺][9,11][僬僥民長三尺][10]，短之至也。長者不過十[長者不過十之][3,4,5,6,7,8,11]，數之極也。”

仲尼在陳，有隼集于陳侯之庭而死[有隼集于陳矦之庭而死][4][有隼集於陳侯之庭而死][5,6,8][有隼集於陳矦之庭而死][7]，楛矢貫之[枯矢貫之][11]，石砮，其長尺有咫[矢長尺而咫][10]。陳惠公使人以隼如仲尼之館[陳湣公有隼如仲尼之館][11][陳閔公有隼如仲尼之館][11]，問之。仲尼曰：“隼之來也遠矣！此肅慎氏之矢也。昔武王克商，通道于九夷、百蠻[通道於九夷、百蠻][6,7][通道于九夷、八蠻][11]，使各以其方賄來貢，使無忘職業。於是肅慎氏貢楛矢、石砮，其長尺有咫。先王欲昭其令德之致遠也，以示後人，使永監焉，故銘其栝曰[故銘其括曰][5,6,9,11]：‘肅慎氏之貢矢’，以分大姬，配虞胡公，而封諸陳。古者，分同姓以珍玉[分同姓以珎玉][1]，展親也；分異姓以遠方之職貢，使無忘服也。故分陳以肅慎氏之貢。君若使有司，求諸故府，其可得也。”使求，得之金櫝，如之。

齊 閭丘來盟[齊 閭北來盟][6]，子服景伯戒宰人曰：“陷而入於恭[陥而入於恭][4,7]。”閔馬父笑[閔馬父笑][1][閔馬笑][6]，景伯問之，對曰：“笑吾子之大也[笑吾子之大也][1][笑吾子之大满也][4,5,7,9,10,11]。昔正考父校商之名頌十二篇於周太師[昔正考父校商之名頌十二篇於周大師][1,2,4,7,8]，以郍爲首[以那爲首][4,5,7,9][以那爲首][3,6,8]，其輯之亂，曰：‘自古在昔，先民有作。温恭朝夕[溫恭朝夕][2]，執事有恪。’先聖王之傳恭，猶不敢專，稱曰‘自古’，古曰‘在昔’，昔曰‘先民’。今吾子之戒吏人曰：‘陷而入於恭[陥而入於恭][4,7]’，其滿之甚也。周恭王能庇昭、穆之闕而爲‘恭’，楚恭王能知其過而爲‘恭’。今吾子之教官僚[今吾子之教官寮][4,5,6,7,11]，曰‘陷而後恭’[曰‘陷而能恭’][5][曰‘陥而能恭’][7]，道將何爲？”

季康子欲以田賦，使冉有訪諸仲尼。仲尼不對，私於冉有曰：“求來！女不聞乎[汝不聞乎][4,5,6,7,11]？先王制土，籍田以力[藉田以力][4,5,6,7,9,11]，而砥其遠邇；賦里以入，而量其有無；任力以夫，而議其老幼。於是乎有鰥、寡、孤、疾[於是有鰥、寡、孤、疾][6]，有軍旅之出，則徵之[則徵之][1,4,7]，無則已。其歲收，田一井，出稯禾、秉芻、缶米[出稯禾、秉芻、缶米][1][出稯禾、秉芻、缶米][2][出稯禾、秉芻、缶米][7]，不是過也。先王以爲足。若子季孫欲其法也，則有周公之籍矣[則有周公之藉矣][4,5,6,7]；若欲犯法，則苟而賦，又何訪焉！”

國語卷第五[ ][2,3,8,9][魯語下第五　國語][4][國語卷五][5][國語正義卷第五終][6][國語第五][7]

國語卷第六[國語卷六][2,5][齊語第六　國語][4][國語正義卷第六][6][國語第六][7][齊語第六][8,9]

齊語[ ][4,8,9]

桓公自莒反於齊[桓公自莒反于齊][4,5]，使鮑叔爲宰，辭曰："臣，君之庸臣也。君加惠於臣，使不凍餒[使不凍餧][4,6,7,10,11]，則是君之賜也。若必治國家者，則非臣之所能也。若必治國家者，則其管夷吾乎[則管夷吾乎][4,5,6,7,11]。臣之所不若夷吾者五：寬惠柔民，弗若也；治國家不失其柄，弗若也；忠信可結於百姓，弗若也；制禮義可法於四方，弗若也；執枹鼓立於軍門[執枹鼓立於軍間][7]，使百姓皆加勇焉[使百姓加勇焉][4,5,6,7,11]，弗若也。"桓公曰："夫管夷吾，射寡人中鉤[射寡人中鈎][1,5]，是以濱於死[是以瀕於死][1,7]。"鮑叔對曰："夫爲其君動也[夫爲其君勤也][8,11]。君若宥而反之，夫猶是也。"桓公曰："若何？"鮑子對曰[鮑叔對曰][5]："請諸魯。"桓公曰[公曰][6]："施伯，魯君之謀臣也，夫知吾將用之，必不予我矣。若之何？"鮑子對曰[鮑叔對曰][5]："使人請諸魯，曰：'寡君有不令之臣，在君之國，欲以戮之於羣臣[欲以戮於羣臣][4,5,6,7,8,11]，故請之。'則予我矣。"桓公使請諸魯，如鮑叔之言。

莊公以問施伯[嚴公以問施伯][4,6,7]，施伯對曰："此非欲戮之也，欲用其政也。夫管子，天下之才也，所在之國，則必得志於天下。令彼在齊，則必長爲魯國憂矣。"莊公曰[嚴公曰][4,6,7]："若何？"施伯對曰[施伯曰][6][對曰][8]："殺而以其屍授之。"莊公將殺管仲[嚴公將殺管仲][4,6,7]，齊使者請曰："寡君欲以親爲戮[寡君欲親以爲戮][3,4,5,6,7,8,11]，若不生得，以戮於羣臣，猶未得請也[猶未得請][6]。請生之。"於是莊公使束縛以予齊使[於是嚴公使束縛以予齊使][4,6,7]，齊使受之而退[齊使受而以退][4,7][齊使受而以退][6,11]。

比至，三釁、三浴之[三釁、三浴之][3, 4, 5, 6, 7, 8, 9, 11]。桓公親逆之于郊[桓公親逆之於郊][6, 8]，而與之坐而問焉[而與之坐問焉][4, 5, 6, 7, 8, 11]，曰："昔吾先君襄公，築臺以爲高位，田、狩、罼、弋[田、狩、畢、弋][4, 5, 6, 7, 11]，不聽國政，卑聖侮士，而唯女是崇[而惟女是崇][5]。九妃、六嬪[九妃、六嬪][1, 7]，陳妾數百，食必粱肉[食必粱肉][2]，衣必文繡。戎士凍餒[戎士凍餧][4, 6, 7]，戎車待遊車之裂[戎車待游車之裂][4, 6, 7, 11][戎車待游車之裂][5][戎車待遊車之裂][9, 10, 11][戎車待遊車之裂][9, 10, 11][戎車待遊車之弊][11]，戎士待陳妾之餘。優笑在前[優笑在前][1]，賢材在後。是以國家不日引，不月長。恐宗廟之不掃除[恐宗廟之不埽除][4, 5, 7]，社稷之不血食，敢問爲此若何？"管子對曰："昔吾先王昭王、穆王，世法文、武遠績以成名[丗法文、武遠績以成名][1]，合羣叟[合羣妄][4, 5, 6, 7, 9, 11]，比校民之有道者，設象以爲民紀，式權以相應，比綴以度，竱本肇末[竱本肈末][4, 11][磚本肇末][9, 10][端本肇末][9][竱本窮末][10][竱本肁末][10]，勸之以賞賜，糾之以刑罰，班序顛毛[班序顛旄][10]，以爲民紀統。"桓公曰[相公曰][7]："爲之若何？"管子對曰："昔者，聖王之治天下也，參其國而伍其鄙，定民之居，成民之事，陵爲之終，而慎用其六柄焉。"

桓公曰："成民之事若何？"管子對曰："四民者，勿使雜處。雜處，則其言哤，其事易。"公曰："處士、農、工、商若何[處士、農、工、商若何][4]？"管子對曰："昔聖王之處士也，使就閒燕；處工，就官府；處商，就市井；處農[處農][4]，就田野。

"令夫士，羣萃而州處，閒燕則父與父言義，子與子言孝，其事君者言敬，其幼者言弟[其幼者言悌][1, 2, 4, 6, 8]。少而習焉，其心安焉，不見異物而遷焉。是故其父兄之教，不肅而成；其子弟之學，不勞而能。夫是，故士之子恆爲士[故士之子恒爲士][1, 2, 4, 5, 6, 7, 8]。

"令夫工，羣萃而州處，審其四時，辨其功苦，權節其用，論比協材，旦暮從事[旦莫從事][4, 6, 9, 10][且莫從事][7]，施於四方，以飭其子弟[以敕其子弟][9]，相語以事，相示以巧，相陳以功。少而習焉，其心安焉，不見異物而遷焉。是故其父兄之教，不肅而成；其子弟之學，不勞而能。夫是，故工之子恆爲工[故工之子恒爲工][1,2,4,5,6,7,8]。

"令夫商，羣萃而州處，察其四時，而監其鄉之資，以知其市之賈，負、任、擔、荷[負、任、儋、何][4,5,6,7,9,10,11]，服牛、軺馬，以周四方，以其所有，易其所無，市賤鬻貴，旦暮從事於此[旦莫從事於此][4,6,7]，以飭其子弟，相語以利，相示以賴，相陳以知賈。少而習焉，其心安焉，不見異物而遷焉。是故其父兄之教，不肅而成；其子弟之學，不勞而能。夫是，故商之子恆爲商[故商之子恒爲商][1,2,4,5,7,8]。

"令夫農[令夫農][4]，羣萃而州處，察其四時，權節其用，耒、耜、耞、芟[耒、耜、枷、芟][4,5,6,7,8,9,10,11][耒、耜、梜、芟][9][耒、耜、穀芨][10]，及寒，擊菒除田[擊稾除田][9,10,11]，以待時耕；及耕，深耕而疾耰之[深耕而疾櫌之][8,9,11]，以待時雨；時雨既至，挾其槍、刈、耨、鎛[挾其槍、刈、槈、鎛][10]，以旦暮從事於田野[以旦莫從事於田野][4,6,7]。脫衣就功，首戴茅蒲[首戴苧蒲][10][首戴萌蒲][11]，身衣襏襫，霑體塗足，暴其髮膚[暴其髮膚][6]，盡其四支之敏，以從事於田野。少而習焉，其心安焉，不見異物而遷焉。是故其父兄之教，不肅而成；其子弟之學，不勞而能。是[夫是][4,5,6,7,8,11]，故農之子恆爲農[故農之子恒爲農][1,2,5,8][故農之子恒爲農][4]，野處而不暱[野處而不慝][10]。其秀民之能爲士者，必足賴也。有司見而不以告，其罪五。有司已於事而竣[有司已事而竣][10][有司已於事而逡][11][有司已於事而踆][11]。"

桓公曰："定人之居若何[定民之居若何][3,4,5,7,11]？"管子對曰："制國以爲二十一鄉。"桓公曰："善。"管子於是制國，以爲二十一鄉：工商之鄉六；士鄉十五，公帥五鄉焉，國子帥五鄉焉，高子帥五鄉焉。參國起案，以爲三官，臣立三宰，工立三族，市立三鄉，澤立三虞，山立三衡[山立五衡][8]。

桓公曰："吾欲從事於諸侯[吾欲從事於諸矦][4,7]，其可乎？"管子對曰：

“未可，國未安。”桓公曰：“安國若何？”管子對曰：“修舊法[俻舊法][4]，擇其善者，而業用之[而嚴用之][10]；遂滋民[逆物民][7][遂慈民][10]，與無財，而敬百姓，則國安矣。”桓公曰：“諾。”遂修舊法[遂俻舊法][4]，擇其善者，而業用之；遂滋民，與無財，而敬百姓。國既安矣，桓公曰：“國安矣，其可乎？”管子對曰：“未可。君若正卒伍，修甲兵[俻甲兵][4,7]，則大國亦將正卒伍，修甲兵[俻甲兵][4,7]，則難以速得志矣。君有攻伐之器，小國諸侯[小國諸矦][4,7]，有守禦之備[有守圉之備][10]，則難以速得志矣。君若欲速得志於天下諸侯[君若欲速得志於天下諸矦][4,7]，則事可以隱令，可以寄政。”桓公曰：“爲之若何？”管子對曰：“作内政而寄軍令焉。”桓公曰：“善。”

管子於是制國：五家爲軌，軌爲之長；十軌爲里，里有司；四里爲連，連爲之長；十連爲鄉，鄉有良人焉。以爲軍令：五家爲軌，故五人爲伍，軌長帥之；十軌爲里，故五十人爲小戎，里有司帥之；四里爲連，故二百人爲卒，連長帥之；十連爲鄉，故二千人爲旅，鄉良人帥之；五鄉一帥，故萬人爲一軍，五鄉之帥帥之。三軍，故有中軍之鼓，有國子之鼓，有高子之鼓。春以蒐振旅[春以獀振旅][4,6,7,9,11]，秋以獮治兵。是故卒伍整於里[是故卒伍埶 於里][1]，軍旅整於郊[軍旅埶 於郊][1]。内教既成，令勿使遷徙。伍之人，祭祀同福，死喪同恤，禍災共之[禍灾共之][4,7]。人與人相疇，家與家相疇，世同居[丗同居][1]，少同遊[少同游][4]。故夜戰聲相聞，足以不乖；晝戰目相見[晝戰目相視][4,5,6,7,11]，足以相識。其歡欣足以相死。居同樂，行同和[行同龢][6,11]，死同哀。是故守則同固，戰則同彊[戰則同疆][6]。君有此士也三萬人，以方行於天下[以橫行於天下][10]，以誅無道，以屏周室[以屏周室][3,6]，天下大國之君，莫之能禦[莫之能禦也][4,5,6,7,11]。

正月之朝，鄉長復事。君親問焉，曰：“於子之鄉，有居處好學[有居處爲義好學][11]，慈孝於父母，聰惠質仁[聦惠質仁][1][聰慧質仁][3,6,11][聦慧質仁][4,7]，發聞於鄉里者，有則以告。有而不以告，謂之蔽明[謂之蔽賢][10]，其罪五。”有司已於事而竣。桓公又問焉，曰：“於子之鄉，有拳勇股肱之力[有捲勇股肱之力][10,11][予有捲勇股肱之力][10]，秀出於衆者，有則以告。有而不以告，謂之蔽賢[謂之蔽才][10]，其罪五。”有司已於事而竣。桓公又問焉，曰：“於子之鄉，有不慈孝於父母，不長悌於鄉里[不長弟於鄉里][4, 5, 6, 7, 11]，驕躁淫暴[驕躁淫暴][6]，不用上令者，有則以告。有而不以告，謂之下比，其罪五。”有司已於事而竣。是故鄉長退而修德進賢[是故鄉長退而脩德進賢][4][是故鄉長退而修德進賢][7]，桓公親見之，遂使役官。

桓公令官長，期而書伐[朞而書伐][9]，以告且選，選其官之賢者，而復用之[而復之][8, 11]，曰：“有人居我官，有功休德，惟慎端愨以待時，使民以勸，綏謗言[綏謗 言][6]，足以補官之不善政。”桓公召而與之語，訾相其質，足以比成事，誠可立而授之。設之以國家之患而不疚，退問之其鄉[退問其鄉][4, 7][退問其鄉][5, 6, 8, 11]，以觀其所能，而無大厲，升以爲上卿之贊[升以爲上卿之贊][1]。謂之三選。國子、高子退而修鄉[國子、高子退而脩鄉][4][國子、高子退而修鄉][7]，鄉退而修連[鄉退而脩連][4, 7]，連退而修里[連退而脩里][4, 7]，里退而修軌[里退而脩軌][4, 7]，軌退而修伍[軌退而脩伍][4][軌退而修伍][7]，伍退而修家[伍退而脩家][4, 7]。是故匹夫有善，可得而舉也；匹夫有不善，可得而誅也。政既成，鄉不越長，朝不越爵，罷士無伍，罷女無家。夫是故，民皆勉爲善。與其爲善於鄉也[與其爲善於鄰也][8]，不如爲善於里；與其爲善於里也，不如爲善於家。是故士莫敢言一朝之便，皆有終歲之計[皆有終身之計][8]；莫敢以終歲之議[莫敢以一歲之議][6][莫敢以終身之議][8]，皆有終身之功[皆有終歲之功][5]。

桓公曰：“伍鄙若何？”管子對曰：“相地而衰征，則民不移；政不旅舊，則民不偷；山澤各致其時，則民不苟；陵、阜、陸、墐、井、田、疇均[陸、阜、陵、墐、井、田、疇均][3, 4, 5, 6, 7, 10, 11][陵、墐、井、田、疇均][9, 10][陵、陸、墐、井、田、疇均][11][陵、陸、丘、井、田、疇均][11]，則民不憾[則民不惑][11]；無奪民時，則百姓富；犧牲不略[犧牲不畧][5]，則牛羊遂。”

桓公曰："定民之居若何？"管子對曰："制鄙。三十家爲邑，邑有司；十邑爲卒，卒有卒帥；十卒爲鄉，鄉有鄉帥；三鄉爲縣[三鄉爲寰][11]，縣有縣帥；十縣爲屬，屬有大夫。五屬，故立五大夫，各使治一屬焉[各使注一屬焉][2][使各治一屬焉][8]；立五正，各使聽一屬焉[使各聽一屬焉][8]。是故正之政聽屬，牧政聽縣，下政聽鄉。"桓公曰："各保治爾所，無或淫怠而不聽治者！"

正月之朝，五屬大夫復事。桓公擇是寡功者而謫之，曰："制地、分民如一，何故獨寡功？教不善則政不治，一再則宥，三則不赦。"桓公又親問焉，曰："於子之屬，有居處爲義好學，慈孝於父母，聰慧質仁[聰慧質仁][1, 4, 7]，發聞於鄉里者，有則以告。有而不以告，謂之蔽明，其罪五。"有司已於事而竣。桓公又問焉，曰："於子之屬，有拳勇股肱之力，秀出於衆者，有則以告。有而不以告，謂之蔽賢，其罪五。"有司已於事而竣。桓公又問焉，曰："於子之屬，有不慈孝於父母，不長悌於鄉里[不長弟於鄉里][4, 5, 6, 7]，驕躁淫暴，不用上令者，有則以告。有而不以告，謂之下比，其罪五。"有司已於事而竣。五屬大夫於是退而修屬[五屬大夫於是退而脩屬][4, 7]，屬退而修縣[屬退而脩縣][4, 7]，縣退而修鄉[縣退而脩鄉][4, 7]，鄉退而修卒[鄉退而脩卒][4, 7]，卒退而修邑[卒退而脩邑][4, 7]，邑退而修家[邑退而脩家][4, 7]。是故匹夫有善，可得而舉也；匹夫有不善，可得而誅也。政既成矣[政既成][4, 5, 6, 7, 11]，以守則固，以征則彊。

桓公曰："吾欲從事於諸侯[吾欲從事於諸矦][4, 7][吾若欲從事於諸侯][11]，其可乎？"管子對曰："未可。鄰國未吾親也。君欲從事於天下諸侯[君若欲從事於天下諸矦][4, 7][君若欲從事於天下諸侯][5]，則親鄰國。"桓公曰："若何？"管子對曰："審吾疆埸[審吾彊埸][9]，而反其侵地[而反其侵地][4, 7]；正其封疆，無受其資；而重爲之皮幣，以驟聘眺於諸侯[以驟聘覜於諸矦][4, 7][以驟聘覜於諸侯][5, 6, 9, 11][以驟聘頫於諸侯][10]，以安四鄰，則四鄰之國親我矣。爲遊士八十人[爲游士八十人][4, 5, 6, 7]，奉之以車馬、衣裘，多其資幣，使周遊於四方[使周游於四方][4, 5, 6, 7]，以號召天下之賢士。皮幣玩好，使民鬻之四方[使人鬻之四方][4, 5, 6, 7, 11]，以監其上下之所好，擇其淫亂者而先征之。”

桓公問曰：“夫軍令則寄諸內政矣，齊國寡甲兵，爲之若何？”管子對曰：“輕過而移諸甲兵。”桓公曰：“爲之若何？”管子對曰：“制重罪贖以犀甲一戟[制重罪贖以犀甲一戟][1, 4, 5, 6, 7]，輕罪贖以鞼盾一戟[輕罪贖以鞼盾一戟][1, 4, 5, 6, 7]，小罪讁以金分，宥閒罪。索訟者，三禁而不可上下，坐成以束矢。美金以鑄劍戟[美金以鑄劒戟][1, 4, 5, 7][美金以鑄劍戟][6]，試諸狗馬；惡金以鑄鉏、夷、斤、斸[惡金以鑄鉏、夷、斤、欘][4, 6, 7, 9, 10, 11][惡金以鑄鉏、夷、鋸、欘][10]，試諸壤土。”甲兵大足。

桓公曰：“吾欲南伐，何主？”管子對曰：“以魯爲主。反其侵地[反其侵地][4, 7]，棠、潛[棠、濳][1][堂、濳][5][堂、潛][11][常、潛][11]，使海於有蔽，渠弭於有渚[渠弭於有陼][10]，環山於有牢[繯山於有牢][9, 10, 11][環於山有牢][10, 11][環山於有罕][10][經山於有牢][10][綱山於有牢][10]。”桓公曰：“吾欲西伐，何主？”管子對曰：“以衛爲主[以衛爲主][2, 5, 7, 8]。反其侵地[反其侵地][4, 7]，臺、原、姑與漆里，使海於有蔽，渠弭於有渚，環山於有牢。”桓公曰：“吾欲北伐，何主？”管子對曰：“以燕爲主。反其侵地[反其侵地][4, 7]，柴夫、吠狗，使海於有蔽，渠弭於有渚，環山於有牢。”四鄰大親。既反侵地[既反侵地][4, 7]，正其封疆[正封疆][3, 4, 5, 6, 7, 11]，地南至於䱷陰[地南至於䱷陰][1][地南至于䱷陰][4, 5][地南至於岱陰][8, 10][地南至於陶陰][9, 11]，西至于濟[西至於濟][6, 7, 8]，北至于河[北至於河][6, 7, 8]，東至于紀、酅[東至於紀、酅][5, 6, 7, 8][東至于紀、随][10]，有革車八百乘[有革車六百乘][8, 11][有革車八百椉][11]。擇天下之甚淫亂者而先征之。

即位數年，東南多有淫亂者，萊、莒、徐夷、吳、越，一戰帥服三十一國。遂南征，伐楚，濟汝，踰方城，望汶山[望文山][10]，使貢絲於周而反[使貢絲于周而反][4, 5]。荊州諸侯莫敢不來服[荊州諸侯莫不來服][4, 7][荊州諸侯莫不來服][6,8,11]。遂北伐山戎，剸令支，斬孤竹，而南歸。海濱諸侯莫敢不來服[海濵諸侯莫敢不來服][1][海濱諸疾莫不來服][4][海濱諸侯莫不來服][6,8][海濵諸疾莫不來服][7]。與諸侯飭牲爲載[與諸侯飾牲爲載][3,6,8,11][與諸疾飾牲爲載][4,7]，以約誓于上下庶神[以約誓於上下庶神][5,7,8]，與諸侯戮力同心[與諸疾勠力同心][4,7][與諸侯勠力同心][5,6,9]。西征，攘白狄之地[西征攘白翟之地][4,5,6,7]，至於西河[至于西河][4,5]，方舟設泭，乘桴濟河[乘桴濟度][9]，至于石枕[至于石抗][4,5,9,10,11][至於石抗][6,7][至于石沈][11][至于石杭][11]。懸車束馬[縣車束馬][4,5,7,9]，踰太行[踰大行][4,5,6,7,9][逾大行][8]，與辟耳之谿拘夏[與卑耳之谿拘夏][9][與卑耳之谿拘夏][10]，西服流沙、西吳[西服𣲖 沙、西吴][7,9]。南城於周[南城周][4,5,6,7,8,11]，反胙于絳[反胙於絳][6,7,8][反阼于絳][9][成周反胙於隆嶽][10]。嶽濱諸侯[嶽濵諸侯][1,5][嶽濱諸疾][4][嶽濵諸疾][7]，莫敢不來服[莫不來服][4,5,6,7,8]，而大朝諸侯於陽穀[而大朝諸侯於陽穀][1,7][而大朝諸疾於陽穀][4]。兵車之屬六，乘車之會三，諸侯甲不解纍[諸疾甲不解纍][4,7]，兵不解翳[兵不解医][10,11]，弢無弓[弢無弓][1,2]，服無矢。隱武事，行文道，帥諸侯而朝天子[帥諸疾而朝天子][4,7]。

葵丘之會[葵𠀉之會][6]，天子使宰孔，致胙於桓公[致胙于桓公][4,5]，曰："余一人之命[余一人][8,11]，有事於文、武[有事于文、武][4,5]，使孔致胙。"且有後命，曰："以爾自卑勞，實謂爾伯舅，無下拜。"桓公召管子而謀，管子對曰："爲君不君，爲臣不臣，亂之本也。"桓公懼[桓公][6]，出見客，曰："天威不違顏咫尺，小白，余敢承天子之命，曰'爾無下拜'，恐隕越於下[恐隕越于下][4,5]，以爲天子羞。"遂下拜，升，受命。賞服大輅[賞服大路][4,5,6,7,11]，龍旗九旒[龍斿九旒][4,5,6,7,11][龍旗九游][10]，渠門赤旂，諸侯稱順焉[諸侯稱順焉][3,4,5,6,11][諸疾稱順焉][7]。

桓公憂天下諸侯[桓公憂天下諸疾][4,7]。魯有夫人、慶父之亂，二君弒死[二君殺死][4,5,6,7,11]，國絕無嗣[國無嗣][8]。桓公聞之，使高子存之。

狄人攻邢[翟人攻邢][4,5,6,7]，桓公築夷儀以封之，男女不淫，牛馬選具[牢馬選具][7]。狄人攻衞[翟人攻衞][4,6,7][翟人攻衞][5][狄人攻衞][8]，衞人出廬于曹[衞人出廬于曹][2][衛人出廬於曹][5,8][衛人出廬於曹][6,7]，桓公城楚丘以封之[桓公城楚北以封之][6]。其畜散而無育，桓公與之繫馬三百[相公與之繫馬三百][7]。天下諸侯稱仁焉[天下諸矦稱仁焉][4,7]。於是天下諸侯[於是天下諸矦][4,7]，知桓公之非爲己動也[知桓公之爲己動也][4,5,6,7,8,11][知桓公之不爲己動也][11]，是故諸侯歸之[是故諸矦歸之譬若市人][4,7][是故諸侯歸之譬若市人][5,6,10,11]。

桓公知諸侯之歸己也[桓公知諸矦之歸己也][4,7]，故使輕其幣，而重其禮。故天下諸侯[故天下諸矦][4,7]，罷馬以爲幣，縷綦以爲奉[縷纂以爲奉][4,6,7,9,10,11]，鹿皮四分[鹿皮四个][4,5,7,8,10,11][鹿皮四介][11]；諸侯之使[諸矦之使][4,7]，垂橐而入，稛載而歸[稇載而歸][3,4,5,7,8,10][稛載而歸][6,9,11][攟載而歸][10,11]。故拘之以利，結之以信，示之以武，故天下小國諸侯[故天下小國諸矦][4,7]，既許桓公，莫之敢背，就其利，而信其仁，畏其武。桓公知天下諸侯多與己也[桓公知天下諸矦多與己也][4,7]，故又大施忠焉。可爲動者爲之動，可爲謀者爲之謀，軍譚、遂，而不有也，諸侯稱寬[諸侯稱寬焉][3,5,6,8,11][諸矦稱寬焉][4,7]。通齊國之魚鹽于東萊[通齊國之魚鹽於東萊][5,6,7,8]，使關市幾而不征[使關市譏而不征][9]，以爲諸侯利[以爲諸矦利][4,7]，諸侯稱廣焉[諸矦稱廣焉][4,7]。築葵茲、晏、負夏、領釜丘[築葵茲、晏、負夏、領釜北][6][築蔡、陽陵、培夏、靈父丘][10]，以禦戎、狄之地[以禦戎、翟之地][4,5,6,7]，所以禁暴於諸侯也[所以禁暴 於諸矦也][4][所以禁暴 於諸侯也][6][所以禁暴於諸矦也][7]；築五鹿、中牟、蓋與、牡丘[築五鹿、中牟、蓋與、牡丘][4,7][築五鹿、中牟、蓋與、牡北][6][築五鹿、中牟鄴、蓋與、社丘][10]，以衞諸夏之地[以衛諸夏之地][2,5,8]，所以示權於中國也[所以示勸於中國也][10]。教大成，定三革，隱五刃[偃五刃][10]，朝服以濟河，而無怵惕焉，文事勝矣。是故大國慚媿[是故大國慙媿][1,2,8,11][是故大國慙愧][4,5,6,7,11]，小國附協。唯能用管夷吾、甯戚、隰朋、賓胥無、鮑叔牙之屬[唯能用管夷吾、寗戚、隰朋、賔胥無、鮑叔牙之屬][1][唯能用管夷吾、寧戚、隰朋、賓胥無、鮑叔牙之屬][2][唯能用管夷吾、甯口、隰朋、賓胥無、鮑叔牙之屬][3][唯能用管夷吾、寗戚、隰朋、賓胥無、鮑叔牙之屬][4,6][惟能用管夷吾、甯戚、隰朋、賔胥無、鮑叔牙之屬][5][唯能用管夷吾、甯戚、隰朋、賔胥無、鮑叔牙之屬][7]，而伯功立。

國語卷第六[ ][2,3,8,9][齊語第六　國語][4][國語卷六][5][國語正義卷第六終][6][國語第六][7]

國語卷第七[國語卷七][2,5][晉語第七　國語][4][國語正義卷第七][6][國語第七][7][晉語一第七][8,9]

晉語一[ ][4,8,9]　　武公[ ][3,4,5,6,7,8,9]

武公伐翼，殺哀侯[殺哀矦][4,7][弑哀侯][11]，止欒共子曰[止欒其子曰][7]："苟無死，吾以子見天子，令子爲上卿，制晉國之政。"辭曰："成聞之：'民生於三，事之如一。'父生之，師教之，君食之[君飤之][9]。非父不生，非食不長，非教不知，生之族也，故壹事之[故一事之][6,8,11]。唯其所在[惟其所在][5]，則致死焉。報生以死，報賜以力，人之道也。臣敢以私利廢人之道[臣敢以私利廢人道乎][11]，君何以訓矣？且君知成之從也，未知其待於曲沃也，從君而貳，君焉用之？"遂鬬而死。

獻公卜伐驪戎[獻公卜伐麗戎][9]，史蘇占之，曰："勝而不吉。"公曰："何謂也？"對曰："遇兆，挾以銜骨，齒牙爲猾，戎、夏交捽。交捽，是交勝也，臣故云。且懼有口，攜民[㒞民][4,5,6,7,8,9,10,11]，國移心焉。"公曰："何口之有！口在寡人[口在家人][5][口有寡人][6]，寡人弗受，誰敢興之？"對曰："苟可以攜[苟可以㒞][4,5,6,7,8]，其入也必甘受，逞而不知，胡可壅也？"公弗聽[公不聽][4,5,6,7,11]，遂伐驪戎，克之。獲驪姬以歸，有寵，立以爲夫人。公飲大夫酒[公飲太夫酒][7]，令司正實爵[令司膳實爵][7]，與史蘇曰："飲而無肴。夫驪戎之役，女曰'勝而不吉'，故賞女以爵，罰女以無肴。克國得妃，其有吉孰大焉！"史蘇卒爵，再拜稽首曰："兆有之，臣不敢蔽。蔽兆之紀，失臣之官，有罪二焉[有二罪焉][3][有二辠焉][4,5,6,7,11]，何以事君？大罰將及，不唯無肴[不惟無肴][5,6]。抑君亦樂其吉，而備其凶，凶之無有，備之何害？若其有凶[若其有之][4,5,6,7,11]，備之爲瘳。臣之不信，國之福也，何敢憚罰。"

飲酒出，史蘇告大夫曰：“有男戎必有女戎[夫有男戎必有女戎][4,5,6,7,11]。若晉以男戎勝戎，而戎亦必以女戎勝晉[而戎必以女戎勝晉][8]，其若之何！”里克曰：“何如？”史蘇曰：“昔夏桀伐有施，有施人以妹喜女焉[有施人以妹嬉女焉][9][有施人以未喜女焉][11]，妹喜有寵，於是乎與伊尹比而亡夏。殷辛伐有蘇[殷紂伐有蘇][11]，有蘇氏以妲己女焉，妲己有寵，於是乎與膠鬲比而亡殷[於是乎與膠鬲比而亡殷][7]，周幽王伐有褒[周幽王伐有褒][5,7,8]，褒人以褒姒女焉 [有褒人以褒姒女焉][4,6,7,11][有褒人以褒姒女焉][5,8]，褒姒有寵[褒姒有寵][5,8]，生伯服，於是乎與虢石甫比，逐太子宜臼[逐太子宐咎][4][逐太子宜咎][5,6,9,10,11][逐大子宜咎][7]，而立伯服。太子出奔申[大子出奔申][4,7][太子奔申][6]。申人、鄫人[申人、繒人][4,5,6,7,9,10,11]，召西戎以伐周。周於是乎亡。今晉寡德，而安俘女，又增其寵，雖當三季之王，亦不可乎[不亦可乎][3,4,5,6,7,8,11]？且其兆云：‘挾以銜骨，齒牙爲猾。’我卜伐驪，龜往離散以應我。夫若是，賊之兆也。非吾宅也，離則有之。不跨其國，可謂挾乎？不得其君，能銜骨乎？若跨其國，而得其君，雖逢齒牙，以猾其中，誰云不從[其誰云弗從][4,5,6,7,11]？諸夏從戎，非敗而何？從政者不可以不戒，亡無日矣！”

郭偃曰：“夫三季王之亡也宜[夫三季王之亡也宐][4][夫三季主之亡也宜][7]。民之主也，縱惑不疚，肆侈不違，流志而行，無所不疚，是以及亡，而不獲追鑒[而不獲追鑑][4,5,6,7,11]。今晉國之方[今晉之方][6]，偏侯也[偏矦也][4,7]。其土又小，大國在側，雖欲縱惑，未獲專也。大家、鄰國，將師保之，多而驟立，不其集亡。雖驟立，不過五矣。且夫口，三五之門也。是以讒口之亂，不過三五。且夫挾，小鯁也。可以小戕，而不能喪國，當之者戕焉，於晉何害？雖謂之挾，而猾以齒牙，口弗堪也，其與幾何？晉國懼則甚矣，亡猶未也。商之衰也，其銘有之，曰：‘嗛嗛之德[谦谦之德][11]，不足就也，不可以矜，而祇取憂也[而祇取憂也][4,5,6,7,8,9]。嗛嗛之食[谦谦之食][9,11]，不足狃也，不能爲膏，而祇罹咎也[而祇罹咎也][3,8,9][而祇離咎也][4,5,6,7]。’雖驪之亂，其罹咎而已[其離咎而已][4,5,6,7,11]，其何能服？吾聞以亂得聚者，非謀不卒時，非人不免難，非禮不終年，非義不盡齒，非德不及世[非德不及丗][1]，非天不離數。今不據其安，不可謂能謀；行之以齒牙，不可謂得人，廢國而向己，不可謂禮[不謂禮][6]；不度而迃求[不度而迂求][3,4,5,6,7,8,9,11]，不可謂義；以寵賈怨，不可謂德；少族而多敵，不可謂天。德義不行，禮義不則，棄人失謀，天亦不贊[天亦不賛][1]，吾觀君夫人也，若爲亂，其猶隸農也[其猶隷農也][1,9][其猶隸農也][3,7][其猶隸農也][4]。雖獲沃田，而勤易之[而不易之][6]，將不克饗[將弗克饗][4,5,7,11]，爲人而已。”

士蔿曰：“誡莫如豫[戒莫如豫][4,5,6,7,8,11]，豫而後給。夫子誡之[夫子戒也][4,5,6,7,11]，抑二大夫之言，其皆有焉。”

既，驪姬不克，晉正於秦，五立而後平。

獻公伐驪戎，克之，滅驪子，獲驪姬以歸，立以爲夫人，生奚齊。其娣生卓子。驪姬請使申生主曲沃[驪姬請使申生處曲沃][4,5,6,7,9,11]，以速懸[以速縣][4,5,6,7,8,9,11]，重耳處蒲城，夷吾處屈，奚齊處絳，以儆無辱之故，公許之。

史蘇朝，告大夫曰：“二三大夫[二三子][8]，其戒之乎，亂本生矣！曰[日][3,4,5,6,7,8,9,10,11]，君以驪姬爲夫人，民之疾心，固皆至矣。昔者之伐也，興百姓[起百姓][4,5,6,7,8,11]，以爲百姓也，是以民能欣之，故莫不盡忠極勞以致死也[故莫不盡忠極勞以致死][4][故莫不盡忠極勞以致死][5,6,7,11]。今君起百姓，以自封也，民外不得其利，而內惡其貪，則上下既有判矣，然而又生男，其天道也？天彊其毒，民疾其態，其亂生哉！吾聞君子好好而惡惡[吾聞君之好好而惡惡][3]，樂樂而安安，是以能有常。伐木不自其本，必復生；塞水不自其源，必復流；滅禍不自其基，必復亂。今君滅其父而畜其子，禍之基也。畜其子，又從其欲，子思報父之耻[子思報父之恥][2,3,4,5,6,7,8,11]，而信其欲，雖好色，必惡心，不可謂好。好其色，必授之情。彼得其情，以厚其欲，從其惡心，必敗國，且深亂。亂必自女戎，三代皆然。”驪姬果作難，殺太子[殺大子][4,5,7,8]，而逐二公子[以逐二子][8]。君子曰：“知難本矣。”

驪姬生奚齊，其娣生卓子。公將黜太子申生[公將黜大子申生][4,5,7,8]，而立奚齊。里克、丕鄭、荀息相見，里克曰：“夫史蘇之言，將及矣！其若之何？”荀息曰：“吾聞事君者，竭力以役事，不聞違命。君立臣從，何貳之有？”丕鄭曰：“吾聞事君者，從其義，不阿其惑[不阿其惑也][4,5,7,11]。惑則誤民，民誤失德，是棄民也。民之有君，以治義也。義以生利，利以豐民，若之何其民之與處而棄之也？必立太子[必立大子][5,7,8]。”里克曰：“我不佞，雖不識義，亦不阿惑，吾其静也。”三大夫乃别。

蒸于武公[烝于武公][4,5,9,11][烝於武公][7][蒸於武宫][8,11]，公稱疾，不與，使奚齊莅事[使奚齊涖事][4,5,7][使奚齊蒞事][8]。猛足乃言於太子曰[猛足言於大子曰][4,5,7,8]：“伯氏不出，奚齊在廟，子盍圖乎[子盇圖乎][4,5,7,9]！”太子曰[大子曰][4,5,6,7,8]：“吾聞之羊舌大夫曰：‘事君以敬，事父以孝。’受命不遷爲敬，敬順所安爲孝。棄命不敬，作令不孝，又何圖焉？且夫間父之愛[且夫閒父之愛][4,8,9]，而嘉其貺[而嘉其況][4,7][而嘉其况][5]，有不忠焉；廢人以自成，有不貞焉。孝、敬、忠、貞，君父之所安也。棄安而圖，遠於孝矣，吾其止也。”

獻公田，見翟柤之氛[見翟柤□之氛][1,11]，歸寝不寐[歸寑不寐][4][歸寢不寐][5,6][歸寢不寐][7]。郤叔虎朝，公語之。對曰：“牀笫之不安邪[牀笫之不安邪][1,4,7][牀笫之不安邪][5][牀第之不安邪][6]？抑驪姬之不存側邪？”公辭焉。出遇士蔿[出語士蔿][2,6,7]，曰：“今夕君寝不寐[今夕君寢不寐][3,8][今夕君不寐][5,6,7,11]，必爲翟柤也。夫翟柤之君，好專利而不忌，其臣競諂以求媚[其臣競諂以求媚][7]，其進者壅塞[其進者雝塞][9]，其退者拒違[其退者距違][4][其退者拒違][7]。其上貪以忍，其下偷以幸，有縱君而無諫臣，有冒上而無忠下。君臣上下，各饜其私[各厭其私][4,5,6,7,9,10,11][各猒其私][9,11]，以縱其回，民各有心，而無所據依[無所據依][4,5,6,7,8,11]。以是處國，不亦難乎！君若伐之，可克也。吾不言，子必言之。”士蔿以告，公悦

[公説][4,5,6,7,9,11]，乃伐翟柤。郤叔虎將乘城，其徒曰：“棄政而役，非其任也。”郤叔虎曰：“既無老謀，而又無壯事，何以事君？”被羽先升[被羽先登][11]，遂克之。

公之優曰施，通於驪姬。驪姬問焉，曰：“吾欲作大事，而難三公子之徒[而難三公子][11]，如何？”對曰：“早處之[蚤處之][4,5,6,7]，使知其極。夫人知極[夫人知有極][4,5,6,7,11]，鮮有慢心；雖其慢，乃易殘也。”驪姬曰：“吾欲爲難，安始而可？”優施曰：“必於申生。其爲人也，小心精潔，而大，志重，又不忍人。精潔易辱，重僨可疾，不忍人，必自忍也。辱之近行。”驪姬曰：“重，無乃難遷乎？”優施曰：“知辱可辱，可辱遷重，若不知辱，亦必不知，固秉常矣。今子內固而外寵，且善否莫不信[且善不莫不信][4,5,7,9,10,11]。若外殫善[若外單善][4,5,6,7,11]，而內辱之，無不遷矣。且吾聞之：甚精必愚。精爲易辱[精而易辱][7]，愚不知避難。雖欲無遷，其得之乎？”是故先施讒於申生。

驪姬賂二五，使言於公，曰：“夫曲沃，君之宗也；蒲與二屈，君之疆也，不可以無主。宗邑無主，則民不威；疆埸無主[疆場無主][1,2,11]，則啓戎心。戎之生心，民慢其政，國之患也。若使太子主曲沃[若使大子主曲沃][5,7,8]，而二公子主蒲與屈，乃可以威民而懼戎，且旌君伐。”使俱曰：“狄之廣莫[翟之廣莫][4,5,6,7]，於晉爲都[以晉爲都][6]。晉之啓土，不亦宜乎[不亦宐乎][4]？”公説，乃城曲沃，太子處焉[大子處焉][4,5,6,7,8]；又城蒲，公子重耳處焉[重耳處焉][8]；又城二屈[又城屈][6]，公子夷吾處焉。驪姬既遠太子[驪姬既遠大子][4,5,6,7,8]，乃生之言，太子由是得罪[大子由是得辠][4,5,6,7][大子由是得罪][8]。

十六年，公作二軍，公將上軍。太子申生將下軍[大子將下軍][4,6,7,11][大子申生將下軍][5]，以伐霍。師未出，士蔿言於諸大夫曰[士爲言於諸大夫曰][7]：“夫太子[夫大子][4,5,7,8]，君之貳也，恭以俟嗣，何官之有？今君分之土而官之，是左之也[是佐之也][5]。吾將諫以觀之。”乃言於公曰：“夫太子[夫大子][4,5,6,7,8]，君之貳也，而帥下軍，無乃不可乎？”公曰：“下軍，上軍之貳也。寡人在上，申生在下，不亦可乎？”士蔿對曰：“下不可以貳上。”公曰：“何故？”對曰：“貳若體焉，上下左右，以相心目，用而不倦，身之利也。上貳代舉，下貳代履，周旋變動，以役心目，故能治事，以制百物。若下攝上，與上攝下，周旋不動[周旋不變][4,6,7,11]，以違心目[以違心日][7]，其反爲物用也，何事能治？故古之爲軍也，軍有左右，闕從補之，成而不知，是以寡敗。若以下貳上，闕而變[闕而不變][3,4,5,6,7,8,11]，敗弗能補也。變非聲章，弗能移也。聲章過數則有釁，有釁則敵入，敵入而凶，救敗不暇，誰能退敵[誰能退敵][4,7]？敵之如志，國之憂也。可以陵小，難以征國[難以征大][4,5,6,7,8,11]。君其圖之！”公曰：“寡人有子而制焉，非子之憂也。”對曰：“太子[夫大子][4,5,6,7,8,11]，國之棟也，棟成乃制之，不亦危乎！”公曰：“輕其所任，雖危何害？”

士蔿出，語人曰：“太子不得立矣[大子不得立矣][4,5,6,7,8]。改其制而不患其難，輕其任而不憂其危，君有異心，又焉得立？行之克也，將以害之；若其不克，其因以罪之[其因以辠之][4,5,6,7]。雖克與否[雖克與不][4,5,6,7,9]，無以避罪[無所避辠][4,5,6,7,11]。與其勤而不入，不如逃之。君得其欲，太子遠死[大子遠死][4,5,6,7]，且有令名，爲吴太伯[爲吴大伯][4,6,7,8,9]，不亦可乎？”太子聞之[大子聞之][4,5,6,7,8]，曰：“子輿之爲我謀，忠矣。然吾聞之：爲人子者，患不從，不患無名；爲人臣者，患不勤，不患無禄。今我不才，而得勤與從，又何求焉？焉能及吴太伯乎[焉能及吴大伯乎][4,6,7,8,9][焉能及吴泰伯乎][5]？”太子遂行[大子遂行][4,5,6,7,8]，克霍而反，讒言彌興。

優施教驪姬夜半而泣，謂公曰：“吾聞申生，甚好仁而彊[甚好信而彊][10]，甚寬惠而慈於民，皆有所行之。今謂君惑於我，必亂國，無乃以國故[夫無乃以國故][4,5,7,11]，而行彊於君。君未終命而不歿[君未終命而不没][4,5,6,7]，君其若之何？盍殺我[盇殺我][7,9]，無以一妾亂百姓。”公曰：“夫豈惠其民，而不惠於其父乎[而不惠其父乎][6]？”驪姬曰：“妾亦懼矣。吾聞之外人言曰[吾聞之外人之言曰][3, 4, 5, 6, 7, 8, 11]：爲仁與爲國不同。爲仁者，愛親之謂仁；爲國者，利國之謂仁。故長民者無親，衆以爲親。苟利衆而百姓和[苟衆利而百姓和][4, 5, 6, 7, 8, 11]，豈能憚君？以衆故，不敢愛親，衆況厚之[衆况厚之][5]，彼將惡始而美終，以晚蓋者也[以晚葢者也][4, 6, 7, 11]。凡民利是生，殺君而厚利衆[殺君厚而利衆][2]，衆孰沮之？殺親無惡於人，人孰去之？苟交利而得寵，志行而衆悦[志行而衆説][4, 5, 6, 7]，欲其甚矣，孰不惑焉？雖欲愛君，惑不釋也。今夫以君爲紂，若紂有良子，而先喪紂，無章其惡，而厚其敗。鈞之死也，無必假手於武王，而其世不廢[而其丗不廢][1]，祀至于今[祀至於今][2, 6, 7, 8]，吾豈知紂之善否哉[吾豈知紂之善不哉][4, 7, 9][吾豈知紂之不善哉][6]？君欲勿恤，其可乎？若大難至而恤之，其何及矣！”君懼曰[公懼曰][3, 4, 5, 6, 7, 8, 11]：“若何而可？”驪姬曰：“君盍老而授之政[君盇老而授之政][4, 7]。彼得政而行其欲，得其所索，乃其釋君。且君其圖之，自桓叔以來，孰能愛親？唯無親，故能兼翼。”公曰：“不可與政。我以武與威，是以臨諸侯[是以臨諸矦][4, 7]。未殁而亡政[未没而亡政][4, 5, 6, 7]，不可謂武；有子而弗勝[有子而不勝][4, 5, 6, 7, 11]，不可謂威。我授之政，諸侯必絶[諸矦必絶][4, 7]；能絶於我，必能害我。失政而害國，不可忍也。爾勿憂，吾將圖之。”

驪姬曰：“以皋落狄之朝夕苛我邊鄙[以臯落狄之朝夕苛我邊鄙][1][以皋落狄之朝夕苛我邊鄙][2, 8][以皋落翟之朝夕苛我邊鄙][4][以臯落翟之朝夕苛我邊鄙][5, 7][以皋落翟之朝夕苛我邊鄙][6]，使無日以牧田野，君之倉廩固不實[君之倉稟固不實][4, 11]，又恐削封疆。君盍使之伐狄[君盇使之伐翟][4, 7][君盍使之伐翟][5, 6]，以觀其果於衆也，與衆之信輯睦焉。若不勝狄[若不勝翟][4, 5, 6, 7]，雖濟其罪[雖濟其辠][4, 5, 6, 7]，可也；若勝狄[若勝翟][4, 5, 6, 7]，則善用衆矣，求必益廣，乃可厚圖也。且夫勝狄[且夫勝翟][4, 5, 6, 7]，諸侯驚懼[諸矦驚懼][4, 7]，吾邊鄙不儆，倉廩盈[食稟盈][4]，四鄰服，封疆信[封彊信][7]，君得其賴，又知可否[又知可不][4, 5, 6, 7, 9]，其利多矣。君其圖之！”公説。是故使申生伐東山，衣之偏裻之衣[衣之偏督之衣][10]，佩之以金玦[佩之金玦][4,5,6,7,8,11]。僕人贊聞之[僕人贊聞之][1]，曰："太子殆哉[大子殆哉][4,5,6,7,8]！君賜之奇[君賜之奇][1,4,7]，奇生怪[奇生怪][1,4,7]，怪生無常，無常生不立[無常不立][3,4,5,6,7,8,11]。使之出征，先以觀之[以先觀之][8]，故告之以離心，而示之以堅忍之權，則必惡其心而害其身矣。惡其心，必內險之；害其身，必外危之。危自中起，難哉！且是衣也，狂夫阻之衣也[狂夫詛之衣也][9,11]。其言曰：'盡敵而反。'雖盡敵，其若內讒何！"申生勝狄而反[申生勝翟而反][4,5,6,7]，讒言作於中。君子曰："知微。"

十七年冬，公使太子伐東山[公使大子伐東山][4,6,7,8]。里克諫曰："臣聞皋落氏將戰[臣聞臯落氏將戰][1][臣聞臯落氏將戰][2,4,5,7,8]，君其釋申生也！"公曰："行也！"里克對曰[對曰][4,5,6,7,8,11]："非也[非故也][3,4,5,6,7,8,10,11]。君行，太子居[大子居][4,5,6,7,8]，以監國也[以監國][8]；君行，太子從[大子從][4,5,6,7,8]，以撫軍也。今君居，太子行[大子行][4,5,6,7,8]，未有此也。"公曰："非子之所知也。寡人聞之，立太子之道三[立大子之道三][4,5,6,7,8]：身鈞以年，年同以愛[□同以愛][7]，愛疑，決之以卜、筮[决之以卜、筮][6,8]。子無謀吾父子之間[子無謀吾父子之閒][4,7,8]，吾以此觀之。"公不說。里克退[里克𨓜][4,7]，見太子[見大子][4,6,7,8]。太子曰[大子曰][4,6,7,8]："君賜我以偏衣、金玦[君賜我偏衣、金玦][4,5,6,7,8,11]，何也？"里克曰："孺子懼乎？衣躬之偏，而握金玦，令不偷矣。孺子何懼！夫爲人子者，懼不孝，不懼不得。且吾聞之曰[且吾聞之][4,5,6,7,8,11]：'敬賢於請。'孺子勉之乎！"君子曰："善處父子之閒矣[善處父子之間矣][2,3,5,6]。"

太子遂行[大子遂行][4,6,7,8]，狐突御戎，先友爲右，衣偏之衣[衣偏衣][1,4,5,6,7,8,11]，而佩金玦。出而告先友曰："君與我此，何也？"先友曰："中分而金玦之，權在此行也。孺子勉之乎[孺子勉之][4,5,7,11][孺子勉乎][6]！"狐突歎曰："以庬衣純[以尨衣純][4,5,6,7,8,9,10,11]，而玦之以金銑者，寒之甚矣[寒甚矣][4,6,7,8,11]，胡可恃也？雖勉之，狄可盡乎[敵其可盡乎][4,5,6,7,11][敵可盡乎][8][狄其可盡乎][11]？”先友曰：“衣躬之偏，握兵之要，在此行也，勉之而已矣。偏躬無慝，兵要遠災[兵要遠灾][4, 5, 7, 9]，親以無災[親以無灾][4, 5, 7]，又何患焉？”至于稷桑[至於稷桑][6, 7, 8]，狄人出逆[翟人出逆][4, 5, 6, 7]，申生欲戰。狐突諫曰：“不可。突聞之：國君好艾[國君好外][9, 11]，大夫殆；好內，適子殆，社稷危。若惠於父，而遠於死，惠於衆，而利社稷，其可以圖之乎？況其危身於狄[況其危身於翟][4][況其危身於翟][5, 6, 7]，以起讒於內也？”申生曰：“不可。君之使我，非歡也，抑欲測吾心也。是故賜我奇服[是故賜我竒服][1, 4, 7]，而告我權。又有甘言焉。言之大甘，其中必苦。譖在中矣[譛 在中矣][1, 7, 9]，君故生心。雖蝎譖[雖蝎譛][1, 7, 9]，焉避之？不若戰也。不戰而反，我罪滋厚[我辠滋厚][4, 5, 6, 7]；我戰死[我戰雖死][4, 5, 6, 7, 11]，猶有令名焉。”果敗狄於稷桑而反[果戰敗翟於稷桑而反][4, 5, 6, 7][果戰敗狄於稷桑而反][8, 11]。讒言益起，狐突杜門不出。君子曰：“善深謀也[善深謀][4, 5, 6, 7, 11]。”

國語卷第七[ ][2, 3, 8, 9][晉語第七　國語][4][國語卷七][5][國語正義卷第七終][6][國語第七][7]

國語卷第八[國語卷八][2,5][晉語第八　國語][4][國語正義卷第八][6][國語第八][7][晉語二第八][8,9]

晉語二[ ][4,8,9]　獻公[ ][3,4,5,7,8,9]

反自稷桑，處五年，驪姬謂公曰："吾聞申生之謀愈深。曰[日][3,4,5,7,8,9,10,11]，吾固告君日得衆[吾固告君曰得衆][3,4,5,6,7,10,11]，衆不利[衆弗利][4,5,6,7,11]，焉能勝狄[焉能勝翟][4,5,6,7]？今矜狄之善[今矜翟之善][4,5,6,7]，其志益廣。孤突不順[狐突不順][4,7]，故不出。吾聞之，申生甚好信而彊，又失言於衆矣，雖欲有退[雖欲有逷][4,7]，衆將責焉。言不可食，衆不可弭，是以深謀。君若不圖，難將至矣！"公曰："吾不忘也，抑未有以致罪焉。"

驪姬告優施曰："君既許我殺太子而立奚齊矣[君既許我殺大子而立奚齊矣][4,6,7,8]，吾難里克，奈何[柰何][4,7]！"優施曰："吾來里克，一日而已。子爲我具特羊之饗，吾以從之飲酒。我優也，言無郵。"驪姬許諾，乃具，使優施飲里克酒。中飲，優施起舞，謂里克妻曰："主孟啗我[主盍啗我][11]，我教兹暇豫事君。"乃歌曰："暇豫之吾吾[暇豫之俉俉][11]，不如鳥烏。人皆集於苑[人皆集於苑也][7][鳥皆集於苑][11][人皆集於蔚][11]，己獨集於枯[獨集於枯][7]。"里克笑曰[里克笑曰][1]："何謂苑？何謂枯？"優施曰："其母爲夫人，其子爲君，可不謂苑乎？其母既死，其子又有謗，可不謂枯乎？枯且有傷。"

優施出，里克辟奠，不餐而寢[不餐而寢][2][不飧而寢][3,9,10,11][不飧而寢][4,7][不飧而寢][5,6,8]。夜半，召優施，曰："曩而言戲乎[曩而言戲也][11]？抑有所聞之乎[抑亦所聞之乎][8]？"曰："然。君既許驪姬殺太子而立奚齊[君既許驪姬殺大子而立奚齊][4,5,6,7,8]，謀既成矣。"里克曰："吾秉君以殺太子[吾秉君以殺大子][4,5,6,7,8]，吾不忍。通復故交，吾不敢。中立其免乎？"優施曰："免。"

旦而里克見丕鄭[旦而里克見丕鄭][2,3,4,5,8][且而里克見丕鄭][7]，曰："夫史蘇之言，將及矣！優施告我，君謀成矣，將立奚齊。”丕鄭曰[丕鄭曰][2,3,4,5,7,8]：“子謂何？”曰：“吾對以中立。”丕鄭曰[丕鄭曰][2,3,4,5,7,8]：“惜也！不如曰不信以疏之[不如曰不信以踈之][1,4,7]，亦固太子以攜之[亦固大子以攜之][4,5,6,7,8]，多爲之故，以變其志，志少疏[志少踈][1,4,7,9]，乃可閒也[乃可間也][5,6]。今子曰中立，況固其謀也[況固其謀][4,6,7,11][況固其謀][5]，彼有成矣，難以得閒[難以得間][5,6,7]。”里克曰：“往言不可及也[往言不可及][4,5,6,7,11]，且人中心唯無忌之[且人中心惟無忌之][5][且人中心唯無忌之固][8,11]，何可敗也！子將何如？”丕鄭曰[丕鄭曰][2,3,4,5,7,8]：“我無心。是故事君者，君爲我心，制不在我。”里克曰：“弑君以爲廉[殺君以爲廉][4,5,6,7,8,9,11]，長廉以驕心，因驕以制人家，吾不敢。抑撓志以從君[抑橈志以從君][8,11]，爲廢人以自利也，利方以求成人，吾不能。將伏也！”明日，稱疾不朝。三旬，難乃成。

驪姬以君命命申生曰：“今夕君夢齊姜[今夕君夢見齊姜][4,5,6,7,11]，必速祠而歸福。”申生許諾，乃祭于曲沃[乃祭於曲沃][2,6,7,8]，歸福于絳[歸福於絳][2,6,7,8]。公田，驪姬受福，乃寘鴆于酒[乃寘鴆於酒][2,6,7,8]，寘堇于肉[置堇于肉][4,5][寘堇於肉][6,8][置堇於肉][7]。公至，召申生獻，公祭之地，地墳。申生恐而出。驪姬與犬肉，犬斃；飲小臣酒，亦斃。公命殺杜原款[公命殺杜原欵][1,9]。申生奔新城。

杜原款將死[杜原欵將死][1]，使小臣圉告于申生[使小臣圉告於申生][2,6,7,8]，曰：“款也不才[欵也不才][1]，寡智不敏[寡知不敏][4,5,6,7]，不能教導，以至于死[以至於死][2,6,7,8]。不能深知君之心度，棄寵求廣土而竄伏焉；小心狷介，不敢行也。是以言至而無所訟之也[是以言至而無所訟之][4,5,6,7,11]，故陷於大難[故陷于大難][5][故陷於大難][7]，乃逮于讒[乃逮於讒][6,7]。然款也不敢愛死[然欵也不敢愛死][1]，唯與讒人鈞是惡也[唯與讒人均是惡也][4,6,7,11][惟與讒人均是惡也][5]。吾聞君子不去情，不反讒，讒行身死，可也，猶有令名焉。死不遷情，彊也。守情説父，孝也。殺身以成志，仁也。死不忘君，敬也。孺子勉之！死必遺愛，死民之思，不亦可乎？”申生許諾。

人謂申生曰：“非子之罪，何不去乎？”申生曰：“不可。去而罪釋，必歸於君，是怨君也[是惡君也][4,5,6,7,9,11]。章父之惡，取笑諸侯[取笑諸矦][1][而笑諸矦][4,7][而笑諸侯][5,6,11]，吾誰鄉而入？內困於父母，外困於諸侯[外困於諸矦][7]，是重困也。棄君去罪，是逃死也。吾聞之：‘仁不怨君[仁不惡君][4,5,6,7]，智不重困[知不重困][4,5,6,7]，勇不逃死。’若罪不釋，去而必重。去而罪重，不智[不知][4,5,6,7]。逃死而怨君[逃死而惡君][4,5,6,7,10]，不仁。有罪不死，無勇。去而厚怨[去而厚惡][4,5,6,7]，惡不可重，死不可避，吾將伏以俟命。”

驪姬見申生而哭之。曰：“有父忍之，況國人乎[况國人乎][5]？忍父而求好人，人孰好之？殺父以求利人，人孰利之？皆民之所惡也，難以長生！”驪姬退[驪姬退][7]，申生乃雉經于新城之廟[申生乃雉經於新城之廟][2,6,7,8]。將死，乃使猛足言於狐突曰：“申生有罪，不聽伯氏，以至于死[以至於死][2,5,6,7,8]。申生不敢愛其死[申生不敢愛死][8]，雖然，吾君老矣，國家多難，伯氏不出，奈吾君何[柰吾君何][4,7]？伯氏苟出，而圖吾君，申生受賜，以至于死[以至於死][2,6,7][以死][8,11]，雖死何悔！”是以諡爲共君[是以謚爲共君][1,2,4]。

驪姬既殺太子申生[驪姬既殺大子申生][5,6,7,8]，又譖二公子曰：“重耳、夷吾，與知共君之事。”公令閹楚刺重耳[公令奄楚刺重耳][4,5,6,7,9,10,11]，重耳逃于狄[重耳逃於狄][2,8][重耳逃于翟][4,5][重耳逃於翟][6,7]；令賈華刺夷吾[令賈華刺夷吾][7]，夷吾逃于梁[夷吾逃於梁][2,6,7,8]。盡逐羣公子，乃立奚齊。焉始爲令，國無公族焉。

二十二年，公子重耳出亡[公子重耳出亾][6]，及柏谷[及栢谷][1]，卜適齊、楚。狐偃曰：“無卜焉。夫齊、楚道遠而望大[夫齊、楚道遠而望太][7]，不可以困往。道遠難通，望大難走[望大難丕][4,7,9][望大難奏][9]，困往多悔。困且多悔，不可以走望[不可以丕望][4,7]。若以偃之慮，其狄乎[其翟乎][4,5,6,7]！夫狄近晉而不通[夫翟近晉而不通][4,5,7]，愚陋而多怨，走之易達[丕之易達][4,7]。不通可以竄惡，多怨可與共憂[多怨可以共憂][4,5,6,7,11]。今若休憂於狄[今若休憂於翟][4,6,7][今若休憂于翟][5]，以觀晉國，且以監諸侯之爲[且以監諸矦之爲][4,7]，其無不成。”乃遂之狄[乃遂之翟][4,5,6,7]。

處一年，公子夷吾亦出奔，曰：“盍從吾兄竄於狄乎[盍從吾兄竄於翟乎][4,7][盍從吾兄竄于翟乎][5][盍從吾兄竄於翟乎][6]？”冀芮曰：“不可。後出同走[後出同丢][4,7]，不免於罪。且夫偕出偕入難，聚居異情惡，不若走梁[不若丢梁][4,7]。梁近於秦，秦親吾君。吾君老矣，子往，驪姬懼，必援於秦。以吾存也，且必告悔，是吾免也[告悔是吾免也][4,5,6,7,11]。”乃遂之梁。居二年，驪姬使奄楚以環釋言。四年，復爲君。

虢公夢在廟，有神人面白毛虎爪，執鉞立於西阿[執鉞立於西阿之下][8,11]，公懼而走[公懼而丢][7]。神曰：“無走[無丢][7]！帝命曰：‘使晉襲於爾門[使晉襲于爾門][4,5]。’”公拜稽首，覺，召史嚚占之，對曰：“如君之言，則蓐收也，天之刑神也，天事官成。”公使囚之，且使國人賀夢。舟之僑告諸其族曰[舟之僑告其諸族曰][4,5,6,7,11]：“衆謂虢不久[衆謂虢不从][1][衆謂虢亡不久][3,4,7][衆謂國亡不久][5][衆謂虢亾不久][6][衆謂虢止不久][11]，吾乃今知之。君不度，而賀大國之襲[而嘉大國之襲][10,11]，於己也[於己][4,5,6,7,11]，何瘳？吾聞之曰[吾聞之][6]：‘大國道，小國襲焉，曰服。小國傲[小國敖][4,5,6,7,9,10,11]，大國襲焉，曰誅。’民疾君之侈也，是以遂於逆命[是以遂以逆命][6][是以遂由逆命][10]。今嘉其夢，侈必展，是天奪之鑒，而益其疾也[而益其疾][4,5,6,7,8,11]。民疾其態，天又誑之；大國來誅，出令而逆[出令乃逆][6,7]；宗國既卑，諸侯遠己[諸矦遠己][4,7]。內外無親，其誰云救之？吾不忍俟也！”將行，以其族適晉。六年，虢乃亡[虢乃亾][6]。

伐虢之役，師出於虞[師出于虞][5]。宮之奇諫而不聽[宮之奇諫而不聽][1,4,7]，出，謂其子曰：“虞將亡矣[虞將亾矣][6]！唯忠信者[惟忠信者][5]，能留外寇而不害[能留外寇而不害][1,4,7][能畱外寇而不害][6]。除闇以應外謂之忠，定身以行謂之信[定身以行事謂之信][3,4,5,6,7,11]。今君施其所惡於人[今君施其所害於人][8]，闇不除矣；以賄滅親，身不定矣。夫國非忠不立，非信不固。既不忠信，而留外寇[而留外寇][1,4,7][而畱外寇][6]，寇知其釁[寇知其釁][1,4,7]，而歸圖焉。已自拔其本矣，何以能久？吾不去，懼及焉。”以其孥適西山，三月，虞乃亡[虞乃亾][6]。

獻公問於卜偃曰：“攻虢，何月也？”對曰：“童謠有之[童謡有之][1,7]，曰：‘丙之晨，龍尾伏辰[龍尾伏辰][4,7]，均服振振[袀服振振][8,9,10,11]，取虢之旂。鶉之賁賁，天策焞焞，火中成軍，虢公其奔！’火中而旦，其九月十月之交乎？”

葵丘之會[葵丘之會][6]，獻公將如會，遇宰周公，曰：“君可無會也。夫齊侯好示[夫齊矦好示][4,7]，務施與力，而不務德，故輕致諸侯[故輕致諸矦][4,7]，而重遣之，使至者勸，而叛者慕[而畔者慕][4,5,6,7,11]。懷之以典言，薄其要結，而厚德之，以示之信。三屬諸侯[三屬諸矦][4,7][三属諸矦][9]，存亡國三[存亾國三][6]，以示之施。是以北伐山戎，南伐楚，西爲此會也。譬之如室，既鎮其甍矣[既鎮其亮矣][1,2,7][既填其甍矣][9,11]，又何加焉？吾聞之，惠難徧也[惠難遍也][9]，施難報也。不徧不報，卒於怨讎[卒於怨讐][6]。夫齊侯將施惠出責[夫齊侯將施惠如出責][3,5,6,8,11][夫齊矦將施惠如出責][4,7]，是之不果奉，而暇晉是皇，雖後之會，將在東矣。君無懼矣[君無懼焉][4,5,6,7,11]，其有勤也！”公乃還。

宰孔謂其御曰：“晉侯將死矣[晉矦將死矣][4,7]！景霍以爲城，而汾、河、涑、澮以爲渠[而汾、河、涑、澮以爲淵][4,5,6,7,11]，戎、狄之民實環之[戎、翟之民實環之][4,5,6,7]。汪是土也，苟違其違，誰能懼之！今晉侯不量齊德之豐否[今晉矦不量齊德之豐否][4,7][今晉侯不量齊德之豐不][9,11]，不度諸侯之勢[不度諸矦之勢][4,7]，釋其閉修[釋其閉脩][4,7]，而輕於行道，失其心矣。君子失心，鮮不夭昏。”是歲也，獻公卒。八年，爲淮之會。桓公在殯[桓公在殯][1][九年，桓公在殯][8,11]，宋人伐之。

二十六年，獻公卒。里克將殺奚齊，先告荀息曰：“三公子之徒，將殺孺子，子將如何？”荀息曰：“死吾君而殺其孤，吾有死而已，吾蔑從之矣！”里克曰：“子死，孺子立，不亦可乎[死不亦可乎][4,5,6,7,8,11]？子死，孺子廢，焉用死[焉用死哉][4,5,6,7,8,11]？”荀息曰：“昔君問臣事君於我，我對以忠貞。君曰：‘何謂也？’我對曰：‘可以利公室，力有所能，無不爲，忠也。葬死者，養生者，死人復生不悔，生人不媿[生人不愧][4,5,6,7]，貞也。’吾言既往矣，豈能欲行吾言，而又愛吾身乎？雖死，焉避之[焉辟之][4,5,6,7,9]？”

里克告丕鄭曰[里克告丕鄭曰][2,3,4,5,7,8]：“三公子之徒，將殺孺子，子將何如？”丕鄭曰[丕鄭曰][2,3,4,5,7,8]：“荀息謂何？”[對曰：][3,4,5,6,7,8,11]“荀息曰‘死之。’”丕鄭曰[丕鄭曰][2,3,4,5,7,8]：“子勉之。夫二國士之所圖，無不遂也。我爲子行之。子帥七輿大夫以待我。我使狄以動之[我使翟以動之][4,5,6,7]，援秦以摇之。立其薄者，可以得重賂，厚者，可使無入。國，誰之國也！”里克曰：“不可。克聞之，夫義者，利之足也；貪者，怨之本也。廢義則利不立，厚貪則怨生[厚貪則生怨][6]，夫孺子豈獲罪於民？將以驪姬之惑蠱君，而誣國人，讒羣公子，而奪之利，使君迷亂，信而亡之[信而亾之][6]，殺無罪，以爲諸侯笑[以爲諸侯笑][1][以爲諸矦笑][4,7]，使百姓莫不有藏惡於其心中，恐其如壅大川，潰而不可救禦也。是故將殺奚齊，而立子之在外者[而立公子之在外者][3,4,5,6,7,8,11]，以定民弭憂，於諸侯[於諸矦][4,7]，且爲援。庶幾曰，諸侯義而撫之[諸矦義而撫之][4,7]，百姓欣而奉之，國可以固。今殺君而賴其富[今君殺而賴其富][8]，貪且反義。貪則民怨，反義則富不爲賴。賴富而民怨，亂國而身殆，懼爲諸侯載[懼爲諸矦載][4,7]，不可常也。”丕鄭許諾[丕鄭許諾][2,3,4,5,7,8]。於是殺奚齊、卓子及驪姬，而請君于秦[而請君於秦][2,6,7,8]。

既殺奚齊，荀息將死之。人曰：“不如立其弟而輔之。”荀息立卓子。里克又殺卓子，荀息死之。君子曰：“不食其言矣。”

既殺奚齊、卓子，里克及丕鄭使屠岸夷[里克及丕鄭使屠岸夷][1,2,3,4,5,7,8]，告公子重耳於狄[告公子重耳於翟][4,5,6,7]，曰：“國亂民擾，得國在亂，治民在擾，子盍入乎[子盇入乎][4,7]？吾請爲子鉥[吾請爲子録][8]。”重耳告舅犯曰：“里克欲納我。”舅犯曰：“不可[ ][6]。夫堅樹在始，始不固本，終必槁落。夫長國者，唯知哀樂喜怒之節[惟知哀樂喜怒之節][5]，是以導民。不哀喪而求國，難；因亂以入，殆。以喪得國，則必樂喪，樂喪必哀生。因亂以入，則必喜亂，喜亂必怠德。是哀樂喜怒之節易也，何以導民？民不我導，誰長？”重耳曰：“非喪誰代？非亂誰納我？”舅犯曰：“偃也聞之，喪亂有小大。大喪大亂之剡也，不可犯也。父母死爲大喪，讒在兄弟爲大亂。今適當之，是故難。”公子重耳出見使者，曰：“子惠顧亡人[子惠顧亾人][6]，重耳父生不得供備洒掃之臣[重耳父生不得供備洒埽之臣][4,5,7,9,10]，死又不敢涖喪[死又不敢莅喪][4,5,6,7][死又不敢蒞喪][8]，以重其罪，且辱大夫，敢辭。夫固國者，在親衆而善鄰，在因民而順之。苟衆所利，鄰國所立[鄰國之所立][4,5,6,7,11]，大夫其從之。重耳不敢違。”

呂甥及郤稱，亦使蒲城午，告公子夷吾于梁[告公子夷吾於梁][2,6,7,8]，曰：“子厚賂秦人以求入，吾主子。”夷吾告冀芮曰：“呂甥欲納我。”冀芮曰：“子勉之。國亂民擾，大夫無常，不可失也。非亂何入？非危何安？幸苟君之，子唯其索之也[子唯其索之][4,6,7][子惟其索之][5,11]。方亂以擾，孰適禦我？大夫無常，苟衆所置，孰能勿從？子盍盡國以賂外內[子盍盡國以賂外內][4,7]，無愛虛以求入，既入而後圖聚。”公子夷吾出見使者，再拜稽首許諾。

呂甥出，告大夫曰：“君死自立則不敢，久則恐諸侯之謀[久則恐諸矦之謀][4,7]，徑召君於外也，則民各有心，恐厚亂，盍請君于秦乎[盍請君於秦乎][4,7,9][盍請君於秦乎][6,8]？”大夫許諾。乃使梁由靡告于秦穆公[乃使梁由靡告於秦穆公][2,6,7]，曰：“天降禍于晉國[天降禍於晉國][2,6,7,8]，讒言繁興，延及寡君之紹續昆裔[延及寡君使寡君之紹續昆裔][4,5,6,7,11]，隱悼播越，託在草莽，未有所依。又重之以寡君之不祿，喪亂並臻[喪亂竝臻][8]。以君之靈，鬼神降衷，罪人克伏其辜，羣臣莫敢寍處[羣臣莫敢寕處][1][羣臣莫敢寧處][2,3,4,5,7,8,9][羣臣莫敢甯處][6]，將待君命。君若惠顧社稷，不忘先君之好，辱收其逋遷裔胄，而建立之，以主其祭祀，且鎮撫其國家[且塡撫其國家][4,5,6,7,9,10,11]，及其民人，雖四鄰諸侯之聞之也[雖四鄰諸侯之聞之也][4,7]，其誰不儆懼於君之威，而欣喜於君之德？終君之重愛，受君之重貺[受君之重況][4,7]，而羣臣受其大德，晉國其誰非君之羣隸臣也[晉國其誰非君之羣隸臣也][1,4,7]？”

秦穆公許諾，反使者，乃召大夫子明及公孫枝[乃告大夫子明及公孫枝][6,7]，曰：“夫晉國之亂，吾誰使先，若夫二公子而立之，以爲朝夕之急？”大夫子明曰：“君使縶也。縶敏且知禮，敬以知微。敏能竄謀，知禮可使；敬不墜命[敬不隊命][4,5,6,7,11]，微知可否[微知可不][9]。君其使之。”

乃使公子縶弔公子重耳于狄[乃使公子縶弔公子重耳於狄][2,8][乃使公子縶弔公子重耳于翟][4,5][乃使公子縶弔公子重耳於翟][6,7]，曰：“寡君使縶弔公子之憂，又重之以喪[又重之以丧][7]。寡人聞之，得國常於喪[得國常於丧][7]，失國常於喪[失國常於丧][7]。時不可失[時不可久][7]，喪不可久[丧不可久][7]，公子其圖之！”重耳告舅犯。舅犯曰：“不可。亡人無親[亾人無親][6]，信仁以爲親，是故置之者不殆。父死在堂而求利，人孰仁我？人實有之，我以徼倖[我以徼幸][4,5,7,11][我以儌倖][8]，人孰信我？不仁不信，將何以長利？”公子重耳出見使者，曰：“君惠弔亡臣[君惠弔亾臣][6]，又重有命。重耳身亡[重耳身亾][6]，父死，不得與於哭泣之位，又何敢有他志[又何敢有它志][4,5,6,7]，以辱君義？”再拜，不稽首，起而哭，退而不私[逷而不私][4,7]。

公子縶退[公子縶逷][4,7]，弔公子夷吾于梁[弔公子夷吾於梁][2,6,7,8]，如弔公子重耳之命。夷吾告冀芮曰：“秦人勤我矣！”冀芮曰：“公子勉之。亡人無狷潔[亾人無狷潔][6]，狷潔不行。重賂配德，公子盡之，無愛財！人實有之，我以徼倖[我以徼幸][4,5,6,7][我以儌倖][8]，不亦可乎？”公子夷吾出見使者，再拜稽首，起而不哭，退而私於公子縶曰[逷而私於公子縶曰][4,7]：“中大夫里克與我矣[里克與我矣][11]，吾命之以汾陽之田百萬。丕鄭與我矣[丕鄭與我矣][2,3,8][䘵大夫丕鄭與我矣][4,5,7,11][䘵大夫丕鄭與我矣][6]，吾命之以負蔡之田七十萬[吾命之以負葵之田七十萬][4,5,7,9,10,11]。君苟輔我，蔑天命矣！亡人苟入[吾必遂矣，亡人苟入][4,5,7,8,11][吾必遂矣，亾人苟入][6]，掃宗廟[掃除宗廟][4,5,6,7,11][埽祭宗廟][11]，定社稷，亡人何國之與有[亾人何國之與有][6]？君實有郡縣[君實有郡寰][11]，且入河外列城五。豈謂君無有，亦爲君之東游，津梁之上，無有難急也。亡人之所懷挾纓纕[亡人之所懷挾嬰瓖][4,7,9,10,11][亾人之所懷挾嬰瓖][6]，以望君之塵垢者。黄金四十鎰，白玉之珩六雙，不敢當公子，請納之左右。”

公子縶反，致命穆公。穆公曰：“吾與公子重耳，重耳仁。再拜不稽首，不役爲後也[不没爲後也][3,4,5,6,7,10,11]。起而哭，愛其父孝也[愛其父也][3,4,5,6,7,8,11]。退而不私[退而不私][4,7]，不役於利也[不没於利也][3,4,5,6,7]。”公子縶曰：“君之言過矣。君若求置晉君而載之，置仁，不亦可乎？君若求置晉君以成名於天下，則不如置不仁，以猾其中[以滑其中][4,5,6,7,11]，且可以進退[且可以進退][4,7]。臣聞之曰[臣聞之][4,5,6,7,8,11]：‘仁有置，武有置。仁置德，武置服。’”是故先置公子夷吾，寔爲惠公[實爲惠公][5][是爲惠公][6,8,11]。

穆公問冀芮曰[穆公問於冀芮曰][6]：“公子誰恃於晉？”對曰：“臣聞之，亡人無黨[亾人無黨][6]，有黨必有讎[有黨必有讐][6]。夷吾之少也，不好弄戲，不過所復，怒不及色，及其長也，弗改。故出亡無怨於國[是故出亡無惡於國][4,5,7,8,9,11][是故出亾無惡於國][6]，而衆安之。不然，夷吾不佞，其誰能恃乎？”君子曰：“善以微勸也[善以微勸][4,5,6,7,8,11]。”

國語卷第八[ ][2,3,8,9][晉語第八　國語][4][國語卷八][5][國語正義卷第八終][6][國語第八][7]

國語卷第九[國語卷九][2,5][晉語第九　國語][4][國語正義卷第九][6][國語第九][7][晉語三第九][8,9]

晉語三[ ][4,8,9]　惠公[ ][1,4,8,9]

惠公入，而背外內之賂[而背內外之賂][4,6,11]。輿人誦之[輿入誦之][7]，曰："佞之見佞，果喪其田。詐之見詐，果喪其賂。得之而狃[得國而狃][3,4,5,6,7,8,11]，終逢其咎[終逢其咎][7]。喪田不懲[喪曰不懲][7]，禍亂其興。"既里、丕死[既里、丕死][1,2,3,4,5,6,7,8]，禍，公隕於韓。郭偃曰："善哉！夫衆口禍福之門[夫衆口禍福之門也][4,5,6,7,11]。是以君子省衆而動，監戒而謀，謀度而行，故無不濟。內謀外度，考省不倦，日考而習，戒備畢矣。"

惠公即位，出共世子而改葬之[出共世子而改葬之][1][出恭世子而改葬之][9]，臭達於外[臭徹於外][11]。國人誦之曰："貞之無報也。孰是人斯，而有是臭也？貞爲不聽，信爲不誠。國斯無刑，偷居倖生[媮居幸生][4,5,6,7,9,10,11]。不更厥貞，大命其傾。威兮懷兮，各聚爾有，以待所歸兮。猗兮違兮，心之哀兮。歲之二七，其靡有徵兮[其靡有徵兮][4,5,6,7,8,10,11]。若狄公子[若翟公子][4,5,6,7]，吾是之依兮。鎮撫國家，爲王妃兮。"郭偃曰："甚哉，善之難也！君改葬共君，以爲榮也，而惡滋章。夫人美於中，必播於外，而越於民，民實戴之。惡亦如之。故行不可不慎也。必或知之[必或知之善否][10]，十四年，君之冢嗣其替乎[君之冢嗣其替乎][4,5,7]？其數告於民矣。公子重耳其入乎？其魄兆於民矣。若入，必伯諸侯[必霸諸侯][5][必伯諸矦][7]，以見天子，其光耿於民矣。數，言之紀也。魄，意之術也。光，明之曜也[明之燿也][4,5,6,7,11]。紀言以敘之[紀言以叙之][1,8][紀言以敍之][2,3,4]，述意以導之，明曜以昭之[明燿以炤之][4,7][明燿以照之][5,6][明曜以炤之][10,11]。不至何待？欲先導者行乎，將至矣！"

惠公既殺里克而悔之，曰："芮也，使寡人過殺我社稷之鎮。"郭偃聞之，曰：“不謀而諫者，冀芮也。不圖而殺者，君也。不謀而諫，不忠。不圖而殺，不祥。不忠，受君之罰。不祥，罹天之禍。受君之罰，死戮。罹天之禍，無後。志道者勿忘，將及矣！”及文公入，秦人殺冀芮而施之。

惠公既即位[惠公即位][4,5,6,7,11]，乃背秦賂。使丕鄭聘於秦[使丕鄭聘於秦][1,2,3,4,6,7,8][使丕鄭聘于秦][5]，且謝之。而殺里克，曰：“子殺二君與一大夫，爲子君者，不亦難乎？”丕鄭如秦謝緩賂[丕鄭如秦謝緩賂][1,2,3,4,5,6,7,8]，乃謂穆公曰：“君厚問以召吕甥、郤稱、冀芮而止之，以師奉公子重耳，臣之屬內作，晉君必出。”穆公使泠至報問，且召三大夫。鄭也與客將行事[鄭也與客將事][4,5,6,7,11][鄭也與客將行][8]，冀芮曰：“鄭之使薄而報厚，其言我於秦也，必使誘我。弗殺，必作難。”是故殺丕鄭及七輿大夫[是故殺丕鄭及七輿大夫][1,2,3,4,5,6,7,8]：共華、賈華、叔堅、騅歂、纍虎、特宫、山祁，皆里、丕之黨也[皆里、丕之黨也][1,2,3,4,5,6,7,8]。丕豹出奔秦[丕豹出奔秦][1,2,3,4,5,6,7,8]。

丕鄭之自秦反也[丕鄭之自秦反也][1,2,3,4,5,6,7,8]，聞里克死[而聞里克死][4,5,6,7,11]，見共華曰：“可以入乎？”共華曰：“二三子皆在外而不及[二三子皆在而不及][3,4,5,6,7,8,11]，子使於秦，可哉！”丕鄭入[丕鄭入][1,2,3,4,5,6,7,8]，君殺之。共賜謂共華曰：“子行乎？其及也！”共華曰：“夫子之入，吾謀也，將待也[將待及][4,5,6,7,11]。”賜曰：“孰知之？”共華曰：“不可。知而背之，不信；謀而困人，不智[不知][4,5,6,7]；困而不死，無勇。任大惡三，行將安入？子其行矣，我姑待死。”

丕鄭之子曰豹[丕鄭之子曰豹][1,2,3,4,5,6,7,8]，出奔秦，謂穆公曰：“晉君大失其衆，背君賂，殺里克，而忌處者，衆固不説。今又殺臣之父，及七輿大夫，此其黨半國矣。君若伐之，其君必出。”穆公曰：“失衆安能殺人[失衆焉能殺人][10]？且夫禍唯無斃[且夫禍惟無斃][5][且無禍唯無斃][6][且夫禍唯無敝][9]，足者不處，處者不足，勝敗若化。以禍爲違，孰能出君？爾俟我！”

晉饑，乞糴於秦。丕豹曰[丕豹曰][1,2,3,4,5,6,7,8]："晉君無禮於君，衆莫不知。往年有難，今又薦饑[今又荐饑][1,2,4,5,6,7,8,9]。已失人，又失天，其有殃也多矣[其殃也多矣][4,5,6,7,8,11]。君其伐之，勿予糴！"公曰："寡人其君是惡，其民何罪？天殃流行，國家代有。補乏薦饑[補乏虆饑][4,5,6,7,9,10,11]，道也，不可以廢道於天下。"謂公孫枝曰："予之乎？"公孫枝曰："君有施於晉君，晉君無施於其衆。今旱而聽於君，其天道也。君若弗予，而天予之。苟衆不説，其君之不報也，則有辭矣。不若予之[不如予之][4,5,6,7,11]，以説其衆。衆説，必咎於其君[必咎其君][4,5,6,7,8,11]。其君不聽，然後誅焉。雖欲禦我，誰與？"是故氾舟於河[是故氾舟於河][1,2][是故汎舟於河][4,5,6,7,9,11]，歸糴於晉。

秦饑，公令河上輸之粟。虢射曰："弗與賂地[弗予賂地][3,4,5,6,7,8,11]，而予之糴，無損於怨，而厚於寇[而厚於寇][2,3,6,8]，不若勿予。"公曰："然。"慶鄭曰："不可。已賴其地，而又愛其實，忘善而背德，雖我必擊之。弗予，必擊我。"公曰："非鄭之所知也。"遂不予。

六年，秦歲定，帥師侵晉[帥師侵晉][4,7]，至於韓。公謂慶鄭曰："秦寇深矣[秦寇深矣][2,3,6,8]，奈何？"慶鄭曰："君深其怨，能淺其寇乎[能淺其寇乎][2,3,6,8]？非鄭之所知也，君其訊射也。"公曰："舅所病也？"卜右，慶鄭吉。公曰："鄭也不遜[鄭也不孫][4,5,6,7,9,10,11]。"以家僕徒爲右，步揚御戎；梁由靡御韓簡[梁由靡御韓簡][1,6]，虢射爲右，以承公。

公禦秦師，令韓簡視師[令韓簡視師][2,3,4,8]，曰："師少於我，鬭士衆。"公曰："何故？"簡曰[簡曰][2,3,4,8]："以君之出也處己，入也煩己，饑食其糴，三施而無報，故來。今又擊之，秦莫不愠[秦莫不愠][2]，晉莫不怠，鬭士是故衆。"公曰："然。今我不擊，歸必狃[歸必忸][9]。一夫不可狃，而況國乎[况國乎][4,6,8][況國乎][5,7,11]！"公令韓簡挑戰[公令韓簡挑戰][2,3,4,8]，曰："昔君之惠也[昔君之惠][4,5,6,7,11]，寡人未之敢忘。寡人有衆，能合之，弗能離也。君若還，寡人之願也。君若不還，寡人將無所避。”穆公衡彫戈[穆公衡雕戈][4,5,7,11]，出見使者，曰：“昔君之未入，寡人之憂也。君入而列未成，寡人未敢忘。今君既定而列成，君其整列[君其整 列][1]，寡人將親見[寡人將身見][4,5,6,7,9,10,11]。”

客還，公孫枝進諫曰：“昔君之不納公子重耳而納晉君，是君之不置德而置服也。置而不遂，擊而不勝，其若爲諸侯笑何[其若爲諸侯笑何][1][其若爲諸侯笑何][4,7]？君盍待之乎[君盍待之乎][4,7,9]？”穆公曰：“然。昔吾之不納公子重耳而納晉君，是吾不置德而置服也[是不置德而置服也][4,5,6,7,11]。然公子重耳實不肯，吾又奚言哉？殺其內主，背其外賂[□背其外賂][1,11]，彼塞我施，若無天乎[若無天乎云][4,5,6,7,10]？若有天[若云有天][8,11]，吾必勝之。”君揖大夫就車[君輯大夫就車][4,6,7,9,10,11]，君鼓而進之。晉師潰，戎馬濘而止。公號慶鄭曰：“載我！”慶鄭曰：“忘善而背德，又廢吉卜，何我之載？鄭之車，不足以辱君避也！”梁由靡御韓簡[梁由靡御韓簡][2,3,4,8,9]，輅秦公，將止之，慶鄭曰：“釋來救君！”亦不克救，君遂止于秦[遂止於秦][3,4,5,6,7,8,11]。

穆公歸，至于王城[至於王城][6,7,8]，合大夫而謀曰：“殺晉君。與逐出之，與以歸之[與以歸][4,6,7,11][與以之歸][5]，與復之，孰利？”公子縶曰：“殺之利。逐之，恐搆諸侯[恐構諸矦][4,7][恐構諸侯][5]；以歸，則國家多慝；復之，則君臣合作。恐爲君憂，不若殺之。”公孫枝曰：“不可。恥大國之士於中原[耻大國之士於中原][7]，又殺其君以重之，子思報父之仇，臣思報君之讎[臣思報君之讐][6]。雖微秦國，天下孰弗患[天下孰不患][4,5,6,7,11]？”公子縶曰：“吾豈將徒殺之？吾將以公子重耳代之。晉君之無道，莫不聞；公子重耳之仁，莫不知。戰勝大國，武也。殺無道而立有道，仁也。勝無後害，智也[知也][4,5,6,7]。”公孫枝曰：“恥一國之士[耻一國之士][7]，又曰余納有道以臨女[又曰余納有道以臨汝][4,5,6,7]，無乃不可乎？若不可，必爲諸侯笑[必爲諸侯笑][1][必爲諸矦笑][4,7]。戰而取笑諸侯[戰而取笑諸侯][1][戰而笑諸矦][4,7][戰而笑諸侯][5,11]，不可謂武。

殺其弟而立其兄，兄德我而忘其親，不可謂仁。若弗忘[若勿忘][4, 5, 6, 7, 11]，是再施不遂也[是再施而不遂也][4, 5, 6, 7, 8, 11]，不可謂智[不可謂知][4, 5, 6, 7]”。君曰：“然則若何？”公孫枝曰：“不若以歸，以要晉國之成，復其君而質其適子，使子父代處秦[使子代父處秦][6]，國可以無害。”是故歸惠公而質子圉，秦始知河東之政。

公在秦三月，聞秦將成，乃使郤乞告吕甥。吕甥教之言，令國人於朝曰：“君使乞告二三子曰：‘秦將歸寡人，寡人不足以辱社稷，二三子其改置以代圉也。’”且賞以悦衆[且賞以説衆][4, 5, 6, 7, 9]，衆皆哭，焉作轅田[作爰田][10, 11]。

吕甥致衆而告之曰：“吾君慙焉[吾君慚焉][2]，其亡之不卹[其亡之不邺][1][其亡之不恤][4, 5, 7, 11][其亾之不恤][6]，而羣臣是憂，不亦惠乎？君猶在外，若何？”衆曰：“何爲而可？”吕甥曰：“以韓之病，兵甲盡矣。若征繕以輔孺子，以爲君援，雖四鄰之聞之也，喪君有君，羣臣輯睦，兵甲益多[甲兵益多][6]，好我者勸，惡我者懼，庶有益乎？”衆皆説，焉作州兵。

吕甥逆君於秦，穆公訊之曰：“晉國和乎？”對曰：“不和。”公曰：“何故？”對曰：“其小人不念其君之罪，而悼其父兄子弟之死喪者，不憚征繕，以立孺子，曰：‘必報讎[必報吾讎][4, 5, 7, 11][必報吾讐][6]，吾寧事齊、楚[寧事齊、楚][4, 5, 7, 11][甯事齊、楚][6]，齊、楚又交輔之。’其君子思其君，且知其罪，曰：‘事秦[必事秦][3, 4, 5, 6, 7, 8, 11]，有死無他[有死無它][4, 5, 6, 7]。’故不和。比其和之而來，故久。”公曰：“而無來，吾固將歸君。國謂君何？”對曰：“小人曰不免，君子則否[君子則不][4, 5, 6, 7, 9, 11]。”公曰：“何故？”對曰：“小人忌而不思，願從其君而與報秦，是故云。其君子則否[其君子則不][4, 5, 6, 7]，曰：‘吾君之入也，君之惠也。能納之[能納之，則能執之][4, 6, 7, 8, 11]，能執之，則能釋之。德莫厚焉，惠莫大焉。納而不遂，廢而不起，以德爲怨，君其不然？’”秦君曰：“然。”乃改館晉君，饋七牢焉。

惠公未至[公未至][4,5,6,7,11]，蛾析謂慶鄭曰[蛾晳謂慶鄭曰][4,5,6,7,9,10,11]：“君之止，子之罪也。今君將來，子何俟？”慶鄭曰：“鄭也聞之曰：‘軍敗，死之；將止，死之。’二者不行，又重之以誤人，而喪其君，有大罪三，將安適？君若來，將待刑以快君志；君若不來，將獨伐秦。不得君，必死之。此所以待也[此所待也][4,7,11]。臣得其志，而使君瞢，是犯也。君行犯，猶失其國，而況臣乎[而況臣乎][5]？”

公至于絳郊[公至於絳郊][6,7,8]，聞慶鄭止，使家僕徒召之，曰：“鄭也有罪，猶在乎？”慶鄭曰：“臣怨君。始入而報德，不降；降而聽諫，不戰；戰而用良，不敗。既敗而誅，又失有罪，不可以封國[不可以封][8]。臣是以待即刑，以成君政。”君曰：“刑之！”慶鄭曰：“下有直言，臣之行也；上有直刑，君之明也。臣行君明，國之利也。君雖弗刑，必自殺也。”蛾析曰[蛾晳諫曰][4,5,6,7][蛾析諫曰][8,11]：“臣聞奔刑之臣[臣聞之奔刑之臣][4,5,6,7,8,11]，不若赦之以報讎[不若教之以報讎][4,7]。君盍赦之[君盇赦之][4,7,9]，以報于秦[以報於秦][6,7,8]？”梁由靡曰：“不可。我能行之，秦豈不能？且戰不勝，而報之以賊，不武；出戰不克，入處不安，不智[不知][4,5,6,7,9]；成而反之，不信；失刑亂政，不威。出不能用，入不能治，敗國且殺孺子，不若刑之。”君曰：“斬鄭，無使自殺！”家僕徒曰：“有君不忌，有臣死刑，其聞賢於刑之。”梁由靡曰：“夫君政刑，是以治民[所以治民][6]。不聞命而擅進退[不聞命而擅進逿][4,7,9]，犯政也；快意而喪君[快意喪君][4,5,6,11][快意丧君][7]，犯刑也。鄭也賊而亂國，不可失也！且戰而自退[且戰而自逿][4,7]，退而自殺[逿而自殺][4,7]；臣得其志，君失其刑，後不可用也。”君令司馬説刑之[君命司馬説刑之][4,5,6,7,11]。司馬説進三軍之士而數慶鄭曰：“夫韓之誓曰：‘失次犯令，死；將止不面夷，死；僞言誤衆，死。’今鄭失次犯令[失次犯令][6]，而罪一也；鄭擅進退[鄭擅進逿][4,7]，而罪二也；女誤梁由靡，使失秦公，而罪三也；君親止，女不面夷，而罪四也。鄭也就刑！”慶鄭曰：“説！

三軍之士皆在，有人能坐待刑[有人坐待刑][8]，而不能面夷？趣行事乎！”丁丑，斬慶鄭，乃入絳。

十五年，惠公卒[惠公牛][7]，懷公立，秦乃召重耳於楚而納之。晉人殺懷公於高梁，而授重耳，實爲文公[寔爲文公][2]。

國語卷第九[ ][2, 3, 8, 9][晉語第九　國語][4][國語卷九][5][國語正義卷第九終][6][國語第九][7]

國語卷第十[國語卷十][2,5][晉語第十　國語][4][國語正義卷第十][6][國語第十][7][晉語四第十][8,9]

晉語四[ ][4,8,9]　文公[ ][1,3,4,5,6,7,8,9]

文公在狄十二年[文公在翟十二年][4,5,6,7,9,11]，狐偃曰：“日，吾來此也，非以狄爲榮[非以翟爲榮][4,5,6,7]，可以成事也。吾曰：‘奔而易達，困而有資，休以擇利，可以戾也。’今戾久矣，戾久將底[戾久將底][5,9,10,11]。底著滯淫[底箸滯淫][4,6,7,11][底箸滯淫][5][底著滯淫][9]，誰能興之？盍速行乎[盇速行乎][4,7,9]！吾不適齊、楚，避其遠也。蓄力一紀[蓄刀一紀][7]，可以遠矣。齊侯長矣[齊矦長矣][4,7]，而欲親晉。管仲歿矣[管仲没矣][4,5,6,7]，多讒在側。謀而無正，衷而思始。夫必追擇前言[夫必追述前言][6]，求善以終，饜邇逐遠[厭邇逐遠][4,5,6,7,8,9,11]，遠人入服，不爲郵矣。會其季年，可也，兹可以親。”皆以爲然。

乃行，過五鹿，乞食於野人。野人舉塊以與之[野人舉凷以與之][10,11]，公子怒，將鞭之。子犯曰：“天賜也。民以土服，又何求焉！天事必象，十有二年，必獲此土。二三子志之。歲在壽星及鶉尾[歲在壽星及鶉尾][1,2,3,4,5][歲在壽星及鶉尾][7]，其有此土乎！天以命矣，復於壽星[復於壽星][1,2,3,4,5,7]，必獲諸侯[必獲諸矦][4,7]。天之道也，由是始之。有此，其以戊申乎！所以申土也。”再拜稽首，受而載之。遂適齊。

齊侯妻之[齊矦妻之][4,7]，甚善焉。有馬二十乘，將死於齊而已矣。曰：“民生安樂，誰知其他[誰知其它][4,5,6,7]？”

桓公卒，孝公即位，諸侯叛齊[諸矦畔齊][4,7][諸侯畔齊][5,6]。子犯知齊之不可以動，而知文公之安齊，而有終焉之志也，欲行，而患之，與從者謀於桑下。蠶妾在焉，莫知其在也。妾告姜氏，姜氏殺之，而言於公子曰：“從者將以子行，其聞之者，吾以除之矣[吾已除之矣][4,5,6,7,11]。子必從之，不可以貳，貳無成命。詩云：‘上帝臨女[上帝臨汝][9]，無貳爾心。’先王其知之矣，貳將可乎？子去晉難，而極於此。自子之行，晉無寧歲[晉無甯歲][6]，民無成君。天未喪晉，無異公子，有晉國者，非子而誰？子其勉之！上帝臨子[上帝臨子矣][4,5,6,7,11]，貳必有咎。”

公子曰：“吾不動矣，必死於此。”姜曰：“不然。周詩曰：‘莘莘征夫，每懷靡及。’夙夜征行。不遑啓處，猶懼無及。況其順身縱欲懷安[况其順身縱欲懷安][5,7]，將何及矣！人不求及，其能及乎？日月不處[日月不居][11]，人誰獲安？西方之書有之曰：‘懷與安，實疚大事。’鄭詩云：‘仲可懷也，人之多言。亦可畏也。’昔管敬仲有言，小妾聞之，曰：‘畏威如疾，民之上也。從懷如流，民之下也。見懷思威，民之中也。畏威如疾，乃能威民。威在民上，弗畏有刑。從懷如流，去威遠矣，故謂之下。其在辟也，吾從中也。鄭詩之言，吾其從之。’此大夫管仲之所以紀綱齊國，裨輔先君而成霸者也。子而棄之，不亦難乎？齊國之政敗矣，晉之無道久矣，從者之謀忠矣，時日及矣，公子幾矣。君國可以濟百姓，而釋之者，非人也。敗不可處，時不可失，忠不可棄，懷不可從，子必速行。吾聞晉之始封也，歲在大火，閼伯之星也，實紀商人。商之饗國，三十一王。瞽史之紀曰[瞽史之記曰][4,5,6,7,11]：‘唐叔之世[唐叔之丗][1]，將如商數。’今未半也。亂不長世[亂不長丗][1]，公子唯子，子必有晉。若何懷安？”公子弗聽。

姜與子犯謀，醉而載之以行。醒，以戈逐子犯，曰：“若無所濟，吾食舅氏之肉，其知饜乎[其知厭乎][4,5,6,7,9,11]！”舅犯走[舅犯丕][7]，且對曰：“若無所濟，余未知死所，誰能與豺狼爭食[誰能與犲狼争食][2,5,8][誰能與犲狼爭食][4,6,7]？若克有成，公子無亦晉之柔嘉[公子無亦晉之脜嘉][10]，是以甘食。偃之肉腥臊[偃之肉腥臊][4]，將焉用之？”遂行。

過衛[過衞][5,8,9]，衛文公有邢、狄之虞[衞文公有邢、翟之虞][4,6,7][衞文公有邢、翟之虞][5][衛文公有邢、狄之虞][8]，不能禮焉。甯莊子言於公曰[寧莊子言於公曰][2]："夫禮，國之紀也；親，民之結也；善，德之建也。國無紀不可以終，民無結不可以固，德無建不可以立。此三者，君之所慎也。今君棄之，無乃不可乎！晉公子，善人也，而衛[而衞][5,8]，親也，君不禮焉，棄三德矣。臣故云，君其圖之。康叔，文之昭也。唐叔，武之穆也。周之大功在武，天祚將在武族[天胙將在武族][4,5,6,7]。苟姬未絶周室，而俾守天聚者，必武族也。武族，唯晉實昌[惟晉實昌][5,8]，晉胤，公子實德。晉仍無道，天祚有德[天胙有德][4,5,6,7]，晉之守祀，必公子也。若復而修其德[若復而脩其德][4][若復而修德][6]，鎮撫其民，必獲諸侯[必獲諸族][4,7]，以討無禮。君弗蚤圖[君弗早圖][9]，衛而在討[衞而在討][5,8]。小人是懼，敢不盡心。"公弗聽。

自衛過曹[自衞過曹][5,8]，曹共公亦不禮焉[曹恭公亦不禮焉][9]，聞其骿脅[聞其脅骿][9,10,11][聞其骿脅][9][聞其駢脅][11]，欲觀其狀，止其舍，諜其將浴，設微薄而觀之。僖負羈之妻言於負羈曰[僖負羈之妻言於負羈曰][4,5,6,7,9,10,11]："吾觀晉公子，賢人也，其從者皆國相也，以相一人[以相][8]，必得晉國[夫必得晉國][8]。得晉國而討無禮，曹其首誅也。子盍蚤自貳焉[子盍蚤自貳焉][4,7,9]？"僖負羈饋飧[僖負羈餽飧][4,5,6,7][僖負羈餽餐][9][僖負羈餽飧][10,11]，寘璧焉。公子受飧反璧。

負羈言於曹伯曰[負羈言於曹伯曰][4,5,6,7]："夫晉公子在此，君之匹也，不亦禮焉[君不亦禮焉][4,5,6,7,8,11]？"曹伯曰："諸侯之亡公子其多矣[諸族之亡公子其多矣][4,7][諸侯之亾公子其多矣][6]，誰不過此！亡者皆無禮者也[亾者皆無禮者也][6]，余焉能盡禮焉！"對曰："臣聞之：愛親明賢，政之幹也[政之榦也][4,5,6,7,11]。禮賓矜窮[禮賔矜窮][4,7]，禮之宗也。禮以紀政，國之常也。失常不立，君所知也。國君無親，以國爲親[國以爲親][4,5,6,7,11]。先君叔振，出自文王，晉祖唐叔，出自武王，文、武之功[文王之功][6]，實建諸姬。故二王之嗣，世不廢親[世不廢親][1]。今君棄之，不愛親也[是不愛親也][3,4,5,6,7,8,11]。晉公子生十七年而亡[晉公子生十七年而亾][6]，卿材三人從之，可謂賢矣，而君蔑之，是不明賢也。

謂晉公子之亡[晉公子之亡][4,5,7][晉公子之亾][6]，不可不憐也。比之賓客[比之賔客][4,7]，不可不禮也。失此二者，是不禮賓[是不禮賔][4,7]，不憐窮也。守天之聚，將施於宜。宜而不施，聚必有闕。玉帛酒食，猶糞土也[猶糞上也][7]，愛糞土以毁五常[愛糞土以毁三常][3,4,5,6,7,8,10,11]，失位而闕聚，是之不難，無乃不可乎？君其圖之。”公弗聽。

公子過宋，與司馬公孫固相善，公孫固言於襄公曰：“晉公子亡[晉公子亾][6]，長幼矣，而好善不厭，父事狐偃，師事趙衰，而長事賈佗[而長事賈它][4,5,6,7,11]。狐偃，其舅也，而惠以有謀。趙衰，其先君之戎御，趙夙之弟也[趙氏之弟也][4,7]，而文以忠貞。賈佗[賈它][4,5,6,7]，公族也，而多識以恭敬。此三人者，實左右之。公子居則下之，動則諮焉[動則咨焉][4,5,6,7,11]，成幼而不倦，殆有禮矣。樹於有禮，必有艾。商頌曰：‘湯降不遲[湯降不遟][1]，聖敬日躋[聖敬日隮][9]。’降，有禮之謂也。君其圖之，”襄公從之，贈以馬二十乘。

公子過鄭，鄭文公亦不禮焉。叔詹諫曰：“臣聞之：親有天，用前訓，禮兄弟，資窮困，天所福也。今晉公子有三祚焉[今晉公子有三胙焉][4,5,6,7]，天將啓之。同姓不婚，惡不殖也。狐氏出自唐叔。狐姬，伯行之子也，實生重耳。成而雋才[成而儁才][1,4,5,7,9][成而儶才][8][成而俊才][9]，離違而得所，久約而無釁，一也。同出九人，唯重耳在[惟重耳在][5]，離外之患，而晉國不靖，二也。晉侯日載其怨[晉矦日載其怨][4,7]，外內棄之；重耳日載其德，狐、趙謀之，三也。在周頌曰：‘天作高山，大王荒之。’荒，大之也。大天所作，可謂親有天矣。晉、鄭兄弟也，吾先君武公，與晉文侯[與晉文矦][4,7]，戮力一心[勠力一心][4,6,7,8,11]，股肱周室，夾輔平王，平王勞而德之，而賜之盟質，曰：‘世相起也[卋相起也][1]。’若親有天，獲三祚者[獲三胙者][4,5,6,7]，可謂大天[可謂犬天][7]，若用前訓，文侯之功[文矦之功][4,7]，武公之業，可謂前訓。若禮兄弟，晉、鄭之親，王之遺命，可謂兄弟。若資窮困，亡在長幼[亾在長幼[6]，還軫諸侯[還軫諸矦][4,7]，可謂窮困。棄此四者，以徼天禍[以儌天禍][9,10,11]，無乃不可乎？君其圖之。”弗聽。

叔詹曰：“若不禮焉[若其不禮焉][6]，則請殺之。諺曰：‘黍稷無成[黍稷無成][4,7]，不能爲榮。黍不爲黍[黍不爲黍][4,7]，不能蕃廡。稷不爲稷，不能蕃殖。所生不疑，唯德之基[惟德之基][5]。’”公弗聽。

遂如楚，楚成王以周禮享之[楚成王以君禮享之][8]，九獻，庭實旅百。公子欲辭，子犯曰：“天命也，君其饗之。亡人而國薦之[亾人而國薦之][6]，非敵而君設之，非天，誰啓之心！”既饗，楚子問於公子曰：“子若克復晉國，何以報我？”公子再拜稽首，對曰：“子女玉帛，則君有之。羽旄齒革，則君地生焉。其波及晉國者，君之餘也，又何以報？”王曰：“雖然，不穀願聞之[不穀願聞之][4,5,7]。”對曰：“若以君之靈，得復晉國，晉、楚治兵，會于中原[會於中原][5,6,7,8]，其避君三舍，若不獲命，其左執鞭弭，右屬櫜鞬，以與君周旋。”

令尹子玉曰：“請殺晉公子。弗殺，而反晉國，必懼楚師。”王曰：“不可。楚師之懼，我不修也[我不脩也][4,7]。我之不德，殺之何爲！天之祚楚[天之胙楚][4,5,6,7]，誰能懼之？楚不可祚[楚不可胙][4,5,6,7]，冀州之土，其無令君乎？且晉公子，敏而有文[敏而文][8]，約而不諂[約而不謟][4,6,7,9,10,11]，三材侍之[三材傅之][4,5,6,7,8,11]，天祚之矣[天胙之矣][4,5,6,7]。天之所興，誰能廢之[誰能禦之][4,5,6,7,11]？”子玉曰：“然則請止狐偃[則請止狐偃][4,7]。”王曰：“不可。曹詩曰：‘彼己之子，不遂其媾。’郵之也。夫郵而效之，郵又甚焉。效郵，非禮也[非義也][4,5,6,7,11]。”於是懷公自秦逃歸。秦伯召公子於楚，楚子厚幣以送公子于秦[楚子厚幣以送公子於秦][6,7,8]。

秦伯歸女五人，懷嬴與焉。公子使奉匜沃盥，既而揮之。嬴怒曰：“秦、晉匹也，何以卑我？”公子懼，降服囚命。秦伯見公子曰：“寡人之適，此爲才。子圉之辱，備嬪嬙焉[備嬪嬙焉][4,7]，欲以成婚，而懼離其惡名。非此，則無故。不敢以禮致之，懽之故也[歡之故也][4,5,6,7,11]。公子有辱，寡人之罪也[寡人之罪][4,5,6,7,11]。唯命是聽[惟命是聽][5]。”

公子欲辭，司空季子曰：“同姓爲兄弟。黄帝之子二十五人，其同姓者，二人而已；唯青陽與夷鼓[惟青陽與夷鼓][5]，皆爲己姓[皆爲紀姓][8]。青陽，方雷氏之甥也。夷鼓[夷彭][8]，彤魚氏之甥也[彤魚氏之甥也][8,11]。其同生而異姓者，四母之子，别爲十二姓。凡黄帝之子，二十五宗，其得姓者十四人，爲十二姓。姬、酉、祁、己、滕、箴、任、荀、僖、姞、儇、依是也[姬、酉、祁、己、滕、葴、任、荀、僖、姞、儇、依是也][4,5,6,7,9,10,11][姬、酉、祁、紀、滕、箴、任、苟、僖、姞、儇、衣是也][8][姬、酉、祁、己、滕、箴、任、荀、釐、姞、儇、依是也][9][姬、酉、祁、己、滕、箴、任、苟、僖、姞、儇、依是也][10,11][姬、酉、祁、己、滕、箴、任、拘、僖、姞、儇、依是也][10,11][姬、酉、祁、己、滕、箴、任、荀、僖、姞、儇、衣是也][10,11][姬、酉、祁、己、滕、箴、任、荀、僖、姞、嬛、衣是也][11]。唯青陽與蒼林氏[唯青陽與倉林氏][4,7,11][惟青陽與蒼林氏][5][唯元囂與蒼林氏][10][唯玄囂與蒼林氏][11]，同于黄帝[同於黄帝][6,7,8]，故皆爲姬姓。同德之難也如是。昔少典娶于有蟜氏[昔少典取於有蟜氏][6][昔少典娶於有蟜氏][7,8]，生黄帝、炎帝。黄帝以姬水成，炎帝以姜水成。成而異德，故黄帝爲姬，炎帝爲姜，二帝用師以相濟也[二帝用師以相擠也][11]，異德之故也。異姓則異德，異德則異類。異類雖近，男女相及，以生民也。同姓則同德，同德則同心，同心則同志。同志雖遠，男女不相及，畏黷敬也[畏黷故也][8,11]。黷則生怨，怨亂毓災[怨亂毓灾][4,5,7]，災毓滅姓[灾毓滅姓][4,5,7][災毓滅性][8][災育滅性][11]。是故娶妻避其同姓[是故取妻避其同姓][4,5,7][是故取女辟同姓][11]，畏亂災也[畏亂灾也][4,5,7]。故異德合姓，同德合義。義以導利[義以道利][4,5,6,7,8,9]，利以阜姓。姓利相更，成而不遷，乃能攝固，保其土房。今子於子圉，道路之人也，取其所棄，以濟大事，不亦可乎？”

公子謂子犯曰：“何如？”對曰：“將奪其國，何有於妻，唯秦所命從也[惟秦所命從也][5]。”謂子餘曰：“何如？”對曰：“禮志有之曰：‘將有請於人，必先有入焉。欲人之愛己也，必先愛人。欲人之從己也，必先從人。無德於人，而求用於人，罪也。’今將婚媾以從秦，受好以愛之，聽從以德之，懼其未可也，又何疑焉？”乃歸女，而納幣，且逆之。

他日，秦伯將享公子[秦伯將饗公子][4, 5, 6, 7, 11]，公子使子犯從。子犯曰：“吾不如衰之文也，請使衰從。”使子餘從[乃使子餘從][3, 4, 5, 6, 7, 8, 11]。秦伯享公子[秦伯饗公子][4, 5, 6, 7]，如享國君之禮[如饗國君之禮][4, 5, 6, 7]，子餘相，如賓[如賔][4, 7]。卒事，秦伯謂其大夫曰：“爲禮而不終，耻也[耻也][1, 7]。中不勝貌[中不稱貌][11]，耻也[耻也][1, 7]。華而不實，耻也[耻也][1, 7]。不度而施，耻也[耻也][1, 7]。施而不濟，耻也[耻也][1]。耻門不閉[耻門不閉][1]，不可以封。非此用師，則無所矣。二三子敬乎！”

明日宴[明日燕][4, 5, 6, 7, 11]，秦伯賦采菽[秦伯賦采叔][4, 5, 6, 7, 11]，子餘使公子降拜。秦伯降辭。子餘曰：“君以天子之命服命重耳，敢有安志[重耳敢有安志][3, 4, 5, 6, 8, 11][重耳敢有違志][7]，敢不降拜[重耳敢不拜][11]？”成拜卒登，子餘使公子賦黍苗[子餘使公子賦黍苗][4, 7]。子餘曰：“重耳之仰君也[重耳之卬君也][4, 6, 7, 9, 10, 11]，若黍苗之仰陰雨也[若黍 苗之卬陰雨也][4, 6, 7]。若君實庇廕膏澤之[若君實庇蔭膏澤之][4, 5]，使能成嘉穀[使能成嘉糓][1][使能成嘉穀][4, 5, 7]，薦在宗廟，君之力也。君若昭先君之榮，東行濟河，整師以復彊周室[整師以復彊周室][1][整師以復疆周室][4, 7]，重耳之望也。重耳若獲集德而歸載，使主晉民，成封國，其何實不從。君若恣志以用重耳，四方諸侯[四方諸矦][4, 7]，其誰不惕惕以從命[其誰不惕惕以從君命][4, 5, 6, 7, 8, 11]！”秦伯歎曰：“是子將有焉，豈專在寡人乎！”秦伯賦鳩飛，公子賦河水[公子賦沔水][11]。秦伯賦六月，子餘使公子降拜。秦伯降辭。子餘曰：“君稱所以佐天子匡王國者，以命重耳，重耳敢有惰心，敢不從德。”

公子親筮之，曰：“尚有晉國。”得貞屯、悔豫，皆八也。筮史占之，皆曰：“不吉。閉而不通，爻無爲也。”司空季子曰：“吉。是在周易[是在易][4,7,11]，皆利建侯[皆利建矦][4,7]。不有晉國，以輔王室，安能建侯[安能建矦][4,7]？我命筮曰‘尚有晉國’，筮告我曰‘利建侯[利建矦][4,7]’，得國之務也，吉孰大焉！震，車也。坎，水也。坤，土也。屯，厚也。豫，樂也。車班外內，順以訓之，泉原以資之，土厚而樂其實。不有晉國，何以當之？震，雷也，車也。坎，勞也，水也，衆也。主雷與車，而尚水與衆。車有震，武[武也][3,4,5,6,7,8,11]。衆順[衆而順][3,4,5,6,7,8,11]，文也。文武具，厚之至也。故曰屯。其繇曰：‘元亨利貞，勿用有攸往，利建侯[利建矦][4,7]。’主震雷，長也，故曰‘元’。衆而順，嘉也，故曰‘亨’。內有震雷，故曰‘利貞’[故‘利貞’][4,5,6,7,11]。車上水下[車土水下][7]，必伯。小事不濟，壅也。故曰‘勿用有攸往’[故曰‘勿用有攸徃’][7]，一夫之行也。衆順而有武威，故曰‘利建侯’[故曰‘利建矦’][4,7]。坤，母也。震，長男也。母老子彊，故曰豫。其繇曰：‘利建侯行師[利建矦行師][4,7]。’居樂、出威之謂也。是二者，得國之卦也。”

十月[七月][8]，惠公卒。十二月[十一月][8]，秦伯納公子。及河，子犯授公子載璧，曰：“臣從君還軫，巡於天下，怨其多矣[惡其多矣][4,5,6,7,8,11]！臣猶知之，而況君乎[而况君乎][1,2,5,7]？不忍其死，請由此亡[請由此亾][6]。”公子曰：“所不與舅氏同心者，有如河水。”沈璧以質。

董因迎公於河[董因逆公於河][8,11]，公問焉，曰：“吾其濟乎？”對曰：“歲在大梁，將集天行。元年始受[元年始授][8]，實沈之星也。實沈之墟[實沈之虛][4,5,6,7,8,9,11]，晉人是居，所以興也。今君當之，無不濟矣。君之行也，歲在大火。閼伯之星也[大火，閼伯之星也][3,4,5,6,7,8,11]，是謂大辰。辰以成善，后稷是相，唐叔以封。瞽史記曰：‘嗣續其祖，如穀之滋[如穀之滋][1][如穀之滋][4,5,7]。’必有晉國。臣筮之，得泰之八[得泰之八][4,7]。曰：‘是謂天地配亨[是謂天地配享][9,11]，小往大來。’今及之矣，何不濟之有？且以辰出，而以參入，皆晉祥也，而天之大紀也。濟且秉成，必霸諸侯[必霸諸矦][4,7][必伯諸侯][8,11]。子孫賴之，君無懼矣。"

公子濟河，召令狐、臼衰、桑泉[召令狐、臼衰、桑泉][4,7]，皆降。晉人懼，懷公奔高梁。吕甥、冀芮帥師[吕甥、郤芮帥師][8]，甲午，軍于廬柳[軍於廬柳][6,7,8]。秦伯使公子縶如師，師退[師逷][4,7]，次于郇[次於郇][6,7,8]。辛丑，狐偃及秦、晉大夫盟于郇[狐偃及秦、晉大夫盟於郇][6,8]。壬寅，公入于晉師[公入於晉師][6,7,8]。甲辰，秦伯還。丙午，入于曲沃[入於曲沃][6,7,8]。丁未，入絳[入于絳][4,5,11][入於絳][6,7,8]，即位于武宫[即位於武宫][6,7,8]。戊申，刺懷公于高梁[刺懷公於高梁][4,6,7,8]。

初，獻公使寺人勃鞮伐公於蒲城[獻公使侍人勃鞮伐公於蒲城][9]，文公踰垣，勃鞮斬其袪。及入，勃鞮求見，公辭焉，曰："驪姬之讒，爾射余於屏内[爾射余於屏内][3][爾射予于屏内][4,5,7][爾射予於屏内][6,9,11]，困余於蒲城[困余于蒲城][4][困予于蒲城][5][困予於蒲城][6]，斬余衣袪[斬予衣袪][5,6]。又爲惠公從余於渭濱[又爲惠公從余于渭濱][4,7][又爲惠公從予于渭濱][5][又爲惠公從予於渭濱][6]，命曰三日，若宿而至。若干二命，以求殺余[以求殺予][5,6]。余於伯楚屨困[予於伯楚屨困][5,6]，何舊怨也？退而思之[逷而思之][4,7]，異日見我。"對曰："吾以君爲已知之矣，故入；猶未知之也[猶未之知][4,5,6,7,11]，又將出矣。事君不貳，是謂臣；好惡不易，是謂君。君君臣臣，是謂明訓。明訓能終，民之主也。二君之世[二君之丗][1]，蒲人、狄人[蒲人、翟人][4,5,6,7]，余何有焉[予何有焉][5,6]？除君之惡[除君之所惡][4,6,7,8,11]，唯力所及[惟力所及][5]，何貳之有？今君即位，其無蒲、狄乎[其無蒲、狄乎][2][其無蒲、翟乎][4,5,6,7]？伊尹放太甲[伊尹放大甲][8]，而卒爲明王[而卒以爲明王][3,4,5,6,7,8,11]，管仲賊桓公，而卒以爲侯伯[而卒以爲矦伯][4,7]。乾時之役，申孫之矢，集于桓鉤[集于桓鈎][1,5][集於桓鈎][6,7,8]，鉤近於袪[鈎近於袪][1,5]，而無怨言，佐相以終，克成令名[□成令名][4][成令名][7]。今君之德宇，何不寬裕也？惡其所好，其能久矣？君實不能明訓，而棄民主。余[予][5]，罪戾之人也[辠戾之人也][4,5,6,7][罪戾之人][8]，又何患焉？且不見我，君其無悔乎！"

於是呂甥、冀芮畏偪，悔納文公［悔納公］[4,5,6,7,8,11]，謀作亂，將以己丑焚公宮，公出救火，而遂弑之［而遂殺之］[3,4,5,6,7,11]。伯楚知之，故求見公。公懼遽出見之［公遽出見之］[3,8,11]［公懼遽見之］[4,5,6,7,9,10,11]［公遽見之］[11]，曰："豈不如女言，然是吾惡心也［然是我惡心也］[6]，吾請去之。"伯楚以呂、郤之謀告公。公懼，乘馹自下，脱會秦伯于王城［脱會秦伯於王城］[6,7,8]，告之亂故。及己丑，公宮火，二子求公不獲，遂如河上，秦伯誘而殺之。

文公之出也，豎頭須，守藏者也，不從。公入，乃求見，公辭焉以沐。謂謁者曰："沐則心覆，心覆則圖反，宜吾不得見也［冝吾不得見也］[4]。從者爲羈紲之僕，居者爲社稷之守，何必罪居者［何必辠居者］[4,5,6,7]！國君而讎匹夫［國君而讐匹夫］[8]，懼者衆矣。"謁者以告，公遽見之。

元年春，公及夫人嬴氏，至自王城。秦伯納衛三千人［秦伯納衛三千人］[5,8]，實紀綱之僕。公屬百官，賦職任功，棄責薄斂［棄責薄歛］[4,8]，施舍分寡。救乏振滯，匡困資無。輕關易道，通商寬農［通商寛農］[4]。懋穡勸分［茂穡勸分］[4,6,7,11]，省用足財。利器明德，以厚民性。舉善援能，官方定物，正名育類。昭舊族，愛親戚，明賢良，尊貴寵，賞功勞，事耇老［事耉老］[1,4,7]，禮賓旅［禮賔旅］[4,7]，友故舊。胥、籍、狐、箕、欒、郤、柏、先、羊舌、董、韓［胥、籍、狐、箕、欒、郤、栢、先、羊舌、董、韓］[1,4]［胥、藉、狐、箕、欒、郤、柏、先、羊舌、董、韓］[9]［胥、籍、狐、箕、欒、郤、伯、先、羊舌、董、韓］[10,11]，寔掌近官［實掌近官］[2,5,6,8]。諸姬之良，掌其中官。異姓之能，掌其遠官。公食貢。大夫食邑，士食田，庶人食力，工商食官，皁隸食職［皂隸食職］[1]［皂隸食職］[2]［皁隸食職］[4,5,7]［皁隸食職］[9]，官宰食加。政平民阜，財用不匱。

冬，襄王避昭叔之難，居于鄭地汜［居於鄭地汜］[6,8]［居於鄭地汜］[7]。使來告難，亦使告于秦［亦使告於秦］[6,7,8]。子犯曰："民親而未知義也，君盍納王［君盇納王］[4,7,9]，以教之義。若不納，秦將納之，則失周矣，何以求諸侯［何以求諸矦］[4,7]？不能修身［不能脩身］[4,7]，而又不能宗人，人將焉依？繼文之業，定武之功，啓土安疆，於此乎在矣！君其務之。”公説，乃行賂于草中之戎[乃行賂於草中之戎][6,8]，與麗土之狄[與麗土之翟][4,5,6,7][與酈土之狄][9,11]，以啓東道[以求東道][4,5,6,7,11]。

二年春，公以二軍下，次於陽樊[次于陽樊][4,5,7]。右師取昭叔于温[右師取昭叔于溫][2][右師取昭叔於溫][6][右師取昭叔於温][8]，殺之于隰城[殺之於隰城][6,8]。左師迎王于鄭[左師迎王於鄭][6,8]。王入于成周[王入於成周][6,8]，遂定之于郟[遂定之於郟][6,7,8]。王饗醴，命公胙侑。公請隧，弗許。曰：“王章也，不可以二王，無若政何。”賜公南陽 陽樊、温、原、州、陘、絺、組、攢茅之田[賜公南陽 陽樊、温、原、州、陘、絺、組、攢茅之田][1][賜公南陽 陽樊、溫、原、州、陘、絺、組、攢茅之田][2][賜公南陽 陽樊、温、原、州、陘、絺、鉏、欑茅之田][4,5,7,8,9,10,11][賜公南陽 陽樊、溫、原、州、陘、絺、鉏、欑茅之田][6]。陽人不服，公圍之，將殘其民。倉葛呼曰：“君補王闕，以順禮也。陽人未狎君德，而未敢承命。君將殘之，無乃非禮乎！陽人有夏、商之嗣典[陽有夏、商之嗣典][4,5,6,7,8,11]，有周室之師旅，樊仲之官守焉，其非官守，則皆王之父兄甥舅也。君定王室，而殘其姻族，民將焉放？敢私布於吏[敢私布之於吏][4,5,6,7,8,11]，唯君圖之[惟君圖之][5]！”公曰：“是君子之言也[君子也][4,5,6,7,8,9,10,11][是君子之言][9,11]。”迺出陽人[乃出陽人][4,5,6,7,11]。

文公伐原[又公伐原][4,5,7]，令以三日之糧。三日，而原不降，公令疏軍而去之[公令疏軍而去之][1,4,7]。諜出曰：“原不過一二日矣[原不過三日矣][8]！”軍吏以告，公曰：“得原而失信，何以使人？夫信，民之所庇也，不可失[不可失也][2,3,4,5,6,7,11]。”乃去之，及孟門[及盟門][4,5,6,7,11]，而原請降。

文公立四年，楚成王伐宋，公率齊、秦，伐曹、衛以救宋[伐曹、衛以救宋][1,5,8]。宋人使門尹班[宋人使門尹般][9]，告急於晉，公告大夫曰：“宋人告急，舍之則宋絶。告楚，則不許我。我欲擊楚，齊、秦不欲，其若之何？”先軫曰：“不若使齊、秦主楚怨。”公曰：“可乎？”先軫曰：“使宋舍我，而賂齊、秦，藉之告楚。我分曹、衛之地[我分曹、衛之地][1,5,8]，以賜宋人。楚愛曹、衛[楚愛曹、衛][1,5,8]，必不許齊、秦。齊、秦不得其請，必屬怨焉，然後用之，蔑不欲矣。”公說，是故以曹田、衛田賜宋人[是故以曹田、衛田賜宋人][1,5,8]。

令尹子玉使宛春來告，曰：“請復衛侯而封曹[請復衛侯而封曹][1,5,8][請復衛矦而封曹][4,7]，臣亦釋宋之圍[臣釋宋之圍][6]。”舅犯慍曰[舅犯慍曰][2,6]：“子玉無禮哉！君取一[臣取二][4,5,6,7,11]，臣取二[君取一][4,5,6,7,11]，必擊之。”先軫曰：“子與之。我不許曹、衛之請[我不許曹、衛之請][1,5,8]，是不許釋宋也。宋衆無乃彊乎！是楚一言而有三施，子一言而有三怨。怨已多矣，難以擊人。不若私許復曹、衛[不若私許復曹、衛][1,5,8][不若使許復曹、衛][6]，以攜之，執宛春以怒楚，既戰而後圖之[既單而後圖之][4,7]。”公說，是故拘宛春於衛[是故拘宛春於衛][1,5,8]。

子玉釋宋圍，從晉師。楚既陳[楚師陳][4,7,9]，晉師退舍[晉師退舍][4,7,9]，軍吏請曰：“以君避臣，辱也。且楚師老矣，必敗。何故退[何故退][4,7]？”子犯曰：“二三子忘在楚乎？偃也聞之：戰鬬，直爲壯，曲爲老。未報楚惠[夫報楚惠][6]，而抗宋，我曲楚直，其衆莫不生氣，不可謂老。若我以君避臣，而不去，彼亦曲矣。”退三舍避楚[退三舍避楚][4,7,9]。楚衆欲止，子玉不肯[子王不肯][7]，至于城濮[至於城濮][6,7,8]，果戰，楚衆大敗。君子曰：“善以德勸。”

文公誅觀狀以伐鄭，反其陴[反其埤][4,5,6,7,9,10,11]。鄭人以名寶行成，公弗許，曰：“予我詹而師還”。詹請往，鄭伯弗許，詹固請，曰：“一臣可以赦百姓，而定社稷，君何愛於臣也[君何愛于臣也][6]？”鄭人以詹予晉[鄭人以詹予晉人][4,5,6,7,8,11]，晉人將烹之[晉人將亨之][4,5,6,7,9,10]。詹曰：“臣願獲盡辭而死[臣願 獲盡辭而死][4]，固所願也[固所願 也][4]。”公聽其辭。詹曰：“天降鄭禍，使淫觀狀，棄禮違親。臣曰：‘不可。夫晉公子賢明，其左右皆卿才，若復其國，而得志於諸侯[而得志於諸矦][4,7]，禍無赦矣。’今禍及矣。尊明勝患，智也[知也][4,5,6,7]。殺身贖國，忠也。”乃就烹[乃就亨][4,5,6,7]，據鼎耳而疾號曰[擄冎耳而疾號曰][4,7]：“自今以往，知忠以事君者，與詹同。”乃命弗殺，厚爲之禮而歸之。鄭人以詹伯爲將軍[鄭人以詹爲將軍][8,10,11]。

晉饑[晉國饑][4,5,6,7,11]，公問於箕鄭曰：“救饑何以？”對曰：“信。”公曰：“安信？”對曰：“信於君心，信於名，信於令，信於事。”公曰：“然則若何？”對曰：“信於君心，則美惡不踰。信於名，則上下不干。信於令，則時無廢功。信於事[信於時][6]，則民從事有業。於是乎民知君心[於是民知君心][8]，貧而不懼，藏出如入，何匱之有？”公使爲箕。及清原之蒐，使佐新上軍。

文公問元帥於趙衰[公問元帥於趙衰][4,5,6,7,11]，對曰：“郤縠可[郤縠可][9]，行年五十矣，守學彌惇[守學彌惛][6][守學獮惇][9,10,11]。夫先王之法，志德義之府也。夫德義，生民之本也。能惇篤者[能惛篤者][6]，不忘百姓也。請使郤縠。”公從之。公使趙衰爲卿，辭曰：“欒枝貞慎，先軫有謀，胥臣多聞，皆可以爲輔佐[皆可以爲輔][4,5,6,7,8,11]，臣弗若也[臣弗如也][8]。”乃使欒枝將下軍，先軫佐之。取五鹿，先軫之謀也。郤縠卒，使先軫代之。胥臣佐下軍。

公使原季爲卿，辭曰：“夫三德者，偃之出也。以德紀民，其章大矣，不可廢也。”使狐偃爲卿，辭曰：“毛之智[毛之知][4,5,6,7]，賢於臣，其齒又長。毛也不在位，不敢聞命。”乃使狐毛將上軍，狐偃佐之。狐毛卒，使趙衰代之，辭曰：“城濮之役，先且居之佐軍也善，軍伐有賞，善君有賞，能其官有賞。且居有三賞[且居有三當][7]，不可廢也。且臣之倫，箕鄭、胥嬰、先都在。”乃使先且居將上軍。公曰：“趙衰三讓。其所讓，皆社稷之衛也[皆社稷之衛也][5,8]。廢讓，是廢德也。”以趙衰之故，蒐于清原[蒐於清原][6,7,8]，作五軍。使趙衰將新上軍，箕鄭佐之；胥嬰將新下軍，先都佐之。子犯卒，蒲城伯請佐，公曰：“夫趙衰三讓不失義[趙衰三讓不失義][5,6,11]。讓，推賢也。義，廣德也。德廣賢至，又何患矣[有何患矣][6,7,11]。請令衰也從子[請令衰也從之][6]。”乃使趙衰佐新上軍[乃使趙衰佐上軍][8,11]。

文公學讀書於臼季，三日，曰："吾不能行也，咫聞則多矣。"對曰："然，而多聞以待能者，不猶愈也[不猶愈乎][4,5,6,7,8,11]？"

文公問於郭偃曰："始也，吾以治國爲易[吾以國爲易][4,5,6,7,8,11]，今也難。"對曰："君以爲易，其難也將至矣。君以爲難，其易也將至焉[其易也將至矣][4,5,6,7,11]。"

文公問於胥臣曰："吾欲使陽處父傅讙也[吾欲使陽處父傅驩也][9]，而教誨之，其能善之乎？"對曰："是在讙也。蘧蒢不可使俯[籧篨不可使俛][4,5,6,7,8,11][籧篨不可使俯][9,10]，戚施不可使仰，僬僥不可使舉[僬饒不可使舉][5]，侏儒不可使援[朱儒不可使援][9]，矇瞍不可使視[矇瞍不可使視][4,5,6,7,9,11]，嚚瘖不可使言，聾聵不可使聽，童昏不可使謀[僮昏不可使謀][4,5,6,7,8,11]。質將善，而賢良贊之[而賢良贊之][1]，則濟可竢[則濟可竢也][4,5,7,11]。若有違質，教將不入，其何善之爲！臣聞昔者，大任娠文王不變，少溲於豕牢[少溲于豕牢][4,5,7,9,11][少溲於豕牢][6][少溲于豕牢][8]，而得文王，不加疾焉[不加病焉][4,5,6,7,8,11]。文王在母不憂，在傅弗勤，處師弗煩[師處弗煩][2]，事王不怒，孝友二虢[敬友二虢][4,6,7,11]，而惠慈二蔡，刑于大姒[刑於大姒][8]，比於諸弟[比于諸弟][4,5,6,7,9]。詩云：'刑于寡妻，至于兄弟[至於兄弟][7]，以御于家邦[以御於家邦][7]。'於是乎用四方之賢良。及其即位也，詢于'八虞'[詢於'八虞'][6,7,8]，而諮于'二虢'[而咨于'二虢'][4,5,11][而咨於'二虢'][6,7][而諮於'二虢'][8]，度於閎夭[度于閎夭][5]，而謀於南宮[而謀于南宫][7]，諏於蔡、原[諏于蔡、原][7]，而訪於辛、尹[而訪于辛、尹][7]，重之以周、邵、畢、榮[重之以周、召、畢、榮][4,5,6,7,9]，億寧百神[億甯百神][6]，而柔和萬民[而柔龢萬民][6]。故詩云[故詩曰][4,5,6,7,11]：'惠于宗公[惠於宗公][6,7,8]，神罔時恫。'若是[是][4,6,7,8,11]，則文王非專教誨之力也。"公曰："然則教無益乎？"對曰："胡爲？文益其質。故人生而學，非學不入。"公曰："奈夫八疾何！"對曰："官師之所材也，戚施直鎛[戚施植鎛][8,11]，蘧蒢蒙璆[籧篨蒙璆][4,5,6,7,8][蘧蒢蒙求][9][蘧蒢蒙球][9]，侏儒扶盧[侏儒扶籚][10,11][侏儒扶廬][11]，矇瞍修聲[矇瞍脩聲][4][矇瞍修聲][5,6,7][矇瞍循聲][8,11]，聾聵司火。童昏、嚚瘖、僬僥[僮昏、嚚瘖、僬僥][4,5,6,7,8]，官師之所不材也[官師所不材也][4,5,6,7,8,11]，以實裔土。夫教者，因體能質而利之者也。若川然，有原以卬浦[有原以御浦][8,10,11][有原以仰浦][9]，而後大。”

文公即位二年，欲用其民，子犯曰：“民未知義，盍納天子以示之義[盍納天子以示之義][4,7,9]？”乃納襄王于周[乃納襄王於周][6,7,8]。公曰：“可矣乎？”對曰：“民未知信，盍伐原以示之信[盍伐原以示之信][4,7]？”乃伐原。曰：“可矣乎？”對曰：“民未知禮，盍大蒐[盍大蒐][4,7]，備師尚禮以示之。”乃大蒐于被廬[乃大蒐於被廬][6,8][乃大蒐於被廬][7]，作三軍。使郤縠將中軍，以爲大政，欲溱佐之。子犯曰：“可矣。”遂伐曹、衛[遂伐曹、衛][5,8]，出穀戍[出穀戍][4,7]，釋宋圍，敗楚師于城濮[敗楚師於城濮][4,5,6,7,8]，於是乎遂伯。

國語卷第十[ ][2,3,8,9][晉語第十　國語][4][國語卷十][5][國語正義卷第十終][6][國語第十][7]

國語卷第十一[國語卷十一][2,5][晉語第十一　國語][4][國語正義卷第十一][6][國語第十一][7][晉語五第十一][8,9]

晉語五[ ][4,8,9][晉語][7]　襄公[ ][3,4,6,7,8,9]

臼季使，舍於冀野。冀缺薅[冀缺耨][4,5,6,7,9,10,11][見冀缺耨][8,11][冀缺鎒][9,11]，其妻饁之[其妻饁之][9,11]，敬，相待如賓[相待如賔][7]。從而問之，冀芮之子也，與之歸；既復命，而進之曰：“臣得賢人，敢以告[當以告][4,6,7]。”文公曰：“其父有罪[其父有辠][4,5,6,7]，可乎？”對曰：“國之良也，滅其前惡，是故舜之刑也殛鮌[是故舜之刑也殛鯀][2,4,5,6,7,9][是故舜之刑也殛鯀][9]，其舉也興禹。今君之所聞也。齊桓公親舉管敬子[齊桓親舉管敬子][4,5,6,7,11]，其賊也。”公曰：“子何以知其賢也？”對曰：“臣見其不忘敬也。夫敬，德之恪也。恪於德以臨事，其何不濟！”公見之，使爲下軍大夫。

陽處父如衛[陽處父如衞][5,8]，反，過甯[過寧][2,8]，舍於逆旅甯嬴氏[舍於逆旅寧嬴氏][2,8]。嬴謂其妻曰：“吾求君子久矣，今乃得之[乃今得之][4,5,6,7,11]。”舉而從之，陽子道與之語，及山而還。其妻曰：“子得所求，而不從之，何其懷也！”曰：“吾見其貌而欲之[吾見其皃而欲之][4,11]，聞其言而惡之。夫貌[夫皃][4]，情之華也；言，貌之機也[皃之機也][4]。身爲情，成於中。言，身之文也。言文而發之，合而後行，離則有釁。今陽子之貌濟[今陽子之皃濟][4]，其言匱，非其實也。若中不濟，而外彊之[而外强之][9]，其卒將復，中以外易矣[中外易矣][4,5,6,7,8,11]。若內外類[若外內類][4,5,6,7,11]，而言反之，瀆其信也。夫言以昭信，奉之如機，歷時而發之[歷時而發之][1,5,6]，胡可瀆也！今陽子之情譓矣[今陽子之情譿矣][4,5,6,7,8,9,10,11][今陽子之情慧矣][9]，以濟蓋也[以濟葢也][4,6,7]，且剛而主能，不本而犯，怨之所聚也。吾懼未獲其利，而及其難，是故去之。”朞年[期年][5,6,7,9,11]，乃有賈季之難，陽子死之。

趙宣子言韓獻子於靈公，以爲司馬。河曲之役，趙孟使人以其乘車干行，獻子執而戮之。衆咸曰：“韓厥必不没矣。其主朝升之，而暮戮其車[而莫戮其車][4,5,6,7,9]，其誰安之！”宣子召而禮之，曰：“吾聞事君者，比而不黨。夫周以舉義，比也；舉以其私，黨也。夫軍事無犯[夫軍事有死無犯][11]，犯而不隱，義也。吾言女於君[吾言汝於君][4,5,6,7]，懼女不能也[懼汝不能也][4,5,6,7]。舉而不能，黨孰大焉！事君而黨，吾何以從政？吾故以是觀女[吾故以是觀汝][4,5,6,7]。女勉之[汝勉之][4,5,6,7]。苟從是行也，臨長晉國者，非女其誰[非汝其誰][4,5,6,7]？”皆告諸大夫曰：“二三子可以賀我矣！吾舉厥也而中，吾乃今知免於罪矣。”

宋人弑昭公[宋人殺昭公][4,5,6,7,9,11]，趙宣子請師於靈公，以伐宋，公曰：“非晉國之急也。”對曰：“大者天地，其次君臣，所以爲明訓也。今宋人弑其君[今宋人殺其君][4,5,6,7]，是反天地而逆民則也，天必誅焉。晉爲盟主，而不修天罰[而不脩天罰][4,7][而不循天罰][8]，將懼及焉[將懼及之][6]。”公許之。乃發令于太廟[乃發令於太廟][7][乃發令於大廟][8]，召軍吏而戒樂正，令三軍之鍾鼓必備[令三軍之鐘鼓必備][4,5,7,8,11]。趙同曰：“國有大役，不鎮撫民，而備鍾鼓[而備鐘鼓][4,5,7,8]，何也？”宣子曰：“大罪伐之，小罪憚之。襲侵之事[襲僈之事][4,7]，陵也。是故伐備鍾鼓[是故伐備鐘鼓][4,5,7,8]，聲其罪也；戰以錞于、丁寍[戰以錞于、丁寧][1,2,3,4,5,7,8][戰以錞于、丁甯][6]，儆其民也。襲侵密聲[襲僈密聲][4,5,6,7]，爲蹔事也。今宋人弑其君[今宋人殺其君][4,5,6,7]，罪莫大焉！明聲之，猶恐其不聞也。吾備鍾鼓[吾備鐘鼓][4,5,7,8]，爲君故也。”乃使旁告於諸侯[乃使旁告於諸矦][4][乃使㫄告於諸侯][6]，治兵振旅，鳴鍾鼓[鳴鐘鼓][4,5,7,8]，以至于宋[以至於宋][6,7,8]。

靈公虐，趙宣子驟諫，公患之，使鉏麑賊之，晨往，則寢門辟矣[則寢門辟矣][2,6,8][則寑門辟矣][4,7][則寢門辟矣][5]，盛服將朝，早而假寐[蚤而假寐][4,5,7]。麑退[麑逿][4,7]，歎而言曰：“趙孟敬哉！夫不忘恭敬，社稷之鎮也。賊國之鎮，不忠，受命而廢之，不信，享一名於此，不如死[不若死][4,5,6,7,11]。”觸庭之槐而死[觸廷之槐而死][4,5,6,7,11]。靈公將殺趙盾，不克。趙穿攻公於桃園，逆公子黑臀而立之[逆公子黑黶而立之][4,5,6,7]，實爲成公[寔爲成公][1,2,4,5,7,8]。

郤獻子聘于齊[郤獻子聘於齊][6,7,8]，齊頃公使婦人觀而笑之[齊頃公使婦人觀而笑之][1]。郤獻子怒，歸，請伐齊。范武子退自朝[范武子𨓈自朝][4,7]，曰："燮乎[爕乎][1,4,7]，吾聞之，干人之怒，必獲毒焉。夫郤子之怒甚矣，不逞於齊，必發諸晉國。不得政，何以逞怒？余將致政焉，以成其怒，無以內易外也。爾勉從二三子，以承君命，唯敬[惟敬][5]。"乃老。

范文子暮退於朝[范文子莫𨓈於朝][4,7,9][范文子莫退於朝][5,6]。武子曰："何暮也[何莫也][4,5,6,7]？"對曰："有秦客廋辭於朝，大夫莫之能對也[太夫莫之能對也][7]，吾知三焉。"武子怒曰："大夫非不能也，讓父兄也。爾童子[爾童子何知][4,5,6,7,11][爾僮子][8]，而三掩人於朝[而三掩人于朝][6,7]。吾不在晉國，亡無日矣[亾日矣][6]。"擊之以杖，折委笄[折其委笄][8,11]。

靡笄之役，韓獻子將斬人。郤獻子駕，將救之，至，則既斬之矣。郤獻子請以徇，其僕曰："子不將救之乎[子將不救之乎][6]？"獻子曰："敢不分謗乎[敢不分謅乎][6]！"

靡笄之役，郤獻子傷，曰："余病喙[余病喙矣][8,11][予病𣨙矣][10][余病瘃][10][余病矣][10,11][余病𣨙矣][11]。"張侯御[張矦御][4,7]，曰："三軍之心，在此車也[在此車矣][4,5,7,11]。其耳目在於旗鼓[其耳目在于旗鼓][5]。車無退表[車無𨓈表][4,7]，鼓無退聲[鼓無𨓈聲][7]，軍事集焉[軍事集矣][4,5,6,7,11]。吾子忍之，不可以言病。受命於廟[受命于廟][5]，受脤於社[受脤于社][5]，甲冑而效死，戎之政也。病未若死[病若未死][8]，祇以解志[衹以解志][1,11][秖以解志][2,8,11]。"乃左并轡[乃左并轡][4,6,7,8]，右援枹，而鼓之，馬逸不能止，三軍從之。齊師大敗，逐之，三周華 不注之山。

靡笄之役，郤獻子師勝而返[郤獻子師勝而反][4,5,6,7,11]，范文子後入。武子曰："燮乎[爕乎][1,4,7]，女亦知吾望爾也乎？"對曰："夫師，郤子之師也，其事臧。若先，則恐國人之屬耳目於我也[則恐國人屬耳目於我也][8]，故不敢。"

武子曰："吾知免矣。"

靡笄之役，郤獻子見，公曰："子之力也夫！"對曰："克也以君命命三軍之士，三軍之士用命，克也何力之有焉？"范文子見，公曰："子之力也夫！"對曰："燮也受命於中軍[燮也受命於中軍][3, 5, 6, 8]，以命上軍之士，上軍之士用命，燮也何力之有焉[燮也何力之有焉][3, 5, 6, 8]？"欒武子見，公曰："子之力也夫！"對曰："書也受命於上軍[受命於上軍][5]，以命下軍之士，下軍之士用命，書也何力之有焉？"

靡笄之役也，郤獻子伐齊。齊侯來[齊矦來][4, 7]，獻之以得殞命之禮[獻之以得隕命之禮][4, 5, 6, 7, 9, 11]，曰："寡君使克也，不腆弊邑之禮[不腆敝邑之禮][5]，爲君之辱，敢歸諸下執政，以整御人[以䇈 御人][1, 10][以慭御人][4, 5, 6, 7, 8, 9, 10, 11]。"苗棼皇曰[苗賁皇曰][2]："郤子勇而不知禮，矜其伐而恥國君[矜其伐而耻國君][7]，其與幾何！"

梁山崩，以傳召伯宗，遇大車當道而覆，立而辟之，曰："避傳[辟傳][4, 5, 6, 7, 11]。"對曰："傳爲速也，若俟吾避[若竢吾辟之][4, 5, 6, 7, 11]，則加遲矣[則加遅矣][1]，不如捷而行。"伯宗喜，問其居，曰："絳人也。"伯宗曰："何聞？"曰："梁山崩，而以傳召伯宗。"伯宗問曰："乃將若何[將若何][4, 5, 6, 7, 11]？"對曰："山有朽壤而崩[山有朽壤而自崩][4][山有朽壤而自崩][5, 6, 7, 11]，將若何？夫國主山川，故川涸山崩，君爲之降服、出次，乘縵、不舉，策於上帝，國三日哭，以禮焉。雖伯宗，亦如是而已[亦其如是而已][4, 5, 7, 11]，其若之何？"問其名，不告；請以見，不許[弗許][4, 5, 6, 7, 11]。伯宗及絳，以告，而從之。

伯宗朝，以喜歸，其妻曰："子貌有喜[子皃有喜][4]，何也？"曰："吾言於朝，諸大夫皆謂我智似陽子[諸大夫皆謂我知似陽子][4, 5, 6, 7]。"對曰："陽子華而不實，主言而無謀，是以難及其身。子何喜焉？"伯宗曰："吾飲諸大夫酒，而與之語，爾試聽之。"曰："諾。"既飲，其妻曰："諸大夫莫子若也。然而民不能戴其上，久矣，難必及子乎[難必及子][4, 5, 6, 7, 11]！盍亟索士整庇州犂焉[盍亟索士甃 庇州犂焉][1,10][子盍亟索士慭庇州犂焉][4,7][子盍亟索士慭庇州犂焉][5,6,11] [盍亟索士慭庇州犂焉][9,10,11] [盍亟索士慭庇州犂焉][8,10]。”得畢陽。

及欒弗忌之難，諸大夫害伯宗，將謀而殺之。畢陽實送州犂于荆[畢陽實送州犂於荆][6,7,8]。

國語卷第十一[ ][2,3,8,9]**[晉語第十一　國語][4]****[國語卷十一][5]****[國語正義卷第十一终][6]****[國語第十一][7]**

國語卷第十二[國語卷十二][2,5][晉語第十二　國語][4][國語正義卷第十二][6][國語第十二][7][晉語六第十二][8,9]

晉語六[ ][4,8,9]　　厲公[ ][3,4,5,6,7,8,9]

趙文子冠，見欒武子，武子曰："美哉！昔吾逮事莊主，華則榮矣，實之不知，請務實乎。"

見中行宣子，宣子曰："美哉！惜也，吾老矣！"

見范文子，文子曰："而今可以戒矣，夫賢者，寵至而益戒，不足者，爲寵驕。故興王賞諫臣，逸王罰之。吾聞古之言王者[吾聞古之王者][3,4,5,6,7,11]，政德既成，又聽於民，於是乎，使工誦諫於朝，在列者獻詩，使勿兜[使勿兜][8,11]，風聽臚言於市，辨祅祥於謠[辨祅祥於謡][1,8][辨妖祥於謡][4,7][辨妖祥於謠][6,9,10,11][辨夭祥於謠][9,10,11][辨�祥於謠][10]，考百事於朝，問謗譽於路，有邪而正之，盡戒之術也。先王疾是驕也。"

見郤駒伯，駒伯曰："美哉！然而壯不若老者多矣。"

見韓獻子，獻子曰："戒之，此謂成人[此之謂成人][6]。成人在始與善[成人在始][8][成人在始與善敬之哉][11]，始與善，善進善，不善蔑由至矣；始與不善，不善進不善，善亦蔑由至矣。如草木之產也，各以其物。人之有冠，猶宮室之有牆屋也[猶宮室之有墻屋也][8]，糞除而已，又何加焉[何又加焉][4,5,6,7,8,11]。"

見智武子[見知武子][4,5,6,7]，武子曰："吾子勉之，成、宣之後，而老爲大夫，非恥乎！成子之文，宣子之忠，其可忘乎！夫成子，導前志以佐先君[道前志以佐先君][4,5,6,7]，導法而卒以政[道法而卒以政][4,5,7][道法而卒於政][6]，可不謂文乎！夫宣子，盡諫於襄、靈，以諫取惡，不憚死進[不憚死進也][4,5,6,7,11]，可不謂忠乎！吾子勉之，有宣子之忠，而納之以成子之文，事君必濟。"

見苦成叔子，叔子曰："抑年少而執官者衆，吾安容子。"

見温季子[見溫季子][2]，季子曰："誰之不如，可以求之[可以求乎][4,5,6,7,11]。"

見張老而語之，張老曰："善矣，從欒伯之言，可以滋；范叔之教[范叔之戒][6]，可以大；韓子之戒，可以成。物備矣，志在子。若夫三郤，亡人之言也[亾人之言也][6]，何稱述焉！智子之道善矣[知子之道善矣][4,5,6,7]，是先主覆露子也。"

厲公將伐鄭，范文子不欲，曰："若以吾意，諸侯皆叛[諸矦皆畔][4,7][諸侯皆畔][5,6]，則晉可爲也。唯有諸侯[唯有諸矦][4,7][惟有諸侯][5]，故擾擾焉。凡諸侯[凡諸矦][4,7]，難之本也。得鄭，憂滋長，焉用鄭[安用鄭][4,5,6,7,11]！"郤至曰："然則王者多憂乎？"文子曰："我王者也乎哉？夫王者成其德，而遠人以其方賄歸之，故無憂。今我寡德，而求王者之功，故多憂。子見無土而欲富者，樂乎哉？"

厲公六年，伐鄭，且使苦成叔及欒黶興齊、魯之師。楚恭王帥東夷救鄭。楚半陣[楚半陳][4,5,6,7,8,9,10,11]，公使擊之[公令擊之][4,5,6,7,11]。欒書曰："君使黶也，興齊、魯之師，請俟之。"郤至曰："不可。楚師將退[楚師將退][4,7]，我擊之，必以勝歸。夫陣不違忌[夫陳不違忌][4,5,6,7,9]，一閒也[一間也][5,9]；夫南夷與楚來，而不與陣[而弗與陳][4,5,6,7,8][而弗與陣][11]，二閒也[二間也][5,9]；夫楚與鄭陣[夫楚與鄭陳][4,5,6,7,8]，而不與整[而不與翌][1][而不與憖][7]，三閒也[三間也][5,9]；且其士卒，在陣而譁[在陳而譁][5,6,7,8]，四閒也[四間也][5,9]；夫衆聞譁則必懼，五閒也[五間也][5,9]。鄭將顧楚，楚將顧夷，莫有鬬心[莫不有鬬心][6]，不可失也。"公説。於是敗楚師於鄢陵，欒書是以怨郤至。

鄢之戰，郤至以韎韋之跗注[郤至以韎韋之跗注][6,8]，三逐楚平王卒[三逐楚恭王卒][2][三逐楚共王卒][8,10,11]，見王，必下奔，退戰[退戰][4,7]。王使工尹襄問之以弓，曰："方事之殷也[方事之殷][4,5,6,7,11]，有韎韋之跗注[有韎韋之跗注][6,8]，君子也，屬見不穀而下[屬見不穀而下][4,7]，無乃傷乎？"郤至甲胄而見客，免胄而聽命，曰："君之外臣至，以寡君之靈，閒蒙甲胄[間蒙甲胄][5]，不敢當，拜君命之辱，爲使者故[爲使者][6]，敢三肅之。"君子曰："勇以知禮[勇於知禮][6]。"

鄢之役[鄢陵之役][4,5,6,7,11]，晉人欲爭鄭[大夫欲爭鄭][4,6,7,11][大夫欲争鄭][5][晉人欲争鄭][8]，范文子不欲，曰："吾聞之爲人臣者[吾聞人臣者][4,5,6,7,11]，能內睦而後圖外，不睦而圖外[不睦內而圖外][3,4,5,6,7,8,11]，必內爭[必有內爭][3,4,6,7,11][必有內争][5,8]，盍姑謀睦乎[盍姑謀睦乎][4,7]！考訊其阜以出，則怨靖。"

鄢之役[鄢陵之役][4,5,6,7,11]，晉伐鄭，荆救之。大夫欲戰，范文子不欲，曰："吾聞之[吾聞][4,5,6,7,11]，君人者，刑其民[刑其內][8]，成而後振武於外，是以內和而外威[是以內龢而外威][4,6,7]。今吾司寇之刀鋸日弊[今吾司寇之刀鋸日弊][1,2,3,6][今吾司寇之刀鋸日獘][9]，而斧鉞不行。內猶有不刑，而况外乎[而况外乎][5]？夫戰，刑也，刑之過也。過由大，而怨由細，故以惠誅怨，以忍去過。細無怨而大不過[細無怨而大無過][8]，而後可以武，刑外之不服者。今吾外刑乎大人[今吾刑外乎大人][3,4,5,7,11][今吾刑惠乎大人][8]，而忍於小民，將誰行武？武不行而勝，幸也。幸以爲政，必有內憂。且唯聖人能無外患[且惟聖人能無外患][5]，又無內憂，詎非聖人[距非聖人][4,5,6,7,11]，必偏而後可。偏而在外，猶可救也，疾自中起，是難。盍姑釋荆與鄭以爲外患乎[盍姑釋荆與鄭以爲外患乎][4,7,9]。"

鄢之役[鄢陵之役][4,5,6,7,11]，晉伐鄭，荆救之。欒武子將上軍，范文子將下軍。欒武子欲戰，范文子不欲，曰："吾聞之，唯厚德者[惟厚德者][5]，能受多福，無德而服者衆，必自傷也。稱晉之德，諸侯皆叛[諸矦皆叛][4,7]，國可以少安。唯有諸侯[唯有諸矦][4,7][惟有諸侯][5]，故擾擾焉，凡諸侯[凡諸矦][4,7][][11]，難之本也。且唯聖人[且惟聖人][5]，能無外患，又無內憂，詎非聖人[距非聖人][4,5,6,7]，不有外患，必有內憂，盍姑釋荆與鄭以爲外患乎[盍姑釋荆與鄭以爲外患乎][4,7]！諸臣之內相與，必將輯睦。今我戰，又勝荆與鄭，吾君將伐智而多力[吾君將伐知而多力][4,5,6,7]，怠教而重斂[怠教而重歛][8]，大其私暱，而益婦人田，不奪諸大夫田，則焉取以益此？諸臣之委室而徒退者[諸臣之委室而徒遻者][4,7]，將與幾人？戰若不勝，則晉國之福也；戰若勝，亂地之秩者也，其産將害大，盍姑無戰乎[盍姑無戰乎][4,7]！”

欒武子曰：“昔韓之役，惠公不復舍；邲之役，三軍不振旅[三軍不整旅][8]；箕之役，先軫不復命：晉國之政[晉國][3,4,5,6,7,8,11]，固有大恥三[固有太恥三][4]。今我任晉國之政，不毀晉恥[不損晉恥][4,5,6,7,11]，又以違蠻、夷重之[又以違蠻、夷以重之][4,5,6,7,11]，雖有後患，非吾所知也。”

范文子曰：“擇福莫若重，擇禍莫若輕，福無所用輕，禍無所用重，晉國故大恥[晉國故有大恥][3][晉國固有大恥][4,5,6,7,11]，與其君臣不相聽，以爲諸侯笑也[以爲諸侯笑也][1][以爲諸矦笑也][4][以爲諸矦笑也][7]，盍姑以違蠻、夷爲恥乎[盍姑以違蠻、夷爲恥乎][4,7]。”

欒武子不聽[武子不聽][6]，遂與荆人戰於鄢陵，大勝之。於是乎，君伐智而多力[君伐知而多力][4,5,6,7]，怠教而重斂[怠教而重歛][8]，大其私暱，殺三郤而尸諸朝，納其室以分婦人，於是乎，國人不蠲[國人弗蠲][4,5,6,7,9,11]，遂弑諸翼[遂殺諸翼][4,5,7,9,11][遂殺之翼][6]，葬於翼東門之外[葬之翼東門之外][4,5,6,7,11]，以車一乘。厲公之所以死者，唯無德而功烈多[惟無德而功烈多][5]，服者衆也。

鄢之役[鄢陵之役][4,5,6,7,11]，荆壓晉軍[荆厭晉軍][4,5,6,7,9]，軍吏患之，將謀。范匄自公族趨過之[范丐自公族趨過之][9]，曰：“夷竈堙井，非退而何[非退而何][4,7]？”范文子執戈逐之，曰：“國之存亡[國之存亾][6]，天命也，童子何知焉[僮子何知焉][8]？且不及而言，姦也，必爲戮。”苗賁皇曰[苗棼皇曰][4,5,6,7,8,11]：“善逃難哉！”既退荆師於鄢[既退荆師於鄢陵][4,7][既退荆師於鄢陵][5,11]，將穀[將穀][4,7]，范文子立於戎馬之前，曰：“君幼弱，諸臣不佞，吾何福以及此！吾聞之，‘天道無親，唯德是授[惟德是授][5]。’吾庸知天之不授晉，且以勸楚乎[且以勸荆乎][4,5,6,7,11]，君與二三臣其戒之！夫德，福之基也，無德而福隆，猶無基而厚墉也，其壞也無日矣。”

反自鄢，范文子謂其宗、祝曰：“君驕泰而有烈[君驕泰而有烈][4]，夫以德勝者，猶懼失之，而況驕泰乎[而況驕泰乎][4][而況驕泰乎][5]？君多私，今以勝歸，私必昭。昭私，難必作，吾恐及焉。凡吾宗、祝，爲我祈死[爲吾祈死][8]，先難爲免。”七年夏，范文子卒。冬，難作，始於三郤，卒於公。

既戰，獲王子發鉤。欒書謂王子發鉤曰：“子告君曰：‘郤至使人勸王戰，及齊、魯之未至也。且夫戰也，微郤至，王必不免。’吾歸子。”發鉤告君[發鉤告公][4,5,6,7,11]，君告欒書[公告欒書][4,5,6,7,8,11]，欒書曰：“臣固聞之，郤至欲爲難，使苦成叔緩齊、魯之師，己勸君戰，戰敗，將納孫周，事不成，故免楚王。然戰而擅捨國君[然戰而擅舍國君][4,5,6,7,8,11][然戰而擅舍國君][9]，而受其問，不亦大罪乎[不亦友罪乎][7]？且今君若使之於周，必見孫周。”君曰[公曰][4,5,6,7,8,11]：“諾。”欒書使人謂孫周曰：“郤至將往[郤至將徃][7]，必見之！”郤至聘於周，公使覘之，見孫周。是故使胥之昧與夷羊五刺郤至、苦成叔及郤錡[是故使胥之昧與夷陽午刺郤至、苦成叔及郤錡][4,5,7][是故使胥之昧與夷羊午刺郤至、苦成叔及郤錡][6,11]，郤錡謂郤至曰：“君不道於我，我欲以吾宗與吾黨夾而攻之，雖死必敗[雖死必敗國][4,5,6,7,8,11]，君必危[國敗君必危][4,5,6,7,8,11]，其可乎？”郤至曰：“不可。至聞之，武人不亂，智人不詐[知人不詐][4,5,6,7]，仁人不黨。夫利君之富，富以聚黨[以聚黨][8]，利黨以危君，君之殺我也，後矣。且衆何罪[且衆何辠][6]，鈞之死也[鈞之死][4,5,6,7,11]，不若聽君之命。”是故皆自殺。既刺三郤，欒書弑厲公[欒書殺厲公][4,5,6,7,11]，乃納孫周而立之，寔爲悼公[是爲悼公][4,5,6,7,11]。

長魚矯既殺三郤[長魚蟜既殺三郤][4,5,6,7,11]，及脅欒、中行，而言於公曰：“不殺此二子者，憂必及君。”公曰：“一旦而尸三卿，不可益也。”對曰：“臣聞之，亂在內爲宄[亂在內爲軌][4,5,6,7,11]，在外爲姦，御宄以德[禦軌以德][4,5,6,7,11]，禦姦以刑。今治政而內亂，不可謂德。除鯁而避彊[除鯁而避强][4,5,6,7,11]，不可謂刑。德刑不立，姦宄並至[姦軌並至][4,5,6,7][姦宄竝至][8]，臣脆弱[臣脃弱][6]，不能忍俟也[弗能忍俟也][4,5,6,7,11]。”乃奔狄[乃犇翟][4,5,6,7][乃犇狄][9,10,11]。三月，厲公弑[厲公殺][4,5,6,7,9,11]。

欒武子、中行獻子圍公於匠麗氏，乃召韓獻子，獻子辭曰："弑君以求威[殺君以求威][4, 5, 6, 7, 11]，非吾所能爲也[非我所能爲也][6]。威行爲不仁，事廢爲不智[事廢爲不知][4, 5, 6, 7]，享一利亦得一惡，非所務也。昔者吾畜於趙氏，趙孟姬之讒[孟姬之讒][4, 5, 6, 7, 11]，吾能違兵。人有言曰：'殺老牛莫之敢尸。'而況君乎[而况君乎][5]？二三子不能事君，安用厥也！"中行偃欲伐之，欒書曰[欒書][6]："不可。其身果而辭順。順無不行，果無不徹，犯順不祥，伐果不克，夫以果戾[夫以果戾順行][3, 4, 5, 6, 7, 8, 11]，民不犯也，吾雖欲攻之，其能乎！"乃止。

國語卷第十二[ ][2, 3, 8, 9][晉語第十二　國語][4][國語卷十二][5][國語正義卷第十二終][6][國語第十二][7]

國語卷第十三[國語卷十三][2,5][晉語第十三　國語][4][國語正義卷第十三][6][國語第十三][7][晉語七第十三][8,9]

晉語七[ ][4,8,9]　　悼公[ ][3,4,5,6,7,8,9]

既弑厲公[既殺厲公][5,6,7,9,11]，欒武子使智武子、彘恭子如周迎悼公[欒武子使知武子、彘恭子如周迎悼公][4,5,6,7,9]。庚午，大夫逆于清原[大夫逆於清原][6,7,8]。公言於諸大夫曰：“孤始願不及此，孤之及此，天也。抑人之有元君，將稟命焉[將稟命焉][8,9]。若稟而棄之[若稟而棄之][8]，是焚穀也[是焚穀也][7]；其稟而不材[其稟不材][4,5,6,7,11][其稟而不材][8]，是穀不成也[是穀不成也][7]。穀之不成[穀之不成][7]，孤之咎也；成而焚之，二三子之虐也。孤欲長處其願，出令將不敢不成，二三子爲令之不從，故求元君而訪焉。孤之不元，廢也，其誰怨？元而以虐奉之，二三子之制也。若欲奉元，以濟大義，將在今日；若欲暴虐[若欲暴虐][4]，以離百姓，反易民常，亦在今日。圖之進退[圖之進退][4,7]，願由今日。”大夫對曰：“君鎮撫羣臣，而大庇廕之[而大庇蔭之][4,5,7,8]，無乃不堪君訓，而陷於大戮[而陷于大戮][5]，以煩刑、史，辱君之允令，敢不承業。”乃盟而入。

辛巳[辛未][8,11]，朝于武宫[朝於武宫][6,7,8]。定百事，立百官，育門子，選賢良，興舊族，出滯賞，畢故刑，赦囚繫，宥閒罪[宥間罪][9]，薦積德，逮鰥寡[逮鰥寡][1,10]，振廢淹，養老幼，恤孤疾，年過七十[年過七十者][4,5,6,7,8,11]，公親見之，稱曰王父，敢不承[王父不敢不承][4,5,6,7,8,11]。

二月[十二月][8][正月][11]，乙酉，公即位。使吕宣子將下軍[使吕宣子佐下軍][4,5,6,7,11][ ][8]，曰[ ][8]：“邲之役[ ][8]，吕錡佐智莊子於上軍[吕錡佐知莊子於上軍][4,5,7][吕錡佐知莊子於上軍][6][ ][8][吕錡佐智莊子於下軍][11]，獲楚公子穀臣[獲楚公子穀臣][7,9][ ][8]，與連尹襄老[ ][8]，以免子羽[ ][8]。鄢之役[ ][8]，親射楚王[親躲楚王][4,6,7,10,11][ ][8][新䠶楚王][9]，而敗楚師[][8]，以定晉國[][8]，而無後[][8]，其子孫不可不崇也[][8][其子不可不崇也][11]。”使彘恭子將新軍[使彘恭子佐下軍][8]，曰：“武子之季，文子之母弟也。武子宣法，以定晉國，至於今是用。文子勤身，以定諸侯[以定諸矦][4,7]，至於今是賴。夫二子之德[夫二三子之德][6,7]，其可忘乎！”故以彘季屏其宗[故以彘季屏其宗][3]。[使吕宣子將新軍，曰：“邲之役，吕錡佐智莊子於下軍，獲楚公子穀臣，與連尹襄老，以免子羽。鄢之役，親射楚王，而敗楚師，以定晉國，而無後，其子不可不崇也。”][8]使令狐文子佐之，曰：“昔克潞之役[昔克路之役][11]，秦來圖敗晉功，魏顆以其身，卻退秦師于輔氏[却退秦師于輔氏][1,2][卻逷秦師于輔氏][4,9,11][卻退秦師於輔氏][6][卻逷秦師於輔氏][7][却退秦師於輔氏][8]，親止杜回，其勳銘於景鍾[其勳銘于景鍾][4,5][其勳銘於景鐘][6]。至于今不育[至於今不育][6,7,8]，其子不可不興也。”

君知士貞子之帥志博聞，而宣惠於教也，使爲太傅[使爲大傅][8]。知右行辛之能以數宣物定功也，使爲元司空[使爲司空][4,5,6,7,10,11]。知欒糾之能御，以和于政也[以和於政也][4,5,6,7,8]，使爲戎御。知荀賓之有力而不暴也[知荀賓之有力而不暴也][4][知荀賔之有力而不暴也][7]，使爲戎右。

欒伯請公族大夫，公曰：“荀家惇惠，荀會文敏[荀禬文敏][4,5,6,7,8,9,10,11]，黶也果敢，無忌鎮靜[無忌鎮靖][4,5,6,7,11][無忌慎靜][11]，使兹四人者爲之。夫膏粱之性難正也[夫膏粱之子難正也][10][夫膏粱之性難整也][10]，故使惇惠者教之，使文敏者導之[使文敏者道之][4,5,6,7,9]，使果敢者諗之，使鎮靜者修之[使鎮靖者脩之][4][使鎮靖者修之][5,6,7]。惇惠者教之，則徧而不倦[則遍而不倦][9]；文敏者導之[文敏者道之][4,5,6,7][文明者導之][8]，則婉而入；果敢者諗之，則過不隱；鎮靜者修之[鎮靖者脩之][4][鎮靖者修之][5,6,7]，則壹。使兹四人者，爲公族大夫。”

公知祁奚之果而不淫也[知祁奚之果而不淫也][6]，使爲元尉。知羊舌職之聰敏肅給也[知羊舌職之聰敏肅給也][1,4]，使佐之。知魏絳之勇而不亂也，使爲元司馬。知張老之智而不詐也[知張老之知而不詐也][4,5,6,7]，使爲元候[使爲元候][1,5][使爲元候][4,7]。知鐸遏寇之恭敬而信彊也[知鐸遏寇之恭敬而信彊也][4,7]，使爲輿尉。知籍偃之惇帥舊職而恭給也[知藉偃之惇率舊職而共給也][4, 5, 6, 7][知藉偃之惇帥舊職而共給也][9, 10, 11]，使爲輿司馬。知程鄭端而不淫[知程鄭爲端而不淫][11]，且好諫而不隱也，使爲贊僕[使爲贊僕][1]。

始合諸侯于虛朾[始合諸矦於虛朾][4, 7][始合諸侯於虛朾][5, 6, 8]，以救宋，使張老延君譽于四方[使張老延君譽於四方][6, 7, 8]，且觀道逆者。吕宣子卒，公以趙文子爲文也，而能恤大事，使佐新軍[使將新軍][8]。三年，公始合諸侯[公始合諸矦][4, 7]。四年，諸侯會于雞丘[諸矦會於雞丘][4, 7][諸侯會於雞丘][5, 8][諸侯會於雞北][6]，於是乎，布命、結援[布令、結援][4, 5, 6, 7, 11]，修好、申盟而還[脩好、申盟而還][1, 2, 4, 9]。令狐文子卒，公以魏絳爲不犯[公乃以魏絳爲不犯][4, 5, 6, 7, 11]，使佐新軍。使張老爲司徒[使張老爲司馬][3, 4, 5, 6, 7, 8, 10, 11]，使范獻子爲候奄[使范獻子爲侯奄][1, 5][使范獻子爲傒奄][4, 7]。公譽達于戎[公譽達於戎][4, 5, 6, 7, 8]。五年，諸戎來請服，使魏莊子盟之，於是乎始復霸[於是乎始復伯][4, 5, 6, 7, 9, 10, 11]。

四年，會諸侯於雞丘[會諸矦於雞丘][4, 7][會諸侯於雞北][6]，魏絳爲中軍司馬，公子揚干亂行於曲梁[公子楊干亂行於曲梁][11]，魏絳斬其僕[魏絳戮其僕][11]。公謂羊舌赤曰：“寡人屬諸侯[寡人屬諸矦][4, 7]，魏絳戮寡人之弟，爲我勿失。”赤對曰：“臣聞絳之志，有事不避難，有罪不避刑[有罪不逃刑][6]，其將來辭。”言終，魏絳至，授僕人書而伏劔[授僕人書而伏劍][2, 3, 8]。士魴、張老交止之。僕人授公，公讀書曰：“臣誅於揚干[臣誅於楊干][11]，不忘其死。日君乏使，使臣狃中軍之司馬。臣聞師衆以順爲武，軍事有死無犯爲敬，君合諸侯[君合諸矦][4, 7]，臣敢不敬，君不説，請死之。”公跣而出，曰：“寡人之言，兄弟之禮也。子之誅，軍旅之事也，請無重寡人之過。”反役，與之禮食[與之禮飤][9]，令之佐新軍。

祁奚辭於軍尉，公問焉，曰：“孰可？”對曰：“臣之子午可。人有言曰：‘擇臣莫若君，擇子莫若父。’午之少也，婉以從令，遊有鄉[游有鄉][4, 5, 6, 7]，處有所，好學而不戲。其壯也，彊志而用命，守業而不淫。

其冠也，和安而好敬，柔惠小物，而鎮定大事，有直質而無流心[有質直而無流心][8]，非義不變，非上不舉[非止不舉][8]。若臨大事，其可以賢於臣[其可以賢於臣也][4, 5, 6, 7, 8, 11]。臣請薦所能擇，而君比義焉。”公使祁午爲軍尉，歿平公[没平公][4, 5, 7]，軍無秕政。

五年，無終子嘉父，使孟樂因魏莊子納虎豹之皮，以和諸戎[以龢諸戎][4, 5, 7]。公曰：“戎、狄無親而好得[戎、翟無親而好得][4, 5, 6, 7]，不若伐之。”魏絳曰：“勞師於戎，而失諸華，雖有功，猶得獸而失人也，安用之？且夫戎、狄荐處[且夫戎、翟荐處][4, 6, 7][且夫戎、翟薦處][5][且夫戎、狄荐居][9]，貴貨而易土。予之貨而獲其土[與之貨而獲其土][4, 5, 6, 7, 11]，其利一也；邊鄙耕農不儆，其利二也；戎、狄事晉[戎、翟事晉][4, 5, 6, 7]，四鄰莫不震動，其利三也。君其圖之！”公説，故使魏絳撫諸戎，於是乎遂伯。

韓獻子老，使公族穆子受事於朝。辭曰：“厲公之亂，無忌備公族，不能死。臣聞之曰：‘無功庸者，不敢居高位。’今無忌，智不能匡君[知不能匡君][4, 5, 6, 7]，使至於難，仁不能救，勇不能死，敢辱君朝，以忝韓宗，請退也[請叚也][4, 7]。”固辭不立。悼公聞之，曰：“難雖不能死君，而能讓，不可不賞也。”使掌公族大夫。

悼公使張老爲卿，辭曰：“臣不如魏絳。夫絳之智[夫絳之知][4, 5, 6, 7]，能治大官，其仁，可以利公室不忘，其勇，不疚於刑，其學，不廢其先人之職。若在卿位，外内必平。且雞丘之會[且雞丠之會][6]，其官不犯，而辭順，不可不賞也。”公五命之，固辭，乃使爲司馬。使魏絳佐新軍。

十二年，公伐鄭，軍于蕭魚[軍於蕭魚][4, 5, 6, 7, 8]。鄭伯嘉來[鄭伯嘉造][6][鄭伯支造][7]，納女、工、妾三十人，女樂二八，歌鍾二肆[歌鐘二肆][5]，及寶鎛，輅車十五乘。公錫魏絳女樂一八[公賜魏絳女樂一八][4, 5, 7, 11]，歌鍾一肆[歌鐘一肆][4, 5, 6]，曰：“子教寡人，和諸戎、狄而正諸華[龢戎、翟而正諸華][4, 5, 7, 11][和戎、翟而正諸華][6][和諸戎、狄以正諸華][11][和戎、狄而政華][11]，於今八年[於今八年之中][6]，七合諸侯[七合諸矦][4, 7]，寡人無不得志，請與子共樂之[請與子共之][11]。”魏絳辭曰：“夫和戎、狄[夫和戎、翟][4,6,7][夫龢戎、狄][5]，君之幸也[臣之幸也][4,5,7]。八年之中[八年][4,6,7,9,10,11]，七合諸侯[七合諸矦][4,7][九合諸侯][9]，君之靈也。二三子之勞也，臣焉得之？”公曰：“微子，寡人無以待戎，無以濟河，二三子何勞焉！子其受之。”君子曰：“能志善也。”

悼公與司馬侯升臺而望[悼公與司馬矦升臺而望][4,7]，曰：“樂夫！”對曰：“臨下之樂，則樂矣；德義之樂，則未也。”公曰：“何謂德義？”對曰：“諸侯之爲[諸矦之爲][4,7]，日在君側，以其善行，以其惡戒，可謂德義矣。”公曰：“孰能？”對曰：“羊舌肸習於春秋[羊舌肹習於春秋][4,7][羊舌盻習於春秋][11]。”乃召叔向[乃召叔嚮][4,5,6,7,11]，使傅太子彪[使傅大子彪][5,8]。

國語卷第十三[ ][2,3,8,9][**晉語第十三　國語**][4][**國語卷十三**][5][**國語正義卷第十三終**][6][**國語第十三**][7]

國語卷第十四[國語卷十四][2,5][晉語第十四　國語][4][國語正義卷第十四][6][國語第十四][7][晉語八第十四][8,9]

晉語八[ ][4,8,9]　　平公[ ][4,6,8,9]

平公六年，箕遺及黄淵、嘉父作亂，不克而死。公遂逐羣賊，謂陽畢曰：“自穆侯以至于今[自穆侯以至於今][4,7][自穆侯以至於今][5,6,8]，亂兵不輟，民志不厭[民志無厭][4,5,6,7,9,10,11][民志無饜][9]，禍敗無已。離民且速寇[離民且速寇][1,2,3,6,8]，恐及吾身，若之何？”陽畢對曰：“本根猶樹，枝葉益長，本根益茂，是以難已也。今若大其柯，去其枝葉，絶其本根，可以少閒[可以少間][5][可以稍閒][6]。”

公曰：“子實圖之。”對曰[陽畢曰][3,4,5,6,7,8,11]：“圖在明訓，明訓在威權，威權在君。君掄賢人之後，有常位於國者，而立之，亦掄逞志虧君以亂國者之後，而去之，是遂威而遠權[是遂威而遠權也][8,11]。民畏其威，而懷其德，莫能勿從。若從，則民心皆可畜。畜其心而知其欲惡，人孰偷生[民孰偷生][4,5,6,7,11]？若不偷生，則莫思亂矣。且夫欒氏之誣晉國久也[且夫欒氏之誣晉國也久矣][4,5,6,7,11][且夫欒氏之誣晉國久矣][11]，欒書實覆宗，弑厲公以厚其家[殺厲公以厚其家][4,5,6,7,9,11]，若滅欒氏，則民威矣。今吾若起瑕、原、韓、魏之後，而賞立之，則民懷矣。威與懷各當其所，則國安矣，君治而國安，欲作亂者誰與？”

君曰[公曰][8,11]：“欒書立吾先君[欒書立我先君][6]，欒盈不獲罪，如何？”陽畢曰：“夫正國者，不可以暱於權；行權，不可以隱於私。暱於權，則民不導[則民不道][4,5,6,7,9]；行權隱於私，則政不行。政不行，何以導民[何以道民][4,5,6,7]？民之不導[民之不道][4,5,6,7]，亦無君也[亦無君矣][4,5,6,7,11]，則其爲暱與隱也，復害矣[復産害矣][4,5,6,7,11]，且勤身[且勤君身][4,5,6,7,11]。君其圖之！若愛欒盈[易愛欒盈][7]，則明逐羣賊，而知國倫[而以國倫][4, 5, 6, 7, 8, 11]，數而遣之，厚箴戒圖以待之[厚戒箴國以待之][4, 5, 6, 7, 11]。彼若求逞志，而報於君，罪孰大焉，滅之猶少。彼若不敢而遠逃，乃厚其外交而勉之，以報其德，不亦可乎？”

公許諾，盡逐羣賊，而使祁午及陽畢適曲沃，逐欒盈，欒盈出奔楚。遂令於國人曰：“自文公以來，有力於先君，而子孫不立者[而子孫不育者][4, 5, 6, 7, 11]，將授立之，得之者賞。”居三年[居二年][4]，欒盈晝入，爲賊於絳[爲賊于絳][5]。范宣子以公入于襄公之宮[范宣子以公入於襄公之宮][6, 7, 8]，欒盈不克，出奔曲沃，遂刺欒盈，滅欒氏。是以沒平公之身，無內亂也。

欒懷子之出，執政使欒氏之臣勿從，從欒氏者大戮施[從欒氏者爲大戮施][3, 4, 5, 6, 7, 11]。欒氏之臣辛俞行，吏執之[吏執而][4, 5, 6, 7, 11]，獻諸公[獻之公][4, 5, 6, 7, 11]。公曰：“國有大令，何故犯之？”對曰：“臣順之也，豈敢犯之？執政曰：‘無從欒氏而從君’，是明令必從君也。臣聞之曰：‘三世事家[三世事家][1][三世仕家][4, 5, 6, 7, 11]，君之；再世以下[再卋以下][1]，主之。’事君以死，事主以勤，君之明令也，自臣之祖，以無大援於晉國，世隸於欒氏[卋隸於欒氏][1][世隸欒氏][4, 5, 7, 11][世隸欒氏][6]，於今三世矣[於今三卋矣][1]，臣故不敢不君。今執政曰，‘不從君者爲大戮’，臣敢忘其死，而叛其君，以煩司寇[以煩司寇][4, 7]。”公說，固止之，不可，厚賂之。辭曰：“臣嘗陳辭矣[臣甞陳辭矣][1]，心以守志，辭以行之，所以事君也。若受君賜，是墮其前言[是隋其前言][4, 5, 6, 7, 9, 10, 11]。君問之陳辭[君問而陳辭][3, 4, 5, 6, 7, 8, 11]，未退而逆之[未叚而逆之][4, 7]，何以事君？”君知其不可得也，乃遣之。

叔魚生，其母視之，曰：“是虎目而豕喙，鳶肩而牛腹，谿壑可盈，是不可饜也，必以賄死。”遂不視[遂弗視][4, 5, 6, 7, 11]。楊食我生[揚食我生][4, 5, 6, 7, 9, 11]，叔向之母聞之，往，及堂，聞其號也，乃還，曰：“其聲，豺狼之聲[豺狼之聲][2, 3, 9][豺狼之聲也][4, 5, 6, 7, 8, 11]，終滅羊舌氏之宗者，必是子也。”

魯襄公使叔孫穆子來聘，范宣子問焉，曰：“人有言曰，‘死而不朽'，何謂也？"穆子未對。宣子曰："昔匄之祖，自虞以上，爲陶唐氏，在夏爲御龍氏，在商爲豕韋氏，在周爲唐、杜氏。周卑，晉繼之，爲范氏，其此之謂也［其此之謂乎］[4,5,6,7,8,11]？"對曰："以豹所聞［以豹之所聞］[4,5,6,7,11]，此之謂世祿［此之謂丗祿］[1]，非不朽也。魯先大夫臧文仲［魯大夫臧文仲］[6]，其身殁矣［其身没矣］[4,5,6,7]，其言立於後世［其言立於後丗］[1]，此之謂死而不朽。"

范宣子與和大夫爭田［范宣子與龢大夫爭田］[4,7,9,11]［范宣子與龢大夫争田］[5]［范宣子與和大夫争田］[8]，久而無成。宣子欲攻之，問於伯華。伯華曰："外有軍，內有事。赤也，外事也，不敢侵官［不敢僾官］[4,5]。且吾子之心有出焉，可徵訊也［可徵訊也］[4,7,9]。"問於孫林甫［問於孫林父］[4,5,6,7,9,10,11]，孫林甫曰［孫林父曰］[4,5,6,7]："旅人，所以事子也，唯事是待［惟事是待］[5]。"問於張老，張老曰："老也以軍事承子，非戎，則非吾所知也［則吾非所知也］[6]。"問於祁奚，祁奚曰："公族之不恭，公室之有回［公室之不回］[7]，內事之邪［內事之朝］[5]，大夫之貪，是吾罪也［是吾辠也］[6]。若以君官從子之私［若以軍官從子之私］[4,5,7,11]，懼子之應且增也［懼子之應且憎也］[3,4,5,7,10,11]［懼吾子之應且憎也］[6]。"問於籍偃［問於藉偃］[4,5,6,7,11]，籍偃曰［藉偃曰］[4,5,6,7]："偃也以斧鉞從於張孟［偃以斧鉞從於張孟］[4,5,6,7,11]，日聽命焉［曰聽命焉］[4,5,6,7,11]，若夫子之命也，何二之有？釋夫子而舉，是反吾子也。"問於叔魚，叔魚曰："待吾爲子殺之［待吾爲子戮之］[4,5,6,7,11]。"

叔向聞之，見宣子曰："聞子與和未寧［聞子與龢未寧］[4,5,7]［聞子與和未甯］[6]，徧問於大夫，又無決，盍訪之訾祏［盇訪之訾祏］[4,7]。訾祏實直而博，直能端辨之［直能端辯之］[4,5,6,7,11]，博能上下比之，且吾子之家老也。吾聞國家有大事，必順於典刑，而訪諮於耇老［而訪諮於耉老］[2,5]［而訪咨於耇老］[4,7]［而咨訪於耇老］[6]，而後行之。"司馬侯見［司馬矦見］[4,7]，曰："聞吾子有和之怒［聞吾子有龢之怒］[4,5,7]，吾以爲不信。諸侯皆有二心［諸矦皆有二心］[4,7]，是之不憂，而怒和大夫［而怒龢大夫］[4,5,7]，非子之任也。"祁午見，曰："晉爲諸侯盟主［晉爲諸矦盟主］[4]［晉爲諸侯盟王][7]，子爲正卿，若能靖端諸侯[若能靖端諸矦][4,7]，使服聽命於晉，晉國其誰不爲子從，何必和[何必龢][4,5,7]？盍密和[盍密和][4,7,9]，和大以平小乎！”

宣子問於訾祏，訾祏對曰：“昔隰叔子違周難於晉國，生子輿爲理[生子輿爲李][10]，以正於朝，朝無姦官，爲司空，以正於國，國無敗績。世及武子[世及武子][1]，佐文、襄爲諸侯[佐文、襄爲諸矦][4,7]，諸侯無二心[諸矦無二心][4,7]。及爲卿，以輔成、景，軍無敗政。及爲成師[及爲成帥][8][及爲景師][11][及爲元帥][11]，居太傅[居大傅][8]，端刑法，緝訓典[輯訓典][4,5,6,7,10,11][輯典][9]，國無姦民，後之人可則，是以受隨、范。及文子成晉、荆之盟，豐兄弟之國，使無有閒隙[使無有間隙][5]，是以受郇、櫟。今吾子嗣位，於朝無姦行，於國無邪民，於是無四方之患，而無外內之憂，賴三子之功，而饗其禄位。今既無事矣，而非和[而非龢][4,5,7]，於是加寵，將何治爲？”宣子說，乃益和田[乃益龢田][4,5,7]，而與之和。

訾祏死，范宣子謂獻子曰：“鞅乎！昔者吾有訾祏也[昔者吾有訾祏焉][6]，吾朝夕顧焉，以相晉國，且爲吾家，今吾觀女也[今吾觀汝也][6,9]，專則不能，謀則無與也[謀則無與][4,5,6,7,11]，將若之何？”對曰：“鞅也，居處恭，不敢安易，敬學而好仁，和於政而好其道，謀於衆不以賈好，私志雖衷，不敢謂是也，必長者之由。”宣子曰：“可以免身。”

平公說新聲，師曠曰：“公室其將卑乎！君之明兆於衰矣[君之萌兆衰矣][8,11]。夫樂以開山川之風也[夫樂以開山川之風][4,5,6,7,8,11]，以耀德於廣遠也[以燿德於廣遠也][6,11]。風德以廣之，風山川以遠之，風物以聽之，循詩以詠之[修詩以詠之][3,5,6,7,8][脩詩以詠之][4,10,11]，循禮以節之[修禮以節之][3,6,7,8][脩禮以節之][4,10,11]。夫德廣遠，而有時節，是以遠服而邇不遷。”

平公射鴳，不死，使豎襄搏之，失，公怒，拘將殺之。叔向聞之，夕，君告之。叔向曰：“君必殺之。昔吾先君唐叔，射兕于徒林[射兕於徒林][5,6,7,8]，殪，以爲大甲，以封于晉[以封於晉][6,7,8]。今君嗣吾先君唐叔，射鴳不死，搏之不得，是揚吾君之恥者也[是揚吾君之耻者也][1]。君其必速殺之，勿令遠聞。”君忸怩[君忸怩顏][4,5,6,7,11][君顏忸怩][8][君忸怩顏厚][11]，乃趣赦之。

叔向見司馬侯之子[叔向見司馬矦之子][4,7]，撫而泣之，曰：“自此其父之死[自其父之死][8,11][自此父之死也][11]，吾蔑與比而事君矣[吾蔑與比而事君也][11][吾莫與比而事君矣][11]！昔者此其父始之[昔者其父始之][8,11]，我終之，我始之，夫子終之，無不可。”籍偃在側[藉偃在側][4,5,6,7]，曰：“君子有比乎？”叔向曰：“君子比而不別。比德以贊事[比德以賛事][1]，比也；引黨以封己，利己而忘君，別也。”

秦景公使其弟鍼來求成，叔向命召行人子員[叔向命召行人子貟][4,7]，行人子朱曰：“朱也在此。”叔向曰：“召子員[召子貟][4,7]。”子朱曰[朱曰][6]：“朱也當御。”叔向曰：“肸也欲子員之對客也[肸也欲子貟之對客也][4,7]。”子朱怒曰：“皆君之臣也，班爵同，何以黜朱也？”撫劍就之[撫劍就之][2,3,8]。叔向曰：“秦、晉不和久矣，今日之事，幸而集，子孫饗之[子孫頼之][11]。不集，三軍之士暴骨[三軍之士暴骨][4,7]。夫子員[夫子貟][4,7]，導賓主之言無私[道賔主之言無私][4,6,7][道賔主之言無私][5]，子常易之。姦以事君者，吾所能禦也。”拂衣從之，人救之。平公聞之，曰：“晉其庶乎！吾臣之所爭者大[吾臣之所争者大][5,8]。”師曠侍，曰：“公室懼卑，其臣不心競而力爭[其臣不心競而力争][5,8]。”

諸侯之大夫盟于宋[諸矦之大夫盟于宋][4][諸侯之大夫盟於宋][6,8][諸矦之大夫盟於宋][7]，楚令尹子木欲襲晉軍[楚令尹子木欲襲晉][6]，曰：“若盡晉師，而殺趙武，則晉可弱也。”文子聞之，謂叔向曰：“若之何？”叔向曰：“子何患焉。忠不可暴[忠不可暴][4,7]，信不可犯，忠自中，而信自身，其爲德也深矣，其爲本也固矣[其置本也固矣][4,5,6,7,11]，故不可損也[故不可抈也][3,4,5,6,7,8,9,10,11]。今我以忠謀諸侯[今我以忠謀諸矦][4,7]，而以信覆之，荆之逆諸侯也亦云[荆之逆諸矦也亦云][4,7]，是以在此。若襲我，是自背其信，而塞其忠也。信反必斃[信反必獘][4,9,11][信反必弊][5,7,10]，忠塞無用，安能害我？且夫合諸侯以爲不信[且夫合諸矦以爲不信][4,7]，諸侯何望焉[諸矦何望焉][4,7]，爲此行也[此行也][4,5,6,7,8,11]，荆敗我，諸侯必叛之[諸矦必叛之][4,7]，子何愛於死，死而可以固晉國之盟主，何懼焉？”是行也，以藩爲軍[以蕃爲軍][4,5,6,7,9,11][以潘爲軍][9]，攀輦即利而舍，候遮扞衛不行[候遮扞衛不行][1][候遮扞衛不行][4][候遮扞衛不行][5][候遮扞衛不行][7][候遮扞衛不行][8,9]，楚人不敢謀，畏晉之信也。自是，没平公無楚患[没平公無楚患矣][4,5,6,8,11]。

宋之盟，楚人固請先歃。叔向謂趙文子曰：“夫霸王之勢[夫伯王之勢][4,5,6,7,11][霸王之勢][8]，在德不在先歃，子若能以忠信贊君[子若能以忠信賛君][1]，而裨諸侯之闕[而裨諸矦之闕][4,7]，歃雖在後[歃雖後][4,5,6,7,8,11]，諸侯將載之[諸矦將戴之][4,7][諸侯將戴之][5,6,8,11]，何爭於先[何争於先][5,8]？若違於德，而以賄成事，今雖先歃，諸侯將棄之[諸矦將棄之][4,7]，何欲於先？昔成王盟諸侯于岐陽[昔成王盟諸侯于岐陽][1][昔成王盟諸矦於岐陽][4,7,11][昔成王盟諸侯於岐陽][6][昔成王盟諸侯於岐陽][8]，楚爲荆蠻，置茆蕝[置茅蕝][3,4,5,6,7,8,9,10,11]，設望表，與鮮卑守燎[與鮮牟守燎][4,5,6,7,8,9,10,11]，故不與盟。今將與狎主諸侯之盟[今將與狎主諸矦之盟][4,7][今將與主狎諸侯之盟][8]，唯有德也[惟有德也][5]，子務德，無爭先[無争先][5,8]，務德，所以服楚也。”乃先楚人。

虢之會，魯人食言，楚令尹圍將以魯 叔孫穆子爲戮，樂王鮒求貨焉，不予[弗與][4,5,6,7,11]。趙文子謂叔孫曰：“夫楚令尹有欲於楚，少懦於諸侯[少懦於諸矦][4,7]。諸侯之故[諸矦之故][4,7]，求治之，不求致也。其爲人也，剛而尚寵，若及，必不避也[必弗避也][4,5,6,7,11]。子盍逃之[子盇逃之][4,7,9]？不幸，必及於子。”對曰：“豹也受命於君，以從諸侯之盟[以從諸矦之盟][4,7]，爲社稷也。若魯有罪，而受盟者逃，必不免[魯必不免][3,4,5,6,7,8,11]，是吾出而危之也[是吾出而絶之也][11]。若爲諸侯戮者[若爲諸矦戮者][4,7]，魯誅盡矣，必不加師，請爲戮也。夫戮出於身，實難，自他及之[自它及之][4,5,6,7]，何害？苟可以安君利國，美惡一心也[美惡一也][4,5,6,7,8,11]。”

文子將請之於楚，樂王鮒曰：“諸侯有盟未退[諸矦有盟未退][4,7]，而魯背之，安用齊盟？縱不能討，又免其受盟者，晉何以爲盟主矣，必殺叔孫豹。”文子曰：“有人不難以死，安利其國，可無愛乎！若皆䘏國如是[若皆卹國如是][2,3,5,8]，則大不喪威，而小不見陵矣。若是道也果，可以教訓，何敗國之有！吾聞之曰：‘善人在位患[善人在患][3,4,5,6,7,8,10,11]，弗救不祥；惡人在位，不去亦不祥[弗去亦不祥][4,5,6,7,9,11]。’必免叔孫。”固請於楚而免之。

趙文子爲室，斲其椽而礱之，張老夕焉而見之，不謁而歸。文子聞之，駕而往，曰：“吾不善，子亦告我，何其速也？”對曰：“天子之室，斲其椽而礱之，加密石焉；諸侯礱之[諸矦礱之][4,7]；大夫斲之；士首之。備其物，義也；從其等，禮也。今子貴而忘義，富而忘禮，吾懼不免，何敢以告[何敢於告][6]。”文子歸，令之勿礱也。匠人請皆斲之，文子曰：“耻[恥][2][止][3,4,5,6,7,8,10,11]。爲後世之見之也[爲後世之見之也][1]，其斲者，仁者之爲也，其礱者，不仁者之爲也。”

趙文子與叔向遊於九原[趙文子與叔向游于九京][4,5,10,11][趙文子與叔向游於九京][6,7,10][趙文子與叔譽進於九原][11][趙文子與叔譽觀乎九原][11]，曰：“死者若可作也，吾誰與歸？”叔向曰：“其陽子乎！”文子曰：“夫陽子，行廉直於晉國[行廉直於晉][6][行廡直於晉國][7]，不免其身，其知不足稱也。”叔向曰：“其舅犯乎！”文子曰：“夫舅犯[舅犯][4,5,6,7,11]，見利而不顧其君[見利不顧其君][4,5,6,7,11]，其仁不足稱也。其隨武子乎！納諫不忘其師，言身不失其友，事君不援而進，不阿而退[不阿而退][4,7]。”

秦后子來奔，趙文子見之，問曰：“秦君道乎？”對曰：“不識。”文子曰：“公子辱於弊邑[公子辱於獘邑][1][公子辱於敝邑][3,4,5,6,7,9,11]，必避不道也。”對曰：“有焉。”文子曰：“猶可以久乎？”對曰：“鍼聞之，國無道，而年穀龢熟[而年穀龢孰][4,7][而年穀龢孰][5]，鮮不五稔。”文子視日，曰：“朝夕不相及，誰能俟五！”文子出，后子謂其徒曰：“趙孟將死矣！夫君子寬惠以卹後[夫君子寬惠以卹後][2,3,8][夫君子寬惠以恤後][4,5,6,7]，猶恐不濟。今趙孟相晉國，以主諸侯之盟[以主諸矦之盟][4,7]，思長世之德[思長丗之德][1]，歷遠年之數[歷遠年之數][1,5,6]，猶懼不終其身；今忨日而潵歲[今翫日而愒歲][9][今忨歲而愒日][9,11][翫歲愒日][11]，怠偷甚矣[怠偷其甚矣][6]，非死逮之，必有大咎。”冬，趙文子卒。

平公有疾，秦景公使醫和視之[秦景公使毉和視之][1,2,8,11][秦景公使醫龢視之][4,5,6,7,11]，出曰：“不可爲也[疾不可爲也][4,5,6,7,11]。是謂遠男而近女[是爲遠男而近女][6]，惑以生蠱；非鬼非食，惑以喪志。良臣不生，天命不祐[天命不佑][4,5,6,7]。若君不死，必失諸侯[必失諸矦][4,7]。”趙文子聞之，曰：“武從二三子，以佐君，爲諸侯盟主[爲諸矦盟主][4,7]，於今八年矣，内無苛慝，諸侯不二[諸矦不二][4,7]，子胡曰‘良臣不生，天命不祐[天命不佑][4,5,7]’？”對曰：“自今之謂。和聞之曰[龢聞之曰][5]：‘直不輔曲，明不規闇[門不規闇][7]，拱木不生危[櫺木不生危][4,5,6,7,8,9,10,11]，松柏不生埤[松栢不生埤][1,5]。’吾子不能諫惑，使至於生疾，又不自退[又不自退][4,7]，而寵其政，八年之謂多矣，何以能久！”文子曰：“醫及國家乎[毉及國家乎][1,2,8]？”對曰：“上醫醫國[上毉毉國][1,2,8]，其次疾人，固醫官也[固毉官也][1,2,8]。”文子曰：“子稱蠱，何實生之？”對曰：“蠱之慝，穀之飛實生之[穀之飛實生之][7]。物莫伏於蠱，蠱莫嘉於穀[莫嘉於穀][3,4,5,6,8,10,11][莫嘉於穀][7]，穀興蠱伏[穀興蠱伏][7]，而章明者也。故食穀者[故食穀者][7]，晝選男德，以象穀明[以象穀明][7]，宵静女德，以伏蠱慝，今君一之，是不饗穀而食蠱也[是不饗穀而食蠱也][7]，是不昭穀明而皿蠱也[是不昭穀明而皿蠱也][7]。夫文，‘蟲’、‘皿’爲‘蠱’，吾是以云。”文子曰：“君其幾何？”對曰：“若諸侯服[若諸矦服][4,7]，不過三年，不服，不過十年，過是，晉之殃也。”是歲也[是歲][4,5,6,7,11]，趙文子卒，諸侯叛晉[諸矦叛晉][4,7]，十年，平公薨。

秦后子來仕，其車千乘。楚公子干來仕，其車五乘。叔向爲太傅[叔向爲大傅][6,8]，實賦禄，韓宣子問二公子之禄焉，對曰：“大國之卿，一旅之田，上大夫[上大未][底本]，一卒之田。夫二公子者，上大夫也，皆一卒，可也。”宣子曰：“秦公子富，若之何其鈞之[若之何其鈞之也][4, 5, 6, 7, 11]？”對曰：“夫爵以建事，禄以食爵，德以賦之，功庸以稱之，若之何以富賦禄也[若何其以富賦禄也][4, 5, 6, 7, 11]！夫絳之富商，韋藩木楗[韋藩木揵][8]，以過於朝[以過于朝][4, 5, 9]，唯其功庸少也[惟其功庸少也][5]，而能金玉其車，文錯其服，能行諸侯之賄[能行諸矦之賄][4, 7]，而無尋尺之禄，無大績於民故也。且秦、楚匹也[且楚、秦匹也][4, 11]，若之何其回於富也。”乃均其禄。

鄭簡公使公孫成子來聘[鄭簡公使公孫成子來聘][2, 3, 5, 7, 8]，平公有疾，韓宣子贊授客館[韓宣子贊授客館][1]。客問君疾，對曰：“寡君之疾久矣，上下神祇[上下神祇][5]，無不徧諭[無不徧諭也][4, 5, 6, 7, 8, 11]，而無除。今夢黄熊入於寢門[今夢黄熊入於寢門][1, 2][今夢黄能入於寑門][4, 7][今夢黄能入于寑門][5, 6][今夢黄能入于寢門][9, 10, 11]，不知人殺乎[不知人鬼乎][8, 10, 11]，抑厲鬼邪[抑厲鬼耶][5, 7]！”子産曰：“以君之明，子爲大政，其何厲之有？僑聞之，昔者鮌違帝命[昔者鯀違帝命][4, 5, 6, 7, 9, 11]，殛之于羽山[殛之於羽山][4, 5, 6, 7, 8]，化爲黄熊[化爲黄能][4, 5, 6, 7]，以入于羽淵[以入於羽淵][6, 7, 8]，實爲夏郊[寔爲夏郊][8, 10, 11][是爲夏郊][10, 11]，三代舉之。夫鬼神之所及，非其族類，則紹其同位，是故天子祀上帝，公侯祀百辟[公矦祀百辟][4, 7][公侯祀百神][10, 11]，自卿以下，不過其族。今周室少卑，晉實繼之[晉實継之][7]，其惑者[其或者][4, 5, 6, 7, 8, 10, 11]，未舉夏郊邪[未舉夏郊耶][5]？”宣子以告，祀夏郊，董伯爲尸，五日[五日瘳][8, 11]，公見子産，賜之莒鼎。

叔向見韓宣子，宣子憂貧，叔向賀之，宣子曰：“吾有卿之名，而無其實，無以從二三子，吾是以憂，子賀我，何故？”對曰：“昔欒武子一卒之田[昔欒武子無一卒之田][3, 4, 5, 6, 7, 8, 10, 11]，其宫不備其宗器[其官不備其宗器][4, 6, 7, 11]，宣其德行，順其憲則[慎其憲則][11]，使越于諸侯[使越于諸矦][4][使越於諸侯][5, 6, 8][使越於諸矦][7]，諸侯親之[諸矦親之][4, 7]，戎、狄懷之，以正晉國，行刑不疚，以免於難。及桓子，驕泰奢侈，貪慾無藝[貪欲無蓺][4, 5, 6, 7, 11]，略則行志[畧則行志][5, 6, 7]，假貸居賄，宜及於難，而賴武之德，以没其身。及懷子，改桓之行，而修武之德[而脩武之德][4]，可以免於難，而離桓之罪，以亡於楚[以亡于楚][4][以亾於楚][6]。夫郤昭子，其富半公室，其家半三軍，恃其富寵，以泰于國[以泰於國][5,6,7,8]，其身尸於朝，其宗滅於絳[其宗滅于絳][4,5]。不然，夫八郤[夫八郤][6]，五大夫三卿，其寵大矣，一朝而滅，莫之哀也，唯無德也[惟無德也][5]。今吾子有欒武子之貧，吾以爲能其德矣，是以賀。若不憂德之不建，而患貨之不足，將弔不暇，何賀之有？”宣子拜稽首焉，曰：“起也將亡[起也將亾][6]，賴子存之，非起也敢專承之，其自桓叔以下，嘉吾子之賜。”

國語卷第十四[ ][2,3,8,9]**[晉語第十四　國語]**[4]**[國語卷十四]**[5]**[國語正義卷第十四終]**[6]**[國語第十四]**[7]

國語卷第十五[國語卷十五][2,5][晉語第十五　國語][4][國語正義卷第十五][6][國語第十五][7][晉語九第十五][8,9]

晉語九[晉語][1][ ][4,8,9]　昭公[ ][4,6,8,9]

士景伯如楚，叔魚爲贊理[叔魚爲贊理][1]。邢侯與雍子爭田[邢矦與雝子爭田][4,7][邢侯與雝子爭田][5,6,9,11][邢侯與雍子争田][8]，雍子納其女於叔魚[雝子納其女於叔魚][4,5,7]，以求直。及斷獄之日[及蔽獄之日][4,5,6,7,9,10,11]，叔魚抑邢侯[叔魚抑邢矦][4,7]，邢侯殺叔魚與雍子於朝[邢矦殺叔魚與雝子於朝][4,7][邢侯殺叔魚與雝子於朝][5,6]。韓宣子患之，叔向曰："三姦同罪，請殺其生者，而戮其死者。"宣子曰："若何？"對曰："鮒也鬻獄，雍子賈之以其子[雝子賈之以其子][4,5,6,7]，邢侯非其官也而干之[邢矦非其官也而干之][4,7]。夫以回鬻國之中，與絶親以買直[與絶親以賈直][5]。與非司寇而擅殺[與非司寇而擅殺][1,2,3,5,6,8]，其罪一也。"邢侯聞之逃[邢矦聞之逃][4,7][邢矦聞之而逃][11]。遂施邢侯氏[遂施邢矦氏][4,7]，而尸叔魚與雍子於市[而尸叔魚與雝子於市][4,5,6,7]。

中行穆子帥師伐狄[中行穆子率師伐翟][4,5,6,7][中行穆子率師伐狄][11]，圍鼓。鼓人或請以城叛[鼓人或請以城畔][4,5,6,7]，穆子不受，軍吏曰："可無勞師而得城，子何不爲？"穆子曰："非事君之禮也。夫以城來者，必將求利於我。夫守而二心，姦之大者也[姦之大者][6][姦之六者也][7]；賞善罰姦，國之憲法也。許而弗予，失吾信也；若其予之，賞大姦也。姦而盈祿，善將若何？且夫狄之憾者[且夫翟之憾者][4,5,6,7][且夫狄之惐者][9,10,11][且夫狄之感者][10,11]，以城來盈願，晉豈其無？是我以鼓教吾邊鄙貳也[是吾以鼓教吾邊鄙貳也][6]。夫事君者，量力而進，不能則退[不能則逿][4,7]，不以安賈貳。"令軍吏呼城，儆將攻之，未傳而鼓降。中行伯既克[中行伯既克鼓][3,4,5,6,7,8,11]，以鼓子苑支來[以鼓子宛支來][4,5,6,7,9,10,11]。令鼓人各復其所，非僚勿從[非寮勿從][4,5,6,7]。

鼓子之臣，曰夙沙釐[曰夙沙釐][1,4,5,9][曰處沙釐][6][曰處沙釐][7]，以其孥行[以其帑行][6]，軍吏執之，辭曰："我君是事，非事土也。名曰君臣，豈曰土臣？今君實遷，臣何賴於鼓？"穆子召之，曰："鼓有君矣，爾心事君[爾止事君][4,5,6,7,8,11]，吾定而祿爵[吾定而爵祿][6]。"對曰："臣委質於狄之鼓[臣委質於翟之鼓][4,5,6,7]，未委質於晉之鼓也。臣聞之，委質爲臣，無有二心。委質而策死，古之法也。君有烈名，臣無叛質[臣無畔質][4,5,6,7]。敢即私利，以煩司寇[以煩司寇][4,7]，而亂舊法，其若不虞何！"穆子歎而謂其左右曰："吾何德之務，而有是臣也？"乃使行。既獻，言於公[言於頃公][4,5,6,7,9,10,11]，與鼓子田於河陰[與鼓子田於河陰][4,7][與鼓子田于河陰][5]，使夙沙釐相之[使夙沙釐相之][1,4,7]。

范獻子聘於魯，問具山、敖山，魯人以其鄉對。獻子曰："不爲具、敖乎？"對曰："先君獻、武之諱也。"獻子歸，徧戒其所知，曰："人不可以不學。吾適魯而名其二諱，爲笑焉[爲笑焉][1]，唯不學也。人之有學也，猶木之有枝葉也，木有枝葉，猶庇廕人[猶庇蔭人][4,5,6,7,8]，而況君子之學乎[而況君子之學乎][5,7]？"

董叔將娶於范氏[董叔將取於范氏][4,5,6,7]，叔向曰[叔嚮曰][5,7]："范氏富，盍已乎[盍已乎][4,7,9]！"曰："欲爲繫援焉。"他日[它日][4,5,6,7]，董祁愬於范獻子，曰："不吾敬也。"獻子執而紡於庭之槐[獻子執而紡於廷之槐][8]，叔向過之，曰："子盍爲我請乎[子盍爲我請乎][4,5,7]！"叔向曰："求繫，既繫矣；求援，既援矣。欲而得之，又何請焉？"

趙簡子曰[趙簡子曰][2,3,6,8]："魯孟獻子有鬭臣五人。我無一，何也？"叔向曰："子不欲也。若欲之，肸也待交捽可也。"

梗陽人有獄，將不勝，請納賂於魏獻子，獻子將許之。閻沒謂叔寬曰："與子諫乎！吾主以不賄聞於諸侯[吾主以不賄聞於諸侯][4,7]，今以梗陽之賄殃之，不可。"二人朝，而不退[而不逷][4,7]。獻子將食，問誰於庭[問誰在庭[3,4,5,6,7,11]，曰："閻明、叔褒在[閻明、叔褒在][8]。"召之，使佐食。比已食，三歎。既飽，獻子問焉，曰："人有言曰：'唯食可以忘憂。'吾子一食之閒而三歎[吾子一食之間而三歎][5,6]，何也？"同辭對曰："吾，小人也，貪。饋之始至，懼其不足，故歎。中食而自咎也，曰：豈主之食而有不足？是以再歎。主之既已食[主之既食][4,5,6,7,8,11]，願以小人之腹，爲君子之心，屬饜而已[屬厭而已][4,5,6,7,9,11]，是以三歎。"獻子曰："善。"乃辭梗陽人。

下邑之役，董安于多。趙簡子賞之[趙簡子賞之][2,3,6,8]，辭，固賞之，對曰："方臣之少也，進秉筆，贊爲名命[賛爲名命][1]，稱於前世[稱於前世][1][稱爲前世][5]，立義於諸侯[義於諸侯][4,7][義於諸侯][5,6,11]，而主弗志。及臣之壯也，耆其股肱，以從司馬，苛慝不產。及臣之長也，端委韠帶，以隨宰人，民無二心。今臣一旦爲狂疾，而曰'必賞女'，與余以狂疾賞也[是以狂疾賞也][4,5,6,7,8,11]，不如亡！"趨而出，乃釋之。

趙簡子使尹鐸爲晉陽[趙簡子使尹鐸爲晉陽][2,3,6,8]。請曰："以爲繭絲乎？抑爲保鄣乎[抑爲保障乎][5,9,11]？"簡子曰[簡子曰][2,3,6,8]："保鄣哉[保障哉][5]！"尹鐸損其户數。簡子誡襄子曰[簡子誡襄子曰][2,3,6,8]："晉國有難，而無以尹鐸爲少，無以晉陽爲遠，必以爲歸。"

趙簡子使尹鐸爲晉陽[趙簡子使尹鐸爲晉陽][2,3,6,8]，曰："必墮其壘培。吾將往焉，若見壘培，是見寅與吉射也。"尹鐸往而增之[尹鐸往而增也][5]。簡子如晉陽[簡子如晉陽][2,3,6,8]，見壘，怒曰："必殺鐸也，而後入。"大夫辭之，不可，曰："是昭余讎也[是昭余讐也][8]。"郵無正進[孫明進][10]，曰："昔先主文子少釁於難[昔先主文子少釁於難][3,4,5,6,7,8,9,11]，從姬氏於公宮，有孝德以出在公族，有恭德以升在位，有武德以羞爲正卿，有溫德以成其名譽[有溫德以成其名譽][2,6]，失趙氏之典刑，而去其師保，基於其身，以克復其所[以更復其所][8,11]。及景子長於公宮，未及教訓，而嗣立矣，亦能纂修其身[亦能纂脩其身][4,5,7]，以受先業，無謗於國[無謗於國][6]，順德以學子，擇言以教子，擇師保以相子。今吾子嗣位，有文之典刑，有景之教訓，重之以師保，加之以父兄，子皆疏之[子皆踈之][1,4,7]，以及此難。夫尹鐸曰：'思樂而喜，思難而懼，人之道也。委土可以爲師保，吾何爲不增？'是以修之[是以脩之][4,5,7]，庶曰可以鑑而鳩趙宗乎！若罰之，是罰善也。罰善必賞惡。臣何望矣！"簡子説[簡子說][2,3,6,8]，曰："微子，吾幾不爲人矣！"以免難之賞賞尹鐸。初，伯樂與尹鐸有怨，以其賞如伯樂氏，曰："子免吾死，敢不歸禄。"辭曰："吾爲主圖，非爲子也。怨若怨焉。"

鐵之戰，趙簡子曰[趙簡子曰][2,3,5,6,8]："鄭人擊我。吾伏弢衉血[吾伏弢衉血][9][吾伏弢喀血][9,10,11][吾伏弢嘔血][9,10,11][吾伏弢咯血][9,10,11][吾伏弢峈血][9,10,11][吾伏弢嵱血][10,11]，鼓音不衰。今日之事，莫我若也。"衛莊公爲右[衛莊公爲右][8]，曰："吾九上九下，擊人盡殪。今日之事，莫我加也。"郵無正御，曰："吾兩鞁將絶，吾能止之。今日之事，我上之次也。"駕而乘材，兩鞁皆絶。

衛莊公將禱[衛莊公禱][3,4,5,6,7,11][衛莊公禱][8]，曰："曾孫蒯聵[曾孫蒯聵][2,6]，以諄趙鞅之故[以諂趙鞅之故][6][以諒趙鞅之故][8,11]，敢昭告于皇祖文王、烈祖康叔、文祖襄公、昭考靈公[敢昭告於皇祖文王、烈祖康叔、文祖襄公、昭考靈公][2,8]，夷請無筋無骨，無面傷，無敗用，無隕懼，死不敢請。"簡子曰[簡子曰][2,3,6,8]："志父寄也。"

趙簡子田于螻[趙簡子田于螻][2,3][趙簡子田於螻][6,8][趙簡子田于婁][9,11]，史黯聞之，以犬待于門[以犬待於門][6,8]。簡子見之曰[簡子見之曰][2,3,8][簡子曰][6]："何爲？"曰："有所得犬，欲試之兹囿。"簡子曰[簡子曰][2,3,6,8]："何爲不告？"對曰："君行臣不從，不順。主將適螻，而麓不聞，臣敢煩當日。"簡子乃還[簡子乃還][2,3,6,8]。

少室周爲趙簡子之右[少室周爲趙簡子之右][2,3][少室周爲趙簡子右][5,11][少室周爲趙簡子右][6,8]，聞牛談有力，請與之戲，弗勝，致右焉。簡子許之[簡子許之][2,3,6,8]，使少室周爲宰，曰："知賢而讓，可以訓矣。"

趙簡子曰[趙簡子曰][2,3][趙簡子歎曰][4,5,7,8,11][趙簡子歎曰][6]："吾願得范、中行之良臣。"史黯侍，曰："將焉用之？"簡子曰[簡子曰][2,3,6,8]："良臣，人之所願也，又何問焉？"對曰："臣以爲不良故也。夫事君者，諫過而賞善，薦可而替否[薦可而曾不][4,5,7][薦可而替不][6,9,11]，獻能而進賢，擇材而薦之[擇才而薦之][4,5,6,7,8,11]，朝夕誦善敗而納之。道之以文[導之以文][9]，行之以順，勤之以力，致之以死。聽則進，否則退[不則退][4,7][不則退][5]。今范、中行氏之臣，不能匡相其君，使至於難，君出在外，又不能定，而棄之，則何良之爲？若弗棄，則主焉得之？夫二子之良，將勤營其君，復使立於外[使復立於外][4,5,6,7,8,11]，死而後止，何日以來？若來，乃非良臣也。"簡子曰[簡子曰][2,3,6,8]："善。吾言實過矣。"

趙簡子問於壯馳茲曰[趙簡子問於壯馳茲曰][2,3,6,8][趙簡子問於莊馳茲曰][9,10,11]："東方之士，孰爲愈[孰爲瘉][4,5,6,7,9,10,11]？"壯馳茲拜曰："敢賀！"簡子曰[簡子曰][2,3,6,8]："未應吾問，何賀？"對曰："臣聞之：國家之將興也，君子自以爲不足[其君自以爲不足][11]；其亡也，若有餘。今主任晉國之政，而問及小人，又求賢人，吾是以賀。"

趙簡子歎曰[趙簡子歎曰][2,3,6,8]："雀入于海爲蛤[雀入於海爲蛤][6,8]，雉入于淮爲蜃[雉入於淮爲蜃][6,8]。黿鼉魚鱉，莫不能化，唯人不能。哀夫！"竇犨侍[竇犨侍][4,5,6,7][鳴鐸竇犨侍][10]，曰："臣聞之：君子哀無人，不哀無賄；哀無德，不哀無寵；哀名之不令，不哀年之不登。夫范、中行氏不恤庶難[夫中行、范氏不恤庶難][4,5,6,7,11]，欲擅晉國[而欲擅晉國][4,5,6,7,11]，令其子孫將耕於齊[今其子孫將耕於齊][4,5,6,7,11]，宗廟之犧，爲畎畝之勤[爲畎畝之勤][1][爲畎畞之勤][4][爲甽畝之勤][5][爲畎畒之勤][7]，人之化也，何日之有！"

趙襄子使新稚穆子伐狄[趙襄子使新稺穆子伐翟][4,7][趙襄子使新稺穆子伐翟][5,6][趙襄子使新稺穆子伐狄][11]，勝左人、中人，遽人來告，襄子將食，尋飯[專飯][8]，有恐色。侍者曰："狗之事大矣，而主之色不怡[而主色不怡][4,5,6,7,8,11]，何也？"

襄子曰：“吾聞之：德不純，而福禄並至[而福禄竝至][8]，謂之幸。夫幸非福，非德不當雍[非德不當雝][4,5,6,7,9]，雍不爲幸[雝不爲幸][4,5,6,7]，吾是以懼。”

智宣子將以瑤爲後[智宣子將以瑶爲後][1,8][知宣子將以瑤爲後][4,6][知宣子將以瑶爲後][5,7]，智果曰[知果曰][4,5,6,7]：“不如宵也[不如霄也][11]。”宣子曰：“宵也佷[宵也很][4,6,8,9,10,11][宵也狠][5,7]。”對曰：“宵之佷在面[宵之很在面][4,6,8][宵之狠在面][5,7]，瑤之佷在心[瑶之佷在心][1][瑤之很在心][4,6][瑶之狠在心][5,7][瑶之很在心][8]。心佷敗國[心很敗國][4,6,8][心狠敗國][5,7]，面佷不害[面很不害][4,6,8][面狠不害][5,7]。瑤之賢於人者五[瑶之賢於人者五][1,5,7,8]，其不逮者一也[其不逮者一][4,5,6,7,11]。美鬢長大則賢，射御足力則賢，伎藝畢給則賢[伎蓺畢給則賢][4,5,6,7]，巧文辯惠則賢[巧文辨惠則賢][6][巧文辯慧則賢][11]，彊毅果敢則賢[彊毅果敢則賢][1]。如是而甚不仁。以其五賢陵人，而以不仁行之，其誰能待之？若果立瑤也[若果立瑶也][1,5,7,8]，智宗必滅[知宗必滅][4,5,6,7]。”弗聽。智果别族于太史[知果别族于太史][4,5,7][知果别族於太史][6][智果别族于大史][8]，爲輔氏。及智氏之亡也[及知氏之亡][4,5,6,7][及智氏之亡][8,11]，唯輔果在。

智襄子爲室美[知襄子爲室美][4,5,6,7]，士茁夕焉。智伯曰[知伯曰][4,5,6,7]：“室美夫！”對曰：“美則美矣，抑臣亦有懼也[抑臣有懼也][6]。”智伯曰[知伯曰][4,5,6,7]：“何懼？”對曰：“臣以秉筆事君。志有之曰：‘高山峻原，不生草木[不生艸木][6]。松柏之地，其土不肥[其土不把][7]。’今土木勝，臣懼其不安人也。”室成，三年而智氏亡[三年而知氏亡][4,5,6,7]。

還自衛[還自衛][8]，三卿宴于藍臺[三卿宴於藍臺][6,8]，智襄子戲韓康子而侮段規[知襄子戲韓康子而侮段規][4,5,6,7]。智伯國聞之[知伯國聞之][4,5,6,7]，諫曰：“主不備，難必至矣。”曰：“難將由我，我不爲難，誰敢興之！”對曰：“異於是。夫郤氏有車轅之難[夫郤氏有車轅之難][6]，趙有孟姬之讒，欒有叔祁之愬，范、中行有亟治之難[范、中行有函治之難][4,5,6,8,9,10,11][范、中行有函治之難][7,11]，皆主之所知也。夏書有之曰：‘一人三失，怨豈在明？不見是圖。’周書有之曰：‘怨不在大，亦不在小。’夫君子能勤小物[唯君子能勤小物][6]，故無大患。今主一宴，而恥人之君相[而耻人之君相][1,7]，又弗備，曰‘不敢興難’，無乃不可乎？夫誰不可喜，而誰不可懼？蜹蟻蜂蠆[蜹蛾蠭蠆][4,5,6,7][蚋蟻蜂蠆][9][蜹蛾蜂蠆][9,11][蜹蟻蠭蠆][9,10][蜹蟻蠭蠆][9,11][蜹蛾蜂蠆][10]，皆能害人，況君相乎[况君相乎][5]！”弗聽。自是五年，乃有晉陽之難。段規反，首難，而殺智伯于師[而殺知伯于師][4,5,6,7][而殺智伯於師][8]，遂滅智氏[遂滅知氏][4,5,6,7]。

晉陽之圍，張談曰：“先主爲重器也，爲國家之難也[爲國家之難][4,5,6,7,8,11]，盍姑無愛寶於諸侯乎[盍姑無愛寶於諸矦乎][4,7][盍姑無愛寶於諸侯乎][5,9]？”襄子曰：“吾無使也。”張談曰：“地也可。”襄子曰：“吾不幸有疾，不夷於先子，不德而賄。夫地也求飲吾欲，是養吾疾而干吾祿也。吾不與皆斃。”襄子出，曰：“吾何走乎[吾何奏乎][9]？”從者曰：“長子近，且城厚完。”襄子曰：“民罷力以完之[罷民力以完之][4,5,6,7,8,9,10,11]，又斃死以守之[又斃以守之][4,6,7,8,11]，其誰與我？”從者曰：“邯鄲之倉庫實。”襄子曰：“浚民之膏澤以實之，又因而殺之[又因而殺][6]，其誰與我？其晉陽乎！先主之所屬也，尹鐸之所寬也，民必和矣[民必龢矣][4,6,7]。”乃走晉陽[乃之晉陽][11]，晉師圍而灌之，沈竈産鼃，民無叛意[民無畔意][4,5,6,7,8]。

國語卷第十五[ ][2,3,8,9]**[晉語第十五]**[4]**[國語卷十五]**[5]**[國語正義卷第十五終]**[6]**[國語第十五]**[7]

國語卷第十六[國語卷十六][2,5][鄭語第十六　國語][4][國語正義卷第十六][6][國語第十六][7][鄭語第十六][8,9]

鄭語[ ][4,8,9]

桓公爲司徒，甚得周衆與東土之人，問於史伯曰：“王室多故，余懼及焉，其何所可以逃死？”史伯對曰：“王室將卑，戎、狄必昌，不可偪也。當成周者，南有荆蠻、申、吕、應、鄧、陳、蔡、隨、唐；北有衞、燕、狄、鮮虞、潞、洛、泉、徐、蒲[北有衞、燕、狄、鮮虞、潞、洛、泉、徐、蒲][1,8][北有衞、燕、翟、鮮虞、路、洛、泉、徐、蒲][4,5,6,11][北有衞、燕、翟、鮮虞、路、洛、泉、徐、蒲][7][北有衞、燕、狄、鮮虞、潞、洛、泉、余、滿][11]；西有虞、虢、晉、隗、霍、楊、魏、芮[西有虞、虢、晉、隗、霍、揚、魏、芮][6]；東有齊、魯、曹、宋、滕、薛、鄒、莒[東有齊、魯、曹、宋、滕、辥、鄒、莒][6]；是非王之支子母弟甥舅也，則皆蠻、荆、戎、狄之人也[則皆蠻、荆、戎、翟之人也][4,5,6,7][則皆蠻、夷、戎、狄之人也][8,11]。非親則頑，不可入也。其濟、洛、河、潁之間乎[其濟、洛、河、潁之閒乎][4,7,8]！是其子男之國，虢、鄶爲大[虢、會爲大][11][虢、檜爲大][11]，虢叔恃勢，鄶仲恃險，是皆有驕侈怠慢之心，而加之以貪冒。君若以周難之故，寄孥與賄焉[寄帑與賄焉][10]，不敢不許。周亂而弊[周亂而獘][4]，是驕而貪，必將背君，君若以成周之衆，奉辭伐罪，無不克矣。若克二邑，鄔、弊、補、舟、依、𩁹、歷、華[鄔、弊、補、舟、依、𩁹、歷、華][1][鄔、蔽、補、丹、依、㬠、歷、莘][4][鄔、蔽、補、丹、依、㬠、歷、莘][5,7,9,10,11][鄔、蔽、補、丹、依、㬠、歷、華][6][鄔、蔽、補、丹、依、𩁹、歷、華][8][鄔、弊、補、舟、依、疇、歷、華][10]，君之土也。若前華後河[若前莘後河][4,5,7,9,10,11][若前潁後河][8,11]，右洛左濟[右雒左涑][11]，主芣、騩而食溱、洧[主芣、騩而食溱、洧][4][主丕、騩而食潧、洧][11]，修典刑以守之[脩典刑以守之][4,5,7]，是可以少固[唯是可以少固][4,5,6,7,11][惟是可以少固][11]。”

公曰：“南方不可乎？”對曰：“夫荆子熊嚴生子四人：伯霜、仲雪、叔熊、季紃[伯霜、中雪、叔熊、季紃][4, 6, 7, 9, 10, 11][伯霜、仲雪、叔堪、季紃][11][伯霜、仲雪、叔熊、季徇][11]。叔熊逃難於濮而蠻[叔逃難於濮而蠻][4, 6, 7, 11]，季紃是立，薳氏將起之，禍又不克。是天啓之心也[是天啓之也][10, 11]。又甚聰明和協[又甚聰明和恊][1, 4, 7]，蓋其先王[葢其先王][1, 2, 3, 5, 8]。臣聞之，天之所啓，十世不替[十丗不替][1][十世不朁][4, 7]。夫其子孫必光啓土，不可偪也。且重、黎之後也，夫黎爲高辛氏火正，以湻燿敦大[以淳燿敦大][2, 3, 8, 9][以淳燿惇大][4, 5, 7, 11][以湻燿惇大][6][以燂燿敦大][10][以焞燿敦大][11]，天明地德，光照四海[光昭四海][4, 5, 6, 7, 11]，故命之曰‘祝融’，其功大矣。

“夫成天地之火功者[夫成天地之大功者][2, 3, 4, 5, 6, 7, 8, 10, 11]，其子孫未嘗不章[其子孫未甞不章][1][其子孫未常不章][5]，虞、夏、商、周是也。虞幕能聽協風，以成樂物生者也[以成物樂生者也][5, 8, 10]。夏禹能單平水土，以品處庶類者也。商契能和合五教，以保于百姓者也[以保於百姓者也][2, 5, 8]。周棄能播殖百穀蔬[周棄能播殖百穀蔬][1][周棄能播殖百穀疏][4, 7][周棄能播殖百穀疏][6, 11]，以衣食民人者也。其後皆爲王公侯伯[其後皆爲王公矦伯][4, 7]。祝融亦能昭顯天地之光明，以生柔嘉材者也，其後八姓，於周未有侯伯[於周未有矦伯][4, 7]。佐制物於前代者，昆吾爲夏伯矣，大彭、豕韋爲商伯矣。當周未有。己姓昆吾、蘇、顧、温、董[己姓昆吾、蘇、顧、溫、董][2, 6]，董姓鬷夷、豢龍，則夏滅之矣。彭姓彭祖、豕韋、諸、稽，則商滅之矣。秃姓舟人，則周滅之矣。妘姓鄔、鄶、路、偪陽[妘姓鄔、鄶、潞、偪陽][10][妘姓鄢、鄶、路、偪陽][10, 11]，曹姓鄒、莒[曹姓鄒、莒][7]，皆爲采衛[皆爲采衛][1, 8]，或在王室，或在夷、狄[或在夷、翟][4, 5, 6, 7]，莫之數也。而又無令聞，必不興矣。斟姓無後。融之興者，其在芈姓乎[其在芊姓乎][11]？芈姓蘷越[芈姓夔越][4, 5, 6, 7, 8][芈姓歸越][11]，不足命也。蠻芈 蠻矣[閩芈蠻矣][8, 10, 11]，唯荆[惟荆][8]，實有昭德，若周衰，其必興矣。姜、嬴、荆、芈，實與諸姬代相干也。姜，伯夷之後也，嬴，伯翳之後也[伯益之後也][9, 10, 11]。伯夷能禮於神，以佐堯者也，伯翳能議百物[伯翳能儀百物][10, 11]，以佐舜者也。其後皆不失祀，而未有興者[而未有興者也][6]，周衰，其將至矣。”

公曰："謝西之九州，何如？"對曰："其民沓貪而忍，不可因也。唯謝、郟之間[唯謝、郟之閒][1,2,8][惟謝、郟之閒][4,7][惟謝、郟之間][5,6]，其冢君侈驕[其冢君侈驕][6]，其民怠沓其君，而未及周德；若更君而周訓之[若更君而訓之][8,11][若更而君訓之][10]，是易取也，且可長用也。"

公曰："周其弊乎[周其獘乎][1,4,7,11][周其敝乎][11]？"對曰："殆於必弊者也[殆於必獘者也][1][殆於必獘者][4,7,11][殆於必弊者][5,6,11]。泰誓曰[大誓曰][4,5,7,9,10][太誓曰][6,11]：'民之所欲，天必從之。'今王棄高明昭顯，而好讒慝暗昧[而好讒思暗昧][7]；惡角犀豐盈[惡角犀豐盈][9,10,11]，而近頑童窮固。去和而取同。夫和實生物，同則不繼。以他平他謂之和[以它平它謂之和][4,5,6,7]，故能豐長，而物歸之[而物生之][4,5,6,7,11]；若以同裨同，盡乃棄矣。故先王以土與金木水火雜，以成百物。是以和五味以調口，剛四支以衛體[剛四支以衛體][1,7,8]，和六律以聰耳[和六律以聽耳][1,4,7]，正七體以役心，平八索以成人[平八素以成人][9]，建九紀以立純德，合十數以訓百體。出千品，具萬方，計億事，材兆物，收經入，行姟極。故王者居九畡之田[故王者居九垓之田][9,10,11]，收經入以食兆民，周訓而能用之，和樂如一[龢樂如一][4,5,7,9]。夫如是，和之至也[龢之至也][4,5,7]。於是乎，先王聘后於異姓，求財於有方，擇臣取諫工，而講以多物，務和同也。聲一無聽，物一無文[色一無文][8,11]，味一無果，物一不講。王將棄是類也[王將棄是類][4,5,6,7,11]，而與剸同[而與專同][9,11]。天奪之明，欲無弊[欲無獘][1,4]，得乎？

"夫虢石父，讒諂巧從之人也[讒諂巧從之人也][1,7]，而立以爲卿士，與剸同也；棄聘后而立內妾，好窮固也；侏儒戚施，實御在側[寔御在側][1,4,7,8]，近頑童也；周法不昭，而婦言是行，用讒慝也；不建立卿士，而妖試幸措，行暗昧也。是物也[是物][8]，不可以久。且宣王之時，有童謠曰[有童謡曰][1,8][有童䍃曰][10]：'檿弧箕服[檿弧萁服][10,11][檿弧箕箙][10,11]，實亡周國。'於是宣王聞之，有夫婦鬻是器者，王使執而戮之。府之小妾生女，而非王子也，懼而棄之。此人也，收以奔褒[收以奔褎][8]。[褒人有獄而以爲入][4,5,7,10,11]，天之命此久矣，其又何可爲乎[其又可爲乎][4,5,6,7,11]？訓語有之，曰：'夏之衰也，褒人之神[褎人之神][8]，化爲二龍，以同于王庭[以同於王庭][2,6,8][以止于王庭][10]，而言曰："余，褒之二君也[褎之二君也][8]。"夏后卜[夏后氏卜][6]，殺之，與去之，與止之，莫吉[莫告][1,2]。卜請其漦而藏之[卜請其漦而藏之][1,4,5,6,7]，吉。乃布幣焉，而策告之，龍亡而漦在[龍亡而漦在][1,4,5,6,7]，櫝而藏之[櫝而去之][10]，傳郊之。'及殷、周[及歷殷、周][11]，莫之發也。及厲王之末，發而觀之，漦流于庭[漦流于庭][1][漦流於庭][2,8][漦流於庭][4,6,7][漦沵於庭][5]，不可除也。王使婦人不幃而譟之，化爲玄黿[化玄黿][6][化爲玄蚖][11]，以入于王府[以入於王府][6,8]。府之童妾[府之僮妾][9]，未既齓而遭之[未既齔而遭之][2,8,9]，既笄而孕，當宣王時而生[當宣王而生][4,6,7,11]。不夫而育，故懼而棄之。爲弧服者，方戮在路，夫婦哀其夜號也，而取之以逸，逃于褒[逃於褒][4,5,6,7][逃於褎][8]。褒人褒姁有獄[褎人褎姁有獄][8]，而以爲入於王[而以爲大于王][4,11][而以爲入于王][7]，王遂置之，而嬖是女也，使至於爲后，而生伯服。天之生此久矣，其爲毒也大矣，將使候淫德而加之焉[將使候淫德而加之焉][1][將俟淫德而加之焉][4,5,6,7,8,11]。毒之酋腊者，其殺也滋速。申、繒、西戎方彊[申、繒、西戎方强][4,5,6][申、繒、西戎方強][7]，王室方騷，將以縱欲，不亦難乎？王欲殺太子以成伯服[王欲殺大子以成伯服][5,7,8]，必求之申，申人弗畀，必伐之[必殺之][7]。若伐申，而繒與西戎，會以伐周，周不守矣！繒與西戎，方將德申，申、吕方彊[申、吕方强][5,6]，其隩愛太子[其隩愛大子][8]，亦必可知也，王師若在，其救之，亦必然矣。王心怒矣，虢公從矣，凡周存亡[凡周存亾][6]，不三稔矣！君若欲避其難，其速規所矣[其速規所矣][1][速規所矣][4,5,6,7,11][其速歸所矣][8]，時至而求用，恐無及也！"

公曰："若周衰，諸姬其孰興？"對曰："臣聞之，武實昭文之功，文之祚盡[文之胙盡][4,5,6,7,8]，武其嗣乎！武王之子，應、韓不在，其在晉乎！距險而鄰於小，若加之以德，可以大啓。"公曰："姜、嬴其孰興？"

對曰："夫國大而有德者近興[夫國太而有德者近興][4]，秦仲、齊侯[秦仲、齊侯][4,7]，姜、嬴之雋也[姜、嬴之儁也][1,2,4,5,6,7,8,9]，且大，其將興乎？"公說，乃東寄帑與賄[乃東寄孥與賄][5,6]，虢、鄶受之，十邑皆有寄地。

幽王八年而桓公爲司徒，九年而王室始騷，十一年而斃。及平王之末[及平王末][4,5,6,7,8,11]，而秦、晉、齊、楚代興，秦 景、襄於是乎取周土[秦 莊、襄於是乎取周土][11]，晉文侯於是乎定天子[晉文侯於是乎定天子][4,7]，齊 莊、僖於是乎小伯，楚 蚡冒於是乎始啓濮[楚 蚡冒於是乎始啓濮][4,5,7,9,11]。

國語卷第十六[ ][2,3,8,9][鄭語第十六][4][國語卷十六][5][國語正義卷第十六終][6][國語第十六][7]

國語卷第十七[國語卷十七][2,5][楚語上第十七　國語][4][國語正義卷第十七][6][國語第十七][7][楚語上第十七][8,9]

楚語上[ ][4,8,9]

莊王使士亹傅太子箴[莊王使士亹傅太子葴][4,6][莊王使士亹傅大子葴][5,7,8,11][莊王使士娓傅大子審][9]，辭曰："臣不才[臣不材][4,5,6,7,11]，無能益焉。"王曰："賴子之善[頼子之善][7]，善之也。"對曰："夫善在太子[夫善在大子][4,5,7,8]，太子欲善[大子欲善][4,5,7,8]，善人將至；若不欲善，善則不用。故堯有丹朱，舜有商均，啓有五觀，湯有太甲[湯有大甲][4,5,6,7,8]，文王有管、蔡。是五王者，皆有元德也[皆元德也][4,5,6,7,8,11]，而有姦子。夫豈不欲其善，不能故也。若民煩，可教訓。蠻、夷、戎、狄[蠻、夷、戎、翟][4,5,6,7]，其不賓也久矣[其不賔也久矣][7]，中國所不能用也。"王卒使傅之。

問於申叔時，叔時曰："教之春秋，而爲之聳善而抑惡焉，以戒勸其心；教之世[教之丗][1]，而爲之昭明德而廢幽昏焉，以休懼其動[以怵懼其動][10,11]；教之詩，而爲之導廣顯德[而爲之道廣顯德][4,5,6,7,9]，以耀明其志；教之禮，使知上下之則[使之上下之則][8]；教之樂，以疏其穢[以䟽其穢][1,4,7]，而鎮其浮；教之令，使訪物官；教之語，使明其德，而知先王之務，用明德於民也；教之故志，使知廢興者，而戒懼焉；教之訓典，使知族類，行比義焉。

"若是而不從，動而不悛，則文詠物以行之，求賢良以翼之。悛而不攝，則身勤之，多訓典刑以納之，務慎惇篤以固之[務慎愔篤以固之][6]。攝而不徹，則明施舍以導之忠[則明施舍以道之忠][4,5,6,7]，明久長以導之信[明久長以道之信][4,5,6,7]，明度量以導之義[明度量以道之義][4,5,6,7]，明等級以導之禮[明等級以道之禮][4,5,6,7]，明恭儉以導之孝[明恭儉以道之孝][4,5,6,7]，明敬戒以導之事[明敬戒以道之事][4,5,6,7]，明慈愛以導之仁[明慈愛以道之仁][4,5,6,7]，明昭利以導之文[明昭利以道之文][4,5,6,7]，明除害以導之武[明除害以道之武][4,5,6,7]，明精意以導之罰[明精意以道之罰][4,5,6,7]，明正德以導之賞[明正德以道之賞][4,5,6,7]，明齊肅以耀之臨。若是而不濟，不可爲也。

"且夫誦詩以輔相之，威儀以先後之，體貌以左右之[體皃以左右之][4]，明行以宣翼之，制節義以動行之，恭敬以臨監之，勤勉以勸之，孝順以納之，忠信以發之，德音以揚之，教備而不從者，非人也。其可興乎！夫子踐位則退[夫子踐位則逿][4,7]，自退則敬[自逿則敬][4,7]，否則赦[否則赧][3,8][不則赧][4,5,6,7,9,11]。"

恭王有疾，召大夫曰："不穀不德[不穀不悳][7]，失先君之業，覆楚國之師，不穀之罪也[不穀之辠也][4,5][不穀之辠也][7]。若得保其首領以歿[若得保其首領以没][4,5,6,7]，唯是春秋所以從先君者，請爲'靈'若'厲'。"大夫許諾。

王卒，及葬，子囊議謚[子囊議謚][1,2,3,8]。大夫曰："王有命矣[君王有命矣][4,5,6,7,11]。"子囊曰："不可。夫事君者，先其善，不從其過。赫赫楚國[□赫赫楚國][1]，而君臨之，撫征南海[撫正南海][11]，訓及諸夏，其寵大矣。有是寵也，而知其過，可不謂'恭'乎？若先君善，則請爲'恭'。"大夫從之。

屈到嗜芰，有疾，召其宗老而屬之，曰："祭我必以芰。"及祥，宗老將薦芰，屈建命去之。老曰[宗老曰][3,4,5,6,7,8,11]："夫子屬之。"子木曰："不然。夫子承楚國之政，其法刑在民心[其法在刑民心][6]，而藏在王府，上之可以比先王，下之可以訓後世[下之可以訓後卋][1]，雖微楚國，諸侯莫不譽[諸矦莫不譽][5,7]。其祭典有之曰：'國君有牛享[國君有牛羊][6]，大夫有羊饋，士有豚犬之奠，庶人有魚炙之薦，籩豆、脯醢，則上下共之。'不羞珍異，不陳庶侈。夫子不以其私欲干國之典。"遂不用。

椒舉娶於申公子牟[湫舉娶於申公子牟][4,5,6,7,9,10,11]，子牟有罪而亡[子牟有辠而亡][4,5,6,7]，康王以爲椒舉遣之[康王以湫舉爲遣之][4,5,6,7,11]，椒舉奔鄭[湫舉奔鄭][4,5,6,7]，將遂奔晉。蔡聲子將如晉，遇之於鄭[遇之於鄭郊][4,5,7,11]，饗之，以璧侑，曰："子尚良食，二先子其皆相子，尚能事晉君，以爲諸侯主[以爲諸矦主][4,7]。"辭曰："非所願也。若得歸骨於楚，死且不朽。"聲子曰："子尚良食[尚良食][6]，吾歸子。"椒舉降三拜[湫舉降三拜][4,5,6,7]，納其乘馬，聲子受之。

還，見令尹子木，子木與之語，曰："子雖兄弟於晉，然蔡，吾甥也，二國孰賢？"對曰："晉卿不若楚，其大夫則賢，其大夫皆卿材也[其大夫皆卿才也][4,5,6,7,11]，若杞梓、皮革焉，楚實遺之，雖楚有材[雖楚有才][6]，不能用也。"子木曰："彼有公族甥、舅，若之何其遺之材也？"對曰："昔令尹子元之難，或譖王孫啓於成王[或譖王孫啓於成王][7,9]，王弗是，王孫啓奔晉，晉人用之。及城濮之役，晉將遁矣，王孫啓豫於軍事[王孫啓與於軍事][3,4,5,6,7,8,11]，謂先軫曰：'是師也，唯子玉欲之，與王心違，故唯東宮與西廣實來[故唯東宮與西廣寔來][1,3,8,11]。諸侯之從者[諸矦之從者][4,7]，叛者半矣[畔者半矣][4,5,6,7]，若敖氏離矣，楚師必敗，何故去之！'先軫從之，大敗楚師，則王孫啓之爲也。

"昔莊王方弱，申公子儀父爲師[申公子儀甫爲師][9]，王子爕爲傅[王子燮爲傅][5,6,8]，使師崇、子孔帥師以伐舒。爕及儀父[燮及儀父][5,6,8]，施二師而分其室[施二帥而分其室][3,4,5,6,7,8,11][施二師 而分其室][10]。師還至，則以王如廬 戢黎[則以王如廬][3,4,5,6,8,10,11]，廬 戢黎殺二子而復王。或譖析公臣於王[或譖 析公臣於王][7]，王弗是，析公奔晉，晉人用之。寔讒敗楚[實讒敗楚][4,5,6,7,11]，使不規東夏，則析公之爲也。

"昔雍子之父兄[昔雝子之父兄][4,5,6,7]，譖雍子於恭王[譖雝子於恭王][4,5,6][譖雝子於恭王][7]，王弗是，雍子奔晉[雝子奔晉][4,5,6,7]，晉人用之。及鄢之役，晉將遁矣，雍子與於軍事[雝子與於軍事][5,6,7]，謂欒書曰：'楚師可料也，在中軍王族而已。若易中下，楚必歆之。若合而函吾中[若合而臽吾中][3,8,11][若合而舀吾中][9][若合而陷吾中][11]，吾上下必敗其左右，則三萃以攻其王族[則四萃以攻其王族][8,11]，必大敗之。'欒書從之，大敗楚師，王親面傷，則雍子之爲也[則雝子之爲也][4,5,6,7]。

"昔陳公子夏，爲御叔娶於鄭穆公[爲御叔取於鄭穆公][4,5,6,7,11]，生子南。子南之母亂陳而亡之，使子南戮於諸侯[使子南戮於諸矦][7]。莊王既以夏氏之室，賜申公巫臣，則又畀之子反，卒於襄老[卒與襄老][6,8,11]。襄老死于邲[襄老獲於邲][4,5,6,7,11][襄老死於邲][8,9]，二子爭之[二子争之][8]，未有成。恭王使巫臣聘於齊，以夏姬行，遂奔晉。晉人用之，寔通吳、晉[實通吳、晉][2,4,5,6,7,11]。使其子狐庸爲行人於吳，而教之射御，導之伐楚[道之伐楚][4,5,6,7,9]。至于今爲患[至於爲患][6][至於今爲患][7,8]，則申公巫臣之爲也。

"今椒舉娶於子牟[今湫舉取於王子牟][4,5,6,7,11]，子牟得罪而亡[子牟得辠而亡][4,5,6,7]，執政弗是，謂椒舉曰[謂湫舉曰][4,5,6,7]：'女實遣之[汝實遣之][9]。'彼懼而奔鄭，緬然引領南望[緬然引領而望][5,8]，曰：'庶幾赦吾罪[庶幾赦吾辠][4,5,6,7]。'又不圖也[又弗圖也][4,5,6,7,11]，乃遂奔晉，晉人又用之矣。彼若謀楚，其亦必有豐敗也哉。"

子木愀然曰："夫子何如，召之其來乎？"對曰："亡人得生[亡人得復][5]，又何不來爲[又何來爲][8,9,10,11]？"子木曰："不來，則若之何？"對曰："夫子不居矣，春秋相事，以還軫於諸侯[以還軫於諸矦][4,7]。若資東陽之盜[若資東陽之盗][7,8]，使殺之，其可乎？不然，不來矣。"子木曰："不可。我爲楚卿，而賂盜以賊一夫於晉[而賂盗以賊一夫於晉][7,8]，非義也。子爲我召之，吾倍其室。"乃使椒鳴召其父而復之[乃使湫鳴召其父而復之][4,5,6,7]。

靈王爲章華之臺，與伍舉升焉，曰："臺美夫[美夫][11]！"對曰："臣聞國君服寵以爲美，安民以爲樂，聽德以爲聰[聽德以爲聰][1,4,7]，致遠以爲明。不聞其以土木之崇高、彤鏤爲美，而以金石匏竹之昌大、囂庶爲樂[而以金石匏竹之昌大、嚻庶爲樂][1,9]；不聞其以觀大、視侈、淫色以爲明，而以察清濁爲聰[而以察清濁爲聰][1][而以察清濁爲聰也][4,7][而以察清濁爲聰也][5,6,8,11]。

“先君莊王，爲匏居之臺[爲抱居之臺][10]，高不過望國氛，大不過容宴豆，木不妨守備[大不妨守備][7]，用不煩官府，民不廢時務，官不易朝常。問誰宴焉，則宋公、鄭伯；問誰相禮，則華元、駟騑；問誰贊事[問誰贊事][1,7]，則陳侯、蔡侯、許男、頓子[則陳矦、蔡矦、許男、頓子][4,7]，其大夫侍之。先君以是除亂克敵[先君是以除亂克敵][4,5,6,7,11]，而無惡於諸侯[而無惡於諸矦][4,7]。今君爲此臺也，國民罷焉[國民疲焉][9]，財用盡焉，年穀敗焉[年穀敗焉][7]，百官煩焉，舉國留之[舉國畱之][6]，數年乃成。願得諸侯與始升焉[願得諸矦與始升焉][4,7]，諸侯皆距[諸矦皆距][4,7]，無有至者。而後使太宰啓疆請於魯侯[而後使太宰啓疆請於魯矦][4,7][而後使太宰啓疆請於魯侯][5,11][而後使大宰啓疆請於魯侯][6,8]，懼之以蜀之役，而僅得以來。使富都那豎贊焉[使富都那豎贊焉][1][使富都那竪贊焉][8]，而使長鬣之士相焉，臣不知其美也。

“夫美也者，上下、内外、小大、遠近[上下、外内、小大、遠邇][4,5,6,7,11][上下、内外、大小、遠近][8]，皆無害焉，故曰美。若於目觀則美[若周於目觀則美][8,11]，縮於財用則匱，是聚民利以自封而瘠民也，胡美之焉[胡美之爲][3,4,5,6,7,8,11]？夫君國者，將民之與處；民實瘠矣，君安得肥？且夫私欲弘侈[且夫私欲宏侈][6]，則德義鮮少；德義不行，則邇者騷離，而遠者距違。天子之貴也，唯其以公侯爲官正也[唯其以公侯爲官正][3,5,6,8,11][唯其以公矦爲官正][4,7]，而以伯子男爲師旅。其有美名也，唯其施令德於遠近，而小大安之也。若斂民利[若歛民利][8]，以成其私欲，使民蒿焉忘其安樂，而有遠心，其爲惡也甚矣，安用目觀？

“故先王之爲臺榭也，榭不過講軍實[射不過講軍實][10,11]，臺不過望氛祥。故榭度於大卒之居，臺度於臨觀之高。其所不奪穡地，其爲不匱財用，其事不煩官業，其日不廢時務。瘠磽之地[瘠墝之地][8,9,10,11]，於是乎爲之[于是乎爲之][6]；城守之木[城守之末][5,10,11]，於是乎用之；官僚之暇[官寮之暇][4,5,6,7]，於是乎臨之；四時之隙，於是乎成之。故周詩曰：‘經始靈臺，經之營之。庶民攻之，不日成之。經始勿亟，庶民子來。王在靈囿，麀鹿攸伏。’夫爲榭臺[夫爲臺榭][3,4,5,6,7,8,11]，將以教民利也，不知其以匱之也。若君謂此臺美，而爲之正，楚其殆矣！”

靈王城陳、蔡、不羹，使僕夫子晳問於范無宇[使僕大夫子晳問於范無宇][6]，曰：“吾不服諸夏而獨事晉[諸夏不服吾而獨事晉][8]，何也，唯晉近我遠也。今吾城三國，賦皆千乘，亦當晉矣。又加之以楚，諸侯其來乎[諸矦其來乎][4,7]？”對曰：“其在志也，國爲大城，未有利者。昔鄭有京、櫟，衛有蒲、戚[衛有蒲、戚][8]，宋有蕭、蒙，魯有弁、費[魯有卞、費][9,10]，齊有渠丘[齊有渠北][6]，晉有曲沃，秦有徵、衙[秦有徵、衙][4,7,9]。叔段以京患莊公[叔段以京患嚴公][4,6,7,11]，鄭幾不克[鄭幾不封][4,5,6,7,8,11]，櫟人寔使鄭子不得其位[櫟人實使鄭子不得其位][4,5,6,7,8,11]。衛蒲、戚寔出獻公[衛蒲、戚實出獻公][4,5,6,7][衛蒲、戚實出獻公][8]，宋蕭、蒙寔弑昭公[宋蕭、蒙實殺昭公][4,5,6,7,9,11][宋蕭、蒙實弑昭公][8]，魯弁、費寔弱襄公[魯弁、費實弱襄公][4,5,6,7,8]，齊渠丘寔殺無知[齊渠丘實殺無知][4,5,7,8,9,11][齊渠北實殺無知][6]，晉曲沃寔納齊師[晉曲沃實納齊師][4,5,6,7,8]，秦徵、衙寔難桓、景[秦徵、衙實難桓、景][4,7][秦徵、衙實難桓、景][5,6,8,9,11]，皆志於諸侯[皆志於諸矦][4,7]，此其不利者也。

“且夫制城邑，若體性焉，有首領股肱，至于手拇毛脉[至于手拇毛脈][2,10,11][至於手拇毛脉][5,7,8][至於手拇毛脈][6][至于手拇毛脈][9,11]，大能掉小，故變而不勤。地有高下，天有晦明，民有君臣，國有都鄙，古之制也。先王懼其不帥，故制之以義，施之以服[旍之以服][3,4,5,6,7,8,11]，行之以禮，辯之以名[辨之以名][4,5,6,7,8]，書之以文，道之以言。既其失也，易物之由。夫邊境者，國之尾也，譬之如牛馬，處暑之既至，䖟蠭之既多[虻蠭之既多][1,3,4,5,6,7,8,9]，而不能掉其尾，臣亦懼之。不然，是三城也，豈不使諸侯之心惕惕焉[豈不使諸矦之心惕惕焉][4,7]。”

子晳復命，王曰：“是知天咫，安知民則？是言誕也。”右尹子革侍，曰：“民，天之生也。知天，必知民矣，是其言可以懼哉！”三年，陳、蔡及不羹人納棄疾而弒靈王[陳、蔡及不羹人納棄疾而殺靈王][4,5,6,7,9,11]。

左史倚相廷見申公子亹[左史倚相廷見申公子亹][4,7,9][左史倚相廷見申公子亹][11]，子亹不出，左史謗之[左史謗之][6]，舉伯以告。子亹怒而出，曰："女無亦謂我老耄而舍我[汝無亦謂我老耄而舍我][9]，而又謗我[而又謗我][6]！"

左史倚相曰[左史倚相曰][1,2,3][左史曰][4,5,6,7,8,11]："唯子老耄，故欲見以交儆子。若子方壯，能經營百事，倚相將奔走承序[倚相將奔走承序][1,2,3,5,6]，於是不給，而何暇得見？昔衛武公年數九十有五矣[昔衛武公年數九十有五矣][8]，猶箴儆於國，曰：'自卿以下，至于師長士[至於師長士][6,7,8]，苟在朝者，無謂我老耄而舍我，必恭恪於朝，朝夕以交戒我；聞一二之言[聞一二之言][7]，必誦志而納之，以訓導我[以訓道我][4,5,6,7,9]。'在輿有旅賁之規[在輿有旅賁之規][7]，位宁有官師之典[位宁有官師之典][1,2,3,4,5,7,8,9]，倚几有誦訓之諫[倚几有誦訓之諫][1,2,3,6,8]，居寢有䙝御之箴[居寑有暬御之箴][4,6,7][居寢有暬御之箴][5][居寢有暬御之箴][9,11][居寢有暬御之箴][10,11]，臨事有瞽史之導[臨事有瞽史之道][4,5,6,7,9]，宴居有師工之誦。史不失書，矇不失誦，以訓御之，於是乎作懿戒以自儆也[於是乎作懿詩以自儆也][8][於是乎作懿以自儆也][11]。及其没也[及其歿也][8]，謂之睿聖武公[謂之叡聖武公][4,5,6,7,11]。子實不睿聖[子實不叡聖][4,5,6,7]，於倚相何害[於倚相何害][1,2,3,6]。周書曰：'文王至於日中昃[文王至于日中昃][1,4,7,8][文王至于日中昃][2][文王至於日中𣅙][6]，不皇暇食。惠於小民[惠于小民][1,2,4,5][惠于矜□][10][惠于鰥寡][10]，唯政之恭。'文王猶不敢驕[文王猶不敢惰][4,5,6,7,9,10,11]。今子老楚國，而欲自安也，以禦數戒者[以禦數者][3,4,5,6,7,8,9,10,11]，王將何爲？若常如此，楚其難哉[楚其難哉□][1,11]！"子亹曰[子亹懼，曰][3,4,5,6,7,8,11]："老之過也。"乃驟見左史。

靈王虐，白公子張驟諫。王患之，謂史老曰："吾欲已子張之諫，若何？"對曰："用之寔難[用之實難][2,4,5,6,7,8,9,11]，已之易矣。若諫，君則曰：'余左執鬼中，右執殤宮，凡百箴諫[几百箴諫][7]，吾盡聞之矣，寍聞他言[寧聞他言][1,2,3,8][寧聞它言][4,5][甯聞它言][6][寧聞它言][7]？'"

白公又諫，王如史老之言。對曰："昔殷武丁，能聳其德，至於神明[至于神明][1,2,4,5]，以入於河[以入于河][1,2,4,5]，自河徂亳，於是乎，三年默以思道。卿士患之，曰：'王言以出令也，若不言，是無所稟令也[是無所稟令也][8,9]。'武丁於是作書，曰：'以余正四方，余恐德之不類，兹故不言。'如是，而又使以象夢[而又使以夢象][8,11]，旁求四方之賢[求四方之賢聖][4,5,6,7,11]，得傅説以來，升以爲公，而使朝夕規諫，曰：'若金，用女作礪[用汝作砅][9]。若津水，用女作舟。若天旱[若大旱][5]，用女作霖雨。啓乃心，沃朕心。若藥不瞑眩，厥疾不瘳。若跣不視地，厥足用傷。'若武丁之神明也，其聖之睿廣也[其聖之叡廣也][4,5,6,7]，其智之不疾也[其知之不疢也][3,4,5,6,7,11][其智之不疢也][8]，猶自謂未乂[猶自謂未又][7]，故三年默以思道。既得道，猶不敢專制，使以象旁求聖人[使以象㫄求聖人][6]。既得以爲輔，又恐其荒失遺忘，故使朝夕規誨箴諫，曰：'必交修余[必交脩余][4,5]，無余棄也。'今君或者未及武丁，而惡規諫者，不亦難乎！

"齊桓、晉文，皆非嗣也，還軫諸侯[還軫諸矦][4,7]，不敢淫逸，心類德音，以德有國[以得有國][4,5,6,7,11]。近臣諫，遠臣謗[遠臣謞[6]，輿人誦，以自誥也。是以其入也，四封不備一同，而至於是有畿田[而至於有畿田][3,4,5,6,7,8,11]，以屬諸侯[以屬諸矦][4,7]，至於今爲令君[至于今爲令君][1,2,4,5,7]。桓、文皆然，君不度憂於二令君，而欲自逸也，無乃不可乎？周詩有之曰：'弗躬弗親，庶民弗信。'臣懼民之不信君也，故不敢不言。不然，何急以其言取罪也[何急其以言取罪也][3,6,8,11][何急其以言取辠也][4,5,7]？"

王病之，曰："子復語。不穀雖不能用[不轂雖不能用][7]，吾憖寘之於耳[吾憗寘之於耳][1,8,9]。"對曰："賴君用之也[賴君之用也][4,5,6,7,11]，故言。不然，巴浦之犀、犛、兕、象[巴浦之犀、犛、兕、象][2,3,8][巴浦之犀、旄、兕、象][9]，其可盡乎，其又以規爲瑱也？"遂趨而退[遂趨而逿][4,7]，歸，杜門不出。七月，乃有乾谿之亂，靈王死之。

司馬子期欲以妾爲內子[司馬子期欲以其妾爲內子][4,5,6,7,8,11]，訪之左史倚相[訪之左史倚相][1,2,3,6,8,9]，曰：“吾有妾而愿[吾有妾而願][3]，欲笄之，其可乎？”對曰：“昔先大夫子囊違王之命謚[昔先大夫子囊違王之命諡][4,5,6,7,8]；子夕嗜芰，子木有羊饋而無芰薦。君子曰：‘違而道。’穀陽豎愛子反之勞也[穀陽豎愛子反之勞也][7][穀陽竪愛子反之勞也][8]，而獻飲焉，以斃於鄢[以獘於鄢][4,11][以弊於鄢][5,6,7]；芋尹申亥從靈王之欲[芈尹申亥從靈王之欲][2][芊尹申亥從靈王之欲][4,5,6]，以隕於乾谿。君子曰：‘從而逆。’君子之行，欲其道也，故進退周旋[故進退周旋][5,7]，唯道是從[唯道之從][4,5,6,7,11]。夫子木，能違若敖之欲，以之道而去芰薦，吾子經營楚國[吾子經楚國][4,5,6,7,11]，而欲薦芰以干之，其可乎？”子期乃止。

國語卷第十七[ ][2,3,8,9]**[楚語上第十七]**[4]**[國語卷十七]**[5]**[國語正義卷第十七終]**[6]**[國語第十七]**[7]

國語卷第十八[國語卷十八][2,5][楚語下第十八　國語][4][國語正義卷第十八][6][國語第十八][7][楚語下第十八][8,9]

楚語下[ ][4,8,9][□语下][7]

昭王問於觀射父，曰："周書所謂重、黎寔使天地不通者[周書所謂重、黎實使天地不通者][2,4,5,6,7,8,11]，何也？若無然，民將能登天乎？"

對曰："非此之謂也。古者民神不雜。民之精爽不攜貳者[民之精爽不懏貳者][4,5,6,7,9,10][擇民之精爽不懏貳者][11]，而又能齊肅衷正[而又能齊肅忠正][11][而又能齊肅中正][11]，其智能上下比義[其知能上下比義][4,5,6,7,11]，其聖能光遠宣朗，其明能光照之，其聰能聽徹之[其聰能聽徹之][1,4,7]，如是，則明神降之[則神明降之][11]，在男曰覡，在女曰巫。是使制神之處位次主[是以使制神之處位次主][11]，而爲之牲器時服，而後使先聖之後之有光烈；而能知山川之號，高祖之主，宗廟之事，昭穆之世[昭穆之卋][1]，齊敬之勤，禮節之宜[禮節之儀][10]，威儀之則，容貌之崇[容皃之崇][4]，忠信之質，禋絜之服[禋潔之服][4,5,6,7]；而敬恭明神者[而恭敬明神者][6]，以爲之祝。使名姓之後，能知四時之生，犧牲之物，玉帛之類，采服之儀[采服之宜][8]，彝器之量[彛器之量][1,5]，次主之度，屏攝之位[屏攝之位][3]，壇場之所，上下之神[上下之神祇][8,10,11]，氏姓之出[氏姓之所出][8,10,11]，而心率舊典者[而率舊典者][11]，爲之宗。於是乎，有天地神民類物之官[有天地神祇物類之官][11]，是謂五官[謂之五官][4,5,6,7,11]，各司其序，不相亂也。民是以能有忠信，神是以能有明德，民神異業，敬而不瀆[敬而不瀆][2][敬而不黷][11]，故神降之嘉生，民以物享[民以物序][10]，禍災不至[禍灾不至][4,5,7]，求用不匱。

"及少皡之衰也[及少皡之衰也][1][及少皞之衰也][3,6][及少皥之衰也][4,7,8][及少皞之衰也][5]，九黎亂德，民神雜糅[民神雜擾][10][民神襍擾][11]，不可方物[不可放物][10,11]。夫人作享，家爲巫史，無有要質。民匱于祀[民匱於祀][3,6]，而不知其福。烝享無度，民神同位[民心向位][7]。民瀆齊盟[民瀆齊明][11]，無有嚴威。神狎民則，不蠲其爲。嘉生不降，無物以享。禍災薦臻[禍災荐臻][1,2,6,8,9][禍灾荐臻][4,5,7]，莫盡其氣。顓頊受之，乃命南正重[乃命木正重][10]，司天以屬神，命火正黎[命北正黎][11]，司地以屬民，使復舊常，無相侵瀆[無相侵瀆][4,7]，是謂絶地天通。

“其後，三苗復九黎之德[三苗服九黎之德][10]，堯復育重、黎之後，不忘舊者，使復典之。以至於夏、商[以至于夏、商][1,2,4,5,7]，故重、黎氏世敘天地[故重、黎氏世叙天地][1][故重、黎氏世敍天地][2,3][故重、黎氏世叙天地][5,7,8]，而别其分主者也。其在周，程伯休父其後也[程伯休甫其後也][9]，當宣王時，失其官守，而爲司馬氏。寵神其祖，以取威於民[以取威于民][1,2,4,5]，曰：‘重寔上天[重實上天][4,5,6,7]，黎寔下地[黎實下地][4,5,6,7]。’遭世之亂[遭丗之亂][1]，而莫之能禦也。不然，夫天地成而不變，何比之有？”

子期祀平王，祭以牛俎於王，王問與觀射父[王問於觀射父][6]，曰：“祀牲何及？”對曰：“祀加於舉[祀加于舉][1,2]。天子舉以大牢，祀以會；諸侯舉以特牛[諸矦舉以特牛][4]，祀以太牢[祀以大牢][4,5,6,7,8]；卿舉以少牢，祀以特牛；大夫舉以特牲，祀以少牢；士食魚炙，祀以特牲；庶人食菜，祀以魚。上下有序，民則不慢[則民不慢][3,8,11]。”

王曰：“其小大何如[其小大若何][8]？”對曰：“郊禘不過繭栗[禘郊不過繭栗][11]，烝嘗不過把握[烝嘗不過把握][1]。”王曰：“何其小也？”對曰：“夫神，以精明臨民者也，故求備物，不求豐大。是以先王之祀也，以一純、二精、三牲、四時、五色、六律、七事、八種、九祭、十日、十二辰以致之，百姓、千品、萬官、億醜、兆民、經入、畡數以奉之，明德以昭之，和聲以聽之[龢聲以聽之][4,6,7]，以告徧至，則無不受休。毛以示物，血以告殺，接誠拔取以獻具[接誠拔取以獻其][6]，爲齊敬也。敬不可久，民力不堪[民功不堪][6]，故齊肅以承之。”

王曰：“芻豢幾何[犓豢幾何][10,11]？”對曰：“遠不過三月，近不過浹日。”

王曰："祀不可以已乎？"對曰："祀所以昭孝息民、撫國家、定百姓也，不可以已。夫民，氣縱則底[氣縱則底][1,2,3,4,5,6,7,8,9,10]，底則滯[底則滯][1,2,3,4,5,6,7,8]，滯久而不振[滯久不震][4,5,7][滯久則震][6][滯久而不震][8][滯則宇不震][11]，生乃不殖。其用不從[是用不從][4,5,6,7,11]，其生不殖，不可以封。是以古者先王，日祭、月享、時類、歲祀。諸侯舍日[諸矦舍日][4,7]，卿、大夫舍月，士、庶人舍時。天子徧祀羣神品物[天子徧祀羣臣品物][6]，諸侯祀天地、三辰[諸矦祀天地、三辰][4,7]，及其土之山川，卿、大夫祀其禮，士、庶人不過其祖。日月會于龍狵[日月會於龍狵][6,8]，土氣含收，天明昌作，百嘉備舍，羣神頻行。國於是乎蒸嘗[國於是乎蒸甞][1][國於是乎烝嘗][4,5,6,7,8,9,11]，家於是乎嘗祀[家於是乎甞祀][1]，百姓夫婦，擇其令辰，奉其犧牲，敬其粢盛[敬其齍盛][4,5,6,7,9,11]，絜其糞除[潔其糞除][4,5,6,7]，慎其采服，禋其酒醴，帥其子姓，從其時享，虔其祝宗[虔其宗祝][3,4,5,6,7,8,9,11]，道其順辭[導其順辭][9]，以昭祀其先祖，肅肅濟濟，如或臨之。於是乎，合其州鄉朋友婚姻，比爾兄弟親戚。於是乎，弭其百苛，殄其讒慝[妎其讒慝][4,5,6,7,9,10,11][妢其讒慝][9]，合其嘉好，結其親暱[結其親暱][7]，億其上下，以申固其姓。上所以教民虔也，下所以昭事上也。天子禘郊之事，必自射其牲，王后必自舂其粢[王后必自舂其粢][7]；諸侯宗廟之事[諸矦宗廟之事][4,7]，必自射牛、刲羊、擊豕[必自射其牛、刲羊、擊豕][4,5,6,7,11]，夫人必自舂其盛[夫人必自舂其盛][7]。況其下之人，其誰敢不戰戰兢兢，以事百神！天子親舂禘郊之盛[天子親舂禘郊之盛][7]，王后親繅其服，自公以下，至於庶人[至于庶人][1,2]，其誰敢不齊肅恭敬[敢不齊肅恭敬][6]，致力於神[致力于神][4,6,7]！民所以攝固者也，若之何其舍之也！"

王曰："所謂一純、二精、七事者，何也？"對曰："聖王正端冕，以其不違心，帥其羣臣精物，以臨監享祀，無有苛慝於神者，謂之一純。玉、帛爲二精[王、帛爲二精][1]。天、地、民及四時之務，爲七事。"王曰："三事者，何也？"對曰："天事武，地事文，民事忠信。"王曰：

“所謂百姓、千品、萬官、億醜、兆民、經入、畡數者，何也？”對曰：“民之徹官百。王公之子弟之質，能言能聽徹其官者，而物賜之姓，以監其官，是爲百姓。姓有徹品，十於王，謂之千品。五物之官，陪屬萬，爲萬官。官有十醜，爲億醜。天子之田九畡[天子之田九垓][11]，以食兆民，王取經入焉，以食萬官。”

鬬且廷見令尹子常[鬬且迋見令尹子常][8,11]，子常與之語，問蓄貨聚馬。歸以語其弟，曰：“楚其亡乎！不然，令尹其不免乎。吾見令尹，令尹問蓄聚積實[問蓄聚積實][6]，如餓豺狼焉[如餓豺狼焉][7]，殆必亡者也。

“夫古者，聚貨不妨民衣食之利，聚馬不害民之財用，國馬足以行軍[國馬足以行關][11]，公馬足以稱賦，不是過也。公貨足以賓獻，家貨足以共用，不是過也。夫貨、馬郵則闕於民，民多闕則有離叛之心[民多闕則有離畔之心][4,5,6,7]，將何以封矣。

“昔鬬子文三舍令尹[昔鬬子文三登令尹][11]，無一日之積，恤民之故也。成王聞子文之朝，不及夕也，於是乎，每朝設脯一束、糗一筐，以羞子文。至於今令尹秩之[至于今令尹秩之][1,2,4,5,6,7][至於今秩之][3,8][至于今秩之][11]。成王每出子文之祿，必逃，王止而後復。人謂子文曰：‘人生求富，而子逃之，何也？’對曰：‘夫從政者，以庇民也。民多曠也[民多曠者][3,4,5,6,7,8,11]，而我取富焉，是勤民以自封[是勤民以自封也][3,4,5,6,7,11]，死無日矣。我逃死，非逃富也[非要富也][11]。’故莊王之世[故莊王之丗][1]，滅若敖氏，唯子文之後在，至於今處鄖[至于今處鄖][1,2,4,5,7]，爲楚良臣。是不先恤民而後己之富乎？

“今子常，先大夫之後也，而相楚君，無令名於四方，民之羸餒[民之羸餧][4,5,6,7,9,11]，日已甚矣[日日已甚][4,5,6,7,11]。四境盈壘，道殣相望，盜賊司目[盜賊司目][7,8]，民無所放。是之不恤，而蓄聚不厭，其速怨於民多矣。積貨滋多，蓄怨滋厚，不亡何待。

“夫民心之慍也[夫民心之慍也][2]，若防大川焉，潰而所犯必大矣。子常其能賢於成、靈乎？成不禮於穆，願食熊蹯，不獲而死。靈不顧於民[靈王不顧於民][4,5,6,7,11][靈不顧於其民][11]，一國棄之，如遺迹焉[如遺跡焉][6]。子常爲政，而無禮不顧，甚於成、靈，其獨何力以待之！”期年，乃有柏舉之戰[乃有栢舉之戰][6]，子常奔鄭，昭王奔隨。

吴人入楚，昭王出奔，濟於成臼，見藍尹亹載其孥。王曰：“載予[載余][9]。”對曰：“自先王莫墜其國[自先王莫隊其國][4,5,6,7,9,11]，當君而亡之[當君之世而亡之][4,5,6,7,11]，君之過也。”遂去王。王歸，又求見[又求見王][4,5,6,7,9]，王欲執之[欲執之][11]，子西曰：“請聽其辭，夫其有故。”王使謂之曰：“成臼之役，而棄不穀[而棄不穀][7]，今而敢來，何也？”曰[對曰][3,4,5,6,7,11]：“昔瓦唯長舊怨，以敗於柏舉[以敗於栢舉][1]，故君及此。今又效之，無乃不可乎？臣避於成臼，以儆君也，庶悛而更乎？今之敢見，觀君之德也，曰：庶憶懼而鑒前惡乎[庶懼而鑒前惡乎][4,5,6,7,11]？君若不鑒而長之，君實有國而不愛，臣何有於死[臣何有於死□□][1,2,11]，死在司敗矣！惟君圖之[唯君圖之][4,5,6,7,8,11]！”子西曰：“使復在其位[使復其位][3,4,5,6,7,8,11]，以無忘前敗。”王乃見之。

吴人入楚[吴人之入楚][4,5,6,7,11]，昭王奔鄖[楚昭王奔鄖][4,5,6,7,11]，鄖公之弟懷將弑王[鄖公之弟懷將殺王][4,5,6,7,9,11]，鄖公辛止之。懷曰：“平王殺吾父，在國則君，在外則讎也。見讎弗殺，非人也。”鄖公曰：“夫事君者，不爲外內行，不爲豐約舉，苟君之，卑尊一也[尊卑一也][3,4,5,6,7,8,11]。且夫自敵以下，則有讎，非是不讎。下虐上爲弑[下虐上爲殺][4,5,6,7,11]，上虐下爲討，而況君乎[而況君乎][6,7]！君而討臣，何讎之爲？若皆讎君，則何上下之有乎？吾先人以善事君，成名於諸侯[成名於諸矦][4,7]，自鬬伯比以來，未之失也。今爾以是殃之，不可。”懷弗聽，曰：“吾思父[吾思吾父][4,5,6,7,11]，不能顧矣。”鄖公以王奔隨。

王歸而賞及鄖、懷，子西諫曰：“君有二臣，或可賞也，或可戮也。君王均之，羣臣懼矣。”王曰：“夫子期之二子耶[夫子期之二子邪][4,5,6,7,11]？吾知之矣[吾知之][8]。或禮於君，或禮於父，均之，不亦可乎！”

子西歎於朝，藍尹亹曰：“吾聞君子，唯獨居思念前世之崇替者[唯獨居思念前丗之崇替者][1][唯獨居思念前世之崇替][3, 6, 8, 11][唯獨居思念前世之崇朁][4, 7][惟獨居思念前世之崇替][5]，與哀殯喪，於是有歎，其餘則否[其餘則不][4, 5, 7]。君子臨政思義，飲食思禮，同宴思樂，在樂思舊[在樂思善][3, 4, 5, 6, 7, 8, 11]，無有歎焉。今吾子臨政而歎，何也？”子西曰：“闔盧能敗吾師[闔閭能敗吾師][4][闔閭能敗吾師][5, 6, 7]。闔盧即世[闔廬即丗][1][闔閭即世][4][闔閭即世][5, 6, 7, 11]，吾聞其嗣又甚焉。吾是以歎。”

對曰：“子患政德之不修[子患政德之不脩][4, 5, 7]，無患吴矣。闔盧口不貪嘉味[夫闔廬口不貪嘉味][3, 8, 11][夫闔閭口不貪嘉味][4][夫闔閭口不貪嘉味][5, 6, 7]，耳不樂逸聲，目不淫於色，身不懷於安，朝夕勤志，卹民之羸[邺民之羸][1][恤民之羸][4, 5, 6, 7]，聞一善若驚[聞一善言若驚][8, 11]，得一士若賞，有過必悛，有不善必懼，是故得民，以濟其志。今吾聞夫差，好罷民力，以成私好，縱過而翳諫，一夕之宿，臺榭陂池必成，六畜玩好必從。夫差先自敗也已[夫先自敗也已][4, 5, 6, 7, 11]，焉能敗人。子修德以待吴[子脩德以待吴][4, 5, 7]，吴將斃矣[將斃矣][6]。”

王孫圉聘於晉[王孫圉聘於晉][3, 4, 5, 6, 7, 10, 11]，定公饗之，趙簡子鳴玉以相[趙簡子鳴玉以相][2, 3, 6][趙簡子鳴王以相][7]，問於王孫圉曰[問於王孫圉曰][3, 4, 5, 6, 7]：“楚之白珩猶在乎？”對曰：“然。”簡子曰[簡子曰][2, 3, 6]：“其爲寶也，幾何矣。”

曰：“未嘗爲寶[未嘗爲寶][1]。楚之所寶者，曰觀射父，能作訓辭，以行事於諸侯[以行事於諸矦][4]，使無以寡君爲口實。又有左史倚相[又有左史倚相][4, 7]，能道訓典，以敘百物[以叙百物][1, 7, 8][以敍百物][2, 3]，以朝夕獻善敗於寡君[以朝夕獻善敗于寡君][1, 2, 4, 5]，使寡君無忘先王之業；又能上下説於鬼神[又能上下説于鬼神][1, 2][又能上下説乎鬼神][4, 5, 6, 7, 9, 10, 11]，順道其欲惡，使神無有怨痛於楚國[使神無有怨痛于楚國][1, 2, 4, 5, 7][使神無有怨恫于楚國][6]。又有藪曰雲連徒洲，金木竹箭之所生也。龜、珠、角、齒[龜、珠、齒、角][4, 5, 6, 7, 11]，皮、革、羽、毛，所以備賦[所以備賦用][4, 5, 6, 7, 11]，以戒不虞者也。所以共幣帛[所以供幣帛][8, 9]，以賓享於諸侯者也[以賓享於諸矦者也][4]。若諸侯之好幣具[若諸矦之好幣具][4]，而導之以訓辭，有不虞之備，而皇神相之，寡君其可以免罪於諸侯[寡君其可以免罪於諸矦][4]，而國民保焉。此楚國之寶也。若夫白珩，先王之玩也，何寶之焉[何寶焉][4, 5, 6, 7, 8, 11]？

“圉聞國之寶[圄聞國之寶][3, 4, 5, 6, 7]，六而已。明王聖人能制議百物[聖能制議百物][4, 5, 6, 7, 8, 11]，以輔相國家，則寶之；玉足以庇廕嘉穀[玉足以庇蔭嘉穀][5, 6][玉足以庇蔭嘉穀][7]，使無水旱之災[使無水旱之灾][4, 5, 7]，則寶之；龜足以憲臧否[龜足以憲臧不][4, 5, 7, 9]，則寶之；珠足以禦火災[珠足以禦火灾][4, 5, 7]，則寶之；金足以禦兵亂，則寶之；山林藪澤，足以備財用，則寶之。若夫譁囂之美[若夫譁躧之美][1, 11]，楚雖蠻夷，不能寶也。”

惠王以梁與魯陽文子，文子辭，曰：“梁險而在境[梁險而在北境][4, 5, 6, 7, 8, 11][梁險而在遠][11]，懼子孫之有貳者也。夫事君無憾，憾則懼偪，偪則懼貳。夫盈而不偪，憾而不貳者，臣能自壽[臣能自壽][1, 2, 3][臣能自壽也][4, 8, 11][臣能自壽也][5, 6, 7]，不知其他[不知其它][4, 5, 6, 7]。縱臣而得以其首領以没[縱臣而得全其首領以没][3, 8, 11]，懼子孫之以梁之險，乏臣之祀也[而乏臣之祀也][3, 4, 5, 6, 7, 8, 11]。”王曰：“子之仁人[子之仁][3, 4, 5, 6, 7, 11][子仁人][8]，不忘子孫，施及楚國，敢不從子。”與之魯陽。

子西使人召王孫勝，沈諸梁聞之，見子西曰：“聞子召王孫勝，信乎？”曰：“然。”子高曰：“將焉用之？”曰：“吾聞之，勝直而剛，欲寘之境。”

子高曰：“不可。其爲人也，展而不信，愛而不仁，詐而不智[詐而不知][4, 5, 6, 7]，毅而不勇，直而不衷，周而不淑。復言而不謀身，展也；愛而不謀長，不仁也；以謀蓋人[以謀葢人][4, 6, 7]，詐也；彊忍犯義[强忍犯義][5][彊忍][8, 11][强忍][10]，毅也；直而不顧，不衷也；周言棄德，不淑也。是六德者，皆有其華而不實者也[皆有其華而不實者][4, 5, 6, 7, 11]，將焉用之。

“彼其父爲戮於楚，其心又狷而不絜[其心又狷而不潔][4, 5, 6, 7, 11]。若其狷也，不忘舊怨，而不以絜悛德[而不以潔悛德][4, 5, 6, 7]，思報怨而已。則其愛也，足以得人；其展也，足以復之；其詐也，足以謀之；其直也，足以帥之；其周也，足以蓋之[足以葢之][4, 5, 6, 7]；其不絜也[其不潔也][4, 5, 6, 7]，足以行之。而加之以不仁，奉之以不義，蔑不克矣。

“夫造勝之怨者，皆不在矣。若來而無寵，速其怒也。若其寵之，毅貪無厭[毅貪而無猒][4, 7, 11][毅貪而無厭][5, 6]，既能得入[既而得入][4, 6, 7, 11][既能得人][8, 11]，而耀之以大利[而曜之以大利][4, 5, 6, 7, 11]，不仁以長之，思舊怨以修其心[思舊怨以脩其心][4, 5, 7]，苟國有釁，必不居矣。非子職之，其誰乎？彼將思舊怨而欲大寵，動而得人，怨而有術，若果用之，害可待也。余愛子與司馬，故不敢不言。”

子西曰：“德其忘怨[德其忘怨乎][3, 4, 5, 6, 7, 8, 11]！余善之，夫乃其寧[夫乃其寍][1][夫乃其甯][6]。”子高曰：“不然。吾聞之[吾聞之曰][4, 5, 6, 7, 11]，唯仁者，可好也，可惡也，可高也，可下也。好之不偪，惡之不怨，高之不驕，下之不懼。不仁者則不然。人好之則偪，惡之則怨，高之則驕，下之則懼。驕有欲焉，懼有惡焉，欲惡怨偪，所以生詐謀也。子將若何？若召而下之，將戚而懼；爲之上者，將怒而怨。詐謀之心，無所靖矣。有一不義，猶敗國家，今壹五六，而必欲用之，不亦難乎？吾聞國家將敗，必用姦人，而嗜其疾味，其子之謂乎？

“夫誰無疾眚！能者早除之[能者蚤除之][4, 5, 6, 7]。舊怨滅宗，國之疾眚也，爲之關籥蕃籬，而遠備閑之[而遠備閑之][3, 4, 5, 6, 7, 8, 11]，猶恐其至也，是之爲日惕。若召而近之，死無日矣。人有言曰：‘狼子野心，怨賊之人也[怨賊之人][4, 5, 6, 8, 11][盜賊之人][7]。’其又何善乎[其又可善乎][4, 5, 6, 7, 11]？若子不我信，盍求若敖氏與子干、子晳之族而近之[盍求若敖氏與子干、子晳之族而近之][4, 5, 7]？安用勝也，其能幾何？

“昔齊 騶馬繻，以胡公入於貝水[以胡公入於具水][10,11]，邴歜、閻職，戕懿公於囿竹，晉 長魚矯[晉 長魚蟜][4,5,6,7,9,11]，殺三郤於榭[殺三卻于榭][6]，魯圉人犖，殺子般於次，夫是誰之故也，非唯舊怨乎？是皆子之所聞也[是皆子所聞也][4,5,6,7,8,11]。人求多聞善敗[人之求多聞善敗][4,5,6,7,11]，以監戒也[以鑑戒也][4,6,7,11][以鑒戒也][5,11]。今子聞而棄之，猶蒙耳也。吾語子何益，吾知逃也已[吾知逃而已][4,5,6,7,8,11]。”

子西笑曰[子西笑曰][1]：“子之尚勝也。”不從，遂使爲白公。子高以疾閒居於蔡[子高以疾間居于蔡][1,2,5,7][子高以疾間居于蔡][4][子高以疾間居於蔡][6][子高以疾閑居於蔡][9]。及白公之亂，子西、子期死。葉公聞之，曰：“吾怨其棄吾言，而德其治楚國[而德其冶楚國][7]，楚國之能平均，以復先王之業者，夫子也。以小怨寘大德，吾不義也[憂不義也][6,7]，將入殺之。”帥方城之外以入，殺白公而定王室，葬二子之族。

國語卷第十八[ ][2,3,8,9][楚語下第十八][4][國語卷十八][5][國語正義卷第十八終][6][國語第十八][7]

國語卷第十九[國語卷十九][2,5][吴語第十九　國語][4][國語正義卷第十九][6][國語第十九][7][吴語第十九][8,9]

吴語[ ][4,8,9]

吴王夫差起師伐越，越王句踐起師逆之[越王勾踐起師逆之][1,2][越王句踐起師逆之江][4,6,7][越王勾踐起師逆之江][5,11]。大夫種乃獻謀曰："夫吴之與越，唯天所授，王其無庸戰。夫申胥、華登簡報吴國之士於甲兵[夫申胥、華登簡報吴國之士於甲兵][2][夫申胥、華登簡服吴國之士於甲兵][3,6,8][夫申胥、華登簡服吴國之士於甲兵][4,5,7,11]，而未嘗有所挫也[而未甞有所挫也][1]。夫一人善射，百夫決拾[百夫夬拾][11]，勝未可成也[勝未可成][4,5,6,7,11]。夫謀必素，見成事焉，而後履之，不可以授命。王不如設戎，約辭行成，以喜其民，以廣侈吴王之心。吾以卜之於天，天若棄吴，必許吾成，而不吾足也，將必寬然有伯諸侯之心焉[將必寬然有伯諸矦之心焉][4,7][將必寬然有霸諸侯之心焉][9]。既罷弊其民[既疲獘其民][9]，而天奪之食，安受其燼，乃無有命矣。"

越王許諾，乃命諸稽郢行成於吴[乃命柘稽郢行成於吴][11]，曰："寡君句踐[寡君勾踐][1,2,5]，使下臣郢，不敢顯然布幣行禮，敢私告於下執事曰：昔者越國見禍，得罪於天王[得罪于天王][6]。天王親趨玉趾，以心孤句踐[以心孤勾踐][1,2,5]，而又宥赦之。君王之於越也，繄起死人而肉白骨也。孤不敢忘天災[孤不敢忘天灾][4,5,7]，其敢忘君王之大賜乎！今句踐申禍無良[今勾踐申禍無良][1,2,5]，草鄙之人，敢忘天王之大德，而思邊垂之小怨，以重得罪於下執事？句踐用帥二三之老[勾踐用帥二三之老][1,2,5]，親委重罪，頓顙於邊。

"今君王不察，盛怒屬兵，將殘伐越國。越國固貢獻之邑也，君王不以鞭箠使之[君王不以鞭棰使之][9]，而辱軍士使寇令焉[而辱軍士使寇令焉][4]。句踐請盟[勾踐請盟][1,2,5]：一介嫡女[一亣嫡女][4,7,9,11][一个嫡女][11]，執箕箒，以晐姓於王宫[以晐姓於王宫][6]；一介嫡男[一ㄊ嫡男][4,7][一个嫡男][11]，奉槃匜，以隨諸御；春秋貢獻，不解於王府。天王豈辱裁之[太王豈辱裁之][7]？亦征諸侯之禮也[亦征諸矦之禮也][4,7]。

“夫諺曰：‘狐埋之而狐搰之[狸埋之，狸掘之][11]，是以無成功。’今天王既封植越國[今天王既封殖越國][4,5,6,7,8,9,10,11]，以明聞於天下，而又刈亡之[而又刈之][8,11]，是天王之無成勞也。雖四方之諸侯[雖四方之諸矦][4,7]，則何實以事吴？敢使下臣盡辭，唯天王秉利度義焉[惟天王秉利度義焉][8]！”[秉，執也。義，宜也。][8]

吴王夫差，乃告諸大夫曰：“孤將有大志於齊，吾將許越成，而無拂吾慮。若越既改，吾又何求[吾又何未][4]？若其不改，反行，吾振旅焉。”

申胥諫曰：“不可許也。夫越，非實忠心好吴也[非實中心好吴也][11]，又非懾畏吾兵甲之彊也[又非懾畏吾甲兵之彊也][4,7,11][又非懾畏吾兵甲之强也][5][又非懾畏我兵甲之强也][6]。大夫種勇而善謀，將還玩吾國於股掌之上[將還玩吴國於股掌之上][3,4,5,6,7,8,11]，以得其志。夫固知君王之蓋威以好勝也[夫固知君王之葢威以好勝也][4,5,6,7]，故婉約其辭，以從逸王志，使淫樂於諸夏之國，以自傷也。使吾甲兵鈍獘[使吾甲兵鈍弊][2,4,5,6,7,8]，民人離落，而日以憔悴[而日以顦顇][9,10,11]，然後安受吾燼。夫越王好信以愛民，四方歸之，年穀時熟[年穀時孰][4,5,11][年穀時熟][7]，日長炎炎。及吾猶可以戰也，爲虺弗摧，爲蛇將若何？”

吴王曰：“大夫奚隆於越，越曾足以爲大虞乎？若無越，則吾何以春秋曜吾軍士？”乃許之成。

將盟，越王又使諸稽郢辭曰：“以盟爲有益乎？前盟口血未乾，足以結信矣。以盟爲無益乎？君王舍甲兵之威，以臨使之，而胡重於鬼神而自輕也？”吴王乃許之，荒成不盟。

吴王夫差，既許越成，乃大戒師徒，將以伐齊。申胥進諫曰：“昔天以越賜吴，而王弗受。夫天命有反，今越王句踐恐懼而改其謀[今越王勾踐恐懼而改其謀][2,5]，舍其愆令，輕其征賦，施民所善，去民所惡，身自約也，裕其衆庶，其民殷衆，以多甲兵。越之在吴[譬越之在吴也][4,5,6,7,11][越之在吴也][8,11]，猶人之有腹心之疾也。夫越王之不忘敗吴於其心也，戚然服士[伐然服士][3,8,10,11]，以伺吾閒[以司吾閒][4,7,9,10,11][以司吾間][5,6]。今王非越是圖，而齊、魯以爲憂。夫齊、魯，譬諸疾，疥癬也，豈能涉江、淮而與我爭此地哉？將必越實有吴土。

“王其盍亦鑑於人[王盍亦鑑於人][4,7,11][王盍亦鑑於人][5,6,8][王盍亦監於人][11]，無鑑於水[無監於水][11]。昔楚靈王不君，其臣箴諫以不入[其臣箴諫不入][8,11]。乃築臺於章華之上，闕爲石郭，陂漢，以象帝舜。罷弊楚國，以閒陳、蔡[以間陳、蔡][6]。不修方城之內[不脩方城之內][4,5]，踰諸夏而圖東國，三歲於沮、汾，以服吴、越。其民不忍饑勞之殃[其民不忍飢勞之殃][4,5,7]，三軍叛王於乾谿。王親獨行，屏營仿偟於山林之中[屏營仿偟於山林之中][3][屏營傍偟於山林之中][4,7,10,11][屏營仿偟於山林之中][9]，三日，乃見其涓人疇[乃見其鋗人疇][11]。王呼之曰：‘余不食三日矣。’疇趨而進，王枕其股，以寢於地[以寑於地][4,5]。王寐，疇枕王以墣而去之。王覺而無見也，乃匍匐將入於棘闈[乃匍匐將入棘闈][4,5,6,7,11]，棘闈不納，乃入芋尹申亥氏焉。王縊，申亥負王以歸，而土埋之其室[以土埋之其室][2]。此志也，豈遽忘於諸侯之耳乎[豈遽忘於諸矦之耳乎][4,7][豈遽忘于諸侯之耳乎][6]？

“今王既變鯀、禹之功，而高高下下，以罷民於姑蘇。天奪吾食，都鄙荐饑。今王將很天而伐齊。夫吴民離矣，體有所傾，譬如羣獸然，一个負矢，將百羣皆奔，王其無方收也。越人必來襲我，王雖悔之，其猶有及乎？”

王弗聽。十二年，遂伐齊。齊人與戰於艾陵，齊師敗績，吴人有功。

吴王夫差既勝齊人於艾陵，乃使行人奚斯釋言於齊，曰：“寡人帥師不腆吴國之役[寡人帥不腆吴國之役][3,5,6,8,11][寡人帥不腆吴國之役][4,7]，遵汶之上，不敢左右，唯好之故。今大夫國子，興其衆庶，以犯獵吴國之師徒，天若不知有罪[天若不知有辠][4,5,6,7]，則何以使下國勝[何以使下國勝][6]！”

吳王還自伐齊[吳王反自伐齊][8]，乃訊申胥曰[乃誶申胥曰][8,10,11]：“昔吾先王，體德明聖[體德聖明][4,5,6,7,8,11]，達於上帝，譬如農夫作耦，以刈殺四方之蓬蒿，以立名於荆，此則大夫之力也。今大夫老，而又不自安恬逸，而處以念惡，出則罪吾衆，撓亂百度，以妖孽吳國[以妖孼吳國][3,4,5,7,8,11][以妖孽吳國][6]。今天降衷於吳[今天降衷于吳][1,2,4]，齊師受服。孤豈敢自多，先王之鍾鼓[先王之鐘鼓][6]，寔式靈之[實式靈之][5,6]。敢告於大夫[敢告于大夫][1,2,5]。”

申胥釋劍而對曰[申胥釋劒而對曰][1,4,5,7]：“昔吾先王，世有輔弼之臣[丗有輔弼之臣][1]，以能遂疑計惡，以不陷於大難。今王播棄黎老，而近孩童焉[而孩童焉][3,4,5,6,7,8,9,11]，比謀，曰：‘余令而不違。’夫不違，乃違也。夫不違，亡之階也。夫天之所棄，必驟，近其小喜，而遠其大憂。王若不得志於齊，而以覺寤王心[而以覺悟王心][5]，而吳國猶世[而吳國猶丗][1][吳國猶世][4,5,6,7,8,11]。吾先君得之也[吾先君之得之也][4,5,6,7,8,11][吾先君之得也][6]，必有以取之；其亡之也，亦有以棄之。用能援持盈以没，而驟救傾以時。今王無以取之，而天禄亟至，是吳命之短也。員不忍稱疾辟易[負不忍稱疾辟易][4,7]，以見王之親爲越之擒也[以見王之親爲越之禽也][4,5,7,11][以見王之親爲越擒也][8,11]。員請先死[負請先死][4,7]。”遂自殺[][4,5,6,7,11]。將死，曰：“以懸吾目於東門[而縣吾目於東門][4,5,7,9,11][抉吾眼置之吳東門][10,11][辟吾眼置之吳東門][10,11]，以見越之入，吳國之亡也。”[遂自殺。][4,5,7,11]王慍曰[王愠曰][2,6]：“孤不使大夫得有見也[孤不使大夫得有目見也][11]。”乃使取申胥之尸，盛以鴟鴺[盛以鴟夷][4,6,7,9,10,11][盛以鴟鵜][5]，而投之於江。

吳王夫差既殺申胥，不稔於歲，乃起師北征。闕爲深溝[闕爲流溝][2][闕爲闌溝][10]，通於商、魯之閒[於商、魯之閑][4,7][於商、魯之間][5,6]，北屬之沂[比屬之沂][7]，西屬之濟，以會晉公午於黄池[以會晉公於黄池][10]。

於是越王句踐乃命范蠡、后庸[於是越王勾踐乃命范蠡、后庸][1][於是越王勾踐乃命范蠡、后庸][2][於是越王句踐乃命范蠡、舌庸][3,4,6,7,8,9,10,11][於是越王勾踐乃命范蠡、舌庸][5]，率師沿海泝淮[率師沿海泝淮][1,2,4,6,7]，以絶吴路。敗王子友於姑熊夷。越王句踐乃率中軍[越王勾踐乃率中軍][1,2]，泝江以襲吴[泝江淮以襲吴][11]，入其郛，焚其姑蘇[燒姑胥臺][10]，徙其大舟。

吴、晉爭長未成[吴、晉爭長未成][8]，邊遽乃至[邊遽仍至][11]，以越亂告。吴王懼，乃合大夫而謀曰："越爲不道，背其齊盟。今吾道路脩遠[今吾道路修遠][3,9][今吾道路悠遠][4,5,6,7,8,9,11]，無會而歸，與會而先晉[與會而前進][10]，孰利？"王孫雒曰[王孫雄曰][4,5,6,7,9,10,11][王孫駱曰][10,11]："夫危事不齒，雒敢先對[雄敢先對][4,5,6,7]。二者莫利。無會而歸，越聞章矣，民懼而走[民懼而𧺆][4,7]，遠無正就。齊、宋、徐、夷曰：'吴既敗矣！'將夾溝而㢋我[將夾溝而痑我][9][將俠溝而㢋我][11]，我無生命矣。會而先晉，晉既執諸侯之柄以臨我[晉既執諸矦之柄以臨我][4,7]，將成其志，以見天子。吾須之不能，去之不忍。若越聞愈章[若越聞俞章][4,5,6,7,9,10,11]，吾民恐叛[吾民恐畔][4,5,6,7,9,11]。必會而先之。"

王乃步就王孫雒曰[王乃步就王孫雄曰][4,5,6,7]："先之圖之，將若之何[將若何][3,4,5,6,7,8,11]？"王孫雒曰[王孫雄曰][4,5,6,7]："王其無疑，吾道路悠遠，必無有二命，焉可以濟事。"王孫雒進[王孫雄進][4,5,6,7]，顧揖諸大夫曰："危事不可以爲安，死事不可以爲生，則無爲貴智矣[則無爲貴知矣][4,5,6,7]。民以惡死而欲貴富以長没也[民之惡死而欲貴富以長没也][3,4,5,6,7,8,11]，與我同。雖然，彼近其國，有遷；我絶慮，無遷。彼豈能與我行此危事也哉？事君勇謀，於此用之。今夕必挑戰，以廣民心。請王勵士[請王厲士][4,5,6,7,8,11]，以奮其朋勢。勸之以高位重畜，備刑戮，以辱其不勵者[以辱其不厲者][4,5,6,7]，令各輕其死。彼將不戰而先我，我既執諸侯之柄[我既執諸矦之柄][4,7]，以歲之不穫也[以歲之不獲也][9]，無有誅焉，而先罷之，諸侯必説[諸矦必説][4,7]。既而皆入其地，王安挺志，一日惕，一日留[一日畱][5,6]，以安步王志。必設以此民也，封於江、淮之閒[封於江、淮之間][5,6]，乃能至於吴。"吴王許諾。

吴王昏，乃戒，令秣馬食士[令秣馬飤士][9]。夜中，乃令服兵擐甲，係馬舌，出火竈[出火於造][10]，陳士卒百人[陳王卒百人][8]，以爲徹行，百行。行頭皆官師[行頭皆官帥][4, 5, 7, 9, 10, 11][行頭皆官師][10]，擁鐸拱稽[擁鐸拱稽][4, 5, 6, 7]，建肥胡[建祀姑][10, 11][建服姑][11]，奉文犀之渠。十行一嬖大夫，建旌提鼓，挾經秉枹。十旌一將軍，載常建鼓，挾經秉枹。萬人以爲方陣[爲萬人以爲方陳][4, 5, 6, 7, 11][萬人以爲方陳][8]，皆白裳、白旂、素甲、白羽之矰[皆白常、白旂、素甲、白羽之矰][4, 5, 6, 7, 8, 11]，望之如荼。王親秉鉞，載白旗，以中陳而立。左軍亦如之，皆赤裳、赤旟、丹甲、朱羽之矰[皆赤常、赤旟、丹甲、朱羽之矰][4, 5, 6, 7, 8]，望之如火。右軍亦如之，皆玄裳、玄旗、黑甲、烏羽之矰[皆玄常、玄旗、黑甲、烏羽之矰][4, 5, 6, 7, 8]，望之如墨。爲帶甲三萬，以勢攻，雞鳴乃定。既陳，去晉軍一里。昧明[昧明][7]，王乃秉枹，親就鳴鐘鼓、丁寧、錞于振鐸[親就鳴鍾鼓、丁寧、錞于振鐸][4, 7, 8][親就鳴鐘鼓、丁甯、錞于振鐸][6]，勇怯盡應，三軍皆譁釦以振旅[三軍皆譁呴以振旅][11]，其聲動天地。

晉師大駭，不出，周軍飾壘[周軍飭壘][3, 4, 5, 6, 7, 8, 9, 11]，乃令董褐請事，曰："兩君偃兵接好，日中爲期。今大國越録[今大國越次][10]，而造於弊邑之軍壘，敢請亂故[敢請辭故][10]。"

吴王親對之，曰："天子有命，周室卑約，貢獻莫入，上帝鬼神而不可以告[土帝鬼神而不可以告][7]。無姬姓之振也，徒遽來告孤。日夜相繼，匍匐就君，今非王室不平安是憂[君今非王室不平安是憂][3][君今非王室不安平是憂][4, 5, 7, 11][今君非王室不安平是憂][6][今君非王室不平安是憂][8]，億負晉衆庶，不式諸戎、狄、楚、秦[不式諸戎、翟、楚、秦][4, 5, 6, 7]；將不長弟，以力征一二兄弟之國[以刀征一二兄弟之國][7]。孤欲守吾先君之班爵，進則不敢，退則不可[退則不可][4, 7]。今會日薄矣，恐事之不集，以爲諸侯笑[以爲諸侯笑][1][以爲諸矦笑][4, 7]。孤之事君在今日，不得事君亦在今日。爲使者之無遠也，孤用親聽命於藩籬之外[孤用親聽命於藩離之外][4, 7, 11]。"

董褐將還，王稱左畸曰："攝少司馬兹，與王士五人，坐於王前。"

乃皆進，曰剄於客前以酬客[自剄於客前以酬客][3, 4, 5, 6, 7, 9, 10, 11]。

董褐既致命，乃告趙鞅曰[乃告諸趙鞅曰][4, 5, 6, 7, 11]：“臣觀吳王之色，類有大憂，小則嬖妾、嫡子死，不則國有大難；大則越入吳。將毒，不可與戰。主其許之先，無以待危，然而不可徒許也。”趙鞅許諾。

晉乃令董褐復命曰：“寡君未敢觀兵身見，使褐復命，曰：曩君之言，周室既卑，諸侯大夫失禮於天子[諸侯失禮於天子][3, 5, 6, 8, 11][諸矦失禮於天子][4, 7]，請貞於陽卜，收文、武之諸侯[收文、武之諸矦][4, 7]。孤以下密邇於天子，無所逃罪，訊讓日至[誶讓日至][8, 10, 11]，曰：昔吳伯父不失春秋，必率諸侯[必率諸矦][4, 7]，以顧在余一人[以顧在予一人][6]。今伯父有蠻、荆之虞，禮世不續[禮卋不續][1]，用命孤禮佐周公，以見我一二兄弟之國，以休君憂。今君掩王東海[今君奄王東海][11]，以淫名聞於天子[以淫名聞於天下][11]，君有短垣，而自踰之，況蠻、荆，則何有於周室？夫命圭有命，固曰吳伯，不曰吳王。諸侯是以敢辭[諸矦是以敢辭][4, 7]。夫諸侯無二君[夫諸矦無二君][4, 7]，而周無二王，君若無卑天子，以干其不祥，而曰吳公，孤敢不順從君命長弟[孤敢不順從君命][11]！許諾[ ][11]。”

吳王許諾，乃退就幕而會[乃𨓆就幕而會][4, 7]。吳公先歃，晉侯亞之[晉矦亞之][4, 7]。吳王既會，越聞愈章，恐齊、宋之爲己害也，乃命王孫雒先與勇獲[乃命王孫雄先與勇獲][4, 5, 6, 7]，帥徒師，以爲過賓於宋[以僞過賓於宋][10]，以焚其北郛焉而過之。

吳王夫差既退于黃池[吳王夫差既𨓆于黃池][4][吳王夫差既𨓆於黃池][7][吳王夫差既退於黃池][6, 8]，乃使王孫苟告勞于周[乃使王孫苟告勞於周][6, 7, 8]，曰：“昔者楚人爲不道，不共承王事[不承共王事][3, 4, 6, 7, 8, 11]。以遠我一二兄弟之國。吾先君闔廬[吾先君闔盧][4, 7]，不貫不忍，被甲帶劍[被甲帶劒][1, 4, 5, 7]，挺鈹搢鐸[挺鈹搢鐶][6]，以與楚昭王毒逐於中原柏舉[以與楚昭王毒逐於中原栢舉][1, 4]。天舍其衷，楚師敗績，王去其國，遂至于郢[遂至於郢][6, 7, 8]。王總其百執事[王緫其百執事][1, 4, 7]，以奉其社稷之祭。其父子、昆弟不相能，夫概王作亂[夫槩王作亂][1, 2, 4, 7, 8, 9]，是以復歸於吴[是以復歸于吴][1, 2, 4, 5]。今齊侯壬不鑒於楚[今齊侯壬不鑒于楚][1, 2, 5][今齊矦任不鑒于楚][4][今齊矦任不鑒於楚][7][今齊侯任不鑒於楚][6, 9, 10, 11]”。又不承共王命，以遠我一二兄弟之國。夫差不貰不忍，被甲帶劍[被甲帶劒][1, 4, 5, 7]，挺鈹搢鐸[挺鈹搢鐸][6]，遵汶伐博[遵汶伐慱][7]，簦笠相望於艾陵[簦笠相望於艾陵][4, 5, 6, 11][簦苙相望於艾陵][9, 10]。天舍其衷，齊師還。夫差豈敢自多[夫差豈敢目多][7]，文、武寔舍其衷[文、武實舍其衷][2, 4, 5, 6, 7, 8, 11]。歸不稔於歲，余沿江泝淮[余沿江泝淮][1, 4, 6, 7]，闕溝深水，出於商、魯之閒[出於商、魯之間][5][出于商、魯之間][6]，以徹於兄弟之國。夫差克有成事，敢使苟告於下執事。”

周王答曰：“苟，伯父令女來[伯父命女來][4, 5, 6, 7, 8, 11]，明紹享余一人，若余嘉之[若予嘉之][6]。昔周室逢天之降禍，遭民之不祥，余心豈忘憂恤[余心豈忘憂邺][4, 5, 6][余心豈忘憂血][7]，不唯下土之不康靖。今伯父曰：‘戮力同德[勠力同德][3, 8]。’伯父若能然，余一人兼受而介福。伯父多歷年以没元身[伯父多歷年以没元身][1, 5, 6, 7]，伯父秉德已侈大哉[伯父秉德也已侈大哉][11]！”

吴王夫差還自黄池，息民不戒。越大夫種乃唱謀曰[越大夫種乃倡謀曰][4, 5, 6, 7, 9, 10, 11]：“吾謂吴王將遂涉吾地，今罷師而不戒以忘我，我不可以怠[我不可以怠也][4, 5, 6, 7, 8, 11]。日臣嘗卜於天[日臣甞卜於天][1]，今吴民既罷，而大荒薦饑[而大荒荐饑][1, 2, 4, 5, 6, 7, 8]，市無赤米，而囷鹿空虚[而囷簏空虚][9]，其民必移就蒲蠃於東海之濱。天占既兆，人事又見，我篾卜筮矣[我蔑卜筮矣][3, 4, 5, 6, 7, 8]。王若今起師以會，奪之利，無使夫悛[無使失悛][4, 5, 6, 7, 11]。夫吴之邊鄙遠者，罷而未至，吴王將恥不戰[吴王將耻不戰][1]，必不須至之會也，而以中國之師與我戰。若事夸而從我[若事幸而從我][3, 4, 5, 6, 7, 11][若事幸而從][8]，我遂踐其地，其至者亦將不能之會也已，吾用禦兒臨之[吾用語兒臨之][9]。吴王若慍而又戰[吴王若慍而又戰][2, 5, 6]，奔遂可出[幸遂可出][4, 5, 6, 7, 8, 11]。若不戰而結成，王安厚取名而去之。”越王曰：“善哉[善][6]！”乃大戒師，將伐吴。

楚申包胥使於越，越王句踐問焉[越王勾踐問焉][1,2,5]，曰："吴國爲不道，求殘我社稷宗廟，以爲平原，弗使血食。吾欲與之徼天之衷[吾欲與之僥天之衷][6]，唯是車馬、兵甲、卒伍既具[唯是車馬、甲兵、卒伍既具][6][唯是軍馬、兵甲、卒伍既具][8]，無以行之。請問戰奚以而可？"包胥辭曰："不知。"王固問焉，乃對曰："夫吴，良國也，能博取於諸侯[能博取於諸矦][4,7]。敢問君王之所以與之戰者？"王曰："在孤之側者，觴酒、豆肉、簞食，未嘗敢不分也[未甞敢不分也][1]。飲食不致味，聽樂不盡聲，求以報吴，願以此戰。"包胥曰："善則善矣，未可以戰也。"王曰："越國之中，疾者吾問之，死者吾葬之，老其老，慈其幼，長其孤，問其病，求以報吴。願以此戰。"包胥曰："善則善矣，未可以戰也。"王曰："越國之中，吾寬民以子之，忠惠以善之。吾修令寬刑[吾脩令寬刑][4,5]，施民所欲，去民所惡，稱其善，掩其惡，求以報吴。願以此戰。"包胥曰："善則善矣，未可以戰也。"王曰："越國之中，富者吾安之，貧者吾與之[貧者吾予之][4,5,6,7,8,11]，救其不足，裁其有餘，使貧富皆利之，求以報吴。願以此戰。"包胥曰："善則善矣，未可以戰也。"王曰："越國南則楚，西則晉，北則齊，春秋皮幣、玉帛、子女，以賓服焉，未嘗敢絶[未甞敢絶][1]，求以報吴。願以此戰。"包胥曰："善哉，蔑以加焉，然猶未可以戰也。夫戰，智爲始[知爲始][4,5,6,7]，仁次之，勇次之。不智[不知][4,5,6,7]，則不知民之極，無以銓度天下之衆寡；不仁，則不能與三軍共饑勞之殃；不勇，則不能斷疑，以發大計。"越王曰："諾。"

越王句踐乃召五大夫，曰："吴爲不道，求殘吾社稷宗廟，以爲平原，不使血食。吾欲與之徼天之衷，唯是車馬、兵甲、卒伍既具，無以行之。吾問於王孫包胥，既命孤矣；敢訪諸大夫[敢問諸大夫][11]，問戰奚以而可[戰奚以而可][11]？句踐願諸大夫言之[勾踐願諸大夫言之][5]，皆以情告，無阿孤，孤將以舉大事。"大夫后庸乃進對曰[大夫舌庸乃進對曰][3,4,5,6,7,8,11]："審賞則可以戰乎[審賞可以戰乎][6]？”王曰：“聖。”大夫苦成進對曰：“審罰則可以戰乎？”王曰：“猛。”大夫種進對曰：“審物則可以戰乎？”王曰：“辯[辨][6,7]。”大夫蠡進對曰：“審備則可以戰乎？”王曰：“巧。”大夫皐如進對曰[大夫臯如進對曰][1,2,4][大夫臯如進對曰][5,7,8]：“審聲則可以戰乎？”王曰：“可矣。”王乃命有司大令於國曰[乃命有司大令於國曰][6]：“苟在戎者[苟任戎者][3,4,5,6,7,8,9,10,11]，皆造於國門之外。”王乃命於國曰[王乃令於國曰][4,5,6,7,11]：“國人欲告者來告，告孤不審，將爲戮不利，及五日[過及五日][4,5,6,7,9,11]，必審之，過五日，道將不行。”

王乃入命夫人。王背屏而立[王背屏而立][3]，夫人向屏[夫人向屏][3]。王曰：“自今日以後，內政無出，外政無入。內有辱，是子也；外有辱，是我也。吾見子於此止矣[我見子於此止矣][6]。”王遂出，夫人送王，不出屏[不出屏][3]，乃闔左闔[乃闔左闔][4,7,9]，填之以土，去笄[去等][4]，側席而坐，不掃[不埽][4,5,6,7]。王背檐而立，大夫向檐。王命大夫曰：“食士不均，土地之不修[地之不修][3,6,7,8,11][地之不脩][4,5]，內有辱於國，是子也；軍士不死，外有辱，是我也。自今日以後，內政無出，外政無入，吾見子於此，止矣。”王遂出，大夫送王不出檐，乃闔左闔[乃闔左闔][4,7]，填之以土，側席而坐，不掃[不埽][4,5,6,7]。

王乃之壇列，鼓而行之，至於軍，斬有罪者以徇，曰：“莫如此，以環瑱通相問也。”明日徙舍，斬有罪者以徇，曰：“莫如此不從其伍之令[莫如此不從其伍王之令][6][莫如此不從其丑之令][7]。”明日徙舍，斬有罪者以徇[斬有罪以徇][6]，曰：“莫如此不用王命。”明日徙舍，至於禦兒，斬有罪者以徇，曰：“莫如此淫逸不可禁也。”

王乃命有司大徇於軍，曰：“有父母耆老而無昆弟者，以告。”王親命之曰：“我有大事，子有父母耆老，而子爲我死[而爲我死][6]，子之父母，將轉於溝壑[將轉于溝壑][6]，子爲我禮已重矣。子歸，歿而父母之世[歿而父母之世][1][没而父母之世][4,5,6,7]。後若有事，吾與子圖之。”明日，徇於軍，曰：“有兄弟四五人，皆在此者，以告。”王親命之曰：“我有大事，子有昆弟四五人，皆在此，事若不捷，則是盡也。擇子之所欲歸者一人。”明日徇於軍，曰：“有眩瞀之疾者[有眩瞗之疾者][11]，以告[告][4,5,6,7,11]。”王親命之曰：“我有大事，子有眩瞀之疾，其歸若已。後若有事，吾與子圖之。”明日，徇於軍，曰：“筋力不足以勝甲兵。志行不足以聽命者歸，莫告。”明日，遷軍接龢[遷軍接和][5]，斬有罪者以徇，曰[ ][6]：“莫如此志行不果。”於是人有致死之心。王乃命有司大徇於軍，曰：“謂二三子歸而不歸，處而不處，進而不進，退而不退[逿而不逿][4,7]，左而不在左[左而不左][3,4,5,6,7,8,11]，右而不在右[右而不右][3,4,5,6,7,8,11]，身斬，妻子鬻。”

於是吴王起師，軍於江北[軍于江北][1,2,4]，越王軍於江南[越王軍于江南][1,2,4]。越王乃中分其師，以爲左右軍。以其私卒君子六千人爲中軍[以其私卒君子六十人爲中軍][7]。明日，將舟戰於江，及昏，乃令左軍銜枚，泝江五里以須，亦令右軍銜枚，踰江五里以須。夜中，乃命左軍、右軍[乃令左軍、右軍][4,5,6,7,8,11]，涉江鳴鼓，中水以須。吴師聞之，大駭，曰：“越人分爲二師，將以夾攻我師。”乃不待旦，且亦中分其師[亦中分其師][3,4,5,6,7,8,11]，將以禦越。越王乃令其中軍，銜枚潛涉[銜枚潛涉][1,7]，不鼓不譟，以襲攻之，吴師大北。越之左軍、右軍[越之左右軍][6]，乃遂涉而從之，又大敗之於没，又郊敗之，三戰三北，乃至於吴[乃至于吴][1,2,4,5]。越師遂入吴國，圍王臺[圍王宫][4,5,6,7,8,11]。

吴王懼，使人行成。曰：“昔不穀先委制於越君，君告孤請成，男女服從。孤無奈越之先君何[孤無柰越之先君何][4,7]，畏天之不祥，不敢絶祀，許君成，以至於今[以至于今][1,2,4,5,7]。今孤不道，得罪於君王，君王以親辱於弊邑[君王以親辱於孤之弊邑][4,6,7,11]。孤敢請成，男女服爲臣御。”越王曰：“昔天以越賜吴，而吴不受，今天以吴賜越，孤敢不聽天之命，而聽君之令乎[而聽君之命乎][5,11]？”乃不許成。因使人告於吴王曰[因使人告于吴王曰][1,2,4,5]：

“天以吴賜越，孤不敢不受[孤敢不受][6]。以民生之不長，王其無死！民生於地上，寓也，其與幾何？寡人其達王於甬、句東，夫婦三百，唯王所安，以没王年。”夫差辭曰：“天既降禍於吴國[天既降禍于吴國][5]，不在前後，當孤之身，寔失宗廟社稷[實失宗廟社稷][4, 5, 6, 7, 8, 11]，凡吴土地人民，越既有之矣，孤何以視於天下！”夫差將死，使人説於子胥曰：“使死者無知，則已矣，若其有知，君何面目以見員也[君何面目以見員也][4, 7]！”遂自殺。

越滅吴，上征上國，宋、鄭、魯、衛、陳、蔡執玉之君皆入朝。夫唯能下其羣臣，以集其謀，故也。

國語卷第十九[ ][2, 3, 8, 9][吴語第十九][4][國語卷十九][5][國語正義卷第十九終][6][國語第十九][7]

國語卷第二十[國語卷二十][2,5][越語上第二十　國語][4][國語正義卷第二十][6][國語第二十][7][越語上第二十][8,9]

越語上[ ][4,8,9][□□上][7]

越王句踐棲於會稽之上[越王勾踐棲於會稽之上][1,2,5,9]，乃號令於三軍曰：“凡我父兄昆弟，及國子姓，有能助寡人謀而退吳者[有能助寡人謀而逷吳者][4,7]，吾與之共知越國之政。”大夫種進對曰：“臣聞之賈人，夏則資皮，冬則資絺，旱則資舟，水則資車，以待乏也。夫雖無四方之憂，然謀臣與爪牙之士，不可不養而擇也[不可不養而檡也][11]。譬如蓑笠[譬如衰笠][4,7,9,10,11][譬如蓑苙][6]，時雨既至，必求之。今君王既棲於會稽之上，然後乃求謀臣，無乃後乎？”句踐曰[勾踐曰][1,2,5]：“苟得聞子大夫之言，何後之有？”執其手而與之謀。

遂使之行成於吳，曰：“寡君句踐之無所使[寡君勾踐之無所使][1,2][寡君句踐乏無所使][3,4,6,7,8,11][寡君勾踐乏無所使][5]，使其下臣種，不敢徹聲聞於天王，私於下執事，曰：‘寡君之師徒，不足以辱君矣，願以金玉、子女，賂君之辱，請句踐女女於王[請勾踐女女於王][1,2,5]，大夫女女於大夫，士女女於士。越國之寶器畢從，寡君帥越國之衆，以從君之師徒，唯君左右之。’若以越國之罪，爲不可赦也，將焚宗廟，係妻孥，沈金玉於江，有帶甲五千人，將以致死，乃必有偶。是以帶甲萬人事君也[是以帶甲萬人以事君也][4,5,6,7,11]，無乃即傷君王之所愛乎？與其殺是人也，寧其得此國也[寗其得此國也][6]，其孰利乎？”

夫差將欲聽與之成，子胥諫曰：“不可。夫吳之與越也，仇讎敵戰之國也。三江環之，民無所移，有吳則無越，有越則無吳矣[有越則無吳][3,4,5,6,7,8,11]，將不可改於是矣。員聞之[貟聞之][4,7]，陸人居陸，水人居水。

夫上黨之國，我攻而勝之，吾不能居其地，不能乘其車。夫越國，吾攻而勝之，吾能居其地，吾能乘其舟。此其利也[此利也][4,5,6,7,11]，不可失也已，君必滅之。失此利也，雖悔之，必無及已[亦無及已][4,6,7,8,11][亦無及矣][5]。”

越人飾美女八人[越人飾美女二人][11]，納之太宰嚭[納之大宰嚭][4,7,8]，曰：“子苟赦越國之罪[子苟赦越國之辠][6]，又有美於此者，將進之。”太宰嚭諫曰[大宰嚭諫曰][4,7,8]：“嚭聞古之伐國者，服之而已。今已服矣，又何求焉。”夫差與之成而去之。

句踐説於國人曰[勾踐説於國人曰][1,2,5]：“寡人不知其力之不足也，而又與大國執讎，以暴露百姓之骨於中原[以暴露百姓之骨於中原][4,7]，此則寡人之罪也[此則寡人之辠也][6]，寡人請更。”於是葬死者，問傷者，養生者，弔有憂[弔有衺][6]，賀有喜，送往者[送徃者][7]，迎來者，去民之所惡，補民之不足。然後卑事夫差，宦士三百人於吳，其身親爲夫差前馬[其身親爲夫差先馬][11][其身親爲夫差洗馬][11]。

句踐之地[勾踐之地][1,2,5]，南至於句無[南至于句無][1,2,4,7,9][南至於勾無][3][南至于勾無][5]，北至於禦兒[北至于禦兒][1,2,4,5]，東至於鄞[東至于鄞][1,2,4,5,7,9]，西至於姑蔑[西至于姑蔑][1,2,5][西至于姑篾][4,7,10][西至於姑篾][6]，廣運百里。乃致其父母昆弟而誓之[乃致其父兄昆弟而誓之][4,5,7,11]，曰：“寡人聞，古之賢君，四方之民歸之，若水之歸下也。今寡人不能，將帥二三子夫婦以蕃。”令壯者無取老婦[命壯者無取老婦][4,5,6,7,11]，令老者無取壯妻[命老者無取壯妻][6]。女子十七不嫁，其父母有罪[其父母有辠][6]；丈夫二十不娶[丈夫二十不取][6]，其父母有罪[其父母有辠][6]。將免者，以告，公醫守之[公毉守之][1,2][公令醫守之][4,5,6,7,10,11][公令毉守之][8]。生丈夫，二壺酒，一犬；生女子，二壺酒，一豚。生三人，公與之母；生二人，公與之餼。當室者死，三年釋其政；支子死，三月釋其政。必哭泣葬埋之，如其子。令孤子、寡婦、疾疹、貧病者[令孤子、寡婦、疾疢、貧病者][1,2,11][令孤子、寡婦、疾㾀、貧病者][10,11]，納官其子[納宦其子][3,4,5,6,7,8,11]。其達士，絜其居[潔其居][4,5,6,7]，美其服，飽其食，而摩厲之於義。四方之士來者，必廟禮之。句踐載稻與脂於舟以行[勾踐載稻與脂於舟以行][1,2,5][句踐載稃與脂於舟以行][8]，國之穮子之遊者[國之穤子之遊者][3][國之穤子之游者][4,5,6,7,11]，無不餔也，無不歠也，必問其名。非其身之所種，則不食，非其夫人之所織，則不衣，十年不收於國，民俱有三年之食[民居有三年之食][4,5,6,7,11]。

國之父兄請曰："昔者夫差恥吾君於諸侯之國[昔者夫差耻吾君於諸侯之國][1][昔者夫差恥吾君於諸矦之國][4,7]，今越國亦節矣[令越國亦節矣][6]，請報之。"句踐辭曰[勾踐辭曰][1,2,5]："昔者之戰也，非二三子之罪也[非二三子之辠也][6]，寡人之罪也[寡人之辠也][6]。如寡人者，安與知恥[安與知耻][1]？請姑無庸戰。"父兄又請曰："越四封之內，親吾君也，猶父母也。子而思報父母之仇，臣而思報君之讎，其有敢不盡力者乎？請復戰。"句踐既許之[勾踐既許之][5]，乃致其衆而誓之曰："寡人聞古之賢君，不患其衆之不足也，而患其志行之少恥也[而患其志行之少耻也][1]。今夫差衣水犀之甲者，億有三千，不患其志行之少恥也[不患其志行之少耻也][1]，而患其衆之不足也。今寡人將助天威之[今寡人將助天滅之][3,4,6,7,8,11]。吾不欲匹夫之勇也[吾不欲匹夫之勇][6]，欲其旅進旅退[欲其旅進旅退也][3,5,6,11][欲其旅進旅叏也][4,7]。進則思賞，退則思刑[叏則思刑][7]，如此則有常賞。進不用命，退則無恥[退則無耻][1][叏則無恥][7]，如此則有常刑。"果行，國人皆勸，父勉其子，兄勉其弟，婦勉其夫，曰："孰是吾君也[孰是君也][3,4,5,6,7,8,11]，而可無死乎？"是故敗吴於囿，又敗之於没，又郊敗之。

夫差行成，曰："寡人之師徒，不足以辱君矣。請以金玉、子女，賂君之辱。"句踐對曰[勾踐對曰][1,2,5]："昔天以越予吴[昔天以越與吴][4,5,6,7,11]，而吴不受命[而吴不受][4,5,6,7,11]；今天以吴予越[今天以吴與越][5,6]，越可以無聽天之命，而聽君之令乎！吾請達王甬、句東，吾與君爲二君乎。"夫差對曰："寡人禮先壹飯矣[寡人禮先一飯矣][5]，君若不忘周室，而爲弊邑宸宇[而爲敝邑宸宇][5][而爲弊邑忘也][7]，亦寡人之願也。君若曰：'吾將殘汝社稷[吾將殘女社稷][4,5,6,7]，滅汝宗廟[滅女宗廟][4,5,6,7]。’寡人請死，余何面目以視於天下乎！”越君其次也，遂滅吴。

國語卷第二十[ ][2,3,8,9][越語上第二十　國語][4][國語卷二十][5][國語正義卷第二十終][6][國語第二十][7]

國語卷第二十一[國語卷二十一][2,5][越語下第二十一　國語][4][國語正義卷第二十一][6][國語第二十一][7][越語下第二十一][8,9]

越語下[ ][4,8,9]

越王句踐即位三年[越王勾踐即位三年][1,2,5]，而欲伐吴，范蠡進諫曰：“夫國家之事，有持盈，有定傾，有節事。”王曰：“爲三者，奈何[柰何][4,6,7]？”對曰[范蠡對曰][4,5,6,7,8,11]：“持盈者與天，定傾者與人，節事者與地。王不問，蠡不敢言。天道盈而不溢，盛而不驕，勞而不矜其功。夫聖人隨時以行，是謂守時。天時不作，弗爲人客；人事不起，弗爲之始。今君王未盈而溢，未盛而驕，不勞而矜其功，天時不作，而先爲人客，人事不起，而創爲之始，此逆於天，而不和於人。王若行之，將妨於國家，靡王躬身。”王弗聽。

范蠡進諫曰：“夫勇者，逆德也；兵者，凶器也[凶器也][1]；爭者[争者][8]，事之末也。陰謀逆德[陰謀逆德][4][逆謀陰德][8]，好用凶器[好用凶器][1]，始於人者，人之所卒也；淫佚之事，上帝之禁也，先行此者，不利。”王曰：“無是貳言也，吾已斷之矣！”果興師而伐吴，戰於五湖，不勝，棲於會稽。

王召范蠡而問焉，曰：“吾不用子之言，以至於此，爲之奈何[爲之柰何][4,6,7]？”范蠡對曰：“君王其忘之乎[君王其志之乎][7]？持盈者與天，定傾者與人，節事者與地。”王曰：“與人奈何[與人柰何][4,6,7]？”對曰[范蠡對曰][4,5,6,7,8,11]：“卑辭尊禮，玩好女樂[玩如女樂][4,11]，尊之以名。如此不已，又身與之市。”王曰：“諾。”乃令大夫種行成於吴，曰：“請士女女於士，大夫女女於大夫，隨之以國家之重器。”吴人不許。大夫種來而復往，曰：“請委管籥，屬國家，以身隨之，君王制之。”吴人許諾。王曰：“蠡爲我守於國。”對曰[范蠡對曰][7,8,11]：“四封之內，百姓之事，蠡不如種也。四封之外，敵國之制，立斷之事，種亦不如蠡也。”王曰：“諾。”令大夫種守於國，與范蠡入官於吴[與范蠡入宦於吴][3,4,5,6,7,8,10,11]。

三年，而吴人遣之。歸，及至於國[反至於國][4,6,7,11]，王問於范蠡曰：“節事奈何[節事柰何][4,6,7]？”對曰[范蠡對曰][4,6,7,8,11]：“節事者與地。唯地能包萬物以爲一[惟地能包萬物以爲一][8]，其事不失。生萬物，容畜禽獸，然後受其名，而兼其利。美惡皆成，以養其生[以養生][4,6,7,11]。時不至，不可彊生[不可强生][9]；事不究，不可彊成。自若以處，以度天下，待其來者而正之，因時之所宜而定之[因時之所宐而定之][4]。同男女之功，除民之害，以避天殃。田野開闢，府倉實，民衆殷。無曠其衆，以爲亂梯。時將有反，事將有間[事將有閒][5,6]，必有以知天地之恆制[必有以知天地之恒制][1,4,5,7,8]，乃可以有天下之成利。事無間[事無閒][5,6]，時無反，則撫民保教以須之。”

王曰：“不穀之國家[不穀之國家][7]，蠡之國家也，蠡其圖之！”對曰[范蠡對曰][4,6,7,8,11]：“四封之內，百姓之事，時節三樂。不亂民功，不逆天時，五穀睦熟[五穀稑孰][4,6,7,9,10,11][五穀睦孰][5]，民乃蕃滋，君臣上下，交得其志，蠡不如種也[蠡不如種][6]。四封之外，敵國之制，立斷之事，因陰陽之恒[因陰陽之恆][2,3,6][因陰陽之恒][4,5,7]，順天地之常，柔而不屈，彊而不剛，德虐之行，因以爲常；死生因天地之刑，天因人，聖人因天；人自生之，天地形之[天地刑之][6]，聖人因而成之。是故戰勝而不報，取地而不反，兵勝於外，福生於內，用力甚少，而名聲章明，種亦不如蠡也。”王曰：“諾。”令大夫種爲之。

四年，王召范蠡而問焉[王召范蠡而問][11]，曰：“先人就世[先人就丗][1]，不穀即位[不穀即位][1][不穀即位][7]。吾年既少，未有恒常[未有恆常][2,3,6]，出則禽荒，入則酒荒。吾百姓之不圖，唯舟與車。上天降禍於越，委制於吴。吴人之那不穀[吴人之那不穀][7]，亦又甚焉。吾欲與子謀之，其可乎？”對曰[范蠡對曰][4, 5, 6, 7, 8, 11]：“未可也。蠡聞之，‘上帝不考，時反是守’，彊索者不祥。得時不成，反受其殃。失德滅名，流走死亡[沗恣死亡][4, 7][沗走死亡][5]。有奪，有予，有不予，王無蚤圖。夫吴，君王之吴也[君之吴也][6]，王若蚤圖之，其事又將未可知也。”王曰：“諾。”

又一年，王召范蠡而問焉[王召范蠡而問][4, 5, 7]，曰：“吾與子謀吴，子曰‘未可也’，今吴王淫於樂而忘其百姓，亂民功，逆天時；信讒喜優，憎輔遠弼，聖人不出，忠臣解骨；皆曲相御，莫適相非，上下相偷[土下相偷][7]。其可乎？”對曰[范蠡對曰][4, 6, 7, 8, 11]：“人事至矣，天應未也，王姑待之。”王曰：“諾。”

又一年，王召范蠡而問焉，曰：“吾與子謀吴，子曰‘未可也’，今申胥驟諫其王，王怒而殺之，其可乎？”對曰[范蠡對曰][4, 5, 6, 7, 8, 11]：“逆節萌生。天地未形，而先爲之征，其事是以不成，雜受其刑。王姑待之。”王曰：“諾。”

又一年，王召范蠡而問焉，曰：“吾與子謀吴，子曰‘未可也’，今其稻蟹不遺種，其可乎？”對曰[范蠡對曰][4, 6, 7, 8, 11]：“天應至矣，人事未盡也，王姑待之。”王怒曰：“道固然乎，妄其欺不穀邪[妄其欺不穀耶][6, 7]？吾與子言人事，子應我以天時；今天應至矣，子應我以人事。何也？”范蠡對曰：“王姑勿怪。夫人事，必將與天地相參，然後乃可以成功。今其禍新民恐，其君臣上下，皆知其資財之不足以支長久也，彼將同其力，致其死，猶尚殆。王其且馳騁弋獵，無至禽荒；宫中之樂，無至酒荒；肆與大夫觴飲，無忘國常。彼其上將薄其德，民將盡其力，又使之望而不得食，乃可以致天地之殛。王姑待之。”

至於玄月，王召范蠡而問焉，曰：“諺有之，曰：‘觥飲不及壺飧[觥飯不及壺飧][3, 4, 5, 6, 7, 9, 10, 11][侊飯不及一食][10][侊飲不及一餐][10][侊飯不及壺湌][10][侊飯不及壺飧][11]。’今歲晚矣，子將奈何[子將柰何][4,6,7]？”對曰[范蠡對曰][4,5,6,7,8,11]：“微君王之言，臣故將謁之[臣固將謁之][4,5,6,7,11]。臣聞從時者，猶救火、追亡人也，蹶而趨之，唯恐弗及。”王曰：“諾。”遂興師伐吴，至於五湖。

吴人聞之，出而挑戰[出挑戰][4,6,7,11]，一日五反。王弗忍，欲許之。范蠡進諫曰：“夫謀之廊廟[謀之廊廟][4,5,6,7,11]，失之中原，其可乎？王姑勿許也。臣聞之，得時無怠，時不再來，天予不取，反爲之災[反爲之灾][4,5,7]。贏縮轉化[贏縮轉化][3,4,5,6,7,11]，後將悔之。天節固然，唯謀不遷。”王曰：“諾。”弗許。

范蠡曰[范蠡对曰][6]：“臣聞古之善用兵者，贏縮以爲常[贏縮以爲常][3,4,5,6,7,8]，四時以爲紀，無過天極，究數而止[究數而丘][7]。天道皇皇，日月以爲常，明者以爲法，微者則是行。陽至而陰[陽至而陰][4,5,7]，陰至而陽[陰至而陽][4,5,7]；日困而還，月盈而匡[月盈而昊][9]。古之善用兵者，因天地之常，與之俱行。後則用陰[後則用陰][4,5,7]，先則用陽；近則用柔，遠則用剛。後無陰蔽[後無陰蔽][4,5,7]，先無陽察，用人無藝[用人無蓺][4,5,6,7,11]，往從其所。剛柔以禦[剛彊以禦][3,4,5,6,7,10,11]，陽節不盡，不死其野。彼來從我，固守勿與。若將與之，必因天地之災[必因天地之灾][4,5,7]，又觀其民之饑飽勞逸以參之[又觀其民之饑飽勞逸以枲之][1,11][又觀其民之飢飽勞逸以參之][4,5,7]。盡其陽節，盈吾陰節[盈吾陰節][4,5,7]，而奪之利[而奪之][3,4,6,7,8,11]。宜爲人客，剛彊而力疾；陽節不盡，輕而不可取。宜爲人主，安徐而重固；陰節不盡[陰節不盡][4,5,7]，柔而不可迫。凡陳之道，設右以爲牝，益左以爲牡，蚤晏無失，必順天道，周旋無究。今其來也，剛彊而力疾[剛强而力疾][5]，王姑待之。”王曰：“諾。”弗與戰。

居軍三年，吴師自潰。吴王帥其賢良，與其重禄，以上姑蘇。使王孫雒行成於越[使王孫雄行成於越][4,5,6,7,11]，曰：“昔者上天降禍於吴，得罪於會稽。今王君其圖不穀[今君王其圖不穀][3,4,5,6,8,11][今君王其圖不穀][7]，不穀請復會稽之和。”王弗忍，欲許之。范蠡進諫曰：“臣聞之，聖人之功，時爲之庸。得時不成[得時弗成][4,5,6,7,8,11]，天有還形。天節不遠，五年復反，小凶則近[小㐫則近][1]，大凶則遠[大㐫則遠][1]。先人有言曰：‘伐柯者其則不遠。’今君王不斷，其忘會稽之事乎？”王曰：“諾。”不許。

使者往而復來，辭愈卑[辭俞卑][4,5,6,7,9,11]，禮愈尊[禮俞尊][4,5,6,7]，王又欲許之。范蠡諫曰：“孰使我蚤朝而晏罷者，非吳乎？與我爭三江、五湖之利者[與我争三江、五湖之利者][8]，非吳耶[非吳邪][4,5,6,7]？夫十年謀之，一朝而棄之，其可乎？王姑勿許，其事將易冀已。”王曰：“吾欲勿許，而難對其使者，子其對之。”范蠡乃左提鼓，右援枹，以應使者，曰：“昔者上天降禍於越，委制於吳，而吳不受。今將反此義，以報此禍，吾王敢無聽天之命，而聽君王之命乎？”王孫雒曰[王孫雄曰][4,5,6,7]：“子范子，先人有言曰：‘無助天爲虐，助天爲虐者不祥。’今吳稻蟹不遺種[今吾稻蟹不遺種][4,5,6,7,8,11]，子將助天爲虐，不忌其不祥乎？”范蠡曰：“王孫子，昔吾先君，固周室之不成子也，故濱於東海之陂，黿鼉魚鼈之與處[黿鼉魚鼈之與處][3,4,5,6,7,8,9,10,11]，而鼃黽之與同渚[而鼃黽之與同陼][4,5,6,7,9,10,11][而鼃黽之與同諸][9]。余雖靦然而人面哉，吾猶禽獸也，又安知是諓諓者乎[又安知是諞諞者乎][9]？”王孫雒曰[王孫雄曰][4,5,6,7]：“子范子，將助天爲虐，助天爲虐不祥。雒請反辭於王[雄請反辭於王][4,5,6,7]。”范蠡曰：“君王已委制於執事之人矣。子往矣[子徃矣][1]，無使執事之人，得罪於子[得辠於子][6]。”

使者辭反。范蠡不報於王，擊鼓興師，以隨使者，至於姑蘇之宮，不傷越民，遂滅吳。

反至五湖，范蠡辭於王曰：“君王勉之，臣不復入越國矣[臣不復入於越國矣][5,6,7,8,11]。”王曰：“不穀疑子之所謂者[不穀疑子之所謂者][7]，何也？”對曰[范蠡對曰][4,6,7]：“臣聞之，爲人臣者，君憂臣勞，君辱臣死。昔者君王辱於會稽，臣所以不死者，爲此事也[爲此故也][6]。今事已濟矣[人事已濟矣][4,7,11][今人事已濟矣][6]，蠡請從會稽之罰。”王曰：“所不掩子之惡，揚子之美者，使其身無終没於越國。子聽吾言，吾與子分國[與子分國][3, 4, 5, 6, 7, 8, 11]。不聽吾言，身死，妻子爲戮。”范蠡對曰：“臣聞命矣。君行制，臣行意。”遂乘輕舟，以浮於五湖，莫知其所終極。

王命金工[王命工][3, 4, 5, 6, 7, 8, 11]，以良金寫范蠡之狀，而朝禮之，浹日而令大夫朝之，環會稽三百里者，以爲范蠡地，曰：“後世子孫[後丗子孫][1]，有敢侵蠡之地者[有敢侵蠡之地者][4, 5, 7]，使無終没於越國[使無終没于越國][6]，皇天后土、四鄉地主正之。”

國語卷第二十一[ ][2, 3, 8, 9][越語下第二十一　國語][4][國語卷二十一][5][國語正義卷第二十一終][6][國語第二十一][7]

編後記

《國語》、《戰國策》兩部索引，2006 年在全國高校古籍整理研究工作委員會立項。爲了把工作做的再完美些，我們對原來的處理軟件做了較大改動，黑龍江大學社會科學處同意我們使用“博士啟動基金”，填補了改造軟件的費用，這是該項目成功的物質基礎。兩部書卷帙都不大，但工作卻因爲新設計變得很複雜：每一部書都要比對十十餘種不同版本作校勘，工作很繁重，很難做，編製這種新設計的索引卻一定得做。我們原來的廣東同事做了大量的基礎工作，索引版本新模式確立后，研究生李静、潘文帝、于飛、張聰、于劍、劉子楗等同学做了一些文字工作，成書過程中幾經計算機檢驗，他們的工作是符合要求的。

在多方的大力支持下，兩部索引得以交稿，而且達到了設計預期。爲此，我們感謝全國高等院校古籍整理研究工作委員會多年來給予的支持，并對下列個人和單位致以誠摯的謝忱：

聯想集團工程師李曉光先生；商務印書館史建橋先生；哈爾濱師範大學古籍所車承瑞先生；黑龍江大學圖書館王錚先生；黑龍江大學文學院、社會科學處；廣東省嘉應大學圖書館；廣東省梅縣黄遵宪紀念館。

李　波

2011年12月于黑龍江大學漢語研究中心